이상현 행정법총론

이상현

제3판 머리말

1. 필수과목으로서의 행정법

행정법 총론은 공무원, 군무원, 소방 시험 등 각종 시험에서 필수과목으로 자리매김하고 있습니다. 지극히 당연할 뿐만 아니라 바람직한 현상입니다. 공무원이란 공적 업무를 담당하는 사람으로서 헌법과 법률에 따라 공무를 처리해야 하기 때문입니다.

2. 난이도 상승

최근 행정법 시험의 난이도가 점차 우상향하고 있습니다. 주먹구구식의 행정운영으로 인한 국민의 피해는 매우 크고 그 파급효과 또한 광범위하기 때문에 공정하고 올바른 법집행을 위해서는 법지식의 고도화가 필요합니다.

3. 행정법 공부방법

행정법 공부의 처음과 끝은 법률용어의 정확하고 간결한 이해입니다. 이해를 위해서는 강의를 반복적으로 수강하는 것이 효율적입니다. 단순히 이해한다고 암기되는 것은 아니므로 조문과 판례를 잘 정리하여 암기할 준비를 해야 합니다. 마지막으로 두문자를 활용하여 계속 반복하는 것만이 합격의 지름길입니다.

4. 교재활용법

초시생은 법률용어 이해를 위해 〈용어해설〉을 잘 보시고, 재시생은 〈winner's〉에 제시된 주요 쟁점을 정리하셔야 합니다. 강의 중에 정리한 내용들이 1초 이내에 생각될 수 있도록 계속 익혀야 합니다.

5. 마무리

행정법은 시작이 어렵습니다. 다른 과목과 달리 한 번 읽어본다고 바로 문제가 풀리는 것이 아니라는 점을 명심하시고 문제풀이 보다는 이론정리에 최선의 노력을 하시기 바랍니다.

2025년 4월

이상현

머리말

1. 공무원의 시작은 행정법입니다.

공무원은 공적인 업무를 담당하는 구성원입니다. 공적인 업무란 여러 사람이 얽혀 있어서 공정하게 일을 처리하는 것이 중요합니다. 그래서 공무원은 자기 마음대로 일을 하는 것이 아니라 법대로 일을 해야 합니다. 그렇게 태어난 행정법은 공무원 업무의 시작이면서 끝이 됩니다. 공무원 시험 합격을 위해서나 실무를 위해서도 가장 중요한 과목이므로 열심히 하실 것을 당부드립니다.

2. 이 교재의 특징

1) 시험적합성

우리의 목표는 학문이 아니라 합격이므로 시험에 필요한 내용만 담았습니다. 그동안 어쩌다 한 번 나올 수 있는 지문을 위해 남겨둔 내용은 과감히 축약하여 효율적인 공부가 될 수 있도록 했습니다.

2) 용어정리

행정법 공부의 처음이자 마지막은 법률용어를 이해하는 것입니다. 생애 처음 행정법을 공부하시는 분들을 위하여 〈용어설명〉을 추가하였습니다.

3) 위너스포인트

합격을 위해서는 행정법의 전체 내용을 한눈에 꿰뚫어야 합니다. 〈winner's〉는 상급자들을 위하여 추가하였습니다.

3. 나 자신에게 부끄럽지 않기를

시험이 끝나면 후련하기도 하지만 후회하기도 합니다. 절대 나 자신에게 후회하는 일이 없도록 부디 최선을 다하여 좋은 결과를 얻으시기 바랍니다.

2023년 6월

이상현

Contents
차 례

PART 01 행정법 서론

제1장 행정 … 12
- 제1절 행정의 의의 · 12
- 제2절 통치행위 · 15
- 제3절 행정의 분류 · 22

제2장 행정법 … 25
- 제1절 행정법의 의의 · 25
- 제2절 행정법의 특성 · 29
- 제3절 우리나라 행정법의 기본원리 · 31
- 제4절 법치행정 · 32
- 제5절 행정법의 법원(法源) · 40
- 제6절 행정법의 일반원칙 · 48
- 제7절 행정법의 효력 · 78

제3장 행정상 법률관계 … 88
- 제1절 공법관계와 사법(私法)관계 · 88
- 제2절 행정법관계의 당사자 · 95
- 제3절 행정상 법률관계의 종류 · 102
- 제4절 행정법관계의 특질 · 107
- 제5절 행정법관계에서의 사인(私人)의 공권 · 111
- 제6절 공법의 흠결 · 131
- 제7절 특별행정법관계 · 135

제4장 행정상 법률요건과 법률사실 ··· 141

제1절 서설 ··· 141
제2절 행정상의 사건 ·· 142
제3절 공법상의 행위 ·· 149
제4절 공법상의 사무관리와 부당이득 ······································ 163

PART 02 행정작용법

제1장 행정입법 ··· 168

제1절 개설 ··· 168
제2절 법규명령 ·· 170
제3절 행정규칙 ·· 188

제2장 행정행위 ··· 202

제1절 행정행위의 개념 ··· 202
제2절 행정행위의 특수성 ·· 211
제3절 행정행위의 종류 ··· 212
제4절 재량행위 ·· 224
제5절 행정행위의 내용 ··· 245
제6절 행정행위의 부관(附款) ··· 267
제7절 행정행위의 성립요건과 효력요건 ··································· 279
제8절 행정행위의 효력 ··· 283
제9절 행정행위의 하자 ··· 290
제10절 행정행위의 소멸 ··· 318

제3장 기타 행정작용 … 332

제1절 행정계획 · 332
제2절 행정상의 사실행위 · 347
제3절 공법상 계약 · 359
제4절 행정법상의 확약 · 367

PART 03 행정절차와 행정정보

제1장 행정절차 … 374

제1절 개설 · 374
제2절 행정절차법의 내용 · 383
제3절 행정절차에 관한 특별법 · 416

제2장 행정정보 … 425

제1절 행정정보 공개제도 · 425
제2절 개인정보 보호제도 · 453

PART 04 행정의 실효성 확보수단

제1장 개설 … 474

제2장 행정상 강제집행 ⋯ 475

제1절 개설 ··· 475
제2절 행정상 강제집행의 수단 ·· 477

제3장 행정상 즉시강제 및 행정조사 ⋯ 496

제1절 행정상 즉시강제 ·· 496
제2절 행정조사 ·· 501

제4장 행정벌 ⋯ 513

제1절 개설 ··· 513
제2절 행정벌의 종류 ·· 515
제3절 행정벌의 특수성 ·· 521

제5장 새로운 의무이행확보수단 ⋯ 533

PART 05 행정구제법

제1장 개설 ⋯ 548

제2장 행정상 손해배상제도 ⋯ 556

제1절 개설 ··· 556
제2절 공무원의 위법한 직무행위로 인한 손해배상 ······································ 561
제3절 영조물의 설치·관리상의 하자로 인한 손해배상 ······························· 589

제3장 행정상 손실보상 ··· 601

제1절 행정상 손실보상 · 601
제2절 손실보상의 새로운 문제 · 621
제3절 손해전보를 위한 그 밖의 제도 · 625
제4절 결과제거청구권 · 631

제4장 행정소송 ··· 635

제1절 개설 · 635
제2절 취소소송 · 648
제3절 무효등확인소송 · 758
제4절 부작위법확인소송 · 763
제5절 당사자소송 · 767
제6절 객관적 소송 · 776

제5장 행정심판 ··· 779

제1절 서설 · 779
제2절 행정심판기관 · 786
제3절 당사자와 관계인 · 793
제4절 행정심판의 청구 · 797
제5절 행정심판의 심리 · 808
제6절 행정심판의 재결 · 812
제7절 행정심판청구의 고지제도 · 822

PART 01
행정법 서론

제1장 | 행정

제1절 / 행정의 의의

1 서설

1. '행정' 개념의 성립

'행정'은 근대 국가가 성립하기 이전에도 사회질서 유지작용, 토목공사 등 군주의 통치작용의 하나로서 행해져왔으나, 근대 국가 시기에 성립한 권력분립주의를 전제로 하여 입법권, 사법(司法)권과 분화·독립된 개념으로 파악되었다.

2. 권력분립주의

(1) 의의

국민의 자유와 권리를 보장하기 위하여 국가권력을 각각 분리·독립된 기관에 맡기는 통치원리를 말한다.

> **Winner's** 권력분립원리의 배경: 국가권력에 대한 불신 (○), 국가권력에 대한 신뢰 (×)

(2) 유형

① 고전적 의미의 권력분립: 권력 간의 분리를 강조한다.

존 로크 (J. Locke)	'시민정부론(1690)'에서 국가권력을 입법권·집행권으로 나누는 2권분립을 주장하였다.
몽테스키외 (C. L. Montesquieu)	'법의 정신(1748)'에서 국가권력을 입법권·집행권·사법권으로 나누는 3권분립을 주장하였다.

② 현대적 의미의 권력분립: 권력 간의 견제와 균형을 강조한다.

뢰벤슈타인 (K. Löewenstein)	⊙ 권력의 분립 대신 권력의 분할이라는 개념을 주장한다. ⓒ 정책결정기능, 정책집행기능, 정책통제기능으로 나누는 동태적 권력분립이론을 주장하였다.

> **Winner's** 권력분립의 유형: 고전적 의미 (권력 간 분리), 현대적 의미 (권력 간 견제)

2 '행정' 개념의 정립 〈18. 서울 9급〉

1. 형식적 의미의 행정
실정제도상 권한을 기준으로 행정부의 활동을 행정으로 보는 개념이다. 행정행위와 행정입법 등이 있다.

2. 실질적 의미의 행정
국가작용의 성질상 차이를 기준으로 법을 집행하는 작용을 행정으로 보는 개념이다. '입법' 법을 정립하는 작용, '사법(司法)'은 법을 선언하는 작용으로 본다. 실질적 의미의 행정에 대해서는 학설이 대립한다.

소극설 (=공제설)		① 국가작용 중에서 입법·사법(司法)을 제외한 나머지 작용이라고 보는 견해이다(옐리네크). ② 행정은 규율대상이 다양하므로 적극적으로 개념을 정립할 수 없다는 점을 논거로 들고 있으나, 입법과 사법(司法)의 개념도 불명확하므로 행정개념을 구체적으로 정립할 수 없다는 비판이 있다.
적극설	목적실현설	① 국가가 법질서 아래에서 국가목적을 실현하기 위하여 행하는 작용(오토 마이어), 국가가 국민의 이익을 도모하는 작용(게오르그 마이어)이라고 보는 견해이다. ② 국가목적의 개념이 불명확하고, 모든 국가작용은 국민의 이익을 도모한다는 점에서 구별기준이 될 수 없다는 비판이 있다.
	양태(樣態)설 (= 결과실현설)	법 아래에서 법의 규제를 받으면서 현실적·구체적으로 국가복석의 적극적 실현을 위하여 행하여지는, 전체로서 통일성을 지닌 계속적·형성적 국가활동이라고 보는 견해이다(다나까). 우리나라에서 다수설로 파악된다.
기관양태설		① 국가기관 중에서 상명하복의 관계에 있는 기관이 행하는 작용이라고 보는 견해이다(켈젠, 메르켈 등 순수법학파❶). ② 모든 국가작용은 법정립적·법선언적·법집행적 성질을 아울러 가지고 있으므로 실정법질서에서의 단계적 구조(법단계설❷)와 담당기관의 양태에 따라 구별할 수 밖에 없다고 본다. ③ 기관의 차이는 국가작용의 성질상의 차이 때문에 결정되는 것이라는 비판이 있다.

용어설명 ❶ 순수법학파 : 실정법만을 연구대상으로 하는 학파로서, 법실증주의학파라고도 함
❷ 법단계설 : 입법은 헌법의 직접적인 집행이고, 행정과 사법은 헌법의 간접적인 집행으로서 입법보다 한 단계 낮은 집행으로 보는 이론이다.

Winner's 기관양태설에 따른 국가작용 : 합의체 활동 (입법), 독립체 활동 (사법), 계층체 활동 (행정)

3 '행정' 개념의 징표(양태설)

사회형성작용	행정은 국가·지역사회 및 그 구성원을 대상으로 하여 그 질서를 유지·형성하는 작용으로서, 공익의 실현을 본질로 하는 작용이다. 개인의 이익을 추구하는 사법(私法)행위와 구별된다.
장래, 능동적 작용	행정은 법률에 의하여 부여된 독자적 판단권의 범위 내에서 자발적으로 활동하는 작용이다. 과거사실에 대해서 수동적으로 판단하는 사법(司法)작용과 구별된다. 〈18. 서울 9급〉
적극적 작용	행정은 이해관계인의 신청이 없는 경우에도 활동할 수 있는 작용이다. 이해관계인의 신청에 따라 소극적으로 활동하는 사법(司法)과 구별된다.
통일·계속적 작용	행정은 사회공동체의 질서를 유지·형성하는 작용으로서 계속성과 통일성을 갖추어야 하는 작용이다. 분쟁을 전제로 하여 1회적·현상유지적·개별목적적인 사법(司法)과 구별된다.
개별·구체적 작용	행정은 특정인·특정 사건에 대해서 법을 집행하는 개별·구체적 작용이다. 일반·추상적 법정립작용인 입법과 구별된다.

Winner's 국가작용의 규율내용

구분	복수	단수
사람	일반적(불특정 다수인)	개별적(특정인)
사건	추상적(불특정 다수의 사건)	구체적(특정 사건)

4 다른 국가작용과의 구별

입법	국가 등 통치단체가 일반·추상적으로 성문의 법규범을 정립하는 작용으로서 행정을 통해서 비로소 구체적이고 현실적으로 공익목적을 실현한다.
사법(司法)	당사자의 쟁송제기에 의하여 과거의 구체적인 법률상 분쟁을 독립적인 기관이 해결하는 작용으로서, 일회적·피동적·개별목적적·현상유지적 작용이다.
통치	정치적 색채가 강한 국가 및 행정의 지도작용으로서 법적 기속이 약하다.

Winner's '행정' 개념의 특징 : 개별·구체적 규율 (○), 개별목적적 작용 (×)

Winner's 국가작용의 유형

국가작용 \ 개념정립	형식적 의미	실질적 의미
조세부과처분, 조세체납처분, 영업정지처분	행정	행정
대통령령, 부령, 행정규칙, 조례제정	행정	입법
행정심판재결, 토지수용재결, 이의재결, 통고처분	행정	사법
대법원장의 법관임명행위, 법원행정처장의 직원임명행위, 토지의 등기	사법	행정
국회사무총장의 직원임명행위	입법	행정

제2절 통치행위

1 서설

1. 의의

(1) 다수설 견해

고도의 정치적 의미를 가진 국가작용으로서 그에 대한 법적 판단이 가능함에도 불구하고 재판통제에서 제외되는 행위를 말한다(김동희).

(2) 보충적 견해

법적 판단이 가능하다는 개념 대신 판결이 있더라도 집행이 곤란한 국가작용을 추가하는 견해(김남진)가 있다.

> **Winner's** 통치행위의 개념징표 : 행위의 내용 (○), 행위의 주체 (×)

2. 행정행위와의 구별

행정행위는 구체적 사실에 관하여 법을 집행하는 행위로서 재판통제가 가능하다는 점에서 재판통제에서 제외되는 통치행위와 구별된다.

> **군사시설보호구역의 설정행위가 통치행위인지 여부(긍정)**
> 군사시설보호법에 의한 군사시설보호구역의 설정·변경 또는 해제와 같은 행위는 행정청에 의한 공법행위라는 점에서는 넓은 의미의 행정행위라고 할 것이나 이는 행정입법행위 또는 통치행위라는 점에서 협의의 행정행위와 구별된다(대판 1983.6.14. 83누43).

3. 개념정립

통치행위는 법원이 고도의 정치적인 국가작용을 재판통제에서 배제하여 만들어진 개념으로서 판례상 정립된 개념이라 한다. 현행법상 통치행위의 개념을 직접 규정하여 만들어진 개념이 아니므로 실정법❶상 정립된 개념은 아니다.

> **용어설명** ❶ 실정법 : 현실적으로 제정되어 시행되고 있는 법으로서, 주로 경험적·역사적 사실에 의하여 형성됨. 성문법, 관습법, 판례법 등이 이에 포함되지만, 행정법에서는 주로 성문법의 뜻으로 사용되는 경우가 많음. 초경험적(超經驗的)인 자연법(自然法)과 대립됨

> **Winner's** 통치행위의 개념정립 : 판례상 정립 (○), 실정법상 정립 (×)

4. 제도적 전제

(1) 개괄주의 인정

'개괄주의(槪括主義)'란 공권력 행사에 대한 재판통제가 원칙적으로 가능한 제도이고, '열기주의(列記主義)'란 공권력 발동에 대한 재판통제가 법률에 열거된 사항으로 제한되어 있는 제도를 말한다. 통치행위는 행정소송이 고도로 발달한 개괄주의를 전제로 하여 그 예외적 현상으로서 비로소 논의될 수 있으며, 열기주의를 전제로 하는 경우에는 논의될 여지가 없다.

> **Winner's** 통치행위의 제도적 전제 : 개괄주의 (○), 열기주의 (×)

(2) 국가배상 긍정

과거에는 주권면책❶ 사상을 근거로 하여 국가를 상대로 한 배상청구가 허용되지 않았으나, 현재는 주권면책 사상을 극복하여 국가배상청구가 허용되고 있다. 통치행위는 위법한 공권력 발동으로 생긴 손해에 대해서 국가배상청구가 긍정되는 제도 하에서 논의될 수 있다.

> **용어설명** ❶ 주권면책 : 주권자는 배상책임을 지지 않는다는 사상. 국왕이 주권을 가진 시대에 통용되던 이론이다.

2 통치행위의 인정 여부

1. 문제점

통치행위는 법적 판단이 가능한데도 재판통제에서 배제되는 것이므로 국민의 재판청구권을 제한하는 측면이 있다. 따라서 그 인정 여부가 문제된다.

2. 학설

(1) 부정설(사법심사 긍정설)

내용	① 고도의 정치적 문제라 하더라도 법률문제가 포함되어 있는 한도에서는 사법심사의 대상이 되어야 한다는 견해이다. ② 다만, 순수한 정치적 문제는 사법심사의 대상이 되지 않는다.
논거	현대 국가는 실질적 법치주의가 확립되고 국민의 재판청구권이 일반적으로 인정되어 있으며, 행정소송사항에 대하여 개괄주의를 채택하고 있다는 점을 논거로 들고 있다. 〈05. 국가 9급〉
평가	① 장점: 현대 국가는 대부분 개괄주의를 취하고 있으므로 통치행위를 부정하는 것이 논리적으로는 타당하다. ② 단점: 오늘날 대부분의 나라에서는 판례상 통치행위를 인정하는 것이 현실이므로 각 나라의 현실에 부합하지 않는다.

> **Winner's** 통치행위 부정설 : 논리적 타당성 (○), 현실적 타당성 (×)

(2) 긍정설(사법심사 부정설)

일정한 작용에 대한 재판통제를 부정하는 견해이나, 부정하는 이유에 대해서는 다시 학설이 대립한다.

① 재량행위설(합목적성설)

내용	통치행위는 국가최고기관의 정치적 재량에 기한 행위로서 그 권한행사의 타당성 또는 합목적성의 문제만 발생하고 위법성의 문제는 발생하지 않으므로 사법심사의 대상이 될 수 없다는 견해이다.
평가	㉠ 장점: 19세기 중반까지는 재량행위에 대한 사법심사가 부정되었다는 역사적 관점에서는 타당하다. ㉡ 단점: 오늘날 재량행위도 사법심사가 가능하다는 현행법의 태도에는 부합하지 않는다.

> **Winner's** 재량행위설 : 합목적 (○), 합법적 (×)

② 내재적 제약설(권력분립설)

내용	법원의 심사권은 권력분립의 원칙상 내재적 한계가 있으므로 고도의 정치성을 지닌 통치행위는 사법심사를 할 수 없다는 견해이다.
논거	현행 헌법은 법치주의·권력분립 등 여러 원리가 복합되어 있으므로 정치적 행위의 옳고 그름은 정치적 책임이 없는 법원에 맡길 것이 아니라, 정부 또는 국회 등에 의해 정치적으로 해결하거나 국민에 의해 민주적으로 통제하는 것이 타당하다는 점을 논거로 들고 있다.
평가	⊙ 장점: 논리적으로 설득력이 가장 크다. ⓒ 단점: 민주정치의 본질을 자유정치로 보는 경우에는 정치적으로 중요한 행위라 하더라도 국민의 자유와 권리를 침해하는 행위는 당연히 사법심사의 대상이 되어야 한다는 점에서 비판받는다.

③ 사법자제설

내용	통치행위도 법적 판단이 가능한 행위이므로 법이론적으로는 사법(司法)심사가 가능하지만, 법정책적 입장에서 사법(司法)심사를 자제한다는 견해이다.
논거	법원이 다른 국가기관의 고도의 정치적 작용에 대하여 관여하게 되면 사법의 정치화 가능성이 있으므로, 법원이 위법을 감수하여서라도 방지하여야 할 보다 큰 위해의 발생을 예방하기 위하여 법원 스스로 사법심사를 거부할 필요가 있다는 점을 논거로 든다.
평가	⊙ 장점: 그 자체로 논리적이라고 보기는 어려우나, 적어도 통치행위의 실제를 가장 충실하게 설명하고 있다. ⓒ 단점: 고의적인 심사 포기는 어느 쪽의 정치적 입장을 대변하는 것이라는 점에서 부당하다는 비판이 있다.

Winner's 사법자제설 : 현실적 타당성 (○), 논리적 타당성 (×)

3. 검토

오늘날 대부분의 나라는 개괄주의를 채택하고 있으나, 그 예외적 현상으로서 통치행위는 인정할 필요가 있다. 다만, 그 이유에 대해서는 논란이 있으나, 권력분립설 또는 사법자제를 근거로 하는 것이 보통이다. 그러나 통치행위를 인정하면 국민의 재판청구권을 침해하고, 법치주의를 제약하는 것이므로 그 범위는 점차 축소되어 가는 경향이다.

3 외국에서의 통치행위 인정 여부

1. 프랑스

통치행위의 관념은 최고행정재판소인 꽁세유데따[Conseil d'Etat; 국참사원(國參事院)]의 판례에 의하여 최초로 정립되었다. 초기에는 광범위하게 인정하였으나, 현재는 그 범위가 축소되어 국제기관 및 대의회관계에 있어서의 행정권의 일정행위에 대해서만 인정하고 있다.

2. 영국

판례를 중심으로 통치행위의 개념이 성립하게 되었다. 주로 국왕의 대권 행사(⑩ 국가승인·선전포고·강화·사면행위) 또는 의회 내부문제를 통치행위로 인정하고 있다. 〈05. 국가 9급〉

3. 미국

사법권 우위원칙에도 불구하고 일정한 정치문제를 사법심사에서 제외함으로써 통치행위를 인정하고 있다. 주로 국제조약의 체결·해석 또는 대통령의 군사행위를 통치행위로 보고 있으며, 'Luther vs. Borden 사건'에서 인정하고 있다. 〈05. 국가 9급〉

Winner's 통치행위를 최초로 인정한 사건 : 프랑스 판례 (○), 미국 Luther vs. Borden 사건 (×)

4. 독일

과거 열기주의(列記主義) 아래에서는 판례상 통치행위를 인정할 여지가 없었으나, 학설상으로는 국회에 의한 선거의 적법성 심사, 전쟁행위, 국가긴급권의 발동행위 등을 통치행위로 보았다. 제2차 세계대전 이후 개괄주의(槪括主義)로 전환함으로써 그 논의가 활발하게 진행되었다. 현재는 수상선거·국회해산, 조약의 체결행위 등을 통치행위로 보고 있다.

5. 일본

독일과 마찬가지로 과거 열기주의를 채택하고 있었으므로 판례상 인정할 여지가 없었으나, 제2차 세계대전 이후 개괄주의를 채택하면서 통치행위를 인정하게 되었다. 판례는 미·일 안보조약의 해석문제(砂川 사건) 및 중의원의 해산행위(苫米地 사건)를 통치행위로 인정하였고, 학설은 긍정설이 통설이었다. 〈04. 국회 8급〉

4 우리나라에서의 통치행위 인정 여부

1. 실정법

현행 헌법은 국회의원의 자격심사, 징계, 제명처분에 대해서 법원에 제소(提訴)할 수 없다고 규정하고 있으므로 실정법상 통치행위를 인정하는 것으로 볼 수 있다(김동희).

> 〈헌법〉 제64조 ② 국회는 의원의 자격을 심사하며, 의원을 징계할 수 있다.
> ③ 의원을 제명하려면 국회재적의원 3분의 2 이상의 찬성이 있어야 한다.
> ④ 제2항과 제3항의 처분에 대하여는 법원에 제소할 수 없다.

Winner's 통치행위 : 국회의원 제명처분 (○), 지방의원 제명처분 (×)

2. 학설

우리나라도 행정소송에 대한 개괄주의를 채택하고 있으나, 내재적 제약설 또는 사법자제설을 이유로 긍정하는 것이 일반적 견해이다. 학설상 논란이 있으나, 주로 대통령의 외교·군사에 관한 행위, 계엄선포, 특별사면행위, 법률안 거부권 행사, 국민투표부의권, 국회의 자율권 행사 등을 그 예로 들고 있다.

3. 판례

(1) 대법원

원칙	대통령의 비상계엄선포행위를 통치행위로 인정한다.
예외	㉠ 계엄선포가 당연무효인 경우에는 심사가능성을 인정한다는 점에서 통치행위로 볼 수 없다. ㉡ 어떤 행위가 통치행위에 해당하는지 여부에 대해서는 법원의 심사권을 인정한다는 점에서 통치행위가 아니다.

(2) 헌법재판소

원칙	대통령의 긴급재정명령 제정행위를 통치행위로 인정한다.
예외	국민의 기본권 침해와 관련되는 경우에는 헌법재판소의 심판대상이 된다고 하여 통치행위성을 부정한다.

---

1. 10·26 사태 수습을 위한 비상계엄선포가 통치행위인지 여부(긍정)

대통령의 계엄선포행위는 고도의 정치적·군사적 성격을 띠는 행위라고 할 것이어서, 그 선포의 당·부당을 판단할 권한은 헌법상 계엄의 해제요구권이 있는 국회만이 가지고 있다 할 것이고 <u>그 선포가 당연무효의 경우라면 모르되, 사법기관인 법원이 계엄선포의 요건구비 여부나, 선포의 당·부당을 심사하는 것은 사법권의 내재적인 본질적 한계를 넘어서는 것이 되어 적절한 바가 못 된다</u>(대판 1979.12.7. 79초70).

2. 법원이 통치행위에 해당하는지 여부를 판단할 수 있는지 여부(긍정)

대통령의 비상계엄의 선포나 확대행위는 고도의 정치적·군사적 성격을 지니고 있는 행위라 할 것이므로, 그것이 누구에게도 일견❶하여 헌법이나 법률에 위반되는 것으로서 명백하게 인정될 수 있는 등 특별한 사정이 있는 경우라면 몰라도, 그러하지 아니한 이상 그 계엄선포의 요건구비 여부나 선포의 당·부당을 판단할 권한이 사법부에는 없다고 할 것이나, 비상계엄의 선포나 확대가 국헌문란의 목적을 달성하기 위하여 행하여진 경우에는 법원은 그 자체가 범죄행위에 해당하는지의 여부에 관하여 심사할 수 있다(대판 1997.4.17. 96도3376). 〈15. 국가 9급〉

용어설명 ❶ 일견(一見) : 한 번 봄. 언뜻 봄

Winner's 법원의 심사권 인정 여부 : 해당성 (○), 당·부당 (×), 당연무효 (△)

3. 대통령의 금융실명거래 및 비밀보장에 관한 긴급재정경제명령이 통치행위인지 여부(긍정)

대통령의 긴급재정경제명령은 국가긴급권의 일종으로서 고도의 정치적 결단에 의하여 발동되는 행위이고 그 결단을 존중하여야 할 필요성이 있는 행위라는 의미에서 이른바 통치행위에 속한다고 할 수 있으나, 통치행위를 포함하여 모든 국가작용은 국민의 기본권적 가치를 실현하기 위한 수단이라는 한계를 반드시 지켜야 하는 것이고, 헌법재판소는 헌법의 수호와 국민의 기본권 보장을 사명으로 하는 국가기관이므로 비록 고도의 정치적 결단에 의하여 행해지는 국가작용이라고 할지라도 <u>그것이 국민의 기본권 침해와 직접 관련되는 경우에는 당연히 헌법재판소의 심판대상이 된다</u>(헌재 1996.2.29. 93헌마186). 〈08. 선관위 9급〉, 〈13. 지방 9급〉

Winner's 헌법재판소의 심사권 : 기본권 침해와 직접관련 (○), 헌법수호와 관련 (×)

4. 통치행위의 인정은 신중하게 판단하여야 하는지 여부(긍정)

입헌적 법치주의국가의 기본원칙은 어떠한 국가행위나 국가작용도 헌법과 법률에 근거하여 그 테두리 안에서 합헌적·합법적으로 행하여질 것을 요구하고, 이러한 합헌성과 합법성의 판단은 본질적으로 사법의 권능에 속한다. 다만 고도의 정치성을 띤 국가행위에 대하여는 이른바 통치행위라 하여 법원 스스로 사법심사권의 행사를 억제하여 그 심사대상에서 제외하는 영역이 있을 수 있으나, 이와 같이 통치행위의 개념을 인정하더라도 과도한 사법심사의 자제가 기본권을 보장하고 법치주의 이념을 구현하여야 할 법원의 책무를 태만히 하거나 포기하는 것이 되지 않도록 그 인정을 지극히 신중하게 하여야 한다(대판 2010.12.16. 2010도5986 전원합의체). 〈13. 지방 9급〉

5. 남북정상회담 개최행위가 통치행위에 해당하는지 여부(긍정)

남북정상회담의 개최는 고도의 정치적 성격을 지니고 있는 행위라 할 것이므로 특별한 사정이 없는 한 그 당부를 심판하는 것은 사법권의 내재적·본질적 한계를 넘어서는 것이 되어 적절하지 못하지만, 남북정상회담의 개최과정에서 재정경제부장관에게 신고하지 아니하거나 통일부장관의 협력사업 승인을 얻지 아니한 채 북한측에 사업권의 대가명목으로 송금한 행위 자체는 헌법상 법치국가의 원리와 법 앞에 평등원칙 등에 비추어 볼 때 사법심사의 대상이 된다(대판 2004.3.26. 2003도7878). 〈13. 지방 9급〉, 〈17. 지방 9급〉

> **Winner's** 남북정상회담 관련하여 통치행위에 해당하는 것 : 개최행위 (○), 송금행위 (×)

6. 서훈❶취소가 통치행위에 해당하는지 여부(부정)

구 상훈법(2011. 8. 4. 법률 제10985호로 개정되기 전의 것) 제8조는 서훈취소의 요건을 구체적으로 명시하고 있고 절차에 관하여 상세하게 규정하고 있다. 그리고 서훈취소는 서훈수여의 경우와는 달리 이미 발생된 서훈대상자 등의 권리 등에 영향을 미치는 행위로서 관련 당사자에게 미치는 불이익의 내용과 정도 등을 고려하면 사법심사의 필요성이 크다. 따라서 기본권의 보장 및 법치주의의 이념에 비추어 보면, 비록 서훈취소가 대통령이 국가원수로서 행하는 행위라고 하더라도 법원이 사법심사를 자제하여야 할 고도의 정치성을 띤 행위라고 볼 수는 없다(대판 2015.4.23. 2012두26920). 〈23. 국가 9급〉

> **용어설명** ❶ 서훈(敍勳) : 나라를 위하여 공로가 있는 사람에게 훈장 등을 수여하는 것

7. 자이툰부대의 이라크 파견결정이 통치행위인지 여부(긍정)

파견결정은 그 성격상 국방 및 외교에 관련된 고도의 정치적 결단을 요하는 문제로서, 헌법과 법률이 정한 절차를 지켜 이루어진 것임이 명백하므로 대통령과 국회의 판단은 존중되어야 하고, 헌법재판소가 사법적 기준만으로 이를 심판하는 것은 자제되어야 한다(헌재 2004.4.29. 2003헌마814). 〈17. 지방 9급〉

8. 신행정수도의 건설 등의 문제를 국민투표에 붙일지 여부에 관한 의사결정이 통치행위인지 여부(긍정)

신행정수도건설이나 수도이전의 문제가 정치적 성격을 가지고 있는 것은 인정할 수 있지만, 그 자체로 고도의 정치적 결단을 요하여 사법심사의 대상으로 하기에는 부적절한 문제라고까지는 할 수 없다. 더구나 이 사건 심판의 대상은 이 사건 법률의 위헌 여부이고 대통령의 행위의 위헌 여부가 아닌바, 법률의 위헌 여부가 헌법재판의 대상으로 된 경우 당해 법률이 정치적인 문제를 포함한다는 이유만으로 사법심사의 대상에서 제외된다고 할 수는 없다. 다만, 이 사건 법률의 위헌 여부를 판단하기 위한 선결문제로서 신행정수도건설이나 수도이전의 문제를 국민투표에 붙일지 여부에 관한 대통령의 의사결정이 사법심사의 대상이 될 경우 위 의사결정은 고도의 정치적 결단을 요하는 문제여서 사법심사를 자제함이 바람직하다고는

할 수 있고, 이에 따라 그 의사결정에 관련된 흠을 들어 위헌성이 주장되는 법률에 대한 사법심사 또한 자제함이 바람직하다고는 할 수 있다. 그러나 대통령의 위 의사결정이 국민의 기본권침해와 직접 관련되는 경우에는 헌법재판소의 심판대상이 될 수 있고, 이에 따라 위 의사결정과 관련된 법률도 헌법재판소의 심판대상이 될 수 있다(헌재 2004.10.21. 2004헌마554). 〈17. 지방 9급〉

9. 특별사면이 통치행위인지 여부(긍정)

사면은 형의 선고의 효력 또는 공소권을 상실시키거나 형의 집행을 면제시키는 국가원수의 고유한 권한을 의미하며, 사법부의 판단을 변경하는 제도로서 권력분립의 원리에 대한 예외가 된다(헌재 2000.6.1. 97헌바74).

Winner's 통치행위 인정 여부

긍정한 판례	부정한 판례
① 10·26 사태 수습을 위한 비상계엄선포	① 당연무효인 통치행위(부정가능성) ② 통치행위에 해당하는지 여부의 판단
② 남북정상회담 개최행위	③ 남북정상회담 개최과정에서의 송금행위
③ 신행정수도의 건설 등의 문제를 국민투표에 붙일지 여부에 관한 의사결정	④ 신행정수도 건설 및 수도이전 문제 그 자체
④ 대통령의 금융실명거래 및 비밀보장에 관한 긴급재정명령 ⑤ 자이툰부대의 이라크 파견결정 ⑥ 군사시설보호구역의 설정행위 ⑦ 특별사면	⑤ 대통령의 서훈취소

5 통치행위의 효과

1. 위법성 심사

통치행위는 재판의 대상이 될 수 없으므로 그 위법 여부를 심사할 수 없다.

Winner's 통치행위에 해당하는 경우 : 각하판결 (○), 기각판결 (×)

2. 국가배상

위법한 통치행위로 인하여 사인(私人)이 손해를 입은 경우에 국가를 상대로 손해배상을 청구할 수 있는지 여부가 문제된다. 학설이 대립하나, 통치행위와 손해 사이에 인과관계를 입증하는 것이 어려우므로 현실적으로는 부정되는 경향이다.

3. 헌법적 한계

통치행위가 재판에서 배제된다고 하더라도 헌법의 기본원리에는 위반될 수 없으므로 헌법적 한계는 있다.

Winner's 통치행위의 통제 : 헌법적 통제 (○), 재판에 의한 통제 (×)

제3절 행정의 분류

1 주체를 기준으로 한 분류 〈18. 서울 9급〉

1. 국가행정(직접 국가행정)

국가가 그 기관을 통하여 하는 행정이다. 중앙행정은 국가기관에 의하고, 지방행정은 지방자치단체 또는 그 기관에 위임하여 하는 것이 원칙이다.

2. 자치행정(간접 국가행정)

국가와 독립된 법인격을 가진 자치단체가 하는 행정이다. ① 공공단체의 행정이라는 견해(광의설), ② 지방자치단체의 행정만을 의미한다는 견해(협의설)가 대립한다. 광의설이 다수설이다.

3. 위임행정

국가 등 행정주체가 자기 사무를 다른 단체나 그 기관 또는 사인(私人)에게 위임하여 처리하는 행정이다. 행정권한을 위임받은 사인(私人)은 공권력을 부여받은 한도 내에서 예외적으로 행정주체가 된다.

2 대상을 기준으로 한 분류

건축행정·도로행정·교육행정·경제행정·재무행정·사회행정 등의 형태로 구별된다.

3 목적을 기준으로 한 분류

1. 질서행정

(1) 의의

공공의 안녕과 질서유지를 목적으로 하는 행정이다. 과거에는 국가의 기능이 제한적이므로 형식적 의미의 경찰기관에 의한 작용을 뜻하는 것이었으나(예 치안유지), 오늘날 국가의 기능이 확대됨으로써 보건·위생담당기관과 같이 경찰 이외의 기관에 의한 작용도 포함하는 경향이다(예 교통정리, 영업규제, 전염병예방활동 등).

(2) 경찰행정과 구별

과거 소극적인 야경국가❶ 시대에서는 국가의 기능이 질서유지에 한정되었으므로 질서행정은 경찰행정과 동일한 개념으로 파악되었으나, 오늘날 적극적인 복지국가 시대에서는 질서행정의 개념이 확대되고 경찰행정은 위해방지로 한정되면서 분리되기에 이르렀다.

> **용어설명** ❶ 야경(夜警)국가 : 야간 경찰, 국민의 자유를 최대한 보장하고 국가의 기능을 최소화하는 국가

> 〈행정기본법〉 제4조(행정의 적극적 추진) ① 행정은 공공의 이익을 위하여 적극적으로 추진되어야 한다.
> ② 국가와 지방자치단체는 소속 공무원이 공공의 이익을 위하여 적극적으로 직무를 수행할 수 있도록 제반 여건을 조성하고, 이와 관련된 시책 및 조치를 추진하여야 한다.
> ③ 제1항 및 제2항에 따른 행정의 적극적 추진 및 적극행정 활성화를 위한 시책의 구체적인 사항 등은 대통령령으로 정한다.

2. 급부행정

(1) 의의

국민의 복지를 적극적으로 증진하기 위한 목적으로 하는 행정이다.

> 〈행정기본법〉 제3조(국가와 지방자치단체의 책무) ① 국가와 지방자치단체는 국민의 삶의 질을 향상시키기 위하여 적법절차에 따라 공정하고 합리적인 행정을 수행할 책무를 진다.
> ② 국가와 지방자치단체는 행정의 능률과 실효성을 높이기 위하여 지속적으로 법령등과 제도를 정비·개선할 책무를 진다.

(2) 범위

① 공급행정 : 현대 사회의 일상생활에서 필요불가결한 공공역무를 제공하는 행정이다(예 교통·통신시설, 문화·교양적 역무, 보건·복지시설의 제공활동 등).

② 사회보장행정 : 직접 개인을 대상으로 하여 행하여지는 급부활동이다. 헌법상 규정되어 있는 '인간다운 생활을 할 권리'와 '국가의 사회보장·사회복지증진의무'를 구현하기 위한 것이다(예 공적부조, 사회보험, 사회복지활동 등).

③ 조성(造成)행정 : 사회구조에 관한 정책의 일환으로 또는 개인의 생활개선을 목적으로 하는 행정이다(예 자금의 조성·교부, 청소년의 보호·육성, 지식·기술의 제공 등).

3. 유도(誘導)행정

행정주체가 국민의 사회·경제·문화생활 등을 일정한 방향으로 유도하고 개선하기 위한 행정이다(예 지방에 본점을 설치하는 기업에 대하여 각종 세금을 감면하여 서울의 집중현상을 완화하는 것).

4. 계획행정

장래의 행정수요를 충족하기 위해서는 가용자원을 합리적이고 효율적으로 이용할 필요가 있으므로 관계되는 여러 이익을 비교형량하여 구체적으로 형성하는 행정이다.

5. 공과(公課)행정

행정주체가 행정의 수행을 위해 필요한 자금을 조달하는 행정이다(예 조세부과처분 등).

6. 조달(調達)행정

행정목적달성에 필요한 인적·물적 수단을 취득하고 관리하는 행정이다(예 비품구입계약).

Winner's 대상 : 공급행정 (전기·수도·가스), 공과행정 (자금), 조달행정 (인적·물적)

4 수단 또는 형식을 기준으로 한 분류

1. 권력행정(권력고권행정)

행정주체가 국민에 대해 우월적인 지위에서 명령·강제수단을 사용하고, 전면적으로 공법의 규율을 받으며, 공법적 형식으로 활동하는 행정을 말한다(® 경찰처분, 조세부과, 공용부담 등).

2. 관리행정(단순공행정, 단순고권행정, 비권력행정)

행정주체가 국민과 대등한 지위에서 비권력적 수단을 사용하여 공기업 또는 공물 등을 관리하는 작용으로서 행정목적을 달성하기 위하여 필요한 한도 내에서만 공법적 규율을 받으며, 공법적 형식으로 활동하는 행정을 말한다(® 예방접종의 권고, 공법상 계약 체결 등). 비권력적인 수단을 사용하면 대립을 완화시킬 수 있으므로 더 효율적이고 민주적인 방식이 될 수 있기 때문이다.

3. 국고(國庫)행정(협의의 국고행정)

행정주체가 국민과 대등한 지위에서 엄격한 의미의 국고(國庫) 또는 사경제주체로서 활동하면서 전면적으로 사법(私法)의 규율을 받으며, 사법(私法)형식으로 활동하는 행정이다(® 구청에서 사무용품을 구입하는 것, 국유의 일반재산을 매각하거나 임대하는 것 등). 사법(私法)형식으로 공행정 업무를 수행하는 '형식적 의미의 국고행정'과 구별된다.

5 상대방에 대한 효과를 기준으로 한 분류

1. 침익적 행정

처분의 상대방에게 불이익을 주는 행정으로서, 권리를 제한하거나 의무를 부여하는 행정이다(® 세금부과, 영업정지 등).

2. 수익적 행정

처분의 상대방에게 이익을 주는 행정으로서, 자연적 자유를 회복시켜주거나 새로운 권리 등을 부여하는 행정이다(® 금전·물품 서비스 등의 제공, 허가·인가·특허 등).

3. 복효적 행정

하나의 처분이 침익적 효과와 수익적 효과를 모두 부여하는 행정이다(® 연탄공장허가가 인근주민에 대해 불이익을 주는 것).

제2장 | 행정법

제1절 / 행정법의 의의

1 서설

1. 의의
행정법이란 일반적으로 행정에 관한 국내 공법을 말한다. 구체적으로는 행정주체의 조직과 작용 및 구제에 관한 공법을 말한다.

2. 개념요소

(1) '행정'에 관한 법

행정법은 행정권의 조직 및 작용을 규율하는 법이라는 점에서, 입법(立法)법(예 「국회법」), 사법(司法)법(예 「법원조직법」, 「민사소송법」, 「형사소송법」)과 구별된다. 통치권을 중심으로 국가의 근본조직과 작용에 관하여 규율하는 헌법(憲法)과도 구별된다.

(2) 행정에 관한 '국내법'

원칙	국내관계를 규율하는 법이므로 국제법은 포함되지 않는 것이 원칙이다.
예외	① 헌법에 의하여 체결·공포된 조약, ② 일반적으로 승인된 국제법규는 국내법과 동일한 효력을 가지므로(헌법 제6조 제1항) 예외적으로 행정법의 일부가 될 수 있다.

(3) 행정에 고유한 '공법'

① 의의: 행정에 관한 모든 법이 아니라, 사법(私法)과 대비되는 특수한 원리가 적용되는 공법을 의미한다.

② 인정범위: 공행정주체로서 활동하는 '권력행정'이나 '관리행정'은 포함되나, 사경제주체로서 활동하는 '국고(國庫)행정'은 포함되지 않는다. 다만, 공행정업무를 사법(私法)형식에 의해 수행하는 경우에는 포함될 수 있다.

3. 행정에 관한 실정법

행정에 관한 법령은 국가의 활동을 규정하고 있다는 점에서 그 양이 방대하고, 국민 생활에 큰 영향을 미친다는 점에서 공무원과 국민들이 쉽게 이해할 수 있는 기본법을 제정할 필요가 있었다. 현재는 「행정기본법」을 제정하여(21.3.23.시행) 그동안 학설·판례로 정립된 공통된 내용들을 명시하여 규율하고 있다.

> 〈행정기본법〉 제1조(목적) 이 법은 행정의 원칙과 기본사항을 규정하여 행정의 민주성과 적법성을 확보하고 적정성과 효율성을 향상시킴으로써 국민의 권익 보호에 이바지함을 목적으로 한다.
>
> 제5조(다른 법률과의 관계) ① 행정에 관하여 다른 법률에 특별한 규정이 있는 경우를 제외하고는 이 법에서 정하는 바에 따른다.
> ② 행정에 관한 다른 법률을 제정하거나 개정하는 경우에는 이 법의 목적과 원칙, 기준 및 취지에 부합되도록 노력하여야 한다.

용어설명 ❶ 개별법 : 특정한 영역에서만 적용되는 법령
❷ 일반법 : 개별법에서 규율하지 않는 영역에 대해서 보충적으로 적용되는 법

2 행정법의 성립과 유형

1. 성립

근대 행정법은 '법치주의'를 이론적 기초로 하여, '행정제도'를 전제로 성립하였다. '행정제도'라 함은 행정관리가 통상법원의 통제나 일반법률에 복종하는 것이 아니고 집행권에 속하는 상사의 감독을 받으며 특별한 법령에 의해 규율받는 것을 말한다. 행정제도의 존재여부에 따라 '행정국가'와 '사법국가'로 국가형태가 나뉜다.

행정국가	• 행정제도를 가진 나라로서, 대륙법계 국가가 여기에 해당한다. • 프랑스는 행정제도를 기반으로 독자적인 행정법의 발달을 촉진시킨 행정법의 모국(母國)이다. • 독일은 프랑스의 영향으로 행정제도를 가지게 되어 행정법이 성립하였다.
사법(司法)국가	• 행정제도가 없는 나라로서, 영미법계 국가가 여기에 해당한다. • 행정주체의 활동을 사법(私法)으로 규율한다.

Winner's 행정법 성립의 이론적 전제 : 법치주의 (○), 권력분립 (×)

2. 유형

(1) 프랑스의 행정법

① 사법재판소의 재판권 부인: 1789년 프랑스 혁명 이전에는 세습적 지위를 가진 법관들로 구성된 사법재판소인 '빠를르망(Parlement)'의 행정에 대한 간섭이 심하고 국왕의 개혁적 조치를 반대하고 있었다. 혁명 이후에는 권력분립을 근거로 모든 행정사건에 대한 사법재판소의 재판권을 부인하게 되었다.

② 꽁세유데따(Conseil d'Etat)의 설치: 1799년 행정권에 대한 자문기관으로서 '꽁세유데따[국참사원(國參事院)]'와 '도참사원(道參事院)'이 설치되어 행정사건은 실질적으로 '꽁세유데따'가 맡게 되었고, 1872년 이후에는 고유한 재판권을 행사하게 되었다. 그리하여 프랑스 행정법은 꽁세유데따의 판례를 통하여 정립되었다.

> 참고 　블랑코(Blanco) 판결
>
> **1. 내용:** 블랑코라는 소년이 담배운반차에 치어 부상당한 후 민사재판소에 손해배상청구소송을 제기하였는데, 관할재판소가 이 사건을 공역무(公役務)와 관련된 것으로 보아 행정재판소의 관할을 인정한 판결이다.
> **2. 평가:** 이 판결은 권력행위와 관리행위의 구별을 지양하고 공역무(公役務)라는 개념을 최초로 사용하였으며, 국가의 배상책임을 최초로 인정한 사건이라는 평가를 받는다.

　　③ 특징: 프랑스는 ⊙ 독립한 행정재판소를 가지고 있다는 점, ⓒ 판례를 통하여 이론을 정립하므로 내용이 구체적이라는 점, ⓒ 공역무를 기본관념으로 하고 있어서 그 범위가 독일에 비하여 넓은 편이라는 점이 특징이다.

　　Winner's 　프랑스 행정법 : 판례 중심 (○), 제정법 중심 (×)

(2) 독일의 행정법

① 성립: 전통적인 국고(國庫)이론의 영향 하에서, 국가권력과 그에 복종하는 국민과의 지배복종관계를 중심으로 성립·발전되어 왔다. '국고이론'이란 국가가 재산권의 주체로서 활동하는 '국고(國庫)작용'은 사법(私法)관계로, 공권력 주체로서 활동하는 '권력작용'은 공법관계로 파악하는 이론이다.

② 연혁❶: 프랑스의 영향으로 행정재판소를 가지게 되었으나, 다수의 주(州)가 열기주의를 채택하고 있어서 재판통제가 제한적이었다. 그러나 본(Bonn) 기본법 아래에서 개괄주의로 전환하게 되어 사법(司法)적 구제가 일반화되었다.

　　용어설명 ❶ 연혁(沿革) : 일정한 사항이 변화되어 온 과정

③ 특징: ⊙ 최근 비권력행정인 급부행정이 중요한 연구 대상이 되었으나, 여전히 권력작용 중심이라는 점에서 그 범위가 좁은 편이고, ⓒ 연구대상이 주로 제정법 중심이라는 점이 특징이다.

　　Winner's 　독일 행정법 : 공권력 중심 (○), 공역무 중심 (×)

(3) 영·미의 행정법

① 보통법원의 통제: 국가와 국민의 관계도 사인 상호 간의 관계와 마찬가지로 보통법원의 통제를 받고 있었으며 독립한 행정재판소는 존재하지 않는다.

　　Winner's 　독립한 행정재판소 : 대륙법계 (○), 영미법계 (×)

② 행정위원회의 설치: 19세기 말 자본주의가 발달하면서, 각종 폐해가 발생하자 보통법원과 통상의 행정기관만으로는 공익과 사익의 조정이 어렵게 되어 행정적 권한뿐만 아니라 준입법권 및 준사법권을 가진 무수한 행정위원회가 설치되었다.

③ 행정법의 성립: 행정위원회의 권한, 그 권한 행사의 절차 및 활동에 대한 사법(司法)심사 등에 관한 법을 중심으로 하여 행정법이 성립·발달하게 되었다.

④ 특징: ㉠ 실체법❶적 규제보다는 절차법❷적 규제에 관심을 둔다는 점, ㉡ 행정기관의 활동은 여전히 보통법원의 통제를 받고 있으므로 영·미의 행정법은 보통법❸에 의한 법의 지배를 부정하는 것이 아니라 부분적으로 수정함에 그친다는 점이 특징이다. 〈11. 국가 9급〉

용어설명
❶ 실체법: 권리와 의무의 성립요건을 정한 법
❷ 절차법: 권리를 실현하는 데 필요한 절차를 규정한 법
❸ 보통법: 행정사건과 민사사건을 불문하고 똑같이 적용되는 법. 그 법적 성질은 사법(私法)에 속함

(4) 우리나라의 행정법

행정사건을 포함한 모든 법률적 분쟁을 사법(司法)부에서 관할하고 있으므로 영·미식의 사법(司法)국가의 형태이나, 공·사법을 분리하고 있으므로 행정국가적 성격이 혼합되어 있다. 〈11. 국가 9급〉

Winner's 각국의 행정법 유형

구분	프랑스	독일	영·미	우리나라
관련기구	독립한 행정재판소	독립한 행정재판소	행정위원회	행정법원(사법부)
법체계	공·사법 2원주의	공·사법 2원주의	공·사법 1원주의	공·사법 2원주의
유형	행정국가	행정국가	사법(司法)국가	사법(司法)국가
기타 특징	① 판례 중심 ② 공역무 중심 ③ 블랑코 판결	① 제정법 중심 ② 공권력 중심 ③ 국고이론	① 절차적 규율 강조 ② 보통법에 의한 법의 지배 수정	혼합적 성격

제2절 　행정법의 특성

1 　서설

행정법은 무수한 개별법령의 집합체로 형성되어 있고, 통일적인 성문의 단일법전이 존재하지 않는다. 그러나 이러한 개별법령은 공통의 기본원리에 의하여 통일적인 법체계를 구성하고 있다. 다만, 이러한 특성은 절대적인 것은 아니고 상대적인 것에 불과하다.

2 　구체적 검토

1. 규정 형식상의 특성

(1) 성문성(成文性)

행정은 공익을 실현하는 작용이므로 여러 사람에게 획일적·강행적으로 영향을 미치게 된다. 따라서 국민들에게 예측가능성을 부여하고, 법적 생활을 안정시키기 위해서는 다른 법과 다르게 성문으로 명시할 필요성이 크다. 다만, 입법기술적인 한계가 있으므로 불문법에 의한 보충도 필요하다.

(2) 형식의 다양성

행정은 규율 대상이 복잡·다양하므로 유동적·전문적 성격을 가지게 되어 그 법형식도 법률·명령·조례·규칙·공고·고시 등 다양한 형태를 가진다.

2. 규정 성질상의 특성

(1) 재량성

행정은 구체적 사정에 따라 적절한 처분을 할 필요가 있으므로 행정법은 사법(司法)법과 다르게 행정청에게 재량권을 부여하는 경우가 많다.

(2) 획일성·강행성

행정은 다수의 이해관계인이 존재하므로 행정법은 사법(私法)과 다르게 개인의 의사를 무시하고 획일적·강행적으로 규율한다.

(3) 기술성·수단성

행정법은 헌법과 다르게 정치적 변동에 민감하지 않으므로 행정목적의 실현을 위한 합리적인 기술 또는 수단을 규정하는 경우가 많다.

> **참고　오토 마이어(O. Mayer)**
> "헌법은 변해도 행정법은 변하지 않는다."라고 하여 행정법의 기술성(면역성)·수단성을 강조하고 있다.

Winner's 　행정법의 특성 : 기술·수단성 (○), 정치성 (×)

(4) 명령성

사법(私法)이 주로 효력규정(능력규정)으로 되어 있는 것과 다르게 행정법은 주로 명령규정(단속규정)으로 구성되어 있다.

> **참고** 명령규정과 효력규정
>
> | 명령규정
(단속규정) | 국민에 대하여 의무를 부여하는 규정이다. 예를 들어 '영업을 하기 위해서는 영업허가를 받아야 한다'라고 규정하는 것이다. 허가를 받지 않으면 그 행위는 위법하므로 단속의 대상이 되어 행정상 강제집행 또는 행정벌을 부과받지만, 그 영업행위 자체가 무효가 되는 것은 아니다. |
> |---|---|
> | 효력규정
(능력규정) | 해당 법률행위의 효력을 정하는 규정이다. 예를 들어 '선량한 풍속 기타 사회질서에 위반되는 행위는 무효로 한다.'라고 규정하는 것이다. 위반하면 무효가 된다. |

Winner's 명령규정 위반의 효력 : 위법 (○), 무효 (×)

3. 규정 내용상의 특성

(1) 행정주체의 우월성

① 의의: 행정법은 행정작용의 실효성과 법적 안정성을 확보하기 위해서 행정권에 대하여 우월적 지위를 인정한다. 다만, 이러한 우월성은 본질적인 것이 아니라 법정책적인 효력에 불과하다.

Winner's 행정주체의 우월성 : 법정책적 (○), 본질적 (×)

② 내용

권력성	일방적으로 행정법관계를 형성한다.
공정(公定)성	행정행위에 경미한 흠이 있더라도 일단 유효한 행위로 취급한다.
자력집행력	의무불이행이 있으면 행정청 스스로 집행할 수 있다.

(2) 공익추구성

행정법은 행정주체가 사인(私人)과 대등하게 행위하는 경우에도 사법(私法)과 다르게 특별한 규율을 하는 경우가 많다.

(3) 집단성·평등성

행정법은 불특정 다수인을 대상으로 규율하는 것이 보통이므로 사법(私法)과 다르게 집단구성원 상호 간의 평등을 고려하여야 한다.

Winner's 행정법 특성 : 집단성 (○), 개별성 (×)

제3절 우리나라 행정법의 기본원리

1 서설

헌법은 국가의 통치구조와 국민의 기본권을 규정한 기본법이다. 모든 법은 최고법인 헌법의 집행법으로서의 성격을 가진다. 따라서 행정법의 기본원리도 헌법의 이념을 실현할 수 있도록 구성되어야 할 필요가 있다.

> **참고** 헌법과 행정법의 관계
>
> 1. 무감수성(無感受性)[오토 마이어(O. Mayer)]
> "헌법은 변해도 행정법은 존속한다."라고 하여 헌법에 대한 행정법의 무감수성을 표현하였다.
> 2. 밀접관련성[프리츠 베르너(F. Werner)]
> '행정법은 헌법의 구체화법이다'라고 하여 행정법의 원리는 헌법과 밀접하게 관련되어 있음을 표현하고 있다. 오늘날 강조되는 견해이다. 〈20. 군무원 7급〉

2 내용

1. 민주행정

현행 헌법은 국민주권주의를 규정하여 민주주의를 국가의 기본원리로 인성하고 있으므로 행정조직과 작용도 민주주의 원리에 부합되도록 하여야 한다. ① 공무원의 정치적 중립보장, ② 국민 전체에 대한 봉사자로서의 역할 강조, ③ 각종 행정에의 국민의 참여기회 확대, ④ 공개행정의 원칙 등이 있다.

2. 법치행정

현행 헌법은 법치주의를 기초로 하고 있으므로 모든 국가작용은 법을 따라야 한다. 따라서 행정의 자의적인 권한발동을 방지하고, 예측가능성을 보장하기 위해서는 행정권의 발동도 법을 따라야 한다. ① 법률유보원리, ② 법률우위원리를 그 내용으로 하고 있다. 〈11. 국가 9급〉

Winner's 법치행정의 기능 : 예측가능성 부여 (○), 행정의 효율성 (×)

3. 자치행정

현행 헌법은 지방자치제도를 인정하므로 지방자치단체는 주민의 복리에 관한 사무를 처리하고 그 재산을 관리하며, 법령의 범위 안에서 자치에 관한 규정을 제정할 수 있다.

4. 사회국가의 원리

자본주의 원리의 폐단을 시정하여 모든 사람이 인간다운 생활을 할 수 있도록 하려는 원칙이다. 국민의 자유와 평등을 실질적으로 보장하기 위하여 현대 국가는 국민들의 생활에 적극적으로 관여하고 있다. 현행 헌법도 ① 인간다운 생활을 할 권리, ② 사회적 기본권, ③ 사회적 복리국가를 지향하고 있다.

제4절 / 법치행정

1. 서설

1. 의의

국가작용 중에서 행정권의 발동은 헌법과 법률에 따라야 하고 위법한 행정작용에 대한 구제제도가 정비되어 있어야 한다는 원리이다. 법치주의의 하위 개념으로서 성문법·불문법을 모두 포함한다.

2. 유형

독일	① '법치행정' 또는 '법률에 의한 행정의 원리'로 성립하였다. ② 오토마이어(O. Mayer)가 3대 원칙으로 체계화하였다. ③ '외견적 입헌군주제❶' 또는 '나치정권' 아래에서 이념형과 많은 편차를 보이면서 형식적 법치주의로 변질되었다. ④ 제2차 세계대전 이후 실질적 법치주의를 채택하였다.
영·미	① '법의 지배원리(Rule of law)'로 성립하였다. ② 영국은 다이시(A.V. Dicey)의 3대 원칙으로 정립되었다. ③ 미국은 법원의 위헌법률심사제도를 중심으로 형성·발전되어 왔다. ④ 인권보장을 실현하려는 실질적 법치주의를 중심으로 발전하였다.

용어설명 ❶ 외견적 입헌군주제 : 군주의 권력이 헌법에 의하여 제약되는 것처럼 보이나 실질적으로는 제약되지 않는 제도

2. 독일의 법치행정

1. 법치행정의 3대 원칙

(1) 법률의 법규창조력원칙

새로운 법규를 창조하는 것은 의회가 제정한 법률에 의해서만 가능하다. '법규'란 국민의 권리·의무에 영향을 미치거나 그 범위를 확정하는 일반·추상적 규범을 말한다. 오늘날 행정권도 입법권에 의한 위임❶이 있으면 법규를 창조할 수 있다.

용어설명 ❶ 위임 : 일이나 권한을 다른 사람에게 맡기는 것, 수권(授權)이라고도 표현된다.

(2) 법률의 우위원칙(법치행정의 소극적 원리)

① 의의: 행정 및 행정에 관한 그 밖의 규율은 헌법과 법률에 저촉되어서는 안 된다는 원칙이다. 법률에서 '6월 이하의 정지처분을 할 수 있다'고 규정하고 있는데 7월의 정지처분을 하게 되면 위법한 것으로 된다는 원칙이다. 오늘날 합헌적 법률의 우위원칙으로 수정되었다.

② 적용범위: 모든 행정영역에 적용된다. '법률'에는 헌법, 형식적 의미의 법률, 법규명령과 관

습법과 같은 불문법을 모두 포함한다. 다만, 법률우위원칙은 행정처분의 위법성을 판단하기 위한 것이라는 점에서 행정규칙은 원칙적으로 포함되지 않는다.

(3) 법률의 유보원칙(법치행정의 적극적 원리)

① **의의**: 행정작용을 발동하기 위해서는 법률에 근거가 있어야 한다는 원칙이다. 법률에서 "허가를 취소할 수 있다."라는 규정이 없는데 취소처분을 발동하면 위법하게 된다. 과거에는 자유주의 사상을 기초로 하여 침익적 처분에 대해서만 적용되는 것으로 보았으나, 오늘날 평등원칙도 중요한 것이므로 수익적 작용에 대해서도 적용되는 것으로 인식되어 그 범위가 점차 확대되어 가고 있는 중이다.

② **적용범위**: 일정한 행정영역에 한하여 적용된다. '법률'에는 형식적 의미의 법률이나 위임을 받은 명령이 포함되지만, 관습법·판례법과 같은 불문법은 포함될 수 없다. '근거'란 작용법적 근거(행위규범)를 의미하고, 조직법적 근거(권한규범)를 의미하는 것은 아니다. 정당한 권한은 언제나 필요하기 때문이다. 〈18. 서울 9급〉, 〈19. 서울 7급〉

Winner's 법률유보의 근거 : 작용법적 근거 (○), 조직법적 근거 (×)

Winner's 법치행정 원칙의 적용영역

적용범위 \ 원칙	법률우위	법률유보
행정의 범위	모든 영역	일정 영역
법률의 범위	성문법·불문법	성문법

2. 이념형과의 편차

(1) 법률의 법규창조력

근대적 법치행정의 이념은 법률만 법규를 창조할 수 있다는 것이었으나, 군주는 의회로부터 독립하여 법규를 제정할 수 있다는 점(⑩ 군주의 독립명령권·긴급명령권), 행정입법에 대해서 포괄적인 수권(授權)을 한다는 점, 일반조항에 의하여 광범위하게 재량권을 부여한다는 점에서 본래 내용이 변질되었다.

(2) 법률의 우위원칙

비상조치나 긴급칙령에 대해서는 법률우위의 원칙이 적용되지 않았으며, 법률이 국민의 자유를 보장하기 위한 목적으로 제정되지 않고, 국가목적을 달성하는 수단으로 변질되어 법률의 형식만 따르면 내용과 상관없이 정당한 것으로 인식되는 형식적 법치주의로 변질되었다.

(3) 법률의 유보원칙

과거에는 국민의 자유보장이 중요하였으므로 법률유보원칙의 적용범위가 매우 제한적으로 해석되어 국민의 자유나 재산을 침해하는 행정작용에 대해서만 법률의 근거를 요하는 것으로 파악되었다.

3 영미법의 법의 지배원리[다이시(A. V. Dicey)의 3대 원칙]

1. 제1원칙(법의 절대적 우위)
자의적 권력의 지배가 아닌 정당한 법의 지배를 강조하는 원칙이다.

2. 제2원칙(법적 평등원칙)
행정권도 일반사인과 마찬가지로 보통법(Common law)에 구속되고 일반법원의 재판을 받아야 한다는 법적 평등원칙이다.

3. 제3원칙(인권에 관한 원칙)
인권에 관한 헌법원칙은 일반법원이 개인의 권리에 관하여 결정하는 판결의 결과라는 원칙이다.

4 실질적 법치주의

1. 의의
법률의 실질적 내용이 헌법에 부합할 것을 요구하는 법치주의를 말한다. 오늘날 대부분의 현대국가에서는 실질적 법치주의를 채택하고 있다.

2. 구체적 내용 〈14. 사회복지 9급〉

(1) 법치행정원칙의 일반적 적용

과거에는 행정조직이나 공무원의 근무관계에 대해서는 법치행정의 원리가 적용되지 않았으나, 오늘날 행정조직도 국민생활에 영향을 미치고, 공무원의 근무관계도 전통적인 특별권력관계이론이 부정되어 법치행정의 원리가 적용된다.

(2) 위임명령의 허용

과거 독일·일본에서는 군주가 법률의 수권(授權) 없이 자유로이 제정하는 '독립명령' 또는 '긴급명령'에 의하여 법규를 창조하는 것을 인정하고 있었으나, 오늘날에는 상위법률에서 구체적으로 위임을 받은 '위임명령'에 의해서만 법규를 창조할 수 있는 것으로 본다.

(3) 합헌적 법률의 우위

과거 형식적 법치주의 아래에서는 법률의 실질적 내용은 문제 삼지 않았으나, 제2차 세계대전 이후에는 독일 등에서도 헌법상 기본권 또는 자유주의적 민주국가의 기본원칙 등이 규정되고 위헌법률심사제도가 도입되어 합헌적인 법률의 우위를 인정하고 있다.

(4) 법률의 유보범위의 확대

과거 형식적 법치주의 아래에서는 법률의 유보범위를 제한적으로 파악하였으나, 오늘날에는 그 범위를 확대하고 있다.

5 법률의 유보에 관한 학설 및 판례

1. 학설

(1) **침해유보설**

① 의의: 개인의 자유와 권리를 제한 또는 침해하거나 의무를 부과하는 경우에는 반드시 법률의 근거가 필요하다는 견해이다(⑩ 보조금 지급이나 공공시설의 설치 등은 법적 근거를 요하지 않는 것으로 보게 된다). 19세기에 발달한 자유주의 사상을 근거로 한다.

② 기능: 19세기 독일의 외견적 입헌군주제 하에서 군주와 시민 사이의 타협의 산물로서 군주의 자유로운 영역을 확보해 주는 역할을 하였으며, '행정에 대한 자유'를 강조한다.

③ 평가: 오늘날 자유권적 기본권뿐만 아니라 사회적·생존권적 기본권도 강조되고 있으므로 평등원칙을 무시한다는 비판이 있다. 〈05. 국회 8급〉

(2) **권력행정유보설**

① 의의: 침익적 작용 또는 수익적 작용을 불문하고 행정권의 일방적 의사에 의하여 국민의 권리·의무를 결정하게 되는 모든 권력적 행정작용은 법률의 근거가 필요하다는 견해이다. 민주적 법치국가에서 국가의 우월성은 행정의 고유한 속성이 아니라 법률의 수권(授權)이 있어야 가능하다는 점을 근거로 한다. 〈05. 국회 8급〉

② 평가: 침해유보설과 급부유보설을 합친 것에 불과하다는 비판이 있다.

(3) **급부행정유보설(사회유보설)**

① 의의: 침익적 작용뿐만 아니라 수익적 작용도 법률의 근거가 필요하다는 견해이다. 20세기에 발달한 평등이념을 근거로 한다.

② 기능: 현대 국가에서는 국민의 생활이 행정에 의존하는 정도가 강하므로 공평한 배분을 위해서 수익적 작용도 법률에 근거를 두어야 한다는 견해이며, '행정을 통한 자유'를 강조한다. 〈05. 국회 8급〉

> **Winner's** 자유를 보장하는 방법 : 침해유보설(행정에 대한 자유), 급부유보설(행정을 통한 자유)

③ 평가: ㉠ 행정의 탄력적 대응의 필요성을 무시한다는 점, ㉡ 행정권도 나름대로 민주적 정당성이 있다는 것을 무시한다는 점, ㉢ 급부활동에 대해서는 법률의 근거가 없더라도 법률우위원칙이 적용되므로 반드시 자의적으로 발동되는 것이 아니라는 점에서 비판받는다.

(4) **중요사항유보설(본질성설)**

① 의의: 일반권력관계 또는 특별권력관계를 불문하고 각 행정부문의 중요한 사항(본질사항)은 법률에 근거가 필요하다는 견해이다. 〈04. 국가 9급〉

> **참고** 칼카르(Kalkar) 판결
>
> **1. 내용:** 독일 연방헌법재판소는 원자력발전소(칼카르) 결정에서 "원자력발전소의 설치와 같은 국가사회 공동체 내에서 극단의 갈등요소가 존재하는 근본적인 결정은 전적으로 입법자인 의회의 몫이며, 입법자는 침해라는 특징과는 무관하게 기본적인 규범영역에서, 특히 기본권 실현의 영역에서 국가 전체적인 규율의 필요성을 감안하여 모든 본질적인 결정을 스스로 해야 한다."라고 판시하였다.
> **2. 평가:** 무엇이 본질적인 결정인지에 대해서는 논란이 있으며, 중요사항유보설을 주장한 판결이다.

② 본질사항의 판단: 해당 행정부문 또는 행정작용의 속성을 기준으로 하기 보다는 국민 일반 및 개인과의 관계에 있어 그 사항에 대한 법적 규율이 가지는 의미·효과·중요성 등에 의존하여 판단하므로 개별적·상대적으로 결정된다. 〈04. 국가 9급〉

③ 법적 규율의 유형: 중요사항유보설은 행정에 대한 규율이 국민의 기본권에 미치는 영향에 따라서 ㉠ 구체적·세부적 사항까지 법률에 의해서만 규율되어야 하는 사항(의회유보 사항), ㉡ 부분적으로 법규명령에 위임이 가능한 사항, ㉢ 전혀 법률의 규율을 필요로 하지 않는 사항으로 나눈다.

Winner's 의회유보 : 중요사항유보설 (○), 전부유보설 (×)

④ 평가

장점	㉠ 법률유보의 범위를 행정부문이나 행정작용의 속성을 기준으로 일률적으로 정하지 않고 구체적으로 결정한다. ㉡ 법률유보의 범위뿐만 아니라 그 규율의 정도에 대해서도 기본원칙을 제시한다.
단점	일반원칙을 제시함에 그치고 구체적 기준은 제시하지 못한다.

Winner's 중요사항유보설 : 유보의 정도도 규율 (○), 유보의 범위만 규율 (×)

(5) 전부유보설

① 의의: 모든 행정작용은 법률의 근거가 필요하다는 견해이다. 오늘날 민주적 법치국가에서는 행정권이 지도적 역할을 상실하였고 의회가 국가의 최고기관으로서의 지위를 가지고 있다는 점을 논거로 들고 있다.

Winner's 전부유보설 : 모든 행정작용 (○), 모든 행정행위 (×)

② 평가: ㉠ 모든 행정작용을 법률로 규율한다는 것은 지나치게 이상적이라는 점, ㉡ 행정권 나름대로의 민주적 정당성을 무시한다는 점, ㉢ 탄력적인 행정대응의 필요성을 무시한다는 점에서 비판받는다.

2. 판례

헌법재판소는 "「토지초과이득세법(이하 '토초세법')」상의 기준시가는 국민의 납세의무의 성부 및 범위와 직접적인 관계를 가지고 있는 중요한 사항이므로, 이를 하위법규에 백지위임하지 아니하고 그 대강이라도 토초세법 자체에서 직접 규정해야 한다(헌재 1994.7.29. 92헌바49)."라고 하여 본질성설을 채택한 것으로 평가받는다.

1. 병(兵)의 복무기간이 본질사항에 해당하는지 여부(긍정)

병의 복무기간은 국방의무의 본질적 내용에 관한 것이어서 이는 반드시 법률로 정하여야 할 입법사항에 속한다(대판 1985.2.28. 85초13).

2. 텔레비전 방송수신료가 본질사항에 해당하는지 여부(긍정)

오늘날 법률유보원칙은 단순히 행정작용이 법률에 근거를 두기만 하면 충분한 것이 아니라, 국가공동체와 그 구성원에게 기본적이고도 중요한 의미를 갖는 영역, 특히 국민의 기본권실현과 관련된 영역에 있어서는 국민의 대표자인 입법자가 그 본질적 사항에 대해서 스스로 결정하여야 한다는 요구까지 내포하고 있다(의회유보원칙). 그런데 텔레비전 방송수신료는 대다수 국민의 재산권보장의 측면이나 한국방송공사에게 보장된 방송자유의 측면에서 국민의 기본권실현에 관련된 영역에 속하고, 수신료금액의 결정은 납부의무자의 범위 등과 함께 수신료에 관한 본질적인 중요한 사항이다(헌재 1999.5.27. 98헌바70). 〈13. 지방 9급〉, 〈19. 서울 9급〉

3. 수신료 징수업무를 한국방송공사가 직접 수행할지 여부가 본질적 사항인지 여부(부정)

수신료 징수업무를 한국방송공사가 직접 수행할 것인지 제3자에게 위탁할 것인지, 위탁한다면 누구에게 위탁하도록 할 것인지, 위탁받은 자가 자신의 고유업무와 결합하여 징수업무를 할 수 있는지는 징수업무 처리의 효율성 등을 감안하여 결정할 수 있는 사항으로서 국민의 기본권 제한에 관한 본질적인 사항이 아니라 할 것이다. 따라서 방송법 제64조 및 제67조 제2항은 법률유보의 원칙에 위반되지 아니한다(헌재 2008.2.28. 2006헌바70). 〈19. 서울 9급〉, 〈24. 소방〉

4. 국가유공자 단체의 대의원 선출이 본질사항에 해당하는지 여부(부정)

각 국가유공자 단체의 대의원의 선출에 관한 사항은 각 단체의 구성과 운영에 관한 것으로서, 국민의 권리와 의무의 형성에 관한 사항이나, 국가의 통치조직과 작용에 관한 기본적이고 본질적인 사항이라고 볼 수 없다(헌재 2006.3.30. 2005헌바31).

5. 도시환경정비사업시행인가를 신청할 때 필요한 토지등소유자의 동의정족수를 정하는 것이 본질적인 사항인지 여부(긍정)

토지등소유자가 도시환경정비사업을 시행하는 경우 사업시행인가 신청 시 필요한 토지등소유자의 동의는 개발사업의 주체 및 정비구역 내 토지등소유자를 상대로 수용권을 행사하고 각종 행정처분을 발할 수 있는 행정주체로서의 지위를 가지는 사업시행자를 지정하는 문제로서 그 동의요건을 정하는 것은 국민의 권리와 의무의 형성에 관한 기본적이고 본질적인 사항이므로 국회가 스스로 행하여야 하는 사항에 속하는 것임에도 불구하고 사업시행인가 신청에 필요한 동의정족수를 토지등소유자가 자치적으로 정하여 운영하는 규약에 정하도록 한 것은 법률유보원칙에 위반된다(헌재 2011.8.30. 2009헌바128). 〈17. 국가 9급〉, 〈24. 소방〉

6. 조합의 정관에 사업시행인가 신청시의 동의요건을 정하는 것이 본질적 사항인지 여부(부정)

구 도시 및 주거환경정비법(2005. 3. 18. 법률 제7392호로 개정되기 전의 것)상 사업시행자에게 사업시행계획의 작성권이 있고 행정청은 단지 이에 대한 인가권만을 가지고 있으므로 사업시행자인 조합의 사업시행계획 작성은 자치법적 요소를 가지고 있는 사항이라 할 것이고, 이와 같이 사업시행계획의 작성이 자치법적 요소를 가지고 있는 이상, 조합의 사업시행인가 신청시의 토지 등 소유자의 동의요건 역시 자치법적 사항이라 할 것이며, … 그 동의요건은 사업시행인가 신청에 대한 토지 등 소유자의 사전 통제를 위한 절차적 요건에 불과하고 토지 등 소유자의 재산상 권리·의무에 관한 기본적이고 본질적인 사항이라고 볼 수 없으므로 법률유보 내지 의회유보의 원칙이 반드시 지켜져야 하는 영역이라고 할 수 없고, 따라서 개정된 도시 및 주거환경정비법 제28조 제4항 본문이 법률유보 내지 의회유보의 원칙에 위배된다고 할 수 없다(대판 2007.10.12. 2006두14476). 〈17. 지방 9급(12월)〉

7. 지방의회의원에 대하여 유급보좌인력을 두는 것이 법률로 규정할 사항인지 여부(긍정)

지방의회의원에 대하여 유급보좌인력을 두는 것은 지방의회의원의 신분·지위 및 그 처우에 관한 현행 법령상의 제도에 중대한 변경을 초래하는 것으로서, 이는 개별 지방의회의 조례로써 규정할 사항이 아니라 국회의 법률로써 규정하여야 할 입법사항이다(대판 2013.1.16. 2012추84). 〈17. 국가 9급〉, 〈18. 서울 9급〉

8. 예산도 국민을 구속하는지 여부(부정)

예산은 일종의 법규범이고 법률과 마찬가지로 국회의 의결을 거쳐 제정되지만 법률과 달리 국가기관만을 구속할 뿐 일반국민을 구속하지 않는다. 국회가 의결한 예산 또는 국회의 예산안 의결은 헌법재판소법 제68조 제1항 소정의 '공권력의 행사'에 해당하지 않고 따라서 헌법소원의 대상이 되지 아니한다(헌재 2006.4.25. 2006헌마409). 〈19. 서울 9급〉

Winner's 본질사항에 해당하는지 여부

긍정	부정
① 한국방송공사 방송수신료	① 수신료 징수업무를 한국방송공사가 직접 수행할지 여부
② 동의정족수를 토지소유자가 자치적으로 운영하는 규약에 정하는 것	② 조합의 정관에 사업시행인가 신청시의 동의요건을 정하는 것
③ 군복무기간 ④ 지방의원 유급보좌인력 ⑤ 토초세법상 기준시가	③ 국가유공자 단체 대의원 선출 ④ 예산

3. 검토

어느 하나의 견해가 통설이라 보기는 어려우나, 적어도 침익적·권력적 작용 또는 본질적 사항에 대해서는 법률의 근거가 필요하다는 점은 일치한다. 「행정기본법」은 침익적이거나 중요한 사항은 법률의 근거가 필요하다는 입장이다.

> 〈행정기본법〉 제8조(법치행정의 원칙) 행정작용은 법률에 위반되어서는 아니 되며, 국민의 권리를 제한하거나 의무를 부과하는 경우와 그 밖에 국민생활에 중요한 영향을 미치는 경우에는 법률에 근거하여야 한다.

6 구별 개념

1. 의회유보
행정권에의 위임이 금지되고 의회가 제정한 법률에 의해서만 규율되어야 하는 사항으로서, 본질성설과 밀접한 관련이 있다.

Winner's 행정권에 위임이 허용되는지 여부 : 법률유보 (○), 의회유보 (×)

2. 행정유보
행정유보란 행정권이 법률의 수권(授權)을 요하지 않고 스스로 활동할 수 있는 행정의 고유한 영역을 말한다. ① 행정권에 의한 입법만을 인정하는 '배타적 행정유보'와 ② 의회가 법률로도 규율할 수 있는 '허용적 행정유보'로 나뉜다. 우리나라에서는 모두 부정하는 것이 일반적이다. 〈04. 국가 9급〉

제5절 행정법의 법원(法源)

1 서설

1. 의의

광의	행정법의 생성원천을 뜻하는 것이나, 학문적으로는 큰 의미가 없다.
협의	① 행정에 관한 실정법의 존재형식으로 파악하는 견해(김동희), ② 행정법의 인식근거로 파악하는 견해(김남진)가 대립하는데, 실정법의 존재형식으로 파악하는 견해가 다수설이다.

2. 범위

① 널리 행정사무의 기준이 되는 모든 법규범이 포함된다는 견해(광의설), ② 좁은 의미의 법규와 같은 개념으로 보는 견해(협의설)가 대립한다. 광의로 보는 것이 다수의 견해이다.

3. 특징

행정법도 다른 법과 마찬가지로 성문법주의를 원칙으로 한다. 다만, 성문법이 정비되지 않은 분야에서는 불문법에 의한 보완이 필요하다.

2 성문법원

1. 헌법

국가의 근본조직과 작용에 관한 기본법을 만드는 법형식이다. 행정조직(예 대통령, 국무총리, 행정각부에 관한 규정 등)과 행정작용(예 대통령과 정부의 권한에 관한 규정)에 관한 규정은 행정법의 법원이 될 수 있으며, 최상위의 효력을 가진다.

2. 법률

헌법이 정하는 절차에 따라 의회가 제정한 법형식이다. 국회입법의 원칙상 행정법의 가장 중요한 법원으로서, 헌법보다 하위의 효력을 가진다.

3. 명령

행정권에 의하여 정립되는 법형식이다. ① 법규성❶이 인정되는 '법규명령'은 법원성을 가지나, ② 법규성이 부정되는 '행정규칙'은 법원의 개념을 광의로 보는 견해(다수설)에 따르면 법원성을 인정할 수 있다. 〈06. 국회 8급〉

용어설명 ❶ 법규성 : 행정권 내부에서 뿐만 아니라 외부에 대해서도 인정되는 구속력

> **Winner's** 명령의 법원성

명령의 종류 \ 법적 성질	법규성	법원성	
법규명령	긍정	긍정	
행정규칙	긍정설	긍정	
행정규칙	부정설(다수설)	광의설(다수설)	긍정
		협의설	부정

> **Winner's** 행정규칙의 법적 성질 : 법원성 (○), 법규성 (×)

4. 조약 및 국제법규

(1) 의의

① 조약: 명칭을 불문하고 국가 간 또는 국가와 국제기구 사이의 문서에 의한 합의를 말한다.

'남북 사이의 화해와 불가침 및 교류협력에 관한 합의서'가 조약에 해당하는지 여부(부정)

'남북 사이의 화해와 불가침 및 교류협력에 관한 합의서'는 남북관계가 '나라와 나라 사이의 관계가 아닌 통일을 지향하는 과정에서 잠정적으로 형성되는 특수관계'임을 전제로, 조국의 평화적 통일을 이룩해야 할 공동의 정치적 책무를 지는 남북한 당국이 특수관계인 남북관계에 관하여 채택한 합의문서로서, 남북한 당국이 각기 정치적인 책임을 지고 상호간에 그 성의 있는 이행을 약속한 것이기는 하나, 법적 구속력이 있는 것은 아니어서 이를 국가 간의 조약 또는 이에 준하는 것으로 볼 수 없고, 따라서 국내법과 동일한 효력이 인정되는 것도 아니다(대판 1999.7.23. 98두14525). 〈12. 지방 9급〉

② 국제법규: 우리나라가 당사국❶이 아닌 조약으로서 국제사회에서 일반적으로 그 규범성이 승인된 것과 국제관습법을 말한다.

> **용어설명** ❶ 당사국 : 조약을 체결한 당사자가 되는 나라

> **Winner's** 우리나라가 당사국 : 조약 (○), 국제법규 (×)

(2) 법원성

원칙	행정법은 국내법이므로 국제법은 법원이 될 수 없다.
예외	① 헌법에 의하여 체결·공포된 조약, ② 일반적으로 승인된 국제법규는 국내법과 같은 효력을 가지고 있으므로 특별한 입법절차 없이 행정법의 법원이 될 수 있다. 〈07. 국가 9급〉

(3) 효력

국내법과 국제법을 하나의 법체계로 파악하는 견해(1원설)에 따르면 국제법우위설, 국내법우위설, 동위설 등이 대립한다.

헌법과의 관계	국제법은 헌법보다는 하위의 효력을 가진다.
법률·명령과의 관계	㉠ 국회의 동의 유무에 따라 동의가 있으면 법률과 같은 효력이고, 동의가 없으면 명령과 같은 효력이 있다고 보는 것이 통설이다. ㉡ 국제법이 국내의 법률·명령과 충돌하는 경우에는 신법우위의 원칙, 특별법우위의 원칙이 적용된다.

Winner's 국제법의 효력 : 법률적 효력 (국회 동의 ○), 명령적 효력 (국회 동의 ×)

1. 1994년 관세 및 무역에 관한 일반협정(GATT)에 위반되는 조례가 무효인지 여부(긍정)

1) '1994년 관세 및 무역에 관한 일반협정'(General Agreement on Tariffs and Trade 1994, 이하 'GATT'라 한다)은 1994. 12. 16. 국회의 동의를 얻어 같은 달 23. 대통령의 비준을 거쳐 같은 달 30. 공포되고 1995. 1. 1. 시행된 조약인 '세계무역기구(WTO)설립을 위한 마라케쉬협정'(Agreement Establishing the WTO)(조약 1265호)의 부속 협정(다자간 무역협정)이고, '정부조달에 관한 협정'(Agreement on Government Procurement, 이하 'AGP'라 한다)은 1994. 12. 16. 국회의 동의를 얻어 1997. 1. 3. 공포·시행된 조약(조약 1363호, 복수국가간 무역협정)으로서 각 헌법 제6조 제1항에 의하여 국내법령과 동일한 효력을 가지므로 지방자치단체가 제정한 조례가 GATT나 AGP에 위반되는 경우에는 그 효력이 없다.

2) 특정 지방자치단체의 초·중·고등학교에서 실시하는 학교급식을 위해 위 지방자치단체에서 생산되는 우수농수축산물과 이를 재료로 사용하는 가공식품(이하 '우수농산물'이라고 한다)을 우선적으로 사용하도록 하고 그러한 우수농산물을 사용하는 자를 선별하여 식재료나 식재료 구입비의 일부를 지원하며 지원을 받은 학교는 지원금을 반드시 우수농산물을 구입하는 데 사용하도록 하는 것을 내용으로 하는 위 지방자치단체의 조례안이 내국민대우원칙을 규정한 '1994년 관세 및 무역에 관한 일반협정'(General Agreement on Tariffs and Trade 1994)에 위반되어 그 효력이 없다(대판 2005.9.9. 2004추10). 〈17. 국가 9급〉

2. 국제협정 위반을 독립된 취소사유로 주장할 수 있는지 여부(부정)

'1994년 관세 및 무역에 관한 일반협정(General Agreement on Tariffs and Trade, GATT 1994) 제6조의 이행에 관한 협정'은 국가와 국가 사이의 권리·의무관계를 설정하는 국제협정으로, 그 내용 및 성질에 비추어 이와 관련한 법적 분쟁은 위 WTO 분쟁해결기구에서 해결하는 것이 원칙이고, 사인(私人)에 대하여는 위 협정의 직접 효력이 미치지 아니한다고 보아야 할 것이므로, 위 협정에 따른 회원국 정부의 반덤핑부과처분이 WTO 협정위반이라는 이유만으로 사인이 직접 국내 법원에 회원국 정부를 상대로 그 처분의 취소를 구하는 소를 제기하거나 위 협정위반을 처분의 독립된 취소사유로 주장할 수는 없다(대판 2009.1.30. 2008두17936). 〈19. 서울 9급〉

5. 자치법규

지방자치단체가 자치입법권에 의하여 법령의 범위 안에서 제정하는 자치에 관한 규정이다(⑩ 조례, 규칙, 교육규칙). 지방자치단체도 국가의 행정기능을 지역적으로 분담하는 행정기관의 일종이므로 자치법규는 명령의 일종으로서 행정법의 법원이 될 수 있다. 그 법적 성질은 법규명령 또는 행정규칙이 된다.

3 불문법원

1. 관습법

(1) 의의

행정영역에 있어 다년 간에 걸쳐 동일한 관행이 반복되고 이러한 관행이 일반국민의 법적 확신을 얻어 법규범으로서 승인된 것이다.

(2) 성립요건

관습법은 ① 일정한 사실이 되풀이 되는 장기적 관행이 있고, ② 그 관행에 대한 국민의 법적 확신이 있으면 성립한다. 이러한 법적 확신이 없으면 사실인 관습에 불과하다. 국가의 승인이 필요한 것인지에 대해서 논란이 있으나 관습법은 자생적(自生的) 법현상이므로 법적 확신만으로 성립한다는 것이 일반적 견해이다.

> **Winner's** 관습법 성립요건 : 법적 확신 (○), 국가승인 (×)

1. 관습법도 법원이 될 수 있는지 여부(긍정)

관습법이란 사회의 거듭된 관행으로 생성한 사회생활규범이 사회의 법적 확신과 인식에 의하여 법적 규범으로 승인·강행되기에 이르른 것을 말하고, 사실인 관습은 사회의 관행에 의하여 발생한 사회생활규범인 점에서 관습법과 같으나, 사회의 법적 확신이나 인식에 의하여 법적 규범으로서 승인된 정도에 이르지 않은 것을 말한다(대판 1983.6.14. 80다3231).

2. 착오로 인한 관행이 비과세 관행에 해당하는지 여부(부정)

구 국세기본법(1984.8.7. 법 제3746호로 개정 전) 제18조 제2항 소정의 비과세의 관행이 성립되었다고 하려면 장기간에 걸쳐 그 사항에 대하여 과세하지 아니하였다는 객관적 사실이 존재할 뿐 아니라 과세관청 자신이 그 사항에 대하여 과세할 수 있음을 알면서도 어떤 특별한 사정에 의하여 과세하지 않는다는 의사가 있고 이와 같은 의사가 명시적 또는 묵시적으로 표시되어야 할 것이므로 과세할 수 있는 어느 사항에 대하여 비록 장기간에 걸쳐 과세하지 아니한 상태가 계속되었다 하더라도 그것이 착오로 인한 것이라면 그와 같은 비과세는 일반적으로 납세자에게 받아들여진 국세행정의 관행으로 되었다 할 수 없다(대판 1985.3.12. 84누398). 〈13. 국가 7급〉

3. 일반론적인 견해표명이 비과세 관행에 해당하는지 여부(부정)

묵시적 표시가 있다고 하기 위하여는 단순한 과세누락과는 달리 과세관청이 상당기간 불과세 상태에 대하여 과세하지 않겠다는 의사표시를 한 것으로 볼 수 있는 사정이 있어야 하고, 이 경우 특히 과세관청의 의사표시가 일반론적인 견해표명에 불과한 경우에는 위 원칙의 적용을 부정하여야 한다 (대판 2001.4.24. 2000두5203).

4. 입어의 관행이 관습법에 해당하는지 여부(긍정)

구 수산업법 제40조 소정의 입어의 관행이라 함은 어떤 어업장에 대한 공동어업권 설정 이전부터 어업의 면허 없이 당해 어업장에서 오랫동안 계속 수산동식물을 채포❶ 또는 채취함으로써 그것이 대다수 사람들에게 일반적으로 시인될 정도에 이른 것을 말한다(대판 1994.3.25. 93다45701). ⟨14. 지방 9급⟩

용어설명 ❶ 채포(採捕) : 해산물 같은 것을 채취하거나 포획하는 것

Winner's 비과세 관행의 성립 : 알면서 비과세 (○), 착오로 비과세 (×), 일반론적 견해표명 (×)

(3) 법원성

> ⟨민법⟩ 제1조(법원) 민사에 관하여 법률에 규정이 없으면 관습법에 의하고 관습법이 없으면 조리에 의한다.

「민법」은 관습법의 법원성을 인정하는 규정이 있으나, 행정관습법은 명문규정이 없으므로 법원성을 인정할 수 있는지 여부에 대해서 학설이 대립한다. 성문법이 완벽할 수 없다는 점에서 관습법의 법원성을 인정하는 견해가 통설, 판례이다. 다만, 현대 사회는 매우 유동적이어서 행정관습법이 성립하기는 현실적으로 매우 어렵다고 할 수 있다. ⟨06. 국회 8급⟩

관습법도 법원이 될 수 있는지 여부(긍정)
관습법은 바로 법원으로서 법령과 같은 효력을 갖는 관습으로서 법령에 저촉되지 않는 한 법칙으로서의 효력이 있는 것이며, 이에 반하여 사실인 관습은 법령으로서의 효력이 없는 단순한 관행으로서 법률행위의 당사자의 의사를 보충함에 그치는 것이다(대판 1983.6.14. 80다3231).

(4) 효력

관습법 내용이 성문법에 위반되는 경우 그 효력이 문제된다. ① 성문법 우선주의 원칙상 관습법은 보충적 효력만 가진다는 견해(김남진), ② 성문법이 실질적으로 사문화 된 경우에 한하여 예외적으로 개폐적 효력을 가진다는 견해가 대립한다. 보충적 효력설이 통설, 판례이다. 다만 판례 중에는 관습에 의한 용수권에 대해서 기득권을 인정함으로써 개폐적 효력을 인정한 예도 있다. ⟨06. 국회 8급⟩

1. 관습법의 효력이 보충적인지 여부(긍정)
가정의례준칙 제13조의 규정과 배치되는 관습법의 효력을 인정하는 것은 관습법의 제정법에 대한 열후적·보충적 성격에 비추어 민법 제1조의 취지에 어긋나는 것이다(대판 1983.6.14. 80다3231).

2. 관습법에 의한 용수권이 성립하는지 여부(긍정)
농지소유자들이 수백년 전부터 공유하천에 보(洑; 저수지)를 설치하여 그 연안의 논에 관개(灌漑)를 하여 왔고, 원고도 그 논 중 일부를 경작하면서 위 보로부터 인수(引水)를 하여 왔다면, 공유하천으로부터 용수를 함에 있어서 하천법에 의하여 하천관리청으로부터 허가를 얻어야 한다고 하더라도, 그 허가를 필요로 하는 법규 시행 이전부터 원고가 위 보에 의하여 용수할 수 있는 권리를 관습에 의하여 취득하였음이 뚜렷하므로, 원고는 하천법에 관한 법규에 불구하고 그 기득권이 있는 것이다(대판 1972.3.31. 72다78).

(5) 종류

① 행정선례법: 행정청이 취급한 선례(先例)가 오랫동안 반복되어 국민의 법적 확신을 얻은 것으로서, 실정법상 명시된 경우도 있다. ⟨07. 국가 9급⟩

> **〈국세기본법〉 제18조(세법 해석의 기준 및 소급과세의 금지)** ③ 세법의 해석이나 국세행정의 관행이 일반적으로 납세자에게 받아들여진 후에는 그 해석이나 관행에 의한 행위 또는 계산은 정당한 것으로 보며, 새로운 해석이나 관행에 의하여 소급하여 과세되지 아니한다.

Winner's 실정법상 명문규정: 행정선례법 (○), 선례구속의 원칙 (×)

② 지방적·민중적 관습법: 일정한 관행이 민중 사이에서 오랫동안 계속됨으로써 국민의 법적 확신을 받은 것이다. 주로 공물(公物), 공수(公水)의 이용관계에서 나타난다(⑩ 입어권·관개용 수리권·유수권·음용용수권, 관습법상의 유수사용권 등).

2. 판례법

(1) 의의

구체적 분쟁에 관한 판단과정에 있어서 관계법이 흠결되어 있거나, 관계법규정이 다의적(多義的)·불확정적이거나, 그 규정의 적용이 부당한 결과를 가져오는 경우 법관의 판결이 장래의 동종사건❶에 있어서 하나의 기준이 되는 것을 말한다.

용어설명 ❶ 동종사건: 적용하는 법령이 동일하거나 유사하지만, 다른 사람에게 제기된 사건

(2) 법원성

① 외국의 경우

영미법계	㉠ 법원의 판결례가 다른 사건을 구속한다는 '선례구속의 원칙'이 확립되어 판례법의 법원성을 긍정한다. ㉡ 영국에서 상급법원의 판례는 하급법원을 무조건 구속하고, 미국에서는 엄격히 구속한다.
대륙법계	㉠ 선례구속의 원칙을 부정하므로 판례법의 법원성을 부정한다. ㉡ 최고법원은 자기 판례를 변경할 수 있고 그 판례는 하급법원에 대해 사실상의 구속력만 가지며, 법적 구속력은 없다. 〈06. 국회 8급〉

② 우리나라의 경우

실정법	「법원조직법」의 해석상 상급법원의 재판은 해당사건❶에 한하여 하급심을 기속하므로 판례의 법원성은 부정된다.
학설	대륙법계와 마찬가지로 선례구속성의 원칙을 부정하므로 판례의 법원성을 부정하는 것이 다수의 견해이다.
판례	㉠ 대법원의 판결은 장래의 동종사건을 법적으로 구속할 수는 없으나, 사실상 구속력을 가지는 것으로 본다. ㉡ 헌법재판소의 위헌결정은 모든 국가기관에 대하여 법적인 구속력을 가진다. 〈11. 국가 9급〉

용어설명 ❶ 해당사건: 동일한 사람에게 제기된 바로 그 사건. 과거에는 당해사건이라 표현됨.

> **〈법원조직법〉 제8조(상급심 재판의 기속력)** 상급법원 재판에서의 판단은 해당 사건에 관하여 하급심(下級審)을 기속(羈束)한다.
>
> **〈헌법재판소법〉 제47조(위헌결정의 효력)** ① 법률의 위헌결정은 법원과 그 밖의 국가기관 및 지방자치단체를 기속(羈束)한다. 〈12. 지방 9급〉

Winner's 대법원 판례의 법적 구속력 : 해당사건 (○), 동종사건 (×)

1. 대법원 판례가 동종사건을 법적으로 구속하는지 여부(부정)

대법원의 판례가 법률해석의 일반적인 기준을 제시한 경우에 유사한 사건을 재판하는 하급심 법원의 법관은 판례의 견해를 존중하여 재판하여야 하는 것이나, 판례가 사안이 서로 다른 사건을 재판하는 하급심 법원을 직접 기속하는 효력이 있는 것은 아니다(대판 1996.10.25. 96다31307).

2. 환송판결에도 불구하고 하급심이 환송 전 판결과 동일한 결론을 내릴 수 있는지 여부(긍정)

환송판결의 하급심에 대한 법률상 판단의 구속력은 파기의 이유로서 원판결의 판단이 정당치 못하다는 소극적인 면에서만 발생하므로, 파기의 이유로 된 잘못된 견해를 피하여 다른 가능한 견해에 의한 이상 환송 전의 판결과 동일한 결론을 가져올 수 있다(대판 1965.4.22. 63누200).

3. 헌법재판소의 위헌결정효력이 당해사건, 동종사건, 병행사건, 일반사건에 미치는지 여부(긍정)

헌법재판소의 위헌결정의 효력은 위헌제청을 한 '당해사건', 위헌결정이 있기 전에 이와 동종의 위헌 여부에 관하여 헌법재판소에 위헌여부심판제청을 하였거나 법원에 위헌여부심판제청신청을 한 '동종사건'과 따로 위헌제청신청은 아니하였지만 당해 법률 또는 법률 조항이 재판의 전제가 되어 법원에 계속 중인 '병행사건'뿐만 아니라, 위헌결정 이후에 위와 같은 이유로 제소된 '일반사건'에도 미친다(대판 2010.10.14. 2010두11016). 〈19. 서울 9급〉

3. 조리법(條理法)

(1) 의의

'사물의 본질적 법칙' 또는 '일반사회의 정의감에 비추어 반드시 그러하여야 할 것이라고 인정되는 것'을 말한다.

(2) 일반원칙과의 관계

독일 행정법에서 사용되는 '행정법의 일반원칙'은 엄밀하게 말하면 '조리'와 구별되는 것이나, 우리나라에서는 양자를 동일한 것으로 보는 것이 일반적이다. 〈06. 국회 8급〉

(3) 법원성

조리는 법해석의 기본원리로서 성문법·관습법·판례법이 모두 없는 경우에 최후의 보충적 법원이 된다. 행정법은 그 규율 대상이 다양하므로 조리에 의해서 규율되는 경우가 많다. 〈07. 국가 9급〉

(4) 연원❶(淵源)

조리는 ① 헌법의 기본규정 또는 헌법원리, ② 여러 실정법규정, ③ 판례법 등 다양하게 도출될 수 있다. 다만, 헌법의 기본규범이나 기본원리는 매우 다의적(多義的)이고 불확정적이므로 여기에서 도출되는 조리는 그 범위가 한정적이다. 〈06. 국회 8급〉

용어설명　❶ 연원(淵源) : 사물의 근원

(5) 내용

조리의 내용은 영구불변한 것이 아니라 시대와 사회에 따라 변화한다. 과거에는 ① 평등의 원칙, ② 비례의 원칙, ③ 신의성실의 원칙, ④ 기득권 존중의 원칙 등이 열거되었으나, 최근에는 ① 신뢰보호의 원칙, ② 과잉금지의 원칙, ③ 부당결부금지의 원칙, ④ 보충성의 원칙 등이 검토되고 있다.

제6절 행정법의 일반원칙

1 비례의 원칙(과잉금지의 원칙)

1. 의의

행정주체가 행정목적을 실현함에 있어서 그 목적과 수단 사이에 합리적인 비례관계가 유지되어야 한다는 원칙이다.

2. 기능

행정청에게 재량행위 등 독자적 판단권이 있을 때 그 권한 행사의 합리성을 판단하는 기준이 된다.

3. 근거

비례원칙은 정의관념, 형평관념 등에서 그 이론적 근거를 찾을 수 있다. 헌법상으로는 국민의 자유와 권리를 제한하는 경우에 본질적 내용 침해 금지규정을 근거로 볼 수 있고, 법률상으로는 「행정기본법」과 「경찰관직무집행법」 등에 근거를 두고 있다.

> 〈헌법〉 제37조(국민의 자유와 권리 존중·제한) ② 국민의 모든 자유와 권리는 국가안전보장·질서유지 또는 공공복리를 위하여 필요한 경우에 한하여 법률로써 제한할 수 있으며, 제한하는 경우에도 자유와 권리의 본질적인 내용을 침해할 수 없다.
>
> 〈행정기본법〉 제10조(비례의 원칙) 행정작용은 다음 각 호의 원칙에 따라야 한다.
> 1. 행정목적을 달성하는 데 유효하고 적절할 것
> 2. 행정목적을 달성하는 데 필요한 최소한도에 그칠 것
> 3. 행정작용으로 인한 국민의 이익 침해가 그 행정작용이 의도하는 공익보다 크지 아니할 것
>
> 〈경찰관 직무집행법〉 제1조(목적) ② 이 법에 규정된 경찰관의 직권은 그 직무수행에 필요한 최소한도에서 행사되어야 하며 남용되어서는 아니 된다.

4. 내용

(1) 적합성

① 의의: 행정주체가 선택한 수단이 행정목적을 달성할 수 있어야 한다는 원칙이다. 행정목적이 정당하지 못하거나 이를 실현하려는 수단이 합리적이지 못한 경우에는 비례의 원칙에 위반된다(⑩ 위험한 건물로부터 국민의 생명·신체를 보호하기 위하여 적합한 수단은 철거명령이나 개수명령이지, 건물의 소유자에 대한 총기사용이 아니다).

② 심사 : ㉠ 어느 하나의 조치에 의해서 목적을 달성할 수 없는 경우에는 다른 조치와 결합해서 목적을 달성할 수 있으면 적합한 것으로 인정하고, ㉡ 어느 수단의 적합성 여부가 불확실한 경우에는 이미 알려진 수단 또는 이론에 따르면 적합하다.

(2) 필요성(최소침해의 원칙)

행정목적을 달성할 수 있는 여러 수단 중에서 상대방에게 가장 침해가 적은 수단을 선택해야 한다는 원칙이다(⑩ 개수명령과 철거명령이 모두 가능하다면 개수명령을 선택하여야 한다). 다만 상대방의 대안이 존재하는 경우에는 그 대안이 상대방에게 더 불리하더라도 상대방 의사를 존중하여 대안을 채택해야 한다는 제한이 있다.

1. 최소침해 수단인지 여부는 규제하려는 쪽에서 판단하여야 하는지 여부(긍정)

국민의 자유와 권리를 제한함에 있어서는 규제하려는 쪽에서 국민의 기본권을 보다 덜 제한하는 다른 방법이 있는지를 모색하여야 할 것이지, 제한당하는 국민의 쪽에서 볼 때 그 기본권을 실현할 다른 수단이 있다고 하여 그와 같은 사유만으로 기본권의 제한이 정당화되는 것은 아니다(대판 1994.3.8. 92누1728).

2. '과소보호 금지원칙'의 위반 여부가 필요성 원칙의 기준인지 여부(긍정)

입법자가 기본권 보호의무를 최대한 실현하는 것이 이상적이지만, 그러한 이상적 기준이 헌법재판소가 위헌 여부를 판단하는 심사기준이 될 수는 없으며, 헌법재판소는 권력분립의 관점에서 소위 "과소보호금지원칙"을, 즉 국가가 국민의 기본권 보호를 위하여 적어도 적절하고 효율적인 최소한의 보호조치를 취했는가를 기준으로 심사하게 된다. 따라서 입법부작위나 불완전한 입법에 의한 기본권의 침해는 입법자의 보호의무에 대한 명백한 위반이 있는 경우에만 인정될 수 있다(헌재 2008.7.31. 2004헌바81). 〈17. 국가 7급〉, 〈21. 국가 9급〉

Winner's 최소침해의 판단 : 규제하려는 쪽 (○), 규제당하는 쪽 (×)

(3) 상당성(협의의 비례원칙)

선택된 수단에 의해 침해되는 사익과 보호되는 공익이 균형을 유지해야 한다는 원칙이다. 그 전제로서 공익과 사익 간에 비교형량이 필요하다(⑩ 위법한 건축물이라 하더라도 공익을 심히 해치지 않으면 철거할 수 없다). 비례의 원칙은 단계적으로 적용되는 것이므로 적합성 또는 필요성을 위반한 경우에는 상당성을 판단할 필요가 없다.

Winner's 비례원칙의 내용 : 필요성 원칙(수단 간 선택), 상당성 원칙(수단의 정도)

1회 훈령에 위반하여 요정출입한 것을 이유로 한 파면처분(위법)

원고가 단지 1회 훈령에 위반하여 요정출입을 하다가 적발된 것만으로는 공무원의 신분을 보유케 할 수 없을 정도로 공무원의 품위를 손상케 한 것이라 단정키 어려운 한편, … 오히려 원고의 비행 정도라면 이보다 가벼운 징계처분으로서도 능히 위 훈령의 목적을 달할 수 있다고 볼 수 있는 점 등에 비추어 생각하면, 이 사건 파면처분은 이른바 비례의 원칙에 어긋난 것으로서 심히 그 재량권의 범위를 넘어서 한 위법한 처분이라고 아니할 수 없다(대판 1967.5.2. 67누24).

5. 적용영역

비례원칙은 원래 침익적인 경찰행정에서 적용된 것이었으나, 오늘날 수익적인 급부행정에서도 적용되어 행정의 전 영역으로 확대되었다. 그러나 사법(私法)관계는 사적자치의 원칙이 적용되므로 비례의 원칙은 적용될 수 없다(홍정선). 〈13. 국가 9급〉

Winner's 비례원칙의 적용영역 : 행정의 전 영역 (○), 경찰 영역에 한정 (×)

6. 효과

비례원칙은 조리상의 원칙에 그치는 것이 아니라 헌법에 근거를 두고 있는 헌법적 원칙이므로 그 위반은 위헌 또는 위법이 된다. 따라서 비례원칙을 위반한 '행정작용'은 위법하므로 행정쟁송 또는 손해배상에 의한 구제가 가능하고, 비례원칙을 위반한 '법률'은 위헌으로 무효가 되므로 헌법재판소에 위헌법률심사를 청구할 수 있다.

7. 판례 검토

(1) 면허취소처분

> **1. 음주운전 측정을 거부한 택시운전사에 대한 운전면허 취소처분(적법)**
>
> 1) 운전면허의 취소 여부가 행정청의 재량행위라 하여도 오늘날 자동차가 대중적인 교통수단이고 그에 따라 대량으로 자동차운전면허가 발급되고 있는 상황이나 음주운전으로 인한 교통사고의 증가 및 그 결과의 참혹성 등에 비추어 볼 때, 음주운전으로 인한 교통사고를 방지할 공익상의 필요는 매우 크다 아니할 수 없으므로, 음주운전 내지 그 제재를 위한 음주측정요구의 거부 등을 이유로 한 자동차운전면허의 취소에 있어서는 일반의 수익적 행정행위의 취소와는 달리 그 취소로 인하여 입게 될 당사자의 개인적인 불이익보다는 이를 방지하여야 하는 일반예방❶적인 측면이 더욱 강조되어야 할 것이고, 특히 당해 운전자가 영업용 택시를 운전하는 등 자동차운전을 업으로 삼고 있는 자인 경우에는 더욱 그러하다.
>
> 2) 원고는 퇴근길에 동료 택시운전사들과 함께 ⋯ 음식점에 가서 소주 2잔 정도를 마신 후 그 소유의 르망 승용차를 운전하여 귀가하다가 ⋯ 음주측정을 요구받았으나 음주측정기를 형식적으로 부는 시늉만 할 뿐 이에 응하지 아니하였고, ⋯ 이 사건처분으로 인하여 원고가 입게 될 불이익의 정도와 그 밖의 다른 정상관계 등 제반 사정을 감안하더라도 피고가 원고에 대하여 한 이 사건 처분은 재량권의 범위 내에서 정당하게 이루어진 것으로 보아야 할 것이다(대판 1995.9.26. 95누6069). 〈20. 국가 7급〉
>
> **용어설명** ❶ 일반예방 : 일반국민들의 범죄를 예방하기 위한 목적
>
> **2. 음주운전 측정을 거부한 운전원으로 근무하는 지방공무원 운전면허 취소처분(위법)**
>
> 원고의 이 사건 음주측정 거부행위가 도로교통법 제78조 제1항 제8호에 해당한다고 하여도, 원고는 자신의 차량 뒤에 주차한 다른 차량의 진로를 열어주기 위하여 부득이 이 사건 음주운전을 하게 되었고 그 운전 거리도 약 25m에 불과한 점, 원고는 당초 음주운전이 아닌 다른 혐의로 파출소로 갔다가 원고와 시비를 벌인 참고인의 진술이 계기가 되어 갑자기 경찰관으로부터 음주측정요구를 받게 되었던 점, 원고는 운전원으로 근무하는 지방공무원으로서 아무런 교통사고 없이 근무하여 오다가 이 사건 처분으로 신분상의 불이익을 받게 된 점 등을 감안하면, 원고의 운전면허를 취소함으로써 달성하려는 공익에 비하여 그로 인하여 원고가 입게 될 불이익이 막대하여 원고에게 지나치게 가혹하다 할 것이므로 이 사건 처분은 운전면허취소에 관한 재량권을 남용한 위법이 있다(대판 1998.3.27. 97누20755).
>
> **3. 대리운전❷금지조건의 위반으로 인한 운송면허 취소처분(위법)**
>
> 대리운전금지조건 위배로 1회 운행정지처분을 받은 사실을 알지 못한 채 개인택시운송사업면허를 양수한 원고가 지병인 만성신부전증 등으로 몸이 아파 쉬면서 생계유지를 위하여 일시 대리운전을 하게 하고, 또 전날 과음한 탓으로 쉬면서 대리운전을 하게 하여 2회 적발되었는데, 원고는 그의 개인택시영

업에 의한 수입만으로 가족의 생계를 유지하고 있는 사정 등을 참작하면, 원고에 대한 자동차운송사업면허취소의 처분이 재량권을 일탈한 위법한 처분이다(대판 1991.11.8. 91누4973).

용어설명 ❷ 대리운전 : 지정된 운전자만 운전할 수 있는 차량을 타인이 대신 운전한 경우

(2) 금품을 받은 경찰관 해임처분

1. 적극적으로 돈을 요구하고 1만 원을 받은 경찰관 해임처분(적법)

경찰공무원이 그 단속의 대상이 되는 신호위반자에게 먼저 적극적으로 돈을 요구하고 다른 사람이 볼 수 없도록 돈을 접어 건네주도록 전달방법을 구체적으로 알려주었으며 동승자에게 신고시 범칙금 처분을 받게 된다는 등 비위신고를 막기 위한 말까지 하고 금품을 수수한 경우 비록 그 받은 돈이 1만 원에 불과하더라도 위 금품수수행위를 징계사유로 하여 당해 경찰공무원을 해임처분한 것은 징계재량권의 일탈·남용이 아니다(대판 2006.12.21. 2006두16274).

2. 임의로 두고 간 30만 원을 피동적으로 소지하고 있다가 돌려준 경찰관 해임처분(위법)

20여년 동안 성실하게 근무하여 온 경찰공무원이 공정한 업무처리가 아니었더라면 곤란한 지경에 처할 뻔 하였는데 그 곤경을 벗어나게 하여 주어 고맙다고 느끼고 있던 사람의 동생이 사후에 찾아와 임의로 두고 간 돈 30만 원이 든 봉투를 소지하는 피동적 형태로 금품을 수수하였고 그 후 이를 돌려주었는데도 곧바로 그 직무에서 배제하는 해임처분이라는 중한 징계에 나아간 것은 사회통념상 현저하게 타당성을 잃었다고 하지 아니할 수 없다(대판 1991.7.23. 90누8954).

(3) 의약품을 진량 폐기한 처분

1. 생물학적 동등성 시험자료 일부 조작을 이유로 한 의약품 회수 및 폐기처분(적법)

생물학적 동등성 시험자료 일부가 조작되었음을 이유로 해당 의약품의 회수 및 폐기를 명한 사안에서, 그 행정처분으로 제약회사가 입게 될 경제적 손실이라는 불이익과 생물학적 동등성이 사전에 제대로 확인되지 않은 의약품이 유통되어 국민건강이 침해될 수 있는 위험을 예방하기 위한 공익상의 필요를 단순 비교하기 어려운 점 등에 비추어, 위 처분이 재량권을 일탈·남용하여 위법하다고 볼 수 없다(대판 2008.11.13. 2008두8628).

2. 기준치를 0.5% 초과하였다는 이유로 한 수입 녹용 전량 폐기처분(적법)

지방식품의약품안전청장이 수입 녹용 중 전지 3대를 절단부위로부터 5cm까지의 부분을 절단하여 측정한 회분함량이 기준치를 0.5% 초과하였다는 이유로 수입 녹용 전부에 대하여 전량 폐기 또는 반송처리를 지시한 경우, 녹용 수입업자가 입게 될 불이익이 의약품의 안전성과 유효성을 확보함으로써 국민보건의 향상을 기하고 고가의 한약재인 녹용에 대하여 부적합한 수입품의 무분별한 유통을 방지하려는 공익상 필요보다 크다고는 할 수 없으므로 위 폐기 등 지시처분이 재량권을 일탈·남용한 경우에 해당하지 않는다(대판 2006.4.14. 2004두3854). 〈25.소방〉

(4) 과징금 부과처분

1. 매출액에 육박하는 과징금 부과처분(위법)

구 독점규제및공정거래에관한법률(1999. 2. 5. 법률 제5813호로 개정되기 전의 것)상의 불공정거래행위인 사원판매행위에 대하여 부과된 과징금의 액수가 법정 상한비율을 초과하지 않는다고 하더라도 그 사원판

매행위로 인하여 취득한 이익의 규모를 크게 초과하여 그 매출액에 육박하게 된 경우, 불법적인 경제적 이익의 박탈이라는 과징금 부과의 기본적 성격과 그 사원판매행위의 위법성의 정도에 비추어 볼 때 그 과징금 부과처분은 비례의 원칙에 위배된 재량권의 일탈·남용에 해당한다(대판 2001.2.9. 2000두6206).

2. 청소년유해매체물 도서대여를 이유로 한 700만 원 과징금 부과처분(위법)

청소년유해매체물로 결정·고시된 만화인 사실을 모르고 있던 도서대여업자가 그 고시일로부터 8일 후에 청소년에게 그 만화를 대여한 것을 사유로 그 도서대여업자에게 금 700만 원의 과징금이 부과된 경우, 그 도서대여업자에게 청소년유해매체물인 만화를 청소년에게 대여하여서는 아니 된다는 금지의무의 해태❶를 탓하기는 가혹하다는 이유로 그 과징금 부과처분은 재량권을 일탈·남용한 것으로서 위법하다(대판 2001.7.27. 99두9490).

[용어설명] ❶ 금지의무의 해태(懈怠) : 금지되어 있는 행위를 위반한 것

(5) 기타

1. 변호사의 개업지 제한(위헌)

변호사의 개업지를 일정한 경우 제한함으로써 직업선택의 자유를 제한한 것은 그 입법취지의 공익적 성격에도 불구하고 선택된 수단이 그 목적에 적합하지 아니할 뿐 아니라, 그 정도 또한 과잉하여 비례의 원칙에 벗어난 것이다(헌재 1989.11.20. 89헌가102).

2. 사업에 필요한 최소한도를 넘는 수용(위법)

수용할 목적물의 범위는 원칙적으로 사업을 위하여 필요한 최소한도에 그쳐야 하므로 그 한도를 넘는 부분은 수용대상이 아니므로 그 부분에 대한 수용은 위법하다(대판 1994.1.11. 93누8108).

3. 북한 어린이를 위한 모금행위 불허가(위법)

기부금품모집규제법 제4조 제2항 제1호 소정의 '국제적으로 행하여지는 구제사업'에서 유독 북한주민을 위한 구제사업만을 제외할 이유는 없다 할 것이므로, 북한 어린이를 위한 의약품 지원에 필요한 성금 및 의약품 등을 모금하는 행위도 이에 해당한다. … 준조세 폐해 근절 및 경제난 극복을 이유로 북한 어린이를 위한 의약품 지원을 위하여 성금 및 의약품 등을 모금하는 행위 자체를 불허한 것이 재량권의 일탈·남용 및 비례의 원칙에 위반된다(대판 1999.7.23. 99두3690).

4. 신변 위해 우려를 이유로 한 탈북 인사의 여권발급 거부(위법)

여권발급 신청인이 북한 고위직 출신의 탈북 인사로서 신변에 대한 위해 우려가 있다는 이유로 신청인의 미국 방문을 위한 여권발급을 거부한 것은 여권법 제8조 제1항 제5호에 정한 사유에 해당한다고 볼 수 없고, 거주·이전의 자유를 과도하게 제한하는 것으로서 위법하다(대판 2008.1.24. 2007두10846).

5. 명예퇴직 예정일 사이에 다른 회사에 근무한 것을 이유로 한 해임처분(적법)

명예퇴직 합의 후 명예퇴직 예정일 사이에 허위로 병가를 받아 다른 회사에 근무하였음을 사유로 한 징계해임처분이 징계재량권의 일탈·남용으로 볼 수 없다(대판 2002.8.23. 2000다60890).

6. 구 「도로교통법」상 음주운전 전과를 포함시키는 것(적법)

도로교통법 제148조의2 제1항 제1호는 도로교통법 제44조 제1항을 2회 이상 위반한 사람으로서 다시 같은 조 제1항을 위반하여 술에 취한 상태에서 자동차 등을 운전한 사람에 대해 1년 이상 3년

이하의 징역이나 500만 원 이상 1,000만 원 이하의 벌금에 처하도록 규정하고 있는데, 도로교통법 제148조의2 제1항 제1호에서 정하고 있는 '도로교통법 제44조 제1항을 2회 이상 위반한' 것에 개정된 도로교통법이 시행된 2011. 12. 9. 이전에 구 도로교통법(2011 .6. 8. 법률 제10790호로 개정되기 전의 것) 제44조 제1항을 위반한 음주운전 전과까지 포함되는 것으로 해석하는 것이 **형벌불소급의 원칙이나 일사부재리의 원칙 또는 비례의 원칙에 위배된다고 할 수 없다**(대판 2012.11.29. 2012도10269). ⟨13. 국가 9급⟩

Winner's 비례원칙 위반 여부

긍정(위법)	부정(적법)
① 음주운전 측정을 거부한 운전원으로 근무하는 지방공무원 운전면허 취소 ② 대리운전금지조건의 위반으로 인한 운송면허 취소처분	① 음주운전 측정을 거부한 택시운전사에 대한 운전면허 취소처분
③ 임의로 두고 간 30만 원을 피동적으로 소지하고 있다가 돌려준 경찰관 해임처분	② 적극적으로 돈을 요구하고 1만 원을 받은 경찰관 해임처분
④ 매출액에 육박하는 과징금 부과처분 ⑤ 청소년유해매체물 도서대여를 이유로 한 700만 원 과징금 부과처분 ⑥ 변호사의 개업지 제한 ⑦ 신변 위해 우려를 이유로 한 탈북 인사의 여권발급 거부 ⑧ 사업에 필요한 최소한도를 넘는 수용 ⑨ 북한 어린이를 위한 모금행위 불허가 ⑩ 훈령에 1회 위반하여 요정에 출입한 공무원 파면처분	③ 생물학적 동등성 시험자료 일부 조작을 이유로 한 의약품 회수 및 폐기처분 ④ 기준치를 0.5% 초과하였다는 이유로 한 수입 녹용 전량 폐기처분 ⑤ 명예퇴직 예정일 사이에 다른 회사에 근무한 것을 이유로 한 해임처분 ⑥ 2회 이상 위반한 사람에 구법상 음주운전 전과를 포함시키는 것

2 평등의 원칙

1. 의의

행정권한을 발동할 때 정당한 사유 없이 다른 자에 대한 처분보다 불리한 처분을 할 수 없다는 원칙이다. 일체의 차별을 배제하는 절대적 평등이 아니라 불합리한 차별을 금지하는 상대적 평등을 의미한다. ⟨21. 국가 9급⟩

Winner's 평등원칙의 내용 : 상대적 평등 (○), 절대적 평등 (×)

1. 택시경력을 우대한 동해시 개인택시면허(적법)
동해시가 개인택시 면허발급의 우선순위를 정하면서 <u>버스나 다른 사업용 자동차의 운전경력보다 택시 운전경력을 우대</u>하고 나아가 같은 순위 내 경합이 있으면 다시 택시 운전경력자를 우선하도록 하는 내용의 '동해시 개인택시운송사업면허 사무처리규정'에 따라 면허발급대상 인원보다 후순위인 사람에게 개인택시운송사업면허 제외처분을 한 것은 적법하다(대판 2009.7.9. 2008두11099). ⟨15. 사회복지 9급⟩

2. 외교관 자녀에 대해서만 가산점을 부여한 합격사정(위법)

대학교 총장인 피고가 해외근무자들의 자녀를 대상으로 한 교육법 시행령 제71조의2 제4항 소정의 특별전형에서 외교관·공무원의 자녀에 대하여만 획일적으로 과목별 실제 취득점수에 20%의 가산점을 부여하여 합격사정을 함으로써 실제 취득점수에 의하면 충분히 합격할 수 있는 원고들에 대하여 불합격처분을 하였다면 위법하다(대판 1990.8.28. 89누8255).

3. 국가유공자 가족에게 10%의 가산점을 부여하는 규정(위헌)

국·공립학교의 채용시험에 국가유공자와 그 가족이 응시하는 경우 만점의 10퍼센트를 가산하도록 규정하고 있는 국가유공자등예우및지원에관한법률 제31조 제1항·제2항, 독립유공자예우에관한법률 제16조 제3항 중 국가유공자등예우및지원에관한법률 제31조 제1항·제2항 준용 부분, 5·18민주유공자예우에관한법률 제22조 제1항·제2항(이하 이들을 '이 사건 조항'이라 한다)이 기타 응시자들의 평등권과 공무담임권을 침해한다(헌재 2006.2.23. 2004헌마675). 〈20. 군무원 7급〉, 〈21. 군무원 9급〉

2. 근거

① 헌법상 명시된 '법 앞의 평등(헌법 제11조)' 규정에서 직접 명시된 것이라는 견해(김남진, 류지태, 홍정선), ② 헌법의 기본이념으로부터 도출되는 불문법원리라고 보는 견해(김동희)가 대립한다. 어느 견해가 다수설인지 명확하지 않으나, 헌법에 근거한다는 점은 이견이 없고,「행정기본법」은 평등원칙을 명시하고 있다.

〈헌법〉

제11조(국민의 평등) ① 모든 국민은 법 앞에 평등하다. 누구든지 성별·종교 또는 사회적 신분에 의하여 정치적·경제적·사회적·문화적 생활의 모든 영역에 있어서 차별을 받지 아니한다.

제31조(교육을 받을 권리) ① 모든 국민은 능력에 따라 균등하게 교육을 받을 권리를 가진다.

제32조(근로할 권리·의무 등) ④ 여자의 근로는 특별한 보호를 받으며, 고용·임금 및 근로조건에 있어서 부당한 차별을 받지 아니한다.

〈행정기본법〉 제9조(평등의 원칙) 행정청은 합리적 이유 없이 국민을 차별하여서는 아니 된다.

3. 효과

평등원칙은 헌법적 효력을 가지므로 평등원칙을 위반한 국가작용은 위헌·위법이 된다. 따라서 행정쟁송을 제기하거나 손해배상을 통하여 구제받을 수 있을 것이다.

1. 근무시간 대기 중에 화투놀이를 한 공무원에 대한 파면처분(위법)

원고가 부산시 영도구청의 당직근무 대기 중 약 25분 간 같은 근무조원 3명과 함께 시민과장실에서 심심풀이로 돈을 걸지 않고 점수따기 화투놀이를 한 사실 … 이것이 국가공무원법 제78조 제1호·제3호 규정의 징계사유에 해당한다 할지라도, 당직근무시간이 아닌 그 대기 중에 불과 약 25분 간 심심풀이로 한 것이고 또 돈을 걸지 아니하고 점수따기를 한데 불과하며, 원고와 함께 화투놀이를 한 3명은 부산시 소청심사위원회에서 견책에 처하기로 의결된 사실이 인정되는 점 등 제반 사정을 고려하면, 피고가 원고에 대한 징계처분으로 파면을 택한 것은 당직근무 대기자의 실정이나 공평의 원칙상 그 재량의 범위를 벗어난 위법한 것이다(대판 1972.12.26. 72누194). 〈13. 서울 7급〉

2. 원주시 내에 건설되는 혁신도시 등 주민에게만 지원하는 조례안(적법)

국가나 지방자치단체가 국민이나 주민을 수혜 대상자로 하여 재정적 지원을 하는 정책을 실행하는 경우 그 정책은 재정 상태에 따라 영향을 받을 수밖에 없다고 할 것인바, … '원주 혁신도시 및 기업도시 편입지역 주민지원 조례안'이 원주시 내에 건설되는 혁신도시, 기업도시의 주민 등에게만 일정한 지원을 하도록 하고 있더라도 그것만으로 위 조례안이 평등원칙을 위반하고 있다고 보기는 어렵다(대판 2009.10.15. 2008추32).

3. 학력을 기준으로 집단을 나누어 같은 감원비율로 청원경찰의 인원을 감축한 것(위법)

행정자치부의 지방조직 개편지침의 일환으로 청원경찰의 인원감축을 위한 면직처분대상자를 선정함에 있어서 초등학교 졸업 이하 학력소지자 집단과 중학교 중퇴 이상 학력소지자 집단으로 나누어 각 집단별로 같은 감원비율 상당의 인원을 선정한 것은 합리성과 공정성을 결여하고, 평등의 원칙에 위배하여 그 하자가 중대하다 할 것이나, 그렇게 한 이유가 시험문제 출제 수준이 중학교 학력수준이어서 초등학교 졸업 이하 학력소지자에게 상대적으로 불리할 것이라는 판단 아래 이를 보완하기 위한 것이었으므로 그 하자가 객관적으로 명백하다고 보기는 어렵다(대판 2002.2.8. 2000두4057). 〈08. 국가 9급〉

> **Winner's** 청원경찰 인원감축의 위법성 정도 : 취소사유 (○), 무효사유 (×)

4. 사회적 지위에 따라 과태료 액수에 차등을 두고 있는 조례안(위법)

조례안이 지방의회의 감사 또는 조사를 위하여 출석요구를 받은 증인이 5급 이상 공무원인지 여부, 기관(법인)의 대표나 임원인지 여부 등 증인의 사회적 신분에 따라 미리부터 과태료의 액수에 차등을 두고 있는 경우, 그와 같은 차별은 증인의 불출석이나 증언거부에 대하여 과태료를 부과하는 목적에 비추어 볼 때 그 합리성을 인정할 수 없고 지위의 높고 낮음만을 기준으로 한 부당한 차별대우라고 할 것이어서 헌법에 규정된 평등의 원칙에 위배되어 무효이다(대판 1997.2.25. 96추213). 〈17. 서울 9급〉

5. 잘못을 시인한 교사들과 그렇지 않은 교사들에 대하여 한 서로 다른 징계처분(적법)

1) 사립학교 교원인 피징계자에게 징계사유가 있어 징계처분을 하는 경우 어떠한 처분을 할 것인가는 원칙적으로 징계권자의 재량에 맡겨져 있는 것이므로, 그 징계처분이 위법하다고 하기 위하여서는 징계권자가 재량권을 행사하여 한 징계처분이 사회통념상 현저하게 타당성을 잃어 징계권자에 맡겨진 재량권을 남용한 것이라고 인정되는 경우에 한한다고 할 것이고, 그 징계처분이 사회통념상 현저하게 타당성을 잃은 처분이라고 하려면 구체적인 사례에 따라 직무의 특성, 징계의 사유가 된 비위사실이 내용과 성질 및 징계에 의하여 달하려는 목적과 이에 수반되는 제반 사정을 참작하여 객관적으로 명백히 부당하다고 인정되는 경우라야 한다.

2) 같은 정도의 비위를 저지른 자들 사이에 있어서도 그 직무의 특성 등에 비추어, 개전의 정❶이 있는지 여부에 따라 징계의 종류의 선택과 양정에 있어서 차별적으로 취급하는 것은, 사안의 성질에 따른 합리적 차별로서 이를 자의적 취급이라고 할 수 없는 것이어서 평등원칙 내지 형평에 반하지 아니한다.

3) 학습지 채택료를 수수하고 담당 경찰관에게 수사무마비를 전달하려고 한 비위를 저지른 사립중학교 교사들 중 잘못을 시인한 교사들은 정직 또는 감봉에, 잘못을 시인하지 아니한 교사들은 파면에 처한 것이 그 직무의 특성 등에 비추어 재량권의 범위를 일탈·남용한 것이 아니다(대판 1999.8.20. 99두2611). 〈20. 지방 9급〉

> **용어설명** ❶ 개전(改悛)의 정 : 잘못을 뉘우치는 마음

6. 면세되는 인적 용역이 아닌 자에 대한 비과세 관행 성립 여부(부정)

원고가 제공한 이 사건 용역은 국제표준화기구(ISO)의 인증을 받고자 하는 기업들에 대하여 그 인증을 받는 데 필요한 지도용역을 제공하는 것으로서, 부가가치세가 면세되는 인적 용역에 해당하지 아니하는 이상 과세관청이 원고를 포함하여 원고와 유사한 용역을 제공하는 다른 사업자들에 대하여 1997년도까지 부가가치세를 부과하지 아니하였다 하더라도, 그와 같은 사실만으로 원고의 이 사건 용역제공에 대하여 과세하지 아니하겠다는 과세관청의 비과세관행이 성립되었다고 볼 수는 없다고 판단하였다(대판 2003.5.30. 2001두4795).

7. 입학연도에 따라 서로 다른 법을 적용하는 것(위법)

개정 전 약사법(1994. 1. 7. 법률 제4731호로 개정되고 2005.7.29. 법률 제7635호로 개정되기 전의 것) 제3조의2 제2항의 위임에 따라 같은 법 시행령(1994. 7. 7. 대통령령 제14319호로 개정되고 1997.3.6. 대통령령 제15301호로 개정되기 전의 것) 제3조의2에서 한약사 국가시험의 응시자격을 '필수 한약 관련 과목과 학점을 이수하고 대학을 졸업한 자'로 규정하던 것을, 개정 시행령(1997. 3. 6. 대통령령 제15301호로 개정되고 2006. 3. 29. 대통령령 제19425호로 개정되기 전의 것) 제3조의2에서 '한약학과를 졸업한 자'로 응시자격을 변경하면서, 개정 시행령 부칙이 한약사 국가시험의 응시자격에 관하여 1996학년도 이전에 대학에 입학하여 개정 시행령 시행 당시 대학에 재학 중인 자에게는 개정 전의 시행령 제3조의2를 적용하게 하면서도 1997학년도에 대학에 입학하여 개정 시행령 시행 당시 대학에 재학 중인 자에게는 개정 시행령 제3조의2를 적용하게 하는 것은 헌법상 신뢰보호의 원칙과 평등의 원칙에 위배되어 허용될 수 없다(대판 2007.10.29. 2005두4649 전합❶).

용어설명 ❶ 전합(전원합의체): 대법관 3분의 2 이상으로 구성되고 대법원장이 재판장이 되는 재판부로서 판례 변경 등을 결정함

8. 공공기관이 제3자 관련 정보까지 공개하는 것(적법)

정보공개법이 제3자 관련 정보까지 공개하도록 하고 있다고 하여 그 제3자를 공공기관이 아닌 단체에 의하여 자신의 정보가 보유·관리되는 자와 합리적 이유 없이 차별함으로써 헌법상 평등의 원칙을 위반한 것이라고 할 수 없다(대판 2008.9.25. 2008두8680).

9. 조사의 개시시기에 따라 제척기간을 달리 적용한 것이 평등원칙 위반인지 여부(부정)

부칙조항에 의하여 공정거래위원회의 조사개시 시점에 따라 처분을 할 수 있는 제척기간의 적용이 달라지는 경우가 발생한다고 하더라도, 법 시행 이전에 이미 조사가 개시된 사건과 시행 후 뒤늦게 적발되어 조사가 개시된 사건을 달리 취급하는 것은 제척기간 제도의 본질에 비추어 자의적인 차별이라고 하기 어렵다고 판단하였다(대판 2019.2.14. 2017두68103).

10. 시간강사를 전업과 비전업으로 구분하여 시간당 강의료를 차등지급한 것이 평등원칙 위반인지 여부(긍정)

시간제 근로자인 시간강사에 대하여 근로제공에 대한 대가로서 기본급 성격의 임금인 강사료를 근로의 내용과 무관한 사정에 따라 차등을 두는 것은 합리적이지 않은 점, 시간강사에 대한 열악한 처우를 개선할 의도로 강사료 단가를 인상하고자 하였으나 예산 사정으로 부득이 전업 여부에 따라 강사료 단가에 차등을 둔 것이라는 사용자 측의 재정 상황은 시간제 근로자인 시간강사의 근로 내용과는 무관한 것으로서 동일한 가치의 노동을 차별적으로 처우하는 데 대한 합리적인 이유가 될 수 없다(대판 2019.3.14. 2015두46321).

11. 현역군인만을 국방부의 보조기관 등에 보할 수 있는 규정의 평등원칙 위반여부(부정)

군인과 군무원은 모두 국군을 구성하며 국토수호라는 목적을 위해 국가와 국민에게 봉사하는 특정직공무원이기는

하지만 각각의 책임·직무·신분 및 근무조건에는 상당한 차이가 존재한다. 이 사건 법률조항이 현역군인에게만 국방부 등의 보조기관 등에 보해질 수 있는 특례를 인정한 것은 국방부 등이 담당하고 있는 지상·해상·상륙 및 항공작전임무와 그 임무를 수행하기 위한 교육훈련업무에는 평소 그 업무에 종사해 온 현역군인들의 작전 및 교육경험을 활용할 필요성이 인정되는 반면, 군무원들이 주로 담당해 온 정비·보급·수송 등의 군수지원분야의 업무, 행정 업무 그리고 일부 전투지원분야의 업무는 국방부 등에 근무하는 일반직공무원·별정직공무원 및 계약직공무원으로서도 충분히 감당할 수 있다는 입법자의 합리적인 재량 판단에 의한 것이다. 따라서 이와 같은 차별이 입법재량의 범위를 벗어나 현저하게 불합리한 것이라 볼 수는 없으므로 이 사건 법률조항은 청구인들의 평등권을 침해하지 않는다(헌재 2008.6.26. 2005헌마1275). 〈20. 군무원 9급〉

12. 독서실 열람실의 남녀 좌석을 구분하여 배열하도록 한 조례(위헌)

이 사건 조례 조항은 학원법상 학원으로 등록된 독서실의 운영자로 하여금 열람실의 남녀 좌석을 구분하여 배열하도록 하고 위반 시 교습정지처분을 할 수 있도록 규정하고 있다. 이로써 독서실 운영자는 자신의 영업장소인 독서실 열람실 내의 좌석 배열을 자유롭게 할 수 없게 되므로 헌법 제15조에 따른 직업수행의 자유를 제한받는다. 한편 독서실 이용자는 독서실 열람실 내에서 성별의 구분 없이 자유롭게 좌석을 선택하는 등 학습방법에 관한 사항을 스스로 결정할 수 없게 되므로 헌법 제10조에 따른 일반적 행동자유권 내지 자기결정권을 제한받는다. … 이 사건 조례 조항은 과잉금지원칙에 반하여 독서실 운영자의 직업수행의 자유와 독서실 이용자의 일반적 행동자유권 내지 자기결정권을 침해하는 것으로 헌법에 위반된다고 보아야 한다(대판 2022.1.27. 2019두59851).

13. 동성자를 피부양자로 인정하지 않은 것이 평등원칙 위반인지 여부(긍정)

국민건강보험공단이 직장가입자와 사실상 혼인관계에 있는 사람, 즉 이성 동반자와 달리 동성동반자인 갑을 피부양자로 인정하지 않고 위 처분을 한 것은 합리적 이유 없이 갑에게 불이익을 주어 그를 사실상 혼인관계에 있는 사람과 차별하는 것으로 헌법상 평등원칙을 위반하여 위법하다(대판 전합 2024.7.18. 2023두36800). 〈25. 소방〉

4. 자기구속의 원칙

(1) 의의

행정청이 재량준칙을 적용하는 과정에서 일정한 관행이 형성된 경우에는 제3자에게 한 것과 동일한 결정을 그 처분의 상대방에게도 하여야 할 구속을 받는다는 원칙이다(⑩ 행정청이 재량준칙에 따라 2월의 영업정지처분을 부과하였다면, 유사한 사건에 대해서도 2월의 영업정지처분을 해야 한다).

(2) 구별

① 타자구속: 자기구속은 행정청 스스로의 행위에 구속된다는 점에서 법률에 구속되는 타자구속과 구별된다.

Winner's 자기구속의 기준 : 재량준칙 (○), 법률 (×)

② 행정규칙: 자기구속은 국민에 대한 관계에서 동일한 처분을 해야 하는 외부적 구속이라는 점에서 행정 내부적 구속인 행정규칙과 구별된다.

③ 확약: 자기구속은 일반·추상적인 자기구속이라는 점에서 개별·구체적인 자기구속인 확약과 구별된다.

④ 행정행위의 구속력: 자기구속은 미래지향적 구속이라는 점에서 과거 회고(回顧)적인 행정행위의 구속력과 구별된다.

(3) 근거

① 학설: 자기구속의 원칙의 근거에 대해서는 ㉠ 신의칙설, ㉡ 신뢰보호의 원칙설, ㉢ 평등원칙설 등 학설이 대립한다. 재량준칙을 적용하는 과정에서도 다른 사람과 불합리하게 차별 취급하는 것은 허용될 수 없다는 점에서 평등의 원칙에 근거한 것으로 보는 것이 일반적이다.

② 판례: 대법원과 헌법재판소는 평등의 원칙과 신뢰보호의 원칙을 행정의 자기구속의 원칙의 근거로 삼고 있다. 다만, 대법원은 내용적으로 인정하고, 헌법재판소는 명시적으로 인정하는 것으로 평가된다.

---

1. 특정인에게 처분기준을 과도하게 초과한 처분(위법)

같은 법 시행규칙 제53조에 따른 별표 15의 행정처분기준은 행정기관 내부의 사무처리준칙을 규정한 것에 불과하기는 하지만, 규칙 제53조 단서의 식품 등의 수급정책 및 국민보건에 중대한 영향을 미치는 <u>특별한 사유가 없는 한 행정청은 당해 위반사항에 대하여 위 처분기준에 따라 행정처분을 함이 보통이라 할 것이므로, 행정청이 이러한 처분기준을 따르지 아니하고 특정한 개인에 대하여만 위 처분기준을 과도하게 초과하는 처분을 한 경우에는 재량권의 한계를 일탈하였다고 볼 만한 여지가 충분하다</u>(대판 1993.6.29. 93누5635). 〈13. 국가 9급〉

2. 행정규칙이 자기구속을 당하게 되는 경우 대외적 구속력 인정 여부(긍정)

행정규칙이 일반적으로 대외적인 구속력을 갖는 것은 아니지만 <u>법령의 규정에 의하여 행정관청에 법령의 구체적 내용을 보충할 권한을 부여한 경우, 재량권 행사의 준칙인 규칙이 되풀이 되어 행정관행이 이룩되어 평등의 원칙이나 신뢰보호의 원칙에 따라 행정기관이 그 상대방에 대한 관계에서 그 규칙에 따라야 할 자기구속을 당하게 되는 경우에는 대외적인 구속력을 가지게 된다</u>(헌재 1990.9.3. 90헌마13). 〈11. 국가 9급〉, 〈18. 국가 9급〉

3. 서류심사 등을 통과한 시간강사에 대한 임용 거부처분(적법)

사범대학의 교원이란 장래 중등학교 교원이 될 학생들을 교육하는 위치에 있는 지위의 특수성 등에 비추어 볼 때 국립대학교 총장이 국가보안법 위반죄로 기소유예처분을 받은 전력이 있는 당해 임용신청자를 사범대학의 전임강사로 임용하기에는 적절하지 않다고 보아 임용을 거부한 것은 위 임용신청자의 여러 사정을 참작하더라도 재량권을 남용하였다고 할 수 없고, 또한 위 임용신청자가 임용권자의 서류심사, 전공심사, 면접심사 등을 통과하였고 당해 처분 이후에도 잠시 시간강사를 맡았다는 등의 사정이 있다고 하더라도 위 임용 거부가 신의칙에 반한다거나 자기구속의 원리에 위배된다고 할 수 없다(대판 1998.1.23. 96누12641).

Winner's 자기구속의 인정: 대법원 (내용적 인정), 헌법재판소 (명시적 인정)

(4) 적용요건

① 재량영역일 것: 재량영역에서 재량준칙을 적용하는 경우에 적용되고, 기속영역에서는 선택의 자유가 없으므로 적용될 수 없다.

② 동종사안일 것: 동일한 법적용은 동일한 상황에서만 가능하므로 제3자에 대한 사건과 처분의 상대방에 대한 상황이 의미·목적 등이 동일한 경우에 적용된다.

③ 선례(先例)가 존재할 것: 재량준칙에 따른 행정청의 행위가 일정한 관행을 형성하고 있어야 한다. 선례가 없는 경우에도 자기구속이 적용될 것인지 여부에 대해 독일의 판례는 재량준칙을 예기관행이라는 가정적 선례로 보아 긍정하는 경향이나, 우리나라는 반드시 선례가 필요하다는 입장이다.

(5) 한계

① 불법에 있어서의 평등: 위법한 행정관행이 형성된 경우에 자기구속을 근거로 그 관행을 요구하는 것은 법치주의에 정면으로 위반되므로 허용될 수 없다(⑩ 전임 공무원이 법령의 적용을 잘못하여 위법한 사업허가를 해준 경우 현재 공무원을 상대로 동일한 사업허가를 해달라고 요구하는 것). 〈13. 국가 9급〉

② 재량준칙의 변경: 재량준칙은 특별한 절차 없이 자주 변경되는데, 재량준칙이 변경된 경우에는 더 이상 동종사안이라고 볼 수 없으므로 자기구속의 원칙은 적용될 수 없다. 다만, 신뢰보호원칙의 요건을 충족하는 경우에 신뢰보호위반을 주장할 여지는 있다.

Winner's 재량준칙이 변경된 경우 : 자기구속 (×), 신뢰보호 (△)

③ 상이(相異)한 행정청: 자기구속의 원칙은 동일한 행정청에 대해서만 적용되고 서로 다른 행정청에 대해서는 적용할 수 없다. 다만, 상급행정청과 하급행정청은 동일한 것으로 본다. 〈19. 서울 9급〉

④ 특수한 사정: 과거에 해 왔던 행정관행을 번복할 정도의 특수한 사정이 있으면 새로운 관행이 시작되는 것이므로 자기구속의 원칙을 적용할 수 없다.

(6) 효과

① 위반의 효과: 자기구속의 원칙도 행정법의 일반원칙이므로 이 원칙을 위반한 행정작용은 위법하다. 행정규칙을 위반한 행위는 그 자체로서 위법한 것은 아니지만, 자기구속의 원칙을 위반한 경우에는 위법하게 될 수 있다. 따라서 취소쟁송 또는 손해배상에 의한 구제가 가능하다.

② 탄력적 구속: 자기구속은 구체적 사안에 따라 예외가 인정될 수 있는 탄력적 구속이라는 점에서 법률에 의하여 엄격한 구속을 받는 타자구속과 구별된다.

Winner's 구속의 정도 : 자기구속 (탄력적), 타자구속 (엄격)

③ 이행청구권의 발생 여부: 자기구속의 법리가 적용되는 경우에 상대방은 이를 근거로 동일한 처분을 요구하는 것이 가능한지에 대하여 ㉠ 자기구속의 법리는 소극적인 차별금지의무만을 부과하는 것이므로 불가능하다는 견해(김동희)와 ㉡ 공권의 성립요건을 갖추는 한 가능하다는 견해(다수설)가 대립한다.

Winner's 평등원칙 위반 여부

긍정(위법)	부정(적법)
① 외교관 자녀에 대해서만 가산점을 부여한 합격사정	① 택시경력을 우대한 동해시 택시면허발급
② 근무시간 대기 중에 화투놀이를 한 공무원에 대한 파면처분	② 원주시 내에 건설되는 혁신도시 등 주민에게만 지원하는 조례안
③ 학력을 기준으로 집단을 나누어 같은 감원비율로 청원경찰의 인원을 감축한 것	③ 공공기관이 제3자 관련 정보까지 공개하는 것
④ 한약사 국가시험의 응시자격이 변경된 경우 입학연도에 따라 다른 법을 적용하는 것	④ 잘못을 시인한 교사들과 그렇지 않은 교사들에 대하여 한 서로 다른 징계처분
⑤ 과태료 액수에 차등을 두는 조례안	⑤ 면세되는 인적 용역이 아닌 자에 대한 과세
⑥ 전업과 비전업으로 구분하여 시간당 강의료를 차등 지급한 것	⑥ 서류심사 등을 통과한 시간강사에 대한 임용 거부처분
⑦ 국가유공자 가족에게 10%의 가산점을 부여	⑦ 조사의 개시시기에 따라 제척기간을 달리 적용한 것
	⑧ 현역군인만 국방부 보조기관 등이 될 수 있는 규정

3 신뢰보호의 원칙

1. 서설

(1) 의의

행정기관의 일정한 언동의 정당성과 존속성에 대한 개인의 보호가치 있는 신뢰는 보호해야 한다는 원칙이다.

(2) 입법례

독일은 1976년 연방행정절차법에서 이를 제도화하였고, 영미법상의 금반언(禁反言)원칙도 대체로 이와 같은 것이라 할 수 있다. 〈04. 국가 9급〉

2. 근거

(1) 이론적 근거

① 학설

신의칙설	신뢰보호의 원칙은 사법(私法)에서 발달한 신의성실의 원칙에 근거를 두고 있다는 견해이다. 〈04. 국가 9급〉
법적 안정성설 (다수설)	헌법상 법치국가원리는 법률 적합성원리와 법적 안정성원리로 구성되어 있는데, 법적 안정성에 근거를 두고 있다는 견해이다.

〈민법〉 제2조(신의성실) ① 권리의 행사와 의무의 이행은 신의에 좇아 성실히 하여야 한다.

② 판례

독일 판례	독일 연방행정법원은 미망인(未亡人) 판결에서 신의칙을 근거로 신뢰보호의 원칙을 긍정한 바 있다.
우리나라 판례	그 입장이 명확하지 않지만, 그 표현상 신의칙에 근거를 두고 있는 것으로 보인다.

> **참고** 독일 연방행정법원의 미망인 사건(Witwen - Urteil)
>
> 동베를린에 거주하고 있던 공무원의 미망인이 서베를린의 관계 행정기관에 대해 본인이 서베를린으로 이주하게 되면 미망인 연금을 지급받을 수 있는가 문의를 하자, 관계 공무원은 가능하다고 하였다. 그 말을 믿은 동베를린 미망인은 서베를린으로 이주하였는데, 너무 늦게 이주한 탓으로 이미 연금청구권이 실권(失權)상태에 있었다. 그럼에도 불구하고, 독일 연방행정법원은 미망인 사건에서 신뢰보호원칙을 받아들여 원고(미망인)의 연금청구를 인용하였다.

> **신뢰보호의 근거가 신의칙에 있는지 여부(긍정되는 경향)**
>
> 신의성실의 원칙 내지 금반언의 원칙은 합법성을 희생하여서라도 납세자의 신뢰를 보호함이 정의·형평에 부합하는 것으로 인정되는 특별한 사정이 있는 경우에 적용되는 것으로서, **납세자의 신뢰보호라는 점에 그 법리의 핵심적 요소가 있는 것이다**(대판 1996.1.23. 95누13746).

③ 검토: 신의칙은 구체적 법률관계를 전제로 적용되는 것이므로 이를 전제로 하지 않는 행정작용은 공행정작용의 예측가능성 및 존속성·계속성을 내용으로 하는 법적 안정성원리에 근거가 있다고 보는 것이 타당하다(김동희).

(2) 실정법적 근거

「행정기본법」, 「국세기본법」, 「행정절차법」 등에 근거를 두고 있으나, 신뢰보호원칙은 이미 불문법원칙으로 인정되고 있으므로 확인적 규정에 불과하다고 본다. 그리고 「행정기본법」은 신의성실의 원칙과 권한남용금지 원칙을 별도로 규정하고 있다.

> **〈행정기본법〉 제11조(성실의무 및 권한남용금지의 원칙)** ① 행정청은 법령등에 따른 의무를 성실히 수행하여야 한다.
> ② 행정청은 행정권한을 남용하거나 그 권한의 범위를 넘어서는 아니 된다.
>
> **제12조(신뢰보호의 원칙)** ① 행정청은 공익 또는 제3자의 이익을 현저히 해칠 우려가 있는 경우를 제외하고는 행정에 대한 국민의 정당하고 합리적인 신뢰를 보호하여야 한다.〈23. 국가 7급〉
>
> **〈행정절차법〉 제4조(신의성실 및 신뢰보호)** ② 행정청은 법령 등의 해석 또는 행정청의 관행이 일반적으로 국민들에게 받아들여졌을 때에는 공익 또는 제3자의 정당한 이익을 현저히 해칠 우려가 있는 경우를 제외하고는 새로운 해석 또는 관행에 따라 소급하여 불리하게 처리하여서는 아니 된다. 〈18. 지방 9급〉
>
> **〈국세기본법〉 제18조(세법 해석의 기준 및 소급과세의 금지)** ③ 세법의 해석 또는 국세행정의 관행이 일반적으로 납세자에게 받아들여진 후에는 그 해석이나 관행에 의한 행위 또는 계산은 정당한 것으로 보며, 새로운 해석이나 관행에 의하여 소급하여 과세되지 아니한다.

Winner's 실정법적 근거의 성질 : 확인적 규정 (○), 창설적 규정 (×)

3. 요건

(1) 선행(先行)조치

학설	모든 행정작용을 신뢰의 대상으로 본다. 따라서 행정행위·행정지도, 공법상 계약 등 모든 작용이 포함되며, 명시적·묵시적 또는 적극적·소극적 언동을 불문한다. 〈05. 국회 8급〉
판례	① 신뢰의 대상을 공적(公的)인 견해표명으로 한정한다. ② 공적인 견해표명을 판단함에 있어서 정당한 권한이 있는지 여부를 불문하고 상대방의 신뢰가능성 등을 종합하여 판단하므로 정당한 권한이 없더라도 신뢰보호원칙은 적용될 수 있으나, 상대방의 신뢰가능성조차 없거나 무효인 행정행위에 대해서는 적용되지 않는 것으로 본다. 〈08. 지방 9급〉 ③ 선행처분과 후행처분이 서로 다른 별개의 처분인 경우에는 신뢰보호가 되지 않는 것이 원칙이나, 실질적으로 동일한 처분으로 볼 수 있으면 그러하지 아니하다. ④ 선행조치에서 의사표시가 구체적이지 않고, 확정적 의사표시가 아닌 경우에는 신뢰보호의 대상이 되지 않는다는 경향이다.

Winner's 선행조치(학설) : 모든 행정작용 (○), 모든 행정행위 (×)

1. 공적인 견해표명의 판단을 형식적인 권한분장으로만 판단하는지 여부(부정)

일반적으로 행정상의 법률관계에 있어서 행정청의 행위에 대하여 신뢰보호의 원칙이 적용되기 위하여는, 행정청이 개인에 대하여 신뢰의 대상이 되는 공적인 견해표명을 하여야 하고, 행정청의 견해표명이 정당하다고 신뢰한 데에 대하여 그 개인에게 귀책사유가 없어야 하며, 그 개인이 그 견해표명을 신뢰하고 이에 어떠한 행위를 하였어야 하고, 행정청이 위 견해표명에 반하는 처분을 함으로써 그 견해표명을 신뢰한 개인의 이익이 침해되는 결과가 초래되어야 하며, 이러한 요건을 충족할 때에는 행정청의 처분은 신뢰보호의 원칙에 반하는 행위로서 위법하게 된다고 할 것이고, 또한 위 요건의 하나인 행정청의 공적 견해표명이 있었는지의 여부를 판단하는 데 있어 반드시 행정조직상의 형식적인 권한분장에 구애될 것은 아니고 담당자의 조직상의 지위와 임무, 당해 언동을 하게 된 구체적인 경위 및 그에 대한 상대방의 신뢰가능성에 비추어 실질에 의하여 판단하여야 한다(대판 1997.9.12. 96누18380).

2. 보건사회부장관의 의료취약지 비과세 견해표명이 선행조치에 포함되는지 여부(긍정)

보건사회부장관이 '의료취약지 병원설립운영자 신청공고'를 하면서 국세 및 지방세를 비과세하겠다고 발표하였고, 그 후 내무부장관이나 시·도지사가 도 또는 시·군에 대하여 지방세 감면조례제정을 지시하여 그 조례에 대한 승인의 의사를 미리 표명하였다면, 보건사회부장관에 의하여 이루어진 위 비과세의 견해표명은 당해 과세관청의 그것과 마찬가지로 볼 여지가 충분하다고 할 것이고, 또한 납세자로서는 위와 같은 정부의 일정한 절차를 거친 공고에 대하여서는 보다 고도의 신뢰를 갖는 것이 일반적이다(대판 1996.1.23. 95누13746). 〈11. 국가 9급〉

3. 병무청 총무과 민원팀장이 민원봉사차원에서 안내한 것이 선행조치에 포함되는지 여부(부정)

병무청 담당부서의 담당공무원에게 공적 견해의 표명을 구하는 정식의 서면질의 등을 하지 아니한 채 총무과 민원팀장에 불과한 공무원이 민원봉사차원에서 상담에 응하여 안내한 것을 신뢰한 경우 신뢰보호원칙이 적용되지 아니한다(대판 2003.12.26. 2003두1875). 〈18. 지방 9급〉, 〈23. 소방〉

4. 임용결격자에 대한 임용행위가 선행조치에 포함되는지 여부(부정)

1) 임용 당시 공무원임용결격사유❶가 있었다면 비록 국가의 과실에 의하여 임용결격자임을 밝혀내지 못하였다 하더라도 그 임용행위는 당연무효로 보아야 한다. 〈18. 국가 7급〉

2) 국가공무원임용결격사유가 있는 자에 대하여 결격사유가 있는 것을 알지 못하고 공무원으로 임용하였다가 사후에 결격사유가 있는 자임을 발견하고 공무원임용행위를 취소하는 것은 당사자에게 원래의 임용행위가 당초부터 당연무효이었음을 통지하여 확인시켜 주는 행위에 지나지 아니하는 것이므로, 그러한 의미에서 당초의 임용처분을 취소함에 있어서는 신의칙 내지 신뢰의 원칙을 적용할 수 없고, 또 그러한 의미의 취소권은 시효로 소멸하는 것도 아니다(대판 1987.4.14. 86누459). 〈16. 경찰행정 특채〉, 〈18. 국가 7급〉

> **용어설명** ❶ 결격사유 : 자격이 부정되는 사유

5. 비과세 견해표명의 입증책임이 납세자에게 있는지 여부(긍정)

소급과세금지의 원칙이 적용되기 위한 요건의 하나인 "과세관청이 납세자에게 신뢰의 대상이 되는 공적인 견해를 표명하였다"는 사실은 납세자가 주장·입증하여야 한다(대판 1992.3.31. 91누9824).

6. 착오로 인한 양도소득세 부과처분 후 종합소득세 부과처분(적법)

거주자의 부동산 양도로 인한 소득은 그 양도가 사업의 일환으로 행하여진 것인지의 여부에 따라 소득세법상 종합소득세의 과세대상인 사업소득이나 양도소득세의 과세대상인 양도소득 중 어느 한 쪽에만 해당되는 것이고, 종합소득과 양도소득은 과세단위를 달리하는 것이므로, … 토지의 양도로 인한 소득이 사업소득에 해당하는 사실을 알지 못하고 양도소득세 등 부과처분을 한 경우 그 처분으로써 종합소득세를 부과하지 않겠다는 견해를 공적으로 표명한 것이라고 할 수 없으므로 그 후 과세관청이 토지의 양도로 인한 소득을 부동산매매업으로 인한 소득으로 인정하여 과세한 것이 신의칙을 위반한 것이라고 할 수 없다(대판 2001.4.24. 99두5412).

7. 폐기물사업 적정통보 후 국토이용계획변경신청 거부(적법)

폐기물관리법령에 의한 폐기물처리업 사업계획에 대한 적정통보와 국토이용관리법령에 의한 국토이용계획변경은 각기 그 제도적 취지와 결정단계에서 고려해야 할 사항들이 다르다는 이유로, 폐기물처리업 사업계획에 대하여 적정통보를 한 것만으로 그 사업부지 토지에 대한 국토이용계획변경신청을 승인하여 주겠다는 취지의 공적인 견해표명을 한 것으로 볼 수 없다(대판 2005.4.28. 2004두8828). 〈11. 국가 9급〉, 〈17. 서울 9급〉, 〈18. 서울 7급〉

8. 적정통보 이후 청소업자 난립을 이유로 한 폐기물처리업불허가처분(위법)

폐기물처리업에 대하여 사전에 관할 관청으로부터 적정통보를 받고 막대한 비용을 들여 허가요건을 갖춘 다음 허가신청을 하였음에도 다수 청소업자의 난립으로 안정적이고 효율적인 청소업무의 수행에 지장이 있다는 이유로 한 불허가처분이 신뢰보호의 원칙 및 비례의 원칙에 반하는 것으로서 재량권을 남용한 위법한 처분이다(대판 1998.5.8. 98두4061). 〈11. 국가 9급〉

9. 종교회관 건립을 위한 토지거래허가를 받은 이후에 한 토지형질변경불허가처분(위법)

종교법인인 원고는 1991. 9. 4.경 이 사건 토지를 매수하기로 하여 피고에게 토지거래허가신청을 하면서 이용목적이 농지(답)인 그 토지를 대지로 형질변경하여 종교시설인 회관을 건립하기

위한 것임을 명시하고 그러한 내용의 사업계획서를 제출하였으며, 피고의 담당직원에게 문의하여 토지형질변경이 가능하며 충주시 조례에 의하여 종교시설의 건축이 가능하다는 답변을 들었을 뿐더러 당시 담당직원으로부터 원고가 1년 이내에 회관을 건립하겠다는 각서를 제출할 것을 요구받기도 한 사실, … 피고가 위 토지거래계약의 허가를 통하여서나 그 과정에서 그 소속 공무원들을 통하여 원고에 대하여 종교회관 건축을 위한 이 사건 토지의 형질변경이 가능하다는 공적 견해표명을 한 것이라고 볼 여지가 많다(대판 1997.9.12. 96누18380). 〈13. 국가 9급〉

10. 완충녹지 지정해제신청 거부처분(위법)

시의 도시계획과장과 도시계획국장이 도시계획사업의 준공과 동시에 사업부지에 편입한 토지에 대한 완충녹지 지정을 해제함과 아울러 당초의 토지소유자들에게 환매하겠다는 약속을 했음에도, 이를 믿고 토지를 협의매매한 토지소유자의 완충녹지지정해제신청을 거부한 것은, 행정상 신뢰보호의 원칙을 위반하거나 재량권을 일탈·남용한 위법한 처분이다(대판 2008.10.9. 2008두6127). 〈24. 국가 9급〉

11. 민원예비심사에 대한 관련부서 의견이 공적 견해표명인지 여부(부정)

개발이익환수에 관한 법률에 정한 개발사업을 시행하기 전에 행정청이 토지 지상에 예식장 등을 건축하는 것이 관계법령상 가능한지 여부를 질의하는 민원예비심사에 대하여 관련 부서 의견으로 개발이익환수에 관한 법률에 '저촉사항 없음'이라고 기재하였다고 하더라도, 이후의 개발부담금 부과처분에 관하여 신뢰보호의 원칙을 적용하기 위한 요건인, 개인에 대하여 신뢰의 대상이 되는 공적인 견해 표명을 한 것이라고는 보기 어렵다(대판 2006.6.9. 2004두46). 〈13. 국가 9급〉

12. 시행규칙을 공포·시행할 예정이라고만 밝힌 것이 공적 견해표명인지 여부(부정)

재정경제부가 보도자료를 통해 '법인세법시행규칙을 개정하여 법제처의 심의를 거쳐 6월 말경 공포·시행할 예정'이라고 밝힌 것만으로 위 시행규칙을 시기적으로 반드시 6월 말경까지 공포·시행하겠다는 내용의 공적 견해를 표명한 것으로 보기 어렵고, 부동산의 양도 이전에 위 시행규칙의 관계규정이 실제 공포·시행되고 있는지 여부를 확인하지 않은 데 귀책사유가 있다(대판 2002.11.26. 2001두9103).

13. 한시적인 법인세액 감면대상이 공적인 견해표명인지 여부(부정)

2001. 12. 29. 법률 제6538호로 개정된 조세특례제한법 부칙 제1조, 제2조 제1항의 규정에 의하면, 개정 법률 시행 전에 이미 과세요건이 완성된 법인세액의 감면분까지 소급하여 그 혜택을 박탈하는 것도 아니다. 그렇다면, 정책적·잠정적·일시적 조세우대조치라 할 한시적 법인세액 감면제도를 시행하다가 위 법 제2조 제3항을 신설하면서 법인세액 감면 대상이 되지 아니하는 업종으로 변경된 기업에 대하여 아무런 경과규정을 두지 아니하였다고 하여, 위 법 제2조 제3항이 헌법상의 평등의 원칙, 재산권의 보장, 과잉금지의 원칙, 신뢰보호의 원칙 등에 위배된다고 할 수 없다(대판 2009.9.10. 2008두9324). 〈11. 국회 8급〉

14. 권장용도를 숙박시설로 결정, 고시한 것이 숙박시설 건축허가에 대한 공적인 견해표명인지 여부(원칙적 부정)

피고가 위 H지구의 권장용도를 판매·위락·숙박시설로 결정하여 이를 고시하고 관계 서류와 도면을 비치 및 열람하게 한 행위를 천안시 북부 제2지구 중 H지구에서는 숙박시설 건축허가를 받을 수 있을 것이라는 공적 견해를 표명한 것으로 봄이 상당하다고 평가한 부분에 관하여 보건대, 위 H지구의 권장용도로는 숙박시설 외에 판매·위락시설도 지정되어 있고, … 이 사건에서 피고가 위와 같은 계획을 수립하여 고시하고 관련도서를 비치하여 열람하게 한 행위로서 표명한 공적 견해는 숙박시설의 건축허가를 불허하여야 할 중대한 공익상의 필요가 없음을 전제로 숙박시설 건축허가도 가능하다는 것이지, 이를 H지구 내에서는 공익과 무관하게 언제든지 숙박시설에 대한 건축허가가 가능하리라는 취지의 공적 견해를 표명한 것이라고 평가할 수는 없을 것이다(대판 2005.11.25. 2004두6822). 〈17. 지방 7급〉

15. 문화부장관의 회신 내용을 담당공무원이 알려 준 것이 공적 견해표명인지 여부(부정)
관광숙박시설지원 등에 관한 특별법의 유효기간까지 관광호텔업 사업계획승인신청을 한 경우에는 그 유효기간이 경과한 이후에도 특별법을 적용할 수 있다는 내용의 문화관광부장관의 지방자치단체장에 대한 회신 내용을 담당공무원이 알려주었다는 사정만으로 위 지방자치단체장의 공적인 견해표명이 있었다고 보기 어렵다(대판 2006.4.28. 2005두9644).

16. 헌법재판소의 위헌결정이 공적 견해표명인지 여부(부정)
헌법재판소의 위헌결정은 행정청이 개인에 대하여 신뢰의 대상이 되는 공적인 견해를 표명한 것이라고 할 수 없으므로 그 결정에 관련한 개인의 행위에 대하여는 신뢰보호의 원칙이 적용되지 아니한다(대판 2003.6.27. 2002두6965).

17. 삼청교육대 피해보상을 공고하고 신고까지 받은 경우 신뢰보호 인정 여부(긍정)
대통령이 담화를 발표하고 이에 따라 국방부장관이 삼청교육 관련 피해자들에게 그 피해를 보상하겠다고 공고하고 피해신고까지 받은 것은, 대통령이 정부의 수반인 시위에서 피해자들인 국민에 대하여 향후 입법조치 등을 통하여 그 피해를 보상해 주겠다고 구체적 사안에 관하여 종국적으로 약속한 것으로서, 거기에 채무의 승인이나 시효이익의 포기와 같은 사법상의 효과는 없더라도, 그 상대방은 약속이 이행될 것에 대한 강한 신뢰를 가지게 되고, 이러한 신뢰는 단순한 사실상의 기대를 넘어 법적으로 보호받아야 할 이익이라고 보아야 하므로, 국가로서는 정당한 이유 없이 이 신뢰를 깨뜨려서는 아니 되는바, 국가가 그 약속을 어기고 후속조치를 취하지 아니함으로써 위 담화 및 피해신고 공고에 따라 피해신고를 마친 피해자의 신뢰를 깨뜨린 경우 그 신뢰의 상실에 따르는 손해를 배상할 의무가 있고, 이러한 손해에는 정신적 손해도 포함된다(대판 2001.7.10. 98다38364).

18. 면세사업자등록증을 교부하고 예정신고를 받은 행위에 대한 신뢰보호(부정)
일반적으로 조세법률관계에서 과세관청의 행위에 대하여 신의성실의 원칙이 적용되기 위하여는 적어도 과세관청이 납세자에게 신뢰의 대상이 되는 공적인 견해를 명시적 또는 묵시적으로 표명하여야 하는바, 부가가치세법상의 사업자등록은 과세관청으로 하여금 부가가치세의 납세의무자를 파악하고 그 과세자료를 확보케 하려는 데 입법 취지가 있는 것으로서, 이는 단순한 사업사실의 신고로서 사업자가 소관 세무서장에게 소정의 사업자등록신청서를 제출함으로써 성립되는 것이고, 사업자등록증의 교부는 이와 같은 등록사실을 증명하는 증서의 교부행위에 불과한 것으로 과세관청이 납세의무자에게 면세사업자등록증을 교부하고 수년간 면세사업자로서 한 부가가치세 예정신고 및 확정신고를 받은 행위만으로는 과세관청이 납세의무자에게 그가 영위하는 사업에 관하여 부가가치세를 과세하지 아니함을 시사하는 언동이나 공적인 견해를 표명한 것이라 할 수 없다(대판 2002.9.4. 2001두9370). 〈17. 지방 7급〉

Winner's 공적인 견해표명에 해당하는지 여부

긍정	부정
① 보건사회부 장관의 비과세표명	① 총무과 민원팀장의 안내 ② 임용결격자 임용
② 종교회관 건립을 위한 토지거래허가 후 토지형질변경불허가	③ 착오로 인한 양도소득세 부과처분 후 종합소득세 부과처분
③ 폐기물 처리사업 적정통보 후 청소업자 난립을 이유로 한 폐기물처리업불허가처분	④ 폐기물 처리사업 적정통보 후 국토이용계획변경신청 거부
④ 삼청교육대 피해보상을 공고하고 신고를 받은 경우	⑤ 면세사업자등록증을 교부하고 신고를 받은 경우
⑤ 완충녹지 지정해제 및 환매약속 후 해제신청 거부	⑥ 민원예비심사에 대한 관련부서 의견 ⑦ 시행규칙을 공포·시행할 예정이라고만 밝힌 것 ⑧ 한시적인 법인세액 감면대상 ⑨ 권장용도를 숙박시설로 결정, 고시한 것 ⑩ 문화부장관의 자치단체장에 대한 회신 내용 ⑪ 헌법재판소의 위헌결정

(2) 보호가치

선행조치의 정당성 또는 존속성에 대한 관계인의 신뢰에 보호가치가 있어야 한다. ㉠ 선행조치의 성립에 관계자의 부정행위가 있거나(⑳ 상대방의 사기·강박❶, 증수뢰❷ 또는 허위신청서의 제출 등), ㉡ 그 작용의 위법성을 이미 인식한 경우나 인식할 수 있었던 경우에는 보호가치가 없다. 판례에 의하면 귀책사유❸가 없어야 한다.

용어설명 ❶ 강박(强迫) : 상대편에게 고의로 해악(害惡)을 끼칠 것을 알려 공포심을 일으키게 하는 행위
❷ 증수뢰 : 뇌물을 주거나 받는 것
❸ 귀책사유 : 법률상의 책임을 질 사유

1. 위조한 동의서를 첨부하여 받은 LPG사업허가 취소처분(적법)

충전소설치예정지로부터 100m 내에 있는 건물주의 동의를 모두 얻지 아니하였음에도 불구하고 이를 갖춘 양 허가신청을 하여 그 허가를 받아낸 것으로서 처분의 하자가 당사자의 사실은폐 내지 사위(詐僞)❶의 방법에 의한 신청행위에 기인한 것이라 할 것이어서, 그 처분에 의한 이익이 위법하게 취득되었음을 알아 그 취소가능성도 능히 예상하고 있었다고 보아야 할 것이므로, 수익적 행정행위인 액화석유가스충전사업허가처분의 취소에 위법이 없다(대판 1992.5.8. 91누13274).

용어설명 ❶ 사위(詐僞) : 상대방을 속이는 일체의 행위, 사술(詐術)이라고도 표현됨

2. 허위의 부지증명을 첨부하여 신청한 영업허가처분 취소처분(적법)

허위의 부지증명 및 건물용도증명을 첨부하여 신청한 영업허가처분은 수익자의 사술(詐術)에 의해 이루어진 이상 수익자가 이에 근거하여 상당한 재산을 투자하고 사업을 시행하고 있다고 하여도 이를 취소할 수 있다(대판 1983.10.11. 83누389).

3. 착오로 인한 지형도를 수정한 조치(적법)

이 사건 토지가 당초 화랑공원구역 안에 있는 것으로 적법하게 지정·공고된 이상 … 건설부장관이 행한 국립공원 지정처분은 그 결정 및 첨부된 도면의 공고로써 그 경계가 확정되는 것이고, 시장이 행한 경계측량 및 표지의 설치 등은 공원관리청이 공원구역의 효율적인 보호·관리를 위하여 이미 확정된 경계를 인식·파악하는 사실상의 행위로 봄이 상당하며, 위와 같은 사실상의 행위를 가리켜 공권력 행사로서의 행정처분의 일부라고 볼 수 없고, 이로 인하여 건설부장관이 행한 공원지정처분이나 그 경계에 변동을 가져온다고 할 수 없다. 실제의 공원구역과 다르게 경계측량 및 표지를 설치한 십수년 후 착오를 발견하여 지형도를 수정한 조치가 신뢰보호의 원칙에 위배되거나 행정의 자기구속의 법리에 반하는 것이라 할 수 없다(대판 1992.10.13. 92누2325).

4. 착오로 인한 운전면허정지처분 취소처분(위법)

여수경찰서장이 운전면허정지기간의 시기와 종기를 정하지는 아니하였지만 정지기간을 100일간으로 기재한 자동차운전면허정지통지서를 원고에게 발송하여 원고가 이를 수령하였다면, 이는 운전면허정지처분으로서의 효력이 발생되었다고 볼 것이고 피고로서는 그 운전면허정지처분의 불가변력으로 인하여 이를 취소·철회할 수 없다고 설시한 다음, 특별한 사유 없이 동일한 사건에 대하여 단순한 업무상의 착오를 이유로 선행처분에 반하여 한 이 사건 운전면허 취소처분은 위법하다고 판단하였다. … 원고로서는 그 면허정지처분이 효력을 발생함으로써 그 처분의 존속에 대한 신뢰가 이미 형성되었다 할 것이고 또한 그와 같은 처분의 존속이 현저히 공익에 반한다고는 보이지 아니하므로, 동일한 사유에 관하여 보다 무거운 면허취소처분을 하기 위하여 이미 행하여진 가벼운 면허정지처분을 취소하는 것은 선행처분에 대한 당사자의 신뢰 및 법적안정성을 크게 저해하는 것이 되어 허용될 수 없다 할 것이다(대판 2000.2.25. 99두10520).

5. 거짓 진술이나 사실은폐 등으로 인한 난민인정결정 취소처분(적법)

구 출입국관리법 제76조의3 제1항 제3호는 거짓 진술이나 사실은폐 등으로 난민인정 결정을 하는 데 하자가 있음을 이유로 이를 취소하는 것이므로, 당사자는 애초 난민인정 결정에 관한 신뢰를 주장할 수 없음은 물론 행정청이 이를 고려하지 않았다고 하더라도 재량권을 일탈·남용하였다고 할 수 없다(대판 2017.3.15. 2013두16333).

6. 국적이탈신고를 반려한 처분(위법)

동사무소 직원이 행정상 착오로 국적이탈을 사유로 주민등록을 말소한 것을 신뢰하여 만 18세가 될 때까지 별도로 국적이탈신고를 하지 않았던 사람이, 만 18세가 넘은 후 동사무소의 주민등록 직권 재등록 사실을 알고 국적이탈신고를 하자 '병역을 필하였거나 면제받았다는 증명서가 첨부되지 않았다'는 이유로 이를 반려한 처분은 신뢰보호의 원칙에 반하여 위법하다(대판 2008.1.17. 2006두10931).

7. 건축사에게 귀책사유가 있으면 건축주에게도 귀책사유가 인정되는지 여부(긍정)

1) 귀책사유라 함은 행정청의 견해표명의 하자가 상대방 등 관계자의 사실은폐나 기타 사위(詐僞)의 방법에 의한 신청행위 등 부정행위에 기인한 것이거나 그러한 부정행위가 없다고 하더라도 하자가 있음을 알았거나 중대한 과실로 알지 못한 경우 등을 의미한다고 해석함이 상당하고, 귀책사유의 유무는 상대방과 그로부터 신청행위를 위임받은 수임인 등 관계자 모두를 기준으로 판단하여야 한다.

2) 건축주와 그로부터 건축설계를 위임받은 건축사가 상세계획지침에 의한 건축한계선의 제한이 있다는 사실을 간과한 채 건축설계를 하고 이를 토대로 건축물의 신축 및 증축허가를 받은

경우 그 신축 및 증축허가가 정당하다고 신뢰한 데에 귀책사유가 있다(대판 2002.11.8. 2001두1512).
⟨18. 지방 9급⟩

Winner's 보호가치의 인정 여부

긍정	부정
① 여수경찰서장이 착오로 한 운전면허정지처분 ② 동사무소 직원의 행정상 착오로 주민등록을 말소한 것	① 위조한 동의서를 첨부하여 받은 LPG사업허가 ② 허위의 부지증명을 첨부하여 신청한 영업허가처분 ③ 실제 공원구역과 다른 경계측량 및 표지 설치 ④ 거짓진술과 사실은폐에 근거한 난민결정 ⑤ 건축사에게 귀책사유가 있는 건축허가

(3) 처리보호

선행조치를 믿고서 상대방이 한 일정한 조치를 했어야 한다. 신뢰보호원칙은 상대방의 신뢰 자체를 보호하려는 것이 아니고 투자조치를 보호하기 위한 것이기 때문이다(ⓓ 건축허가에 따른 기초공사의 실시, 상업지역으로 지정된 것을 믿고서 가게를 계약한 것, 수령한 금전을 이미 소비한 경우 등).

(4) 인과관계

상대방의 조치는 행정청의 선행조치를 인식하고 이를 신뢰한 결과로서 나온 것이어야 한다. 그렇지 않으면 우연에 불과하므로 보호대상이 될 수 없다.

(5) 후행조치

행정청의 선행조치에 모순되는 후행조치로 인하여 상대방의 이익이 침해되어야 한다. 다만 사정변경이 있는 경우에는 특별한 사정이 없는 한 신뢰보호 원칙을 위반한 것은 아니다.

사정변경이 있는 공적 견해표명의 효력(원칙적 부정)
신뢰보호의 원칙은 행정청이 공적인 견해를 표명할 당시의 사정이 그대로 유지됨을 전제로 적용되는 것이 원칙이므로, 사후에 그와 같은 사정이 변경된 경우에는 그 공적 견해가 더 이상 개인에게 신뢰의 대상이 된다고 보기 어려운 만큼, 특별한 사정이 없는 한 행정청이 그 견해표명에 반하는 처분을 하더라도 신뢰보호의 원칙에 위반된다고 할 수 없다(대판 2020.6.25. 2018두34732). ⟨22. 국가 9급⟩

4. 한계

헌법상 법치주의 원칙은 ① 법률적합성 원칙 ② 법적 안정성 원칙으로 구성되어 있다. 신뢰보호의 원칙의 근거를 법적 안정성에 두는 한 법률적합성 원칙과는 서로 대등한 원칙이므로(동위설), 양자 간의 비교형량이 필요하다. 그 결과 중대한 공익상의 필요가 있으면 상대방의 신뢰보호는 제한될 수 있다. 따라서 신뢰보호 원칙에 위반되는 후행행위는 위법한 것으로서 취소하고 선행행위를 존속시키는 것이 원칙이나(존속보호), 중대한 공익상 필요가 있으면 적법한 것으로 보아 취소하지 않고, 대신 손실을 보상하여야 하는 경우도 있을 수 있다(보상보호).

> **〈행정기본법〉**
>
> **제12조(신뢰보호의 원칙)** ① 행정청은 공익 또는 제3자의 이익을 현저히 해칠 우려가 있는 경우를 제외하고는 행정에 대한 국민의 정당하고 합리적인 신뢰를 보호하여야 한다.
>
> **제18조(위법 또는 부당한 처분의 취소)** ② 행정청은 제1항에 따라 당사자에게 권리나 이익을 부여하는 처분을 취소하려는 경우에는 취소로 인하여 당사자가 입게 될 불이익을 취소로 달성되는 공익과 비교·형량(衡量)하여야 한다. 다만, 다음 각 호의 어느 하나에 해당하는 경우에는 그러하지 아니하다.
> 1. 거짓이나 그 밖의 부정한 방법으로 처분을 받은 경우
> 2. 당사자가 처분의 위법성을 알고 있었거나 중대한 과실로 알지 못한 경우

1. 신뢰보호원칙은 한정적으로 적용되는지 여부(긍정)

일반 행정법률관계에서 관청의 행위에 대하여 신의칙이 적용되기 위해서는 합법성의 원칙을 희생하여서라도 처분의 상대방의 신뢰를 보호함이 정의의 관념에 부합하는 것으로 인정되는 특별한 사정이 있을 경우에 한하여 예외적으로 적용된다(대판 2004.7.22. 2002두11233).

2. 실제 생년월일을 기준으로 한 정년연장 요구의 허용여부(허용)

지방공무원법상의 정년은 지방공무원의 정년퇴직시 구비서류로 요구되는 가족관계기록사항에 관한 증명서 중 기본증명서에 기재된 실제의 생년월일을 기준으로 산정해야 한다고 봄이 상당하다. … 지방공무원 인사기록 및 인사사무 처리규칙 제6조 제4항이 공무원의 임용권자에 대한 인사기록변경신청기간을 제한하지 않고 있는 점, 위 규칙 [별표 3]이 지방공무원의 정년퇴직시 구비서류로 가족관계기록사항에 관한 증명서 중 기본증명서 1통을 요구하고 있는 점 등을 고려하면, 원심이 들고 있는 사정만으로 원고가 임용권자에게 임용신청 당시 호적상 출생연월일을 기준으로 정년을 산정하기로 하는 신의를 공여하였다거나, 객관적으로 보아 임용권자가 위와 같은 신의를 가짐이 정당한 상태에 있다거나, 이러한 임용권자의 신의에 반하여 권리를 행사하는 것이 정의관념에 비추어 용인될 수 없는 정도의 상태에 이르렀다고 볼 수 없다(대판 2009.3.26. 2008두21300). 〈20. 국가 7급〉, 〈21. 국가 9급〉

3. 한려해상국립공원 인근 자연녹지지역에서 토석채취허가❶ 언동 후에 한 불허가처분(적법)

1) 어떠한 행정처분이 신뢰보호의 요건을 충족할 때에는 공익 또는 제3자의 정당한 이익을 해할 우려가 있는 경우가 아닌 한, 신뢰보호의 원칙에 반하는 행위로서 위법하게 된다고 할 것이다.

2) 행정처분이 이러한 요건을 충족하는 경우라고 하더라도 행정청이 앞서 표명한 공적인 견해에 반하는 행정처분을 함으로써 달성하려는 공익이 행정청의 공적 견해표명을 신뢰한 개인이 그 행정처분으로 인하여 입게 되는 이익의 침해를 정당화할 수 있을 정도로 강한 경우에는 신뢰보호의 원칙을 들어 그 행정처분이 위법하다고는 할 수 없다.

3) 한려해상국립공원지구 인근의 자연녹지지역에서의 토석채취허가가 법적으로 가능할 것이라는 행정청의 언동을 신뢰한 개인이 많은 비용과 노력을 투자하였다가 불허가처분으로 상당한 불이익을 입게 된 경우 위 불허가처분에 의하여 행정청이 달성하려는 주변의 환경·풍치·미관 등의 공익이 그로 인하여 개인이 입게 되는 불이익을 정당화할 만큼 강하다는 이유로 불허가처분이 재량권의 남용 또는 신뢰보호의 원칙에 반하여 위법하다고 할 수 없다(대판 1998.11.13. 98두7343).

용어설명 ❶ 토석채취허가 : 모래와 자갈을 캐낼 수 있는 허가

4. 토지거래허가❷를 한 이후에 한 레미콘 공장입지조정명령(적법)

레미콘 공장 설립을 하면 환경에 현저한 위해를 가할 우려가 있고 그러한 사정이 있음에도 불구하고 공장설립을 허가하는 것이 같은 법 제8조와 이 규정에 따른 통상산업부 고시에 위반된다면, 설사 관할지방자치단체가 토지거래허가 시에 이러한 사정을 간과하고 토지거래허가를 하였다고 하더라도 쾌적한 환경에서 생활할 주민들의 권리라는 한 차원 높은 가치를 보호하기 위한 조정명령을 신뢰보호의 원칙을 들어 위법하다고 할 수도 없다(대판 1996.7.12. 95누11665).

용어설명 ❷ 토지거래허가 : 부동산 투기가 우려되는 지역에서 토지를 매매하는 경우에 받아야 하는 허가

5. 북한산 국립공원 보호를 위한 주택건설사업계획 사전결정 거부(적법)

구청장으로서는 북한산 국립공원의 보호, 임상이 양호하고 풍치·미관이 수려한 산림의 보호라고 하는 공익목적을 위하여 주택건설사업계획 사전결정을 거부할 수 있고, 당해 임야가 일반 주거지역으로 지정된 바 있다 하더라도 구청장이 위와 같은 공익목적을 위하여 주택건설사업계획 사전결정을 거부하는 것이 신뢰보호의 원칙에 어긋나거나 재량권을 남용한 것이라고 볼 수 없다(대판 1997.11.11. 97누11966). ⟨02. 검찰직 9급⟩

6. 「국민연금법」상 연금지급결정 취소처분이 적법하면 그에 기초한 환수처분도 반드시 적법한 것인지 여부 (부정)

연금 지급결정을 취소하는 처분과 그 처분에 기초하여 잘못 지급된 급여액에 해당하는 금액을 환수하는 처분이 적법한지를 판단하는 경우 비교·교량할 각 사정이 동일하다고는 할 수 없으므로, 연금 지급결정을 취소하는 처분이 적법하다고 하여 환수처분도 반드시 적법하다고 판단하여야 하는 것은 아니다(대판 2017.3.30. 2015두43971). ⟨18. 서울 7급⟩

7. 「산업재해보상보험법」상 보험급여지급결정 취소처분이 적법하면 그에 터 잡은 징수처분도 당연히 적법한지 여부 (부정)

산재법상 각종 보험급여 등의 지급결정이 적법한지를 판단하는 기준과 그 처분이 잘못되었음을 전제로 하여 이미 지급된 보험급여액에 해당하는 금액을 징수하는 처분이 적법한지를 판단하는 기준이 동일하다고 할 수는 없으므로, 지급결정이 적법하게 취소되었다고 하여 그에 기한 징수처분도 반드시 적법하다고 판단하여야 하는 것은 아니다(대판 2017.6.29. 2014두39012). ⟨19. 지방 9급⟩

5. 적용영역

(1) 위법한 수익적 행정행위의 취소 제한

위법하게 성립한 수익적 행정행위를 원시적 하자를 이유로 취소할 때, 상대방의 신뢰보호를 근거로 하여 ① 취소 자체가 제한되거나, ② 취소는 가능한데 손실보상을 해야 하거나, ③ 취소의 효과만 제한되는 경우가 있다. 신뢰보호의 원칙은 위법한 행위에 대해서도 적용된다는 점에서 자기구속의 원리와 구별된다. ⟨19. 서울 9급⟩

Winner's 위법한 행위에 대한 적용 여부 : 신뢰보호 원칙 (○), 자기구속 원칙 (×)

(2) 적법한 수익적 행정행위의 철회 제한

적법하게 성립한 수익적 행정행위를 후발적 사유를 이유로 철회할 때 상대방의 신뢰보호를 위하여 ① 철회가 제한되거나, ② 철회하더라도 손실을 보상해야 하는 경우가 있다.

(3) 계획보장청구권의 인정 여부

행정계획이 변경되었을 때 원래의 행정계획을 믿고서 투자를 한 사인(私人)이 처음 계획의 보장을 요구할 권리가 인정될 것인지의 문제는 상대방의 신뢰보호 때문에 논의되는 것이다. 다만, 신뢰보호를 근거로 하더라도 이러한 권리가 일반적으로 인정되는 것은 아니다. 〈05. 국회 8급〉

1. 자연녹지지역에서 보전녹지지역으로 변경한 도시계획결정(적법)

행정청이 용도지역을 자연녹지지역으로 지정결정하였다가 그보다 규제가 엄한 보전녹지지역으로 지정결정하는 내용으로 도시계획을 변경한 경우 행정청이 용도지역을 자연녹지지역으로 결정한 것만으로는 그 결정 후 그 토지의 소유권을 취득한 자에게 용도지역을 종래와 같이 자연녹지지역으로 유지하거나 보전녹지지역으로 변경하지 않겠다는 취지의 공적인 견해표명을 한 것이라고 볼 수 없고, 토지소유자가 당해 토지 지상에 물류창고를 건축하기 위한 준비행위를 하였더라도 그와 같은 사정만으로는 용도지역을 자연녹지지역에서 보전녹지지역으로 변경하는 내용의 도시계획변경결정이 행정청의 공적인 견해표명에 반하는 처분을 함으로써 그 견해표명을 신뢰한 개인의 이익이 침해되는 결과가 초래된 것이라고도 볼 수 없다는 등의 이유로, 신뢰보호의 원칙이 적용되지 않는다(대판 2005.3.10. 2002두5474).

2. 정구장 시설을 청소년 수련시설로 변경한 도시계획결정(적법)

당초 정구장 시설을 설치한다는 도시계획결정을 하였다가 정구장 대신 청소년 수련시설을 설치한다는 도시계획변경결정 및 지적승인을 한 경우 당초의 도시계획결정만으로는 도시계획사업의 시행자 지정을 받게 된다는 공적인 견해를 표명하였다고 할 수 없다는 이유로 그 후의 도시계획변경결정 및 지적승인이 도시계획사업의 시행자로 지정받을 것을 예상하고 정구장 설계비용 등을 지출한 자의 신뢰이익을 침해한 것으로 볼 수 없다(대판 2000.11.10. 2000두727).

(4) 확약의 구속력 인정 여부

행정청이 상대방에게 일정한 행정작용을 약속하고 이를 이행하지 않는 경우에 그 이행을 요구할 수 있을 것인지 여부의 문제는 상대방의 신뢰보호 때문에 논의되는 것이다. 다만, 확약에 반하는 행정처분이 신뢰보호를 근거로 위법한 것인지에 대해서는 논란이 있다. 판례상으로는 확약의 구속력을 부정하는 것이 보통이다. 〈05. 국회 8급〉

(5) 실권(失權)의 법리

① 의의: 행정청이 행정행위의 위법성을 장기간 묵인·방치함으로써 개인이 그 행위의 존속을 신뢰하게 된 경우에는 사인(私人)의 신뢰보호를 위하여 행정청이 그 행위를 취소할 수 없는 것을 말한다. 「행정기본법」도 공익 또는 제3자의 이익을 현저히 해칠 우려가 있는 경우가 아닌 한 실권의 법리를 명시하고 있다.

〈행정기본법〉 제12조(신뢰보호의 원칙) ② 행정청은 권한 행사의 기회가 있음에도 불구하고 장기간 권한을 행사하지 아니하여 국민이 그 권한이 행사되지 아니할 것으로 믿을 만한 정당한 사유가 있는 경우에는 그 권한을 행사해서는 아니 된다. 다만, 공익 또는 제3자의 이익을 현저히 해칠 우려가 있는 경우는 예외로 한다. 〈23. 국가 7급〉

② 판례 검토: 대법원은 신의칙에 근거하여 실권의 법리를 인정한다. 그 적용범위는 관리관계뿐만 아니라 권력관계에도 미치는 것으로 본다. 실제로 실권의 법리를 적용할 때는 기간의 장단보다는 상대방의 신뢰가 형성되었는지 여부에 중점을 두고 있다. 〈05. 국회 8급〉

1. 신의칙에 근거하여 실권(失權)의 법리를 인정하는지 여부(긍정)

실권 또는 실효의 법리는 법의 일반원리인 신의성실의 원칙에 바탕을 둔 파생원칙인 것이므로 공법관계 가운데 관리관계는 물론이고 권력관계에도 적용되어야 함을 배제할 수는 없다 하겠으나, 그것은 본래 권리행사의 기회가 있음에도 불구하고 권리자가 장기간에 걸쳐 그의 권리를 행사하지 아니하였기 때문에 의무자인 상대방은 이미 그의 권리를 행사하지 아니할 것으로 믿을 만한 정당한 사유가 있게 되거나 행사하지 아니할 것으로 추인❶케 할 경우에 새삼스럽게 그 권리를 행사하는 것이 신의성실의 원칙에 반하는 결과가 될 때 그 권리행사를 허용하지 않는 것을 의미한다(대판 1988.4.27. 87누915). 〈20. 군무원 9급〉, 〈23. 소방〉

용어설명 ❶ 추인(追認): 불완전한 법률행위를 나중에 보충하여 완전하게 하는 일방적 의사표시
Winner's 실권의 법리 적용범위: 권력관계 (○), 관리관계 (○)

2. 형사처벌 후 3년이 지난 운전면허취소처분(위법)

택시운전사가 1983. 4. 5. 운전면허정지기간 중의 운전행위를 하다가 적발되어 형사처벌을 받았으나 행정청으로부터 아무런 행정조치가 없어 안심하고 계속 운전업무에 종사하고 있던 중 행정청이 위 위반행위가 있은 이후에 장기간에 걸쳐 아무런 행정조치를 취하지 않은 채 방치하고 있다가 3년여가 지난 1986. 7. 7.에 와서 이를 이유로 행정제재를 하면서 가장 무거운 운전면허를 취소하는 행정처분을 하였다면 이는 행정청이 그간 별다른 행정조치가 없을 것이라고 믿은 신뢰의 이익과 그 법적 안정성을 빼앗는 것이 되어 매우 가혹할 뿐만 아니라 비록 그 위반행위가 운전면허 취소사유에 해당한다 할지라도 그와 같은 공익상의 목적만으로는 위 운전사가 입게 될 불이익에 견줄 바 못된다 할 것이다(대판 1987.9.8. 87누373).

3. 근거법령 폐지 후 1년 3개월 지난 보세운송면허세 부과처분(위법)

국세기본법 제18조 제2항의 규정은 납세자의 권리보호와 과세관청에 대한 납세자의 신뢰보호에 그 목적이 있는 것이므로 이 사건 보세운송면허세의 부과근거이던 지방세법 시행령이 1973. 10. 1. 제정되어 1977. 9. 20.에 폐지될 때까지 4년 동안 그 면허세를 부과할 수 있는 점을 알면서도 피고가 수출확대라는 공익상 필요에서 한 건도 이를 부과한 일이 없었다면 납세자인 원고는 그것을 믿을 수밖에 없고 그로써 비과세의 관행이 이루어졌다고 보아도 무방하다 할 것인데 근거법규 자체가 폐지된 지도 1년 3개월이나 지난 1978. 12. 16.에 이르러서 이미 지나간 4년 동안에 보세운송한 도합 4,749건에 대한 면허세 돈 48,168,800원을 일시에 부과처분한다는 것은 앞서 나온 세법상의 신의성실이나 납세자가 받아들인 국세행정의 관행을 무시한 위법한 처분이다(대판 1980.6.10. 80누6 전합). 〈07. 국가 7급〉, 〈20. 지방 7급〉

4. 교통사고가 일어난 후 1년 10개월이 지난 운송사업면허 취소처분(적법)

교통사고가 일어난 지 1년 10개월이 지난 뒤 그 교통사고를 일으킨 택시에 대하여 운송사업면허를 취소하였더라도 처분관할청이 위반행위를 적발한 날로부터 10일 이내에 처분을 하여야 한다는 교통부령인 자동차운수사업법제31조등의규정에의한사업면허의취소등의처분에관한규칙 제4조 제2항 본문을 강행규정으로 볼 수 없을 뿐만 아니라 택시운송사업자로서는 자동차운수사업

법의 내용을 잘 알고 있어 교통사고를 낸 택시에 대하여 운송사업면허가 취소될 가능성을 예상할 수도 있었을 터이니, 자신이 별다른 행정조치가 없을 것으로 믿고 있었다 하여 바로 신뢰의 이익을 주장할 수는 없다(대판 1989.6.27. 88누6283). 〈13. 국가 9급〉

Winner's 실권된 경우에 해당하는지 여부

긍정(위법)	부정(적법)
① 형사처벌 후 3년이 지난 운전면허취소처분 ② 근거법령 폐지 후 1년 3개월 지난 보세운송면허세 부과처분	① 교통사고가 일어난 후 1년 10개월이 지난 운송사업면허취소처분

(6) 처분사유의 추가·변경 인정 여부

취소소송의 계속 중에 처분할 때 제시한 사유와 다른 사유를 추가하거나 변경하는 것이 허용될 것인지 여부의 문제는 상대방의 신뢰보호 때문에 논의된다. 학설이 대립하지만, 제한적 긍정설이 통설·판례이다.

(7) 행정법규의 소급효 금지

① 소급효의 의의: 법령이 제정 또는 개정된 경우에 과거의 사실에 대하여 신법을 소급❶하여 적용하는 것을 말한다.

용어설명 ❶ 소급(遡及): 과거의 일정시점으로 돌아가는 것

② 소급효의 유형 〈05. 국회 8급〉

진정소급효	㉠ 의의: 과거에 이미 종료된 사실에 대하여 신법을 적용하는 것이다. ㉡ 허용 여부: 상대방의 신뢰보호 때문에 금지되는 것이 원칙이다.
부진정소급효	㉠ 의의: 과거에 시작하였으나 현재 진행 중인 사실에 대해서 신법을 적용하는 것이다. ㉡ 허용 여부: 입법자의 입법형성권이 우선되기 때문에 허용되는 것이 원칙이다.

1. 법령 시행 전에 완성된 사실에 대해서 개정법령이 적용되는지 여부(부정)

개정법령이 종전보다 불리한 법률효과를 규정하고 있더라도 그 법령이 시행되기 이전에 이미 완성 또는 종결된 것이라면(진정소급효) 개정법령이 적용될 수 없지만, 그렇지 않은 경우에는(부진정소급효) 개정법령이 적용된다. 국민의 신뢰보호의 필요성이 있는 경우에는 그 적용이 제한될 수 있을 뿐이다(대판 2000.3.10. 97누13818).

2. 학칙개정 후 실시한 시험에 대해서 개정된 학칙에 따른 징계처분(적법)

대학이 성적불량을 이유로 학생에 대하여 징계처분을 하는 경우에 있어서 수강신청이 있은 후 징계요건을 완화하는 학칙개정이 이루어지고 이어 당해 시험이 실시되어 그 개정학칙에 따라 징계처분을 한 경우라면, 이는 이른바 부진정소급효에 관한 것으로서 구 학칙의 존속에 관한 학생의 신뢰보호가 대학 당국의 학칙개정의 목적달성보다 더 중요하다고 인정되는 특별한 사정이 없는 한 위법하다고 할 수 없다(대판 1989.7.11. 87누1123).

3. 유예기간 없는 개인택시면허기준 변경(적법)

매년 그때의 상황에 따라 적절히 면허숫자를 조절해야 할 필요성이 있는 개인택시면허제도의 성격상 그 자격요건이나 우선순위의 요건을 일정한 범위 내에서 강화하고 그 요건을 변경함에 있어 유예기간을 두지 아니하였다 하더라도 그러한 점만으로는 행정청의 면허신청접수 거부처분이 신뢰보호의 원칙이나 형평의 원칙, 재량권의 남용에 해당하지 아니한다(대판 1996.7.30. 95누12897). 〈99. 검찰직 9급〉

4. 변리사 제1차 시험 2개월을 남겨 둔 시점에서 합격기준 변경(위법)

변리사 제1차 시험 실시를 불과 2개월밖에 남겨놓지 않은 시점에서 개정 시행령의 즉시시행으로 합격기준이 변경됨으로 인하여 시험준비에 막대한 차질을 입게 되어 위 신뢰가 크게 손상되었다(대판 2006.11.16. 2003두12899 전합).

> **Winner's** 소급효 인정 여부 : 진정소급효 (원칙적 ×), 부진정소급효 (원칙적 ○)

(8) **사실상 공무원이론**

① **의의**: 임용결격사유가 있는 공무원이 사실상 근무하여 온 경우에 상대방의 신뢰보호 또는 법적 안정성을 위하여 그 공무원의 행위를 유효한 것으로 취급하는 이론이다.

② **판례**: 대법원은 그 공무원을 보호하기 위한 경우가 아니라, 그 공무원의 상대방을 보호하기 위한 경우에 한하여 적용하고 있다.

임용결격자의 퇴직금 지급거부(적법)

공무원연금법이나 근로기준법에 의한 퇴직금은 적법한 공무원으로서의 신분취득 또는 근로고용관계가 성립되어 근무하다가 퇴직하는 경우에 지급되는 것이고, 당연무효인 임용결격자에 대한 임용행위에 의하여서는 공무원의 신분을 취득하거나 근로고용관계가 성립될 수 없는 것이므로, 임용결격자가 공무원으로 임용되어 사실상 근무하여 왔다고 하더라도 그러한 피임용자는 위 법률소정의 퇴직금청구를 할 수 없다(대판 1987.4.14. 86누459).

> **Winner's** 사실상 공무원이론의 보호대상 : 제3자 (○), 공무원 (×)

6. 효과

신뢰보호의 원칙을 위반하면 위법하다. 따라서 행정쟁송 또는 손해배상에 의하여 구제받을 수 있다.

> **Winner's** 신뢰보호원칙의 위반 여부

긍정(위법)	부정(적법)
① 변리사 제1차 시험 2개월을 남겨 둔 시점에서 합격기준을 변경한 경우	① 유예기간 없는 개인택시면허기준 변경
	② 학칙이 개정된 이후 실시한 시험에 대해서 개정된 학칙에 따라 징계한 처분
	③ 토지거래허가를 한 이후에 한 레미콘 공장입지조정명령
	④ 북한산 국립공원 보호를 위한 주택건설사업계획 사전결정 거부

⑤ 한려해상국립공원 인근 자연녹지지역에서 토석채취허가 언동 후에 한 불허가처분
⑥ 자연녹지지역에서 보전녹지지역으로 변경한 도시계획
⑦ 정구장 시설을 청소년 수련시설로 변경한 도시계획결정

4 부당결부금지의 원칙

1. 의의

행정청이 행정작용을 발동함에 있어서 급부와 반대급부 사이에는 실체적 관련성이 있어야 한다는 원칙이다(⑩ 인근공원에 미화사업을 할 것을 조건으로 호텔건축의 허가를 하는 경우).

2. 근거

부당결부금지의 원칙은 ① 헌법상의 법치국가원리에서 도출되는 것으로 보는 견해, ② 사물의 본질적 법칙이라는 의미로서의 조리(條理)에서 도출되는 것으로 보는 견해(김동희)가 대립한다. 후자가 다수의 견해인 것으로 보인다. 「행정기본법」은 부당결부금지의 원칙을 명시하고 있다.

> 〈행정기본법〉 제13조(부당결부금지의 원칙) 행정청은 행정작용을 할 때 상대방에게 해당 행정작용과 실질적인 관련이 없는 의무를 부과해서는 아니 된다.

3. 요건

행정작용을 발동함에 있어서 부당결부금지의 원칙에 위반되지 않기 위해서는 ① 행정청의 공권력 행사가 있고, ② 공권력의 행사가 상대방의 반대급부와 결부되어 있으며 ③ 공권력의 행사와 반대급부 사이에 실체적 관련성이 있어야 한다. 실체적 관련성은 원인적 관련성과 목적적 관련성이 있어야 한다.

원인적 관련성	① 공권력의 행사와 상대방의 반대급부 사이에 상당한 인과관계가 있어야 한다. ② 직접적인 인과관계(⑩ 도로점용허가에 대한 점용료 부가)가 있으면 적법하고, 간접적인 인과관계(⑩ 교통법규 위반을 이유로 한 건축허가 거부)가 있으면 위법하다.
목적적 관련성	① 상대방의 반대급부가 관련법규의 목적과 해당 행정업무의 목적에 기여해야 한다. ② 근거법의 해석을 통한 목적의 도출이 필요하다(⑩ 유흥주점영업허가를 하면서 주차장 확보부담을 부가하는 것은 위법).

Winner's 원인적 관련성 : 직접적 인과관계 (○), 간접적 인과관계 (×)

4. 적용영역

부당결부금지의 원칙은 그 적용범위가 한정된다는 점에서 비례원칙과 구별된다. 주로 ① 공법상 계약을 체결할 때(⑩ 계약상의 급부와 무관한 반대급부를 부과하는 것) ② 행정행위에 부담을 붙일 때(⑩ 특정 사업과 관계없는 토지를 기부하게 하는 것) ③ 행정의 실효성을 확보할 때(⑩ 체납된 공과금의 이행담보를 위하여 여권교부를 거부하는 것, 「건축법」 위반사항에 대해 다른 법령의 허가를 하지 않는 것) 적용된다.

> **〈건축법〉 제79조(위반 건축물 등에 대한 조치 등)** ② 허가권자는 제1항에 따라 허가나 승인이 취소된 건축물 또는 제1항에 따른 시정명령을 받고 이행하지 아니한 건축물에 대하여는 다른 법령에 따른 영업이나 그 밖의 행위를 허가하지 아니하도록 요청할 수 있다. 다만, 허가권자가 기간을 정하여 그 사용 또는 영업, 그 밖의 행위를 허용한 주택과 대통령령으로 정하는 경우에는 그러하지 아니하다.

5. 효과

부당결부금지의 원칙을 위반한 행정작용은 위법하다. 따라서 행정쟁송 또는 손해배상에 의한 구제가 가능하다.

---

1. 주택사업계획승인을 하면서 아무런 관련이 없는 토지를 기부채납❶하게 한 부관(위법)

원고의 이 사건 토지 중 일부는 자동차전용도로로 도시계획시설결정이 된 광1류6호선에 편입된 토지이므로 그 위에 도로개설을 하기 위하여는 소유자인 원고에게 보상금을 지급하고 소유권을 취득하여야 할 것임에도 불구하고, 소외 ○○시장은 원고에게 주택사업계획승인을 하게 됨을 기화로 그 주택사업과는 아무런 관련이 없는 이 사건 토지를 기부채납하도록 하는 부관을 부가함은 부당결부금지의 원칙에 위반하여 위법하다(대판 1997.3.11. 96다49650). 〈13. 국가 9급〉, 〈18. 서울 7급〉, 〈19. 지방 9급〉

[용어설명] ❶ 기부채납(寄附採納): 국가나 지방자치단체가 반대의 대가 없이 재산을 받아들이는 것. 민법상 증여에 해당함.

2. 진입도로의 개설 및 확장 등의 기부채납의무를 부담으로 부과하는 것(적법)

65세대의 공동주택을 건설하려는 사업주체(지역주택조합)에게 주택건설촉진법 제33조에 의한 주택건설사업계획의 승인처분을 함에 있어 그 주택단지의 진입도로 부지의 소유권을 확보하여 진입도로 등 간선시설을 설치하고 그 부지 소유권 등을 기부채납하며 그 주택건설사업 시행에 따라 폐쇄되는 인근 주민들의 기존 통행로를 대체하는 통행로를 설치하고 그 부지 일부를 기부채납하도록 조건을 붙인 경우, 주택건설촉진법과 같은법시행령 및 주택건설기준등에관한규정 등 관련 법령의 관계 규정에 의하면 그와 같은 조건을 붙였다 하여도 다른 특별한 사정이 없는 한 필요한 범위를 넘어 과중한 부담을 지우는 것으로서 형평의 원칙 등에 위배되는 위법한 부관이라 할 수 없다(대판 1997.3.14. 96누16698). 〈15. 경행특채〉

3. 도로 개설을 위한 도시계획사업시행허가에 붙은 도로 기부채납의무의 불이행을 이유로 한 기숙사 등에 대한 준공거부처분(위법)

준공거부처분에서 그 이유로 내세운 도로 기부채납의무는 이 사건 기숙사 등 건축물에 인접한 도로 198m의 개설을 위한 도시계획사업 시행허가와 위 기숙사 등 건축물의 신축을 위한 도시계획사업의 시행허가에 관한 것으로 이 사건 기숙사 등 건축물의 건축허가와는 별개의 것이고, 건축허가사항대로 이행되어 건축법 등에 위반한 사항이 없는 이 사건 기숙사 등 건축물에 관하여 원고가 위와 같은 이유로 준공거부처분을 한 것은 건축법에 근거 없이 이루어진 것으로서 위법하다(대판 1992.11.27. 92누10364). 〈13. 국가 9급〉

4. 송유관 매설을 허가하면서 한 협약에 포함된 시설이전비용 부담(적법)

1) 부당결부금지의 원칙이란 행정주체가 행정작용을 함에 있어서 상대방에게 이와 실질적인 관련이 없는 의무를 부과하거나 그 이행을 강제하여서는 아니 된다는 원칙을 말한다.

2) 고속국도 관리청이 고속도로 부지와 접도구역에 송유관 매설을 허가하면서 상대방과 체결한 협약에 따라 송유관 시설을 이전하게 될 경우 그 비용을 상대방에게 부담하도록 하였고, 그 후 도로법 시행규칙이 개정되어 접도구역에는 관리청의 허가 없이도 송유관을 매설할 수 있게 된 사안에서, 위 협약이 효력을 상실하지 않을 뿐만 아니라 위 협약에 포함된 부관이 부당결부금지의 원칙에도 반하지 않는다(대판 2009.2.12. 2005다65500). 〈14. 사회복지 9급〉

Winner's 부당결부금지 원칙의 위반 여부

긍정(위법)	부정(적법)
① 주택사업계획승인과 아무런 관련이 없는 토지의 기부채납 ② 별개의 사업시행허가에 붙은 도로 기부채납의무의 불이행을 이유로 한 준공거부처분	① 진입도로의 개설 및 확장 등의 기부채납 ② 처분 당시에 적법한 시설이전비용 부담

제7절 행정법의 효력

1 서설
행정법의 효력이란 행정법이 그 관계자를 구속하는 힘을 말한다. 행정법은 그 규율 대상이 변화하기 때문에 자주 개폐되는 특성을 가지고 있으므로 그 효력에 관해서 검토할 필요가 있다.

2 시간적 효력

1. 발효시기

(1) 주지(周知)❶기간

① 의의: 법령이 제정 또는 개정된 경우에 그 시행❷을 위해 일정 기간 국민에게 새법령의 시행을 알리는 기간을 말한다. 행정법령은 강행성을 가지므로 일반국민에게 주지시킬 필요가 있기 때문이다.

용어설명 ❶ 주지 : 여러 사람이 두루 알게 되는 것, ❷ 시행 : 법령이 실제로 효력을 발생하는 것

② 내용

원칙	법령은 특별한 규정이 없으면 공포❶한 날부터 20일을 경과함으로써 효력을 발생한다.
예외	국민의 권리 제한 또는 의무 부과와 직접 관련되는 법령인 경우에는 30일 이상으로 한다.

용어설명 ❶ 공포 : 국가의 법령 등을 관보 등에 게재하는 것

Winner's 주지기간 : 권리·의무 관련 (20일), 권리제한·의무부과 관련 (30일)

> 〈법령 등 공포에 관한 법률〉
>
> **제11조(공포 및 공고절차)** ① 헌법개정·법률·조약·대통령령·총리령 및 부령의 공포와 헌법개정안·예산 및 예산 외 국고부담계약의 공고는 관보(官報)에 게재함으로써 한다.
> ② 「국회법」 제98조 제3항 전단에 따라 하는 국회의장의 법률 공포는 서울특별시에서 발행되는 둘 이상의 일간신문에 게재함으로써 한다.
>
> **제13조(시행일)** 대통령령, 총리령 및 부령은 특별한 규정이 없으면 공포한 날부터 20일이 경과함으로써 효력을 발생한다.
>
> **제13조의2(법령의 시행유예기간)** 국민의 권리 제한 또는 의무 부과와 직접 관련되는 법률, 대통령령, 총리령 및 부령은 긴급히 시행하여야 할 특별한 사유가 있는 경우를 제외하고는 공포일부터 적어도 30일이 경과한 날부터 시행되도록 하여야 한다.

③ 특별한 규정: ㉠ 공포 후의 일정한 유예기간을 두는 경우, ㉡ 일정한 사실의 발생일로부터 시행하는 경우, ㉢ 공포일로부터 시행하는 경우, ㉣ 시행일을 대통령령에 위임하는 경우 등이 있다. 다만, 공포일로부터 시행하는 것은 국민의 예측가능성을 침해한다는 문제가 제기된다.

(2) 공포의 방법

국가법령, 조약	원칙	관보❶에 게재하는 방법으로 한다.
	예외	대통령이 법률안에 대해서 거부권을 행사하고, 국회의 재의결로 확정된 법률을 국회의장이 공포하는 경우에는 서울특별시에서 발행되는 2개 이상의 일간신문에 게재하여야 한다.
조례, 규칙	원칙	해당 지방자치단체의 공보❷에 게재하는 방법으로 한다.
	예외	지방자치단체의 장이 재의를 요구하고, 지방의회의 재의결로 확정된 조례를 지방의회의 의장이 공포하는 경우에는 공보나 일간신문에 게재하거나 게시판에 게시한다.

용어설명 ❶ 관보(官報) : 국가가 국민에게 널리 알리기 위해서 발행하는 인쇄물
❷ 공보(公報) : 지방자치단체의 집행기관이 공고사항을 게재하기 위하여 발행하는 기관지

Winner's 조약의 공포 : 관보 (○), 공보 (×)

(3) 시행일

① 의의: 법령의 시행일은 공포일을 기준으로 하고, 공포일은 법령 등을 게재한 관보 또는 신문이 발행된 날을 의미한다(「법령 등 공포에 관한 법률」 제12조).

② 발행일의 의미

학설	관보일자시설, 인쇄완료시설, 발송절차완료시설, 최초 구독가능시설(통설), 지방분포시설 등 학설이 대립한다.
판례	최초 구독가능시설이 기본적인 입장이다.
검토	법령은 수범자(受範者)❶가 그 내용을 알고 있어야 하므로 도달주의 입장에서 국민이 최초 구독가능한 시기에 효력을 발생한다고 보는 것이 타당하다. 따라서 최초 구독가능 시로부터 20일이 경과하면 효력을 발생한다(장태주).

용어설명 ❶ 수범자(受範者) : 해당 규범의 구속을 받는 자

1. 관보 게재일이란 최초 구독가능시기를 의미하는지 여부(긍정)

구 광업법 시행령(52. 7. 8. 대통령령 제654호) 제3조에 이른바 관보 게재일이라 함은 관보에 인쇄된 발행일자를 뜻하는 것이 아니고 관보가 전국의 각 관보보급소에 발송·배포되어 이를 일반인이 열람 또는 구독할 수 있는 상태에 놓이게 된 최초의 시기를 뜻한다(대판 1969.11.25. 69누129).

2. 관보에 게재된 날짜와 실제 인쇄일이 서로 다른 경우 관보발행일(실제 인쇄일)

공포일인 관보발행일은 관보가 실제로 인쇄된 날을 말하고, 관보에 게재된 날짜가 아니다(대판 1968. 12.6. 68다1753).

2. 소급효 인정 여부

(1) 진정소급효

진정소급효란 과거에 종결된 사실에 대해서 신법을 적용하는 것을 말한다. 법적 안정성과 예측가능성을 침해한다는 점에서 허용되지 않는 것이 원칙이다. 그러나 중대한 공익상의 필요가 있는 경우에는 예외적으로 허용될 수 있다.

> 〈행정기본법〉 제14조(법 적용의 기준) ① 새로운 법령등은 법령등에 특별한 규정이 있는 경우를 제외하고는 그 법령등의 효력 발생 전에 완성되거나 종결된 사실관계 또는 법률관계에 대해서는 적용되지 아니한다.

1. 구법 당시에 발생한 사유에 대한 적용법규(구법)

구법을 개폐하는 신법이 제정된 경우에도 별도의 명문규정이 없는 이상 구법 시행 당시에 발생한 사유에 대하여는 개폐된 구법이 그대로 적용되어야 한다(대판 1994.3.11. 93누19719). 〈14. 국가 9급〉

2. 개발사업 종료 후 법률이 개정된 경우의 적용법규(구법)

개발부담금의 부과에 있어서는 특별한 사정이 없는 한 소급입법금지의 원칙상 개발사업의 종료라는 부과요건사실이 완성될 당시의 법률을 적용하여야 하고, 그 후 법률이 개정되었다 하더라도 개정된 법률을 적용할 것은 아니다(대판 2003.3.14. 2001두4627).

3. 「5·18 민주화운동 등에 관한 특별법」의 진정소급효 허용 여부(긍정)

진정소급입법이 허용되는 예외적인 경우로는 일반적으로 국민이 소급입법을 예상할 수 있었거나, 법적 상태가 불확실하고 혼란스러웠거나 하여 보호할 만한 신뢰의 이익이 적은 경우와 소급입법에 의한 당사자의 손실이 없거나 아주 경미한 경우, 그리고 신뢰보호의 요청에 우선하는 심히 중대한 공익상의 사유가 소급입법을 정당화하는 경우를 들 수 있다(헌재 1996.2.16. 96헌바13).

4. 구 「친일반민족행위자 재산의 국가귀속에 관한 특별법」의 진정소급효 허용여부(긍정)

친일재산의 소급적 박탈은 일반적으로 소급입법을 예상할 수 있었던 예외적인 사안이고, 진정소급입법을 통해 침해되는 법적 신뢰는 심각하다고 볼 수 없는 데 반해 이를 통해 달성되는 공익적 중대성은 압도적이라고 할 수 있으므로 진정소급입법이 허용되는 경우에 해당한다. 따라서 귀속조항이 진정소급입법이라는 이유만으로 헌법 제13조 제2항에 위배된다고 할 수 없다(대판 2012.2.23. 2010두17557).

5. 건설업면허수첩 대여행위가 취소사유에서 삭제된 경우의 적용법규(구법)

법령이 변경된 경우 명문의 다른 규정이나 특별한 사정이 없는 한 그 변경 전에 발생한 사항에 대하여는 변경 후의 신 법령이 아니라 변경 전의 구 법령이 적용되므로, 건설업자인 원고가 1973. 12. 31. 소외인에게 면허수첩을 대여한 것이 그 당시 시행된 건설업법 제38조 제1항 제8호 소정의 건설업면허 취소사유에 해당된다면 그 후 동법시행령 제3조제1항이 개정되어 건설업면허 취소사유에 해당하지 아니하게 되었다 하더라도 건설부장관은 동 면허수첩 대여행위 당시 시행된 건설업법 제38조 제1항 제8호를 적용하여 원고의 건설업면허를 취소하여야 할 것이다(대판 1982.12.28. 82누1). 〈08. 국가 9급〉

(2) 부진정소급효

부진정소급효란 과거에 시작하였으나 현재 진행 중인 사실에 대해서는 신법을 적용하는 것을 말하는데 현재 진행 중이라는 점에서 허용되는 것이 원칙이다. 그러나 소급효를 허용하는 것이 상대방의 신뢰를 크게 침해하는 경우에는 허용될 수 없다.

1. 파산선고를 받은 후 현재 복권(復權)되지 않은 경우에 적용법규(신법)

2000. 1. 12. 법률 제6157호로 개정되기 전의 의료법 제52조 제1항은 제8조 제1항 제4호 소정의 '파산선고를 받고 복권되지 아니한 자'를 임의적 면허취소사유로 규정하였다가 위 개정으로 그 항에 단서를 신설하여 위 사유를 필요적 면허취소사유로 규정하였는바, … 파산선고를 받고 복권되지 아니한 의사의 경우 파산자라는 결격사유가 위 법률개정 전에 이미 종료된 것이 아니고 위 법률 개정 후에도 여전히 존속하고 있는 것으로 보아야 할 것이므로, … 행정청으로서는 개정 전의 의료법을 적용하여 면허취소에 대한 재량판단을 할 것이 아니라, 개정된 의료법 제52조 제1항 단서에 따라 그 면허를 반드시 취소하여야 할 것이다(대판 2001.10.12. 2001두274).

2. 현재까지 계속된 사실에 대한 적용법규(신법적용 가능)

조세법령불소급의 원칙이라 함은 그 조세법령의 효력발생 전에 완성된 과세요건사실에 대하여 당해 법령을 적용할 수 없다는 의미일 뿐, 계속된 사실이나 그 이후에 발생한 과세요건사실에 대한 새로운 법령적용까지를 제한하는 것은 아니다(대판 1995.3.24. 94누6871). 〈20. 군무원 9급〉

3. 행정처분의 근거법령은 원칙적으로 처분 당시의 법령인지 여부(긍정)

행정처분은 그 근거법령이 개정된 경우에도 경과규정에서 달리 정함이 없는 한 처분 당시 시행되는 개정법령과 그에서 정한 기준에 의하는 것이 원칙이다(대판 2001.10.12. 2001두274).

4. 항만공사허가 후 항만시설 준공 시까지 사이에 법령이 개정된 경우 개정 전 시행령이 적용되는지 여부(긍정)

비관리청이 항만공사 시행허가를 받은 이후 항만시설 준공 시까지 사이에 비관리청의 항만시설 무상사용권의 범위와 관련된 총사업비에 포함되는 건설이자율에 관한 항만법 시행령이 비관리청에게 불리하게 개정된 경우 그 건설이자를 개정 전 항만법 시행령에 따라 산정하더라도 총사업비가 실제 소요비용보다 과다 산정된다고 볼 수 없고, 개정 전 항만법 시행령이 적용될 것을 전제로 사업계획을 세운 비관리청의 신뢰가 개정된 시행령을 적용하여야 할 공익상의 요구보다 더 보호할 만한 가치가 있다는 이유로, 비관리청의 항만시설 무상사용권의 범위와 관련된 총사업비의 산정은 개정 전 항만법 시행령을 적용하여야 한다(대판 2001.8.21. 2000두8745).

⇒ 예외적으로 부진정소급효를 부정한 판례이다.

5. 현행법 아래에서 부작위❶가 계속되고 있는 경우의 적용법규(신법)

원고가 1983년 1월경 피고에게 위 작위의무의 이행을 구하는 취지의 진정서를 제출하였다면 비록 부작위위법확인소송제도가 그 이후에 시행된 현행 행정소송법(1984. 12. 15. 전면 개정 1985. 10. 1. 시행)에 의하여 신설되었다고 하더라도 위 법 시행 전의 신청에 대한 피고의 부작위가 계속되고 있는 한 현행 행정소송법을 적용하여 그 부작위에 대한 위법확인소송을 제기할 수 있다(대판 1990.5.25. 89누5768).

용어설명 ❶ 부작위(방치) : 아무런 행위를 하지 않는 것

6. 사업휴지인가❶가 광업권 존속기간 연장 불허의 예외사유에서 삭제된 경우 적용법규(신법)

광업권의 존속기간 연장에 대하여 개정 시행령 규정을 적용하는 것이 이미 완성되거나 종결된 사실 또는 법률관계에 대하여 개정 시행령을 소급 적용하는 것이라고 할 수 없고, 광업권 취득과 사업휴지인가시 광업권자가 사업휴지인가를 광업권 존속기간 연장 불허의 예외사유로 규정한 개정 전 시행령 규정의 존속에 대하여 신뢰를 가졌다고 하더라도 그것이 국가에 의하여 유도된 것이라고 할 수 없을 뿐만 아니라 <u>개정 전 시행령 규정에서 정한 예외사유는 광업권자에 대하여 예외적으로 유리한 효과를 부여하는 것이었던 점 등에 비추어 보면, 그러한 광업권자의 신뢰가 개정 시행령 규정의 적용에 관한 공익상의 요구와 비교·형량하더라도 더 보호가치가 있는 것이라고 할 수 없으므로,</u> 개정 시행령이나 1995. 6. 3.자 광업업무처리지침(통상산업부 고시 제1995-51호)의 부칙 규정에서 그 각 시행일 이후에 연장허가 신청이 이루어진 경우에 대하여도 개정 전 시행령 규정을 적용한다는 경과규정을 두고 있지 아니한 것이 명백한 이상, 위 광업권자의 <u>광업권 존속기간 연장허가신청에 대하여는 개정 시행령 규정이 적용된다</u>(대판 2000.3.10. 97누13818).

용어설명 ❶ 사업휴지인가 : 일정 기간 동안 사업을 쉴 수 있도록 하는 행정청의 허락

(3) 제재처분의 경우

"제재처분"이란 법령등에 따른 의무를 위반하거나 이행하지 아니하였음을 이유로 당사자에게 의무를 부과하거나 권익을 제한하는 처분을 말한다. 다만, 행정상 강제는 제외한다(행정기본법 제2조 제5호). 제재처분은 위반한 행위 당시의 법령을 적용하는 것이 원칙이고, 상대방에게 유리하게 변경된 경우에는 처분시 법령을 적용한다.

> **〈행정기본법〉 제14조(법 적용의 기준)** ③ 법령등을 위반한 행위의 성립과 이에 대한 제재처분은 법령등에 특별한 규정이 있는 경우를 제외하고는 법령등을 위반한 행위 당시의 법령등에 따른다. 다만, 법령등을 위반한 행위 후 법령등의 변경에 의하여 그 행위가 법령등을 위반한 행위에 해당하지 아니하거나 제재처분 기준이 가벼워진 경우로서 해당 법령등에 특별한 규정이 없는 경우에는 변경된 법령등을 적용한다.

1. 과징금 부과 상한이 행위시보다 유리하게 개정된 경우 적용법규(신법)

구 건설업법(1996.12.30. 법률 제5230호 건설산업기본법으로 전문 개정되기 전의 것) 시행 당시에 건설업자가 도급받은 건설공사 중 <u>전문공사를 그 전문공사를 시공할 자격 없는 자에게 하도급한 행위에 대하여 건설산업기본법(1999. 4. 15. 법률 제5965호로 개정된 것) 시행 이후에 과징금 부과처분을 하는 경우 과징금의 부과상한은</u> 건설산업기본법 부칙(1999. 4. 15.) 제5조 제1항에 의하여 피적용자에게 유리하게 개정된 건설산업기본법 제82조 제2항에 따르되, 구체적인 부과기준에 대하여는 처분시의 시행령이 행위시의 시행령보다 불리하게 개정되었고 어느 시행령을 적용할 것인지에 대하여 특별한 규정이 없으므로, <u>행위시의 시행령을 적용하여야 한다</u>(대판 2002.12.10. 2001두3228). 〈15. 국가 9급〉

2. 약제 상한금액 인하 처분에 대한 적용법규(행위시법)

약제 상한금액 인하는 제약회사의 리베이트 제공이라는 위반행위에 대한 제재적 성격을 포함하고 있다. 그러므로 위 조항에 따른 약제 상한금액 인하 처분은 <u>위반행위인 리베이트 제공 당시에 시행되던 법령에 따라 이루어져야 한다</u>(대판 2022.5.13. 2019두49199, 49205).

Winner's 적용법규 : 처분(처분시법), 제재처분(행위시법)

(4) 헌법재판소 결정의 소급효

위헌결정은 장래효가 원칙이나, 형사처벌에 관한 법규, 당해사건, 동종사건, 병행사건에 대해서는 소급효가 인정되고, 일반사건에 대해서도 구체적 타당성을 위해서 인정되는 경우가 있다. 헌법불합치결정을 받은 경우 그 법률의 소급적용 여부는 입법재량에 따라 결정되는 것이 원칙이다.

1. 헌법불합치결정을 한 경우 법률의 소급적용 여부가 입법재량인지 여부(긍정)

어떠한 법률조항에 대하여 헌법재판소가 헌법불합치결정을 하여 그 법률조항을 합헌적으로 개정 또는 폐지하는 임무를 입법자의 형성 재량에 맡긴 이상, 그 개선입법의 소급적용 여부와 소급적용의 범위는 원칙적으로 입법자의 재량에 달린 것이다(대판 2008.1.17. 2007두21563).〈24. 소방〉

2. 당해 사건에 대한 위헌결정의 소급효(긍정)

구 헌법재판소법 제47조 제2항 본문은 위헌결정의 시간적 효력 범위에 관하여 장래효를 원칙으로 규정하고 있으나, 위헌결정을 위한 계기를 부여한 사건(당해 사건), 위헌결정이 있기 전에 이와 동종의 위헌 여부에 관하여 헌법재판소에 위헌제청을 하였거나 법원에 위헌제청신청을 한 사건(동종사건), 따로 위헌제청신청을 아니하였지만 당해 법률조항이 재판의 전제가 되어 법원에 계속 중인 사건(병행사건)에 대하여 예외적으로 소급효가 인정되고, 위헌결정 이후에 제소된 사건(일반사건)이라도 구체적 타당성의 요청이 현저하고 소급효의 부인이 정의와 형평에 반하는 경우에는 예외적으로 소급효를 인정할 수 있다(헌재 2013.6.27. 2010헌마535). 〈21. 군무원 5급〉

3. 공립중등학교 교사 임용후보자 선정 경쟁시험의 가산점 제도의 적용법규(구법)

헌법재판소의 헌법불합치결정에 따라 개정된 국가유공자 등 예우 및 지원에 관한 법률 제31조 제1항·제2항 등의 적용 시기인 2007. 7. 1. 전에 실시한 공립 중등학교 교사 임용후보자 선정 경쟁시험에서, 위 법률 등의 개정규정을 소급적용하지 않고 개정 전 규정에 따른 가산점 제도를 적용하여 한 불합격처분은 적법하다(대판 2009.1.15. 2008두15596).〈08. 국가 9급〉

4. 위헌법률의 소급시기(종전 합헌결정 있는 날의 다음 날)

위헌으로 결정된 법률 또는 법률의 조항이 같은 조 제3항 단서에 의하여 종전의 합헌결정이 있는 날의 다음 날로 소급하여 효력을 상실하는 경우 합헌결정이 있는 날의 다음 날 이후에 유죄판결이 선고되어 확정되었다면, 비록 범죄행위가 그 이전에 행하여졌더라도 그 판결은 위헌결정으로 인하여 소급하여 효력을 상실한 법률 또는 법률의 조항을 적용한 것으로서 '위헌으로 결정된 법률 또는 법률의 조항에 근거한 유죄의 확정판결'에 해당하므로 이에 대하여 재심을 청구할 수 있다(대결 2016.11.10. 2015모1475).〈25. 소방〉

3. 효력의 소멸

(1) 한시법(限時法)인 경우

'한시법'이란 유효기간이 명시되어 있는 법으로서, 그 기간이 도래하면 소멸한다. 따라서 유효기간 내의 위법행위에 대하여 법령의 실효 후에도 실효된 법령을 추급(追及)하여 적용할 수 있을 것인지가 문제된다(추급효). 학설이 대립하나, 판례는 동기설에 따라 법률이념의 변경으로 인한 경우에는 추급효를 부정하고, 그 당시의 특수한 사정에 대처하기 위한 경우에는 추급효를 긍정한다.

> **Winner's** 적용법규 : 추급효 (구법), 소급효 (신법)

1. 견육(犬肉)을 판매목적으로 진열한 행위에 대해서 추급효가 허용되는지 여부(부정)

식육점 경영자가 사전검사를 받지 않고 견육을 판매목적으로 진열한 행위는 행위시법에 따르면 축산물가공처리법 위반행위가 되나 원심에서 유죄판결이 선고된 후 동법 시행규칙 개정으로 '개'에 대하여는 동법의 적용을 받지 않게 되었고 이는 이와 같은 경우를 처벌대상으로 삼은 종전 조처가 부당하다는 데서 온 반성적 조처로 볼 것이므로 위 사유는 형사소송법 제383조 제2호의 판결 후 형의 폐지가 있는 때에 해당되며 또한 이 건은 범죄 후 법령개폐로 형이 폐지된 때에 해당되어 같은 법 제326조 제4호에 정한 면소사유가 된다(대판 1979.2.27. 78도1690).

2. 지정차로의 폐지에 대해서 추급효가 허용되는지 여부(긍정)

도로교통법상의 지정차로제도가 한때 폐지된 일이 있었으나 그 폐지는 법률이념의 변천으로 종래의 규정에 따른 처벌자체가 부당하다는 반성적 고려에서 비롯된 것이라기보다는 당시의 특수한 필요에 대처하기 위한 정책적 조치에 따른 것이라고 판단되므로, 그 제도 폐지 전에 이미 범하여진 위반행위에 대한 가벌성은 소멸되지 않는 것이다(대판 1999.11.12. 99도3567).

3. 신고대상에서 제외되는 화학물질에 관한 고시의 추급효 허용 여부(긍정)

유해화학물질관리법 제6조 제1항의 신고대상에서 제외되는 화학물질에 관한 환경처 고시의 변경이, 법률이념의 변천으로 종래의 규정에 따른 처벌 자체가 부당하다는 반성적 고려에서 비롯된 것이라기보다는 통관절차의 간소화와 통관업무부담의 경감 등 그때그때의 특수한 필요에 대처하기 위한 조치에 따른 것이므로, 고시가 변경되기 이전에 범하여진 위반행위에 대한 가벌성이 소멸되는 것은 아니다(대판 1994.4.12. 94도221).

4. 개발제한구역 내 비닐하우스 설치행위의 가벌성(긍정)

종전에 허가를 받거나 신고를 하여야만 할 수 있던 행위의 일부를 허가나 신고 없이 할 수 있도록 법령이 개정되었다 하더라도 이는 법률 이념의 변천으로 과거에 범죄로서 처벌하던 일부 행위에 대한 처벌 자체가 부당하다는 반성적 고려에서 비롯된 것이라기보다는 사정의 변천에 따른 규제 범위의 합리적 조정의 필요에 따른 것이라고 보이므로, 위 개발제한구역의 지정 및 관리에 관한 특별조치법과 같은 법 시행규칙의 신설 조항들이 시행되기 전에 이미 범하여진 개발제한구역 내 비닐하우스 설치행위에 대한 가벌성이 소멸하는 것은 아니다(대판 2007.9.6. 2007도4197). 〈20. 국가 9급〉

(2) 비한시법인 경우

① 폐지: 해당 법령과 동위 또는 상위에 있는 법령에서 명시적 규정을 두어 해당 법령을 직접 개폐하는 경우이다.

② 실효: 해당 법령과 내용상 충돌되는 동위 또는 상위에 있는 법령의 제정에 의하여 묵시적·간접적으로 소멸하는 경우이다. 법률의 본문 내용이 모두 개정되면 '특별한 사정'이 없는 한 부칙규정은 모두 소멸한다. '특별한 사정'이란 명문규정이 있거나 해석상 인정되는 경우를 모두 포함한다.

Winner's 소멸 : 폐지 (직접적·명시적 폐지), 실효 (간접적·묵시적 폐지)

1. 법률이 전문(全文)개정된 경우 부칙의 경과규정도 모두 소멸하는지 여부(원칙적 소멸)

법률의 개정 시에 종전 법률 부칙의 경과규정을 개정하거나 삭제하는 명시적인 조치가 없다면 개정 법률에 다시 경과규정을 두지 않았다고 하여도 부칙의 경과규정이 당연히 실효되는 것은 아니지만, 개정 법률이 전문개정인 경우에는 기존 법률을 폐지하고 새로운 법률을 제정하는 것과 마찬가지이어서 종전의 본칙은 물론 부칙 규정도 모두 소멸하는 것으로 보아야 할 것이므로 특별한 사정이 없는 한 종전의 법률 부칙의 경과규정도 모두 실효된다고 보아야 한다(대판 2002.7.26. 2001두11168).

2. 법률이 전문 개정된 경우에 부칙의 경과규정이 실효되지 않는 '특별한 사정'이 명문규정이 있는 경우에 한정되는지 여부(부정)

개정 법률이 전부 개정인 경우에는 기존 법률을 폐지하고 새로운 법률을 제정하는 것과 마찬가지여서 종전의 본칙은 물론, 부칙 규정도 모두 소멸하는 것으로 보아야 하므로 종전의 법률 부칙의 경과규정도 실효된다고 보는 것이 원칙이지만, 특별한 사정이 있는 경우에는 그 효력이 상실되지 않는다고 보아야 한다. 여기에서 말하는 '특별한 사정'은 전부 개정된 법률에서 종전의 법률 부칙의 경과규정에 관하여 계속 적용한다는 별도의 규정을 둔 경우뿐만 아니라, 그러한 규정을 두지 않았다고 하더라도 종전의 경과규정이 실효되지 않고 계속 적용된다고 보아야 할 만한 예외적인 사정이 있는 경우도 포함한다(대판 2012.1.27. 2011두815).

3. 렌트카사업이 면허제에서 등록제로 변경된 경우 사업구역 외의 지역에 영업소 신고제가 당연히 실효되는지 여부(부정)

1) 상위법령의 시행에 필요한 세부적 사항을 정한 이른바 집행명령은 근거법령인 상위법령이 폐지되면 특별한 규정이 없는 이상 실효되는 것이나, 상위법령이 개정됨에 그친 경우에는 성질상 이와 모순·저촉되지 아니하는 한 개정된 상위법령의 시행을 위한 집행명령이 새로이 제정·발효될 때까지는 여전히 그 효력을 유지한다고 할 것이다. ⟨19. 지방 9급⟩

2) 자동차운수사업법이 개정되어 자동차대여사업(렌트카사업)이 건설교통부장관의 면허제에서 등록제로 변경되었음에도 불구하고 "자동차대여사업자가 사업구역 외의 지역에 영업소를 설치하고자 할 때에는 당해 영업소의 소재지를 관할하는 행정관청에 신고하여야 한다."는 동법 시행규칙(제45조의2)의 규정은 당연히 실효된 것이 아니고 별도로 개정될 때까지는 여전히 효력을 유지한다(대판 1989.9.12. 88누6962).

Winner's 법령의 적용시기

구법을 적용한 판례	신법을 적용한 판례
① 항만공사허가 후 항만시설 준공 시까지 사이에 법령이 개정된 경우	① 「5·18 민주화운동 등에 관한 특별법」 ② 구 「친일반민족행위자 재산의 국가귀속에 관한 특별법」
② 지정차로 위반행위에 대한 처벌규정이 삭제된 경우 ③ 유해화학물질 신고대상에서 삭제된 경우	③ 견육(犬肉)을 판매목적으로 진열한 행위에 대한 처벌규정이 삭제된 경우
④ 시공자격 없는 자에게 하도급한 행위에 대한 「건설산업기본법」상 과징금 부과처분 기준이 불리하게 개정된 경우	④ 시공자격 없는 자에게 하도급한 행위에 대한 「건설산업기본법」상 과징금 부과 상한이 유리하게 개정된 경우
⑤ 건설업면허수첩 대여행위가 취소사유에서 삭제된 경우 ⑥ 공립중등학교 교사 임용후보자 선정 경쟁시험에서 개정 전 가산점 제도에 따른 불합격처분 ⑦ 구법 당시에 발생한 사유 ⑧ 개발사업 종료 후 법률이 개정된 경우 ⑨ 렌트카 사업이 면허제에서 등록제로 변경된 경우 사업구역 외의 지역의 영업소 신고	⑤ 파산선고를 받은 후 현재 복권(復權)되지 않은 경우 ⑥ 현행법 아래에서 부작위가 계속되고 있는 경우 ⑦ 사업휴지인가가 광업권존속기간 연장불허 예외사유에서 삭제된 경우

3 지역적 효력

1. 원칙

행정법령은 그 법령을 제정한 기관의 권한이 미치는 지역에 대해서 효력을 발생한다(⑩ 법률은 전국에서, 조례는 지방자치단체의 구역 내에서만 효력을 가진다).

2. 예외

(1) 일부 지역에만 미치는 경우

국가가 제정한 법령이라도 일부 지역에 대해서만 미치는 경우가 있다(⑩ 서울특별시나 부산광역시에 관한 법률은 그 지역에만 적용된다).

(2) 다른 구역에 미치는 경우

하나의 지방자치단체의 조례가 다른 지방자치단체의 구역❶ 내에 미치는 경우도 있다(⑩ 둘 이상의 지방자치단체가 하나의 공동시설을 설치한 경우에는 다른 구역에도 조례의 효력이 미친다).

용어설명 ❶ 구역 : 지방자치단체의 자치권이 미치는 지역

4 대인적 효력

1. 원칙
속지주의를 채택하여 그 영토 또는 구역 내에 있는 모든 자에 대해 적용된다. 내국인·외국인, 자연인·법인 여부를 불문한다.

2. 예외

(1) 속인주의

한국의 국적을 가지고 있는 사람은 외국에 있어도 한국법이 적용될 수 있다(예 미국에 있는 한국사람도 한국법이 적용된다).

> 1. 영주권을 가진 재일동포에 대해 「외국인토지법」이 적용되는지 여부(부정)
> 대한민국 국민이 일본국에서 영주권을 취득하였다 하여 우리 국적을 상실하지 아니하며, 영주권을 가진 재일교포를 준외국인으로 보아 외국인토지법을 준용하여야 하는 것도 아니다(대판 1981.10.13. 80다2435).
>
> 2. 북한주민이 위로금 지급 제외대상인 '대한민국 국적을 갖지 아니한 사람'에 해당하는지 여부(부정)
> '대일항쟁기 강제동원 피해조사 및 국외강제동원 희생자 등 지원에 관한 특별법'(이하 '강제동원조사법'이라 한다)은 … 우리 헌법이 대한민국의 영토는 한반도와 그 부속도서로 한다는 영토조항을 두고 있는 이상 대한민국 헌법은 북한 지역을 포함한 한반도 전체에 효력이 미치므로 북한 지역도 당연히 대한민국의 영토가 되고, 북한주민 역시 일반적으로 대한민국 국민에 포함되는 점, 강제동원조사법은 위로금 지원 제외대상을 '대한민국 국적을 갖지 아니한 사람'으로 정하고 있을 뿐, 북한주민을 지원 대상에서 제외하는 명시적인 규정을 두고 있지 않은 점, 일제에 의한 강제동원으로 피해를 입은 사람 등의 고통을 치유하고자 하는 위 법의 입법 목적에 비추어 적용 범위를 남북 분단과 6·25 등으로 의사와 무관하게 북한정권의 사실상 지배 아래 놓이게 된 군사분계선 이북 지역의 주민 또는 그의 유족을 배제하는 방향으로 축소해석할 이유가 없는 점 등을 종합하면, 북한주민은 강제동원조사법상 위로금 지급 제외대상인 '대한민국 국적을 갖지 아니한 사람'에 해당하지 않는다(대판 2016.1.28. 2011두24675).

(2) 치외법권 등

① 국제법상 치외법권을 가진 외국원수·외교사절, ② 미합중국 군대 구성원에 대해서는 우리나라에 있어도 한국법이 적용될 수 없다.

제3장 | 행정상 법률관계

제1절 / 공법관계와 사법(私法)관계

1 서설

1. 구별의 필요성 인정

켈젠(H. Kelsen)이나 메르켈(Merkl) 등의 순수법학자는 공법과 사법(私法)의 구별을 부인하였으나, 우리나라는 공사법 이원주의를 채택하고 있으므로 구별할 필요가 있다. 과거에는 행정권의 특권적 지위를 보장하기 위하여 이를 구별하고 있었으나, 오늘날에는 법기술적 이유에서 구별하고 있다.

2. 제도적 구별

공법과 사법(私法)은 선험적·추상적·유형적으로 구별할 수 있는 것이 아니라, 실정제도상에서 경험적·구체적으로 구별할 수밖에 없으므로 절대적인 구별이 아니라 상대적인 구별에 불과하다.

Winner's 공사법의 구별 : 상대적 구별 (○), 절대적 구별 (×)

2 구별실익

1. 적용법리의 결정

일정한 법관계에 적용할 법규 또는 법원리가 불명확한 경우에 어떠한 법리를 적용할 것인지를 결정하기 위해서는 공·사법의 구별이 필요하다.

2. 소송절차

「행정소송법」은「민사소송법」에 대한 특칙을 두고 있으므로 소송절차를 결정하기 위해서 공·사법의 구별이 필요하다.

Winner's 소송절차의 구별

공법관계	항고소송	위법한 공권력의 행사·불행사에 대하여 제기한다.
	당사자소송	공법상의 법률관계에 대해서 제기한다.
사법관계	민사소송	사경제주체로서 활동하는 경우에 제기한다.

3. 행정강제

행정상 의무위반 또는 그 불이행에 대해서 행정청은 스스로 실력을 행사하여 강제할 수 있다는 점에서 공·사법의 구별이 필요하다.

> **행정상 강제집행은 법원의 힘을 빌려야 하는 것인지 여부(부정)**
> 행정상 강제집행은 행정상의 의무불이행에 대하여 행정권이 실력을 가하여 그 의무를 이행시키거나 또는 이행된 것과 같은 상태를 실현하는 작용을 말하는 것으로서 사법상 의무의 강제가 법원의 힘을 빌려야 하는 것과 다르다(대판 1968.3.19. 63누172).

Winner's 공법과 사법의 구별실익

구분	공법	사법
적용법리	자유 제한	사적자치
소송절차	행정소송	민사소송
행정강제	자력강제❶ 가능	타력강제

용어설명 ❶ 자력강제 : 청구권의 주체와 집행권의 주체가 일치하는 강제방법

Winner's 행정상 강제 : 자력강제 (○), 타력강제 (×)

3 구별기준

1. 학설

(1) 주체설

① 구주체설

내용	㉠ 법률관계의 주체를 기준으로, 적어도 그 일방 당사자가 국가 등이면 공법관계, 양 당사자가 모두 사인(私人)인 경우에는 사법(私法)관계로 본다. ㉡ 국고(國庫)행위는 공법관계로, 공무수탁사인의 행위는 사법관계로 본다.
평가	오늘날 국고행위는 사법관계로, 공무수탁사인의 행위는 공법관계로 파악한다는 점에서 타당하지 않다.

② 신주체설(특별법설·귀속설)

내용	㉠ 공권력의 담당자인 국가 등의 행정주체에 대해서만 권리·의무를 부과하는 법을 공법으로 보고, 모든 주체에 권리·의무를 부과하는 법은 사법(私法)으로 본다. ㉡ 볼프(H. Wolff)가 구주체설을 보완하여 주장한 것이다. ㉢ 국고행위는 공법에서 배제하지만, 공법상 계약은 행정주체의 활동이라는 점에서 공법관계에 포함시킨다. 공무수탁사인의 행위는 공권력을 부여받은 사인(私人)이므로 공법관계로 파악한다.
평가	현재 독일의 통설이다.

Winner's 국고관계 : 구주체설 (공법관계), 신주체설 (사법관계)

(2) 권력설(성질설·복종설·지배설)

내용	법률관계가 지배복종관계이면 공법, 대등관계이면 사법(私法)으로 본다.
평가	① 행정이 권력적 작용에 한정되었던 시대에는 통설이었으나, 현대 행정은 그 기능이 다양화되어 비권력 작용도 공행정작용의 내용에 포함되므로 공·사법의 구별기준으로써 불충분하게 되었다. ② 사법관계에도 친권(親權)과 같은 지배복종관계가 있고, 공법관계에도 관리관계와 같은 대등관계가 있다는 비판을 받는다.

(3) 이익설

내용	공익목적에 봉사하면 공법관계, 사익의 추구에 봉사하면 사법(私法)관계로 본다.
평가	공익의 개념이 모호하다는 점, 다수의 법규는 공익과 사익을 동시에 추구한다는 점에서 비판을 받는다.

2. 검토

앞에서 제시한 견해 이외에도 여러 견해가 제시되고 있으나, 모두 일면적 타당성만 있으므로 모든 견해를 종합·검토하여 공·사법을 구별하는 복수기준설이 우리나라의 통설과 판례이다.

> 1. 잡종재산❶인 국유림 대부료 납입고지(사법관계)
> 잡종재산인 국유림을 대부하는 행위는 국가가 사경제주체로서 상대방과 대등한 위치에서 행하는 사법상의 법률행위라 할 것이고, 행정청이 공권력의 주체로서 행하는 공법상의 행위라 할 수 없으며, 이 대부계약의 취소사유나 대부료의 산정방법 등을 법정하고(산림법 제78조, 동 시행령 제62조), 또 대부료의 징수에 관하여 국세징수법 중 체납처분에 관한 규정을 준용하는 규정(국유재산법 제25조 제3항, 제38조)들이 있다고 하더라도 위 규정들은 국유재산관리상의 공정과 편의를 꾀하기 위한 규정들에 불과하여 위 규정들로 인하여 잡종재산인 국유림 대부행위의 본질이 사법상의 법률행위에서 공법상의 행위로 변화되는 것은 아니라 할 것이므로, 잡종재산인 국유림에 관한 대부료의 납입고지 역시 사법상의 이행청구에 해당한다고 할 것이어서 행정소송의 대상으로 되지 아니한다(대판 1993.12.21. 93누13735). 〈15. 서울 9급〉
>
> 용어설명 ❶ 잡종재산(현 일반재산) : 특별한 행정목적이 없는 국유재산. 학문적으로는 사물(私物)로 취급됨
>
> 2. 국유재산❶ 무단점유자에 대한 변상금부과처분(공법관계)
> 국유재산법 제51조 제1항은 국유재산의 무단점유자에 대하여는 대부 또는 사용·수익허가 등을 받은 경우에 납부하여야 할 대부료 또는 사용료 상당액 외에도 그 징벌적 의미에서 국가측이 일방적으로 그 2할 상당액을 추가하여 변상금을 징수토록 하고 있으며, 동조 제2항은 변상금의 체납 시 국세징수법에 의하여 강제징수토록 하고 있는 점 등에 비추어보면, 국유재산의 관리청이 그 무단점유자에 대하여 하는 변상금 부과처분은 순전히 사경제주체로서 행하는 사법상의 법률행위라고 할 수 없고 이는 관리청이 공권력을 가진 우월적 지위에서 행한 것으로서 행정소송의 대상이 되는 행정처분이라고 보아야 한다(대판 1988.2.23. 87누1046). 〈07. 국가 7급〉
>
> 용어설명 ❶ 국유(國有)재산 : 국가가 소유하고 있는 재산
>
> 3. 수도법상의 수도료의 부과징수(공법관계)
> 수도법에 의하여 지방자치단체인 수도사업자가 수돗물의 공급을 받는 자에 대하여 하는 수도료의 부과징수와 이에 따른 수도료의 납부관계는 공법상의 권리의무관계라 할 것이므로 이에 관한 소송은 행정소송절차에 의하여야 한다(대판 1977.2.22. 76다2517).

4. 행정재산❶의 사용·수익허가신청에 대한 거부처분(공법관계)

공유재산의 관리청이 행정재산의 사용·수익에 대한 허가는 순전히 사경제주체로서 행하는 사법상의 행위가 아니라 관리청이 공권력을 가진 우월적 지위에서 행하는 행정처분으로서 **특정인에게 행정재산을 사용할 수 있는 권리를 설정하여 주는 강학상 특허에 해당한다**. 행정재산의 사용·수익허가처분의 성질에 비추어 국민에게는 행정재산의 사용·수익허가를 신청할 법규상 또는 조리상의 권리가 있다고 할 것이므로 **공유재산의 관리청이 행정재산의 사용·수익에 대한 허가신청을 거부한 행위 역시 행정처분에 해당한다**(대판 1998.2.27. 97누1105).

> [용어설명] ❶ 행정재산 : 국가가 소유한 재산 중에서 일반 공중의 사용 등 공적 목적에 제공된 것

5. 행정재산의 사용·수익허가처분의 취소처분(공법관계)

국·공유재산의 관리청이 행정재산의 사용·수익을 허가한 다음, 그 사용·수익하는 자에 대하여 하는 **사용·수익허가취소**는 순전히 사경제주체로서 행하는 사법상의 행위라 할 수 없고, 이는 관리청이 공권력을 가진 우월적 지위에서 행한 것으로서 항고소송의 대상이 되는 **행정처분이다**(대판 1997.4.11. 96누17325).

6. 행정재산의 사용·수익에 대한 사용료부과처분(공법관계)

국유재산의 관리청이 행정재산의 사용·수익을 허가한 다음 그 사용·수익하는 자에 대하여 하는 **사용료부과**는 순전히 사경제주체로서 행하는 사법상의 이행청구라 할 수 없고, 이는 관리청이 공권력을 가진 우월적 지위에서 행한 것으로서 항고소송의 대상이 되는 **행정처분이라 할 것이다**(대판 1996.2.13. 95누11023).

7. 국립의료원 부설주차장 위탁관리용역운영계약(공법관계)

국립의료원 부설주차장에 관한 위탁관리용역운영계약의 실질은 행정재산에 대한 국유재산법 제24조 제1항의 사용·수익허가임을 이유로, 민사소송으로 제기된 위 계약에 따른 가산금 지급채무의 부존재확인청구에 관하여 본안판단을 한 원심판결을 파기하고, 소를 각하한다(대판 2006.3.9. 2004다31074). 〈08. 국가 9급〉

8. 사용허가를 받은 행정재산의 전대❶행위(사법관계)

한국공항공단이 정부로부터 무상사용허가를 받은 행정재산을 구 한국공항공단법(2002. 1. 4. 법률 제6607호로 폐지) 제17조에서 정한 바에 따라 전대하는 경우에 미리 그 계획을 작성하여 건설교통부장관에게 제출하고 승인을 얻어야 하는 등 일부 공법적 규율을 받고 있다고 하더라도, 한국공항공단이 그 행정재산의 관리청으로부터 국유재산관리사무의 위임을 받거나 국유재산관리의 위탁을 받지 않은 이상, 한국공항공단이 무상사용허가를 받은 행정재산에 대하여 하는 전대행위는 **통상의 사인 간의 임대차와 다를 바가 없고**, 그 임대차계약이 임차인의 사용승인신청과 임대인의 **사용승인의 형식으로 이루어졌다고 하여 달리볼 것은 아니다**(대판 2004.1.15. 2001다12638). 〈16. 국회 8급〉

> [용어설명] ❶ 전대(轉貸) : 빌려온 것을 다시 다른 사람에게 빌려주는 것

9. 기부채납 받은 공유재산을 무상으로 기부자에게 사용을 허용하는 행위(사법관계)

소외 회사가 자기의 비용으로 건립한 건물을 원고시에 기부하고, 시는 **기부채납 후 15년간은 행정목적에 사용하지 아니하기로 하고, 그 기간 동안 소외 회사가 이를 무상으로 사용하기로 한** 계약상의 소외 회사의 권리는 동 건물을 건립함에 출연한 비용과 대가관계에 있는, **사법상의 계약에 의하여 설정된 사용권이라 할 것이다**(대판 1982.3.23. 80다3155). 〈15. 서울 9급〉

10. 입찰보증금의 국고귀속조치(사법관계)

예산회계법에 따라 체결되는 계약은 사법상의 계약이라고 할 것이고 동법 제70조의5의 입찰보증금은 낙찰자의 계약체결의무이행의 확보를 목적으로 하여 그 불이행 시에 이를 국고에 귀속시켜 국가의 손해를 전보하는 사법상의 손해배상 예정으로서의 성질을 갖는 것이라고 할 것이므로 입찰보증금의 국고귀속조치는 국가가 사법상의 재산권의 주체로서 행위하는 것이지 공권력을 행사하는 것이거나 공권력작용과 일체성을 가진 것이 아니라 할 것이므로 이에 관한 분쟁은 행정소송이 아닌 민사소송의 대상이 될 수밖에 없다고 할 것이다(대판 1983.12.27. 81누366). 〈23. 국가 9급〉

11. 환매권❶의 행사로 인한 매매(사법관계)

징발재산정리에관한특별조치법 제20조 소정의 환매권은 일종의 형성권으로서 그 존속기간은 제척기간으로 보아야 할 것이며, 위 환매권은 재판상이든 재판 외이든 그 기간 내에 행사하면 이로써 매매의 효력이 생기고, 위 매매는 같은 조 제1항에 적힌 환매권자와 국가 간의 사법상 매매라 할 것이다(대판 1992.4.24. 92다4673).

용어설명 ❶ 환매권 : 강제로 소유권이 박탈된 재산권을 다시 사오는 것.

12. 환매권의 존부에 관한 확인(사법관계)

구 공익사업을 위한 토지 등의 취득 및 보상에 관한 법률(2010. 4. 5. 법률 제10239호로 일부 개정되기 전의 것, 이하 '구 공익사업법'이라 한다) 제91조에 규정된 환매권은 상대방에 대한 의사표시를 요하는 형성권의 일종으로서 재판상이든 재판 외이든 위 규정에 따른 기간 내에 행사하면 매매의 효력이 생기는바(대판 2008.6.26. 2007다24893 참조), 이러한 환매권의 존부에 관한 확인을 구하는 소송 및 구 공익사업법 제91조 제4항에 따라 환매금액의 증감을 구하는 소송 역시 민사소송에 해당한다(대판 2013.2.28. 2010두22368). 〈16. 국회 8급〉

Winner's 소송형태 : 환매금액 증감소송 (민사소송), 손실보상금 증감소송 (행정소송)

13. 공립유치원의 임용기간을 정한 전임강사의 근무관계(공법관계)

교육부장관(당시 문교부장관)의 권한을 재위임 받은 공립교육기관의 장에 의하여 공립유치원의 임용기간을 정한 전임강사로 임용되어 지방자치단체로부터 보수를 지급받으면서 공무원복무규정을 적용받고 사실상 유치원 교사의 업무를 담당하여 온 유치원 교사의 자격이 있는 자는 교육공무원에 준하여 신분보장을 받는 정원 외의 임시직 공무원으로 봄이 상당하므로 그에 대한 해임처분의 시정 및 수령지체된 보수의 지급을 구하는 소송은 행정소송의 대상이지 민사소송의 대상이 아니다(대판 1991.5.10. 90다10766). 〈16. 경찰행정 특채〉, 〈18. 서울 9급〉

14. 조교의 근무관계(공법관계)

국가공무원법 제2조 제2항 제2호, 교육공무원법 제2조 제1항 제1호, 제3항, 제8조, 제26조 제1항, 제34조 제2항, 교육공무원임용령 제5조의2 제4항에 의하면, 일정한 자격을 갖추고 소정의 절차에 따라 대학의 장에 의하여 임용된 조교는 법정된 근무기간 동안 신분이 보장되는 교육공무원법상의 교육공무원 내지 국가공무원법상의 특정직공무원 지위가 부여되고, 근무관계는 사법상의 근로계약관계가 아닌 공법상 근무관계에 해당한다(대판 2019.11.14. 2015두52531). 〈20. 군무원 9급〉

15. 조달청의 나라장터 종합쇼핑몰 거래정지조치(공법관계)

조달청이 계약상대자에 대하여 나라장터 종합쇼핑몰에서의 거래를 일정기간 정지하는 조치는 전자조달의 이용 및 촉진에 관한 법률, 조달사업에 관한 법률 등에 의하여 보호되는 계약상대자의 직접적이고 구체적인 법률상 이익인 나라장터를 통하여 수요기관의 전자입찰에 참가하거나 나라장터 종합쇼핑몰에서 등록된 물품을 수요기관에 직접 판매할 수 있는 지위를 직접 제한하거나 침해하는 행위에 해당하는 점 등을 종합하면, 위 거래정지 조치는 비록 추가특수조건이라는 사법상 계약에 근거한 것이지만 행정청인 조달청이 행하는 구체적 사실에 관한 법집행으로서의 공권력의 행사로서 그 상대방인 갑 회사의 권리·의무에 직접 영향을 미치므로 항고소송의 대상이 되는 행정처분에 해당한다(대판 2018.11.29. 2015두52395). 〈20. 국회 8급〉

16. 조달청장의 입찰참가자격제한조치(공법관계)

공공기관의 운영에 관한 법률 제44조 제2항은 "공기업·준정부기관은 필요하다고 인정하는 때에는 수요물자 구매나 시설공사계약의 체결을 조달청장에게 위탁할 수 있다."라고 규정함으로써, 공기업·준정부기관에 대해서는 입찰참가자격 제한 처분의 수권 취지가 포함된 업무 위탁에 관한 근거 규정을 두고 있는 반면, 기타 공공기관은 여기에서 제외하고 있음을 알 수 있다. 따라서 수요기관이 기타공공기관인 요청조달계약의 경우에 관하여는 입찰참가자격 제한 처분의 수권 등에 관한 법령상 근거가 없으므로, 조달청장이 국가계약법 제27조 제1항에 의하여서는 계약상대방에 대하여 입찰참가자격 제한 처분을 할 수는 없고, 그 밖에 그러한 처분을 할 수 있는 별도의 법적 근거도 없다(대판 2017.6.29. 2014두14389). 〈23. 국가 9급〉

17. 법무사 사무원 채용시 지방법무사회의 승인(공법관계)

법무사 사무원 채용승인은 본래 법무사에 대한 감독권한을 가지는 소관 지방법원장에 의한 국가사무였다가 지방법무사회로 이관되었으나, 이후에도 소관 지방법원장은 지방법무사회로부터 채용승인 사실의 보고를 받고 이의신청을 직접 처리하는 등 지방법무사회의 업무수행 적정성에 대한 감독을 하고 있다. 또한 법무사가 사무원 채용에 관하여 법무사법이나 법무사규칙을 위반하는 경우에는 소관 지방법원장으로부터 징계를 받을 수 있으므로, 법무사에 대하여 지방법무사회로부터 채용승인을 얻어 사무원을 채용할 의무는 법무사법에 의하여 강제되는 공법적 의무이다(대판 2020.4.9. 2015다34444). 〈22. 국가 9급〉

18. 사립중학교에 대한 중학교 의무교육의 위탁관계(공법관계)

중학교 의무교육의 위탁관계는 초·중등교육법 제12조 제3항, 제4항 등 관련 법령에 의하여 정해지는 공법적 관계이다(대판 2015.1.29. 2012두7387). 〈20. 국회 8급〉

19. 학교법인과 해당 사립중학교에 재학 중인 학생의 재학관계(사법관계)

사법인(私法人)인 학교법인과 학생의 재학관계는 사법상 계약에 따른 법률관계에 해당한다. 지방자치단체가 학교법인이 설립한 사립중학교에 의무교육대상자에 대한 교육을 위탁한 때에 그 학교법인과 해당 사립중학교에 재학 중인 학생의 재학관계도 기본적으로 마찬가지이다(대판 2018.12.28. 2016다33196). 〈21. 군무원 7급〉

Winner's 법률관계의 성질

공법관계	사법관계
① 국유재산 무단점유자에 대한 변상금부과 ② 수도료의 부과징수 ③ 행정재산의 사용·수익에 대한 사용료부과	① 잡종대상인 국유림 대부료 납입고지
④ 행정재산의 사용·수익허가, 거부, 취소 등 ⑤ 국립의료원 부설주차장 위탁관리용역운영계약	② 사용허가를 받은 행정재산의 전대 ③ 기부채납 받은 공유재산을 무상으로 기부자에게 사용 허용
⑥ 조달청장의 입찰참가자격 제한조치 ⑦ 조달청장의 나라장터 종합쇼핑몰 거래정지조치	④ 조달청장의 입찰보증금 국고귀속 조치
⑧ 사립중학교에 대한 중학교 의무교육의 위탁관계	⑤ 사립중학교에 의무교육대상자를 위탁한 경우 재학관계
⑨ 국공립학교의 조교의 근무관계 ⑩ 공립유치원의 임용기간을 정한 전임강사의 근무관계 ⑪ 법무사 사무원 채용시 지방법무사회의 승인	⑥ 환매권의 존부에 관한 확인 및 증감청구 ⑦ 환매권의 행사로 인한 매매

제2절 행정법관계의 당사자

1 서설

1. 의의
행정법관계의 '당사자'란 행정법관계에 있어서의 권리❶와 의무의 귀속주체를 말한다(⑩ 대한민국, 서울특별시 등).

> **참고** '인(人)'의 개념
>
> 권리와 의무의 귀속주체를 '인(人)'이라 하고 이에는 자연인과 법인❷이 있다. '법인'에는 공법인(⑩ 대한민국, 서울특별시)과 사법인(⑩ 회사)으로 나뉜다.

용어설명 ❶ 권리 : 자신의 이익을 위한 법적인 힘, ❷ 법인 : 법률에 의하여 권리능력이 인정된 단체 또는 재산

2. 구별
'행정기관'이란 권리와 의무의 주체에 해당하는 '행정주체'를 위해 권한❶을 행사한다는 점에서 '당사자'와 구별된다(⑩ 대통령, 각부 장관, 서울특별시장 등). 〈06. 국회 8급〉

용어설명 ❶ 권한 : 타인의 이익을 위한 법적인 힘

3. 종류
행정법관계의 당사자에는 ① 행정권을 행사하고 그 법적 효과가 귀속되는 '행정주체', ② 그 행정권의 발동의 대상이 되는 '행정객체'가 있다.

2 행정주체

1. 국가
시원적❶(始原的)으로 행정권을 가지고 있는 행정주체로서, 행정권 발동은 지방자치단체, 기타 공공단체 또는 그 기관에 위임하여 하기도 한다.

용어설명 ❶ 시원적(始原的) : 처음 시작되는 것. 위임을 받지 않은 상태

> 1. 국가나 지방자치단체에 근무하는 청원경찰의 근무관계(공법관계)
>
> 국가나 지방자치단체에 근무하는 청원경찰은 국가공무원법이나 지방공무원법상의 공무원은 아니지만, 다른 청원경찰과는 달리 그 임용권자가 행정기관의 장이고 국가나 지방자치단체로부터 보수를 받으며 산업재해보상보험법이나 근로기준법이 아닌 공무원연금법에 따른 재해보상과 퇴직급여를 지급받고 직무상의 불법행위에 대하여도 민법이 아닌 국가배상법이 적용되는 등의 특질이 있으며 그 외 임용자격·직무·복무의무의 내용 등을 종합하여 볼 때, 그 근무관계를 사법상의 고용계약관계로 보기는 어려우므로 그에 대한 징계처분

의 시정을 구하는 소는 **행정소송의 대상**이지 민사소송의 대상이 아니다(대판 1993.7.23. 92다47564). ⟨18. 지방 9급⟩

2. 종합유선방송위원회 사무국 직원들의 근로관계(사법관계)
구 종합유선방송법(2000. 1. 12. 법률 제6139호로 전문개정된 방송법 부칙 제2조 제2호에 따라 폐지)상의 종합유선방송위원회는 그 설치의 법적 근거, 법에 의하여 부여된 직무, 위원의 임명절차 등을 종합하여 볼 때 국가기관이고 그 사무국 직원들의 근로관계는 **사법**(私法)**상의 계약관계**이므로, 사무국 직원들은 국가를 상대로 **민사소송**으로 그 계약에 따른 임금과 퇴직금의 지급을 청구할 수 있다(대판 2001.12.24. 2001다54038).

2. 공공단체

(1) 의의

국가와 별개의 독립된 법인격❶을 가지고 있는 단체를 말한다.

용어설명 ❶ 법인격 : 권리의 주체가 될 수 있는 법적 지위

(2) 종류

① 지방자치단체 : 일정한 지역을 기초로 하여 그 지역 안의 주민에 대한 포괄적 지배권을 가지는 단체를 말한다. 지방자치단체의 자치권의 성질에 대해서 과거에는 고유권으로 보았으나, 오늘날 국가로부터 전래된 것으로 보는 경향이므로 국가의 행정적 감독을 받는다.

참고   지방자치단체의 종류

보통지방자치단체	포괄적인 행정권을 가지는 지방자치단체이다.	
	광역지방자치단체	서울특별시·광역시·특별자치시·도·특별자치도
	기초지방자치단체	시·군·구(지방자치단체인 구)
특별지방자치단체	특정 행정권만 가지는 지방자치단체이다.	

Winner's 포괄적 사무 : 국가 (○), 보통지방자치단체 (○), 기타 공공단체 (×)

② 공공조합(공법상 사단, 협의의 공공단체) : 특정한 행정목적을 달성하기 위하여 일정한 자격을 가진 사람으로 조직된 단체로서, 구성원이 존재한다(⑩ 농지개량조합, 변호사회, 상공회의소 등). 판례에 따르면 농지개량조합과 그 직원과의 관계를 공법관계로 보았으나, 그 조합의 직원이 조합에게 청구하는 모든 급여청구권이 공법관계인 것은 아니라고 하였다.

Winner's 구성원의 존재 : 공법상 사단 (○), 기타 공공단체 (×)

1. 농지개량조합의 임·직원 징계(공법관계)
농지개량조합과 그 직원과의 관계는 사법상의 근로계약관계가 아닌 **공법상의 특별권력관계**이고, 그 조합의 직원에 대한 징계처분의 취소를 구하는 소송은 **행정소송**사항에 속한다(대판 1995.6.9. 94누10870). ⟨08. 국가 9급⟩

2. 농지개량조합 직원의 급여청구권 등(사법관계)

농지개량조합이 공법인이고 그 조합과 조합원 간의 복무관계가 공법관계라 할지라도 그 조합의 직원이 조합에 대하여 급부를 제공하고 그 대가를 청구하는 퇴직금을 포함한 모든 급여청구권까지를 공법상의 권리관계라고 할 수 없다(대판 1967.11.14. 67다2271).

3. 재개발조합과 조합원의 법률관계(공법관계)

구 도시재개발법(1995. 12. 29. 법률 제5116호로 전문개정되기 전의 것)에 의한 재개발 조합은 조합원에 대한 법률관계에서 적어도 특수한 존립목적을 부여받은 특수한 행정주체로서 국가의 감독 하에 그 존립목적인 특정한 공공사무를 행하고 있다고 볼 수 있는 범위 내에서는 공법상의 권리의무관계에 서 있다(대판 1996.2.15. 94다31235 전합).

③ **공법상 재단** : 국가나 지방자치단체가 출연❶한 재산을 관리하기 위하여 설립된 단체로서 공법상 법인격이 부여된 것이다(예 한국학술진흥재단, 한국학중앙연구원). 수혜자(受惠者)가 존재하고, 운영자 또는 직원은 있어도 구성원이 없다는 점에서 공공조합과 구별된다.

용어설명 ❶ 출연(出捐) : 자신의 의사에 따라 재산이 감소하고 다른 사람의 재산을 증가시키는 일

④ **영조물 법인**: '영조물(營造物)'이란 특정한 행정목적의 달성을 위하여 설립된 인적·물적 시설의 종합체(예 국립병원, 국립대학, 국립도서관, 각종 공사 등)를 말한다. 영조물 중에서 관계법률에 따라 법인격이 부여된 조직을 '영조물 법인'이라 한다(예 한국도로공사, 한국전력공사, 서울특별시지하철공사, 한국은행, 서울대학교병원 등). 영조물에는 이용자가 존재한다.

> **참고** 서울대학교의 법적 성질
>
> 국립대학은 영조물에 불과한 것이나, 서울대학교는 「국립대학법인 서울대학교 설립·운영에 관한 법률」을 제정하여 법인격을 부여하고 있으므로 영조물 법인에 해당한다. 따라서 서울대학교는 국가배상소송에서 피고적격이 인정될 수 있다.
>
> 〈국립대학법인 서울대학교 설립·운영에 관한 법률〉 제3조(법인격 등) ① 국립대학법인 서울대학교는 법인으로 한다.

1. 지하철공사 직원의 징계(사법관계)

서울특별시지하철공사의 임원과 직원의 근무관계의 성질은 지방공기업법의 모든 규정을 살펴보아도 공법상의 특별권력관계라고는 볼 수 없고 사법관계에 속할 뿐만 아니라, 위 지하철공사의 사장이 그 이사회의 결의를 거쳐 제정된 인사규정에 의거하여 소속 직원에 대한 징계처분을 한 경우 위 사장은 행정소송법 제13조 제1항 본문과 제2조 제2항 소정의 행정청에 해당되지 않으므로 공권력 발동 주체로서 위 징계처분을 행한 것으로 볼 수 없고, 따라서 이에 대한 불복절차는 민사소송에 의할 것이지 행정소송에 의할 수는 없다(대판 1989.9.12. 89누2103). 〈19. 국회 8급〉

2. 한국조폐공사 직원의 파면(사법관계)

한국조폐공사 직원의 근무관계는 사법관계에 속하고, 그 직원의 파면행위도 사법상의 행위라고 보아야 한다(대판 1978.4.25. 78다414). 〈14. 서울 7급〉

3. 공무원 및 사립학교 교직원의료보험관리공단 직원의 근무관계(사법관계)

공무원및사립학교교직원의료보험법 등 관계법령의 규정내용에 비추어 보면, <u>공무원및사립학교직원의료보험관리공단 직원의 근무관계는 공법관계가 아니라 사법관계이다</u>(대판 1993.11.23. 93누15212). 〈09. 지방 7급〉

4. 주한미군한국인직원의료보험조합이 행한 소속 직원 징계면직행위(사법관계)

<u>주한미군 한국인 직원의료보험조합직원의 근무관계는 사법관계에 속하는 것이므로 동 조합 직원에 대한 위 조합의 징계면직처분은 항고소송의 대상이 되는 행정처분이 아니고 사법상의 법률행위라고 보아야 한다</u>(대판 1987.12.8. 87누884). 〈14. 서울 7급〉

5. 한국토지신탁 내부의 근무관계(사법관계)

<u>정부투자기관(한국토지공사)의 출자로 설립된 회사(한국토지신탁) 내부의 근무관계(인사상의 차별 및 해고)에 관한 사항은, 이를 규율하는 특별한 공법적 규정이 존재하지 않는 한, 원칙적으로 사법관계에 속하므로 헌법소원의 대상이 되는 공권력 작용이라고 볼 수 없다</u>(헌재 2002.3.28. 2001헌마464). 〈16. 지방 7급〉

6. 한국방송공사의 직원 채용관계(사법관계)

공법인의 행위는 일반적으로 헌법소원의 대상이 될 수 있으나, 그 중 대외적 구속력을 갖지 않는 단순한 내부적 행위나 사법적(私法的)인 성질을 지니는 것은 헌법소원의 대상이 되는 공권력의 행사에 해당하지 않는다. 방송법은 "한국방송공사 직원은 정관이 정하는 바에 따라 사장이 임면한다."고 규정하는 외에는(제52조) 직원의 채용관계에 관하여 달리 특별한 규정을 두고 있지 않으므로, 한국방송공사의 이 사건 공고 내지 직원 채용은 피청구인의 정관과 내부 인사규정 및 그 시행세칙에 근거하여 이루어질 수밖에 없다. 그렇다면 한국방송공사의 직원 채용관계는 특별한 공법적 규제 없이 한국방송공사의 자율에 맡겨진 셈이 되므로 이는 사법적인 관계에 해당한다고 봄이 상당하다. 또한 직원 채용관계가 사법적인 것이라면, 그러한 채용에 필수적으로 따르는 사전절차로서 채용시험의 응시자격을 정한 이 사건 공고 또한 사법적인 성격을 지닌다고 할 것이다. 이 사건 공고는 <u>헌법소원으로 다툴 수 있는 공권력의 행사에 해당하지 않는다</u>(헌재 2006.11.30. 2005헌마855). 〈16. 지방 7급〉

Winner's 법률관계의 성질

공법관계	사법관계
① 국가·지방자치단체에 근무하는 청원경찰	① 기타의 청원경찰
② 농지개량조합의 임·직원 징계 ③ 재개발조합과 조합원의 관계	② 서울특별시지하철공사 직원징계 ③ 한국조폐공사의 임·직원관계 ④ 종합유선방송위원회 사무국 직원들의 근로관계 ⑤ 농지개량조합의 직원의 급여청구 ⑥ 공무원및사립학교직원의료보험관리공단 직원의 근무관계 ⑦ 한국토지신탁 내부의 근무관계 ⑧ 한국방송공사의 직원 채용관계 ⑨ 주한미군한국인의료보험조합이 행한 소속 직원징계

3. 공무수탁사인(公務受託私人)

(1) 의의

특정한 행정목적의 수행을 위해 일정한 공권력을 부여받은 사인을 말한다(⑩ 사업시행자인 사기업이 개인의 토지를 수용하는 경우, 사인이 별정우체국❶의 지정을 받아 체신업무를 수행하는 경우, 상선의 선장이 경찰사무 및 가족관계등록사무를 집행하는 경우, 사립대학에서 학위를 수여하는 경우 등). 행정임무에 대해서 스스로 책임을 지면서 수행하는 것이 아니라 단순히 기술적인 집행만 하는 사인인 '행정보조자'와 구별된다.

> [용어설명] ❶ 별정우체국 : 외딴 섬이나 깊은 산간 지역 등 우체국이 없는 지역에서 일반사인에게 우편 등의 사무를 맡기는 것

> [Winner's] 공무수탁사인 : 사립대학의 학위수여 (○), 사립대학의 등록금징수 (×)

(2) 기능

행정을 분산함으로써 행정의 원활한 수행을 기하고, 사인의 전문지식과 독창성을 활용함으로써 행정의 효율성을 높이기 위한 것이다.

(3) 법적 근거

① 이론적 근거: 공무수탁사인은 국가의 공권력을 사인에게 이전하는 것이므로 반드시 법적 근거가 있어야 한다. 따라서 국가가 자신의 임무를 스스로 수행할 것인지 민간부문에 맡겨서 수행할 것인지에 대해서는 광범위한 입법재량권이 인정된다.

② 실정법적 근거

일반법적 근거	「정부조직법」 제6조, 「지방자치법」 제104조 제3항, 「행정권한의 위임 및 위탁에 관한 규정」 등이 있다.
개별법적 근거	「공익사업을 위한 토지 등의 취득 및 보상에 관한 법률」, 「항공보안법」 등이 있다.

> 〈정부조직법〉 제6조(권한의 위임 또는 위탁) ③ 행정기관은 법령으로 정하는 바에 따라 그 소관사무 중 조사·검사·검정·관리 업무 등 국민의 권리·의무와 직접 관계되지 아니하는 사무를 지방자치단체가 아닌 법인·단체 또는 그 기관이나 개인에게 위탁할 수 있다.
>
> 〈행정권한의 위임 및 위탁에 관한 규정〉 제11조(민간위탁의 기준) ① 행정기관은 법령으로 정하는 바에 따라 그 소관 사무 중 조사·검사·검정·관리 사무 등 국민의 권리·의무와 직접 관계되지 아니하는 다음 각 호의 사무를 민간위탁할 수 있다.
>   1. 단순 사실행위인 행정작용
>   2. 공익성보다 능률성이 현저히 요청되는 사무
>   3. 특수한 전문지식 및 기술이 필요한 사무
>   4. 그 밖에 국민 생활과 직결된 단순 행정사무

(4) 법적 성질
  ① 행정주체: 공무수탁사인은 자신의 명의로 공법상 권한을 행사하는 것이므로 그 한도에서 행정주체라고 보는 견해(김동희, 김남진, 홍정선)가 다수설이다.
  ② 원천징수자: 사기업이 소득을 지급할 때 국가를 대신하여 세액을 미리 징수하는 경우에 그 사기업을 공무수탁사인으로 볼 수 있을 것인지 여부에 대해서 학설이 대립한다. 판례는 부정하는 것으로 본다.

원천징수행위의 처분성(부정)
원천징수의무자는 소득세법 제142조 및 제143조의 규정에 의하여 자동적으로 확정되는 세액을 수급자로부터 징수하여 과세관청에 납부하여야 할 의무를 부담하고 있으므로, 원천징수의무자가 비록 과세관청과 같은 행정청이더라도 그의 원천징수행위는 법령에서 규정된 징수 및 납부의무를 이행하기 위한 것에 불과한 것이지, 공권력의 행사로서의 행정처분을 한 경우에 해당하지 아니한다 (대판 1990.3.22. 89누4798). 〈10. 지방 9급〉, 〈19. 국회 8급〉

Winner's 원천징수자 : 공권력 담당자 (×), 공의무 담당자 (○)

(5) 위탁의 대상
공무수탁사인에게 위탁한 것이 ① 국가의 임무 중 하나라는 견해(임무설), ② 국가활동을 위한 권한이라는 견해(권한설, 법적지위설; 다수설)가 대립한다. 국가의 임무영역을 정의하는 것은 쉬운 일이 아니므로 위탁의 대상을 임무로 보게 되면 위탁의 대상이 불명확하게 되어 권한을 남용할 수 있다는 점에서 권한설이 타당하다.

(6) 법적 지위
  ① 국가와의 관계: 공법상 위임관계에 있다. 따라서 공무수행권·비용청구권 등 각종의 권리를 가지고 직무이행의무·법령준수의무·주무관청의 감독을 받을 의무 등 각종의 의무를 진다. 〈05. 국가 7급〉
  ② 국민과의 관계: 공법관계로 파악하는 것이 일반적이다. 따라서 그에 관한 분쟁은 항고쟁송·국가배상 또는 손실보상에 의하여 구제받을 수 있을 것이다.

공매처분 취소소송은 성업공사를 피고로 하는지 여부(긍정)
성업공사❶(현 한국자산관리공사)가 체납압류된 재산을 공매하는 것은 세무서장의 공매권한 위임에 의한 것으로 보아야 할 것이므로, 성업공사가 한 그 공매처분에 대한 취소 등의 항고소송을 제기함에 있어서는 수임청으로서 실제로 공매를 행한 성업공사를 피고로 하여야 하고, 위임청인 세무서장은 피고적격이 없다(대판 1997.2.28. 96누1757). 〈05. 국가 7급〉

용어설명 ❶ 성업공사 : 연체대출금 회수와 비업무용 재산정리를 전담하는 특수한 공법인. 현재는 한국자산관리공사

3 행정객체

1. 의의
행정주체의 상대방으로서 행정권 발동의 대상이 되는 자를 말한다.

2. 범위
국가가 행정주체인 경우에는 공공단체 또는 일반사인이 그 대상이 되고, 공공단체나 사인이 행정주체인 경우에는 일반사인이 그 대상이 된다. 따라서 국가는 행정의 객체가 될 수 없다. 〈06. 국회 8급〉

제3절 행정상 법률관계의 종류

1 의의

1. 광의의 행정상 법률관계

행정조직법적 관계와 행정작용법적 관계를 모두 포함한다. 그러나 국제법관계는 포함하지 않는다.

2. 협의의 행정상 법률관계

행정작용법적 관계를 의미하며, 공법관계(권력관계 + 관리관계)와 사법(私法)관계(국고관계)를 모두 포함한다. 공법관계를 행정법관계라고 한다.

> 참고　행정상 법률관계(광의)
>
>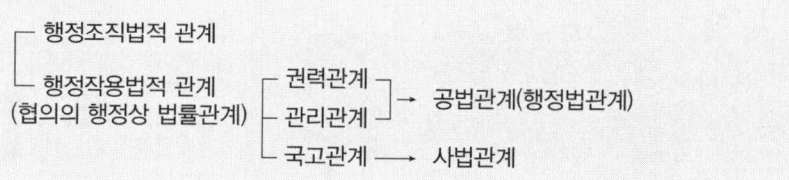

2 행정조직법적 관계

행정주체 내부의 행정기관 사이의 권한분배관계를 말한다(⑩ 행정관청 상호 간, 행정기관 상호 간, 행정기관의 내부적 관계). 권리주체 간의 권리·의무관계가 아니므로 특별한 규정이 없는 한 법원에 제소할 수 없다(열기주의).

> 참고　국가와 지방자치단체 간의 관계 등
>
> 국가와 지방자치단체의 관계 또는 지방자치단체 상호 간의 관계는 원래 행정주체 상호 간의 관계로서 행정작용법적 관계에 해당하지만, 오늘날 국가사무를 지방자치단체의 기관에 위임하는 경우에는 국가의 하급기관으로서의 역할을 하기 때문에 행정조직법적 관계로 파악하기도 한다. 따라서 순수한 행정작용법적 관계로 보기는 어렵다.

Winner's 행정조직법적 관계 : 권한 관계 (○), 권리 관계 (×)

3 행정작용법적 관계

1. 의의

행정주체와 국민 간의 외부적 관계로서, 법률관계의 당사자 사이의 권리와 의무관계이다. 특별한 규정이 없더라도 행정소송이 가능하다(개괄주의).

Winner's 행정조직법적 관계와 행정작용법적 관계

구분	행정조직법적 관계	행정작용법적 관계
개념	행정주체의 내부관계	행정주체와 국민 간의 외부적 관계
특징	기관 간의 권한적 분배관계	권리·의무관계
소송제도	열기주의	개괄주의

2. 종류

(1) 권력관계

① 의의: 행정주체가 공권력의 주체로서 우월적인 지위에서 국민에 대하여 일방적으로 명령·강제하는 관계를 말한다(⑩ 경찰행정, 각종 인·허가 발급, 조세부과처분 등).

② 적용법리: 특별한 규정이 없는 한 공법규정이나 공법원리가 적용되고 공정력·확정력·강제력 등 효력이 인정된다.

③ 불복방법: 항고쟁송의 방법에 따른다.

권력관계에는 사법과 다른 특수한 법규가 적용되어야 하는지 여부(긍정)
공권력의 주체로서 국민에 대하는 관계에 있어서는 대등한 사사로운 국민 상호 간의 경제적 이해를 조정함을 목적으로 하는 사법이 전면적으로 그대로 적용될 수는 없고, 국가공익의 실현을 우선적으로 하는 특수성을 고려하여 특수한 법규나 법원칙이 인정되어야 할 것이다(대판 1961.10.5. 4292행상6).

(2) 관리관계(전래적 공법관계, 비권력관계, 단순고권행정관계)

① 의의: 행정주체가 재산 또는 사업의 관리주체로서 개인과 대등한 지위에서 활동하는 법률관계이다(⑩ 공물의 관리, 영조물·공기업의 경영, 회계 등).

② 적용법리: 원칙적으로 대등한 관계라는 점에서 사법(私法)의 적용을 받으나, 예외적으로 공공복리의 실현과 밀접한 관련이 있는 한도에서 공법적 규율을 받는다. '공법적 규율'이란 명문규정이 있거나, 공익성 또는 윤리성이 실증되어 특수한 규율을 받는 것을 말한다.

③ 불복방법: 민사소송으로 하는 것이 원칙이나, 공법적 규율이 필요한 경우에는 공법상 당사자소송으로 한다.

경제활동의 주체이나 공공적 성질을 가지는 경우 특수한 법규의 적용가능성(긍정)
행정주체로서의 관청이 공권력의 주체로서, 즉 우월적인 의사주체로서 국민에 대하는 경우는 물론 단순한 경제적 활동의 주체로서 국민에 대하는 경우라 하여도 그것이 공공적 성질을 대유하여 공공의 복지와 밀접한 관계를 가지고 있는 때에는 이를 사사로운 국민상호 간의 관계와 동일시 할 수는 없는 것이다(대판 1961.10.5. 4292행상6).

(3) 국고(國庫)관계(행정상의 사법관계)

① 의의: 행정주체가 사법상(私法上) 재산권의 주체로서 활동하는 관계를 말한다(⑩ 국가 등과 사인 간의 물품매매계약·건물임대차계약·공사도급계약 등의 체결, 국·공유 일반재산의 매각, 지방자치단체의 지방채 모집, 은행으로부터의 일시차입 등).

Winner's 국고관계 : 행정상의 사법관계 (○), 행정사법관계 (×)

② 적용법리: 사경제주체로서 활동하므로 사법(私法)이 적용된다.

③ 불복방법: 민사소송으로 하여야 한다.

> **서울 철도국장이 관리하는 건물을 임대하는 관계(사법관계)**
> 행정주체가 경제적 활동의 주체로서 활동할 때에도 공공의 복지와 밀접한 관계가 있는 공적인 행위로서가 아니라, 다시 말하면 사사로운 국민 상호 간의 경제적 활동과 조금도 차이가 없는 경우에는 그 성질상 사법이 전면적으로 그대로 적용되어야 할 것이다. 서울 철도국장이 그 관리하는 건물을 임대하는 법률관계는 행정소송의 대상이 될 수 있는 공권력의 발동에 유래하는 행정법상 소위 지배관계가 아님은 물론 공공성의 존재조차 의심되는 순전한 사경제적 관계로서 대등한 국민 상호 간의 관계와 차이가 없는 것이기 때문에 동 대차관계에는 전적으로 민법 기타 사법의 적용을 볼 것이고 특수한 법규의 규율이나 법원칙의 적용을 볼 여지가 조금도 없는 것이다(대판 1961.10.5. 4292행상6).

Winner's 행정작용법적 관계

구분	지위	적용법규	소송형태	법적 성질
권력관계	우월(공권력 주체)	전면적 공법 적용	항고소송	공법관계
관리관계	대등(공물·공기업 관리주체)	제한적 공법 적용	당사자소송	
국고관계	대등(사경제주체)	전면적 사법 적용	민사소송	사법관계

4 행정사법(行政私法)의 문제

1. 의의

일정한 공법규정 내지는 공법원리에 의하여 수정·제한되고 있는 사법(私法)으로서, 공법과 사법이 혼합되어 있는 법상태 또는 법영역을 말한다.

Winner's 행정사법 : 법 영역 (○), 법률관계 (×)

> **참고 주장자**
> 1. 독일에서 볼프(H. Wolff)가 주장한 이래 학설상 일반적으로 채택되었다.
> 2. 옐리네크는 행정사법을 "군인이 민간인 복장을 하더라도 군인이다."라는 법언으로 표현하고 있다.

2. 인정이유

행정주체가 전기·수도 등의 공급을 사법상 계약에 의해 수행하는 경우에도 완전한 사적자치를 향유할 수 없고 공법규정 또는 그 원리에 기속을 받게 되는 것이다.

3. 구별

행정사법은 행정작용을 규율하는 '법'의 일종이라는 점에서 ① 행위형식의 하나에 해당하는 '공법상 계약'과 다르고, ② 법률관계의 하나라는 점에서 '관리관계'와도 다르다. 최근 관리관계이론을 행정사법이론으로 대체하자는 견해가 등장하고 있다.

Winner's 관리관계와 행정사법의 구별

구분	관리관계	행정사법
의의	법률관계	법상태
논의	일본	독일
성질	공법관계	사법(私法)

4. 논의의 전제

행정사법은 행정주체가 전기·수도의 공급과 같은 공행정작용을 수행함에 있어서 그 형식에 대한 선택가능성이 있을 때 비로소 논의될 수 있다. 따라서 법적 형식의 선택가능성이 없는 경찰·조세 등 권력행정영역에서는 논의될 여지가 없다.

Winner's 선택가능성 : 형식 (○), 내용 (×)

5. 사법(私法)원리의 제한과 수정

(1) 공법규정에 의한 수권(授權)

사법(私法)의 형식을 선택한 경우에도 그 행정작용의 권한은 공법규정에서 부여받아야 한다.

(2) 기본권 등에 의한 제한

형식을 선택할 수 있으면 사적자치의 원칙을 악용하기 위해서 사법적 형식을 선택할 가능성이 크다. 이러한 사법(私法)으로의 도피현상을 방지하기 위해서는 헌법상의 자유권, 평등의 원칙, 비례의 원칙 등에 의한 구속을 받게 함으로써 사적자치의 원칙을 제한할 필요가 있다(예 계약강제·해약제한, 계속적 경영의무, 계약내용의 법정(法定) 등).

(3) 사법상(私法上) 계약원리의 수정

사법(私法)상 의사표시에 관한 원리 등은 그대로 적용될 수 없으며, 일정한도에서 그 내용이 수정 또는 제한될 필요가 있다(예 전기·수도 등의 공급계약을 체결함에 있어서 개별적인 계약행위가 없거나 행위능력의 결여 또는 착오가 있는경우에도 계약은 유효하게 성립될 수 있다).

6. 행정사법과 구제

행정사법이 적용되는 법률관계에서 분쟁이 발생하는 경우 그 쟁송형태에 대해서 논란이 있으나, 특별한 규정이 없는 한 그 본질은 사법(私法)이므로 민사소송에 의한다는 견해(다수설; 김동희, 홍정선)가 일반적이다. 〈20. 군무원 7급〉

> 전화가입계약을 해지하는 경우 쟁송형태(민사소송)
>
> 전화가입계약은 전화가입희망자의 가입청약과 이에 대한 전화관서의 승낙에 의하여 성립하는 영조물 이용의 계약관계로서, 비록 그것이 공중통신역무의 제공이라는 이용관계의 특수성 때문에 그 이용조건 및 방법, 이용의 제한, 이용관계의 종료원인 등에 관하여 여러 가지 법적 규제가 있기는 하나 그 성질은 사법상의 계약관계에 불과하다고 할 것이므로, 피고(전화국장)가 전기통신법 시행령 제59조에 의하여 전화가입계약을 해지하였다 하여도, 이는 사법상의 계약의 해지와 성질상 다른 바가 없다 할 것이고, 이를 항고소송의 대상이 되는 행정처분으로 볼 수 없다(대판 1982.12.28. 82누441).

제4절 행정법관계의 특질

1 서설

행정법관계도 법률관계의 일종이지만, 공익실현을 목표로 한다는 점에서 사법관계와 다른 특별한 법적 기속을 받게 된다. 따라서 공권과 그에 따른 권리구제수단에 있어서도 특별한 제도가 존재한다.

2 구체적 내용

1. 법적합성

행정은 공익을 실현하는 작용이므로 사법과는 달리 완전한 의사자치는 인정될 수 없고 엄격한 법적 기속을 받는다. 일정한 범위 내에서 독자적 판단권을 행사하는 경우에도 법적인 한계를 준수하여야 한다.

2. 공정력(公定力)

행정행위에 성립상의 하자가 있는 경우에도 그 하자가 중대·명백하여 당연무효가 아닌 한 일단 유효한 행위로 통용되어 권한 있는 기관이 이를 취소하기 전까지는 누구도 그 효력을 부인할 수 없는 힘을 말한다. 이를 예선적(豫先的) 효력이라고도 한다.

> 공정력은 취소되기 전까지 잠정적으로 유효로 통용되는 것인지 여부(긍정)
> 행정행위의 공정력이라 함은 행정행위에 하자가 있더라도 당연무효가 아닌 한 권한 있는 기관에 의하여 취소될 때까지는 잠정적으로 유효한 것으로 통용되는 효력에 지나지 아니한 것이므로 행정행위가 취소되지 아니하여 공정력이 인정된다고 하더라도 그 상대방이나 이해관계인은 언제든지 그 행정행위가 위법한 것임을 주장할 수 있다(대판 1993.11.9. 93누14271).

Winner's 공정력의 본질 : 유효성 추정 (○), 적법성 추정 (×)

3. 확정력

(1) 의의

행정행위에 하자가 있는 경우에도 일정한 경우 이를 취소 또는 철회할 수 없는 것을 말한다. 확정력이란 용어는 원래 판결의 효력에서 나온 것이므로, 행정행위에 대해서는 존속력이라는 용어를 사용하자는 견해(김남진)가 있다.

> 행정처분의 확정력이 기판력과 마찬가지로 법원을 구속하는지 여부(부정)
> 일반적으로 행정처분이나 행정심판재결이 불복기간의 경과로 인하여 확정될 경우 그 확정력은 그 처분으로 인하여 법률상 이익을 침해받은 자가 당해 처분이나 재결의 효력을 더 이상 다툴 수 없다는 의미일

뿐, 더 나아가 판결에서 인정되는 기판력과 같은 효력이 인정되는 것은 아니어서 그 처분의 기초가 된 사실관계나 법률적 판단이 확정되고, 당사자들이나 법원이 이에 기속되어 모순되는 주장이나 판단을 할 수 없게 되는 것은 아니다(대판 1993.8.27. 93누5437). 〈14. 지방 7급〉, 〈18. 서울 7급〉, 〈18. 국회 8급〉

Winner's 처분의 확정력의 주관적 범위 : 처분행정청 (○), 법원 (×)

(2) 유형

① 불가쟁력(형식적 확정력): 행정행위에 하자가 있어도 불복기간의 경과 또는 쟁송절차의 경료❶에 따라 국민 기타 이해관계인이 더 이상 쟁송을 제기할 수 없는 절차법적 효력을 말한다. 쟁송취소가 불가하고 직권취소나 국가배상청구는 가능하다. 모든 행정행위에 대해서 인정된다.

② 불가변력(실질적 확정력): 행정행위에 하자가 있어도 처분행정청이 이를 취소 또는 철회하지 못하는 실체법적 효력이다. 직권취소가 불가하고, 쟁송취소나 국가배상청구는 가능하다. ㉠ 준사법적(準司法的) 행위❷에 대해서만 인정된다는 견해(협의설, 다수설), ㉡ 수익적 행정행위도 포함된다는 견해(광의설)가 대립한다. 수익적 행정행위의 취소제한은 신뢰보호의 문제로 파악하는 것이 일반적이므로 협의로 파악하는 것이 일반적이다.

용어설명 ❶ 경료 : 절차가 끝남 ❷ 준사법적(準司法的) 행위 : 재판에 유사한 행위로서, 행정청의 분쟁 해결작용

Winner's 불가쟁력과 불가변력의 구별

구분	불가쟁력	불가변력
주관적 범위	국민 기타 이해관계인	처분행정청
발생요건	쟁송기간 경과, 심급 종료	준사법(準司法)적 행위
인정범위	모든 행정행위	일정한 행정행위
성질	절차법적 효력	실체법적 효력
효과	① 쟁송취소 불가 ② 국가배상 가능	① 직권취소 불가 ② 국가배상 가능

(3) 처분의 재심사

① 의의 : 당사자는 처분이 행정심판, 행정소송 및 그 밖의 쟁송을 통하여 다툴 수 없게 된 경우라도 해당 처분을 한 행정청에 처분을 취소·철회하거나 변경하여 줄 것을 신청할 수 있다(행정기본법 제37조 제1항).

신청사유	① 처분의 근거가 된 사실관계 또는 법률관계가 추후에 당사자에게 유리하게 바뀐 경우 ② 당사자에게 유리한 결정을 가져다 주었을 새로운 증거가 있는 경우 ③ 「민사소송법」 제451조에 따른 재심사유에 준하는 사유가 발생한 경우 등 대통령령으로 정하는 경우
제한사유	제재처분 및 행정상 강제, 법원의 확정판결이 있는 경우에는 재심사를 신청할 수 없다.

② 신청요건 : 해당 처분의 절차, 행정심판, 행정소송 및 그 밖의 쟁송에서 당사자가 중대한 과실 없이 재심사 신청사유를 주장하지 못한 경우에만 할 수 있다(행정기본법 제37조 제2항).

③ 신청기간 : 재심사 신청은 당사자가 신청사유를 안 날부터 60일 이내에 하여야 한다. 다만, 처분이 있은 날부터 5년이 지나면 신청할 수 없다(행정기본법 제37조 제3항).

④ 통지

원칙	신청을 받은 행정청은 특별한 사정이 없으면 신청을 받은 날부터 90일(합의제행정기관은 180일) 이내에 처분의 재심사 결과(재심사 여부와 처분의 유지·취소·철회·변경 등에 대한 결정을 포함한다)를 신청인에게 통지하여야 한다.
예외	부득이한 사유로 90일(합의제행정기관은 180일) 이내에 통지할 수 없는 경우에는 그 기간을 만료일 다음 날부터 기산하여 90일(합의제행정기관은 180일)의 범위에서 한 차례 연장할 수 있으며, 연장 사유를 신청인에게 통지하여야 한다(행정기본법 제37조 제4항).

⑤ 불복 제한 : 처분의 재심사 결과 중 처분을 유지하는 결과에 대해서는 행정심판, 행정소송 및 그 밖의 쟁송수단을 통하여 불복할 수 없다(행정기본법 제37조 제5항).

⑥ 효과 : 행정청의 직권취소와 철회는 처분의 재심사에 의하여 영향을 받지 아니한다(행정기본법 제37조 제6항).

⑦ 절차 : 「행정기본법」에서 정한 사항 외에 처분의 재심사의 방법 및 절차 등에 관한 사항은 대통령령으로 정한다.

⑧ 적용제외 : 다음 중 어느 하나에 해당하는 경우에는 적용되지 않는다.

1. 공무원 인사 관계 법령에 따른 징계 등 처분에 관한 사항
2. 「노동위원회법」 제2조의2에 따라 노동위원회의 의결을 거쳐 행하는 사항
3. 형사, 행형 및 보안처분 관계 법령에 따라 행하는 사항
4. 외국인의 출입국·난민인정·귀화·국적회복에 관한 사항
5. 과태료 부과 및 징수에 관한 사항
6. 개별 법률에서 그 적용을 배제하고 있는 경우

4. 강제력

행정청이 상대방의 의무불이행 또는 그 위반에 대하여 ① 행정청 스스로 직접 실력을 행사하여 그 이행을 확보하거나(자력강제력), ② 일정한 제재조치를 통해서 간접적으로 그 의무의 이행을 확보하는 것(제재력)을 말한다.

5. 권리·의무의 특수성

개인적 공권의 성립과 행사는 공익의 실현과 밀접한 관련이 있으므로 권리임과 동시에 의무라는 상대적 성질을 지니고 있다. 따라서 공권 또는 공의무는 그 이전이나 포기가 제한되고, 그에 대한 특별한 보호와 강제가 가하여진다.

6. 권리구제수단의 특수성

(1) 행정상 손해전보

구분		손해배상	손실보상
의의		위법한 행정작용으로 인한 금전적 피해에 대한 손해전보	적법한 행정작용으로 인한 금전적 피해에 대한 손해전보
근거		국가배상법(일반법) 제정	개별법상 보상규정 필요
쟁송 형태	학설	당사자 소송	당사자소송
	판례	민사소송	민사소송이 원칙이나, 당사자소송으로 다툰다는 판례가 증가하는 경향

> 소멸시효가 완성된 하천구역 토지에 대한 손실보상은 공법상 당사자소송으로 하는지 여부(긍정)
> 하천법 부칙 제2조와 '법률 제3782호 하천법 중 개정법률 부칙 제2조의 규정에 의한 보상청구권의 소멸시효가 만료된 하천구역 편입토지 보상에 관한 특별조치법' 제2조, 제6조의 각 규정들을 종합하면, 위 규정들에 의한 손실보상청구권은 1984. 12. 31. 전에 토지가 하천구역으로 된 경우에는 당연히 발생되는 것이지, 관리청의 보상금지급결정에 의하여 비로소 발생하는 것은 아니므로, 위 규정들에 의한 손실보상금의 지급을 구하거나 손실보상청구권의 확인을 구하는 소송은 행정소송법 제3조 제2호 소정의 당사자소송에 의하여야 한다(대판 2006.5.18. 2004다6207 전합). 〈11. 지방 9급〉, 〈13. 국가 7급〉

Winner's 판례상 소송형태 : 손해배상 (민사소송 ○), 손실보상 (민사소송 △)

(2) 행정쟁송

우리나라는 행정재판소를 따로 설치하지 않고, 사법부에 행정법원이 설치되어 있으므로 영·미식의 사법(司法)국가주의를 원칙으로 한다. 다만, 행정사건의 특수성을 고려하여 단기출소기간, 집행부정지원칙, 사정판결 등 민사소송에 대한 여러 가지 절차적 독자성을 인정하고 있다.

제5절 행정법관계에서의 사인(私人)의 공권

1 서설

1. 의의
공법관계에 있어서 직접 자기를 위해 일정한 이익을 주장할 수 있는 법적인 힘을 말한다.

2. 종류

(1) 국가적 공권

국가 등의 행정주체가 상대방인 국민에 대하여 가지는 지배권이다(예 형벌권·경찰권·통제권·강제권 등).

(2) 개인적 공권

국민이 자기의 이익을 위해 국가 등에 대하여 일정한 행위를 요구할 수 있는 공법상의 법적인 힘을 말한다(예 자유권·수익권·참정권, 무하자재량행사청구권, 행정개입청구권 등).

3. 논의의 범위
행정법관계의 내용은 공권과 공의무로 구성되는데, 주로 논의되는 것은 공권이다. 국가적 공권은 권리라기보다는 국가의 권력 또는 권능이라고 볼 수 있으므로 주로 논의의 대상이 되는 것은 개인적 공권이다.

2 공권의 발생과 성립요건

1. 논의의 전제
일반적으로 권리는 상대방의 의무를 전제로 하므로 입법기술상 권리만을 명시한 경우에도 상대방에게는 법적 의무가 존재하지만, 의무만을 규정한 경우에는 상대방에게 권리가 당연히 성립하는 것은 아니다. 특히, 행정법규는 공익을 추구하므로 국가에게 의무를 부여한 경우에도 그것이 공익만을 보호하기 위한 것으로 해석되는 경우가 많으므로 상대방인 국민에게 반드시 권리가 성립하는 것은 아니다. 따라서 행정법관계에서 개인적 공권이 성립할 것인지 여부는 관계법의 해석이 필요하다.

2. 발생원인
개인적 공권은 헌법, 법률, 공법상 계약, 관습법, 행정행위 등 다양한 원인으로 성립한다. 우리가 여기서 주로 논의할 것은 법률의 규정에 의한 공권성립이다.

3. 개인적 공권의 성립

개인적 공권의 성립에 대해서는 옐리네크(G. Jellinek)에 의하여 최초로 주장되었고, 뷜러(Bühler)에 의하여 3요소설로 체계화되었다. ⟨12. 국가 9급⟩

4. 공권의 성립요건(뷜러의 3요소설)

(1) 강행법규성

관계법상 국가 기타 행정주체에게 행위의무를 부여하거나 행정청의 행위를 제한하는 규정이 있어야 한다는 것을 말한다. 기속행위의 경우에는 행정주체의 행위의무가 인정되므로 강행법규성이 충족되지만, 재량행위의 경우에는 행정주체에게 독자적 판단권이 부여되므로 충족되지 못하는 것이 원칙이다.

(2) 사익보호성

강행법규에 의하여 행정주체에게 부과된 의무가 공익 뿐만 아니라 사익도 아울러 보호하는 것으로 해석되어야 하는 것을 말한다. 성문법뿐만 아니라 불문법도 포함되며, 법규의 성립시가 아니라 법규의 판단시를 기준으로 한다. 공익만을 보호하는 것으로 해석되는 경우에 일반국민이 가지는 이익은 반사적 이익에 불과하다. 반사적 이익은 침해되더라도 원고적격을 인정할 수 없다는 점에서 공권과 구별된다.

> **Winner's** 원고적격 인정 여부 : 공권 (○), 반사적 이익 (×)

(3) 이익관철 의사력

강행법규에 의하여 법적으로 보호되고 있는 이익이 침해된 경우에 행정소송으로 구제받을 수 있는 것을 말한다. 행정재판에 대해서 열기주의를 채택하고 있는 경우에는 공권의 가장 중요한 요소가 되었으나, 오늘날 개괄주의를 채택하고 있으므로 독자적 의의를 상실하였다. 그리하여 뷜러의 3요소설은 2요소설로 수정되었다. ⟨13. 국가 7급⟩

3 공권과 법률상 이익

1. 법률상 이익의 의미

(1) 문제점

「행정소송법」 제12조는 취소소송의 원고적격으로서 '법률상 이익'을 규정하고 있으므로 그 의미가 무엇인지에 대해서 학설이 대립한다.

> ⟨행정소송법⟩ 제12조(원고적격) 취소소송은 처분 등의 취소를 구할 법률상 이익이 있는 자가 제기할 수 있다. 처분 등의 효과가 기간의 경과, 처분 등의 집행 그 밖의 사유로 인하여 소멸된 뒤에도 그 처분 등의 취소로 인하여 회복되는 법률상 이익이 있는 자의 경우에는 또한 같다.

> **Winner's** 법률상 이익 : 실정법 개념 (○), 학문적 개념 (×)

(2) 학설 및 판례

① 권리회복설

내용	㉠ 법률상 이익이란 위법한 처분으로 인하여 침해된 개인의 권리회복이다. ㉡ 권리가 침해된 자만 원고적격이 인정된다.
비판	행정법상 국민의 권리를 명시한 경우가 많지 않으므로 원고적격의 범위가 지나치게 좁아진다.

② 법적 보호가치이익 구제설(통설·판례)

내용	㉠ 법률상 이익이란 법적으로 보호가치 있는 이익의 회복이다. ㉡ 실정법상 명시된 권리가 침해되거나, 관계법의 해석상 보호되는 이익이 침해된 자는 원고적격이 인정된다.
비판	권리의 개념을 확대해석하면 권리회복설과 같은 내용이다.

법률상 이익이란 근거법률에 의하여 보호되는 직접적·구체적 이익이어야 하는지 여부(긍정)
행정처분의 직접 상대방이 아닌 제3자라도 당해 행정처분의 취소를 구할 법률상 이익이 있는 경우에는 원고적격이 인정되는데, 여기서 말하는 '법률상의 이익'은 당해 처분의 근거법률에 의하여 보호되는 직접적이고 구체적인 이익이 있는 경우를 말하고, 다만 공익보호의 결과로 국민 일반이 공통적으로 가지는 추상적·평균적·일반적인 이익과 같이 간접적이나 사실적·경제적 이해관계를 가지는 데 불과한 경우는 여기에 포함되지 않는다(대판 1995.9.26. 94누14544). 〈11·13 국가 9급〉

③ 보호가치이익 구제설

내용	㉠ 법률상 이익이란 재판에 의하여 보호할 만한 가치가 있는 이익을 회복하는 것이다. ㉡ 관계법률의 해석상 보호되지 않더라도 재판에 의해서 보호되는 이익이 침해된 자는 원고적격이 있다.
비판	재판관의 주관에 따른다는 점에서 객관적 기준을 제시하지 못한다.

④ 적법성 보장설

내용	㉠ 법률상 이익이란 행정의 적법성을 보장하는 것이다. ㉡ 원고가 주장하는 이익과는 무관하게 그 처분의 성질상 그 처분을 다툴 가장 적합한 이해관계를 가지고 있는 자에게 원고적격을 인정한다.
비판	원고의 이익을 무시하므로 원고적격의 범위가 너무 넓어져서 민중소송이 될 우려가 있다는 비판이 있다.

(3) 검토

권리회복설은 원고적격의 범위가 지나치게 좁고, 보호가치이익 구제설은 너무 주관적이며, 적법성 보장설은 원고적격의 범위가 너무 넓어지기 때문에 법적 보호가치이익 구제설이 타당하다. 〈05. 국가 7급〉

2. 공권과의 구별

학문적으로는 '공권'이 성립해야 소송을 제기할 수 있고, 실정법상으로는 '법률상 이익'이 있어야 소송을 제기할 수 있다. 공권의 개념을 전통적인 권리(예 : 봉급청구권)로 좁게 파악하면 법률상 이익과 구별되는 것이나, 법적으로 보호되는 이익을 포함하면 법률상 이익과 같은 개념이 된다. 오늘날 국민의 권익구제를 위하여 공권의 개념을 광의로 파악하므로 공권과 법률상 이익은 본질적 차이는 없고 표현상의 차이에 불과하다는 견해(김동희, 홍정선)가 일반적이다.

Winner's 공권과 법률상 이익의 구별 : 표현상 차이 (○), 본질적 차이 (×)

3. 공권의 성립

(1) 처분의 상대방

침익적 행위의 상대방은 권리가 침해되는 자이므로 당연히 공권이 성립한다(처분의 상대방이론). 그러나 수익적 행위의 상대방은 소송을 제기할 이유가 없으므로 공권은 성립하지 않는다.

> **불이익처분의 상대방에게 원고적격이 인정되는지 여부(긍정)**
> 행정처분에 있어서 **불이익처분의 상대방은 직접 개인적 이익의 침해를 받은 자로서 원고적격이 인정되지만 수익처분의 상대방**은 그의 권리나 법률상 보호되는 이익이 침해되었다고 볼 수 없으므로 달리 **특별한 사정이 없는 한 취소를 구할 이익이 없다**(대판 1995.8.22. 94누8129). 〈11. 국가 9급〉

(2) 제3자

제3자는 권리가 직접 회복되는 자가 아니므로 공권은 성립하지 않는 것이 원칙이다. 그러나 법적으로 보호되는 이익이 인정되는 경우에는 제3자도 예외적으로 소송을 제기할 수 있으므로 공권의 성립문제는 주로 제3자와 관련하여 문제된다. 〈02. 입법〉

> **제3자에게 원고적격이 인정되기 위하여는 근거법률이 경쟁방지를 목적으로 해야 하는지 여부(긍정)**
> 일반적으로 면허나 인·허가 등의 **수익적 행정처분의 근거가 되는 법률이 해당 업자들 사이의 과당경쟁으로 인한 경영의 불합리를 방지하는 것도 그 목적으로 하고 있는 경우** 다른 업자에 대한 면허나 인·허가 등의 수익적 행정처분에 대하여 미리 같은 종류의 면허나 인·허가 등의 수익적 행정처분을 받아 영업을 하고 있는 기존의 업자는 경영자에 대하여 이루어진 면허나 인·허가 등 행정처분의 상대방이 아니라 하더라도 당해 행정처분의 취소를 구할 당사자적격이 있다(대판 2002.10.25. 2001두4450). 〈13. 국가 9급〉

4 공권의 확대

1. 의의

(1) 강행법규성의 확대

관계법상 재량행위의 경우에는 강행법규성이 충족되지 않으므로 공권이 성립할 여지가 없었다. 그러나 오늘날 재량의 한계이론이 보편적으로 인정되어 행정청이 재량권을 행사할 때에도 법적 한계를 준수할 의무가 인정된다는 점에서 강행법규성을 충족할 수 있게 되었다. 따라서 재량영역에서도 무하자재량행사청구권, 행정개입청구권과 같은 공권이 성립할 수 있다.

(2) 사익보호성의 확대

과거에는 권리가 침해되는 침익적 처분의 상대방에 한정하여 원고적격을 인정하였다. 그러나 오늘날 관계법규의 해석상 제3자의 이익을 보호하는 것으로 해석이 되면 제3자에게도 원고적격을 인정하여 공권을 확대하고 있다.

2. 제3자소송

(1) 인인(隣人)소송(주민소송)

① 의의: 행정청의 처분에 대하여 이해관계 있는 이웃주민이 제기하는 소송을 말한다.

② 원고적격: 과거 관계법규에 의해 주민들이 받는 이익은 반사적 이익으로 보았으나, 오늘날 법적으로 보호되는 이익으로 해석하여 주민들의 원고적격을 인정하는 것이 판례의 경향이다.

1. 연탄공장 설립허가에 대한 주거지역 주민의 원고적격(긍정)

도시계획법과 건축법의 규정취지에 비추어 볼 때 이 법률들이 주거지역 내에서의 일정한 건축을 금지하고 또는 제한하고 있는 것은 도시계획법과 건축법이 추구하는 공공복리의 증진을 도모하고자 하는 데 그 목적이 있는 동시에, 한편으로는 주거지역 내에 거주하는 사람의 '주거의 안녕과 생활환경을 보호'하고자 하는 데도 그 목적이 있는 것으로 해석이 된다. 그러므로 주거지역 내에 거주하는 사람이 받는 위와 같은 보호이익은 단순한 반사적 이익이나 사실상의 이익이 아니라, 바로 법률에 의하여 보호되는 이익이라고 할 것이다(대판 1975.5.13. 73누96). 〈08. 지방 9급〉

2. 광업권설정허가처분에 대한 인근주민의 원고적격(긍정)

광업권설정허가처분의 근거법규 또는 관련법규의 취지는 광업권설정허가처분과 그에 따른 광산 개발과 관련된 후속절차로 인하여 직접적이고 중대한 재산상·환경상 피해가 예상되는 토지나 건축물의 소유자나 점유자 또는 이해관계인 및 주민들이 전과 비교하여 수인한도를 넘는 재산상·환경상 침해를 받지 아니한 채 토지나 건축물 등을 보유하며 쾌적하게 생활할 수 있는 개별적 이익까지도 보호하려는 데 있으므로, 광업권설정허가처분과 그에 따른 광산 개발로 인하여 재산상·환경상 이익의 침해를 받거나 받을 우려가 있는 토지나 건축물의 소유자와 점유자 또는 이해관계인 및 주민들은 그 (광업권설정허가)처분 전과 비교하여 수인한도를 넘는 재산상·환경상 이익의 침해를 받거나 받을 우려가 있다는 것을 증명함으로써 그 처분의 취소를 구할 원고적격을 인정받을 수 있다(대판 2008.9.11. 2006두7577).

3. 문화재지정처분에 대한 인근주민의 원고적격(부정)

구 문화재보호법(1995. 12. 29. 법률 제5073호로 개정되기 전의 것) 제55조 제1항·제5항, 구 경상남도문화재보호조례(1999. 10. 11. 개정되기 전의 것) 제11조 제1항에 의하여 행하여지는 도지사의 도지정문화재지정처분은, 문화재를 보존하여 이를 활용함으로써 국민의 문화적 향상을 도모함과 아울러 인류문화의 발전에 기여할 목적에서(같은 법 제1조), 도지사가 그 관할구역 안에 있는 문화재로서 국가지정문화재로 지정되지 아니한 문화재 중 보존가치가 있다고 인정되는 것을 도지정문화재로 지정하는 행위이므로, 그 입법목적이나 취지는 지역주민이나 국민 일반의 문화재 향유에 대한 이익을 공익으로서 보호함에 있는 것이지, 특정 개인의 문화재 향유에 대한 이익을 직접적·구체적으로 보호함에 있는 것으로 해석되지 아니하고, 달리 같은 법과 같은 조례에서 위 지정처분으로 침해될 수 있는 특정 개인의 명예 내지 명예감정을 보호하는 것을 목적으로 하여 그 지정처분에 제약을 가하는 규정을 두고 있지도 아니하므로, 설령 위 지정처분으로 인하여 어느 개인이나 그 선조의 명예 내지 명예감정이 손상되었다고 하더라도, 그러한 명예 내지 명예감정은 위 지정처분의 근거법규에 의하여 직접적·구체적으로 보호되는 이익이라고 할 수 없으므로 그 처분의 취소를 구할 법률상의 이익에 해당하지 아니한다(대판 2001.9.28. 99두8565).

4. 환경영향평가 대상지역 안의 주민의 원고적격(긍정)

전원(電源)개발 사업실시계획승인처분의 근거법률인 전원개발에 관한 특례법령, 구 환경보전법령, 구 환경정책기본법령 및 환경영향평가법령 등의 규정 취지는 환경영향평가대상사업에 해당하는 발전소건설사업이 환경을 해치지 아니하는 방법으로 시행되도록 함으로써 당해 사업과 관련된 환경공익을 보호하려는데 그치는 것이 아니라 당해 사업으로 인하여 직접적이고 중대한 환경피해를 입으리라고 예상되는 환경영향평가대상지역 안의 주민들이 전과 비교하여 수인한도를 넘는 환경침해를 받지 아니하고 쾌적한 환경에서 생활할 수 있는 개별적 이익까지도 이를 보호하려는 데에 있으므로, 주민들이 위 승인처분과 관련하여 갖고 있는 위와 같은 환경상 이익은 단순히 환경공익 보호의 결과로서 국민일반이 공통적으로 갖게 되는 추상적·평균적·일반적 이익에 그치지 아니하고 환경영향평가대상지역 안의 주민 개개인에 대하여 개별적으로 보호되는 직접적·구체적 이익이라고 보아야 하고, 따라서 위 사업으로 인하여 직접적이고 중대한 환경침해를 받게 되리라고 예상되는 환경영향평가대상지역 안의 주민에게는 위 승인처분의 취소를 구할 원고적격이 있다(대판 1998.9.22. 97누19571). 〈14. 서울 9급〉 〈17. 국가 9급〉

5. 환경영향평가 대상지역 밖의 주민 등의 원고적격(부정)

환경영향평가대상지역 밖의 주민·일반국민·산악인·사진가·학자·환경보호단체 등의 환경상 이익이나 전원(電源)개발사업구역 밖의 주민 등의 재산상 이익에 대하여는 … 근거법률에 그들의 개별적·직접적·구체적 이익으로 보호하려는 내용 및 취지를 가지는 규정을 두고 있지 아니하므로, 이들에게는 위와 같은 이익침해를 이유로 전원(電源)개발사업실시계획승인처분의 취소를 구할 원고적격이 없다(대판 1998.9.22. 97누19571). 〈17. 지방 9급〉

6. 환경영향평가 대상지역 내의 건물만 소유한 자의 원고적격(부정)

환경상 이익에 대한 침해 또는 침해 우려가 있는 것으로 사실상 추정되어 원고적격이 인정되는 사람에는 환경상 침해를 받으리라고 예상되는 영향권 내의 주민들을 비롯하여 그 영향권 내에서 농작물을 경작하는 등 현실적으로 환경상 이익을 향유하는 사람도 포함된다. 그러나 단지 그 영향권 내의 건물·토지를 소유하거나 환경상 이익을 일시적으로 향유하는 데 그치는 사람은 (원고적격이 인정되는 사람에) 포함되지 않는다(대판 2009.9.24. 2009두2825). 〈12. 지방 9급〉

7. 환경영향평가 대상지역 밖의 주민이 환경피해 등을 입증한 경우의 원고적격(긍정)

환경영향평가대상지역 밖의 주민이라 할지라도 공유수면매립면허처분 등으로 인하여 그 처분 전과 비교하여 수인한도를 넘는 환경피해를 받거나 받을 우려가 있는 경우에는 공유수면매립면허처분 등으로 인하여 환경상 이익에 대한 침해 또는 침해우려가 있다는 것을 입증함으로써 그 처분 등의 무효확인을 구할 원고적격을 인정받을 수 있다(대판 2006.3.16. 2006두330 전합). ⟨13. 국가 7급⟩, ⟨17. 국회 8급⟩

8. 환경영향평가 대상지역 내에 포함될 개연성이 큰 주민들의 원고적격(긍정)

환경정책기본법령상 사전환경성 검토협의대상지역 내에 포함될 개연성이 충분하다고 보이는 주민들에게 그 협의대상에 해당하는 창업사업계획승인처분과 공장설립승인처분의 취소를 구할 원고적격이 인정된다(대판 2006.12.22. 2006두14001).

Winner's 인인소송의 원고적격 인정 여부

긍정	부정
① 환경영향평가대상지역 안의 주민 ② 환경침해 등을 입증한 경우 ③ 대상지역 내에 포함될 개연성이 충분한 경우	① 환경영향평가대상지역 밖의 주민, 일반국민·산악인·사진가·학자·환경보호단체 ② 영향권 내의 건물만 소유한 자
④ 화장장설치결정	③ 상수원보호구역변경결정
⑤ 연탄공장허가 ⑥ LPG 충전소설치허가 ⑦ 광업권설정허가처분	④ 문화재지정처분 ⑤ 위법건축물에 대한 준공처분 무효확인소송

(2) 경업자(競業者)소송

① 의의: 행정청이 경쟁관계에 있는 신규영업허가 등을 한 경우 기존업자가 제기하는 소송을 말한다.

② 원고적격: 강학상 허가를 받은 기존업자의 이익은 반사적 이익에 불과하므로 원고적격이 없지만, 강학상 특허를 받은 기존업자의 이익은 법률상 이익으로 보아 원고적격을 인정한다. 그러나 오늘날 허가를 받은 기존업자의 이익도 법률상 이익으로 확대·해석하는 견해도 있다. ⟨14. 서울 7급⟩

Winner's 기존업자의 원고적격 : 허가를 받은 기존업자 (×), 특허를 받은 기존업자 (○)

참고 허가나 특허의 상대방의 이익

적법하게 허가나 특허를 받은 상대방의 영업상 이익은 법적으로 보호되는 이익에 해당한다. 따라서 행정청이 위법하게 해당 처분을 취소하게 되면 처분의 상대방은 권리가 침해되므로 행정소송을 제기할 수 있다는 점에서 허가나 특허의 상대방의 이익은 언제나 법률상 이익으로 파악된다. ⟨01. 법원직⟩

Winner's 법률상 이익의 인정 여부

법률상 이익	상대방의 이익	기존업자의 이익
허가	○	× → ○
특허	○	○

1. 기존 목욕탕업자의 원고적격(부정)

원고에 대한 공중목욕장업 경영허가는 경찰금지의 해제로 인한 영업자유의 회복이라고 볼 것이므로 이 영업의 자유는 법률이 직접 공중목욕장업 피허가자의 이익을 보호함을 목적으로 한 경우에 해당되는 것이 아니고, 법률이 공중위생이라는 공공의 복리를 보호하는 결과로서 영업의 자유가 제한되므로 인하여 간접적으로 관계자인 영업자유의 제한이 해제된 피허가자에게 이익을 부여하게 되는 경우에 해당되는 것이고, 거리의 제한과 같은 위의 시행세칙이나 도지사의 지시가 모두 무효인 이상 원고가 이 사건 허가처분에 의하여 목욕장업에 의한 이익이 사실상 감소된다 하여도, 이 불이익은 본건 허가처분의 단순한 사실상의 반사적 결과에 불과하고 이로 말미암아 원고의 권리를 침해하는 것이라고는 할 수 없음으로 원고는 피고의 피고보조참가인에 대한 이 사건 목욕장업 허가처분에 대하여 그 취소를 소구(訴求)할 수 있는 법률상 이익이 없다(대판 1963.8.31. 63누101).
〈08. 지방 9급〉

2. 기존 광업권자의 원고적격(긍정)

인접한 광업권자 상호 간에는 위와 같은 상당한 거리를 보유함으로써 경계의 분쟁, 침굴의 우려, 광산작업상의 위해 등을 미연에 방지·제거할 수 있는 이익을 위 법령에 의하여 향유하는 것으로서 이는 단순한 반사적 이익이나 사실상의 이익이 아니라, 바로 법률에 의하여 보호되는 이익이라 할 것이다. 그리고 행정쟁송에 있어서는 비록 행정처분의 상대자가 아니라도 그 행정처분으로 말미암아 위와 같은 법률에 의하여 보호되는 이익을 침해받는 사람이라면 당해 행정처분의 취소를 구하여 그 당부의 판단을 받을 법률상의 자격이 있는 것이라고 할 것이다(대판 1982.7.27. 81누271).

3. 기존 석탄가공업허가업자의 원고적격(부정)

석탄수급조정에 관한 임시조치법 소정의 석탄가공업허가는 사업경영의 권리를 설정하는 형성적 행정행위가 아니라 질서유지와 공공복리를 위한 금지를 해제하는 명령적 행정행위여서 그 허가를 받은 자는 영업자유를 회복하는 데 불과하고 독점적 영업권을 부여받은 것이 아니기 때문에 기존허가를 받은 원고들이 신규허가로 인하여 영업상 이익이 감소된다 하더라도 이는 원고들의 반사적 이익을 침해하는 것에 지나지 아니한다(대판 1980.7.22. 80누33·34).

4. 기존 자동차운수사업허가업자의 원고적격(긍정)

자동차운수사업법 제6조 제1호에서 당해 사업계획이 당해 노선 또는 사업구역의 수송수요와 수송력공급에 적합할 것을 면허의 기준으로 한 것은 주로 자동차운수사업에 관한 질서를 확립하고 자동차운수의 종합적인 발달을 도모하여 공공복리의 증진을 목적으로 하고 있으며, 동시에 한편으로는 업자 간의 경쟁으로 인한 경영의 불합리를 미리 방지하는 것이 공공의 복리를 위하여 필요하므로, 면허조건을 제한하여 기존업자의 경영의 합리화를 보호하자는 데도 그 목적이 있다 할 것이다. 따라서 이러한 기존업자의 이익은 단순한 사실상의 이익이 아니고, 법에 의하여 보호되는 이익이라고 해석된다(대판 1974.4.9. 73누173).

5. 기존 선박운항사업면허업자의 원고적격(긍정)

선박운항사업면허처분에 대하여 기존업자는 행정처분 취소를 구할 법률상 이익이 있다(대판 1969.12.30. 69누106).

6. 기존 직행버스정류장 설치인가를 받은 자의 원고적격(긍정)

무권한의 지방자치단체가 해준 직행버스정류장의 설치인가로 말미암아 적법한 자동차정류장을 설치한 기존업자의 이익이 침해된 경우에는 그 설치인가의 취소를 구할 법률상의 이익이 있다 (대판 1975.7.22. 75누12).

7. 기존 유기장영업허가업자의 원고적격(부정)

유기장영업허가는 유기장경영권을 설정하는 설권행위가 아니고 일반적 금지를 해제하는 영업자유의 회복이므로, 그 영업상의 이익은 반사적 이익에 불과하다(대판 1985.2.8. 84누369).

8. 기존 양곡가공업허가업자의 원고적격(부정)

양곡가공업허가는 경찰금지를 해제하는 명령적 행위로서 피허가자에게 독점적 재산권을 취득하게 하는 것이 아니라 간접적으로 사실상의 이익을 부여하는 것에 불과하므로 어떠한 행정처분에 의하여 이미 그 허가를 받은 자의 제분업상의 이익이 감소된다고 하더라도 이는 사실상의 반사적 결과일 뿐 동인의 권리가 침해된 것은 아니므로 그 취소를 소구할 법률상 이익이 없다(대판 1981.1.27. 79누433).

9. 기존 수입승인처분을 받은 자의 원고적격(부정)

국내 산업의 보호육성도 무역거래법이 기도하고 있는 목적의 하나가 된다는 것만으로써 원고가 제조·판매하는 것과 같은 품종의 수입을 다른 사람에게 허가하는 것이 곧 원고에 대한 법률상의 이익이 침해된다고는 할 수 없다(대판 1971.6.29. 69누91).

10. 약사에 대한 한약조제시험 합격처분에 대한 한의사의 원고적격(부정)

한약조제시험을 통하여 약사에게 한약조제권을 인정함으로써 한의사들의 영업상 이익이 감소되었다고 하더라도, 이러한 이익은 사실상의 이익에 불과하고 약사법이나 의료법 등의 법률에 의하여 보호되는 이익이라고는 볼 수 없으므로, 한의사들이 한약조제시험을 통하여 한약조제권을 인정받은 약사들에게 합격처분의 무효확인을 구하는 당해소는 원고적격이 없는 자들이 제기한 소로서 부적법하다(대판 1998.3.10. 97누4289). 〈14. 지방 9급〉, 〈21. 군무원 9급〉

11. 기존 약종상의 원고적격(긍정)

甲이 적법한 약종상허가를 받아 허가지역 내에서 약종상 영업을 경영하고 있음에도 불구하고 행정관청이 구 약사법 시행규칙(1969. 8. 13. 보건사회부령 제344호)을 위배하여 같은 약종상인 乙에게 乙의 영업허가지역이 아닌 甲의 영업허가지역 내로 영업소를 이전하도록 허가하였다면, 甲으로서는 이로 인하여 기존업자로서의 법률상 이익을 침해받았음이 분명하므로, 甲에게는 행정관청의 영업소이전허가처분의 취소를 구할 법률상 이익이 있다(대판 1988.6.14. 87누873).

12. 기존 분뇨업자의 원고적격(긍정)

구 오수·분뇨 및 축산폐수의 처리에 관한 법률(2002. 12. 26. 법률 제6827호로 개정되기 전의 것)과 같은 법 시행령(2003. 7. 25. 대통령령 제18065호로 개정되기 전의 것)상 업종을 분뇨와 축산폐수 수집·운반업 및 정화조청소업으로 하여 분뇨 등 관련 영업허가를 받아 영업을 하고 있는 기존업자의 이익이 법률상 보호되는 이익이라고 보아, 기존업자에게 경업자에 대한 영업허가처분의 취소를 구할 원고적격이 있다(대판 2006.7.28. 2004두6716). 〈14. 서울 9급〉

13. 신규 일반담배소매인에 대한 기존 일반담배소매인의 원고적격(긍정)

구 담배사업법(2007. 7. 19. 법률 제8518호로 개정되기 전의 것)과 그 시행령 및 시행규칙의 관계규정들을 종합해 보면, 담배 일반소매인의 지정기준으로서 일반소매인의 영업소 간에 일정한 거리제한을 두고 있는 것은 담배유통구조의 확립을 통하여 국민의 건강과 관련되고 국가 등의 주요 세원이 되는 담배산업 전반의 건전한 발전 도모 및 국민경제에의 이바지라는 공익목적을 달성하고자 함과 동시에 일반소매인 간의 과당경쟁으로 인한 불합리한 경영을 방지함으로써 일반소매인의 경영상 이익을 보호하는 데에도 그 목적이 있다고 보이므로, 일반소매인으로 지정되어 영업을 하고 있는 기존업자의 신규 일반소매인에 대한 이익은 단순한 사실상의 반사적 이익이 아니라 법률상 보호되는 이익이라고 해석함이 상당하다(대판 2008.3.27. 2007두23811). 〈20. 국회 8급〉

14. 신규 구내담배소매인에 대한 기존 일반담배소매인의 원고적격(부정)

구내소매인과 일반소매인 사이에서는 구내소매인의 영업소와 일반소매인의 영업소 간에 거리제한을 두지 아니할 뿐 아니라 … 구내소매인은 담배진열장 및 담배소매점 표시판을 건물 또는 시설물의 외부에 설치하여서는 아니 된다고 규정하는 등 일반소매인의 입장에서 구내소매인과의 과당경쟁으로 인한 경영의 불합리를 방지하는 것을 그 목적으로 할 수 있다고 보기 어려우므로, 일반소매인으로 지정되어 영업을 하고 있는 기존업자의 신규 구내소매인에 대한 이익은 법률상 보호되는 이익이 아니라 단순한 사실상의 반사적 이익이라고 해석함이 상당하다(대판 2008.4.10. 2008두402). 〈14. 서울 9급〉, 〈20. 국회 8급〉

Winner's 경업자소송의 원고적격

긍정	부정
① 기존 광업권자	① 기존 석탄가공업자
② 기존 약종상업자	② 한의사의 약사에 대한 한약조제권 면허취소
③ 일반 담배소매인 간의 관계	③ 일반 담배 소매인과 구내 담배소매인 간의 관계
④ 기존 자동차운수사업자 ⑤ 기존 선박운송사업자 ⑥ 기존 직행버스정류장	④ 기존 공중목욕탕업자 ⑤ 기존 수입업자 ⑥ 기존 유기장영업자 ⑦ 기존 양곡가공업자

(3) 경원자(競願者)소송

① 의의: 법률상(⑩ 거리제한규정, 업소개수제한규정 등) 또는 사실상(⑪ 동일한 도로에 대한 도로점용허가)의 이유로 일방에 대한 허가가 타방에 대한 불허가로 귀결되는 경우 불허가를 받은 자가 제기하는 소송을 말한다. 인·허가를 동시에 신청한 자들 간의 소송이라는 점에서 경업자(競業者)소송과 구별된다.

② 원고적격: 허가를 받지 못한 자는 경원자에 대한 허가처분을 취소하면 권리가 회복되는 자이므로 원고적격이 있는 것이 원칙이나, 그 처분을 취소하더라도 회복되는 이익이 없는 경우에는 그러하지 아니하다. 허가를 받지 못한 자가 자신에 대한 거부처분을 대상으로 취소소송을 제기하는 것은 처분의 상대방 지위에서 제기하는 것이므로 당연히 원고적격이 인정된다.

1. 경원자 관계에서 탈락한 자의 원고적격(원칙적 긍정)

행정소송법 제12조는 취소소송은 처분 등의 취소를 구할 법률상의 이익이 있는 자가 제기할 수 있다고 규정하고 있는바, 인·허가 등의 수익적 행정처분을 신청한 수인이 서로 경쟁관계에 있어서 일방에 대한 허가 등의 처분이 타방에 대한 불허가 등으로 귀결될 수밖에 없는 때(이른바 경원관계에 있는 경우로서, 동일대상지역에 대한 공유수면매립면허나 도로점용허가 혹은 일정지역에 있어서의 영업허가 등에 관하여 거리제한규정이나 업소개수제한규정 등이 있는 경우를 그 예로 들 수 있다), 허가 등의 처분을 받지 못한 자는 비록 경원자에 대하여 이루어진 허가 등 처분의 상대방이 아니라 하더라도 당해 처분의 취소를 구할 당사자적격이 있다 할 것이고, 다만 구체적인 경우에 있어 그 처분이 취소된다 하더라도 허가 등의 처분을 받지 못한 불이익이 회복된다고 볼 수 없을 때에는 당해 처분의 취소를 구할 정당한 이익이 없다고 할 것이다(대판 1992.5.8. 91누13274). 〈13. 국회 8급〉

2. 경원관계 탈락자의 자신에 대한 거부처분의 취소소송의 원고적격 (긍정)

인가·허가 등 수익적 행정처분을 신청한 여러 사람이 서로 경원관계에 있어서 한 사람에 대한 허가 등 처분이 다른 사람에 대한 불허가 등으로 귀결될 수밖에 없을 때 허가 등 처분을 받지 못한 사람은 신청에 대한 거부처분의 직접 상대방으로서 원칙적으로 자신에 대한 거부처분의 취소를 구할 원고적격이 있고, 취소판결이 확정되는 경우 판결의 직접적인 효과로 경원자에 대한 허가 등 처분이 취소되거나 효력이 소멸되는 것은 아니더라도 행정청은 취소판결의 기속력에 따라 판결에서 확인된 위법사유를 배제한 상태에서 취소판결의 원고와 경원자의 각 신청에 관하여 처분요건의 구비 여부와 우열을 다시 심사하여야 할 의무가 있으며, 재심사 결과 경원자에 대한 수익적 처분이 직권취소되고 취소판결의 원고에게 수익적 처분이 이루어질 가능성을 완전히 배제할 수는 없으므로, 특별한 사정이 없는 한 경원관계에서 허가 등 처분을 받지 못한 사람은 자신에 대한 거부처분의 취소를 구할 소의 이익이 있다(대판 2015.10.29. 2013두27517). 〈16. 지방 7급〉

3. 법률의 범위 확대

과거 사익보호성의 판단 대상을 처분의 근거법률로 한정하였으나, 오늘날 관련법률로 확대하는 것이 판례의 경향이다. 최근에는 헌법상의 기본권규정에 근거한 공권성립을 인정하는 경우도 있다. 〈13. 국가 7급〉

> **Winner's** 사익보호성의 판단대상 : 근거법률 (○), 관련법률 (○), 헌법 (△)

1. 상수원 보호구역변경처분에 대한 지역주민들의 원고적격(부정)

상수원보호구역설정의 근거가 되는 수도법 제5조 제1항 및 동 시행령 제7조 제1항이 보호하고자 하는 것은 상수원의 확보와 수질보전일 뿐이고, 그 상수원에서 급수를 받고 있는 지역주민들이 가지는 상수원의 오염을 막아 양질의 급수를 받을 이익은 직접적이고 구체적으로는 보호하고 있지 않음이 명백하여, 위 지역주민들이 가지는 이익은 상수원의 확보와 수질보호라는 공공의 이익이 달성됨에 따라 반사적으로 얻게 되는 이익에 불과하므로, 지역주민들에 불과한 원고들에게는 위 상수원보호구역변경처분의 취소를 구할 법률상의 이익이 없다(대판 1995.9.26. 94누14544). 〈17. 국가 9급〉

2. 화장장설치결정처분에 대한 지역주민들의 원고적격(긍정)

도시계획법 제12조 제3항의 위임(건설부령)에 따라 제정된 도시계획시설기준에관한규칙 제125조 제1항이 화장장의 구조 및 설치에 관하여는 매장및묘지등에관한법률이 정하는 바에 의한다고 규정하고 있어, 도시계획의 내용이 화장장의 설치에 관한 것일 때에는 도시계획법 제12조뿐만 아니라 매장및묘지등에관한법률 및 같은법시행령 역시 그 근거법률이 된다고 보아야 할 것이므로, 같은법시행령 제4조 제2호가공설화장장은 20호 이상의 인가가 밀집한 지역, 학교 또는 공중이 수시 집합하는 시설 또는 장소로부터 1,000m 이상 떨어진 곳에 설치하도록 제한을 가하고, 같은 법 시행령 제9조가 국민보건상 위해를 끼칠 우려가 있는 지역, 도시계획법 제17조의 규정에 의한 주거지역, 상업지역, 공업지역 및 녹지지역 안의 풍치지구 등에의 공설화장장설치를 금지함에 의하여 보호되는 부근 주민들의 이익은 위 도시계획결정처분의 근거법률에 의하여 보호되는 법률상 이익이다(대판 1995.9.26. 94누14544). ⟨13. 국가 7급⟩

Winner's 인근주민의 원고적격 : 화장장 설치결정 (○), 상수원보호구역변경결정 (×)

3. 자연공원법령 이외에 환경영향평가법령도 근거법률이 되는지 여부(긍정)

조성면적 10만m² 이상이어서 환경영향평가대상사업에 해당하는 당해 국립공원 집단시설지구 개발사업에 관하여 당해 변경승인 및 허가처분을 함에 있어서는 반드시 자연공원법령 및 환경영향평가법령 소정의 환경영향평가를 거쳐서 그 환경영향평가의 협의내용을 사업계획에 반영시키도록 하여야 하는 것이니 만큼 자연공원법령뿐 아니라 환경영향평가법령도 당해 변경승인 및 허가처분에 직접적인 영향을 미치는 근거법률이 된다(대판 1998.4.24. 97누3286). ⟨11. 국가 9급⟩

5 개인적 공권의 종류

1. 공권과 기본권

헌법상 기본권이 침해된 경우에는 원칙적으로 헌법소원에 의한 구제가 가능하고, 법률로 구체화 되면 비로소 공권이 성립하여 행정소송을 제기할 수 있다. 다만 오늘날 헌법상 기본권의 내용이 구체화 되면서 그 자체로 바로 공권이 성립하는 경우에는 기본권 침해를 이유로 행정소송이 가능한 경우도 있다. 기본권의 분류방식은 여러 가지가 있으나 공권의 분류방식은 3분법이 일반적이다. ⟨17. 지방 9급⟩

구속된 피고인·피의자의 접견권의 성립근거가 헌법인지 여부(긍정)

만나고 싶은 사람을 만날 수 있다는 것은 인간이 가지는 가장 기본적인 자유 중 하나로서, 이는 헌법 제10조가 보장하고 있는 인간으로서의 존엄과 가치 및 행복추구권 가운데 포함되는 헌법상의 기본권이라고 할 것인바, 구속된 피고인이나 피의자도 이러한 기본권의 주체가 됨은 물론이며 오히려 구속에 의하여 외부와 격리된 피고인이나 피의자의 경우에는 다른 사람과 만남으로써 외부와의 접촉을 유지할 수 있다는 것이 더욱 큰 의미를 가지게 되는 것이고, 또한 무죄추정의 원칙을 규정한 헌법 제27조 제4항의 규정도 구속된 피고인이나 피의자가 위와 같은 헌법상의 기본권을 가진다는 것을 뒷받침하는 규정이라 할 수 있으므로, 형사소송법 제89조 및 제213조의2가 규정하고 있는 **구속된 피고인 또는 피의자의 타인과의 접견권은 위와 같은 헌법상의 기본권을 확인하는 것일 뿐, 형사소송법의 규정에 의하여 비로소 피고인 또는 피의자의 접견권이 창설되는 것으로는 볼 수 없다**(대판 1992.5.8. 91누7552). ⟨10. 국가 9급⟩

⇒ 헌법에 근거하여 공권의 성립을 인정한 예외적 판결이다.

Winner's 공권의 성립근거 : 법률 (○), 헌법 (△)

2. 개인적 공권의 종류(3분법)

(1) 자유권

'자유권'이란 행정주체에 의한 위법한 침해를 소극적으로 저지하는 공권을 말한다. 헌법상 자유권적 기본권은 그 자체로 공권의 성격을 가지므로 자유권적 기본권이 침해되면 바로 행정소송을 제기할 수 있다(⑩ 행정청이 위법하게 거주·이전의 자유를 침해한 경우 개인은 직접 헌법에 근거하여 그 처분의 취소를 구할 수 있다). ⟨17. 지방 9급⟩

사회단체등록신청을 반려한 경우 소의 이익이 있는지 여부(긍정)
사회단체등록신청에 형식상의 요건 불비가 없는데 등록청이 이미 설립목적 및 사업 내용을 같이 하는 선등록단체가 있다 하여 그 단체와 제휴하거나 또는 등록 없이 자체적으로 설립목적을 달성하는 것이 바람직하다는 이유로 원고의 등록신청을 반려하였다면 그 반려처분은 사회단체등록에관한법률 제4조에 위반된 것이 명백하고, 국가기관이 공식으로 등록을 하여 준 단체와 등록을 받지 못한 단체 사이에는 유형·무형의 차이가 있음을 부인할 수 없으며, 특히 <u>선등록한 단체와 경쟁관계에 서게 되는 경우 등록을 받지 못한 단체가 열세에 놓이게 되는 것은 피할 수 없으므로</u> 이 건 등록신청의 반려는 <u>원고의 자유로운 단체활동을 저해한다는 점에서 헌법이 보장한 결사의 자유에 역행하는 것이며</u> 선등록한 단체의 등록은 수리하고 원고의 등록신청을 반려했다는 점에서는 헌법이 규정한 평등의 원칙에도 위반된다고 할 것이고, 행정소송에서 소의 이익이란 개념은 국가의 행정재판제도를 국민이 이용할 수 있는 한계를 구획하기 위하여 생겨난 것으로서 그 인정을 인색하게 하면 실질적으로는 재판의 거부와 같은 부작용을 낳게 될 것이므로 이 사건의 경우는 소의 이익이 있다고 보아야 할 것이다(대판 1989.12.26. 87누308 전합).

Winner's 행정소송에 의한 구제 : 공권 (○), 기본권 (△)

(2) 수익권

'수익권'이란 개인이 국가 또는 공공단체 등에 대하여 적극적으로 작위❶나 급부 등을 청구할 수 있는 권리를 말한다. 헌법상 청구권적 기본권(⑩ 청원권, 재판청구권, 형사보상청구권, 국가배상청구권, 손실보상청구권) 또는 사회권적 기본권(⑩ 교육을 받을 권리, 환경권) 등은 법률의 제정이 있어야 비로소 공권이 성립한다. ⟨17. 지방 9급⟩, ⟨21. 군무원 7급⟩

용어설명 ❶ 작위(作爲) : 어떠한 행위를 하는 것

⟨**헌법**⟩ **제29조(공무원의 불법행위와 배상책임)** ① 공무원의 직무상 불법행위로 손해를 받은 국민은 법률이 정하는 바에 의하여 국가 또는 공공단체에 정당한 배상을 청구할 수 있다. 이 경우 공무원 자신의 책임은 면제되지 아니한다.

⟨**국가배상법**⟩ **제2조(배상책임)** ① 국가나 지방자치단체는 공무원 또는 공무를 위탁받은 사인(이하 "공무원"이라 한다)이 직무를 집행하면서 고의 또는 과실로 법령을 위반하여 타인에게 손해를 입히거나, 「자동차손해배상 보장법」에 따라 손해배상의 책임이 있을 때에는 이 법에 따라 그 손해를 배상하여야 한다. 다만, 군인·군무원·경찰공무원 또는 예비군대원이 전투·훈련 등 직무 집행과 관련하여 전사(戰死)·순직(殉職)하거나 공상(公傷)을 입은 경우에 본인이나 그 유족이 다른 법령에 따라 재해보상금·유족연금·상이연금 등의 보상을 지급받을 수 있을 때에는 이 법 및 「민법」에 따른 손해배상을 청구할 수 없다.

(3) 참정권

'참정권'이란 국민이 국가 또는 지방자치단체 등의 통치작용에 능동적으로 참가하는 권리를 말한다. 헌법상 선거권, 국민투표권, 공무담임권 등은 그 자체로 공권이 성립하고, 주민투표권, 주민의 조례의 제정·개폐청구권, 감사청구권, 주민소환투표청구권 등은 법률에 의하여 비로소 공권이 성립한다.

> 〈헌법〉 제24조 모든 국민은 법률이 정하는 바에 의하여 선거권을 가진다.
>
> 제72조 대통령은 필요하다고 인정할 때에는 외교·국방·통일 기타 국가안위에 관한 중요정책을 국민투표에 붙일 수 있다.
>
> 〈지방자치법〉 제18조(주민투표) ① 지방자치단체의 장은 주민에게 과도한 부담을 주거나 중대한 영향을 미치는 지방자치단체의 주요 결정사항 등에 대하여 주민투표에 부칠 수 있다.
> ② 주민투표의 대상·발의자·발의요건, 그 밖에 투표절차 등에 관한 사항은 따로 법률로 정한다.

6 공권과 공의무의 특수성

1. 국가적 공권의 특수성

국가적 공권은 지배권이므로 일방적인 명령·강제·형성을 주된 내용으로 하므로 공정력 등 특수한 효력이 인정된다.

2. 개인적 공권의 특수성

원칙	① 불융통성: 공권은 공익적 이유에서 일신에 전속시킨 것이므로 타인에게 이전·상속·포기 등이 제한된다(⑩ 선거권·소권은 이전이나 포기가 안 된다). ② 비대체성: 위임 또는 대리도 금지된다. ③ 소송상 특례: 소송을 제기할 때 「행정소송법」의 적용을 받는 특례가 인정되고 국가로부터 특별한 보호를 받거나 부담을 지는 경우(⑩ 특허기업의 특전)가 있다.
예외	과거의 특수성이론은 참정권 등에 인정되는 것이고, 봉급청구권, 하천·도로 등의 사용권과 같은 재산적 권리에 대해서는 당연히 타당한 것은 아니다. 따라서 오늘날 순수하게 재산적 성격을 가진 것은 이전·상속 또는 포기가 가능한 경우가 있다. 〈02. 행시〉

3. 공의무의 특수성

(1) 의의

공의무란 공익을 위한 공법상의 의사의 구속으로서, 국가적 공의무와 개인적 공의무가 포함된다. 개인적 공의무는 법령 또는 행정주체에 의하여 일방적으로 부과되고, 그 불이행이 있으면 행정권이 강제집행하게 된다.

(2) 특수성

공의무는 일신전속적인 것이 원칙이므로 이전·포기가 제한되며, 사권(私權)과의 상계❶가 금지된다. 다만, 순수한 사경제적 성질의 것(㉎ 납세의무)은 이전·상속 등이 인정될 수 있다.

> **용어설명** ❶ 상계 : 채무자와 채권자가 같은 종류의 채무와 채권을 가지는 경우에 일방적 의사표시로 서로의 채무와 채권을 같은 액수만큼 소멸시키는 행위

> **Winner's** 공권·공의무의 특성

이전·포기성의 부인·제한	이전·포기성의 인정
① 생명·신체 침해에 대한 국가배상청구권	① 재산 침해에 대한 국가배상청구권 ② 손실보상청구권
② 봉급청구권의 포기 금지(단, 퇴직 후 가능) ③ 공무원연금청구권	③ 실비변제청구권❶(포기 가능)
④ 병역의무, 교육의무	④ 납세의무(이전·상속 가능)

> **용어설명** ❶ 실비변제청구권 : 공무원이 직무수행 중 실제로 지출한 비용 등을 국가 등으로부터 받을 수 있는 권리

7 특수한 공권

1. 무하자재량행사청구권

(1) 의의

① '협의'로는 개인이 행정청에 대하여 종국처분의 형성과정에 있어서 재량권의 법적 한계를 준수하면서 어떠한 처분을 할 것을 구하는 제한적 공권을 말하고, ② '광의'로는 재량권이 0으로 수축되는 경우에는 특정한 처분을 발동하는 실체적 공권을 포함한다. 우리나라에서는 주로 광의로 논의된다. 선택재량❶에 한정하여 논의하는 견해가 있으나, 결정재량❷도 인정되는 것으로 보는 것이 다수설이다.

> **용어설명** ❶ 선택재량 : 여러 수단 간의 선택권
> ❷ 결정재량 : 처분여부에 관한 선택권

(2) 법적 성질

① 적극적 권리: 무하자재량행사청구권은 위법한 공권력 행사를 배제하는 소극적·방어적 권리에 그치지 아니하고 일정한 재량처분을 구하고 있다는 점에서 적극적 권리의 성질을 가진다.

② 절차적 또는 형식적 권리: 무하자재량행사청구권은 기속행위와 달리 특정한 처분을 구하는 실체적 공권이 아니라, 종국처분의 형성과정에 있어서 재량권의 법적 한계를 준수하면서 어떠한 처분을 구하고 있다는 점에서 절차적 또는 형식적 공권의 성질을 가진다.

(3) 성립요건

관계법규 해석상 ① 행정청에게 일정한 처분의무가 있고, ② 그 의무가 사익보호성이 있으면 성

립한다. 과거 재량영역에서는 처분의무가 없었으나, 오늘날 재량의 한계이론을 근거로 하여 재량권의 한계를 준수하여 어떠한 처분을 할 의무가 인정되고, 재량권이 0으로 수축되는 경우에는 특정한 처분을 할 의무도 인정될 수 있다.

> **Winner's** 무하자재량행사청구권의 성립영역 : 기속행위 (×), 재량행위 (○)

(4) 독자적 권리성 인정 여부

① 문제점: 행정청에게 재량권이 있으면 상대방은 특정한 처분을 청구할 수는 없고, 재량권의 한계를 준수한 어떠한 처분을 청구할 수 있는 무하자재량행사청구권만을 가지게 된다. 행정청이 위법한 재량권을 행사한 경우 실체적 권리의 침해와 무관하게 무하자재량행사청구권의 침해를 이유로 원고적격이 인정될것인지가 문제된다. 이것은 무하자재량행사청구권도 소송을 제기할 수 있는 공권의 일종으로 인정할 수 있는지의 문제이다.

② 학설

부정설	㉠ 내용: 행정쟁송을 제기하기 위해서는 실체적 권리의 침해를 주장하여야 하고 무하자재량행사청구권의 침해를 이유로 소송을 제기할 수 없다는 견해이다. ㉡ 논거 • 재량권 행사에 하자가 있으면 위법하므로 실체면에서의 권리침해가 인정된다. • 이를 인정하면 민중소송의 우려가 있다. • 이를 인정하더라도 권리구제절차가 우회적이다.
긍정설 (다수설)	㉠ 내용: 실체적 권리의 침해와 무관하게 무하자재량행사청구권의 침해를 이유로 소송을 제기할 수 있다는 견해이다. ㉡ 논거 • 실체적 권리의 침해가 없는 경우에도 무하자재량행사청구권을 근거로 소송을 제기할 수 있으므로 원고적격이 확대된다. • 이 권리가 성립하기 위해서는 관계법규의 사익보호성이 인정되어야 하므로 민중소송의 우려가 없다. • 재량권의 신중한 행사를 사전에 담보할 수 있다.

③ 판례: 검사임용 거부처분 취소소송에서 임용권자는 재량권의 한계일탈이나 남용이 없는 적법한 응답을 할 의무가 있고, 그에 대응하여 임용신청자도 응답신청권이 있다고 판시하여 무하자재량행사청구권을 내용적으로 인정하고 있는 것으로 평가된다(다수설). 다만, 판례상 응답신청권은 대상적격에서 판단한 것이므로 무하자재량행사청구권을 인정한 것은 아니라는 견해도 있다. 〈14. 국회 8급〉

> **검사임용신청자에게 적법한 응답을 요구할 권리가 있는지 여부(긍정)**
> 1) 검사지원자 중 한정된 수의 임용대상자에 대한 임용결정은 한편으로는 그 임용대상에서 제외한 자에 대한 임용 거부결정이라는 양면성을 지니는 것이므로, **임용대상자에 대한 임용의 의사표시는 동시에 임용대상에서 제외한 자에 대한 임용 거부의 의사표시를 포함한 것으로 볼 수 있고,** 이러한 임용 거부의 의사표시는 본인에게 직접 고지되지 않았다고 하여도 본인이 이를 알았거나 알 수 있었을 때에 그 효력이 발생한 것으로 보아야 한다.

2) 검사의 임용 여부는 임용권자의 자유재량에 속하는 사항이나, 임용권자가 동일한 검사신규 임용의 기회에 원고를 비롯한 다수의 검사지원자들로부터 임용신청을 받아 전형을 거쳐 자체에서 정한 임용기준에 따라 이들 일부만을 선정하여 검사로 임용하는 경우에 있어서 법령상 검사 임용신청 및 그 처리의 제도에 관한 명문규정이 없다고 하여도, **조리상 임용권자는 임용신청자들에게 전형의 결과인 임용 여부의 응답을 해줄 의무가 있다**고 할 것이며, 응답할 것인지 여부조차도 임용권자의 편의재량사항이라고는 할 수 없다.

3) 검사의 임용에 있어서 임용권자가 임용 여부에 관하여 어떠한 내용의 응답을 할 것인지는 임용권자의 자유재량에 속하므로, 일단 임용 거부라는 응답을 한 이상 설사 그 응답내용이 부당하다고 하여도 사법심사의 대상으로 삼을 수 없는 것이 원칙이나, 적어도 재량권의 한계일탈이나 남용이 없는 위법하지 않은 응답을 할 의무가 임용권자에게 있고, 이에 대응하여 **임용신청자로서도 재량권의 한계일탈이나 남용이 없는 적법한 응답을 요구할 권리가 있다**고 할 것이며, 이러한 응답신청권에 기하여 재량권남용의 위법한 거부처분에 대하여는 항고소송으로서 그 취소를 구할 수 있다고 보아야 하므로, 임용신청자가 임용 거부처분이 재량권을 남용한 위법한 처분이라고 주장하면서 그 취소를 구하는 경우에는 법원은 재량권 남용 여부를 심리하여 본안에 관한 판단으로서 청구의 인용 여부를 가려야 한다(대판 1991.2.12. 90누5825).

Winner's 1) 경원자 관계에서의 무응답 : 부작위 (×), 거부처분 (○)
2) 판례상 응답신청권의 법적 성질 : 법규상 신청권 (×), 조리상 신청권 (○)

④ 검토: 무하자재량행사청구권을 인정하더라도 특정한 처분을 청구할 수 있는 권리가 회복되는 것은 아니지만, 행정청의 신중한 처분을 사전에 담보할 수 있으므로 인정하는 것이 타당하다.

(5) 쟁송수단

① 문제점: 상대방의 신청을 행정청이 거부하거나 방치했을 경우 일정한 행정작용을 하도록 명령하는 소송을 '의무이행소송'이라 한다. 독일에서는 의무이행소송을 제기하여 지령판결❶로 구제될 수 있으나, 우리나라에서는 의무이행소송을 부정하므로 현행법상 어떠한 구제방법이 있는 것인지가 문제된다.

용어설명 ❶ 지령판결: 의무이행소송을 통해 재량권 행사에 하자가 있는 경우 법원이 행정청에게 판결의 취지에 따라 하자 없는 결정을 내리도록 의무지우는 판결을 말한다.

② 취소소송: 상대방의 신청을 행정청이 '거부'한 경우에 제기할 수 있다. 거부처분이 위법하여 취소된 경우에는 행정청은 판결의 취지에 따라 재처분의무를 진다. 기속행위인 경우에는 다시 거부처분을 하는 것이 불가능하나, 재량행위인 경우에는 형성과정상의 위법을 반복하지 않는 한 가능하다. 다만, 재량권이 0으로 수축되는 경우에는 특정한 처분을 하지 않은 것이 위법하므로 다시 거부할 수 없다.

〈행정소송법〉 제30조(취소판결 등의 기속력) ② 판결에 의하여 취소되는 처분이 당사자의 신청을 거부하는 것을 내용으로 하는 경우에는 그 처분을 행한 행정청은 판결의 취지에 따라 다시 이전의 신청에 대한 처분을 하여야 한다.

③ 부작위위법확인소송: 상대방의 신청을 행정청이 '방치'한 경우에 제기할 수 있다. 다만, 인용판결이 있더라도 부작위의 위법만을 확인한 것이므로 다시 거부처분을 하는 것도 가능하다는 점에서 불충분한 구제방법이라는 비판(김동희)을 받는다.

④ 의무이행심판: 상대방의 신청에 대하여 행정청이 이를 '거부'하거나 '방치'하는 경우에 제기할 수 있다. 인용재결이 있더라도 신청대로의 처분을 하거나 이를 명할 수 없는 것이 원칙이나, 재량권이 0으로 수축되는 경우에는 신청대로의 처분을 하거나 이를 할 것을 명할 수 있다.

Winner's 쟁송의 대상

	거부처분	방치(부작위)
취소소송	○	×
부작위위법확인소송	×	○
의무이행심판	○	○

2. 행정개입청구권

(1) 의의

① '협의'로는 타인에 대하여 부담적 처분을 요구하는 공권을 말하고(협의의 행정개입청구권), ② '광의'로는 자기에 대하여 수익적 처분을 요구하는 공권(행정행위 발급청구권)을 포함한다. 우리나라에서는 주로 협의로 논의된다.

> **참고** 독일의 띠톱판결 사건
>
> 1. 사건 개요
>
> 1960년 독일에서 주거지역에 설치된 석탄제조 및 하역업소에서 사용하는 띠톱에서 배출되는 먼지와 소음으로 피해를 받고 있던 인근주민이 행정청에 건축경찰상의 금지처분을 발동할 것을 청구한 사건이다. 재량권의 0으로의 수축이론에 의거하여 원고의 청구를 인용하여 행정개입청구권을 인정하게 되었다.
>
> 2. 재량권 수축의 요건
>
> ① 법익의 가치가 중대하고, ② 위해의 정도가 심하고, ③ 다른 구제수단이 없는 경우에는 재량권이 0으로 수축되는 것으로 보았다.

(2) 성립요건

관계법규의 해석상 ① 행정청에게 특정한 처분을 발동해야 할 개입의무가 있고, ② 사익보호성이 있으면 성립한다. 기속행위의 경우에는 관계법상의 요건을 충족하면 행정청에게 특정한 처분을 할 의무가 생기므로 당연히 성립될 수 있으나, 재량행위의 경우에는 재량권이 0으로 수축되는 경우에 한하여 성립될 수 있다.

Winner's 행정개입청구권의 성립영역 : 기속행위 (○), 재량행위 (○)

제3자에 대한 건축허가의 취소청구권(부정)

구 건축법(1999. 2. 8. 법률 제5895호로 개정되기 전의 것) 및 기타 관계법령에 국민이 행정청에 대하여 제3자에 대한 건축허가의 취소나 준공검사의 취소 또는 제3자 소유의 건축물에 대한 철거 등의 조치를 요구할 수 있다는 취지의 규정이 없고, 같은 법 제69조 제1항 및 제70조 제1항은 각 조항 소정의 사유가 있는 경우에 시장·군수·구청장에게 건축허가 등을 취소하거나 건축물의 철거 등 필요한 조치를 명할 수 있는 권한 내지 권능을 부여한 것에 불과할 뿐, 시장·군수·구청장에게 그러한 의무가 있음을 규정한 것은 아니므로 위 조항들도 그 근거규정이 될 수 없으며, 그 밖에 조리상 이러한 권리가 인정된다고 볼 수도 없다(대판 1999.12.7. 97누17568). 〈15. 국가 9급〉

(3) 인정 여부

① 학설: 행정개입청구권의 인정여부에 대해서는 ① 현행법상 의무이행소송이 부정되고 있으므로 인정될 수 없다는 견해와 ② 의무이행심판은 인정되고 있으므로 인정된다는 견해(다수설)가 대립한다. 현대 행정은 국민이 행정에 의존하는 정도가 강하므로 행정개입청구권을 긍정하는 것이 타당하다.

② 판례: 항고소송에서 직접 행정개입청구권을 인정한 예는 없다. 그러나 경찰관의 부작위로 인한 손해에 대한 국가배상사건에서 국가의 배상책임을 인정함으로써 행정개입청구권을 인정한 것으로 보는 것이 일반적이다.

Winner's 판례상 행정개입청구권의 인정 : 국가배상소송 (○), 항고소송 (×)

경찰관의 부작위가 현저히 불합리한 경우 개입의무가 인정되는지 여부(긍정)

경찰관직무집행법 제5조는 경찰관은 인명 또는 신체에 위해를 미치거나 재산에 중대한 손해를 끼칠 우려가 있는 위험한 사태가 있을 때에는 그 각 호의 조치를 취할 수 있다고 규정하여 형식상 경찰관에게 재량에 의한 직무수행권한을 부여한 것처럼 되어 있으나, 경찰관에게 그러한 권한을 부여한 취지와 목적에 비추어 볼 때 구체적인 사정에 따라 경찰관이 그 권한을 행사하여 필요한 조치를 취하지 아니하는 것이 현저하게 불합리하다고 인정되는 경우에는 그러한 권한의 불행사는 직무상의 의무를 위반한 것이 되어 위법하게 된다(대판 1998.8.25. 98다16890).

(4) 법적 성질

① 적극적 권리: 행정청에 대하여 일정한 처분을 요구한다는 점에서 적극적 권리이다.

② 실체적 권리: 무하자재량행사청구권과는 다르게 특정한 처분을 요구한다는 점에서 실체적 공권의 성질을 가진다.

③ 사전 예방적 권리에 한정되는지 여부: 사전 예방적 성질만을 가진다는 견해(김도창)도 있으나, 사후 구제적 성격도 아울러 가진다고 보는 견해(김동희, 김남진)가 타당하다.

④ 무하자재량행사청구권적 성격의 인정 여부: 무하자재량행사청구권을 광의로 파악하면 재량권이 0으로 수축되는 경우에는 특정한 처분을 청구할 수 있는 실체적 권리로 전화(轉化)된다. 행정개입청구권은 특정한 처분을 청구할 수 있는 권리로써 기속영역뿐만 아니라 재량영역에서도 재량권이 0으로 수축된 영역에서는 성립할 수 있다. 따라서 재량권이 0으로

수축된 영역에서 인정되는 행정개입청구권은 무하자재량행사청구권적 성격을 가진다고 볼 수 있다.

(5) 적용범위

과거 독일에서 경찰행정 분야에서 판례상으로 정립된 것이었으나, 오늘날 행정의 전 영역으로 논의가 확대되었다. 그리하여 법규상 행정청의 의무에 따라 그 내용을 달리하게 되었다(예 경찰개입청구권, 규제권발동청구권).

(6) 행사방법

행정개입청구권은 먼저 행정청에 대하여 특정처분을 해줄 것을 요구함으로써 실현될 수 있고, 만일 행정청이 상대방의 요구를 거부하거나 방치한 경우에는 소송을 제기함으로써 구제받을 수 있을 것이다.

(7) 쟁송수단

항고쟁송	① 행정개입청구권을 가장 잘 실현할 수 있는 소송형태는 의무이행소송이나, 권력분립을 이유로 우리나라에서는 부정되고 있으므로 결국 의무이행심판이나 부작위위법확인소송을 통해서 구제받을 수밖에 없다. ② 부작위위법확인소송은 인용판결을 받더라도 부작위의 위법만 확인할 뿐이므로 행정청에게 특정한 처분을 발동하도록 요구할 수는 없으므로 불완전한 구제방법이라고 할 수 있다.
국가배상	행정청의 부작위로 인하여 손해가 발생한 경우에는 국가배상을 청구할 수도 있을 것이다.

Winner's 무하자재량행사청구권과 행정개입청구권

구분	무하자재량행사청구권	행정개입청구권
내용	① 협의 : 어떤 처분 ② 광의 : + 특정처분	특정 처분
법적 성질	① 적극적 권리 ② 형식적 또는 절차적 공권	① 적극적 권리 ② 실체적 공권 ③ 사전예방 + 사후구제 ④ 무하자재량행사청구권적 성격
요건	처분의무 + 사익보호성	개입의무 + 사익보호성
적용영역	재량영역	기속영역 + 재량영역
관련이론	재량의 한계이론	재량권의 0으로의 수축이론
인정 여부	긍정(판 : 검사임용 사건)	긍정(판 : 무장공비 사건)

제6절 공법의 흠결

1 서설

행정법은 사법(私法)보다 역사가 짧아서 구체적 사안에 대하여 적용할 법규가 없는 경우가 많다. 이러한 경우에 사법(私法)에 의한 보충이 가능할 것인지 여부가 논의되었으며, 최근에는 사법규정을 적용하기에 앞서 다른 공법규정에 의한 보충도 논의되고 있다.

2 사법(私法)규정의 적용

1. 학설

(1) 소극설

내용	공법과 사법은 각각 분리·독립된 별개의 법체계이므로 공법규정이 없는 경우에 사법규정을 적용할 수 없다는 견해이다.
비판	구체적인 분쟁을 현실적으로 해결하지 못한다.

(2) 적극설

① 일반적 적용설(특별사법설)

내용	행정법을 사법의 특별법으로 보아 공·사법의 2원적 구별을 부정하고, 공법규정이 없는 경우에는 당연히 사법규정이 적용될 수 있다는 견해이다.
비판	우리나라에서는 공법과 사법을 구별한다는 점을 무시한다.

② 제한적 적용설(유추적용설): 공법과 사법은 서로 다른 점도 있고, 유사한 점도 있으므로 유추적용을 긍정하는 견해이다(통설; 김동희, 김남진, 박윤흔).

2. 검토

공·사법을 분리하고 있음을 전제로 구체적인 분쟁을 해결하기 위해서는 사법규정의 적용을 제한적으로 긍정하는 견해가 타당하다. 다만 유추적용의 기준이 지나치게 획일적이라는 점을 비판하면서 개별적으로 판단하여야 한다는 견해도 있다. 현행법상으로도 긍정되는 것으로 파악된다.

> 〈국가배상법〉 제8조(다른 법률과의 관계) 국가나 지방자치단체의 손해배상책임에 관하여는 이 법에 규정된 사항 외에는 「민법」에 따른다. 다만, 「민법」 외의 법률에 다른 규정이 있을 때에는 그 규정에 따른다.

3 사법(私法)규정의 유추적용의 한계

1. 공법관계의 종류에 따른 적용한계

공법관계 중에서 '권력관계'는 행정주체가 우월적 지위에서 활동하는 것이므로 서로 대등한 관계를 전제로 하는 사법규정은 적용될 수 없으나, '관리관계'는 서로 대등한 관계라는 점에서 적용될 수 있다.

2. 사법(私法)규정의 성질에 따른 적용한계

사법(私法)규정 중에서 ① 모든 법 분야에 타당한 법의 일반원리규정(⑩ 신의성실의 원칙, 권리남용금지의 원칙)과 다른 법 분야에도 적용될 수 있는 법기술적 규정(⑩ 기간계산, 주소, 시효)은 행정법관계에 대해서 유추적용될 수 있으나, ② 사인 간의 이해관계를 조절하는 규정(⑩ 하자담보책임)은 사적자치를 기초로 하는 규정이므로 공법관계에 유추적용될 수 없다.

> 〈행정기본법〉 제11조(성실의무 및 권한남용금지의 원칙) ① 행정청은 법령등에 따른 의무를 성실히 수행하여야 한다.
> ② 행정청은 행정권한을 남용하거나 그 권한의 범위를 넘어서는 아니 된다.

> 징계기간요구의 기산에 관해서는 민법을 유추적용하여야 하는지 여부(긍정)
> 징계기간요구의 기산에 관하여는 구 경찰공무원징계령에 특별한 규정이 없으므로 보충적으로 그 계산방법을 규정하고 있는 민법 제155조, 제157조의 규정에 따라 징계사유가 발생한 초일은 기간계산에 산입하지 아니한다고 해석할 것이다(대판 1972.12.12. 71누149).

Winner's 신의성실의 원칙 : 법원리적 규정 (○), 법기술적 규정 (×)

Winner's 사법규정의 적용 여부

공법관계	권력관계	적용 ×
	관리관계	적용 ○
사법규정	사인 간의 이해조절 규정	적용 ×
	법원리적, 법기술적 규정	적용 ○

4 공법규정의 적용

1. 의의

관련법령이 없는 경우에 그 흠결을 보충할 수 있는 가장 보편적인 방법은 유사한 법령을 준용❶하는 것이다. 따라서 공법규정이 흠결된 경우에는 사법규정을 적용하기에 앞서서 공법규정으로 먼저 보충하고, 그러한 규정이 없으면 비로소 사법규정을 적용하자는 견해(김남진)가 등장하여 많은 지지를 받고 있다.

용어설명 ❶ 준용(準用) : 법률의 조문 수를 줄이기 위하여 다른 규정을 적절히 변경하여 적용하는 것

1. 「국세기본법」상 환급가산금규정을 「관세법」에 유추적용할 수 있는지 여부(긍정)

구 관세법(1983. 12. 29. 법률 제3666호로 개정되기 전의 것) 및 동법 시행령(1983. 12. 29. 대통령령 제11286호로 개정되기 전의 것)에는 과오납❶관세의 환급에 있어서 국세기본법 제52조 등과 같은 환급가산금(이자)에 관한 규정이 없으나, 부당하게 징수한 조세를 환급함에 있어서 국세와 관세를 구별할 합리적인 이유가 없고 과오납관세의 환급금에 대하여만 법의 규정이 없다 하여 환급가산금을 지급치 아니한다는 것은 심히 형평을 잃은 것이라 할 것이므로(따라서 현행 관세법에는 환급가산금에 관한 규정을 신설하였다), 국세기본법의 환급가산금에 관한 규정을 유추적용하여 과오납관세의 환급금에 대하여도 납부한 다음 날부터 환급가산금(이자)을 지급하여야 한다(대판 1985.9.10. 85다카571).

[용어설명] ❶ 과오납 : 법이 정하는 과세액을 초과하여 세금을 납부한 것

2. 공무원 구상책임 제한에 관한 원리를 회계관계직원의 변상금 감액에 유추적용할 수 있는지 여부(부정)

구 회계관계직원등의책임에관한법률(2001. 4. 7. 법률 제6461호로 전문개정되기 전의 것)에 의한 공무원의 변상책임은 회계사무를 집행하는 회계관계직원에 대하여는 다른 공무원과는 달리 그 책임을 엄중히 하기 위한 것으로서 국가배상법에 의한 공무원의 구상책임과는 그 성립의 기초를 달리하므로 그 제한에 관한 원리를 유추적용하여 변상금액을 감액할 수는 없고, 구 회계관계직원 등의 책임에 관한 법률 자체에 정상에 관한 사유를 참작하여 변상금을 감액하도록 하는 규정이 존재하지 않는 이상 변상금액 자체를 감액할 수는 없다(대판 2002.10.11. 2001두3297).

2. 구체적 검토

(1) 헌법상 손실보상규정의 유추적용 여부

헌법 제23조 제3항에서는 공공필요에 의한 재산권의 수용·사용 또는 제한 및 그에 대한 보상은 법률로써 하도록 규정되어 있는데, 개별 법률이 공용침해를 규정하면서도 보상규정을 규정하지 않은 경우에 헌법 제23조 제3항을 유추적용하여 손실보상을 인정할 것인지가 문제된다. 부정하는 것이 다수설과 판례의 경향인 것으로 보인다.

1. 국유지로 된 제외지의 소유자에 대하여 「하천법」상의 보상규정을 유추적용할 수 있는지 여부(긍정)

하천법의 시행으로 인하여 국유화가 된 제외지(堤外地)의 소유자에 대하여 그 손실을 보상한다는 직접적인 보상규정을 둔 바가 없으나, 동법 제74조의 손실보상요건에 관한 규정은 보상사유를 제한적으로 열거한 것이라기보다는 예시적으로 열거하고 있으므로, 국유로 된 제외지의 소유자에 대하여는 위 법조를 유추적용하여 관리청은 그 손실을 보상하여야 한다(대판 1987.7.21. 84누126).

2. 어업폐지에 대한 손실평가규정을 낙농업폐지의 경우에 유추적용할 수 있는지 여부(긍정)

구 공공용지의취득및손실보상에관한특례법시행규칙(1991. 10. 28. 건설부령 제493호로 개정되기 전의 것) 제24조는 영업폐지에 대한 손실평가에 관하여 규정하는 외에 낙농업과 같은 경우에 대하여는 따로 규정된 것이 없는데, 그 성격상 어업의 폐지에 따른 손실의 평가를 규정한 위 시행규칙 제25조의2 제1항을 토지수용으로 인한 낙농업의 폐지에 대한 손실평가의 경우에 유추적용할 수 있다(대판 1992.5.22. 91누12356).

3. 어업허가 취소 시 손실보상규정을 공유수면매립으로 허가어업을 상실한 경우에 유추적용할 수 있는지 여부(긍정)

사업시행자가 손실보상의무를 이행하지 아니한 채 공유수면에서 허가어업을 영위하던 어민들에게 피해를 입힐 수 있는 공유수면매립공사를 시행함으로써 어민들이 더 이상 허가어업을 영위하지 못하는 손해를 입게 된 경우에는 어업허가가 취소 또는 정지되는 등의 처분을 받았을 때 손실을 입은 자에 대하여 보상의무를 규정하고 있는 수산업법 제81조 제1항을 유추적용하여 그 손해를 배상하여야 할 것이고, 이 경우 그 손해액은 공유수면매립사업의 시행일을 기준으로 삼아 산정하여야 한다(대판 2004.12.23. 2002다73821). 〈18. 국회 8급〉

Winner's 보상규정의 유추적용 : 법률 유추 (○), 헌법 유추 (×)

(2) 「행정소송법」상 선결(先決)문제 규정의 유추적용 여부

「행정소송법」 제11조는 처분 등의 '효력 유무 또는 존재 여부'가 민사소송의 선결문제로 된 경우에는 그 민사소송의 수소(受訴)법원이 이를 심리·판단할 수 있다고 규정하고 있다. '위법 여부'가 선결문제로 된 경우에 대해서는 아무런 언급이 없으나 이 규정을 유추적용하여 판단할 수 있다는 견해(적극설)가 통설·판례이다.

Winner's 행정소송법상 선결문제 규정 : 효력 유무 (○), 위법 여부 (×)

(3) 「행정소송법」상 사정판결 규정의 유추적용 여부

「행정소송법」 제28조는 사정판결을 취소소송에 대해서만 규정하고 있고, 무효등확인소송에 대해서는 준용하고 있지 않고 있으므로 유추적용을 할 수 있을 것인지가 문제된다. 부정하는 것이 다수설과 판례이다.

Winner's 사정판결 : 취소소송 (○), 무효등확인소송 (×)

제7절 특별행정법관계

1 전통적 특별권력관계이론

1. 특별권력관계의 의의
특별한 공법상 원인에 기하여 성립되고, 공법상 행정목적에 필요한 한도 내에서 일방에게 포괄적 지배권이 인정되고, 특별한 신분에 있는 상대방(⑩ 공무원, 군인, 학생 등)이 이에 포괄적으로 복종하는 관계를 말한다.

2. 일반권력관계와의 구별
일반권력관계는 국가 또는 공공단체의 일반통치권에 복종하는 관계로서, 국민 또는 주민이면 당연히 성립하는 관계를 말한다. 법치주의가 전적으로 적용된다는 점에서 특별권력관계와 구별된다.

> **Winner's** 전통적 이론에서 법치주의의 적용 : 특별권력 (×), 일반권력 (○)

3. 특별권력관계의 역사적 성격과 기능

(1) 2원론

① 연혁: 특별권력관계이론은 19세기 후반 독일 입헌군주제 하의 관리(官吏)관계를 설명하기 위한 것으로서, 라반트(P. Laband)에 의하여 정립되고 오토 마이어(O. Mayer)에 의해 체계화되었다.

② 내용: 행정을 내부관계(특별권력관계)와 외부관계(일반권력관계)로 구별하여, 외부관계는 행정주체와 행정객체 사이의 권리·의무관계이므로 법치주의가 적용되고, 내부관계는 행정주체와 그 구성원의 관계로서 일체를 이루고 있으므로 권리·의무관계가 존재할 수 없고, 법률로부터 자유로운 영역으로서의 성격을 가진다(불침투성이론).

> **Winner's** 2원론에 따른 법치주의의 적용 : 내부관계 (×), 외부관계 (○)

(2) 기능

특별권력관계이론은 시민사회의 발달에 따른 반대급부로서 군주의 자유로운 행정영역을 확보하기 위하여 등장한 이론으로, 군주와 시민 간의 타협의 산물이다. 그러나 오늘날 법치주의가 확대·강화됨에 따라 전통적 특별권력관계이론은 비판의 십자포화 속에서 퇴색되고, 현재는 특별행정법관계라는 논의로 바뀌었다. ⟨05. 국회 8급⟩

4. 특색

(1) 포괄적 지배권

① 법률유보원칙의 배제: 특별권력주체에게는 포괄적 지배권이 부여되어 있으므로 그 구성원에게 특별권력을 발동하는 경우에도 개별적·구체적인 법률의 근거가 필요 없다.

② 법률우위원칙의 적용: 특별권력관계의 내용을 명백히 하기 위하여 내부관계의 권력발동의 기준·방법 등을 법률 또는 법규명령으로 규정한 경우에 그 위반은 위법하다는 점에서 법률우위원칙은 적용된다(⑩ 「국가공무원법」상 공무원에 대한 징계권 등에 일정한 제한을 두어 권리를 보장하는 것).

> **Winner's** 전통적 이론에서 법치주의의 적용 : 유보원칙 (×), 우위원칙 (○)

(2) 기본권의 제한

특별권력관계 내부에 있어서는 그 설정목적에 비추어 필요하다고 인정되는 합리적 범위 내에서 법률의 근거 없이 기본권의 제한이 가능하다(⑩ 공무원에 대한 주거제한 또는 대학 내에서의 집회 제한).

(3) 행정규칙

특별권력관계 내부에서의 일반·추상적인 명령은 법규의 성질을 가지지 않는 행정규칙이고, 개별적인 명령도 행정행위와 구별하기 위하여 지시 등으로 불렀다.

(4) 재판통제의 배제

사법권(司法權)의 기능을 일반시민의 법질서 유지로 보는 전통적 견해에서는 특별권력주체의 행위가 ① 내부문제에 그치는 경우(⑩ 정직, 정학처분)에는 재판통제의 대상이 될 수 없으나, ② 일반권력관계상의 국민의 지위에까지 영향을 미치는 문제인 경우(⑩ 파면, 퇴학처분 등 그 관계로부터의 배제)에는 재판통제가 될 수 있는 것으로 보았다.

> **Winner's** 전통적 이론에서의 재판통제 : 내부적 문제 (×), 외부적 문제 (○)

5. 특별권력관계의 성립과 소멸

(1) 성립

특별권력관계는 ① 법률상 규정, ② 본인의 동의에 의하여 성립한다. 본인의 동의에는 임의적 동의와 강제적 동의가 있다. 일반권력관계가 국민 또는 주민이면 당연히 성립하는 것과 구별된다. 〈05. 국회 8급〉

> **Winner's** 특별권력관계의 성립원인

일반권력관계	출생·귀화		
특별권력관계	법률규정	전염병환자의 강제입원, 공공조합에의 강제가입, 수형자의 수감, 징집 대상자의 입대	
	본인동의	임의적 동의	국·공립대학 입학, 공무원 임명, 국립도서관 이용
		의무적 동의	학령아동❶의 취학

> **용어설명** ❶ 학령(學齡)아동 : 학교에 입학할 나이가 된 아이들

(2) 소멸

특별권력관계는 ① 목적달성(⑩ 국립대학 졸업, 군대 제대), ② 임의탈퇴(⑩ 사직서 제출), ③ 특별권력주체의 일방적 배제(⑩ 파면, 퇴학) 등에 의하여 소멸한다.

6. 종류

(1) 공법상 근무관계

국가나 지방자치단체에 포괄적인 근무의무를 지는 관계이다. ① 상대방의 동의에 의하여 성립되는 공무원근무관계, ② 법률의 규정에 의한 군복무관계 등이 있다.

(2) 공법상 영조물이용관계

영조물주체와 특정인 사이에 공법상의 영조물을 이용하는 관계를 말한다. ① 국·공립대학의 재학(在學)관계, ② 국·공립병원의 입원관계, ③ 교도소의 재소(在所)관계 등이 있다.

(3) 공법상 특별감독관계

일정한 단체나 개인이 국가 또는 공공단체와 특별한 관계가 있는 경우에 그 행위에 대하여 특별한 감독을 받는 관계를 말한다. 공익적 목적을 위하여 설립된 특허기업, 공공조합, 국가로부터 공무를 위탁받은 자 등이 있다. 〈05. 국회 8급〉

(4) 공법상 사단관계

공공조합과 조합원의 관계를 말한다.

7. 내용

(1) 명령권

특별권력의 주체는 특별권력관계의 목적을 달성하기 위하여 필요한 범위 내에서 그 구성원에 대하여 명령·강제할 수 있다. 그 형식은 ① 일반·추상적인 행정규직(예 훈령, 영조물규칙), ② 개별·구체적인 명령·처분의 형식(예 직무명령) 등이 있다.

(2) 징계권

특별권력의 주체는 특별권력관계 내부의 질서를 유지하기 위하여 질서문란자에 대하여 징계할 수 있다. 징계는 특별권력관계의 목적·성질에 비추어 일정한 한계가 있다(예 상대방의 동의에 의해 성립한 경우에는 그 관계로부터 배제하거나 이익의 박탈에 그친다).

8. 한계

특별권력관계는 특별한 목적을 달성하기 위해 설치되는 것이므로, 특별권력은 그 목적을 달성하기 위해 필요한 범위 내에서만 행사되어야 한다.

2 특별권력관계의 인정 여부

1. 서설

특별권력관계는 반법치주의적·반민주주의적 성격을 가지고 있어 제2차 세계대전 이후 격렬한 비판을 받았기에 그 존립 여부가 문제된다.

2. 학설

(1) 긍정설

특별권력관계와 일반권력관계는 그 성립원인이나 지배권의 성질 등에 있어 본질적인 차이가 있다는 견해이다. 그러나 오늘날 이 견해를 지지하는 학자는 없다.

(2) 부정설

① 전면적·형식적 부정설: 현대 국가에서는 실질적 법치주의가 일반화되고 행정재판에 대한 개괄주의를 인정한다는 점에서 특별권력관계를 부정하는 견해이다. 다만, 특별한 규정을 두거나 특별한 해석의 필요성이 있는 경우는 어느 정도 인정한다.

② 개별적·실질적 부정설: 과거에 논의되던 특별권력관계를 구체적으로 분석하여 그 법적 성격을 개별적으로 판단해야 한다는 견해이다. 그리하여 국·공립대학 재학관계나 국·공립병원 이용관계는 상대방의 동의에 의해 성립한다는 점에서 일종의 계약관계로 파악하고, 교도소 재소관계나 강제입원관계는 일반권력관계로 파악한다.

> **참고 수형자(受刑者)판결**
>
> 1972년 독일 연방헌법재판소의 판결로써 "수형자의 기본권은, 다만 법률로써 또는 법률에 근거하여서만 제한될 수 있다."라고 하여 특별권력관계이론을 부정하는 것이다. 이 판결로 인하여 특별권력관계에 대한 비판이 가속화되었다.

(3) 제한적 긍정설(울레(C.H. Ule) 교수의 기본관계·경영수행관계 구분론)

기본관계	㉠ 특별권력관계 자체의 성립·변경·종료 또는 그 구성원의 법적 지위에 관한 본질적 사항에 관한 법관계를 말한다. ㉡ 법치주의가 적용되고, 재판의 대상이 된다(⑩ 공무원의 임명·전직·퇴직·파면 등, 국·공립대학 학생의 입학허가·전과·진급·정학·제적 등).
경영수행관계	㉠ 특별권력관계에서 형성되는 경영수행적 질서에 대한 관계를 말한다. ㉡ 해당 특별권력관계의 목표를 실현하는 데에 필요한 행위이므로 재판의 대상에서 제외된다(⑩ 국·공립학교에 있어서의 과제물 부과, 구두·필기시험의 평가, 공무원에 대한 직무명령, 학생에 대한 학교의 특정행사에의 참가명령, 여학생에 대한 바지착용 금지 등).

Winner's 울레 이론에서 재판통제의 가능성 : 기본관계 (○), 경영수행관계 (×)

3. 검토

전통적 특별권력관계이론은 19세기 입헌군주제 아래에서 군주의 특권적 지위를 보장하기 위한 것이므로 오늘날 헌법 아래에서는 인정될 수 없다. 다만, 자율적인 부분법질서를 형성하는 관계라는 점에서 실정법상 또는 법해석상 특별한 취급을 할 필요는 인정한다. 따라서 특별권력관계라는 용어 대신 특별행정법관계(김동희, 류지태) 또는 특별신분관계(김남진)라는 용어를 사용하기도 한다.

3 특별권력관계와 법치주의

1. 법률유보의 원칙

전통적 이론에서는 법적 근거 없이 포괄적으로 그 구성원을 지배하였으나, 오늘날 특별권력관계도 법관계의 일종이라는 점에서 일반권력관계와 본질적 차이가 없으므로 원칙적으로 법률의 근거가 필요하다고 본다. 다만, 자율적 부분법질서를 형성하는 관계라는 점에서 일반조항적 규정에 의하는 경우가 많을 것이다.

> **육군3사관학교의 사관생도에 대한 법률유보 원칙 적용여부(긍정)**
> 사관생도는 군 장교를 배출하기 위하여 국가가 모든 재정을 부담하는 특수교육기관인 육군3사관학교의 구성원으로서, 학교에 입학한 날에 육군 사관생도의 병적에 편입하고 준사관에 준하는 대우를 받는 특수한 신분관계에 있다(육군3사관학교 설치법 시행령 제3조). 따라서 그 존립 목적을 달성하기 위하여 필요한 한도 내에서 일반 국민보다 상대적으로 기본권이 더 제한될 수 있으나, 그러한 경우에도 법률유보원칙, 과잉금지원칙 등 기본권 제한의 헌법상 원칙들을 지켜야 한다(대판 2018.8.30. 2016두60591). 〈21. 군무원 7급〉

2. 기본권 제한

전통적 이론에서는 법적 근거 없이 그 구성원의 기본권을 제한할 수 있었으나, 오늘날에는 법률의 근거가 있어야 하며, 그 범위는 목적달성에 필요한 최소한의 한도에 그쳐야 한다.

3. 사법(司法)심사

특별권력의 발동으로 인하여 불이익을 받은 자가 사법(司法)절차를 통하여 구제가 가능할 것인지에 대해서는 학설이 대립하나, 오늘날 전면적으로 가능하다는 견해가 일반적이다. 다만, 특별권력주체의 행위에 대해서는 넓은 범위의 재량권 또는 판단여지가 인정된다는 점에서 사법(司法)심사의 범위가 제약될 수는 있다(김동희, 김남진).

Winner's 특별권력관계와 사법심사

전통적 견해		수정된 입장(C. H. Ule의 수정설)		현대적 입장
외부관계(파면)	○	기본관계(파면·정직)	○	전면적 ○
내부관계(정직·직무명령)	×	경영수행관계(직무명령)	×	

> **1. 구청장의 면직처분 취소소송(긍정)**
> 특별권력관계에 있어서도 위법·부당한 특별권력(구청장의 동장 면직)의 발동으로 말미암아 권리를 침해당한 자는 행정소송법 제1조에 따라 그 위법·부당한 처분의 취소를 구할 수 있다(대판 1982.7.27. 80누86). 〈05. 국회 8급〉
>
> **2. 국립교육대학의 퇴학처분의 처분성(긍정)**
> 국립교육대학 학생에 대한 퇴학처분은 국가가 설립·경영하는 교육기관인 동 대학의 교무를 통할하고 학생을 지도하는 지위에 있는 학장이 교육목적실현과 학교의 내부질서유지를 위해 학칙

위반자인 재학생에 대한 구체적 법집행으로 국가공권력의 하나인 징계권을 발동하여 학생으로서의 신분을 일방적으로 박탈하는 국가의 교육행정에 관한 의사를 외부에 표시한 것이므로, 행정처분임이 명백하다(대판 1991.11.22. 91누2144). 〈10. 국가 9급〉

제4장 | 행정상 법률요건과 법률사실

제1절 / 서설

1 의의

1. 행정상 법률요건

행정법관계의 변동, 즉 행정법관계의 발생·변경·소멸의 법률효과를 발생시키는 사실을 말한다.

2. 행정상 법률사실

법률요건을 이루는 개개의 사실을 말한다. 법률요건은 1개(예 상계) 또는 여러 개(예 공법상 계약에서의 청약과 승낙, 건축허가에서의 신청과 허가)의 법률사실로 구성된다.

2 종류

1. 행정상의 사건

사람의 정신작용을 요소로 하지 아니하는 법률사실을 말한다(예 사람의 生死, 시간의 경과, 일정 연령에의 도달, 일정한 장소에의 거주 등).

2. 행정상의 용태(容態)

사람의 정신작용을 요소로 하는 법률사실을 말한다. ① 외부에 표시되지 않는 '내부적 용태'(예 선의❶·악의❷, 고의·과실), ② 외부적 거동으로 표시되는 '외부적 용태'(예 공법행위, 사법행위)가 있다.

> **용어설명** ❶ 선의(善意) : 일정한 사실을 알지 못하는 것, ❷ 악의(惡意) : 일정한 사실을 알고 있는 것

> **참고** 법률사실의 종류
>
>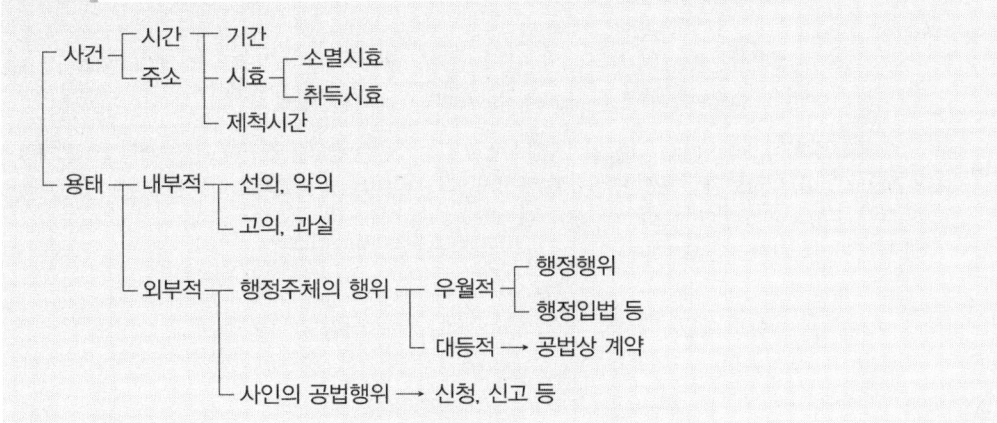

제2절 행정상의 사건

1 시간의 경과

1. 기간

(1) 의의

한 시점에서 다른 시점까지의 시간적 간격을 말한다. 기간이 시작되는 시점을 '기산점'이라 하고, 만료되는 시점을 '만료점'이라 한다.

> 〈행정기본법〉 제6조(행정에 관한 기간의 계산) ① 행정에 관한 기간의 계산에 관하여는 이 법 또는 다른 법령등에 특별한 규정이 있는 경우를 제외하고는 「민법」을 준용한다. 〈23. 소방〉

(2) 민법상 기간계산

시·분·초로 정한 경우	즉시로부터 기산한다.
일·주·월·연으로 정한 경우	㉠ 기산점 : 첫날은 빼고 그 다음 날부터 기산한다. 다만 오전 0시로부터 시작되는 경우, 연령계산, 구속기간 등은 첫날부터 기산한다. ㉡ 만료점 : 그 기간의 말일로 종료하되, 말일이 토요일 또는 공휴일인 경우에는 그 다음 날에 만료된다.

(3) 「행정기본법」상 기간계산

침익적 행정	법령등 또는 처분에서 국민의 권익을 제한하거나 의무를 부과하는 경우 권익이 제한되거나 의무가 지속되는 기간을 일, 주, 월 또는 연으로 정한 경우에는 기간의 첫날을 산입한다. 기간의 말일이 토요일 또는 공휴일인 경우에도 기간은 그 날로 만료한다. 다만, 이 기준에 따르는 것이 국민에게 불리한 경우에는 그러하지 아니하다(행정기본법 제6조 제2항). 〈24. 국가 9급〉
법령 시행일	㉠ 법령등을 공포한 날(훈령·예규·고시·지침 등은 고시·공고 등의 방법으로 발령한 날을 말한다. 이하 이 조에서 같다)부터 시행하는 경우에는 공포한 날을 시행일로 한다. ㉡ 법령등을 공포한 날부터 일정 기간이 경과한 날부터 시행하는 경우 법령등을 공포한 날을 첫날에 산입하지 아니한다. 〈24. 국가 9급〉 ㉢ 법령등을 공포한 날부터 일정 기간이 경과한 날부터 시행하는 경우 그 기간의 말일이 토요일 또는 공휴일인 때에는 그 말일로 기간이 만료한다(행정기본법 제7조). 〈24. 국가 9급〉
연령계산	행정에 관한 나이는 다른 법령등에 특별한 규정이 있는 경우를 제외하고는 출생일을 산입하여 만(滿) 나이로 계산하고, 연수(年數)로 표시한다. 다만, 1세에 이르지 아니한 경우에는 월수(月數)로 표시할 수 있다(행정기본법 제7조의2). 〈25.소방〉

2. 시효

(1) 의의

일정한 사실상태가 일정기간 계속된 경우 그 사실상태가 진실한 권리관계에 합치되는지를 불문하고, 그 사실상태를 그대로 존중하여 그것을 진실한 법률관계로 인정하는 제도를 말한다. 장기간 계속된 사실상태를 존중하여 법률생활의 안정을 도모하기 위한 것이다. 법령에 특별한 규정이 없는 한 「민법」에 의한다.

(2) 금전채권의 소멸시효

① 시효기간: 국가나 지방자치단체가 국민에 대하여 가지는 채권❶이나, 국민이 국가 등에 대하여 가지는 채권은 다른 법률에 특별한 규정(⑩ 「공무원연금법」상 단기급여 지급청구권은 3년)이 없는 한 5년 간 행사하지 않으면 소멸한다(「국가재정법」 제96조, 「지방재정법」 제84조). 5년이라는 기간은 지나치게 단기라는 이유로 위헌이라는 문제가 제기되었으나, 합헌판결을 받았다. 〈04. 국가 9급〉

용어설명 ❶ 채권(債權) : 특정인이 다른 특정인에게 어떤 행위를 청구할 수 있는 권리

〈국가재정법〉 **제96조(금전채권·채무의 소멸시효)** ① 금전의 급부를 목적으로 하는 국가의 권리로서 시효에 관하여 다른 법률에 규정이 없는 것은 5년 동안 행사하지 아니하면 시효로 인하여 소멸한다.
② 국가에 대한 권리로서 금전의 급부를 목적으로 하는 것도 또한 제1항과 같다.
③ 금전의 급부를 목적으로 하는 국가의 권리에 있어서는 소멸시효의 중단·정지 그 밖의 사항에 관하여 다른 법률의 규정이 없는 때에는 「민법」의 규정을 적용한다. 국가에 대한 권리로서 금전의 급부를 목적으로 하는 것도 또한 같다.
④ 법령의 규정에 따라 국가가 행하는 납입의 고지는 시효중단의 효력이 있다.

국가채무에 대한 단기소멸시효제도가 위헌인지 여부(부정)
국가채무에 대하여 단기소멸시효를 두는 것은 국가의 채권·채무관계를 조기에 확정하고 예산수립의 불안정성을 제거하여 국가재정을 합리적으로 운용하기 위한 것으로서 그 입법목적은 정당하며, 게다가 국가에 대한 채권의 경우 민법상 단기시효기간이 적용되는 채권과 같이 일상적으로 빈번하게 발생하는 것이라 할 수 없고 일반사항에 관한 예산·회계관련 기록물들의 보존기간이 5년으로 되어 있는 점에 비추어 이 사건 법률조항에서 정한 5년의 단기시효기간이 채권자의 재산권을 본질적으로 침해할 정도로 지나치게 짧고 불합리하다고 볼 수 없다(헌재 2001.4.26. 99헌바37).

② 적용범위

금전채권	공법상의 금전채권뿐만 아니라 사법(私法)상의 금전채권도 포함된다.
특별한 규정	㉠ 5년보다 단기를 의미하는 것으로 보는 것이 판례이다(대판 1967.6.7. 67다751). ㉡ 과거 관세징수권은 5년인데, 관세과오납반환청구권은 3년으로 규정되어 있어서 위헌 여부가 제기되었으나, 5년으로 개정되어 입법적으로 해결되었다.
다른 법률	공법뿐만 아니라 사법(私法)도 포함된다.

③ 시효의 중단과 정지

시효의 중단	⊙ 의의: 권리의 행사 등으로 인하여 이미 진행된 시효기간은 종료하고, 중단사유가 종료한 때로부터 다시 본래의 기간이 진행되어야 권리가 소멸하는 것이다. ⓒ 중단사유: 상대방의 청구, 압류 또는 가압류·가처분, 채무자의 승인이 있으면 중단된다(「민법」 제168조). ⓒ 특수한 중단사유: 「국가재정법」 또는 「지방재정법」에서는 국가 또는 지방자치단체에 의한 납입의 고지에 대해서 시효중단의 효력을 인정한다.
시효의 정지	천재·지변·기타 사변으로 인하여 시효를 중단할 수 없는 경우에 일정기간 시효의 진행을 잠시 멈추고, 그 사유가 종료한 후 나머지 기간이 진행되면 권리가 소멸하는 것이다.

1. 국가채권의 경우 납입고지에 시효중단의 효력을 인정한 것이 평등권을 침해하는지 여부(부정)

예산회계법 제98조상 국가채권에 대한 납입의 고지는 "법령의 규정에 의하여" 하는 것이므로, 절차와 형식이 명확하게 정하여져 있어 채무이행을 구하는 국가의 의사가 그 절차에서 명확히 드러나며, 이 점에서 민법상 사인간에 행해지는 최고가 아무런 형식을 요하지 않는 점과 차이가 있고, 국가채권의 정당한 회수는 공공복리의 증진을 위한 사항이다. 만일 국가채권의 납부의 고지에서도 일정 기간(6개월) 내에 재판상의 청구나 가압류, 가처분 등을 행하여만 시효중단 효력을 받을 수 있다면, 법령에 따라 적법절차에 의하여 명확하게 이루어지는 국가채권의 납입의 고지에 추가하여 불필요한 추가적 국가재정의 손실과 국가업무의 낭비를 초래할 수 있다. 또한 공법과 사법의 구분이 명확한 것은 아니고, 입법기술상 그러한 구분을 행하기는 쉽지 않다. 따라서 입법자가 비록 사법상의 원인에 기한 국가채권의 경우에도 납입의 고지에 있어 민법상의 최고의 경우보다 더 강한 시효중단 효력을 인정한 것은 합리적 이유가 있어 평등권을 침해하지 않는다(헌재 2004.3.25. 2003헌바22). 〈11. 국가 7급〉

2. 수색조서를 작성하는 데 그친 경우에도 소멸시효 중단의 효력이 있는지 여부(긍정)

국세기본법 제28조 제1항은 국세징수권의 소멸시효의 중단사유로서 납세고지, 독촉 또는 납부최고, 교부청구 외에 '압류'를 규정하고 있는바, 여기서의 '압류'란 세무공무원이 국세징수법 제24조 이하의 규정에 따라 납세자의 재산에 대한 압류 절차에 착수하는 것을 가리키는 것이므로, 세무공무원이 국세징수법 제26조에 의하여 체납자의 가옥·선박·창고 기타의 장소를 수색하였으나 압류할 목적물을 찾아내지 못하여 압류를 실행하지 못하고 수색조서를 작성하는 데 그친 경우에도 소멸시효 중단의 효력이 있다(대판 2001.8.21. 2000다12419). 〈16. 경찰행정 특채〉

3. 당초 처분이 취소된 경우 시효중단의 효력이 상실되는지 여부(부정)

예산회계법 제98조에서 법령의 규정에 의한 납입고지를 시효중단사유로 규정하고 있고 이러한 납입고지에 의한 시효중단의 효력은 그 납입고지에 의한 부과처분이 취소되더라도 상실되지 않는 터이어서(대판 1999.4.9. 98두6982), 처음에 있었던 1993. 11. 1.자 납부고지로 이 사건 개발부담금 부과에 관한 시효가 중단되었고 그 때부터 5년이 경과하기 전에 이 사건납부고지가 있었던 것은 역수상 명백하므로 결국 이 사건 처분은 적법한 부과기간 내에 이루어졌다고 할 것이다(대판 2000.9.8. 98두19933).

4. 특정이 가능한 일부에 관하여만 청구를 한 경우 나머지 부분에 관하여 시효가 중단되는지 여부(부정)

소멸시효제도는 권리자가 그 권리를 행사할 수 있는데도 일정한 기간 동안 권리를 행사하지 않는 상태 즉 권리불행사의 상태가 계속되는 경우 그 자의 권리를 소멸시키는 제도인 만큼, 어떤 청구권을 기진 권리자가 그 중 특정이 가능한 일부에 관하여만 청구를 하고 나머지 부분에 관하여는 청구를 하지 않은 경우 나머지 부분에 대하여는 시효중단의 효력이 발생하지 않는다(대판 2012.11.15. 2010두15469). 〈16. 지방 9급〉

5. 변상금부과처분 취소소송 계속 중 소멸시효가 진행되는지 여부(긍정)

소멸시효는 객관적으로 권리가 발생하여 그 권리를 행사할 수 있는 때로부터 진행하고 그 권리를 행사할 수 없는 동안만은 진행하지 아니하는데, 여기서 권리를 행사할 수 없는 경우라 함은 그 권리행사에 법률상의 장애사유가 있는 경우를 말하는데, 변상금 부과처분에 대한 취소소송이 진행 중이라도 그 부과권자로서는 위법한 처분을 스스로 취소하고 그 하자를 보완하여 다시 적법한 부과처분을 할 수도 있는 것이어서 그 권리행사에 법률상의 장애사유가 있는 경우에 해당한다고 할 수 없으므로, 그 처분에 대한 취소소송이 진행되는 동안에도 그 부과권의 소멸시효가 진행된다(대판 2006.2.10. 2003두5686). 〈11. 국가 7급〉

6. 민법상 재판상 청구도 조세채권의 소멸시효 중단사유인지 여부(긍정)

구 국세기본법은 민법에 따른 국세징수권 소멸시효 중단사유의 준용을 배제한다는 규정을 두지 않고 있고, 조세채권도 민사상 채권과 비교하여 볼 때 성질상 민법에 정한 소멸시효 중단사유를 적용할 수 있는 경우라면 준용을 배제할 이유도 없다 … 국가 등 과세주체가 당해 확정된 조세채권의 소멸시효 중단을 위하여 납세의무자를 상대로 제기한 조세채권존재확인의 소는 공법상 당사자소송에 해당한다(대판 2020.3.2. 2017두41771).

④ 효력

절대적 소멸설 (통설·판례)	㉠ 내용: 일정한 기간의 경과로 시효가 완성되면, 그 즉시 권리가 소멸한다는 견해이다. ㉡ 논거: 행정법관계는 다수의 이해관계인이 존재하기 때문에 법률관계를 명확하게 할 필요가 있음을 논거로 들고 있다.
상대적 소멸설	㉠ 내용: 시효의 이익을 받을 자에게 권리의 소멸을 주장할 수 있는 항변권이 발생하고, 그 항변권을 행사한 경우에 비로소 소멸한다는 견해이다. ㉡ 논거: 시효의 이익은 포기가 가능하다는 점을 논거로 든다.

소멸시효가 완성된 이후의 조세부과처분은 당연무효인지 여부(긍정)

조세에 관한 소멸시효가 완성되면 국가의 조세부과권과 납세의무자의 납세의무는 당연히 소멸한다 할 것이므로 소멸시효완성 후에 부과된 부과처분은 납세의무 없는 자에 대하여 부과처분을 한 것으로서 그와 같은 하자는 중대하고 명백하여 그 처분의 효력은 당연무효이다(대판 1985.5.14, 83누655). 〈16. 경찰행정 특채〉

(3) 공물(公物)의 취득시효

① 의의: 진정한 권리자가 아니라도 일정한 기간 동산❶ 또는 부동산❷을 점유❸하면 권리를 취득하는 것을 말한다.

용어설명 ❶ 동산 : 이동이 가능한 물건, ❷ 부동산 : 토지와 그 정착물, ❸ 점유 : 물건을 사실상 지배하는 것

> **〈민법〉**
> **제245조(점유로 인한 부동산소유권의 취득기간)** ① 20년간 소유의 의사로 평온, 공연하게 부동산을 점유하는 자는 등기함으로써 그 소유권을 취득한다.
> **제246조(점유로 인한 동산소유권의 취득기간)** ① 10년간 소유의 의사로 평온, 공연하게 동산을 점유한 자는 그 소유권을 취득한다.

② 인정 여부: 공물(公物)의 경우에도 취득시효가 인정될 것인지에 대해서 종래 학설이 대립하였으나, 잡종재산에 대하여 시효취득을 부정하였던 구「국유재산법」의 위헌결정을 계기로 하여 현행법은 공물에 대해서만 시효취득을 부정하고 있다.

국유잡종재산(현행 일반재산)의 시효취득을 부정하는 규정이 위헌인지 여부(긍정)
국유잡종재산은 사경제적 거래의 대상으로서 사적자치의 원칙이 지배되고 있으므로, 시효제도의 적용에 있어서도 동일하게 보아야 하고, 국유잡종재산에 대한 시효취득을 부인하는 동규정은 합리적 근거 없이 국가만을 우대하는 불평등한 규정으로서 헌법상의 평등의 원칙과 사유재산권 보장의 이념 및 과잉금지의 원칙에 반한다(헌재 1991.5.13. 89헌가97).

③ 공물에 대한 권리취득: 공물에 대해서 공용폐지가 있으면 사물(私物)로 변경되어 시효취득이 가능하다. '공용폐지'란 더 이상 행정목적에 제공하지 않겠다는 행정청의 의사표시로서 명시적 폐지뿐만 아니라 묵시적 공용폐지를 포함한다. 다만 판례는 묵시적 폐지를 쉽게 인정하지 않는 경향이다. 〈17. 서울 7급〉

1. 국유하천부지를 장기간 방치하면 당연히 공용폐지가 인정되는지 여부(부정 – 원칙적 판례)
국유하천부지는 공공용 재산이므로 그 일부가 사실상 대지화되어 그 본래의 용도에 공여되지 않는 상태에 놓여 있더라도, 국유재산법령에 의한 용도폐지를 하지 않은 이상 당연히 잡종재산으로 된다고는 할 수 없다. 공용폐지의 의사표시는 명시적이든 묵시적이든 상관없으나 적법한 의사표시가 있어야 하며, 행정재산이 사실상 본래의 용도에 사용되고 있지 않다는 사실만으로 공용폐지의 의사표시가 있었다고 볼 수 없다(대판 1997.8.22. 96다10737).

2. 학교관사의 매각에 대하여 문제제기를 하지 않은 것이 묵시적 폐지에 해당하는지 여부(긍정)
학교 교장이 학교 밖에 위치한 관사를 용도폐지한 후 재무부로 귀속시키라는 국가의 지시를 어기고 사친회 이사회의 의결을 거쳐 개인에게 매각한 경우 이와 같이 교장이 국가의 지시대로 위 부동산을 용도폐지한 다음, 비록 재무부에 귀속시키지 않고 바로 매각하였다고 하더라도 위 용도폐지 자체는 국가의 지시에 의한 것으로 유효하다고 아니할 수 없고, 그 후 오랫동안 국가가 위 매각절차상의 문제를 제기하지도 않고, 위 부동산이 관사 등 공공의 용도에 전혀 사용된 바가 없다면, 이로써 위 부동산은 적어도 묵시적으로 공용폐지되어 시효취득의 대상이 되었다고 봄이 상당하다(대판 1999.7.23. 99다15924). 〈20. 지방 7급〉

3. 대구 국도사무소가 묵시적으로 공용폐지 되었는지 여부(긍정)
1949. 6. 4. 대구국도사무소가 폐지되고, 그 소장관사로 사용되던 부동산이 그 이래 달리 공용으로 사용된 바 없다면, 그 부동산은 이로 인하여 묵시적으로 공용이 폐지되어 시효취득의 대상이 되었다 할 것이

다(대판 1990.11.27. 90다5948). ⟨13. 국가 7급⟩

4. 자연공물❶도 공용폐지가 필요한지 여부(긍정)

공유수면은 소위 자연공물로서 그 자체가 직접 공공의 사용에 제공되는 것이므로 공유 수면의 일부가 사실상 매립되어 대지화되었다고 하더라도 국가가 공유수면으로서의 **공용폐지를 하지 아니하는 이상 법률상으로는 여전히 공유수면으로서의 성질을 보유하고 있다**(대판 2013.6.13. 2012두2764). ⟨17. 지방 7급⟩

[용어설명] ❶ 자연공물 : 자연 상태 그 자체로서 일반 공중의 사용에 제공될 수 있는 물건

3. 제척기간

일정한 권리에 대하여 법률이 정한 존속기간을 말한다(⑩ 제소기간, 제재처분기간). 법률관계를 신속하게 확정하는 것이 목적이므로 보통 그 기간이 짧다. 권리의 성립 시로부터 기산하고, 중단·정지·포기가 허용되지 않는다는 점에서 소멸시효와 구별된다.

> ⟨행정기본법⟩ 제23조(제재처분의 제척기간) ① 행정청은 법령등의 위반행위가 종료된 날부터 5년이 지나면 해당 위반행위에 대하여 제재처분(인허가의 정지·취소·철회, 등록 말소, 영업소 폐쇄와 정지를 갈음하는 과징금 부과를 말한다. 이하 이 조에서 같다)을 할 수 없다.
> ② 다음 각 호의 어느 하나에 해당하는 경우에는 제1항을 적용하지 아니한다.
> 1. 거짓이나 그 밖의 부정한 방법으로 인허가를 받거나 신고를 한 경우
> 2. 당사자가 인허가나 신고의 위법성을 알고 있었거나 중대한 과실로 알지 못한 경우 ⟨23. 국가 9급⟩
> 3. 정당한 사유 없이 행정청의 조사·출입·검사를 기피·방해·거부하여 제척기간이 지난 경우
> 4. 제재처분을 하지 아니하면 국민의 안전·생명 또는 환경을 심각하게 해치거나 해칠 우려가 있는 경우
> ③ 행정청은 제1항에도 불구하고 행정심판의 재결이나 법원의 판결에 따라 제재처분이 취소·철회된 경우에는 재결이나 판결이 확정된 날부터 1년(합의제행정기관은 2년)이 지나기 전까지는 그 취지에 따른 새로운 제재처분을 할 수 있다.
> ④ 다른 법률에서 제1항 및 제3항의 기간보다 짧거나 긴 기간을 규정하고 있으면 그 법률에서 정하는 바에 따른다.

Winner's 소멸시효와 제척기간의 구별

구분	소멸시효	제척기간
인정취지	사실상태의 존중	법률관계의 신속한 확정
기간	보통 장기	보통 단기
시효의 중단·정지제도	긍정	부정
포기	시효완성 후 가능	불가능
기산점	행사시기	성립시기

2 주소와 거소

1. 주소

(1) 의의

「민법」상 주소는 '생활의 근거가 되는 곳'(제18조)을 말하고, 공법상 주소는 「주민등록법」상 "다른 법률에 특별한 규정이 없으면 이 법에 따른 주민등록지를 공법관계에서의 주소로 한다(제23조 제1항)."라고 규정하고 있으므로 주민등록지가 주소가 된다.

〈주민등록법〉
제8조(등록의 신고주의 원칙) 주민의 등록 또는 그 등록사항의 정정 또는 말소는 주민의 신고에 따라 한다. 다만, 이 법에 특별한 규정이 있으면 예외로 한다.
제10조(신고사항) ② 누구든지 제1항의 신고를 이중으로 할 수 없다.

(2) 공법상 주소의 특색

① 의사주의: 「민법」상 주소는 생활의 근거라고 하는 객관적 사실을 기준으로 함으로써 객관주의를 채택하고 있으나, 공법상 주소는 '30일 이상 거주할 목적'을 필요로 하는 것이므로 의사주의를 채택한 것으로 볼 수 있다. 다만, 주민등록이라는 형식적 절차를 요구하고 있다.

② 주소의 수: 「민법」상 주소는 생활의 근거가 되는 곳이면 어느 곳이든지 주소가 될 수 있으나(복수주의), 공법상 자연인의 주소는 이중등록이 금지되고 있으므로 1개소만 가능하다(단일주의).

2. 거소(居所)

사람이 일정한 기간 동안 계속하여 거주하지만, 그 장소와의 밀접도가 주소보다는 못한 곳이다(⑩ 생활의 본거로 하고 있으나, 주민등록을 하지 않은 경우). 행정법관계에서 주소가 없으면 거소를 법률관계의 기준으로 삼는 경우가 있다.

Winner's 사법상 주소와 공법상 주소의 구별

구분	사법(私法)상 주소	공법상 주소
개념	생활의 근거	주민등록지
성립의 기초	객관주의	주관주의(의사주의)
주소의 수	복수주의	단일주의

제3절 공법상의 행위

1 서설

1. 의의

공법관계에서 공법적 효과를 발생·변경·소멸시키는 행위를 말한다. 강학상❶의 개념이다.

> **용어설명** ❶ 강학상 : 학문적으로 정립한 내용

2. 종류

입법행위·사법(司法)행위, 행정법상의 행위를 모두 포함한다. 행정법상의 공법행위는 다시 ① 행정주체의 공법행위, ② 사인(私人)의 공법행위로 나뉜다. 행정주체의 공법행위에는 행정주체가 우월적 지위에서 발동하는 것과 상대방과 대등한 지위에서 발동하는 것이 있다. 여기서는 사인의 공법행위에 대해서만 검토하기로 한다.

2 사인(私人)의 공법행위

1. 의의

행정법관계에서의 사인의 행위로서 공법적 효과를 발생시키는 행위를 말한다. ① 행정청의 권력적 행위로서 공정력 등이 인정되는 '행정행위'와 구별되고, ② 사인의 행위로서 사법(私法)적 효과를 발생시키는 '사법(私法)행위'와 구별된다. 〈05. 국가 9급〉

> **Winner's** 공정력 발생 : 행정행위 (○), 사인의 공법행위 (×)

2. 종류

(1) 자족적(自足的) 공법행위(자체완성적 공법행위)

① 의의: 사인의 행위 그 자체만으로 법적 효과를 발생하는 공법행위를 말한다. 행정청의 특별한 행위가 없어도 법적 효과가 생긴다.

② 종류

신고	사인이 행정청에 대하여 일정한 사실·관념을 통지함으로써 공법적 효과가 발생하는 행위를 말한다 (예 의사·약사의 개업신고 등).
합성행위	㉠ 의의: 여러 사람의 의사표시가 모여서 하나의 의사로 구성되는 행위를 말한다(예 투표행위). ㉡ 성질: 행정주체의 기관으로서의 행위라는 점에서 행정주체의 상대방으로서의 행위인 신고·신청행위와 구별된다.
합동행위	여러 사람의 같은 방향의 의사표시가 복수로 존재하는 행위를 말한다(예 사인에 의한 농지개량조합, 재개발조합 등의 설립).

제4장 행정상 법률요건과 법률사실

(2) 행정행위의 동기 또는 요건적 행위

사인(私人)의 행위만으로는 아무런 법적 효과를 발생하지 않고, 행정청의 행위와 결합해야만 비로소 법적 효력을 발생하는 공법행위를 말한다(⑩ 각종 인·허가신청, 공무원 임명에 대한 동의, 토지수용절차에 있어서의 협의).

> **Winner's** 신청의 법적 성질 : 자족적 행위 (×), 요건적 행위 (○)

3. 효과

(1) 행정청의 처리의무

① 사인에게 행정청의 행위에 대한 청구권이 있는 경우: 행정청은 수리 또는 처리할 법적 의무가 있다. 다만, 그 처리의 내용은 기속행위인 경우는 신청된 특정처분을 하여야 하고, 재량행위인 경우는 재량권의 한계를 준수한 어떠한 처분을 하게 될 것이다. 〈14. 지방 9급〉

> **Winner's** 처리 내용 : 기속행위 (특정 처분), 재량행위 (어떤 처분)

② 사인에게 행정청의 행위에 대한 청구권이 없는 경우: 행정청은 법적인 처리의무는 없다. 다만, 개별법상 그에 대한 처리결과의 통지의무를 규정한 경우는 있다.

(2) 제3자에 대한 행정권 발동요구

관계법규상 행정청에 일정한 규제·감독의무가 부여되어 있고, 해당 법규의 목적·취지가 일정 개인에게 이러한 공권력 발동을 청구할 수 있는 자격을 부여하고 있는 경우에는 가능하다(행정개입청구권의 논의).

(3) 재신청의 가부(可否)

수익적 행정행위를 신청했다가 거부된 경우 다시 신청할 수 있는지 여부가 문제된다. 선행거부처분에 불가쟁력이 발생한 경우에도 사정변경이 있으면 가능하다.

(4) 수정인가의 가부(可否)

신청한 내용과 다른 인가를 하는 것이 가능한지의 문제이다. 인가는 타인의 법률행위를 보충하는 데 그친다는 점에서 특별한 규정이 없는 한 허용되지 않는다.

(5) 사인(私人)의 공법행위의 하자와 행정행위의 효력

사인의 공법행위에 하자가 있는 경우 그에 따른 행정행위의 효력은 어떠할 것인지가 문제된다. 자족적(自足的) 공법행위에 대해서는 논의의 실익이 없다.

사인의 행위가 동기에 불과한 경우	사인의 행위는 행정청의 직권발동을 촉구하는 의미밖에 없으므로 행정행위의 효력에는 아무런 영향이 없다.
사인의 행위가 요건이 되는 경우	사인의 행위의 하자 정도가 ⓐ 단순한 위법인 경우에는 행정행위는 원칙적으로 유효하나, ⓑ 무효인 경우에는 행정행위도 무효가 될 것이다.

> 참고 사인의 공법행위의 하자와 행정행위의 효력

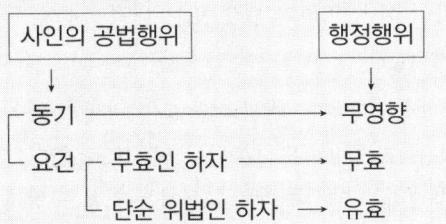

1. 세무서장의 강박에 의한 사직원❶이 무효인지 여부(긍정)

상사인 세무서장이 원고에게 사직원을 제출할 것을 강력히 요구하여 사직원을 제출하였다면 이는 무효이다(대판 1975.6.24. 75누46).

용어설명 ❶ 사직원 : 공무원 스스로 신분을 소멸시키는 의사표시

2. 중앙정보부의 강박에 의하여 제출된 사직원에 의한 면직처분(위법)

중앙정보부가 공무원의 면직❶ 등에 관여할 수 없다 하더라도 그 부원이 사실상 당해 공무원을 구타·위협하는 등으로 관여하여 이로 말미암아 본의 아닌 사직원을 제출케 한 이상 위와 같은 사직원에 의한 공무원의 면직처분은 위법이다(대판 1968.4.30. 68누8).

용어설명 ❶ 면직 : 공무원의 신분을 소멸시키는 행위

3. 위임 없는 허가신청에 근거한 허가처분의 효력(무효)

행정관청에 내하여 특성사항에 관한 허가신청을 하도록 위임받은 자가 위임자 명의의 서류를 위조하여 위임받지 아니한 하자 있는 허가신청에 기하여 이루어진 허가처분은 무효다(대판 1974.8.30. 74누168).

4. 사인(私人)의 공법행위의 적용법리

(1) 서설

행정법상 사인의 공법행위에 대한 일반적 규정은 존재하지 않으므로, 「민법」상 법률행위에 관한 규정이나 법원리를 유추적용하여야 할 것이다.

(2) 구체적 검토

① 의사능력: 자신의 의사표시가 어떠한 효과를 가져오는지를 이해 내지 판단할 수 있는 능력을 말한다. 「민법」상 의사능력이 없는 자의 행위는 절대무효이고, 행정법에서도 마찬가지이다.

② 행위능력: 단독으로 법률행위를 유효하게 할 수 있는 능력을 말한다. 「민법」상 행위능력이 없으면 취소사유가 되는 것이 원칙이나, 행정법에서는 유효가 되는 경우가 많다. 다만, 재산상 행위에 대해서는 특별한 규정이 없는 한 원칙적으로 유추적용될 수 있다.

③ 대리: 사인의 공법행위는 법률규정 또는 행위의 성질상(⑩ 응시행위, 사직원의 제출 등) 대리가 허용되지 않는 경우가 많다. 그러나 개인적 자격과 직접관계가 없는 행위는 일반적으로 대리가 허용되며, 그 한도에서는 「민법」의 규정이 유추적용될 수 있다.

④ 행위의 형식: 사인의 공법행위도 사법(私法)행위와 마찬가지로 불요식이 원칙이나, 행위의 존재나 내용을 명확히 하기 위하여 법령 또는 내규(內規)로 일정한 서식에 의하도록 규정하고 있는 경우가 많다(⑩ 행정심판청구서, 인·허가신청서 등).

⑤ 효력발생시기: 사인의 공법행위도 행위의 존재를 명확히 하기 위해서 의사표시가 도달한 때 효력을 발생한다는 「민법」상 도달주의를 원칙으로 한다. 그러나 개별법상 의사표시가 발송된 때 효력을 발생하는 발신주의를 규정하는 경우도 있다.

⑥ 부관(附款): 사인의 공법행위는 행정목적을 조기에 실현하거나 행정법관계를 안정시키기 위하여 부관을 붙일 수 없는 것이 원칙이다. ⟨07. 국가 9급⟩

Winner's 부관의 가능성 : 사인의 공법행위 (×), 행정행위 (△)

⑦ 철회·보정: 사인의 공법행위는 그에 따른 행정처분이 행해지거나 법적 효과가 완성되기 전까지는 일반적으로 자유로이 철회·보정할 수 있다. 그러나 법률상 또는 성질상(⑩ 합성행위·합동행위) 그 자유가 제한되는 경우가 있다. ⟨23. 지방 9급⟩

> **의원면직처분이 있을 때까지 사직의사표시를 철회할 수 있는지 여부(긍정)**
> 공무원이 한 사직의사표시의 철회나 취소는 그에 터잡은 의원면직처분이 있을 때까지 할 수 있는 것이고, 일단 면직처분이 있고 난 이후에는 철회나 취소할 여지가 없다(대판 2001.8.24. 99두9971).

⑧ 의사의 흠결 및 의사표시상의 하자: 민법상 의사표시에 흠결이 있거나(⑩ 허위표시, 심리유보❶, 착오❷), 의사표시상의 하자가 있는 경우(⑩ 사기, 강박)에는 무효 또는 취소할 수 있는 행위가 된다. 사인의 공법행위에 대해서는 「민법」규정을 유추적용하는 것이 원칙이나, 정형성(定型性)·단체성이 강한 것은 민법총칙을 수정·변경하여 적용한다.

용어설명 ❶ 심리유보(비진의 의사표시) : 의사를 표시하는 자 스스로 외부적으로 표현된 의사가 내부적 효과의사와 다름을 알고 있는 경우
❷ 착오 : 의사를 표시하는 자 스스로 외부적으로 표현된 의사와 내부적 효과의사가 다름을 모르는 경우

> ⟨민법⟩ 제107조(진의 아닌 의사표시) ① 의사표시는 표의자가 진의 아님을 알고 한 것이라도 그 효력이 있다. 그러나 상대방이 표의자의 진의 아님을 알았거나 이를 알 수 있었을 경우에는 무효로 한다.

1. 의사표시의 해석은 외부로 표시된 행위를 기준으로 하는지 여부(긍정)
당사자의 진정한 의사를 알 수 없다고 한다면 의사표시의 요소가 되는 것은 표시행위로부터 추단되는 효과의사, 즉 표시상의 효과의사이고 표의자가 가지고 있던 내심적 효과의사가 아니므로, 의사표시의 해석에 있어서도 당사자의 내심의 의사보다는 외부로 표시된 행위에 의하여 추단된 의사를 가지고 해석함이 상당할 것이다(대판 1999.1.29. 97누3422).

2. 영업재개업신고에 「민법」 제107조가 적용되는지 여부(부정)
민법의 법률행위에 관한 규정은 행위의 격식화를 특색으로 하는 공법행위에 당연히 타당하다고 말할 수 없으므로, 공법행위인 영업재개업신고에 민법 제107조 규정은 적용될 수 없다(대판 1978.7.25. 76누276). ⟨16. 서울 9급⟩

3. 여군의 전역지원 의사표시에 「민법」 제107조가 적용되는지 여부(부정)

군인사정책상 필요에 의하여 복무연장지원서와 전역(여군의 경우 면역임)지원서를 동시에 제출하게 한 방침에 따라 위 양 지원서를 함께 제출한 이상, 그 취지는 복무연장지원의 의사표시를 우선으로 하되, 그것이 받아들여지지 아니하는 경우에 대비하여 원(願)에 의하여 전역하겠다는 <u>조건부 의사표시를 한 것이므로, 그 전역지원의 의사표시도 유효한 것으로 보아야 한다</u>. 위 전역지원의 의사표시가 진의 아닌 의사표시라 하더라도 그 무효에 관한 법리를 선언한 민법 제107조 제1항 단서의 규정은 그 성질상 사인의 공법행위에는 적용되지 않는다 할 것이므로, 그 표시된 대로 유효한 것으로 보아야 한다(대판 1994.1.11. 93누10057).

3 신고

1. 의의

사인이 행정청에 대하여 일정한 사실·관념을 통지함으로써 공법적 효과가 발생하는 행위를 말한다(⑩ 의사·약사의 개업신고 등).

2. 종류

(1) **본래적 의미의 신고**

① 의의 : 사인의 일방적 통고행위가 행정청에 제출되어 접수된 때에 관계법이 정하는 법적 효과가 발생하는 신고를 말한다.

② 효과 : 행정청은 형식적 심사만 할 수 있다는 점에서 접수는 사실행위에 불과하므로 항고소송의 대상이 될 수 없고, 신고필증은 확인적 의미에 불과하다. 「행정절차법」상 신고는 형식적 요건만을 규정하고 있으므로 본래적 의미의 신고를 규정한 것으로 본다. ⟨23. 소방⟩

> 〈행정절차법〉 제40조(신고) ① 법령등에서 행정청에 일정한 사항을 통지함으로써 의무가 끝나는 신고를 규정하고 있는 경우 신고를 관장하는 행정청은 신고에 필요한 구비서류, 접수기관, 그 밖에 법령등에 따른 신고에 필요한 사항을 게시(인터넷 등을 통한 게시를 포함한다)하거나 이에 대한 편람을 갖추어 두고 누구나 열람할 수 있도록 하여야 한다.
> ② 제1항에 따른 신고가 다음 각 호의 요건을 갖춘 경우에는 신고서가 접수기관에 도달된 때에 신고 의무가 이행된 것으로 본다. ⟨11. 지방 9급⟩
> 1. 신고서의 기재사항에 흠이 없을 것
> 2. 필요한 구비서류가 첨부되어 있을 것
> 3. 그 밖에 법령등에 규정된 형식상의 요건에 적합할 것

Winner's 행정절차법상 신고 : 본래 신고 (○), 수리 신고 (×)

1. 골프장 이용료 변경신고가 본래적 의미의 신고인지 여부(긍정)

행정청에 대한 신고는 일정한 법률사실 또는 법률관계에 관하여 관계행정청에 일방적 통고를 하는 것을 뜻하는 것으로서, 법에 별도의 규정이 있거나 다른 특별한 사정이 없는 한 행정청에 대한 통고로서 그치는 것이고, 그에 대한 행정청의 반사적 결정을 기다릴 필요가 없는 것이므로, 체육시설의 설치·

이용에 관한 법률 제18조에 의한 변경신고는 그 신고 자체가 위법한 것이거나 신고에 무효사유가 없는 한 이것이 도지사에게 제출되어 접수된 때에 신고가 있었다고 볼 것이고, 도지사의 수리행위가 있어야만 신고가 있었다고 볼 것은 아니다(대결 1993.7.6. 93마635). 〈11·14. 국가 9급〉

> **Winner's** 본래 신고가 접수시에 효력을 발생하는 경우 : 적법한 신고 (○), 부적법한 신고 (×)

2. 부적법한 축산물판매업 신고가 있으면 효력이 발생하는지 여부(부정)

구 축산물가공처리법(2005. 3. 31. 법률 제7428호로 개정되기 전의 것) 제22조에 의하면 도축업·집유업 또는 축산물가공업을 하고자 하는 자는 시·도지사의 허가를 받아야 하고 식육포장처리업 또는 축산물보관업을 하고자 하는 자는 시장·군수·구청장의 허가를 받아야 하며, 시·도지사 또는 시장·군수·구청장은 일정한 경우 허가를 할 수 없도록 규정하는 반면, 같은 법 제21조 제1항 제6호, 제24조 제1항에 의하면, 축산물판매업을 하고자 하는 자는 농림부령이 정하는 기준에 적합한 시설을 갖추고 시장·군수·구청장에게 신고하여야 한다고만 규정하고 있는바, 이러한 법령에 비추어 볼 때 행정관청으로서는 위 법령에서 규정하는 시설기준을 갖추어 축산물판매업 신고를 하는 경우 당연히 그 신고를 수리하여야 하고, 적법한 요건을 갖춘 신고의 경우에는 행정관청의 수리처분 등 별단의 조처를 기다릴 필요 없이 그 접수 시에 신고로서의 효력이 발생하는 것이므로 그 수리가 거부되었다고 하여 미신고 영업이 되는 것은 아니라고 할 것이다(대판 2010.4.29. 2009다97925). 〈17. 국가 7급〉

> **Winner's** 축산물 판매업 : 신고 대상 (○), 허가 대상 (×)

3. 기존의 숙박업 신고가 외관상 남아 있으면 새로운 신고에 대한 수리를 거부할 수 있는지 여부(부정)

기존에 다른 사람이 숙박업 신고를 한 적이 있더라도 새로 숙박업을 하려는 자가 그 시설 등의 소유권 등 정당한 사용권한을 취득하여 법령에서 정한 요건을 갖추어 신고하였다면, 행정청으로서는 특별한 사정이 없는 한 이를 수리하여야 하고, 단지 해당 시설 등에 관한 기존의 숙박업 신고가 외관상 남아있다는 이유만으로 이를 거부할 수 없다. 위에서 보았듯이 시행규칙 제3조의2 제1항 제3호에 따라 신고된 영업장 면적의 3분의 1 이상이 증감된 경우가 아니라면 숙박업자에게는 변경신고를 할 의무조차 없다. 기존의 숙박업자가 임의로 영업장에 관한 변경신고를 하지 않는 이상 그 시설 등의 사용권한을 취득한 자로서는 그 외관을 제거할 마땅한 수단을 찾기도 어렵다. 이 점에서도 위와 같은 해석이 정당하다고 볼 수 있다(대판 2017.5.30. 2017두34087). 〈18. 국가 9급〉

4. 의원개설신고의 신고필증의 효력은 신고사실의 확인행위에 불과한지 여부(긍정)

의료법 제30조 제3항에 의하면 의원, 치과의원, 한의원 또는 조산소의 개설은 단순한 신고사항으로만 규정하고 있고 또 그 신고의 수리 여부를 심사·결정할 수 있게 하는 별다른 규정도 두고 있지 아니하므로 의원의 개설신고를 받은 행정관청으로서는 별다른 심사, 결정 없이 그 신고를 당연히 수리하여야 한다. … 의료법시행규칙 제22조 제3항에 의하면 의원개설 신고서를 수리한 행정관청이 소정의 신고필증을 교부하도록 되어 있다하여도 이는 신고사실의 확인행위로서 신고필증을 교부하도록 규정한 것에 불과하고 그와 같은 신고필증의 교부가 없다 하여 개설신고의 효력을 부정할 수 없다 할 것이다(대판 1985.4.23. 84도2953). 〈15. 지방 7급〉, 〈19. 지방 9급〉

5. 법정 요건을 충족한 경우 정신과의원개설신고의 수리거부(부정)

정신과의원을 개설하려는 자가 법령에 규정되어 있는 요건을 갖추어 개설신고를 한 때에, 행정청은 원칙적으로 이를 수리하여 신고필증을 교부하여야 하고, 법령에서 정한 요건 이외의 사유를 들어 의원급 의료기관 개설신고의 수리를 거부할 수는 없다(대판 2018.10.25. 2018두44302). (*다만, 수리를 요하지 않는 신고라고 본 원심판결은 적절치 못하다고 판시하였다.)

(2) 수리를 요하는 신고

① 의의: 실정법상 신고라고 되어 있는 경우에도 행정청이 수리하여야 비로소 법적 효과가 발생하는 신고를 말한다. 실정법상 '등록'으로 표현되기도 한다. 행정규제의 완화책으로 종래의 허가사항이 신고사항으로 되었으나, 허가의 요건이 그대로 남아 있는 '완화된 허가제'는 수리를 요하는 신고로 파악된다.

② 효과: 행정청이 실질적 심사권을 가진다는 점에서 수리행위는 법률행위로서 항고소송의 대상이 될 수 있고, 신고필증은 창설적 의미를 가진다. 「행정기본법」은 수리를 요하는 신고에 대하여도 규정하고 있다. 〈23. 소방〉

〈행정기본법〉 제34조(수리 여부에 따른 신고의 효력) 법령등으로 정하는 바에 따라 행정청에 일정한 사항을 통지하여야 하는 신고로서 법률에 신고의 수리가 필요하다고 명시되어 있는 경우(행정기관의 내부 업무 처리 절차로서 수리를 규정한 경우는 제외한다)에는 행정청이 수리하여야 효력이 발생한다.

1. 어업신고가 수리를 요하는 신고에 해당하는지 여부(긍정)

어업의 신고에 관하여 유효기간을 설정하면서 그 기산점을 '수리한 날'로 규정하고, 나아가 필요한 경우에는 그 유효기간을 단축할 수 있도록까지 하고 있는 수산업법 제44조 제2항의 규정 취지 및 어업의 신고를 한 자가 공익상 필요에 의하여 한 행정청의 조치에 위반한 경우에 어업의 신고를 수리한 때에 교부한 어업신고필증을 회수하도록 하고 있는 구 수산업법 시행령(1996. 12. 31. 대통령령 제15241호로 개정되기 전의 것) 제33조 제1항의 규정 취지에 비추어 보면, 수산업법 제44조 소정의 어업의 신고는 행정청의 수리에 의하여 비로소 그 효과가 발생하는 이른바 수리를 요하는 신고라고 할 것이다(대판 2000.5.26. 99다37382). 〈17. 서울 9급〉

2. 대규모점포의 개설 등록이 수리를 요하는 신고인지 여부(긍정)

[다수의견] 구 유통산업발전법 제12조의2 제1항, 제2항, 제3항은 기존의 대규모점포의 등록된 유형구분을 전제로 '대형마트로 등록된 대규모점포'를 일체로서 규제 대상으로 삼고자 하는 데 취지가 있는 점, 대규모점포의 개설 등록은 이른바 '수리를 요하는 신고'로서 행정처분에 해당한다(대판 2015.11.9. 2015두295 전합). 〈23. 소방〉, 〈23. 국가 7급〉

3. LPG사업양수 지위승계신고 수리행위의 처분성(긍정)

액화석유가스의안전및사업관리법 제7조 제2항에 의한 사업양수에 의한 지위승계신고를 수리하는 허가관청의 행위는 단순히 양도·양수자 사이에 발생한 사법상의 사업양도의 법률효과에 의하여 양수자가 사업을 승계하였다는 사실의 신고를 접수하는 행위에 그치는 것이 아니라, 실질에 있어서 양도자의 사업허가를 취소함과 아울러 양수자에게 적법히 사업을 할 수 있는 법규상 권리를 설정하여 주는 행위로서 사업허가자의 변경이라는 법률효과를 발생시키는 행위이므로, 허가관청이 법 제7조 제2항에 의한 사업양수에 의한 지위승계신고를 수리하는 행위는 행정처분에 해당한다(대판 1993.6.8. 91누11544). 〈13. 국가 7급〉

4. 지위승계신고 수리 전 행정적 책임이 양도인에게 있는지 여부(긍정)

사실상 영업이 양도·양수되었지만 아직 승계신고 및 그 수리처분이 있기 이전에는 여전히 종전의 영업자인 양도인이 영업허가자이고, 양수인은 영업허가자가 되지 못한다할 것이어서 행정제재처분의 사유가 있는지 여부 및 그 사유가 있다고 하여 행하는 행정제재처분은 영업허가자인 양도인을 기준으로 판단하여 그 양도인에 대하여 행하여야 할 것이고, 한편 양도인이 그의 의사에 따라 양수인에게 영업을 양도하면서 양수인으로 하여금 영업을 하도록 허락하였다면 그 양수인의 영업 중 발생한 위반행위에 대한 행정적인 책임은 영업허가자인 양도인에게 귀속된다고 보아야 할 것이다(대판 1995.2.24. 94누9146). 〈14. 국가 9급〉

Winner's 지위승계신고 수리 전 행정적 책임 : 양도인 (○), 양수인 (×)

Winner's 본래적 의미의 신고와 수리를 요하는 신고

구분	본래적 의미의 신고	수리를 요하는 신고
효력 발생시기	접수된 때	수리한 때
거부행위의 처분성	부정	긍정
심사범위	형식적 심사	실질적 심사
신고필증의 효과	확인적 효력	창설적 효력
근거법	행정절차법	행정기본법

3. 판례 검토

(1) 건축신고

「건축법」상 건축은 허가를 받아야 하는 것이 원칙이나 일정한 소규모 건축에 대해서는 신고만으로 건축허가를 받은 것으로 간주한다. 또한 건축신고가 있으면 다른 법률에 따른 허가를 받은 것으로 간주하는 경우도 있다. 과거 건축신고 수리거부는 처분성이 없다고 판시하여 본래적 의미의 신고로 보았으나, 최근에는 판례를 변경하여 수리거부의 처분성을 긍정하였다. 다만, 건축신고가 수리를 요하는 신고인지 여부에 대해서는 입장이 확실하지 않다.

1. 구 「건축법」상 건축신고 반려행위의 처분성(긍정)

구 건축법(2008. 3. 21. 법률 제8974호로 전부 개정되기 전의 것) 관련 규정의 내용 및 취지에 의하면, … 건축주 등은 신고제하에서도 건축신고가 반려될 경우 당해 건물의 건축을 개시하면 시정명령·이행강제금·벌금의 대상이 되거나 당해 건축물을 사용하여 행할 행위의 허가가 거부될 우려가 있어 불안정한 지위에 놓이게 된다. 따라서 건축신고 반려행위가 이루어진 단계에서 당사자로 하여금 반려행위의 적법성을 다투어 그 법적 불안을 해소한 다음 건축행위에 나아가도록 함으로써 장차 있을지도 모르는 위험에서 미리 벗어날 수 있도록 길을 열어 주고, 위법한 건축물의 양산과 그 철거를 둘러싼 분쟁을 조기에 근본적으로 해결할 수 있게 하는 것이 법치행정의 원리에 부합한다. 그러므로 건축신고 반려행위는 항고소송의 대상이 된다고 보는 것이 옳다(대판 2010.11.18. 2008두167 전합). 〈12. 국가 9급〉

2. 「건축법」에 의한 인·허가 의제효과를 수반하는 건축신고가 수리를 요하는 신고인지 여부(긍정)

건축법에서 인·허가 의제제도를 둔 취지는, 인·허가 의제사항과 관련하여 건축허가 또는 건축신고의 관할행정청으로 그 창구를 단일화하고 절차를 간소화하며 비용과 시간을 절감함으로써 국민의 권익을 보호하려는 것이지, 인·허가 의제사항 관련법률에 따른 각각의 인·허가 요건에 관한 일체의 심사를 배제하려는 것으로 보기는 어렵다. 왜냐하면 건축법과 인·허가 의제사항 관련법률은 각기 고유한 목적이 있고, 건축신고와 인·허가의제사항도 각각 별개의 제도적 취지가 있으며, 그 요건 또한 달리하기 때문이다. … 따라서 인·허가 의제효과를 수반하는 건축신고는 일반적인 건축신고와는 달리, 특별한 사정이 없는 한 행정청이 그 실체적 요건에 관한 심사를 한 후 수리하여야 하는 이른바 '수리를 요하는 신고'로 보는 것이 옳다(대판 2011.1.20. 2010두14954 전합). 〈14·19. 국가 9급〉

3. 「국토의 계획 및 이용에 관한 법률」상의 개발행위허가로 의제되는 건축신고가 개발행위허가의 기준을 갖추지 못한 경우 행정청이 수리를 거부할 수 있는지 여부(긍정)

일정한 건축물에 관한 건축신고는 건축법 제14조 제2항, 제11조 제5항 제3호에 의하여 국토의 계획 및 이용에 관한 법률 제56조에 따른 개발행위허가를 받은 것으로 의제되는데, 국토의 계획 및 이용에 관한 법률 제58조 제1항 제4호에서는 개발행위허가의 기준으로 주변 지역의 토지이용실태 또는 토지이용계획, 건축물의 높이, 토지의 경사도, 수목의 상태, 물의 배수, 하천·호소·습지의 배수 등 주변 환경이나 경관과 조화를 이룰 것을 규정하고 있으므로, 국토의 계획 및 이용에 관한 법률상의 개발행위허가로 의제되는 건축신고가 위와 같은 기준을 갖추지 못한 경우 행정청으로서는 이를 이유로 그 수리를 거부할 수 있다고 보아야 한다(대판 2011.1.20. 2010두14954 전합). 〈14. 지방 9급〉

4. 행정청의 착공신고 반려행위의 처분성(긍정)

건축주 등으로서는 착공신고가 반려될 경우 당해 건축물의 착공을 개시하면 시정명령·이행강제금·벌금의 대상이 되거나 당해 건축물을 사용하여 행할 행위의 허가가 거부될 우려가 있어 불안정한 지위에 놓이게 된다. 따라서 착공신고 반려행위가 이루어진 단계에서 당사자로 하여금 반려행위의 적법성을 다투어 법적 불안을 해소한 다음 건축 행위에 나아가도록 함으로써 장차 있을지도 모르는 위험에서 미리 벗어날 수 있도록 길을 열어 주고, 위법한 건축물의 양산과 철거를 둘러싼 분쟁을 조기에 근본적으로 해결할 수 있게 하는 것이 법치행정의 원리에 부합한다. 그러므로 행정청의 착공신고반려행위는 항고소송의 대상이 된다고 보는 것이 옳다(대판 2011.6.10. 2010두7321). 〈17. 지방 9급〉

5. 개발행위허가 요건을 결여한 경우 가설건축물 축조신고의 수리를 거부할 수 있는지 여부(부정)

2017. 1. 17. 개정 전 구 건축법은 가설건축물이 축조되는 지역과 용도에 따라 허가제와 신고제를 구분하면서, 가설건축물 신고와 관련하여서는 국토의 계획 및 이용에 관한 법률에 따른 개발행위허가 등 인·허가 의제 내지 협의에 관한 규정을 전혀 두고 있지 아니하다. 이러한 신고대상 가설건축물 규제 완화의 취지를 고려하면, 행정청은 특별한 사정이 없는 한 개발행위허가 기준에 부합하지 않는다는 점을 이유로 가설건축물 축조신고의 수리를 거부할 수는 없다(대판 2019.1.10. 2017두75606).

(2) 납골당 설치신고

납골당 설치신고는 수리를 요하는 신고에 해당하므로 그 수리거부는 처분성이 있지만, 관련시설은 신고대상이 아니므로 수리를 거부하더라도 처분성이 없다. 다만, 납골당 설치신고 사항에 대한 행정청의 이행통지는 수리처분과 별도로 처분성이 인정되는 것은 아니라고 하였다.

1. 납골당 설치신고가 수리를 요하는 신고인지 여부(긍정)

구 장사 등에 관한 법률(2007. 5. 25. 법률 제8489호로 전부 개정되기 전의 것, 이하 '구장사법'이라 한다) 제14조 제1항, 구 장사 등에 관한 법률 시행규칙(2008. 5. 26. 보건복지가족부령 제15호로 전부 개정되기 전의 것) 제7조 제1항[별지 제7호 서식]을 종합하면, 납골당 설치신고는 이른바 '수리를 요하는 신고'라 할 것이므로, 납골당 설치신고가 구 장사법 관련 규정의 모든 요건에 맞는 신고라 하더라도 신고인은 곧바로 납골당을 설치할 수는 없고, 이에 대한 행정청의 수리처분이 있어야만 신고한 대로 납골당을 설치할 수 있다. 한편 수리란 신고를 유효한 것으로 판단하고 법령에 의하여 처리할 의사로 이를 수령하는 수동적 행위이므로 수리행위에 신고필증 교부 등 행위가 꼭 필요한 것은 아니다(대판 2011.9.8. 2009두6766). 〈13. 국가 7급〉, 〈19. 국회 8급〉

2. 납골당 설치신고사항에 대한 이행통지가 행정처분인지 여부(부정)

파주시장이 종교단체 납골당 설치신고를 한 갑 교회에 "구 장사 등에 관한 법률 (2007. 5. 25. 법률 제8489호로 전부 개정되기 전의 것, 이하 '구 장사법'이라 한다) 등에 따라 필요한 시설을 설치하고 유골을 안전하게 보관할 수 있는 설비를 갖추어야 하며 관계법령에 따른 허가 및 준수 사항을 이행하여야 한다"는 내용의 납골당 설치 신고사항 이행통지를 한 사안에서, 이행통지는 납골당 설치신고에 대하여 파주시장이 납골당 설치요건을 구비하였음을 확인하고 구 장사법령상 납골당 설치기준, 관계법령상 허가 또는 신고 내용을 고지하면서 신고한 대로 납골당 시설을 설치하도록 한 것이므로, 파주시장이 갑 교회에 이행통지를 함으로써 납골당 설치신고 수리를 하였다고 보는 것이 타당하고, 이행통지가 새로이 갑 교회 또는 관계자들의 법률상 지위에 변동을 일으키지는 않으므로 이를 수리처분과 별도로 항고소송 대상이 되는 다른 처분으로 볼 수 없다(대판 2011.9.8. 2009두6766). 〈13. 국가 7급〉

3. 납골탑 관련시설의 설치신고 반려가 행정처분인지 여부(부정)

재단법인이 아닌 종교단체가 설치하고자 하는 납골탑에는 관리사무실, 유족편의시설, 화장한 유골을 뿌릴 수 있는 시설 그 밖에 필요한 시설물과 주차장을 마련하여야 하나, 위와 같은 시설들은 신고한 납골탑을 실제로 설치·관리함에 있어 마련해야 하는 시설에 불과한 것으로서 이에 관한 사항이 납골탑 설치신고의 신고대상이 되는 것으로 볼 아무런 근거가 없으므로, 종교단체가 납골탑 설치신고를 함에 있어 위와 같은 시설 등에 관한 사항을 신고한 데 대하여 행정청이 그 신고를 이를 일괄 반려하였다고 하더라도 그 반려처분 중 위와 같은 시설 등에 관한 신고를 반려한 부분은 항고소송의 대상이되는 행정처분이라고 할 수 없다(대판 2005.2.25. 2004두4031).

> Winner's 납골당 : 설치신고 (수리 신고), 관련시설 설치신고 (신고사항 ×)

(3) 당구장 신고

당구장 신고는 본래적 의미의 신고에 해당하므로 수리처분이 필요 없으나, 학교환경위생정화구역 내의 당구장 신고는 수리처분이 필요하다는 전제 하에서 본안심사를 했다는 점에서 수리를 요하는 신고로 볼 수 있다.

1. 신고체육시설업에 해당하는 당구장 신고가 본래적 의미의 신고인지 여부(긍정)

체육시설의 설치·이용에관한법률 제10조, 제11조, 제22조, 같은법시행규칙 제8조 및 제25조의 각 규정에 의하면, 체육시설업은 등록체육시설업과 신고체육시설업으로 나누어지고, 당구장업과 같은 신고체육시설업을 하고자 하는 자는 체육시설업의 종류별로 같은법시행규칙이 정하는 해당 시설을 갖추어 소정의 양식에 따라 신고서를 제출하는 방식으로 시·도지사에 신고하도록 규정하고 있으므로, 소정의 시설을 갖추지 못한 체육시설업의 신고는 부적법한 것으로 그 수리가 거부될 수밖에 없고 그러한 상태에서 신고체육시설업의 영업행위를 계속하는 것은 무신고 영업행위에 해당할 것이지만, 이에 반하여 적법한 요건을 갖춘 신고의 경우에는 행정청의 수리처분 등 별단의 조처를 기다릴 필요 없이 그 접수 시에 신고로서의 효력이 발생하는 것이므로 그 수리가 거부되었다고 하여 무신고영업이 되는 것은 아니다 (대판 1998.4.24. 97도3121).

2. 학교환경위생정화구역 내 당구장 신고가 수리를 요하는 신고인지 여부(긍정)

학교보건법과 체육시설의설치·이용에관한법률은 그 입법목적, 규정사항, 적용범위 등을 서로 달리 하고 있어서 당구장의 설치에 관하여 체육시설의설치·이용에관한법률이 학교보건법에 우선하여 배타적으로 적용되는 관계에 있다고는 해석되지 아니하므로 체육시설의설치·이용에관한법률에 따른 당구장업의 신고요건을 갖춘 자라 할지라도 학교보건법 제5조 소정의 학교환경위생정화구역 내에서는 같은 법 제6조에 의한 별도 요건을 충족하지 아니하는 한 적법한 신고를 할 수 없다고 보아야 한다. … 당구장업소에 대한 체육시설업신고 거부처분 취소소송에서 같은 조건하에 있는 다른 당구장업소에 대하여 체육시설업신고가 수리된 적이 있다는 진술만 가지고 바로 취소소송의 대상인 거부처분이 재량권의 한계를 넘은 것이라는 주장으로 보기는 어렵다(대판 1991.7.12. 90누8350).

(4) 원격평생교육시설 신고

학습비를 받고 실시하는 경우에는 본래적 의미의 신고에 해당하나, 학습비를 받지 않는 경우에는 신고대상이 아니라고 하였다.

학습비를 받는 원격평생교육시설 신고가 본래적 의미의 신고에 해당하는지 여부(긍정)

구 평생교육법(2007. 10. 17. 법률 제8640호로 개정되기 전의 것, 이하 '법'이라 한다) 제22조 제1항·제2항·제3항, 구 평생교육법 시행령(2004. 1. 29. 대통령령 제18245호로 개정되기 전의 것) 제27조 제1항·제2항·제3항에 의하면, 정보통신매체를 이용하여 학습비를 받지 아니하고 원격평생교육을 실시하고자 하는 경우에는 누구든지 아무런 신고 없이 자유롭게 이를 할 수 있고, 다만 위와 같은 교육을 불특정 다수인에게 학습비를 받고 실시하는 경우에는 이를 신고하여야 하나, 법 제22조가 신고를 요하는 제2항과 신고를 요하지 않는 제1항에서 '학습비' 수수 외에 교육대상이나 방법등 다른 요건을 달리 규정하고 있지 않을 뿐 아니라 제2항에서도 학습비 금액이나 수령 등에 관하여 아무런 제한을 하고 있지 않은 점에 비추어 볼 때, 행정청으로서는 신고서 기재사항에 흠결이 없고 정해진 서류가 구비된 때에는 이를 수리하여야 하고, 이러한 형식적 요건을 모두 갖추었음에도 신고대상이 된 교육이나 학습이 공익적 기준에 적합하지 않는다는 등 실체적 사유를 들어 신고 수리를 거부할 수는 없다(대판 2011.7.28. 2005두11784). ⟨16. 지방 9급⟩, ⟨19. 국회 8급⟩, ⟨21. 지방 9급⟩

Winner's 원격평생교육 신고의 성질 : 학습비를 받은 경우 (본래 신고), 학습비를 받지 않은 경우 (신고 ×)

(5) 주민등록 전입신고

주민등록전입신고는 실제 거주지와 일치할 필요가 있으므로 수리를 요하는 신고로 보았다. 그러나 「주민등록법」상 거주의 목적 이외에 다른 이해관계에 대한 심사까지 필요한 것은 아니라고 하였다.

1. 주민등록전입신고가 수리를 요하는 신고인지 여부(긍정)

주민등록지는 각종의 공법관계에서 주소로 되고, 주민등록전입신고를 한 때에는 병역법, 민방위기본법, 인감증명법, 국민기초생활보장법, 국민건강보험법 및 장애인복지법에 의한 거주지 이동의 전출신고와 전입신고를 한 것으로 간주되어 주민등록지는 공법관계뿐만 아니라 주민의 일상생활에도 중요한 영향을 미치므로, 이는 전입신고자의 실제 거주지와 일치되어야 할 필요성이 있다. 뿐만 아니라, 주민등록은 이중 등록이 금지되는 점과 아울러 시장·군수 또는 구청장(이하 '시장 등'이라 한다)은 전입신고 후라도 허위신고 여부를 조사하여 사실과 다른 것을 확인한 때에는 일정한 절차를 거쳐 주민등록을 정정 또는 말소하는 권한을 가지고 있는 점 등을 종합하여 보면, 시장 등은 주민등록전입신고의 수리 여부를 심사할 수 있는 권한이 있다고 봄이 상당하다(대판 2009.6.18. 2008두10997 전합). 〈16. 국가 9급〉

2. 주민등록전입신고 수리 심사 시 다른 이해관계에 대한 의도를 심사하는지 여부(부정)

시장 등의 주민등록전입신고 수리 여부에 대한 심사는 주민등록법의 입법 목적의 범위 내에서 제한적으로 이루어져야 할 것이다. … 전입신고를 받은 시장 등의 심사 대상은 전입신고자가 30일 이상 생활의 근거로서 거주할 목적으로 거주지를 옮기는지 여부만으로 제한된다고 보아야 할 것이다. 따라서 전입신고자가 거주의 목적 이외에 다른 이해관계에 관한 의도를 가지고 있는지 여부, 무허가건축물의 관리, 전입신고를 수리함으로써 당해 지방자치단체에 미치는 영향 등과 같은 사유는 주민등록법이 아닌 다른 법률에 의하여 규율되어야 할 것이고, 주민등록전입신고의 수리 여부를 심사하는 단계에서는 고려대상이 될 수 없다(대판 2009.6.18. 2008두10997 전합). 〈13. 국가 7급〉〈14·19. 지방 9급〉

Winner's 주민등록 전입신고시 심사대상 : 주민등록법 (○), 지방자치법 (×)

(6) 기타

본래적 의미의 신고인지, 수리를 요하는 신고인지 여부에 대해서는 관계법의 해석상 행정청의 수리행위로 인하여 법적인 효과가 발생하는지 여부에 달려 있다.

1. 테니스장을 배드민턴장으로 용도변경한 사실이 신고사항인지 여부(부정)

공동주택 입주민의 옥외운동시설인 테니스장을 배드민턴장으로 변경하고 그 변동사실을 신고하여 관할시장이 그 신고를 수리한 경우 그 용도변경은 주택건설촉진법상 신고를 요하는 입주자 공유인 복리시설의 용도변경에 해당하지 아니하므로 그 변동 사실은 신고할 사항이 아니고 관할시장이 그 신고를 수리하였다 하더라도 그 수리는 공동주택입주민의 구체적인 권리의무에 아무런 변동을 초래하지 않는다는 이유로 항고소송의 대상이 되는 행정처분이 아니다(대판 2000.12.22. 99두455).

2. 실체적인 이유를 내세운 건축주 명의변경 신고 수리 거부의 가능성(부정)

건축주명의변경신고에 관한 건축법시행규칙 제3조의2의 규정은 단순히 행정관청의 사무집행의 편의를 위한 것에 지나지 않는 것이 아니라, 허가대상건축물의 양수인에게 건축주의 명의변경을 신고할 수 있는 공법상의 권리를 인정함과 아울러 행정관청에게는 그 신고를 수리할 의무를 지게 한 것으로 봄이 상당하므로, 허가대상건축물의 양수인이 위 규칙에 규정되어 있는 형식적 요건을 갖추어 시장, 군수에게 적법하게 건축주의 명의변경을 신고한 때에는 시장, 군수는 그 신고를 수리하여야지 실체적인 이유를 내세워 그 신고의 수리를 거부할 수는 없다(대판 1992.3.31. 91누4911). 〈20. 국가 7급〉

3. 건축주 명의변경신고 수리거부가 처분인지 여부(긍정)

건축주 명의변경신고 수리거부행위는 행정청이 허가대상건축물 양수인의 건축주 명의변경신고라는 구체적인 사실에 관한 법집행으로서 그 신고를 수리하여야 할 법령상의 의무를 지고 있음에도 불구하고 그 신고의 수리를 거부함으로써, 양수인이 건축공사를 계속하기 위하여 또는 건축공사를 완료한 후 자신의 명의로 소유권보존등기를 하기 위하여 가지는 구체적인 법적 이익을 침해하는 결과가 되었다고 할 것이므로, 비록 건축허가가 대물적 허가로서 그 허가의 효과가 허가대상건축물에 대한 권리변동에 수반하여 이전된다고 하더라도, 양수인의 권리·의무에 직접 영향을 미치는 것으로서 취소소송의 대상이 되는 처분이라고 하지 않을 수 없다(대판 1992.3.31. 91누4911). 〈17. 지방 7급〉, 〈19. 지방 9급〉

4. 「부가가치세법」상의 사업자등록이 본래적 의미의 신고인지 여부(긍정)

부가가치세법상의 사업자등록은 과세관청으로 하여금 부가가치세의 납세의무자를 파악하고 그 과세자료를 확보케 하려는 데 입법취지가 있는 것으로서, 이는 단순한 사업사실의 신고로서 사업자가 소관 세무서장에서 소정의 사업자등록신청서를 제출함으로써 성립되는 것이고, 사업자등록증의 교부는 이와 같은 등록사실을 증명하는 증서의 교부행위에 불과한 것이며, 부가가치세법 제5조 제5항에 의하면 사업자가 폐업하거나 또는 신규로 사업을 개시하고자 하여 사업개시일 전에 등록한 후 사실상 사업을 개시하지 아니하게 되는 때에는 과세관청이 직권으로 이를 말소하도록 하고 있는데, 사업자등록의 말소 또한 폐업사실의 기재일 뿐 그에 의하여 사업자로서의 지위에 변동을 가져오는 것이 아니라는 점에서 과세관청의 사업자등록 직권말소행위는 불복의 대상이 되는 행정처분으로 볼 수가 없다(대판 2000.12.22. 99두6903). 〈12. 지방 9급〉, 〈13. 국가 7급〉

5. 담당 공무원이 관계법령에 규정되지 아니한 서류를 요구하여 신고서를 제출하지 못한 경우 신고가 있는 것인지 여부(부정)

수산제조업을 하고자 하는 사람이 형식적 요건을 모두 갖춘 수산제조업 신고서를 제출한 경우에는 담당 공무원이 관계법령에 규정되지 아니한 사유를 들어 그 신고를 수리하지 아니하고 반려하였다고 하더라도 그 신고서가 제출된 때에 신고가 있었다고 볼 것이나, 담당 공무원이 관계법령에 규정되지 아니한 서류를 요구하여 신고서를 제출하지 못하였다는 사정만으로는 신고가 있었던 것으로 볼 수 없다(대판 2002.3.12. 2000다73612).

> **Winner's** 법령상 근거 없는 사유로 신고를 반려한 경우 효력발생시기 : 접수된 때 (○), 반려한 때 (×)

6. 유료노인복지주택의 설치신고가 수리를 요하는 신고인지 여부(긍정)

구 노인복지법(2005. 3. 31. 법률 제7452호로 개정되기 전의 것)의 목적과 노인주거복지시설의 설치에 관한 법령의 각 규정들 및 노인복지시설에 대하여 각종 보조와 혜택이 주어지는 점 등을 종합하여 보면, 노인복지시설을 건축한다는 이유로 건축부지 취득에 관한 조세를 감면받고 일반 공동주택에 비하여 완화된 부대시설 설치기준을 적용받아 건축허가를 받은 자로서는 당연히 그 노인복지시설에 관한 설치신고 당시에도 당해 시설이 노인복지시설로 운영될 수 있도록 조치하여야 할 의무가 있고, 따라서 같은 법 제33조 제2항에 의한 유료노인복지주택의 설치신고를 받은 행정관청으로서는 그 유료노인복지주택의 시설 및 운영기준이 위 법령에 부합하는지와 아울러 그 유료노인복지주택이 적법한 입소대상자에게 분양되었는지와 설치신고 당시 부적격자들이 입소하고 있지는 않은지 여부까지 심사하여 그 신고의 수리 여부를 결정할 수 있다(대판 2007.1.11. 2006두14537). 〈14. 국가 9급〉

7. 냉장냉동용 화물자동차를 일반형 화물자동차로 변경하는 것은 변경신고의 대상인지 여부(부정)

화물자동차법 및 시행령이 대폐차의 경우 변경허가 대상이 아니라 변경신고 대상으로 정한 것은 대폐차를 원인으로 한 변경신고는 대폐차 전후의 화물자동차가 동일한 용도의 것임을 전제로 이러한 때는 관계 법령에 적합한지를 다시 심사할 필요가 없다고 보아 변경 절차를 간소화하기 위함이다. … 따라서 공급이 제한된 냉장냉동용 화물자동차를 공급이 제한된 일반형 화물자동차로 변경하는 것은 화물자동차법 시행령 제2조가 정한 변경신고 대상이 아니라 화물자동차법 제3조 제3항 본문에 정한 변경허가 대상이라고 할 것이다(대판 2019.4.25. 2018두53498).

Winner's 동일한 용도로 변경(신고사항), 다른 용도로 변경(허가사항)

Winner's 신고의 유형

본래적 의미의 신고	수리를 요하는 신고
① 당구장 신고	① 학교환경위생정화구역 내 당구장 신고
② 골프장 이용료 변경신고 ③ 축산물 판매신고 ④ 의원개설신고 ⑤ 학습비를 받는 원격평생교육시설 신고 ⑥ 「부가가치세법」상의 사업자등록 ⑦ 「행정절차법」상 신고 ⑧ 가설건축물 축조신고 ⑨ 동일한 용도의 대폐차 변경신고	② 납골당 설치신고 ③ 어업신고 ④ LPG사업양수 지위승계신고 ⑤ 「건축법」에 의한 인·허가 의제효과를 수반하는 건축신고 ⑥ 건축주 명의변경신고 ⑦ 주민등록전입신고 ⑧ 유료노인복지주택의 설치신고 ⑨ 대규모점포의 개설 등록

제4절 공법상의 사무관리와 부당이득

1 공법상의 사무관리

1. 의의

법률상 의무 없이 타인의 사무를 관리하는 행위를 말한다(⑩ 수난구호, 보호기업에 대한 강제관리, 행려병자의 유류품 관리). 특별한 규정이 없는 한 「민법」에 따른다.

> 〈민법〉
> 제734조(사무관리의 내용) ① 의무없이 타인을 위하여 사무를 관리하는 자는 그 사무의 성질에 좇아 가장 본인에게 이익되는 방법으로 이를 관리하여야 한다.
>
> 제739조(관리자의 비용상환청구권) ① 관리자가 본인을 위하여 필요비 또는 유익비를 지출한 때에는 본인에 대하여 그 상환을 청구할 수 있다.

2. 인정 여부

부정설	공법상의 사무관리로 논의되는 대부분은 공법상의 의무에 따라 발동하는 것이므로 공법 영역에서는 사무관리가 존재할 수 없다는 견해이다.
긍정설 (다수설)	공법상의 의무는 국가에 대한 의무이고 피관리자에 대한 직접적 의무는 아니므로 사무관리가 성립할 수 있다고 보는 견해이다.

2 공법상의 부당이득

1. 의의

법률상 원인 없이 타인의 재산 또는 노무로 인하여 이익을 얻고 이로 인하여 타인에게 손해를 끼치는 것을 말한다(⑩ 납입 후 조세부과처분이 취소된 경우, 조세의 과오납, 봉급과액수령, 무자격자의 연금수령 등). 특별한 규정이 없는 한 「민법」에 따른다.

> 〈민법〉 제741조(부당이득의 내용) 법률상 원인없이 타인의 재산 또는 노무로 인하여 이익을 얻고 이로 인하여 타인에게 손해를 가한 자는 그 이익을 반환하여야 한다.

2. 부당이득반환청구권의 성질

(1) 학설

공권설 (다수설)	① 공법상 부당이득반환청구권은 공법상 원인 때문에 생긴 것이므로 공권에 해당한다는 견해이다. ② 그 분쟁해결은 공법상 당사자소송으로 한다.
사권설	① 부당이득은 법률상 원인이 없어야 성립하는데, 원인이 없어지면 기본적으로 사권에 불과하다는 견해이다. ② 그 분쟁해결은 민사소송으로 한다.

(2) 판례

과거 부당이득반환청구권을 사권으로 파악하여 민사소송절차에 따라야 한다고 판시하였으나, 최근에는 공권으로 파악하여 당사자소송절차에 따라야 한다는 판례가 등장하였다. 앞으로의 판례를 계속 살펴볼 필요가 있다.

1. 개발부담금 부과처분의 직권취소를 이유로 한 부당이득반환청구(민사소송)

개발부담금 부과처분이 취소된 이상 그 후의 부당이득으로서의 과오납금 반환에 관한 법률관계는 단순한 민사 관계에 불과한 것이고, 행정소송 절차에 따라야 하는 관계로 볼 수 없다(대판 1995.12.22. 94다51253). 〈13. 서울 9급〉, 〈15. 국회 8급〉, 〈18. 지방 9급〉

2. 이미 존재와 범위가 확정되어 있는 과오납부액의 부당이득반환소송(민사소송)

국세환급금에 관한 국세기본법 및 구 국세기본법(2007. 12. 31. 법률 제8830호로 개정되기 전의 것) 제51조 제1항은 이미 부당이득으로서 존재와 범위가 확정되어 있는 과오납부액이 있는 때에는 국가가 납세자의 환급신청을 기다리지 않고 즉시 반환하는 것이 정의와 공평에 합당하다는 법리를 선언하고 있는 것이므로, 이미 존재와 범위가 확정되어 있는 과오납부액은 납세자가 부당이득의 반환을 구하는 민사소송으로 환급을 청구할 수 있다(대판 2015.8.27. 2013다212639). 〈19. 서울 7급〉

3. 부가가치세 환급세액 지급청구(당사자소송)

부가가치세법령의 내용, 형식 및 입법취지 등에 비추어 보면, 납세의무자에 대한 국가의 부가가치세 환급세액 지급의무는 그 납세의무자로부터 어느 과세기간에 과다하게 거래징수된 세액 상당을 국가가 실제로 납부받았는지 여부와 관계없이 부가가치세법령의 규정에 의하여 직접 발생하는 것으로서, 그 법적 성질은 정의와 공평의 관념에서 수익자와 손실자 사이의 재산상태 조정을 위해 인정되는 부당이득 반환의무가 아니라 부가가치세법령에 의하여 그 존부나 범위가 구체적으로 확정되고 조세 정책적 관점에서 특별히 인정되는 공법상 의무라고 봄이 타당하다. 그렇다면 납세의무자에 대한 국가의 부가가치세 환급세액 지급의무에 대응하는 국가에 대한 납세의무자의 부가가치세환급세액 지급청구는 민사소송이 아니라 행정소송법 제3조 제2호에 규정된 당사자소송의 절차에 따라야 한다(대판 2013.3.21. 2011다95564 전합). 〈14. 지방 7급〉, 〈17. 지방 9급〉, 〈17. 서울 7급〉

4. 국가가 사유지 위에 군사시설 등을 설치하여 얻은 차임 상당의 이익에 대해서 부당이득 반환의무가 있는지 여부 (긍정)

구 군사시설보호법(2007. 12. 21. 법률 제8733호 군사기지 및 군사시설 보호법 부칙 제2조로 폐지)과 군사기지 및 군사시설 보호법의 입법 취지와 규정 내용, 통제보호구역의 지정 목적과 그 범위 및 통제보호구역 내에서의 행위의 제한 등에 관한 규정 등을 종합하여 보면, 특정 토지가 통제보호구역으로 지정됨으로써 토지소유자의 출입 및 토지의 용도에 따른 사용·수익이 제한될 수 있다는 사정만으로는 국가가 계속적으로 그 토지를 점유·사용하는 것이 허용된다고 할 수 없고, 또한 국가가 그 토지를 점유·사용하면서 실질적인 이익을 얻고 있다고 보기 어려울 것이다. 한편 국가가 그 토지 위에 군사시설 등을 설치하여 그 부지 등으로 계속적, 배타적으로 점유·사용하는 경우에는, 국가가 그 토지를 점유·사용할 수 있는 정당한 권원이 있음을 주장·증명하지 아니하는 이상, 그 토지에 관하여 차임 상당의 이익을 얻고 이로 인하여 원고에게 동액 상당의 손해를 주고 있다고 봄이 타당하므로, 국가는 토지소유자에게 차임 상당의 이득을 부당이득금으로 반환할 의무가 있다(대판 2012.12.26. 2011다73144). 〈17. 국가 7급(10월)〉

> **Winner's** 부당이득 반환청구권의 성질이 공권인지 여부 : 학설 (○), 판례 (△)

3. 유형

(1) 행정주체의 부당이득

① 성립

행정행위로 인한 경우	㉠ 무효이거나 사후에 실효(失效)된 경우 : 납부한 경우에 바로 부당이득이 성립한다. ㉡ 취소사유가 있는 경우 : 취소하기 전까지는 일단 유효이므로 바로 부당이득이 성립하지 않고, 취소된 경우에 비로소 부당이득이 성립한다.
기타 행정작용으로 인한 경우	행정주체가 정당한 권원 없이 타인의 토지를 도로로 조성·사용하는 경우 등이다.

Winner's 부당이득의 성립 : 취소할 수 있는 행위 (×), 취소된 행위 (○)

1. 무효인 변상금부과처분에 대한 부당이득반환청구권의 소멸시효 기산점(납부시)
지방재정법 제87조 제1항에 의한 변상금부과처분이 당연무효인 경우에 이 변상금부과처분에 의하여 납부자가 납부하거나 징수당한 오납금은 지방자치단체가 법률상 원인 없이 취득한 부당이득에 해당하고, 이러한 오납금에 대한 납부자의 부당이득반환청구권은 처음부터 법률상 원인이 없이 납부 또는 징수된 것이므로 납부 또는 징수시에 발생하여 확정되며, 그 때부터 소멸시효가 진행한다(대판 2005.1.27. 2004다50143). 〈20. 국가 9급〉

2. 도로점용허가를 직권취소한 경우 이미 징수한 점용료 반환여부(긍정)
도로관리청이 도로점용허가를 하면서 특별사용의 필요가 없는 부분을 점용장소 및 점용면적에 포함하는 것은 그 재량권 행사의 기초가 되는 사실인정에 잘못이 있는 경우에 해당하므로 그 도로점용허가 중 특별사용의 필요가 없는 부분은 위법하다. ~~~ 이에 따라 도로관리청이 도로점용허가 중 특별사용의 필요가 없는 부분을 소급적으로 직권취소하였다면, 도로관리청은 이미 징수한 점용료 중 취소된 부분의 점용면적에 해당하는 점용료를 반환하여야 한다(대판 2019.1.17. 2016두56721, 56738). 〈24. 지방 7급〉, 〈25. 국가 9급〉

② 반환범위: 「민법」은 부당이득자의 선의·악의에 따라 그 반환범위를 달리하지만, 행정법에서는 부당이득자의 선의·악의를 불문하고 전액을 반환하도록 하는 규정이 많다.

③ 구제절차: 공법상 당사자소송 또는 민사소송에 따라 구제를 받을 수 있다.

(2) 사인(私人)의 부당이득

① 성립: 행정주체의 부당이득과 같다. 다만, 수익적 행위의 취소가 제한되는 경우에는 그 반환을 청구할 수 없다.

② 반환범위: 법에 위반되는 이익은 허용되지 않으므로 전액을 반환하여야 한다.

③ 구제절차 : 국가가 사인에 대하여 반환을 청구하는 의사표시가 행정행위에 해당하는 경우에는 그 불이행에 대해서 법적 근거가 있는 경우에 한하여 강제징수를 할 수 있으나, 행정행위가 아닌 경우에는 민사소송에 따라 반환을 청구할 것이다.

4. 소멸시효

공법상 특별한 규정이 없으므로 5년으로 한다(「국가재정법」 제96조).

 MEMO

PART 02
행정작용법

제1장 | 행정입법

제1절 개설

1 서설

1. 행정입법의 의의
행정기관이 법조(法條)의 형식으로 일반·추상적 규율을 정립하는 작용 또는 그에 따라 정립된 규범을 말한다. 일반적 규율이란 불특정 다수인에게 적용되는 것이고, 추상적 규율이란 불특정 다수의 사건에 적용되는 것이다.

2. 행정행위와의 구별
행정행위는 행정청이 개별·구체적으로 법을 집행하는 행위로서 취소소송의 대상이 될 수 있다는 점에서 구별된다. 개별적 규율이란 특정인에게 적용되는 것이고, 구체적 규율이란 특정한 사건에 적용되는 것이다. 〈04. 국가 9급〉

3. 행정입법의 필요성
헌법상 입법권은 국회에 속하는 것이나, 현대 행정은 복잡·다양하고, 예측이 불가능하므로 행정입법을 제정할 필요가 있다. 행정입법은 ① 전문성·기술성, ② 신속성, ③ 정치적 중립성, ④ 각 지방의 특수성 등에 적절히 대처할 수 있다는 장점이 있다.

2 종류

1. 효과에 따른 분류 〈24. 소방〉
행정입법은 ① 법규성❶을 가지는 법규명령과 ② 법규성이 없는 행정규칙으로 나누어진다.

> **용어설명** ❶ 법규성 : 국민의 권리·의무에 관한 기준으로서 국민을 직접 구속하는 성질(다수설)

2. 주체에 따른 분류
행정입법은 ① 국가행정권이 제정한 국가법(⑩ 대통령령·총리령·부령)과 ② 지방자치단체가 제정한 자치입법(⑩ 조례·규칙·교육규칙)이 있다.

3 행정의 입법활동의 원칙

「행정기본법」은 법령 준수, 의견수렴 등 행정의 입법활동의 원칙에 대해서 규정하고 있다.

〈행정기본법〉

제2조(정의) 이 법에서 사용하는 용어의 뜻은 다음과 같다.
  1. "법령등"이란 다음 각 목의 것을 말한다.
    가. 법령: 다음의 어느 하나에 해당하는 것
      1) 법률 및 대통령령·총리령·부령
      2) 국회규칙·대법원규칙·헌법재판소규칙·중앙선거관리위원회규칙 및 감사원규칙
      3) 1) 또는 2)의 위임을 받아 중앙행정기관(「정부조직법」 및 그 밖의 법률에 따라 설치된 중앙행정기관을 말한다. 이하 같다)의 장, 국회의장, 대법원장, 헌법재판소장, 중앙선거관리위원회위원장, 감사원장 등이 정한 훈령·예규 및 고시 등 행정규칙
    나. 자치법규: 지방자치단체의 조례 및 규칙

제38조(행정의 입법활동) ① 국가나 지방자치단체가 법령등을 제정·개정·폐지하고자 하거나 그와 관련된 활동(법률안의 국회 제출과 조례안의 지방의회 제출을 포함하며, 이하 이 장에서 "행정의 입법활동"이라 한다)을 할 때에는 헌법과 상위 법령을 위반해서는 아니 되며, 헌법과 법령등에서 정한 절차를 준수하여야 한다.
② 행정의 입법활동은 다음 각 호의 기준에 따라야 한다.
  1. 일반 국민 및 이해관계자로부터 의견을 수렴하고 관계 기관과 충분한 협의를 거쳐 책임 있게 추진되어야 한다.
  2. 법령등의 내용과 규정은 다른 법령등과 조화를 이루어야 하고, 법령등 상호 간에 중복되거나 상충되지 아니하여야 한다.
  3. 법령등은 일반 국민이 그 내용을 쉽고 명확하게 이해할 수 있도록 알기 쉽게 만들어져야 한다.
③ 정부는 매년 해당 연도에 추진할 법령안 입법계획(이하 "정부입법계획"이라 한다)을 수립하여야 한다.
④ 행정의 입법활동의 절차 및 정부입법계획의 수립에 관하여 필요한 사항은 정부의 법제업무에 관한 사항을 규율하는 대통령령으로 정한다.

제2절 법규명령

1 서설

1. 의의
행정권이 정립하는 일반·추상적 규정으로서 법규의 성질을 가진 것을 말한다.

2. 범위
① 행정기관이 정립하는 법규명령으로 한정하는 견해(협의설; 김동희), ② 국회의 의결을 거치지 않은 모든 법규명령이라는 견해(광의설; 김남진)가 대립한다. 협의설에 따르면 대통령령·총리령·부령 등으로 한정되나, 광의설에 따르면 국회규칙이나 대법원규칙도 포함된다. 행정법 영역에서는 협의로 파악하는 것이 다수설이다.

3. 성질
법규명령은 법규성이 있으므로 행정청의 행위가 법규명령을 위반한 경우에는 위법한 것으로서 취소 또는 무효사유가 된다. 따라서 국민은 행정쟁송을 제기하거나 손해배상소송을 통하여 구제받을 수 있다.

2 종류

1. 수권(授權)의 범위·근거에 의한 분류

(1) **비상명령**

① 의의: 비상사태의 수습을 위해 행정권이 발하는 명령으로서 헌법적 효력을 가지는 것이다(⑩ 바이마르 헌법 제48조에 기한 비상조치, 프랑스 제5공화국 헌법 제16조에 기한 비상조치, 우리나라 제4공화국 헌법상의 긴급조치 및 제5공화국 헌법상의 비상조치 등).

② 허용 여부: 행정권이 만든 명령이 헌법적 효력을 가지게 되면 신법우선의 원칙에 따라 기존의 헌법을 부정할 수 있게 되므로 현행법상으로는 허용될 수 없다.

(2) **법률대위명령**

① 의의: 행정권이 발하는 법률적 효력을 가진 명령으로서 헌법적 근거가 필요하다(⑩ 프로이센 헌법 제55조상의 명령, 구 일본 헌법 제8조상의 긴급칙령, 우리나라 헌법상의 대통령의 긴급명령, 긴급재정·경제명령).

② 허용 여부: 헌법적 근거를 가지므로 예외적으로 허용된다. 다만, 국회의 사후승인을 받지 못하면 그때부터 무효가 된다.

(3) 법률종속명령

① 의의: 법률보다 하위의 효력을 지닌 법규명령을 말한다. 법률우위의 원칙상 행정법에서는 법률종속명령이 주로 논의된다.

② 종류 〈05. 서울 9급〉

위임명령	㉠ 의의: 법률 또는 상위명령에 의하여 위임된 사항에 관하여 발하는 명령이다(법률보충명령). ㉡ 특징: 위임의 범위 내에서 새로이 국민의 권리·의무에 관한 기준을 만들 수 있다.
집행명령	㉠ 의의: 법률의 집행을 위하여 필요한 구체적·기술적 사항을 규율하기 위하여 발하는 명령이다. ㉡ 특징: 상위법령으로부터 위임을 받지 않았으므로 새로운 법규사항을 정할 수 없다.

Winner's 위임명령 : 법률보충명령 (○), 법령보충적 행정규칙 (×)

〈도로교통법〉 제15조(전용차로의 설치) ② 전용차로의 종류, 전용차로로 통행할 수 있는 차와 그 밖에 전용차로의 운영에 관하여 필요한 사항은 대통령령으로 정한다.

〈도로교통법 시행령〉 제9조(전용차로의 종류 등) ① 법 제15조 제2항(법 제61조 제2항에서 준용되는 경우를 포함한다)에 따른 전용차로의 종류와 전용차로로 통행할 수 있는 차(이하 '전용차로통행차'라 한다)는 [별표 1]과 같다.

[별표 1]

전용차로의 종류	통행할 수 있는 차	
	고속도로	고속도로 외의 도로
1. 버스 전용차로	9인승 이상 승용자동차 및 승합자동차 …	가. 「자동차관리법」 제3조에 따른 36인승 이상의 대형승합자동차 나. …

③ 판단기준: 하나의 법규명령 속에는 위임명령과 집행명령이 혼합되어 있으므로 상위법령에 구체적인 위임규정이 있는지 여부를 분석할 필요가 있다. 다만, '이 법의 시행에 필요한 사항은 대통령령으로 정한다.'고 규정된 경우는 위임명령의 일반적 발령 근거는 아니다.
〈17. 서울 7급〉

2. 법형식에 의한 분류

(1) 헌법상 인정되고 있는 법규명령

① 대통령의 긴급명령과 긴급재정·경제명령: 대통령이 국가비상 시에 발하는 것으로서 법률적 효력을 가진다(헌법 제76조).

② 대통령령: 대통령이 법률의 위임에 따라(위임명령) 또는 법률을 집행하기 위하여(집행명령) 제정하는 법형식을 말한다. 이는 보통 시행령으로 불린다.

〈헌법〉 제75조(대통령령) 대통령은 법률에서 구체적으로 범위를 정하여 위임받은 사항과 법률을 집행하기 위하여 필요한 사항에 관하여 대통령령을 발할 수 있다.

> **경찰공무원임용령이 법규명령인지 여부(긍정)**
> "경찰공무원의 채용시험 또는 경찰간부후보생공개경쟁선발시험에서 부정행위를 한 응시자에 대하여는 당해 시험을 정지 또는 무효로 하고, 그로부터 5년간 이 영에 의한 시험에 응시할 수 없게 한다."라고 규정한 경찰공무원임용령 제46조 제1항의 수권형식과 내용에 비추어 이는 행정청 내부의 사무처리기준을 규정한 재량준칙이 아니라 일반국민이나 법원을 구속하는 법규명령에 해당하고 따라서 위 규정에 의한 처분은 재량행위가 아닌 기속행위라 할 것이다(대판 2008.5.29. 2007두18321). 〈15. 사회복지직 9급〉

③ 총리령·부령: '총리령'이란 국무총리가 발하는 법형식을 말하고, '부령'이란 각 부 장관이 발하는 법형식을 말한다. 총리령과 부령은 상위법령의 위임에 따라 또는 직권으로 발하는 법형식으로서, 보통 '시행규칙' 또는 '시행세칙'으로 불린다. 헌법상 '직권명령'이란 집행명령의 의미로 파악하는 것이 보통이다.

> **〈헌법〉 제95조(총리령·부령)** 국무총리 또는 행정각부의 장은 소관사무에 관하여 법률이나 대통령령의 위임 또는 직권으로 총리령 또는 부령을 발할 수 있다.

④ 중앙선거관리위원회규칙: 중앙선거관리위원회는 법령의 범위 안에서 선거관리·국민투표관리·정당사무 등에 관한 규정을 제정할 수 있는데, 이 규칙은 법규명령으로서의 성질을 가지고 내용적으로 위임명령과 집행명령이 모두 포함되어 있다(헌법 제114조 제6항).

(2) 감사원규칙

① 문제점: 헌법에 근거를 두고 있는 대통령령·총리령·부령과 달리 감사원규칙은 「감사원법」에 근거를 두고 있으므로 법규성을 인정할 수 있을 것인지가 문제된다. 〈24. 소방〉

> **〈감사원법〉 제52조(감사원규칙)** 감사원은 감사에 관한 절차, 감사원의 내부 규율과 감사사무 처리에 관한 규칙을 제정할 수 있다.

Winner's 감사원규칙의 법적 근거 : 법률 (○), 헌법 (×)

② 학설

법규명령설	헌법상 행정입법의 형식(⑩ 대통령령, 총리령, 부령 등)을 예시적 규정❶으로 보아 감사원규칙도 법규명령이 될 수 있다는 견해이다.
행정규칙설	헌법상 행정입법은 국회입법원칙에 대한 예외사유이므로 이를 열거적 규정❷으로 보아 감사원규칙은 행정규칙에 불과하다는 견해이다.

용어설명 ❶ 예시적 규정 : 대표적인 예를 명시한 규정, 규정되지 않은 것도 해석상 가능함
❷ 열거적 규정 : 법률에 규정된 것만 인정하는 규정

③ 검토: 법률이 위임한 범위 내에서 그 내용을 보완하거나 그 구체적 사항을 규율하는 것은 국회입법의 원칙에 반하는 것이 아니므로 법규성을 긍정하는 견해가 타당하다. 다만, 어느 견해가 다수설인지는 확실하지 않다.

(3) 국무총리 직속기관의 입법

국무총리의 직속기관인 법제처·인사혁신처 등에 대해서는 우리 헌법상 처령(處令)을 제정할 수 있다는 근거가 없으므로 관할하는 사무에 관하여 행정입법이 필요한 경우에는 총리령으로 할

수밖에 없다. 다만, 행정각부로 개편된 경우에는 부령을 제정할 수 있다.

(4) 총리령과 부령의 관계

① 학설

총리령 우위설	국무총리가 대통령의 명을 받아 행정각부를 통할하는 한도에서는 총리령이 실질적으로 부령보다 우월하다는 견해이다(김동희, 김남진, 류지태).
동위설	헌법상 총리령과 부령의 효력을 구별할 만한 근거가 없으며, 업무적으로는 총리가 관할하는 사무는 행정각부의 장과 동일한 지위에 있으므로 부령과 동일하다는 견해이다.

② 검토: 국무총리는 기능적으로는 각부와 대등한 지위이나, 행정부의 제2인자로서 행정각부를 통할하는 지위를 가지므로 그 한도에서는 총리령이 실질적으로 우위에 있다는 견해가 타당하다.

3 법규명령의 근거

긴급명령 등	법률과 같은 효력이 있으므로 헌법에 근거가 있어야 만들 수 있다.
위임명령	새로운 법규를 만드는 것이므로 상위법령의 개별적 수권(授權)이 있어야 만들 수 있다. 다만, 법령의 위임 관계는 반드시 하위법령의 개별조항에서 위임의 근거가 되는 상위법령의 해당 조항을 구체적으로 명시하고 있어야만 하는 것은 아니다.
집행명령	상위법령을 집행하기 위한 절차적·세부적 사항을 만드는 것이므로 법률의 명시적 수권(授權)이 없어도 만들 수 있다.

1. 위임근거 없이 과세요건을 규정한 소득세법 시행규칙(무효)

구 소득세법시행규칙 제82조 제2항은 소득세법이나 그로부터 위임받은 소득세법시행령에 아무런 위임근거도 없이 과세요건에 관한 사항을 규정한 것이어서 조세법률주의의 원칙에 위반되어 무효이다(대판 1993.1.19. 92누6983).

2. 하위법령의 개별조항에서 위임의 근거를 반드시 명시해야 하는지 여부(부정)

관련규정의 규정 형식만을 놓고 보면, 같은 법 시행규칙 제5조만이 같은 법 시행령 제8조 제3항의 위임에 의한 규정이고, 같은 법 시행규칙 제8조 제1항은 같은 법 시행령 제8조 제3항과는 직접적인 관련이 없는 규정이라고 볼 여지가 있기는 하나, <u>법령의 위임관계는 반드시 하위법령의 개별조항에서 위임의 근거가 되는 상위법령의 해당 조항을 구체적으로 명시하고 있어야만 하는 것은 아니다</u>(대판 1999.12.24. 99두5658). 〈14. 지방 9급〉, 〈15. 지방 9급〉

3. 위임의 근거가 사후에 신설된 시행규칙이 그때부터 유효하게 되는지 여부(긍정)

(지방세법) 시행규칙은 상위법령으로부터 아무런 위임을 받지 아니하고 취득세와 등록세가 면제되는 공장의 범위와 적용기준까지 규정하여 면세대상의 범위를 축소한 것으로서, 이는 조세법률주의 원칙에 위반되는 것임이 분명하여 무효라 할 것이나, 그 후 지방세법에(개정을 통해) 그 <u>위임근거가 마련됨으로써 신법이 시행되는 시점 이후에는 위 시행규칙은 이제 유효하게 되었다</u> 할 것이다(대판

1994.5.24. 93누5666). 〈14. 국가·지방 9급〉

4. 대통령령으로 규정할 사항을 부령으로 정한 경우(무효)

행정 각부의 장관이 부령으로 제정할 수 있는 범위는 법률 또는 대통령령이 위임한 사항이나 법률 또는 대통령령을 실시하기 위하여 필요한 사항에 한정되므로 법률 또는 대통령령으로 규정할 사항은 부령으로 규정하였다고 하면 그 부령은 무효임을 면치 못한다(대판 1962.1.25. 61다9).

4 법규명령의 한계

1. 대통령의 긴급명령, 긴급재정·경제명령

(1) 긴급명령

대통령의 긴급명령은 ① 국가의 안위에 관계되는 중대한 교전상태에 있어서, ② 국가를 보위하기 위하여 긴급한 조치가 필요하고, ③ 국회의 집회가 불가능한 경우에 한하여 발할 수 있다(헌법 제76조 제2항).

(2) 긴급재정·경제명령

대통령의 긴급재정·경제명령은 ① 내우·외환·천재·지변 또는 중대한 재정·경제상의 위기에 있어서, ② 국가의 안전보장 또는 공공의 안녕질서를 유지하기 위하여 긴급한 조치가 필요하고, ③ 국회의 소집을 기다릴 여유가 없을 때에 발할 수 있다(헌법 제76조 제1항).

2. 위임명령

(1) 포괄적 위임의 금지

원칙	① 위임명령은 법률로 규율해야 할 사항을 법률의 위임에 따라 행정기관이 제정하는 것이므로, 법률에 의하여 개별적·구체적으로 범위를 정하여 위임한 범위 내에서 제정되어야 한다. ② 개별적·구체적 위임이란 행정입법으로 정할 대상을 특정한 사항으로 한정해야 하고(대상 한정) 행정기관을 지도 또는 제약하기 위한 목표·기준, 고려하여야 할 요소 등을 명확하게 지시하여야 한다(기준 명확). 〈07. 서울 9급〉 ③ 포괄적 위임인지 여부의 판단은 특정조항의 내용이 아니라 법 전체적인 해석에 따라 판단한다.
예외	① 조례는 헌법상 위임의 한계를 명시하고 있지 않으므로 포괄적 위임이 가능하다. 다만, 침익적인 조례는 구체적 위임이 있어야 한다. ② 급부영역에서도 포괄적 위임 금지원칙이 완화되지만, 침익적 영역이나 벌칙을 부과하는 경우에 있어서는 오히려 강화된다. 〈07. 국가 7급〉

Winner's 포괄적 위임의 판단기준 : 특정 조항 (×), 법 전체 (○)

1. 포괄적 위임인지 여부를 판단하는 기준이 법률규정 자체에 한정되는지 여부(부정)

조세법률주의의 원칙상 과세요건은 엄격히 해석되어야 하고 일반적·포괄적인 위임입법은 금지되나, 법률규정 자체에 위임의 구체적 범위를 명확히 규정하고 있지 아니하여 외형상으로는 일반적·포괄적으로 위임한 것처럼 보이더라도, 그 법률의 전반적인 체계와 취지·목적, 당해 조항의 규정형식과 내용 및 관련법규를 살펴 이에 대한 해석을 통하여 그 내재적인 위임의 범위나 한계를 객관적으로 분명히 확정될 수 있는 것이라면, 이를 일반적·포괄적인 위임에 해당하는 것으로 볼 수는 없다(대판 1996.3.21. 95누3640).

2. 도시계획 구역 안에서 허가를 받아야 할 물건과 기간이 포괄적 위임인지 여부(부정)

"도시계획구역 안에서 대통령령이 정하는 물건을 대통령령이 정하는 기간 이상 쌓아놓는 행위를 하고자 하는 자는 시장 또는 군수의 허가를 받아야 한다."라고 규정하고 있는 도시계획법 제4조 제1항 제2호 후단은 그 규제대상이 되는 물건과 기간을 대통령령에 위임할 합리적인 이유가 있고, 또한 같은 조항의 목적을 고려하면, 위 규정에 의하여 대통령령에 규정될 물건이나 기간도 도시계획사업에 지장을 줄 수 있는 정도의 물건이나 기간으로서 대통령령에 위임된 부분의 대강을 국민이 예측할 수 있도록 위임법률에 구체적으로 정하여져 있다고 할 수 있으므로, 위임입법의 범위와 한계를 규정한 헌법 제75조에 위반되지 아니한다(헌재 1994.7.29. 93헌가12).

3. 단속법상 '실시상 필요한 규정과 단속상 필요한 규정'이 포괄적 위임인지 여부(긍정)

'복표발행·현상 기타 사행행위 단속법(이하 '단속법')' 제5조 중 '실시상 필요한 규정과 단속상 필요한 규정'이라고만 범위를 정하여 그것을 각령으로 정하도록 위임한 부분은 법률로써 미리 충분히 정할 수 있는 처벌대상행위를 법률로써 정하지 아니하고 예측할 수 있는 어떠한 기준도 정함이 없이 포괄적으로 위임하는 것이어서 위임입법의 한계를 크게 일탈한 것이며 동시에 죄형법정주의에도 반하는 것이라고 아니할 수 없다(헌재 1991.7.8. 91헌가4).

4. 점용료의 산정기준 등을 조례에 포괄적으로 위임하는 것이 가능한지 여부(긍정)

공유수면관리법 제7조가 점용료의 산정기준·방법 등에 관하여 구체적 범위를 정하지 아니한 채 포괄적으로 조례에 위임하였더라도 행정관청의 명령과는 달리, 조례는 주민의 대표기관인 지방의회의 의결로 제정되는 지방자치단체의 자주법인 만큼 지방자치단체가 법령에 위반되지 않는 범위 내에서 주민의 권리·의무에 관한 사항을 조례로 제정할 수 있는 것이다(대판 1991.8.27. 90누6613).

5. 중학교 의무교육의 구체적인 실시 시기 등은 포괄적 위임금지원칙이 완화되는지 여부(긍정)

위임의 구체성·명확성의 요구 정도는 규제대상의 종류와 성격에 따라서 달라진다. 기본권 침해영역에서는 급부행정영역에서보다는 구체성의 요구가 강화되고, 다양한 사실관계를 규율하거나 사실관계가 수시로 변화될 것이 예상될 때에는 위임의 명확성의 요건이 완화되어야 한다. 따라서 중학교는 의무교육의 구체적인 실시 시기와 절차 등을 하위법령에 위임하여 정하도록 함에 있어서는 막대한 재정지출을 수반하는 무상교육의 수익적 성격과 규율대상의 복잡다양성을 고려하여 위임의 명확성의 요구 정도를 완화하여 해석할 수 있는 것이다(헌재 1991.2.11. 90헌가27).

6. 직권면직할 때 시·도 인사위원회의 의견을 듣도록 한 '지방공무원 징계 및 소청규정'의 효력(유효)

'지방공무원 징계 및 소청규정' 제14조, 제1조의3 제1항 제1호는 지방공무원법 제62조 제2항 본문의 의견을 듣는 절차에 관하여 임용권자가 시·군·구의 5급 이상 공무원을 직권면직시킬 경우 시·도 인사위원회의 의견을 듣도록 규정하고 있는바,~~그 대상자인 공무원에게 유리하게 엄격한 절차를 규정하고 있는 것은 직권면직처분의 객관성과 공정성을 확보함으로써 공무원의 정치적 중립성의 보장과 신분보장이라는 헌법상의 이념을 구현하려는 데 그 입법취지가 있는 것이며, 시·도 인사위 원회의 의견이 임용권자인 기초자치단체장에 대하여 기속력이 있는 것이 아니라는 점에서 그 인사권을 침해하지도 않으므로 위 지방공무원 징계 및 소청규정을 무효라고 할 수 없다(대판 2006.10.27. 2004두12261).

7. 공법적 단체 등의 정관에 자치법적 사항에 대한 포괄적 위임이 가능한지 여부(긍정)

법률이 공법적 단체 등의 정관에 자치법적 사항을 위임한 경우에는 헌법 제75조가 정하는 포괄적인 위임입법의 금지는 원칙적으로 적용되지 않는다고 봄이 상당하고, 그렇다 하더라도 그 사항이 국민의 권리·의무에 관련되는 것일 경우에는 적어도 국민의 권리·의무에 관한 기본적이고 본질적인 사항은 국회가 정하여야 한다(대판 2007.10.12. 2006두14476). 〈15. 지방 9급〉

8. 사업시행인가 신청 시 동의요건을 조합의 정관에 대한 포괄적 위임이 가능한지 여부(긍정)

구 도시 및 주거환경정비법(2005. 3. 18. 법률 제7392호로 개정되기 전의 것)상 사업시행자에게 사업시행계획의 작성권이 있고 행정청은 단지 이에 대한 인가권만을 가지고 있으므로 사업시행인자 조합의 사업시행계획 작성은 자치법적 요소를 가지고 있는 사항이라 할 것이고, 이와 같이 사업시행계획의 작성이 자치법적 요소를 가지고 있는 이상, 조합의 사업시행인가 신청 시의 토지 등 소유자의 동의요건 역시 자치법적 사항이라 할 것이며, 따라서 2005. 3. 18. 법률 제7392호로 개정된 도시 및 주거환경정비법 제28조 제4항 본문이 사업시행인가 신청 시의 동의요건을 조합의 정관에 포괄적으로 위임하고 있다고 하더라도 헌법 제75조가 정하는 포괄위임입법금지의 원칙이 적용되지 아니하므로 이에 위배된다고 할 수 없다(대판 2007.10.12. 2006두14476). 〈17. 지방 9급〉

9. 법률의 위임 없이 처분 요건을 부령에서 변경한 경우 법규성(부정)

법령에서 행정처분의 요건 중 일부 사항을 부령으로 정할 것을 위임한 데 따라 시행규칙 등 부령에서 이를 정한 경우에 그 부령의 규정은 국민에 대해서도 구속력이 있는 법규명령에 해당한다고 할 것이지만, 법령의 위임이 없음에도 법령에 규정된 처분 요건에 해당하는 사항을 부령에서 변경하여 규정한 경우에는 그 부령의 규정은 행정청 내부의 사무처리 기준 등을 정한 것으로서 행정조직 내에서 적용되는 행정명령의 성격을 지닐 뿐 국민에 대한 대외적 구속력은 없다고 보아야 한다. 따라서 어떤 행정처분이 그와 같이 법규성이 없는 시행규칙 등의 규정에 위배된다고 하더라도 그 이유만으로 처분이 위법하게 되는 것은 아니라 할 것이고, 또 그 규칙 등에서 정한 요건에 부합한다고 하여 반드시 그 처분이 적법한 것이라고 할 수도 없다. 이 경우 처분의 적법 여부는 그러한 규칙 등에서 정한 요건에 합치하는지 여부가 아니라 일반 국민에 대하여 구속력을 가지는 법률 등 법규성이 있는 관계 법령의 규정을 기준으로 판단하여야 한다(대판 2013.9.12. 2011두10584). 〈18. 국회 8급〉

10. 「공공기관의 운영에 관한 법률」이 입찰참가자격의 제한기준을 부령에 위임한 것이 의회유보원칙에 위배되는지 여부(부정)

이 사건 위임조항은 이 사건 제한조항에 따른 제재처분에 관하여 세부적으로 필요한 사항을 기획재정부령으로 정하도록 위임하고 있다. 그런데 제재처분의 본질적인 사항인 입찰참가자격 제한처분의 주체, 사유, 대상, 기간 및 내용 등은 이 사건 제한조항에서 이미 규정되어 있으므로, 이 사건 위임조항은 의회유보원칙에 위배되지 않는다(헌재 2017.8.31. 2015헌바388). 〈19. 국회 8급〉

11. 계약사무규칙(부령)에서 입찰참가자격 제한의 처분요건을 완화한 규정의 법규성(부정)

공공기관의 운영에 관한 법률(이하 '공공기관법'이라 한다) 제39조 제2항, 제3항 및 그 위임에 따라 기획재정부령으로 제정된 '공기업·준정부기관 계약사무규칙' 제15조 제1항(이하 '이 사건 규칙 조항'이라 한다)의 내용을 대비해 보면, 입찰참가자격 제한의 요건을 공공기관법에서는 '공정한 경쟁이나 계약의 적정한 이행을 해칠 것이 명백할 것'을 규정하고 있는 반면, 이 사건 규칙 조항에서는 '경쟁의 공정한 집행이나 계약의 적정한 이행을 해칠 우려가 있거나 입찰에 참가시키는 것이 부적합하다고 인정되는 자'라고 규정함으로써, 이 사건 규칙 조항이 법률에 규정된 것보다 한층 완화된 처분요건을 규정하여 그 처분대상을 확대하고 있다. 그러나 공공기관법 제39조 제3항에서 부령에 위임한 것은 '입찰참가자격의 제한기준 등에 관하여 필요한 사항'일 뿐이고, 이는 그 규정의 문언상 입찰참가자격을 제한하면서 그 기간의 정도와 가중·감경 등에 관한 사항을 의미하는 것이지 처분의 요건까지를 위임한 것이라고 볼 수는 없다. 따라서 이 사건 규칙 조항에서 위와 같이 처분의 요건을 완화하여 정한 것은 상위법령의 위임 없이 규정한 것이므로 이는 행정기관 내부의 사무처리준칙을 정한 것에 지나지 않는다(대판 2013.9.12. 2011두10584). 〈18. 국회 8급〉

12. 입찰참가자격의 제한기간을 '일정기간'이라고만 규정한 것이 포괄적 위임인지 여부(긍정)

정부투자기관이 계약을 체결함에 있어서 공정한 경쟁 또는 계약의 적정한 이행을 해칠 것이 명백하다고 판단되는 자에 대하여 일정기간 입찰참가자격을 제한할 수 있도록 한 정부투자기관관리기본법 제20조 제2항은 입찰참가자격제한의 핵심적·본질적 요소라고 할 수 있는 자격제한기간을 특정하지 않은 채 단지 '일정기간'이라고만 규정하여 입찰참가자격 제한기간의 상한을 정하지 않고 있는바, 이는 자격제한사유에 해당하는 자로 하여금 위 조항의 내용만으로 자격제한의 기간을 전혀 예측할 수 없게 하고 동시에 법집행당국의 자의적인 집행을 가능하게 하는 것이므로 위 법률조항은 명확성의 원칙에 위반된다(헌재 2005.4.28. 2003헌바40).

13. 모법에 위임규정은 없으나, 해석상 가능한 것을 명시한 명령이 무효인지 여부(부정)

법률의 시행령이나 시행규칙은 그 법률에 의한 위임이 없으면 개인의 권리·의무에 관한 내용을 변경·보충하거나 법률에 규정되지 아니한 새로운 내용을 정할 수는 없지만, 법률의 시행령이나 시행규칙의 내용이 모법의 입법 취지 및 관련 조항 전체를 유기적·체계적으로 살펴보아 모법의 해석상 가능한 것을 명시한 것에 지나지 아니하거나 모법 조항의 취지에 근거하여 이를 구체화하기 위한 것인 때에는 모법의 규율 범위를 벗어난 것으로 볼 수 없으므로, 모법에 이에 관하여 직접 위임하는 규정을 두지 않았다고 하더라도 이를 무효라고 볼 수는 없다(대판 2013.5.9. 2011두19789). 〈17. 국가 9급〉, 〈21. 국가 9급〉

14. 담배소매인 지정에 관하여 필요한 사항에 영업장소의 적합성이 포함되는지 여부(긍정)

구 담배사업법 제12조 제4항은 소매인이 담배를 우편판매 및 전자거래의 방법으로 소비자에게 판매하는 것을 금지하고 있으므로 소비자는 소매인의 영업장소를 직접 방문해서 담배를 구매할 수밖에 없고, 따라서 담배 판매장소인 소매인 점포의 안정성, 계속성 등이 소매인 지정의 고려요소가 될 수밖에 없다. … 위와 같은 구 담배사업법의 전체적인 입법 취지 및 소매인 지정과 영업장소에 관한 구체적인 규정 내용들을 종합할 때, 행정청은 소매인 지정 여부를 결정하면서 소매인 지정을 받으려는 자의 영업장소가 담배판매업을 영위하는 데 적합한지 여부를 고려할 수도 있다고 보아야 하므로, 구 담배사업법 제16조 제4항이 기획재정부령에 위임한 소매인의 지정기준·지정절차 기타 지정에 관하여 필요한 사항에는 이와 같은 영업장소의 적합성에 관한 사항도 포함된다고 해석함이 타당하다(대판 2015.11.26. 2013두25146).

15. 일률적 판정기준을 정한 조세법규(유효)

조세법규에 있어서의 입법기술상 그 판정기준을 일률적인 기준에 의하는 것 또한 어느 정도까지는 불가피하다는 점을 함께 고려하여 보면, 위 시행령 및 시행규칙의 규정이 법인세법의 위임을 벗어나 과세요건을 부당하게 확대한 무효의 규정이라고 보기는 어렵다고 할 것이다(대판 2000.8.22. 99두4006).

16. 법률의 위임 없이 보육시설 종사자의 정년을 규정한 조례의 효력(무효)

영유아보육법이 보육시설 종사자의 정년에 관한 규정을 두거나 이를 지방자치단체의 조례에 위임한다는 규정을 두고 있지 않음에도 보육시설 종사자의 정년을 규정한 '서울특별시 중구 영유아 보육조례 일부개정조례안' 제17조 제3항은, 법률의 위임 없이 헌법이 보장하는 직업을 선택하여 수행할 권리의 제한에 관한 사항을 정한 것이어서 그 효력을 인정할 수 없으므로, 위 조례안에 대한 재의결은 무효이다(대판 2009.5.28. 2007추134). 〈20. 지방 9급〉

17. 법률의 위임이 없는 양육비 지원 조례의 효력(유효)

지방자치법 제15조에 의하면 지방자치단체는 그 내용이 주민의 권리의 제한 또는 의무의 부과에 관한 사항이거나 벌칙에 관한 사항이 아닌 한 법률의 위임이 없더라도 그의 사무에 관하여 조례를 제정할 수 있는바, 지방자치단체의 세자녀 이상 세대 양육비 등 지원에 관한 조례안은 … 주민의 편의 및 복리증진에 관한 내용을 담고 있어 그 제정에 있어서 반드시 법률의 개별적 위임이 따로 필요한 것은 아니다(대판 2006.10.12. 2006추38). 〈20. 지방 9급〉

18. 담배자동판매기의 설치제한 조례는 법률의 위임이 필요한지 여부(긍정)

이 사건 조례들은 담배소매업을 영위하는 주민들에게 자판기 설치를 제한하는 것을 내용으로 하고 있으므로 주민의 직업선택의 자유 특히 직업수행의 자유를 제한하는 것이 되어 지방자치법 제15조 단서 소정의 주민의 권리의무에 관한 사항을 규율하는 조례라고 할 수 있으므로 지방자치단체가 이러한 조례를 제정함에 있어서는 법률의 위임을 필요로 한다 … 조례에 대한 법률의 위임은 법규명령에 대한 법률의 위임과 같이 반드시 구체적으로 범위를 정하여 할 필요가 없으며 포괄적인 것으로 족하다고 할 것이다(헌재 1995.4.20. 92헌마264). 〈20. 지방 9급〉

(2) 국회 전속(專屬)사항의 위임 금지

헌법상 국적취득요건(제2조 제1항), 재산권의 수용 및 보상(제23조 제3항) 등에 대해서는 법률로 정하도록 하고 있다. 그러나 국회의 전속적 사항이라 하더라도 반드시 법률로 규율되어야 하는 것은 아니고 세부적 사항에 대해서는 구체적으로 범위를 정하여 위임하는 것이 허용된다고 본다. 〈06. 국가 7급〉

(3) 재위임

법률에 의하여 위임받은 사항을 다시 하급행정기관에 위임할 때, 재위임을 인정하는 명시적 규정이 없다면 위임받은 사항 전부를 다시 위임할 수는 없으나, 위임받은 사항의 대강을 정하고 세부적인 사항을 다시 위임하는 것은 가능하다. 〈14. 국가 9급〉

(4) 벌칙규정의 위임

처벌규정은 법률로 정하는 것이 원칙이나(죄형법정주의❶) 범죄구성요건의 구체적 기준과 형벌의 종류 및 상한선을 법률에서 정하여 위임하는 경우에는 행정입법에 위임하는 것도 가능하다고 본다. 〈06. 국가 7급〉

용어설명 ❶ 죄형법정주의 : 범죄와 형벌은 법률로 정하여야 한다는 원칙

1. 처벌규정의 위임은 미리 법률로써 자세히 정할 수 없는 부득이한 사정이 있는 경우에 한정되어야 하는지 여부(긍정)

위임입법에 관한 헌법 제75조는 처벌법규에도 적용되는 것이지만, 처벌법규의 위임은 특히 긴급한 필요가 있거나 미리 법률로써 자세히 정할 수 없는 부득이한 사정이 있는 경우에 한정되어야 하고, 이 경우에도 법률에서 범죄의 구성요건은 처벌대상인 행위가 어떠한 것일 것이라고 이를 예측할 수 있을 정도로 구체적으로 정하고 형벌의 종류 및 그 상한과 폭을 명백히 규정하여야 한다(헌재 1991.7.8. 91헌가4). 〈17. 지방 9급〉, 〈19. 국가 9급〉

2. 벌금형의 상한선이 모법에 규정된 수산자원보호령이 포괄적 위임인지 여부(부정)

수산업법 중 어업조정에 관한 명령이라는 제목이 붙은 제48조는 그 제1항에서 수산 동식물의 채포, 어획물 및 그 제품의 육양 매매처리에 관한 제한 또는 금지, 어구 또는 어선에 관한 제한 또는 금지 등과 같은 사항의 대강을 정한 11개 항목에 달하는 요강을 규정하고 이들에 대한 필요한 사항을 다시 대통령령으로 정할 것을 위임하고 그 대통령령에는 필요한 벌칙을 둘 수 있는 길을 제2항에서 트고 제3항에서 벌금형의 상한을 30만 원으로 못 박아 규정하고, 위 48조 제1항에 따라 제정된 대통령령인 수산자원보호령은 ~~포괄적 위임 내지는 백지위임이라고 볼 의심은 전연 없다(대판 1972.9.12. 72도1137).

3. 집행명령

집행명령은 법률 또는 상위명령을 집행하기 위하여 필요한 세부적·절차적 사항에 대해서만 규율할 수 있는 것이므로 새로운 입법사항을 정하면 무효가 된다.

공중목욕장업법 시행세칙상 분포의 적정규정은 모법이 위반으로 무효인지 여부(긍정)

공중목욕장업법에 의하면 공중위생의 견지에서 환경과 설비의 합리적 제한을 두어 목욕장의 설치장소 시설 또는 구조의 적절만이 목욕장 경영의 허가기준으로 규정되어 있을 뿐이고 거리제한과 같은 분포의 적정에 관하여는 같은 법에 아무런 규정이 없고, 다만 공중목욕장업법 시행세칙 제4조에 분포의 적정에 관하여 규정된 바 있으나 이 분포의 이 적정은 공중목욕장의 환경과 설비에 관한 공중목욕장업법의 법조문 요건에도 해당되지 아니하므로 분포의 적정을 허가요건으로 하는 같은 법 시행세칙 제4조의 규정은 같은 모법에 위반되는 무효의 것이라할 것이다(대판 1963.8.31. 63누101).

Winner's 집행명령의 한계 : 실체적 규율 (×), 절차적 규율 (○)

Winner's 법규명령의 근거와 한계

구분	근거	한계
긴급명령 등	헌법의 근거 필요	헌법적 한계 준수
위임명령	상위법령의 근거 필요	포괄적 위임 금지
집행명령	근거 불요	새로운 법규 제정 금지

5 성립·발효요건

1. 성립요건

(1) 주체

법규명령은 정당한 권한을 가진 자가 그 권한의 범위 내에서 제정할 수 있다. 정당한 권한이란 헌법 또는 법률에 의하여 수권(授權)받은 기관으로서 대통령·국무총리·각부 장관 등이 이에 해당한다.

(2) 내용

법규명령은 그 내용상 상위법령에 근거가 있어야 하고 또한 상위법령이나 헌법에 저촉되지 않아야 하며, 그 규정내용이 명확하고 실현가능성이 있는 것이어야 한다.

(3) 절차

① 대통령령은 법제처의 심사와 국무회의의 심의를 거쳐 제정되며, ② 총리령·부령은 법제처의 심사를 거쳐 제정된다. 〈06. 국가 9급〉

(4) 형식

법규명령은 법조(法條)의 형식으로 제정된다.

(5) 공포

법규명령은 외부에 표시함으로써 유효하게 성립한다. 이러한 대외적 표시절차를 공포라 한다.

Winner's 법규명령과 행정규칙의 성립·효력요건

구분		법규명령	행정규칙
성립요건	주체	헌법 또는 법률에 따라 수권을 받은 자	행정기관의 권한 범위 내에서 가능
	내용	① 유보원칙 적용 ○(단, 위임명령에 한정한다) ② 우위원칙 적용 ○	① 유보원칙 적용 × ② 우위원칙 적용 ○
	절차	① 대통령령: 법제처 심사 + 국무회의 심의 ② 총리령·부령: 법제처 심사	아무런 절차 없음
	형식	법조 형식	법조 또는 구술 형식
	공포	필요	불요
효력요건		공포일로부터 20일 경과	상대방이 인식할 수 있는 상태
흠결효과		위법 ⇨ 무효	위법 ⇨ 무효

2. 효력발생요건

원칙	법규명령은 공포함으로써 효력을 발생한다. 대통령령·총리령 및 부령은 특별한 규정이 없으면 공포한 날부터 20일이 경과함으로써 효력을 발생한다(공포법 제13조).
예외	국민의 권리제한 또는 의무부과와 직접 관련되는 법률·대통령령·총리령 및 부령은 긴급히 시행하여야 할 특별한 사유가 있는 경우를 제외하고는 공포일로부터 적어도 30일이 경과한 날로부터 시행되도록 하여야 한다(공포법 제13조의2).

3. 성립·발효요건의 불비

성립요건이나 효력발생요건을 갖추지 않은 위법한 법규명령은 무효가 된다는 점에서 위법한 행정행위가 취소사유가 된다는 원칙과 구별된다.

6 법규명령의 소멸

1. 폐지

법규명령은 동위 또는 상위의 법령에서 그 효력을 장래에 향하여 소멸시키려는 행정권의 명시적·직접적 의사표시에 의하여 소멸한다.

2. 실효(失效)

(1) 간접적 폐지

법규명령은 내용상 충돌되는 동위 또는 상위의 법령이 제정됨으로써 소멸될 수 있다.

(2) 법정부관의 성취

법규명령이 ① 한시법인 경우에는 종기(終期)의 도래로, ② 해제조건부인 때에는 그 조건의 성취에 의하여 그 효력이 소멸된다.

(3) 근거법령의 소멸

근거법률이나 상위의 명령이 소멸하면 법규명령도 소멸된다. 그러나 개정됨에 그친 경우에는 성질상 모순되지 않는 한 새로운 법규명령이 제정될 때까지는 효력을 유지한다. 〈06. 국회 8급〉

7 법규명령의 통제

1. 정치적 통제

(1) 의회의 통제

① 간접통제: 국회가 행정부에 대한 국정감시권을 행사하여 법규명령의 적법·타당성을 확보하는 것을 말한다(⑩ 국무총리 또는 국무위원의 해임건의 및 대통령에 대한 탄핵❶소추, 국정감사조사권 등).

[용어설명] ❶ 탄핵 : 보통의 파면절차에 의한 파면이 곤란하거나 검찰기관에 의한 소추(訴追)가 사실상 곤란한 대통령·국무위원·법관 등을 국회에서 소추하여 해임하거나 처벌하는 일

② 직접통제: 법규명령의 성립·발효에 대하여 의회의 동의 또는 승인을 얻도록 하거나 일단 유효하게 성립한 법규명령의 효력을 소멸시키는 권한을 의회에 유보하는 방법을 말한다 (⑩ 독일의 동의권 유보, 영국의 의회제출절차, 미국의 입법적 거부). 우리나라에서도 이런 제도가 존재하는지 여부에 대해서는 논란이 있다. 〈07. 국회 8급〉

긴급명령 등	지체 없이 국회에 통고하고 그 승인을 얻지 못하면 그때부터 효력을 상실하므로 직접통제가 도입되어 있다고 본다.
대통령령·총리령·부령	국회에 제출하여 국회 상임위원회가 검토한 후 위법하다고 인정되면 소관중앙행정기관에 통보할 뿐이므로 직접통제가 도입된 것인지 여부에 대하여 견해가 갈린다. 다만 훈령·예규·고시와 같은 행정규칙은 국회에 제출할 뿐 위법 여부를 검토하지는 않으므로 직접통제제도는 없다고 본다.

〈국회법〉 제98조의2(대통령령 등의 제출 등) ① 중앙행정기관의 장은 법률에서 위임한 사항이나 법률을 집행하기 위하여 필요한 사항을 규정한 대통령령·총리령·부령·훈령·예규·고시 등이 제정·개정 또는 폐지된 때에는 10일 이내에 이를 국회 소관 상임위원회에 제출하여야 한다. 다만, 대통령령의 경우에는 입법예고를 할 때(입법예고를 생략하는 경우에는 법제처장에게 심사를 요청할 때를 말한다)에도 그 입법예고안을 10일 이내에 제출하여야 한다.
③ 상임위원회는 위원회 또는 상설소위원회를 정기적으로 개회하여 그 소관 중앙행정기관이 제출한 대통령령·총리령 및 부령(이하 이 조에서 "대통령령등"이라 한다)의 법률 위반 여부 등을 검토하여야 한다.
④ 상임위원회는 제3항에 따른 검토 결과 대통령령 또는 총리령이 법률의 취지 또는 내용에 합치되지 아니한다고 판단되는 경우에는 검토의 경과와 처리 의견 등을 기재한 검토결과보고서를 의장에게 제출하여야 한다.

Winner's 국회의 법규명령 통제방식의 인정 여부 : 간접통제 (○), 직접통제 (△)

(2) 민중통제

법규명령안을 사전에 예고하거나 그에 관한 공청회를 개최하여 국민의 의견을 반영시키는 것이다(⑩ 행정절차법상의 입법예고제, 공청회 제도 등을 통한 의견수렴).

2. 행정적 통제

(1) 행정감독권에 의한 통제

행정의 통일적 수행을 위한 상급관청의 지휘·감독권은 하급행정관청의 행정입법권의 행사도 포함되는 것이므로, 상급행정청의 감독권에 의한 통제가 가능하다.

(2) 법제처에 의한 통제

법제처는 각부·처에서 국무회의에 상정할 법령안을 심사함으로써 법규명령을 통제한다.

(3) 행정절차에 의한 통제

법규명령을 만들 때 사전에 일정한 절차를 거치도록 함으로써 법규명령의 적법성을 확보하는 것을 말한다(⑩ 법규명령안의 사전통지, 이해관계인의 청문, 관계기관과의 협의 및 공포 등).

3. 사법적(司法的) 통제

(1) 법원에 의한 통제

① 통제방식 〈12. 국가 9급〉

원칙	㉠ 우리나라는 구체적 규범통제제도를 채택하여 선결문제 심리방식에 의한 간접적 통제에 의한다. ㉡ **구체적 규범통제** : 추상적인 법규명령은 구체적인 처분에 대한 재판에서 전제가 된 경우에 한하여 선결문제로서 다툴 수 있다는 제도이다. '재판의 전제성'이란 처분의 근거가 된 법규명령의 위헌·위법 여부에 따라 재판의 결과가 달라지게 되는 것을 말한다. ㉢ **추상적 규범통제** : 추상적인 법령이 직접 재판통제의 대상이 되는 제도이다. 우리나라에서는 부정된다고 보지만「지방자치법」상 '조례안 재의결 무효확인소송'을 그 예로 보기도 한다.
예외	법규명령이 직접적으로 국민의 법적 지위에 영향을 미치는 처분적 법규명령에 대해서는 직접 재판통제가 가능하다.

Winner's 취소소송의 대상 : 위법한 법규명령 (×), 처분적 법규명령 (○)

1. 국민의 권리에 직접 영향을 미치는 대통령령의 처분성(긍정)

원래 대통령령은 법령의 효력을 가진 것으로서 행정소송법상 행정처분이라 볼 수 없다고 해석함이 타당할 것이므로, 그 내용의 적법 여부를 논할 것 없이 행정소송의 목적물이 될 수 없을 것이다. 물론 법령의 효력을 가진 명령이라도 그 효력이 다른 행정행위를 기다릴 것 없이 직접적으로 또 그 자체로서 국민의 권리훼손 기타 이익 침해의 효과를 발생케 하는 성질의 것이라면 행정소송법상 처분이라 보아야 할 것이요, 따라서 그에 관한 이해관계자는 그 구체적 관계사실과 이유를 주장하여 그 명령의 취소를 법원에 구할 수 있을 것이나, 본건 소송은 행정소송의 목적이 될 수 없는 대통령령을 목적으로 삼아 제기된 것으로서 불법한 것임을 면치 못하여 각하되어야 할 것이다(대판 1954.8.19. 4286행상37).

2. 두밀분교 폐지에 관한 조례가 처분적 조례에 해당하는지 여부(긍정)

1) 조례가 집행행위의 개입 없이도 그 자체로서 직접 국민의 구체적인 권리의무나 법적 이익에 영향을 미치는 등의 법률상 효과를 발생하는 경우 그 조례는 항고소송의 대상이 되는 행정처분에 해당한다.

2) 경기 가평군 가평읍 상색국민학교 두밀분교를 폐지하는 내용의 이 사건 조례는 위 두밀분교의 취학아동과의 관계에서 영조물인 특정의 국민학교를 구체적으로 이용할 이익을 직접적으로 상실하게 하는 것이므로 항고소송의 대상이 되는 행정처분이다(대판 1996.9.20. 95누8003).

3. 진료과목의 글자 크기를 제한하고 있는 구 의료법 시행규칙 제31조의 처분성(부정)

의료법 시행규칙(2003. 10. 1. 보건복지부령 제261호) 제31조가 의료기관의 명칭표시판에 진료과목을 함께 표시하는 경우 그 글자의 크기를 의료기관 명칭을 표시하는 글자 크기의 2분의1 이내로 제한하고 있지만, 위 규정은 그 위반자에 대하여 과태료를 부과하는 등의 별도의 집행행위 매개 없이는 그 자체로서 국민의 구체적인 권리의무나 법률관계에 직접적인 변동을 초래하지 아니하므로 항고소송의 대상이 되는 행정처분이라고 할 수 없다(대판 2007.4.12. 2005두15168). 〈15. 국가 9급〉

4. 약제급여·비급여목록 및 급여상한금액표의 처분성(긍정)

보건복지부 고시인 약제급여·비급여목록 및 급여상한금액표(보건복지부 고시 제2002 - 46호로 개정된 것)는 다른 집행행위의 매개 없이 그 자체로서 국민건강보험가입자, 국민건강보험공단, 요양기관 등의 법률관계를 직접 규율하는 성격을 가지므로 항고소송의 대상이 되는 행정처분에 해당한다(대판 2006.9.22. 2005두2506). 〈18. 국가 9급〉, 〈22. 국가 9급〉

> **Winner's** 처분적 법규명령 : 두밀분교 조례 (○), 약제급여목록 (○), 진료과목 글자크기 제한 (×)

② 효력

한정적 효력	㉠ 법규명령이 법원에서 위헌·위법인 것으로 판명되더라도 그 규정은 당해사건에 대해서만 무효가 될 뿐이고 다른 사건에서는 여전히 유효한 것으로 본다. 법률과 달리 법규명령에 대해서는 명문규정이 없어서 문제가 되는 것인데, 법원은 구체적 사건에서 분쟁을 해결하는 데에 그 목적이 있기 때문에 한정적 효력만 인정한 것이다. 〈05. 국가 9급〉, 〈06. 국회 8급〉 ㉡ 공식절차에 의하여 법규명령이 폐지되거나 실효되는 경우에는 모든 사건에서 무효가 된다. ㉢ 헌법재판소가 법률에 대해서 위헌결정을 내린 경우에는 모든 사건에서 무효가 된다.
공고	「행정소송법」은 한정적으로 효력을 미치는 문제점을 시정하기 위해서 행정안전부장관이 관보에 게재하는 제도를 두고 있다. 따라서 현실적으로는 다른 사건에서도 적용이 배제될 가능성이 크다.

〈행정소송법〉 제6조(명령·규칙의 위헌판결 등 공고) ① 행정소송에 대한 대법원판결에 의하여 명령·규칙이 헌법 또는 법률에 위반된다는 것이 확정된 경우에는 대법원은 지체없이 그 사유를 행정안전부장관에게 통보하여야 한다.
② 제1항의 규정에 의한 통보를 받은 행정안전부장관은 지체없이 이를 관보에 게재하여야 한다.

(2) 헌법재판소에 의한 통제

〈헌법〉 제107조(법률 등 위헌제청·심사권) ② 명령·규칙 또는 처분이 헌법이나 법률에 위반되는 여부가 재판의 전제가 된 경우에는 대법원은 이를 최종적으로 심사할 권한을 가진다.
〈헌법재판소법〉 제68조(청구 사유) ① 공권력의 행사 또는 불행사(不行使)로 인하여 헌법상 보장된 기본권을 침해받은 자는 법원의 재판을 제외하고는 헌법재판소에 헌법소원심판을 청구할 수 있다. 다만, 다른 법률에 구제절차가 있는 경우에는 그 절차를 모두 거친 후에 청구할 수 있다.

① 명령심사권: 헌법 제107조 제2항은 명령·규칙에 대한 최종적인 위헌·위법심사권을 대법원에 부여하고 있으며, 「헌법재판소법」 제68조 제1항은 헌법재판소의 헌법소원심판권을 법원의 재판을 제외한 공권력의 행사로 규정하고 있으므로 헌법재판소가 명령·규칙에 대한 위헌·위법심사권도 가지는지가 문제된다.

소극설 (대법원)	헌법상 법률에 대한 위헌심사권은 헌법재판소에 있고, 명령·규칙에 대한 위헌·위법심사권은 원칙적으로 각급 법원에 있고, 최종적으로는 대법원이 가지는 것으로 해석하여 헌법재판소는 명령·규칙에 대한 심사권을 부정하는 견해이다.
적극설 (헌법재판소, 다수설)	대법원의 최종심사권은 명령 등이 '재판의 전제'가 된 경우에 대해서만 인정되고, 국민의 기본권을 직접 침해하는 경우에는 헌법소원이 바로 가능하다는 점, 「헌법재판소법」 제68조 제1항의 '공권력'에는 명령 등도 포함된다는 점을 이유로 헌법재판소의 심사권을 긍정하는 견해이다(김남진, 홍정선). 〈06. 국가 9급〉, 〈10. 지방 9급〉

1. 헌법재판소가 명령심사권을 가지는지 여부(긍정 - 「법무사법」 시행규칙 사건)

헌법 제107조 제2항이 규정한 명령·규칙에 대한 대법원의 최종심사권이란 구체적인 소송사건에서 명령·규칙의 위헌 여부가 재판의 전제가 되었을 경우 법률의 경우와는 달리 헌법재판소에 제청할 것 없이 대법원이 최종적으로 심사할 수 있다는 의미이며, 헌법 제111조 제1항 제1호에서 법률의 위헌여부심사권을 헌법재판소에 부여한 이상 통일적인 헌법해석과 규범통제를 위하여 공권력에 의한 기본권침해를 이유로 하는 헌법소원심판청구사건에 있어서 법률의 하위법규인 명령·규칙의 위헌여부심사권이 헌법재판소의 관할에 속함은 당연한 것으로서, 헌법 제107조 제2항의 규정이 이를 배제한 것이라고는 볼 수 없다(헌재 1990.10.15. 89헌마178). 〈06. 국가 7급〉

2. 법률조항에 대한 해석의 위헌 여부가 위헌제청의 대상이 될 수 있는지 여부(부정)

헌법 제107조 제1항 및 헌법재판소법 제41조 제1항은, 법률이 헌법에 위반되는 여부가 재판의 전제가 된 때에는 법원이 결정으로 헌법재판소에 위헌 여부의 심판을 제청한다고 규정하고 있고, 한편 구체적 분쟁사건의 재판에서 합헌적 법률해석을 포함하는 법령의 해석적용 권한은 대법원을 최고법원으로 하는 법원에 전속되어 있는 점에 비추어, 헌법재판소법 제41조 제1항이 정한 법원의 위헌제청의 대상은 오로지 법률조항 자체의 위헌 여부일 뿐이고 법률조항에 대한 해석의 위헌 여부는 그 대상이 될 수 없다(대결 2018.3.29. 2018아526).

3. 대통령령의 위헌 여부가 위헌심판제청신청의 대상이 될 수 있는지 여부(부정)

헌법재판소법 제41조 제1항은 '법률이 헌법에 위반되는지 여부가 재판의 전제가 된 경우에는 당해 사건을 담당하는 법원은 직권 또는 당사자의 신청에 의한 결정으로 헌법재판소에 위헌 여부 심판을 제청한다'고 규정하고 있으므로, 대통령령의 위헌 여부는 위헌심판제청신청의 대상이 될 수 없다(대결 1991.4.23. 91초16, 대결 1996.5.10. 96부10 등 참조). 따라서 이 부분 신청은 나아가 판단할 필요 없이 부적법하다(대결 2018.3.29. 2018아526).

② 헌법소원의 보충성: 헌법소원은 법원의 재판을 제외한 공권력 작용을 대상으로 한다. 따라서 다른 법률에 구제절차가 있으면 모두 거친 후 헌법소원이 가능하고, 구제절차가 없으면 바로 헌법소원이 가능하다. 다만 다른 법률의 구제절차가 재판인 경우에는 헌법소원을 제기할 수 없다고 해석된다. 헌재는 처분적 법규명령에 대해서 헌법소원이 된다고 하고 있으나 이는 헌법소원의 보충성 원리에 위반된다는 비판이 있다.

1. 처분적 법규명령에 대해서 바로 헌법소원이 가능한지 여부(긍정)

법령의 직접적인 위임에 따라 위임행정기관이 그 법령을 시행하는 데 필요한 구체적 사항을 정한 것이면, 그 제정형식은 비록 법규명령이 아닌 고시·훈령·예규 등과 같은 행정규칙이더라도 그것이 상위법령의 위임한계를 벗어나지 아니하는 한, 상위법령과 결합하여 대외적인 구속력을 갖는 법규명령으로서 기능하게 된다고 보아야 할 것인바, 청구인이 법령과 예규의 관계규정으로 말미암아 직접 기본권 침해를 받았다면 이에 대하여 바로 헌법소원심판을 청구할 수 있다(헌재 1992.6.26. 91헌마25).

2. 법원의 최종적인 법률해석에 앞서서 한 헌법재판소의 법령해석이 법원을 구속하는지 여부(부정)

구체적 분쟁사건의 재판에 즈음하여 법률 또는 법률조항의 의미·내용과 적용범위가 어떠한 것인지를 정하는 권한, 곧 법령의 해석·적용권한은 사법권의 본질적 내용을 이루는 것이고, 법률이 헌법규범과 조화되도록 해석하는 것은 법령의 해석·적용상 대원칙이다. 따라서 합헌적 법률해석을 포함하는 법령의 해석·적용권한은 대법원을 최고법원으로 하는 법원에 전속하는 것이며, 헌법재판소가 법률의 위헌 여부를 판단하기 위하여 불가피하게 법원의 최종적인 법률해석에 앞서 법령을 해석하거나 그 적용범위를 판단하더라도 헌법재판소의 법률해석에 대법원이나 각급 법원이 구속되는 것은 아니다(대판 2009.2.12. 2004두10289). 〈10. 국가 9급〉

(3) 행정입법부작위에 대한 통제

① 부작위위법확인소송 : 「행정소송법」상 부작위는 구체적인 처분을 하지 않는 것으로 규정되어 있으므로(「행정소송법」 제2조 제2항)으로 추상적인 행정입법을 제정하지 않는 것은 부작위위법확인소송의 대상이 될 수 없다. 〈12. 국가 9급〉

행정입법부작위가 부작위위법확인소송의 대상이 될 수 있는지 여부(부정)

원고는 안동지역 댐피해대책위원회 위원장으로서 안동댐 건설로 인하여 급격한 이상기후의 발생 등으로 많은 손실을 입어 왔는바, 특정다목적댐법 제41조에 의하면 다목적댐 건설로 인한 손실보상 의무가 국가에게 있고 같은 법 제42조에 의하면 손실보상 절차와 그 방법 등 필요한 사항은 대통령령으로 규정하도록 되어 있음에도 피고가 이를 제정하지 아니한 것은 행정입법부작위에 해당하는 것이어서 그 부작위위법확인을 구한다고 주장하나, 행정소송은 구체적 사건에 대한 법률상 분쟁을 법에 의하여 해결함으로써 법적 안정을 기하자는 것이므로, 부작위위법확인소송의 대상이 될 수 있는 것은 구체적 권리·의무에 관한 분쟁이어야 하고, 추상적인 법령에 관하여 제정의 여부 등은 그 자체로서 국민의 구체적인 권리·의무에 직접적 변동을 초래하는 것이 아니어서, 행정소송의 대상이 될 수 없으므로 이 사건 소는 부적법하다(대판 1992.5.8. 91누11261). 〈18. 국가 9급〉

Winner's 부작위위법확인소송의 대상 : 처분의 부작위 (○), 행정입법의 부작위 (×)

② 헌법소원

진정 입법부작위	행정입법을 전혀 하지 않은 경우로서 입법부작위 자체를 헌법소원의 대상으로 한다.
부진정 입법부작위	입법을 하였으나, 입법이 불충분한 경우로서 불완전한 법률을 헌법소원의 대상으로 한다. 이때 헌법소원의 청구기간을 준수해야 한다.

1. 행정입법부작위가 헌법소원의 대상이 될 수 있는지 여부(긍정)

입법부작위에 대한 행정소송의 적법 여부에 관하여 대법원은 "… 행정소송의 대상이 될 수 없다."고 판시하고 있으므로, 피청구인 보건복지부장관에 대한 청구 중 위 시행규칙에 대한 입법부작위 부분은 다른 구제절차가 없는 경우에 해당한다(헌재 1998.7.16. 96헌마246). 〈10. 지방 9급〉

Winner's 행정입법부작위 : 부작위위법확인소송 (×), 헌법소원 (○)

2. 부진정입법부작위를 대상으로 하는 경우 제소기간 준수 여부(긍정)

넓은 의미의 입법부작위에는, 입법자가 헌법상 입법의무가 있는 어떤 사항에 관하여 전혀 입법을 하지 아니함으로써 '입법행위의 흠결이 있는 경우'와 입법자가 어떤 사항에 관하여 입법은 하였으나 그 입법의 내용·범위·절차 등이 당해 사항을 불완전·불충분 또는 불공정하게 규율함으로써 '입법행위에 결함이 있는 경우'가 있는데, 일반적으로 전자를 **진정입법부작위**, 후자를 **부진정입법부작위**라고 부르고 있다. 이른바 **부진정입법부작위**를 대상으로 헌법소원을 제기하려면 그것이 평등의 원칙에 위배된다는 등 헌법위반을 내세워 **적극적인 헌법소원을 제기하여야** 하며, 이 경우에는 헌법재판소법 소정의 **제소기간(청구기간)을 준수하여야 한다**(헌재 1996.11.28. 95헌마161). 〈17. 서울 7급〉

> **Winner's** 제소기간의 적용 : 진정입법부작위 (×), 부진정입법부작위 (○)

③ 국가배상: 국가배상은 위법한 직무행위로 손해가 발생하는 경우에 청구할 수 있는데, 행정입법의 부작위도 여기서의 직무행위에 포함되므로 국가배상을 청구할 수 있다.

제3절 행정규칙

1 서설

1. 의의
행정기관이 독자적인 권한으로 훈령·예규·고시 등의 형식으로 정립하는 일반·추상적인 내부규범으로서, 법규성이 없는 것을 말한다.

2. 범위

협의설 (독일의 통설)	행정조직 내부에서 상급기관이 하급기관에 대하여 발하는 업무처리의 기준·절차 등에 관한 일반·추상적 규정으로 한정하는 견해이다(김동희, 홍정선).
광의설 (우리나라의 통설)	행정조직 내부에서의 업무처리에 관한 기준뿐만 아니라 특별권력관계 내부에서 제정되는 일반·추상적 규정을 모두 포함하는 견해이다(김남진, 류지태).

3. 법규명령과의 구별

(1) 법규성 여부

법규명령은 법규성을 가지고, 행정규칙은 법규성이 없다는 점에서 구별된다. 다만, 모두 행정권이 정립하는 일반·추상적 규정이라는 점에서는 공통된다.

(2) 위반의 효과

법규명령을 위반한 행정작용은 직접 위법하게 되지만, 행정규칙을 위반하더라도 직접 위법하게 되는 것은 아니고 단지 징계원인에 불과하다. 다만, 행정법의 일반원칙을 매개로 하여 간접적으로는 위법하게 될 수 있다.

(3) 재판규범성

법규명령은 재판규범으로서 국민과 법원 그리고 행정청을 구속하는 것이나, 행정규칙은 대국민과의 관계에서 재판규범이 되지 않는다.

(4) 권력의 기초

법률유보원칙	법규명령은 일반권력에 근거하는 것이나, 행정규칙은 특별권력 또는 상급기관의 지휘·감독권에 근거하여 제정되는 것이다.
법률우위원칙	법규명령과 행정규칙은 모두 행정작용의 하나이므로 법률에 위반되어서는 안 된다.

(5) 규율의 대상

법규명령은 일반국민을 대상으로 하는 것이나, 행정규칙은 행정조직관계에서 하급기관이나 특별권력관계에서 그 구성원을 대상으로 하는 것이다. 다만, 하급행정청은 상급행정청의 행정규칙에 복종할 의무가 있으므로 간접적으로는 일반국민에 영향을 미치게 된다.

(6) 구속력

외부적 구속력	법규명령은 행정권과 국민을 구속하는 것이나, 행정규칙은 행정권만 구속하고 국민은 구속하지 못한다.
내부적 구속력	법규명령은 제정기관도 구속하므로 그 내용과 다른 하명을 할 수 없지만, 행정규칙은 제정기관은 구속하지 않고, 수명(受命)기관❶만 구속하므로 다른 하명이 가능하다.

용어설명 ❶ 수명(受命)기관 : 명령을 받는 하급기관

Winner's 제정기관의 구속 : 법규명령 (○), 행정규칙 (×)

Winner's 법규명령과 행정규칙

구분	법규명령	행정규칙
법규성	긍정	부정
위반의 효과	직접 위법	간접 위법
재판규범성	긍정	부정
권력의 기초	일반권력	특별권력 또는 감독권
대상	일반국민	공무원 또는 하급기관
구속력	쌍면(양면)적 구속력	편면(일면)적 구속력
제정기관 구속 여부	구속	불구속

2 행정규칙의 종류

1. 내용에 따른 구분

(1) 조직규칙

행정기관이 그 보조기관 또는 소속관서의 설치·조직, 내부적 권한분배, 사무처리절차 등을 정하기 위해 발하는 행정규칙을 말한다(예 직제, 위임전결규정).

(2) 근무규칙

상급행정기관이 하급행정기관의 근무에 관한 사항을 계속적으로 규율하기 위하여 발하는 행정규칙을 말한다(예 재량준칙).

(3) 영조물규칙

영조물의 조직·관리·사용 등을 규율하기 위해 발하는 행정규칙을 말한다(예 국립대학교학칙, 국립도서관규칙 등).

(4) 규범구체화 행정규칙

전문·기술성이 요구되는 영역에서 관계법률의 불완전한 구성요건을 보충하여 그것을 집행가능하게 하기 위하여 만든 것으로서, 대외적 구속력이 인정되는 일반·추상적 규정을 의미한다.

독일 연방행정법원의 뷜(Wyhl) 판결에서 정립된 것이나, 우리나라에서는 부정하는 것이 다수설과 판례이다.

> **참고** 　**독일의 뷜(Wyhl) 판결(1985.12.19.)**
>
> **1. 사건개요:** 원자력법 제7조 제2항 제3호에 규정되어 있는 손해의 예방 및 평가의 책임은 그 규범구조상 행정부가 지는 것으로 전제하고, 방사선피폭에 관한 일반적 산정기준(원자력법 제7조에 근거하여 제정된 법규명령인 방사선보호령과 제45조와 관련된 행정규칙)은 연방내무부장관이 발한 것으로서 규범을 구체화하는 기능이 있다. 그리하여 규범을 해석하는 행정규칙과는 달리, 법원에 대하여도 규범에 의하여 설정된 한계 내에서는 구속력이 있다고 판시하였다.
>
> **2. 규범구체화 수권설:** 행정부에 대한 구체화 권한은 명시적 수권뿐만 아니라 해석에 의하여서도 인정될 수 있으므로 규범에서 구성요건이 불완전한 경우에는 규범을 구체화할 수 있는 권한을 위임한 것으로 볼 수 있다는 견해로서 독일의 다수설이다.

(5) **간소화 지침**

대량적 행정처분을 발하는 경우에 있어 그 획일적 처분기준을 설정하기 위하여 발하는 행정규칙을 말한다.

(6) **법률대위규칙**

법적 규율이 필요함에도 불구하고 관계법률이 흠결된 경우에 관계법령이 정해지기까지 발하여지는 행정규칙을 말한다(예 독일의 보조금지급준칙).

(7) **규범해석규칙**

불확정 개념의 적용에 있어 그 해석이나 적용방향을 확정하기 위하여 발하는 것을 말한다. 이는 하급행정기관에 의한 법의 해석·적용에 있어 중요한 준거기준이 되고, 통일적인 법적용을 보장하여 주는 기능을 한다. ⟨04. 국가 9급⟩

(8) **재량준칙**

하급행정기관의 재량처분에 대한 일반적 방향을 제시하기 위한 행정규칙을 말한다. 재량준칙은 이미 법령에 의해 설정되어 있는 재량권의 범위를 구체화한다는 점에서 기준을 원초적으로 설정하는 법률대위규칙이나 규범해석규칙과 구별된다.

2. 형식에 따른 구분

(1) **의의**

'행정업무의 운영 및 혁신에 관한 규정(대통령령)'에 의하면 근무규칙을 훈령·지시·예규·일일명령으로 구분하고 있다.

(2) **유형**

훈령	상급기관이 하급기관에 대하여 상당히 장기간에 걸쳐서 그 권한을 일반적으로 지휘·감독하기 위하여 발하는 명령
지시	상급기관이 직권 또는 하급기관의 문의에 의하여 개별적·구체적으로 발하는 명령

예규	법규문서 이외의 문서로서 반복적 행정사무의 기준을 제시하는 것
일일명령	당직·출장, 시간 외 근무 등 일일업무에 관한 명령

> **참고** 훈령과 직무명령의 구별
> 1. **개념**: 직무명령이란 상관이 부하공무원에게 발하는 명령으로서 개인의사를 구속하는 것이나, 훈령은 하급기관에 명령하는 것으로서 기관의사를 구속한다는 점에서 구별된다.
> 2. **차이점**: 훈령은 구성원의 교체·변경에 영향을 받지 않으나, 직무명령은 그 효력이 상실된다.

> **경찰청예규로 정해진 「채증규칙」의 성질(행정규칙)**
> 이 사건 채증규칙은 법률의 구체적인 위임 없이 제정된 경찰청 내부의 행정규칙에 불과하고, 청구인들은 구체적인 촬영행위에 의해 비로소 기본권을 제한받게 되므로, 이 사건 채증규칙이 직접 기본권을 침해한다고 볼 수 없다(헌재 2018.8.30,2014헌마843). 〈21. 군무원 7급〉

(3) 평가

이 중에서 지시와 일일명령은 일반·추상적 규율이 아니므로 행정규칙에서 제외해야 한다는 견해가 있다(김동희, 김남진).

3 법적 성질

1. 서설

(1) 전통적 견해

'법규성'을 국민에 대한 외부적 효력으로 파악한다는 전제에서, 행정규칙은 행정조직 내부 또는 특별권력 내부관계를 규율하기 위한 것이므로 국민에 대해서는 법적 효력이 없다는 견해이다.

(2) 새로운 고찰

내부적 효력	행정규칙의 수명자(受命者)는 복종의무가 있으므로 행정규칙을 위반한 경우에는 징계원인이 된다는 점에서 법적 효과를 가지는 법규범으로서 기능한다는 점에서 전통적 견해와 같다. 〈08. 지방 9급〉
외부적 효력	행정규칙은 그 수명자(受命者)가 행정규칙에서 정해진 대로 권한을 행사하기 때문에 간접적·사실적으로는 외부적 효력이 있다는 견해이다. 다만, 국민과의 관계에서 법적 효력을 가질 것인지에 대해서는 논란이 있다.

(3) 유형설

오늘날 모든 행정규칙의 법적 성질을 함께 검토하는 것은 의미가 없으므로 행정규칙을 유형화하여 따로 검토할 필요가 있다는 견해가 다수설이다. 그리하여 우리나라에서는 주로 재량준칙의 법규성이 문제된다.

2. 재량준칙의 법규성

(1) 학설

① 법규설

내용	재량준칙은 행정의 고유한 기능영역에서 독자적 입법권에 의해 정립된 시원적(始原的)인 행정권의 법이므로, 직접적·대외적 구속력이 인정된다는 견해이다(오센뷜, 베크만).
논거	입법부뿐만 아니라 행정부도 위임 없이 법규를 제정할 수 있다는 '2원적 법권론'을 논거로 든다.
효과	재량준칙을 위반한 행위는 직접 위법하므로 자기구속의 원칙은 논의할 필요가 없다.

② 비법규설(우리나라의 다수설)

내용	행정규칙은 내부관계를 규율하기 위한 것이므로 재량준칙의 직접적·대외적 구속력을 인정할 수 없다는 견해이다(김남진, 류지태).
논거	행정규칙의 외부적 효력은 행정기관 또는 평등원칙 등을 매개로 한 것으로서, 자기구속의 원칙은 행정법의 일반원칙이라는 점을 논거로 든다.
효과	재량준칙을 위반한 행위는 직접 위법한 것은 아니지만, 평등원칙 또는 자기구속의 원칙을 매개로 간접적으로 위법하게 될 수 있다. 〈06. 국가 9급〉

③ 준법규설(독일의 통설)

내용	재량준칙은 원칙적으로 법규가 아니지만, 재량준칙을 적용하는 과정에서 일정한 행정관행이 발생한 경우에는 자기구속의 법리를 매개로 하여 법규로 전환된다는 견해이다(김동희).
논거	자기구속의 원칙을 전환규범으로 파악하여 비법규인 재량준칙이 법규로 전환된다는 것을 논거로 든다.
효과	재량준칙을 위반한 행위는 직접 위법한 것은 아니지만, 자기구속의 법리를 매개로 간접적으로 위법하게 될 수 있다. 〈08. 지방 9급〉

Winner's 자기구속의 원칙의 전환기능 인정 여부 : 비법규설 (×), 준법규설 (○)

(2) 판례

논란이 되는 판례는 있으나, 대법원은 재량준칙의 법규성을 부인하는 것이 일반적 입장이다.

> **훈령의 대외적 구속력이 긍정되는지 여부(부정)**
> 훈령이란 행정조직 내부에 있어서 그 권한의 행사를 지휘·감독하기 위하여 발하는 행정명령으로서 훈령·예규·통첩·지시·고시·각서 등 그 사용 명칭 여하에 불구하고 공법상의 법률관계 내부에서 준거할 준칙 등을 정하는 데 그치고, 대외적으로는 아무런 구속도 가지는 것이 아니다(대판 1983.6.14. 83누54). 〈04. 국가 7급〉

(3) 검토

법규설은 행정권의 시원적 입법권을 인정하는 것, 즉 위임 없이도 법규를 창조할 수 있다는 것은 법률의 법규창조력원칙에 위반되는 것이므로 타당하지 않다. 준법규설은 준법규란 개념이 모호하고 이에 법규성을 인정하여야 할 이론적 근거가 없다. 따라서 재량준칙의 법규성을 부정하는 비법규설이 타당하다.

4 특수한 형태의 법규성

1. 법규명령형식의 행정규칙(행정규칙의 내용을 가진 법규명령)

(1) 문제점

행정규칙은 보통 고시·훈령·예규 등의 형식으로 정립되는 것이나, 경우에 따라서는 재량처분의 기준을 상위법령의 수권(授權)에 근거하여 시행규칙 또는 시행령과 같은 법규명령의 형식으로 정립하는 경우도 있다. 이러한 법규명령형식의 행정규칙의 법규성을 인정할 수 있을 것인지가 문제된다.

〈도로교통법〉 제93조(운전면허의 취소·정지) ① 시·도경찰청장은 운전면허(연습운전면허는 제외한다. 이하 이 조에서 같다)를 받은 사람이 다음 각 호의 어느 하나에 해당하면 행정안전부령으로 정하는 기준에 따라 운전면허(운전자가 받은 모든 범위의 운전면허를 포함한다. 이하 이 조에서 같다)를 취소하거나 1년 이내의 범위에서 운전면허의 효력을 정지시킬 수 있다. 다만, 제2호, 제3호, 제7호, 제8호, 제8호의2, 제9호(정기 적성검사 기간이 지난 경우는 제외한다), 제14호, 제16호, 제17호, 제20호의 규정에 해당하는 경우에는 운전면허를 취소하여야 하고(제8호의2에 해당하는 경우 취소하여야 하는 운전면허의 범위는 운전자가 거짓이나 그 밖의 부정한 수단으로 받은 그 운전면허로 한정한다), 제18호의 규정에 해당하는 경우에는 정당한 사유가 없으면 관계 행정기관의 장의 요청에 따라 운전면허를 취소하거나 1년 이내의 범위에서 정지하여야 한다.
1. 제44조 제1항을 위반하여 술에 취한 상태에서 자동차 등을 운전한 경우
3. 제44조 제2항 후단을 위반하여 술에 취한 상태에 있다고 인정할 만한 상당한 이유가 있음에도 불구하고 경찰공무원의 측정에 응하지 아니한 경우

〈도로교통법 시행규칙〉 제91조(운전면허의 취소·정지처분 기준 등) ① 법 제93조에 따라 운전면허를 취소 또는 정지시킬 수 있는 기준(교통법규를 위반하거나 교통사고를 일으킨 경우 그 위반 및 피해의 정도 등에 따라 부과하는 벌점의 기준을 포함한다)과 법 제97조 제1항에 따라 자동차 등의 운전을 금지시킬 수 있는 기준은 [별표28]과 같다.

[별표 28]

취소처분	1. 벌점, 누산점수 초과: 1년 간 121점 이상, 2년 간 201점 이상, 3년 간 271점 이상	
	2. 혈중알코올농도 0.08퍼센트 이상의 상태에서 운전한 때	
	3. 술에 취한 상태의 기준(혈중알코올농도 0.03퍼센트 이상)을 넘어서 운전을 하다가 교통사고로 사람을 죽게 하거나 다치게 한 때	
	4. 술에 취한 상태에서 운전하거나 술에 취한 상태에서 운전하였다고 인정할 만한 상당한 이유가 있음에도 불구하고 경찰공무원의 측정요구에 불응한 때	
정지처분	1. 술에 취한 상태의 기준을 넘어서 운전한 때(0.03퍼센트 이상 0.08퍼센트 미만)	벌점 100점
	2. 통행구분위반(중앙선 침범에 한함)	벌점 30점

(2) 학설

적극설 (다수설)	국민의 자유·재산과 관계없는 사항이라 하더라도 법규의 형식으로 제정된 이상 법규성을 긍정하는 견해(김동희).
소극설	행정규칙은 법규의 형식으로 정립되더라도 그 성질이 변하는 것은 아니므로 법규성을 부정하는 견해(류지태).
수권(授權)여부 기준설	① 상위법령의 수권을 받지 않은 '진정한 행정규칙으로서의 법규명령'에 대해서는 법규성을 부정하고, ② 상위법령의 수권을 받은 '부진정한 행정규칙으로서의 법규명령'에 대해서는 법규성을 긍정하는 견해이다(김남진, 홍정선).

Winner's 법규성 인정 여부 : 진정한 행정규칙 (×), 부진정한 행정규칙 (○)

(3) 판례

원칙	부령 형식의 행정규칙에 대해서 그 실질을 강조하여 법규성을 부정한다.
예외	대통령령 형식의 행정규칙에 대해서는 법규성을 긍정한다. 다만 신축적 구속력을 인정한다는 점에서 비판을 받는 판례도 있다.

Winner's 판례상 법규성 인정 여부 : 부령 형식의 행정규칙 (×), 대통령령 형식의 행정규칙 (○)

1. 부령 형식의 행정규칙이 법규명령에 해당하는지 여부(부정)

자동차운수사업법 제31조 제2항의 규정에 따라 제정된 자동차운수사업법제31조등의규정에의한사업면허의취소등의처분에관한규칙(교통부령)은 형식은 부령으로 되어 있으나, 그 규정의 성질과 내용은 자동차운수사업면허의 취소처분 등에 관한 사무처리기준과 처분절차 등 행정청 내의 사무처리준칙을 규정한 것에 불과하여 행정조직 내부에 있어서의 행정명령의 성질을 가지는 것이어서, 행정조직 내부에서 관계행정기관이나 직원을 구속함에 그치고 대외적으로 국민이나 법원을 구속하는 것은 아니므로, 자동차운송사업면허취소 등의 처분이 이 규칙에서 정한 기준에 따른 것이라 하여 당연히 적법한 처분이 된다 할 수 없다. 그 처분의 적법 여부는 자동차운수사업법의 규정 및 그 취지에 적합한 것인가의 여부에 따라서 판단하여야 한다(대판 1991.11.8. 91누4973). 〈08. 지방 9급〉

2. 「주택건설촉진법」 시행령 [별표 1]이 법규명령에 해당하는지 여부(긍정)

당해 처분의 기준이 된 주택건설촉진법 시행령 제10조의3 제1항 [별표 1]은 주택건설촉진법 제7조 제2항의 위임규정에 터잡은 규정 형식상 대통령령이므로, 그 성질이 부령인 시행규칙이나 또는 지방자치단체의 규칙과 같이 통상적으로 행정조직 내부에 있어서의 행정명령에 지나지 않는 것이 아니라, 대외적으로 국민이나 법원을 구속하는 힘이 있는 법규명령에 해당한다(대판 1997.12.26. 97누15418). 〈04. 국가 7급〉, 〈13. 국가 9급〉

3. 「청소년보호법」 시행령 [별표 6]의 과징금처분기준에 명시된 수액은 최고한도액인지 여부(긍정)

구 청소년보호법(1999. 2. 5. 법률 제5817호로 개정되기 전의 것) 제49조 제1항·제2항에 따른 같은 법 시행령(1999. 6. 30. 대통령령 제16461호로 개정되기 전의 것) 제40조 [별표6]의 위반행위의 종별에 따른 과징금처분기준은 법규명령이기는 하나, 모법의 위임규정의 내용과 취지 및 헌법상의 과잉금지의 원칙과 평등의 원칙 등에 비추어 같은 유형의 위반행위라 하더라도, 그 규모나 기간·사회적 비난정도·위반행위로 인하여 다른 법률에 의하여 처벌받은 다른 사정·행위자의 개인적 사정 및 위반행위로 얻은 불법이익의 규모 등 여러 요소를 종합적으로 고려하여 사안에 따라 적정한 과징금의 액수를 정하여야 할 것이므로, 그 수액은 정액이 아니라 <u>최고한도액이다</u>(대판 2001.3.9. 99두5207). 〈13. 국가 9급〉,〈18. 지방 9급〉

4. 인가기준 등을 정한 구「여객자동차 운수사업법」시행규칙이 법규명령에 해당하는지 여부(긍정)

구 여객자동차 운수사업법 시행규칙(2000. 8. 23. 건설교통부령 제259호로 개정되기 전의 것) 제31조 제2항 제1호·제2호·제6호는 구 여객자동차 운수사업법(2000. 1. 28. 법률 제6240호로 개정되기 전의 것) 제11조 제4항의 위임에 따라 시외버스운송사업의 사업계획변경에 관한 절차·인가기준 등을 구체적으로 규정한 것으로서, 대외적인 구속력이 있는 법규명령이라고 할 것이고, 그것을 행정청 내부의 사무처리준칙을 규정한 행정규칙에 불과하다고 할 수는 없다(대판 2006.6.27. 2003두4355). 〈17. 국가 9급〉

(4) 검토

행정규칙적 사항을 법규명령으로 제정할 것인지, 행정규칙으로 제정할 것인지는 행정청이 선택권을 가진다는 점, 상위법령의 위임이 있으면 법규를 제정할 수 있다는 점을 이유로 법규명령으로 보는 것이 타당하다.

2. 행정규칙형식의 법규명령(법규적 내용을 가진 행정규칙, 법령보충적 행정규칙)

(1) 문제점

헌법은 국회입법원칙에 대한 예외로서 대통령령·총리령·부령 등 법규성을 가지는 행정입법을 명시하고 있으나, 고시·훈령 등은 이에 해당하지 않는다. 그런데 고시·훈령 등 행정규칙의 형식으로 제정되었으나, 내용적으로 상위법령과 결합하여 법령의 내용을 보충하는 기능을 가진 경우에는 법규성을 인정할 수 있을 것인지가 문제된다. 〈14. 국가 9급〉

> 〈산업집적활성화 및 공장설립에 관한 법률〉 제8조(공장입지의 기준) 산업통상자원부장관은 관계 중앙행정기관의 장과 협의하여 다음 각 호의 사항에 관한 공장입지의 기준(이하 '입지기준'이라 한다)을 정하여 고시하여야 한다. 이를 변경한 경우에도 또한 같다.
> 1. 「국토의 계획 및 이용에 관한 법률」 등 대통령령으로 정하는 법령에서 용도지역별로 허용 또는 제한되는 공장의 업종·규모 및 범위 등에 관한 사항

Winner's 행정규칙형식의 법규명령 : 법령보충적 행정규칙 (○), 법률보충명령 (×)

(2) 학설

적극설 (다수설)	① 상위법령의 구체적 위임에 기하여 제정된다는 점, ② 그 실질적 내용이 법규적 사항이라는 점, ③ 헌법상 법규명령의 형식은 예시된 것이라는 점 등을 이유로 법규성을 긍정하는 견해(김동희, 류지태, 홍정선)
소극설	헌법상 명시된 행정입법은 국회입법 원칙의 예외에 해당하므로 그 규정을 열거적 규정으로 보아 법규성을 부정하는 견해

(3) 판례

원칙	법령이 특정행정기관에게 구체화 권한을 부여하면서 그에 대한 권한행사의 절차나 방법을 특정하고 있지 않은 경우에는 상위법령과 결합하여 법규성을 인정할 수 있다.
예외	위임한계를 벗어난 경우에는 법규성을 인정할 수 없다. 위임한계에는 내용뿐만 아니라 형식도 포함된다.

1. 행정기관에게 구체화 권한을 위임하여 제정된 행정규칙이 법규명령에 해당하는지 여부(한정 긍정 – 재산제세사무처리규정 사건)

상급행정기관이 하급행정기관에 대하여 업무처리지침이나 법령의 해석적용에 관한 기준을 정하여서 발하는, 이른바 행정규칙은 일반적으로 행정조직 내부에서만 효력을 가질 뿐 대외적인 구속력을 갖는 것은 아니지만, 법령의 규정이 특정행정기관에게 그 법령내용의 구체적 사항을 정할 수 있는 권한을 부여하면서 그 권한행사의 절차나 방법을 특정하고 있지 아니한 관계로 수임행정기관이 행정규칙의 형식으로 그 법령의 내용이 될 사항을 구체적으로 정하고 있다면 그와 같은 행정규칙·규정은 행정규칙이 갖는 일반적 효력으로서가 아니라, 행정기관에 법령의 구체적 내용을 보충할 권한을 부여한 법령규정의 효력에 의하여 그 내용을 보충하는 기능을 갖게 된다 할 것이므로, 이와 같은 행정규칙·규정은 당해 법령의 위임한계를 벗어나지 아니하는 한 그것들과 결합하여 대외적인 구속력이 있는 법규명령으로서의 효력을 갖게 된다(대판 1987.9.29. 86누484). 〈06. 국가 7급〉, 〈13. 국가 9급〉

2. 시행규칙으로 정하도록 하였는데 고시 등으로 정한 경우의 법규성 인정 여부(부정)

행정규칙이나 규정이 상위법령의 위임범위를 벗어난 경우에는 법규명령으로서 대외적 구속력을 인정할 여지는 없다. 이는 행정규칙이나 규정 '내용'이 위임범위를 벗어난 경우뿐 아니라 상위법령의 위임규정에서 특정하여 정한 권한행사의 '절차'나 '방식'에 위배되는 경우도 마찬가지이므로, 상위법령에서 세부사항 등을 시행규칙으로 정하도록 위임하였음에도 이를 고시 등 행정규칙으로 정하였다면 그 역시 대외적 구속력을 가지는 법규명령으로서 효력이 인정될 수 없다(대판 2012.7.5 2010다72076). 〈15. 지방 9급〉, 〈17. 서울 7급〉

Winner's 위임 한계의 심사범위 : 내용 (○), 방식 (○)

3. 국세청 훈령형식의 주류도매면허제도 개선업무처리지침이 법규명령인지 여부(긍정)

비록 행정규칙의 형식을 취하고 있지만, 국세청장이 주세법 시행령 제14조의 위임에 따라서 그 규정의 내용이 될 사항을 구체적으로 정하고 있는 것으로서, 그 위임의 한계를 벗어나지 않는 한 주세법 시행령 제14조와 결합하여 대외적으로 구속력이 있는 법규명령으로서의 효력을 갖는다(대판 1994.4.26. 93누21668).

4. 위임한계를 벗어나지 않은 지방자치단체장의 고시가 법규명령인지 여부(긍정)

법령의 규정이 지방자치단체장(허가관청)에게 그 법령 내용의 구체적인 사항을 정할 수 있는 권한을 부여하면서 그 권한행사의 절차나 방법을 정하지 아니하고 있는 경우 그 법령의 내용이 될 사항을 구체적으로 규정한 지방자치단체장의 고시는, 당해 법률 및 그 시행령의 위임한계를 벗어나지 아니하는 한 그 법령의 규정과 결합하여 대외적인 구속력 있는 법규명령으로서의 효력을 갖게 된다(대판 2002.9.27. 2000두7933).

5. 공장입지의 기준을 구체적으로 정한 산업자원부장관의 고시가 법규명령인지 여부(긍정)

법령의 규정이 특정행정기관에 그 법령내용의 구체적 사항을 정할 수 있는 권한을 부여하면서 그 권한행사의 절차나 방법을 특정하고 있지 않은 관계로 수임행정기관이 행정규칙의 형식으로 그 법령의 내용이 될 사항을 구체적으로 정하고 있는 경우에는, 그 행정규칙이 당해 법령의 위임한계를 벗어나지 않는 한 그와 결합하여 대외적으로 구속력이 있는 법규명령으로서 효력을 가지는 것이므로, 산업자원부장관이 공업배치및공장설립에관한법률 제8조의 규정에 따라 공장입지의 기준을 구체적으로 정한 고시는 법규명령으로서 효력을 가진다(대판 2003.9.26. 2003두2274). 〈15. 사회복지 9급〉

6. 원산지 표시의 대상을 정한 「농산물원산지 표시요령」의 법규성(부정)
구 농수산물품질관리법령의 관련 규정에 따라 국내 가공품의 원산지표시에 관한 세부적인 사항을 정하고 있는 구 농수산물품질관리법 시행규칙(2001. 6. 30. 농림부령 제1389호로 개정되기 전의 것) 제24조 제6항은 "가공품의 원산지표시에 있어서 그 표시의 위치, 글자의 크기·색도 등 표시방법에 관하여 필요한 사항은 농림부장관 또는 해양수산부장관이 정하여 고시한다."고 정하고 있는바, 이는 원산지표시의 위치, 글자의 크기·색도 등과 같은 표시방법에 관한 기술적이고 세부적인 사항만을 정하도록 위임한 것일 뿐, 원산지표시 방법에 관한 기술적인 사항이 아닌 원산지표시를 하여야 할 대상을 정하도록 위임한 것은 아니라고 해석되고, 그렇다면 농산물원산지 표시요령(1992. 12. 9. 농림부고시 제1999-82호) 제4조 제2항이 "가공품의 원료로 가공품이 사용될 경우 원산지표시는 원료로 사용된 가공품의 원료 농산물의 원산지를 표시하여야 한다."고 규정하고 있더라도 이는 원산지표시 방법에 관한 기술적인 사항이 아닌 원산지표시를 하여야 할 대상에 관한 것이어서 구 농수산물품질관리법 시행규칙에 의해 고시로써 정하도록 위임된 사항에 해당한다고 할 수 없어 법규명령으로서의 대외적 구속력을 가질 수 없다(대결 2006.4.28. 2003마715). 〈17. 서울 9급〉

7. 행정적 편의를 도모하기 위한 절차적 규정인 '소득금액조정합계표 작성요령'의 법규정(부정)
소득금액조정합계표 작성요령은 법률의 위임을 받은 것이기는 하나 법인세의 부과징수라는 행정적 편의를 도모하기 위한 절차적 규정으로서 단순히 행정규칙의 성질을 가지는 데 불과하여 과세관청이나 일반국민을 기속하는 것이 아니다(대판 2003.9.5. 2001두403). 〈19. 국회 8급〉

8. 2014년도 건물 및 기타 물건 시가표준액 조정기준의 법규성(긍정)
건축법 제80조 제1항 제2호, 지방세법 제4조 제2항, 지방세법 시행령 제4조 제1항 제1호의 내용, 형식 및 취지 등을 종합하면, '2014년도 건물 및 기타물건 시가표준액 조정기준'의 각 규정들은 일정한 유형의 위반 건축물에 대한 이행강제금의 산정기준이 되는 시가표준액에 관하여 행정자치부장관으로 하여금 정하도록 한 위 건축법 및 지방세법령의 위임에 따른 것으로서 그 법령 규정의 내용을 보충하고 있으므로, 그 법령 규정과 결합하여 대외적인 구속력이 있는 법규명령으로서의 효력을 가진다(대판 2017.5.31. 2017두30764). 〈18. 서울 9급〉

9. 구 「지방공무원보수업무 등 처리지침」의 법규성(긍정)
구 지방공무원보수업무 등 처리지침(2014. 8. 8. 안전행정부 예규 제104호로 개정되기 전의 것, 이하 '지침'이라 한다) [별표 1] '직종별 경력환산율표 해설'이 정한 민간근무경력의 호봉 산정에 관한 부분은 지방공무원법 제45조 제1항과 구 지방공무원 보수규정(2014. 11. 19. 대통령령 제25751호로 개정되기 전의 것) 제8조 제2항, 제9조의2 제2항, [별표 3]의 단계적 위임에 따라 행정자치부장관이 행정규칙의 형식으로 법령의 내용이 될 사항을 구체적으로 정한 것이고, 달리 지침이 위 법령의 내용 및 취지에 저촉된다거나 위임 한계를 벗어났다고 보기 어려우므로, 지침은 상위법령과 결합하여 대외적인 구속력이 있는 법규명령으로서의 효력을 갖게 된다(대판 2016.1.28. 2015두53121). 〈18. 서울 9급〉

10. 노령수당 지급대상자를 70세 이상으로 규정한 노인복지사업지침의 효력(무효)

보건사회부장관이 정한 1994년도 노인복지사업지침은 노령수당의 지급대상자의 선정 기준 및 지급수준 등에 관한 권한을 부여한 노인복지법 제13조 제2항, 같은 법 시행령 제17조, 제20조 제1항에 따라 보건사회부장관이 발한 것으로서 실질적으로 법령의 규정 내용을 보충하는 기능을 지니면서 그것과 결합하여 대외적으로 구속력이 있는 법규명령의 성질을 가지는 것으로 보인다. 법령보충적인 행정규칙·규정은 당해 법령의 위임한계를 벗어나지 아니하는 범위 내에서만 그것들과 결합하여 법규적 효력을 가지고, 노인복지법 제13조 제2항의 규정에 따른 노인복지법시행령 제17조, 제20조 제1항은 노령수당의 지급대상자의 연령범위에 관하여 위 법 조항과 동일하게 '65세 이상의 자'로 반복하여 규정한 다음 소득수준 등을 참작한 일정소득 이하의 자라고 하는 지급대상자의 선정기준과 그 지급대상자에 대한 구체적인 지급수준(지급액) 등의 결정을 보건사회부장관에게 위임하고 있으므로, 보건사회부장관이 노령수당의 지급대상자에 관하여 정할 수 있는 것은 65세 이상의 노령자 중에서 그 선정기준이 될 소득수준 등을 참작한 일정소득 이하의 자인 지급대상자의 범위와 그 지급대상자에 대하여 매년 예산 확보상황 등을 고려한 구체적인 지급수준과 지급시기·지급방법 등일 뿐이지, 나아가 지급대상자의 최저연령을 법령상의 규정보다 높게 정하는 등 노령수당의 지급대상자의 범위를 법령의 규정보다 축소·조정하여 정할 수는 없다고 할 것임에도, 보건사회부장관이 정한 1994년도 노인복지사업지침은 노령수당의 지급대상자를 '70세 이상'의 생활보호대상자로 규정함으로써 당초 법령이 예정한 노령수당의 지급대상자를 부당하게 축소·조정하였고, 따라서 위 지침 가운데 노령수당의 지급대상자를 '70세 이상'으로 규정한 부분은 법령의 위임한계를 벗어난 것이어서 그 효력이 없다(대판 1996.4.12, 95누7727). 〈12. 국가 9급〉

11. 위임의 근거 없이 입증책임의 전환을 규정한 공정거래위원회의 고시의 효력(무효)

구 독점규제및공정거래에관한법률(1996. 12. 30. 법률 제5235호로 개정되기 전의 것) 제23조 제3항은 "공정거래위원회가 불공정거래행위를 예방하기 위하여 필요한 경우 사업자가 준수하여야 할 지침을 제정·고시할 수 있다."라고 규정하고 있으므로 위 위임규정에 근거하여 제정·고시된 표시·광고에관한공정거래지침의 여러 규정 중 불공정거래행위를 예방하기 위하여 사업자가 준수하여야 할 지침을 마련한 것으로 볼 수 있는 내용의 규정은 위 법의 위임범위 내에 있는 것으로서 위 법의 규정과 결합하여 법규적 효력을 가진다고 할 것이나, 위 지침 Ⅲ(규제대상 및 법운용방침) 2(법운용 방침) (나)호에서 정하고 있는 "문제되는 표시·광고 내용에 대한 사실 여부 또는 진위 여부에 관한 입증책임은 당해 사업자가 진다."는 입증책임규정은 원래 공정거래위원회가 부담하고 있는 표시·광고 내용의 허위성 등에 관한 입증책임을 전환하여 사업자로 하여금 표시·광고 내용의 사실성 및 진실성에 관한 입증책임을 부담하게 하는 것으로서 사업자에게 중대한 불이익을 부과하는 규정이라 할 것이므로 이러한 사항을 지침으로 정하기 위하여는 법령상의 뚜렷한 위임근거가 있어야 할 것인데, 위 법규정은 공정거래위원회로 하여금 불공정거래행위를 예방하기 위하여 사업자가 준수하여야 할 사항을 정할 수 있도록 위임하였을 뿐 입증책임전환과 같은 위 법의 운용방침까지 정할 수 있도록 위임하였다고 볼 수 없으므로 위 입증책임규정은 법령의 위임한계를 벗어난 규정이어서 법규적 효력이 없다(대판 2000.9.29. 98두12772).

12. 국립환경과학원 고시 '구 악취공정시험기준'의 법규성(부정)

이 사건 고시는 국립환경과학원장이「환경분야 시험·검사 등에 관한 법률」제6조에 따라 악취를 측정함에 있어서 측정의 정확성 및 통일을 유지하기 위하여 필요한 제반 사항을 규정함을 목적으로 하여 국립환경과학원 고시로 제정된 것이다. 이는 시료채취의 방법, 악취측정의 방법 등을 정한 것으로, 그 형식 및 내용에 비추어 행정기관 내부의 사무처리준칙에 불과하므로 일반 국민이나 법원을 구속하는 대외적 구속력이 없다(대판 2021.5.7. 2020두57042).

Winner's 법규성 인정 여부

긍정	부정
① 주택건설촉진법 시행령 [별표 1]	① 자동차운수사업법 제31조 등의 규정에 의한 사업면허의취소 등의 처분에 관한 규칙(교통부령)
② 청소년보호법 시행령 [별표 6]	② 자동차운수사업법 제31조 등의 규정에 의한 처분요령
③ 경찰공무원임용령	③ 개인택시운송면허지침
④ 인가기준 등을 정한 구 여객자동차 운수사업법 시행규칙	④ 개인택시면허 우선순위에 관한 교통부장관의 시달
⑤ 국세청 훈령 형식의 주류도매면허제도 개선업무처리지침	⑤ 농산물원산지 표시요령
⑥ 공장입지의 기준을 구체적으로 정한 산업자원부장관의 고시	⑥ 소득금액조정합계표 작성요령
⑦ 식품제조영업허가기준	⑦ 위임한계를 벗어난 노인복지사업지침
⑧ 건물 및 기타 물건 시가표준액 조정기준	⑧ 입증책임의 전환을 규정한 공정거래위원회 고시
⑨ 지방공무원보수업무 등 처리지침	⑨ 국립환경과학원 고시 '구 악취공정시험기준'
	⑩ 학교장·교사 초빙제 실시

(4) 검토

행정현실에 탄력적으로 대응하기 위해서는 헌법상 법규명령의 형식을 예시로 파악하여 고시·훈령 능의 형식에 의해서도 법규명령을 만들 수 있다는 통설·판례가 타당하다. 실정법상으로도 법규성을 인정하는 것으로 평가될 수 있으나, 아무런 절차를 거치지 않고 공포하지도 않는데 법규성을 인정하는 것은 문제가 있다는 비판이 있다.

〈행정규제기본법〉 제4조(규제 법정주의) ② 규제는 법률에 직접 규정하되, 규제의 세부적인 내용은 법률 또는 상위법령(上位法令)에서 구체적으로 범위를 정하여 위임한 바에 따라 대통령령·총리령·부령 또는 조례·규칙으로 정할 수 있다. 다만, 법령에서 전문적·기술적 사항이나 경미한 사항으로서 업무의 성질상 위임이 불가피한 사항에 관하여 구체적으로 범위를 정하여 위임한 경우에는 고시 등으로 정할 수 있다.

Winner's 특수한 행정규칙의 법규성

구분		법규명령 형식의 행정규칙	행정규칙 형식의 법규명령
학설		긍정(다수설)	긍정(통설)
판례	원칙	부정(부령 형식)	긍정
	예외	긍정(대통령령 형식)	위임한계 일탈 → 부정

3. 특별명령의 법규성

특별권력주체와 그 구성원의 관계를 규율하는 규범으로서, 구성원을 수범자로 하는 것을 말한다(㉔ 학생의 입학·진학·졸업 등에 관한 사항). 독일에서 법규성을 긍정하는 견해도 있으나, 우리나라는 부정하는 것이 일반적이다. 다만 판례상 특별명령의 법규성을 인정하는 것처럼 보이는 경우도 있으나 예외적 판결에 불과하므로 일반적으로는 부정하는 것으로 본다.

> **1. 학칙을 위반한 퇴학처분(위법)**
> 국립교육대학의 학칙에 학장이 학생에 대한 징계처분을 하고자 할 때에는 교수회의 심의·의결을 먼저 거쳐야 하도록 규정되어 있는 경우 교수회의 학생에 대한 무기정학처분의 징계의결에 대하여 학장이 징계의 재심을 요청하여 다시 개최된 교수회에서 학장이 교수회의 징계의결 내용에 대한 직권조정권한을 위임하여 줄 것을 요청한 후 일부 교수들의 찬반토론은 거쳤으나 표결은 거치지 아니한 채 자신의 책임 아래 직권으로 위 교수회의 징계의결 내용을 변경하여 퇴학처분을 하였다면, 위 퇴학처분은 교수회의 심의·의결을 거침이 없이 학장이 독자적으로 행한 것에 지나지 아니하여 위법하다(대판 1991.11.22. 91누2144).
>
> **2. 선도규정을 위반한 학교장의 징계처분(위법)**
> 학칙 시행상 필요한 세칙은 학교장이 정한다고 규정한 학칙의 부칙에 따라 학교장이 학생징계에 관하여 규정한 선도규정이 무기정학 이상의 중징계에 관하여 그 절차와 사유를 특히 엄격하게 정함으로써 신중과 공정을 기하고 학생의 신분을 보장할 목적으로 마련된 것이고 학생이나 교직원들은 위 절차에 의하여 징계가 이루어질 것으로 신뢰하고 있다 할 것이므로 징계권자인 학교장도 이 절차에 기속되어 이를 어기고 한 징계처분은 위법하다(대판 1992.7.14. 91누4737).

5 행정규칙의 성립·발효요건

1. 주체에 관한 요건

행정규칙은 행정기관에게 재량권·포괄적 감독권·관리권 등이 인정된 경우에 그 범위 내에서 발할 수 있다.

2. 내용에 관한 요건

행정규칙은 특별한 법률적 수권을 필요로 하지 않는다. 다만, 법령 또는 상위감독기관의 행정규칙에 위반하지 않아야 한다. 〈08. 지방 9급〉

3. 형식에 관한 요건

행정규칙은 일반적으로 법조(法條)의 형식으로 문서로써 발하여지나, 요식행위는 아니므로 구술로 하여도 무방하다.

4. 절차에 관한 요건

행정규칙의 제정에 있어서 절차에 관한 일반규정은 없으나, 법령상 다른 기관에의 경유, 상급기관의 승인 등의 절차가 규정되어 있으면 이를 거쳐야 한다.

5. 표시에 관한 요건

행정규칙은 법규명령과 달리 공포를 요건으로 하지 않는다. 따라서 어떠한 형태로든 그 내용이 표시되어 수범자(受範者)가 알 수 있는 상태에 있으면 효력을 발생한다.

개인택시운송사업면허지침이 효력을 발생하기 위하여 외부에 고지되어야 하는지 여부(부정)
서울특별시가 정한 개인택시운송사업면허지침은 **재량권 행사의 기준으로 설정된 행정청의 내부의 사무처리준칙에 불과하므로**, 대외적으로 국민을 기속하는 법규명령의 경우와는 달리 외부에 고지되어야만 효력이 발생하는 것은 아니다(대판 1997.1.21. 95누12941).

6 행정규칙의 통제

1. 입법적 통제

행정규칙에 관한 이론과 판례는 혼란상태에 있고 현실적으로도 상위법령에 근거없는 명령이 남발되는 등 문제가 많다. 앞으로 이론이나 판례의 발전을 통한 해결을 모색하기도 어려운 실정이므로 입법을 통한 해결이 바람직한 것으로 본다.

2. 행정적 통제

상급행정기관은 그 지휘·감독권에 의하여 하급행정기관의 행정규칙을 통제할 수 있다.

3. 사법적 통제

(1) 법원에 의한 통제

긍정설	행정규칙도 일반·추상적 규율에 해당하므로 법규명령과 마찬가지로 선결문제 심리방식에 의한 간접적 통제가 가능하다는 견해이다(류지태).
부정설(다수설)	행정규칙은 법규성이 부인되고 있으므로 법원에 의한 통제가 필요하지 않다는 견해이다(김동희).

(2) 헌법재판소에 의한 통제

원칙	논란은 있으나, 행정규칙은 국민의 기본권에 직접 영향을 미치는 공권력의 행사로 볼 수 없으므로 헌법소원의 대상이 될 수 없다.
예외	법령보충적 행정규칙이나 자기구속이 적용되는 경우 등 행정규칙이 대외적 구속력을 가지는 경우에는 헌법소원의 대상이 될 수 있다.

대외적 구속력을 가지는 행정규칙은 헌법소원이 가능한지 여부(긍정)
1) 행정규칙은 일반적으로 행정조직 내부에서만 효력을 가지는 것이나, **행정규칙이 법령의 규정에 의하여 행정관청에 법령의 구체적 내용을 보충할 권한을 부여한 경우나 재량권행사의 준칙인 규칙이 그 정한 바에 따라 되풀이 시행되어 행정관행이 이룩되게 되면**, 평등의 원칙이나 신뢰보호의 원칙에 따라 행정기관은 그 상대방에 대한 관계에서 그 규칙에 따라야 할 자기구속을 당하게 되는 경우에는 **대외적인 구속력을 가지게 되는바, 이러한 경우에는 헌법소원의 대상이 될 수도 있다.** 〈23. 국가 9급〉

2) 경기도 교육청의 1999. 6. 2.자 「학교장·교사 초빙제 실시」는 학교장·교사 초빙제의 실시에 따른 구체적 시행을 위해 제정한 사무처리 지침으로서 **행정조직 내부에서만 효력을 가지는 행정상의 운영지침을 정한 것이어서**, 국민이나 법원을 구속하는 효력이 없는 행정규칙에 해당하므로 **헌법소원의 대상이 되지 않는다**(헌재 2001.5.31. 99헌마413). 〈19. 국회 8급〉

제2장 | 행정행위

제1절 행정행위의 개념

1 서설

1. 개념의 정립

행정행위는 독일·프랑스 등 행정재판소를 가지고 있던 대륙법계 국가에서 다양한 행정작용 중 다른 행정작용과 구별되는 특수한 법적 규율을 받는 것을 행정쟁송의 대상으로 삼기 위하여 만들어진 것으로서, 목적적·경험적·학문적 개념이다. 실정법상 인가·허가·면허·특허·결정·재결 등 여러 가지 명칭으로 불리고 있으며, 「행정기본법」에서는 처분과 제재처분으로 구분하기도 한다.

> 〈행정기본법〉 제2조(정의) 이 법에서 사용하는 용어의 뜻은 다음과 같다.
> 4. "처분"이란 행정청이 구체적 사실에 관하여 행하는 법 집행으로서 공권력의 행사 또는 그 거부와 그 밖에 이에 준하는 행정작용을 말한다.
> 5. "제재처분"이란 법령등에 따른 의무를 위반하거나 이행하지 아니하였음을 이유로 당사자에게 의무를 부과하거나 권익을 제한하는 처분을 말한다. 다만, 제30조제1항 각 호에 따른 행정상 강제는 제외한다.

2. 개념정립의 실익

우리나라는 행정사건도 일반법원에서 관할하고 있으나, 행정행위에는 공정력·강제력·확정력 등 특수한 효력이 인정되고, 행정쟁송의 대상이 될 수 있다는 점에서 행정행위의 개념을 정립할 실익이 있다. 〈07. 국회 8급〉

2 행정행위의 관념

1. 최광의

'행정청'이 하는 모든 행위를 말한다. 입법부나 사법(司法)부의 행위를 제외하고, 행정상 사실행위(예 대집행 실행행위), 행정상 입법행위(예 대통령령의 제정행위), 행정상 사법(司法)행위(예 행정심판재결), 통치행위까지 모두 포함된다.

2. 광의

행정청에 의한 '공법'행위를 말한다. 행정상 사실행위, 행정상 사법(私法)행위(예 비품구입계약)는 제외되며, 행정상 입법행위, 공법상 계약, 통치행위는 포함된다.

3. 협의

행정청이 법 아래에서 '구체적인 사실에 관한 법집행'으로서 행하는 공법행위를 말한다. 행정상 입법행위·통치행위는 제외되나, 공법상 계약·공법상 합동행위는 포함된다. ⟨17. 국가 9급⟩

4. 최협의(현재 통설)

행정청이 법 아래서 구체적 사실에 관한 법집행으로서 행하는 권력적·단독행위인 공법행위를 말한다. 공법상 계약·공법상 합동행위가 배제되어 공권력 발동행위로서의 단독행위만을 의미한다.

Winner's 행정행위의 개념

구분	개념요소	제외되는 행위
최광의	행정청	국회의 입법행위, 법원의 재판행위
광의	+ 공법행위	행정상 사실행위, 행정상 사법(私法)행위
협의	+ 구체적, 법집행행위	통치행위, 행정입법
최협의	+ 권력적·단독적 행위	공법상 계약, 공법상 합동행위

3 행정행위의 개념 징표

1. 행정청의 행위

(1) 행정청의 의의

'행정청'이란 행정주체의 의사를 결정하고 이를 대외적으로 표시할 수 있는 권한을 가진 행정기관을 말한다. 조직법상의 행정청(⑩ 국가나 지방자치단체의 행정기관)뿐만 아니라 실질적·기능적 의미의 행정청을 포함하므로 국회나 법원의 직원임명행위나, 공무수탁사인의 행위도 행정행위가 될 수 있다. 공공단체의 행위는 법률상 행정권한을 위임받은 경우에 한하여 행정행위가 될 수 있다.

⟨행정기본법⟩ 제2조(정의) 이 법에서 사용하는 용어의 뜻은 다음과 같다.
　2. "행정청"이란 다음 각 목의 자를 말한다.
　　가. 행정에 관한 의사를 결정하여 표시하는 국가 또는 지방자치단체의 기관
　　나. 그 밖에 법령등에 따라 행정에 관한 의사를 결정하여 표시하는 권한을 가지고 있거나 그 권한을 위임 또는 위탁받은 공공단체 또는 그 기관이나 사인(私人)

Winner's 행정행위 : 행정청의 행위 (○), 행정기관의 행위 (△)

1. 위임을 받은 기관·사인 등도 행정청에 포함되는지 여부(긍정)

행정청에는 처분 등을 할 수 있는 권한이 있는 국가 또는 지방자치단체와 같은 행정기관 뿐만 아니라 법령에 의하여 행정권한의 위임 또는 위탁을 받은 행정기관·공공단체 및 그 기관 또는 사인이 포함되는바, 특별한 법률에 근거를 두고 행정주체로서의 국가 또는 지방자치단체로부터 독립하여 특수한 존립목적을 부여

받은 특수한 행정주체로서 국가의 특별한 감독하에 그 설립목적인 특정한 공공사무를 행하는 공법상의 특수행정조직 등이 이에 해당한다(대판 1992.11.27. 92누3618).

2. 토지구획정리조합의 환지예정지 지정처분의 처분성(긍정)

도시계획법 실시 이전 '조선시가지계획령(폐지)' 제3조 제2항에 의하여 내무부장관으로부터 시가지계획사업 시행인가를 받은 토지구획정리조합은 그 업무권한 범위 내에서 준행정관청의 성격을 가지므로 그 조합이 한 환지예정지 지정처분은 행정소송의 대상이 되는 행정처분이다(대판 1965.6.22. 64누106).

3. 대한주택공사의 이주대책에 관한 처분의 처분성(긍정)

대한주택공사의 설립목적, 취급업무의 성질, 권한과 의무 및 택지개발사업의 성질과 내용 등에 비추어 같은 공사가 관계법령에 따른 사업을 시행하는 경우 법률상 부여받은 행정작용권한을 행사하는 것으로 보아야 할 것이므로 같은 공사가 시행한 택지개발사업 및 이에 따른 이주대책에 관한 처분은 항고소송의 대상이 된다(대판 1992.11.27. 92누3618).

4. 한국토지개발공사의 부정당업자제재처분의 처분성(부정)

한국토지개발공사법의 규정에 의하여 설립된 자본금 전액 정부투자법인일 뿐인 한국 토지개발공사가 행정소송법 소정의 행정청 또는 그 소속기관이거나 이로부터 일정기간 입찰참가자격을 제한하는 내용의 부정당업자제재처분의 권한을 위임받았다고 볼 만한 아무런 법적 근거가 없으므로, 한국토지개발공사가 한 그 제재처분은 행정소송의 대상이 되는 행정처분이 아니라 단지 상대방을 그 공사가 시행하는 입찰에 참가시키지 않겠다는 뜻의 사법상의 효력을 가지는 통지행위에 불과하다(대판 1995.2.28. 94두36).

5. 한국전력공사의 부정당업자제재처분의 처분성(부정)

한국전력공사는 한국전력공사법의 규정에 의하여 설립된 정부투자법인일 뿐이고 위 공사를 중앙행정기관으로 규정한 법률을 찾아볼 수 없으며, 위 공사가 정부투자기관 회계규정에 의하여 행한 입찰참가자격을 제한하는 내용의 부정당업자제재처분은 행정소송의 대상이 되는 행정처분이 아니라 단지 상대방을 위 공사가 시행하는 입찰에 참가시키지 않겠다는 뜻의 사법상의 효력을 가지는 통지행위에 불과하다(대결 1999.11.26. 99부3). 〈14. 국회 8급〉

6. 한국마사회의 조교사·기수의 면허 부여 또는 취소의 처분성(부정)

한국마사회가 조교사 또는 기수의 면허를 부여하거나 취소하는 것은 경마를 독점적으로 개최할 수 있는 지위에서 우수한 능력을 갖추었다고 인정되는 사람에게 경마에서의 일정한 기능과 역할을 수행할 수 있는 자격을 부여하거나 이를 박탈하는 것에 지나지 아니하므로, 이는 국가 기타 행정기관으로부터 위탁받은 행정권한의 행사가 아니라 일반 사법상의 법률관계에서 이루어지는 단체 내부에서의 징계 내지 제재처분이다(대판 2008.1.31. 2005두8269). 〈10. 지방 9급〉

(2) 행정청의 종류

독임제 행정청	1명으로 구성되는 행정기관이다(⑩ 각부 장관, 각 지방자치단체의 장, 세무서장 등).
합의제 행정청	여러 명으로 구성되는 행정청이다(⑩ 토지수용위원회, 방송통신위원회, 공정거래위원회, 감사원, 행정심판위원회 등).

(3) 보조기관의 행위

보조기관이란 행정청의 의사결정을 보조하지만, 대외적으로 표시할 권한은 없는 행정기관이다(⑩ 각부 차관, 차관보, 국장, 과장, 지방자치단체의 부지사, 부시장 등). 다만, 권한의 위임이 있으면 위임을 받은 범위에서는 행정청이 될 수 있으므로, 이러한 경우에는 행정행위가 될 수 있다. 〈07. 국회 8급〉

> **전결규정 위반한 처분이 무효인지 여부(부정)**
>
> <u>전결과 같은 행정권한의 내부위임</u>은 법령상 처분권자인 행정관청이 내부적인 사무처리의 편의를 도모하기 위하여 그의 <u>보조기관 또는 하급 행정관청으로 하여금 그의 권한을 사실상 행사하게 하는 것으로서 법률이 위임을 허용하지 않는 경우에도 인정되는 것이므로</u>, 설사 행정관청 내부의 사무처리규정에 불과한 <u>전결규정에 위반하여 원래의 전결권자 아닌 보조기관 등이 처분권자인 행정관청의 이름으로 행정처분을 하였다고 하더라도 그 처분이 권한 없는 자에 의하여 행하여진 무효의 처분이라고는 할 수 없다</u>(대판 1998.02.27. 97누1105). 〈20·25. 국가 9급〉

(4) 의결기관의 행위

의결기관이란 행정주체의 의사를 결정하지만 대외적으로 표시할 권한은 없는 기관이다(⑩ 지방의회, 징계위원회, 경찰위원회 등). 다만, 예외적으로 그 의사를 직접 표시하는 경우에는 행정행위가 될 수 있다.

> **1. 지방의회의장 불신임의결의 처분성(긍정)**
>
> 지방의회의장은 의회를 대표하고 의사를 정리하며 회의장 내의 질서를 유지하고 의회의 사무를 감독하며 위원회에 출석하여 발언할 수 있는 등의 직무권한을 가지는바, 위와 같은 직무권한을 가지는 지방의회의장에 대한 불신임의결은 <u>의장으로서의 권한을 박탈</u>하는 행정처분의 일종으로서 항고소송의 대상이 된다(대판 1994.10.11. 94두23).
>
> **2. 지방의회의원에 대한 징계의결의 처분성(긍정)**
>
> 지방자치법 제78조 내지 제81조의 규정에 의거한 지방의회의 의원징계의결은 그로 인해 <u>의원의 권리에 직접 법률효과를 미치는</u> 행정처분의 일종으로서 행정소송의 대상이 된다(대판 1993.11.26. 93누7341).

2. 구체적인 사실에 대한 규율행위

특정한 사건에 대해서 적용되는 것을 말한다. 불특정 다수인을 대상으로 하더라도 구체적 사실을 규율하는 일반처분(⑩ 도로통행금지)은 행정행위에 속한다. 특정범위의 사람을 대상으로 하지만 불특정 다수의 사건에 적용되는 조례나 규칙 등은 제외된다.

> **참고** 개별적·추상적 규율
>
> 1. **의의**: 특정범위의 사람을 장래에 향하여 계속적으로 규율하기 위하여 일정한 조치를 취하는 경우를 말한다(⑩ 행정청이 어느 공장주에게 공장으로부터 뿜어 나오는 수증기로 인해 도로에 빙판이 생길 때마다 그것을 제거하라는 명령을 발하는 것).
> 2. **인정 여부**: 독일은 행정행위로 인정하는 것이 일반적이나, 우리나라에서는 아직 논의가 없다.

개인택시면허 우선순위에 관한 교통부장관의 시달의 처분성(부정)

개인택시면허 우선순위에 관한 교통부장관의 시달은 단순히 개인택시면허처분을 위하여 그 면허순위에 관한 내부적 심사기준을 시달한 예규나 통첩에 불과하여 현실적으로 특정인의 권리를 침해하는 것이 아니므로 이를 행정소송의 대상이 되는 행정처분이라고 할 수 없다(대판 1985.11.25. 85누394).

3. 외부에 대한 직접적인 법적 행위

국민에 대하여 직접적으로 법적 효과(예 권리·의무의 형성 또는 범위확정)를 부여하는 것을 말한다. 행정기관 상호간의 내부적 행위는 포함될 수 없으나, 특별권력관계의 구성원에 대한 내부적 행위는 오늘날 행정소송이 가능하다는 점에서 행정행위로 파악되는 경향이다.

Winner's 행정행위의 법적 성질 : 법률행위 (○), 사실행위 (×)

1. 상급행정기관의 하급행정기관에 대한 승인 등의 처분성(부정)

항고소송의 대상이 되는 행정처분은 행정청의 공법상의 행위로서 특정사항에 대하여 법규에 의한 권리의 설정 또는 의무의 부담을 명하거나 기타 법률상의 효과를 직접 발생케 하는 등 국민의 구체적인 권리의무에 직접 관계가 있는 행위를 말하는바, 상급행정기관의 하급행정기관에 대한 승인·동의·지시 등은 행정기관 상호간의 내부행위로서 국민의 권리의무에 직접 영향을 미치는 것이 아니므로 항고소송의 대상이 되는 행정처분에 해당한다고 볼 수 없다(대판 1997.9.26. 97누8540).

2. 벌점배점행위의 처분성(부정)

운전면허 행정처분처리대장상 벌점의 배점은 도로교통법규위반행위를 단속하는 기관이 도로교통법시행규칙 [별표 16]의 정하는 바에 의하여 도로교통법규위반의 경중, 피해의 정도 등에 따라 배정하는 점수를 말하는 것으로 자동차운전면허의 취소·정지처분의 기초자료로 제공하기 위한 것이고, 그 배점 자체만으로는 아직 국민에 대하여 구체적으로 어떤 권리를 제한하거나 의무를 명하는 등 법률적 규제를 하는 효과를 발생하는 요건을 갖춘 것이 아니어서, 그 무효확인 또는 취소를 구하는 소송의 대상이 되는 행정처분이라고 할 수 없다(대판 1994.8.12. 94누2190).

3. 내규, 내부적 사업계획 등의 처분성(부정)

행정소송의 대상이 되는 행정처분은 구체적인 권리·의무에 관한 분쟁이어야 하고 일반적, 추상적인 법령 또는 내부적 내규이거나 내부적 사업계획 등 그 자체로서 국민의 구체적 권리·의무에 직접적인 변동을 초래케 하는 것은 아니므로 아직 소송의 대상이 될 수 없다(대판 1983.4.26. 82누528).

4. 소방서장의 건축부동의의 처분성(부정)

건축허가권자가 건축불허가처분을 하면서 그 처분사유로 건축불허가사유뿐만 아니라 구 소방법(2003. 5. 29. 법률 제6916호로 개정되기 전의 것) 제8조 제1항에 따른 소방서장의 건축부동의 사유를 들고 있다고 하여 그 건축불허가처분 외에 별개로 건축부동의처분이 존재하는 것이 아니므로, 그 건축불허가처분을 받은 사람은 그 건축불허가처분에 관한 쟁송에서 건축법상의 건축불허가사유뿐만 아니라 소방서장의 부동의사유에 관하여도 다툴 수 있다(대판 2004.10.15. 2003두6573).

5. 경계측량 및 표지설치의 처분성(부정)

건설부장관이 행한 국립공원지정처분은 그 결정 및 첨부된 도면의 공고로써 그 경계가 확정되는 것이고, 시장이 행한 경계측량 및 표지의 설치 등은 공원관리청이 공원구역의 효율적인 보호·관리를 위하여 이미 확정된 경계를 인식·파악하는 사실상의 행위로 봄이 상당하며, 위와 같은 사실상의 행위를 가리켜 공권력행사로서의 행정처분의 일부라고 볼 수 없다(대판 1992.10.13. 92누2325). 〈14. 국가 9급〉

6. 공장입지기준확인의 처분성(부정)

공업배치및공장설립에관한법률 제9조에 따라 시장·군수 또는 구청장이 토지소유자 기타 이해관계인의 신청이 있는 경우에 그 관할구역 안의 토지에 대하여 지번별로 공장설립이 가능한지 여부를 확인하여 통지하는 공장입지기준확인은, 공장을 설립하고자 하는 사람이 공장설립승인 신청 등 공장설립에 필요한 각종 절차를 밟기 전에 어느 토지 위에 공장설립이 가능한지 여부를 손쉽게 확인할 수 있도록 편의를 도모하기 위하여 마련된 절차로서 그 확인으로 인하여 신청인 등 이해관계인의 지위에 영향을 주는 법률상의 효과가 발생하지 아니하므로, 공장입지기준확인 그 자체는 항고소송의 대상이 될 수 없다(대판 2003.2.11. 2002두10735).

7. 건설부장관이 정한 표준지공시지가결정의 처분성(긍정)

표준지로 선정된 토지의 공시지가에 불복하기 위하여는 구 지가공시및토지등의평가에관한법률(1995. 12. 29. 법률 제5108호로 개정되기 전의 것) 제8조 제1항 소정의 이의절차를 거쳐 처분청인 건설부장관을 상대로 그 공시지가결정의 취소를 구하는 행정소송을 제기하여야 하는 것이지 그러한 절차를 밟지 아니한 채 그 표준지에 대한 조세부과처분의 취소를 구하는 소송에서 그 공시지가의 위법성을 다툴 수는 없다(대판 1997.2.28. 96누10225). 〈20. 군무원 7급〉

8. 시장·군수 또는 구청장의 개별토지가격결정의 처분성(긍정)

시장·군수 또는 구청장의 개별토지가격결정은 관계법령에 의한 토지초과이득세, 택지초과소유부담금 또는 개발부담금 산정의 기준이 되어 국민의 권리나 의무 또는 법률상 이익에 직접적으로 관계되는 것으로서 행정소송법 제2조 제1항 제1호 소정의 행정청이 행하는 구체적 사실에 관한 법집행으로서의 공권력행사이므로 항고소송의 대상이 되는 행정처분에 해당한다(대판 1994.2.8. 93누111). 〈16. 국회 8급〉

9. 구 국토이용관리법에 근거한 건설부장관의 기준지가 고시의 처분성(부정)

국토이용관리법 제29조 제1항에 근거한 건설부장관의 기준지가 고시는 일반적·추상적 기준을 설정하여 장차 공공시설용지를 매수하거나 토지수용을 할 경우 그 지가나 보상액을 구체적으로 결정할 때의 준칙이 되는 것이니, 그 자체로서는 국민의 구체적인 권리·의무 내지는 법률상의 이익에 직접 관계가 있는 행정처분이라 할 수 없으므로 이는 행정소송의 대상이 될 수 없다(대판 1979.4.24. 78누242).

10. 교통안전공단의 분담금 납부통지의 처분성(긍정)

구 교통안전공단법(1999. 12. 28. 법률 제6066호로 개정되기 전의 것)에 의하여 설립된 교통안전공단의 사업목적과 분담금의 부담에 관한 같은 법 제13조, 그 납부통지에 관한 같은 법 제17조, 제18조 등의 규정 내용에 비추어 교통안전공단이 그 사업목적에 필요한 재원으로 사용할 기금 조성을 위하여 같은 법 제13조에 정한 분담금 납부의무자에 대하여 한 분담금 납부통지는 그 납부의무자의 구체적인 분담금 납부의무를 확정시키는 효력을 갖는 행정처분이라고 보아야 할 것이고, 이는 그 분담금 체납자로부터 국세징수법에 의한 강제징수를 할 수 있음을 정한 규정이 없다고 하여도 마찬가지이다(대판 2000.9.8. 2000다12716). 〈14. 국가 9급〉

11. 급수공사비 납부통지의 처분성(부정)

수도사업자가 급수공사 신청자에 대하여 급수공사비 내역과 이를 지정기일 내에 선납하라는 취지로 한 납부통지는 수도사업자가 급수공사를 승인하면서 급수공사비를 계산하여 급수공사 신청자에게 이를 알려 주고 위 신청자가 이에 따라 공사비를 납부하면 급수공사를 하여 주겠다는 취지의 강제성이 없는 의사 또는 사실상의 통지행위라고 풀이함이 상당하고, 이를 가리켜 항고소송의 대상이 되는 행정처분이라고 볼 수 없다(대판 1993.10.26. 93누6331). 〈14. 사회복지 9급〉

4. 권력적 단독행위

공권력의 행사로서 국민의 권리·의무관계를 일방적으로 확정하는 것을 말한다. 사법(私法)행위(⑩ 일반재산의 매각)나 공법상 계약은 비권력적 행위라서 제외되고, 합동행위는 공동으로 한다는 점에서 제외된다. 다만 상대방의 협력이 필요한 쌍방적 행정행위(⑩ 건축허가)는 행정행위에 포함된다.

4 행정행위와 쟁송법상 처분의 구별

1. 문제점

행정행위는 취소소송의 대상으로 삼기 위하여 만들어진 학문적 개념이다. 그런데 행정쟁송법❶은 취소소송의 대상을 '처분'이라고 규정하고 있으므로 양자는 어떻게 구별되는지가 문제된다.

〈행정소송법〉

제2조(정의) ① 이 법에서 사용하는 용어의 정의는 다음과 같다.
1. '처분 등'이라 함은 행정청이 행하는 구체적 사실에 관한 법집행으로서의 공권력의 행사 또는 그 거부와 그 밖에 이에 준하는 행정작용(이하 '처분'이라 한다) 및 행정심판에 대한 재결을 말한다.

제19조(취소소송의 대상) 취소소송은 처분 등을 대상으로 한다. 다만, 재결취소소송의 경우에는 재결 자체에 고유한 위법이 있음을 이유로 하는 경우에 한한다.

용어설명 ❶ 행정쟁송법 : 행정상 분쟁에 관하여 규율하는 법. 행정심판법과 행정소송법을 통합한 학문적 용어

Winner's 실정법상 취소소송의 대상 : 행정행위 (×), 처분 (○)

2. 학설

(1) 실체법적 개념설(1원설)

① 내용: 쟁송법상 규정되어 있는 처분을 실체법상의 행정행위와 같은 것으로 보는 견해이다.
   [처분 = 행정행위]

② 논거: 취소소송의 본질은 행정행위에 부여되어 있는 공정력을 깨뜨리기 위한 것이므로 취소소송의 대상을 공정력을 가진 행정행위에 한정하는 견해이다.

(2) 쟁송법적 개념설(2원설, 다수설)

① 내용: 쟁송법에 규정되어 있는 처분을 쟁송법에서 규정하고 있는 개념으로 파악하여 처분을 행정행위와 그에 준하는 행정작용으로 보는 견해이다(김동희, 김남진). [처분=행정행위+α]
〈17. 국가 9급〉

② 논거: 행정기능의 확대에 따른 행정작용의 다양화와 더불어 국민의 권익구제 기회를 확대하기 위해서는 행정쟁송의 대상을 확대할 필요가 있음을 이유로 들고 있다.

3. 판례

입장이 명확하지 않으나, 실제로 학문적으로 행정행위에 해당하지 않는 작용에 대해서도 처분성을 인정하고 있으므로 기본적으로는 쟁송법적 개념설이라고 볼 수 있다.

4. 검토

현행 행정쟁송법상 처분의 개념은 행정행위와 다르게 규정되어 있다는 점 그리고 국민의 권익구제의 기회를 확대하기 위해서 행정쟁송의 대상을 넓게 볼 필요가 있다는 점에서 쟁송법적 개념설이 타당하다.

Winner's 처분개념을 넓게 파악하는 견해 : 실체법적 개념설 (×), 쟁송법적 개념설 (○)

Winner's 처분성 인정 여부

긍정	부정
① 대한주택공사의 이주대책에 관한 처분 ② 토지구획정리조합의 환지예정지 지정처분	① 한국토지개발공사의 부정당업자제재처분 ② 한국전력공사의 부정당업자제재처분 ③ 한국마사회의 조교사·기수의 면허 부여 또는 취소
③ 건설부장관이 정한 표준지공시지가결정 ④ 시장·군수 또는 구청장의 개별토지가격결정	④ 구 「국토이용관리법」에 근거한 건설부장관의 기준지가
⑤ 교통안전공단의 분담금 납부통지	⑤ 급수공사비 납부통지
⑥ 지방의회의장 불신임의결 ⑦ 지방의회의원에 대한 징계의결 ⑧ 도로구역결정	⑥ 상급행정기관의 하급행정기관에 대한 승인 ⑦ 개인택시면허 우선순위에 관한 교통부장관의 시달 ⑧ 벌점배점행위 ⑨ 내규, 내부적 사업계획 ⑩ 공장입지기준확인 ⑪ 소방서장의 건축부동의 ⑫ 경계측량 및 표지설치

5 형식적 행정행위이론

1. 의의

행정기관 내지는 그에 준하는 자의 행위가 공권력 행사로서의 실체는 가지고 있지 않으나, 그것이 행정목적 실현을 위하여 국민의 권익에 계속적으로 사실상의 지배력을 미치는 경우 이를 쟁송법상의 처분으로 파악하여 항고소송으로 다투기 위한 이론이다. 주로 일본에서 행정지도, 공공시설 설치행위와 관련하여 논의된 것이다.

Winner's 형식적 행정행위의 쟁송방법 : 항고소송 (○), 당사자소송 (×)

2. 인정 여부

우리나라에서는 ① 「행정소송법」상 처분개념이 넓게 정의되고 있으며, 국민의 실효적(實效的) 권익구제가 필요하다는 점에서 우호적인 견해, ② 항고소송만이 최선의 길은 아니며, 이질적(異質的) 행정작용들을 하나의 개념으로 포함시키면 공정력의 인정범위 등의 문제가 발생한다는 점에서 비판적 견해가 있다. 비판적 견해가 일반적이다.

제2절 행정행위의 특수성

1 서설

행정행위는 공권력의 발동으로서 행정청의 권력적 단독행위라는 점에서, 사인 간의 자유로운 의사합치를 요소로 하는 「민법」상의 법률행위와 다른 특수성이 인정된다.

2 구체적 내용

1. 법적합성

행정행위는 권력적인 법률행위이므로 법률에 발동 근거가 있어야 하고, 그 내용에 저촉되어서는 아니 된다. 이는 사법(私法)행위가 사적자치의 원칙에 따르는 것과 구별된다.

2. 공정성(公定性)

행정행위는 권력적 행위라는 점에서 성립상의 하자가 있어도 중대하고 명백한 하자로서 무효가 아닌 한, 권한 있는 기관에 의해 취소되기 전까지는 그 상대방은 물론이고 행정청과 제3자를 구속하는 효력을 가진다.

3. 확정성

행정행위는 하자가 있어도 무효가 되는 경우를 제외하고는 ① 일정한 행위에 대해서 행정청이 이를 취소 또는 변경할 수 없거나(불가변력) ② 쟁송기간의 경과로 국민이 행정쟁송을 제기하지 못하는(불가쟁력) 효력이 있다.

4. 강제성

행정행위는 권력적이므로 행정청이 부여한 의무를 상대방이 이행하지 않으면 ① 법률에 따라 행정청 스스로 그 의무이행을 확보하거나(자력집행력), ② 일정한 제재를 가하여 그 의무이행을 확보할 수 있다(제재력).

5. 구제수단의 특수성

(1) 행정쟁송제도의 특수성

우리나라는 영·미식의 사법국가주의를 채택하여 행정사건에 대해서도 일반법원에서 관할하고 있으나, 행정쟁송제도는 상대방의 권익구제기능과 더불어 공익실현기능이 있으므로 민사소송과는 구별되는 여러 가지 특수성이 인정되고 있다.

(2) 행정상 손해전보제도의 특수성

위법한 행정행위로 인한 손해에 대해서는 국가 등에 대해 국가배상을 청구할 수 있고, 적법한 행정행위로 인한 손실에 대해서는 손실보상청구를 할 수 있는데, 이는 민사상의 배상책임과는 다른 특수성이 인정되고 있다.

제3절 / 행정행위의 종류

1 주체를 기준으로 한 분류

① 국가의 행정행위(예 국세부과처분), ② 공공단체의 행정행위(예 시장·군수의 건축허가처분), ③ 공권력이 부여된 사인의 행정행위(예 사업시행자의 토지수용) 등으로 분류할 수 있다.

2 행정청의 의사표시를 기준으로 한 분류

1. 유형

(1) 법률행위적 행정행위

행정청의 의사표시❶를 구성요소로 하여, 그 법적 효과가 행정청의 효과의사의 내용에 따라 발생하는 것을 말한다(예 하명, 허가, 면제, 특허, 인가, 대리 등).

> **용어설명** ❶ 의사표시 : 일정한 법률효과를 원하는 효과의사를 표시하는 것

(2) 준법률행위적 행정행위

행정청의 의사표시 이외의 정신작용(예 인식·판단)을 구성요소로 하는 행정행위로서, 그 법적 효과가 법령이 정하는 바에 따라 부여되는 것을 말한다(예 확인, 공증, 통지, 수리 등).

> **친일반민족행위자 재산의 국가귀속결정이 준법률행위적 행정행위에 해당하는지 여부(긍정)**
> 친일반민족행위자 재산의 국가귀속에 관한 특별법 제3조 제1항 본문, 제9조 규정들의 취지와 내용에 비추어 보면, 같은 법 제2조 제2호에 정한 친일재산은 친일반민족행위자재산조사위원회가 국가귀속결정을 하여야 비로소 국가의 소유로 되는 것이 아니라 <u>특별법의 시행에 따라 그 취득·증여 등 원인행위시에 소급하여 당연히 국가의 소유로 되고, 위 위원회의 국가귀속결정은 당해 재산이 친일재산에 해당한다는 사실을 확인하는 이른바 준법률행위적 행정행위의 성격을 가진다</u>(대판 2008.11.13. 2008두13491). 〈10. 국가 9급〉, 〈13. 지방 9급〉

2. 구별실익

법률행위적 행정행위에는 부관을 붙일 수 있으나, 준법률행위적 행정행위는 그렇지 않다는 점에서 구별실익이 있다. 최근에는 준법률행위적 행정행위의 경우에도 부관을 붙일 수 있다는 견해가 등장하여 구별실익이 감소하고 있다. 이러한 분류방식은 사적 자치를 전제로 하는 사법(私法)상 분류방법을 유추한 것이라는 점에서 구별무용론이 제기되고 있으나, 현재로서는 구별을 인정하고 있다.

3 법에 기속(羈束)되는 정도에 의한 분류

1. 기속행위
근거법의 요건과 내용이 일의적(一義的)으로 규정되어 있어서 행정청은 법에서 정해진 대로 기계적으로 집행만 하는 행위를 말한다.

2. 재량행위
근거법의 규정형식상 행정청에게 독자적 판단권을 부여하고 있는 행위를 말한다.

4 수령 여부에 따른 분류

1. 수령이 필요한 행정행위
상대방이 있는 행정행위는 원칙적으로 상대방에게 수령(도달)되어야 효력을 발생한다. 수령의 정도는 상대방이 현실적으로 알 수 있는 상태이면 충분하고, 현실적으로 알아야 하는 것은 아니다.

2. 수령이 필요하지 않은 행정행위
상대방이 불특정 다수인이거나 특정된 경우에도, 그 주소 또는 거소(居所)가 불분명한 경우에는 수령이 필요하지 않으며, 공시·공고에 의하여 효력이 발생한다.

5 형식 여부에 따른 분류

1. 요식행위
내용을 명백히 할 필요가 있거나 장래의 분쟁에 있어서 증빙자료로 삼기 위하여 관계법령에서 일정한 서식·날인 기타 일정한 형식이 필요한 행위를 말한다(예 행정심판재결, 납세고지 등).

2. 불요식행위
특별한 형식이 없이 말로도 가능한 행정행위를 말한다. 행정행위는 이론상 불요식이 원칙이나, 「행정절차법」은 처분의 방식을 문서로 하도록 규정하고 있으므로, 현행법상으로는 요식행위를 원칙으로 한다고 볼 수 있다.

6 현재 법률상태의 변경 여부에 따른 분류

1. 적극적 행정행위
현재 법률상태의 변경을 가져오는 행위를 말한다(예 허가·특허 등).

2. 소극적 행정행위

현재 법률상태의 변경을 가져오지 않는 행위를 말한다(⑩ 상대방의 영업허가신청을 거부한 것이고, 방치한 것은 거부처분으로 간주하는 규정이 없는 한 부작위에 해당한다).

Winner's 취소소송의 대상성 인정 여부 : 허가처분 (○), 허가거부처분 (○)

7 상대방의 협력 유무에 따른 분류

1. 쌍방적 행정행위

상대방의 협력을 필수 요소로 하는 행정행위를 말한다(⑩ 상대방의 신청을 요건으로 하는 허가, 상대방의 동의에 따른 공무원 임명). 법률효과의 내용이 행정청의 일방적 결정에 의해 정해지므로 권력성을 가진다는 점에서 하자가 있으면 취소 또는 무효가 된다. 대등한 의사표시의 합치에 의해 성립하고, 하자가 있으면 무효만 되는 공법상 계약과 구별된다. 〈07. 국회 8급〉

2. 일방적 행정행위(직권행위, 독립적·단독적 행위)

상대방의 협력을 요건으로 하지 않고, 행정청 스스로의 직권에 의하여 발동하는 행위를 말한다 (⑩ 조세부과처분, 영업정지처분 등).

8 대상에 따른 분류

1. 대인적 행정행위

사람의 학식·기술·경험과 같은 주관적인 사정에 착안하여 행하여지는 행정행위를 말한다(⑩ 의사면허, 자동차운전면허, 인간문화재 지정 등). 일신 전속적 성질을 가지므로, 그 법률효과가 이전 또는 상속될 수 없는 것이 원칙이다. 〈06. 국회 8급〉

2. 대물적 행정행위

(1) 의의

물건의 객관적 사정에 착안하여 행하여지는 행정행위를 말한다(⑩ 철거명령, 주유소영업허가, 자동차검사증 교부, 건물준공검사 등). 물건의 성질을 검토하는 것이므로 물건과 함께 이전 또는 상속될 수 있다. 다만, 행정기관의 승인이나 신고를 받도록 하는 경우가 보통이다.

(2) 구체적 검토

① 수익적인 대물적 행정행위: 이전 또는 상속이 가능하므로 사람이 바뀐 경우에도 그 권리와 의무가 동일성을 가지고 승계된다. 다만, 제재를 받을 책임도 함께 승계될 것인지에 대해서는 학설이 대립하는데 부정하는 견해도 있으나, 긍정하는 것이 다수설과 판례이다(김남진). 〈14. 사회복지 9급〉

1. 양도인의 위법사유를 이유로 양수인에게 제재를 할 수 있는지 여부(긍정)

석유사업법 제12조 제3항, 제9조 제1항, 제12조 제4항 등을 종합하면 석유판매업(주유소)허가는 소위 대물적 허가의 성질을 갖는 것이어서, 그 사업의 양도도 가능하고 이 경우 양수인은 양도인의 지위를 승계하게 됨에 따라 양도인의 위 허가에 따른 권리·의무가 양수인에게 이전되는 것이므로, 만약 양도인에게 그 허가를 취소할 위법사유가 있다면 허가관청은 이를 이유로 양수인에게 응분의 제재조치를 취할 수 있다 할 것이고, 양수인이 그 양수 후 허가관청으로부터 석유판매업허가를 다시 받았다 하더라도 이는 석유판매업의 양수도를 전제로 한 것이어서, 이로써 양도인의 지위승계가 부정되는 것은 아니므로 양도인의 귀책사유는 양수인에게 그 효력이 미친다(대판 1986.7.22. 86누203). 〈06. 국회 8급〉

2. 양도인의 위법사유를 모르고 양수한 양수인에게 최장기인 6월의 영업정지처분을 한 경우(위법)

주유소 영업의 양도인이 등유가 섞인 유사휘발유를 판매한 바를 모르고 이를 양수한 석유판매영업자에게 전 운영자인 양도인의 위법사유를 들어 사업정지기간 중 최장기인 6월의 사업정지에 처한 영업정지처분이 석유사업법에 의하여 실현시키고자 하는 공익목적의 실현보다는 양수인이 입게 될 손실이 훨씬 커서 재량권을 일탈한 것으로서 위법하다(대판 1992.2.25. 91누13106).

3. 공중위생영업에 영업정지사유가 있는 경우 양수인에 대한 영업정지처분의 가능성(긍정)

구 공중위생관리법(2000. 1. 12. 법률 제6155호로 개정되기 전의 것) … 일정한 경우 하나의 위반행위에 대하여 영업소에 대한 영업정지 또는 영업장폐쇄명령을, 이용사(업주)에 대한 업무정지 또는 면허취소처분을 동시에 할 수 있다고 규정하고 있는 점 등을 고려하여 볼 때 영업정지나 영업장폐쇄명령 모두 대물적 처분으로 보아야 할 이치이고, … 만일 어떠한 공중위생영업에 대하여 그 영업을 정지할 위법사유가 있다면, 관할행정청은 그 영업이 양도·양수되었다 하더라도 그 업소의 양수인에 대하여 영업정지처분을 할 수 있다(대판 2001.6.29. 2001두1611).

4. 학원설립인가의 양도성(긍정)

학원의설립·운영에관한법률 제5조 제2항에 의한 학원의 설립인가는 강학상의 이른바 허가에 해당하는 것으로서 그 인가를 받은 자에게 특별한 권리를 부여하는 것은 아니고 일반적인 금지를 특정한 경우에 해제하여 학원을 설립할 수 있는 자유를 회복시켜주는 것에 불과한 것이기는 하지만 위 법률 제5조 제2항 후단의 규정에 근거한 같은 법 시행령 제10조 제1항은 설립자의 변경을 변경인가사항으로 규정하고 있어 학원의 수인가자의 지위(이른바 인가권)의 양도는 허용된다(대판 1992.4.14. 91다39986). 〈20. 군무원 7급〉

5. 건축허가는 허가대상 건축물에 대한 권리변동에 수반하여 이전되는지 여부(긍정)

건축허가는 대물적 허가의 성질을 가지는 것으로서 그 허가의 효과는 허가대상 건축물에 대한 권리변동에 수반하여 이전되고, 별도의 승인처분에 의하여 이전되는 것이 아니라 할 것이며, 건축주 명의변경은 당초의 허가대장상 건축주 명의를 바꾸어 등재하는 것에 불과하므로 이는 구 건축주에 대한 허가를 취소하고 새로운 건축허가를 하는 것과 같은 법률효과를 발생하는 행정처분이라 할 수 없으니 건축주 명의변경 행위는 행정소송의 대상이 될 수 없다(대판 1979.10.31. 79누190). 〈19. 국가 9급〉

6. 사망한 자의 음주운전을 이유로 한 개인택시운송사업면허 취소처분의 위법성(긍정)

개인택시운송사업자가 음주운전을 하다가 사망한 경우 그 망인에 대하여 음주운전을 이유로 운전면허 취소처분을 하는 것은 불가능하고, 음주운전은 운전면허의 취소사유에 불과할 뿐 개인택시운송사업면 허의 취소사유가 될 수는 없으므로, 음주운전을 이유로 한 개인택시운송사업면허의 취소처분은 위법하다 (대판 2008.5.15. 2007두26001). 〈19. 국회 8급〉

7. 채석허가의 상속성(긍정)

채석허가는 수허가자에 대하여 일반적·상대적 금지를 해제하여 줌으로써 채석행위를 자유롭게 할 수 있는 자유를 회복시켜 주는 것일 뿐 권리를 설정하는 것이 아니라 하더라도, 대물적 허가의 성질을 아울러 가지고 있는 점 등을 감안하여 보면, 수허가자가 사망한 경우 특별한 사정이 없는 한 수허가자의 상속인이 수허가자로서의 지위를 승계한다(대판 2005.8.19. 2003두9817·9824). 〈13. 국가 7급〉

8. 양도인에 대한 채석허가취소처분을 양수인이 취소를 구할 법률상 이익이 인정되는지 여부(긍정)

채석허가가 대물적 허가의 성질을 아울러 가지고 있고 수허가자의 지위가 사실상 양도·양수되는 점을 고려하여 수허가자의 지위를 사실상 양수한 양수인의 이익을 보호하고자 하는 데 있는 것으로 해석되므로, 수허가자의 지위를 양수받아 명의변경신고를 할 수 있는 양수인의 지위는 단순한 반사적 이익이나 사실상의 이익이 아니라 산림법령에 의하여 보호되는 직접적이고 구체적인 이익으로서 법률상 이익이라고 할 것이고, 채석허가가 유효하게 존속하고 있다는 것이 양수인의 명의변경신고의 전제가 된다는 의미에서 관할행정청이 양도인에 대하여 채석허가를 취소하는 처분을 하였다면 이는 양수인의 지위에 대한 직접적 침해가 된다고 할 것이므로 양수인은 채석허가를 취소하는 처분의 취소를 구할 법률상 이익을 가진다(대판 2003.7.11. 2001두6289). 〈17. 국가 7급〉

9. 폐업한 요양기관의 개설자가 새로 개설한 요양기관에 대한 업무정지처분(부정)

요양기관이 속임수나 그 밖의 부당한 방법으로 보험자에게 요양급여비용을 부담하게 한 때에 구 국민건강보험법 제85조 제1항 제1호에 의해 받게 되는 요양기관 업무정지처분은 의료인 개인의 자격에 대한 제재가 아니라 요양기관의 업무 자체에 대한 것으로서 대물적 처분의 성격을 갖는다. 따라서 속임수나 그 밖의 부당한 방법으로 보험자에게 요양급여비용을 부담하게 한 요양기관이 폐업한 때에는 그 요양기관은 업무를 할 수 없는 상태일 뿐만 아니라 그 처분대상도 없어졌으므로 그 요양기관 및 폐업 후 그 요양기관의 개설자가 새로 개설한 요양기관에 대하여 업무정지처분을 할 수는 없다(대판 2022.1.27. 2020두39365).

10. 합병 후 존속하는 법인에 대한 의무승계(긍정)

회사합병이 있는 경우에는 피합병회사의 권리·의무는 사법상의 관계나 공법상의 관계를 불문하고 그의 성질상 이전을 허용하지 않는 것을 제외하고는 모두 합병으로 인하여 존속한 회사에게 승계되는 것으로 보아야 할 것이고, 공인회계사법에 의하여 설립된 회계법인 간의 흡수합병이라고 하여 이와 달리 볼 것은 아니다(대판 2004.7.8. 2002두1946). 〈21. 군무원 9급〉

② 침익적인 대물적 행정행위: 이전 또는 상속이 가능하다. 따라서 위법한 건물에 대한 철거명령이 내려진 건물을 양수한 자에 대하여 따로 철거명령을 하지 않더라도 바로 대집행을 할 수 있다.

3. 혼합적 행정행위

인적·주관적 사정과 물적·객관적 사정을 모두 고려하여 행하는 행정행위를 말한다(⑩ 전당포 영업허가). 인적 요소가 포함되어 있으므로 이전성이 부정되는 것이 원칙이다.

> **Winner's** 이전성 인정 여부 : 대인적 행위 (×), 대물적 행위 (○), 혼합적 행위 (×)

9 상대방에 대한 효과를 기준으로 한 분류

1. 침익적 행정행위

(1) 의의

상대방의 권리를 제한하거나 의무를 부여하는 등의 불이익을 주는 행정행위를 말한다(⑩ 위법건축물에 대한 철거명령, 과세처분 등).

(2) 법적 성질

① 일방적 행위성: 보통은 행정청 스스로 일방적으로 발동한다.

② 기속행위성: 효과재량설에 따른다면 기속행위로 볼 수도 있으나, 통설인 개별적 판단설에 따르면 관계법령의 규정방식에 따라 달라진다.

(3) 법적 근거

법률유보의 범위에 관한 어느 견해를 따르더라도 침익적 행정행위는 법적 근거가 필요하다는 것이 일치된 견해이다.

(4) 절차적 통제

침익적 행정행위로부터 국민의 권익을 보호하기 위해서는 사전에 일정한 절차를 거칠 것이 필요하다. 따라서 「행정절차법」은 침익적 처분에 대해서는 사전통지, 의견청취절차 등을 거쳐야 함을 규정하고 있다.

(5) 의무이행확보

국민에게 부여된 의무를 이행하지 않으면 행정청은 강제집행을 하거나 행정벌을 부과하여 의무이행을 확보할 수 있다.

(6) 구제

위법·부당한 행정행위로 인하여 그 권익을 침해받은 자는 항고쟁송이나 손해배상을 청구할 수 있다.

2. 수익적 행정행위

(1) 의의

상대방에게 권리나 이익을 부여하는 행정행위를 말한다(⑩ 건축허가, 영업허가 등).

(2) 법적 성질

① 행정행위성: 행정행위는 행정쟁송의 대상으로 삼기 위한 개념이었으므로 보통은 침익적 행위를 의미하는 것이었으나, 오늘날 수익적 행정행위도 상대방에게 일방적으로 권리나 이익을 부여하거나 행정법관계를 확정한다는 점에서 행정행위에 포함된다.

② 쌍방적 행위성: 수익적 행정행위는 상대방의 신청이 필요한 쌍방적 행위인 경우가 보통이다.

③ 재량행위성: 효과재량설에 따르면 재량행위로 볼 수 있으나, 오늘날 재량행위의 판단은 법의 규정형식 등 여러 사정을 종합적으로 판단한다는 개별적 판단설이 통설이므로 근거법의 해석이 필요한 문제이다.

④ 부관의 가부(可否): 수익적 행정행위가 재량행위인 경우에는 부관을 붙일 수 있다.

(3) 법적 근거

수익적 행위에 법적 근거가 필요할 것인지에 대해서는 학설이 대립한다(⑩ 침해유보설에 따르면 필요하지 않으나, 급부유보설에 따르면 필요하다).

Winner's 법적 근거의 필요성 : 침익적 행정행위 (○), 수익적 행정행위 (△)

(4) 구제

상대방의 신청을 행정청이 거부하거나 방치한 경우에 문제되는 것이므로 그 행위의 발급을 요구하는 의무이행소송이 적절한 구제방법이 될 수 있으나, 현행법상 허용되지 않으므로 취소소송이나 부작위위법확인소송, 의무이행심판에 따라 구제받을 수밖에 없다.

(5) 무효·취소·철회

수익적 행정행위는 상대방의 신뢰보호를 근거로 취소나 철회가 제한된다.

Winner's 침익적 행위와 수익적 행위

구분	침익적 행위	수익적 행위
근거	항상 필요	학설 대립
성질	일방적 행위	쌍방적 행위
구제	주로 취소쟁송	주로 이행쟁송

3. 복효적 행정행위

(1) 의의

침익적 효과와 수익적 효과가 동시에 발생하는 행위를 말한다. ① 일방에게는 수익적이고 타방에게는 침익적인 효과를 발생하는 '제3자효 행정행위'(⑩ 신규업자에 대한 영업허가), ② 동일인에 대하여 침익적·수익적 효과를 동시에 발생시키는 '이중효 행정행위'(⑩ 부관부 행정행위)가 있다. 이 중에서 제3자효 행정행위를 보통 복효적 행정행위라고 부른다. 이하에서는 제3자효 행정행위의 문제점에 대해서 논의하기로 한다.

(2) 절차법적 문제점

① 제3자의 절차 참가

가능성	「행정절차법」상 의견청취의 대상을 '당사자 등'이라고 규정하고 있으므로 제3자효 행정행위의 제3자(예 : 인근주민 또는 기존업자)도 행정절차에 참가할 수 있다.
신청권	「행정절차법」의 문언❶상 '행정절차에 참여하게 한 이해관계인'이라고 규정되어 있으므로 제3자인 이해관계인 스스로 신청할 수 있는지 여부에 대해서는 논란이 있다. ⟨18. 지방 9급⟩

용어설명 ❶ 문언(文言) : 법률에 규정된 글자 그대로 인식하는 것
Winner's 행정절차에 참가하는 제3자 : 기존업자 (○), 신규업자 (×)

⟨행정절차법⟩
제2조(정의) 이 법에서 사용하는 용어의 뜻은 다음과 같다.
　4. '당사자 등'이란 다음 각 목의 자를 말한다.
　　가. 행정청의 처분에 대하여 직접 그 상대가 되는 당사자
　　나. 행정청이 직권으로 또는 신청에 따라 행정절차에 참여하게 한 이해관계인
제22조(의견청취) ③ 행정청이 당사자에게 의무를 부과하거나 권익을 제한하는 처분을 할 때 제1항 또는 제2항의 경우 외에는 당사자 등에게 의견제출의 기회를 주어야 한다.

② 제3자에 대한 통지: '통지'란 처분 내용 등을 알리는 절차를 말한다. 「행정절차법」은 침익적인 처분을 할 때 "당사자 등에게 통지하여야 한다."라고 규정하고 있다. 이때 '당사자 등'이란 행정절차에 참여하고 있는 이해관계인으로 해석되고, 일반적인 제3자는 포함되지 않는 것으로 본다.

⟨행정절차법⟩ 제21조(처분의 사전통지) ① 행정청은 당사자에게 의무를 부과하거나 권익을 제한하는 처분을 하는 경우에는 미리 다음 각 호의 사항을 당사자 등에게 통지하여야 한다.

③ 제3자에 대한 고지: '고지'란 불복절차를 알려주는 제도를 말한다. 행정청이 처분할 때 처분의 상대방에게 고지하도록 되어 있으나, 제3자인 이해관계인에 대해서는 신청이 있는 경우에 고지하도록 되어 있다. ⟨18. 지방 9급⟩

Winner's 불복절차 알림 : 고지 (○), 통지 (×)

⟨행정절차법⟩ 제26조(고지) 행정청이 처분을 할 때에는 당사자에게 그 처분에 관하여 행정심판 및 행정소송을 제기할 수 있는지 여부, 그 밖에 불복을 할 수 있는지 여부, 청구절차 및 청구기간, 그 밖에 필요한 사항을 알려야 한다.

⟨행정심판법⟩ 제58조(행정심판의 고지) ① 행정청이 처분을 할 때에는 처분의 상대방에게 다음 각 호의 사항을 알려야 한다.
　1. 해당 처분에 대하여 행정심판을 청구할 수 있는지
　2. 행정심판을 청구하는 경우의 심판청구 절차 및 심판청구 기간
② 행정청은 이해관계인이 요구하면 다음 각 호의 사항을 지체 없이 알려 주어야 한다. 이 경우 서면으로 알려 줄 것을 요구받으면 서면으로 알려 주어야 한다.
　1. 해당 처분이 행정심판의 대상이 되는 처분인지
　2. 행정심판의 대상이 되는 경우 소관 위원회 및 심판청구 기간

Winner's 고지제도의 비교

구분	행정절차법	행정심판법
유형	직권고지	직권고지·신청고지
내용	행정심판 및 행정소송	행정심판
구제규정	×	○

(3) 실체법적 문제점

① 의의: 제3자효 행정행위를 취소하거나 철회할 때에는 공익 및 상대방의 신뢰뿐만 아니라 제3자의 이익도 아울러 비교형량해야 한다는 문제를 말한다.

② 구체적 검토

취소가 필요한 경우	수익적 행위에 대한 취소제한의 필요성보다 취소에 따르는 제3자의 이익이 더 큰 경우에는 상대방의 신뢰보호에도 불구하고 해당 처분을 취소해야 할 것이다.
취소가 제한되는 경우	침익적 행위라 하더라도 제3자의 이익을 고려하여 취소·철회가 제한되기도 한다.

(4) 쟁송법적 문제점

① 취소소송의 원고적격: 제3자라 하더라도 법적 보호되는 이익이 침해된 경우에는 인정된다.

② 쟁송제기기간: 제3자가 쟁송을 제기하는 경우에도 행정쟁송법상의 제기기간은 적용되는 것이 원칙이나, 제3자에 대한 일반적인 통지제도는 없으므로 완화 적용되는 것으로 해석한다.

> **제3자는 심판청구기간이 경과하더라도 정당한 사유가 인정되는지 여부(긍정)**
> 행정처분의 상대방이 아닌 제3자는 일반적으로 처분이 있는 것을 바로 알 수 있는 처지에 있지 아니하므로 처분이 있은 날로부터 180일이 경과하더라도 특별한 사유가 없는 한 구 행정심판법(1995. 12. 6. 법률 제5000호로 개정되기 전의 것) 제18조 제3항 단서 소정의 **정당한 사유가 있는 것으로 보아 심판청구가 가능**하다고 할 것이나, 그 제3자가 어떤 경위로든 행정처분이 있음을 알았거나 쉽게 알 수 있는 등 행정심판법 제18조 제1항 소정의 심판청구기간 내에 심판청구가 가능하였다는 사정이 있는 경우에는 그때로부터 60일 이내에 행정심판을 청구하여야 한다(대판 1997.9.12. 96누14661). 〈19. 국회 8급〉

③ 제3자의 소송참가

가능성	㉠ 행정쟁송법상 취소판결에 의하여 권리나 이익을 침해받는 제3자는 소송에 참가할 수 있다. ㉡ 제3자효 행정행위에서 소송을 제기하는 자는 기존업자이므로 제3자는 신규허가를 받은 처분의 상대방이다.
신청권	「행정소송법」은 문언상 제3자가 신청할 수 있음이 명백하므로 제3자는 소송에 참가할 신청권이 인정된다.

> 〈행정소송법〉 제16조(제3자의 소송참가) ① 법원은 소송의 결과에 따라 권리 또는 이익의 침해를 받을 제3자가 있는 경우에는 당사자 또는 제3자의 신청 또는 직권에 의하여 결정으로써 그 제3자를 소송에 참가시킬 수 있다.

Winner's 소송절차에 참가하는 제3자 : 기존업자 (×), 신규업자 (○)

④ 제3자의 재심청구

가능성	취소판결에 의하여 권리 또는 이익의 침해를 받을 제3자는 확정된 종국판결에 대해서 재심을 청구할 수 있다.
요건	제3자에게 책임 없는 사유로 소송에 참가하지 못함으로써 판결의 결과에 영향을 미칠 공격 또는 방어방법을 제출하지 못한 경우이어야 한다.

> 〈행정소송법〉 제31조(제3자에 의한 재심청구) ① 처분 등을 취소하는 판결에 의하여 권리 또는 이익의 침해를 받은 제3자는 자기에게 책임 없는 사유로 소송에 참가하지 못함으로써 판결의 결과에 영향을 미칠 공격 또는 방어방법을 제출하지 못한 때에는 이를 이유로 확정된 종국판결에 대하여 재심의 청구를 할 수 있다.

Winner's 재심을 청구하는 제3자 : 기존업자 (×), 신규업자 (○)

⑤ 제3자의 의무이행심판 등: 행정청의 처분이 제3자에게 수익적인 경우에 제3자의 신청을 행정청이 거부하거나 방치한 경우에 의무이행심판이나 부작위법확인소송을 제기하기 위해서는 제3자에게 행정개입청구권이 성립해야 가능하다(예 공해공장에 대한 행정청의 규제권 발동이 인근주민에게 이익을 주는 경우에 문제됨).

10 일반처분

1. 의의

구체적 사실과 관련하여 불특정 다수인을 대상으로 하여 발하여지는 행정청의 단독적·권력적 규율행위를 말한다(예 공고에 의한 처분, 교통표지판 등).

2. 법적 성질

규율의 수범자(受範者)가 불특정 다수인이라는 점에서 일반적이지만, 시간·공간 등의 관점에서는 특정된다는 점에서 구체적인 성질을 가지므로 행정행위의 성질을 가진다는 견해(김동희)가 다수설이다. 독일은 '행정절차법'에서 행정행위에 포함시키고 있다.

> 1. 고시 또는 공고에 의한 처분이 일반처분인지 여부(긍정)
> 통상 고시 또는 공고에 의하여 행정처분을 하는 경우에는 <u>그 처분의 상대방이 불특정 다수인이고</u>, 그 처분의 효력이 불특정 다수인에게 일률적으로 적용되는 것이다(대판 2000.9.8. 99두11257).
>
> 2. 청소년유해매체물 결정 및 고시처분이 일반처분인지 여부(긍정)
> 구 청소년보호법(2001. 5. 24. 법률 제6479호로 개정되기 전의 것)에 따른 청소년유해매체물 결정 및 고

시처분은 당해 유해매체물의 소유자 등 특정인만을 대상으로 한 행정처분이 아니라 <u>일반 불특정 다수인을 상대방으로 하여 일률적으로 표시의무·포장의무, 청소년에 대한 판매·대여 등의 금지의무 등 각종 의무를 발생시키는 행정처분이다</u>(대판 2007.6.14. 2004두619). 〈12. 지방 9급〉

3. 종류

(1) 대인적 일반처분

구체적 사안과 관련하여 일반적 기준에 따라 결정되거나 결정될 수 있는 자를 대상으로 하여 발하여지는 행정행위를 말한다(특정일·특정시간·특정장소에서의 집회행위 금지조치, 일정지역에서의 일정시간 이후의 통행금지). 사람의 범위가 특정될 수 있으며 구체적 규율을 한다는 점에서 행정행위로 본다.

(2) 물적 행정행위

물건에 대한 규율을 내용으로 하는 처분을 말한다(⑩ 도로의 공용개시행위, 일방통행표지판). 물건을 직접 규율의 대상으로 하는 것으로서 행정행위로 본다. 규율 내용에 따라 간접적으로 사람에 대하여도 적용된다.

Winner's 철거명령 : 대물적 행정행위 (○), 물적 행정행위 (×)

1. 횡단보도설치결정의 처분성(긍정)

도로교통법 제10조 제1항은 지방경찰청은 도로를 횡단하는 보행자의 안전을 위하여 행정자치부령이 정하는 기준에 의하여 횡단보도를 설치할 수 있다고 규정하고, 제10조 제2항은 보행자는 지하도·육교 그 밖의 횡단보도시설이나 횡단보도가 설치되어 있는 도로에서는 그곳으로 횡단하여야 한다고 규정하며, 도로교통법의 취지에 비추어 볼 때, 지방경찰청장이 횡단보도를 설치하여 보행자의 통행방법 등을 규제하는 것은, 행정청이 특정 사항에 대하여 의무의 부담을 명하는 행위이고 이는 국민의 권리의무에 직접관계가 있는 행위로서 행정처분이라고 보아야 할 것이다(대판 2000.10.27. 98두8964). 〈14. 국가 9급〉

2. 도로구역결정의 처분성(긍정)

<u>도로구역결정(변경)은 도로법 제25조에 따른 처분으로서</u> 사전에 주민들의 의견청취, 공람절차 등 도시계획법 소정의 절차를 거칠 필요가 없다(대판 1992.7.28. 92누4123).

(3) 물건의 이용관계에 관한 규율

공중(公衆)에 의한 물건의 이용관계에 관한 규율을 그 내용으로 하는 행정행위이다(⑩ 국립도서관규칙 등) 독일에서는 행정행위로 보지만, 우리나라에서는 영조물규칙으로 파악하여 부정한다.

4. 행정구제

일반처분도 행정행위이므로 이에 의하여 권리를 침해받은 자는 항고소송을 제기하거나 손해가 발생한 경우 국가배상을 청구할 수 있을 것이다.

11 행정자동결정

1. 의의

동일 또는 동종의 행정작용이 자동화된 기계장치에 의하여 행해지는 것을 말한다(⑩ 교통신호, 학생의 학교배정, 세금이나 공과금의 부과결정). 최종 결정단계까지 기계에 의한 것이라는 점에서 최종 결정을 사람이 하는 '행정자동보조결정'과 구별된다. 최근 행정자동결정이 늘고 있으므로 「행정기본법」에서 규율하고 있다.

> 〈행정기본법〉 제20조(자동적 처분) 행정청은 법률로 정하는 바에 따라 완전히 자동화된 시스템(인공지능 기술을 적용한 시스템을 포함한다)으로 처분을 할 수 있다. 다만, 처분에 재량이 있는 경우는 그러하지 아니하다. 〈23. 지방 9급〉

Winner's 자동결정 : 교통신호 (○), 교통표지 (×)

2. 법적 성질

행정자동결정은 기계에 의한 것이나, 사람이 만든 프로그램에 따라 상대방을 구속하고, 그 위반행위는 처벌을 받는다는 점에서 행정행위로 볼 수 있다(김동희, 김남진, 류지태). 다만 행정청의 서명날인, 청문, 이유부기❶ 등 절차가 생략되고, 부호사용으로 인한 내용이해가 어렵다는 등 문제가 제기되고 있다. 〈07. 국회 8급〉

용어설명 ❶ 이유부기 : 처분할 때 서면 또는 말로 이유를 제시하는 것(서면으로 제시하는 것만 이유부기라는 견해가 있으나 다수설은 서면 또는 말 모두 포함된다고 본다)

3. 대상

기속행위는 법을 기계적으로 집행하는 것이므로 자동결정이 가능하지만, 재량행위의 경우에는 구체적 사정을 고려하여 개별적으로 결정을 내리는 것이므로 자동결정이 쉽지 않은 면이 있다. 따라서 「행정기본법」상 재량행위의 경우에는 자동결정을 허용하지 않는다. 〈23. 지방 9급〉

4. 행정자동결정의 하자

행정자동결정은 ① 기계의 이상이나, ② 프로그램을 관리하는 관계공무원의 과실 등에 의한 하자가 있을 수 있다. 이러한 하자는 행정행위의 일반원칙에 따라 무효 또는 취소사유에 해당하게 된다. 다만, 명백한 오기(誤記)·오산(誤算)의 경우에는 특별한 절차 없이 정정으로 충분할 것이다.

5. 행정구제

(1) 항고소송

행정자동결정도 행정행위의 일종이므로 취소소송의 대상은 될 수 있다. 그러나 자동결정은 신속하게 이루어지는 것이 보통이므로 협의의 소익(訴益)이 부정되는 경우가 많을 것이다.

(2) 손해배상

자동장치의 하자가 ① 공무원의 과실에 의한 경우에는 「국가배상법」 제2조, ② 자동장치의 설치 또는 관리상의 하자로 인한 경우에는 「국가배상법」 제5조에 의하여 배상을 청구할 수 있을 것이다.

제4절 재량행위

1 서설

1. 의의

재량행위란 행정청에게 독자적 판단권이 인정된 행위를 말한다.

2. 기속행위와의 구별

법률에 요건·효과가 일의적(一義的)으로 규정되어, 행정청은 단순히 기계적으로 적용함에 그치는 기속행위와 구별된다.

3. 종류

(1) 결정재량

관계법률에서 해당 행위를 할 것인지의 여부에 대하여 행정청에게 독자적 판단권이 부여되어 있는 행위를 말한다(⑩ 법률상 '~할 수 있다'라고 규정된 경우).

(2) 선택재량

법적으로 허용되는 여러 수단 중에서 어떠한 행위를 할 것인지에 대하여 행정청에게 독자적 판단권이 부여되어 있는 행위를 말한다(⑩ 관계법률상 '영업정지 또는 취소'라고 되어 있는 경우).

4. 인정 이유

(1) 기술적 이유

현대 행정은 광범하고 다양하므로 행정의 모든 영역에서 관계법규를 일의적(一義的)으로 규정하는 것은 현실적으로 불가능하다는 입법기술상의 한계가 있으므로 재량권을 인정한다.

(2) 현실적 이유

행정은 공익을 실현하는 작용이므로 구체적 사정에 따라 현실에 맞는 처분을 하기 위해서 재량권을 인정한다. 〈04. 국가 9급〉

2 기속재량·공익재량 2분론

1. 의의

과거에는 기속행위만 재판의 대상이 되었으나, 재량의 한계이론을 전제로 하여 재량행위를 '기속(법규)재량'과 '공익(자유)재량'으로 구별하여, 적어도 기속재량은 재판의 대상이 된다는 이론이다. 〈08. 지방 9급〉

Winner's 기속재량·공익재량 2분론

기속행위	재량행위	
	기속재량	자유재량
사법심사 ○	○	×

2. 검토

오늘날 재량행위 중에서 기속재량·자유재량을 불문하고 모두 재판통제의 대상으로 인정하기 때문에 기속재량만 재판이 가능하다는 2분론은 더 이상 의미가 없는 것으로 평가된다(김동희). 판례도 같은 입장이나, 여전히 기속재량이라는 개념을 사용하고 있으므로 그 의미가 기속행위 인지, 재량행위인지에 대해서는 분석이 필요하다.

1. 기속재량과 자유재량은 모두 사법심사의 대상이 되는지 여부(긍정)

재량권의 남용이거나 재량권의 일탈의 경우에는 그 재량권이 기속재량이거나 자유재량이거나를 막론하고 사법심사의 대상이 된다(대판 1984.1.31. 83누451).

2. 기속재량의 의미를 재량행위로 사용한 경우

행정행위가 기속행위인지, 재량행위인지 나아가 재량행위라 할지라도 기속재량인지 또는 자유재량에 속하는 것인지의 여부가 우선 객관적으로 명백하지 않고, 또 행정행위의 전제가 되는 사실의 존부확정과 그 상당성 및 적법성의 인정은 전혀 행정청의 기능에 속하는 것으로 상대적으로 행정청의 재량권도 확대된다고 할 것이므로, 어떤 행정처분의 기준을 정한 준칙 등을 그 규정의 형식이나 체제 또는 문언에 따라 이를 일률적으로 기속행위라고 규정지울 수는 없다(대판 1984.1.31. 83누451).

3. 기속재량의 의미를 기속행위로 사용한 경우

행정행위가 그 재량성의 유무 및 범위와 관련하여, 이른바 기속행위 내지 기속재량행위와 재량행위 내지 자유재량행위로 구분된다고 할 때, 그 구분은 당해 행위의 근거가 된 법규의 체제·형식과 그 문언, 당해 행위가 속하는 행정분야의 주된 목적과 특성, 당해 행위 자체의 개별적 성질과 유형 등을 모두 고려하여 판단하여야 한다(대판 2001.2.9. 98두17593).

3 기속행위와 재량행위의 구별기준

1. 전통적 학설

(1) 요건재량설

① 내용: 행정법규가 요건과 효과부분으로 구분되는 것을 전제로, 요건부분의 내용을 기준으로 구별하는 견해이다.

② 구별

일의적	일의적(一義的)❶·구체적으로 규정되어 있거나 중간목적❷을 규정한 경우에는 기속행위로 본다.
다의적	재량행위 불확정개념·공백규정·종국목적❸을 규정한 경우에는 재량행위로 본다.

용어설명 ❶ 일의적(一義的) : 한 가지 뜻으로 해석되는 경우
❷ 중간목적 : 최종적인 목적을 달성하기 위해서 먼저 달성해야 하는 목적
❸ 종국목적 : 그 행위로 달성하려는 마지막 목적

③ 비판: ㉠ 종국목적과 중간목적의 구분이 불명확하다는 점, ㉡ 법률문제인 요건인정을 재량문제로 오인하고 있다는 점, ㉢ 법률규정은 대부분 불명확한 것이므로 재량권의 인정범위가 지나치게 넓다는 점에서 비판을 받고 있다.

(2) 효과재량설

① 내용: 행정법규를 요건과 효과부분으로 구분되는 것을 전제로, 효과부분에 규정되어 있는 행위의 성질을 기준으로 구별하는 견해이다.

② 구별

침익적 행위	법령상 재량을 인정하는 것으로 보이는 경우에도 기속행위로 본다.
수익적 행위	법령이 개인에게 특정한 이익을 요구할 수 있는 지위를 부여한 경우를 제외하고는 재량행위로 본다.
무영향	개인의 권리나 의무에 아무런 영향을 미치지 않는 경우에는 특별한 규정이 없는 한 재량행위로 본다.

③ 비판

장점	연혁적 측면에서 재판통제에서 제외되는 자유재량행위의 범위를 축소할 수 있는 이론적 기초를 제공하였다.
단점	오늘날 침익적 행위도 법의 규정방식과 관련하여 재량행위로 규정되는 경우가 적지 않고, 수익적 행위도 획일적으로 규정되어 있는 경우가 많다는 점에서 실정법에 부합하지 않는다.

2. 현대적 입장

(1) 구별기준(개별적 판단설)

원칙	근거법률의 규정형식을 기준으로 '행정청이 처분을 할 수 있다'라고 규정되어 있으면 재량행위로, '행정청이 처분을 하여야 한다'라고 규정되어 있으면 기속행위로 본다.
예외	근거법률의 규정형식이 불명확한 경우(⑩ 국민이 허가를 받아야 한다.)에는 그 행위의 성질이나 헌법상의 기본권과의 관련성 등을 종합하여 판단하여야 한다. ① 행위의 성질: 효과재량설에 따라 침익적 행위는 기속행위로 보고, 수익적 행위는 재량행위로 본다는 것이다. ② 기본권과의 관련성: 강학상 허가는 헌법상 기본권을 회복하는 것이므로 기속행위로 보고, 강학상 특허는 법률상의 새로운 권리를 부여하는 것이므로 재량행위로 판단한다는 뜻이다.

Winner's 개별적 판단설의 기준 : 법률의 내용 (×), 법률의 규정형식 (○)

> 참고 | 용어상의 문제점
>
> 1. **학설 명칭상의 문제**: 전통적인 효과재량설을 성질설이라고 보는 견해(정하중)에 의하면, 개별적 판단설을 효과재량설로 파악하기도 한다.
> 2. **개별적 판단설의 기준 문제**: 법규정 형식을 원칙적 기준으로 하지만 현실에서는 예외사유까지 모두 종합하여 판단하기도 한다.

(2) 구체적 검토

① 효과규정

원칙	법률의 효과규정에서 "행정청이 할 수 있다."라고 규정하거나 복수의 행위 사이에서 선택을 인정하고 있으면 요건규정의 내용을 불문하고 행정청의 재량권을 인정하는 것이 원칙이다.
예외	법률의 효과규정에서 "행정청이 할 수 있다."라고 규정되어 있는 경우에도 권한의 소재만을 규정한 것에 불과한 경우에는 헌법상 기본권을 최대한 보장하기 위해서 기속행위로 보아야 할 경우도 있다(⑩ 주점·숙박업영업허가).

② 요건규정: 법률이 처분요건은 전혀 규정하지 않고 처분권한만을 규정하고 있는 경우(공백규정), 공익목적만을 규정하고 있는 경우에는 재량행위로 보는 것이 원칙이다. 그러나 요건 부분에서 불확정개념(⑩ 중대한 사유, 공공의 안녕질서, 경관침해의 우려, 교통의 안전과 원활성)을 사용한 경우 재량행위인지, 판단여지인지에 대해서는 논란이 있다.

Winner's 기속행위와 재량행위의 구별기준

구분		구별기준	구체적 검토	
전통적 학설	요건 재량설	법규 내용	일의적, 구체적, 중간목적	기속행위
			공백규정, 불확정개념, 종국목적	재량행위
	효과 재량설	행위 성질	침익적	기속행위
			수익적	재량행위
			권리의무에 무영향	재량행위
현대적 입장	원칙	법 규정형식	행정청이 할 수 있다.	재량행위
			행정청이 하여야 한다.	기속행위
	예외	불명확한 경우	행위의 성질, 기본권과의 관련성 등을 종합검토해서 판단	

3. 판례

(1) 구별기준

판례도 개별적 판단설에 따라 판단하는 것이 원칙이나, 경우에 따라서는 효과재량설에 따라 판단한 것도 있고, 공익성을 기준으로 판단한 것도 있다.

1. 기속행위와 재량행위의 구별(개별적 판단설)

행정행위가 그 재량성의 유무 및 범위와 관련하여 이른바 기속행위 내지 기속재량행위와 재량행위 내지 자유재량행위로 구분된다고 할 때, 그 구분은 당해 행위의 근거가 된 법규의 체제·형식과 그 문언, 당해 행위가 속하는 행정분야의 주된 목적과 특성, 당해 행위 자체의 개별적 성질과 유형 등을 모두 고려하여 판단하여야 한다(대판 2001.2.9. 98두17593). 〈10. 국가 9급〉

2. 주택건설사업계획의 승인이 재량행위에 해당하는지 여부(긍정 – 효과재량설에 따른 판결)

구 주택건설촉진법(1994. 1. 7. 법률 제4723호로 개정되기 전의 것) 제33조에 의한 주택건설사업계획의 승인은 상대방에게 권리나 이익을 부여하는 효과를 수반하는 이른바 수익적 행정처분으로서 법령에 행정처분의 요건에 관하여 일의적으로 규정되어 있지 아니한 이상 행정청의 재량행위에 속한다(대판 1996.10.11. 95누9020). 〈08·10. 국가 9급〉

3. 마을버스운송사업면허가 재량행위에 해당하는지 여부(긍정 – 공익성을 기준으로 한 판결)

마을버스운송사업면허의 허용 여부는 사업구역의 교통수요, 노선결정, 운송업체의 수송능력, 공급능력 등에 관하여 기술적·전문적인 판단을 요하는 분야로서 이에 관한 행정처분은 운수행정을 통한 공익실현과 아울러 합목적성을 추구하기 위하여 보다 구체적 타당성에 적합한 기준에 의하여야 할 것이므로 그 범위 내에서는 법령이 특별히 규정한 바가 없으면 행정청의 재량에 속하는 것이라고 보아야 할 것이다(대판 2001.1.19. 99두3812). 〈17. 지방 9급(12월)〉, 〈20. 지방 9급〉

(2) 판례 검토

① 관계법의 규정형식에 따른 구별: 관계법의 규정형식이 "행정청이 ~하여야 한다."라고 규정되어 선택의 여지가 없는 경우에는 기속행위이나, 구체적 기준이 없어서 다의적인 경우에는 재량행위로 본다.

1. 공익근무요원 소집행위의 법적 성질(기속)

행정행위가 재량행위인지 여부는 당해 행위의 근거가 된 법규의 체제·형식과 그 문언, 당해 행위가 속하는 행정분야의 주된 목적과 특성, 당해 행위 자체의 개별적 성질과 유형 등을 모두 고려하여 판단하여야 하고, 한편 병역법 제26조 제2항은 보충역을 같은 조 제1항 소정의 업무나 분야에서 복무하여야 할 공익근무요원으로 소집한다고 규정하고 있는바, 위 법리와 병역법 제26조 제2항의 규정의 취지에 비추어 보면 병역의무자가 보충역에 해당하는 이상 지방병무청장으로서는 관련법령에 따라 병역의무자를 공익근무요원으로 소집하여야 하는 것이고, 이와 같이 보충역을 공익근무요원으로 소집함에 있어 지방병무청장에게 재량이 있다고 볼 여지는 없다(대판 2002.8.23. 2002두820).

2. 음주측정 거부를 이유로 운전면허취소의 법적 성질(기속)

도로교통법 제78조 제1항 단서 제8호의 규정에 의하면, 술에 취한 상태에 있다고 인정할 만한 상당한 이유가 있음에도 불구하고 경찰공무원의 측정에 응하지 아니한 때에는 필요적으로 운전면허를 취소하도록 되어 있어 처분청이 그 취소 여부를 선택할 수 있는 재량의 여지가 없음이 그 법문상 명백하므로, 위 법조의 요건에 해당하였음을 이유로 한 운전면허취소처분에 있어서 재량권의 일탈 또는 남용의 문제는 생길 수 없다(대판 2004.11.12. 2003두12042).

3. 사회복지법인의 정관변경허가의 법적 성질(재량)

사회복지사업에 관한 기본적 사항을 규정하여 그 운영의 공정·적절을 기함으로써 사회복지의 증진에 이바지함을 목적으로 하는 구 사회복지사업법(1997. 8. 22. 법률 제5358호로 전문개정되기 전의 것)의 입법 취지와 같은 법 제12조, 제25조 등의 규정에 사회복지법인의 설립이나 설립 후의 정관변경의 허가에 관한 구체적인 기준이 정하여져 있지 아니한 점 등에 비추어 보면, 사회복지법인의 정관변경을 허가할 것인지의 여부는 주무관청의 정책적 판단에 따른 재량에 맡겨져 있다(대판 2002.9.24. 2000두5661). 〈17. 사회복지 9급〉, 〈18. 국가 7급〉

4. 비영리법인설립허가의 법적 성질(재량)

민법은 제31조에서 "법인은 법률의 규정에 의함이 아니면 성립하지 못한다."고 규정하여 법인의 자유설립을 부정하고 있고, 제32조에서 "학술, 종교, 자선, 기예, 사교 기타 영리 아닌 사업을 목적으로 하는 사단 또는 재단은 주무관청의 허가를 얻어 이를 법인으로 할 수 있다."고 규정하여 비영리법인의 설립에 관하여 허가주의를 채용하고 있으며, 현행 법령상 비영리법인의 설립허가에 관한 구체적인 기준이 정하여져 있지 아니하므로, 비영리법인의 설립허가를 할 것인지 여부는 주무관청의 정책적 판단에 따른 재량에 맡겨져 있다(대판 1996.9.10. 95누18437).

5. 「독점규제 및 공정거래에 관한 법률」상 과징금부과처분의 법적 성질(재량)

구 독점규제및공정거래에관한법률(1999. 2. 5. 법률 제5813호로 개정되기 전의 것) 제6조, 제17조, 제22조, 제24조의2, 제28조, 제31조의2, 제34조의2 등 각 규정을 종합하여 보면, 공정거래위원회는 같은 법 위반행위에 대하여 과징금을 부과할 것인지 여부와 만일 과징금을 부과한다면 일정한 범위 안에서 과징금의 부과 액수를 얼마로 정할 것인지에 관하여 재량을 가시고 있다 할 것이므로, 공정거래위원회의 같은 법 위반행위자에 대한 과징금 부과처분은 재량행위라 할 것이다(대판 2002.9.24. 2000두1713).

6. 「군인사법」상 국방부장관의 명예전역수당 지급대상자결정의 법적 성질(재량)

군인사법 제53조의2 제1항이 "군인으로서 20년 이상 근속한 자가 정년 전에 자진하여 명예롭게 전역하는 경우에는 예산의 범위 안에서 명예전역수당을 지급할 수 있다."라고 규정하고 있는 점, 지급규정 제2조 제1항·제2항, 제6조 제2항·제3항의 각 규정과 명예전역수당 지급업무 처리지침 제1항·제7항의 각 규정 내용 등을 종합하여 보면, 피고 국방부장관이 수당지급대상자로 결정하거나 배제하는 행위는 20년 이상 근속한 군인들 중 정년 전에 자진하여 전역하는 자의 신청을 받아 심사한 후 그 지급 대상자 및 지급액 등을 결정할 수 있는 재량행위에 해당한다고 보아야 한다(대판 2009.12.10. 2009두14231).

7. 「지방재정법」상 공유재산의 무단점유에 대한 변상금부과처분(기속)

지방재정법 제87조 제1항에 의한 변상금부과처분은 법률에 의한 대부 또는 사용·수익허가 등을 받지 아니하고 공유재산을 점유하거나 사용·수익한 자에 대하여는 정상적인 대부료 또는 사용료를 징수할 수 없으므로 그 대신에 대부 등을 받은 경우에 납부하여야 할 대부료 상당액 이외에 2할을 가산한 금원을 변상금으로 부과하는 행정처분으로 이는 무단점유에 대한 징벌적인 의미가 있는 것으로 법규의 규정형식으로 보아 처분청의 재량이 허용되지 않은 기속행위이다(대판 2000.1.14. 99두9735). 〈12. 국가 9급〉

8. 여객자동차 운송사업자의 휴업허가를 위하여 필요한 기준을 정하는 것(재량)

여객자동차 운수사업법령은 운송사업자의 휴업을 허용하면서도 구체적으로 휴업허가에 관한 기준을 정하지 않음으로써 행정청이 휴업하는 사업의 종류와 운행형태, 휴업예정기간, 휴업사유 등을 살펴 휴업의 필요성과 휴업을 허가하여서는 안 될 공익상 필요가 있는지 등을 종합적으로 고려하여 휴업허가 여부를 결정할 수 있도록 재량의 여지를 남겨 두고 있다. 그리고 구 여객자동차 운수사업법(2017. 3. 21. 법률 제14716호로 개정되기 전의 것)이 운송사업자의 휴업을 허용하는 한편 휴업 기간을 제한하고 있는 것은 여객자동차운송사업의 공공성을 고려하여 수송력이 지속적·안정적으로 공급될 수 있도록 함과 아울러 수송 수요에 탄력적으로 대응할 수 있도록 하기 위한 것이다. 이러한 경우 여객자동차운송사업이 적정하게 이루어질 수 있도록 해당 지역에서의 현재 및 장래의 수송 수요와 공급상황 등을 고려하여 휴업허가를 위하여 필요한 기준을 정하는 것도 역시 행정청의 재량에 속하는 것이다(대판 2018.2.28. 2017두51501).

9. 법무부장관의 임명공증인 임명, 인가공증인 인가(재량)

공증사무는 국가 사무로서 공증인 인가·임명행위는 국가가 사인에게 특별한 권한을 수여하는 행위이다. 그런데 위와 같이 공증인법령은 공증인 선정에 관한 구체적인 심사기준이나 절차를 자세하게 규율하지 않은 채 법무부장관에게 맡겨두고 있다. 위와 같은 공증인법령의 내용과 체계, 입법 취지, 공증사무의 성격 등을 종합하면, 법무부장관에게는 각 지방검찰청 관할 구역의 면적, 인구, 공증업무의 수요, 주민들의 접근가능성 등을 고려하여 공증인의 정원을 정하고 임명공증인을 임명하거나 인가공증인을 인가할 수 있는 광범위한 재량이 주어져 있다고 보아야 한다. (대판 2019.12.13. 2018두41907).

10. 거짓으로 지급받은 보조금에 대한 환수처분(기속)

마을버스 운수업자 갑이 유류사용량을 실제보다 부풀려 유가보조금을 과다 지급받은 데 대하여 관할 시장이 갑에게 부정수급기간 동안 지급된 유가보조금 전액을 회수하는 내용의 처분을 한 사안에서, 구 여객자동차 운수사업법(2012. 2. 1. 법률 제11295호로 개정되기 전의 것) 제51조 제3항에 따라 국토해양부장관 또는 시·도지사는 여객자동차 운수사업자가 '거짓이나 부정한 방법으로 지급받은 보조금'에 대하여 반환할 것을 명하여야 하고, 위 규정을 '정상적으로 지급받은 보조금'까지 반환하도록 명할 수 있는 것으로 해석하는 것은 문언의 범위를 넘어서는 것이며, 규정의 형식이나 체재 등에 비추어 보면, 위 환수처분은 국토해양부장관 또는 시·도지사가 지급받은 보조금을 반환할 것을 명하여야 하는 기속행위라고 본 원심판단을 정당하다고 한 사례(대판 2013.12.12. 2011두3388). 〈18. 국회 8급〉, 〈24. 국가 9급〉

11. 육아휴직 후 복직을 신청한 경우 복직명령(기속)

국가공무원법 제73조 제2항의 문언에 비추어 복직명령은 기속행위이므로 휴직사유가 소멸하였음을 이유로 신청하는 경우 임용권자는 지체 없이 복직명령을 하여야 한다(대판 2014.6.12. 2012두4852). 〈23. 국가 7급〉, 〈25. 소방〉

② 강학상 허가에 해당하는 경우: 기속행위로 파악하여 법정요건을 구비하면 반드시 허가를 하여야 하는 것으로 보았다.

1. 일반음식점영업허가의 법적 성질(기속)

식품위생법상 일반음식점영업허가는 성질상 일반적 금지의 해제에 불과하므로 허가권자는 허가신청이 법에서 정한 요건을 구비한 때에는 허가하여야 하고 관계법령에서 정하는 제한사유 외에 공공복리 등의 사유를 들어 허가신청을 거부할 수는 없고, 이러한 법리는 일반음식점허가사항의 변경허가에 관하여도 마찬가지이다(대판 2000.3.24. 97누12532).

2. 위생접객업허가의 법적 성질(기속)

공중위생법상의 위생접객업허가는 그 성질상 일반적 금지의 해제에 불과하므로 허가권자는 법에서 정한 요건을 구비한 때에는 이를 반드시 허가하여야 한다(대판 1995.7.28. 94누13497).

3. 주유소 설치허가의 법적 성질(기속)

주유소 설치허가권자는 주유소 설치허가신청이 석유사업법, 같은 법 시행령, 혹은 그 시행령의 위임을 받은 시·도지사의 고시 등 관계법규에서 정하는 어떠한 제한에 배치되지 않는 이상 당연히 같은 법령 소정의 주유소 설치허가를 하여야 하므로, 법령상의 근거 없이 그 신청이 관계법규에서 정한 제한에 배치되는지 여부에 대한 심사를 거부할 수 없고, 심사 결과 그 신청이 법정요건에 합치하는 경우에는 특별한 사정이 없는 한 이를 허가하여야 하며, 공익상 필요가 없음에도 불구하고 요건을 갖춘 자에 대한 허가를 관계법령에서 정하는 제한사유 이외의 사유를 들어 거부할 수는 없다(대판 1996.7.12. 96누5292).

③ 강학상 특허에 해당하는 경우: 재량행위로 파악하여 명문의 규정이 없더라도 중대한 공익상의 필요에 따라 처분을 거부할 수 있다고 보았다. 예외적으로 허가하는 경우도 강학상 특허로 본다.

1. 공유수면매립면허의 법적 성질(재량)

공유수면매립면허는 설권행위인 특허의 성질을 갖는 것이므로 원칙적으로 행정청의 자유재량에 속하며, 일단 실효된 공유수면매립면허의 효력을 회복시키는 행위도 특단의 사정이 없는 한 새로운 면허부여와 같이 면허관청의 자유재량에 속한다고 할 것이므로 공유수면매립법(1986. 12. 31. 개정) 부칙 제4항의 규정에 의하여 위 법 시행 전에 같은 법 제25조 제1항의 규정에 의하여 효력이 상실된 매립면허의 효력을 회복시키는 처분도 특단의 사정이 없는 한 면허관청의 자유재량에 속하는 행위라고 봄이 타당하다(대판 1989.9.12. 88누9206).

2. 개인택시운송사업면허의 법적 성질(재량)

자동차운수사업법에 의한 개인택시운송사업면허는 특정인에게 권리나 이익을 부여하는 행정행위로서 법령에 특별한 규정이 없는 한 재량행위이고, 그 면허를 위하여 필요한 기준을 정하는 것도 역시 행정청의 재량에 속하는 것이므로, 그 설정된 기준이 객관적으로 합리적이 아니라거나 타당하지 않다고 볼 만한 다른 특별한 사정이 없는 이상 행정청의 의사는 가능한 한 존중되어야 한다(대판 1996.10.11. 96누6172).

3. 개발제한구역 안의 개발행위허가의 법적 성질(재량)

구 도시계획법(2000. 1. 28. 법률 제6243호로 전문개정되기 전의 것) 제21조와 같은 법 시행령(2000. 7. 1. 대통령령 제16891호로 전문개정되기 전의 것) 제20조 제1항·제2항 및 같은 법 시행규칙(2000. 7. 4. 건설교통부령 제245호로 전문개정되기 전의 것) 제7조 제1항 제1호 (가)목 등의 규정을 종합하여 보면, 개발제한구역 안에서는 구역지정의 목적상 건축물의 건축 등의 개발행위는 원칙적으로 금지되고, 다만 구체적인 경우에 이와 같은 구역지정의 목적에 위배되지 아니할 경우 예외적으로 허가에 의하여 그러한 행위를 할 수 있게 되어 있음이 그 규정의 체제와 문언상 분명하고, 이러한 예외적인 건축허가는 그 상대방에게 수익적인 것에 틀림이 없으므로 그 법률적 성질은 재량행위 내지 자유재량행위에 속하는 것이다(대판

2003.3.28. 2002두11905). 〈07. 국가 7급〉

4. 개발제한구역 내의 용도변경허가의 법적 성질(재량)

개발제한구역 내에서는 구역지정의 목적상 건축물의 건축이나 그 용도변경은 원칙적으로 금지되고, 다만 구체적인 경우에 위와 같은 구역지정의 목적에 위배되지 아니할 경우 예외적으로 허가에 의하여 그러한 행위를 할 수 있게 되어 있음이 위와 같은 관련 규정의 체재와 문언상 분명한 한편, 이러한 건축물의 용도변경에 대한 예외적인 허가는 그 상대방에게 수익적인 것에 틀림이 없으므로, 이는 그 법률적 성질이 재량행위 내지 자유재량행위에 속하는 것이라고 할 것이다(대판 2001.2.9. 98두17593). 〈18. 국가 7급〉

5. 도시지역 안에서 토지의 형질변경행위를 수반하는 건축허가의 법적 성질(재량)

같은 법 제56조 제1항 제2호의 규정에 의한 토지의 형질변경허가는 그 금지요건이 불확정개념으로 규정되어 있어 그 금지요건에 해당하는지 여부를 판단함에 있어서 행정청에게 재량권이 부여되어 있다고 할 것이므로, 같은 법에 의하여 지정된 도시지역 안에서 토지의 형질변경행위를 수반하는 건축허가는 결국 재량행위에 속한다(대판 2005.7.14. 2004두6181). 〈14. 사회복지 9급〉, 〈19. 서울 7급〉

6. 산림훼손허가의 법적 성질(재량)

산림훼손은 국토 및 자연의 유지와 수질 등 환경의 보전에 직접적으로 영향을 미치는 행위이므로 법령이 규정하는 산림훼손금지 또는 제한지역에 해당하는 경우는 물론 금지 또는 제한지역에 해당하지 않더라도 허가관청은 산림훼손허가신청대상 토지의 현상과 위치 및 주위의 상황 등을 고려하여 국토 및 자연의 유지와 환경의 보전 등 중대한 공익상 필요가 있다고 인정될 때에는 허가를 거부할 수 있고, 그 경우 법규에 명문의 근거가 없더라도 거부처분을 할 수 있는 것이다(대판 1997.8.29. 96누15213). 〈19. 서울 9급〉

7. 대기오염물질 총량관리사업장 설치 허가의 법적 성질(재량)

구 수도권대기환경특별법 제14조 제1항에서 정한 대기오염물질 총량관리사업장 설치의 허가 또는 변경허가는 특정인에게 인구가 밀집되고 대기오염이 심각하다고 인정되는 수도권 대기관리권역에서 총량관리대상 오염물질을 일정량을 초과하여 배출할 수 있는 특정한 권리를 설정하여 주는 행위로서 그 처분의 여부 및 내용의 결정은 행정청의 재량에 속한다(대판 2013.5.9. 2012두22799). 〈25. 국가 9급〉

8. 배출시설설치허가의 법적 성질(기속 원칙)

환경부장관은 배출시설 설치허가 신청이 구 대기환경보전법 제23조 제5항에서 정한 허가 기준에 부합하고 구 대기환경보전법 제23조 제6항, 같은 법 시행령 제12조에서 정한 허가제한사유에 해당하지 아니하는 한 원칙적으로 허가를 하여야 한다. 다만 ~~환경부장관은 같은 법 시행령 제12조 각 호에서 정한 사유에 준하는 사유로서 환경 기준의 유지가 곤란하거나 주민의 건강·재산, 동식물의 생육에 심각한 위해를 끼칠 우려가 있다고 인정되는 등 중대한 공익상의 필요가 있을 때에는 허가를 거부할 수 있다(대판 2013.5.9. 2012두22799). 〈19. 서울 7급〉

9. 재외동포 사증발급의 법적 성질(재량)

재외동포에 대한 사증발급은 행정청의 재량행위에 속하는 것으로서, 재외동포가 사증발급을 신청한 경우에 출입국관리법 시행령 [별표 1의2]에서 정한 재외동포체류자격의 요건을 갖추었다고 해서 무조건 사증을 발급해야 하는 것은 아니다(대판 2019.7.11. 2017두38874). 〈23. 국가 7급〉, 〈25. 소방〉

Winner's 기속행위와 재량행위의 구별

기속행위로 본 판례	재량행위로 본 판례
① 건축허가	① 주택건설사업계획승인 ② 구 「도시계획법상」 개발제한구역 내의 건축허가 ③ 개발제한구역에서의 용도변경허가
② 음주측정거부를 이유로 한 운전면허 취소	④ 음주운전을 이유로 한 운전면허 취소
③ 음식점영업허가 ④ 위생접객업허가 ⑤ 장례식장 건축허가 ⑥ 주유소 설치허가 ⑦ 공익근무요원 소집 ⑧ 공유재산의 무단점유에 대한 변상금부과처분	⑤ 마을버스운송사업면허 ⑥ 개인택시운송사업면허 ⑦ 공유수면매립면허 ⑧ 산림형질변경허가 ⑨ 토지의 형질변경행위를 수반하는 건축허가 ⑩ 산림훼손허가 ⑪ 사회복지법인의 정관변경허가 ⑫ 비영리법인설립허가 ⑬ 「독점규제 및 공정거래에 관한 법률」상 과징금부과처분 ⑭ 국방부장관의 명예전역수당 지급대상자결정 ⑮ 문화재 현상변경 불허가처분 ⑯ 매장문화재의 발굴 불허가처분 ⑰ 대기오염물질 총량관리사업장 설치 허가 ⑱ 여객자동차 운송사업자의 휴업허가를 위하여 필요한 기준을 정하는 것 ⑲ 법무부장관의 임명공증인 임명, 인가공증인 인가

4 기속행위와 재량행위의 구별실익

1. 재판통제의 범위

(1) 사법(司法)심사의 대상 〈14. 서울 9급〉

과거 기속행위는 법률이 정하는 요건을 구비한 경우, 특정한 처분을 발동하지 않으면 위법한 것이므로 재판통제의 대상이 될 수 있으나, 재량행위는 선택권이 있으므로 어떤 처분을 하더라도 위법한 것이 아니라서 재판통제의 대상이 될 수 없었다. 그러나 오늘날 재량권의 한계를 벗어나는 처분은 위법한 것으로 파악되므로 재판통제의 대상이 될 수 있다는 점에서 구별실익이 감소하였다. 「행정소송법」도 재량권의 한계를 넘거나 그 남용이 있으면 취소할 수 있다고 규정한 것은 재판통제의 대상이 될 수 있음을 전제로 하는 것이다.

> 〈행정소송법〉 제27조(재량처분의 취소) 행정청의 재량에 속하는 처분이라도 재량권의 한계를 넘거나 그 남용이 있는 때에는 법원은 이를 취소할 수 있다. 〈08. 지방 9급〉

기속재량과 자유재량은 모두 사법심사의 대상이 되는지 여부(긍정)
재량권의 남용이거나 재량권의 일탈의 경우에는 그 재량권이 기속재량이거나 자유재량이거나를 막론하고 사법심사의 대상이 된다(대판 1984.1.31. 83누451).

(2) 사법(司法)심사의 범위

기속행위는 법정요건을 모두 갖춘 경우에는 특정한 처분을 하여야 할 것이므로 처분 자체를 심사하는 전면적 심사방식이나, 재량행위는 처분 자체를 심사하는 것이 아니라 처분의 형성과정에서 재량권의 범위를 일탈·남용한 것인지 여부에 대해서만 심사하는 제한적 심사방식이라는 점에서 구별실익이 있다. 다만, 행정심판에서는 재량행위라 하더라도 심사범위가 제한되지 않는다.

Winner's 구별실익 : 사법심사의 대상 (×), 사법심사의 범위 (○)

재량행위의 경우 법원이 독자적 결론을 도출할 수 있는지 여부(부정 - 제한적 심사방식)
행정행위가 그 재량성의 유무 및 범위와 관련하여, 이른바 기속행위 내지 기속재량행위와 재량행위 내지 자유재량행위로 구분된다고 할 때, 그 구분은 당해 행위의 근거가 된 법규의 체제·형식과 그 문언, 당해 행위가 속하는 행정분야의 주된 목적과 특성, 당해 행위자체의 개별적 성질과 유형 등을 모두 고려하여 판단하여야 하고, 이렇게 구분되는 양자에 대한 사법심사는, 전자의 경우 그 법규에 대한 원칙적인 기속성으로 인하여 법원이 사실인정과 관련법규의 해석·적용을 통하여 일정한 결론을 도출한 후 그 결론에 비추어 행정청이 한 판단의 적법 여부를 독자의 입장에서 판정하는 방식에 의하게 되나, 후자의 경우 행정청의 재량에 기한 공익판단의 여지를 감안하여 법원은 독자의 결론을 도출함이 없이 당해 행위에 재량권의 일탈·남용이 있는지 여부만을 심사하게 되고, 이러한 재량권의 일탈·남용 여부에 대한 심사는 사실오인, 비례·평등의 원칙위배, 당해 행위의 목적 위반이나 동기의 부정유무 등을 그 판단대상으로 한다(대판 2001.2.9. 98두17593). 〈08·10. 국가 9급〉

Winner's 법원의 독자적 결론 도출 : 기속행위 (○), 재량행위 (×)

2. 공권의 성립 여부

기속행위는 처분의무가 있으므로 공권이 성립할 수 있고, 재량행위는 처분의무가 없으므로 공권이 성립할 수 없었으나, 오늘날 재량의 한계이론을 근거로 재량행위도 재량권의 한계를 준수하여 어떠한 처분의무가 인정되므로 공권이 성립할 수 있다는 점에서 구별실익이 없다.

3. 거부처분의 사유

관계법상 요건을 모두 구비하면 기속행위는 특정 처분을 하여야 하고 법정 제한 사유 이외의 사유로 거부할 수 없으나, 재량행위는 법정 제한 사유 이외의 사유로 거부할 수 있다는 점에서 구별된다. 다만, 건축허가는 기속행위로 파악되므로 원칙적으로 법정 제한 사유 이외의 사유로 거부할 수 없으나, 중대한 공익상 필요가 있는 경우에는 거부할 수 있다는 것이 판례의 태도이다. 「행정기본법」은 허가 등을 할 수 없는 사유를 일반적으로 규정하고 있다.

<행정기본법> 제16조(결격사유) ① 자격이나 신분 등을 취득 또는 부여할 수 없거나 인가, 허가, 지정, 승인, 영업등록, 신고 수리 등(이하 "인허가"라 한다)을 필요로 하는 영업 또는 사업 등을 할 수 없는 사유(이하 이 조에서 "결격사유"라 한다)는 법률로 정한다.
② 결격사유를 규정할 때에는 다음 각 호의 기준에 따른다.
1. 규정의 필요성이 분명할 것
2. 필요한 항목만 최소한으로 규정할 것
3. 대상이 되는 자격, 신분, 영업 또는 사업 등과 실질적인 관련이 있을 것
4. 유사한 다른 제도와 균형을 이룰 것

1. 법정 제한사유 이외의 사유로 건축허가를 거부할 수 있는지 여부(부정)

건축허가권자는 건축허가신청이 건축법, 도시계획법 등 관계법규에서 정하는 어떠한 제한에 배치되지 않는 이상 당연히 같은 법조에서 정하는 건축허가를 하여야 하고 위 관계법규에서 정하는 제한사유 이외의 사유를 들어 거부할 수는 없다. 따라서 건축허가 신청이 건축법, 도시계획법 등 관계법규에서 정하는 건축허가 제한사유에 해당하지 않는 이상 행정청이 자연경관훼손 및 주변환경의 오염과 농촌지역의 주변정서에 부정적인 영향을 끼치고 농촌지역에 퇴폐 분위기를 조성할 우려가 있다는 등의 사유를 들어 숙박시설 건축을 불허할 수는 없다(대판 1995.12.12. 95누9051). 〈05. 국가 7급〉, 〈15. 사회복지 9급〉

2. 중대한 공익상 필요가 있는 경우 예외적으로 건축허가를 거부할 수 있는지 여부(긍정)

건축허가권자는 건축허가신청이 건축법 등 관계 법규에서 정하는 어떠한 제한에 배치되지 않는 이상 당연히 같은 법조에서 정하는 건축허가를 하여야 하고, 중대한 공익상의 필요가 없음에도 불구하고, 요건을 갖춘 자에 대한 허가를 관계 법령에서 정하는 제한사유 이외의 사유를 들어 거부할 수는 없다(대판 2006.11.9. 2006두1227). 〈19. 서울 7급〉, 〈24. 소방〉

3. 법정제한 사유 이외의 사유에 의한 장례식장 건축허가를 거부할 수 있는지 여부(부정)

장례식장을 건축하는 것이 구 건축법(1999. 2. 8. 법률 제5895호로 개정되기 전의 것) 제8조 제4항, 같은 법 시행령(1999. 4. 30. 대통령령 제16284호로 개정되기 전의 것) 제8조 제6항 제3호 소정의 인근 토지나 주변 건축물의 이용현황에 비추어 현저히 부적합한 용도의 건축물을 건축하는 경우에 해당하는 것으로 볼 수 없음에도, 건축허가신청을 불허할 사유가 되지 않는 인근 주민들의 민원이 있다는 사정만으로 건축허가신청을 반려한 처분은 법령의 근거 없이 이루어진 것으로 위법하다(대판 2002.7.26. 2000두9762).

4. 중대한 공익상 필요를 이유로 사설묘지 설치허가를 거부할 수 있는지 여부(긍정)

사설묘지 설치허가신청 대상지가 관련법령에 명시적으로 설치제한지역으로 규정되어 있지 않더라도 관할 관청이 그 신청지의 현상과 위치 및 주위의 상황 등 제반 사정을 고려하여 사설묘지의 설치를 억제함으로써 환경오염 내지 지역주민들의 보건위생상의 위해 등을 예방하거나 묘지의 증가로 인한 국토의 훼손을 방지하고 국토의 효율적 이용 및 공공복리의 증진을 도모하는 등 중대한 공익상 필요가 있다고 인정할 때에는 그 허가를 거부할 수 있다고 봄이 상당하다(대판 2008.4.10. 2007두6106). 〈19. 국가 9급〉

5. 법정 감면사유 이외의 사유로 감면할 수 있는지 여부(부정)

구 도로법(2015. 1. 28. 법률 제13086호로 개정되기 전의 것, 이하 같다) 제68조는 "도로관리청은 도로점용허가의 목적이 다음 각 호의 어느 하나에 해당하면 대통령령으로 정하는 바에 따라 점용료를 감

면할 수 있다."라고 규정하고 있다. 그 위임에 따른 구 도로법 시행령(2015. 12. 22. 대통령령 제26753호로 개정되기 전의 것) 제73조 제3항은 구 도로법 제68조에 열거된 감면사유에 따른 감면비율을 규정하고 있다. 이러한 규정들의 문언, 내용 및 체계 등에 비추어 보면, 도로점용허가를 받은 자가 구 도로법 제68조의 감면사유에 해당하는 경우 도로관리청은 감면 여부에 관한 재량을 갖지만, 도로관리청이 감면사유로 규정된 것 이외의 사유를 들어 점용료를 감면하는 것은 원칙적으로 허용되지 않는다(대판 2019.1.17. 2016두56721·56738).

6. 허가제한사유에 해당하는 경우에 재량권을 행사하여 허가를 할 수 있는지 여부(부정)

구 사행행위규제법에 의한 허가의 경우 허가신청이 적극적 요건에 해당하는지 여부를 판단하는 것은 재량행위라 할 수 있겠으나 허가제한사유에 해당되는 경우에는 적극적 요건에 해당하는 여부를 판단할 필요도 없이 당연히 불허가하여야 한다(대판 1994.8.23. 94누5410). 〈23. 소방〉

4. 부관(附款)의 허용 여부

부관은 행정청의 의사표시를 요소로 하므로 기속행위에는 부관을 붙일 수 없는 것이 원칙이나, 재량행위는 금지규정이 없는 한 부관을 붙이는 것이 가능하다는 점에서 구별된다.

5. 절차하자의 독자적 취소 여부

실체상의 하자는 없고, 절차상의 하자만을 이유로 처분을 취소할 수 있을 것인지에 관한 문제이다. 기속행위는 절차상의 하자를 시정하더라도 실체상의 하자가 없다면 다시 동일한 처분을 할 것이므로 취소 여부에 대해서 학설이 대립하는데, 긍정하는 것이 통설·판례이다. 재량행위는 절차상의 하자를 시정하면 다른 처분의 가능성이 있으므로 학설 대립 없이 가능하다는 점에서 구별된다. 〈17. 지방 9급〉

6. 입증책임의 소재

기속행위는 행정청이 처분의 적법성에 대하여 입증책임을 진다. 재량행위는 처분의 적법성에 대해서는 행정청, 재량권의 일탈·남용 사실에 대해서는 원고가 입증책임을 진다.

7. 취소판결의 기속력

기속력이란 취소판결이 확정된 경우 행정청과 관계 행정청을 구속하는 판결의 효력을 말한다. 거부처분이 취소된 경우에 기속행위의 경우에는 다시 거부처분을 할 수 없으나, 재량행위의 경우에는 재량권의 일탈·남용이 없는 한 다시 거부처분을 할 수도 있다. 〈17. 지방 9급〉

> 〈행정소송법〉 제30조(취소판결 등의 기속력) ② 판결에 의하여 취소되는 처분이 당사자의 신청을 거부하는 것을 내용으로 하는 경우에는 그 처분을 행한 행정청은 판결의 취지에 따라 다시 이전의 신청에 대한 처분을 하여야 한다.

Winner's 기속행위와 재량행위의 구별실익

구분	기속행위	재량행위
재판통제의 대상	가능	가능
재판통제의 범위	전면적 심사	제한적 심사

공권의 성립	가능	불가능 ⇨ 가능 (재량의 한계론)
법정 제한사유 이외의 사유에 의한 거부처분	불가능	가능
부관의 가능성	불가능	가능
절차하자의 독자적 취소	긍정설(통설·판례)	긍정
입증책임	처분의 적법성(행정청)	㉠ 처분의 적법성(행정청) ㉡ 일탈·남용 여부(국민)
재거부처분의 가능성	불가능	㉠ 가능(다른 사유) ㉡ 불가능(동일한 사유)

5 재량행위의 통제

1. 입법적 통제

(1) 법률의 규율방식

국회가 입법을 하는 과정에서 재량권의 범위와 내용을 구체화하면 재량행위를 원천적으로 통제할 수 있다. 그러나 행정현실은 매우 다양하므로 불확정개념의 사용이 불가피한 경우도 있고, 구체적 타당성을 추구하는 재량의 특성상 법적 규제에는 내재적 한계가 있다.

(2) 정치적 통제

국회가 행정권에 대하여 국정에 관한 통제권한(⑩ 국정감사권·국무위원해임건의권)을 발동하여 재량을 통제하는 것이다. 그러나 재량의 규율대상은 매우 구체적인 사안에 대한 것이므로 실질적인 의미는 크지 않다.

2. 행정적 통제

(1) 직무감독

행정조직은 계층체를 형성하고 있으므로 상급행정청이 재량준칙을 제정하는 등 하급행정청의 재량권 행사를 지휘·감독할 수 있다. 또한 감사원도 감독권을 가진다.

(2) 행정절차

재량행위는 재판통제의 범위가 제한적이므로 사전에 행정절차를 통해서 통제를 하는 것이 가장 실효적(實效的)일 수 있다. 다만, 행정 내부적 통제라는 점에서 공정성에는 문제가 있을 수 있다.

(3) 행정심판

행정청의 위법·부당한 처분으로 인하여 권익을 침해받은 국민은 사후적으로 행정심판을 청구하여 재량권을 통제할 수 있다. 부당한 경우도 통제할 수 있으며, 행정에 정통한 행정청 자신이 통제한다는 점에서는 실효적(實效的)이라 할 수 있다. 그러나 현실에서는 행정심판이 활성화되고 있지 못하다는 문제가 있다.

3. 사법적(司法的) 통제

(1) 의의

재량권의 한계를 일탈·남용한 경우에는 행정소송을 제기하여 재량권을 통제할 수 있다. '일탈'이란 외적 한계를 넘는 것이고, '남용'이란 내적 한계를 넘는 것을 말하는데, 주로 판례가 사용하는 용어에 해당한다. 「행정기본법」은 재량처분의 기준에 대해서 규정하고 있다.

> 〈행정기본법〉 제21조(재량행사의 기준) 행정청은 재량이 있는 처분을 할 때에는 관련 이익을 정당하게 형량하여야 하며, 그 재량권의 범위를 넘어서는 아니 된다.
>
> 제22조(제재처분의 기준) ① 제재처분의 근거가 되는 법률에는 제재처분의 주체, 사유, 유형 및 상한을 명확하게 규정하여야 한다. 이 경우 제재처분의 유형 및 상한을 정할 때에는 해당 위반행위의 특수성 및 유사한 위반행위와의 형평성 등을 종합적으로 고려하여야 한다.
> ② 행정청은 재량이 있는 제재처분을 할 때에는 다음 각 호의 사항을 고려하여야 한다.
> 1. 위반행위의 동기, 목적 및 방법
> 2. 위반행위의 결과
> 3. 위반행위의 횟수
> 4. 그 밖에 제1호부터 제3호까지에 준하는 사항으로서 대통령령으로 정하는 사항

(2) 구체적 검토

① 재량권의 일탈(유월): 재량권의 행사가 관계법상 규정되어 있는 외적 한계를 넘어선 것을 말한다(⑩ 근거법규상 6월 이하의 영업정지에 대해 7월의 정지처분을 하는 것).

② 목적 위반

일반적 공익목적에 위반한 경우	공무원이 개인적 감정이나 정치적 편견에 따라 상대방에게 불리한 재량처분을 하면 위법하다.
구체적인 공익목적에 위반한 경우	일반적 공익목적에는 부합하지만, 관계법규상의 구체적 목적을 위반하면 위법하다(⑩ 범죄예방목적으로 「소방기본법」상의 가택출입검사를 하는 것).

③ 사실의 정확성

처분요건인 경우	일정한 사실이 재량처분의 요건사실로 규정되어 있는 경우에 그 사실이 없거나 해당되는 요건에 해당하지 않는 경우 그 재량처분은 위법하다(⑩ 관계법상 운전면허정지 사유가 음주운전인 경우).
처분요건이 아닌 경우	특정 사실이 처분요건으로 규정되어 있는 것은 아니지만 처분할 때 그 사실을 명시한 경우, 그 사실이 없으면 동기가 결여된 행위이므로 위법하다.

> 1. 위반행위의 결과가 존재하지 않는 경우의 시정명령의 가능성(부정)
> 비록 위 법 제13조 등의 위반행위가 있었더라도 그 위반행위의 결과가 더 이상 존재하지 않는다면 위 법 제25조 제1항에 의한 시정명령은 할 수 없다고 보아야 한다(대판 2011.3.10. 2009두1990).
>
> 2. 수개의 처분사유 중 일부사유로 정당성이 인정되는 경우 처분의 위법성(부정)
> 수개의 처분사유 중 일부가 적법하지 않다고 하더라도 다른 처분사유로써 그 처분의 정당성이 인정되는 경우 그

처분을 위법하다고 할 수 없을 것인바, 앞서 본 바와 같이 이 사건 처분사유 중 지입제 경영이라는 처분사유로써 이 사건 처분의 정당성이 인정되는 이상 다른 처분사유인 운송 미개시 부분이 원고에게 거듭 불이익을 주는 것이어서 위법하다고 하더라도 그것만으로 이 사건 처분이 위법하게 되는 것은 아니다(대판 2004.3.25. 2003두1264). 〈18. 국가 7급〉, 〈24. 소방〉

④ 재량권의 불행사: 구체적 사정을 비교형량하지 않은 경우, 기속행위로 잘못 판단하여 형량하지 않은 경우, 구체적 사정을 고려하지 않고 일반적 기준에 따라 처분한 경우 등은 위법하다. 〈05. 국회 8급〉

법령상 임의적 감경사유를 고려하지 않은 과징금부과처분의 위법성(긍정)
실권리자명의 등기의무를 위반한 명의신탁자에 대하여 부과하는 과징금의 감경에 관한 '부동산 실권리자명의 등기에 관한 법률 시행령' 제3조의2 단서는 임의적 감경규정임이 명백하므로, 그 감경사유가 존재하더라도 과징금 부과관청이 감경사유까지 고려하고도 과징금을 감경하지 않은 채 과징금 전액을 부과하는 처분을 한 경우에는 이를 위법하다고 단정할 수는 없으나, 위 감경사유가 있음에도 이를 전혀 고려하지 않았거나 감경사유에 해당하지 않는다고 오인한 나머지 과징금을 감경하지 않았다면 그 과징금 부과처분은 재량권을 일탈·남용한 위법한 처분이라고 할 수밖에 없다(대판 2010.7.15. 2010두7031). 〈14. 지방 7급〉, 〈23. 소방〉

⑤ 일반원칙 위반: 비례의 원칙, 평등의 원칙, 부당결부금지의 원칙 등 행정법의 일반원칙에 위반한 처분은 재량권의 남용으로서 위법하다.

1. 외숙의 부정행위로 인하여 위험물취급소 설치허가를 취소한 처분(위법)
원고는 소외 서울특별시장으로부터 석유판매업(주유소)허가를 받아 판시 주유소를 경영하던 중 외숙인 소외인에게 그 관리를 맡기고 있었는데, 소외인이 판시와 같은 경위로 솔벤트, 톨루엔 등으로 제조한 부정휘발유 40드럼을 구입하여 위 휘발유지하 탱크에 혼합하여 판매함으로써 이 사건 허가조건에 위반하였고 이는 소방법 제23조 제5호에 의한 허가의 취소 또는 기간을 정하여 사업의 정지를 명할 수 있는 사유에 해당한다고 전제한 다음 소외인이 구속되어 형사처벌을 받았으나, 원고 자신은 소외인의 부정휘발유취급사실을 알지 못하였고 위 주유소에는 많은 자금이 투입되어 15년 이상 주유소를 경영하여 오던 중 이 사건과 같은 비행을 처음 저지르게 된 사실 및 그 수입으로 원고와 소외인 외 5명의 종업원의 생계를 꾸려온 사실 등을 감안할 때 원고에게 가장 무거운 제재인 위험물취급소 설치허가 자체를 취소한 이 사건 행정처분은 원고에게 너무 가혹하여 그 재량권의 범위를 일탈한 것이다(대판 1989.3.28. 87누436).

2. 경관 저해 등을 이유로 한 문화재 현상변경 불허가처분(적법)
문화재청장이 국가지정문화재의 보호구역에 인접한 나대지에 건물을 신축하기 위한 국가지정문화재 현상변경신청을 허가하지 않은 경우 상당한 규모의 건물이 나대지에 들어서는 경우 보호구역을 포함한 국가지정문화재의 경관을 저해할 가능성이 상당히 클 뿐만 아니라, 위 국가지정문화재 현상변경신청 불허가처분이 취소되는 경우 향후 주변의 나대지에 대한 현상변경허가를 거부하기 어려워질 것으로 예상되는 점 등에 비추어, 위 국가지정문화재 현상변경신청에 대한 불허가처분이 재량권을 일탈·남용한 위법한 처분이라고 단정하기 어렵다(대판 2006.5.12. 2004두9920).

3. 매장문화재의 발굴을 불허가처분(적법)

1) 구 문화재보호법(1999. 1. 29. 법률 제5719호로 개정되기 전의 것) 제44조 제1항 단서 제3호의 규정에 의하여 문화체육부장관 또는 그 권한을 위임받은 문화재관리국장 등이 건설공사를 계속하기 위한 발굴허가신청에 대하여 그 공사를 계속하기 위하여 부득이 발굴할 필요가 있는지의 여부를 결정하여 발굴을 허가하거나 이를 허가하지 아니함으로써 원형 그대로 매장되어 있는 상태를 유지하는 조치는 허가권자의 재량행위에 속하는 것이므로, 행정청은 발굴허가가 신청된 고분 등의 역사적 의의와 현상, 주변의 문화적 상황 등을 고려하여 역사적으로 보존되어 온 매장문화재의 현상이 파괴되어 다시는 회복할 수 없게 되거나 관련된 역사문화자료가 멸실되는 것을 방지하고 그 원형을 보존하기 위한 공익상의 필요에 기하여 그로 인한 개인의 재산권 침해 등 불이익이 훨씬 크다고 여겨지는 경우가 아닌 한 발굴을 허가하지 아니할 수 있다 할 것이고, 행정청이 매장문화재의 원형보존이라는 목표를 추구하기 위하여 문화재보호법 등 관계법령이 정하는 바에 따라 내린 전문적·기술적 판단은 특별히 다른 사정이 없는 한 이를 최대한 존중하여야 한다.

2) 신라시대의 주요한 역사·문화적 유적이 다수 소재한 선도산에 위치한 고분에 대한 발굴 불허가처분이 재량권의 일탈 또는 남용이 아니다(대판 2000.10.27. 99두264). 〈14. 지방 7급〉

⑥ **타사(他事) 고려금지 및 적정형량의 원칙**: 행정청이 재량권을 행사할 때 관련성이 없는 사실을 고려하거나 중요한 사실을 과대평가하거나 과소평가하는 경우에는 위법하다. 원래는 계획재량의 통제사유에 해당하지만, 재량행위의 통제사유로도 기능할 수 있다.

강의평가결과 등을 이유로 한 재임용거부처분(적법)

학교법인이 2년의 임용기간이 만료되는 교원에 대하여 교원인사위원회의 심의를 거쳐 강의평가결과, 동료교수들의 의견, 조교와 학생회장의 탄원서 내용 등을 종합적으로 고려하여 재임용하지 않은 사안에서, 재임용심사를 할 때 강의평가결과, 동료교수들의 의견, 탄원서의 내용 등을 종합평가의 하나의 요소로 삼은 것이 부당하다고 볼 수 없어 그 재임용거부처분이 위법하지 않다(대판 2009.12.24. 2007두18475).

⑦ **재량권이 0으로 수축이 되는 경우**: 특정한 처분만 적법한 것이므로 그 처분을 하지 않고 다른 처분을 하면 위법하다. 〈05. 국회 8급〉

6 판단여지이론

1. 의의

법률의 요건부분에 불확정개념이 사용된 경우 행정청이 이들 요건을 해석 또는 적용함에 있어서 신중하고 객관적인 법적 판단을 거친 경우에는 고도의 적법성을 가지는 것으로서 사법(司法)심사가 제한된다는 이론을 말한다. 〈05. 국회 8급〉

Winner's 판단여지의 성립영역 : 요건부분 (○), 효과부분 (×)

> **참고** 　불확정법 개념
>
> **1. 의의**: 관계법규의 요건부분에서 사용된 추상적·다의적(多義的) 개념을 말한다.
> **2. 유형**
> - 경험적 개념: 새벽·위험·야간 등 그 해석에 있어서 어려움이 있는 개념이다. 주소·기간 등은 확정적 개념이다.
> - 규범적(가치적) 개념: 신뢰성·필요성·공익성·적합성 등 해석뿐만 아니라 적용에 있어서도 어려움이 있는 개념이다.

> 〈국가공무원법〉 제73조의3(직위해제)　① 임용권자는 다음 각 호의 어느 하나에 해당하는 자에게는 직위를 부여하지 아니할 수 있다.
> 2. 직무수행 능력이 부족하거나 근무성적이 극히 나쁜 자

2. 인정취지

관계법률상 불확정개념은 선택의 가능성이 없는 법개념에 해당하므로 하나의 결정만이 적법한 것이 원칙이나, 현실적으로는 가치판단이나 장래 예측적 판단에 따라 여러 가지 결정이 나올 수 있다. 그 중에서 어느 결정이 가장 올바른 결정인지 판단하기 어려운 경우에 행정청의 전문적·기술적 판단을 존중하기 위하여 행정청의 판단여지를 인정하는 것이다. 〈17. 국가 9급〉

3. 연혁

과거 독일에서는 행정청의 재량은 법률효과에서 주어지는 경우도 있고(효과재량), 법률요건에서도 인정되는 것으로 보았으나(요건재량), 제2차 세계대전 이후에는 행정소송에 있어서 개괄주의를 채택하고, 행정재량을 축소시키려고 노력하였다. 그 과정에서 행정재량은 법률효과의 선택문제로 한정하고, 법률요건에 있는 '불확정법 개념'을 해석하고 적용하는 것은 단순한 인식행위에 불과한 것으로 파악하여 하나의 결정만 올바른 것으로 보았다. 그 후 바호프(Bachof)와 울레(Ule) 등은 행정재량이 법률효과에서 주어진다는 다수설의 견해에는 찬성하였으나, 법률요건에 불확정법 개념을 사용한 경우에는 일정한 조건 하에서 행정청에게 판단여지가 인정된다는 견해(판단여지설)을 주장하였다.

4. 인정 여부

(1) 문제점

요건부분에서 불확정개념을 사용한 경우 이를 해석·적용함에 있어서 인정되는 자유를 재량행위로 볼 것인지(요건재량설), 판단여지로 볼 것인지(판단여지이론)가 문제된다. 이 문제는 기속행위와 재량행위의 구별문제가 아니라, 재량행위와 판단여지의 구별문제이다.

(2) 학설 〈17. 국가 9급〉

구별긍정설	재량행위	법률의 효과부분에서 복수행위 사이의 선택의 자유를 인정한 것으로서 입법부에 의해 주어지는 자유를 말한다.
	판단여지	법률의 요건부분에서 불확정개념을 사용한 경우에 그 해석과 적용에 있어서 행정청의 전문적·기술적·정책적 판단을 존중하여 사법심사를 자제하는 것으로서, 법원에 의해 주어지는 자유를 말한다.
구별부정설		불확정 개념도 법개념이므로 관계법률상 행정청에게 재량권을 부여한 것은 아니지만, 불확정 개념을 해석·적용함에 있어서 행정청에게 판단의 자유가 인정되는 한도에서는 사법(司法)심사가 제한된다는 점에서 실질적으로는 재량행위와 같은 것으로 파악하는 견해이다(김동희).

(3) 판례

우리나라의 판례의 태도는 명확하지 않으나, 판단여지가 문제되는 영역에서는 일관되게 자유재량이라는 용어를 사용하고 있다. 〈24. 소방〉

1. 임용신청자의 능력 판단은 면접위원의 자유재량사항인지 여부(긍정)

공무원 임용을 위한 면접전형에 있어서 임용신청자의 능력이나 적격성 등에 관한 판단은 면접위원의 고도의 교양과 학식·경험에 기초한 자율적 판단에 의존하는 것으로서 오로지 면접위원의 자유재량에 속한다(대판 1997.11.28. 97누11911).

2. 의사국가시험 채점기준의 법적 성질이 자유재량인지 여부(긍정)

의사국가시험에 있어서의 채점기준은 그 출제문제의 형태가 어떠한 방식에 의하건 간에 답안채점위원의 자유재량에 의한다(대판 1964.6.30. 63누194).

(4) 검토

판단여지가 인정되는 경우에도 본안(本案)에서 그 일탈·남용 여부를 심사한다는 점에서 재량행위와 구별할 실익은 크지 않다. 판례의 태도에 대해서도 ① 판단여지 대신 일관되게 자유재량이라는 용어를 사용한다는 점에서 구별을 부정한다는 견해(김동희), ② 판례는 용어 사용이 잘못된 것일 뿐이고 내용적으로는 구별을 긍정한다는 견해(김남진)가 대립한다.

5. 적용영역

(1) 의의

판단여지는 법원이 행정청의 전문·기술적 영역을 존중하기 위해서 인정하는 것이므로 그 영역은 제한적이다.

(2) 구체적 범위

① 비대체적 결정: 사람의 인격·적성·능력 등에 관한 판단을 말한다. 시험은 사후에 재현이 불가능한 상황구속적 성질을 가지기 때문이고(사실적 한계), 학생의 교육, 부하공무원의 평정 등은 관계자의 특수한 경험과 전문지식을 필요로 하기 때문에(규범적 한계) 사법(司法)심사가 제한된다.

1. 모집정원에 미달한 경우라도 입학을 거부할 수 있는지 여부(긍정)

학생의 입학을 전형(銓衡)함에 있어 대학은 법령과 학칙에 정해진 범위 내에서 대학의 목적과 그 대학의 특수사정을 고려하여 자유로이 수학능력의 기준을 결정할 수 있고, 입학지원자가 모집정원에 미달한 경우라도 대학이 정한 입학사정기준에 미달하는 자에 대하여는 입학을 거부할 수 있다(대판 1982.7.27. 81누398).

2. 대학교수의 임용에는 고도의 전문성이 필요한지 여부(긍정)

대학교수 등의 임용 여부는 임용권자가 교육법상 대학교수 등에게 요구되는 고도의 전문적인 학식과 교수능력 및 인격 등의 사정을 고려하여 합목적적으로 판단할 자유재량에 속하는 것이고, 임용권자의 대학교수 등으로의 임용 거부가 사회통념상 현저히 타당성을 잃었다고 볼 만한 특별한 사정이 없는 이상 재량권을 남용하였다고 볼 수 없다(대판 1998.1.23. 96누12641).

② 구속적 가치평가: 예술·문화 등의 분야에 있어서 어떤 물건이나 작품의 가치 또는 유해성 등에 대한 독립된 합의제 기관의 판단을 말한다. 사후에 재현이 가능하므로 법원의 통제 가능성이 결여된 것은 아니고, 합의제 기관의 전문성과 사법(司法)절차에 준하는 과정을 거쳤기 때문에 법원의 통제권한이 없으므로 사법(司法)심사가 제한된다.

③ 예측적 결정: 고도의 미래예측적 성질을 가진 행정결정을 말한다(⑩ 법무부장관의 출국금지명령의 요건을 '대한민국의 이익이나 공공의 안전 또는 경제질서를 해할 우려'로 규정한 것).

④ 고도의 행정정책적 결정: 행정청의 형성적 결정사항을 말한다(⑩ 주민의 복지증진을 위한 공공시설의 설치결정).

6. 판단여지의 한계

(1) 재판통제의 가능성

불확정 개념도 법개념이므로 판단여지가 인정되더라도 사법(司法)심사의 대상은 될 수 있으므로 각하판결은 받지 않고, 그 일탈·남용 여부를 심사하여 인용 또는 기각판결을 받게 된다.

재량권을 일탈·남용한 교과서 검정처분의 위법(긍정)

교과서 검정이 고도의 학술상·교육상의 전문적인 판단을 요한다는 특성에 비추어 보면, 교과용 도서를 검정함에 있어서 법령과 심사기준에 따라서 심사위원회의 심사를 거치고, 또 검정상 판단이 사실적 기초가 없다거나 사회통념상 현저히 부당하다는 등 현저히 재량권의 범위를 일탈한 것이 아닌 이상 그 검정을 위법하다고 할 수 없다(대판 1992.4.24. 91누6634). 〈07. 국가 7급〉

(2) 구체적 사유

판단여지가 인정되는 경우에도 ① 판단기관이 적법하게 구성되지 않은 경우(주체상 하자), ② 처분의 기초사실이 정확하지 않거나 일반적으로 타당한 판단기준을 준수하지 않은 경우(내용상 하자), ③ 절차규정을 위반한 경우(절차상 하자) 등 판단여지를 일탈·남용한 경우에는 위법하므로 인용판결을 받게 된다(김동희, 김남진).

1. 재량권 남용이 없는 문교부장관의 교과서 검정처분의 취소(부정)

문교부장관이 시행하는 검정은 그 책을 교과용 도서로 쓰게 할 것인가, 아닌가를 정하는 것일 뿐 그 책을 출판하는 것을 막는 것은 아니나, 현행 교육제도하에서의 중·고등학교 교과용 도서를 검정함에 있어서 심사는 원칙적으로 오기, 오식 기타 객관적으로 명백한 잘못, 제본 기타 기술적 사항에만 그쳐야 하는 것은 아니고, 그 저술한 내용이 교육에 적합한 여부까지를 심사할 수 있다고 하여야 한다. 법원이 위 검정에 관한 처분의 위법 여부를 심사함에 있어서는 문교부장관과 동일한 입장에 서서 어떠한 처분을 하여야 할 것인가를 판단하고 그것과 동 처분과를 비교하여 당부를 논하는 것은 불가하고, 문교부장관이 관계법령과 심사기준에 따라서 처분을 한 것이라면 그 처분은 유효한 것이고, 그 처분이 현저히 부당하다거나 또는 재량권의 남용에 해당된다고 볼 수밖에 없는 특별한 사정이 있는 때가 아니면 동 처분을 취소할 수 없다(대판 1988.11.8. 86누618).

Winner's 교과내용의 적합성 여부의 판단권 : 문교부장관 (○), 법원 (×)

2. 감정평가사시험 합격기준 선택의 법적 성질(재량)

지가공시및토지등의평가에관한법률 시행령 제18조 제1항·제2항은 감정평가사 시험의 합격기준으로 절대평가제 방식을 원칙으로 하되, 행정청이 감정평가사의 수급상 필요하다고 인정할 때에는 상대평가제 방식으로 할 수 있다고 규정하고 있으므로, 감정평가사시험을 실시함에 있어 어떠한 합격기준을 선택할 것인가는 시험실시 기관인 행정청의 고유한 정책적인 판단에 맡겨진 것으로서 자유재량에 속한다. 감정평가사시험의 합격기준선택은 시험실시기관인 피고의 고유한 정책적인 판단의 문제로서 자유재량에 속하는 것이므로, 피고가 정책적인 고려에 의하여 합격기준으로 절대평가제 방식 또는 상대평가제 방식을 선택한 다음 그 기준에 따라 합격자를 결정한 이상, 그 선택된 합격기준 자체의 적용에 있어서 잘못을 탓함은 별론으로 하고, 피고의 합격기준 선택에 있어서의 잘못을 탓할 수는 없다 할 것이다(대판 1996.9.20. 96누6882).

Winner's 법원의 심사권 : 선택된 기준의 적용상 잘못 (○), 기준 선택의 잘못 (×)

3. 법리상 오류가 없는 시험문제도 위법할 수 있는지 여부(긍정)

공인중개사 자격시험 객관식 문제의 출제에서, 법령규정이나 확립된 해석에 어긋나는 법리를 진정한 것으로 전제함으로써 법리상의 오류를 범하는 것은 재량권의 일탈 또는 남용으로서 위법한 것이 당연하고, 법리상의 오류를 범하지는 않았더라도 그 문항 또는 답항의 문장구성이나 표현용어의 선택이 지나칠 정도로 잘못되어 결과적으로 평균수준의 수험생으로 하여금 정당한 답항을 선택할 수 없게 만든 때에도 재량권의 일탈 또는 남용이라고 할 것이다. 그러나 법리상의 오류는 없고 문항 또는 답항의 일부 용어표현이 미흡하거나 부정확하지만 평균수준의 수험생으로서는 객관식 답안작성 요령이나 전체 문항과 답항의 종합·분석을 통하여 진정한 출제의도 파악과 정답 선택에 장애를 받지 않을 정도에 그친 때에는 특별한 사정이 없는 한 그러한 잘못을 들어 재량권의 일탈 또는 남용이라고 하기 어렵다(대판 2009.10.15. 2007두22061).

제5절 행정행위의 내용

1 서설

행정행위는 행정청의 의사표시에 따라 효과를 발생하는 '법률행위적 행정행위'와 법령이 정하는 효과를 발생하는 '준법률행위적 행정행위'(⑩ 확인, 공증, 통지, 수리)가 있다. 법률행위적 행정행위에는 상대방에 대하여 일정한 의무를 부과하거나 이미 부과된 의무를 해제하는 '명령적 행정행위'(⑩ 하명, 허가, 면제), 특정인에게 권리나 능력을 설정·변경·소멸시키는 '형성적 행정행위'로 구별된다. 형성적 행정행위에는 처분의 상대방을 위한 것(⑩ 특허), 제3자를 위한 것(⑩ 인가, 대리)으로 나누어진다. 〈07. 국가 9급〉

2 법률행위적 행정행위

1. 하명

(1) 의의

국가가 개인에게 일정한 작위·부작위·급부·수인의무를 부여하는 행정행위를 말한다. 특히 부작위의무를 부과하는 것을 '금지'라 하고, 작위·급부·수인의무를 부과하는 것을 '명령'이라고 한다.

(2) 성질

새로운 의무를 부과한다는 점에서 침익적 행정행위에 해당한다. 효과재량설에 따르면 기속행위로 볼 수 있으나, 관계법의 규정형식에 따라 판단해야 할 것이다.

(3) 형식

처분하명	법령에 근거한 처분에 의하여 의무가 부여되는 하명이다.
법규하명	구체적인 처분을 매개로 하지 않고 법령 자체에 의하여 직접 의무를 발생시키는 하명이다(⑩ 「청소년보호법」상의 미성년자에 대한 유해약물판매금지, 「도로교통법」상의 차량의 야간등화의무 등). 그 처분성 인정 여부에 대해서는 논란이 있으나, 다수설과 판례는 긍정하는 경향이다.

법규하명의 법적 성질이 행정처분인지 여부(긍정)

법령의 효력을 가진 명령이라도 그 효력이 다른 행정행위를 기다릴 것 없이 직접적으로 또 현저히 그 자체로서 국민의 권리훼손 기타 이익침해의 결과를 발생케 되는 성질의 것이라면 행정소송법상 처분으로 보아야 할 것이요, 따라서 그에 관한 이해관계자는 그 구체적 관계사실과 이유를 주장하여 그 명령의 취소를 법원에 구할 수 있을 것이다(대판 1954.8.19. 4286행상37).

> 〈도로교통법〉 제37조(차와 노면전차의 등화) ① 모든 차 또는 노면전차의 운전자는 다음 각 호의 어느 하나에 해당하는 경우에는 대통령령으로 정하는 바에 따라 전조등(前照燈), 차폭등(車幅燈), 미등(尾燈)과 그 밖의 등화를 켜야 한다.
> 1. 밤(해가 진 후부터 해가 뜨기 전까지를 말한다. 이하 같다)에 도로에서 차 또는 노면전차를 운행하거나 고장이나 그 밖의 부득이한 사유로 도로에서 차 또는 노면전차를 정차 또는 주차하는 경우
>
> 〈청소년 보호법〉 제28조(청소년유해약물 등의 판매·대여 등의 금지) ① 누구든지 청소년을 대상으로 청소년유해약물 등을 판매·대여·배포(자동기계장치·무인판매장치·통신장치를 통하여 판매·대여·배포하는 경우를 포함한다)하거나 무상으로 제공하여서는 아니 된다. 다만, 교육·실험 또는 치료를 위한 경우로서 대통령령으로 정하는 경우는 예외로 한다.

(4) 상대방

하명은 특정인(예 철거명령)뿐만 아니라 불특정 다수인(예 야간통행금지)을 상대로 할 수 있다.

(5) 종류

내용에 따른 분류	작위하명	상대방으로 하여금 일정한 행위를 하도록 하는 하명이다(예 철거명령).
	부작위하명	상대방에게 일정한 행위를 하지 않도록 하는 하명이다(예 통행금지).
	급부하명	상대방으로 하여금 일정한 급부를 행정청에게 하도록 하는 하명이다(예 조세부과처분).
	수인하명	상대방으로 하여금 행정청의 일정한 행위에 대하여 수인할 의무를 부과하는 하명이다(예 수진명령❶).
기초분야에 따른 분류		경찰하명, 급부하명, 재정하명, 군정하명 등으로 나뉜다.

[용어설명] ❶ 수진(受診)명령 : 진찰을 받을 의무를 부여하는 것

(6) 대상

법률행위(예 무기매매) 또는 사실행위(예 도로청소, 교통방해물제거)를 대상으로 한다. 〈08. 지방 9급〉

(7) 효과

① 의무 발생: 하명은 그 내용에 따라 일정한 공법상 의무를 발생시킨다.

인적 범위	수명자(受命者)에 대해서만 발생하는 것이 원칙이나, 대물적 하명은 물건을 승계한 자에 대해서도 미친다. 다만, 혼합적 하명은 논란이 있으나 보통은 상대방에 대해서만 미친다.
장소적 범위	처분청의 관할구역 내에서 효력을 발생하는 것이 원칙이나, 법령의 규정 또는 처분의 성질상(예 운전면허정지처분) 관할구역 밖에 효력이 미치는 경우도 있다.

② 하명을 위반한 경우: 행정상 강제집행 또는 행정벌의 대상이 된다. 그러나 그 행위의 사법상(私法上) 효력은 유효한 것이 원칙이나, 처벌만으로 행정목적을 달성할 수 없는 경우에는 무효가 된다(예 불법무기를 양도한 경우 양도행위는 유효하나, 처벌을 받게 되는 것). 〈07. 국가 9급〉, 〈08. 지방 9급〉

> **하명을 위반한 사법(私法)행위의 효력(유효)**
> 투표권의 이동을 금지한 법의가 단지 경마로 인한 사행심을 단속하는 데 있고, 동 이동으로 인한 사법상의 법률적 효과의 발생까지 방해하기 위한 규정이 아니라고 봄이 타당할 것이다(대판 1954.3.30. 4282민상80).

(8) 구제

위법한 하명에 의하여 권익을 침해받은 자는 행정쟁송을 제기하여 하명의 취소나 변경을 청구할 수 있고, 그로 인하여 손해를 받은 자는 국가배상을 청구하여 구제받을 수 있다.

Winner's 법적 성질

강학상 하명행위	구별 개념
① 야간 통행금지 (부작위 하명)	① 통금해제 (허가)
② 주차금지 (부작위 하명)	② 주차금지 해제(허가)
③ 조세부과 (급부하명)	③ 조세감면 (면제)

2. 허가

(1) 의의

법규에 의한 일반적인 상대적 금지❶를 특정한 경우에 해제하여 적법하게 일정한 사실행위 또는 법률행위를 할 수 있게 하여 주는 행위를 말한다. 실정법상 허가·면허·인가·특허·승인 등 그 용어가 다양하게 사용되고 있으나, 강학상의 허가인지의 여부는 관계법령의 취지 등에 비추어 개별적으로 판단해야 한다.

용어설명 ❶ 상대적 금지 : 법률이 정하는 일정한 요건을 갖추면 해제하는 금지. 미성년자의 음주·흡연 금지와 같이 해제할 여지가 없는 금지는 절대적 금지라 한다.

(2) 구별

특허	새로운 권리를 설정하거나 기존의 권리를 확대한다는 점에서 자연적 자유를 회복함에 그치는 허가와 구별된다.
예외적 허가	유해한 행위에 대한 억제적 금지를 해제한다는 점에서 무해한 행위에 대한 예방적 금지를 해제하는 허가와 구별된다.

(3) 처분의 근거법률

원칙	신청에 따른 처분은 처분시 법령을 적용하므로 신청 후 처분 전에 법령이 개정된 경우에도 처분 당시의 법령에 따라 판단한다.
예외	특별한 규정이 있거나, 처분 당시 법령을 적용하기 곤란한 특별한 사정이 있는 경우에는 신청 당시의 법령을 적용할 수도 있다. 판례는 신청을 받은 행정청이 정당한 사유 없이 허가를 지연하다가 상대방에게 법령이 불리하게 개정된 경우에는 상대방의 신뢰보호를 위해서 신청 당시의 법령에 따라 판단하는 것으로 보았다.

> **〈행정기본법〉 제14조(법 적용의 기준)** ② 당사자의 신청에 따른 처분은 법령등에 특별한 규정이 있거나 처분 당시의 법령등을 적용하기 곤란한 특별한 사정이 있는 경우를 제외하고는 처분 당시의 법령등에 따른다. 〈23. 소방〉

시행령이 개정되기를 기다린 것이 정당한 사유에 해당하는지 여부(긍정)

행정행위는 처분 당시에 시행 중인 법령 및 허가기준에 의하여 하는 것이 원칙이고, 인·허가신청 후 처분 전에 관계법령이 개정·시행된 경우 신법령 부칙에서 신법령 시행 전에 이미 허가신청이 있는 때에는 종전의 규정에 의한다는 취지의 경과규정을 두지 아니한 이상 당연히 허가신청 당시의 법령에 의하여 허가 여부를 판단하여야 하는 것은 아니며, 소관 행정청이 허가신청을 수리하고도 정당한 이유 없이 처리를 늦추어 그 사이에 법령 및 허가기준이 변경된 것이 아닌 한 새로운 법령 및 허가기준에 따라서 한 불허가처분이 위법하다고 할 수 없다. 사행행위등규제법으로부터 투전기업소허가에 관한 구체적인 기준을 정하도록 위임받은 시행령이 개정·시행되기를 기다리며 신청에 대한 처리를 보류하고 있다가 새로운 시행령이 시행되자 그에 의하여 한 불허가처분이 신청을 수리하고도 정당한 이유 없이 처리를 지체한 것이라고 볼 수 없으므로 적법하다(대판 1992.12.8. 92누13813). 〈19. 지방 9급〉

(4) 법적 성질

① **명령적 행위**: 제한된 자유를 회복시켜 주는 행위라는 점에서 명령적 행위에 해당한다. 관계법이 정하는 요건을 갖추면 법적 지위가 설정된다는 점에서 형성적 행위의 성질을 가진다는 견해가 있으나, 새로운 권리의 창설이 아니라 헌법상의 기본권을 행사함에 그친다는 점에서 명령적 행위라고 보는 견해가 다수설이다. 〈11. 국가 9급〉

② **기속행위**: 허가는 수익적 행위라는 점에서는 효과재량설에 따르면 재량행위라고 볼 여지도 있으나, 헌법상 기본권을 회복시켜 준다는 점에서 기속행위로 보는 것이 일반적이다.

(5) 출원(出願)❶

허가는 상대방의 신청이 있어야 하는 것이 원칙이다. 예외적으로 신청에 의하지 않는 허가(⑩ 통금해제), 신청한 내용을 수정한 허가도 가능하다.

개축허가신청의 내용을 수정한 허가의 효력(일단 유효)

개축허가신청에 대하여 행정청이 착오로 대수선 및 용도변경허가를 하였다 하더라도 취소 등 적법한 조치 없이 그 효력을 부인할 수 없음은 물론 더구나 이를 다른 처분으로 볼 근거도 없다(대판 1985.11.26. 85누382). 〈05. 국가 9급〉

> **용어설명** ❶ 출원(出願): 일정한 행위에 대한 신청서를 내는 것
>
> **Winner's** 허가의 경우 신청의 필요성: 원칙적 신청 (○), 항상 신청 (×)

(6) 종류

심사대상을 기준으로 ⊙ 대인적 허가(⑩ 운전면허), ⓒ 대물적 허가(⑩ 건축허가), ⓒ 혼합적 허가(⑩ 총포류제조허가)로 나누어진다.

(7) 형식

하명과 달리 처분의 형식으로만 한다. 법령에 의하여 일반적 허가를 인정하게 되면 허가의 전제가 되는 일반적 금지가 소멸되기 때문이다.

(8) 효과

① 자유의 회복: 허가는 법규에 의하여 일반적으로 금지된 자연적 자유를 회복함에 그치고, 독점적 이익을 보장하는 것은 아니므로 기존 허가업자의 이익은 반사적 이익에 불과하다. 다만, 허가를 받은 상대방이 가지는 이익은 법률상 이익이다. 〈11. 국가 9급〉

1. 공중목욕장허가의 효과가 자유의 회복에 불과한지 여부(긍정)
현행 헌법 제15조와 제28조에 의하여 영업의 자유는 헌법상 국민에게 보장된 자유의 범위에 포함된다 할 것이며 예외적으로 질서유지와 공공복리를 위하여 필요한 경우에 한하여 법률로서 이 영업의 자유를 제한할 수 있을 뿐이라 할 것인바, 법률 제808호 공중목욕장업법은 공중목욕업에 허가제를 실시하고 있으나 그 허가는 사업경영의 권리를 설정하는 형성적 행위가 아니고, 경찰금지의 해제에 불과하며, 그 허가의 효과는 영업자유의 회복을 가져올 뿐이라 할 것이다(대판 1963.8.31. 63누101).

2. 기존 유기장영업허가업자의 이익이 법률상 이익인지 여부(부정)
유기장영업허가는 유기장경영권을 설정하는 설권행위가 아니고 일반적 금지를 해제하는 영업자유의 회복이므로, 그 영업상의 이익은 반사적 이익에 불과하다(대판 1985.2.8. 84누369).

3. 주류제조면허를 얻은 자의 이익이 법률상 이익인지 여부(긍정)
주류제조면허는 국가의 수입확보를 위하여 설정된 재정허가의 일종이지만, 일단 이 면허를 얻은 자의 이득은 단순한 사실상의 반사적 이득에만 그치는 것이 아니라, 주세법의 규정에 따라 보호되는 이득이다(대판 1989.12.22. 89누46).

4. 건축 중인 건물의 소유자와 건축허가의 건축주가 일치해야 하는지 여부(부정)
건축허가는 시장·군수 등의 행정관청이 건축행정상 목적을 수행하기 위하여 수허가자에게 일반적으로 행정관청의 허가 없이는 건축행위를 하여서는 안 된다는 상대적 금지를 관계법규에 적합한 일정한 경우에 해제함으로써 일정한 건축행위를 하도록 회복시켜 주는 행정처분일 뿐, 허가받은 자에게 새로운 권리나 능력을 부여하는 것이 아니다. 그리고 건축허가서는 허가된 건물에 관한 실체적 권리의 득실변경의 공시방법이 아니며 그 추정력도 없으므로 건축허가서에 건축주로 기재된 자가 그 소유권을 취득하는 것은 아니며, 건축 중인 건물의 소유자와 건축허가의 건축주가 반드시 일치하여야 하는 것도 아니다(대판 2009.3.12. 2006다28454). 〈14. 지방 9급〉

5. 갱신 전의 법위반사실을 이유로 한 허가취소(긍정)
유료 직업소개 사업의 허가갱신은 허가취득자에게 종전의 지위를 계속 유지시키는 효과를 갖는 것에 불과하고 갱신 후에는 갱신 전의 법위반사항을 불문에 붙이는 효과를 발생하는 것이 아니므로 일단 갱신이 있은 후에도 갱신 전의 법위반사실을 근거로 허가를 취소할 수 있다(대판 1982.7.27. 81누174).

② 범위: 허가는 공법적 효과만 발생한다. 인적 범위와 장소적 범위는 하명과 같다.

③ 타법상의 제한: 허가는 관계법상의 금지를 해제하는 것이고 다른 법규상의 금지를 해제하는 것은 아니므로 관계법령에서 정한 제한사유와 다른 법에서 정한 제한사유에 모두 해당하지 않아야 비로소 일정한 행위를 할 수 있게 된다(예 공무원이 관계법에 의한 영업허가를 받아도 「공무원법」상의 제한은 존속하는 것). 〈11. 국가 9급〉, 〈19. 지방 9급〉

1. 관련되는 법률들의 요건을 모두 충족하여야 허가를 할 수 있는지 여부(모두 충족할 것)

입법목적 등을 달리하는 법률들이 일정한 행위에 관한 요건을 각기 정하고 있는 경우 어느 법률이 다른 법률에 우선하여 배타적으로 적용된다고 풀이되지 아니하는 한 그 행위에 관하여 각 법률의 규정에 따른 인·허가를 받아야 할 것인바, 이러한 경우 그 중 하나의 인·허가에 관한 관계법령 등에서 다른 법령상의 인·허가에 관한 규정을 원용❶하고 있는 경우나 그 행위가 다른 법령에 의하여 절대적으로 금지되고 있어 그것이 객관적으로 불가능한 것이 명백한 경우 등에는 그러한 요건을 고려하여 인·허가 여부를 결정할 수 있다(대판 2002.1.25. 2000두5159).

용어설명 ❶ 원용(援用) : 자기의 이익을 위하여 특정한 사실을 다른 곳에서 끌어다가 주장하는 일

2. 「학교보건법」과 「공중위생법」 규정이 서로 배타적 관계에 있는지 여부(부정)

공중위생법상의 위생접객업허가는 그 성질상 일반적 금지의 해제에 불과하므로, 허가권자는 법에서 정한 요건을 구비한 때에는 이를 반드시 허가하여야 한다. 학교보건법과 공중위생법은 그 입법목적, 규정사항, 적용범위 등을 서로 달리하고 있어서 터키탕업허가에 관하여 공중위생법의 규정이 학교보건법에 우선하여 배타적으로 적용되는 관계에 있다고 해석되지는 아니하고, 따라서 터키탕업을 하고자 하는 자가 공중위생법 소정의 허가요건을 갖추어 허가신청을 하였다고 할지라도 그 허가신청지역이 학교보건법 제5조 소정의 절대정화구역 내에 위치하고 있다면, 허가권자로서는 터키탕업을 절대적으로 금지하고 있는 학교보건법 제6조 제1항 본문의 규정에 의하여 허가를 할 수 없다(대판 1995.7.28. 94누13497).

3. 접도구역❶에서는 「도로법」과 「건축법」상 허가를 모두 받아야 하는지 여부(긍정)

도로법과 건축법에서 각 규정하고 있는 건축허가는 그 허가권자의 허가를 받도록 한 목적, 허가의 기준, 허가 후의 감독에 있어서 같지 아니하므로, 도로법 제50조 제1항에 의하여 접도구역으로 지정된 지역 안에 있는 건물에 관하여 같은 법조 제4항·제5항에 의하여 도로관리청인 도지사로부터 개축허가를 받았다고 하더라도 건축법 제5조 제1항에 의하여 시장 또는 군수의 허가를 다시 받아야 한다(대판 1991.4.12. 91도218).

용어설명 ❶ 접도구역(接道區域) : 도로의 보호, 위험의 방지 등을 위하여 토지의 형질 변경, 건축 등이 금지되거나 제한되는 일정한 거리의 구역

4. 「자연공원법」 적용지역 내 단란주점영업허가는 「자연공원법」의 목적을 고려해야 하는지 여부(긍정)

식품위생법 관련 규정상 시설요건 등을 갖추었다고 하여 반드시 허가하여야 하는 것이 아니라 자연공원법의 관련 규정에 의하여 자연공원 지정의 목적, 공원 내의 시설현황, 용도지구, 탐방객의 수와 이용 통로, 점포의 위치, 주변의 사정 등을 고려하여 그 단란주점영업이 자연공원법의 목적인 국민의 보건 및 여가와 정서생활의 함양, 건전한 탐방질서의 유지 등에 배치되는 등 공익상 필요가 있을 때는 불허가할 수 있다(대판 2001.1.30. 99두3577).

5. 복합민원에 필요한 인·허가결정 시 다른 법령도 고려해야 하는지 여부(긍정)

하나의 민원 목적을 실현하기 위하여 관계법령 등에 의하여 다수 관계 기관의 허가·인가·승인·추천·협의·확인 등의 인·허가를 받아야 하는 복합민원에 있어서 필요한 인·허가를 일괄하여 신청하지 아니하고 그 중 어느 하나의 인·허가만을 신청한 경우에도 그 근거법령에서 다른 법령상의 인·허가에 관한 규정을 원용하고 있거나 그 대상 행위가 다른 법령에 의하여 절대적으로 금지되고 있어 그 실현이 객관적으로 불가능한 것이 명백한 경우에는 이를 고려하여 그 인·허가 여부를 결정할 수 있다(대판 2000.3.24. 98두8766).

6. 무허가건물에서의 음식점영업신고가 적법한지 여부(부정)

식품위생법과 건축법은 그 입법 목적, 규정사항, 적용범위 등을 서로 달리하고 있어 식품접객업에 관하여 식품위생법이 건축법에 우선하여 배타적으로 적용되는 관계에 있다고는 해석되지 않는다. 그러므로 식품위생법에 따른 식품접객업(일반음식점영업)의 영업신고의 요건을 갖춘 자라고 하더라도, 그 영업신고를 한 당해 건축물이 건축법 소정의 허가를 받지 아니한 무허가건물이라면 적법한 신고를 할 수 없다(대판 2009.4.23. 2008도6829). 〈14. 사회복지 9급〉

④ 무허가행위: 허가는 적법요건이므로 허가를 받지 않은 행위는 위법하므로 행정상 강제집행이나 행정벌의 대상이 된다. 그러나 사법(私法)행위 자체는 유효한 것이 원칙이나, 예외적으로 법률이 무효로 규정하는 경우가 있다. 〈11. 국가 9급〉

Winner's 허가의 성질 : 적법요건 (○), 유효요건 (×)

3. 면제

(1) 의의

법령에 의하여 일반적으로 부과되어 있는 작위의무·급부의무·수인의무 등을 특정한 경우에 해제하는 것을 말한다.

(2) 구별

면제는 의무를 해제한다는 점에서 허가와 같지만, 허가는 부작위의무를 해제한다는 점에서 작위·급부·수인의무를 해제하는 면제와 구별된다.

4. 특허

(1) 의의

① 특정인에 대하여 새로이 권리를 설정하는 것(예 공기업 특허, 공물사용의 특허, 광업허가, 어업면허), ② 능력을 설정하는 것(예 공법인의 설립행위), ③ 법적 지위를 설정하는 것(예 공무원 임명, 귀화허가❶)을 말한다. 특히 권리를 설정하는 것을 협의의 특허라고 한다.

용어설명 ❶ 귀화허가 : 대한민국의 국적을 취득한 사실이 없는 외국인에 대하여, 법무부장관이 대한민국의 국적을 부여하는 것

1. 재건축조합설립인가처분의 법적 성질(특허)

행정청이 도시정비법 등 관련법령에 근거하여 행하는 조합설립인가처분은 단순히 사인들의 조합설립행위에 대한 보충행위로서의 성질을 갖는 것에 그치는 것이 아니라 법령상 요건을 갖출 경우 도시정비법상 주택재건축사업을 시행할 수 있는 권한을 갖는 행정주체(공법인)로서의 지위를 부여하는 일종의 설권적 처분의 성격을 갖는다고 보아야 한다(대판 2009.10.15. 2009다30427). 〈17. 지방 9급〉

2. 도시·군계획시설사업에 관한 실시계획인가처분의 법적 성질(특허)

도시·군계획시설(이하 '도시계획시설'이라 한다)사업에 관한 실시계획인가처분은 해당 사업을 구체화하여 현실적으로 실현하기 위한 형성행위로서 이에 따라 토지수용권 등이 구체적으로 발생하게 된다. 따라서 행정청이 실시계획인가처분을 하기 위해서는 그 실시계획이 법령이 정한 도시계획시설의 결정·구조 및 설치기준에 적합하여야 함은 물론이고 사업의 내용과 방법에 대하여 인가처분에 관련된 자들의 이익을 공익과 사익 간에서는 물론, 공익 상호 간 및 사익 상호 간에도 정당하게 비교·교량하여야 하며, 그 비교·교량은 비례의 원칙에 적합하도록 하여야 한다(대판 2018.7.24. 2016두48416).

(2) 출원(出願)

특허는 항상 신청이 있어야 하므로 신청 없는 특허나 신청한 내용을 수정한 특허는 허용되지 않는다. 〈08. 지방 9급〉

> **참고** **신청 없는 특허**
>
> 공법인의 설립이 행정행위에 의해 행해지는 경우에는 신청 없는 특허가 될 수 있다. 그러나 우리나라에서 공법인의 설립은 법규에 의해서만 가능하므로 신청 없는 특허는 인정되지 않는다(김동희).

(3) 형식

처분의 형식으로만 한다는 것이 다수설이다. 다만, 법규에 의한 특허도 인정된다는 견해(김남진)가 있으나, 법령에 의한 특허는 행정행위로서의 특허가 아니므로 논의에서 제외한다는 것이 다수의 견해(김동희, 장태주)이다.

Winner's 법규형식 : 법규하명 (○), 법규허가 (×), 법규특허 (△)

(4) 상대방

독점적 지위를 부여하는 것이므로 특정인에 대해서만 할 수 있고, 불특정 다수인에 대해서는 인정될 수 없다.

Winner's 일반처분의 가능성 : 하명 (○), 허가 (○), 특허 (×)

(5) 성질

상대방에게 권리를 설정한다는 점에서 형성적 행위에 해당하고, 보통은 재량행위로 파악된다.

1. 토지수용을 위한 사업인정이 재량행위인지 여부(긍정)

광업법 제87조 내지 제89조, 토지수용법 제14조에 의한 토지수용을 위한 사업인정은 단순한 확인행위가 아니라 형성행위이고, 당해 사업이 비록 토지를 수용할 수 있는 사업에 해당된다 하더라도 행정청으로서는 그 사업이 공용수용을 할 만한 공익성이 있는지의 여부를 모든 사정을 참작하여 구체적으로 판단하여야 하는 것이므로, 사업인정의 여부는 행정청의 재량에 속한다(대판 1992.11.23. 92누596).

2. 법무부장관의 귀화허가가 재량행위인지 여부(긍정) ⟨12. 지방 9급⟩

국적은 국민의 자격을 결정짓는 것이고, 이를 취득한 사람은 국가의 주권자가 되는 동시에 국가의 속인적 통치권의 대상이 되므로, 귀화허가는 외국인에게 대한민국 국적을 부여함으로써 국민으로서의 법적 지위를 포괄적으로 설정하는 행위에 해당한다. 한편 국적법 등 관계법령 어디에도 외국인에게 대한민국의 국적을 취득할 권리를 부여하였다고 볼 만한 규정이 없다. 이와 같은 귀화허가의 근거 규정의 형식과 문언, 귀화허가의 내용과 특성 등을 고려하여 보면, 법무부장관은 귀화신청인이 법률이 정하는 귀화요건을 갖추었다고 하더라도 귀화를 허가할 것인지 여부에 관하여 재량권을 가진다(대판 2010.7.15. 2009두19069).

3. 「관세법」 소정의 보세구역 설영특허의 법적 성질(특허)

관세법 제78조의 규정에 의한 보세구역의 설영특허는 보세구역의 설치경영에 관한 권리를 설정하는 이른바 공기업의 특허에 해당하는 것으로서 그 특허를 부여하고 안하고는 행정관청의 자유재량에 속하며, 특허기간이 만료된 때에 특허는 당연히 실효되는 것이어서 특허기간의 갱신은 실질적으로 권리의 설정과 같으므로 특허기간의 갱신 여부도 특허관청의 자유재량에 속한다(대판 1989.5.9. 88누4188). ⟨15. 사회복지 9급⟩

(6) 효과

① 독점적 권리 설정: 처분의 상대방에게 권리나 능력과 같은 법률상의 힘을 발생시킨다. 그 성질은 배타적·독점적 지위를 가진다.

> **Winner's** 행정행위의 효과 : 허가 (자유회복), 특허 (권리설정)

1. 같은 업무구역 안에 중복된 어업면허(무효)

지구별 어업협동조합 및 지구별 어업협동조합 내에 설립된 어촌계의 어장을 엄격히 구획하여 종래 인접한 각 조합이나 어촌계 상호간의 어장한계에 관한 분쟁이나 경업을 규제함으로써 각 조합이나 어촌계로 하여금 각자의 소속 어장을 배타적으로 점유·관리하게 하였음에 비추어 특별한 경우가 아니면 같은 업무구역 안에 중복된 어업면허는 당연무효이다(대판 1978.4.25. 78누42).

2. 토지 등 소유자들이 직접 시행하는 경우의 사업시행인가처분의 법적 성질(특허)

구 도시 및 주거환경정비법(2012. 2. 1. 법률 제11293호로 개정되기 전의 것, 이하 '구 도시정비법'이라 한다) 제8조 제3항, 제28조 제1항에 의하면, 토지 등 소유자들이 그 사업을 위한 조합을 따로 설립하지 아니하고 직접 도시환경정비사업을 시행하고자 하는 경우에는 사업시행계획서에 정관 등과 그 밖에 국토해양부령이 정하는 서류를 첨부하여 시장·군수에게 제출하고 사업시행인가를 받아야 하고, 이러한 절차를 거쳐 사업시행인가를 받은 토지 등 소유자들은 관할 행정청의 감독 아래 정비구역 안에서 구 도시정비법상의 도시환경정비사업을 시행하는 목적 범위 내에서 법령이 정하는 바에 따라 일정한 행정작용을 행하는 행정주체로서의 지위를 가진다. 그렇다면 토지 등 소유자들이 직접 시행하는 도시환경정비사업에서 토지 등 소유자에 대한 사업시행인가처분은 단순히 사업시행계획에 대한 보충행위로서의 성질을 가지는 것이 아니라 구 도시정비법상 정비사업을 시행할 수 있는 권한을 가지는 행정주체로서의 지위를 부여하는 일종의 설권적 처분의 성격을 가진다(대판 2013.6.13. 2011두19994). ⟨17. 국가 7급⟩

3. 「출입국관리법」상 체류자격 변경허가의 법적 성질(특허)

출입국관리법 제10조, 제24조 제1항, 구 출입국관리법 시행령(2014. 10. 28. 대통령령 제25669호로 개정되기 전의 것) 제12조 [별표 1] 제8호, 제26호 (가)목, (라)목, 출입국관리법 시행규칙 제18조의2 [별표 1]의 문언, 내용 및 형식, 체계 등에 비추어 보면, 체류자격 변경허가는 신청인에게 당초의 체류자격과 다른 체류자격에 해당하는 활동을 할 수 있는 권한을 부여하는 일종의 설권적 처분의 성격을 가지므로, 허가권자는 신청인이 관계 법령에서 정한 요건을 충족하였더라도, 신청인의 적격성, 체류 목적, 공익상의 영향 등을 참작하여 허가 여부를 결정할 수 있는 재량을 가진다. 다만, 재량을 행사할 때 판단의 기초가 된 사실인정에 중대한 오류가 있는 경우 또는 비례·평등의 원칙을 위반하거나 사회통념상 현저하게 타당성을 잃는 등의 사유가 있다면 이는 재량권의 일탈·남용으로서 위법하다(대판 2016.7.14. 2015두48846). 〈17. 국가 7급〉, 〈17. 지방 9급(12월)〉, 〈19. 서울 7급〉

② 범위: 특허에 의하여 발생되는 권리는 공권인 것이 보통이나 사권(⑩ 광업허가에 의한 광업권)인 것도 있다.

〈광업법〉 제10조(광업권의 성질) ① 광업권은 물권으로 하고, 이 법에서 따로 정한 경우 외에는 부동산에 관하여 「민법」과 그 밖의 법령에서 정하는 사항을 준용한다.

제18조(광업권설정 출원이 중복될 때의 우선순위) ① 광업권설정의 출원이 같은 구역에 중복된 경우에는 광업권설정출원서의 도달 일시가 앞선 출원이 우선한다.

(7) 예외적 허가(예외적 승인)

유해한 행위를 억제하기 위해 금지하고, 예외적인 경우에 이를 해제하여 주는 것을 말한다(⑩ 교육환경보호구역 내에서의 일정행위, 치료목적의 마약류 사용허가, 개발제한구역 내 건축허가). 법률의 일반적·추상적 규율로 인하여 발생할 수 있는 예외적인 곤란한 사태에 적절하게 대응하기 위한 것이다. 사인의 권리를 확대하는 면이 있으므로 강학상 특허로서 재량행위로 파악된다. 〈12. 국가 9급〉

〈교육환경 보호에 관한 법률〉 제9조(교육환경보호구역에서의 금지행위 등) 누구든지 학생의 보건·위생, 안전, 학습과 교육환경 보호를 위하여 교육환경보호구역에서는 다음 각 호의 어느 하나에 해당하는 행위 및 시설을 하여서는 아니 된다. 다만, 상대보호구역에서는 제14호부터 제27호까지 및 제29호에 규정된 행위 및 시설 중 교육감이나 교육감이 위임한 자가 지역위원회의 심의를 거쳐 학습과 교육환경에 나쁜 영향을 주지 아니한다고 인정하는 행위 및 시설은 제외한다.
24. 「음악산업진흥에 관한 법률」 제2조제13호에 따른 노래연습장업(「유아교육법」 제2조제2호에 따른 유치원 및 「고등교육법」 제2조 각 호에 따른 학교의 교육환경보호구역은 제외한다)

당해 도시계획시설이 아닌 건축물도 예외적으로 허가할 수 있는지 여부(긍정)

도시계획법 제2조 제1항 제1호 (나)목, 제3호, 제4조 제1항·제7항, 제19조, 같은 법 시행령 제5조의2, 토지의형질변경등행위허가기준등에관한규칙 제17조 제1항 등에 의하면, 도시계획법상 공원 등 도시계획시설의 설치장소로 결정된 토지 또는 공유수면에는 당해 도시계획시설이 아닌 건축물 기타 공작물의 건축 또는 대수선을 허가하여서는 아니 되는 것으로 규정하면서, 다만 예외적으로 일정한 요건을 갖춘 경우에 한하여 허가를 받아 할 수 있는 것으로 규정하고 있다(대판 1998.2.13. 97누8182).

Winner's 허가와 예외적 허가의 구별

구분	허가	예외적 허가
대상	무해한 행위	유해한 행위
금지의 목적	예방적 금지 해제	억제적 또는 제재적 금지 해제
법적 성질	기속행위	재량행위

Winner's 법적 성질

강학상 특허행위	구별개념
① 자동차운송면허 (대물적 특허)	① 자동차운전면허 (대인적 허가)
② 공기업 특허	② 비영리법인 설립허가 (인가)
③ 계속적 도로 사용	③ 일시적 도로 사용 (허가)
④ 광업허가	④ 석탄가공업 허가 (허가) ⑤ 광업원부에 등재 (공증)
⑤ 공무원 임명	⑥ 정부의 한국은행장 임명 (대리) ⑦ 감독청에 의한 공공조합 임원 임명 (대리)
⑥ 귀화허가	⑧ 귀화고시 (통지)

5. 인가

(1) 의의

제3자의 법률행위를 보충하여 그 법률적 효력을 완성시키는 행정행위를 말한다. 실정법상으로는 보통 승인 또는 인허라고 규정되어 있다(ⓔ 사업양도의 인가, 비영리법인설립·공공조합설립인가, 지방채기채승인 등).

1. 재단법인의 정관❶변경허가는 강학상 인가인지 여부(긍정)

민법 제45조와 제46조에서 말하는 재단법인의 정관변경 "허가"는 **법률상의 표현이 허가로 되어 있기는 하나, 그 성질에 있어 법률행위의 효력을 보충해 주는 것이지, 일반적 금지를 해제하는 것이 아니므로 그 법적 성격은 인가라고 보아야 한다**(대판 1996.5.16. 95누4810).

용어설명 ❶ 정관(定款) : 법인의 목적, 조직, 업무 집행 따위에 관한 근본 규칙 또는 그것을 적은 문서

2. 도시환경정비사업조합이 수립한 사업시행계획인가의 법적 성질(인가)

구 도시 및 주거환경정비법(2005. 3. 18. 법률 제7392호로 개정되기 전의 것)상 **사업시행자에게 사업시행계획의 작성권이 있고 행정청은 단지 이에 대한 인가권만을 가지고 있다**(대판 2007.10.12. 2006두14476). 〈17. 국가 7급〉

3. 「자동차관리법」상 사업자단체조합의 설립인가의 법적 성질(인가)

자동차관리법상 자동차관리사업자로 구성하는 사업자단체인 조합 또는 협회(이하 '조합 등'이라고 한다)의 설

립인가처분은 국토해양부장관 또는 시·도지사(이하 '시·도지사 등'이라고 한다)가 자동차관리사업자들의 단체결성행위를 보충하여 효력을 완성시키는 처분에 해당한다(대판 2015.5.29. 2013두635). 〈17. 국가 7급〉

(2) 인정이유

사인 간의 행위는 행정주체의 관여가 필요하지 않은 것이 원칙이지만 공익과 관련된 법률행위는 행정주체의 동의를 받도록 한 것이다. 〈04. 국가 7급〉

(3) 성질

인가는 타인의 법률행위를 보충하여 그 효력을 완성하는 것이므로 효력요건 또는 유효요건이 된다. 따라서 무인가행위는 무효가 된다. 행정상 강제집행이나 행정벌의 대상은 되지 않는 것이 원칙이나, 벌칙이 규정되어 있는 경우에는 강학상의 허가와 인가 쌍방의 성질을 갖추고 있는 것으로 볼 수 있다(김남진).

> **Winner's** 인가의 법적 성질 : 적법요건 (×), 유효요건 (○)

토지거래허가는 강학상 인가에 해당하는지 여부(긍정)

국토이용관리법 제21조의3 제1항 소정의 허가가 규제지역 내의 모든 국민에게 전반적으로 토지거래의 자유를 금지하고 일정한 요건을 갖춘 경우에만 금지를 해제하여 계약체결의 자유를 회복시켜 주는 성질의 것이라고 보는 것은, 위 법의 입법취지를 넘어선 지나친 해석이라고 할 것이고, 규제지역 내에서도 토지거래의 자유가 인정되나, 다만 위 허가를 허가 전의 유동적 무효상태에 있는 법률행위의 효력을 완성시켜 주는 인가적 성질을 띤 것이라고 보는 것이 타당하다(대판 1991.12.24. 90다12243). 〈15. 지방 7급〉, 〈19. 국가 9급〉

(4) 대상

인가는 제3자의 행위에 대한 효력요건이므로 법률행위에 한정된다. 다만, 법률행위라면 공법적 행위(⑩ 공공조합의 정관변경), 사법적(私法的) 행위(⑩ 비영리법인설립)를 불문한다. 〈07. 국가 9급〉

> **Winner's** 인가 대상 : 법률행위 (○), 사실행위 (×)

(5) 출원(出願)

인가는 항상 신청이 필요하므로 신청한 내용을 수정하여 인가하는 것은 허용될 수 없다. 〈04. 국가 7급〉

> **Winner's** 신청이 항상 필요한 것인지 여부: 허가 (×), 특허 (○), 인가 (○)

(6) 기본행위와의 관계

① 하자의 치유: 인가는 제3자의 법률행위를 보충하여 그 효력을 완성시킬 뿐이므로 기본행위의 하자를 치유하는 것은 아니다. 〈20. 지방 9급〉

② 인가의 효력: ㉠ 기본적 법률행위가 불성립 또는 무효인 경우에는 인가도 그 효력을 발생할 수 없으며, ㉡ 기본적 법률행위가 사후에 실효된 경우에는 인가도 당연히 효력을 상실한다.

1. 무효인 하천공사 권리의무양수도계약에 관한 허가의 효력(무효)

피고가 한 하천공사 권리의무양수도에 관한 허가는 기본행위인 위의 양수도 행위를 보충하여 그 법률상의 효력을 완성시키는 보충행위라고 할 것이니 그 기본행위인 위의 권리의무양수도계약이 무효일 때에는 그 보충행위인 위의 허가처분도 별도의 취소조치를 기다릴 필요 없이 당연무효라고 할 것이고 피고가 한 무효통지는 무효선언을 하는 방법으로한 위 허가에 대한 일종의 취소처분이다(대판 1980.5.27. 79누196).

2. 기본행위가 소멸한 경우 인가처분은 직권취소에 의하여 소멸되는지 여부(부정)

외자도입법 제19조에 따른 기술도입계약에 대한 인가는 기본행위인 기술도입계약을 보충하여 그 법률상 효력을 완성시키는 보충적 행정행위에 지나지 아니하므로 기본행위인 기술도입계약이 해지로 인하여 소멸되었다면 위 인가처분은 무효선언이나 그 취소처분이 없어도 당연히 실효된다(대판 1983.12.27. 82누491). 〈20. 군무원 9급〉

③ 인가에 대한 소송: 기본행위에 하자가 있으면 기본행위의 효력을 다투는 소송을 제기하여야 할 것이고, 기본행위의 하자를 이유로 인가에 대한 무효확인 또는 취소소송은 제기할 수 없다. 〈08. 지방 9급〉, 〈20. 지방 9급〉

1. 사립학교 임원선임행위에 하자가 있는 경우 감독청 취임승인처분의 취소를 구할 법률상 이익(부정)

사립학교법 제20조 제2항에 의한 학교법인의 임원에 대한 감독청의 취임승인은 학교법인의 임원선임행위를 보충하여 그 법률상의 효력을 완성케 하는 보충적 행정행위로서 성질상 기본행위를 떠나 승인처분 그 자체만으로는 법률상 아무런 효력도 발생할 수 없으므로, 기본행위인 학교법인의 임원선임행위가 불성립 또는 무효인 경우에는 비록 그에 대한 감독청의 취임승인이 있었다 하여도 이로써 무효인 그 선임행위가 유효한 것으로 될 수는 없다. 따라서 기본행위인 사법상의 임원선임행위에 하자가 있다 하여 그 선임행위의 효력에 관하여 다툼이 있는 경우에 민사쟁송으로서 그 선임행위의 취소 또는 무효확인을 구하는 것은 별론으로 하고, 기본행위의 불성립 또는 무효를 내세워 바로 그에 대한 감독청의 취임승인처분의 취소 또는 무효확인을 구하는 것은 특단의 사정이 없는 한 소구(訴求)할 법률상의 이익이 있다고 할 수 없다(대판 1987.8.18. 86누152). 〈12. 국가 9급〉

2. 재건축결의에서 결정된 내용과 다른 사업시행계획에 대한 인가 처분의 위법성(부정)

조합의 사업시행계획도 원칙적으로 재건축결의에서 결정된 내용에 따라 작성되어야 하지만, 조합이 사업시행계획을 재건축결의에서 결정된 내용과 달리 작성한 경우 이러한 하자는 기본행위인 사업시행계획 작성행위의 하자이고, 이에 대한 보충행위인 행정청의 인가처분이 그 근거조항인 위 법 제28조의 적법요건을 갖추고 있는 이상은 그 인가처분 자체에 하자가 있는 것이라 할 수 없다(대판 2008.1.10. 2007두16691). 〈20. 국회 8급〉

> **Winner's** 허가·특허·인가의 구별

구분	허가	특허	인가
대상	법률행위·사실행위	법률행위·사실행위	법률행위
법적 성질	① 기속행위 ② 적법요건 ③ 명령적 행위	① 재량행위 ② 효력요건 ③ 형성적 행위	① 재량행위(학설 대립) ② 효력요건 ③ 형성적 행위
신청	원칙적 신청	항상 신청	항상 신청
신청 내용의 수정	가능	불가능	불가능
일반처분	가능	불가능	불가능
효과	① 자연적 자유의 회복 ② 공법적 효과	① 새로운 권리의 설정 ② 공법적·사법적 효과	법률효과의 완성

6. 대리

(1) 의의

제3자가 해야 할 행위를 행정주체가 대신하여 행위하고 그 행위의 효과는 본인에게 귀속되는 것을 말한다.

(2) 구별

행정행위로서의 '대리'라 함은 외부적 대리를 의미하는 것으로서 공법상 대리를 말한다. 행정조직 내부에서 행정기관 간의 권한대리(예 차관이 장관의 권한행사를 대리하는 것)와는 구별된다.

(3) 성질

공법상 대리는 원래 본인이 하여야 할 행위를 행정목적의 달성을 위해 행정청이 대신하는 것이므로 임의대리가 아니고 법정대리에 해당한다. 〈07. 국가 9급〉

> **Winner's** 공법상 대리 : 법정대리 (○), 임의대리 (×)

(4) 종류

공법상 대리에는 ① 행정주체가 공익적·감독적 관점에서 공공단체·특허기업자 등을 대신하는 경우(예 감독청에 의한 공법인의 정관작성), ② 당사자 사이의 협의불성립의 경우 대신하는 경우(예 토지수용재결), ③ 행정의 실효성을 확보하기 위하여 행하는 경우(예 조세체납처분으로서의 공매행위)가 있다.

> **Winner's** 법적 성질

강학상 대리행위	구별 개념
국가 감독청에 의한 공법인의 정관 작성	국가 감독청에 의한 공법인 정관 승인 (인가)

3 준법률행위적 행정행위

1. 확인

(1) 의의

특정한 사실 또는 법률관계에 관하여 의문이 있거나 다툼이 있는 경우에 공적으로 그 존부 또는 정부를 판단하는 행위를 말한다.

(2) 구별

특허	확인은 기존의 사실 또는 법률관계를 유권적(有權的)❶으로 확정한다는 점에서 새로운 법률관계를 형성하거나 기존의 권리를 확대하는 특허와 구별된다.
공증	확인은 다툼을 전제로 분쟁을 해결한다는 점에서 다툼이 없는 경우에 증명하는 공증과 구별된다.

용어설명 ❶ 유권적(有權的) : 권한이 있음

(3) 성질

① 공통 성질: 확인은 일정한 분쟁을 전제로 일정한 법률관계를 공적으로 판단하는 행위라는 점에서 준사법적(準司法的) 행위에 해당한다.

② 기속행위성: 확인은 객관적 진실에 따라 결정하는 것이므로 일정한 사실이나 법률관계가 객관적으로 확정되면 행정청은 확인을 해야 한다는 점에서 기속행위에 해당한다.

(4) 종류

확인은 그 행정분야에 따라 ① 조직법상 확인(⑩ 당선인결정, 합격자결정 등), ② 급부행정법상 확인(⑩ 도로구역결정, 발명특허), ③ 재정법(財政法)상 확인(⑩ 소득금액결정), ④ 쟁송법상 확인(⑩ 행정심판재결) 등이 있다. 〈11. 국가 9급〉

(5) 효과

확인은 준사법적 행위이므로 불가변력이 발생한다. 그 밖에 개별법이 정한 효과가 발생한다.

Winner's 법적 성질

강학상 확인행위	구별 개념
① 토지수용에 관한 이의재결	① 토지수용재결 (대리)
② 도로구역결정, 하천구역 결정	② 도로점용허가 (특허)
③ 합격자 결정	③ 합격자 증서발부 (공증)
④ 행정심판재결	④ 행정심판청구서 수리(수리)
⑤ 교과서 검정	⑤ 검정된 교과서에 대한 검인 압날 (공증)
⑥ 발명특허	⑥ 특허출원 공고 (통지)

2. 공증

(1) 의의

특정한 사실 또는 법률관계의 존부를 공적으로 증명하는 행위를 말한다.

(2) 구별

법률관계의 존부나 정부(正否)에 대하여 의문이나 다툼이 없는 경우에 공적으로 판단하는 것이라는 점에서 확인과 구별된다. 다만, 확인은 일반적으로 공증(증명서)의 형식으로 행해지고 있으므로 양자의 구별은 확실하지 않다.

1. 의료 유사업자자격증 갱신발급행위가 강학상 공증에 해당하는지 여부(긍정)

의료법 부칙 제7조, 제59조(1975. 12. 31. 법률 2862호로 개정 전의 것), 동법 시행규칙 제59조 및 1973. 11. 9.자 보건사회부 공고 58호에 의거한 서울특별시장 또는 도지사의 의료유사업자 자격증 갱신발급행위는 유사의료업자의 자격을 부여 내지 확인하는 것이 아니라 특정한 사실 또는 법률관계의 존부를 공적으로 증명하는 소위 공증행위에 속하는 행정행위라 할 것이다(대판 1977.5.24. 76누295). 〈17. 지방 9급(12월)〉

2. 건설업 면허증 재교부의 법적 성질(공증)

건설업면허증 및 건설업면허수첩의 재교부는 그 면허증 등의 분실, 헐어 못쓰게 된 때, 건설업의 면허이전 등 면허증 및 면허수첩 그 자체의 관리상의 문제로 인하여 종전의 면허증 및 면허수첩과 동일한 내용의 면허증 및 면허수첩을 새로이 또는 교체하여 발급하여 주는 것으로서, 이는 건설업의 면허를 받았다고 하는 특정 사실에 대하여 형식적으로 그것을 증명하고 공적인 증거력을 부여하는 행정행위(강학상의 공증행위)이므로, 그로 인하여 면허의 내용 등에는 아무런 영향이 없이 종전의 면허의 효력이 그대로 지속하고, 면허증 및 면허수첩의 재교부에 의하여 재교부 전의 면허는 실효되고 새로운 면허가 부여된 것이라고 볼 수 없다(대판 1994.10.25. 93누21231). 〈17. 지방 9급〉

3. 상표사용권설정등록행위의 법적 성질(공증)

구 상표법의 규정내용을 종합하면, 상표사용권설정등록신청서가 제출된 경우 특허청장은 신청서와 그 첨부서류만을 자료로 형식적으로 심사하여 그 등록신청을 수리 할 것인지의 여부를 결정하여야 되는 것으로서, 특허청장의 상표사용권설정등록행위는 사인간의 법률관계의 존부를 공적으로 증명하는 준법률행위적 행정행위임이 분명하다(대판 1991.8.13. 90누9414). 〈17. 지방 9급〉

4. 인감증명행위의 법적 성질(사실행위)

인감증명행위는 인감증명청이 적법한 신청이 있는 경우에 인감대장에 이미 신고된 인감을 기준으로 출원자의 현재 사용하는 인감을 증명하는 것으로서 구체적인 사실을 증명하는 것일 뿐, 나아가 출원자에게 어떠한 권리가 부여되거나 변동 또는 상실되는 효력을 발생하는 것이 아니다(대판 2001.7.10. 2000두2136). 〈18. 서울 7급〉, 〈23. 소방〉

5. 사업자등록증에 대한 검열행위의 법적 성질(사실행위)

사업자등록증에 대한 검열 역시 과세관청이 등록된 사업을 계속하고 있는 사업자의 신고사실을 증명하는 사실행위에 지나지 않는 것이다(대판 2000.2.11. 98두2119). 〈23. 소방〉

(3) 형식

특정한 사실 또는 법률관계의 존재를 공적으로 증명하는 것이므로 내용을 명백히 하기 위해서 문서로 하거나 일정한 형식(⑩ 등기, 등록)이 요구되는 것이 원칙이다.

(4) 성질

단순한 인식작용으로서 특정한 사실 또는 법률관계가 객관적으로 존재하면 공증을 해야 할 기속행위로 본다.

Winner's 개념의 특징 : 확인 (판단행위), 공증 (인식행위)

(5) 종류

공증에는 ① 각종 장부에 등재하는 행위(⑩ 부동산등기부에의 등기❶, 외국인등록부에의 등록❷, 선거인 명부에의 등재, 토지대장에의 등록), ② 회의록 등에 기재하는 행위, ③ 각종 증명서발급(⑩ 당선증서, 합격증서 발부), ④ 영수증 교부, ⑤ 여권 등의 발급, ⑥ 검인·증인의 압날행위 등이 있다. 이러한 행위는 사실행위에 그치는 것이나, 법이 일정한 증거력을 부여하는 경우에 한하여 공증이 될 수 있다.

용어설명 ❶ 등기 : 국가기관이 작성한 등기부에 부동산에 관한 일정한 권리관계를 적는 일 또는 적어 놓은 것
❷ 등록 : 일정한 법률사실이나 법률관계를 증명하기 위하여 행정관서나 공공기관 등에 비치한 법정(法定)의 공적인 장부에 기재 하는 일

(6) 효과

① **공통효과**: 공적 증거력을 발생한다. 다만, 이러한 증거력은 반증❶이 있기 전까지 일응 진실한 것으로 추정되는 것이므로 반증이 있는 경우에는 공증을 취소하지 않더라도 그 효력을 부인할 수 있다.

용어설명 ❶ 반증 : 상대방에게 증명책임이 있는 사실을 부정하기 위하여 제출하는 증거 또는 증명행위

② **개별적 효과**: 공증은 준법률행위적 행정행위이므로 개별법이 정하는 효과가 발생한다. 따라서 권리행사요건·권리성립요건·효력요건이 되기도 한다(⑩ 선거인 명부에 등록하면 권리를 행사할 수 있는 것, 부동산등기를 하면 권리가 성립하는 것).

(7) 공증의 처분성

공증은 공적 증거력을 부여하는 것인데, 반증만으로도 그 효력이 부인될 수 있다는 점에서 공증의 처분성을 인정할 수 있을 것인지가 문제된다. 다수설은 준법률행위적 행정행위로서 법적 효과가 발생한다는 점에서 처분에 해당한다는 견해이다(김동희, 박윤흔). 다만 판례는 공증의 처분성을 긍정하는 예도 있고, 부정하는 예도 있으나, 구체적 기준을 제시하지 못한다는 비판을 받고 있다.

1. 공정증서❶의 작성행위가 행정처분인지 여부(부정)

행정소송제도는 행정청의 위법한 처분 그 밖에 공권력의 행사·불행사 등으로 인한 국민의 권리 또는 이익의 침해를 구제하고 공법상 권리관계 또는 법률 적용에 관한 다툼을 적정하게 해결함

을 목적으로 하는 것이므로, 항고소송의 대상이 되는 행정처분에 해당하는지는 행위의 성질·효과 이외에 행정소송제도의 목적이나 사법권에 의한 국민의 권익보호기능도 충분히 고려하여 합목적적으로 판단해야 한다. 이러한 행정소송제도의 목적 및 기능 등에 비추어 볼 때, 행정청이 한 행위가 단지 사인 간 법률관계의 존부를 공적으로 증명하는 공증행위에 불과하여 그 효력을 둘러싼 분쟁의 해결이 사법원리에 맡겨져 있거나 행위의 근거법률에서 행정소송 이외의 다른 절차에 의하여 불복할 것을 예정하고 있는 경우에는 항고소송의 대상이 될 수 없다고 보는 것이 타당하다. 이 사건 공정증서의 작성행위를 항고소송의 대상이 되는 행정처분이라고 볼 수 없다(대판 2012.6.14. 2010두19720).

용어설명 ❶ 공정증서 : 공증인이 법률행위 기타 사권(私權)에 관한 사실에 대하여 작성하는 증서

2. 토지분할신청 거부의 처분성(긍정)

토지소유자가 지적법 제17조 제1항, 같은 법 시행규칙 제20조 제1항 제1호의 규정에 의하여 1필지의 일부가 소유자가 다르게 되었음을 이유로 토지분할을 신청하는 경우 1필지의 토지를 수필로 분할하여 등기하려면 반드시 같은 법이 정하는 바에 따라 분할절차를 밟아 지적공부❶에 각 필지마다 등록되어야 하고, 이러한 절차를 거치지 아니하는 한 1개의 토지로서 등기의 목적이 될 수 없기 때문에 만약 이러한 토지분할신청을 거부한다면 토지소유자는 자기소유 부분을 등기부에 표창할 수 없고 처분도 할 수 없게 된다는 점을 고려할 때, 지적 소관청의 위와 같은 토지분할신청에 대한 거부행위는 국민의 권리관계에 영향을 미친다고 할 것이므로 항고소송의 대상이 되는 처분으로 보아야 한다(대판 1993.3.23. 91누8968).

용어설명 ❶ 지적공부(地籍公簿) : 땅의 상태를 명확히 하기 위하여 작성된 공적인 장부

3. 지목변경신청 반려행위의 처분성(긍정)

구 지적법(2001. 1. 26. 법률 제6389호로 전문개정되기 전의 것) 제20조, 제38조 제2항의 규정은 토지소유자에게 지목변경신청권과 지목정정신청권을 부여한 것이고, 한편 지목은 토지에 대한 공법상의 규제, 개발부담금의 부과대상, 지방세의 과세대상, 공시지가의 산정, 손실보상가액의 산정 등 토지행정의 기초로서 공법상의 법률관계에 영향을 미치고, 토지소유자는 지목을 토대로 토지의 사용·수익·처분에 일정한 제한을 받게 되는 점 등을 고려하면, 지목은 토지소유권을 제대로 행사하기 위한 전제요건으로서 토지소유자의 실체적 권리관계에 밀접하게 관련되어 있으므로 지적공부 소관청의 지목변경신청 반려행위는 국민의 권리관계에 영향을 미치는 것으로서 항고소송의 대상이 되는 행정처분에 해당한다(대판 2004.4.22. 2003두9015 전합). 〈12. 국가 9급〉, 〈17. 국가 9급〉

4. 토지대장상의 소유자 명의변경신청 거부행위의 처분성(부정)

토지대장에 기재된 일정한 사항을 변경하는 행위는 그것이 지목의 변경이나 정정 등과 같이 토지소유권 행사의 전제요건으로서 토지소유자의 실체적 권리관계에 영향을 미치는 사항에 관한 것이 아닌 한 행정사무집행의 편의와 사실증명의 자료로 삼기 위한 것일 뿐이어서, 그 소유자 명의가 변경된다고 하여도 이로 인하여 당해 토지에 대한 실체상의 권리관계에 변동을 가져올 수 없고 토지 소유권이 지적공부의 기재만에 의하여 증명되는 것도 아니다(대판 1984.4.24. 82누308, 대판 2002.4.26. 2000두7612 등 참조). 따라서 소관청이 토지대장상의 소유자명의변경신청을 거부한 행위는 이를 항고소송의 대상이 되는 행정처분이라고 할 수 없다(대판 2012.1.12. 2010두12354). 〈14. 서울 7급〉, 〈19. 서울 9급〉

5. 토지면적등록 정정신청 반려행위의 처분성(긍정)

평택~시흥 간 고속도로 건설공사 사업시행자인 한국도로공사가 고속도로 건설공사에 편입되는 토지들의 지적공부에 등록된 면적과 실제 측량 면적이 일치하지 않는 것을 발견하고 구 지적법(2009. 6. 9. 법률 제9774호 측량·수로조사 및 지적에 관한 법률 부칙 제2조 제2호로 폐지, 이하 '구 지적법'이라 한다) 제24조 제1항, 제28조 제1호에 따라 토지소유자들을 대위하여 토지면적등록 정정신청을 하였으나 화성시장이 이를 반려한 사안에서, 반려처분은 공공사업의 원활한 수행을 위하여 부여된 사업시행자의 관계법령상 권리 또는 이익에 영향을 미치는 공권력의 행사 또는 그 거부에 해당하는 것으로서 항고소송 대상이 되는 행정처분에 해당한다(대판 2011.8.25. 2011두3371). 〈19. 지방 9급〉

6. 건축물대장 등재행위의 처분성(부정)

건축물대장에 일정한 사항을 등재하거나 등재된 사항을 변경하는 행위는 행정사무집행의 편의와 사실증명의 자료로 삼기 위한 것이고, 그 등재나 변경등재행위로 인하여 당해 건축물에 대한 실체상의 권리관계에 어떤 변동을 가져오는 것은 아니므로 소관청이 그 등재사항에 대한 정정신청을 거부한 것을 가리켜 항고소송의 대상이 되는 행정처분이라고 할 수 없다(대판 1989.12.12. 89누5348).

7. 자동차운전면허대장 등재행위의 처분성(부정)

자동차운전면허대장상 일정한 사항의 등재행위는 운전면허행정사무집행의 편의와 사실증명의 자료로 삼기 위한 것일 뿐 그 등재행위로 인하여 당해 운전면허 취득자에게 새로이 어떠한 권리가 부여되거나 변동 또는 상실되는 효력이 발생하는 것은 아니므로 이는 행정소송의 대상이 되는 독립한 행정처분으로 볼 수 없고, 운전경력증명서상의 기재행위 역시 당해 운전면허 취득자에 대한 자동차운전면허대장상의 기재사항을 옮겨 적는 것에 불과할 뿐이므로 운전경력증명서에 한 등재의 말소를 구하는 소는 부적법하다 할 것이다(대판 1991.9.24. 91누1400).

8. 무허가건물관리대장 등재행위의 처분성(부정)

무허가건물관리대장은 행정관청이 지방자치단체의 조례 등에 근거하여 무허가건물 정비에 관한 행정상 사무처리의 편의와 사실증명의 자료로 삼기 위하여 작성·비치하는 대장으로서 무허가건물을 무허가건물관리대장에 등재하거나 등재된 내용을 변경 또는 삭제하는 행위로 인하여 당해 무허가건물에 대한 실체상의 권리관계에 변동을 가져오는 것이 아니고, 무허가건물의 건축시기·용도·면적 등이 무허가건물관리대장의 기재에 의해서만 증명되는 것도 아니므로, 관할관청이 무허가건물의 무허가건물관리대장등재 요건에 관한 오류를 바로잡으면서 당해 무허가건물을 무허가건물관리대장에서 삭제하는 행위는 다른 특별한 사정이 없는 한 항고소송의 대상이 되는 행정처분이 아니다(대판 2009.3.12. 2008두11525). 〈14. 서울 7급〉, 〈19. 국회 8급〉

9. 건축물대장의 용도변경신청 거부행위의 처분성(긍정)

건축물의 용도는 토지의 지목에 대응하는 것으로서 건물의 이용에 대한 공법상의 규제, 건축법상의 시정명령, 지방세 등의 과세대상 등 공법상 법률관계에 영향을 미치고, 건물소유자는 용도를 토대로 건물의 사용·수익·처분에 일정한 영향을 받게 된다. 이러한 점 등을 고려해 보면, 건축물대장의 용도는 건축물의 소유권을 제대로 행사하기 위한 전제요건으로서 건축물 소유자의 실체적 권리관계에 밀접하게 관련되어 있으므로, 건축물대장 소관청의 용도변경신청 거부행위는 국민의 권리관계에 영향을 미치는 것으로서 항고소송의 대상이 되는 행정처분에 해당한다(대판 2009.1.30. 2007두7277). 〈14. 서울 7급〉, 〈17. 국가 7급〉

10. 건축물대장의 직권말소행위의 처분성(긍정)

건축물대장은 건축물에 대한 공법상의 규제, 지방세의 과세대상, 손실보상가액의 산정 등 건축행정의 기초자료로서 공법상의 법률관계에 영향을 미칠 뿐만 아니라, 건축물에 관한 소유권보존등기 또는 소유권이전등기를 신청하려면 이를 등기소에 제출하여야 하는 점 등을 종합해 보면, 건축물대장은 건축물의 소유권을 제대로 행사하기 위한 전제요건으로서 건축물 소유자의 실체적 권리관계에 밀접하게 관련되어 있으므로, 이러한 건축물대장을 직권 말소한 행위는 국민의 권리관계에 영향을 미치는 것으로서 항고소송의 대상이 되는 행정처분에 해당한다(대판 2010.5.27. 2008두22655).

11. 건축물대장작성신청의 반려행위의 처분성(긍정)

건축물대장의 작성은 건축물의 소유권을 제대로 행사하기 위한 전제요건으로서 건축물 소유자의 실체적 권리관계에 밀접하게 관련되어 있으므로 건축물대장 소관청의 작성신청 반려행위는 국민의 권리관계에 영향을 미치는 것으로서 항고소송의 대상이 되는 행정처분에 해당한다(대판 2009.2.12. 2007두17359). ⟨18. 서울 7급⟩

Winner's 공증의 처분성 인정 여부

구분	긍정	부정
토지대장	① 지적소관청의 토지분할신청 거부행위 ② 지적공부소관청의 지목변경신청 반려행위 ③ 토지면적등록 정정신청 반려행위	① 토지대장상 소유자 명의변경신청 거부행위
기타대장	④ 건축물대장의 용도변경신청 거부행위 ⑤ 건축물대장을 직권 말소한 행위 ⑥ 건축물대장 작성 신청 반려행위	② 건축물대장상 일정사항의 등재 또는 변경신청 거부 ③ 자동차운전면허대장상 일정한 사항을 등재하는 행위 ④ 무허가건물관리대장상 등재 또는 삭제행위

3. 통지

(1) 의의

특정인 또는 불특정 다수인에게 특정한 사실을 알리는 행위를 말한다.

(2) 구별

통지는 독립한 행정행위라는 점에서 이미 성립한 행정행위의 효력발생요건에 불과한 공포·교부 또는 송달과는 구별된다.

(3) 종류

관념의 통지에 불과한 것(예 특허출원공고, 귀화고시), 의사의 통지에 해당하는 것(예 사업인정의 고시·계고·독촉) 등이 있다.

(4) 효과

개별 법령이 정하는 효과가 부여된다. 통지에 일정한 법적 효과가 결부되지 않으면 단순한 사실행위에 불과할 뿐이고 행정행위로서의 통지라고는 할 수 없다. 따라서 통지를 독자적 행정행위로 분류하는 것에 의문을 가지는 견해도 있다(김남진).

1. 계고의 처분성(긍정)

계고는 준법률행위적 행정행위이며 대집행의 일련의 절차의 불가결의 일부이므로, 계고의 상대방은 계고 절차의 단계에서 그 취소를 구할 법률상 이익이 있다고 할 것이고, 계고는 행정소송법 소정의 처분에 포함된다(대판 1967.10.31. 66누25).

2. 정년퇴직 통보행위의 처분성(부정)

국가공무원법 제74조에 의하면 공무원이 소정의 정년에 달하면 그 사실에 대한 효과로서 공무담임권이 소멸되어 당연히 퇴직되고, 따로 그에 대한 행정처분이 행하여져야 비로소 퇴직되는 것은 아니라 할 것이며, 피고의 원고에 대한 정년퇴직발령은 정년퇴직사실을 알리는, 이른바 관념의 통지에 불과하므로 행정소송의 대상이 되지 아니한다(대판 1983.2.8. 81누263).

3. 당연퇴직 통보행위의 처분성(부정)

국가공무원법 제69조에 의하면 "공무원이 제33조 각 호의 1에 해당할 때에는 당연히 퇴직한다."고 규정하고 있으므로, 국가공무원법상 당연퇴직은 결격사유가 있을 때 법률상 당연히 퇴직하는 것이지, 공무원관계를 소멸시키기 위한 별도의 행정처분을 요하는 것이 아니며, 당연퇴직의 인사발령은 법률상 당연히 발생하는 퇴직사유를 공적으로 확인하여 알려주는, 이른바 관념의 통지에 불과하고 공무원의 신분을 상실시키는 새로운 형성적 행위가 아니므로, 행정소송의 대상이 되는 독립한 행정처분이라고 할 수 없다(대판 1995.11.14. 95누2036). 〈17. 서울 7급〉

4. 수리

(1) 의의

타인의 행위를 유효한 행위로 받아들이는 행위를 말한다(예 각종 신청서나 신고서의 수리, 행정심판청구서의 수리, 사직원서의 수리 등).

(2) 구별

수리는 수동적인 의사행위로서 법률행위에 해당한다는 점에서 단순한 사실행위에 불과한 도달이나 접수와는 구별된다.

Winner's 처분성 인정 여부 : 수리 (○), 접수 (×)

(3) 성질

수리하거나 수리를 거부하는 행위는 법적인 효과를 발생시키는 행정행위로서 행정쟁송의 대상이 된다. 다만, 본래적 의미의 신고를 수리하는 것은 법적 효과를 발생시키는 것이 아니므로 단순한 사실행위에 불과하고 여기서 말하는 수리행위는 아니다.

(4) 효과

개별법이 정하는 효과가 발생한다. 그 효과에는 사법(私法)적 효과(예 혼인의 효과 발생) 또는 공법적 효과(예 행정심판 심리·재결의무, 공무원관계 소멸 등)가 있다.

1. 수리를 필요로 하는 신고에서 신고행위가 무효이면 수리행위도 당연무효인지 여부(긍정)

장기요양기관의 폐업신고와 노인의료복지시설의 폐지신고는, 행정청이 관계 법령이 규정한 요건에 맞는지를 심사한 후 수리하는 이른바 '수리를 필요로 하는 신고'에 해당한다. 그러나 행정청이 그 신고를 수리하였다고 하더라도, 신고서 위조 등의 사유가 있어 신고행위 자체가 효력이 없다면, 그 수리행위는 유효한 대상이 없는 것으로서, 수리행위 자체에 중대·명백한 하자가 있는지를 따질 것도 없이 당연히 무효이다(대판 2018.6.12. 2018두33593).

2. 무효인 사업양도행위에 대하여 지위승계신고를 수리한 처분에 대해서 바로 무효확인을 구할 수 있는지 여부(긍정)

사업양도·양수에 따른 허가관청의 지위승계신고의 수리는 적법한 사업의 양도·양수가 있었음을 전제로 하는 것이므로 그 수리대상인 사업양도·양수가 존재하지 아니하거나 무효인 때에는 수리를 하였다 하더라도 그 수리는 유효한 대상이 없는 것으로서 당연히 무효라 할 것이고, 사업의 양도행위가 무효라고 주장하는 양도자는 민사쟁송으로 양도·양수행위의 무효를 구함이 없이 막바로 허가관청을 상대로 하여 행정소송으로 위 신고수리처분의 무효확인을 구할 법률상 이익이 있다(대판 2005.12.23. 2005두3554). 〈14. 사회복지 9급〉, 〈17. 국가 7급〉

제6절 행정행위의 부관(附款)

1 서설

1. 의의

'부관'이란 행정행위의 효과를 제한하기 위하여 주된 의사표시에 부과된 종된 의사표시로 보는 견해(협의설)가 종래 다수설이었으나, 오늘날 행정행위의 효과를 보충하거나 부가적 의무를 부여하는 것도 부관으로 파악하는 견해(광의설)가 일반적이다.

2. 구별

(1) 법정(法定)부관

① 의의: 행정행위의 효과의 제한이 직접 법규에 의해 규정되어 있는 것을 말한다(예 광업허가의 효력 발생이 등록을 조건으로 하는 것, 수렵면허에 법정기한이 붙어 있는 것, 자동차 검사의 유효기간이 법정되어 있는 것 등).

② 법적 성질: 법정부관은 부관이 아니라 법규 그 자체이다. 따라서 부관의 한계에 관한 일반원칙은 적용되지 않으며, 통제방식도 간접적 통제방식에 따른다. ⟨18. 지방 9급⟩

> 〈광업법〉 제28조(광업권설정) ① 광업출원인은 광업권설정의 허가통지서를 받으면 허가통지를 받은 날부터 60일 이내에 대통령령으로 정하는 바에 따라 등록세를 내고 산업통상자원부장관에게 등록을 신청하여야 한다.
> ② 제1항에 따른 등록을 신청하지 아니하면 허가는 효력을 상실한다.

보존음료수 제조업의 허가에 붙여진 전량수출 등 조건의 법적 성질(법정부관)

1) 식품제조영업허가기준이라는 고시는 공익상의 이유로 허가를 할 수 없는 영업의 종류를 지정할 권한을 부여한 구 식품위생법 제23조의3 제4호에 따라 보건사회부장관이 발한 것으로서, 실질적으로 법의 규정 내용을 보충하는 기능을 지니면서 그것과 결합하여 대외적으로 구속력이 있는 법규명령의 성질을 가진 것이다.

2) 고시에 정한 허가기준에 따라 보존음료수 제조업의 허가에 붙여진 전량수출 또는 주한외국인에 대한 판매에 한한다는 내용의 조건은 이른바 법정부관으로서 행정청의 의사에 기하여 붙여지는 본래의 의미에서의 행정행위의 부관은 아니므로, 이와 같은 법정부관에 대하여는 **행정행위에 부관을 붙일 수 있는 한계에 관한 일반적인 원칙이 적용되지는 않는다.**

3) 보존음료수의 국내판매를 금지함으로써 잠재적인 판매시장의 거의 대부분을 폐쇄한다는 것은 실질적으로 보존음료수 제조업의 허가를 전면적으로 허용하면서 그 허가의 요건을 한정하는 것(이는 직업선택의 자유를 제한하는 경우에 해당한다)에 못지않는 큰 제한으로서, **직업선택의 자유를 제한하는 것과 다를 바 없는 영업의 자유에 대한 중대한 제한**이고, 영업의 자유를 제한하는 내용에 있어서도 국내판매를 완전히 금지하여 어느 경우에도 예외를 인정하지 않고 있으므로, 그 제한의 정도가 절대적인 것이어서 직업의 자유를 심하게 제한하고 있다고 하지 않을 수 없다. … 보존음료수의 국내

판매와 수돗물에 대한 국민의 불안감 사이에 연관성이 있다고는 인정되지 아니하며 … 연관성이 있는 것으로 인정된다고 하더라도 … 정당한 것으로 볼 수 있을는지도 의문이고 … 필요하고도 적절한 방법이라고 할 수 없으므로 … 위 고시는 효력이 없다(대판 1994.3.8. 92누1728). 〈10. 국가 9급〉, 〈19. 국회 8급〉

(2) 행정행위의 내용적 제한
　① 의의: 영업구역을 설정하거나 영업시간을 제한하는 것은 행정행위의 내용 그 자체를 제한하는 것이므로 부관과 구별해야 한다는 견해가 있다.
　② 법적 성질: 법률효과의 일부배제로 파악하여 부관의 일종으로 보는 것이 일반적이다.

3. 기능

(1) 순기능

부관을 부가하면 구체적 상황에 따라 탄력적인 행정을 수행할 수 있다는 점에서 부관의 유용성이 있다(⑩ 상대방의 신청을 거부하는 것보다 제한적인 허가를 하는 것이 상대방에게 유리함). 〈18. 서울 9급〉

(2) 역기능

행정편의를 위해서 부관을 부가하게 되면 상대방에게 불이익을 주게 된다는 역기능이 있다(⑩ 반대급부 획득수단으로서의 과도한 부담).

2 부관의 종류

1. 조건

(1) 의의

행정행위의 효력의 발생 또는 소멸을 장래의 불확실한 사실의 발생 여부에 따르게 하는 행정청의 의사표시를 말한다.

(2) 종류

정지조건	일정한 조건이 성취되면 행정행위의 효력이 비로소 발생하는 조건을 말한다(⑩ 주차시설의 완비를 조건으로 하는 호텔영업허가).
해제조건	일정한 조건이 성취되면 행정행위의 효력이 당연상실되는 조건을 말한다(⑩ 일정기간 내에 공사에 착수할 것을 조건으로 하는 공유수면매립면허).

2. 기한

(1) 의의

행정행위의 효력의 발생 또는 소멸을 장래의 확실한 사실의 발생 여부에 따르게 하는 행정청의 의사표시를 말한다.

　Winner's　법적 성질 : 기간 (사건), 기한 (용태)

(2) 종류

① 발생시기에 따른 분류: 어떤 사실의 발생시기가 확실한 '확정기한', 불확실한 '불확정기한'이 있다.

Winner's 불확정 기한의 불확실성 : 도래 여부 (×), 도래시기(○)

② 효과에 따른 분류: 어떤 사실이 발생하면 행정행위가 효력을 발생하는 '시기'(始期)와 효력을 상실하는 '종기'(終期)가 있다.

(3) 종기의 효력

원칙	일반적으로 종기(終期)가 도래하면 행정행위의 효력은 소멸된다.
예외	① 장기계속성이 예정된 사업에 부당하게 짧은 기한이 붙은 경우에는 행정행위효력의 존속기간이 아니라 행정행위의 조건의 개정기간(갱신기간)으로 파악하는 것이 통설·판례이다(⑩ 10년 예정인 댐 건설을 위한 하천점용허가기간을 3년으로 한 것). 〈11. 국가 9급〉 ② 다만, 종기가 도래하기 전에 갱신신청을 하지 않았거나 기간을 연장하여 충분한 기간이 주어지면 행정행위의 효력이 소멸된다. 〈11. 지방 9급〉

1. 부당하게 짧은 기한이 붙은 경우 허가조건의 존속기간인지 여부(긍정)

행정행위인 허가 또는 특허에 붙인 조항으로서 종료의 기한을 정한 경우 종기인 기한에 관하여는 일률적으로 기한이 왔다고 하여 당연히 그 행정행위의 효력이 상실된다고 할 것이 아니고, 그 기한이 그 허가 또는 특허된 사업의 성질상 부당하게 짧은 기한을 정한 경우에 있어서는 그 기한은 그 허가 또는 특허의 조건의 존속기간을 정한 것이며, 그 기한이 도래함으로써 그 조건의 개정을 고려한다는 뜻으로 해석하여야 할 것이다. 종전의 허가가 기한의 도래로 실효한 이상 원고가 종전 허가의 유효기간이 지나서 신청한 이 사건 기간연장신청은 그에 대한 종전의 허가처분을 전제로 하여 단순히 그 유효기간을 연장하여 주는 행정처분을 구하는 것이라기 보다는 종전의 허가처분과는 별도의 새로운 허가를 내용으로 하는 행정처분을 구하는 것이라고 보아야 할 것이어서, 이러한 경우 허가권자는 이를 새로운 허가신청으로 보아 법의 관계규정에 의하여 허가요건의 적합 여부를 새로이 판단하여 그 허가 여부를 결정하여야 할 것이다(대판 1995.11.10. 94누11866). 〈17. 사회복지 9급〉, 〈18. 지방 9급〉

2. 기한연장으로 부당하지 않게 된 경우 허가의 존속기간인지 여부(긍정)

당초에 붙은 기한을 허가 자체의 존속기간이 아니라 허가조건의 존속기간으로 보더라도 그 후 당초의 기한이 상당 기간 연장되어 연장된 기간을 포함한 존속기간 전체를 기준으로 볼 경우 더 이상 허가된 사업의 성질상 부당하게 짧은 경우에 해당하지 않게 된 때에는 관계법령의 규정에 따라 허가 여부의 재량권을 가진 행정청으로서는 그때에도 허가조건의 개정만을 고려하여야 하는 것은 아니고 재량권의 행사로서 더 이상의 기간연장을 불허가할 수도 있는 것이며, 이로써 허가의 효력은 상실된다(대판 2004.3.25. 2003두12837). 〈21. 국가 9급〉

3. 사도개설허가의 공사기간이 경과한 경우 당연 실효여부(부정).

사도개설허가에는 본질적으로 사도를 개설하기 위한 토목공사 등 현실적인 도로개설공사가 따르기 마련이므로 허가를 하면서 공사기간을 특정하기도 하지만 사도개설허가는 사도를 개설할 수 있는 권한의 부여 자체에 주안점이 있는 것이지 공사기간의 제한에 주안점이 있는 것이 아닌 점등에 비추어 보면 이 사건 제1 처분에 명시된 공사기간은 변경된 허가권자인 보조참가인에 대하여 공사기간을 준수하여 공사를 마치도록 하는 의무를 부과하는 일종의 부담에 불과한 것이지, 사도개설허가 자체의 존속기간(즉, 유효기간)을 정한 것이라 볼 수 없고, 따라서 보조참가인이 이 사건 제1 처분의 사도개설허가에서 정해진 공사기간 내에 사도로 준공검사를 받지 못하였다 하더라도, 이를 이유로 행정관청이 새로운 행정처분을 하는 것은 별론으로 하고, 사도개설허가가 당연히 실효되는 것은 아니다(대판 2004.11.25. 2004두7023). 〈23. 국회 8급〉, 〈25. 국가 9급〉

3. 부담

(1) 의의

행정행위의 주된 내용에 부가하여 그 상대방에게 작위·부작위·급부·수인의무를 부여하는 행정청의 의사표시를 말한다(⑩ 영업허가를 하면서 일정한 시설의무를 부과하는 것).

국유지를 매입하도록 하는 부관이 부담인지 여부(긍정)
행정청이 도시환경정비사업 시행자에게 '무상양도되지 않는 구역 내 국유지를 착공신고 전까지 매입'하도록 한 부관을 붙여 사업시행인가를 하였으나 시행자가 국유지를 매수하지 않고 점용한 사안에서, 그 부관은 국유지에 관해 사업시행인가의 효력을 저지하는 조건이 아니라 작위의무를 부과하는 부담이다(대판 2008.11.27. 2007두24289).

(2) 법적 성질

① 독립성: 부담은 주된 행위의 일부가 아니라 그 자체가 독립된 하명으로서 행정행위의 성질을 가진다. 따라서 부담을 불이행한 경우에는 강제집행이 가능하다.

② 종속성: 부담도 부관의 일종으로서 행정행위의 효과를 제한하는 것은 아니지만 효과를 보충한다는 점에서 부관의 기능을 수행한다. 따라서 주된 행위가 실효되면 부담도 아울러 실효된다.

(3) 조건과의 구별

① 구별기준

정지조건과의 구별	정지조건은 조건의 성취에 의하여 주된 행위가 비로소 효력을 발생하는 것이나, 부담은 처음부터 주된 행위의 효력이 발생된다는 점에서 구별된다.
해제조건과의 구별	해제조건은 조건의 성취에 의하여 주된 행위의 효력이 당연히 상실되는 것이나, 부담은 부담상의 의무를 불이행한 경우에도 주된 행위가 당연 소멸되는 것이 아니고, 별도의 철회행위가 있어야 그 효력이 소멸된다는 점에서 구별된다.

② 구별이 불명확한 경우: 부담은 법령상 또는 실무상 조건으로 불리는 경우가 많으므로 그 내용이 강학상 조건인지 또는 부담인지가 불명확한 경우가 많다. 조건은 행정행위의 효력을 불안정한 상태에 둔다는 점에서 실무상 활용이 많이 되지 않고 상대방에게 불리한 면이 있으나, 부담은 처음부터 주된 행위가 효력을 발생한다는 점에서 국민에게 유리한 면이 있으므로, 구별이 불명확한 경우에는 상대방에게 유리한 부담으로 해석하는 것이 타당하다. 〈10. 국가 9급〉

Winner's 국민에게 유리한 효과 : 부담 (○), 조건 (×)

(4) 부담 불이행의 효과

부담상의 의무를 불이행한 경우에는 비례의 원칙상 먼저 부담 자체에 대하여 강제집행을 하거나 행정벌을 부과하여야 한다. 이로써 실효성을 확보할 수 없는 경우에는 비로소 주된 행위 자체를 철회하거나 후속처분을 거부할 수도 있다.

> **1. 부담을 불이행한 경우에 주된 행위를 철회할 수 있는지 여부(긍정)**
> 부담부 행정처분에 있어서 처분의 상대방이 부담(의무)을 이행하지 아니한 경우에 처분행정청으로서는 이를 들어 당해 처분을 취소(철회)할 수 있는 것이다(대판 1989.10.24. 89누2431).
>
> **2. 개간허가에 붙은 부관을 불이행한 경우 준공인가를 거부할 수 있는지 여부(긍정)**
> 개간허가의 준공인가는 개간공사에 의하여 조성된 토지상태가 개간허가 및 그 부대조건에 적법한가의 여부를 확인하는 일종의 확인행위이고, 개간허가를 받은 자는 준공인가 후 이를 대부받아 개간지상에 건물을 신축하여 사용할 수 있을 뿐만 아니라 수의계약에 의하여 이를 매수할 수 있는 지위를 얻게 되므로, 이러한 지위 내지 이익도 법률상으로 보호받아야 하므로 개간허가관청으로서는 개간허가기간 경과 후라 할지라도 허가기간 내의 개간공사로 인하여 조성된 토지상태가 개간허가의 용도에 적합하고 이에 부수하여 부과된 부관이 이행되었느냐를 검토·확인하여 준공인가를 할 것인가를 판단하여야 할 것이며, 단순히 개간허가기간이 경과되었다는 사유로 개간준공인가를 거부할 수 없다(대판 1985.2.8. 83누625).
>
> **3. 다른 행정청의 부담상 의무이행 요구의 처분성(부정)**
> 건설부장관이 공유수면매립면허를 함에 있어 그 면허조건에서 울산지방해운항만청이 울산항 항로 밑바닥에 쌓인 토사를 준설하여 당해 공유수면에 투기한 토량을 같은 해운항만청장이 산정 결정한 납입고지서에 의하여 납부하도록 정한 경우에 있어 건설부장관이 공유수면매립면허를 받은 자에게 부관으로 당해 공유수면에 이미 토사를 투기한 해운항만청장에게 그 대가를 지급하도록 한 조치에 대하여 별도의 법령상의 근거나 그 징수방법, 불복절차, 강제집행 등에 관한 규정이 없다면 이에 의해 같은 해운항만청장이 한 수토대금의 납부고지행위는 항만준설공사를 함에 있어 투기한 토사가 그 매립공사에 이용됨으로써 이득을 본다는 취지에서 준설공사비용의 범위 내에서 이를 회수하려는 조치로서 그 법적 성격 등에 비추어 볼 때 이를 가리켜 행정소송법 제2조 제1항 제1호 소정의 처분에 해당한다고 할 수 없다(대판 1992.1.21. 91누1264). 〈24. 국가 9급〉

(5) 부담권의 유보

'부담권의 유보'란 행정청이 행정행위를 발동하면서 부담의 사후적 추가·변경·보충의 권한을 미리 유보하여 두는 것을 말한다(⑩ 인근주민에 대한 소음공해가 불확실한 경우 사후에 방음벽 설치의무를 부가할 수 있음을 말해 두는 것). 그 법적 성질에 대해서는 논란이 있으나 철회권 유보의 일종으로 보기도 한다.

(6) 수정부담

'수정부담'이란 행정행위의 내용 자체를 수정·변경하는 것을 말한다(⑩ 2층 주택건축허가신청에 대하여 3층 주택건축허가를 하는 것, 甲이 A국으로부터 쇠고기 수입허가를 신청하였는데 B국으로부터의 쇠고기 수입부담부허가를 하는 것). 그 법적 성질에 대해서 논란이 있으나 부담으로 보기 보다는 수정허가로 보는 것이 일반적 견해이다. 〈17. 지방 9급〉

(7) 무효인 부담과 사법상 법률행위

부담과 사법상 법률행위는 서로 별개의 행위이므로 부담이 무효라 하더라도 그 이행행위로서 한 사법상 법률행위가 당연히 무효가 되는 것은 아니고, 취소사유에 불과한 것으로 본다.

> 1. 부담이 무효이거나 취소가 되면 부담의 이행행위인 법률행위는 당연무효인지 여부(부정)
>
> 행정처분에 부담인 부관을 붙인 경우 부관의 무효화에 의하여 본체인 행정처분 자체의 효력에도 영향이 있게 될 수는 있지만, 그 처분을 받은 사람이 부담의 이행으로 사법상 매매 등의 법률행위를 한 경우에는 그 부관은 특별한 사정이 없는 한 법률행위를 하게 된 동기 내지 연유로 작용하였을 뿐이므로 이는 법률행위의 취소사유가 될 수 있음은 별론으로 하고 그 법률행위 자체를 당연히 무효화하는 것은 아니다(대판 2009.6.25. 2006다18174). 〈14. 국회 8급〉, 〈17. 사회복지 9급〉
>
> 2. 부담의 이행으로서 한 사법상 매매는 부담을 붙인 행정처분과는 별개의 법률행위인지 여부(긍정)
>
> 행정처분에 붙은 부담인 부관이 제소기간의 도과로 확정되어 이미 불가쟁력이 생겼다면 그 하자가 중대하고 명백하여 당연 무효로 보아야 할 경우 외에는 누구나 그 효력을 부인할 수 없을 것이지만, 부담의 이행으로서 하게 된 사법상 매매 등의 법률행위는 부담을 붙인 행정처분과는 어디까지나 별개의 법률행위이므로 그 부담의 불가쟁력의 문제와는 별도로 법률행위가 사회질서 위반이나 강행규정에 위반되는지 여부 등을 따져보아 그 법률행위의 유효 여부를 판단하여야 한다(대판 2009.6.25. 2006다18174). 〈13. 국회 8급〉, 〈19. 국회 8급〉

4. 철회권의 유보

(1) 의의

행정행위의 주된 내용에 부가하여 일정한 경우에 그 행위를 철회할 수 있는 권한을 유보하는 행정청의 의사표시를 말한다.

(2) 해제조건과의 구별

철회권의 유보는 사후에 철회의 의사표시를 해야 처분의 효력이 소멸되나, 해제조건은 조건의 성취로 당연히 효력이 소멸된다는 점에서 구별된다.

(3) 철회권의 행사

철회권이 유보되어 있더라도 철회권의 행사는 항상 자유로운 것은 아니고 철회에 관한 일반원칙에 따라야 하므로 철회사유가 인정되어야 한다. 상대방에게 예측가능성을 부여하는 것이나, 신뢰보호원칙의 주장을 제한할 수 있다는 점에서 악용의 가능성도 배제할 수 없다. 〈11. 국가 9급〉

(4) 법정 철회사유 이외의 사유

법령에 명시되어 있는 철회사유 이외의 사유를 유보할 수 있을 것인지에 대해서 ㉠ 법치주의의 원칙상 부정하는 견해(소극설), ㉡ 주된 행정행위의 목적을 침해하지 않는 범위에서 가능하다는 견해(적극설)가 대립한다. 판례의 입장은 명확하지 않다.

1. 법정 철회사유 이외의 사유로 철회할 수 있는지 여부(부정하는 판례)

숙박업소에서 윤락행위를 알선 또는 조장하는 일이 없도록 하라는 명령·지시는 숙박업법에 그러한 명령이나 지시를 할 수 있는 법령상 근거가 없으므로 이 명령·지시를 가리켜 곧 숙박업법 제8조 소정의 영업허가의 취소사유로 삼을 수 없다(대판 1979.6.12. 79누28).

2. 법정 철회사유 이외의 사유로 철회할 수 있는지 여부(긍정하는 판례)

피고(○○ 세무서장)는 원고에게 1979. 9. 26. 주류판매업을 면허함에 있어서 주세법 제11조를 근거로 원고는 그 소속 가맹점 또는 지부에 한하여 주류를 중개하여야 한다고 그 사업범위를 제한하고 이 사업범위를 위반하였을 때에는 면허를 취소한다는 내용의 조건부 면허를 하였다는 것인바, 이는 행정행위의 부관 중 취소권(행정행위의 성립에 하자가 있어 이를 취소하는 경우가 아니라 유효하게 성립한 행정행위를 그 후에 발생한 새로운 사정에 의하여 취소, 즉 철회하는 경우)의 유보로서 그 취소사유는 법령에 그 규정이 있는 경우가 아니라고 하더라도 의무위반이 있는 경우, 사정변경이 있는 경우, 좁은 의미의 취소권이 유보된 경우 또는 중대한 공익상의 필요가 발생한 경우 등에는 당해 행정행위를 한 행정청은 그 행정처분을 취소할 수 있는 것이므로, … 반드시 취소권의 유보나 위임에 관한 특별규정이 있어야만 취소를 할 수 있다는 소론 논지는 독자적 견해에 불과하다(대판 1984.11.13. 84누269).

5. 법률효과의 일부배제

(1) 의의

행정행위의 주된 내용에 부가하여 그 법적 효과발생의 일부를 배제하는 행정청의 의사표시를 말한다(⑩ 격일제운행을 조건으로 하는 택시사업면허, 영업구역을 설정한 영업허가 등). 〈10. 국가 9급〉

매립지의 일부에 대한 국가귀속처분이 법률효과의 일부배제에 해당하는지 여부(긍정)

행정행위의 부관은 부담의 경우를 제외하고는 독립하여 행정소송의 대상이 될 수 없는 것인바, 행정청이 한 공유수면매립준공인가 중 매립지 일부에 대하여 한 국가귀속처분은 매립준공인가를 함에 있어서 매립의 면허를 받은 자의 매립지에 대한 소유권취득을 규정한 공유수면매립법 제14조의 효과 일부를 배제하는 부관을 붙인 것이므로 이러한 행정행위의 부관에 대하여는 독립하여 행정소송의 대상으로 삼을 수 없다(대판 1991.12.13. 90누8503). 〈19. 서울 7급〉, 〈19. 국회 8급〉

(2) 인정요건

법률효과의 일부배제는 법령상 규정되어 있는 효과를 일부배제하는 것이라는 점에서 관계법령에 명시적 근거가 있는 경우에만 허용된다.

3 부관의 한계

1. 부관의 가능성

어떤 행위에 부관을 붙일 수 있을 것인지의 문제를 말한다. 기속행위나 준법률행위적 행정행위는 법규에 기속되므로 부관을 붙일 수 없고, 재량행위나 법률행위적 행정행위는 붙일 수 있다는 것이 일반적 입장이다. 다만 기속행위라 하더라도 ㉠ 명문의 규정이 있거나, ㉡ 요건충족적 부관❶은 가능하다는 것이 일반적 견해이다. 「행정기본법」도 명문이 없는 한 재량행위만 가능한 것으로 규정하고 있다.

Winner's 부관의 가능성 : 기속행위와 준법률행위적 행정행위 (×), 재량행위와 법률행위적 행정행위 (○)

〈행정기본법〉 제17조(부관) ① 행정청은 처분에 재량이 있는 경우에는 부관(조건, 기한, 부담, 철회권의 유보 등을 말한다. 이하 이 조에서 같다)을 붙일 수 있다.
② 행정청은 처분에 재량이 없는 경우에는 법률에 근거가 있는 경우에 부관을 붙일 수 있다.

용어설명 ❶ 요건충족적 부관 : 요건을 결여한 경우에도 요건충족을 조건 또는 부담으로 하여 허가하는 것

1. 재량행위에 대한 부관의 가능성(긍정)

도시공원법 제6조 제2항에 의하여 공원관리청이 도시공원 또는 공원시설의 관리를 공원관리청이 아닌 자에게 위탁하면서 그 공원시설 등을 사용·수익할 권한까지 허용하고 있는 것은 상대방에게 권리나 이익을 부여하는 효과를 수반하는 수익적 행정행위로서 관계법령에 행정처분의 요건에 관하여 일의적으로 규정되어 있지 아니한 이상 관리청의 재량행위에 속하고, 이러한 재량행위에 있어서는 관계법령에 명시적인 금지규정이 없는 한 행정목적을 달성하기 위하여 부관을 붙일 수 있으며, 그 부관의 내용이 이행 가능하고 비례의 원칙 및 평등의 원칙에 적합하며 행정처분의 본질적 효력을 저해하지 아니하는 한도 내의 것인 이상 거기에 부관의 한계를 벗어난 위법이 있다고 할 수 없다(대판 1998.10.23. 97누164). 〈18. 지방 9급〉

2. 기속행위에 붙은 부관의 효력(무효)

일반적으로 기속행위나 기속적 재량행위에는 부관을 붙일 수 없는 것이고, 위 이사회소집승인행위가 기속행위 내지 기속적 재량행위에 해당함은 위에서 설시한 바에 비추어 분명하므로, 여기에는 부관을 붙이지 못한다 할 것이며, 가사 부관을 붙였다 하더라도 이는 무효의 것으로서 당초부터 부관이 붙지 아니한 소집승인행위가 있었던 것으로 보아야 할 것이다(대판 1988.4.27. 87누1106). 〈19. 국가 9급〉

3. 기속행위에 붙은 부담이 무효인 경우 행정처분의 효력에 영향이 있는지 여부(원칙적 긍정)

기속행위 내지 기속적 재량행위 행정처분에 부담인 부관을 붙인 경우 일반적으로 그 부관은 무효라 할 것이고 그 부관의 무효화에 의하여 본체인 행정처분 자체의 효력에도 영향이 있게 될 수는 있지만, 그러한 사유는 그 처분을 받은 사람이 그 부담의 이행으로서의 증여의 의사표시를 하게 된 동기 내지 연유로 작용하였을 뿐이므로 취소사유가 될 수 있음은 별론으로 하여도 그 의사표시 자체를 당연히 무효화하는 것은 아니다(대판 1998.12.22. 98다51305). 〈19. 국회 8급〉

4. 보조금 교부결정을 할 때 조건을 붙일 수 있는지 여부(긍정)

일반적으로 보조금 교부결정에 관해서는 행정청에 광범위한 재량이 부여되어 있고, 행정청은 보조금 교부결정을 할 때 법령과 예산에서 정하는 보조금의 교부 목적을 달성하는 데에 필요한 조건을 붙일 수 있다(대판 2021.2.4. 2020두48772). 〈22. 지방 7급〉

5. 법률행위적 행정행위인 매립준공인가에 부관이 가능한지 여부(긍정)

매립준공인가는 매립면허에 대한 단순한 확인행위가 아니며, 인가는 당사자의 법률적 행위를 보충하여 그 법률적 효력을 완성시키는 행정주체의 보충적 의사표시로서의 법률행위적 행정행위인 이상, 매립면허의 양도허가시 및 준공인가시 부관을 붙일 수 있다(대판 1975.8.29. 75누23).

2. 사후(事後)부관의 가능성

행정행위를 발동한 후에 부관을 붙일 수 있는지의 문제를 말한다. ① 상대방의 예측가능성을 침해하므로 부정하는 견해, ② 원칙은 부정하나, ㉠ 법령에 근거가 있는 경우, ㉡ 상대방의 동의가 있는 경우, ㉢ 부담이 유보되어 있는 경우에는 가능하다고 보는 견해(제한적 긍정설)가 대립한다. 제한적 긍정설이 통설, 판례이다. 다만 판례는 사정변경으로 인하여 당초의 목적을 달성할 수 없는 경우에도 인정한다는 점에서 지나친 확대라는 비판을 받고 있었으나, 오늘날 「행정기본법」은 사정변경의 경우에도 가능한 것으로 규정하고 있다. 〈11. 국가 9급〉, 〈23. 국가 7급〉

> **사정변경으로 부관의 사후변경이 가능한지 여부(긍정)**
> 행정처분에 이미 부담이 부가되어 있는 상태에서 그 의무의 범위 또는 내용 등을 변경하는 부관의 사후변경은, 법률에 명문의 규정이 있거나 그 변경이 미리 유보되어 있는 경우 또는 상대방의 동의가 있는 경우에 한하여 허용되는 것이 원칙이지만, 사정변경으로 인하여 당초에 부담을 부가한 목적을 달성할 수 없게 된 경우에도 그 목적달성에 필요한 범위 내에서 예외적으로 허용된다(대판 1997.5.30. 97누2627). 〈18. 서울 7급〉

Winner's 사정변경이 있는 경우 사후부관의 가능성 : 통설 (×), 판례 (○), 기본법 (○)

> 〈행정기본법〉 제17조(부관) ③ 행정청은 부관을 붙일 수 있는 처분이 다음 각 호의 어느 하나에 해당하는 경우에는 그 처분을 한 후에도 부관을 새로 붙이거나 종전의 부관을 변경할 수 있다.
> 1. 법률에 근거가 있는 경우
> 2. 당사자의 동의가 있는 경우
> 3. 사정이 변경되어 부관을 새로 붙이거나 종전의 부관을 변경하지 아니하면 해당 처분의 목적을 달성할 수 없다고 인정되는 경우

3. 부관의 일반적 한계

부관도 행정작용이므로 법령 또는 행정법의 일반원칙을 준수해야 한다. 또한 주된 행위가 추구하는 목적에 부합해야 하고, 명확하고 이행가능한 것이어야 한다.

> 〈행정기본법〉 제17조(부관) ④ 부관은 다음 각 호의 요건에 적합하여야 한다.
> 1. 해당 처분의 목적에 위배되지 아니할 것
> 2. 해당 처분과 실질적인 관련이 있을 것
> 3. 해당 처분의 목적을 달성하기 위하여 필요한 최소한의 범위일 것

> **1. 기선선망어업허가에 운반선 등 사용을 금지한 부관이 위법한지 여부(긍정)**
> 수산업법 제15조에 의하여 어업의 면허 또는 허가에 붙이는 부관은 그 성질상 허가된 어업의 본질적 효력을 해하지 않는 한도의 것이어야 하고, 허가된 어업의 내용 또는 효력 등에 대하여는 행정청이 임의로 제한 또는 조건을 붙일 수 없다고 보아야 할 것이며, 수산업법시행령 제14조의4 제3항의 규정 내용은 기선선망어업에는 그 어선규모의 대소를 가리지 않고 등선과 운반선을 갖출 수 있고 또 갖추어야 하는 것이라고 해석되므로, 기선선망어업의 허가를 하면서 운반선·등선 등 부속선을 사용할 수 없도록 제한한 부관은 그 어업허가의 목적달성을 사실상 어렵게 하여 그 본질적 효력

을 해하는 것일 뿐만 아니라 위 시행령의 규정에도 어긋나는 것이며, 더욱이 어업조정이나 기타 공익상 필요하다고 인정되는 사정이 없는 이상 위법한 것이다(대판 1990.4.27. 89누6808).

2. 부제소특약 부관의 효력(무효)

지방자치단체장이 도매시장법인의 대표이사에 대하여 위 지방자치단체장이 개설한 농수산물도매시장의 도매시장법인으로 다시 지정함에 있어서 그 지정조건으로 "지정기간 중이라도 개설자가 농수산물 유통정책의 방침에 따라 도매시장법인 이전 및 지정취소 또는 폐쇄 지시에도 일체 소송이나 손실보상을 청구할 수 없다"라는 부관을 붙였으나, 그 중 부제소특약에 관한 부분은 당사자가 임의로 처분할 수 없는 공법상의 권리관계를 대상으로 하여 사인의 국가에 대한 공권인 소권을 당사자의 합의로 포기하는 것으로서 허용될 수 없다(대판 1998.8.21. 98두8919). 〈17. 국회 8급〉, 〈19. 서울 9급〉

3. 위법한 부관을 사법상 계약의 형식으로 체결한 경우의 위법성(긍정)

공법상 제한을 회피할 목적으로 부가한 부관(위법) 공무원이 인·허가 등 수익적 행정처분을 하면서 상대방에게 그 처분과 관련하여 이른바 부관으로서 부담을 붙일 수 있다 하더라도, 그러한 부담은 법치주의와 사유재산 존중, 조세법률주의 등 헌법의 기본원리에 비추어 비례의 원칙이나 부당결부금지의 원칙에 위배되지 않아야만 적법한 것인바, 행정처분과 부관 사이에 실제적 관련성이 있다고 볼 수 없는 경우 공무원이 위와 같은 공법상의 제한을 회피할 목적으로 행정처분의 상대방과 사이에 사법상 계약을 체결하는 형식을 취하였다면 이는 법치행정의 원리에 반하는 것으로서 위법하다고 보지 않을 수 없다(대판 2010.1.28. 2007도9331). 〈14. 국가 9급〉

4 부관의 하자와 행정행위의 효력

1. 행정행위의 효력

부관의 하자가 무효이거나 취소된 경우에 본체인 행정행위의 효력이 어떻게 될 것인지의 문제이다. ① 행정행위도 무효가 된다는 견해(전부무효설), ② 부관만 무효가 된다는 견해(일부무효설), ③ 부관이 행정행위의 본질적 요소인 경우에만 행정행위가 무효가 된다는 견해(본질성설)가 대립한다. 본질성설이 통설이다.

2. 본질성의 판단

본질성의 판단기준에 대해서는 ① 행정청의 의사를 기준으로 행정청이 이러한 부관이 없었다면 그 행위를 하지 않았을 것이라고 인정되는 경우에 중요한 요소로 보는 견해(주관설), ② 행정청의 의사가 중요한 의미를 가지는 것이나, 관계법규의 취지나 그 행위의 성격·내용 등을 동시에 고려하여야 한다는 견해(객관설)가 대립한다. 객관설이 통설이고 판례도 같은 입장인 것으로 본다.

도로점용허가에 부과된 점용기간(본질적 요소)
도로점용허가의 점용기간은 행정행위의 본질적인 요소에 해당한다고 볼 것이어서 부관인 점용기간을 정함에 있어서 위법사유가 있다면 이로써 도로점용허가 처분 전부가 위법하게 된다(대판 1985.7.9. 84누604). 〈18. 서울 7급〉

5 위법한 부관에 대한 쟁송

1. 부관의 독립쟁송가능성

부관에 하자가 있을 때 부관부 행정행위 전체를 다투는 것은 당연히 가능하지만, 부관만을 독립하여 취소소송의 대상으로 다투는 것이 가능한지의 문제이다. 부관 중에서 부담은 독립성을 가지므로 가능하다는 견해가 다수설과 판례이다.

> **1. 부담은 독립하여 쟁송을 제기하는 것이 가능한지 여부(긍정)**
> 행정행위의 부관은 행정행위의 일반적인 효력이나 효과를 제한하기 위하여 의사표시의 주된 내용에 부가되는 종된 의사표시이지 그 자체로서 직접 법적 효과를 발생하는 독립된 처분이 아니므로, 현행 행정쟁송제도 아래서는 부관 그 자체만을 독립된 쟁송의 대상으로 할 수 없는 것이 원칙이나, 행정행위의 부관 중에서도 행정행위에 부수하여 그 행정행위의 상대방에게 일정한 의무를 부과하는 행정청의 의사표시인 부담의 경우에는 다른 부관과는 달리 행정행위의 불가분적인 요소가 아니고 그 존속이 본체인 행정행위의 존재를 전제로 하는 것일 뿐이므로, 부담 그 자체로서 행정쟁송의 대상이 될 수 있다 (대판 1992.1.21. 91누1264). 〈11. 국가 9급〉, 〈18. 지방 9급〉
>
> **2. 어업면허에 붙은 유효기간만의 취소를 구하는 청구가 가능한지 여부(부정)**
> 어업면허처분을 함에 있어 그 면허의 유효기간을 1년으로 정한 경우 … 위 어업면허처분 중 그 면허유효기간만의 취소를 구하는 청구는 허용될 수 없다(대판 1986.8.19. 86누202).

Winner's 독립쟁송가능성 : 부담 (○), 다른 부관 (×)

2. 부관의 독립취소가능성

본안심리의 결과 부관이 위법한 것으로 판명되면 부관만을 독립해서 취소할 수 있는지의 문제를 말한다. 학설이 대립하나 기속행위인 경우에는 부관을 붙일 수 없으므로 기속행위만 독립취소가 가능하다는 견해가 우세하다. 다만 판례는 독립취소를 부정하는 경향인 것으로 본다.

> **점용기간에 위법사유가 있으면 도로점용허가 전체가 위법한지 여부(긍정)**
> 도로점용허가의 점용기간은 행정행위의 본질적인요소에 해당한다고 볼 것이어서, 부관인 점용기간을 정함에 있어서 위법사유가 있다면 이로써 도로점용허가처분 전부가 위법하게 된다고 할 것이다(대판 1985.7.9. 84누604).

3. 쟁송 형태

부담은 독립해서 쟁송의 대상이 될 수 있으므로 부담만 취소하는 진정일부취소소송이 허용된다고 본다. 그러나 부담 이외의 부관은 부관부 행정행위 전체를 대상으로 부관만의 취소를 구하는 부진정일부취소소송의 형태가 되는데, 학설은 인정하나, 판례는 부정하는 경향으로 파악된다. 〈10. 국가 9급〉

4. 위법성 판단시기

부관은 행정청이 일방적으로 부가하거나 협약의 형식으로 미리 정한 다음 부가할 수도 있다. 협약의 위법 여부는 처분 당시를 기준으로 판단하는 것이 원칙이다.

1. 부담의 내용을 협약의 형식으로 미리 정한 다음 부가할 수 있는지 여부(긍정)

수익적 행정처분에 있어서는 법령에 특별한 근거규정이 없다고 하더라도 그 부관으로서 부담을 붙일 수 있고, 그와 같은 부담은 행정청이 행정처분을 하면서 일방적으로 부가할 수도 있지만 부담을 부가하기 이전에 상대방과 협의하여 부담의 내용을 협약의 형식으로 미리 정한 다음 행정처분을 하면서 이를 부가할 수도 있다(대판 2009.2.12. 2005다65500). 〈14. 지방 9급〉, 〈18. 서울 7급〉

2. 법령의 개정으로 더 이상 부관을 붙일 수 없게 된 경우 부관이 곧바로 위법한 것인지 여부(부정)

행정청이 수익적 행정처분을 하면서 부가한 부담의 위법 여부는 처분 당시 법령을 기준으로 판단하여야 하고, 부담이 처분 당시 법령을 기준으로 적법하다면 처분 후 부담의 전제가 된 주된 행정처분의 근거법령이 개정됨으로써 행정청이 더 이상 부관을 붙일 수 없게 되었다 하더라도 곧바로 위법하게 되거나 그 효력이 소멸하게 되는 것은 아니다.·따라서 행정처분의 상대방이 수익적 행정처분을 얻기 위하여 행정청과 사이에 행정처분에 부가할 부담에 관한 협약을 체결하고 행정청이 수익적 행정처분을 하면서 협약상의 의무를 부담으로 부가하였으나 부담의 전제가 된 주된 행정처분의 근거법령이 개정됨으로써 행정청이 더 이상 부관을 붙일 수 없게 된 경우에도 곧바로 협약의 효력이 소멸하는 것은 아니다(대판 2009.2.12. 2005다65500). 〈14·17. 국가 9급〉

| 제7절 | 행정행위의 성립요건과 효력요건 |

1 행정행위의 성립요건

1. 내부적 성립요건

(1) 주체에 관한 요건

행정행위는 정당한 권한이 있는 자가 그 권한의 범위 내에서 정상적인 의사에 따른 것이어야 한다. 합의제가 정당하게 구성되지 않거나 사기나 강박, 증수뢰(贈受賂)에 따른 의사표시는 주체상의 요건을 결여한 것으로 본다.

> **한국방송공사 사장의 임명권자인 대통령에게 해임권한이 있는지 여부(긍정)**
> 한국방송공사의 설치·운영에 관한 사항을 정하고 있는 방송법은 제50조 제2항에서 "사장은 이사회의 제청으로 대통령이 임명한다."고 규정하고 있는데, 한국방송공사 사장에 대한 해임에 관하여는 명시적 규정을 두고 있지 않다. 그러나 감사원은 한국방송공사에 대한 외부감사를 실시하고(방송법 제63조 제3항), 임용권자 또는 임용제청권자에게 임원 등의 해임을 요구할 수 있는데(감사원법 제32조 제9항) 이는 대통령에게 한국방송공사 사장 해임권한이 있음을 전제로 한 것으로 볼 수 있는 점, 방송법 제정으로 폐지된 구 한국방송공사법(2000. 1. 12. 법률 제6139호 방송법 부칙 제2조 제3호로 폐지) 제15조 제1항은 대통령이 한국방송공사 사장을 '임면'하도록 규정되어 있었고, 방송법 제정으로 대통령의 해임권을 제한하기 위해 '임명'이라는 용어를 사용하였다면 해임 제한에 관한 규정을 따로 두어 이를 명확히 할 수 있었을 텐데도 방송법에 한국방송공사 사장의 해임 제한 등 신분보장에 관한 규정이 없는 점 등에 비추어, 방송법에서 '임면' 대신 '임명'이라는 용어를 사용한 입법 취지가 대통령의 해임권을 배제하기 위한 것으로 보기 어려운 점 등 방송법의 입법 경과와 연혁, 다른 법률과의 관계, 입법 형식 등을 종합하면, 한국방송공사 사장의 임명권자인 대통령에게 해임권한도 있다고 보는 것이 타당하다 (대판 2012.2.23. 2011두5001). 〈18. 국회 8급〉

(2) 내용에 관한 요건

행정행위는 적법하고 타당해야 하며, 명확하고 실현가능성이 있어야 한다.

(3) 절차에 관한 요건

행정행위는 성문법 또는 불문법상의 절차를 거쳐야 한다(에 사전통지, 청문절차 등).

(4) 형식에 관한 요건

행정행위는 관계법상 일정한 형식을 갖추어야 하는 경우가 있다(에 문서·구술 등). 「행정절차법」은 서면으로 할 것을 원칙으로 하고 있다.

2. 외부적 성립요건

행정행위는 내부적으로 결정된 의사(에 기관장의 결재)를 공식적으로 외부에 표시해야 성립한다 (김동희). 행정행위가 성립한 후에는 상대방에 도달되지 않더라도 행정청은 정당한 사유 없이 이를 취소, 철회할 수 없다. 〈21. 국가 9급〉

2 행정행위의 효력발생요건

1. 의의

행정행위는 법규나 부관에 의한 제한이 있는 경우를 제외하고는 성립과 동시에 효력을 발생하는 것이 원칙이다. 다만, 상대방 있는 행정행위는 그 상대방에게 통지하고 도달해야 효력을 발생한다. '도달'이란 상대방이 알 수 있는 상태를 의미한다. 불특정 다수인 또는 특정인의 주소가 불명확한 경우에는 공고하고 특별한 규정이 없는 한 14일이 경과하면 효력을 발생한다.

1. 환지예정지 지정처분의 통지가 필요한지 여부(긍정)

환지예정지 지정처분은 상대방 있는 행정처분이므로 관계 토지소유자에게 이를 통지함으로써 그 효력이 생긴다(대판 1962.5.17. 62누10).

2. 공단의 인터넷 홈페이지에 게시한 장해등급결정의 효력발생여부(부정)

상대방 있는 행정처분은 특별한 규정이 없는 한 의사표시에 관한 일반법리에 따라 상대방에게 고지되어야 효력이 발생하고, 상대방 있는 행정처분이 상대방에게 고지되지 아니한 경우에는 상대방이 다른 경로를 통해 행정처분의 내용을 알게 되었다고 하더라도 행정처분의 효력이 발생한다고 볼 수 없다(대판 2019.8.9. 2019두38656).

3. 내부전산망에만 입력한 경우 처분의 성립여부(부정)

법무부장관이 갑의 입국을 금지하는 결정을 하고, 그 정보를 내부전산망인 '출입국관리정보시스템'에 입력하였으나, 갑에게는 통보하지 않은 사안에서, 행정청이 행정의사를 외부에 표시하여 행정청이 자유롭게 취소·철회할 수 없는 구속을 받기 전에는 '처분'이 성립하지 않는다(대판 2019.7.11. 2017두38874). 〈21. 군무원 9급〉

4. 보통우편에 의한 송달은 도달이 추정되는지 여부(부정)

내용증명우편이나 등기우편과는 달리, 보통우편의 방법으로 발송되었다는 사실만으로는 그 우편물이 상당기간 내에 도달하였다고 추정할 수 없고 송달의 효력을 주장하는 측에서 증거에 의하여 도달사실을 입증하여야 한다(대판 2002.7.26. 2000다25002). 〈17. 서울 9급〉, 〈18. 국가 9급〉

Winner's 도달추정 : 보통우편 (×), 등기우편 (○), 내용증명 (○)

5. 처분의 효력발생요건으로서 통지는 상대방이 인식할 수 있는 상태에 두면 충분한지 여부(긍정)

문화재보호법 제13조 제2항 소정의 중요문화재 가지정의 효력발생요건인 통지는 행정처분을 상대방에게 표시하는 것으로서 상대방이 인식할 수 있는 상태에 둠으로써 족하고, 객관적으로 보아서 행정처분으로 인식할 수 있도록 고지하면 되는 것이다(대판 2003.7.22. 2003두513). 〈18. 국가 9급〉

6. 상대방이 처분의 존재를 인식할 수 있었으면 송달의 하자가 치유되는지 여부(부정)

납세고지서의 송달이 부적법하면 그 부과처분은 효력이 발생할 수 없고, 또한 송달이 부적법하여 송달의 효력이 발생하지 아니하는 이상 상대방이 객관적으로 위 부과처분의 존재를 인식할 수 있었다 하더라도 그와 같은 사실로써 송달의 하자가 치유된다고 볼 수 없다(대판 1988.3.22. 87누986). 〈24. 소방〉

7. 수령권한의 위임의 상대방이 반드시 종업원 등이어야 하는지 여부(부정)

과세처분의 상대방인 납세의무자 등 서류의 송달을 받을 자가 다른 사람에게 우편물 기타 서류의 수령권한을 명시적 또는 묵시적으로 위임한 경우에는 그 수임자가 해당 서류를 수령함으로써 그 송달받을 자 본인에게 해당 서류가 적법하게 송달된 것으로 보아야 하고, 그러한 수령권한을 위임받은 자는 반드시 위임인의 종업원이거나 동거인일 필요가 없다(대판 2000.7.4. 2000두1164).

8. 납세자가 과세처분의 내용을 이미 알고 있는 경우에도 송달할 필요가 있는지 여부(긍정)

납세고지서의 교부송달 및 우편송달에 있어서는 반드시 납세의무자 또는 그와 일정한 관계에 있는 사람의 현실적인 수령행위를 전제로 하고 있다고 보아야 하며, 납세자가 과세처분의 내용을 이미 알고 있는 경우에도 납세고지서의 송달이 불필요하다고 할 수는 없다(대판 2004.4.9. 2003두13908). 〈13. 지방 9급〉, 〈14. 지방 7급〉

9. 유족에 대한 서훈취소의 통지가 효력발생요건인지 여부(부정)

헌법 제11조 제3항과 구 상훈법(2011. 8. 4. 법률 제10985호로 개정되기 전의 것, 이하 같다) 제2조, 제33조, 제34조, 제39조의 규정 취지에 의하면, 서훈은 서훈대상자의 특별한 공적에 의하여 수여되는 고도의 일신전속적 성격을 가지는 것이다. … 서훈은 어디까지나 서훈대상자 본인의 공적과 영예를 기리기 위한 것이므로 비록 유족이라고 하더라도 제3자는 서훈수여 처분의 상대방이 될 수 없고, 구 상훈법 제33조, 제34조 등에 따라 망인을 대신하여 단지 사실행위로서 훈장 등을 교부받거나 보관할 수 있는 지위에 있을 뿐이다. 이러한 서훈의 일신전속적 성격은 서훈취소의 경우에도 마찬가지이므로, 망인에게 수여된 서훈의 취소에서도 유족은 그 처분의 상대방이 되는 것이 아니다. 이와 같이 망인에 대한 서훈취소는 유족에 대한 것이 아니므로 유족에 대한 통지에 의해서만 성립하여 효력이 발생한다고 볼 수 없고, 그 결정이 처분권자의 의사에 따라 상당한 방법으로 대외적으로 표시됨으로써 행정행위로서 성립하여 효력이 발생한다고 봄이 타당하다(대판 2014.9.26. 2013두2518). 〈17. 지방 9급〉, 〈23. 국가 9급〉

10. 상대방의 부당한 등기우편 수취를 거부한 경우의 효력발생시기(수취 거부 시)

상대방이 부당하게 등기취급 우편물의 수취를 거부함으로써 우편물의 내용을 알 수 있는 객관적 상태의 형성을 방해한 경우 그러한 상태가 형성되지 아니하였다는 사정만으로 발송인의 의사표시의 효력을 부정하는 것은 신의성실의 원칙에 반하므로 허용되지 아니한다. 이러한 경우에는 부당한 수취 거부가 없었더라면 상대방이 우편물의 내용을 알 수 있는 객관적 상태에 놓일 수 있었던 때, 즉 수취 거부 시에 의사표시의 효력이 생긴 것으로 보아야 한다(대판 2020.8.20. 2019두34630).

11. 가축사육 제한구역의 지형도면을 반드시 고시문에 수록하여야 하는지 여부(부정)

가축사육 제한구역으로 지정하여 토지이용규제 기본법에서 정한 바에 따라 지형도면을 작성·고시하여야 하고, 이러한 지형도면 작성·고시 전에는 가축사육 제한구역 지정의 효력이 발생하지 아니한다. … 한편 관보나 공보는 B5(182mm×257mm) 또는 A4(210mm×297mm) 규격으로 제작되어 지형도면을 그대로 수록하기가 어렵고, 만일 이를 축소하여 관보·공보에 수록하게 한다면 지형도면의 축척을 일정 비율로 규정한 취지가 무의미해지는 점 … 등을 아울러 감안하면, 토지이용규제법 제8조에 따라 행정청이 지역·지구 등 지정에 따른 지형도면을 작성하여 일정한 장소에 비치한 사실을 관보·공보에 고시하고 그와 동시에 지형도면을 그 장소에 비치하여 일반인이 직접 열람할 수 있는 상태에 놓아두었다면 이로써 지형도면 고시가 적법하게 이루어진 것이라고 보는 것이 옳다(대판 2020.12.24. 2020두46769).

12. 효력발생시기를 명시하여 고시한 처분의 효력은 명시된 시점에서 발생하는지 여부(긍정)

정보통신윤리위원회가 특정 인터넷 웹사이트를 청소년유해매체물로 결정하고 청소년보호위원회가 효력발생시기를 명시하여 고시함으로써 그 명시된 시점에 효력이 발생하였다고 봄이 상당하고, 정보통신윤리위원회와 청소년보호위원회가 위 처분이 있었음을 위 웹사이트 운영자에게 제대로 통지하지 아니하였다고 하여 그 효력 자체가 발생하지 아니한 것으로 볼 수는 없다(대판 2007.6.14. 2004두619). 〈18. 국가 9급〉

13. 운전면허 취소사실의 통지에 갈음한 공고로서 효력을 발생하는지 여부(긍정)

면허증에 그 유효기간과 적성검사를 받지 아니하면 면허가 취소된다는 사실이 기재되어 있고, 이미 적성검사 미필로 면허가 취소된 전력이 있는데도 면허증에 기재된 유효기간이 5년 이상 지나도록 적성검사를 받지 아니한 채 자동차를 운전하였다면 비록 적성검사 미필로 인한 운전면허 취소사실이 통지되지 아니하고 공고되었다 하더라도 면허취소사실을 알고 있었다고 보아야 하므로 무면허운전죄가 성립한다(대판 2002.10.22. 2002도4203).

2. 송달의 방법

송달❶은 우편, 교부, 정보통신망의 방법으로 하되, 송달받을 자의 주소를 통상적인 방법으로 확인할 수 없거나 송달이 불가능한 경우에는 공고에 의한다.

용어설명 ❶ 송달 : 공문서 등을 일정한 방식에 따라 당사자나 소송 관계인에게 보내는 일

제8절 / 행정행위의 효력

1 구속력

행정행위가 그 내용에 따라 일정한 법적 효과를 발생하고 그에 따라 관계 행정청 및 상대방과 관계인을 구속하는 실체법상의 효력이다(⑩ 하명으로 상대방에게 의무가 부여되는 것, 허가로 자유가 회복되는 것).

2 공정력(公定力)

1. 의의

행정행위에 성립상의 하자가 있어서 위법한 경우에도, 그 하자가 중대하고 명백하여 무효로 인정되는 경우를 제외하고는, 권한 있는 기관에 의하여 취소되기 전까지는 일단 유효인 것으로 통용되는 효력이다. 구속력을 잠정적으로 승인시키는 절차적 효력에 불과하다.

> **공정력이 인정되더라도 상대방은 행정처분의 위법을 주장할 수 있는지 여부(긍정)**
> 행정행위의 공정력이라 함은 행정행위에 하자가 있더라도 당연무효가 아닌 한 권한 있는 기관에 의하여 취소될 때까지는 잠정적으로 유효한 것으로 통용되는 효력에 지나지 아니한 것이므로 행정행위가 취소되지 아니하여 공정력이 인정된다고 하더라도 그 상대방이나 이해관계인은 언제든지 그 행정행위가 위법한 것임을 주장할 수 있다(대판 1993.11.9. 93누14271).

Winner's 공정력의 본질 : 적법성 추정 (×), 유효성 추정 (○)

2. 인정근거

(1) 이론적 근거

자기확인설	행정행위는 그 자체로 권위를 가지고 있으므로 적법성의 추정을 받는다는 견해이다.
국가권위설	행정행위는 행정청이 우월적 지위에서 행하는 국가행위이므로 적법성이 추정된다는 견해이다.
취소소송의 배타적 관할의 반사적 효과설	행정행위의 효력을 부인할 수 있는 권한은 취소법원만 가지고 있으므로 그 반사적 효과로서 공정력이 발생한다는 견해이다. 그러나 취소소송은 공정력을 배제하기 위한 것이라는 점에서 역전된 논리라는 문제가 있다.
행정정책설(=법적 안정성설, 다수설)	공정력은 행정의 실효성 확보와 법적 안정성, 신뢰보호의 관점에서 인정된 정책적 효력이라고 보는 견해이다.

(2) 실정법적 근거

「행정기본법」은 공정력을 명시적으로 인정하고 있다. 개별법상 취소규정은 위법한 행위이나 일단 유효한 행위를 무효로 하는 것이므로 공정력의 간접적 근거가 될 수 있다. 다만, 적법한 행위를 대상으로 효력을 소멸시키는 철회규정은 그 근거가 될 수 없다.

> **〈행정기본법〉 제15조(처분의 효력)** 처분은 권한이 있는 기관이 취소 또는 철회하거나 기간의 경과 등으로 소멸되기 전까지는 유효한 것으로 통용된다. 다만, 무효인 처분은 처음부터 그 효력이 발생하지 아니한다.

Winner's 공정력의 간접적 근거 : 취소 규정 (○), 철회 규정 (×)

3. 한계

(1) 무효인 행정행위

행정행위의 하자의 정도가 중대하고 명백하여 무효인 경우에도 공정력을 인정하게 되면 행정목적만을 지나치게 중요시하는 것이 되기 때문에 무효인 행위에는 공정력이 미치지 않는다.

(2) 입증책임

공정력의 본질은 적법성 추정이 아니라 유효성 추정에 불과하기 때문에 소송에서의 입증책임에는 미치지 않는다. 따라서 「민사소송법」상 일반원칙인 법률요건분류설에 따른다.

4. 객관적 범위와 선결(先決)문제

(1) 문제점

공정력의 객관적 범위는 민사법원 등의 선결문제 판단권의 범위와 밀접한 관계가 있다. 선결문제란 민사법원이나 형사법원에서 행정행위의 유효 여부나 적법 여부가 재판의 전제가 된 경우에 수소(受訴)법원❶이 어디까지 심리·판단할 수 있는지에 관한 문제로서, 법률요건의 해석문제라고 볼 수 있다.

> **〈행정소송법〉 제11조(선결문제)** ① 처분 등의 효력 유무 또는 존재 여부가 민사소송의 선결문제로 되어 당해 민사소송의 수소법원이 이를 심리·판단하는 경우에는 제17조, 제25조, 제26조 및 제33조의 규정을 준용한다.

용어설명 ❶ 수소(受訴)법원 : 특정사건에 대하여 소송이 제기되어 재판이 진행 중인 법원. 앞으로 제기될 예정이거나, 과거에 계속되어 있었던 법원을 포함

Winner's 선결문제 규정내용 : 효력 유무 (○), 존재 여부 (○), 위법 여부 (×)

(2) 민사법원의 경우

① 효력 유무가 선결문제인 경우(부당이득반환청구소송): 공행정작용을 원인으로 한 부당이득반환청구소송을 민사법원에 제기한 경우에 수소(受訴)법원이 반환을 인정하기 위해서는 먼저 부당이득이 성립해야 하고, 부당이득이 성립하기 위해서는 법률상 원인이 없어야 하므로 원인되는 행정행위가 무효이거나 취소된 경우에 비로소 가능하다. 따라서 부당이득반환청구소송은 행정행위의 효력 유무가 선결문제가 된다. 〈11. 지방 9급〉

> **〈민법〉 제741조(부당이득의 내용)** 법률상 원인 없이 타인의 재산 또는 노무로 인하여 이익을 얻고 이로 인하여 타인에게 손해를 가한 자는 그 이익을 반환하여야 한다.

무효 또는 부존재인 경우	공정력이 없으므로 민사법원 스스로 행정행위가 무효임을 전제로 하여 본안판결을 할 수 있다.
취소사유에 그치는 경우	공정력이 있으므로 권한 있는 기관이 취소하기 전까지는 민사법원 스스로 그 행정행위가 무효임을 전제로 하여 본안판결을 할 수는 없다.

---

1. 행정처분이 무효임을 전제로 하는 민사소송에서 법원 스스로 무효임을 인정할 수있는지 여부(긍정)

국세 등의 부과 및 징수처분과 같은 행정처분이 당연무효임을 전제로 하여 민사소송을 제기한 때에는 그 행정처분이 당연무효인지의 여부가 선결문제이므로, 법원은 이를 심사하여 그 행정처분의 하자가 중대하고도 명백하여 당연무효라고 인정될 경우에는 이를 전제로 하여 판단할 수 있으나, 그 하자가 단순한 취소사유에 그칠 때에는 법원은 그 효력을 부인할 수 없다(대판 1973.7.10. 70다1439). 〈18. 국회 8급〉, 〈19. 지방 9급〉

2. 수용재결이 취소되기 전에 부당이득반환청구가 가능한지 여부(부정)

수용재결이 있은 후에 수용대상 토지에 숨은 하자가 발견되는 때에는 불복기간이 경과되지 아니한 경우라면 공평의 견지에서 기업자는 그 하자를 이유로 재결에 대한 이의를 거쳐 손실보상금의 감액을 내세워 행정소송을 제기할 수 있다고 보는 것이 상당하나, 이러한 불복절차를 취하지 않음으로써 그 재결에 대하여 더 이상 다툴 수 없게 된 경우에는 기업자는 그 재결이 당연무효이거나 취소되지 않는 한 재결에서 정한 손실보상금의 산정에 있어서 위 하자가 반영되지 않았다는 이유로 민사소송절차로 토지소유자에게 부당이득의 반환을 구할 수는 없다(대판 2001.1.16. 98다58511).

3. 부당이득반환청구가 인용되기 위해서 취소판결이 확정될 필요가 있는지 여부(부정)

취소소송에 병합할 수 있는 당해 처분과 관련되는 부당이득반환소송에는 당해 처분의 취소를 선결문제로 하는 부당이득반환청구가 포함되고, 이러한 부당이득반환청구가 인용되기 위해서는 그 소송절차에서 판결에 의해 당해 처분이 취소되면 충분하고 그 처분의 취소가 확정되어야 하는 것은 아니라고 보아야 한다(대판 2009.4.9. 2008두23153). 〈15. 서울 7급〉, 〈18. 국가 7급〉

② **위법 여부가 선결문제인 경우(국가배상청구소송)**: 국가를 상대로 한 손해배상청구가 민사법원에 제기된 경우 수소법원이 국가의 배상책임을 인정하기 위해서는 먼저 공무원의 행위가 위법해야 하므로 국가배상청구소송은 행정행위의 위법 여부가 선결문제가 된다. 이때 민사법원이 행정행위의 위법 여부를 스스로 심사할 수 있는지 여부에 대해서 학설이 대립한다. 〈11. 지방 9급〉

〈**국가배상법**〉 **제2조(배상책임)** ① 국가나 지방자치단체는 공무원 또는 공무를 위탁받은 사인(이하 '공무원'이라 한다)이 직무를 집행하면서 고의 또는 과실로 법령을 위반하여 타인에게 손해를 입히거나, 「자동차손해배상 보장법」에 따라 손해배상의 책임이 있을 때에는 이 법에 따라 그 손해를 배상하여야 한다. 다만, 군인·군무원·경찰공무원 또는 예비군대원이 전투·훈련 등 직무 집행과 관련하여 전사(戰死)·순직(殉職)하거나 공상(公傷)을 입은 경우에 본인이나 그 유족이 다른 법령에 따라 재해보상금·유족연금·상이연금 등의 보상을 지급받을 수 있을 때에는 이 법 및 「민법」에 따른 손해배상을 청구할 수 없다.

소극설	① 내용: 공정력은 적법성을 추정하므로 민사법원 스스로 행정행위의 위법 여부를 심리·판단할 수 없다는 견해이다. ② 논거 • 「행정소송법」은 위법 여부가 선결문제가 된 경우에 판단할 수 있다는 규정이 없다. • 취소법원에만 처분을 취소할 수 있는 배타적 관할권이 있다.
적극설 (통설·판례)	① 내용: 공정력은 유효성을 추정함에 그치므로 민사법원 스스로 위법 여부를 심리·판단할 수 있다는 견해이다. ② 논거 • 「행정소송법」상 선결문제 규정을 예시적으로 파악하여 위법 여부에 대해서도 유추적용할 수 있다. • 국가배상소송은 행정행위의 위법 여부만 판단하면 되는 것이고 그 효력을 부인할 필요는 없다는 점에서 취소소송의 배타적 관할권과는 무관하다.

국가배상을 청구하기 위하여 미리 취소판결이 있어야만 하는지 여부(부정)

위법한 행정대집행이 완료되면 그 처분의 무효확인 또는 취소를 구할 소(訴)의 이익은 없다 하더라도, 미리 그 행정처분의 취소판결이 있어야만 그 행정처분의 위법임을 이유로 한 손해배상청구를 할 수 있는 것은 아니다(대판 1972.4.28. 72다337). 〈13·19. 국가 9급〉

Winner's 선결문제의 판단

효력유무	무효사유	공정력 × → 수소법원 스스로 무효 판단 ○
	취소사유	공정력 ○ → 수소법원 스스로 무효 판단 ×
위법여부	적극설(통,판)	공정력은 유효성 추정 → 수소법원 스스로 판단 ○
	소극설	공정력은 적법성 추정 → 수소법원 스스로 판단 ×

(3) 형사법원의 경우

형사법원에 대해서도 공정력이 미칠 것인지가 문제되는데, 다수설은 형사법원도 다른 기관의 권한을 존중할 필요가 있으므로 공정력이 미친다는 견해이다(김동희). 따라서 선결문제는 민사법원과 마찬가지로 판단한다.

1. 취소할 수 있는 운전면허가 무면허운전에 해당하는지 여부(부정)

연령미달의 결격자이던 피고인이 그의 형인 공소 외 ○○ 이름으로 운전면허시험에 응시 합격하여 받은 원판시 운전면허를 당연무효로 보아야 할 것이라는 소론 주장은 채택할 바 못되는 것이고, 피고인이 위와 같은 방법에 의하여 받은 운전면허는 비록 위법하다 하더라도 도로교통법 제65조 제3호의 허위 기타 부정한 수단으로 운전면허를 받은 경우에 해당함에 불과하여 취소되지 않는 한 그 효력이 있는 것이라 할 것이므로, 같은 취지에서 피고인의 원판시 운전행위가 도로교통법 제38조의 무면허운전에 해당하지 아니한다(대판 1982.2.8. 80도2646). 〈11. 지방 7급〉

2. 수입면허가 무효가 아닌 경우 무면허수입죄가 성립하는지 여부(부정)

물품을 수입하고자 하는 자가 일단 세관장에게 수입신고를 하여 그 면허를 받고 물품을 통관한 경우에는 세관장의 수입면허가 중대하고도 명백한 하자가 있는 행정행위이어서 당연무효가 아닌 한 관세법 제

181조 소정의 무면허수입죄가 성립될 수 없다(대판 1989.3.28. 89도149). ⟨13. 국가 9급⟩

3. 위법한 조치명령을 위반한 경우 처벌할 수 있는지 여부(부정)

구 도시계획법(1991. 12. 14. 법률 제4427호로 개정되기 전의 것) 제92조 제4호, 제78조 제1호, 제4조 제1항 제1호의 각 규정을 종합하면 도시계획구역 안에서 허가 없이 토지의 형질을 변경한 경우 행정청은 그 토지의 형질을 변경한 자에 대하여서만 같은 법 제78조 제1항에 의하여 처분이나 원상회복 등의 조치명령을 할 수 있다고 해석되고, 토지의 형질을 변경한 자도 아닌 자에 대하여 원상복구의 시정명령이 발하여진 경우 위 원상복구의 시정명령은 위법하다 할 것이다. 같은 법 제78조 제1항에 정한 처분이나 조치명령을 받은 자가 이에 위반한 경우 이로 인하여 같은 법 제92조에 정한 처벌을 하기 위하여는 그 처분이나 조치명령이 적법한 것이라야 하고, 그 처분이 당연무효가 아니라 하더라도 그것이 위법한 처분으로 인정되는 한 같은 법 제92조 위반죄가 성립될 수 없다(대판 1992.8.18. 90도1709). ⟨13. 국가 9급⟩, ⟨17. 국가 7급(10월)⟩

4. 구 「주택법」을 위반한 시정명령을 위반한 경우 시정명령위반죄가 성립하는지 여부(부정)

행정청으로부터 구 주택법(2008. 2. 29. 법률 제8863호로 개정되기 전의 것) 제91조에 의한 시정명령을 받고도 이를 위반하였다는 이유로 위 법 제98조 제11호에 의한 처벌을 하기 위해서는 그 시정명령이 적법한 것이어야 하고, 그 시정명령이 위법하다고 인정되는 한 위 법 제98조 제11호 위반죄는 성립하지 않는다(대판 2009.6.25. 2006도824). ⟨16. 지방 7급⟩

5. 무효인 명령 위반을 이유로 행정형벌을 부과할 수 있는지 여부(부정)

소방시설 설치유지 및 안전관리에 관한 법률 제9조에 의한 소방시설 등의 설치 또는 유지·관리에 대한 명령을 정당한 사유 없이 위반한 자는 같은 법 제48조의2 제1호에 의하여 행정형벌에 처해지는데, 위 명령이 행정처분으로서 하자가 있어 무효인 경우에는 명령에 따른 의무위반이 생기지 아니하므로 행정형벌을 부과할 수 없다(대판 2011.11.10. 2011도11109). ⟨19. 지방 9급⟩

Winner's 선결문제의 판단

〈구분〉	효력 유무	위법 여부
민사법원	조세과오납금반환청구소송	국가배상소송
형사법원	무면허 운전죄	조치명령 위반죄

5. 구성요건적 효력

(1) 의의

행정처분이 다른 국가기관의 결정에 구성요소가 되는 경우 그 처분이 무효가 아닌 한 다른 국가기관 결정의 기초로 삼아야 한다는 효력을 말한다(⑩ 법무부장관의 귀화허가가 무효가 아닌 한 다른 국가기관은 한국 국민으로 인정해야 한다는 것). 공정력은 법적 안정성을 이유로 인정되는 것이나, 구성요건적 효력은 국가기관 상호간의 권한을 존중하기 위한 것이므로 구별해야 한다는 견해에서 주장되는 개념이다. ⟨04. 국가 9급⟩

(2) 공정력과의 구별

구별긍정설	공정력	상대방 기타 이해관계인을 구속하는 효력으로 한정하여 협의로 파악한다.
	구성요건적 효력	다른 행정청, 민사 또는 형사법원 등 다른 국가기관을 구속하는 효력이다. 민사법원 등에서 선결문제는 구성요건적 효력의 객관적 범위와 관련된 문제로 본다.
구별부정설 (다수설·판례)		공정력을 상대방 기타 이해관계인뿐만 아니라 다른 국가기관도 구속하는 효력으로 파악하여 광의로 파악한다. 민사법원 등에서 선결문제는 공정력의 객관적 범위와 관련된 문제로 본다.

3 확정력

1. 의의

일단 유효하게 성립한 행정행위의 효력을 함부로 취소·변경할 수 없는 효력을 말한다.

2. 종류

불가쟁력 (형식적 확정력)	행정행위에 하자가 있어도 제소기간의 경과 등으로 처분의 상대방 기타 이해관계인이 더 이상 그 효력을 다툴 수 없는 효력이다.
불가변력 (실질적 확정력)	행정행위에 하자가 있어도 일정한 행정행위(예 준사법적 행위)는 처분행정청 스스로 이를 취소 또는 철회할 수 없는 효력이다.

1. 불복기간이 경과한 경우 당사자가 처분을 다툴 수 있는지 여부(부정)

행정행위는 공정력과 불가쟁력의 효력이 있어 설혹 행정행위에 하자가 있는 경우에도 그 하자가 중대하고 명백하여 당연무효로 보아야 할 사유가 있는 경우 이외에는 그 행정행위가 행정소송이나 다른 행정행위에 의하여 적법히 취소될 때까지는 단순히 취소할 수 있는 사유가 있는 것만으로는 누구나 그 효력을 부인할 수는 없고 법령에 의한 불복기간이 경과한 경우에는 당사자는 그 행정처분의 효력을 다툴 수 없다(대판 1991.4.23. 90누8756).

2. 불복기간이 지난 경우 직권취소가 가능한지 여부(긍정)

개별 토지에 대한 가격결정도 행정처분에 해당하며, 원래 행정처분을 한 처분청은 그 행위에 하자가 있는 경우에는 원칙적으로 별도의 법적 근거가 없더라도 스스로 이를 직권으로 취소할 수 있는 것이고, 행정처분에 대한 법정의 불복기간이 지나면 직권으로도 취소할 수 없게 되는 것은 아니므로, 처분청은 토지에 대한 개별토지가격의 산정에 명백한 잘못이 있다면 이를 직권으로 취소할 수 있다(대판 1995.9.15. 95누6311).

3. 불복기간이 경과하면 요양급여청구권 없음이 확정되는지 여부(부정)

종전의 산업재해요양보상급여취소처분이 불복기간의 경과로 인하여 확정되었더라도 요양급여청구권이 없다는 내용의 법률관계까지 확정된 것은 아니며 소멸시효에 걸리지 아니한 이상 다시 요양급여를 청구할 수 있고 그것이 거부된 경우 이는 새로운 거부처분으로서 위법 여부를 소구할 수 있다(대판 1993.4.13. 92누17181). 〈17. 국가 7급〉

4. 동종의 행정행위에 불가변력이 발생하는지 여부(부정)

국민의 권리와 이익을 옹호하고 법적 안정을 도모하기 위하여 특정한 행위에 대하여는 행정청이라 하여도 이것을 자유로이 취소·변경 및 철회할 수 없다는 행정행위의 불가변력은 당해 행정행위에 대하여서만 인정되는 것이고, 동종의 행정행위라 하더라도 그 대상을 달리할 때에는 이를 인정할 수 없다(대판 1974.12.10. 73누129).

4 강제력

1. 의의
처분의 상대방에게 부여된 의무를 이행하지 않는 경우에 의무이행을 확보할 수 있는 효력이다.

2. 유형

자력 강제력	행정청 스스로 의무이행을 강제할 수 있는 효력이다.
제재력	벌칙을 부과하여 상대방으로 하여금 의무를 이행하도록 할 수 있는 효력이다.

제9절 행정행위의 하자

1 서설

1. 하자의 의의

행정행위가 그 성립 또는 효력발생요건을 갖추지 못한 것을 말한다.

2. 하자의 형태

(1) 내용을 기준으로 한 분류

① 성문법 또는 불문법을 위반한 위법행위, ② 공익에 가장 적합한 처분으로 볼 수 없는 부당한 행위가 있다.

(2) 행위의 효과를 기준으로 한 분류

① 무효사유: 하자가 중대하고 명백하여 처음부터 아무런 법적 효력을 발생하지 않는 것이다. 언제나 그 효력을 부인할 수 있다.

② 취소사유: 하자가 경미하여 일단 유효인 것으로 통용되는 것이다. 직권취소 또는 쟁송취소의 대상이 된다.

③ 정정사유: 명백한 오기·오산 기타 유사한 표현상의 오류에 해당한다. 특별한 규정이나 절차 없이도 정정이 가능하다.

3. 하자의 판단시점

행정행위가 외부에 표시된 시점을 기준으로 판단한다. 그러므로 사후에 위법하게 된 경우에는 하자의 문제가 아니라 행정행위의 철회의 문제가 제기된다.

2 행정행위의 부존재와 무효의 구별

1. 구별기준

부존재와 무효는 처음부터 법률적 효력이 없다는 점에서 동일하므로 구별할 수 있는지에 대해서 논란이 있으나, 부존재는 외관도 존재하지 않는 것이고, 무효는 외관은 존재한다는 점에서 구별된다고 보는 것이 다수설이다(외관설).

2. 부존재의 유형

비행정행위	① 행정청의 행위가 아닌 것이 명백한 사인(私人)의 행위 ② 행정권의 발동으로 볼 수 없는 행위(⑩ 권유, 주의, 희망표시)
협의의 부존재	① 행정청 내부의 의사결정만 있고 외부에 표시되지 않은 행위 ② 행정행위가 취소·철회·실효 등으로 효력이 소멸된 경우

Winner's 상대방의 신청을 전제로 하는지 여부 : 부존재 (×), 부작위 (○)

3 행정행위의 무효와 취소

1. 구별기준

(1) 학설

① 중대설: 행정행위에 중대한 하자만 있으면 무효라고 보는 견해이다. ㉠ 강행규정 또는 능력규정에 위반하면 무효이고, ㉡ 비강행규정 또는 명령규정에 위반하면 취소사유로 본다. 무효사유의 범위가 가장 넓은 것으로 평가된다.

② 중대·명백설(외견상 일견명백설; 통설·판례): 행정행위에 중대한 하자가 있고 그것이 외관상으로도 명백한 경우에 한하여 무효가 된다는 견해이다. 무효사유가 가장 좁다고 평가된다. 판단기준은 다음과 같다.

중대성	행정법규의 규정 자체의 성질뿐만 아니라, 그 위반의 정도도 고려한다.
명백성	법률전문가의 관점에서가 아니라 일반인의 정상적인 인식능력을 기준으로 하여 객관적으로 판단한다.

③ 조사의무설: 중대·명백설의 일종이나, 명백성을 판단할 때 일반국민의 관점에서 뿐만 아니라 담당공무원의 조사에 의하여 위법성을 인정할 수 있는 경우에도 무효를 인정한다는 점에서 명백성의 요건을 완화하는 견해이다.

Winner's 명백성 판단기준 : 중대·명백설 (국민), 조사의무설 (국민 + 담당 공무원)

④ 명백성 보충요건설: 하자의 중대성은 필수적 요건으로 하나, 명백성은 이해관계를 가진 제3자가 있는 경우에만 보충적 가중요건으로 추가하는 견해이다.

(2) 판례

대법원의 다수의견은 중대·명백설에 입각하고 있다.

> 1. 행정처분이 당연무효가 되기 위하여서는 그 하자가 법규의 중요한 부분을 위반한 중대한 것으로서 객관적으로 명백한 것이어야 하는지 여부(긍정)
>
> 행정처분이 당연무효라고 하기 위하여는 그 처분에 위법사유가 있다는 것만으로는 부족하고 그 중요한 법규에 위반한 것이고 객관적으로 명백한 것이어야 하며, 하자가 중대하고 명백한 것인지 여부를 판별함에 있어서는 그 법규의 목적·의미·기능 등을 목적론적으로 고찰함과 동시에 구체적 사안 자체의 특수성에 관하여도 합리적으로 고찰함을 요한다(대판 1985.7.23. 84누419).
>
> 2. 하자판별에 조사가 필요한 경우에 무효가 될 수 있는지 여부(부정)
>
> 행정처분에 사실관계를 오인한 하자가 있는 경우 그 하자가 중대하다고 하더라도 객관적으로 명백하지 않다면 그 처분을 당연무효라고 할 수 없는바, 하자가 명백하다고 하기 위하여는 그 사실관계 오인의 근거가 된 자료가 외형상 상태성을 결여하거나 또는 객관적으로 그 성립이나 내용의 진정을 인정할 수 없는 것임이 명백한 경우라야 할 것이고 사실관계의 자료를 정확히 조사하여야 비로소 그 하자 유무가 밝혀질 수 있는 경우라면 이러한 하자는 외관상 명백하다고 할 수는 없을 것이다(대판 1992.4.28. 91누6863).

3. 대법원에서 파기환송된 파면처분(취소사유)

징계사유인 뇌물수수사실로 기소되어 항소심까지 유죄의 판결을 받았으나 대법원에서 파기환송받은 항소심에서 증거 없다 하여 무죄의 판결이 선고되어 확정된 경우 위 징계사유로 기소되어 제1심·제2심에서 유죄의 판결을 받을 정도였다면 이 파면처분은 결과적으로 증거 없이 이루어진 셈이 되었다 하더라도 이는 증거판단을 그르쳐 사실을 오인한 경우에 불과하여 그 내용에 중대한 하자가 있다 하더라도 그것이 외관상 명백하다고는 볼 수 없어 취소의 대상은 될지언정 당연무효의 사유는 되지 않는다(대판 1985.9.10. 85누386).

(3) 검토

'중대설'은 무효사유의 인정범위가 넓다는 점에서 국민의 권익구제에 유리한 면도 있으나, 수익적 행위인 경우에는 오히려 불리하다는 점에서 문제점이 있다. '명백성 보충요건설'은 상대방의 이익과 법적 안정성을 조화하기 위한 것이나, 거래의 안전이라는 면에서 문제가 있다는 비판이 있다(홍정선). 따라서 행정행위의 적법성 확보, 공적 거래의 안전, 상대방의 신뢰보호를 이유로 '중대·명백설'이 타당하다.

2. 구별실익

(1) 행정소송형태

원칙	① 무효인 행위는 무효확인소송을 제기해야 하고, 취소할 수 있는 행위는 취소소송을 제기해야 한다. ② 취소소송을 제기할 때에는 심판전치, 제소기간 등의 소송요건을 갖추어야 한다.
예외	① 무효인 행위에 대해서 취소소송을 제기한 경우: 기각판결을 하는 것이 논리적이나, 취소소송의 제기요건을 갖추고 있는 경우에는 인용판결(무효선언적 의미의 취소판결)을 할 수 있다는 것이 통설과 판례이다. ② 취소사유에 대해서 무효확인소송을 제기한 경우: 기각판결을 하는 것이 논리적이나, 상대방의 의사가 무효확인만을 구하는 것이 명백한 경우가 아니라면 취소소송의 요건을 갖추는 한에서 취소판결을 할 수 있다는 판례가 있기도 하다. 다만, 법원이 석명권을 행사해서 취소소송으로 소변경을 유도하여 인용판결을 하는 것이 바람직하다는 견해가 있다.

당연무효를 선언하는 의미에서 그 취소를 구하는 행정소송을 제기하는 경우 취소소송의 제소요건을 갖추어야 하는지 여부(긍정)

행정처분의 당연무효를 선언하는 의미에서 그 취소를 구하는 행정소송을 제기하는 경우에는 전치절차와 그 제소기간의 준수 등 취소소송의 제소요건을 갖추어야 한다. 과세처분의 취소를 구하는 행정소송은 반드시 그 전치요건으로서 국세기본법 소정의 심사청구 및 심판청구절차를 모두 경유하지 아니하면 이를 제기할 수 없다(대판 1987.6.9. 87누219). 〈16·19. 국회 8급〉

(2) 불가쟁력

무효인 행위는 제소기간의 제한을 받지 않으므로 불가쟁력이 발생할 수 없으나, 취소할 수 있는 행위는 제소기간의 경과하면 더 이상 다툴 수 없는 불가쟁력이 발생한다.

(3) 선결문제
① 행정행위의 효력 유무가 선결문제인 경우: 하자가 무효인 경우에는 민사법원 스스로 판단할 수 있으나, 취소할 수 있는 경우에는 그러하지 아니하다.
② 위법 여부가 선결문제인 경우: 국가배상소송은 행정행위의 위법 여부가 선결문제이므로 구별할 실익이 없다.

(4) 하자의 승계 〈17. 지방 9급〉
연속된 처분이 있을 때 선행처분의 하자가 후행처분에 승계될 것인지가 문제된다. 선행처분의 하자가 무효인 경우에는 당연 승계되나, 취소사유인 경우에는 학설이 대립한다.

(5) 하자의 치유·전환
과거 하자의 치유는 본래 행위로 적법하게 되는 것이므로 경미한 하자인 취소사유에 대해서만 인정되고, 하자의 전환은 다른 행위로 적법하게 되는 것이므로 무효사유에만 인정되는 것으로 보았다. 오늘날 무효와 취소의 구별 상대성을 이유로 하자의 전환은 취소할 수 있는 행위에 대해서도 적용된다고 보는 견해가 유력하게 제기되고 있다.

Winner's 하자의 치유 : 취소사유 (○), 무효사유 (×)

(6) 사정판결
사정판결은 취소소송에 대해서 규정하고, 무효등확인소송에 대해서는 준용하지 않고 있다. 처분의 하자가 무효인 경우에도 중대한 공익상의 필요는 있으므로 유추적용하여야 한다는 견해가 있으나, 현행법상 준용되지 않는다는 점에서 부정하는 것이 다수설과 판례이다.

Winner's 무효와 취소의 구별실익

구별실익	무효	취소
행정소송형태	무효등확인소송	취소소송
심판전치·제소기간	불필요	필요
불가쟁력 발생 여부	없음	있음
선결문제	판단 가능	판단 불가능
사정판결 적용 여부	적용 ×	적용 ○
하자의 승계	당연승계	학설 대립
하자의 치유	불가능	가능
하자의 전환	가능	가능

3. 구체적 구별

(1) 주체에 관한 하자

① 무권한자의 행위

원칙	㉠ 처분권한은 법률에 규정되어 있으므로 권한이 없는 자의 행위는 중대하고 명백한 하자로서 무효이다. ㉡ 다만, 사항적 권한이 없으면 무효인 것이 원칙이나, 지역적 권한이 없는 경우에는 유효가 되는 경우도 있다.
예외	권한분배를 국민이 알기 어려운 경우에는 취소사유가 될 수도 있다.

1. 권한의 범위를 넘어서는 권한유월행위의 효력(무효)

행정기관의 권한에는 사무의 성질 및 내용에 따르는 제약이 있고, 지역적·대인적으로 한계가 있으므로, 이러한 권한의 범위를 넘어서는 권한유월의 행위는 무권한 행위로서 원칙적으로 무효이다(대판 1996.6.28. 96누4374).

2. 권한 없는 동장의 유기장 영업허가(무효)

유기장의 영업허가는 시장이 하게 되어 있으므로, 허가권한이 없는 동장으로부터 받은 영업허가는 당연무효이다(대판 1976.2.24. 76누1).

3. 적법한 위임을 받지 않은 군수가 한 의료업정지처분(무효)

의료법 제51조, 제64조의 규정들에 의하면 의료법에 의한 권한을 하급기관에 위임할 수 있는 것은 보건사회부장관에 그치므로 도지사가 의료업정지권한을 군수에게 위임한 것은 무효이고 따라서 군수가 한 의료업정지처분은 무효이다(대판 1975.4.8. 75누41).

4. 적법한 위임을 받지 않은 세관출장소장의 관세부과처분(취소 - 예외적 판결)

적법한 권한위임 없이 세관출장소장에 의하여 행하여진 관세부과처분이 그 하자가 중대하기는 하지만 객관적으로 명백하다고 할 수 없어 당연무효는 아니다(대판 2004.11.26. 2003두2403). 〈15·19. 지방 9급〉

5. 무권한자의 의원면직처분이 당연무효인지 여부(부정)

행정청의 공무원에 대한 의원면직처분은 공무원의 사직의사를 수리하는 소극적 행정행위에 불과하고, 당해 공무원의 사직의사를 확인하는 확인적 행정행위의 성격이 강하며 재량의 여지가 거의 없기 때문에 의원면직처분에서의 행정청의 권한유월 행위를 다른 일반적인 행정행위에서의 그것과 반드시 같이 보아야 할 것은 아니다. 5급 이상의 국가정보원직원에 대한 의원면직처분이 임면권자인 대통령이 아닌 국가정보원장에 의해 행해진 것으로 위법하고, 나아가 국가정보원직원의 명예퇴직원 내지 사직서 제출이 직위해제 후 1년여에 걸친 국가정보원장 측의 종용에 의한 것이었다는 사정을 감안한다하더라도 그러한 하자가 중대한 것이라고 볼 수는 없으므로, 대통령의 내부결재가 있었는지에 관계없이 당연무효는 아니다(대판 2007.7.26. 2005두15748). 〈18. 지방 9급〉

② 적법하게 구성되지 않은 합의제 행정청의 행위: 합의제 행정청의 소집절차에 문제가 있거나 의사 또는 의결정족수를 결한 경우, 결격자를 참여시킨 경우 등은 무효인 것이 원칙이다.

1. 전문가의 참여가 없는 입지선정결정(무효)

구 폐기물처리시설 설치촉진 및 주변지역지원 등에 관한 법률에 정한 입지선정위원회가 그 구성방법 및 절차에 관한 같은 법 시행령의 규정에 위배하여 군수와 주민대표가 선정·추천한 전문가를 포함시키지 않은 채 임의로 구성되어 의결을 한 경우 그에 터잡아 이루어진 폐기물처리시설 입지결정처분의 하자는 중대한 것이고 객관적으로도 명백하므로 무효사유에 해당한다(대판 2007.4.12. 2006두20150). 〈11·18. 지방 9급〉

2. 심의과정에서 표결에 참가할 수 없는 교통실장이 표결한 경우 도시계획결정이 위법한지 여부(부정)

2002. 3. 22. 개최된 중앙도시계획위원회의 표결과정에 있어 광역교통실장을 포함한 회의 참석인원 21명 전원이 표결에 참가하였고, 당시 회의에 참석하지 아니한 건설교통부차관이 회의에 참석한 것으로 참석자 명단이 작성된 것으로 보아 표결에 참가할 수 없는 광역교통실장이 건설교통부차관을 대신하여 표결한 것으로 볼 수밖에 없으나, 건설교통부차관의 찬성표를 제외하더라도 참석위원 20명 중 찬성 17표, 반대 3표로 이 사건 부지에 대한 개발제한구역 해제안이 가결되는 데에는 아무런 영향이 없는 점, … 등을 종합하면, 중앙도시계획위원회의 심의에 위와 같은 잘못이 있다고 하여 이 사건 처분까지 위법하다고 할 수 없다(대판 2007.4.12. 2005두2544).

> **Winner's** 표결에 참가할 수 없는 교통실장이 표결한 도시계획결정 : 무효 (×), 적법 (○)

③ 행정청의 의사에 하자가 있는 경우

의사능력 결여	저항할 수 없는 정도의 강제, 심신상실 중의 행위에 의한 처분은 무효이다.
행위능력 결여	미성년자도 공무원이 될 수 있기 때문에 사법(私法)상의 행위능력이 없어도 공법상 행위는 적법·유효하다(김남진).
행정결정과정상 하자	상대방의 사기·강박·증뢰(贈賂)에 의한 결정은 취소사유가 된다.
착오	당연히 위법한 것은 아니고, 착오로 인해 행정행위에 하자가 있을 때 취소 또는 무효인 하자가 된다(김남진).

(2) 내용에 관한 하자

① 실현불능: 행정행위의 내용이 사실상[ⓐ 사자(死者)를 상대로 한 처분] 또는 법률상(ⓑ 법률상 인정되지 않는 권리를 부여한 경우) 실현이 불가능한 경우에는 무효인 것이 원칙이다.

1. 개간된 토지를 미간지로 오인하여 개간을 허가한 행정처분(무효)

개간된 토지를 미간지로 오인하여 개간허가 한 행정처분은 당연무효이고 이 이후의 준공허가나 매도행위 역시 그 효력이 없다(대판 1967.3.28. 67누3).

2. 양도한 것으로 오인하여 부과한 양도소득세 부과처분(무효)

부동산을 양도한 사실이 없음에도 세무당국이 부동산을 양도한 것으로 오인하여 양도소득세를 부과하였다면 그 부과처분은 착오에 의한 행정처분으로서 그 표시된 내용에 중대하고 명백한 하자가 있어 당연무효이다(대판 1983.8.23. 83누179). 〈11. 지방 9급〉

3. 새로운 신청 없이 사유를 추가한 거부처분(무효)

행정행위의 취소라 함은 일단 유효하게 성립한 행정처분이 위법 또는 부당함을 이유로 소급하여 그 효력을 소멸시키는 별도의 행정처분을 말하고, 행정청은 종전 처분과 양립할 수 없는 처분을 함으로써 묵시적으로 종전 처분을 취소할 수도 있으나, 행정행위 중 당사자의 신청에 의하여 인·허가 또는 면허 등 이익을 주거나 그 신청을 거부하는 처분을 하는 것을 내용으로 하는 이른바 신청에 의한 처분의 경우에는 신청에 대하여 일단 거부처분이 행해지면 그 거부처분이 적법한 절차에 의하여 취소되지 않는 한, 사유를 추가하여 거부처분을 반복하는 것은 존재하지도 않는 신청에 대한 거부처분으로서 당연무효이다(대판 1999.12.28. 98두1895). 〈18·19. 국회 8급〉

② 불명확: 행정행위의 내용이 불명확·불확정적인 경우에는 무효인 것이 원칙이다.

정비구역이 지정되지 않은 설립승인처분(무효)

정비구역이 지정되지 아니한 상태에서 일부 주민이 임의로 획정한 구역을 기준으로 구성된 조합설립추진위원회가 시장·군수의 승인을 얻어 설립될 수 있다고 한다면, 정비사업에 관한 제반 법률관계가 불명확·불안정하게 되어 정비사업의 추진이 전반적으로 혼란에 빠지고 그 구역 안에 토지 등을 소유하는 사람의 법적 지위가 부당한 영향을 받을 현저한 우려가 있다. 따라서 그와 같이 정비구역의 지정 및 고시 없이 행하여지는 시장·군수의 재개발조합설립추진위원회 설립승인은 도시 및 주거환경정비법의 규정 및 조합설립추진위원회 제도의 취지에 반하여 허용될 수 없고, 그와 같은 하자는 중대할 뿐만 아니라 객관적으로 명백하다고 할 것이다(대판 2009.10.29. 2009두12297).

③ 공서양속(公序良俗)위반: 공공의 질서와 선량한 풍속을 위반한 행위에 대해서는 학설이 대립하나, 「민법」과 달리 취소사유가 된다는 견해(김도창, 박윤흔)가 유력하다.

④ 위헌법률에 근거한 처분

처분 이후에 위헌결정을 받은 경우	원칙	처분 이후에 근거법률이 위헌결정을 받아서 무효가 되면 처분의 법적 근거가 소멸되어 중대한 하자가 있다. 그러나 처분 당시에는 위헌 여부를 알 수 없어서 외관상 하자가 명백하다고 할 수 없으므로 취소사유로 본다.
	예외	행정처분을 무효로 하더라도 법적 안정성을 크게 해치지 않는 반면에, 하자가 중대하여 구제가 필요한 경우에는 당연무효사유가 될 수 있다(헌법재판소).
위헌결정 이후에 처분한 경우		법률에 대해서 위헌결정이 나면 그 결정이 있는 날로부터 효력을 상실한다(「헌법재판소법」 제47조 제2항). 무효인 법률에 근거한 처분은 중대한 하자가 있고, 처분 당시에 이미 위헌 여부를 알 수 있으므로 하자가 명백하여 무효가 된다.
위헌결정 이후의 집행		위헌법률에 근거한 처분의 집행이나 집행력을 유지하기 위한 행위는 위헌결정의 기속력에 위반되므로 무효이다.

1. 근거법률의 위헌결정 이전에 한 처분(취소)

1) 행정청이 어느 법률에 근거하여 행정처분을 한 후에 헌법재판소가 그 법률을 위헌으로 결정하였다면 결과적으로 그 행정처분은 법률의 근거 없이 행하여진 것과 마찬가지가 되어 하자 있는 것이 된다고 할 것이나, 하자 있는 행정처분이 당연무효가 되기 위하여는 그 하자가 중대할 뿐만 아니라 명백한 것이어야 하는데 일반적으로 법률이 헌법에 위반된다는 사정은 헌법재판소의 위헌결정이 있기 전에는 객관적으로 명백한 것이라고 할 수는 없으므로, 특별한 사정이 없는 한 이러한 하자는

그 행정처분의 취소사유에 해당할 뿐 당연무효사유는 아니라 할 것이고, 이는 그 행정처분의 근거법률에 여러 가지 중대한 헌법위배사유가 있었다 하더라도 그 행정처분 당시 그와 같은 사정의 존재가 객관적으로 명백하였던 것이라고 단정할 수 없는 이상 마찬가지라고 보아야 한다.

2) 위헌인 법률에 근거한 행정처분이 당연무효인지의 여부는 위헌결정의 소급효와는 별개의 문제로서, 위헌결정의 소급효가 인정된다고 하여 위헌인 법률에 근거한 행정처분이 당연무효가 된다고 할 수 없다(대판 1995.12.5. 95다39137). 〈13. 국가 9급〉, 〈17. 서울 7급〉

2. 위헌결정 이후의 집행행위(무효)

위헌법률에 기한 행정처분의 집행이나 집행력을 유지하기 위한 행위는 위헌결정의 기속력에 위반되어 허용되지 않는다고 보아야 할 것인데, 그 규정 이외에는 체납부담금을 강제로 징수할 수 있는 다른 법률적 근거가 없으므로, … 그 위헌결정 이전에 이미 부담금 부과처분과 압류처분 및 이에 기한 압류등기가 이루어지고 위의 각 처분이 확정되었다고 하여도, 위헌결정 이후에는 별도의 행정처분인 매각처분·분배처분 등 후속 체납처분절차를 진행할 수 없는 것은 물론이고, 특별한 사정이 없는 한 기존의 압류등기나 교부청구만으로는 다른 사람에 의하여 개시된 경매절차에서 배당을 받을 수도 없다(대판 2002.8.23. 2001두2959). 〈14.국가 9급〉

3. 위헌결정 이후에 납부한 부담금의 반환청구권(긍정)

구 택지소유상한에관한법률(1998. 9. 19. 법률 제5571호로 폐지)에 대한 위헌결정 이전에 부담금 등에 대한 수납 및 징수가 완료된 경우에는 법적 안정성의 측면에서 부득이 과거의 상태를 그대로 유지시켜 그 반환청구를 허용할 수 없다고 하더라도, 위헌결정 이후에는 국민의 권리구제측면에서 위헌법률의 적용상태를 그대로 방치하게나 위헌법률의 종국적인 실현을 위한 국가의 추가적인 행위를 용납하여서는 아니되므로, 위헌결정 이전에 이미 부담금 부과처분과 그 징수를 위한 압류처분이 확정되었다고 하더라도, 위헌결정 이후에는 부담금 등의 납부의무가 없음을 알면서도 압류해제 거부로 인한 사실상의 손해를 피하기 위하여 부득이 부담금 등을 납부하게 된 경우 등 그 납부가 자기의 자유로운 의사에 반하여 이루어진 것으로 볼 수 있는 사정이 있는 때에는 납부자가 그 반환청구권을 상실하지 않는다(대판 2003.9.2. 2003다14348).

4. 위헌결정 이전의 처분이 무효가 될 수 있는지 여부(긍정)

이 사건 취소결정에 대해서는 이미 그 쟁송기간이 도과하여 특별법 제4조에 대하여 위헌결정이 선고된다고 할지라도 이 사건 취소결정이 취소될 수는 없으며, 이 사건 취소결정이 내려질 당시 특별법 제4조의 위헌성이 명백하였다고 볼만한 특별한 사정도 존재하지 아니하고, 나아가 이 사건 취소결정의 하자가 특별히 중대하다거나 이 사건 취소결정을 당연무효로 보더라도 법적 안정성이 크게 저해되지 않는 반면, 위 결정에 대한 청구인의 권리구제수단이 미흡하여 그로 인한 불이익을 감수시키는 것이 현저히 부당하다고 볼 여지도 없으므로, 특별법 제4조에 대한 위헌결정으로 인해 이 사건 취소결정이 당연무효가 되는 것은 아니다(헌재 2010.11.25. 2006헌바103). 〈18. 지방 9급〉

(3) 절차에 관한 하자

관계법규상 상대방의 동의나 신청 등 일정한 절차를 필수적 요건으로 규정하고 있는 경우에 그 절차를 거치지 않은 경우에는 무효라고 보기도 한다(김남진). 판례는 절차상의 하자를 취소사유로 보는 것이 일반적 경향이나 그 절차가 중요한 절차인 경우에는 무효로 보기도 한다.

1. 제3자의 동의가 필요한 경우에 그 동의 없이 한 처분(무효)

어떤 행정처분에 제3자의 동의가 필요한 경우에 그 동의 없이 한 행정처분은 당연무효인 것이다. 본건 매수자 명의변경처분 문영학원 단독 명의의 명의변경신청에 대한 것임으로 당연무효이다(대판 1964.12.29. 64누103).

2. 독촉절차를 흠결한 압류처분(취소)

납세의무자가 세금을 납부기한까지 납부하지 아니하자 과세청이 그 징수를 위하여 압류처분에 이른 것이라면, 비록 독촉절차 없이 압류처분을 하였다 하더라도 이러한 사유만으로는 압류처분을 무효로 되게 하는 중대하고도 명백한 하자는 되지 않는다(대판 1987.9.22. 87누383).

Winner's 독촉절차 흠결한 행위 : 학설 (무효), 판례 (취소)

3. 청문절차를 흠결한 양약종상의 허가취소처분(취소)

피고가 약사법 제69조의2의 규정에 따라 원고에 대하여 양약종상의 허가취소를 하기에 앞서 원고에게 청문의 기회를 부여하여야 함에도 불구하고 그러한 절차를 이행하지 아니한 것은 위법이나, 이러한 흠 때문에 허가취소처분이 당연무효가 되는 것은 아니다(대판 1986.8.19. 86누115).

4. 공청회나 이주대책을 수립하지 않은 도시계획결정(취소)

도시계획의 수립에 있어서 도시계획법 제16조의2 소정의 공청회를 열지 아니하고 공공용지의취득 및손실보상에관한특례법 제8조 소정의 이주대책을 수립하지 아니하였더라도, 이는 절차상의 위법으로서 취소사유에 불과하고 그 하자가 도시계획결정 또는 도시계획사업 시행인가를 무효라고 할 수 있을 정도로 중대하고 명백하다고는 할 수 없다(대판 1990.1.23. 87누947).

5. 산림청장과 협의를 거치지 않은 사업승인처분(취소)

국방·군사시설 사업에 관한 법률 및 구 산림법(2002. 12. 30. 법률 제6841호로 개정되기 전의 것)에서 보전임지를 다른 용도로 이용하기 위한 사업에 대하여 승인 등 처분을 하기 전에 미리 산림청장과 협의를 하라고 규정한 의미는 그의 자문을 구하라는 것이지 그 의견을 따라 처분을 하라는 의미는 아니라 할 것이므로, 이러한 협의를 거치지 아니하였다고 하더라도 이는 당해 승인처분을 취소할 수 있는 원인이 되는 하자정도에 불과하고 그 승인처분이 당연무효가 되는 하자에 해당하는 것은 아니라고 봄이 상당하다(대판 2006.6.30. 2005두14363). 〈14. 사회복지 9급〉

6. 새로운 동의가 결여된 도시개발구역 지정처분(취소)

구 도시개발법 제4조 제3항에 따라 도시개발계획안에 관하여 해당 토지 소유자들의 동의를 받은 후 계획안이 변경되었으나 위 규정에 의한 새로운 동의를 갖추지 아니한 도시개발구역 지정처분에 대하여, 여러 사정을 종합하여 그 위법사유가 중대하기는 하나 위 처분을 당연무효로 만들 정도로 명백하지는 않다(대판 2008.1.10. 2007두11979).

7. 최고❶·공고절차를 거치지 않은 주민등록말소처분(취소)

재외국민이 관할행정청에게 여행증명서의 무효확인서를 제출, 주민등록신고를 하여 주민등록이 되었는데, 관할행정청이 주민등록신고시 거주용 여권의 무효확인서를 첨부하지 아니하고 여행용 여권의 무효확인서를 첨부하는 위법이 있었다고 하여 주민등록을 말소하는 처분을 한 경우 이 처분이 주민등록법 제17조의2에 규정한 최고·공고의 절차를 거치지 아니하였다 하더라도 그러한 하자는 중대하고 명백한 것이라고 할 수 없어 처분의 당연무효사유에 해당하는 것이라고는 할 수 없다(대판 1994.8.26. 94누3223). 〈11. 지방 9급〉, 〈14. 사회복지 9급〉

용어설명 ❶ 최고(催告) : 상대방에게 일정한 행위를 하도록 통지하는 것

8. 환경영향평가를 거치지 않은 사업승인처분(무효)

환경영향평가를 거쳐야 할 대상사업에 대하여 환경영향평가를 거치지 아니하였음에도 불구하고 승인 등 처분이 이루어진다면, 사전에 환경영향평가를 함에 있어 평가대상지역 주민들의 의견을 수렴하고 그 결과를 토대로 하여 환경부장관과의 협의 내용을 사업계획에 미리 반영시키는 것 자체가 원천적으로 봉쇄되는바, 이렇게 되면 환경파괴를 미연에 방지하고 쾌적한 환경을 유지·조성하기 위하여 환경영향평가제도를 둔 입법 취지를 달성할 수 없게 되는 결과를 초래할 뿐만 아니라 환경영향평가대상지역 안의 주민들의 직접적이고 개별적인 이익을 근본적으로 침해하게 되므로, 이러한 행정처분의 하자는 법규의 중요한 부분을 위반한 중대한 것이고 객관적으로도 명백한 것이라고 하지 않을 수 없어, 이와 같은 행정처분은 당연무효이다(대판 2006.6.30. 2005두14363). 〈14. 사회복지 9급〉, 〈17. 서울 7급〉

9. 다소 부실한 환경영향평가에 따른 승인처분이 위법한지 여부(부정)

환경영향평가법령에서 정한 환경영향평가를 거쳐야 할 대상사업에 대하여 그러한 환경영향평가를 거치지 아니하였음에도 승인 등 처분을 하였다면 그 처분은 위법하다 할 것이나 그러한 절차를 거쳤다면, 비록 그 환경영향평가의 내용이 다소 부실하다하더라도, 그 부실의 정도가 환경영향평가제도를 둔 입법 취지를 달성할 수 없을 정도이어서 환경영향평가를 하지 아니한 것과 다를 바 없는 정도의 것이 아닌 이상, 그 부실은 당해 승인 등 처분에 재량권 일탈·남용의 위법이 있는지 여부를 판단하는 하나의 요소로 됨에 그칠 뿐, 그 부실로 인하여 당연히 당해 승인 등 처분이 위법하게 되는 것이 아니다(대판 2006.3.16. 2006두330 전합). 〈20. 국회 8급〉, 〈23. 소방〉

Winner's 환경영향평가가 다소 부실한 경우 : 취소사유 (×), 적법 (○)

10. 교통영향평가를 거치지 아니한 실시계획변경승인 및 공사시행변경인가처분이 무효인지 여부(부정)

교통영향평가는 환경영향평가와 그 취지 및 내용, 대상사업의 범위, 사전 주민의견수렴절차 생략 여부 등에 차이가 있고 그 후 교통영향평가가 교통영향분석·개선대책으로 대체된 점, 행정청은 교통영향평가를 배제한 것이 아니라 '건축허가 전까지 교통영향평가 심의필증을 교부받을 것'을 부관으로 하여 실시계획변경 및 공사시행변경 인가 처분을 한 점 등에 비추어, 행정청이 사전에 교통영향평가를 거치지 아니한 채 위와 같은 부관을 붙여서 한 위 처분에 중대하고 명백한 흠이 있다고 할 수 없으므로 이를 무효로 보기는 어렵다(대판 2010.2.25. 2009두102). 〈19. 지방 9급〉

11. 환지변경의 절차를 거치지 않은 환지변경처분(무효)

환지처분이 일단 확정되어 효력을 발생한 후에는 이를 소급하여 시정하는 뜻의 환지변경처분은 이를 할 수 없고, 그러한 환지변경의 절차가 필요할 때에는 그를 위하여 환지 전체의 절차를 처음부터 다시 밟아야 하며, 그 일부만을 따로 떼어 환지처분을 변경할 수 없음은 물론, 그러한 절차를 밟지 아니하고 한 환지변경처분은 무효이다(대판 1998.2.13. 97다49459).

12. 절차상 하자를 시정한 동일한 행정처분은 새로운 행정처분인지 여부(긍정)

절차상 또는 형식상 하자로 인하여 무효인 행정처분이 있은 후 행정청이 관계 법령에서 정한 절차 또는 형식

을 갖추어 다시 동일한 행정처분을 하였다면 당해 행정처분은 종전의 무효인 행정처분과 관계없이 새로운 행정처분이라고 보아야 한다(대판 2014.3.13. 2012두1006). 〈16. 국가 7급〉, 〈19. 국회 8급〉

13. 학교환경위생정화위원회의 심의를 누락한 금지해제처분(취소)

학교환경위생정화구역 내에서 금지행위 및 시설의 해제 여부에 관한 행정처분을 함에 있어 학교환경위생정화위원회의 심의를 거치도록 한 취지는 그에 관한 전문가 내지 이해관계인의 의견과 주민의 의사를 행정청의 의사결정에 반영함으로써 공익에 가장 부합하는 민주적 의사를 도출하고 행정처분의 공정성과 투명성을 확보하려는 데 있고, … 금지행위 및 시설의 해제 여부에 관한 행정처분을 하면서 절차상 위와 같은 심의를 누락한 흠이 있다면 그와 같은 흠을 가리켜 위 행정처분의 효력에 아무런 영향을 주지 않는다거나 경미한 정도에 불과하다고 볼 수는 없으므로, 특별한 사정이 없는 한 이는 행정처분을 위법하게 하는 취소사유가 된다(대판 2007.3.15. 2006두15806). 〈13. 지방 9급〉, 〈17. 지방 9급〉

14. 예산의 편성에 절차적 하자가 있으면 그 예산을 집행하는 처분이 위법한지 여부(부정)

구 국가재정법 제38조 및 구 국가재정법 시행령 제13조에 규정된 예비타당성조사는 각 처분과 형식상 전혀 별개의 행정계획인 예산의 편성을 위한 절차일 뿐 각 처분에 앞서 거쳐야 하거나 근거 법규 자체에서 규정한 절차가 아니므로, 예비타당성조사를 실시하지 아니한 하자는 원칙적으로 예산 자체의 하자일 뿐, 그로써 곧바로 각 처분의 하자가 된다고 할 수 없어, 예산이 각 처분 등으로써 이루어지는 '4대강 살리기 사업' 중 한강 부분을 위한 재정 지출을 내용으로 하고 있고 예산의 편성에 절차상 하자가 있다는 사정만으로 각 처분에 취소사유에 이를 정도의 하자가 존재한다고 보기 어렵다(대판 2015.12.10. 2011두32515). 〈16. 국회 8급〉

15. 형사판결 확정에 앞서서 행정처분을 한 것이 절차상 하자인지 여부(부정)

행정처분과 형벌은 각각 그 권력적 기초, 대상, 목적이 다르다. 일정한 법규 위반 사실이 행정처분의 전제 사실이자 형사법규의 위반 사실이 되는 경우에 동일한 행위에 관하여 독립적으로 행정처분이나 형벌을 부과하거나 이를 병과할 수 있다. 법규가 예외적으로 형사소추 선행 원칙을 규정하고 있지 않은 이상 형사판결 확정에 앞서 일정한 위반사실을 들어 행정처분을 하였다고 하여 절차적 위반이 있다고 할 수 없다(대판 2017.6.19. 2015두59808). 〈20. 군무원 9급〉

16. 과세전적부심사 청구나 결정 전의 과세처분(무효)

구 국세기본법(2015. 12. 15. 법률 제13552호로 개정되기 전의 것) 등이 과세전적부심사를 거치지 않고 곧바로 과세처분을 할 수 있거나 과세전적부심사에 대한 결정이 있기 전이라도 과세처분을 할 수 있는 예외사유로 정하고 있다는 등의 특별한 사정이 없는 한, 세무조사결과통지 후 과세전적부심사 청구나 그에 대한 결정이 있기도 전에 과세처분을 하는 것은 원칙적으로 과세전적부심사 이후에 이루어져야 하는 과세처분을 그보다 앞서 함으로써 과세전적부심사 제도 자체를 형해화시킬 뿐 아니라 과세전적부심사 결정과 과세처분 사이의 관계 및 불복절차를 불분명하게 할 우려가 있으므로, 그와 같은 과세처분은 납세자의 절차적 권리를 침해하는 것으로서 절차상 하자가 중대하고도 명백하여 무효이다(대판 2020.10.29. 2017두51174).

(4) 형식에 관한 하자

법령상 반드시 문서로 해야 하는데 문서로 하지 않거나, 서명날인이 꼭 필요한 경우에 서명날인이 없으면 무효인 것이 원칙이다. 〈14. 사회복지 9급〉

건물 소유자에게 소방시설 불량사항을 시정·보완하라는 명령을 구두로 고지한 것(무효)

행정절차법 제24조는, 행정청이 처분을 하는 때에는 다른 법령 등에 특별한 규정이 있는 경우를 제외하고는 문서로 하여야 하고 전자문서로 하는 경우에는 당사자 등의 동의가 있어야 하며, 다만 신속을 요하거나 사안이 경미한 경우에는 구술 기타 방법으로 할 수 있다고 규정하고 있는데, 이는 행정의 공정성·투명성 및 신뢰성을 확보하고 국민의 권익을 보호하기 위한 것이므로 위 규정을 위반하여 행하여진 행정청의 처분은 하자가 중대하고 명백하여 원칙적으로 무효이다(대판 2011.11.10. 2011도11109).
〈19. 국가 9급〉

Winner's 무효와 취소의 구별

무효사유로 본 판례	취소사유로 본 판례
① 권한유월의 행위 ② 권한 없는 동장의 유기장 영업허가	① 무권한자의 의원면직처분
③ 적법한 위임이 없는 군수의 의료업정지처분	② 적법한 위임이 없는 세관출장소장의 관세부과처분
④ 위헌결정 이후에 한 처분 ⑤ 위헌결정 이후에 한 집행행위 ⑥ 위헌 결정 이전의 처분이나 구제가 필요한 경우	③ 위헌결정 이전에 한 처분
⑦ 전문가의 참여가 없는 폐기물시설 입지선정결정 ⑧ 개간된 토지에 대한 개간허가 ⑨ 양도한 것으로 오인한 양도소득세 부과처분 ⑩ 새로운 신청 없이 사유를 추가한 거부처분 ⑪ 정비구역이 지정되지 않은 설립승인처분 ⑫ 제3자 동의 없는 매수자명의변경처분(문영학원) ⑬ 환경영향평가를 거치지 않은 사업승인처분 ⑭ 환지변경의 절차를 거치지 않은 환지변경처분 ⑮ 구두로 한 소방시설 불량사항 시정, 보완명령	④ 독촉절차 흠결한 압류처분 ⑤ 하자판별에 조사가 필요한 경우 ⑥ 대법원에서 파기환송된 파면처분 ⑦ 청문절차를 흠결한 양약종상의 허가취소처분 ⑧ 공청회나 이주대책을 수립하지 않은 도시계획결정 ⑨ 산림청장과 협의를 거치지 않은 사업승인처분 ⑩ 새로운 동의가 결여된 도시개발구역 지정처분 ⑪ 최고·공고절차를 거치지 않은 주민등록말소처분 ⑫ 학교환경위생정화위원회의 심의를 누락한 금지해제처분

4 하자의 승계

1. 의의

하자의 승계란 연속된 행정행위가 존재할 때 선행행위에 불가쟁력이 발생하여 더 이상 선행행위를 다툴 수 없는 경우에 선행행위의 하자를 이유로 후행행위를 취소할 수 있는지의 문제를 말한다. 선행행위와 후행행위는 서로 독립적인 행위이므로 행정쟁송법상 쟁송제기기간이 지나면 하자가 승계될 수 없는 것이 원칙이나, 국민의 권익구제를 위하여 예외적으로 하자가 승계될 수 있는지 여부가 문제된다.

> **후속절차의 하자를 이유로 선행절차의 하자를 인정할 수 있는지 여부(부정)**
> 계고처분의 후속절차인 대집행에 위법이 있다고 하더라도, 그와 같은 후속절차에 위법성이 있다는 점을 들어 선행절차인 계고처분이 부적법하다는 사유로 삼을 수는 없다(대판 1997.2.14. 96누15428). 〈16. 국가 7급〉

2. 논의의 전제

(1) 연속된 처분의 존재

선행행위와 후행행위는 모두 처분성을 가져야 한다. 선행행위가 처분이 아니라면 처음부터 불가쟁력이 발생할 수 없기 때문이다.

(2) 선행행위의 하자

선행행위에 하자가 있고, 후행행위 자체에는 하자가 없어야 한다. 후행행위 자체에 하자가 있으면 승계 여부를 논의할 필요 없이 후행행위를 취소할 수 있기 때문이다.

(3) 취소사유인 하자

선행행위의 하자가 취소사유이어야 한다. 무효사유인 경우에는 제소기간에 상관없이 선행행위를 다툴 수 있으며, 선행행위의 하자가 후행행위에 당연 승계되어 후행행위도 무효가 되므로 승계 여부를 논의할 필요가 없다.

(4) 불가쟁력의 발생

선행행위에 대한 쟁송기간이 지나서 불가쟁력이 발생한 경우이어야 한다. 승계여부를 논의하는 것은 선행행위를 더 이상 다툴 수 없어서 후행행위를 대상으로 구제를 받고자 하는 것이기 때문이다.

3. 하자의 승계 여부

(1) 하자의 승계론(통설)

① 선행행위와 후행행위가 서로 결합하여 하나의 법적 효과를 완성하는 경우: 선행행위의 하자가 후행행위에 승계되므로 상대방은 선행행위의 하자를 후행행위를 다투는 소송에서 주장할 수 있다.

② 선행행위와 후행행위가 서로 독립하여 별개의 법적 효과를 목적으로 하는 경우: 하자가 승계되지 않으므로 상대방은 선행행위의 하자를 주장할 수 없다.

(2) 구속력론(규준력론·기결력론)

① 내용: 선행행위에 불가쟁력이 발생한 경우에는 후행행위에 대해 구속력이 미치므로 더 이상 다툴 수 없다는 견해(김남진)이다. 다만, 구속력은 일정한 한계 내에서만 인정될 수 있다.

② 논거: 행정쟁송법상의 쟁송제기기간규정을 근거로 하여 행정행위의 불가쟁력과 판결의 기판력은 유사하다는 점을 논거로 든다.

③ 구속력의 한계

대인적 한계	주관적 한계로서, 선행행위와 후행행위의 수범자(受範者)❶가 일치하는 것을 말한다(예 직위해제와 직권면직은 수범자 동일).
대물적 한계	객관적 한계로서, 선행행위와 후행행위의 법적 효과가 일치하는 것을 말한다(예 과세처분과 독촉, 철거명령과 계고는 일치성이 있고, 직위해제와 직권면직처분, 지가공시와 과세처분 사이에는 일치성이 없는 것으로 봄).
시간적 한계	선행행위의 기초가 되는 사실상태 및 법상태가 일치되는 것을 말한다. 따라서 선행행위의 기초사실이 이해관계자에게 유리하게 변경된 경우에는 구속력이 미치지 않는다.
예측성·수인가능성	대인적·대물적·시간적 한계 내에 있어서 구속력이 미치는 경우에도 그 결과를 개인이 예측할 수 없거나 지나치게 가혹한 경우에는 구속력을 부정할 수 있는 추가적 요건이다. 구속력론에서 가장 중요한 한계이다.

용어설명 ❶ 수범자(受範者) : 구속을 받는 사람

Winner's 하자의 승계 여부

승계론(통설)	하나의 효과	승계 ○
	별개의 효과	승계 ×
구속력론	구속력 긍정	승계 ×
	구속력 부정	승계 ○

4. 판례 검토

통설과 마찬가지로 승계론의 입장에서 하나의 법적 효과를 완성하는 경우에는 하자 승계를 인정하고, 별개의 법적 효과를 목적으로 하는 경우에는 하자 승계를 부정한다. 다만, 개별 사건에서는 별개의 효과를 목적으로 하는 경우에도 예측가능성과 수인가능성이 없으면 하자의 승계를 인정하여 구제받을 수 있다는 예외적 판결도 존재한다. 〈23. 지방 9급〉

1. 선행처분과 후행처분이 하나의 법률효과를 발생시키는 경우 하자가 승계될 수 있는지 여부(긍정)
동일한 행정목적을 달성하기 위하여 단계적인 일련의 절차로 연속하여 행하여지는 선행처분과 후행처분이 서로 결합하여 하나의 법률효과를 발생시키는 경우 선행처분이 하자가 있는 위법한 처분이라면, 비록 하자가 중대하고도 명백한 것이 아니어서 선행처분을 당연무효의 처분이라고 볼 수 없고 행정쟁송으로 효력이 다투어지지도 아니하여 이미 불가쟁력이 생겼으며 후행처분 자체에는 아무런 하자가 없다고 하더라도, 선행처분을 전제로 하여 행하여진 후행처분도 선행처분과 같은 하자가 있는 위법한 처분으로 보아 항고소송으로 취소를 청구할 수 있다(대판 1993.2.9. 92누4567).

2. 계고처분시 철거명령의 하자를 주장할 수 있는지 여부(부정)
건물철거명령이 당연무효가 아닌 이상 행정심판이나 소송을 제기하여 그 위법함을 소구하는 절차를 거치지 아니하였다면 위 선행행위인 건물철거명령은 적법한 것으로 확정되었다고 할 것이므로 후행행위인 대집행계고처분에서는 그 건물이 무허가건물이 아닌 적법한 건축물이라는 주장이나 그러한 사실인정

을 하지 못한다(대판 1998.9.8. 97누20502).

3. 계고처분의 하자가 대집행영장발부통보처분에 승계되는지 여부(긍정)

대집행의 계고, 대집행영장에 의한 통지, 대집행의 실행, 대집행에 요한 비용의 납부명령 등은 타인이 대신하여 행할 수 있는 행정의무의 이행을 의무자의 비용부담하에 확보하고자 하는, 동일한 행정목적을 달성하기 위하여 단계적인 일련의 절차로 연속하여 행하여지는 것으로서, 서로 결합하여 하나의 법률효과를 발생시키는 것이므로, 선행처분인 계고처분이 하자가 있는 위법한 처분이라면, 비록 그 하자가 중대하고도 명백한 것이 아니어서 당연무효의 처분이라고 볼 수 없고, 행정소송으로 효력이 다투어지지도 아니하여 이미 불가쟁력이 생겼으며, 후행처분인 대집행영장발부통보처분 자체에는 아무런 하자가 없다고 하더라도, 후행처분인 대집행영장발부통보처분의 취소를 청구하는 소송에서 청구원인으로 선행처분인 계고처분이 위법한 것이기 때문에 그 계고처분을 전제로 행하여진 대집행영장발부통보처분도 위법한 것이라는 주장을 할 수 있다(대판 1996.2.9. 95누12507).

4. 계고처분의 위법을 이유로 대집행비용납부명령의 위법을 주장할 수 있는지 여부(긍정)

후행처분인 대집행비용납부명령의 취소를 청구하는 소송에서 청구원인으로 선행처분인 계고처분이 위법한 것이기 때문에 그 계고처분을 전제로 행하여진 대집행비용납부명령도 위법한 것이라는 주장을 할 수 있다(대판 1993.11.9. 93누14271).

5. 한지❶의사 시험자격인정의 하자가 한지의사 면허처분에 승계되는지 여부(긍정)

한지의사 자격시험에 응시하기 위한 응시자격인정의 결정을 사위의 방법으로 받은 이상 이에 터 잡아 취득한 한지의사 면허처분도 면허를 취득할 수 없는 사람이 취득한 하자있는 처분이 된다 할 것이므로 보건사회부장관이 그와 같은 하자 있는 처분임을 이유로 원고가 취득한 한지 의사면허를 취소하는 처분을 하였음은 적법하다(대판 1975.12.9. 75누123). 〈18. 서울 9급〉

용어설명 ❶ 한지(限地) : 한정된 지역, 일정한 지역으로 제한된 곳

6. 안경사 국가시험의 하자가 안경사면허처분에 승계되는지 여부(긍정)

의료기사법령의 규정에 의하면, 안경사가 되고자 하는 자는 보건사회부의 소속기관인 국립보건원장이 시행하는 안경사 국가시험에 합격한 후 보건사회부장관의 면허를 받아야 하고 보건사회부장관은 안경사 국가시험에 합격한 자에게 안경사면허를 주도록 규정하고 있으므로, 국립보건원장이 같은 법 제7조 제2항에 의하여 안경사 국가시험의 합격을 무효로 하는 처분을 함에 따라 보건사회부장관이 안경사면허를 취소하는 처분을 한 경우 합격무효처분과 면허취소처분은 동일한 행정목적을 달성하기 위하여 단계적인 일련의 절차로 연속하여 행하여지는 행정처분으로서, 안경사 국가시험에 합격한 자에게 주었던 안경사면허를 박탈한다는 하나의 법률효과를 발생시키기 위하여 서로 결합된 선행처분과 후행처분의 관계에 있다(대판 1993.2.9. 92누4567).

7. 사업인정의 하자가 수용재결처분에 승계되는지 여부(부정)

토지수용법 제14조에 따른 사업인정은 그 후 일정한 절차를 거칠 것을 조건으로 하여 일정한 내용의 수용권을 설정해 주는 행정처분의 성격을 띠는 것으로서 그 사업인정을 받음으로써 수용할 목적물의 범위가 확정되고 수용권으로 하여금 목적물에 관한 현재 및 장래의 권리자에게 대항할 수 있는 일종의 공법상의 권리로서의 효력을 발생시킨다고 할 것이므로 위 사업인정단계에서의 하자를 다투지 아니하여 이미 쟁송기간이 도과한 수용재결 단계에 있어서는 위 사업인정처분에 중대하고 명백한 하자가 있어 당연무효라고 볼만한 특단의 사정이 없다면 그 처분의 불가쟁력에 의하여 사업인정처분의 위법·부당

함을 이유로 수용재결처분의 취소를 구할 수 없다(대판 1987.9.8. 87누395).

8. 택지개발계획의 승인의 하자가 수용재결처분에 승계되는지 여부(부정)

택지개발계획의 승인은 당해 사업이 택지개발촉진법상의 택지개발사업에 해당함을 인정하여 시행자가 그 후 일정한 절차를 거칠 것을 조건으로 하여 일정한 내용의 수용권을 설정해 주는 행정처분의 성격을 갖는 것이고, 그 승인고시의 효과는 수용할 목적물의 범위를 확정하고 수용권으로 하여금 목적물에 관한 현재 및 장래의 권리자에게 대항할 수 있는 일종의 공법상 권리로서의 효력을 발생시킨다고 할 것이므로 토지소유자로서는 선행처분인 건설부장관의 택지개발계획승인 단계에서 그 제척사유를 들어 쟁송하여야 하고, 그 제소기간이 도과한 후 수용재결이나 이의재결 단계에 있어서는 위 택지개발계획 승인처분에 명백하고 중대한 하자가 있어 당연무효라고 볼 특단의 사정이 없는 이상 그 위법 부당함을 이유로 재결의 취소를 구할 수는 없다(대판 1996.4.26. 95누13241).

9. 가산금 납부독촉의 하자가 징수처분에 승계되는지 여부(긍정)

국세징수법 제21조, 제22조 소정의 가산금·중가산금은 국세체납이 있는 경우에 위 법조에 따라 당연히 발생하고, 그 액수도 확정되는 것이기는 하나, 그에 관한 징수절차를 개시하려면 독촉장에 의하여 그 납부를 독촉함으로써 가능한 것이고 위 가산금 및 중가산금의 납부독촉이 부당하거나 그 절차에 하자가 있는 경우에는 그 징수처분에 대하여도 취소소송에 의한 불복이 가능하다(대판 1986.10.28. 86누147).

10. 보충역편입처분의 하자가 공익근무요원 소집처분에 승계되는지 여부(부정)

병역법상 보충역편입처분과 공익근무요원 소집처분이 각각 단계적으로 별개의 법률효과를 발생하는 독립된 행정처분이다(대판 2002.12.10. 2001두5422). 〈12. 국가 9급〉

11. 관리처분계획의 하자가 청산금 부과처분에 승계되는지 여부(부정)

구 도시재개발법(2002. 12. 30. 법률 제6852호로 폐지되기 전의 것) 제34조, 제35조, 제42조, 제43조의 각 규정에 의하면, 관리처분계획은 주택재개발사업에서 사업시행자가 작성하는 포괄적 행정계획으로서 사업시행의 결과 설치되는 대지를 포함한 각종 시설물의 권리귀속에 관한 사항과 그 비용 분담에 관한 사항을 정하는 행정처분이고, 청산금 부과처분은 관리처분계획에서 정한 비용 분담에 관한 사항에 근거하여 대지 또는 건축시설의 수분양자에게 청산금 납부의무를 발생시키는 구체적인 행정처분으로서, 청산금 부과처분이 선행처분인 관리처분계획을 전제로 하는 것이기는 하나 위 두 처분은 각각 단계적으로 별개의 법률효과를 발생시키는 독립된 행정처분이라고 할 것이므로, 관리처분계획에 불가쟁력이 생겨 그 효력을 다툴 수 없게 된 경우에는 그 관리처분 계획에 위법사유가 있다 할지라도 그것이 당연무효의 사유가 아닌 한 관리처분계획상의 하자를 이유로 후행처분인 청산금 부과처분의 위법을 주장할 수는 없다(대판 2007.9.6. 2005두11951).

12. 토지구획정리사업 시행인가처분의 하자가 환지청산금부과처분에 승계되는지 여부(부정)

토지구획정리사업은 대지로서의 효용증진과 공공시설의 정비를 위하여 실시하는 토지의 교환·분합 기타의 구획변경, 지목 또는 형질의 변경이나 공공시설의 설치·변경에 관한 사업으로서{구 토지구획정리사업법(2000. 1. 28. 법률 제6252호로 폐지) 제2조 제1호}, 그 시행인가는 사업지구에 편입될 목적물의 범위를 확정하고 시행자로 하여금 목적물에 관한 현재 및 장래의 권리자에게 대항할 수 있는 법적 지위를 설정해 주는 행정처분의 성격을 갖는 것이므로, 사업시행자의 자격이나 토지소유자의 동의 여부 및 특정 토지의 사업지구 편입 등에 하자가 있다고 주장하는 토지소유자 등은 시행인가 단계에서 그 하자를 다투었어야 하며, 시행인가처분에 명백하고도 중대한 하자가 있어 당연 무효라고 볼 특별한 사정이 없는 한, 사업시행 후 시행인가처분의 하자를 이유로 환지청산금 부과처분의 효력을 다툴 수는 없다(대판 2004.10.14. 2002두424). 〈11·19. 국회 8급〉

13. 도시·군계획시설결정과 실시계획인가의 하자 승계(부정)

도시·군계획시설결정과 실시계획인가는 도시·군계획시설사업을 위하여 이루어지는 단계적 행정절차에서 별도의 요건과 절차에 따라 별개의 법률효과를 발생시키는 독립적인 행정처분이다. 그러므로 선행처분인 도시·군계획시설결정에 하자가 있더라도 그것이 당연무효가 아닌 한 원칙적으로 후행처분인 실시계획인가에 승계되지 않는다(대판 2017.7.18. 2016두49938). 〈18. 국가 9급〉

14. 「도시 및 주거환경정비법」상 사업시행계획의 하자가 관리처분계획에 승계되는지 여부(부정)

사업시행계획과 관리처분계획은 서로 독립하여 별개의 법적 효과를 발생시키는 것으로서 이 사건 사업시행계획의 수립에 관한 취소사유인 하자가 이 사건 관리처분계획에 승계되지 아니하므로, 위 취소사유를 들어 이 사건 관리처분계획의 적법 여부를 다툴 수는 없다(대판 2014.6.12. 2012두28520). 〈18. 국가 9급〉

15. 소득금액변동통지의 하자를 징수처분에 대한 항고소송에서 다툴 수 있는지 여부(부정)

원천징수의무자인 법인이 원천징수하는 소득세의 납세의무를 이행하지 아니함에 따라 과세관청이 하는 납세고지는 확정된 세액의 납부를 명하는 징수처분에 해당하므로 선행처분인 소득금액변동통지에 하자가 존재하더라도 당연무효사유에 해당하지 않는 한 후행처분인 징수처분에 그대로 승계되지 아니한다. 따라서 과세관청의 소득처분과 그에 따른 소득금액변동통지가 있는 경우 원천징수하는 소득세의 납세의무에 관하여는 이를 확정하는 소득금액변동통지에 대한 항고소송에서 다투어야 하고, 소득금액변동통지가 당연무효가 아닌 한 징수처분에 대한 항고소송에서 이를 다툴 수는 없다(대판 2012.1.26. 2009두14439). 〈19. 국회 8급〉, 〈22. 지방 7급〉

16. 갑에 대한 노선면허거부처분의 하자가 을에 대한 면허처분에 승계되는지 여부(부정)

피고가 참가인에게 한 이 사건 노선에 대한 운수권배분 및 이를 기초로 한 2000. 4. 15.자 이 사건 노선면허처분은 피고가 원고에게 한 위 1999. 12. 10.자 운수권배분 실효처분 및 노선면허거부처분이 유효함을 전제로 하고 있기는 하나 원고에게 한 위 각 처분과는 독립하여 별개의 법률효과를 목적으로 하는 독립한 행정처분이므로, 선행처분인 위 운수권배분 실효처분 및 노선면허거부처분에 대하여 이미 불가쟁력이 생겨 그 효력을 다툴 수 없게 된 이상 그에 위법사유가 있더라도 그것이 당연무효 사유가 아닌 한 그 하자가 후행처분인 이 사건 노선면허처분에 승계된다고 할 수 없다(대판 2004.11.26. 2003두3123). 〈19. 국회 8급〉

17. 직위해제의 위법을 이유로 면직처분의 효력을 다툴 수 있는지 여부(부정)

구 경찰공무원법 제50조 제1항에 의한 직위해제처분과 같은 제3항에 의한 면직처분은 후자가 전자의 처분을 전제로 한 것이기는 하나, 각각 단계적으로 별개의 법률효과를 발생하는 행정처분이어서 선행 직위해제처분의 위법사유가 면직처분에는 승계되지 아니한다할 것이므로, 선행된 직위해제처분의 위법사유를 들어 면직처분의 효력을 다툴 수는 없다(대판 1984.9.11. 84누191). 〈17. 국가 7급〉

18. 개발행위허가의 하자가 보전부담금의 부과에 승계되는지 여부(부정)

개발제한구역에서의 개발행위허가와 개발제한구역 보전부담금의 부과는 별도의 요건과 절차에 따라 별개의 법률효과를 발생시키는 독립적인 행정처분에 해당한다. 구 개발제한구역법 제12조 제1항 단서에 따라 개발행위가 허가된 경우 그 허가가 당연 무효이거나 취소되어 효력이 상실되지 않는 이상, 구 개발제한구역법 제21조 제1항 제2호에 따른 이 사건 부담금의 부과가 가능하다고 보아야 한다. 원심과 같이 개발행위허가처분의 하자가 승계되어 이 사건 부담금 부과처분 역시 위법하다고 해석하게 되면, 개발행위허가처분의 불복기간이 경과하여 불가쟁력이 발생한 경우, 개발제한구역 내 행위제한의 예외가 인정되어 개발행위는 가능함에도 그에 따른 개발제한구역 보전부담금은 부과할 수 없게 되는 부당한 결과가 발생하게 된다(대판 2021.4.29. 2020두52917).

19. 개별공시지가결정의 하자가 양도소득세 부과처분에 승계되는지 여부(긍정)

1) 선행처분과 후행처분이 서로 독립하여 별개의 효과를 목적으로 하는 경우에도 선행처분의 불가쟁력이나 구속력이 그로 인하여 불이익을 입게 되는 자에게 수인한도를 넘는 가혹함을 가져오며, 그 결과가 당사자에게 예측가능한 것이 아닌 경우에는 국민의 재판받을 권리를 보장하고 있는 헌법의 이념에 비추어 선행처분의 후행처분에 대한 구속력은 인정될 수 없다.

2) 개별공시지가결정은 이를 기초로 한 과세처분 등과는 별개의 독립된 처분으로서 서로 독립하여 별개의 법률효과를 목적으로 하는 것이나, 개별공시지가는 이를 토지소유자나 이해관계인에게 개별적으로 고지하도록 되어 있는 것이 아니어서 토지소유자 등이 개별공시지가결정 내용을 알고 있었다고 전제하기도 곤란할 뿐만 아니라 결정된 개별공시지가가 자신에게 유리하게 작용될 것인지 또는 불이익하게 작용될 것인지 여부를 쉽사리 예견할 수 있는 것도 아니며, 더욱이 장차 어떠한 과세처분 등 구체적인 불이익이 현실적으로 나타나게 되었을 경우에 비로소 권리구제의 길을 찾는 것이 우리 국민의 권리의식임을 감안하여 볼 때 토지소유자등으로 하여금 결정된 개별공시지가를 기초로 하여 장차 과세처분 등이 이루어질 것에 대비하여 항상 토지의 가격을 주시하고 개별공시지가결정이 잘못된 경우 정해진 시정절차를 통하여 이를 시정하도록 요구하는 것은 부낭하게 높은 주의의무를 지우는 것이라고 아니할 수 없고, 위법한 개별공시지가결정에 대하여 그 정해진 시정절차를 통하여 시정하도록 요구하지 아니하였다는 이유로 위법한 개별공시지가를 기초로 한 과세처분 등 후행 행정처분에서 개별공시지가결정의 위법을 주장할 수 없도록 하는 것은 수인한도를 넘는 불이익을 강요하는 것으로서 국민의 재산권과 재판받을 권리를 보장한 헌법의 이념에도 부합하는 것이 아니라고 할 것이므로, 개별공시지가결정에 위법이 있는 경우에는 그 자체를 행정소송의 대상이 되는 행정처분으로 보아 그 위법 여부를 다툴 수 있음은 물론 이를 기초로 한 과세처분 등 행정처분의 취소를 구하는 행정소송에서도 선행처분인 개별공시지가결정의 위법을 독립된 위법사유로 주장할 수 있다고 해석함이 타당하다(대판 1994.1.25. 93누8542). 〈18. 서울 9급〉

20. 재조사청구에 따른 조정결정을 통지받은 경우 하자의 승계 여부(부정)

원고가 이 사건 토지를 매도한 이후에 그 양도소득세 산정의 기초가 되는 1993년도 개별공시지가결정에 대하여 한 재조사청구에 따른 조정결정을 통지받고서도 더 이상 다투지 아니한 경우까지 선행처분인 개별공시지가결정의 불가쟁력이나 구속력이 수인한도를 넘는 가혹한 것이거나 예측불가능하다고 볼 수 없어, 위 개별공시지가결정의 위법을 이 사건 과세처분의 위법사유로 주장할 수 없다(대판 1998.3.13. 96누6059). 〈10. 국가 7급〉, 〈17. 국가 9급(10월)〉

21. 표준공시지가결정의 하자가 수용재결에 승계되는지 여부(긍정)

표준지공시지가결정은 이를 기초로 한 수용재결 등과는 별개의 독립된 처분으로서 서로 독립하여 별개의 법률효과를 목적으로 하지만, … 위법한 표준지공시지가결정에 대하여 그 정해진 시정절차를 통하여 시정하도록 요구하지 않았다는 이유로 위법한 표준지공시지가를 기초로 한 수용재결 등 후행 행정처분에서 표준지공시지가결정의 위법을 주장할 수 없도록 하는 것은 수인한도를 넘는 불이익을 강요하는 것으로서 국민의 재산권과 재판받을 권리를 보장한 헌법의 이념에도 부합하는 것이 아니다. 따라서 표준지공시지가결정이 위법한 경우에는 그 자체를 행정소송의 대상이 되는 행정처분으로 보아 그 위법 여부를 다툴 수 있음은 물론, 수용보상금의 증액을 구하는 소송에서도 선행처분으로서 그 수용대상토지 가격산정의 기초가 된 비교표준지공시지가결정의 위법을 독립한 사유로 주장할 수 있다(대판 2008.8.21. 2007두13845). 〈12. 지방 9급〉, 〈14. 서울 9급〉

22. 토지등급의 설정 또는 수정처분의 하자가 과세처분에 승계되는지 여부(부정)

행정청이 토지등급을 부당하게 설정 또는 수정한 것에 기인하여 조세가 과다하게 부과되었다고 하더라도 토지등급의 설정 또는 수정처분과 과세처분은 독립된 별개의 처분이므로 토지등급의 설정 또는 수정처분에 이의가 있으면 구 지방세법시행규칙(1995. 12. 30. 내무부령 제668호로 개정되기 전의 것) 제44조에 의한 심사청구절차 등에 의하여 구제를 받아야 하고, 등급의 설정 또는 수정처분이 잘못되었음을 내세워 바로 과세처분을 다툴 수는 없으며, 다만 그 등급의 설정 또는 수정처분의 하자가 중대하고 명백하여 당연무효인 경우에만 그 하자를 이유로 과세처분을 다툴 수 있을 뿐이다(대판 2001.3.23. 98두5583).

23. 친일반민족행위자 결정의 하자가 독립유공자 적용배제자 결정에 승계되는지 여부(긍정)

갑을 친일반민족행위자로 결정한 친일반민족행위진상규명위원회(이하 '진상규명위원회'라 한다)의 최종발표(선행처분)에 따라 지방보훈지청장이 독립유공자 예우에 관한 법률(이하 '독립유공자법'이라 한다) 적용 대상자로 보상금 등의 예우를 받던 갑의 유가족 을 등에 대하여 독립유공자법 적용배제자 결정(후행처분)을 한 사안에서, 진상규명위원회가 갑의 친일반민족행위자 결정 사실을 통지하지 않아 을은 후행처분이 있기 전까지 선행처분의 사실을 알지 못하였고, 후행처분인 지방보훈지청장의 독립유공자법 적용배제결정이 자신의 법률상 지위에 직접적인 영향을 미치는 행정처분이라고 생각했을 뿐, 통지를 받지도 않은 진상규명위원회의 친일반민족행위자 결정처분이 자신의 법률상 지위에 영향을 주는 독립된 행정처분이라고 생각하기는 쉽지 않았을 것으로 보여, 을이 선행처분에 대하여 일제강점하 반민족행위 진상규명에 관한 특별법에 의한 이의신청절차를 밟거나 후행처분에 대한 것과 별개로 행정심판이나 행정소송을 제기하지 않았다고 하여 선행처분의 하자를 이유로 후행처분의 효력을 다툴 수 없게 하는 것은 을에게 수인한도를 넘는 불이익을 주고 그 결과가 을에게 예측가능한 것이라고 할 수 없어 선행처분의 후행처분에 대한 구속력을 인정할 수 없으므로 선행처분의 위법을 이유로 후행처분의 효력을 다툴 수 있다(대판 2013.3.14. 2012두6964). 〈18. 지방 9급〉

Winner's 하자의 승계

긍정한 판례	부정한 판례
① 대집행의 각 절차 ② 체납처분의 각 절차 ③ 가산금 납부독촉과 징수처분	① 철거명령과 대집행 ② 조세 부과처분과 체납처분
④ 개별공시지가결정과 양도소득세부과처분 ⑤ 표준공시지가결정과 수용재결	③ 표준공시지가결정과 개별공시지가결정 ④ 표준공시지가와 조세부과처분 ⑤ 토지등급의 설정처분과 과세처분

⑥ 기준지가고시처분과 토지수용처분	⑥ 사업인정과 토지수용재결처분 ⑦ 택지개발계획의 승인과 수용재결처분
⑦ 한지 의사시험자격인정과 한지 의사면허 처분 ⑧ 안경사국가시험의 합격무효처분과 안경사면허취소 ⑨ 암매장분묘개장명령과 계고처분 ⑩ 귀속재산의 임대처분과 매각처분 ⑪ 친일반민족행위자 결정과 독립유공자 적용배제자 결정	⑧ 직위해제처분과 직권면직처분 ⑨ 액화석유가스판매사업허가와 사업개시신고반려처분 ⑩ 수강거부처분과 수료처분 ⑪ 보충역편입처분과 공익근무요원 소집처분 ⑫ 변상판정과 변상명령 ⑬ 관리처분계획과 청산금 부과처분 ⑭ 토지구획정리사업 시행인가처분과 환지청산금부과처분 ⑮ 도시·군계획시설결정과 실시계획인가 ⑯ 사업시행계획과 관리처분계획 ⑰ 갑에 대한 노선면허거부처분과 을에 대한 면허처분 ⑱ 개발제한구역의 개발행위 허가와 보전부담금 처분

5 하자의 치유

1. 의의

행정행위의 성립 당시에 절차 또는 형식상의 경미한 하자가 있었으나 후발적으로 흠결된 요건이 추완(追完)된 경우 처분 당시로 소급하여 본래 행위를 적법한 것으로 취급하는 것을 말한다(⑩ 필요한 신청서를 사후에 제출한 경우).

2. 구별

(1) 하자의 전환

하자의 전환은 무효인 행위를 다른 행위로 적법하게 하는 것이라는 점에서, 본래 행위를 적법하게 하는 하자의 치유와 구별된다.

(2) 처분사유의 추가·변경

처분사유의 추가·변경은 처분시에 이미 존재하고 있는 사유를 소송계속 중에 추가·변경하여 실체상의 하자를 시정한다는 점에서, 처분 당시에 존재하지 않는 사유를 후발적으로 추가하여 절차상의 하자를 시정하는 하자의 치유와 구별된다.

3. 허용성

긍정설	절차상 또는 형식상의 경미한 하자를 이유로 처분을 처음부터 다시 진행하는 것은 행정경제의 원리에 맞지 않으므로 긍정하는 견해이다.
부정설	위법한 행위를 적법하게 하는 것은 법치주의의 원칙에 반하므로 부정하는 견해이다.
절충설 (통설·판례)	법치주의 원칙상 하자 치유는 원칙적으로 허용될 수 없으나, 행정경제를 위해서 국민의 권리와 이익을 침해하지 않는 한도 내에서만 예외적으로 가능하다고 보는 견해이다(제한적 긍정설).

1. 하자의 치유가 허용될 수 있는지 여부(제한적 긍정)

하자 있는 행정행위의 치유나 전환은 행정행위의 성질이나 법치주의의 관점에서 볼 때 원칙적으로 허용될 수 없는 것이지만, 행정행위의 무용한 반복을 피하고 당사자의 법적안정성을 위해 이를 허용하는 때에도 국민의 권리와 이익을 침해하지 않는 범위에서 구체적 사정에 따라 합목적적으로 인정해야 할 것이다(대판 1983.7.26. 82누420).

2. 과세예고통지서에 필요적 기재사항이 기재되어 있었던 경우 과세처분에 필요적 기재사항이 없어도 하자가 치유될 수 있는지 여부(긍정)

국세징수법 제9조, 구 상속세법(1990. 12. 31. 법률 제4283호로 개정된 것) 제34조의7, 제25조, 제25조의2, 구 상속세법시행령(1990. 12. 31. 대통령령 제13196호로 개정된 것) 제42조 제1항 제19조 제1항의 각 규정에 의하여 증여세의 납세고지서에 과세표준과 세액의 계산명세가 기재되어 있지 아니하거나 그 계산명세서를 첨부하지 아니하였다면 그 납세고지는 위법하다고 할 것이나, 한편 과세관청이 과세처분에 앞서 납세의무자에게 보낸 과세예고통지서 등에 납세고지서의 필요적 기재사항이 제대로 기재되어 있어 납세의무자가 그 처분에 대한 불복 여부의 결정 및 불복신청에 전혀 지장을 받지 않았음이 명백하다면, 이로써 납세고지서의 하자가 보완되거나 치유될 수 있다(대판 2001.3.27. 99두8039). ⟨14. 지방 9급⟩

3. 가산금 납부의무를 부담하게 되는 경우에도 하자가 치유될 수 있는지 여부(부정)

선행처분인 개별공시지가결정이 위법하여 그에 기초한 개발부담금 부과처분도 위법하게 된 경우 그 하자의 치유를 인정하면 개발부담금 납부의무자로서는 위법한 처분에 대한 가산금 납부의무를 부담하게 되는 등 불이익이 있을 수 있으므로, 그 후 적법한 절차를 거쳐 공시된 개별공시지가결정이 종전의 위법한 공시지가결정과 그 내용이 동일하다는 사정만으로는 위법한 개별공시지가결정에 기초한 개발부담금 부과처분이 적법하게 된다고 볼 수 없다(대판 2001.6.26. 99두11592). ⟨19. 국회 8급⟩

4. 세금을 자진 납부한 경우의 하자 치유 인정 여부(부정)

세액산출근거가 기재되지 아니한 납세고지서에 의한 부과처분은 강행법규에 위반하여 취소대상이 된다 할 것이므로 이와 같은 하자는 납세의무자가 전심절차에서 이를 주장하지 아니하였거나, 그 후 부과된 세금을 자진납부하였다거나, 또는 조세채권의 소멸시효기간이 만료되었다 하여 치유되는 것이라고는 할 수 없다(대판 1985.4.9. 84누431). ⟨13. 국가 7급⟩, ⟨17. 국가 9급(10월)⟩

5. 추가 동의서가 제출되면 재건축조합설립인가처분의 하자가 치유되는지 여부(부정)

이 사건 변경인가처분은 이 사건 설립인가처분 후 추가동의서가 제출되어 동의자 수가 변경되었음을 이유로 하는 것으로서 조합원의 신규가입을 이유로 한 경미한 사항의 변경에 대한 신고를 수리하는 의미에 불과하므로 이 사건 설립인가처분이 이 사건 변경인가처분에 흡수된다고 볼 수 없고, 또한 이 사건 설립인가처분 당시 동의율을 충족하지 못한 하자는 후에 추가동의서가 제출되었다는 사정만으로 치유될 수 없다고 판단하였다(대판 2013.7.11. 2011두27544). ⟨16. 지방 9급⟩

4. 한계

(1) 무효인 하자

무효와 취소는 구별이 명확하지 않으므로 무효인 경우에도 하자 치유를 인정하려는 견해가 있으나, 무효인 행위를 본래 행위로 효력을 인정한다는 것은 관계인의 신뢰와 법적 안정성을 침해하는 것이므로 부정하는 것이 타당하다.

1. 무효인 징계처분을 용인한 경우 하자가 치유되는지 여부(부정)

징계처분이 중대하고 명백한 흠 때문에 당연무효의 것이라면 징계처분을 받은 자가 이를 용인하였다고 하여 그 흠이 치유되는 것은 아니다(대판 1989.12.12. 88누8869). 〈16·19. 지방 9급〉

2. 무효인 임용행위의 하자가 치유될 수 있는지 여부(부정)

원고가 국가공무원으로 임용된 뒤 명예퇴직하였으나 임용 전에 당시 국가공무원법상의 임용결격사유가 있었으면 국가가 과실에 의하여 이를 밝혀 내지 못하였다고 하더라도 그 임용행위는 당연무효이고, 그 하자가 치유되는 것은 아니어서 퇴직급여청구신청을 반려하는 처분은 적법하다(대판 1996.4.12. 95누18857).

3. 이사회의 승인의결 없이 한 학교법인기본재산교환허가처분의 하자가 치유되는지 여부(부정)

이 사건 학교법인의 감독청인 피고(부산시교육위원회)의 학교법인기본재산교환허가처분은 학교법인의 이사장이 교환허가신청을 함에 있어서 이사회의 승인의결을 받음이 없이 이사회의록 사본을 위조하여 첨부한 교환허가신청서에 의한 것인바, 사립학교법 제1조, 제16조, 제28조, 제73조 동법 시행령 제11조의 각 규정취지를 종합고찰하면 피고의 이 사건 허가처분은 중대하고 명백한 하자가 있어 당연무효라 할 것이고 위 학교법인이사회가 위 교환을 추인·재추인하는 의결을 한 사실만으로써 무효인 허가처분의 하자가 치유된다고 볼 수 없다(대판 1984.2.28. 81누275 전합).

(2) 내용상의 하자

하자의 치유는 절차 또는 형식상의 하자에 대해서 인정되고, 주체나 내용상의 하자는 치유될 수 없다. 하자의 치유는 상대적으로 경미한 하자에 대해서 인정하려는 것인데, 내용상의 하자는 국민의 권리와 이익을 침해할 가능성이 크기 때문이다.

다른 구간의 노선면허를 보유하고 있는 경우에는 노선흠결의 하자가 치유되는지 여부(부정)

운송사업의 사업계획변경인가처분으로 종전 운행계통에 관하여 각각 그 종점을 기점으로, 기점을 경유지로 하고 그 운행계통을 연장하여 종점을 새로 정하며, 경유지를 일부 변경하는 것이 노선면허가 없는 상태에서 운행계통을 연장·변경한 것이어서 위법할 뿐 아니라, 이는 운수회사가 보유하고 있는 노선면허를 통합변경하는 내용의 처분이 아니므로, 처분의 대상이 되지 아니한 위 새로 정한 종점까지의 다른 구간의 노선면허를 위 회사가 보유하고 있다 하여 위 처분의 노선흠결의 하자가 치유되지 아니한다(대판 1991.5.28. 90누1359).

(3) 시간적 한계

하자의 치유가 언제까지 가능할 것인지에 대해서는 여러 견해가 존재하지만, 쟁송제기 이전에만 가능하다는 견해가 일반적이다. 판례도 같은 입장이다. 〈13. 국가 7급〉

1. 취소소송이 제기된 때 보정하면 과세처분의 하자가 치유되는지 여부(부정)

과세처분시 납세고지서에 과세표준, 세율, 세액의 산출근거 등이 누락된 경우에는 늦어도 과세처분에 대한 불복 여부의 결정 및 불복신청에 편의를 줄 수 있는 상당한 기간 내에 보정행위를 하여야 그 하자가 치유된다 할 것이므로, 과세처분이 있은 지 4년이 지나서 그 취소소송이 제기된 때에 보정된 납세고지서를 송달하였다는 사실이나 오랜 기간(4년)의 경과로써 과세처분의 하자가 치유되었다고 볼 수는 없다(대판 1983.7.26. 82누420). 〈19. 서울 7급〉

2. 상고심 중에 세액산출근거를 통지한 경우 하자의 치유(부정)

세액산출근거가 누락된 납세고지서에 의한 과세처분의 하자의 치유를 허용하려면 늦어도 과세처분에 대한 불복여부의 결정 및 불복신청에 편의를 줄 수 있는 상당한 기간내에 하여야 한다고 할 것이므로 위 과세처분에 대한 전심절차가 모두 끝나고 상고심의 계류중에 세액산출근거의 통지가 있었다고 하여 이로써 위 과세처분의 하자가 치유되었다고는 볼 수 없다(대판 1984.4.10. 83누393). 〈17. 국가 7급〉, 〈23. 소방〉

5. 하자 치유의 사유

(1) 요건의 사후보완

① 필요한 신청서의 사후제출 또는 보완, ② 무권한 대리의 추인, ③ 불특정 목적물의 사후 특정, ④ 다른 기관 또는 상대방의 협력이 결여된 경우의 추인, ⑤ 처분의 형식·절차의 사후이행·보완 등이 있다.

(2) 사실상 공무원이론

'사실상 공무원 이론'이란 결격사유 있는 공무원의 행위에 대해서 그 처분의 상대방 보호를 위하여 적법·유효한 것으로 취급하는 이론을 말한다. 하자 치유의 대표적 사례로 논의되어 오던 것이었으나, 결격사유 있는 공무원의 행위는 무효이므로 하자의 전환으로 논의되어야 한다는 비판이 있다.

(3) 이유의 추완(追完)과 보완(補完)의 문제

추완	① 처분시에 구체적인 처분사유를 전혀 언급하지 않았다가 사후에 비로소 처분사유를 제시하는 것이다. ② 소송 계속 중에도 하자 치유의 일종으로 파악하여 긍정하는 견해(김남진)가 있으나, 판례는 부정한다.
보완	① 처분시에 처분사유를 명시하였으나 그 내용이 불충분하여 사후에 충분한 처분사유를 제시하는 것이다. ② 소송 계속 중에도 기본적 사실관계가 동일한 경우에 한하여 긍정하는 것이 판례이나, 이 문제는 처분사유의 추가·변경으로 파악하는 경향이다.

1. 처분 당시 이유제시가 없는 경우 소송계속 중 하자가 치유될 수 있는지 여부(부정)

허가의 취소처분에는 그 근거가 되는 법령이나 취소권 유보의 부관 등을 명시하여야 함은 물론 처분을 받은 자가 어떠한 위반사실에 대하여 당해 처분이 있었는지를 알 수 있을 정도의 사실의 적시를 요한다고 할 것이므로, 이와 같은 취소처분의 근거와 위반사실의 적시를 빠뜨린 하자는 피처분자가 처분 당시 그 취지를 알고 있었다거나 그 후 알게 되었다고 해도 이로써 치유될 수는 없다(대판 1987.5.26. 86누788).

2. 기본적 사실관계가 동일한 처분사유의 추가·변경이 허용되는지 여부(긍정)

행정처분의 취소를 구하는 항고소송에 있어서 당초 행정처분의 근거로 삼은 사유와 기본적 사실관계에 있어서 동일성이 없는 별개의 사실을 들어 처분사유를 추가하거나 변경할 수는 없으나, 기본적 사실관계에 있어서 동일성이 인정되는 한도 내에서는 새로운 처분사유를 추가하거나 변경할 수 있다(대판 1992.10.9. 92누213).

> **Winner's** 판례상 소송계속 중 허용성 : 추완 (×), 보완 (△)

> **Winner's** 하자의 치유

긍정한 판례	부정한 판례
① 과세예고통지서에 필요적 기재사항이 기재되어 있었던 과세처분 ② 청문서 도달기간을 다소 어긴 경우의 처분	① 가산금 납부의무를 부담하게 되는 개발부담금 ② 무효인 징계처분을 용인한 경우 ③ 임용결격자 임용 ④ 노선흠결의 하자 있는 사업계획변경인가처분 ⑤ 취소소송이 제기된 때 보정된 과세처분 ⑥ 이사회의 승인의결 없이 한 학교법인기본재산교환허가처분 ⑦ 세금을 자진 납부한 경우 ⑧ 추가 동의서가 제출된 재건축조합설립인가처분 ⑨ 취소소송이 제기된 이후에 보정된 납세고지서

6 하자의 전환

1. 의의

행정행위가 위법한 것으로서 취소 또는 무효인 경우에도 다른 행정행위로서의 요건을 충족하고 있는 경우에 다른 행위로서의 효력을 인정하는 것을 말한다[예] 사자(死者)에 대한 허가를 그 상속인에 대한 것으로 보는 것].

> 귀속재산을 불하받은 자가 사망한 후에 불하처분 취소처분을 수불하자의 상속인에게 송달하면 새로운 행정처분이 되는지 여부(긍정)
> 귀속재산을 불하받은 자가 사망한 후에 그 수불하자 대하여 한 그 불하처분은 사망자에 대한 행정처분이므로 무효이지만 그 취소처분을 수불하자의 상속인에게 송달한 때에는 그 송달시에 그 상속인에 대하여 다시 그 불하처분을 취소한다는 새로운 행정처분을 한 것이라고 할 것이다(대판 1969.1.21. 68누190). 〈11. 국회 8급〉, 〈18. 서울 7급〉

2. 인정근거

이론상 당사자의 법적 안정성과 행정경제를 근거로 인정한다. 실정법상 공법에 직접적 근거가 없으므로 「민법」 제138조를 유추적용하여 인정한다.

> 〈민법〉 제138조(무효행위의 전환) 무효인 법률행위가 다른 법률행위의 요건을 구비하고 당사자가 그 무효를 알았더라면 다른 법률행위를 하는 것을 의욕하였으리라고 인정될 때에는 다른 법률행위로서 효력을 가진다.

3. 인정범위

과거에는 하자의 전환을 무효인 행정행위에 대해서만 인정하는 것이 통설이었으나, 취소할 수 있는 행위는 하자의 정도가 무효보다 약한 것이므로 하자의 전환을 부인할 이유는 없다. 따라서 오늘날 하자의 전환은 무효 또는 취소의 경우에 모두 인정된다(김동희).

> **Winner's** 인정범위 : 하자 치유 (취소만 ○), 하자 전환 (취소도 ○)

4. 인정요건

① 본래 행위와 다른 행위가 요건·목적·효과 등에 있어서 공통성이 있을 것, ② 전환되는 다른 행정행위로서의 성립·발효요건을 갖추고 있을 것, ③ 본래의 행정행위를 한 행정청의 의도에 반하지 않을 것, ④ 전환하더라도 처분의 상대방에 대해서 본래 처분보다 불이익을 부과하거나 제3자의 이익을 침해하는 것이 아닐 것을 요건으로 한다.

5. 법적 성질

전환행위는 그 자체로서 독립된 행정행위에 해당하므로 법원은 할 수 없고, 행정청만 할 수 있다. 따라서 독립하여 행정쟁송의 대상이 될 수 있다.

6. 효과

(1) 소급효

하자의 전환은 다른 행위로서 유효하게 되는 것이므로 장래효를 가지는 것이 논리적이지만, 관계자의 이익을 침해하지 않는 경우에만 가능하다는 점에서 처분 당시에 소급해서 효력을 발생한다.

> **Winner's** 소급효 : 하자 치유 (○), 하자 전환 (○)

(2) 동일성

하자의 전환은 본래 행위와 다른 새로운 행위로 적법하게 되는 것이므로 원처분과 동일성이 인정되지 않는다. 따라서 별개의 효과로서 하자가 승계되지 않으며, 소송계속 중에 전환되면 처분 변경으로 인한 소의 변경이 가능하다.

> **Winner's** 하자의 치유와 전환의 구별

구분	하자의 치유	하자의 전환
대상	취소사유	무효 또는 취소사유
효과	본래 행위로 적법	다른 행위로 적법
소급효 인정 여부	긍정	긍정

7 처분사유의 추가·변경

1. 의의

취소소송의 계속 중에 처분시에 제시한 사유와 다른 사유를 추가하거나 다른 사유로 변경하는 것을 말한다.

> **Winner's** 처분의 동일성 : 하자 치유 (○), 하자 전환 (×), 처분사유 추가·변경 (○)

2. 허용성

긍정설	처분사유의 추가·변경을 긍정하면 분쟁을 한 번에 해결할 수 있으므로 허용된다는 견해이다.
부정설	처분사유의 추가·변경을 긍정하면 상대방의 방어권을 침해하고, 이유부기제도의 취지가 사라진다는 점에서 부정하는 견해이다.
절충설 (통설·판례)	처분사유의 추가·변경은 상대방의 예측가능성을 침해하므로 원칙적으로 허용될 수 없으나, 소송경제를 위해서 처분시의 처분사유와 기본적 사실관계가 동일한 경우에 한정하여 허용된다는 견해이다(제한적 긍정설).

1. 처분사유의 추가·변경이 허용되는지 여부(제한적 긍정)

행정처분의 취소를 구하는 항고소송에 있어서는 실질적 법치주의와 행정처분의 상대방인 국민에 대한 신뢰보호라는 견지에서 처분청은 당초 처분의 근거로 삼은 사유와 기본적 사실관계가 동일성이 있다고 인정되는 한도 내에서만 다른 사유를 추가하거나 변경할 수 있을 뿐, 기본적 사실관계와 동일성이 인정되지 않는 별개의 사실을 들어 처분사유로 주장함은 허용되지 아니하고, 여기서 기본적 사실관계의 동일성 유무는 처분사유를 법률적으로 평가하기 이전의 구체적인 사실에 착안하여 그 기초가 되는 사회적 사실관계가 기본적인 점에서 동일한지 여부에 따라 결정된다(대판 1999.3.9. 98두18565).

2. 추상적인 사유를 구체적으로 표시하는 것이 허용되는지 여부(긍정)

처분청이 처분 당시에 적시한 구체적 사실을 변경하지 아니하는 범위 내에서 단지 그 처분의 근거법령만을 추가·변경하거나 당초의 처분사유를 구체적으로 표시하는 것에 불과한 경우에는 새로운 처분사유를 추가하거나 변경하는 것이라고 볼 수 없다(대판 2008.2.28. 2007두13791·13807). 〈24. 국가 9급〉

3. 처분사유의 추가·변경은 사실심 변론종결시까지 가능한지 여부(긍정)

과세관청은 소송 도중이라도 당해 처분에서 인정한 과세표준 또는 세액의 정당성을 뒷받침할 수 있는 새로운 자료를 제출하거나 처분의 동일성이 유지되는 범위 내에서 그 사유를 교환·변경할 수 있다고 할 것이나 이는 사실심 변론종결시까지만 허용된다(대판 1999.2.9. 98두16675). 〈13. 국가 7급〉

> **Winner's** 시간적 한계 : 하자 치유 (쟁송 이전), 처분사유 추가·변경 (사실심 변론종결 이전)

4. 처분사유를 변경할 때 제척기간이나 소멸시효의 기산점이 처분시인지 여부(긍정)

처분의 동일성이 유지되는 범위 내에서 처분사유를 변경하는 것은 새로운 처분이라 할 수 없으므로, 국세부과의 제척기간이나 국세징수권의 소멸시효가 경과되었는지 여부도 당초의 처분시를 기준으로 판단할 것이지 처분사유의 변경시를 기준으로 판단할 것은 아니다(대판 2000.3.28. 98두16682).

5. 이용대책 수립시까지 허가를 유보한다는 사유와 환경 등을 손상시킬 우려가 있다는 사유가 동일한지 여부 (긍정)

토지형질변경 불허가처분의 당초의 처분사유인 국립공원에 인접한 미개발지의 합리적인 이용대책 수립시까지 그 허가를 유보한다는 사유와 그 처분의 취소소송에서 추가하여 주장한 처분사유인 국립공원 주변의 환경·풍치·미관 등을 크게 손상시킬 우려가 있으므로 공공목적상 원형유지의 필요가 있는 곳으로서 형질변경허가 금지대상이라는 사유는 기본적 사실관계에 있어서 동일성이 인정된다(대판 2001.9.28. 2000두8684).

6. 동의서를 제출하지 않았다는 사유와 자연경관 훼손 등 공익에 영향을 미친다는 사유가 동일한지 여부(부정)

토석채취허가신청에 대하여 피고는 인근주민들의 동의서를 제출하지 아니하였음을 이유로 이를 반려하였음이 분명하고 피고가 이 사건 소송에서 위 반려사유로 새로이 추가하는 처분사유는 이 사건 허가신청지역은 전남 나주군 문평면에 소재한 백용산의 일부로서 토석채취를 하게 되면 자연경관이 심히 훼손되고 암반의 발파시 생기는 소음, 토석운반차량의 통행시 일어나는 소음, 먼지의 발생, 토석채취장에서 흘러내리는 토사가 부근의 농경지를 매몰할 우려가 있는 등 공익에 미치는 영향이 지대하고 이는 산림내토석채취사무취급요령 제11조 소정의 제한사유에도 해당되기 때문에 위 반려처분이 적법하다는 것인바, 이는 피고가 당초 위 반려처분의 근거로 삼은 사유와는 그 기본적 사실관계에 있어서 동일성이 인정되지 아니하는 별개의 사유라고 할 것이므로 피고는 이와 같은 사유를 이 사건 반려처분의 근거로 추가할 수 없다고 보아야 할 것이다(대판 1992.8.18. 91누3659).

7. 종합소득범위 안에서 소득의 원천만 달리 주장하는 것이 동일성이 있는지 여부(긍정)

과세처분의 취소소송에 있어서 소송물은 과세관청의 과세처분에 의하여 인정된 과세 표준 및 세액의 객관적 존부이고, 과세관청으로서는 소송 도중이라도 사실심변론종결시까지 당해 처분에서 인정한 과세표준 또는 세액의 정당성을 뒷받침하기 위하여 처분의 동일성이 유지되는 범위 내에서 처분사유를 교환·변경할 수 있는 것이며, 과세관청인 피고가 사실심변론종결시까지 법인세법시행령 제94조의2 규정에 근거하여 소득금액을 지급한 것으로 의제하는 소득처분과는 별도로, 당해 원천징수처분의 정당성을 뒷받침하기 위하여 같은 소득금액이 대표이사나 출자자에게 현실적 소득으로 귀속되었다는 주장과 함께 합산과세 되는 종합소득의 범위 안에서 그 소득의 원천만을 달리 주장하는 것은 처분의 동일성이 유지되는 범위 내의 처분사유변경에 해당하여 허용된다 할 것이다(대판 1999.9.17. 97누9666).

8. 추가 또는 변경된 사유가 처분시에 이미 존재하고, 당사자도 그 사실을 알고 있었다면 당초의 처분사유와 동일성이 인정되는지 여부(부정)

행정처분의 취소를 구하는 항고소송에서 처분청은 당초 처분의 근거로 삼은 사유와 기본적 사실관계가 동일성이 있다고 인정되는 한도 내에서만 다른 사유를 추가 또는 변경할 수 있고, 이러한 기본적 사실관계의 동일성 유무는 처분사유를 법률적으로 평가하기 이전의 구체적 사실에 착안하여 그 기초인 사회적 사실관계가 기본적인 점에서 동일한지에 따라 결정되므로, 추가 또는 변경된 사유가 처분 당시에 이미 존재하고 있었다거나 당사자가 그 사실을 알고 있었다고 하여 당초의 처분사유와 동일성이 있다고 할 수 없다. 그리고 이러한 법리는 행정심판 단계에서도 그대로 적용된다(대판 2014.5.16. 2013두26118). 〈17. 국가 9급〉

| Winner's | 처분사유의 추가, 변경 |

긍정	부정
① 추상적인 사유를 구체적으로 표시 ② 미개발지 이용대책 수립과 환경손상 우려 ③ 종합소득범위 안에서 소득의 원천만 달리 주장	① 사실심 변론종결시 이후의 추가·변경 ② 동의서 미제출과 환경손상 ③ 처분시에 사유가 존재하고 당사자가 알고 있는 경우

제10절 / 행정행위의 소멸

1 행정행위의 취소

1. 서설

(1) 의의

행정행위의 성립상 경미한 하자가 있어서 일단 유효인 행정행위를 권한 있는 기관이 처분 당시로 소급하여 그 효력을 상실시키는 행위를 말한다. 여기에서는 직권취소에 대해서 다루기로 한다. 〈14. 서울 7급〉

(2) 구별

'철회'는 후발적 사유❶를 이유로 장래에 향하여 소멸시키는 것이라는 점에서 구별되고, '무효선언적 의미의 취소'는 처음부터 효력이 없는 행위라는 점에서 구별된다.

> **용어설명** ❶ 후발적 사유(후발적 하자) : 처분이 성립한 후에 법적 요건을 결여하게 된 것, 처음부터 하자가 있는 것은 원시적 하자라 한다.

2. 직권취소와 쟁송취소의 구별

(1) 의의

직권취소	행정청 스스로의 의사에 따라 처분의 효력을 소멸시키는 것이다.
쟁송취소	처분 상대방의 쟁송제기를 전제로 하여 효력이 소멸되는 것이다. 직근 상급행정청에 신청하는 심판취소, 법원에 신청하는 소송취소가 있다. 「행정심판법」, 「행정소송법」에서 규정하고 있다.

1. 불복신청이 없더라도 직권취소가 가능한지 여부(긍정)

행정청은 그가 행한 처분에 잘못이 있음을 발견한 경우에는 그 취소로 인하여 상대방이 취득한 권리·이익 또는 공공복리가 침해된다든지 또는 그 행정처분이 절차상 확인판단적·준사법적 성질을 가지거나 법률의 규정에 의하여 소송법적 확정력을 가지는 등과 같은 예외적인 사유가 없는 한, 일반적으로 당해 처분에 대한 불복신청이 없더라도 그 잘못을 시정하기 위하여 직권으로 이를 취소·변경할 수 있다(대판 1997.11.28. 97누11089).

2. 소송계속 중 제척기간이 만료된 경우에도 과세처분의 직권취소가 가능한지 여부(긍정)

구 국세기본법(1993. 12. 31. 법률 제4672호로 개정되기 전의 것) 제26조의2 제1항은 국세 부과의 제척기간을 규정하면서 법인세의 경우 원칙적으로 이를 5년으로 정하고 있는바, 같은 조 제2항에서 위 제1항 소정의 제척기간이 만료된 경우에도 과세처분에 대한 행정심판청구 또는 행정소송 등의 판결 또는 결정이 확정된 날로부터 1년이 경과하기 전까지는 당해 판결 또는 결정에 따른 경정결정 기타 필요한 처분을 할 수 있다고 규정하고 있음에 비추어 위 과세제척기간이 만료되면 과세권자로서는 새로운 결정이나 증액경정결정은 물론 감액경정결정 등 어떠한 처분도 할 수 없음이 원칙이라고 할 것이나, 납세자가 항고소송 등 불복절차를 통하여 당초의 과세처분을 다투고 있는 경우에 과세관청이 납세자의 불복내용의 전부 또는 일부를 받아울러 당초의 과세처분을 감액경정하거나 취소하는 것은 그 불복절차의 계속 중 언제든지 가능하다고 보아야 하며, 과세제척기간이 만료되었다는 이유 때문에 그러한 처분이 불가능하거나 위법하다고 해석할 것은 아니다(대판 2002.9.24. 2000두6657).

3. 판결이 확정된 날로부터 1년 이내에 새로운 결정, 증액경정결정의 가능성(부정)

구 국세기본법 제26조의2 제2항에 규정된 특례제척기간은, 같은 조 제1항에서 정한 과세제척기간이 일단 만료하면 과세권자는 새로운 결정이나 증액경정결정은 물론 감액경정결정 등 어떠한 처분도 할 수 없게 되는 결과, 과세처분에 대한 행정심판청구 또는 행정소송 등의 쟁송절차가 장기간 지연되어 그 결정 또는 판결이 과세제척기간이 지난 후에 행하여지는 경우 그 결정이나 판결에 따른 처분조차도 할 수 없게 되는 불합리한 사례가 발생하는 것을 방지하기 위하여 마련된 것임에 비추어 볼 때, 그 문언상 과세권자로서는 해당 판결 또는 결정에 따른 경정결정이나 그에 부수하는 처분만을 할 수 있을 뿐, 판결 또는 결정이 확정된 날로부터 1년 내라 하여 그 판결이나 결정에 따르지 아니하는 새로운 결정이나 증액경정결정까지도 할 수 있는 것은 아니다(대판 2020.8.20. 2017두30757).

4. 취소소송 진행 중 직권취소의 가능성(긍정)

변상금 부과처분에 대한 취소소송이 진행 중이라도 그 부과권자로서는 위법한 처분을 스스로 취소하고 그 하자를 보완하여 다시 적법한 부과처분을 할 수도 있는 것이다(대판 2006.2.10. 2003두5686). 〈17. 국가 9급〉, 〈18. 서울 7급〉

Winner's 상대방의 신청 : 직권취소 (×), 쟁송취소 (○)

(2) 차이점

구분	직권취소	쟁송취소
권한자	행정청(처분청 또는 감독청)	㉠ 심판취소: 행정청(행정심판위원회) ㉡ 소송취소: 법원
목적	행정작용의 위법성 시정	국민의 권익구제와 위법성 시정
사유	위법 또는 부당	㉠ 심판취소: 위법 또는 부당 ㉡ 소송취소: 위법
절차	「행정절차법」	㉠ 심판취소: 「행정심판법」 ㉡ 소송취소: 「행정소송법」
형식	제한 없음	엄격한 형식 필요
대상	주로 수익적 행위	주로 침익적 행위
적극적 변경	허용	㉠ 심판취소: 허용 ㉡ 소송취소: 불허용
기간	제한 없음	제한 있음
효과	원칙적 소급효	원칙적 소급효
불가변력	발생 ×	발생 ○

이의신청이 옳다고 하여 직권취소를 한 이후에 번복하는 것이 가능한지 여부(부정)

과세처분에 관한 이의신청절차에서 과세관청이 이의신청사유가 옳다고 인정하여 과세처분을 직권으로 취소한 이상 그 후 특별한 사유 없이 이를 번복하고 종전 처분을 되풀이하는 것은 허용되지 않는다(대판 2010.9.30. 2009두1020).

3. 취소권자

(1) 처분청

법치행정의 원칙상 처분은 적법해야 하므로 위법한 처분을 한 행정청은 당연히 취소권을 가진다. 무효인 처분을 취소하는 것도 그 처분을 한 행정청이 하여야 하고, 본래 처분권한이 있는 행정청이 하는 것이 아니다.

1. 처분 행정청은 위법한 행위를 취소할 수 있는지 여부(긍정)

행정처분에 하자가 있는 경우에는 법령에 특별히 취소사유로 규정하고 있지 아니하여도 행정청은 그가 행한 위법한 행정처분을 취소할 수 있다(대판 1982.7.27. 81누271).

2. 위법한 신체등위판정을 기초로 한 병역처분을 직권으로 취소할 수 있는지 여부(긍정)

행정처분을 한 처분청은 그 처분의 성립에 하자가 있는 경우 이를 취소할 별도의 법적 근거가 없다고 하더라도 직권으로 이를 취소할 수 있는바, 병역의무가 국가수호를 위하여 전 국민에게 과하여진 헌법상의 의무로서 그를 수행하기 위한 전제로서의 신체등위판정이나 병역처분 등은 공정성과 형평성을 유지하여야 함은 물론 그 면탈을 방지하여야 할 공익적 필요성이 매우 큰 점에 비추어 볼 때, 지방병무청장은 군의관의 신체등위판정이 금품수수에 따라 위법 또는 부당하게 이루어졌다고 인정하는 경우에는 그 위법 또는 부당한 신체등위판정을 기초로 자신이 한 병역처분을 직권으로 취소할 수 있다(대판 2002.5.28. 2001두9653).

3. 무효인 처분을 취소할 수 있는 권한이 당해 처분을 한 처분청인지 여부(긍정)

권한 없는 행정기관이 한 당연무효의 행정처분을 취소할 수 있는 권한은 당해 행정처분을 한 처분청에게 속하는 것이고, 당해 행정처분을 할 수 있는 적법한 권한을 가지는 행정청에게 그 취소권이 귀속되는 것이 아니라 할 것이다(대판 1984.10.10. 84누463). 〈19. 지방 9급〉〈24. 소방〉

(2) 감독청

감독권의 본질상 처분청에 대한 취소명령은 당연히 가능하다. 그러나 명문의 규정 없이 감독청 스스로 취소할 수 있을 것인지에 대해서는 ① 권한분배의 원칙은 상하기관에서도 적용된다는 것을 근거로 부정하는 견해(정하중), ② 감독권의 실효성 확보를 위해서 가능하다고 보는 견해(김동희)가 대립한다. 직권취소는 위법한 행위를 시정하는 것이므로 긍정하는 견해가 타당하다.

4. 취소사유

(1) 행정청의 착오로 인한 행위

수익적 행정행위가 착오로 발동된 경우에는 상대방의 신뢰보호 때문에 취소가 허용되지 않거나 제한된다.

(2) 상대방의 사기·강박·증수뢰에 의한 행위

행정처분이 상대방의 사기·강박·증수뢰 등을 이유로 발동된 경우에는 객관적으로 적법하다고 하더라도 동기에 위법이 있으므로 취소할 수 있다. 다만, 상대방에게 귀책사유가 있으면 신뢰보호 원칙은 적용될 수 없으나, 그 처분이 기속행위이고 다른 선택의 여지가 없었던 경우에는 직권취소의 예외사유가 될 수 있다.

> **직권취소의 예외사유에 대한 입증책임이 주장하는 측에 있는지 여부(긍정)**
> 행정처분의 성립과정에서 그 처분을 받아 내기 위한 뇌물이 수수되었다면 특별한 사정이 없는 한 그 행정처분에는 <u>직권취소사유가 있는 것으로 보아야 할 것이고</u>, 이러한 이유로 직권취소하는 경우에는 <u>처분 상대방 측에 귀책사유가 있기 때문에 신뢰보호의 원칙도 적용될 여지가 없다</u> 할 것이며, 다만 행정처분의 성립과정에서 뇌물이 수수되었다고 하더라도 <u>그 행정처분이 기속적 행정행위이고 그 처분의 요건이 충족되었음이 객관적으로 명백하여 다른 선택의 여지가 없었던 경우에는 직권취소의 예외가 될 수 있을 것이지만</u>, 그 경우 이에 대한 <u>입증책임은 이를 주장하는 측에게 있다</u>(대판 2003.7.22. 2002두11066).

(3) 부당한 행위

부당한 행위는 공익목적에 맞지 않는 행위로서, 광의의 하자에는 포함되어 직권취소나 심판취소의 대상이 된다.

5. 취소권의 근거

(1) 학설

필요설(=적극설)	직권취소는 주로 수익적 행위를 대상으로 소멸시킨다는 점에서 침익적 작용이므로 법적 근거가 필요하다는 견해이다.
불요설(=소극설)	위법한 행정행위는 법치행정의 원칙상 당연히 취소되어야 한다는 점에서 본처분 근거에 포함되어 있으므로 별도의 법적 근거가 필요 없다는 견해이다(통설, 판례).

> **법적 근거 없이 위법한 행위를 취소할 수 있는지 여부(긍정)**
> 행정처분에 하자가 있는 경우에는 <u>법령에 특별히 취소사유로 규정하고 있지 아니하여도</u> 행정청은 그가 행한 위법한 행정처분을 취소할 수 있다(대판 1982.7.27. 81누271).

(2) 실정법

「행정기본법」은 직권취소에 관하여 일반적 근거를 명시하고 있으므로 개별법에 근거가 없어도 철회할 수 있다. 〈23. 국가 9급〉

> 〈행정기본법〉 제18조(위법 또는 부당한 처분의 취소) ① 행정청은 위법 또는 부당한 처분의 전부나 일부를 소급하여 취소할 수 있다. 다만, 당사자의 신뢰를 보호할 가치가 있는 등 정당한 사유가 있는 경우에는 장래를 향하여 취소할 수 있다. 〈23. 소방〉, 〈24. 국가 9급〉

6. 취소권의 제한

(1) 수익적 행정행위

상대방의 신뢰보호와 법적 안정성을 이유로 취소가 제한되는 경우가 있다. 취소 자체가 허용되지 않는 경우(존속보호), 취소는 허용되지만 손실보상이 필요한 경우(보상보호), 취소의 소급효가 제한되는 경우(위법한 보조금 지원을 앞으로 거절하는 것) 등이 있다. 수익적 행정처분의 취소 제한에 관한 법리는 쟁송취소의 경우에는 적용되지 않는다. 〈25. 국가 9급〉

> 〈행정기본법〉 제18조(위법 또는 부당한 처분의 취소) ② 행정청은 제1항에 따라 당사자에게 권리나 이익을 부여하는 처분을 취소하려는 경우에는 취소로 인하여 당사자가 입게 될 불이익을 취소로 달성되는 공익과 비교·형량(衡量)하여야 한다. 다만, 다음 각 호의 어느 하나에 해당하는 경우에는 그러하지 아니하다.
> 1. 거짓이나 그 밖의 부정한 방법으로 처분을 받은 경우
> 2. 당사자가 처분의 위법성을 알고 있었거나 중대한 과실로 알지 못한 경우

(2) 침익적 행정행위

원칙	침익적 행정행위를 취소하는 것은 상대방에게 수익적이므로 자유롭게 할 수 있다.
예외	① 복효적 행정행위: 제3자의 신뢰보호를 위해서 취소가 제한될 수 있다. ② 사정판결: 중대한 공공복리를 위하여 취소가 제한될 수 있다. ③ 취소의무: 상대방의 권익보호를 위해서 취소해야만 하는 경우도 있다.

7. 취소의 절차

행정행위를 취소하는 것도 행정처분에 해당하므로 일반법인 「행정절차법」을 따라야 한다.

8. 취소의 효과

직권취소의 효과에 대해서는 ① 원시적 하자를 이유로 하므로 원칙적으로 소급효를 가진다는 견해(김동희), ② 상대방의 신뢰보호 때문에 원칙적으로 장래효를 가진다는 견해(김남진)가 대립하였으나, 현재 「행정기본법」은 소급효를 원칙으로 규정하고 있다(행정기본법 제18조 제1항).

> **이사취임승인취소처분을 직권으로 취소하면 이사의 지위가 소급하여 회복되는지 여부(긍정)**
> 행정처분이 취소되면 그 소급효에 의하여 처음부터 그 처분이 없었던 것과 같은 효과를 발생하게 되는바, 행정청이 의료법인의 이사에 대한 이사취임승인취소처분(제1처분)을 직권으로 취소(제2처분)한 경우에는 그로 인하여 이사가 소급하여 이사로서의 지위를 회복하게 되고, 그 결과 위 제1처분과 제2처분 사이에 법원에 의하여 선임결정된 임시이사들의 지위는 법원의 해임결정이 없더라도 당연히 소멸된다(대판 1997.1.21. 96누3401). 〈17. 국가 9급〉

9. 취소의 취소

(1) 문제점

행정행위를 직권으로 취소한 후 그 취소행위 자체에 하자가 있는 경우에 원(原)행정행위의 효력을 어떻게 부활시킬 것인지가 문제된다.

(2) 취소행위에 무효인 하자가 있는 경우

취소행위의 효력이 없으므로 원처분은 그대로 존속되어 취소 여부의 문제가 발생하지 않는다. 다만, 무효선언적 의미의 취소는 가능할 것이다.

(3) 취소행위에 취소인 하자가 있는 경우

① 학설

적극설(통설)	취소행위도 행정행위의 일종이므로, 하자의 일반이론에 따라 취소할 수 있다고 보는 견해이다.
소극설	취소행위에 취소인 하자가 있으면 일단 원처분의 효력을 소멸시킨 것이므로 원처분을 살리기 위해서는 원처분 자체를 다시 해야 하고, 취소행위를 취소할 수는 없다는 견해이다.

② 판례

수익적 행위	이해관계 있는 제3자가 생기기 전에 한하여 취소의 취소가 가능하다는 입장이다.
침익적 행위	취소의 취소를 부정하고, 원처분과 동일한 내용의 처분을 다시 행하여야 한다는 입장이다.

1. 광업허가의 취소행위에 취소인 하자가 있으면 취소처분을 취소할 수 있는지 여부(원칙적 긍정)

피고 상공부장관이 피고 보조참가인인 소외 안○○에게 광업권설정을 한 후, 광업법 제41조 제1항 소정의 기간 내에 사업에 착수하지 아니하였다는 이유로 광업권 설정을 취소하였고, 이후 원고가 같은 광구에 대하여 동종 광물의 광업권설정의 선출원을 하였는데, 피고가 안○○에 대한 광업권 취소처분을 다시 취소하여 광업권을 회복시켰다. … 일단 취소처분을 한 후에 새로운 이해간계인이 생기기 전에 취소처분을 취소하여 그 광업권을 회복시켰다면 모르되, 원고가 선출원을 적법히 함으로써, 이해관계인이 생긴 이 사건에서는 안○○의 광업권을 회복시킨 것은 원고의 선출원 권리를 침해하는 위법한 것이다(대판 1967.10.23. 67누126). 〈14. 서울 7급〉

2. 물품세 및 방위세 부과처분 취소행위에 취소인 하자가 있으면 취소처분을 취소할 수 있는지 여부(부정)

행정행위(과세처분)의 취소처분의 위법이 중대하고 명백하여 당연무효이거나, 그 취소처분에 대하여 소원 또는 행정소송으로 다툴 수 있는 명문규정이 있는 경우는 별론, 행정행위의 취소처분의 취소에 의하여 이미 효력을 상실한 행정행위를 소생시킬 수 없고, 그러기 위하여는 원행정행위와 동일내용의 행정행위를 다시 행할 수밖에 없다(대판 1979.5.8. 77누61). 〈11. 지방 9급〉, 〈14. 서울 7급〉

10. 일부취소

성립상 하자가 있어서 위법한 처분에 대해서 분리가능성이 있거나 처분대상의 일부가 특정될 수 있는 경우에는 일부취소도 가능하다.

국가유공자요건 비해당처분의 일부취소(긍정)

국가유공자 등 예우 및 지원에 관한 법률 제4조 제1항 제6호, 제6조의3 제1항, 제6조의4 등 관련 법령의 해석상, 여러 개의 상이에 대한 국가유공자 요건 비해당결정처분에 대한 취소소송에서 그중 일부 상이에 대해서만 국가유공자 요건이 인정될 경우에는 비해당결정처분 중 요건이 인정되는 상이에 대한 부분만을 취소하여야 하고, 비해당결정처분 전부를 취소할 것은 아니다(대판 2016.8.30. 2014두46034). 〈18. 지방 9급〉

2 행정행위의 철회

1. 의의

적법하게 성립한 행정행위를 행정청이 후발적 사유에 기하여 장래에 향하여 그 효력을 상실시키는 행정행위를 말한다. 실정법상으로는 취소라는 용어가 많이 사용되고 있으나, 「행정기본법」에서는 철회라는 용어를 사용하고 있다. 〈14. 서울 7급〉

> 〈행정기본법〉 제19조(적법한 처분의 철회) ① 행정청은 적법한 처분이 다음 각 호의 어느 하나에 해당하는 경우에는 그 처분의 전부 또는 일부를 장래를 향하여 철회할 수 있다. 〈23. 소방〉
> 1. 법률에서 정한 철회 사유에 해당하게 된 경우
> 2. 법령등의 변경이나 사정변경으로 처분을 더 이상 존속시킬 필요가 없게 된 경우
> 3. 중대한 공익을 위하여 필요한 경우
> ② 행정청은 제1항에 따라 처분을 철회하려는 경우에는 철회로 인하여 당사자가 입게 될 불이익을 철회로 달성되는 공익과 비교·형량하여야 한다. 〈24. 소방〉

Winner's 직권취소와 철회의 비교

구분	직권취소	철회
원인	원시적 하자	후발적 사유
효과	① 원칙적 소급효설 ② 원칙적 장래효설	원칙적 장래효
대상	주로 수익적 행위	주로 수익적 행위
목적	위법성 시정	장래의 공익실현
권한	행정청(처분청 또는 감독청)	행정청(처분청)
법적 근거	불요설(통설·판례)	불요설(통설·판례)

2. 철회권자

처분청	처분청은 처분을 할 권한이 있으므로 철회도 할 수 있다.
감독청	감독권의 행사로서 철회를 명령할 수 있으나, 적법한 처분을 대상으로 한다는 점에서 특별한 규정이 없는 한 직접 철회할 수는 없다.

Winner's 감독청의 권한 : 직권취소 (○), 철회 (×)

3. 철회권의 근거

(1) 학설

필요설(=철회부자유설, 적극설)	철회는 주로 수익적 행정행위를 대상으로 소멸시키는 것이므로 별도의 법적 근거가 필요하다는 견해이다.
불요설(=철회자유설, 소극설)	철회는 새로운 사정에 적응하기 위하여 소멸시키는 것이므로 별도의 법적 근거가 필요 없다는 견해이다(통설, 판례).

> **처분 후에 이를 취소할 별도의 법적 근거가 없어도 철회가 가능한지 여부(긍정)**
>
> 처분 당시에 그 행정처분에 별다른 하자가 없었고 또 그 처분 후에 이를 취소할 별도의 법적 근거가 없다 하더라도, 원래의 처분을 그대로 존속시킬 필요가 없게 된 사정변경이 생기거나 또는 중대한 공익상의 필요가 발생한 경우에는 별개의 행정행위로 이를 철회하거나 변경할 수 있다고 보아야 할 것이다(대판 1992.1.17. 91누3130).

(2) 실정법

「행정기본법」은 철회에 관하여 일반적 근거를 명시하고 있으므로 개별법에 근거가 없어도 철회할 수 있다. 〈20. 국가 9급〉

4. 철회사유

(1) 상대방의 의무위반 등

철회사유가 법령에 명시된 경우에 그 사유가 발생하면 철회할 수 있다.

> **음주운전이 개인택시운송사업면허의 철회사유가 되는지 여부(부정)**
>
> 1) 구 여객자동차운수사업법(2007. 7. 13. 법률 제8511호로 개정되기 전의 것) 제76조 제1항 제15호, 같은 법 시행령 제29조에는 관할관청은 개인택시운송사업자의 운전면허가 취소된 때에 그의 개인택시운송사업면허를 취소할 수 있도록 규정되어 있을 뿐 그에게 운전면허 취소사유가 있다는 사유만으로 개인택시운송사업면허를 취소할 수 있도록 하는 규정은 없으므로, 관할관청으로서는 비록 개인택시운송사업자에게 운전면허 취소사유가 있다 하더라도 그로 인하여 운전면허 취소처분이 이루어지지 않은 이상 개인택시운송사업면허를 취소할 수는 없다.
>
> 2) 개인택시운송사업자가 음주운전을 하다가 사망한 경우 그 망인에 대하여 음주운전을 이유로 운전면허 취소처분을 하는 것은 불가능하고, 음주운전은 운전면허의 취소사유에 불과할 뿐 개인택시운송사업면허의 취소사유가 될 수는 없으므로, 음주운전을 이유로 한 개인택시운송사업면허의 취소처분은 위법하다 (대판 2008.5.15. 2007두26001). 〈19. 국가 9급〉

(2) 중대한 공익상의 필요

예외적으로 중대한 공익상 필요가 있으면 철회할 수 있다. 다만, 상대방의 귀책사유가 아니므로 그로 인한 손실을 보상하여야 한다. 〈11. 국가 9급〉

(3) 부담의 불이행

부담 자체에 대한 강제집행 등으로 실효성을 확보할 수 없는 경우에는 부담이 부과된 행정행위 자체를 철회할 수 있다.

(4) 철회권의 유보

① 철회사유가 부가된 경우에는 그 사유가 발생하면 철회할 수 있고, ② 철회권만 부가된 경우에는 별도로 철회를 정당화할 수 있는 사유가 존재해야 철회할 수 있다.

(5) 사정변경

처분 후의 사정변경으로 행정행위의 존속이 공익을 심각하게 침해하는 경우에는 철회할 수 있다. 다만, 처분의 성질상 철회가 허용되지 않는 경우(⑩ 공무원의 임명, 귀화허가 등)도 있다. 사정변경의 철회의 경우에는 상대방에게 귀책사유가 없으므로 손실보상이 필요하다(⑩ 음식점영업허가를 한 후 인근에 주택가 또는 학교가 세워진 경우, 새로운 교육정책 기타 행정계획과 관련하여 기존의 허가·인가 등이 부합하지 않는 경우 등).

(6) 근거법령의 변경

처분 당시에는 적법한 것이었으나, 근거법령의 개정으로 위법하게 된 경우 철회할 수도 있다. 다만, 그로 인한 손실은 보상되어야 할 것이다.

5. 철회권의 제한

(1) 수익적 행정행위

철회로 인하여 상대방이 입게 될 불이익이 철회로 달성되는 공익보다 큰 경우에는 철회가 제한될 수도 있다.

(2) 침익적 행정행위

원칙	침익적 행정행위를 철회하면 상대방에게 수익적인 행위가 되므로 자유로이 철회할 수 있는 것이 원칙이다.
예외	① 제3자효 행정행위: 처분의 상대방에게는 침익적이지만, 제3자에게는 수익적인 행위라면 제3자의 신뢰보호를 위해서 철회가 제한될 수 있다. ② 기속행위: 행정행위를 철회하더라도 상대방이 처분요건을 갖추면 다시 동일한 행위를 반복하게 되므로 철회할 수 없다. ③ 기타: 법률의 명시적 규정이나 그 해석 또는 그 행위의 성질상 철회가 허용되지 않는 경우도 있다.

6. 철회의 절차

행정행위를 철회하는 것도 행정행위에 해당하므로 「행정절차법」을 따라야 한다.

7. 철회의 효과

원칙	철회는 후발적 사유에 의하여 그 효력을 상실시키는 것이므로 장래효를 가진다.
예외	소급효를 인정하지 않으면 행정목적을 달성할 수 없는 경우에는 소급효가 인정된다(⑩ 상대방의 의무위반으로 보조금지급결정을 취소하는 경우).

> 「영유아보육법」에 따른 평가인증 취소의 법적 성격(철회)
> 영유아보육법 제30조 제5항 제3호에 따른 평가인증의 취소는 평가인증 당시에 존재하였던 하자가 아니라 그 이후에 새로이 발생한 사유로 평가인증의 효력을 소멸시키는 경우에 해당하므로, 법적 성격은 평가인증의 '철회'에 해당한다. 그런데 행정청이 평가인증을 철회하면서 그 효력을 철회의 효력발생일 이전으로 소급하게 하면, 철회 이전의 기간에 평가인증을 전제로 지급한 보조금 등의 지원이 그 근거를 상실하게 되어 이를 반환하여야 하는 법적 불이익이 발생한다. 이는 장래를 향하여 효력을 소멸시키는 철회가 예정한 법적 불이익의 범위를 벗어나는 것이다. 이처럼 행정청이 평가인증이 이루어진 이후에 새로이 발생한 사유를 들어 영유아보육법 제30조 제5항에 따라 평가인증을 철회하

는 처분을 하면서도, 평가인증의 효력을 과거로 소급하여 상실시키기 위해서는, 특별한 사정이 없는 한 영유아보육법 제30조 제5항과는 별도의 법적 근거가 필요하다(대판 2018.6.28. 2015두58195).

8. 철회의 취소

취소의 취소 문제와 같은 논리로 파악된다.

9. 일부철회

(1) 허용성

가분성(可分性)이 있거나 처분 대상의 일부가 특정될 수 있으면 일부철회가 허용된다.

(2) 복수운전면허의 철회

학설	운전면허는 대인적 허가이므로 행정목적을 달성하기 위해서는 일부철회가 허용될 수 없고 전부철회야 한다(다수설).
판례	위반차량에 대한 운전면허를 철회한 경우 그 차량을 운전할 수 없으면 일부철회를 허용하는 경향이다. 다만, 일관된 입장은 아니다.

1. 운전면허의 일부 취소가 가능한지 여부(긍정)

한 사람이 여러 종류의 자동차 운전면허를 취득하는 경우뿐 아니라 이를 취소 또는 정지함에 있어서도 서로 별개의 것으로 취급하는 것이 원칙이고, 한 사람이 여러 종류의 자동차 운전면허를 취득하는 경우 1개의 운전면허증을 발급하고 그 운전면허증의 면허번호는 최초로 부여한 면허번호로 하여 이를 통합관리하고 있다고 하더라도, 이는 자동차 운전면허증 및 그 면허번호 관리상의 편의를 위한 것에 불과할 뿐 그렇다고 하여 여러 종류의 면허를 서로 별개의 것으로 취급할 수 없다거나 각 면허의 개별적인 취소 또는 정지를 분리하여 집행할 수 없는 것은 아니다. 외형상 하나의 행정처분이라 하더라도 가분성이 있거나 그 처분대상의 일부가 특정될 수 있다면 그 일부만의 취소도 가능하고 그 일부의 취소는 당해 취소부분에 관하여 효력이 생긴다고 할 것인바, 이는 한 사람이 여러 종류의 자동차 운전면허를 취득한 경우 그 각 운전면허를 취소하거나 그 운전면허의 효력을 정지함에 있어서도 마찬가지이다(대판 1995.11.16. 95누8850 전합).

2. 보통·대형 및 특수면허를 가지고 있는 자가 레이카크레인을 음주운전한 경우(일부 취소)

제1종 보통, 대형 및 특수면허를 가지고 있는 자가 레이카크레인을 음주운전한 행위는 제1종 특수면허의 취소사유에 해당될 뿐 제1종 보통 및 대형면허의 취소사유는 아니므로, 3종의 면허를 모두 취소한 처분 중 제1종 보통 및 대형면허에 대한 부분은 이를 이유로 취소하면 될 것이나, 제1종 특수면허에 대한 부분은 원고가 재량권의 일탈·남용하여 위법하다는 주장을 하고 있음에도, 원심이 그 점에 대하여 심리·판단하지 아니한 채 처분 전체를 취소한 조치는 위법하다(대판 1995.11.16. 95누8850 전합).

3. 보통·대형면허를 가진 자가 대형화물자동차를 운전하다가 교통사고를 낸 경우(일부 취소)

제1종 보통 운전면허와 제1종 대형 운전면허를 취득한 자가 대형화물자동차를 운전하다가 교통사고를 낸 것과 관련하여 행정청이 운전면허정지처분을 하면서 면허의 종별을 기재하지 않고

면허번호만을 특정한 경우 위 각 운전면허가 1개의 면허번호에 의하여 통합관리되고 있다고 하더라도 운전면허정지처분의 대상은 제1종 대형 운전면허에 국한되므로 제1종 보통 운전면허는 정지되지 않는다(대판 2000.9.26. 2000두5425).

4. 보통·대형면허를 가진 자가 시내버스를 운전면허정지기간 중에 운전한 경우(전부 취소)

자동차운전면허는 그 성질이 대인적 면허일 뿐만 아니라 도로교통법시행규칙 제26조 [별표 13의 6]에 의하면, 제1종 대형면허소지자는 제1종 보통면허 소지자가 운전할 수 있는 차량을 모두 운전할 수 있는 것으로 규정하고 있어, 제1종 대형면허의 취소에는 당연히 제1종 보통면허소지자가 운전할 수 있는 차량의 운전까지 금지하는 취지가 포함된 것이어서 이들 차량의 운전면허는 서로 관련된 것이라고 할 것이므로, 제1종 대형면허로 운전할 수 있는 차량을 운전면허정지기간 중에 운전한 경우에는 이와 관련된 제1종 보통면허까지 취소할 수 있다고 할 것이다(대판 2005.3.11. 2004두12452).

5. 보통·대형면허를 가진 자가 승용차를 음주운전한 경우(전부 취소)

자동차운전면허는 그 성질이 대인적 면허일 뿐만 아니라 도로교통법시행규칙 제26조 별표 14에 의하면, 제1종 대형면허 소지자는 제1종 보통면허로 운전할 수 있는 자동차와 원동기장치자전거를, 제1종 보통면허 소지자는 원동기장치자전거까지 운전할 수 있도록 규정하고 있어서 제1종 보통면허로 운전할 수 있는 차량의 음주운전은 당해 운전면허뿐만 아니라 제1종 대형면허로도 가능하고, 또한 제1종 대형면허나 제1종 보통면허의 취소에는 당연히 원동기장치자전거의 운전까지 금지하는 취지가 포함된 것이어서 이들 세 종류의 운전면허는 서로 관련된 것이라고 할 것이므로 제1종 보통면허로 운전할 수 있는 차량을 음주운전한 경우에 이와 관련된 면허인 제1종 대형면허와 원동기장치자전거면허까지 취소할 수 있는 것으로 보아야 한다(대판 1994.11.25. 94누9672).

6. 보통·대형·소형면허를 가진 자가 소형면허로 운전할 수 있는 이륜자동차를 음주운전한 경우(일부 취소)

이륜자동차로서 제2종 소형면허를 가진 사람만이 운전할 수 있는 오토바이는 제1종 대형면허나 보통면허를 가지고서도 이를 운전할 수 없는 것이어서 이와 같은 이륜자동차의 운전은 제1종 대형면허나 보통면허와는 아무런 관련이 없는 것이므로 이륜자동차를 음주운전한 사유만 가지고서는 제1종 대형면허나 보통면허의 취소나 정지를 할 수 없다(대판 1992.9.22. 91누8289). 〈18. 지방 9급〉

7. 보통·대형·특수면허를 가진 자가 12인승 승합자동차를 운전하다가 위반한 경우(일부 취소)

도로교통법 제68조 제6항의 위임에 따라 운전면허를 받은 사람이 운전할 수 있는 자동차 등의 종류를 규정하고 있는 도로교통법시행규칙 제26조 [별표 14]에 의하면 제1종 보통, 제1종 대형, 제1종 특수자동차운전면허 소유자가 운전한 12인승 승합자동차는 제1종 보통 및 제1종 대형자동차운전면허로는 운전이 가능하나 제1종 특수자동차운전면허로는 운전할 수 없으므로, 위 운전자는 자신이 소지하고 있는 자동차운전면허 중 제1종 보통 및 제1종 대형자동차운전면허만으로 운전한 것이 되어, 제1종 특수자동차운전면허는 위 승합자동차의 운전과는 아무런 관련이 없고, 또한 위 [별표 14]에 의하면 추레라와 레이카는 제1종 특수자동차운전면허를 받은 자만이 운전할 수 있어 제1종 보통이나 제1종 대형자동차운전면허의 취소에 제1종 특수자동차운전면허로 운전할 수 있는 자동차의 운전까지 금지하는 취지가 당연히 포함되어 있는 것은 아니다(대판 1998.3.24. 98두1031).

8. 보통·대형 면허를 가진 자가 배기량 400cc의 오토바이를 절취한 경우(일부 취소)

1) 한 사람이 여러 종류의 자동차운전면허를 취득하는 경우뿐 아니라 이를 취소 또는 정지하는 경우에도 서로 별개의 것으로 취급하는 것이 원칙이고, 다만 취소사유가 특정 면허에 관한 것이 아니고 다른 면허와 공통된 것이거나 운전면허를 받은 사람에 관한 것일 경우에는 여러 면허를 전부 취소할 수도 있다.
〈18. 지방 9급〉

2) 제1종 대형, 제1종 보통 자동차운전면허를 가지고 있는 갑이 배기량 400cc의 오토바이를 절취하였다는 이유로 지방경찰청장이 도로교통법 제93조 제1항 제12호에 따라 갑의 제1종 대형, 제1종 보통 자동차운전면허를 모두 취소한 사안에서, 도로교통법 제93조 제1항 제12호, 도로교통법 시행규칙 제91조 제1항 [별표 28] 규정에 따르면 그 취소사유가 훔치거나 빼앗은 해당 자동차 등을 운전할 수 있는 특정 면허에 관한 것이며, 제2종 소형면허 이외의 다른 운전면허를 가지고는 위 오토바이를 운전할 수 없어 취소사유가 다른 면허와 공통된 것도 아니므로, 갑이 위 오토바이를 훔친 것은 제1종 대형면허나 보통면허와는 아무런 관련이 없어 위 오토바이를 훔쳤다는 사유만으로 제1종 대형면허나 보통면허를 취소할 수 없다(대판 2012.5.24. 2012두1891).

9. 보통, 대형, 특수, 소형 면허를 가진 자가 125cc 이륜자동차를 음주운전 한 경우(전부 취소)

갑이 혈중알코올농도 0.140%의 주취상태로 배기량 125cc 이륜자동차를 운전하였다는 이유로 관할 지방경찰청장이 갑의 자동차운전면허[제1종 대형, 제1종 보통, 제1종 특수(대형견인·구난), 제2종 소형]를 취소하는 처분을 한 사안에서, 갑에 대하여 제1종 대형, 제1종 보통, 제1종 특수(대형견인·구난) 운전면허를 취소하지 않는다면, 갑이 각 운전면허로 배기량 125cc 이하 이륜자동차를 계속 운전할 수 있어 실질적으로는 아무런 불이익을 받지 않게 되는 점, 갑의 혈중알코올농도는 0.140%로서 도로교통법령에서 정하고 있는 운전면허 취소처분 기준인 0.100%를 훨씬 초과하고 있고 갑에 대하여 특별히 감경해야 할 만한 사정을 찾아볼 수 없는 점, 갑이 음주상태에서 운전을 하지 않으면 안 되는 부득이한 사정이 있었다고 보이지 않는 점, 처분에 의하여 달성하려는 행정목적 등에 비추어 볼 때, 처분이 사회통념상 현저하게 타당성을 잃어 재량권을 남용하거나 한계를 일탈한 것이라고 단정하기에 충분하지 않음에도, 이와 달리 위 처분 중 제1종 대형, 제1종 보통, 제1종 특수(대형견인·구난) 운전면허를 취소한 부분에 재량권을 일탈·남용한 위법이 있다고 본 원심판단에 재량권 일탈·남용에 관한 법리 등을 오해한 위법이 있다(대판 2018.2.28. 2017두67476).

Winner's 복수운전면허에 대한 일부 취소 또는 철회

일부	① 보통·대형면허를 가진 자가 대형화물자동차를 운전하다가 교통사고를 낸 경우 ② 보통·대형·소형면허를 가진 자가 소형면허로 운전할 수 있는 이륜자동차를 음주운전 한 경우 ③ 보통·대형 면허를 가진 자가 배기량 400cc의 오토바이를 절취한 경우 ④ 보통·대형·특수면허를 가진 자가 12인승 승합자동차를 운전하다가 위반한 경우 ⑤ 보통·대형 및 특수면허를 가지고 있는 자가 레이카크레인을 음주운전 한 경우
전부	① 보통·대형면허를 가진 자가 시내버스를 운전면허정지기간 중에 운전한 경우 ② 보통·대형면허를 가진 자가 승용차를 음주운전 한 경우 ③ 보통, 대형, 특수, 소형 면허를 가진 자가 125cc 이륜자동차를 음주운전 한 경우

3 행정행위의 실효(失效)

1. 의의

적법하게 성립한 행정행위가 후발적 사유에 의하여 그 효력이 장래에 향하여 소멸되는 것을 말한다. ⟨14. 서울 7급⟩

2. 구별

(1) 무효

무효는 처음부터 아무런 효력이 없는 것이나, 실효는 후발적으로 효력이 없어지는 것이라는 점에서 구별된다.

(2) 직권취소·철회 ⟨18. 서울 9급⟩

직권취소나 철회는 본래 행정행위와 별개의 행정행위로 처분의 효력을 소멸시키는 것인데, 실효는 일정한 사유의 발생에 따라 당연소멸한다는 점에서 구별된다.

> **Winner's** 행정행위의 존재 : 취소 (○), 철회 (○), 실효 (×)

3. 사유

원칙	행정행위는 ① 그 대상이 되는 사람이 사망하거나 물건이 소멸한 경우, ② 행정행위가 목적을 달성한 경우, ③ 해제조건이 성취되거나 종기가 도래한 경우 등으로 실효된다.
예외	종기가 도래한 경우에도 그 기간이 지나치게 짧은 경우에는 행정행위의 효력 존속기간이 아니라 조건의 개정기간으로 보는 경우도 있다.

4. 효과

행정행위가 실효되면 그때부터 장래에 향하여 효력이 당연 소멸되는 것이고, 별개의 행정행위는 필요하지 않게 된다.

> **영업을 폐업한 경우 영업허가가 당연실효되는지 여부(긍정)**
> 청량음료 제조업허가는 신청에 의한 영업이고, 원고가 그 영업을 폐업한 경우에는 그 영업허가는 당연 실효된다(대판 1981.7.14. 80누593).

5. 실효의 주장

실효된 행정행위는 아무런 효력이 없으므로 누구든지 그 실효를 자유로이 주장할 수 있다. 그러나 현실적으로는 해제조건의 성취나 행정행위의 목적달성 여부 등에 대해 다툼이 있는 경우가 있을 수 있으므로, 그 법적 불안정을 해소하기 위해서는 실효확인소송이나 유효확인소송을 제기하여 그 실효 여부나 유효 여부를 확인받을 필요가 있을 것이다.

> **폐업한 유기장영업허가 취소처분의 취소를 청구할 소익이 있는지 여부(부정)**
> 구 유기장법(1981. 4. 13. 법률 제3441호로 개정되기 전의 것)상 유기장의 영업허가는 대물적 허가로서 영업장소의 소재지와 유기시설 등이 영업허가의 요소를 이루는 것이므로, 영업장소에 설치되어

있던 유기시설이 모두 철거되어 허가를 받은 영업상의 기능을 더 이상 수행할 수 없게 된 경우에는 이미 당초의 영업허가는 허가의 대상이 멸실된 경우와 마찬가지로 그 효력이 당연히 소멸되는 것이고, 또 유기장의 영업허가는 신청에 의하여 행하여지는 처분으로서 허가를 받은 자가 영업을 폐업할 경우에는 그 효력이 당연히 소멸되는 것이니, 이와 같은 경우 허가행정청의 허가취소처분은 허가가 실효되었음을 확인하는 것에 지나지 않는다고 보아야 할 것이므로, 유기장의 영업허가를 받은 자가 영업장소를 명도하고 유기시설을 모두 철거하여 매각함으로써 유기장업을 폐업하였다면 영업허가 취소처분의 취소를 청구할 소의 이익이 없는 것이라고 볼 수 있다(대판 1990.7.13. 90누2284).

제3장 | 기타 행정작용

제1절 / 행정계획

1 서설

1. 의의

행정주체가 장래 일정기간 내에 도달하고자 하는 목표를 설정하고 그를 위하여 필요한 수단들을 조정하고 통합하는 작용(Planung) 또는 그 결과로 설정된 활동기준(Plan)이라는 견해(광의설)가 다수설이다. 행정과 국민 간의 매개적 기능을 수행한다. 〈12. 지방 9급〉

> **Winner's** 행정계획 : 수단의 개별화 (×), 수단의 종합화 (○)

2. 필요성

행정계획이라는 작용형식은 이전부터 존재해 온 것이나, 최근에 그 중요성이 부각되었다. 그 이유는 ① 국가기능이 소극적 질서유지에서 적극적 공공복리의 실현으로 확대되었고(국가기능의 변화), ② 다양한 행정수요를 충족시킬 수 있는 가용자원이 불충분하며(다양한 행정수요에 대한 효율적 대응의 필요성), ③ 계획책정을 위한 과학기술 등 전제조건이 향상되었기 때문이다.

2 행정계획의 종류

1. 대상 범위에 의한 분류

전체계획	종합적·전반적인 사업에 관한 계획이다(⑩ 국토종합계획, 장기경제계획 등 전략적 계획).
부문별 계획	특정의 개별적인 사업에 관한 계획이다(⑩ 도시·군계획, 교육계획 등 전술적 계획).

2. 계획기간에 의한 분류

행정계획은 그 기간에 따라 장기계획·중기계획·단기계획 등이 있다.

3. 책정수준에 의한 분류

다른 계획의 기준이 되는지 여부에 따른 구별로서 상위계획·하위계획 등이 있다(⑩ 국토이용계획 → 도시기본계획 → 도시관리계획).

4. 형식에 의한 분류

행정계획은 법률 형식, 예산 형식, 명령 또는 조례 형식, 행정행위 형식 등 다양한 형식으로 책정된다. 〈13. 지방 9급〉

5. 구속력에 의한 분류

(1) 비구속적 계획

① 단순정보제공적 계획: 구체적인 목표나 구속력을 가짐이 없이 장래의 경제·사회발전의 추세 내지 전망 등을 담은 계획을 말한다. 이는 관련행정기관이나 국민에 대해 필요한 자료나 정보 등을 제공한다(예 백서).

② 향도적(嚮導的) 계획: 직접적인 법적 구속력은 없으나, 조세특혜조치·보조금지급 등의 수익적 조치나 그 반대의 불이익조치를 예정하여 관계자로 하여금 이를 따르도록 유도하기 위한 계획이다(예 산아제한을 내용으로 하는 인구계획, 비권력적 도시정비계획).

(2) 구속적 계획(명령적 계획)

① 대내 구속적 계획: 행정기관 및 다른 계획에 대하여 구속력을 가지는 계획이다(예 도시기본계획, 예산운용계획 등).

② 대외 구속적 계획: 국민을 직접 구속하는 계획으로서 처분성을 가진다(예 도시관리계획, 문화재보호구역 지정행위, 폐기물처리시설 설치계획 등).

Winner's 처분성 : 구속적 계획 (△), 비구속적 계획 (×)

상세계획에 위반되는 신고 수리거부(적법)

이 사건 토지에 관한 상세계획은 관계 법령에 의하여 최종적으로 국토의 계획 및 이용에 관한 법률에 정한 제1종 지구단위계획이 결정된 것으로 보게 되었는데, 이 사건 상세계획에 따라 이 사건 토지에는 택지개발촉진법 시행령 제2조 제2호에 규정된 시설만을 설치할 수 있는 점을 비롯한 관계 법령, 이 사건 지침의 취지를 종합하면, 택지개발지구 내의 토지는 택지개발촉진법령에 맞게 이용되어야 하는 것이며, 토지의 이용은 그 지상 건축물의 용도와 밀접하게 관련되어 있고 택지개발촉진법령이 용지를 분류하면서 그 지상 건축물의 종류를 명시하고 있어 택지개발촉진법령상 토지의 이용분류에 의해 그 지상 건축물의 용도도 제한을 받는다고 할 것이어서, 택지개발지구 내의 토지 및 그 지상 건축물은 택지개발사업계획 단계에서뿐만 아니라 사업의 준공 이후에도 택지개발지구 내의 토지의 이용 및 그 지상 건축물의 용도에 관하여 택지개발계획의 승인권자가 최종 승인한 상세계획에 따라 이용 및 관리되어야 할 것이고, 이와 같이 승인된 상세계획을 변경 승인하는 절차를 거치지 아니하는 이상 임의로 상세계획에 반하는 토지 및 그 지상 건축물의 용도를 변경할 수는 없으므로, 판매시설인 이 사건 건물을 일반목욕장의 용도로 변경하기 위하여 필요한 이 사건 상세계획 승인권자의 변경 승인이 있었음을 인정할 아무런 증거가 없는 이 사건에서, 피고가 원고의 영업신고를 수리하지 아니하고 영업소를 폐쇄한 이 사건 처분은 적법하다고 판단하였다(대판 2008.3.27. 2006두3742). 〈16. 사회복지 9급〉, 〈17. 지방 9급(12월)〉

3 행정계획의 법적 성질

1. 문제점

행정계획은 전통적 작용형식(⑩ 법률, 법규명령, 행정규칙, 행정행위, 사실행위)으로 하는 것이 원칙이나, 특정한 계획을 고유한 형식으로 하면서 구속적 계획인 경우에는 처분성을 가지는지가 문제된다.

> **Winner's** 처분성 인정 여부가 문제되는 영역 : 전통 형식 (×), 고유 형식 (○)

2. 학설

입법행위설	행정계획은 국민의 자유와 권리에 관련되는 일반·추상적인 규범의 정립작용에 불과하므로 처분성이 없다는 견해이다.
행정행위설	행정계획 중에는 법률관계를 구체적으로 변동시키는 성질이 있으며, 처분성이 있다는 견해이다.
복수성질설 (통설)	행정계획에는 여러 가지가 있으므로 법규명령처럼 처분성이 부정되는 것도 있고, 행정행위처럼 처분성이 인정되는 것도 있다는 견해이다(김동희, 김남진).
독자성설	행정계획은 법규범도 아니고 행정행위도 아닌 특수한 성질의 것이지만 처분성이 인정된다는 견해이다.

3. 판례

복수성질설에 따라 행정계획의 법적 성질을 개별적으로 판단한다. 구 「도시계획법」상 도시계획은 도시계획결정이 고시 또는 공고되면 관계법률과 결합하여 현상유지의무 등 각종의 권리제한의 효과를 가져오므로 처분성을 긍정하였으나, 도시기본계획은 도시계획의 지침에 불과한 것으로서 처분성을 부정하였다.

> 1. 도시계획결정의 처분성(긍정)
>
> 도시계획법 제12조 소정의 도시계획결정이 고시되면 도시구역 안의 토지나 건물소유자의 토지형질변경, 건축물의 신축·개축 또는 증축 등 권리행사가 제한을 받게 되는바, 이런 점에서 볼 때 고시된 도시계획결정은 특정개인의 권리 내지 법률상의 이익을 개별적·구체적 효과를 가져오게 하는 행정청의 처분이라 할 것이고, 이는 행정소송의 대상이 된다(대판 1982.3.9. 80누105).
>
> ⇒ 현행법에서는 도시·군관리계획으로 변경된다.
>
> 2. 도시기본계획의 처분성(부정)
>
> 구 도시계획법(1999. 2. 8. 법률 제5898호로 개정되기 전의 것) 제10조의2, 제16조의2, 같은 법 시행령 (1999. 6. 16. 대통령령 제16403호로 개정되기 전의 것) 제7조, 제14조의2의 각 규정을 종합하면, 도시기본계획은 도시의 기본적인 공간구조와 장기발전방향을 제시하는 종합계획으로서 그 계획에는 토지이용계획, 환경계획, 공원 녹지계획 등 장래의 도시개발의 일반적인 방향이 제시되지만, 그 계획은 도시계획입안의 지침이 되는 것에 불과하여 일반 국민에 대한 직접적인 구속력은 없는 것이다(대판 2002.10.11. 2000두8226). 〈19. 서울 7급〉〈24. 국가 9급〉

3. 도시기본계획의 행정청에 대한 구속력(부정)

구 도시계획법(2002. 2. 4. 법률 제6655호 국토의 계획 및 이용에 관한 법률 부칙 제2조로 폐지) 제19조 제1항 및 도시계획시설결정 당시의 지방자치단체의 도시계획조례에서는, 도시계획이 도시기본계획에 부합되어야 한다고 규정하고 있으나, **도시기본계획은 도시의 장기적 개발방향과 미래상을 제시하는 도시계획 입안의 지침이 되는 장기적·종합적인 개발계획으로서 행정청에 대한 직접적인 구속력은 없다**(대판 2007.4.12. 2005두1893).

〈18. 국가 7급〉

4. 농어촌도로기본계획의 처분성(부정)

구 농어촌도로정비법(1997. 12. 13. 법률 제5454호로 개정되기 전의 것) 제6조에 의한 **농어촌도로기본계획은** 군수가 시도·군도 이상의 도로를 기간으로 관할구역 안의 도로에 대한 장기개발방향의 지침을 정하기 위하여 내무부장관의 승인을 받아 고시하는 계획으로서, 그에 후속되는 농어촌도로정비계획의 근거가 되는 것일 뿐 그 자체로 국민의 권리·의무를 개별적·구체적으로 규제하는 효과를 가지는 것은 아니므로, **이는 항고소송의 대상이 되는 행정처분에 해당한다고 할 수 없다**(대판 2000.9.5. 99두974).

5. 관리처분계획의 처분성(긍정)

분양신청 후에 정하여진 관리처분계획의 내용에 관하여 다툼이 있는 경우에는 그 **관리처분계획은 토지 등의 소유자에게 구체적이고 결정적인 영향을 미치는 것으로서 조합이 행한 처분에 해당하므로 항고소송에 의하여 관리처분계획 또는 그 내용인 분양 거부처분 등의 취소를 구할 수 있다**(대판 1996.2.15. 94다31235 전합).

〈국토의 계획 및 이용에 관한 법률〉

제36조(용도지역의 지정) ① 국토교통부장관, 시·도지사 또는 대도시 시장은 다음 각 호의 어느 하나에 해당하는 용도지역의 지정 또는 변경을 도시·군관리계획으로 결정한다.

제76조(용도지역 및 용도지구에서의 건축물의 건축 제한 등) ① 제36조에 따라 지정된 용도지역에서의 건축물이나 그 밖의 시설의 용도·종류 및 규모 등의 제한에 관한 사항은 대통령령으로 정한다.

Winner's 행정계획의 처분성

긍정	부정
① 구 「도시계획법」상 도시계획	① 구 「도시계획법」상 도시기본계획
② 관리처분계획	② 농어촌도로기본계획

4. 검토

행정계획은 그 형식이 다양하고 내용도 다양하므로 개별 행정계획마다 검토하는 복수성질설이 타당하다.

4 행정계획의 적법요건

1. 주체

행정계획은 정당한 권한을 가진 행정청이 그 권한의 범위 내에서 정상적인 의사에 따라 수립하여야 한다.

> **권한 없는 자가 한 양립 불가능한 도시계획결정의 효력(무효)**
>
> 도시계획의 결정·변경 등에 관한 권한을 가진 행정청은 이미 도시계획이 결정·고시된 지역에 대하여도 다른 내용의 도시계획을 결정·고시할 수 있고, 이때에 후행 도시계획에 선행도시계획과 서로 양립할 수 없는 내용이 포함되어 있다면 특별한 사정이 없는 한 선행 도시계획은 후행 도시계획과 같은 내용으로 변경되는 것이나, 후행 도시계획의 결정을 하는 행정청이 선행 도시계획의 결정·변경 등에 관한 권한을 가지고 있지 아니한 경우에 선행 도시계획과 서로 양립할 수 없는 내용이 포함된 후행 도시계획결정을 하는 것은 아무런 권한 없이 선행 도시계획결정을 폐지하고 양립할 수 없는 새로운 내용이 포함된 후행 도시계획결정을 하는 것으로서, 선행 도시계획결정의 폐지부분은 권한 없는 자에 의하여 행해진 것으로서 무효이고, 같은 대상지역에 대하여 선행 도시계획결정이 적법하게 폐지되지 아니한 상태에서 그 위에 다시 한 후행 도시계획결정 역시 위법하고, 그 하자는 중대하고도 명백하여 다른 특별한 사정이 없는 한 무효라고 보아야 한다(대판 2000.9.8. 99두11257). 〈17. 서울 7급〉
>
> **Winner's** 무권한자의 양립 불가능한 계획의 효력 : 유효 (×), 무효 (○)

2. 내용

(1) 근거

구속적 행정계획은 법률의 근거가 있어야 하고, 비구속적 계획은 그러하지 않다. 다만, 수권의 내용은 명확하고 구체적이어야 하지만, 그 내용을 구체적으로 명시하기 어려운 문제점이 있다.

Winner's 행정계획의 법적 근거 : 구속적 계획 (○), 비구속적 계획 (×)

(2) 한계

행정계획도 행정작용의 하나이므로 법률우위원칙을 준수하여야 할 것이다. 따라서 성문법 또는 행정법의 일반원칙을 준수해야 한다.

3. 절차

행정계획은 다수의 이해관계인이 존재하고 그 효과가 장기적이므로 법정의 절차를 거쳐서 수립하여야 하고, 예측가능성을 보장하기 위하여 공고하는 것이 보통이다(⑩ 각종 심의회의 조사·심의, 관계행정기관 간의 조정, 이해관계인의 참여, 행정예고, 지방자치단체의 참가, 공고 등).

> **도시관리계획에 포함되지 않은 토지가 후속 계획에 표시된 경우(무효)**
>
> 도시관리계획결정·고시와 그 도면에 특정 토지가 도시관리계획에 포함되지 않았음이 명백한데도 도시관리계획을 집행하기 위한 후속 계획이나 처분에서 그 토지가 도시관리계획에 포함된 것처럼 표시되어 있는 경우가 있다. 이것은 실질적으로 도시관리계획결정을 변경하는 것에 해당하여 구 국토의 계획 및 이용에 관한 법률(2009. 2. 6. 법률 제9442호로 개정되기 전의 것) 제30조 제5항에서 정한 도시관리계획 변경절차를 거치지 않는 한 당연무효이다(대판 2019.7.11. 2018두47783). 〈21. 지방 7급〉

4. 형식

행정계획의 형식에 관해서 일반적으로 명시된 규정은 없으므로 개별법이 정하는 형식을 위반하면 위법하다.

5 행정계획의 효력

1. 효력발생요건

(1) 행정계획을 전통적 작용형식으로 하는 경우

그 형식에 따라 효력을 발생하므로 법률형식인 경우에는 공포가 필요하고, 처분형식인 경우에는 통지 또는 공고가 필요하다.

(2) 행정계획을 고유한 형식으로 하는 경우

개별법이 정하는 요건을 충족해야 한다. 보통 고시를 효력발생요건으로 한다.

> **Winner's** 행정작용 효력요건 : 법률 (공포), 처분 (통지 또는 공고), 행정계획 (고시)

고시하지 아니한 도시계획결정의 효력(무효)

구 도시계획법(1971. 1. 19. 법률 제2291호로 개정되기 전의 것) 제7조가 도시계획결정 등 처분의 고시를 도시계획구역, 도시계획결정 등의 효력발생요건으로 규정하였다고 볼 것이어서, 건설부장관 또는 그의 권한의 일부를 위임받은 서울특별시장, 도지사 등 지방장관이 기안·결재 등의 과정을 거쳐 정당하게 도시계획결정 등의 처분을 하였다고 하더라도, 이를 관보에 게재하여 고시하지 아니한 이상 대외적으로는 아무런 효력도 발생하지 아니한다(대판 1985.12.10. 85누186). 〈12. 지방 9급〉

2. 행정계획의 집중효(集中效)

(1) 의의

행정계획이 청문 등 일련의 절차를 거쳐 확정되는 경우에는 그 행정계획의 수행에 필요한 다른 행정청의 인·허가 등을 대체하여 그 인·허가를 받은 것으로 보는 효력을 말한다.

(2) 인정이유

사업절차를 간소화하여 그 사업을 촉진하기 위한 것이다. 독일 행정법상 계획확정절차에 인정되는 효과의 하나이다.

(3) 인정요건

집중효는 다른 행정청의 권한을 침해하게 되므로 반드시 법률에 명시적 근거가 있어야 한다.

(4) 현행법상 채택 여부

우리나라에서는 행정계획을 수립, 확정하는 절차에 관한 일반적 규정이 없으므로 집중효가 없다는 견해(김동희)도 있으나, 인·허가 의제❶제도의 일종으로 파악하여 채택되어 있다는 견해가 종래의 다수설이다.

> **용어설명** ❶ 의제(擬制) : 성질이 다른 것을 동일한 것으로 간주하여 같은 효과를 부여하는 것

3. 인·허가 의제제도

(1) 의의

하나의 인·허가(=주된 인·허가)를 받으면 법률로 정하는 바에 따라 그와 관련된 여러 인허가(=관련 인허가)를 받은 것으로 보는 것을 말한다(행정기본법 제24조 제1항). 「행정기본법」은 인허가 의제제도에 관하여 규정하고 있다(2023.3.24. 시행).

(2) 집중효와의 구별

집중효 제도와 인허가 의제제도는 다른 행정청의 권한을 침해한다는 점에서 명시적 근거가 있어야 한다는 점에는 공통된다. 다만 인허가 의제제도는 집중효와 달리 행정계획에 한정되지 않으며, 관련 법률에서 열거된 인허가에 한정된다는 점에서 구별된다.

Winner's 집중효 제도와 인·허가 의제제도의 구별

[구분]	집중효	인·허가 의제
주된 행위	행정계획으로 한정된다.	행정계획에 한정되지 않는다.
의제되는 행위	관련되는 인·허가를 모두 포함한다.	관계법률에서 열거된 인·허가에 한정된다.
절차	청문 등 절차가 필요하다.	계획확정절차에 상응하는 절차가 없다.

(3) 실체적 요건

주된 인·허가와 의제되는 인허가의 실체적 요건은 모두 갖추어야 한다. 판례에 의하면, 의제되는 인허가가 실체적 요건을 갖추지 못한 경우 주된 인허가를 거부할 수 있으며, 의제되는 인허가의 효력만 부인하는 것도 가능하다고 본다.

> 1. 공유수면점용불허가사유로 채광계획인가를 거부할 수 있는지 여부(긍정)
> 구 광업법(1999. 2. 8. 법률 제5893호로 개정되기 전의 것) 제47조의2 제5호에 의하여 **채광계획인가를 받으면 공유수면 점용허가를 받은 것으로 의제되고**, 이 공유수면 점용허가는 공유수면관리청이 공공 위해의 예방 경감과 공공복리의 증진에 기여함에 적당하다고 인정하는 경우에 그 자유재량에 의하여 허가의 여부를 결정하여야 할 것이므로, 공유수면 점용허가를 필요로 하는 채광계획 인가신청에 대하여도, **공유수면 관리청이 재량적 판단에 의하여 공유수면 점용을 허가 여부를 결정할 수 있고, 그 결과 공유수면 점용을 허용하지 않기로 결정하였다면, 채광계획 인가관청은 이를 사유로 하여 채광계획을 인가하지 아니할 수 있는 것이다**(대판 2002.10.11. 2001두151). 〈14·16. 국회 8급〉
>
> 2. 개발행위허가 요건을 갖추지 못한 경우, 공장설립 등의 승인을 거부할 수 있는지 여부(긍정)
> 산업집적활성화 및 공장설립에 관한 법률(이하 '산업집적법'이라고 한다)에 의하면, **공장건축면적이 500㎡ 이상인 공장의 설립 등을 하려는 자는 시장·군수 또는 구청장의 승인을 받아야 하고**(제13조 제1항), 공장설립 등의 승인을 할 때 관계 행정기관의 장과 협의한 사항에 대하여는 해당 공장과 진입로 부지에 대한 국토의 계획 및 이용에 관한 법률(이하 '국토계획법'이라고 한다) 제56조 제1항에 따른 개발행위허가 등을 받은 것으로 의제된다(제13조의2 제1항 제5호). … 이러한 규정들을 종합하면, **공장설립 등의 승인이 개발행위허가 요건을 갖추지 못한 경우 행정청은 이를 이유로 공장설립 등의 승인을 거부할 수 있다**(대판 2018.4.12. 2017두71789).

3. 주된 인허가의 효력을 유지하면서 의제된 인허가만 취소할 수 있는지(긍정)

중소기업창업법 제35조 제1항의 인허가의제 조항은 창업자가 신속하게 공장을 설립하여 사업을 개시할 수 있도록 창구를 단일화하여 의제되는 인허가를 일괄 처리하는 데 입법 취지가 있다. 위 규정에 의하면 사업계획승인권자가 관계 행정기관의 장과 미리 협의한 사항에 한하여 승인 시에 그 인허가가 의제될 뿐이고, 해당 사업과 관련된 모든 인허가의제 사항에 관하여 일괄하여 사전 협의를 거쳐야 하는 것은 아니다. 업무처리지침 제15조 제1항은 협의가 이루어지지 않은 인허가사항을 제외하고 일부만을 승인할 수 있다고 규정함으로써 이러한 취지를 명확히 하고 있다. … 사업계획승인으로 의제된 인허가는 통상적인 인허가와 동일한 효력을 가지므로, 그 효력을 제거하기 위한 법적 수단으로 의제된 인허가의 취소나 철회가 허용될 필요가 있다(대판 2018.7.12. 2017두48734). 〈22. 지방 7급〉

(4) 절차적 요건

① 서류제출 : 인허가 의제를 받으려면 주된 인허가를 신청할 때 관련 인허가에 필요한 서류를 함께 제출하여야 한다. 다만, 불가피한 사유로 함께 제출할 수 없는 경우에는 주된 인허가 행정청이 별도로 정하는 기한까지 제출할 수 있다(행정기본법 제24조 제2항).

인허가의제 처리를 신청할 의무가 있는지 여부(부정)
어떤 인허가의 근거 법령에서 절차간소화를 위하여 관련 인허가를 의제 처리할 수 있는 근거 규정을 둔 경우에는, 사업시행자가 인허가를 신청하면서 하나의 절차 내에서 관련 인허가를 의제 처리해줄 것을 신청할 수 있다. 관련 인허가 의제 제도는 사업시행자의 이익을 위하여 만들어진 것이므로, 사업시행자가 반드시 관련 인허가 의제 처리를 신청할 의무가 있는 것은 아니다(대판 2020.7.23. 2019두31839). 〈24. 국가 7급〉, 〈25. 국가 9급〉

② 협의 : 주된 인허가 행정청은 주된 인허가를 하기 전에 관련 인허가에 관하여 미리 관련 인허가 행정청과 협의하여야 한다(행정기본법 제24조 제3항).

③ 의견제출 : 관련 인허가 행정청은 협의를 요청받으면 그 요청을 받은 날부터 20일 이내에 의견을 제출하여야 한다. 다만, 관련 인허가에 필요한 절차를 거쳐야 한다는 법률 규정이 있는 경우 그 절차에 걸리는 기간은 제외한다. 기간 내에 협의 여부에 관하여 의견을 제출하지 아니하면 협의가 된 것으로 본다(행정기본법 제24조 제4항). 협의를 요청받은 관련 인허가 행정청은 해당 법령을 위반하여 협의에 응해서는 아니 된다(행정기본법 제24조 제5항).

④ 관련 인허가 절차 : 관련 인허가에 필요한 심의, 의견 청취 등 절차에 관하여는 법률에 인허가 의제 시에도 해당 절차를 거친다는 명시적인 규정이 있는 경우에만 이를 거친다(행정기본법 제24조 제5항). 다수설은 관련 인허가의 절차도 거쳐야 한다는 입장이었으나, 판례는 부정하는 입장이었다(절차집중설). 〈18. 서울 7급〉

주된 인·허가에 대한 절차를 거친 경우 의제되는 인·허가의 절차가 필요한지 여부(부정)
건설부장관이 구 주택건설촉진법(1991. 3. 8. 법률 제4388호로 개정되기 전의 것) 제33조에 따라 관계기관의 장과의 협의를 거쳐 사업계획승인을 한 이상 같은 조 제4항의 허가·인가결정승인 등이 있는 것으로 볼 것이고, 그 절차와 별도로 도시계획법 제12조 등 소정의 중앙도시계획위원회의 의결이나 주민의 의견청취 등 절차를 거칠 필요는 없다(대판 1992.11.10. 92누1162). 〈15. 국가 9급〉, 〈21. 국가 9급〉

Winner's 의제되는 인·허가 절차의 필요성 : 학설 (○), 판례 (×)

(5) 효과

협의가 된 사항에 대해서는 주된 인허가를 받았을 때 관련 인허가를 받은 것으로 본다(행정기본법 제25조 제1항). 인허가 의제의 효과는 주된 인허가의 해당 법률에 규정된 관련 인허가에 한정된다(행정기본법 제25조 제2항). 관련 인허가 법률의 모든 규정이 적용되는 것은 아니다(판례).

> **인·허가 의제가 있는 경우에는 모든 규정이 적용되는지 여부(부정)**
>
> 주된 인·허가에 관한 사항을 규정하고 있는 어떠한 법률에서 주된 인·허가가 있으면 다른 법률에 의한 인·허가를 받은 것으로 의제한다는 규정을 둔 경우에는, 주된 인·허가가 있으면 다른 법률에 의한 인·허가가 있는 것으로 보는 데 그치는 것이고, 거기에서 더 나아가 다른 법률에 의하여 인·허가를 받았음을 전제로 한 다른 법률의 모든 규정들까지 적용되는 것은 아니다(대판 2015.4.23. 2014두2409). 〈16. 서울 7급〉

(6) 사후관리

인허가 의제의 경우 관련 인허가 행정청은 관련 인허가를 직접 한 것으로 보아 관계 법령에 따른 관리·감독 등 필요한 조치를 하여야 한다(행정기본법 제26조 제1항).

(7) 구제

기존의 판례는 인허가가 의제되는 경우 주된 인허가만 쟁송의 대상이 되는 것으로 보았으나, 부분 인허가 의제가 허용되는 경우에는 의제되는 인허가도 쟁송의 대상이 될 수 있으며, 직권취소나 철회의 대상도 될 수 있다는 판례가 등장하고 있다.

> **1. 건축불허가처분 외에 별개로 형질변경불허가처분이 존재하는지 여부(부정)**
>
> 구 건축법(1999. 2. 8. 법률 제5895호로 개정되기 전의 것) 제8조 제1항·제3항·제5항에 의하면, 건축허가를 받은 경우에는 구 도시계획법(2000. 1. 28. 법률 제6243호로 전문개정되기 전의 것) 제4조에 의한 토지의 형질변경허가나 농지법 제36조에 의한 농지전용허가 등을 받은 것으로 보며, … 건축불허가처분을 하면서 그 처분사유로 건축불허가사유뿐만 아니라 형질변경불허가사유나 농지전용불허가사유를 들고 있다고 하여 그 건축불허가처분 외에 별개로 형질변경불허가처분이나 농지전용불허가처분이 존재하는 것이 아니다(대판 2001.1.16. 99두10988). 〈15. 국가 9급〉

> **2. 건축불허가처분 취소청구소송에서 형질변경불허가사유에 대하여도 다툴 수 있는지 여부(긍정)**
>
> 건축불허가처분을 받은 사람은 그 건축불허가처분에 관한 쟁송에서 건축법상의 건축불허가사유뿐만 아니라 같은 도시계획법상의 형질변경불허가사유나 농지법상의 농지전용불허가사유에 관하여도 다툴 수 있는 것이지, 그 건축불허가처분에 관한 쟁송과는 별개로 형질변경불허가처분이나 농지전용불허가처분에 관한 쟁송을 제기하여 이를 다투어야 하는 것은 아니며, 그러한 쟁송을 제기하지 아니하였어도 형질변경불허가사유나 농지전용불허가사유에 관하여 불가쟁력이 생기지 아니한다(대판 2001.1.16. 99두10988). 〈15. 국가 9급〉

> **3. '부분 인·허가 의제'가 허용되는 경우 의제된 인·허가에 대한 쟁송취소(허용)**
>
> 구 주택법(2016. 1. 19. 법률 제13805호로 전부 개정되기 전의 것) 제17조 제1항에 따르면, 주택건설사업계

획 승인권자가 관계 행정청의 장과 미리 협의한 사항에 한하여 승인처분을 할 때에 인허가 등이 의제될 뿐이고, 각 호에 열거된 모든 인허가 등에 관하여 일괄하여 사전협의를 거칠 것을 주택건설사업계획 승인처분의 요건으로 규정하고 있지 않다. 따라서 인허가 의제 대상이 되는 처분에 어떤 하자가 있더라도, 그로써 해당 인허가 의제의 효과가 발생하지 않을 여지가 있게 될 뿐이고, 그러한 사정이 주택건설사업계획 승인처분 자체의 위법사유가 될 수는 없다. 또한 의제된 인허가는 통상적인 인허가와 동일한 효력을 가지므로, 적어도 '부분 인허가 의제'가 허용되는 경우에는 그 효력을 제거하기 위한 법적 수단으로 의제된 인허가의 취소나 철회가 허용될 수 있고, 이러한 직권 취소·철회가 가능한 이상 그 의제된 인허가에 대한 쟁송취소 역시 허용된다. 따라서 주택건설사업계획 승인처분에 따라 의제된 인허가가 위법함을 다투고자 하는 이해관계인은, 주택건설사업계획 승인처분의 취소를 구할 것이 아니라 의제된 인허가의 취소를 구하여야 하며, 의제된 인허가는 주택건설사업계획 승인처분과 별도로 항고소송의 대상이 되는 처분에 해당한다(대판 2018.11.29. 2016두38792). 〈20·21. 국가 9급〉

> **Winner's** 법원에서 다툴 수 있는 것 : 형질변경불허가 사유 (○), 형질변경불허가 처분 (×)

4. 기타의 효력

행정계획이 확정된 경우 ① 주민 등 이해관계인이 다툴 수 없는 불가쟁력(배제효), ② 행정청이 그 내용을 변경할 수 없는 불가변력(구속효)을 인정하려는 견해(김남진)가 있으나, 아직은 부정하는 것이 일반적이다.

6 계획재량과 형량(衡量)명령

1. 계획재량

(1) 의의

행정계획을 책정함에 있어서 인정되는 광범위한 형성의 자유를 말한다.

> **Winner's** 계획재량의 본질 : 선택의 자유 (×), 형성의 자유 (○)

(2) 법의 규정형식

일반적인 행정작용에 관한 법규는 조건명제적임에 반하여, 계획법규는 '목적 - 수단' 명제적으로 규정되어 행정계획의 요건·효과를 규정하지 않고 공백규정으로 두고 있기 때문이다.

> **Winner's** 행정계획의 법규정 형식 : 목적-수단 명제 (○), 조건명제 (×)

도시재개발구역의 지정 및 변경은 재량사항인지 여부(긍정)
도시재개발법에 의한 도시재개발구역의 지정 및 변경은 관계행정청이 법령의 범위 내에서 도시의 건전한 발전과 공공복리의 증진을 위한 도시정책상의 전문적·기술적 판단을 기초로 하여 그 재량에 의하여 이루어지는 것이므로 재량권 일탈 또는 남용이 없는 한 그 처분을 위법하다고 할 수 없다(대판 1993.10.8. 93누10569).

2. 형량(衡量)명령

(1) 의의

행정계획을 책정함에 있어서 법령을 준수하고 관계 제(諸) 이익을 정당하게 고려하고 형량하여야 한다는 원리를 말한다. ① 관련이익의 조사, ② 이들 이익의 평가, ③ 협의의 비교형량의 과정 및 결과에 모두 미친다.

(2) 고유성 인정여부

① 학설

긍정설(다수설)	계획재량은 형성의 자유이고, 재량행위는 선택의 자유라는 점에서 질적으로 다른 것이므로 형량명령의 원리는 재량의 한계이론과 구별되는 고유한 불문법원리라는 견해이다(질적 차이설 : 김동희).
부정설	계획재량은 다자택일이고, 재량행위는 양자택일이라는 점에서 양적인 차이일 뿐이므로 형량명령의 원리는 비례원칙의 하나로 보는 견해이다(양적 차이설).

Winner's 형량명령 이론의 고유성 인정여부 : 질적 차이설 (○), 양적 차이설 (×)

② 판례 : 행정계획의 위법성 판단을 재량권의 일탈·남용의 법리에 따라 판단하고 있으나, 광범위한 형성의 자유를 인정하고, 형량하자의 유형을 인정한다는 점에서 형량명령원리의 고유성을 긍정하는 것으로 평가하는 것이 다수의 견해이다.

> 1. 계획재량은 관계되는 여러 이익을 비교형량하여야 하는 제한이 있는지 여부(긍정)
>
> 행정계획이라 함은 행정에 관한 전문적·기술적 판단을 기초로 하여 도시의 건설·정비·개량 등과 같은 특정한 행정목표를 달성하기 위하여 서로 관련되는 행정수단을 종합·조정함으로써 장래의 일정한 시점에 있어서 일정한 질서를 실현하기 위한 활동기준으로 설정된 것으로서, 도시계획법 등 관계법령에는 추상적인 행정목표와 절차만이 규정되어 있을 뿐 행정계획의 내용에 대하여는 별다른 규정을 두고 있지 아니하므로, 행정주체는 구체적인 행정계획을 입안·결정함에 있어서 비교적 광범위한 형성의 자유를 가진다고 할 것이지만, 행정주체가 가지는 이와 같은 형성의 자유는 무제한적인 것이 아니라 그 행정계획에 관련되는 자들의 이익을 공익과 사익 사이에서는 물론이고, 공익 상호 간과 사익 상호 간에도 정당하게 비교교량하여야 한다는 제한이 있는 것이고, 따라서 행정주체가 행정계획을 입안·결정함에 있어서 이익형량을 전혀 행하지 아니하거나 이익형량의 고려대상에 마땅히 포함시켜야 할 사항을 누락한 경우 또는 이익형량을 하였으나 정당성·객관성이 결여된 경우에는 그 행정계획결정은 재량권을 일탈·남용한 것으로서 위법하다(대판 1996.11.29. 96누8567). 〈19. 서울 7급〉
>
> 2. 형량의 하자가 있는 대학시설계획이 위법한지 여부(긍정)
>
> 대학시설을 유치하기 위한 광역시의 도시계획시설결정이 지역의 교육여건 개선 등의 공익과 지역 내의 토지나 건물소유자들이 입게 되는 권리행사 제한 등의 사익의 이익 형량에 정당성과 객관성을 결여한 하자가 있어 위법하다 (대판 2006.9.8. 2003두5426).

③ 검토 : 행정계획을 수립할 때는 여러 이해관계가 복합적으로 작용하므로 형량명령의 원리를 재량의 한계이론과 구별하는 질적 차이설이 타당하다. 현행 「행정절차법」은 형량명령원리를 명시하고 있다.

> ⟨행정절차법⟩ 제40조의4(행정계획) 행정청은 행정청이 수립하는 계획 중 국민의 권리·의무에 직접 영향을 미치는 계획을 수립하거나 변경·폐지할 때에는 관련된 여러 이익을 정당하게 형량하여야 한다.

3. 형량하자

(1) 의의

행정계획에 관계되는 여러 이익을 비교형량할 때 문제가 있는 것이다. 형량하자가 있는 행정계획은 위법하다. ⟨13. 지방 9급⟩

(2) 유형

형량하자에는 ① 형량을 전혀 하지 않은 경우(형량해태), ② 형량을 할 때에 반드시 고려해야 할 사항을 빠뜨린 경우(형량흠결), ③ 형량을 할 때에 객관성·비례성을 상실한 경우[오(誤)형량] 등이 있다. ⟨14. 서울 7급⟩

Winner's 비교형량 여부 : 형량해태 (×), 형량흠결 (○), 오형량 (○)

7 행정계획과 권리구제

1. 위법한 경우

(1) 취소쟁송

행정계획의 법적 성질을 복수로 파악하고 있으므로 처분성 인정이 어렵고, 계획재량이 광범위하여 위법성을 인정하기도 어려우므로 행정계획을 취소하여 구제받는 것은 쉽지 않다.

(2) 국가배상

행정계획도 공무원의 직무행위에 해당하지만, 현실적으로 형량하자를 인정하기가 어려워서 위법성을 인정하기 곤란하므로 국가를 상대로 한 배상청구는 쉽지 않다.

2. 적법한 경우

적법한 행정계획으로 인한 재산권 침해가 특별한 희생에 해당한다면 손실보상을 청구할 수 있을 것이나, 그 피해범위가 광범위한 경우가 많아서 현실적으로 보상규정을 둘 수 없는 경우가 많으므로 구제가 쉽지 않다.

> **개발제한구역의 지정으로 가혹한 부담이 발생하는 경우에 보상규정을 두지 않은 경우 위헌인지 여부(긍정)**
> 토지재산권은 강한 사회성·공공성을 지니고 있어 이에 대하여는 다른 재산권에 비하여 보다 강한 제한과 의무를 부과할 수 있으나, 그렇다고 하더라도 다른 기본권을 제한하는 입법과 마찬가지로 비례성원칙을 준수하여야 하고, 재산권의 본질적 내용인 사용·수익권과 처분권을 부인하여서는 아니 된다. 도시계획법 제21조에 의한 재산권의 제한은 개발제한구역으로 지정된 토지를 원칙적으로 지정 당시의 지목과 토지현황에 의한 이용방법에 따라 사용할 수 있는 한 재산권에 내재하는 사회적 제약을 비례의 원칙에 합치하게 합헌적으로 구체화한 것이라고 할 것이나, 종래의 지목과 토지현황에 의한 이용방법에 따른 토지의 사용도 할 수 없거나 실질적으로 사용·수익을 전혀 할 수

없는 예외적인 경우에도 아무런 보상 없이 이를 감수하도록 하고 있는 한, 비례의 원칙에 위반되어 당해 토지소유자의 재산권을 과도하게 침해하는 것으로서 헌법에 위반된다(헌재 1998.12.24. 89헌마214·90헌바16·97헌바78). 〈14. 지방 9급〉

3. 행정절차

행정계획에 대한 사후적 구제방법에는 한계가 있으므로 최근에는 행정계획의 수립과정에서 이해관계인을 참여시키는 절차적 민주주의가 중요해져가고 있다. 〈02. 국가 9급〉

Winner's 중요성이 커지는 구제방법 : 사후 구제 (×), 사전 구제 (○)

4. 헌법소원

헌법재판소는 비구속적 행정계획이라 하더라도 국민의 기본권에 직접적으로 영향을 끼치고, 앞으로 법령의 뒷받침에 의하여 그대로 실시될 것이 틀림없을 것으로 예상될 수 있을 때에는 헌법소원의 대상이 될 수 있다고 판시하였다.

1. 기본권에 직접 영향을 미치는 비구속적 행정계획이 헌법소원의 대상이 될 수 있는지 여부(긍정)

비구속적 행정계획안이나 행정지침이라도 국민의 기본권에 직접적으로 영향을 끼치고, 앞으로 법령의 뒷받침에 의하여 그대로 실시될 것이 틀림없을 것으로 예상될 수 있을 때에는, 공권력행위로서 예외적으로 헌법소원의 대상이 될 수 있다(헌재 2000.6.1. 99헌마538). 〈13. 지방 9급〉, 〈17. 서울 7급·국가 9급(10월)〉

2. 서울대학교의 '94학년도 대학입학고사주요요강'이 헌법소원의 대상인지 여부(긍정)

국립대학인 서울대학교의 '94학년도 대학입학고사주요요강'은 사실상의 준비행위 내지사전안내로서 행정쟁송의 대상이 될 수 있는 행정처분이나 공권력의 행사는 될 수 없지만 그 내용이 국민의 기본권에 직접 영향을 끼치는 내용이고 앞으로 법령의 뒷받침에 의하여 그대로 실시될 것이 틀림없을 것으로 예상되어 그로 인하여 직접적으로 기본권 침해를 받게 되는 사람에게는 사실상의 규범작용으로 인한 위험성이 이미 현실적으로 발생하였다고 보아야 할 것이므로 이는 헌법소원의 대상이 되는 헌법재판소법 제68조 제1항 소정의 공권력의 행사에 해당된다고 할 것이며, 이 경우 헌법소원 외에 달리 구제방법이 없다(헌재 1992.10.1. 92헌마68·92헌마76). 〈14. 지방 7급〉

Winner's 비구속적 행정계획 : 행정소송의 대상 (×), 헌법소원의 대상 (△)

3. 대학교육역량강화사업 기본계획이 헌법소원의 대상이 되는지 여부(부정)

2012년도와 2013년도 대학교육역량강화사업 기본계획은 대학교육역량강화 지원사업을 추진하기 위한 국가의 기본방침을 밝히고 국가가 제시한 일정 요건을 충족하여 높은 점수를 획득한 대학에 대하여 지원금을 배분하는 것을 내용으로 하는 행정계획일 뿐, 위 계획에 따를 의무를 부과하는 것은 아니다. 총장직선제를 개선하지 않을 경우 지원금을 받지 못하게 될 가능성이 있어 대학들이 이 계획에 구속될 여지가 있다 하더라도, 이는 사실상의 구속에 불과하고 이에 따를지 여부는 전적으로 대학의 자율에 맡겨져 있다. 더구나 총장직선제를 개선하려면 학칙이 변경되어야 하므로, 계획 자체만으로는 대학의 구성원인 청구인들의 법적 지위나 권리의무에 어떠한 영향도 미친다고 보기 어렵다. 따라서 2012년도와 2013년도 계획 부분은 헌법소원의 대상이 되는 공권력 행사에 해당하지 아니한다(헌재 2016.10.27. 2013헌마576). 〈17. 지방 9급〉

8 계획보장청구권

1. 의의

사인(私人)이 행정청에 대하여 계획의 보장을 요구하는 공권을 말한다. 행정계획은 여러 사람들의 투자가 수반되므로 계획을 신뢰한 사람들의 보호가 필요한 면이 있으나(계획의 안정성), 현대사회는 유동적이므로 공익의 실현을 위하여 계획을 수정 또는 보완할 필요도 있다는 점에서(계획의 가변성) 계획을 수립한 자와 이해관계인들 사이의 위험의 배분이 문제된다.

2. 종류

계획존속청구권	계획의 변경이나 폐지에 대항하여 본래 계획의 존속을 주장하는 권리를 말한다.
계획이행청구권	계획의 준수 및 집행을 청구하는 권리와 행정청의 계획위반행위에 대항하는 권리를 말한다.
계획변경청구권	계획이 확정된 후 사정변경 등을 이유로 관계주민이 기존 계획의 변경을 신청할 수 있는 권리를 말한다.
경과조치청구권	행정계획이 변경되거나 폐지되는 경우에 이로 인하여 손해를 받게 될자가 행정청에 대하여 경과조치나 적응조치를 청구할 수 있는 권리를 말한다.

3. 인정 여부

계획보장청구권의 인정여부는 공익(가변성)과 사익(신뢰보호)의 비교형량에 따라 판단한다. 일반적으로는 공익이 큰 경우가 많으므로 부정되는 것이 원칙이다. 다만 구속적 계획인 경우에 준수의무는 인정될 수 있다고 본다.

> **Winner's** 계획의 이행청구권 인정 여부 ; 계획의 준수의무 (○), 계획의 집행청구권 (×)

> **1. 용도지역변경신청 거부의 처분성(부정)**
> 임야의 국토이용계획상의 용도지역을 사설묘지를 설치할 수 있는 용도지역으로 변경하는 것을 허가하여 달라는 토지소유자의 신청을 행정청이 거부 내지 반려하였다고 하여 그 거부 내지 반려한 행위를 가지고 항고소송의 대상이 되는 행정처분이라고 볼 수 없다(대판 1995.4.28. 95누627).
>
> **2. 폐기물처리사업계획 적정통보를 받은 자는 국토이용계획의 변경을 신청할 권리가 있는지 여부(긍정)**
> 1) 구 국토이용관리법(2002. 2. 4. 법률 제6655호 국토의계획및이용에관한법률 부칙 제2조로 폐지)상 주민이 국토이용계획의 변경에 대하여 신청을 할 수 있다는 규정이 없을 뿐만 아니라, 국토건설종합계획의 효율적인 추진과 국토이용질서를 확립하기 위한 국토이용계획은 장기성·종합성이 요구되는 행정계획이어서 원칙적으로는 그 계획이 일단 확정된 후에 어떤 사정의 변동이 있다고 하여 그러한 사유만으로는 지역주민이나 일반 이해관계인에게 일일이 그 계획의 변경을 신청할 권리를 인정하여 줄 수는 없을 것이지만, 장래 일정한 기간 내에 관계법령이 규정하는 시설 등을 갖추어 일정한 행정처분을 구하는 신청을 할 수 있는 법률상 지위에 있는 자의 국토이용계획변경신청을 거부하는 것이 실질적으로 당해 행정처분 자체를 거부하는 결과가 되는 경우에는 예외적으로 그 신청인에게 국토이용계획변경을 신청할 권리가 인정된다고 봄이 상당하므로, 이러한 신청에 대한 거부행위는 항고소송의 대상이 되는 행정처분에 해당한다.

2) 이 사건에 있어서 원심이 확정한 사실관계를 관계 법령에 비추어 보건대, 구 폐기물관리법 (1999. 2. 8. 법률 제5865호로 개정되기 전의 것, 이하 '폐기물관리법'이라 한다) 제26조, 같은 법 시행규칙 (1999. 1. 5. 환경부령 제56호로 개정되기 전의 것) 제17조 등에 의하면 폐기물처리사업계획의 적정통보를 받은 자는 장래 일정한 기간 내에 관계 법령이 규정하는 시설 등을 갖추어 폐기물처리업허가신청을 할 수 있는 법률상 지위에 있다고 할 것인바, 피고로부터 폐기물처리사업계획의 적정통보를 받은 원고가 폐기물처리업허가를 받기 위하여는 이 사건 부동산에 대한 용도지역을 '농림지역 또는 준농림지역'에서 '준도시지역(시설용지지구)'으로 변경하는 국토이용계획변경이 선행되어야 하고, 원고의 위 계획변경신청을 피고가 거부한다면 이는 실질적으로 원고에 대한 폐기물처리업허가신청을 불허하는 결과가 되므로, 원고는 위 국토이용계획변경의 입안 및 결정권자인 피고에 대하여 그 계획변경을 신청할 법규상 또는 조리상 권리를 가진다고 할 것이다(대판 2003.9.23. 2001두10936). 〈10·14. 국가 9급〉, 〈15. 사회복지 9급〉, 〈17. 지방 9급〉

제2절 행정상의 사실행위

1 사실행위

1. 의의
행정기관의 행위 중에서 직접적으로 사실상 결과의 실현을 목적으로 하는 행위형식을 말한다(⑩ 건물철거, 도로청소, 교량건설).

2. 행정행위와의 구별
행정행위는 직접적으로 법적 효과를 부여하는 법률행위의 일종이나, 사실행위는 간접적으로는 법적 효과를 가져올 수 있다는 점에서 구별된다(⑩ 행정청이 의무위반자를 대신하여 건물을 철거하는 과정에서 손해가 발생하면 손해배상청구권이나 결과제거청구권이 발생할 여지가 있음).

> **Winner's** 사실행위의 법률효과 : 직접적 (×), 간접적 (○)

3. 종류

(1) 정신작용에 따른 구별

정신적 사실행위	인간의 의식작용이 수반되는 사실행위이다(⑩ 행정조사, 보고, 경고, 행정지도 등).
불리적 사실행위	단순히 물리적 행위에 그치는 사실행위이다(⑩ 공공시설 등의 설치·유지행위, 예방접종행위, 대집행의 실행행위 등).

(2) 집행 여부에 따른 구별

집행적 사실행위	법령 또는 행정행위를 집행하기 위한 사실행위이다(⑩ 대집행의 실행행위, 재산압류행위, 무허가건물의 강제철거 등).
독자적(독립적) 사실행위	독자적인 의미를 가지는 사실행위이다(⑩ 행정조사, 행정지도, 관용차의 운전 등).

(3) 권력성 여부에 따른 구별

권력적 사실행위	① 공권력의 행사로서 특정한 법령 또는 행정행위를 집행하기 위한 사실행위이다(⑩ 위법한 영업소의 폐쇄조치, 전염병환자의 강제격리, 위법한 관세물품의 영치행위 등). ② 집행적 사실행위는 보통 권력적 사실행위에 속한다.
비권력적 사실행위	공권력의 행사와는 무관한 사실행위이다(⑩ 행정지도, 공공시설의 설치, 교시, 상담, 안내, 쓰레기 수거, 관용차 운전 등).

(4) 법적 규율에 따른 구별

공법적 사실행위	① 공법적 규율을 받는 사실행위이다. ② 공법적 사실행위로 인하여 손해를 입은 자는 「국가배상법」에 따른 손해배상을 청구하여야 한다.
사법적(私法的) 사실행위	① 사법적 규율을 받는 사실행위이다. ② 사법적 사실행위로 인하여 손해를 입은 자는 「민법」에 따른 손해배상을 청구하여야 한다.

(5) 장소에 따른 구별

내부적 사실행위	행정조직 내부에서 행하는 행정사무처리에 관한 사실행위이다(⑩ 문서편철, 장부정리, 행정결정을 위한 준비행위 등).
외부적 사실행위	① 대외적으로 국민과의 관계에서 행정목적의 실현을 위한 구체적 행정활동과 관련한 사실행위이다(⑩ 문서의 접수, 금전의 수납, 지급, 인구조사 등). ② 행정구제측면에서 중요한 의미를 가지는 것은 외부적 사실행위이다.

4. 법적 근거와 한계

근거	조직법적 근거	사실행위가 적법하기 위해서는 정당한 권한이 있어야 하고, 그 권한의 범위 내에서 발동되어야 하므로 조직법적 근거(권한규범)은 당연히 필요하다.
	작용법적 근거	권력적 사실행위는 법적 근거가 있어야 발동할 수 있으나, 비권력적 사실행위는 법적 근거 없이도 발동할 수 있다.
한계		사실행위도 행정작용의 하나이므로 법률우위원칙을 준수해야 한다. 따라서 법령 또는 행정법의 일반원칙을 따라야 한다.

Winner's 사실행위의 법적 근거 : 조직법적 근거 (○), 작용법적 근거 (△)

5. 권리구제

(1) 위법한 경우

① 취소쟁송

권력적 사실행위	㉠ 처분성은 인정되지만 단기에 종료하는 경우가 많으므로 협의의 소익이 없어서 각하판결을 받는 경우가 많다. 따라서 효과적인 권리구제를 위해서는 집행정지가 필요하다. ㉡ 계속성이 있는 사실행위[⑩ 물건의 영치(領置), 전염병환자의 강제격리, 강제송환을 위한 수용 등]인 경우에는 본안심사를 받을 수 있다.
비권력적 사실행위	㉠ 처분성이 부정되므로 각하판결을 받게 된다. ㉡ 형식적 행정행위, 경고·추천 등에 대해서 처분성을 인정하려는 견해가 있다.

1. 알선·권유 등의 처분성(부정)

항고소송의 대상이 되는 행정처분이라 함은 행정청의 공법상 행위로서 특정 사항에 대하여 법규에 의한 권리의 설정 또는 의무의 부담을 명하며 기타 법률상 효과를 발생케 하는 등 국민의 구체적 권리·의무에 직접적 변동을 초래하는 행위를 말하고, **행정권 내부에서의 행위나 알선·권유, 사**

실상의 통지 등과 같이 상대방 또는 기타 관계자들의 법률상 지위에 직접적인 법률적 변동을 일으키지 아니하는 행위는 항고소송의 대상이 될 수 없다(대판 1993.10.26. 93누6331).

2. 운수사업면허대상자를 선정하는 추첨행위의 처분성(부정)
추첨방식에 의하여 운수사업면허대상자를 선정하는 경우에 있어 추첨 자체는 다수의 면허신청자 중에서 면허를 받을 수 있는 신청자를 특정하여 선발하는 행정처분을 위한 사전 준비절차로서의 사실행위에 불과한 것으로 이 단계에서의 신청자격 유무는 신청서류에 의하여 형식적으로 심사함으로써 족하고 서류상 일응 자격이 있다고 인정되면 추첨에 참여시켜야 하는 것이며 행정청으로서는 위와 같은 추첨에 의하여 당첨된 신청인을 상대로 면허처분을 할 때에 다시 그의 자격 유무를 구체적으로 조사·판단하여 종국적으로 면허 또는 면허 거부처분을 하여야 할 것이다(대판 1990.10.23. 89누7467). 〈15. 사회복지 9급〉

3. 신고납세방식에서 과세관청의 세액수령행위가 사실행위인지 여부(긍정)
1993. 12. 31. 법률 제4674호로 개정된 관세법 제17조 제2항은 관세의 원칙적인 부과·징수를 순수한 신고납세방식으로 전환한 것이고, 이와 같은 신고납세방식의 조세에 있어서 과세관청이 납세의무자의 신고에 따라 세액을 수령하는 것은 사실행위에 불과할 뿐 이를 부과처분으로 볼 수는 없다(대판 1997.7.22. 96누8321). 〈14. 지방 7급〉, 〈17. 국가 7급〉

② 손해배상: 사실행위도 「국가배상법」상의 공무원의 직무행위 또는 영조물 설치·관리행위에 포함되므로 다른 요건이 충족된다면 손해배상을 청구할 수 있다.

(2) 적법한 경우
적법한 권력적 사실행위에 의하여 사인(私人)이 특별한 희생을 당한 경우에는 손실보상을 청구할 수 있다.

(3) 기타
① 결과제거청구권: 행정상 사실행위로 위법한 상태가 야기된 경우에는 그 결과의 제거를 청구할 수 있다.

② 가구제(假救濟): 「행정소송법」상 가구제는 주로 집행정지가 되고, 집행정지는 소송이 계속 중이어야 한다. 따라서 권력적 사실행위는 행정쟁송의 대상이 되므로 가구제의 대상이 될 수 있으나, 비권력적 사실행위는 행정쟁송의 대상이 되지 않으므로 민사소송을 제기하여 가처분을 신청할 수밖에 없을 것이다(류지태).

③ 각종 책임: 위법한 사실행위를 한 공무원에 대한 형사책임이나 징계책임도 피해자의 권리구제에 간접적으로 기여할 수 있다.

④ 헌법소원: 헌법재판소는 권력적 사실행위에 대하여 헌법소원을 인정한 바 있다.

처분과 결합되지 않은 권력적 사실행위에 대한 헌법소원이 가능한지 여부(긍정)
권력적 사실행위가 행정처분의 준비단계로서 행하여지거나 행정처분과 결합된 경우[합성적 행정행위(合成的 行政行爲)]에는 행정처분에 흡수·통합되어 불가분의 관계에 있다할 것이므로 행정처분만이 취소소송의 대상이 되고, 처분과 분리하여 따로 권력적 사실행위를 다툴 실익은 없다. 그러나 권력적 사실행위가 항상 행정처분의 준비행위로 행하여지거나 행정처분과 결합되는 것은 아니므로 그러한 사실행위에 대하여는 다툴 실익이 있다할 것임에도 법원의 판례에 따르면 일반쟁송절차로는 다툴 수 없음이 분명하다. 이 사건 감사는 행정처분의 준비단계로서 행하여지거나 처분과 결합된 바 없다. 그렇다면, 이 사건 감사는 행정소송의 대상이 되는 행정행위로 볼 수 없어 법원에 의한 권리구제 절차를 밟을 것을 기대하는 것이 곤란하므로 보충성의 원칙의 예외로서 소원의 제기가 가능하다(헌재 2003.12.18. 2001헌마754). 〈23. 소방〉

6. 정보제공작용

(1) 유형

경고	행정기관이 국민의 생명·신체·건강에 대한 위험을 방지하기 위한 공보작용을 말한다. 경고의 수신자는 사실상 경고대로 행동하는 외에는 다른 선택권이 없다(⑩ 특정 상품에 대한 유해성을 지적하는 것).
추천 (권고)	행정기관이 사회적 또는 신체적으로 유해하지 않은 여러 종류의 물품 또는 행동 중에서 어느 하나를 추천 또는 권고하는 것을 말한다. 다만, 한 가지만 제외하고 모두 유해하거나 위험하다고 하는 것은 실질적으로 수신자의 선택권이 부정되므로 경고의 성질을 가진다.
시사 (짧은 정보)	행정기관이 단순히 특정한 목적물에 관하여 지식·정보를 제공하고 그것을 어떻게 받아들이는지는 전적으로 수신자 각자에게 맡겨져 있는 공보작용을 말한다(⑩ 행정기관이 여러 물건의 성분, 효과 등을 분석·발표하는 것).

(2) 처분성 인정문제

정보제공작용은 비권력적 사실행위에 해당하는 것이지만, 현대 사회에서의 정보의 가치와 위력은 상당한 것이므로 그 처분성의 인정 여부가 문제된다. 경고와 추천은 공권력의 성질을 가지므로 처분성을 인정할 수 있다는 견해(김남진)가 있다. 그러나 시사는 정보의 선택권이 상대방에게 있으므로 그러하지 아니하다.

2 행정지도

1. 의의

행정주체가 일정한 행정목적을 실현하기 위하여 특정인에게 일정한 행위를 하거나 하지 아니하도록 지도·권고·조언 등을 하는 행정작용을 말한다. 상대방의 임의적 협력을 요소로 하는 비권력적 사실행위이다.

> 〈행정절차법〉 제2조(정의) 이 법에서 사용하는 용어의 뜻은 다음과 같다.
> 3. "행정지도"란 행정기관이 그 소관 사무의 범위에서 일정한 행정목적을 실현하기 위하여 특정인에게 일정한 행위를 하거나 하지 아니하도록 지도, 권고, 조언 등을 하는 행정작용을 말한다.

> 도로의 폭에 대한 행정지도가 도로지정으로 볼 수 있는지 여부(부정)
>
> 구 건축법(1975. 12. 31. 법률 제2852호로 개정되기 전의 것) 제2조 제15호 본문 후단에 의하여 도로지정이 있게 되면 그 도로부지 소유자들은 건축법에 따른 토지사용상의 제한을 받게 되므로 <u>도로지정은 도로의 구간·연장·폭 및 위치 등을 특정하여 명시적으로 행하여져야 하고</u>, 따라서 계쟁 도로가 시유지로서 토지대장상 지목이 도로이고 도시계획확인도면의 대로부지와 연결된 동일 지번의 토지라고 하더라도 그 사실만으로는 시장·군수의 도로지정이 있었다고 볼 수 없고, 또한 <u>행정관청이 건축허가시 도로의 폭에 관하여 행정지도를 하였다고 하여 시장·군수의 도로지정이 있었던 것으로 볼 수도 없다</u>(대판 1999.8.24. 99두592). 〈21. 군무원 5급〉

2. 효용성과 문제점

(1) 효용성

① 임기응변: 현대 행정은 광범·다양하므로 모든 행정작용을 법적으로 규율한다는 것은 불가능하다. 따라서 행정지도는 법령의 흠결을 보충하여 새로운 행정수요에 신축적·탄력적으로 대응할 수 있다는 점에서 효용성이 있다.

② 분쟁회피: 행정지도는 상대방의 임의적 협력이 있어야 효력을 발생하는 것이므로 공권력 발동으로 야기될 수 있는 마찰이나 저항을 방지할 수 있다는 점에서 효용성이 있다.

③ 최신정보 제공: 현대 사회는 계속 변화하고 발전하므로 행정주체의 광범위한 정보수집능력을 활용하여 특히 경제분야에 있어서 상대방에게 최신의 지식·기술·정보를 제공하여 줄 수 있다는 점에서 효용성이 있다.

(2) 문제점

① 법치주의의 공동화(空洞化)❶: 행정지도가 법령의 흠결을 보완함에 그치지 않고, 법령을 갈음하거나 수권(授權)의 범위를 넘어서 실질적으로 규범을 정립 또는 규범의 내용을 변경하는 것은 법치주의를 무의미하게 만드는 문제가 있다.

> **용어설명** ❶ 공동화(空洞化): 구멍이 생긴다는 뜻으로 내실이 없어지게 되는 것

② 사실상의 강제: 행정지도는 상대방의 임의적 협력을 요소로 하는데, 여러 가지 공권적 규제 또는 조성적 조치를 배경으로 해서 발동되면 실질적으로는 권력 작용의 의미를 가지게 되어 사실상 강제한다는 문제가 있다.

③ 정보의 오류: 행정주체가 잘못된 지식과 정보를 제공하여 상대방이 예측할 수 없는 손해를 입을 수 있다는 문제가 있다. 이러한 경우에 과연 국가배상을 청구할 수 있을 것인지 여부도 문제된다.

④ 정경유착(政經癒着): 행정주체와 상대방이 필요 이상으로 관계인과 타협하게 되면 정치와 경제가 밀착되어 비리가 발생할 수 있다는 문제가 있다.

⑤ 기준의 불명확: 행정지도는 일반적으로 법적 근거 없이 발동하므로 그 기준이 애매하여 법적 안정성을 해치고 또한 행정기관의 책임소재가 명확하지 않다는 문제가 있다.

⑥ 행정구제의 곤란: 행정지도는 비권력적 사실행위이므로 처분성이 부정되어 행정쟁송의 대상이 될 수 없다는 문제가 있다.

Winner's 행정지도의 효용성과 문제점

구분	효용성	문제점
법적 근거면	신축적·탄력적 대응기능	① 법치주의의 공동화(空洞化) ② 책임소재의 불명확
임의적 협력면	마찰·저항의 방지기능	정경유착의 발생
정보 제공면	최신의 지식·기술·정보제공기능	잘못된 정보에 대한 구제방법 없음
구제면	분쟁회피기능	① 처분성 부정(비권력적 사실행위) ② 배상책임의 부정(인과관계 결여)

3. 종류

(1) 법령의 근거에 의한 분류

① 직접적 근거에 의한 행정지도: 실정법이 행정지도의 발동근거를 직접 규정하고 있는 경우를 말한다(⑩「농촌진흥법」에 근거한 농촌지도사업, 「유통산업발전법」에 의한 대규모 점포 등에 대한 영업활동의 변경권고 등).

② 간접적 근거에 의한 행정지도: 행정지도와 같은 사항에 대한 행정처분의 근거를 배경으로 하여 처분을 하기 전에 행정지도를 발동하는 경우를 말한다(⑩ 철거명령의 법적 근거가 있을 때 이에 근거하여 철거권고를 하는 것).

③ 법령의 근거 없는 행정지도: 작용법적 근거 없이 조직법적 근거에 따라 발동하는 것을 말한다. 우리가 논의하는 대부분의 행정지도는 이것을 말한다.

(2) 기능에 의한 분류

① 조성적(助成的) 행정지도: 경제·사회·문화 등의 여러 분야에서 행정권이 의도하는 일정한 목표를 달성하기 위하여 국민에 대한 서비스의 형식으로 지식·기술·정보 등을 제공하는 행정지도를 말한다(⑩ 영농지도, 중소기업에 대한 경영지도, 생활개선지도 등). 〈12. 국가 9급〉

② 조정적(調整的) 행정지도: 사인(私人) 간의 경제적 이해대립이나 과당경쟁 등을 시정하고 조정하기 위하여 행하는 행정지도를 말한다(⑩ 기업 사이의 이해대립의 조정, 기업의 계열화 촉진, 수출쿼터의 조정 등).

③ 규제적 행정지도: 공공복리 또는 질서유지에 반하는 것으로 판단되는 행위·사태 등을 제거 또는 억제하기 위하여 특정인·단체 또는 기업 등에 일정한 행위를 하거나, 하지 아니하도록 요망 또는 권고하는 행정지도를 말한다(⑩ 소비재 등의 가격인상억제를 위한 지도).

(3) 상대방에 의한 분류

① 행정주체·행정기관에 대한 행정지도: 국가가 지방자치단체에 대하여 또는 상급행정기관이 하급행정기관에 대하여 감독권의 발동으로서가 아닌 조언·권고 등을 하거나 관련정보 등을 제공하는 것을 말한다.

② 사인(私人)에 대한 행정지도: 국가가 국민에 대해서 하는 행정지도로서, 여기서의 논의는 주로 사인에 대한 지도에 한정된다.

4. 법적 근거와 한계

근거	조직법적 근거	행정지도를 하는 경우에도 정당한 권한을 가지고 있는 자가 그 권한의 범위 내에서 발동할 수 있으므로 조직법적 근거는 당연히 필요하다(◉ 세무지도는 세무서장이 하여야 하는 것).
	작용법적 근거	행정지도는 비권력적 사실행위라는 점에서 법적 근거 없이도 발동이 가능하다(다수설).
한계		행정지도도 행정작용의 하나이므로 법률우위원칙을 준수해야 한다. 따라서 법령 또는 행정법의 일반원칙을 위반해서는 안 된다. 특히「행정절차법」은 행정지도의 원칙과 방식에 대해서 규정하고 있다.

Winner's 작용법적 근거 : 행정지도 (×), 사실행위 (△)

주식매각의 종용이 행정지도에 해당하는지 여부(부정)

이른바 행정지도라 함은 행정주체가 일정한 행정목적을 실현하기 위하여 권고 등과 같은 비강제적인 수단을 사용하여 상대방의 자발적 협력 내지 동의를 얻어 내어 행정상 바람직한 결과를 이끌어 내는 행정활동으로 이해되고, 따라서 적법한 행정지도로 인정되기 위하여는 우선 그 목적이 적법한 것으로 인정될 수 있어야 할 것이므로, 주식매각의 종용이 정당한 법률적 근거 없이 자의적으로 주주에게 제재를 가하는 것이라면 이 점에서 벌써 행정지도의 영역을 벗어난 것이라고 보아야 할 것이고, 만일 이러한 행위도 행정지도에 해당된다고 한다면 이는 행정지도라는 미명하에 법치주의의 원칙을 파괴하는 것이라고 하지 않을 수 없으며, 더구나 <u>그 주주가 주식매각의 종용을 거부한다는 의사를 명백하게 표시하였음에도 불구하고, 집요하게 위협적인 언동을 함으로써 그 매각을 강요하였다면 이는 위법한 강박행위에 해당한다고 하지 않을 수 없다</u>(대판 1994.12.13. 93다49482). 〈20. 군무원 9급〉

5. 행정지도의 원칙 및 방식

원칙	과잉금지	목적달성에 필요한 최소한도에 그쳐야 한다.
	임의성	상대방의 의사에 반하여 부당하게 강요하지 말아야 한다.
	불이익조치금지	상대방이 행정지도에 따르지 않았다는 이유로 불이익한 조치를 하지 말아야 한다. 〈13. 국가 9급〉
방식	서면형식	「행정절차법」상 행정지도의 방식을 서면으로 한정하지 않으므로 말로도 할 수 있다.
	서면교부청구	행정지도를 말로 하는 경우에는 상대방이 서면의 교부를 요구할 수 있으며, 행정지도를 하는 자는 직무수행에 특별한 지장이 없는 한 이를 교부하여야 한다. 〈17. 국가 9급〉
	실명제	상대방에게 행정지도의 취지·내용 및 신분을 밝혀야 한다.
	공통사항 공표	여러 사람에게 행정지도를 하고자 하는 경우에는 특별한 사정이 없는 한 행정지도에 공통적인 내용을 공표하여야 한다. 〈11. 지방 9급〉
	의견제출	행정지도의 상대방은 해당 행정지도의 방식·내용 등에 관하여 행정기관에 의견제출을 할 수 있다. 〈17. 국가 9급〉

Winner's 「행정절차법」상 행정지도에 관한 규정의 존재 여부 : 방식 (○), 서면형식 (×), 서면교부청구 (○)

〈행정절차법〉

제48조(행정지도의 원칙) ① 행정지도는 그 목적 달성에 필요한 최소한도에 그쳐야 하며, 행정지도의 상대방의 의사에 반하여 부당하게 강요하여서는 아니 된다.
② 행정기관은 행정지도의 상대방이 행정지도에 따르지 아니하였다는 것을 이유로 불이익한 조치를 하여서는 아니 된다.

제49조(행정지도의 방식) ① 행정지도를 하는 자는 그 상대방에게 그 행정지도의 취지 및 내용과 신분을 밝혀야 한다.
② 행정지도가 말로 이루어지는 경우에 상대방이 제1항의 사항을 적은 서면의 교부를 요구하면 그 행정지도를 하는 자는 직무 수행에 특별한 지장이 없으면 이를 교부하여야 한다.

제50조(의견제출) 행정지도의 상대방은 해당 행정지도의 방식·내용 등에 관하여 행정기관에 의견제출을 할 수 있다.

제51조(다수인을 대상으로 하는 행정지도) 행정기관이 같은 행정목적을 실현하기 위하여 많은 상대방에게 행정지도를 하려는 경우에는 특별한 사정이 없으면 행정지도에 공통적인 내용이 되는 사항을 공표하여야 한다.

6. 행정구제

(1) 위법한 경우

① 취소쟁송: 행정지도는 비권력적 사실행위이므로 처분성이 없어서 취소쟁송의 대상이 될 수 없다. 다만, ㉠ 규제적 행정지도, ㉡ 경고나 추천, ㉢ 형식적 행정행위에 대해서 처분성을 인정하려는 견해가 있다.

1. 지장물 철거촉구가 행정지도에 해당하는지 여부(긍정)

구청장이 도시재개발구역 내의 건물소유자 甲에게 건물의 자진철거를 요청하는 내용의 공문을 보냈다고 하더라도 그 공문의 제목이 '지장물 철거촉구'로 되어 있어서 철거명령이 아님이 분명하고, 행위의 주체면에서 구청장은 재개발구역 내 지장물의 철거를 요구할 아무런 법적 근거가 없으며, 공문의 내용도 甲에게 재개발사업에의 협조를 요청함과 아울러 자발적으로 협조하지 아니하여 법에 따른 강제집행이 행하여짐으로써 甲이 입을지도 모를 불이익에 대한 안내로 되어 있고, … 이를 행정소송의 대상이 되는 처분이라고 볼 수 없다(대판 1989.9.12. 88누8883).

Winner's 판례상 철거촉구의 법적 성질 : 행정지도 (○), 행정처분 (×)

2. 주류거래 중지요청의 처분성(부정)

항고소송의 대상이 되는 행정처분은 행정청의 공법상의 행위로서 상대방 또는 기타 관계자들의 법률상 지위에 직접적으로 법률적인 변동을 일으키는 행위를 말하는 것이므로 세무당국이 소외 회사에 대하여 원고와의 주류거래를 일정기간 중지하여 줄 것을 요청한 행위는 권고 내지 협조를 요청하는 권고적 성격의 행위로서 소외 회사나 원고의 법률상의 지위에 직접적인 법률상의 변동을 가져오는 행정처분이라고 볼 수 없는 것이므로 항고소송의 대상이 될 수 없다(대판 1980.10.27. 80누395). 〈10·19. 국가 9급〉, 〈13. 지방 9급〉

② 국가배상

원칙	행정지도도 국가배상의 대상이 되는 직무행위에는 포함되지만, 행정지도는 상대방의 임의적 협력을 전제로 하는 것이므로 행정지도와 손해 사이에 인과관계가 없어서 국가배상은 부정된다. 〈12. 국가 9급〉
예외	㉠ 모든 사정을 고려할 때 상대방이 행정지도를 따르지 않을 수 없는 경우(사실상 강제), ㉡ 상대방이 행정지도에 따르지 않겠다는 의사를 명시적으로 표명한 경우(반대의사 표명)에는 임의성이 결여되어 행정지도와 손해사이에 인과관계를 인정할 수 있으므로 국가배상을 청구할 수 있다.

위법한 행정지도로 인한 손해와 매매대금의 손익상계 여부(부정)

1) 행정지도가 강제성을 띠지 않은 비권력적 작용으로서 행정지도의 한계를 일탈하지 아니하였다면, 그로 인하여 상대방에게 어떤 손해가 발생하였다 하더라도 행정기관은 그에 대한 손해배상책임이 없다.

2) 행정기관의 위법한 행정지도로 일정기간 어업권을 행사하지 못하는 손해를 입은 자가 그 어업권을 타인에게 매도하여 매매대금 상당의 이득을 얻었더라도 그 이득은 손해배상책임의 원인이 되는 행위인 위법한 행정지도와 상당인과관계에 있다고 볼 수 없고, 행정기관이 배상하여야 할 손해는 위법한 행정지도로 피해자가 일정기간 어업권을 행사하지 못한 데 대한 것임에 반해 피해자가 얻은 이득은 어업권 자체의 매각대금이므로 위 이득이 위 손해의 범위에 대응하는 것이라고 볼 수도 없어, 피해자가 얻은 매매대금 상당의 이득을 행정기관이 배상하여야 할 손해액에서 공제할 수 없다(대판 2008.9.25. 2006다18228). 〈17. 지방 9급(12월)〉

③ 행정지도를 따른 경우의 책임: 행정지도를 따른 상대방의 행위가 위법하게 된 경우 민사책임·형사책임 등은 상대방에게 있다. 〈18. 서울 7급〉

> **행정지도에 따른 허위신고가 정당화되는지 여부(부정)**
> 토지의 매매대금을 허위로 신고하고 계약을 체결하였다면 이는 계약예정금액에 대하여 허위의 신고를 하고 토지 등의 거래계약을 체결한 것으로서 구 국토이용관리법(1993. 8. 5. 법률 제4572호로 개정되기 전의 것) 제33조 제4호에 해당한다고 할 것이고, 행정관청이 국토이용관리법 소정의 토지거래계약신고에 관하여 공시된 기준시가를 기준으로 매매가격을 신고하도록 행정지도를 하여 그에 따라 허위신고를 한 것이라 하더라도 이와 같은 행정지도는 법에 어긋나는 것으로서 그와 같은 행정지도나 관행에 따라 허위신고행위에 이르렀다고 하여도 이것만 가지고서는 그 범법행위가 정당화될 수 없다(대판 1994.6.14. 93도3247). 〈17. 지방 9급(12월)〉

(2) 적법한 경우

적법한 행정지도로 인하여 입은 손실이 특별한 희생에 해당하면 손실보상을 청구할 수 있다. 다만, 행정지도에 의한 손실은 상대방의 임의적 협력에 따른 것이어서 특별한 희생에 해당할 수 없으므로 보통은 손실보상이 부정된다.

(3) 헌법소원

행정지도라 하더라도 규제적·구속적 성격을 상당히 강하게 가지는 경우에는 헌법소원의 대상이 되는 공권력의 행사라고 볼 수 있다고 하였다.

> **1. 대학총장들에 대한 학칙시정요구가 헌법소원의 대상인지 여부(긍정)**
> 교육인적자원부장관의 대학총장들에 대한 이 사건 학칙시정요구는 고등교육법 제6조 제2항, 동법 시행령 제4조 제3항에 따른 것으로서 그 법적 성격은 대학총장의 임의적인 협력을 통하여 사실상의 효과를 발생시키는 행정지도의 일종이지만, 그에 따르지 않을 경우 일정한 불이익조치를 예정하고 있어 사실상 상대방에게 그에 따를 의무를 부과하는 것과 다를 바 없으므로 단순한 행정지도로서의 한계를 넘어 규제적·구속적 성격을 상당히 강하게 갖는 것으로서 헌법소원의 대상이 되는 공권력의 행사라고 볼 수 있다(헌재 2003.6.26. 2002헌마337). 〈13. 지방 9급〉

> **2. 국제그룹의 해체준비착수지시와 언론발표지시가 헌법소원의 대상인지 여부(긍정)**
> 재무부장관이 제일은행장에 대하여 한 국제그룹의 해체준비착수지시와 언론발표지시는 상급관청의 하급관청에 대한 지시가 아님은 물론 동 은행에 대한 임의적 협력을 기대하여 행하는 비권력적 권고·조언 등의 단순한 행정지도로서의 한계를 넘어선 것이고, 이와 같은 공권력의 개입은 주거래 은행으로 하여금 공권력에 순응하여 제3자 인수식의 국제그룹 해체라는 결과를 사실상 실현시키는 행위라고 할 것으로, 이와 같은 유형의 행위는 형식적으로는 사법인(私法人)인 주거래은행의 행위였다는 점에서 행정행위는 될 수 없더라도 그 실질이 공권력의 힘으로 재벌기업의 해체라는 사태변동을 일으키는 경우인 점에서 일종의 권력적 사실행위로서 헌법소원의 대상이 되는 공권력의 행사에 해당한다(헌재 1993.7.29. 89헌마31).

> **3. 노동부장관의 단체협약내용 개선요구가 헌법소원의 대상이 되는지 여부(부정)**
> 이 사건 개선요구는 앞서 본 바와 같이 단체협약의 내용을 분석한 결과를 기재한 부분과 자율적인 협의를 통해 불합리한 요소의 개선을 바란다고 기재한 부분으로 구성되어 있다. 다만, 단체협약의 분석기준 등을 공공기관 경영실적 평가 및 기관장 평가 기준으로 활용한다고 기재한 부분이 있으나, 그와 같이 평가 기준으로 활용한다는 것만으로 이 사건 개선요구를 따르지 않을 경우의 불이익을 명시적으로 예정하고 있다고는 보기 어렵고, 달리 단체교섭에 직접 개입하거나 이를 강제하는 내용은 없으며, 그 개선요구의 시행문에서도 '법과 원칙의

테두리 내에서' 개선하라는 일반적·추상적 표현을 하고 있을 뿐이다. 그렇다면, 이 사건 개선요구가 행정지도로서의 한계를 넘어 규제적·구속적 성격을 강하게 갖는다고 보기 어려우므로, 헌법소원의 대상이 되는 공권력의 행사에 해당한다고 볼 수 없고, 따라서 이 사건 개선요구에 대한 심판청구는 부적법하다(헌재 2011.12.29. 2009헌마330). 〈17. 지방 9급(12월)〉

3 비공식적 행정작용

1. 의의

광의설	전통적 작용형식 이외의 모든 행위유형으로서, 관계법규상 요건과 효과가 규정되어 있지 않는 행위의 전체를 말한다.
협의설 (다수설)	공식적 행정작용을 하기에 앞서서 하는 준비행위 또는 공식적 행정작용을 대신하는 행정청과 국민 간의 사전 협의·합의를 말한다(김동희).

2. 필요성

비공식적 행정작용은 행정실무상 오래 전부터 존재하고 있었던 것이나, 현대 행정의 수요 증가로 인하여 최근에 그 중요성이 부각되고 있다. 비공식적 작용은 ① 관계법규가 애매한 경우에도 합의에 따라 일을 처리함으로써 법적 불확실성을 제거할 수 있다는 점, ② 합의가 잘 이루어지면 행정의 능률화를 가져온다는 점, ③ 강제력을 행사하는 것이 아니므로 탄력성을 제고할 수 있다는 점 등을 위하여 필요하다. 특히 경제법·환경법·토지개발행정의 영역에서 많이 등장한다.

3. 문제점

비공식적 행정작용은 ① 법적 근거 없이 발동할 수 있다는 점에서 법치행정을 후퇴시킨다는 점(⑥ 환경보호기준의 하향조정) ② 행정청과 상대방 사이에서만 합의가 이루어진다는 점에서 제3자에의 위험부담이 생긴다는 점, ③ 비권력적 사실행위에 불과하므로 항고쟁송에 의한 구제가 곤란하다는 점, ④ 합의가 이루어지지 않으면 활성적 행정에 장애를 가져올 수 있다는 점이 문제점으로 제기된다.

4. 허용성

행정작용의 형식은 고정된 것이 아니며, 행정청은 청문의무와 조사의무가 있고, 공익과 사익을 정당하게 형량하여 적정한 결정을 할 의무가 있다는 점에서 비공식적 행정작용도 허용될 수 있다. 그러나 관계법령이 모호한 경우에 행정청이 비공식적 행정작용을 해야 할 의무가 있는 것은 아니다.

5. 효과

(1) 법적 구속력

비공식적 행정작용은 행정상 사실행위로서 법적 구속력이 없으므로 이행의무나 이행청구권이 생기지 않는다. 신뢰보호의 원칙, 신의성실의 원칙, 행정의 자기구속의 원칙 등을 매개로 하여서도 그 법적 구속성을 인정할 수 없다. 다만, 계약체결상의 과실의 법리에 따라 행정권의 책임이 인정될 여지는 있다.

(2) 국가배상

비공식적 행정작용을 통하여 성립한 합의를 불이행한 경우라 하더라도 손해배상을 청구할 수는 없다.

6. 한계

(1) 실체법적 한계

행정청은 관계인에게 위법한 허가 또는 위법한 사실상태로 귀결될 성질의 것을 양해사항으로 하여서는 아니 된다(예 필요한 법적 규제조치의 불행사).

(2) 절차법적 한계

행정청은 포괄적 사실해명을 그 내용으로 하는 조사의무나 제3자의 청문권·참가권 등을 회피 또는 배제하기 위한 수단으로 사용해서는 아니 된다.

7. 종류

비공식적 작용에는 ① 인·허가신청시의 사전절충, ② 처분안 및 부관안의 사전제시, ③ 응답유보, ④ 규범집행형 합의(예 노후시설에 대한 가동금지를 대체하는 합의), ⑤ 규범대체형 합의(예 사업자 단체가 자유의사에 따라 환경보호조치를 약속하고, 이에 따라 행정도 잠정적으로 규범정립을 보류하는 것) 등이 있다. 그 결과는 주로 부관의 형태로 나오는 경우가 많다.

제3절 공법상 계약

1 서설

1. 의의

공법적 효과의 발생을 목적으로 하여 복수당사자 사이의 반대방향의 의사표시의 합치로서 성립하는 공법행위를 말한다. 개별·구체적인 상황에 따라 행정을 탄력적으로 수행할 수 있으며, 법률관계가 불명확하거나 법률지식이 없는 사람과의 관계에서도 문제해결이 가능하다는 점에서 비중이 높아져 가고 있다.

2. 구별

(1) **사법(私法)상 계약**

대등한 의사표시의 합치라는 점에서는 공통되나, 사법적(私法的) 효과를 목적으로 한다는 점에서 구별된다.

(2) **행정계약**

행정주체가 일방 당사자가 되어 체결하는 계약으로서, 공법상 계약과 사법상 계약을 포함하는 개념이다. 행정법의 연구대상을 ① 행정계약 전체로 보는 견해(비한정설), ② 공법상 계약으로 한정하는 견해(한정설)가 대립한다. 우리나라는 공사법 이원주의를 채택하고 있으므로 한정설이 일반적이다.

> **Winner's** 우리나라의 논의 대상 : 공법상 계약 (○), 행정계약 (×)

(3) **행정행위**

행정목적을 실현하고 공법적 효과를 발생시킨다는 점에서 공통되나, 행정청의 일방적 결정에 의하여 성립한다는 점에서 구별된다. 따라서 쌍방적 행정행위나 부관부 행정행위도 권력적이라는 점에서 공정력, 확정력, 강제력 등 효력이 발생한다. 〈03. 행시〉

> **Winner's** 공정력 인정 여부 : 공법상 계약 (×), 쌍방적 행정행위 (○)

(4) **공법상 합동행위**

복수당사자의 의사표시가 필요하다는 점은 공통되나, 같은 방향의 의사표시 합치라는 점에서 구별된다.

(5) **확약**

행정청의 자기구속적 의사표시로서 일정한 의무를 가진다는 점에서 공통되나, 행정청의 일방적 의사로 성립한다는 점에서 구별된다.

> **Winner's** 이행의무의 발생 : 공법상 계약 (○), 확약 (○), 비공식적 작용 (×)

3. 연혁

① 독일은 종래 공법상 계약을 부정하고 공공토목공사도급계약❶·등을 사법상 계약으로 파악하였으나, 1950년대 판례를 통하여 인정하기 시작하였고, 1976년 「행정절차법」에 명시하였다. ② 프랑스는 행정계약의 관념이 인정되고 있었다. ③ 영·미는 공·사법 구별을 부인하므로 공법상 계약을 인정하지 않았으며, 19세기 후반 정부계약이라는 개념을 사용하였다.

> **용어설명** ❶ 도급계약 : 일의 완성을 조건으로 대가를 지급하는 계약

2 종류

1. 주체에 따른 분류

(1) 행정주체 상호 간의 공법상 계약 ⟨17. 국가 9급⟩

국가와 공공단체 사이 또는 공공단체 상호 간에 성립하는 공법상 계약을 말한다. 공법상 협정이라고도 한다(정하중)(예 공공단체 상호 간의 사무위탁, 지방자치단체 상호 간의 도로·하천의 경비부담에 관한 협의 등).

(2) 행정주체와 사인 간의 공법상 계약

행정주체와 사인 간의 계약이 공법상 계약인지, 사법상 계약인지 여부에 대한 판단은 현행 실정법을 개별적·구체적으로 분석해서 판단한다.

> **1. 공법상 계약인지 여부를 판단할 때 현행법상 근무관계 등이 고려 대상이 되는지 여부(긍정)**
> 전문직 공무원인 공중보건의사의 채용계약의 해지가 관할 도지사의 일방적인 의사표시에 의하여 그 신분을 박탈하는 불이익처분이라고 하여 곧바로 그 의사표시가 관할 도지사가 행정청으로서 공권력을 행사하여 행하는 행정처분이라고 단정할 수는 없고, **공무원 및 공중보건의사에 관한 현행 실정법이 공중보건의사의 근무관계에 관하여 구체적으로 어떻게 규정하고 있는가에 따라** 그 의사표시가 항고소송의 대상이 되는 처분 등에 해당하는 것인지의 여부를 개별적으로 판단하여야 할 것이다(대판 1996.5.31. 95누10617).
>
> **2. 창덕궁 비원안내원 채용계약(사법상 계약)**
> 창덕궁 관리소장이 1년 단위로 채용한 비원안내원들은 그 채용근거가 문화공보부장관의 훈령인 「비정규직원계약 및 근무 등에 관한 규정」으로서, 국가공무원법 제2조 제3항 제3호의 **전문직 공무원과 다르고, 그 직무의 성질에 비추어 전문성이 요구되는 것도 아니어서 공법상 계약의 개념적 징표인 대등한 당사자 사이의 채용계약이라고 보기 어려운 점** 등에 비추어 보면, 그 채용계약은 단순한 사법상의 고용계약으로 이해된다(대판 1995.10.13. 95다184).
>
> **Winner's** 공법상 계약인지 여부 : 공중보건의사 채용계약 (○), 창덕궁 비원안내원 채용계약 (×)

① 정부계약: 행정주체와 사인 간에 체결되는 납품계약, 건축도급계약 등은 보통 사법상(私法上) 계약으로 파악된다. 다만, 공공시설의 건축도급계약과 같이 공익성이 있거나, 특별한 규정으로 사법(私法) 원리가 제한·수정되는 경우에는 공법상 계약으로 볼 여지도 있다는 견해가 있다(김동희).

1. 지방자치단체가 당사자가 되는 공공계약(사법상 계약)

지방재정법에 의하여 준용되는 '국가를 당사자로 하는 계약에 관한 법률'에 따라 지방자치단체가 당사자가 되는 이른바 공공계약은 사경제의 주체로서 상대방과 대등한 위치에서 체결하는 사법(私法)상의 계약으로서 그 본질적인 내용은 사인 간의 계약과 다를 바가 없다(대결 2006.6.19. 2006마117). 〈17. 국가 7급〉

2. 요청조달계약의 경우 행정처분에 관한 규정이 적용되는지 여부(부정)

국가가 수익자인 수요기관을 위하여 국민을 계약상대자로 하여 체결하는 요청조달계약에는 다른 법률에 특별한 규정이 없는 한 당연히 국가계약법이 적용된다. … 요청조달계약에 적용되는 국가계약법 조항은 국가가 사경제 주체로서 국민과 대등한 관계에 있음을 전제로 한 사법(사법)관계에 관한 규정에 한정되고, 고권적 지위에서 국민에게 침익적 효과를 발생시키는 행정처분에 관한 규정까지 당연히 적용된다고 할 수 없다(대판 2017.6.29. 2014두14389). 〈23. 소방〉

3. 지원금 출연을 위하여 중소기업청장이 체결하는 협약(공법상 계약)

중소기업 정보화지원사업에 따른 지원금 출연을 위하여 중소기업청장이 체결하는 협약은 공법상 대등한 당사자 사이의 의사표시의 합치로 성립하는 공법상 계약에 해당하는 점, … 협약의 해지 및 그에 따른 환수통보는 공법상 계약에 따라 행정청이 대등한 당사자의 지위에서 하는 의사표시로 보아야 하고, 이를 행정청이 우월한 지위에서 행하는 공권력의 행사로서 행정처분에 해당한다고 볼 수는 없다(대판 2015.8.27. 2015두41449). 〈17. 지방 9급〉, 〈18. 국가 9급〉

4. 지방자치단체가 사인과 체결한 자원회수시설에 대한 위탁운영협약(사법상 계약)

위 협약은 갑 지방자치단체가 사인인 을 회사 등에 위 시설의 운영을 위탁하고 그 위탁운영비용을 지급하는 것을 내용으로 하는 용역계약으로서 상호 대등한 입장에서 당사자의 합의에 따라 체결한 사법상 계약에 해당한다(대판 2019.10.17. 2018두60588). 〈20. 지방 7급〉, 〈21. 군무원 7급〉

② 국·공유재산에 관한 계약: 국가·지방자치단체의 일반재산의 매각·양여·대부 등에 관한 계약은 사법상 계약이다. 다만, 계약의 공정성을 확보하기 위해서 특별한 규정을 두는 경우에 공법상 계약으로 볼 수 있을 것인지에 대해서는 논란이 있다.

1. 국유재산의 매매계약(사법상 계약)

국유재산의 매매계약은 순전히 사법상의 계약에 불과하고 이를 공권력에 의한 행정처분 내지 준행정처분이라고는 볼 수 없다(대판 1969.12.26. 69누134).

2. 국유임야 대부행위(사법상 계약)

산림청장이나 그로부터 권한을 위임받은 행정청이 산림법 등이 정하는 바에 따라 국유임야를 대부하는 행위는 사경제적 주체로서 상대방과 대등한 입장에서 하는 사법상 계약이지 행정청이 공권력의 주체로서 상대방의 의사 여하에 불구하고 일방적으로 행하는 행정처분이라고 할 수는 없다(대판 1993.12.7. 91누11612).

3. 국유재산매각신청 반려의 처분성(부정)

국유재산법의 규정에 의하여 총괄청 또는 그 권한을 위임받은 기관이 국유재산을 매각하는 행위는 사경제주체로서 행하는 사법상의 법률행위에 지나지 아니하며, 행정청이 공권력의 주체라는 지위에서 행하는 공법상의 행정처분은 아니라 할 것이므로 국유재산매각 신청을 반려한 거부행위도 단순한 사법상의 행위일 뿐 공법상의 행정처분으로 볼 수 없다(대판 1986.6.24. 86누171).

③ 공물·영조물 이용관계의 설정계약: 공물을 사용하거나(⑩ 도로점용) 영조물을 이용하는 것(⑩ 철도이용, 전화가입 등)은 행정행위에 의하여 성립되는 것이 보통이나, 공법상 계약으로 성립할 수도 있다. 다만, 지원에 의한 군입대, 초등학교 이외의 국공립학교 입학은 공법상 계약으로 보는 견해가 있으나, 쌍방의 실질적인 의사합치가 없다는 점에서 상대방의 협력을 요하는 행정행위로 보는 것이 타당하다(김동희).

④ 공무원의 채용계약

전문직 공무원의 채용	과거 전문직 공무원의 채용계약에 대해서는 공법상 계약으로 보는 데 이견이 없었다. 다만, 현행법은 계약직 공무원제도를 폐지하였다.
일반직 공무원의 임명	상대방의 동의가 필요하므로 공법상 계약이라고 보는 견해가 있으나, 근무관계의 내용을 행정주체가 일방적으로 결정하는 것이므로 쌍방적 행정행위로 보는 것이 타당하다(김동희).

공중보건의사의 채용계약(공법상 계약)
현행 실정법이 전문직 공무원인 공중보건의사의 채용계약 해지의 의사표시는 일반공무원에 대한 징계처분과는 달라서 항고소송의 대상이 되는 처분 등의 성격을 가진 것으로 인정되지 아니하고, 일정한 사유가 있을 때에 관할 도지사가 채용계약 관계의 한쪽 당사자로서 대등한 지위에서 행하는 의사표시로 취급하고 있는 것으로 이해된다(대판 1996.5.31. 95누10617). 〈19. 서울 7급〉

Winner's 공법상 계약인지 여부 : 공무원 채용 (○), 공무원 임명 (×)

⑤ 임의적 공용부담: 공용부담은 행정청의 일방적 행위에 의하여 상대방의 재산에 일정한 제한을 부과하는 행정행위에 해당한다. 그러나 부담자 스스로 임의로 이를 부담하는 경우에는 공법상 계약으로 볼 수 있다(⑩ 사유지를 도로·학교·공원 등의 부지로 제공하는 경우).

Winner's 공법상 계약인지 여부 : 공용부담 (×), 임의적 공용부담 (○)

⑥ 자금지원계약: 보조금 지급은 보통 행정행위에 의하여 결정된다. 다만, 그 구체적인 법률관계는 협의에 의하여 성립되고 이러한 협의는 공법상 계약이라는 견해가 있다(김동희).

⑦ 행정사무의 위임: 오늘날 행정의 간소화와 사인의 전문지식을 활용하기 위해서 국가 또는 공공단체가 사인(私人)에게 행정사무를 위임하는 경우가 늘고 있다. 이러한 위임은 공법상 계약으로 성립하는 것이 보통이다(⑩ 별정우체국의 지정).

⑧ 환경보전협약: 국가나 지방자치단체는 공해발생의 방지와 환경보전을 위해서 공법상 계약을 체결하는 경우도 있다. 정부와 원자력사업자 사이에 체결되는 원자력손해배상계약, 지방자치단체와 사기업 사이에 체결되는 환경보전협약 등이 있다.

(3) 사인 상호 간의 공법상 계약

일반 사인과 공무수탁사인 간에 체결되는 계약을 말한다. 대표적으로 「공익사업을 위한 토지 등의 취득 및 보상에 관한 법률」상 사업시행자인 사기업과 토지소유자 및 관계인 사이의 토지수용에 관한 협의가 있다. 다만, 그 법적 성질에 대해서는 공법상 계약설(다수설), 사법상 계약설(판례)이 대립한다.

> **1. 토지 등의 협의취득(사법상 계약)**
> 도시계획사업의 시행자가 그 사업에 필요한 토지를 협의취득하는 행위는 **사경제주체로서 행하는 사법상의 법률행위에 지나지 않으며** 공권력의 주체로서 우월한 지위에서 행하는 공법상의 행정처분이 아니므로 행정소송의 대상이 되지 않는다(대판 1992.10.27. 91누3871). 〈23. 국가 9급〉
>
> **2. 「토지수용법」상 협의취득은 사법상 계약으로서 승계취득인지 여부(긍정)**
> 구 토지수용법상 협의취득은 토지수용법 제25조의2의 규정에 의한 협의성립의 확인이 없는 이상, 그 취득행위는 어디까지나 사경제주체로서 행하는 **사법상의 취득으로서 승계취득한 것으로 보아야** 할 것이다(대판 1996.2.13. 95다3510).

Winner's 토지수용 협의의 법적 성질이 공법상 계약인지 여부 : 학설 (○), 판례 (×)

2. 성질에 따른 분류

양 당사자의 지위에 따라 ① 완전히 대등한 입장에서 체결되는 '대등계약'(예 행정주체 상호간의 계약), ② 일방의 지위가 약한 '종속계약'(예 행정주체와 사인 간의 계약)으로 구별하는 견해가 있으나, 다수설은 부정한다.

3 법적 근거와 한계

근거	① 현대 행정은 복잡하고 다양한 행정수요에 탄력적으로 대응할 필요가 있으므로 공법상 계약을 체결하는 것도 가능하다는 점에는 이견(異見)이 없으나, 비권력적 작용이므로 법적 근거 없이도 체결할 수 있다(다수설, 김동희). ② 「행정기본법」은 공법상 계약을 체결할 수 있다는 규정을 두고 있으나, 법률의 근거가 있어야 하는 것인지에 대해서는 직접적 규정이 없다. 〈23. 군무원 5급〉
한계	① 공법상 계약도 행정작용의 하나이므로 법률우위의 원칙을 준수해야 한다. ② 「행정기본법」은 법령등을 위반하지 않는 범위에서 체결할 수 있다고 하여 법률우위 원칙을 명시하고 있다.

> 〈행정기본법〉 제27조(공법상 계약의 체결) ① 행정청은 법령등을 위반하지 아니하는 범위에서 행정목적을 달성하기 위하여 필요한 경우에는 공법상 법률관계에 관한 계약(이하 "공법상 계약"이라 한다)을 체결할 수 있다. 이 경우 계약의 목적 및 내용을 명확하게 적은 계약서를 작성하여야 한다. 〈24. 국가 9급〉

4 특수성

1. 실체법적 특수성

(1) 계약의 성립

주체	공법상 계약도 정당한 권한을 가진 행정청이 그 권한의 범위 내에서 정상적인 의사에 근거하여 체결해야 한다. 다만, 행정청은 본래 권리주체가 아니므로 계약의 당사자가 될 수 없는 것이 원칙이나, 행정주체를 대표한다는 점에서 당사자로 볼 수도 있다(홍정선).
내용	공법상 계약은 계약의 상대방 선정과 내용을 결정할 때 공공성과 제3자의 이해관계를 고려하여야 한다. 따라서 계약이 강제되거나, 부합(附合)계약의 형태가 되는 경우가 많다. 〈21. 지방 9급〉,〈23. 소방〉
절차	①「행정절차법」은 공법상 계약의 체결절차에 대해서는 아무런 규정이 없으며, 처분절차에 관한 규정을 적용할 수는 없다. ②「행정기본법 시행령」은 동의 등 절차를 거쳐야 한다고 규정하고 있다.
형식	「행정기본법」은 공법상 계약을 체결할 때 계약의 목적 및 내용을 명확하게 적은 계약서를 작성하도록 규정하고 있다.

> 〈행정기본법〉 제27조(공법상 계약의 체결) ② 행정청은 공법상 계약의 상대방을 선정하고 계약 내용을 정할 때 공법상 계약의 공공성과 제3자의 이해관계를 고려하여야 한다.
>
> 〈행정기본법 시행령〉 제6조(공법상 계약) 행정청은 법 제27조에 따라 공법상 법률관계에 관한 계약을 체결할 때 법령등에 따른 관계 행정청의 동의, 승인 또는 협의 등이 필요한 경우에는 이를 모두 거쳐야 한다.

1. 채용계약을 해지할 때「행정절차법」상 근거와 이유를 제시하여야 하는지 여부(부정)

계약직 공무원에 관한 현행법령의 규정에 비추어 볼 때, 계약직 공무원 채용계약 해지의 의사표시는 일반공무원에 대한 징계처분과는 달라서 항고소송의 대상이 되는 처분 등의 성격을 가진 것으로 인정되지 아니하고, 일정한 사유가 있을 때에 국가 또는 지방자치단체가 채용계약관계의 한쪽 당사자로서 대등한 지위에서 행하는 의사표시로 취급되는 것으로 이해되므로, 이를 징계해고 등에서와 같이 그 징계사유에 한하여 효력 유무를 판단하여야 하거나, 행정처분과 같이 행정절차법에 의하여 근거와 이유를 제시하여야 하는 것은 아니다(대판 2002.11.26. 2002두5948). 〈10. 지방 9급〉,〈18. 국가 9급〉

2. 지방계약직공무원에 대한 보수 삭감시 법령상 징계절차가 필요한지 여부(긍정)

근로기준법 등의 입법 취지, 지방공무원법과 지방공무원징계및소청규정의 여러 규정에 비추어 볼 때, 채용계약상 특별한 약정이 없는 한, 지방계약직공무원에 대하여 지방공무원법, 지방공무원징계및소청규정에 정한 징계절차에 의하지 않고서는 보수를 삭감할 수 없다고 봄이 상당하다(대판 2008.6.12. 2006두16328). 〈15. 지방 9급〉,〈21. 국가 9급〉

Winner's 행정절차법 적용 여부 : 공법상 계약 (×), 행정처분 (○)

(2) 계약의 하자

공법상 계약은 공정력이 없으므로 하자가 있으면 무효만 존재한다는 것이 다수설이다. 따라서 무효인 공법상 계약에 따라 이미 급부를 한 경우에는 공법상 부당이득반환청구의 법리에 의하여 반환을 요구할 수 있고, 무효인 계약에 근거한 행정행위는 중대·명백설에 따라 그 하자의 정도를 판단하면 된다.

1. 낙찰자 결정기준을 위반하여 적격심사를 한 계약이 당연무효인지 여부(부정)
1) 국가를당사자로하는계약에관한법률은 같은법시행령에서 당해 입찰자의 이행실적, 기술능력, 재무상태, 과거 계약이행 성실도, 자재 및 인력조달가격의 적정성, 계약질서의 준수정도, 과거공사의 품질정도 및 입찰가격 등을 종합적으로 고려하여 재정경제부장관이 정하는 심사기준에 따라 세부심사기준을 정하여 결정하도록 규정하고 있으나, 이러한 규정은 국가가 사인과의 사이의 계약관계를 공정하고 합리적·효율적으로 처리할 수 있도록 관계 공무원이 지켜야 할 계약사무처리에 관한 필요한 사항을 규정한 것으로, 국가의 내부규정에 불과하다 할 것이다.
2) 계약담당공무원이 입찰절차에서 국가를당사자로하는계약에관한법률 및 그 시행령이나 그 세부심사기준에 어긋나게 적격심사를 하였다 하더라도 그 사유만으로 당연히 낙찰자 결정이나 그에 기한 계약이 무효가 되는 것은 아니고, 이를 위배한 하자가 입찰절차의 공공성과 공정성이 현저히 침해될 정도로 중대할 뿐 아니라 상대방도 이러한 사정을 알았거나 알 수 있었을 경우 또는 누가 보더라도 낙찰자의 결정 및 계약체결이 선량한 풍속 기타 사회질서에 반하는 행위에 의하여 이루어진 것임이 분명한 경우 등 이를 무효로 하지 않으면 그 절차에 관하여 규정한 국가를당사자로하는계약에관한법률의 취지를 몰각하는 결과가 되는 특별한 사정이 있는 경우에 한하여 무효가 된다고 해석함이 타당하나(대판 2001.12.11. 2001다33604). 〈11. 국가 7급〉

2. 「국가를 당사자로 하는 계약에 관한 법률」에 따른 계약서를 따로 작성하지 않은 계약이 무효인지 여부(긍정)
구 지방재정법(2005. 8. 4. 법률 제7663호로 전부 개정되기 전의 것) 제63조는 지방자치단체를 당사자로 하는 계약에 관하여 이 법 및 다른 법령에서 정한 것을 제외하고는 '국가를 당사자로 하는 계약에 관한 법률'의 규정을 준용한다고 규정하고 있고, 이에 따른 준용조문인 국가를 당사자로 하는 계약에 관한 법률 제11조 제1항, 제2항에 의하면 지방자치단체가 계약을 체결하고자 할 때에는 계약의 목적, 계약금액, 이행기간, 계약보증금, 위험부담, 지체상금 기타 필요한 사항을 명백히 기재한 계약서를 작성하여야 하고, 그 담당공무원과 계약상대자가 계약서에 기명·날인 또는 서명함으로써 계약이 확정된다고 규정하고 있는바, 위 각 규정의 취지에 의하면 지방자치단체가 사경제의 주체로서 사인과 사법상의 계약을 체결함에 있어서는 위 법령에 따른 계약서를 따로 작성하는 등 그 요건과 절차를 이행하여야 하고, 설사 지방자치단체와 사인 사이에 사법상의 계약 또는 예약이 체결되었다 하더라도 위 법령상의 요건과 절차를 거치지 않은 계약 또는 예약은 그 효력이 없다(대판 2009.12.24. 2009다51288). 〈19. 서울 9급〉, 〈23. 소방〉

(3) 계약의 소멸

공법상 계약에는 「민법」상의 계약해제에 관한 규정이 그대로 적용되지 않으므로 쌍방이 자유롭게 할 수는 없고, 공익을 위해서 불가피한 경우에 행정주체만 일방적으로 해제할 수 있는 경우가 많다. 다만 그로 인한 손실은 보상하여야 한다.

2. 절차법적 특수성

(1) 강제집행

공법상 계약은 비권력적 행위이므로 그 의무의 이행은 명문의 규정이 없는 한 재판에 의하고, 자력강제를 할 수는 없다.

Winner's 공법상 계약의 강제방법 : 자력강제 (×), 타력강제 (○)

(2) 쟁송절차

공법상 계약의 효력을 다투거나 이행을 청구하는 소송은 분쟁의 실질이 손해배상액의 구체적인 산정방법·금액에 국한되는 특별한 사정이 없는 한 공법상 당사자소송으로 제기하여야 한다(대판 2023.6.29. 2021다250025). 〈24. 국가 9급〉

> 1. 공중보건의사 채용계약 해지에 대하여 항고소송을 제기할 수 있는지 여부(부정)
> 공중보건의사 채용계약 해지의 의사표시에 대하여는 대등한 당사자 간의 소송형식인 공법상의 당사자소송으로 그 의사표시의 무효확인을 청구할 수 있는 것이지, 이를 항고소송의 대상이 되는 행정처분이라는 전제하에서 그 취소를 구하는 항고소송을 제기할 수는 없다(대판 1996.5.31. 95누10617).
>
> 2. 서울특별시립무용단원 해촉에 대한 무효확인이 당사자소송인지 여부(긍정)
> 지방자치법 제9조 제2항 제5호 (라)목 및 (마)목 등의 규정에 의하면, 서울특별시립무용단원의 공연 등 활동은 지방문화 및 예술을 진흥시키고자 하는 서울특별시의 공공적업무수행의 일환으로 이루어진다고 해석될 뿐 아니라, 단원으로 위촉되기 위하여는 일정한 능력요건과 자격요건을 요하고, 계속적인 재위촉이 사실상 보장되며, 공무원연금법에 따른 연금을 지급받고, 단원의 복무규율이 정해져 있으며, 정년제가 인정되고, 일정한 해촉사유가 있는 경우에만 해촉되는 등 서울특별시립무용단원이 가지는 지위가 공무원과 유사한 것이라면, 서울특별시립무용단 단원의 위촉은 공법상의 계약이라고 할 것이고, 따라서 그 단원의 해촉에 대하여는 공법상의 당사자소송으로 그 무효확인을 청구할 수 있다(대판 1995.12.22. 95누4636). 〈13. 국가 7급〉
>
> 3. 광주광역시립합창단원의 재위촉 거부의 처분성(부정)
> 지방자치법 제9조 제2항 제5호 (라)목 및 (마)목 등의 규정에 의하면, 광주광역시립합창단의 활동은 지방문화 및 예술을 진흥시키고자 하는 광주광역시의 공공적 업무수행의 일환으로 이루어진다고 해석될 뿐 아니라, … 단원의 지위가 지방공무원과 유사한 면이 있으나, 한편 단원의 위촉기간이 정하여져 있고 재위촉이 보장되지 아니하며, 단원에 대하여는 지방공무원의 보수에 관한 규정을 준용하는 이외에는 지방공무원법 기타 관계법령상의 지방공무원의 자격, 임용, 복무, 신분보장, 권익의 보장, 징계 기타불이익처분에 대한 행정심판 등의 불복절차에 관한 규정이 준용되지도 아니하는 점 등을 종합하여 보면, 광주광역시문화예술회관장의 단원 위촉은 광주광역시문화예술회관장이 행정청으로서 공권력을 행사하여 행하는 행정처분이 아니라 공법상의 근무관계의 설정을 목적으로 하여 광주광역시와 단원이 되고자 하는 자 사이에 대등한 지위에서 의사가 합치되어 성립하는 공법상 근로계약에 해당한다고 보아야 할 것이므로, 광주광역시립합창단원으로서 위촉기간이 만료되는 자들의 재위촉신청에 대하여 광주광역시문화예술회관장이 실기와 근무성적에 대한 평정을 실시하여 재위촉을 하지 아니한 것을 항고소송의 대상이 되는 불합격처분이라고 할 수는 없다(대판 2001.12.11. 2001두7794).

제4절 행정법상의 확약

1 의의

확약이란 장래에 향한 행정청의 자기구속적 의사표시를 말한다. 그 범위에 대해서는 ① 행정행위로 한정하는 견해(협의설), ② 주민에 대한 개발사업의 약속 등 행정작용으로 확대하는 견해(광의설, 다수설)가 대립한다. 「행정절차법」은 당사자가 신청할 수 있는 '처분'으로 규정하고 있다. 실무상으로는 내인가[1](內認可)가 확약의 의미로 사용되는 경우가 많다.

> 〈행정절차법〉 제40조의2(확약) ① 법령등에서 당사자가 신청할 수 있는 처분을 규정하고 있는 경우 행정청은 당사자의 신청에 따라 장래에 어떤 처분을 하거나 하지 아니할 것을 내용으로 하는 의사표시(이하 "확약"이라 한다)를 할 수 있다. 〈24. 소방〉

용어설명 ❶ 내인가 : 인가를 내부적으로 약속한 것으로서, 확약의 일종이다.

2 법적 성질

1. 문제점

확약은 일정한 처분 등을 약속한 것이므로 상대방에게 종국적 규율성을 가지는 것은 아니므로 확약이 행정행위에 해당할 것인지가 문제된다.

2. 학설

긍정설	확약은 자기구속적 의사표시로서 행정청에게 일정한 의무를 부여한다는 점에서 행정행위의 기본적 요소인 규율성을 갖추고 있다는 견해이다(박윤흔).
부정설	확약은 장래 어떠한 행위(예 건축허가)를 하겠다는 약속에 해당하는 것이고, 종국적인 규율(예 건축행위)은 약속된 행위를 통해서 비로소 가능한 것이므로 행정행위라고 볼 수 없다는 견해이다(김동희, 김남진).

Winner's 확약의 법적 성질 : 규율성 (○), 종국적 규율성 (×)

3. 판례

강학상 확약에 해당하는 우선순위결정의 처분성을 부정하였다. 다만 내인가에 대해서는 직접 처분성을 판단하지 않았고, 내인가 취소를 인가거부처분으로 보아 처분성을 인정하였다.

> 1. 강학상 확약으로서 우선순위결정의 처분성(부정)
> 어업권면허에 선행하는 우선순위결정은 행정청이 우선권자로 결정된 자의 신청이 있으면 어업권면허처분을 하겠다는 것을 약속하는 행위로서 강학상의 확약에 불과하고 행정처분은 아니므로, 우선순위결정에 공정력이나 불가쟁력과 같은 효력은 인정되지 아니하며, 따라서 우선순위결정이 잘못되었다는 이유로 종전의 어업면허처분이 취소되면 행정청은 종전의 우선순위결정을 무시하고 다시 우선순위

를 결정한 다음, 새로운 우선순위결정에 기하여 새로운 어업면허를 할 수 있다고 할 것이다(대판 1995.1.20. 94누6529). 〈13. 국가 9급〉

2. 강학상 확약으로서 내인가행위의 처분성(판단 보류)

자동차운송사업양도양수계약에 기한 양도양수인가신청에 대하여 피고 시장이 내인가를 한 후 위 내인가에 기한 본인가신청이 있었으나 자동차운송사업 양도양수인가신청서가 합의에 의한 정당한 신청서라고 할 수 없다는 이유로 위 내인가를 취소한 경우, 위 내인가의 법적 성질이 행정행위의 일종으로 볼 수 있든 아니든 그것이 행정청의 상대방에 대한 의사표시임이 분명하고, 피고가 위 내인가를 취소함으로써 다시 본인가에 대하여 따로 이 인가 여부의 처분을 한다는 사정이 보이지 않는다면, 위 내인가 취소를 인가신청을 거부하는 처분으로 보아야 할 것이다(대판 1991.6.28. 90누4402). 〈22. 국가 9급〉

4. 검토

확약은 행정행위와 유사한 성질을 가지고 있으나, 종국적 규율은 약속된 행정행위를 통해서 행해진다는 점에서 확약의 독자적 행위형식을 인정하는 것이 좋을 것이므로 부정설이 타당하다.

3 구별

1. 교시(敎示)

교시란 행정청이 상대방에게 일정한 사실 또는 법률관계에 관한 정보를 제공하는 사실행위를 말한다. 자기구속적 의사가 결여되어 있다는 점에서 확약과 구별된다.

2. 공법상 계약

공법상 계약 중 행정주체에게 의무를 부여하는 것은 확약과 유사하나, 이는 복수당사자 사이의 반대방향의 의사표시의 합치라는 점에서 단독적·자기구속적 행위인 확약과 구별된다.

3. 예비결정

(1) 의의

일정한 행정행위를 발동함에 있어서 다수의 요건이 충족되어야 하는 경우에 그 개개의 요건에 대한 행정청의 확정적 결정을 말한다(⑩ 「원자력 진흥법」의 부지사전승인제도, 「폐기물관리법」상의 폐기물 처리허가 전의 사업계획에 대한 적정통보제도).

(2) 법적 성질

예비결정이 있으면 그 요건에 대해서는 더 이상 판단하지 않고 허가단계에서는 나머지 요건만 심사하게 된다는 점에서, 그 자체완결적이므로 확약과 구별된다. 따라서 예비결정은 그 자체 행정쟁송의 대상이 되는 것이 원칙이나, 허가 또는 불허가처분이 발령된 이후에는 그 처분을 대상으로 하므로 예비결정만을 독립적으로 쟁송의 대상으로 삼을 수는 없다.

Winner's 판례상 처분성 인정 여부 : 확약 (×), 예비결정 (○)

1. 폐기물처리업사업계획서 적정·부적정 통보행위의 처분성(긍정)

1) 폐기물관리법 관계법령의 규정에 의하면 폐기물처리업의 허가를 받기 위하여는 먼저 사업계획서를 제출하여 허가권자로부터 사업계획에 대한 적정통보를 받아야 하고, 그 적정통보를 받은 자만이 일정기간 내에 시설·장비·기술능력·자본금을 갖추어 허가신청을 할 수 있으므로, 결국 부적정통보는 허가신청 자체를 제한하는 등 개인의 권리 내지 법률상의 이익을 개별적이고 구체적으로 규제하고 있어 행정처분에 해당한다.

2) 폐기물처리업의 허가에 앞서 사업계획서에 대한 적정·부적정 통보제도를 두고 있는 것은 폐기물처리업을 하고자 하는 자가 스스로 시설 등을 설치하여 허가신청을 하였다가 허가단계에서 그 사업계획이 부적정하다고 판명되어 불허가되면 허가신청인이 막대한 경제적·시간적 손실을 입게 되므로, 이를 방지하는 동시에 허가관청으로 하여금 미리 사업계획서를 심사하여 그 적정·부적정통보 처분을 하도록 하고, 나중에 허가단계에서는 나머지 허가요건만을 심사하여 신속하게 허가업무를 처리하는 데 그 취지가 있다(대판 1998.4.28. 97누21086). 〈15. 국가 7급〉, 〈17. 국가직 9급〉

2. 원자로 및 관계시설의 부지사전승인처분의 처분성(긍정)

원자력법 제11조 제3항 소정의 부지사전승인제도는 원자로 및 관계시설을 건설하고자 하는 자가 그 계획 중인 건설부지가 원자력법에 의하여 원자로 및 관계시설의 부지로 적법한지 여부 및 굴착공사 등 일정한 범위의 공사(이하 '사전공사'라 한다)를 할 수 있는지 여부에 대하여 건설허가 전에 미리 승인을 받는 제도로서, 원자로 및 관계시설의 건설에는 장기간의 준비·공사가 필요하기 때문에 필요한 모든 준비를 갖추어 건설허가신청을 하였다가 부지의 부적법성을 이유로 불허가될 경우 그 불이익이 매우 크고 또한 원자로 및 관계시설 건설의 이와 같은 특성상 미리 사전공사를 할 필요가 있을 수도 있어 건설허가 전에 미리 그 부지의 적법성 및 사전공사의 허용 여부에 대한 승인을 받을 수 있게 함으로써 그의 경제적·시간적 부담을 덜어 주고 유효·적절한 건설공사를 행할 수 있도록 배려하려는 데 그 취지가 있다고 할 것이므로, 원자로 및 관계시설의 부지사전승인처분은 그 자체로서 건설부지를 확정하고 사전공사를 허용하는 법률효과를 지닌 독립한 행정처분이다(대판 1998.9.4. 97누19588). 〈13. 지방 9급〉, 〈17. 국가 9급〉

3. 건설허가처분 이후의 부지사전승인처분의 처분성(부정)

건설허가 전에 신청자의 편의를 위하여 미리 그 건설허가의 일부 요건을 심사하여 행하는 사전적 부분 건설허가처분의 성격을 갖고 있는 것이어서 나중에 건설허가처분이 있게 되면 그 건설허가처분에 흡수되어 독립된 존재가치를 상실함으로써 그 건설허가처분만이 쟁송의 대상이 되는 것이므로, 부지사전승인처분의 취소를 구하는 소는 소의 이익을 잃게 되고, 따라서 부지사전승인처분의 위법성은 나중에 내려진 건설허가처분의 취소를 구하는 소송에서 이를 다투면 된다(대판 1998.9.4. 97누19588). 〈17. 국가 9급〉

> **Winner's** 원자로 부지사전승인의 처분성 : 건설허가처분 이전 (○), 건설허가처분 이후 (×)

4. 가(假)행정행위

가행정행위의 개념에 대해서는 논란이 있으나, 보통은 확정적 결정 이전에 잠정적으로 행하여지는 규율을 말한다(⑩ 소득액 등이 확정되기 전에 상대방의 신고액에 따라 과세관청이 잠정적으로 세액을 결정하는 것). 잠정적이기는 하나 규율성을 갖추고 있다는 점에서 행정행위에 해당하므로 확약과 구별된다고 보는 것이다. 〈19. 국회 8급〉

5. 부분허가

부분허가란 건축물의 건축허가 그 자체의 일부에 대한 허가를 말한다. 허가 그 자체의 일부라는 점에서 관련되는 법적 문제에 대한 일부 결정인 예비결정과 구별되고, 종국적 규율성을 가진다는 점에서 확약과 구별된다.

4 확약의 요건

1. 주체

확약은 그 내용이 되는 본처분을 할 수 있는 권한을 가지고 있는 행정청이 그 권한의 범위 내에서 행하여야 한다. 〈13. 국가 9급〉

2. 내용

(1) 근거

확약을 하기 위해서 법적 근거가 필요한 것인지에 대해서 논란이 있으나, 확약의 대상은 보통 수익적 처분이라는 점에서 별도의 근거는 필요 없고, 본처분 권한에 포함된 것으로 보는 것이 일반적이다.

(2) 한계

확약은 법령에 적합하고 이행가능한 것이어야 한다. 다만 ① 기속행위의 경우에는 처분을 하여야 할 의무가 있으므로 확약을 할 여지가 없다는 견해가 있으나, 예지(豫知)이익❶ 및 대처(對處)이익❷이 있다는 점에서 긍정하는 것이 일반적이다. ② 처분의 요건사실이 완성된 경우에도 확약이 가능할 것인지 여부에 대해서도 논란이 있으나, 상대방에게 기대이익 또는 준비이익을 줄 수 있다는 점에서 긍정한다.

> **용어설명** ❶ 예지(豫知)이익 : 미리 앞날을 내다볼 수 있어서 미래에 대한 대책을 세울 수 있는 이익
> ❷ 대처(對處)이익 : 어떤 일에 대하여 적당한 조치를 취할 수 있는 이익

3. 절차와 형식

확약을 하는 경우에도 다른 행정청과의 협의나 이해관계인의 의견수렴 절차가 필요하다. 「행정절차법」은 확약을 하기 전에 본처분의 협의 절차를 거쳐야 하는 것으로 규정하고 있으며, 문서로 하도록 규정하고 있다. 〈24. 소방〉

> 〈행정절차법〉 제40조의2(확약) ② 확약은 문서로 하여야 한다.
> ③ 행정청은 다른 행정청과의 협의 등의 절차를 거쳐야 하는 처분에 대하여 확약을 하려는 경우에는 확약을 하기 전에 그 절차를 거쳐야 한다.

5 확약의 효과

1. 이행의무와 이행청구권

확약을 하게 되면 행정청은 상대방에게 확약된 행위를 하여야 할 자기구속적인 의무를 지게 된다. 상대방은 행정청에 대하여 확약의 내용을 이행할 청구권을 가진다.

> **Winner's** 이행의무의 발생 : 비공식적 행정작용 (×), 공법상 계약 (○), 확약 (○)

2. 확약의 구속력

행정청은 ① 확약을 한 후에 확약의 내용을 이행할 수 없을 정도로 법령등이나 사정이 변경된 경우, ② 확약이 위법한 경우에 확약의 구속력을 부정한다. 판례는 사정변경의 법리를 받아들여 확약의 구속력을 부정하는 경향이다. 〈24. 소방〉

> 〈행정절차법〉 제40조의2(확약) ④ 행정청은 다음 각 호의 어느 하나에 해당하는 경우에는 확약에 기속되지 아니한다.
> 1. 확약을 한 후에 확약의 내용을 이행할 수 없을 정도로 법령등이나 사정이 변경된 경우
> 2. 확약이 위법한 경우
> ⑤ 행정청은 확약이 제4항 각 호의 어느 하나에 해당하여 확약을 이행할 수 없는 경우에는 지체 없이 당사자에게 그 사실을 통지하여야 한다.

> 1. 비과세 통지 후에 한 과세처분이 당연무효인지 여부(부정)
> 피고의 내부규정(국세청 훈령인 재산제세조사사무취급규정)에 의한 비과세통지는 이 사건 과세치분에 의하여 철회 내지 취소된 것이라고 볼 것이고, 비과세결정 내지 그 통지가 있었다는 사실만으로써 위 부과처분이 당연무효로 될 아무런 근거가 없다(대판 1982.10.26. 81누69).
>
> 2. 사실적·법률적 상태가 변경된 경우에 확약의 효력이 있는지 여부(부정)
> 행정청이 상대방에게 장차 어떤 처분을 하겠다고 확약 또는 공적인 의사표명을 하였더라도, 기간 내에 상대방의 신청이 없었거나 확약이 있은 후에 사실적·법률적 상태가 변경되었다면, 그 확약은 별다른 의사표시를 기다리지 않고 실효된다(대판 1996.8.20. 95누10877). 〈13. 국가 9급〉

3. 구제

(1) 항고쟁송

확약의 불이행에 대하여 상대방은 의무이행심판 또는 부작위위법확인소송을 제기할 수 있을 것이다.

(2) 손해전보

확약의 불이행으로 인하여 손해가 발생한 경우에는 국가배상 또는 손실보상을 청구할 수 있을 것이다. 〈14. 사회복지 9급〉

> **Winner's** 행정작용 비교

구분	행정계획	사실행위	행정지도	비공식작용	공법상계약	확약
법적 성질	복수성질	권력적, 비권력적	비권력적 사실행위	비권력적 사실행위	비권력적 법률행위	학설대립
법적 근거	△	△	×	×	×	×
처분성	△	△	×	×	×	△
국가배상	×	○	×	×	○	○

PART 03
행정절차와 행정정보

제1장 | 행정절차

제1절 개설

1 행정절차의 의의

광의	① 행정청이 행정작용을 행함에 있어 거치는 모든 절차를 말한다. ② 사전적 절차(예 사전통지, 청문절차 등)와 사후적 절차(예 행정상 강제집행절차, 행정심판절차 등)를 모두 포함한다.
협의	① 종국처분의 형성과정에서 이루어지는 사전적 절차만을 말한다. ② 보통 사전적 절차를 행정절차라고 한다. 여기서도 사전적 절차에 대해서만 논의하기로 한다.

2 행정절차의 필요성

(1) 행정의 민주화

국민의 권리·의무에 영향을 미치는 행정작용에 대해서는 그 작용의 형성과정에 참여하는 것이 민주주의 이념을 실현시킨다는 점에서 행정절차가 필요하다.

(2) 행정작용의 적정화

행정청이 어떠한 처분을 하기 전에 상대방이 의견이나 자료 등을 제출하여 참고하게 되면 구체적 사실관계를 보다 더 정확하게 파악할 수 있고, 관계법령을 적정하게 해석할 수 있게 된다는 점에서 행정절차가 필요하다.

(3) 행정의 능률화

행정절차를 통하여 상대방의 신뢰에 따른 협력이 수반되는 경우에는 사후에 행정을 원활하게 진행할 수 있어서 능률적인 행정을 보장한다는 점에서 행정절차가 필요하다. 다만 신속한 처분을 할 수 없다는 점에서는 그 효과를 감소시키는 면도 있다.

> **Winner's** 행정절차의 필요성 : 능률성 (○), 신속성 (×)

(4) 사법(司法)기능의 보완

처분을 하기 전에 상대방에게 의견진술·자료제출 등의 기회를 부여하면 행정의 적법·타당성을 미리 검토하여 사후에 분쟁을 예방할 수 있다는 점에서 행정절차가 필요하다.

(5) 법치주의의 보장

행정절차를 실정법에 규정하게 되면 행정의 투명성·예측가능성을 부여하고 행정권 발동의 남용을 방지할 수 있으므로 법치주의의 이념을 실현시킨다는 점에서 행정절차가 필요하다.

3 행정절차의 발달

1. 영국

보통법(Common law)의 기본적 원리인 자연적 정의의 관념에 입각하여 편견배제의 원칙, 쌍방청문의 원칙에 따라 행정권의 발동을 규제하여 왔다. 이 원칙을 위반하면 ① 행위유지명령, ② 권리·의무의 확인을 구하는 선언판결, ③ 행위의 취소를 위한 사건이송명령, ④ 손해배상소송 등의 소송을 제기할 수 있었다.

2. 미국

행정절차는 수정헌법 제5조상의 적법절차(Due process of law)조항에 그 기초를 둔 것으로서, 그 핵심적인 내용은 국민의 자유와 권익을 보장하기 위해서 사전에 청문의 기회를 보장하는 것이다. 1946년 행정절차법을 제정하고, 1966년에는 정보공개법을 제정하여 국민의 행정정보에 대한 자유로운 접근권을 인정하고, 이를 부당하게 거부하는 경우에는 소송을 제기할 수 있게 되었다.

3. 프랑스

판례상 일정한 법리가 정립되었으나, 최근에는 행정절차에 관한 실정법도 제정되고 있다. '트롱피에 그라비에(Trompier - Gravier)'사건에서 방어권 법리가 선언된 이후 다른 영역에서도 행정법의 불문법원리로 적용되고 있다. 다만 개별법상의 자문절차는 구속력이 없는 것이 원칙이다.

Winner's 불문법원성 : 방어권 법리 (○), 자문절차 (×)

4. 독일

오늘날 행정기능이 확대되고 행정작용의 형식이 다양하게 되면서 절차법적 규제의 중요성을 자각하게 되어 사후적 통제를 중심으로 규율하던 태도를 버리고, 사전적 통제절차를 정비하였다. 1976년 '연방행정절차법'을 제정하여 1977년부터 이를 시행하고 있다. 행정절차와 밀접한 관계에 있는 한도 내에서 일부 실체법적 규정(예 행정행위, 공법상 계약)도 두고 있으며, 무형식의 원칙을 채택하였다는 것이 특징이다.

5. 일본

1993년 행정절차법이 제정되어 1994년에 시행되었다.

6. 우리나라

(1) 「행정절차법」의 제정

1970년대 이후 「행정절차법」의 제정 여부가 논의되면서 그 중요성이 부각되었다. 1987년 학설과 판례에 의하여 축적된 내용에 근거하여 행정절차법안이 최초로 입법예고 되었으나 입법화되지 못하였고, 1994년에 행정절차법안이 새롭게 마련되어 1996년 입법예고된 후 국회에서 통과되어 행정절차에 관한 일반법으로서 「행정절차법❶」이 제정되었다.

용어설명 ❶ 행정절차법 : 행정절차에 관한 일반법이다. 이하 조문표기는 편의상 '행절법'으로 표시한다.

(2) 행정절차의 법적 근거

① 헌법 제12조의 적법절차조항에 근거한다는 견해(김동희), ② 헌법에서 보장되는 민주국가, 법치국가, 인간의 존엄과 가치 등 여러 원리에 근거한 것으로 보는 견해(김남진)가 대립한다. 헌재는 헌법 제12조 근거설에 따른다.

> 〈헌법〉 제12조(신체의 자유) ① 모든 국민은 신체의 자유를 가진다. 누구든지 법률에 의하지 아니하고는 체포·구속·압수·수색 또는 심문을 받지 아니하며, 법률과 적법한 절차에 의하지 아니하고는 처벌·보안처분 또는 강제노역을 받지 아니한다.
> ③ 체포·구속·압수 또는 수색을 할 때에는 적법한 절차에 따라 검사의 신청에 의하여 법관이 발부한 영장을 제시하여야 한다. 다만, 현행범인인 경우와 장기 3년 이상의 형에 해당하는 죄를 범하고 도피 또는 증거인멸의 염려가 있을 때에는 사후에 영장을 청구할 수 있다.

헌법 제12조가 행정절차의 근거가 되는지 여부(긍정)
헌법 제12조 제3항 본문은 동조 제1항과 함께 적법절차원리의 일반조항에 해당하는 것으로서, 형사절차상의 영역에 한정되지 않고 입법·행정 등 국가의 모든 공권력의 작용에는 절차상의 적법성뿐만 아니라 법률의 구체적 내용도 합리성과 정당성을 갖춘 실체적인 적법성이 있어야 한다는 적법절차의 원칙을 헌법의 기본원리로 명시한 것이다(헌재 1992.12.24. 92헌가8). 〈15. 사회복지 9급〉

4 행정절차의 종류

1. 사전 통지

처분을 하기 전에 그 상대방 또는 이해관계인에게 그 결정의 내용·이유 및 청문의 일시·장소 등을 알리는 행위를 말한다. 청문에서 진술할 의견, 주장할 권리, 제출할 자료 등을 미리 준비할 수 있도록 한다. 특별한 규정이 없으면 송달 또는 공고의 방법에 의한다.

2. 청문

(1) 의의

국민의 권리를 침해하는 행정처분을 발동하기 전에 행정청 또는 관계인의 주장·증거에 대하여 처분의 상대방이나 대립하는 이해관계인이 자기에게 유리한 주장·증거를 제출하고 반박할 수 있는 기회를 부여하는 절차를 말한다.

Winner's 청문절차의 대상 : 침익적 처분 (○), 수익적 처분 (×)

(2) 법적 성질

대법원	훈령에 규정된 청문절차를 거치지 않은 처분을 위법한 것으로 파악하여 청문절차를 불문법원리로 인정하는 판례가 있기도 하나, 판례의 주류적 입장은 부정한다.
헌법재판소	청문의 기회가 보장되지 않은 변호사법을 위헌으로 파악하여 청문절차의 불문법원리성을 인정하는 경향이다.

Winner's 청문절차의 불문법 원리성 인정 여부 : 대법원 판례 (△), 헌재 판례 (○)

1. 건설부 훈령상 청문절차를 위반한 처분(위법 - 예외적 판결)

건축사사무소의 등록취소 및 폐쇄처분에 관한 규정(1979. 9. 6. 건설부 훈령 제447호)…제9조에는 건축사사무소의 등록을 취소하고자 할 때에는 미리 당해 건축사에 대하여 청문을 하거나 필요한 경우에 참고인의 의견을 들어야 한다. … 당해 건축사가 정당이유 없이 청문에 응하지 아니하는 경우가 아닌 한 청문절차를 거치지 아니하고 한 건축사사무소등록 취소처분은 청문절차를 거치지 아니한 위법한 처분이다(대판 1984.9.11. 82누166). 〈11. 지방 9급〉

2. 국무총리 훈령상 청문절차를 위반한 처분(적법 - 원칙적 판결)

비록 국민의권익보호를위한행정절차에관한훈령에 따라 1990. 3. 1.부터 시행된 행정절차운영지침에 의하면 행정청이 공권력을 행사하여 국민의 구체적인 권리 또는 의무에 직접적인 변동을 초래하게 하는 행정처분을 하고자 할 때에는 미리 당사자에게 행정처분을 하고자 하는 원인이 되는 사실을 통지하여 그에 대한 의견을 청취한 다음 이유를 명시하여 행정처분을 하여야 한다고 규정되어 있으나 이는 대외적 구속력을 가지는 것이 아니므로, 시장이 건조물 소유자의 신청이 없는 상태에서 소유자의 의견을 듣지 아니하고 건조물을 문화재로 지정하였다고 하여 위법한 것이라고 할 수 없다(대판 1994.8.9. 94누3414).

3. 청문의 기회를 보장하지 않은 변호사법(위헌)

법무부장관의 일방적 명령에 의하여 변호사업무를 정지시키는 것은 당해 변호사가 자기에게 유리한 사실을 진술하거나 필요한 증거를 제출할 수 있는 청문의 기회가 보장되지 아니하여 적법절차를 존중하지 아니한 것이 된다(헌재 1990.11.19. 90헌가48).

3. 이유부기(理由附記)

(1) 의의

행정청이 행정처분 등을 할 때 그 근거가 되는 법적·사실적 이유를 구체적으로 명시하는 절차를 말한다. 신중한 처분을 담보하고, 증명과 통제기능을 수행한다.

(2) 구별

처분할 때 이유를 제시한다는 점에서 취소소송의 계속 중 이유를 추가·변경하는 처분사유의 추가·변경과 구별된다.

> **Winner's** 이유부기의 시기 : 처분할 때 (○), 처분 전 (×), 소송계속 중 (×)

(3) 법적 근거

학설이 대립하나, 헌법재판소는 헌법 제12조(적법절차 조항)에 근거를 둔 것으로 본다. 「행정절차법」은 '이유제시'를 규정하고 있다.

(4) 이유부기의 정도

이유부기는 처분사유를 이해할 수 있을 정도의 법적·사실적 근거를 제시하여야 한다. 처분의 근거가 되는 법령뿐만 아니라 구체적인 사실과 당해 처분과의 관계도 적시되어야 한다. 특히 재량행위의 경우에는 기속행위와 달리 법정 제한사유 이외의 사유에 의해서도 거부할 수 있으므로 보다 구체적인 이유를 제시하여야 한다는 견해가 있다.

1. 이유부기는 처분사유를 알 수 있을 정도이면 충분한지 여부(긍정)

허가의 취소처분에는 그 근거가 되는 법령과 처분을 받은 자가 어떠한 위반사실에 대하여 당해 처분이 있었는지를 알 수 있을 정도의 위 법령에 해당하는 사실의 적시를 흠결한 하자는 그 처분 후 적시되어도 이에 의하여 치유될 수는 없다(대판 1984.7.10. 82누551). 〈13. 국가 7급〉

2. '무면허주류판매업자에게 주류를 판매하여'라고만 되어 있어서 거래행위를 특정할 수 없는 이유제시(위법)

세무서장인 피고가 주류도매업자인 원고에 대하여 한 이 사건 일반주류도매업면허취소통지에 "상기 주류도매장은 무면허 주류판매업자에게 주류를 판매하여 주세법 제11조 및 국세법사무처리규정 제26조에 의거 지정조건위반으로 주류판매면허를 취소합니다"라고만 되어 있어서 원고의 영업기간과 거래상대방 등에 비추어 원고가 어떠한 거래행위로 인하여 이 사건 처분을 받았는지 알 수 없게 되어 있다면 이 사건 면허취소처분은 위법하다(대판 1990.9.11. 90누1786). 〈12. 국가 9급〉

3. 과징금 세부계산내역을 반드시 의결서에 명기해야 하는지 여부(부정)

공정거래위원회가 독점규제 및 공정거래에 관한 법령에 따라 부당지원행위 사업자에 대하여 과징금을 부과함에 있어 과징금 부과의 근거와 기준 외에 과징금의 세부계산내역을 반드시 의결서에 명기하여야 하는 것은 아니다(대판 2006.12.7. 2004두11268).

4. 구체적 조항 및 내용까지 명시하지 않으면 당연히 위법인지 여부(부정)

일반적으로 당사자가 근거규정 등을 명시하여 신청하는 인·허가 등을 거부하는 처분을 함에 있어 당사자가 그 근거를 알 수 있을 정도로 상당한 이유를 제시한 경우에는 당해 처분의 근거 및 이유를 구체적 조항 및 내용까지 명시하지 않았더라도 그로 말미암아 그 처분이 위법한 것이 된다고 할 수 없다(대판 2002.5.17. 2000두8912). 〈18. 서울 7급〉, 〈23. 소방〉

5. 구체적 이유를 명시하지 않았으나, 행정구제절차로 나아가는데 지장이 없었던 처분의 위법성(부정)

처분서에 기재된 내용, 관계 법령과 해당 처분에 이르기까지 전체적인 과정 등을 종합적으로 고려하여, 처분 당시 당사자가 어떠한 근거와 이유로 처분이 이루어진 것인지를 충분히 알 수 있어서 그에 불복하여 행정구제절차로 나아가는 데 별다른 지장이 없었던 것으로 인정되는 경우에는 처분서에 처분의 근거와 이유가 구체적으로 명시되어 있지 않았더라도 이를 처분을 취소하여야 할 절차상 하자로 볼 수 없다(대판 2019.12.13. 2018두41907). 〈21. 지방 9급〉

6. 법정납부기한보다 단축하여 기재한 개발부담금 부과처분(적법)

개발부담금의 납부기한은 개발이익환수에관한법률 제16조의 규정에 따라 정하여지고 납부고지서의 기재는 그 정하여진 날짜를 그대로 기재하는 것에 불과하여 납부기한을 잘못 기재한 것만으로는 납부기한이 단축되는 효력이 발생되는 것이 아니고, 따라서 처분에 대한 불복 여부의 결정과 불복신청에 지장을 주었다고 단정하기 어려우므로 그 처분이 위법하게 되는 것은 아니다(대판 2002.7.23. 2000두9946).

7. 「도시계획법」이라고만 기재하고 구체적 조항을 명시하지 않은 처분(적법)

기록에 의하니, 피고가 1998. 12. 15. 원고의 요청에 대한 회신을 함에 있어 '도시계획법'이라고만 하였을 뿐 '도시계획법시행령 제20조'를 명시하지 아니하였던 사실은 알 수 있으나, 원고가 도시계획법(2000. 1. 28. 법률 제6243호로 전문 개정되기 전의 것) 제21조, 도시계획법시행령(2000. 7. 1. 대통령령 제16891호로 전문 개정되기 전의 것) 제20조 제1항 제2호에 의하여 개발제한구역의 지정목적에 지장이 없다고 하여 토지형질변경허가

신청을 하였고, 이에 대하여 피고는 원고가 1996. 12. 29.(1996. 11. 27.의 오기로 보인다) 벌채허가를 득한 내용대로 조림❶을 하여야 한다는 이유로 불허하였음이 분명하므로, 원고로서는 당초 벌채허가와 달리 이 사건 임야를 이용하기 위한 원고의 신청이 개발제한구역의 지정목적에 현저히 지장을 초래하는 것이라는 이유로 도시계획법시행령 제20조 제1항 제2호에 따라 불허된 것임을 알 수 있었다고 할 것이고, 따라서 위에서 본 법리에 비추어, 피고가 근거규정을 단지 '도시계획법'이라고만 하였다고 하여 그 처분 자체를 위법하다고 할 수 없다(대판 2002.5.17. 2000두8912). 〈17. 지방 7급〉

용어설명 ❶ 조림 : 인위적으로 나무 등을 심어 숲을 만드는 것

8. 기반시설부담금 부과처분을 하면서 과태료를 기재한 것이 위법한지 여부(부정)

원심은, 그 판시와 같이 피고가 구 기반시설부담금에 관한 법률(2008. 2. 29. 법률 제8852호로 개정되기 전의 것, 이하 '법률'이라 한다)에 기하여 원고에게 기반시설부담금을 부과하는 이 사건 처분을 하기에 앞서 그 처분의 사전통지를 통하여 부과의 근거법규(법률 제11조 제2항, 법률 시행령 제9조 제1항)와 부과대상건축물·부과예정금액·부과기준 및 그에 관한 심사청구절차를 안내한 사실이 인정되므로, 피고가 이 사건 처분을 하면서 그 처분서의 부가내역란에 법률 제26조(과태료)를 기재한 것은 단순한 오기임이 분명하고 원고가 그러한 오기 때문에 이 사건 처분의 취지를 오인하거나 권리구제에 어떤 지장을 받을 가능성이 있었다고 볼 수 없다는 이유로, 이 사건 처분은 법률 제11조의 규정을 근거로 하여 적법하게 이루어진 것이라고 판단하였다(대판 2010.4.29. 2009두13849).

(5) 방식

행정처분을 서면으로 하는 경우에는 이유부기도 서면으로 하는 것이 원칙이나, 상대방의 이의가 없거나, 경미한 사안의 경우에는 말로도 가능하다. 처분을 말로 하는 경우에는 이유부기도 말로 할 수 있다.

(6) 흠결의 효과

이유부기의 원리는 학설·판례가 일관되게 불문법원리로 보고 있으므로 이유를 부기하지 않은 처분은 위법하다. 이유부기는 절차상의 요건이므로 그 하자의 정도에 대해서는 취소사유로 보는 것이 보통이다.

Winner's 1) 판례상 행정절차의 불문법 원리성 인정 여부 : 청문절차 (△), 이유부기 (○)
2) 이유부기 흠결의 효과 : 취소사유 (○), 무효사유 (×)

1. 산출근거가 기재되지 않은 물품세 부과처분의 하자의 정도(취소)

국세징수법 제9조 제1항은 단순히 세무행정상의 편의를 위한 훈시규정이 아니라 조세행정에 있어 자의를 배제하고 신중하고 합리적인 처분을 행하게 함으로써 공정을 기함과 동시에 납세의무자에게 부과처분의 내용을 상세히 알려 불복 여부의 결정과 불복신청에 편의를 제공하려는 데서 나온 강행규정이므로, 세액의 산출근거가 기재되지 아니한 물품세납세고지서에 의한 부과처분은 위법한 것으로서 취소의 대상이 된다(대판 1984.5.9. 84누116).

2. 해임처분 시 법적 근거 및 구체적 해임사유를 제시받지 못한 것이 취소사유인지 여부(긍정)

대통령이 갑을 한국방송공사 사장직에서 해임한 사안에서 … 해임처분 과정에서 갑이 처분 내용을 사전에 통지받거나 그에 대한 의견제출 기회 등을 받지 못했고 해임처분 시 법적 근거 및 구체적 해임 사유를 제시받

지 못하였으므로 해임처분이 행정절차법에 위배되어 위법하지만, 절차나 처분형식의 하자가 중대하고 명백하다고 볼 수 없어 역시 당연무효가 아닌 취소사유에 해당한다(대판 2012.2.23. 2011두5001). 〈17. 국가 7급〉

4. 처분기준의 설정·공표

행정청이 처분을 할 때 따라야 할 기준을 정하여 미리 공표하여 두는 것을 말한다. 상대방에게 예측가능성을 부여함으로써 행정청의 자의적 결정을 방지하는 기능을 한다. 처분기준의 설정·공표는 법적 의무에 해당하는 것이지만, 해당 처분의 근거법에서 그 기준을 이미 구체화하고 있는 경우에는 의무가 없다고 본다.

5. 기록열람

청문절차와 관련하여 처분의 상대방 등이 그 사안에 관하여 행정청이 보유하고 있는 문서 등의 기록을 열람하는 것이다. 청문단계에서 보다 정확한 의견을 진술함으로써 청문절차의 실질성을 확보해 주는 기능을 수행한다.

6. 국민·주민의 참가절차

행정작용과 관련된 복잡한 이해관계를 적절히 조정하며, 공익과 사익의 조화를 도모하기 위해서는 이해관계자, 일반국민 또는 주민의 의견을 수렴하는 절차가 필요하다. 행정의 민주화를 실현하는 기능을 수행한다.

5 절차상의 하자와 행정행위의 효력

1. 문제점

행정행위가 실체적 요건은 갖추고 있으나, 절차적 요건을 갖추지 못한 경우에(⑩ 영업을 정지할 사유는 존재하나, 청문을 거치지 않은 경우) 절차도 행정행위의 성립요건의 하나이므로 절차상의 하자만으로도 행정행위가 위법하게 될 수 있다(독자적 위법의 문제). 절차상의 하자가 중대·명백하여 행정처분이 당연무효인 경우에는 논의할 실익이 없으나, 취소사유인 경우에는 절차상의 하자만을 이유로 취소할 수 있는지(독자적 취소의 문제), 하자가 치유될 수 있는지 여부가 문제된다.

2. 독자적 취소 여부

(1) 기속행위

① 문제점: 기속행위의 경우에는 절차상 하자를 시정하여 법정요건을 모두 구비하면 다시 동일한 처분을 하게 되므로 취소할 필요가 있는지 여부가 문제된다.

② 학설

소극설	⊙ 내용: 절차상의 하자만을 이유로 행정행위를 취소할 수 없다는 견해이다. ⓒ 논거 • 행정절차의 취지는 실체법적으로 적정한 결정을 확보하기 위한 것에 불과하다. • 기속행위는 행정청이 절차상의 하자를 시정하더라도 결국 동일한 내용의 처분을 하게 된다.
적극설 (통설, 판례)	⊙ 내용: 절차상의 하자만을 이유로도 행정행위를 취소할 수 있다는 견해이다. ⓒ 논거 • 적정한 결정은 적정한 절차에 따르는 경우에만 가능하다. • 적법한 절차를 거쳐서 다시 처분을 하더라도 반드시 동일한 결정에 도달하는 것은 아니다. • 소극설을 따를 경우 절차를 무시하는 행정청을 규제할 수 있는 담보수단이 없어진다.

> **산출근거를 기재하지 않은 물품세 부과처분이 취소의 대상이 되는지 여부(긍정)**
>
> 국세징수법 제9조 제1항은 단순히 세무행정상의 편의를 위한 훈시규정이 아니라 조세행정에 있어 자의를 배제하고 신중하고 합리적인 처분을 행하게 함으로써 공정을 기함과 동시에 납세의무자에게 부과처분의 내용을 상세히 알려 불복여부의 결정과 불복신청에 편의를 제공하려는 데서 나온 강행규정이므로 세액의 산출근거가 기재되지 아니한 물품세 납세고지서에 의한 부과처분은 위법한 것으로서 취소의 대상이 된다(대판 1984.5.9. 84누116).

③ 검토: 행정청의 신중한 처분을 담보할 필요가 있다는 점, 「행정소송법」 제30조 제3항에서도 절차상의 하자를 이유로 한 취소판결에 대해 기속력을 인정하고 있다는 점에서 적극설이 타당하나. 〈17. 지방 9급〉

(2) 재량행위

행정청이 절차상 하자를 시정하여 법정 요건을 모두 구비하더라도 행정절차를 거치는 과정에서 보다 신중한 고려를 하게 되거나 사실관계를 보다 구체적으로 파악하여 처음 처분과 다른 처분을 할 수 있으므로 취소할 필요가 있다.

> **1. 청문절차를 거치지 않은 영업정지처분이 취소의 대상이 되는지 여부(긍정)**
>
> 식품위생법 제64조, 같은법시행령 제37조 제1항 소정의 청문절차를 전혀 거치지 아니하거나 거쳤다고 하여도 그 절차적 요건을 제대로 준수하지 아니한 경우에는, 가사 영업정지사유 등 위 법 제58조 등 소정 사유가 인정된다고 하더라도 그 처분은 위법하여 취소를 면할 수 없다(대판 1991.7.9. 91누971).
>
> **2. 공람공고절차를 위배한 도시계획변경결정신청(위법)**
>
> 도시계획법의 규정을 종합하여 보면 공람공고절차를 위배한 도시계획변경결정신청은 위법하다고 아니할 수 없고 행정처분에 위와 같은 법률이 보장한 절차의 흠결이 있는 위법사유가 존재하는 이상 그 내용에 있어 재량권의 범위 내이고 변경될 가능성이 없다 하더라도 그 행정처분은 위법하다(대판 1988.5.24. 87누388).

Winner's 독자적 취소에 대한 학설대립 : 기속행위 (○), 재량행위 (×)

3. 하자의 치유

절차상의 경미한 하자는 국민의 권리와 이익을 침해하지 않는 범위 내에서 쟁송 제기 이전에 한하여 치유가 가능하다는 견해가 통설·판례이다.

> **청문서 도달기간을 다소 어긴 경우에 하자의 치유가 가능한지 여부(긍정)**
>
> 행정청이 식품위생법상의 청문절차를 이행함에 있어 소정의 청문서 도달기간을 지키지 아니하였다면 이는 청문의 절차적 요건을 준수하지 아니한 것이므로, 이를 바탕으로 한 행정처분은 일단 위법하다고 보아야 할 것이지만, 이러한 청문제도의 취지는 처분으로 말미암아 받게 될 영업자에게 미리 변명과 유리한 자료를 제출할 기회를 부여함으로써 부당한 권리침해를 예방하려는 데에 있는 것임을 고려하여 볼 때, 가령 행정청이 청문서 도달기간을 다소 어겼다 하더라도 영업자가 이에 대하여 이의하지 아니한 채 스스로 청문일에 출석하여 그 의견을 진술하고 변명하는 등 방어의 기회를 충분히 가졌다면, 청문서 도달기간을 준수하지 아니한 하자는 치유되었다고 봄이 상당하다(대판 1992.10.23. 92누2844).

제2절 행정절차법의 내용

1 일반적 특징

1. 「행정절차법」의 구조

① 총칙, ② 처분, ③ 신고, 확약 및 위반사실 등의 공표 등 ④ 행정상 입법예고, ⑤ 행정예고, ⑥ 행정지도, ⑦ 국민참여의 확대, ⑧ 보칙의 총 8장으로 구성되어 있다.

2. 「행정절차법」의 내용

① 원칙적으로 절차규정만으로 구성되어 있으나, 실체법적 규정(⑩ 처분의 정정·행정지도 등)도 존재한다. ② 그 규율범위는 사전적 절차에 한정되어 있다.

3. 「행정절차법」상 행정작용

행정작용 중에서 처분과 행정지도, 행정계획, 확약에 관하여 규정하고 있으나, 공법상 계약에 대해서는 규정하고 있지 않다.

> 채용계약을 해지할 때 「행정절차법」상 근거와 이유를 제시할 필요가 있는지 여부(부정)
> 계약직 공무원에 관한 현행법령의 규정에 비추어 볼 때, 계약직 공무원 채용계약 해지의 의사표시는 일반공무원에 대한 징계처분과는 달라서 항고소송의 대상이 되는 처분 등의 성격을 가진 것으로 인정되지 아니하고, 일정한 사유가 있을 때에 국가 또는 지방자치단체가 채용계약관계의 한쪽 당사자로서 대등한 지위에서 행하는 의사표시로 취급되는 것으로 이해되므로, 이를 징계해고 등에서와 같이 그 징계사유에 한하여 효력 유무를 판단하여야 하거나, 행정처분과 같이 행정절차법에 의하여 근거와 이유를 제시하여야 하는 것은 아니다(대판 2002.11.26. 2002두5948).

2 총칙

1. 목적

행정절차에 관한 공통적인 사항을 규정하여 국민의 행정참여를 도모함으로써 행정의 공정성·투명성 및 신뢰성을 확보하고 국민의 권익을 보호함을 목적으로 한다(행절법 제1조). 국민에는 외국인도 포함된다(김동희).

> 〈행정절차법〉
> **제4조(신의성실 및 신뢰보호)** ② 행정청은 법령 등의 해석 또는 행정청의 관행이 일반적으로 국민들에게 받아들여졌을 때에는 공익 또는 제3자의 정당한 이익을 현저히 해칠 우려가 있는 경우를 제외하고는 새로운 해석 또는 관행에 따라 소급하여 불리하게 처리하여서는 아니 된다.
>
> **제5조(투명성)** ① 행정청이 행하는 행정작용은 그 내용이 구체적이고 명확하여야 한다.
> ② 행정작용의 근거가 되는 법령등의 내용이 명확하지 아니한 경우 상대방은 해당 행정청에 그 해석을 요청할 수 있으며, 해당 행정청은 특별한 사유가 없으면 그 요청에 따라야 한다.
> ③ 행정청은 상대방에게 행정작용과 관련된 정보를 충분히 제공하여야 한다.

제5조의2(행정업무 혁신) ① 행정청은 모든 국민이 균등하고 질 높은 행정서비스를 누릴 수 있도록 노력하여야 한다.
② 행정청은 정보통신기술을 활용하여 행정절차를 적극적으로 혁신하도록 노력하여야 한다. 이 경우 행정청은 국민이 경제적·사회적·지역적 여건 등으로 인하여 불이익을 받지 아니하도록 하여야 한다.
③ 행정청은 행정청이 생성하거나 취득하여 관리하고 있는 데이터(정보처리능력을 갖춘 장치를 통하여 생성 또는 처리되어 기계에 의한 판독이 가능한 형태로 존재하는 정형 또는 비정형의 정보를 말한다)를 행정과정에 활용하도록 노력하여야 한다.
④ 행정청은 행정업무 혁신 추진에 필요한 행정적·재정적·기술적 지원방안을 마련하여야 한다.

2. 「행정절차법」상 용어의 정의(定義)

〈행정절차법〉 제2조(정의) 이 법에서 사용하는 용어의 뜻은 다음과 같다.
1. '행정청'이란 다음 각 목의 자를 말한다.
   가. 행정에 관한 의사를 결정하여 표시하는 국가 또는 지방자치단체의 기관
   나. 그 밖에 법령 또는 자치법규에 따라 행정권한을 가지고 있거나 위임 또는 위탁받은 공공단체 또는 그 기관이나 사인(私人)
2. '처분'이란 행정청이 행하는 구체적 사실에 관한 법 집행으로서의 공권력의 행사 또는 그 거부와 그 밖에 이에 준하는 행정작용(行政作用)을 말한다.
3. '행정지도'란 행정기관이 그 소관 사무의 범위에서 일정한 행정목적을 실현하기 위하여 특정인에게 일정한 행위를 하거나 하지 아니하도록 지도·권고·조언 등을 하는 행정작용을 말한다.
4. '당사자등'이란 다음 각 목의 자를 말한다.
   가. 행정청의 처분에 대하여 직접 그 상대가 되는 당사자
   나. 행정청이 직권으로 또는 신청에 따라 행정절차에 참여하게 한 이해관계인
5. '청문'이란 행정청이 어떠한 처분을 하기 전에 당사자등의 의견을 직접 듣고 증거를 조사하는 절차를 말한다.
6. '공청회'란 행정청이 공개적인 토론을 통하여 어떠한 행정작용에 대하여 당사자등, 전문지식과 경험을 가진 사람 그 밖의 일반인으로부터 의견을 널리 수렴하는 절차를 말한다.
7. '의견제출'이란 행정청이 어떠한 행정작용을 하기 전에 당사자등이 의견을 제시하는 절차로서 청문이나 공청회에 해당하지 아니하는 절차를 말한다.
8. '전자문서'란 컴퓨터 등 정보처리능력을 가진 장치에 의하여 전자적인 형태로 작성되어 송신·수신 또는 저장된 정보를 말한다.
9. '정보통신망'이란 전기통신설비를 활용하거나 전기통신설비와 컴퓨터 및 컴퓨터 이용기술을 활용하여 정보를 수집·가공·저장·검색·송신 또는 수신하는 정보통신체제를 말한다.

Winner's 「행정절차법」상 명문규정 : 행정지도 (○), 행정조사 (×)

3. 적용범위

(1) 일반법

「행정절차법」은 행정절차에 관한 일반법이다. 따라서 처분, 신고, 확약, 위반사실 등의 공표, 행정계획, 행정상 입법예고, 행정예고 및 행정지도의 절차에 관하여 다른 법률에 특별한 규정이 있는 경우를 제외하고는 「행정절차법」에서 정하는 바에 따른다(행절법 제3조 제1항). 지방자치단체의 사무에 대해서도 「행정절차법」이 적용되는 것이 원칙이나, 그 사무의 집행과 관련하여 필요한 때에는 다른 내용을 조례로서 정할 수도 있다.

1. 「사립학교법」에 따라 의견진술을 한 경우 「행정절차법」상 의견진술이 필요한지 여부(부정)

사립학교법 제20조의2 제2항은 "제1항의 규정에 의한 취임승인의 취소는 관할청이 당해 학교법인에게 그 사유를 들어 시정을 요구한 날로부터 15일이 경과하여도 이에 응하지 아니한 경우에 한한다."고 규정하고 있는바, 비록 그 취지가 사학의 자율성을 고려하여 학교법인 스스로 임원의 위법·부당행위를 시정할 기회를 주는 데 있다고 하더라도, 학교법인이나 해당 임원의 입장에서는 위 시정요구에 응하지 아니하면 임원취임승인이 취소되므로 관할청에 위 시정요구사항에 대한 결과보고를 함에 있어서, 위 기간 안에 시정할 수 없는 사항에 대하여는 임원취임승인 취소처분을 면하기 위하여 당연히 위 기간 안에 시정할 수 없는 사유와 그에 대한 앞으로의 시정계획, 학교법인의 애로사항 등에 관한 의견진술을 하게 될 것인즉, 그렇다면 위 조항에 의한 시정요구는 학교법인 이사장을 비롯한 임원들에게 임원취임승인 취소처분의 사전 통지와 아울러 행정절차법 소정의 의견진술의 기회를 준 것에 다름 아니다(대판 2002.2.5. 2001두7138).

2. 대통령에 의한 한국방송공사 사장의 해임에 「행정절차법」이 적용되는지 여부(긍정)

대통령의 한국방송공사 사장의 해임 절차에 관하여 방송법이나 관련 법령에도 별도의 규정을 두지 않고 있고, 행정절차법의 입법 목적과 행정절차법 제3조 제2항 제9호와 관련 시행령의 규정 내용 등에 비추어 보면, 이 사건 해임처분이 행정절차법과 그 시행령에서 열거적으로 규정한 예외 사유에 해당한다고 볼 수 없으므로 이 사건 해임처분에도 행정절차법이 적용된다고 할 것이다(대판 2012.2.23. 2011두5001). 〈17. 사회복지 9급〉, 〈22. 국가 9급〉

(2) 적용제외

〈행정절차법〉 제3조(적용범위) ② 이 법은 다음 각 호의 어느 하나에 해당하는 사항에 대하여는 적용하지 아니한다. 〈11. 국가 9급〉
1. 국회 또는 지방의회의 의결을 거치거나 동의 또는 승인을 받아 행하는 사항 〈14. 사회복지 9급〉
2. 법원 또는 군사법원의 재판에 의하거나 그 집행으로 행하는 사항
3. 헌법재판소의 심판을 거쳐 행하는 사항
4. 각급 선거관리위원회의 의결을 거쳐 행하는 사항 〈11. 국가 9급〉
5. 감사원이 감사위원회의의 결정을 거쳐 행하는 사항 〈11. 국가 9급〉
6. 형사(刑事), 행형(行刑) 및 보안처분 관계 법령에 따라 행하는 사항
7. 국가안전보장·국방·외교 또는 통일에 관한 사항 중 행정절차를 거칠 경우 국가의 중대한 이익을 현저히 해칠 우려가 있는 사항
8. 심사청구, 해양안전심판, 조세심판, 특허심판, 행정심판 그 밖의 불복절차에 따른 사항 〈11. 국가 9급〉
9. 「병역법」에 따른 징집·소집, 외국인의 출입국·난민인정·귀화, 공무원 인사 관계 법령에 따른 징계와 그 밖의 처분, 이해 조정을 목적으로 하는 법령에 따른 알선·조정·중재(仲裁)·재정(裁定) 또는 그 밖의 처분 등 해당 행정작용의 성질상 행정절차를 거치기 곤란하거나 거칠 필요가 없다고 인정되는 사항과 행정절차에 준하는 절차를 거친 사항으로서 대통령령으로 정하는 사항

〈행정절차법 시행령〉 제2조(적용제외) 법 제3조 제2항 제9호에서 '대통령령으로 정하는 사항'이라 함은 다음 각 호의 어느 하나에 해당하는 사항을 말한다.
6. 「독점규제 및 공정거래에 관한 법률」, 「하도급거래 공정화에 관한 법률」, 「약관의 규제에 관한 법률」에 따라 공정거래위원회의 의결·결정을 거쳐 행하는 사항
8. 학교·연수원등에서 교육·훈련의 목적을 달성하기 위하여 학생·연수생등을 대상으로 행하는 사항

> **Winner's** 적용제외 사항 : 국회 의결을 거치는 사항 (○), 국무회의의 의결을 거치는 사항 (×)

1. 산업기능요원 편입 취소처분에 「행정절차법」이 적용되는지 여부(긍정)

지방병무청장이 병역법 제41조 제1항 제1호, 제40조 제2호의 규정에 따라 산업기능요원에 대하여 한 산업기능요원 편입취소처분은, 행정처분을 할 경우 '처분의 사전통지'와 '의견제출 기회의 부여'를 규정한 행정절차법 제21조 제1항, 제22조 제3항에서 말하는 '당사자의 권익을 제한하는 처분'에 해당하는 한편, 행정절차법의 적용이 배제되는 사항인 행정절차법 제3조 제2항 제9호, 같은법 시행령 제2조 제1호에서 규정하는 '병역법에 의한 소집에 관한 사항'에는 해당하지 아니하므로, 행정절차법상의 '처분의 사전통지'와 '의견제출 기회의 부여' 등의 절차를 거쳐야 한다(대판 2002.9.6. 2002두554).

2. 공정거래위원회의 시정조치 및 과징금 납부명령에 「행정절차법」이 적용되는지 여부(부정)

행정절차법 제3조 제2항, 같은법시행령 제2조 제6호에 의하면 공정거래위원회의 의결·결정을 거쳐 행하는 사항에는 행정절차법의 적용이 제외되게 되어 있으므로, 설사 공정거래위원회의 시정조치 및 과징금 납부명령에 행정절차법 소정의 의견청취절차 생략사유가 존재한다고 하더라도, 공정거래위원회는 행정절차법을 적용하여 의견청취절차를 생략할 수는 없다(대판 2001.5.8. 2000두10212). 〈17. 서울 9급〉, 〈19. 지방 9급〉

3. 공무원 인사관계에 대해서는 「행정절차법」이 적용이 모두 배제되는지 여부(부정)

행정절차법의 입법목적과 행정절차법 제3조 제2항 제9호의 규정내용 등에 비추어 보면, 공무원 인사관계법령에 의한 처분에 관한 사항 전부에 대하여 행정절차법의 적용이 배제되는 것이 아니라 성질상 행정절차를 거치기 곤란하거나 불필요하다고 인정되는 처분이나 행정절차에 준하는 절차를 거치도록 하고 있는 처분의 경우에만 행정절차법의 적용이 배제되는 것으로 보아야 할 것이다(대판 2009.1.30. 2008두16155). 〈17. 서울 9급〉, 〈19. 국회 8급〉

4. 지방공무원 정규임용처분 취소에 「행정절차법」이 적용되는지 여부(긍정)

이 사건 처분과 같이 정규임용처분을 취소하는 처분은 원고의 이익을 침해하는 처분이라 할 것이고, 한편 지방공무원법 및 그 시행령에는 이 사건 처분과 같이 정규임용처분을 취소하는 처분을 함에 있어 행정절차에 준하는 절차를 거치도록 하는 규정이 없을 뿐만 아니라 위 처분이 성질상 행정절차를 거치기 곤란하거나 불필요하다고 인정되는 처분이라고 보기도 어렵다고 할 것이어서 이 사건 처분이 행정절차법의 적용이 제외되는 경우에 해당한다고 할 수 없다(대판 2009.1.30. 2008두16155). 〈19. 국회 8급〉

5. 「국가공무원법」상 직위해제처분에 대해서 「행정절차법」이 적용되는지 여부(부정)

국가공무원법상 직위해제처분은 구 행정절차법 제3조 제2항 제9호, 동법 시행령 제2조 제3호에 의하여 당해 행정작용의 성질상 행정절차를 거치기 곤란하거나 불필요하다고 인정되는 사항 또는 행정절차에 준하는 절차를 거친 사항에 해당하므로, 처분의 사전통지 및 의견청취 등에 관한 행정절차법의 규정이 별도로 적용되지 아니한다고 봄이 상당하다(대판 2014.5.16. 2012두26180). 〈14. 국가 7급〉, 〈17·19. 서울 7급〉

6. 별정직 공무원에 대한 직권면직처분에 「행정절차법」이 적용되는지 여부(긍정)

별정직 공무원에 대한 직권면직의 경우에는 징계처분과 달리 징계절차에 관한 구 공무원징계령의 규정도 적용되지 않는 등 행정절차에 준하는 절차를 거치도록 하는 규정이 없으며, … 원고에게 사전통지를 하지 않거나 의견제출의 기회를 주지 아니하여도 되는 예외적인 경우에 해당한다고 할 수 없다(대판 2013.1.16. 2011두30687). 〈16.

국회 8급), 〈22. 국가 9급〉

7. 진급예정자의 진급선발 취소는 「행정절차법」이 적용되는지 여부(긍정)

진급선발을 취소하는 처분은 진급예정자로서 가지는 원고의 이익을 침해하는 처분이라 할 것이고, 한편 군인사법 및 그 시행령에 이 사건 처분과 같이 진급예정자 명단에 포함된 자의 진급선발을 취소하는 처분을 함에 있어 행정절차에 준하는 절차를 거치도록 하는 규정이 없을 뿐만 아니라 위 처분이 성질상 행정절차를 거치기 곤란하거나 불필요하다고 인정되는 처분이라고 보기도 어렵다고 할 것이어서 이 사건 처분이 행정절차법의 적용이 제외되는 경우에 해당한다고 할 수 없다(대판 2007.9.21. 2006두20631). 〈10. 지방 7급〉, 〈12. 국가 7급〉, 〈19. 국회 8급〉

8. 구 「군인사법」상 보직해임처분에 대해서 「행정절차법」이 적용되는지 여부(부정)

보직해임에 관한 구 군인사법 제17조 제3항에서 장교를 보직해임할 때에는 보직해임심의위원회의 의결을 거치도록 하며, 구 군인사법 시행령 제17조의5 제1항, 제3항에서 보직해임심의위원회는 회의개최 전에 회의일시, 장소 및 심의사유 등을 심의대상자에게 통보하여야 하고, 심의대상자는 보직해임심의위원회에 출석하여 소명하거나 소명에 관한 의견서를 제출할 수 있으며, … 행정절차에 준하는 절차를 거친 사항에 해당하므로, 처분의 근거와 이유 제시 등에 관한 구 행정절차법의 규정이 별도로 적용되지 아니한다고 봄이 상당하다(대판 2014.10.15. 2012두5756). 〈19. 국회 8급〉

9. 육군3사관학교 생도에 대한 퇴학처분에 「행정절차법」이 적용되는지 여부(긍정)

이러한 법리는 '공무원 인사관계 법령에 의한 처분'에 해당하는 육군3사관학교 생도에 대한 퇴학처분에도 마찬가지로 적용된다. 그리고 행정절차법 시행령 제2조 제8호는 '학교·연수원 등에서 교육·훈련의 목적을 달성하기 위하여 학생·연수생들을 대상으로 하는 사항'을 행정절차법의 적용이 제외되는 경우로 규정하고 있으나, 이는 교육과정과 내용의 구체적 결정, 과제의 부과, 성적의 평가, 공식적 징계에 이르지 아니한 질책·훈계 등과 같이 교육·훈련의 목적을 직접 달성하기 위하여 행하는 사항을 말하는 것으로 보아야 하고, 생도에 대한 퇴학처분과 같이 신분을 박탈하는 징계처분은 여기에 해당한다고 볼 수 없다(대판 2018.3.13. 2016두33339). 〈20. 국회 8급〉

10. 귀화에 대하여 「행정절차법」이 적용되는지 여부(부정)

구 국적법(2017. 12. 19. 법률 제15249호로 개정되기 전의 것, 이하 같다) 제5조 각호와 같이 귀화는 요건이 항목별로 구분되어 구체적으로 규정되어 있다. 그리고 성질상 행정절차를 거치기 곤란하거나 거칠 필요가 없다고 인정되어 처분의 이유제시 등을 규정한 행정절차법이 적용되지 않는다(제3조 제2항 제9호). 귀화의 이러한 특수성을 고려하면, 귀화의 요건인 구 국적법 제5조 각호 사유 중 일부를 갖추지 못하였다는 이유로 행정청이 귀화 신청을 받아들이지 않는 처분을 한 경우에 '그 각호 사유 중 일부를 갖추지 못하였다는 판단' 자체가 처분의 사유가 된다(대판 2018.12.13. 2016두31616). 〈25. 국가 9급〉

> **Winner's** 행정절차법 적용 여부

긍정	부정
① 지방공무원 정규임용처분취소 ② 별정직 공무원 직권면직처분 ③ 육군3사관학교 생도에 대한 퇴학처분	① 「국가공무원법」상 직위해제처분
④ 「군인사법」상 진급예정자의 진급선발 취소	② 「군인사법」상 보직해임처분
⑤ 대통령에 의한 한국방송공사 사장의 해임 ⑥ 산업기능요원 편입 취소처분	③ 채용계약을 해지할 때 ④ 「사립학교법」에 따른 의견진술을 한 경우 ⑤ 공정거래위원회의 시정조치 및 과징금 납부명령

4. 행정청의 관할

(1) 관할을 위반한 경우

행정청이 그 관할에 속하지 아니하는 사안을 접수하였거나 이송받은 경우에는 지체 없이 이를 관할 행정청에 이송하여야 하고 그 사실을 신청인에게 통지하여야 한다. 행정청이 접수 또는 이송받은 후 관할이 변경된 경우에도 또한 같다(행절법 제6조 제1항).

(2) 관할이 분명하지 않은 경우(행절법 제6조 제2항)

원칙	행정청의 관할이 분명하지 아니한 경우에는 해당 행정청을 공통으로 감독하는 상급행정청이 그 관할을 결정한다.
예외	공통으로 감독하는 상급행정청이 없는 경우에는 각 상급행정청이 협의하여 그 관할을 결정한다.

> **Winner's** 관할이 불분명한 경우의 관할결정 : 각 행정청 협의 (×), 각 상급 행정청 협의 (○)

5. 행정청간의 협조 등

행정청은 서로 협조하고 협업을 할 의무가 있다.

> 〈행정절차법〉 제7조(행정청 간의 협조 등) ① 행정청은 행정의 원활한 수행을 위하여 서로 협조하여야 한다.
> ② 행정청은 업무의 효율성을 높이고 행정서비스에 대한 국민의 만족도를 높이기 위하여 필요한 경우 행정협업(다른 행정청과 공동의 목표를 설정하고 행정청 상호 간의 기능을 연계하거나 시설·장비 및 정보 등을 공동으로 활용하는 것을 말한다. 이하 같다)의 방식으로 적극적으로 협조하여야 한다.
> ③ 행정청은 행정협업을 활성화하기 위한 시책을 마련하고 그 추진에 필요한 행정적·재정적 지원방안을 마련하여야 한다.
> ④ 행정협업의 촉진 등에 필요한 사항은 대통령령으로 정한다.

6. 행정응원(행절법 제8조)

(1) 요청사유

행정청은 다른 행정청에 행정응원을 요청할 수 있는데, 해당 직무를 직접 응원할 수 있는 행정청에 요청하여야 한다.

> **〈행정절차법〉 제8조(행정응원)** ① 행정청은 다음 각 호의 어느 하나에 해당하는 경우에는 다른 행정청에 행정응원(行政應援)을 요청할 수 있다.
> 1. 법령등의 이유로 독자적인 직무수행이 어려운 경우
> 2. 인원·장비의 부족 등 사실상의 이유로 독자적인 직무수행이 어려운 경우
> 3. 다른 행정청에 소속되어 있는 전문기관의 협조가 필요한 경우
> 4. 다른 행정청이 관리하고 있는 문서(전자문서를 포함한다. 이하 같다)·통계 등 행정자료가 직무수행을 위하여 필요한 경우
> 5. 다른 행정청의 응원을 받아 처리하는 것이 보다 능률적이고 경제적인 경우

(2) 거부사유

행정청은 서로 협조의무가 있으므로 응원요청을 거부하기 위해서는 명백한 이유가 있어야 하고, 그 사유를 응원요청한 행정청에 통지하여야 한다.

> **〈행정절차법〉 제8조(행정응원)** ② 제1항에 따라 행정응원을 요청받은 행정청은 다음 각 호의 어느 하나에 해당하는 경우에는 응원을 거부할 수 있다.
> 1. 다른 행정청이 보다 능률적이거나 경제적으로 응원할 수 있는 명백한 이유가 있는 경우
> 2. 행정응원으로 인하여 고유의 직무수행이 현저히 지장받을 것으로 인정되는 명백한 이유가 있는 경우

Winner's 명백성 요건 : 응원 요청사유 (×), 응원 거부사유 (○)

(3) 지휘·감독

행정응원을 위하여 파견된 직원은 응원을 요청한 행정청의 지휘·감독을 받는다. 다만, 해당 직원의 복무에 관하여 다른 법령 등에 특별한 규정이 있는 경우에는 그에 따른다.

(4) 응원비용

부담	행정응원에 드는 비용은 응원을 요청한 행정청이 부담한다.
부담금액 및 방법	응원을 요청한 행정청과 응원을 하는 행정청이 협의하여 결정한다.

Winner's 응원비용의 부담자 : 응원을 요청한 행정청 (○), 응원을 요청받은 행정청 (×)

7. 당사자 등

(1) 의의

'당사자 등'이란 ① 행정청의 처분에 대하여 직접 그 상대가 되는 당사자 ② 행정청이 직권으로 또는 신청에 따라 행정절차에 참여하게 한 이해관계인을 말한다(행절법 제2조 제4호). 〈18. 서울 7급〉

> **유원시설업자 지위승계신고를 수리할 때 종전 영업자에게 행정절차의 필요성(긍정)**
>
> 행정청이 구 관광진흥법 또는 구 체육시설법의 규정에 의하여 유원시설업자 또는 체육시설업자 지위승계신고를 수리하는 처분은 종전 유원시설업자 또는 체육시설업자의 권익을 제한하는 처분이고, 종전 유원시설업자 또는 체육시설업자는 그 처분에 대하여 직접 그 상대가 되는 자에 해당한다고 보는 것이 타당하므로, 행정청이 그 신고를 수리하는 처분을 할 때에는 행정절차법 규정에서 정한 당사자에 해당하는 종전 유원시설업자 또는 체육시설업자에 대하여 위 규정에서 정한 **행정절차를 실시하고 처분을 하여야 한다**(대판 2012.12.13. 2011두29144). 〈14. 지방 9급〉

(2) 자격

'당사자 등'이 될 수 있는 자에는 ① 자연인, ② 법인 또는 법인 아닌 사단이나 재단, ③ 그 밖에 다른 법령 등에 의하여 권리·의무의 주체가 될 수 있는 자를 포함한다(행절법 제9조). 〈18. 서울 7급〉

> **국가에 대한 처분도 행정절차가 필요한지 여부(긍정)**
>
> 행정절차법 제2조 제4호에 의하면, '당사자 등'이란 행정청의 처분에 대하여 직접 그 상대가 되는 당사자와 행정청이 직권 또는 신청에 의하여 행정절차에 참여하게 한 이해관계인을 의미하는데, 같은 법 제9조에서는 자연인, 법인, 법인 아닌 사단 또는 재단 외에 '다른 법령 등에 따라 권리·의무의 주체가 될 수 있는 자' 역시 '당사자 등'이 될 수 있다고 규정하고 있을 뿐, 국가를 '당사자 등'에서 제외하지 않고 있다. 또한 행정절차법 제3조 제2항에서 행정절차법이 적용되지 않는 사항을 열거하고 있는데, '국가를 상대로 하는 행정행위'는 그 예외사유에 해당하지 않는다. 위와 같은 행정절차법의 규정과 행정의 공정성·투명성 및 신뢰성 확보라는 행정절차법의 입법 취지 등을 고려해 보면, 행정기관의 처분에 의하여 불이익을 입게 되는 국가를 일반 국민과 달리 취급할 이유가 없다. 따라서 국가에 대해 행정처분을 할 때에도 사전 통지, 의견청취, 이유 제시와 관련한 행정절차법이 그대로 적용된다고 보아야 한다(대판 2023.9.21. 2023두39724). 〈25. 국가 9급〉

(3) 지위승계

① 승계 유형

당연승계	① 당사자 등이 사망한 경우에는 상속인과 다른 법령 등에 따라 당사자 등의 권리 또는 이익을 승계한 자, ② 당사자 등인 법인 등이 합병하였을 때에는 합병 후 존속하는 법인 등이나 합병 후 새로 설립된 법인 등이 당사자 등의 지위를 승계한다(행절법 제10조 제1항·제2항).
임의승계	처분에 관한 권리 또는 이익을 사실상 양수한 자는 행정청의 승인을 받아 당사자 등의 지위를 승계할 수 있다(행절법 제10조 제4항).

Winner's 행정청 승인의 필요성 : 당연승계 (×), 임의승계 (○)

② 승계 통지 : 당사자 등의 지위를 당연 승계한 자는 행정청에 그 사실을 통지하여야 한다. 통지가 있을 때까지 사망자 또는 합병 전의 법인 등에 대하여 행정청이 한 통지는 승계한 자에게도 효력이 있다(행절법 제10조 제3항·제5항).

(4) 대표자의 선정(행절법 제11조)

① 선정: 다수의 당사자 등이 공동으로 행정절차에 관한 행위를 하는 때에는 대표자를 선정할 수 있다.

② 선정요청

원칙	행정청은 당사자 등이 대표자를 선정하지 아니하거나 대표자가 지나치게 많아 행정절차가 지연될 우려가 있는 경우에는 그 이유를 들어 상당한 기간 내에 3인 이내의 대표자를 선정할 것을 요청할 수 있다.
예외	당사자 등이 대표자의 선정요청에 따르지 아니하였을 때에는 행정청이 직접 대표자를 선정할 수 있다.

Winner's 대표자의 선정요청 : 행정청 (○), 당사자 (×)

③ 변경·해임: 당사자 등은 대표자를 변경하거나 해임할 수 있다.

④ 대표자의 지위

원칙	대표자는 각자 그를 대표자로 선정한 당사자 등을 위하여 행정절차에 관한 모든 행위를 할 수 있다.
예외	행정절차를 끝맺는 행위에 대하여 당사자 등의 동의를 받아야 한다.

⑤ 당사자 등의 지위: 대표자가 있는 경우에는 당사자 등은 그 대표자를 통하여서만 행정절차에 관한 행위를 할 수 있다.

⑥ 다수의 대표자

원칙	다수의 대표자 중 1인에 대한 행정청의 행위는 모든 당사자 등에게 효력이 있다.
예외	행정청의 통지는 대표자 모두에게 하여야 그 효력이 있다. ⟨23. 국가 7급⟩

⑦ 통지: 당사자 등이 대표자를 선정하거나 선임한 때에는 지체 없이 그 사실을 행정청에 통지하여야 한다. 변경하거나 해임한 때에도 또한 같다(행절법 제13조 제1항).

(5) 대리인의 선임

① 선임: 당사자 등은 다음에 해당하는 자를 대리인으로 선임할 수 있다.

> ⟨행정절차법⟩ 제12조(대리인) ① 당사자 등은 다음 각 호의 어느 하나에 해당하는 자를 대리인으로 선임할 수 있다.
> 1. 당사자 등의 배우자, 직계 존속·비속 또는 형제자매 ⟨18. 서울 7급⟩
> 2. 당사자 등이 법인 등인 경우 그 임원 또는 직원
> 3. 변호사
> 4. 행정청 또는 청문주재자(청문의 경우만 해당한다)의 허가를 받은 자
> 5. 법령 등에 따라 해당 사안에 대하여 대리인이 될 수 있는 자

1. 징계심의대상자가 선임한 변호사의 의견진술을 행정청이 거부할 수 있는지 여부(원칙적 부정)

행정절차법 제12조 제1항 제3호, 제2항, 제11조 제4항 본문에 따르면, 당사자 등은 변호사를 대리인으로 선임할 수 있고, 대리인으로 선임된 변호사는 당사자 등을 위하여 행정절차에 관한 모든 행위를 할 수 있다고 규정되어 있다. 위와 같은 행정절차법령의 규정과 취지, 헌법상 법치국가원리와 적법절차원칙에 비추어 징계와 같은 불이익처분절차에서 징계심의대상자에게 변호사를 통한 방어권의 행사를 보장하는 것이 필요하고, 징계심의대상자가 선임한 변호사가 징계위원회에 출석하여 징계심의대상자를 위하여 필요한 의견을 진술하는 것은 방어권 행사의 본질적 내용에 해당하므로, 행정청은 특별한 사정이 없는 한 이를 거부할 수 없다(대판 2018.3.13. 2016두33339). ⟨19. 서울 9급⟩

2. 변호사가 징계위원회 심의에 출석하여 진술하는 것을 막은 경우 징계처분이 위법한지 여부(긍정)

육군3사관학교의 사관생도에 대한 징계절차에서 징계심의대상자가 대리인으로 선임한 변호사가 징계위원회 심의에 출석하여 진술하려고 하였음에도, 징계권자나 그 소속 직원이 변호사가 징계위원회의 심의에 출석하는 것을 막았다면 징계위원회 심의·의결의 절차적 정당성이 상실되어 그 징계의결에 따른 징계처분은 위법하여 원칙적으로 취소되어야 한다. 다만 징계심의대상자의 대리인이 관련된 행

정절차나 소송절차에서 이미 실질적인 증거조사를 하고 의견을 진술하는 절차를 거쳐서 징계심의대상자의 방어권 행사에 실질적으로 지장이 초래되었다고 볼 수 없는 특별한 사정이 있는 경우에는, 징계권자가 징계심의대상자의 대리인에게 징계위원회에 출석하여 의견을 진술할 기회를 주지 아니하였더라도 그로 인하여 징계위원회 심의에 절차적 정당성이 상실되었다고 볼 수 없으므로 **징계처분을 취소할 것은 아니다**(대판 2018.3.13. 2016두33339). ⟨22. 지방 7급⟩

② 효과

원칙	대리인의 변경·해임, 대리인의 지위, 다수의 대표자, 통지에 대해서는 대표자의 규정을 준용한다(행절법 제12조 제2항).
예외	청문주재자가 대리인의 선임을 허가한 경우에는 청문주재자가 그 사실을 행정청에 통지하여야 한다(행절법 제13조 제2항).

8. 송달

(1) 송달의 장소(행절법 제14조 제1항)

원칙	송달은 우편·교부 또는 정보통신망 이용 등의 방법으로 하되 송달받을 자(대표자 또는 대리인을 포함한다)의 주소·거소·영업소·사무소 또는 전자우편주소로 한다.
예외	송달받을 자가 동의하는 경우에는 그를 만나는 장소에서 송달할 수 있다.

(2) 교부에 의한 송달(행절법 제14조 제2항)

원칙	수령확인서를 받고 문서를 교부함으로써 하며, 송달하는 장소에서 송달받을 자를 만나지 못한 경우에는 그 사무원·피용자(被傭者) 또는 동거인으로서 사리를 분별할 지능이 있는 사람에게 문서를 교부할 수 있다. ⟨14. 서울 9급⟩
예외	문서를 송달받을 자 또는 그 사무원 등이 정당한 사유 없이 송달받기를 거부하는 때에는 그 사실을 수령확인서에 적고, 문서를 송달할 장소에 놓아둘 수 있다(유치송달).

송달을 회피하는 정황이 있는 수취인 사업장에 납세고지서를 두고 온 것이 유치송달에 해당하는지 여부(부정)
피고 소속공무원이 당초 이 사건 납세고지서의 송달을 위하여 원고의 사업장을 방문하였을 때에 원고 회사의 이사나 사업장에서 작업을 하고 있던 사람들이 그 수령을 회피하거나 거절한 사실이 있었다 하더라도, 그와 같은 **수령거부 직후 곧바로 납세고지서를 현장에 유치한 것이 아니고 일단 원고의 사업장을 떠났다가 그 후에 다시 사업장을 방문하여 임직원들이 아무도 없는 상태에서 납세고지서를 사업장에 두고 온 것만으로는 송달을 받을 자 등의 수령 거부가 있었다고 볼 수 없어서 이를 위 규정에서 말하는 적법한 유치송달이라고 볼 수도 없다**(대판 2004.4.9. 2003두13908). ⟨20. 국회 8급⟩

(3) 정보통신망을 이용한 송달(행절법 제14조 제3항)

송달받을 자가 동의하는 경우에만 행한다. 이 경우 송달받을 자는 송달받을 전자우편주소 등을 지정하여야 한다. ⟨14. 서울 9급⟩

(4) 공고(행절법 제14조 제4항, 제5항)

① 사유: ㉠ 송달받을 자의 주소 등을 통상의 방법으로 확인할 수 없는 경우 또는 ㉡ 송달이 불가능한 경우이다.

② 방법: 송달받을 자가 알기 쉽도록 관보·공보·게시판·일간신문 중 하나 이상에 공고하고 인터넷에도 공고하여야 한다.

③ 정보보호: 공고를 할 때에는 민감정보 및 고유식별정보 등 송달받을 자의 개인정보를 「개인정보 보호법」에 따라 보호하여야 한다.

(5) 효과(행절법 제15조)

① 송달의 경우

원칙	법령 등에 특별한 규정이 있는 경우를 제외하고는 해당 문서가 송달받을 자에게 도달한 때 그 효력이 발생한다.
예외	정보통신망을 이용하여 전자문서로 송달하는 경우에는 송달받을 자가 지정한 컴퓨터 등에 입력된 때에 도달된 것으로 본다.

Winner's 정보통신망에 의한 송달의 효력발생시기 : 입력된 때 (○), 확인한 때 (×)

② 공고의 경우

원칙	송달불능 등으로 인하여 공고하는 경우에는 14일이 지난 때 효력을 발생한다.
예외	긴급히 시행하여야 할 특별한 사유가 있어 효력발생시기를 달리 정하여 공고한 경우에는 그에 따른다.

9. 기간 및 기한의 특례

(1) 천재지변 등의 경우

천재지변이나 그 밖에 당사자 등에게 책임이 없는 사유로 기간 및 기한을 지킬 수 없는 경우에는 그 사유가 끝나는 날까지 기간의 진행이 정지된다(행절법 제16조 제1항).

(2) 외국 거주 등의 경우

외국에 거주하거나 체류하는 자에 대한 기간 및 기한은 행정청이 그 우편이나 통신에 걸리는 일수(日數)를 고려하여 정하여야 한다(행절법 제16조 제2항).

3 처분절차

1. 공통절차

(1) 처분방식(행절법 제24조)

원칙	① 행정청이 처분을 할 때에는 다른 법령 등에 특별한 규정이 있는 경우를 제외하고는 문서로 하여야 한다(문서주의). ② 당사자 등의 동의가 있는 경우, 당사자가 전자문서로 처분을 신청한 경우에는 전자문서로 할 수 있다. ③ 처분을 하는 문서에는 그 처분 행정청과 담당자의 소속·성명 및 연락처(전화번호, 팩스번호, 전자우편주소 등을 말한다)를 적어야 한다.

예외	공공의 안전 또는 복리를 위하여 긴급히 처분을 할 필요가 있거나 사안이 경미한 경우에는 말, 전화, 휴대전화를 이용한 문자 전송, 팩스 또는 전자우편 등 문서가 아닌 방법으로 처분을 할 수 있다. 이 경우 당사자가 요청하면 지체 없이 처분에 관한 문서를 주어야 한다. 〈13. 지방 9급〉, 〈14. 국가 9급〉

Winner's 당사자의 문서요청시 행정청의 대응 : 주어야 (○), 줄 수 (×)

1. 처분서의 문언상 어떤 처분인지가 분명한 경우 다른 처분까지 포함되는 것으로 확대해석이 가능한지 여부(부정)

행정절차법 제24조 제1항이 행정청이 처분을 하는 때에는 다른 법령 등에 특별한 규정이 있는 경우를 제외하고는 문서로 하도록 규정한 것은 처분 내용의 명확성을 확보하고 처분의 존부에 관한 다툼을 방지하기 위한 것이라 할 것인바, 그와 같은 행정절차법의 규정취지를 감안하여 보면, 행정청이 문서에 의하여 처분을 한 경우 그 처분서의 문언이 불분명하다는 등의 특별한 사정이 없는 한, 그 문언에 따라 어떤 처분을 하였는지 여부를 확정하여야 할 것이고, 처분서의 문언만으로도 행정청이 어떤 처분을 하였는지가 분명함에도 불구하고 처분경위나 처분 이후의 상대방의 태도 등 다른 사정을 고려하여 처분서의 문언과는 달리 다른 처분까지 포함되어 있는 것으로 확대해석하여서는 아니 된다 (대판 2005.7.28. 2003두469).

Winner's 다른 해석의 가능성 : 문언이 분명한 경우 (×), 문언이 불분명한 경우 (○)

2. 건물 소유자에게 소방시설 불량사항을 시정·보완명령을 구두로 고지한 것이 무효인지 여부(긍정)

집합건물 중 일부 구분건물의 소유자인 피고인이 관할 소방서장으로부터 소방시설 불량사항에 관한 시정보완명령을 받고도 따르지 아니하였다는 내용으로 기소된 사안에서, 담당 소방공무원이 행정처분인 위 명령을 구술로 고지한 것은 행정절차법 제24조를 위반한 것으로 하자가 중대하고 명백하여 당연 무효이다 (대판 2011.11.10. 2011도11109). 〈19. 국가 9급〉

3. 미국국적의 교민에 대한 사증거부처분도 문서주의가 적용되는지 여부(긍정)

행정절차법의 적용이 제외되는 '외국인의 출입국에 관한 사항'이란 해당 행정작용의 성질상 행정절차를 거치기 곤란하거나 거칠 필요가 없다고 인정되는 사항이나 행정절차에 준하는 절차를 거친 사항으로서 행정절차법 시행령으로 정하는 사항만을 가리킨다. '외국인의 출입국에 관한 사항'이라고 하여 행정절차를 거칠 필요가 당연히 부정되는 것은 아니다. … 사증발급 신청에 대한 거부처분이 성질상 행정절차법 제24조에서 정한 '처분서 작성·교부'를 할 필요가 없거나 곤란하다고 일률적으로 단정하기 어렵다 (대판 2019.7.11. 2017두38874). 〈20. 국회 8급〉

(2) 이유제시(행절법 제23조)

원칙	행정청은 처분할 때 침익적·수익적 처분을 불문하고 이유를 제시하여야 한다.
예외	① 신청 내용을 모두 그대로 인정하는 처분인 경우 ② 단순·반복적 처분(예 교통신호) 또는 경미한 처분(예 담배꽁초를 버린 자에 대해서 줍도록 하는 명령)으로서 당사자가 그 이유를 명백히 알 수 있는 경우 ③ 긴급히 처분을 할 필요가 있는 경우
요청	예외사유 중에서 ②와 ③의 경우에 처분 후 당사자가 요청하는 경우에는 그 근거와 이유를 제시하여야 한다. 〈11. 국가 9급〉

> **Winner's** 당사자의 이유제시 요청시 행정청의 대응 : 제시할 수 (×), 제시하여야 (○)

(3) 처분기준의 설정·공표

① 공표의무

원칙	행정청은 필요한 처분기준을 해당 처분의 성질에 비추어 되도록 구체적으로 정하여 공표하여야 한다. 처분기준을 변경하는 경우에도 또한 같다(행절법 제20조 제1항). 〈24. 소방〉
예외	처분기준을 공표하는 것이 해당 처분의 성질상 현저히 곤란하거나 공공의 안전 또는 복리를 현저히 해치는 것으로 인정될 만한 상당한 이유가 있는 경우에는 처분기준을 공표하지 아니할 수 있다(행절법 제20조 제3항).

② 인허가 의제의 경우 : 「행정기본법」 제24조에 따른 인허가 의제의 경우 관련 인허가 행정청은 관련 인허가의 처분기준을 주된 인허가 행정청에 제출하여야 하고, 주된 인허가 행정청은 제출받은 관련 인허가의 처분기준을 통합하여 공표하여야 한다. 처분기준을 변경하는 경우에도 또한 같다(행절법 제20조 제2항).

③ 설명요청 : 당사자등은 공표된 처분기준이 명확하지 아니한 경우 해당 행정청에 그 해석 또는 설명을 요청할 수 있다. 이 경우 해당 행정청은 특별한 사정이 없으면 그 요청에 따라야 한다(행절법 제20조 제4항).

1. 처분기준을 개략적으로만 공표할 수 있는지 여부 (긍정)

행정절차법 제20조는 제1항에서 "행정청은 필요한 처분기준을 해당 처분의 성질에 비추어 되도록 구체적으로 정하여 공표하여야 한다. 처분기준을 변경하는 경우에도 또한 같다."라고 정하면서, 제2항에서 "제1항에 따른 처분기준을 공표하는 것이 해당 처분의 성질상 현저히 곤란하거나 공공의 안전 또는 복리를 현저히 해치는 것으로 인정될 만한 상당한 이유가 있는 경우에는 처분기준을 공표하지 아니할 수 있다."라고 정하고 있다. … 처분의 성질상 처분기준을 미리 공표하는 경우 행정목적을 달성할 수 없게 되거나 행정청에 일정한 범위 내에서 재량권을 부여함으로써 구체적인 사안에서 개별적인 사정을 고려하여 탄력적으로 처분이 이루어지도록 하는 것이 오히려 공공의 안전 또는 복리에 더 적합한 경우도 있다. 그러한 경우에는 행정절차법 제20조 제2항에 따라 처분기준을 따로 공표하지 않거나 개략적으로만 공표할 수도 있다(대판 2019.12.13. 2018두41907).

2. 미리 공표한 처분기준을 위반하여 처분한 것이 취소사유에 해당하는지 여부(부정)

행정청이 행정절차법 제20조 제1항의 처분기준 사전공표 의무를 위반하여 미리 공표하지 아니한 기준을 적용하여 처분을 하였다고 하더라도, 그러한 사정만으로 곧바로 해당 처분에 취소사유에 이를 정도의 흠이 존재한다고 볼 수는 없다. 다만 해당 처분에 적용한 기준이 상위법령의 규정이나 신뢰보호의 원칙 등과 같은 법의 일반원칙을 위반하였거나 객관적으로 합리성이 없다고 볼 수 있는 구체적인 사정이 있다면 해당 처분은 위법하다고 평가할 수 있다. 구체적인 이유는 다음과 같다. … 행정청이 행정절차법 제20조 제1항에 따라 정하여 공표한 처분기준은, 그것이 해당 처분의 근거 법령에서 구체적 위임을 받아 제정·공포되었다는 특별한 사정이 없는 한, 원칙적으로 대외적 구속력이 없는 행정규칙에 해당한다(대판 2020.12.24. 2018두45633).

(4) 처분내용의 정정

① 의의: 행정청은 처분에 오기(誤記), 오산(誤算) 또는 그 밖에 이에 준하는 명백한 잘못이 있을 때에는 직권으로 또는 신청에 따라 지체 없이 정정하고 그 사실을 당사자에게 통지하여야 한다(행절법 제25조).

② 인정이유: 이러한 오기·오산은 형식상의 하자에 해당하는 것이나, 단순한 기재착오 또는 계산상 오류임이 명백함에도 그 처분을 취소하는 것은 행정경제에 반하기 때문이다. 〈14. 사회복지 9급〉

(5) 행정심판사항의 고지

행정청이 처분을 할 때에는 당사자에게 그 처분에 관하여 행정심판 및 행정소송을 제기할 수 있는지 여부, 그 밖의 불복을 할 수 있는지 여부, 청구절차 및 청구기간 그 밖에 필요한 사항을 알려야 하는 것을 말한다(행절법 제26조).

Winner's 고지의 대상으로 행정소송이 명시된 법률 : 행정절차법 (○), 행정심판법 (×)

(6) 행정절차의 비용(행절법 제54조)

원칙	행정절차에 소요되는 비용은 행정청이 부담한다.
예외	당사자 등이 자기를 위하여 스스로 지출한 비용은 그러하지 아니하다.

Winner's 행정절차의 비용부담자 : 행정청 (○), 당사자 (×)

(7) 참고인 등에 대한 비용지급(행절법 제55조)

행정청은 행정절차의 진행에 필요한 참고인·감정인 등에게 예산의 범위 안에서 여비와 일당을 지급할 수 있다.

(8) 직권주의

원칙	① 의의: 행정처분의 결정기관이 주도권을 가지는 심리방식을 말한다. ② 채택 여부: 본래 쟁송절차의 심리방식이지만, 행정절차에서도 채택된 것으로 해석된다.
예외	신청에 의한 처분에 있어서 절차의 개시, 처분 내용은 당사자에게 맡기고 있다.

(9) 서면심리주의

원칙	「행정절차법」에 명시된 것은 아니지만, 절차의 신속을 위하여 서면심리주의를 채택한 것으로 해석된다(김동희).
예외	청문절차는 구술심리주의에 의한다.

Winner's 서면심리주의 채택 : 명문상 인정 (×), 해석상 인정 (○)

2. 수익적 처분절차(신청에 의한 처분절차)

(1) 신청 방식

원칙	행정청에 처분을 구하는 신청은 문서로 하여야 한다.
예외	① 다른 법령 등에 특별한 규정이 있는 경우, ② 행정청이 미리 다른 방법을 정하여 공시한 경우에는 그러하지 아니하다(행절법 제17조 제1항).
전자문서	행정청의 컴퓨터 등에 입력된 때에 신청한 것으로 본다(행절법 제17조 제2항). 〈18. 서울 9급〉

(2) 접수·처리의무

① 의의: 「행정절차법」은 다른 법령 등에 특별한 규정이 있는 경우를 제외하고는 그 접수를 보류 또는 거부하거나 부당하게 되돌려 보내서는 아니 된다(행절법 제17조 제4항)고 규정하고 있으므로 접수·처리의무가 있는 것으로 파악된다. 〈24. 소방〉

> **신청서 내용의 검토요청이 신청의 의사표시에 해당하는지 여부(부정)**
>
> 구 행정절차법(2002. 12. 30. 법률 제6839호로 개정되기 전의 것) 제17조 제3항 본문은 "행정청은 신청이 있는 때에는 다른 법령 등에 특별한 규정이 있는 경우를 제외하고는 그 접수를 보류 또는 거부하거나 부당하게 되돌려 보내서는 아니 되며, 신청을 접수한 경우에는 신청인에게 접수증을 교부하여야 한다."고 규정하고 있는바, 여기에서의 신청인의 행정청에 대한 신청의 의사표시는 명시적이고 확정적인 것이어야 한다고 할 것이므로 신청인이 신청에 앞서 행정청의 허가업무 담당자에게 신청서의 내용에 대한 검토를 요청한 것만으로는 다른 특별한 사정이 없는 한 명시적이고 확정적인 신청의 의사표시가 있었다고 하기 어렵다(대판 2004.9.24. 2003두13236).

Winner's 접수·처리의무의 발생요건 : 검토 요청 (×), 명시적·확정적 의사표시 (○)

② 접수증

원칙	행정청이 신청을 접수한 경우에는 신청인에게 접수증을 주어야 한다.
예외	접수증을 주지 아니할 수 있는 경우(행절법 제17조 제4항, 동법 시행령 제9조) ㉠ 구술·우편 또는 정보통신망에 의한 신청의 경우 ㉡ 처리기간이 '즉시'로 되어 있는 신청의 경우 〈23. 국가 9급〉 ㉢ 접수증에 갈음하는 문서를 주는 신청의 경우

(3) 신청의 보완

① 보완명령: 행정청은 신청에 구비서류의 미비 등 흠이 있는 경우에는 보완에 필요한 상당한 기간을 정하여 지체 없이 신청인에게 보완을 요구하여야 하고, 그 기간 내에 보완을 하지 아니한 때에는 그 이유를 명시하여 접수된 신청을 되돌려 보낼 수 있다(행절법 제17조 제5항·제6항). 다만 실체적 발급요건에 관한 사항은 단순한 착오나 일시적 사정으로 인한 경우가 아닌 한 보완을 요구할 의무가 없다. 〈23. 국가 9급〉, 〈23. 지방 9급〉

Winner's 행정청의 보완명령의 방식 : 요구할 수 (×), 요구하여야 (○)

> **실체적 발급요건에 관한 사항까지 보완할 기회를 부여하여야 할 의무(부정)**
>
> 행정절차법 제17조가 '구비서류의 미비 등 흠의 보완'과 '신청 내용의 보완'을 분명하게 구분하고 있는 점에 비추어 보면, … 행정청으로 하여금 신청에 대하여 거부처분을 하기 전에 반드시 신청인에게 신청의 내용이나 처분의 실체적 발급요건에 관한 사항까지 보완할 기회를 부여하여야 할 의무를 정한 것은 아니라고 보아야 한다(대판 2020.7.23. 2020두36007). 〈22. 지방 7급〉

② 신청인의 보완 등

원칙	신청인은 처분이 있기 전에는 그 신청의 내용을 보완·변경하거나 취하(取下)할 수 있다.
예외	다른 법령 등에 특별한 규정이 있거나 그 신청의 성질상 보완·변경 또는 취하할 수 없는 경우에는 그러하지 아니하다(행정법 제17조 제8항).

(4) 처리기간의 설정·공표의무

① 의의: 행정청은 신청인의 편의를 위하여 처분의 처리기간을 종류별로 미리 정하여 공표하여야 한다(행절법 제19조 제1항).

> **Winner's** 행정절차의 적용범위 : 처리기간 설정·공표 (수익적 처분 원칙), 처분기준의 설정·공표 (공통 원칙)

② 형식: 법적 의무이지만 행정규칙의 형식으로 정립되는 것이 보통이므로 그 기간을 초과한 처분이라도 위법하지 않은 것이 원칙이다.

③ 연장: 부득이한 사유로 처리기간 내에 처리하기 곤란한 경우에는 해당 처분의 처리기간의 범위에서 한 번만 그 기간을 연장할 수 있다(행절법 제19조 제2항).

④ 통지: 처리기간을 연장할 때에는 처리기간의 연장사유와 처리예정기한을 지체 없이 신청인에게 통지하여야 한다(행절법 제19조 제3항).〈24. 소방〉

⑤ 처리요청: 행정청이 정당한 처리기간 내에 처리하지 아니하였을 때에는 신청인은 해당 행정청 또는 그 감독행정청에 대하여 신속한 처리를 요청할 수 있다(행절법 제19조 제4항).

(5) 기타

① 열람: 행정청은 신청에 필요한 구비서류, 접수기관, 처리기간 기타 필요한 사항을 게시(인터넷 등을 통한 게시를 포함한다)하거나 이에 대한 편람을 비치하여 누구나 열람할 수 있도록 하여야 한다(행절법 제17조 제3항).

② 다른 행정청에의 접수: 행정청은 신청인의 편의를 위하여 다른 행정청에 신청을 접수하게 할 수 있다. 이 경우 행정청은 다른 행정청에 접수할 수 있는 신청의 종류를 미리 정하여 공시하여야 한다(행절법 제17조 제7항).

③ 공관(共管)사무의 처리: 행정청은 다수의 행정청이 관여하는 처분을 구하는 신청을 접수한 경우에는 관계행정청과의 신속한 협조를 통하여 해당 처분이 지연되지 아니하도록 하여야 한다(행절법 제18조).

3. 침익적 처분절차

(1) 유형

침익적 처분절차에는 '사전통지'와 '의견청취절차'가 있으며, '의견청취절차'에는 청문, 공청회, 의견제출절차가 있다. 이중에서 사전통지와 의견제출절차는 일반절차이므로 「행정절차법」상 예외사유에 해당하지 않는 한 거쳐야 하며 이를 거치지 않은 처분은 위법하게 된다.

> **사전통지나 의견제출 없는 침익적 처분(위법)**
> 행정청이 침해적 행정처분을 함에 있어서 당사자에게 위와 같은 사전통지를 하거나 의견제출의 기회를 주지 아니하였다면, 사전통지를 하지 않거나 의견제출의 기회를 주지 아니하여도 되는 예외적인 경우에 해당하지 아니하는 한 그 처분은 위법하여 취소를 면할 수 없다(대판 2000.11.14. 99두5870).

(2) 적용 제외

「행정절차법」은 '당사자에게 의무를 부과하거나 권익을 제한하는 처분'이라고 규정되어 있으므로(행절법 제21조 제1항), 침익적인 처분이라 하더라도 ① 불특정다수인을 상대로 하는 일반처분, ② 수익적 행위에 대한 거부처분, ③ 법령에 의하여 환수금액이 확정된 처분에 대해서는 적용되지 않는다.

> **Winner's** 「행정절차법」상 침익적 처분의 상대방 : 당사자 (○), 당사자 등 (×)

1. 도로구역의 결정 등이 「행정절차법」상 의견청취의 대상이 되는지 여부(부정)
행정절차법 제2조 제4호가 행정절차법이 당사자를 행정청의 처분에 대하여 직접 그 상대가 되는 당사자로 규정하고, 도로법 제25조 제3항이 도로구역을 결정하거나 변경할 경우 이를 고시에 의하도록 하면서, 그 도면을 일반인이 열람할 수 있도록 한 점 등을 종합하여 보면, 도로구역을 변경한 이 사건 처분은 행정절차법 제21조 제1항의 사전통지나 제22조 제3항의 의견청취의 대상이 되는 처분은 아니라고 할 것이다(대판 2008.6.12. 2007두1767). 〈17. 지방 7급〉, 〈19. 서울 9급〉

2. 거부처분이 「행정절차법」상 사전통지의 대상이 되는지 여부(부정)
신청에 따른 처분이 이루어지지 아니한 경우에는 아직 당사자에게 권익이 부과되지 아니하였으므로 특별한 사정이 없는 한 신청에 대한 거부처분이라고 하더라도 직접 당사자의 권익을 제한하는 것은 아니어서 신청에 대한 거부처분을 여기에서 말하는 '당사자의 권익을 제한하는 처분'에 해당한다고 할 수 없는 것이어서 처분의 사전통지대상이 된다고 할 수 없다(대판 2003.11.28. 2003두674). 〈13. 지방 9급〉, 〈14. 국가 9급〉, 〈17. 국가 9급(10월)〉, 〈19. 서울 9급〉

3. 관련법령에 따라 당연히 환수금액이 정해지는 경우 퇴직연금 환수결정에 대해서 의견진술의 기회를 주어야 하는지 여부(부정)
퇴직연금의 환수결정은 당사자에게 의무를 과하는 처분이기는 하나, 관련법령에 따라 당연히 환수금액이 정하여지는 것이므로, 퇴직연금의 환수결정에 앞서 당사자에게 의견진술의 기회를 주지 아니하여도 행정절차법 제22조 제3항이나 신의칙에 어긋나지 아니한다(대판 2000.11.28. 99두5443).
〈17. 국가 9급(10월)〉

(3) 처분의 사전통지

① 적용범위

원칙	행정청은 당사자에게 침익적 처분을 하기 전에 처분의 제목 등 일정한 사항을 당사자 등에게 통지하여야 한다.
예외	다음과 같은 경우에는 통지를 하지 아니할 수 있다. 〈18. 서울 9급〉 ㉠ 공공의 안전 또는 복리를 위하여 긴급히 처분을 할 필요가 있는 경우 ㉡ 법령 등에서 요구된 자격이 없거나 없어지게 되면 반드시 일정한 처분을 하여야 하는 경우에 그 자격이 없거나 없어지게 된 사실이 법원의 재판 등에 의하여 객관적으로 증명된 경우 ㉢ 해당 처분의 성질상 의견청취가 현저히 곤란하거나 명백히 불필요하다고 인정될 만한 상당한 이유가 있는 경우

〈행정절차법〉 **제21조(처분의 사전통지)** ① 행정청은 당사자에게 의무를 부과하거나 권익을 제한하는 처분을 하는 경우에는 미리 다음 각 호의 사항을 당사자 등에게 통지하여야 한다.
1. 처분의 제목
2. 당사자의 성명 또는 명칭과 주소
3. 처분하려는 원인이 되는 사실과 처분의 내용 및 법적 근거
4. 제3호에 대하여 의견을 제출할 수 있다는 뜻과 의견을 제출하지 아니하는 경우의 처리방법
5. 의견제출기관의 명칭과 주소
6. 의견제출기한
7. 그 밖에 필요한 사항
③ 제1항 제6호에 따른 기한은 의견제출에 필요한 기간을 10일 이상으로 고려하여 정하여야 한다.

Winner's 「행정절차법」상 사전통지의 상대방 : 당사자 등 (○), 당사자 (×)

1. 행정지도 방식에 의한 사전고지나 자진폐공 약속이 사전통지의 예외사유가 되는지 여부(부정)
행정청이 온천지구임을 간과하여 지하수개발·이용신고를 수리하였다가 행정절차법상의 사전통지를 하거나 의견제출의 기회를 주지 아니한 채 그 신고수리처분을 취소하고 원상복구명령의 처분을 한 경우, 행정지도방식에 의한 사전고지나 그에 따른 당사자의 자진 폐공의 약속 등의 사유만으로는 사전통지 등을 하지 않아도 되는 행정절차법 소정의 예외의 경우에 해당한다고 볼 수 없다는 이유로 그 처분은 위법하다(대판 2000.11.14. 99두5870). 〈12. 국가 7급〉

2. 법원의 재판으로 일부 사실만 증명되거나 처분 여부 등이 달라질 수 있는 경우에도 예외사유에 해당하는지 여부(부정)
법원의 재판 등에 따라 처분의 전제가 되는 사실이 객관적으로 증명되면 행정청이 반드시 일정한 처분을 해야 하는 경우 등 의견청취가 행정청의 처분 여부나 그 수위 결정에 영향을 미치지 못하는 경우를 의미한다고 보아야 한다. 처분의 전제가 되는 '일부' 사실만 증명된 경우이거나 의견청취에 따라 행정청의 처분 여부나 처분 수위가 달라질 수 있는 경우라면 위 예외사유에 해당하지 않는다(대판 2020.7.23. 2017두66602).

② 예외사유의 위임근거: 처분의 전제가 되는 사실이 법원의 재판 등에 의하여 객관적으로 증명된 경우 등 사전통지를 하지 아니할 수 있는 구체적인 사항은 대통령령으로 정한다(행절법 제21조 제5항).

③ 불통지사유의 통지(행절법 제21조 제6항)

원칙	사전통지를 하지 아니하는 경우 행정청은 처분을 할 때 당사자 등에게 통지를 하지 아니한 사유를 알려야 한다.
예외	신속한 처분이 필요한 경우에는 처분 후 그 사유를 알릴 수 있다.

(4) 의견청취절차

원칙	① 청문, 공청회, 의견제출절차가 있다. ② 의견제출은 일반절차이므로 청문과 공청회를 개최하지 않는 경우에 의견제출의 기회를 주지 않으면 위법하게 된다.
예외	① 사전통지의 예외에 해당하는 경우, ② 당사자가 의견진술의 기회를 포기한다는 뜻을 명백히 표시한 경우에는 의견청취를 하지 아니할 수 있다(행절법 제22조 제4항). 〈18. 국가 9급〉

Winner's 진술기회 포기의 명백성이 예외사유인 경우 : 사전통지 (×), 의견청취 (○)

1. 청문통지서의 반송, 청문일시의 불출석이 청문절차의 예외사유에 해당하는지 여부(부정)

행정절차법 제21조 제4항 제3호는 침해적 행정처분을 할 경우 청문을 실시하지 않을 수 있는 사유로서 '당해 처분의 성질상 의견청취가 현저히 곤란하거나 명백히 불필요하다고 인정될 만한 상당한 이유가 있는 경우'를 규정하고 있으나, 여기에서 말하는 '의견청취가 현저히 곤란하거나 명백히 불필요하다고 인정될 만한 상당한 이유가 있는지 여부'는 당해 행정처분의 성질에 비추어 판단하여야 하는 것이지, 청문통지서의 반송 여부, 청문통지의 방법 등에 의하여 판단할 것은 아니며 또한 행정처분의 상대방이 통지된 청문일시에 불출석하였다는 이유만으로 행정청이 관계법령상 그 실시가 요구되는 청문을 실시하지 아니한 채 침해적 행정처분을 할 수는 없을 것이므로, 행정처분의 상대방에 대한 청문통지서가 반송되었다거나, 행정처분의 상대방이 청문일시에 불출석하였다는 이유로 청문을 실시하지 아니하고 한 침해적 행정처분은 위법하다(대판 2001.4.13. 2000두3337). 〈13. 지방 9급〉, 〈19. 서울 7급〉

Winner's 청문절차 예외사유의 판단기준 : 청문통지서의 반송 (×), 청문일시의 불출석 (×), 당해 처분의 성질 (○)

2. 의견청취절차를 배제하는 협약이 청문절차의 예외사유로서 효력이 있는지 여부(부정)

행정청이 당사자와 사이에 도시계획사업의 시행과 관련한 협약을 체결하면서 관계법령 및 행정절차법에 규정된 청문의 실시 등 의견청취절차를 배제하는 조항을 두었다고 하더라도, 국민의 행정참여를 도모함으로써 행정의 공정성·투명성 및 신뢰성을 확보하고 국민의 권익을 보호한다는 행정절차법의 목적 및 청문제도의 취지 등에 비추어 볼 때, 위와 같은 협약의 체결로 청문의 실시에 관한 규정의 적용을 배제할 수 있다고 볼만한 법령상의 규정이 없는 한, 이러한 협약이 체결되었다고 하여 청문의 실시에 관한 규정의 적용이 배제된다거나 청문을 실시하지 않아도 되는 예외적인 경우에 해당한다고 할 수 없다(대판 2004.7.8. 2002두8350). 〈19. 서울 7급〉

3. 상대방이 위반사실을 시인한 것이 의견제출 절차의 예외사유가 되는지 여부(부정)

따라서 행정청이 침해적 행정처분을 하면서 당사자에게 사전통지를 하거나 의견제출의 기회를 주지 아니하였다면, 사전통지나 의견제출의 예외적인 경우에 해당하지 아니하는 한, 처분은 위법하여 취소를 면할 수 없다. 그리고 여기에서 '의견청취가 현저히 곤란하거나 명백히 불필요하다고 인정될 만한 상당한 이유가 있는 경우'에 해당하는지는 해당 행정처분의 성질에 비추어 판단하여야 하며, 처분상대방이 이미 행정청에 위반사실을 시인하였다거나 처분의 사전통지 이전에 의견을 진술할 기회가 있었다는 사정을 고려하여 판단할 것은 아니다(대판 2016.10.27. 2016두41811). 〈17. 국가 7급〉

4. 도지사의 절대보전지역의 면적 축소행위가 주민의견청취절차를 거쳐야 하는지 여부(부정)

제주특별자치도 설치 및 국제자유도시 조성을 위한 특별법(이하 '제주특별법'이라 한다) 제292조 제1항의 형식 및 문언에 의하면 도지사의 절대보전지역 지정 및 변경행위는 재량행위로 보는 것이 타당하다. 한편 '제주특별자치도 보전지역 관리에 관한 조례' 제3조 제1항에 의하면 도지사가 제주특별법 제292조부터 제294조까지의 규정에 따라 보전지역·지구 등을 지정(변경을 포함한다)하고자 하는 때에는 주민의견을 들어야 하나, 보전지역·지구 등의 면적 축소(제1호), 보전지역·지구 등의 면적 100분의 10 이내의 확대(제2호) 등 경미한 사항을 변경하는 경우에는 그렇지 않으므로, 도지사가 절대보전지역의 면적을 축소하는 경우에는 주민의견 청취절차를 거칠 필요가 없다(대판 2012.7.5. 2011두19239 전합).

(5) 의견청취 이후의 절차

① 지연금지 : 행정청은 청문·공청회 또는 의견제출을 거쳤을 때에는 신속히 처분하여 해당 처분이 지연되지 아니하도록 하여야 한다(행절법 제22조 제5항).

② 서류 등 반환 : 행정청은 처분 후 1년 이내에 당사자 등이 요청하는 경우에는 청문·공청회 또는 의견제출을 위하여 제출받은 서류나 그 밖의 물건을 반환하여야 한다(행절법 제22조 제6항).

4 의견청취절차

1. 청문절차

(1) 의의

행정청이 침익적 처분을 하기에 앞서 처분의 상대방이나 대립하는 이해관계인으로 하여금 자기에게 유리한 증거를 제출하고 의견을 진술하게 하여 사실조사를 하는 절차를 말한다. 불이익처분에 관한 절차 중에서 가장 공식적인 절차이다.

(2) 청문의 개시

① 청문의 실시: 청문은 ㉠ 다른 법령 등에서 실시를 규정하거나, ㉡ 행정청이 필요하다고 인정하거나 ㉢ 인허가 취소 등 처분을 할 때 실시한다. 〈23. 소방〉

〈행정절차법〉 제22조(의견청취) ① 행정청이 처분을 할 때 다음 각 호의 어느 하나에 해당하는 경우에는 청문을 한다.
1. 다른 법령등에서 청문을 하도록 규정하고 있는 경우
2. 행정청이 필요하다고 인정하는 경우
3. 다음 각 목의 처분을 하는 경우
    가. 인허가 등의 취소
    나. 신분·자격의 박탈
    다. 법인이나 조합 등의 설립허가의 취소

② 청문의 내용: 「행정절차법」을 따른다. 다만, 개별법상 청문절차의 내용이 따로 규정되어 있는 경우에는 그 법의 내용이 우선한다.

(3) 청문주재자

① 자격: 행정청은 소속 직원 또는 대통령령으로 정하는 자격을 가진 사람 중에서 청문주재자를 공정하게 선정하여야 한다(행절법 제28조 제1항).

> 〈행정절차법 시행령〉 제15조(청문주재자) ① 법 제28조 제1항에서 '대통령령이 정하는 자격을 가진 자'라 함은 다음 각 호의 1에 해당하는 자를 말한다.
> 1. 교수·변호사·공인회계사 등 관련분야의 전문직 종사자
> 2. 청문사안과 관련되는 분야에 근무한 경험이 있는 전직 공무원
> 3. 그 밖의 업무경험을 통하여 청문사안과 관련되는 분야에 전문지식이 있는 자

② 제척·기피·회피: 소속 직원도 청문주재자가 될 수 있다는 점에서 공정성을 보장하기 위한 제도이다.

제척	㉠ 법정 사유가 있으면 직무집행에서 당연히 배제되는 것을 말한다. ㉡ 제척사유는 법률에 구체적으로 명시되어 있다.
기피	제척사유에는 해당하지 않지만, 행정청이 불공정한 진행을 할 우려가 있는 경우에 행정청에게 교체신청을 하여 행정청의 결정에 따라 직무집행에서 배제되는 것을 말한다.
회피	㉠ 행정청 스스로 행정절차에서 탈퇴하는 것을 말한다. ㉡ 행정청의 승인을 받은 경우에 가능하다.

Winner's 구체적 사유가 명시된 경우 : 제척사유 (○), 기피사유 (×)

> 〈행정절차법〉 제29조(청문주재자의 제척·기피·회피) ① 청문주재자가 다음 각 호의 어느 하나에 해당하는 경우에는 청문을 주재할 수 없다.
> 1. 자신이 당사자 등이거나 당사자 등과 「민법」 제777조 각 호의 어느 하나에 해당하는 친족관계에 있거나 있었던 경우
> 2. 자신이 해당 처분과 관련하여 증언이나 감정(鑑定)을 한 경우
> 3. 자신이 해당 처분의 당사자 등의 대리인으로 관여하거나 관여하였던 경우
> 4. 자신이 해당 처분업무를 직접 처리하거나 처리하였던 경우
> 5. 자신이 해당 처분업무를 처리하는 부서에 근무하는 경우. 이 경우 부서의 구체적인 범위는 대통령령으로 정한다.
> ② 청문주재자에게 공정한 청문 진행을 할 수 없는 사정이 있는 경우 당사자 등은 행정청에 기피신청을 할 수 있다. 이 경우 행정청은 청문을 정지하고 그 신청이 이유가 있다고 인정할 때에는 해당 청문주재자를 지체 없이 교체하여야 한다.
> ③ 청문주재자는 제1항 또는 제2항의 사유에 해당하는 경우에는 행정청의 승인을 받아 스스로 청문의 주재를 회피할 수 있다.

③ 독립성: 청문주재자는 독립하여 공정하게 직무를 수행하며, 그 직무수행을 이유로 본인의 의사에 반하여 신분상 어떠한 불이익도 받지 아니한다(행절법 제28조 제4항).

④ 벌칙 적용: 대통령령으로 정하는 사람 중에서 선정된 청문주재자는 「형법」이나 그 밖의 다른 법률에 따른 벌칙을 적용할 때에는 공무원으로 본다(행절법 제28조 제5항).

⑤ 복수의 청문주재자 선정 : 행정청은 ㉠ 다수 국민의 이해가 상충되는 처분, ㉡ 다수 국민에게 불편이나 부담을 주는 처분, ㉢ 그 밖에 전문적이고 공정한 청문을 위하여 행정청이 청문주재자를 2명 이상으로 선정할 필요가 있다고 인정하는 처분을 하려는 경우에는 청문주재자를 2명 이상으로 선정할 수 있다. 이 경우 선정된 청문주재자 중 1명이 청문주재자를 대표한다(행절법 제28조 제2항).

⑥ 자료통지: 행정청은 청문이 시작되는 날부터 7일 전까지 청문주재자에게 청문과 관련한 필요한 자료를 미리 통지하여야 한다(행절법 제28조 제3항).

(4) 청문절차

① 사전통지: 행정청은 청문을 실시하고자 하려면 경우에 청문이 시작되는 날부터 10일 전까지 당사자 등에 대하여 일정사항의 통지를 하여야 한다(행절법 제21조 제2항).

Winner's 통지 : 자료통지 (청문주재자에게 7일 전), 사전통지 (당사자 등에게 10일 전)

② 청문의 진행: 청문주재자가 청문을 시작할 때에는 먼저 예정된 처분의 내용, 그 원인이 되는 사실 및 법적 근거 등을 설명하여야 한다(행절법 제31조 제1항). 당사자 등은 의견을 진술하고 증거를 제출할 수 있으며, 참고인이나 감정인 등에게 질문할 수 있다(동법 제31조 제2항).

③ 청문의 공개 〈24. 국가 9급〉

원칙	청문은 당사자의 공개를 신청하거나 청문주재자가 필요하다고 인정하는 경우 이를 공개할 수 있다.
예외	공익 또는 제3자의 정당한 이익을 현저히 해칠 우려가 있는 경우에는 공개하여서는 아니 된다(행절법 제30조).

Winner's 청문의 공개 : 공개하여야 (×), 공개할 수 (○)

④ 청문의 병합·분리: 행정청은 직권으로 또는 당사자의 신청에 따라 여러 개의 사안을 병합하거나 분리하여 청문을 할 수 있다(행절법 제32조). 〈17. 국가 9급〉

⑤ 증거조사: 청문주재자는 직권으로 또는 당사자의 신청에 따라 필요한 조사를 할 수 있으며, 당사자 등이 주장하지 아니한 사실에 대해서도 조사할 수 있다(행절법 제33조 제1항).

⑥ 문서의 열람

열람요청	당사자 등은 청문의 통지가 있는 날부터 청문이 끝날 때까지 행정청에 대하여 해당 사안의 조사결과에 관한 문서 기타 해당 처분과 관련되는 문서의 열람 또는 복사를 요청할 수 있다.
요청거부	행정청은 다른 법령에 의하여 공개가 제한되는 경우를 제외하고는 이를 거부할 수 없다(행절법 제37조 제1항).
비용부담	행정청은 복사에 따른 비용을 요청한 자에게 부담시킬 수 있다(행절법 제37조 제5항).

⑦ 비밀유지의무: 누구든지 청문을 통하여 알게 된 사생활이나 경영상 또는 거래상의 비밀을 정당한 이유 없이 누설하거나 다른 목적으로 사용하여서는 아니 된다(행절법 제37조 제6항). 〈14. 국가 9급〉

(5) 청문의 종결

① 사유: 청문주재자는 해당 사안에 대하여 당사자 등의 의견진술·증거조사가 충분히 이루어졌다고 인정하는 경우에는 청문을 마칠 수 있다(행절법 제35조 제1항).

② 불출석, 의견서 미제출: 정당한 사유로 청문기일에 출석하지 않거나 의견서를 제출하지 않은 경우에는 청문의 기회를 주어야 하지만, 정당한 사유가 없는 경우에는 청문의 기회를 줄 수 있도록 하였다.

정당한 사유가 있는 경우	10일 이상의 기간을 정하여 의견진술 및 증거제출을 요구하여야 하며, 해당 기간이 경과한 때에 청문을 마칠 수 있다(행절법 제35조 제3항).
정당한 사유가 없는 경우	당사자 등의 전부 또는 일부가 정당한 사유 없이 청문기일에 출석하지 아니하거나 의견서를 제출하지 아니한 경우에는 이들에 대해 다시 의견진술 및 증거제출 등의 기회를 주지 않고 청문을 종결할 수 있다(행절법 제35조 제2항).

Winner's 정당한 사유가 있는 불출석시 청문절차의 기회 : 주어야 (○), 줄 수 (×)

③ 청문조서 등

청문조서	청문주재자는 일정한 사항을 기재한 청문조서를 작성하여야 한다. 당사자 등은 청문조서의 기재 내용을 열람·확인할 수 있으며, 이의가 있을 때에는 그 정정을 요구할 수 있다(행절법 제34조).
청문주재자의 의견서	청문조서와 별도로 작성한다(행절법 제34조의2).

④ 처분에의 반영: 행정청은 처분을 함에 있어서 청문조서, 청문주재자의 의견서 그 밖의 관계서류 등을 충분히 검토하고, 상당한 이유가 있다고 인정하는 경우에는 청문결과를 반영하여야 한다(행절법 제35조의2).

(6) 청문의 재개

행정청은 청문을 마친 후 처분을 할 때까지 새로운 사정이 발견되어 청문을 재개할 필요가 있다고 인정할 때에는 청문조서 등을 되돌려 보내고 청문의 재개를 명할 수 있다(행절법 제36조).

2. 공청회

(1) 의의

행정청이 공개적 토론을 통하여 어떠한 행정작용에 대하여 당사자 등, 전문지식과 경험을 가진 자 기타 일반인으로부터 의견을 널리 수렴하는 절차를 말한다(행절법 제2조 제6호). 처분의 상대방과 이해관계인만 참여하는 청문과 구별된다.

Winner's 일반인의 절차 참가 여부 : 청문 (×), 공청회 (○)

(2) 공청회의 개최

① 법령 등에서 공청회의 개최를 규정하고 있는 경우, ② 해당 처분의 영향이 광범위하여 널리 의견을 수렴할 필요가 있다고 행정청이 인정하는 경우, ③ 국민생활에 큰 영향을 미치는 처분으로서 대통령령으로 정하는 처분에 대하여 대통령령으로 정하는 수 이상의 당사자 등이 공청회 개최를 요구하는 경우에 공청회를 개최한다(행절법 제22조 제2항). 〈20. 지방 9급〉

> **〈행정절차법 시행령〉 제13조의3(공청회의 개최 요건 등)** ① 법 제22조 제2항 제3호에서 "대통령령으로 정하는 처분"이란 다음 각 호의 어느 하나에 해당하는 처분을 말한다. 다만, 행정청이 해당 처분과 관련하여 이미 공청회를 개최한 경우는 제외한다.
> 1. 국민 다수의 생명, 안전 및 건강에 큰 영향을 미치는 처분
> 2. 소음 및 악취 등 국민의 일상생활과 관계되는 환경에 큰 영향을 미치는 처분
> ② 제1항에 따른 처분에 대하여 당사자등은 그 처분 전(해당 처분에 대하여 행정청이 의견제출 기한을 정한 경우에는 그 기한까지를 말한다)에 행정청에 공청회의 개최를 요구할 수 있다.
> ③ 법 제22조 제2항 제3호에서 "대통령령으로 정하는 수"란 30명을 말한다.

> **추모공원건립추진협의회가 개최한 공청회에 대해「행정절차법」이 적용되는지 여부(부정)**
> 묘지공원과 화장장의 후보지를 선정하는 과정에서 서울특별시, 비영리법인, 일반 기업 등이 공동발족한 협의체인 추모공원건립추진협의회가 후보지 주민들의 의견을 청취하기 위하여 그 명의로 개최한 공청회는 행정청이 도시계획시설결정을 하면서 개최한 공청회가 아니므로, 위 공청회의 개최에 관하여 행정절차법에서 정한 절차를 준수하여야 하는 것은 아니다(대판 2007.4.12. 2005두1893). 〈13. 국회 8급〉, 〈19. 지방 9급〉

> **Winner's** 신청에 따른 절차의 개시 : 청문절차 (○), 공청회 (○)

(3) 통지·공고

① **통지**: 행정청은 공청회를 개최하고자 하는 경우에는 공청회 개최 14일 전까지 일정한 사항을 당사자 등에게 통지하여야 한다. 다만, 공청회 개최를 알린 후 예정대로 개최하지 못하여 새로 일시 및 장소 등을 정한 경우에는 공청회 개최 7일 전까지 알려야 한다(행절법 제38조).

> **Winner's** 통지기간 : 청문 (10일 전), 공청회 (14일 전), 공청회 재통지 (7일 전)

② **공고**: 공청회를 개최하는 경우에는 관보·공보·인터넷 또는 일간신문 등에 공고하는 등의 방법으로 널리 알려야 한다(행절법 제38조 제1항).

> **Winner's** 공고절차의 존재 여부 : 청문 (×), 공청회 (○)

(4) 공청회 주재자

① **자격**: 행정청은 해당 공청회의 사안과 관련된 분야에 전문적 지식이 있거나 그 분야에 종사한 경험이 있는 사람으로서 대통령령으로 정하는 자격을 가진 사람 중에서 공청회의 주재자를 선정한다(행절법 제38조의3 제1항).

> **Winner's** 소속 직원이 주재자가 될 수 있는 절차 : 청문절차 (○), 공청회 (×)

② **진행**: 공청회의 주재자는 공청회를 공정하게 진행하여야 하며, 공청회의 원활한 진행을 위하여 발표 내용을 제한할 수 있고, 질서유지를 위하여 발언 중지 및 퇴장 명령 등 행정안전부장관이 정하는 필요한 조치를 할 수 있다(행절법 제39조 제1항).

③ **질의·답변**: 공청회의 주재자는 발표자의 발표가 끝난 후에는 발표자 상호간 질의 및 답변을 할 수 있도록 하여야 하며, 방청인에게 의견을 제시할 기회를 주어야 한다(행절법 제39조 제3항).

(5) 공청회 발표자

① 자격

원칙	공청회의 발표자는 발표를 신청한 사람 중에서 행정청이 선정한다(행절법 제38조의2 제2항). 〈10. 지방 9급〉
예외	발표를 신청한 사람이 없거나 공청회의 공정성을 확보하기 위하여 필요하다고 인정하는 경우에는 다음의 사람 중에서 지명하거나 위촉할 수 있다(행절법 제38조의3 제2항). ㉠ 해당 공청회의 사안과 관련된 당사자 등 ㉡ 해당 공청회의 사안과 관련된 분야에 전문적 지식이 있는 사람 ㉢ 해당 공청회의 사안과 관련된 분야에서 종사한 경험이 있는 사람

② 발표 내용: 발표자는 공청회의 내용과 직접 관련된 사항에 대하여만 발표하여야 한다(행절법 제39조 제2항).

(6) 온라인공청회

① 실시

원칙	행정청은 공청회와 병행하여서만 정보통신망을 이용한 공청회(=온라인공청회)를 실시할 수 있다(행절법 제38조의2 제1항).
예외	다음 경우에는 온라인공청회를 단독으로 개최할 수 있다(행절법 제38조의2 제2항). ㉠ 국민의 생명·신체·재산의 보호 등 국민의 안전 또는 권익보호 등의 이유로 공청회를 개최하기 어려운 경우 ㉡ 공청회가 행정청이 책임질 수 없는 사유로 개최되지 못하거나 개최는 되었으나 정상적으로 진행되지 못하고 무산된 횟수가 3회 이상인 경우 〈23. 국가 9급〉 ㉢ 행정청이 널리 의견을 수렴하기 위하여 온라인공청회를 단독으로 개최할 필요가 있다고 인정하는 경우(다만, 다른 법령등에서 공청회를 개최하도록 규정하고 있는 경우, 당사자등이 공청회 개최를 요구하는 경우는 제외한다.)

② 정보통신망 구축: 행정청은 온라인공청회를 실시하는 경우 의견제출 및 토론 참여가 가능하도록 적절한 전자적 처리능력을 갖춘 정보통신망을 구축·운영하여야 한다(행절법 제38조의2 제3항).

③ 의견제출 등: 온라인공청회를 실시하는 경우에는 누구든지 정보통신망을 이용하여 의견을 제출하거나 제출된 의견 등에 대한 토론에 참여할 수 있다(행절법 제38조의2 제4항).

(7) 공정성 확보

행정청은 공청회의 주재자 및 발표자를 지명 또는 위촉하거나 선정함에 있어서 공정성이 확보될 수 있도록 하여야 한다(행절법 제38조의3 제3항).

(8) 수당 등 지급

공청회의 주재자, 발표자 그 밖에 자료를 제출한 전문가 등에 대하여는 예산의 범위에서 수당 및 여비와 그 밖에 필요한 경비를 지급할 수 있다(행절법 제38조의3 제4항).

⑼ 결과의 반영

행정청은 처분을 할 때에 공청회·온라인공청회 및 정보통신망 등을 통하여 제시된 사실 및 의견이 상당한 이유가 있다고 인정하는 경우에는 이를 반영하여야 한다(행절법 제39조의2).

⑽ 공청회 재개최

행정청은 공청회를 마친 후 처분을 할 때까지 새로운 사정이 발견되어 공청회를 다시 개최할 필요가 있다고 인정할 때에는 공청회를 다시 개최할 수 있다(행절법 제39조의3).

3. 의견제출절차

⑴ 의의

행정청이 침익적인 처분을 하기 전에 당사자등이 서면이나 말 또는 정보통신망을 이용하여 일정한 의견을 제출할 수 있는 절차를 말한다.

> **Winner's** 의견제출 절차의 신청 방식 : 서면 원칙 (×), 서면·말·정보통신망 (○)

⑵ 제출절차

① 사전통지: 행정청은 당사자에게 불이익한 처분을 하는 경우에 당사자등에게 일정한 사실을 통지하여야 한다.

② 의견제출

방식	당사자등은 처분 전에 그 처분의 관할 행정청에 서면이나 말 또는 정보통신망을 이용하여 의견제출을 할 수 있다(행절법 제27조 제1항).
자료제출 등	당사자등은 의견제출을 하는 경우 그 주장을 입증하기 위한 증거자료 등을 첨부할 수 있으며(행절법 제27조 제2항), 말로 의견제출을 하였을 때에는 서면으로 그 진술의 요지와 진술자를 기록하여야 한다(행절법 제27조 제3항).
제출기한 경과	당사자등이 정당한 이유 없이 의견제출기한까지 의견제출을 하지 아니한 경우에는 의견이 없는 것으로 본다(행절법 제27조 제4항).

③ 의견반영: 행정청은 처분을 할 때에 당사자등이 제출한 의견이 상당한 이유가 있다고 인정하는 경우에는 이를 반영하여야 한다(행절법 제27조의2 제1항).

광업용 토지수용을 위한 사업인정을 할 때 토지소유자 등의 의견에 기속되는지 여부(부정)

광업법 제88조 제2항에서 처분청이 같은 법조 제1항의 규정에 의하여 광업용 토지수용을 위한 사업인정을 하고자 할 때에 그 사업인정 여부를 결정함에 있어서 소유자나 기타 권리자가 의견을 반영할 기회를 주어 이를 참작하도록 하고자 하는 데 있을 뿐, 처분청이 그 의견에 기속되는 것은 아니다(대판 1995.12.22. 95누30). 〈19. 지방 9급〉

④ 미반영 이유 통지(행절법 제27조의2 제2항)

원칙	행정청은 당사자등이 제출한 의견을 반영하지 아니하고 처분을 한 경우 당사자등이 처분이 있음을 안 날부터 90일 이내에 그 이유의 설명을 요청하면 서면으로 그 이유를 알려야 한다.
예외	당사자등이 동의하면 말, 정보통신망 또는 그 밖의 방법으로 알릴 수 있다.

⑤ 문서열람신청권 : 당사자등은 처분의 사전 통지가 있는 날부터 의견제출기한까지 행정청에 해당 사안의 조사결과에 관한 문서와 그 밖에 해당 처분과 관련되는 문서의 열람 또는 복사를 요청할 수 있다. 이 경우 행정청은 다른 법령에 따라 공개가 제한되는 경우를 제외하고는 그 요청을 거부할 수 없다(행절법 제37조 제1항). 과거 청문절차에서만 허용되었으나 현행법은 의견제출절차에서도 도입하였다.

⑥ 비밀유지의무 : 누구든지 의견제출을 통하여 알게 된 사생활이나 경영상 또는 거래상의 비밀을 정당한 이유 없이 누설하거나 다른 목적으로 사용하여서는 아니 된다(행절법 제37조 제6항). 과거에 청문절차에서만 허용되었으나 현행법은 의견제출절차에서도 도입하였다.

5 신고

1. 의의
법령 등에서 행정청에 대하여 일정한 사항을 통지할 의무를 상대방에게 부여한 경우에 그 사실을 알리는 행위이다.

2. 요건
신고는 ① 신고서의 기재사항에 흠이 없을 것, ② 필요한 구비서류가 첨부되어 있을 것, ③ 그 밖에 법령 등에 규정된 형식상의 요건에 적합할 것을 요건으로 한다(행절법 제40조 제2항).

3. 효과
적법요건을 갖춘 신고서가 접수기관에 도달된 때에 신고의 의무가 이행된 것으로 본다(행절법 제40조 제2항).

4. 적용대상
「행정절차법」은 '법령 등에서 행정청에게 일정한 사항을 통지함으로써 의무가 끝나는 신고'라고 규정하고 있으므로(행절법 제40조 제1항) 본래적 의미의 신고에 적용되는 것으로 파악된다.

Winner's 행정절차법상 신고 : 본래 신고 (○), 수리 신고 (×)

5. 보완명령
행정청은 상대방의 신고서에 '형식상'의 흠이 있는 때에는 지체 없이 상당한 기간을 정하여 그 보완을 요구하여야 하고, 신고인이 그 기간 내에 보완을 하지 아니하였을 때에는 그 이유를 명시하여 해당 신고서를 되돌려 보내야 한다(행절법 제40조 제3항·제4항).

6 행정상 입법예고

1. 의의

국민의 권리·의무 또는 그 일상생활과 밀접하게 관련이 있는 법령을 제정·개정 또는 폐지하고자 할 때에는 해당 입법안을 마련한 행정청으로 하여금 이를 예고하도록 하는 제도를 말한다.

> **Winner's** 행정절차법 내용 : 행정입법 절차 (×), 행정입법예고 절차 (○)

2. 적용제외

다음의 어느 하나에 해당하는 경우에는 예고를 하지 아니할 수 있다.

> 〈행정절차법〉 제41조(행정상 입법예고) ① 법령 등을 제정·개정 또는 폐지(이하 '입법'이라 한다)하려는 경우에는 해당 입법안을 마련한 행정청은 이를 예고하여야 한다. 다만, 다음 각 호의 어느 하나에 해당하는 경우에는 예고를 하지 아니할 수 있다.
> 1. 신속한 국민의 권리 보호 또는 예측 곤란한 특별한 사정의 발생 등으로 입법이 긴급을 요하는 경우
> 2. 상위법령 등의 단순한 집행을 위한 경우
> 3. 입법내용이 국민의 권리·의무 또는 일상생활과 관련이 없는 경우
> 4. 단순한 표현·자구를 변경하는 경우 등 입법내용의 성질상 예고의 필요가 없거나 곤란하다고 판단되는 경우
> 5. 예고함이 공공의 안전 또는 복리를 현저히 해칠 우려가 있는 경우

3. 입법예고의 권고 등

법제처장은 입법예고를 하지 아니한 법령안의 심사요청을 받은 경우에 입법예고를 하는 것이 적당하다고 판단할 때에는 해당 행정청에 입법예고를 권고하거나 직접 예고할 수 있다(행절법 제41조 제3항).

> **Winner's** 입법예고의 권고 : 법제처장 (○), 법원행정처장 (×)

4. 예고방법

(1) 공고방식

행정청은 입법안의 취지, 주요 내용 또는 전문(全文)을 '법령'은 관보 및 법제처장이 구축·제공하는 정보시스템을 통하여, '자치법규'는 공보를 통하여 공고하여야 한다. 다만 추가로 인터넷, 신문 또는 방송 등을 통하여 공고할 수 있다(행절법 제42조 제1항).

법령	관보 및 법제처장이 구축·제공하는 정보시스템을 통한 공고	+ 인터넷, 신문, 방송
자치법규	공보를 통한 공고	

(2) 국회제출

대통령령을 입법예고하는 경우에는 국회 소관상임위원회에 제출하여야 한다(행절법 제42조 제2항). 〈18. 국가 9급〉

(3) 통지

행정청은 입법예고를 할 때에 입법안과 관련이 있다고 인정되는 중앙행정기관, 지방자치단체,

그 밖의 단체 등이 예고사항을 알 수 있도록 예고사항을 통지하거나 그 밖의 방법으로 알려야 한다(행절법 제42조 제3항).

(4) 의견수렴

행정청은 예고된 입법안에 대하여 온라인공청회 등을 통하여 널리 의견을 수렴할 수 있다(행절법 제42조 제4항).

5. 열람·복사청구

행정청은 예고된 입법안의 전문에 대한 열람 또는 복사를 요청받았을 때에는 특별한 사유가 없으면 그 요청에 따라야 한다(행절법 제42조 제5항). 행정청은 복사에 드는 비용을 요청한 자에게 부담시킬 수 있다(행절법 제42조 제6항).

6. 예고기간

원칙	입법예고기간은 예고할 때 정하되, 특별한 사정이 없으면 40일 이상으로 한다(행절법 제43조).
예외	자치법규는 20일 이상으로 한다.

7. 재입법예고

입법안을 마련한 행정청은 입법예고 후 예고 내용에 국민생활과 직접 관련된 내용이 추가되는 등 대통령령으로 정하는 중요한 변경이 발생하는 경우에는 해당 부분에 대한 입법예고를 다시 하여야 한다(행절법 제41조 제4항).

8. 기타

누구든지 예고된 입법안에 대하여 그 의견을 제출할 수 있다(행절법 제44조 제1항). 행정청은 입법안에 관하여 공청회를 개최할 수 있다(행절법 제45조 제1항).

7 행정예고

1. 의의

행정청은 정책, 제도 및 계획을 수립·시행하거나 변경하려는 경우에는 이를 예고하여야 하는 것이 원칙이다. 다음의 경우에는 예고를 하지 아니할 수 있다.

> 〈행정절차법〉 제46조(행정예고) ① 행정청은 정책, 제도 및 계획(이하 "정책등"이라 한다)을 수립·시행하거나 변경하려는 경우에는 이를 예고하여야 한다. 다만, 다음 각 호의 어느 하나에 해당하는 경우에는 예고를 하지 아니할 수 있다.
> 1. 신속하게 국민의 권리를 보호하여야 하거나 예측이 어려운 특별한 사정이 발생하는 등 긴급한 사유로 예고가 현저히 곤란한 경우
> 2. 법령등의 단순한 집행을 위한 경우
> 3. 정책등의 내용이 국민의 권리·의무 또는 일상생활과 관련이 없는 경우
> 4. 정책등의 예고가 공공의 안전 또는 복리를 현저히 해칠 우려가 상당한 경우
> ② 제1항에도 불구하고 법령 등의 입법을 포함하는 행정예고는 입법예고로 갈음할 수 있다.

2. 적용대상

「행정절차법」상 행정예고의 대상은 '정책·제도 및 계획'이므로 구속적 행정계획에 대해서도 적용되는 것으로 볼 수 있다.

> **Winner's** 행정계획을 예고의 대상으로 하는 절차 : 행정예고 (○), 행정입법예고 (×)

3. 예고기간

원칙	행정예고기간은 예고 내용의 성격 등을 고려하여 정하되, 20일 이상으로 한다(행절법 제46조 제3항). ⟨17. 지방 9급⟩
예외	행정목적을 달성하기 위하여 긴급한 필요가 있는 경우에는 행정예고기간을 단축할 수 있다. 이 경우 단축된 행정예고기간은 10일 이상으로 한다(행절법 제46조 제4항).

> **Winner's** 예고기간 : 행정입법예고 (40일 이상), 행정예고 (20일 이상)

4. 예고방법

행정청은 정책등안(案)의 취지, 주요 내용 등을 관보·공보나 인터넷·신문·방송 등을 통하여 공고하여야 한다(행절법 제47조 제1항). ⟨14. 국가 9급⟩

5. 행정예고의 통계작성 등

행정청은 매년 자신이 행한 행정예고의 실시 현황과 그 결과에 관한 통계를 작성하고, 이를 관보·공보 또는 인터넷 등의 방법으로 널리 공고하여야 한다(행절법 제46조의2). ⟨21. 군무원 5급⟩

8 기타 행정작용에 관한 절차

1. 행정계획

행정청은 행정청이 수립하는 계획 중 국민의 권리·의무에 직접 영향을 미치는 계획을 수립하거나 변경·폐지할 때에는 관련된 여러 이익을 정당하게 형량하여야 한다(행절법 제40조의4).

2. 행정지도

(1) 의의

행정기관이 그 소관 사무의 범위에서 일정한 행정목적을 실현하기 위하여 특정인에게 일정한 행위를 하거나 하지 아니하도록 지도, 권고, 조언 등을 하는 행정작용을 말한다(행절법 제2조 제3호).

(2) 절차

① 원칙 : 과잉금지의 원칙, 임의성의 원칙, 불이익조치금지의 원칙을 명시하고 있다(행절법 제48조).

② 방식 : 서면으로 할 것을 규정하고 있지는 않으나, 서면의 교부를 요구할 수 있으며, 실명제를 도입하고 있다(행절법 제49조).

3. 확약

(1) 대상

법령등에서 당사자가 신청할 수 있는 처분을 규정하고 있는 경우 행정청은 당사자의 신청에 따라 장래에 어떤 처분을 하거나 하지 아니할 것을 내용으로 하는 의사표시를 할 수 있다(행절법 제40조의2 제1항).

(2) 절차

확약은 문서로 하여야 하고(행절법 제40조의2 제2항), 다른 행정청과의 협의 등의 절차를 거쳐야 하는 처분에 대하여 확약을 하려는 경우에는 확약을 하기 전에 그 절차를 거쳐야 한다(행절법 제40조의2 제3항).

(3) 효과

행정청은 ① 확약을 한 후에 확약의 내용을 이행할 수 없을 정도로 법령등이나 사정이 변경된 경우, ② 확약이 위법한 경우에는 확약에 기속되지 아니한다(행절법 제40조의2 제4항). 행정청은 확약을 이행할 수 없는 경우에는 지체 없이 당사자에게 그 사실을 통지하여야 한다(행절법 제40조의2 제5항).

4. 위반사실 등의 공표

(1) 의의

행정청은 법령에 따른 의무를 위반한 자의 성명·법인명, 위반사실, 의무 위반을 이유로 한 처분사실 등(=위반사실 등)을 법률로 정하는 바에 따라 일반에게 공표할 수 있다(행절법 제40조의3 제1항).

(2) 절차

① 증거 등 확인 : 행정청은 위반사실등의 공표를 하기 전에 사실과 다른 공표로 인하여 당사자의 명예·신용 등이 훼손되지 아니하도록 객관적이고 타당한 증거와 근거가 있는지를 확인하여야 한다(행절법 제40조의3 제2항).

② 사전 통지와 의견제출

원칙	㉠ 행정청은 위반사실등의 공표를 할 때에는 미리 당사자에게 그 사실을 통지하고 의견제출의 기회를 주어야 한다(행절법 제40조의3 제3항). ㉡ 의견제출의 기회를 받은 당사자는 공표 전에 관할 행정청에 서면이나 말 또는 정보통신망을 이용하여 의견을 제출할 수 있다(행절법 제40조의3 제5항). 〈24. 소방〉 ㉢ 기타 의견제출의 방법과 제출 의견의 반영 등에 관하여는 처분시 의견제출절차를 준용한다(행절법 제40조의3 제5항).
예외	다음의 경우에는 사전통지와 의견제출의 기회를 주지 않아도 된다(행절법 제40조의3 제3항). ㉠ 공공의 안전 또는 복리를 위하여 긴급히 공표를 할 필요가 있는 경우 ㉡ 해당 공표의 성질상 의견청취가 현저히 곤란하거나 명백히 불필요하다고 인정될 만한 타당한 이유가 있는 경우 ㉢ 당사자가 의견진술의 기회를 포기한다는 뜻을 명백히 밝힌 경우 〈24. 소방〉

③ 공표 방법 : 위반사실등의 공표는 관보, 공보 또는 인터넷 홈페이지 등을 통하여 한다(행절법 제40조의3 제6항).

④ 공표 제외 : 행정청은 위반사실등의 공표를 하기 전에 당사자가 공표와 관련된 의무의 이행, 원상회복, 손해배상 등의 조치를 마친 경우에는 위반사실등의 공표를 하지 아니할 수 있다(행절법 제40조의3 제7항).

⑤ 공표사실의 정정(행절법 제40조의3 제8항)

원칙	행정청은 공표된 내용이 사실과 다른 것으로 밝혀지거나 공표에 포함된 처분이 취소된 경우에는 그 내용을 정정하여, 정정한 내용을 지체 없이 해당 공표와 같은 방법으로 공표된 기간 이상 공표하여야 한다.
예외	당사자가 원하지 아니하면 공표하지 아니할 수 있다. 〈24. 소방〉

9 국민참여의 확대

1. 국민참여 활성화

(1) 의견청취

행정청은 행정과정에서 국민의 의견을 적극적으로 청취하고 이를 반영하도록 노력하여야 한다(행절법 제52조 제1항).

(2) 국민참여

행정청은 국민에게 다양한 참여방법과 협력의 기회를 제공하도록 노력하여야 하며, 구체적인 참여방법을 공표하여야 한다(행절법 제52조 제2항).

(3) 자체진단

행정청은 국민참여 수준을 향상시키기 위하여 노력하여야 하며 필요한 경우 국민참여 수준에 대한 자체진단을 실시하고, 그 결과를 행정안전부장관에게 제출하여야 한다(행절법 제52조 제3항). 행정청은 자체진단을 실시한 경우 그 결과를 공개할 수 있다(행절법 제52조 제4항).

(4) 필요조치

행정청은 국민참여를 활성화하기 위하여 교육·홍보, 예산·인력 확보 등 필요한 조치를 할 수 있다(행절법 제52조 제5항).

(5) 지원

행정안전부장관은 국민참여 확대를 위하여 행정청에 교육·홍보, 포상, 예산·인력 확보 등을 지원할 수 있다(행절법 제52조 제6항).

2. 국민제안의 처리

행정청(국회사무총장·법원행정처장·헌법재판소사무처장 및 중앙선거관리위원회사무총장은 제외한다)은 정부시책이나 행정제도 및 그 운영의 개선에 관한 국민의 창의적인 의견이나 고안(=국민제안)을 접수·처리하여야 한다(행절법 제52조의2 제1항).

3. 국민참여 창구

행정청은 주요 정책 등에 관한 국민과 전문가의 의견을 듣거나 국민이 참여할 수 있는 온라인 또는 오프라인 창구를 설치·운영할 수 있다(행절법 제52조의3).

4. 온라인 정책토론

행정청은 국민에게 영향을 미치는 주요 정책 등에 대하여 국민의 다양하고 창의적인 의견을 널리 수렴하기 위하여 정보통신망을 이용한 정책토론(=온라인 정책토론)을 실시할 수 있다(행절법 제53조 제1항).

제3절 행정절차에 관한 특별법

1 행정규제기본법

1. 제정이유

최근 국가경쟁력을 강화하기 위해서 행정규제를 완화해야 한다는 인식이 강해지면서, 「행정규제기본법❶」을 제정하게 되었다.

> **용어설명** ❶ 행정규제기본법 : 행정규제에 관한 일반법이다. 이하 조문 표기는 '규제법'으로 표시한다.
> **Winner's** 행정규제기본법의 목적 : 규제 강화 (×), 규제 완화 (○)

2. 법적 지위

「행정규제기본법」은 행정규제에 관한 일반법이다. 다만 「행정절차법」과의 관계에서는 특별법의 지위를 가진다. 지방자치단체의 규제도 이 법을 따르도록 하고 있다(규제법 제3조 제3항).

> 〈행정규제기본법〉 제3조(적용범위) ① 규제에 관하여 다른 법률에 특별한 규정이 있는 경우를 제외하고는 이 법에서 정하는 바에 따른다.
> ② 다음 각 호의 어느 하나에 해당하는 사항에 대하여는 이 법을 적용하지 아니한다.
> 1. 국회, 법원, 헌법재판소, 선거관리위원회 및 감사원이 하는 사무
> 2. 형사(刑事), 행형(行刑) 및 보안처분에 관한 사무
> 3. 「국가정보원법」에 따른 정보·보안 업무에 관한 사항
> 4. 「병역법」, 「대체역의 편입 및 복무 등에 관한 법률」, 「통합방위법」, 「예비군법」, 「민방위기본법」, 「비상대비에 관한 법률」, 「재난 및 안전관리기본법」 및 「재난관리자원의 관리 등에 관한 법률」에 규정된 징집·소집·동원·훈련에 관한 사항
> 6. 조세(租稅)의 종목·세율·부과 및 징수에 관한 사항

3. 「행정규제기본법」의 내용

(1) 목적

행정규제에 관한 기본적인 사항을 규정하여 불필요한 행정규제를 폐지하고 비효율적인 행정규제의 신설을 억제함으로써 사회·경제활동의 자율과 창의를 촉진하여 국민의 삶의 질을 높이고 국가경쟁력이 지속적으로 향상되도록 함을 목적으로 한다(규제법 제1조).

(2) 규제의 의의

행정규제	① 국가나 지방자치단체가 특정한 행정목적을 실현하기 위하여 국민의 권리를 제한하거나 의무를 부과하는 것으로서 법령 등이나 조례·규칙에 규정되는 사항을 말한다(규제법 제2조 제1항 제1호). ② 국내법을 적용받는 외국인을 포함한다.
기존규제	이 법 시행 당시 다른 법률에 근거하여 규정된 규제와 이 법 시행 후 이 법에서 정한 절차에 따라 규정된 규제를 말한다(규제법 제2조 제1항 제3호).

> **Winner's** 규제의 내용 : 침익적 처분 (○), 수익적 처분 (×)

(3) 행정규제의 기본원칙

① 규제법정주의

근거	㉠ 규제는 법률에 근거하여야 하며, 그 내용은 알기 쉬운 용어로 구체적이고 명확하게 규정되어야 한다(규제법 제4조 제1항). ㉡ 행정기관은 법률에 근거하지 아니한 규제로 국민의 권리를 제한하거나 의무를 부과할 수 없다(규제법 제4조 제3항).
위임	㉠ 규제는 법률에 직접 규정하되, 규제의 세부적인 내용은 법률 또는 상위법령(上位法令)에서 구체적으로 범위를 정하여 위임한 바에 따라 대통령령·총리령·부령 또는 조례·규칙으로 정할 수 있다. ㉡ 다만, 법령에서 전문적·기술적 사항이나 경미한 사항으로서 업무의 성질상 위임이 불가피한 사항에 관하여 구체적으로 범위를 정하여 위임한 경우에는 고시 등으로 정할 수 있다(규제법 제4조 제2항).

② 규제의 원칙

비례원칙	국가나 지방자치단체는 국민의 자유와 창의를 존중하여야 하며, 규제를 정하는 경우에도 그 본질적 내용을 침해하지 아니하도록 하여야 한다(규제법 제5조 제1항).
실효성 확보	국가나 지방자치단체가 규제를 정할 때에는 국민의 생명·인권·보건 및 환경 등의 보호와 식품·의약품의 안전을 위한 실효성이 있는 규제가 되도록 하여야 한다(규제법 제5조 제2항).
공정성 확보	규제의 대상과 수단은 규제의 목적 실현에 필요한 최소한의 범위에서 가장 효과적인 방법으로 객관성·투명성 및 공정성이 확보되도록 설정되어야 한다(규제법 제5조 제3항).
우선허용, 사후규제	국가나 지방자치단체가 신기술을 활용한 새로운 서비스 또는 제품과 관련된 규제를 법령등이나 조례·규칙에 규정할 때에는 규제로 인하여 제한되는 권리나 부과되는 의무는 한정적으로 열거하고 그 밖의 사항은 원칙적으로 허용하는 규정 방식 등을 우선적으로 고려하여야 한다(규제법 제5조의2 제1항).

③ 규제의 등록: 중앙행정기관의 장은 소관 규제의 명칭·내용·근거·처리기관 등을 규제개혁위원회에 등록하여야 한다(규제법 제6조 제1항).

(4) 규제의 신설·강화에 대한 원칙과 심사

① 규제영향분석 및 자체 심사: 중앙행정기관의 장은 규제를 신설하거나 강화(규제의 존속기한 연장을 포함한다)하려면 규제의 신설 또는 강화의 필요성 등 일정한 사항을 종합적으로 고려하여 규제영향분석을 하고 규제영향분석서를 작성하여야 한다(규제법 제7조 제1항).

② 규제의 존속기한 명시(규제일몰제): 중앙행정기관의 장은 규제를 신설하거나 강화하려는 경우에 존속시켜야 할 명백한 사유가 없는 규제는 존속기한 또는 재검토기한을 설정하여 그 법령 등에 규정하여야 한다(규제법 제8조 제1항). 그 기간은 원칙적으로 5년을 초과할 수 없다(규제법 제8조 제2항). 중앙행정기관의 장은 규제의 재검토기한이 도래하는 경우 자체규제심사위원회의 심의를 거쳐 해당 규제의 시행상황을 점검하는 방법 등으로 규제의 재검토를 실시하고 그 결과에 따라 규제의 폐지 또는 완화 등 필요한 조치를 하여야 한다(규제법 제8조의2 제1항). 〈11. 지방 9급〉

③ 규제의 심사

심사요청 (규제법 제10조)	㉠ 중앙행정기관의 장은 규제를 신설하거나 강화하려면 위원회에 심사를 요청하여야 한다. ㉡ 법령안(法令案)에 대하여는 법제처장에게 법령안 심사를 요청하기 전에 하여야 한다.
예비심사 (규제법 제11조)	㉠ 위원회는 심사를 요청받은 날부터 10일 이내에 그 규제가 국민의 일상생활과 사회·경제 활동에 미치는 파급효과를 고려하여 심사를 받아야 할 규제(중요규제)인지를 결정하여야 한다. ㉡ 위원회가 중요규제가 아니라고 결정한 규제는 위원회의 심사를 받은 것으로 본다.
심사 (규제법 제12조)	㉠ 위원회는 중요규제라고 결정한 규제에 대하여는 심사요청을 받은 날부터 45일 이내에 심사를 끝내야 한다. ㉡ 심사기간의 연장이 불가피한 경우에는 위원회의 결정으로 15일을 넘지 아니하는 범위에서 한 차례만 연장할 수 있다.

(5) 기존규제의 정비

① 의견제출: 누구든지 위원회에 기존규제의 폐지 또는 개선에 관한 의견을 제출 할 수 있다(규제법 제17조).

② 기존규제의 심사: 위원회는 ㉠ 제출된 의견을 위원회에서 심사할 필요가 있다고 인정한 경우 ㉡ 그 밖에 위원회가 이해관계인·전문가 등의 의견을 수렴한 결과 특정한 기존규제에 대한 심사가 필요하다고 인정한 경우에는 기존규제의 정비에 관하여 심사할 수 있다(규제법 제18조).

③ 기존규제의 자체정비: 중앙행정기관의 장은 매년 소관 기존규제에 대하여 이해관계인·전문가 등의 의견을 수렴하여 정비가 필요한 규제를 선정하여 정비하여야 한다(규제법 제19조).

④ 기존규제의 존속기한 및 재검토기한 명시: 중앙행정기관의 장은 기존규제에 대한 점검결과 존속시켜야 할 명백한 사유가 없는 규제는 존속기한 또는 재검토기한을 설정하여 그 법령 등에 규정하여야 한다(규제법 제19조의2 제1항).

(6) 규제개혁위원회

① 설치: 정부의 규제정책을 심의·조정하고 규제의 심사·정비 등에 관한 사항을 종합적으로 추진하기 위하여 대통령 소속으로 규제개혁위원회를 둔다(규제법 제23조).

② 구성: 위원회는 위원장 2명을 포함한 20명 이상 25명 이하의 위원으로 구성한다(규제법 제25조 제1항).

③ 자격

위원장	국무총리와 학식과 경험이 풍부한 사람 중에서 대통령이 위촉하는 사람이 된다(규제법 제25조 제2항).
위원	㉠ 학식과 경험이 풍부한 사람 중에서 대통령이 위촉하는 사람과 대통령령으로 정하는 공무원이 된다. ㉡ 이 경우 공무원이 아닌 위원이 전체위원의 과반수가 되어야 한다(규제법 제25조 제3항).

④ 임기: 위원 중 공무원이 아닌 위원의 임기는 2년으로 하되, 한 차례만 연임할 수 있다(규제법 제25조 제5항).

⑤ 직무대행: 위원장 모두가 부득이한 사유로 직무를 수행할 수 없을 때에는 국무총리가 지명한 위원이 그 직무를 대행한다(규제법 제25조 제6항).

⑥ 의결정족수: 위원회의 회의는 재적위원 과반수의 출석으로 개의하고, 재적위원 과반수의 찬성으로 의결한다(규제법 제26조). <24. 1. 12. 시행>

⑦ 위원의 신분보장: 위원은 ㉠ 금고 이상의 형을 선고받은 경우, ㉡ 장기간의 심신쇠약으로 직무를 수행할 수 없게 된 경우의 어느 하나에 해당하는 경우를 제외하고는 본인의 의사와 관계없이 면직되거나 해촉(解囑)되지 아니한다(규제법 제27조).

⑧ 기타 기구: 위원회의 업무를 효율적으로 수행하기 위하여 위원회에 분야별로 분과위원회를 둘 수 있다(규제법 제28조 제1항). 위원회에는 업무에 관한 전문적인 조사·연구업무를 담당할 전문위원과 조사요원을 둘 수 있다(규제법 제29조).

2 민원 처리에 관한 법률

1. 서설

과거 「민원사무 처리에 관한 법률」은 행정기관의 범위가 중앙행정기관과 지방자치단체 등으로 한정되어 있었고, 민원의 종류를 구분함이 없이 통합적으로 규정하고 있어 국민의 혼란을 초래할 수 있으므로 현재 「민원 처리에 관한 법률❶」로 전면개정하였다. 민원에 관하여 다른 법률에 특별한 규정이 있는 경우를 제외하고는 이 법에서 정하는 바에 따른다.

[용어설명] ❶ 민원 처리에 관한 법률 : 민원처리에 관한 일반법이다. 이하 조문 표기는 '민원법'으로 표시한다.

2. 「민원 처리에 관한 법률」의 특징

(1) 민원처리 기관의 확대

현행법은 국민의 권익보호를 위해서 국회·법원·헌법재판소 등의 헌법기관과 공공기관으로 확대하였다.

(2) 민원 종류의 세분화

민원은 그 특성에 따라 처리절차나 방법 등에 차이가 있으므로 민원의 종류를 세분화하여 규정하고 있다.

3. 「민원 처리에 관한 법률」의 내용

(1) 총칙

① 목적: 민원 처리에 관한 기본적인 사항을 규정하여 민원의 공정하고 적법한 처리와 민원행정제도의 합리적 개선을 도모함으로써 국민의 권익을 보호함을 목적으로 한다(민원법 제1조).

② 민원: 민원인이 행정기관에 대하여 처분 등 특정한 행위를 요구하는 것을 말한다.

일반민원	법정민원	법령·훈령·예규·고시·자치법규 등에서 정한 일정 요건에 따라 인가·허가·승인·특허·면허 등을 신청하거나 장부·대장 등에 등록·등재를 신청 또는 신고하거나 특정한 사실 또는 법률관계에 관한 확인 또는 증명을 신청하는 민원
	질의민원	법령·제도·절차 등 행정업무에 관하여 행정기관의 설명이나 해석을 요구하는 민원
	건의민원	행정제도 및 운영의 개선을 요구하는 민원
	기타민원	법정민원, 질의민원, 건의민원 및 고충민원 외에 행정기관에 단순한 행정절차 또는 형식요건 등에 대한 상담·설명을 요구하거나 일상생활에서 발생하는 불편사항에 대하여 알리는 등 행정기관에 특정한 행위를 요구하는 민원
고충민원		「부패방지 및 국민권익위원회의 설치와 운영에 관한 법률」 제2조 제5호에 따른 고충민원

③ 민원인: 행정기관에 민원을 제기하는 개인·법인 또는 단체를 말한다. 다만, 행정기관(사경제의 주체로서 제기하는 경우는 제외한다), 행정기관과 사법(私法)상 계약관계(민원과 직접 관련된 계약관계만 해당한다)에 있는자, 성명·주소 등이 불명확한 자 등 대통령령으로 정하는 자는 제외한다.

④ 행정기관: ㉠ 국회·법원·헌법재판소·중앙선거관리위원회의 행정사무를 처리하는 기관, ㉡ 중앙행정기관(대통령 소속 기관과 국무총리 소속 기관을 포함한다)과 그 소속 기관, ㉢ 지방자치단체와 그 소속 기관, ㉣ 공공기관, ㉤ 법령 또는 자치법규에 따라 행정권한이 있거나 행정권한을 위임 또는 위탁받은 법인·단체 또는 그 기관이나 개인을 포함한다.

⑤ 처분: 「행정절차법」상 처분개념과 같다.

⑥ 복합민원: 하나의 민원 목적을 실현하기 위하여 관계법령 등에 따라 여러 관계 기관(민원과 관련된 단체·협회 등을 포함한다. 이하 같다) 또는 관계 부서의 인가·허가·승인·추천·협의 또는 확인 등을 거쳐 처리되는 법정민원을 말한다.

Winner's 복합민원 : 다수의 기관 (○), 다수의 국민 (×)

⑦ 다수인관련민원: 5세대(世帶) 이상의 공동이해와 관련되어 5명 이상이 연명으로 제출하는 민원을 말한다.

⑧ 무인민원발급창구: 행정기관의 장이 행정기관 또는 공공장소 등에 설치하여 민원인이 직접 민원문서를 발급받을 수 있도록 하는 전자장비를 말한다.

⑨ 민원 처리 담당자의 의무: 민원을 처리하는 담당자는 담당 민원을 신속·공정·친절·적법하게 처리하여야 한다(민원법 제4조 제1항).

⑩ 민원 처리 담당자의 보호 : 행정기관의 장은 민원인 등의 폭언·폭행, 목적이 정당하지 아니한 반복 민원 등으로부터 민원 처리 담당자를 보호하기 위하여 민원 처리 담당자의 신체적·정신적 피해의 예방 및 치료 등 대통령령으로 정하는 필요한 조치를 하여야 한다(민원법 제4조 제2항). 민원 처리 담당자는 행정기관의 장에게 필요한 조치를 요구할 수 있으며(민원법 제4조 제3항), 행정기관의 장은 민원 처리 담당자의 요구를 이유로 해당 민원 처리 담당자에게 불이익을 주어서는 아니 된다.

⑪ 민원인의 권리와 의무(민원법 제5조)

권리	민원인은 행정기관에 민원을 신청하고 신속·공정·친절·적법한 응답을 받을 권리가 있다.
의무	민원인은 민원을 처리하는 담당자의 적법한 민원처리를 위한 요청에 협조하여야 하고, 행정기관에 부당한 요구를 하거나 다른 민원인에 대한 민원 처리를 지연시키는 등 공무를 방해하는 행위를 하여서는 아니 된다.

⑫ 민원 처리의 원칙(민원법 제6조)

지연금지	행정기관의 장은 관계법령 등에서 정한 처리기간이 남아 있다거나 그 민원과 관련 없는 공과금 등을 미납하였다는 이유로 민원 처리를 지연시켜서는 아니 된다. 다만, 다른 법령에 특별한 규정이 있는 경우에는 그에 따른다.
절차 강화 금지	행정기관의 장은 법령의 규정 또는 위임이 있는 경우를 제외하고는 민원 처리의 절차 등을 강화하여서는 아니 된다.

⑬ 정보 보호: 행정기관의 장은 민원 처리와 관련하여 알게 된 민원의 내용과 민원인 및 민원의 내용에 포함되어 있는 특정인의 개인정보 등이 누설되지 아니하도록 필요한 조치를 강구하여야 하며, 수집된 정보가 민원 처리의 목적 외의 용도로 사용되지 아니하도록 하여야 한다(민원법 제7조).

(2) 민원의 처리

① 민원의 신청: 민원의 신청은 문서(「전자정부법」 제2조 제7호에 따른 전자문서를 포함한다)로 하여야 한디. 기타민원은 구술(口述) 또는 전화로 할 수 있다(민원법 제8조).

② 민원의 접수

원칙	행정기관의 장은 민원의 신청을 받았을 때에는 다른 법령에 특별한 규정이 있는 경우를 제외하고는 그 접수를 보류하거나 거부할 수 없으며, 접수된 민원문서를 부당하게 되돌려 보내서는 아니 된다(담당 행정기관의 접수).
예외	⑦ 다른 행정기관 등을 이용한 민원의 접수·교부 : 행정기관의 장은 민원인의 편의를 위하여 그 행정기관이 접수하고 처리결과를 교부하여야 할 민원을 다른 행정기관이나 특별법에 따라 설립되고 전국적 조직을 가진 법인 중 대통령령으로 정하는 법인으로 하여금 접수·교부하게 할 수 있다. ⓒ 정보통신망을 이용한 다른 행정기관 소관 민원의 접수·교부: 행정기관의 장은 정보통신망을 이용하여 다른 행정기관 소관의 민원을 접수·교부할 수 있는 경우에는 이를 직접 접수·교부할 수 있다.

③ 불필요한 서류 요구의 금지: 행정기관의 장은 민원을 접수·처리할 때에 민원인에게 관계법령 등에서 정한 구비서류 외의 서류를 추가로 요구하여서는 아니 된다(민원법 제10조 제1항).

④ 민원취약계층에 대한 편의제공: 행정기관의 장은 민원의 신청 및 접수·처리 과정에서 민원취약계층(장애인, 임산부, 노약자 및 「지능정보화 기본법」 제2조 제13호에 따른 정보격차로 인하여 민원의 신청 등에 제약을 받는 사람을 말한다. 이하 같다)에 대한 편의를 제공하기 위하여 노력하여야 한다(민원법 제11조 제1항).

⑤ 민원실의 설치: 행정기관의 장은 민원을 신속히 처리하고 민원인에 대한 안내와 상담의 편의를 제공하기 위하여 민원실을 설치할 수 있다(민원법 제12조).

⑥ 전자민원창구 및 통합전자민원창구의 운영 등 : 행정기관의 장은 민원인이 해당 기관을 직접 방문하지 아니하고도 민원을 처리할 수 있도록 관계법령등을 개선하고 민원의 전자적 처리를 위한 시설과 정보시스템을 구축하는 등 필요한 조치를 하여야 한다(민원법 제12조의2 제1항).

⑦ 민원 신청의 편의 제공 : 행정기관의 장은 민원실(민원실이 설치되지 아니한 기관의 경우에는 문서의 접수·발송을 주관하는 부서를 말한다)에 민원 관련 법령·편람과 민원의 처리 기준과 절차 등 민원의 신청에 필요한 사항을 게시하고 이를 인터넷 홈페이지를 통하여 제공하는 등 민원인에게 민원 신청의 편의를 제공하여야 한다(민원법 제13조).

⑧ 법정민원의 처리기간 설정·공표: 행정기관의 장은 법정민원을 신속히 처리하기 위하여 행정기관에 법정민원의 신청이 접수된 때부터 처리가 완료될 때까지 소요되는 처리기간을 법정민원의 종류별로 미리 정하여 공표하여야 한다(민원법 제17조).

⑨ 처리기간의 계산(민원법 제19조)

5일 이하로 정한 경우	민원의 접수시각부터 '시간' 단위로 계산하되, 공휴일과 토요일은 산입(算入)하지 아니한다. 이 경우 1일은 8시간의 근무시간을 기준으로 한다.
6일 이상으로 정한 경우	'일' 단위로 계산하고 첫날을 산입하되, 공휴일과 토요일은 산입하지 아니한다.
주·월·연으로 정한 경우	첫날을 산입하되, 「민법」 규정을 준용한다.

Winner's 민원처리기간 : 초일 불산입 원칙 (×), 초일 산입 원칙 (○)

⑩ 반복 및 중복 민원의 처리(민원법 제23조)

하나의 기관에 제출한 경우	행정기관의 장은 민원인이 동일한 내용의 민원(법정민원을 제외한다)을 정당한 사유 없이 3회 이상 반복하여 제출한 경우에는 2회 이상 그 처리결과를 통지하고, 그 후에 접수되는 민원에 대하여는 종결처리할 수 있다.
2개 이상의 기관에 제출한 경우	행정기관의 장은 민원인이 2개 이상의 행정기관에 제출한 동일한 내용의 민원을 다른 행정기관으로부터 이송받은 경우에도 제1항을 준용하여 처리할 수 있다.

⑪ 다수인관련민원의 처리(민원법 제24조)

민원인	연명부(連名簿)를 원본으로 제출하여야 한다.
행정기관의 장	다수인관련민원이 발생한 경우에는 신속·공정·적법하게 해결될 수 있도록 조치하여야 한다.

⑫ 민원심사관의 지정: 행정기관의 장은 민원 처리상황의 확인·점검 등을 위하여 소속 직원 중에서 민원심사관을 지정하여야 한다(민원법 제25조).

Winner's 민원심사관의 지정 : 지정할 수 (×), 지정하여야 (○)

⑬ 처리민원의 사후관리: 행정기관의 장은 처리한 민원에 대하여 민원인의 만족 여부 및 개선 사항 등을 조사하여 업무에 반영할 수 있다(민원법 제26조).

⑭ 처리결과의 통지

원칙	㉠ 행정기관의 장은 접수된 민원에 대한 처리를 완료한 때에는 그 결과를 민원인에게 문서로 통지하여야 한다(민원법 제27조 제1항). ㉡ 민원의 내용을 거부하는 경우에는 거부 이유와 구제절차를 함께 통지하여야 한다(민원법 제27조 제3항).
예외	기타민원의 경우와 통지에 신속을 요하거나 민원인이 요청하는 등 대통령령으로 정하는 경우에는 구술, 전화, 문자메시지, 팩시밀리 또는 전자우편 등으로 통지할 수 있다(민원법 제27조 제1항).

(3) 법정 민원의 처리

① 사전심사의 청구 등: 민원인은 법정민원 중 신청에 경제적으로 많은 비용이 수반되는 민원 등 대통령령으로 정하는 민원에 대하여는 행정기관의 장에게 정식으로 민원을 신청하기 전에 미리 약식의 사전심사를 청구할 수 있다(민원법 제30조).

Winner's 사전심사의 청구인 : 민원인 (○), 행정기관의 장 (×)

② 복합민원의 처리: 행정기관의 장은 복합민원을 처리할 주무부서를 지정하고 그 부서로 하여금 관계 기관·부서 간의 협조를 통하여 민원을 한꺼번에 처리하게 할 수 있다(민원법 제31조).

③ 민원 1회방문 처리제의 시행: 행정기관의 장은 복합민원을 처리할 때에 그 행정기관의 내부에서 할 수 있는 자료의 확인, 관계 기관·부서와의 협조 등에 따른 모든 절차를 담당 직원이 직접 진행하도록 하는 민원 1회방문 처리제를 확립함으로써 불필요한 사유로 민원인이 행정기관을 다시 방문하지 아니하도록 하여야 한다(민원법 제32조).

④ 민원후견인의 지정·운영: 행정기관의 장은 민원 1회방문 처리제의 원활한 운영을 위하여 민원 처리에 경험이 많은 소속 직원을 민원후견인으로 지정하여 민원인을 안내하거나 민원인과 상담하게 할 수 있다(민원법 제33조).

⑤ 민원조정위원회의 설치·운영: 행정기관의 장은 ㉠ 장기 미해결 민원, 반복 민원 및 다수인관련민원에 대한 해소·방지 대책, ㉡ 거부처분에 대한 이의신청, ㉢ 민원처리 주무부서의 법규적용의 타당성 여부와 재심의, ㉣ 그 밖에 대통령령으로 정하는 사항을 심의하기 위하여 민원조정위원회를 설치·운영하여야 한다(민원법 제34조).

Winner's 민원조정위원회의 설치 : 설치할 수 (×), 설치하여야 (○)

민원조정위원회 회의일정을 사전에 통지하지 않으면 곧바로 거부처분이 위법한지 여부(부정)

민원사무를 처리하는 행정기관이 민원 1회방문 처리제를 시행하는 절차의 일환으로서 민원사항의 심의·조정 등을 위한 민원조정위원회를 개최하면서 민원인에게 그 회의일정 등을 사전에 통지하지 아니하였다 하더라도, 이러한 사정만으로 곧바로 그 민원사항에 대한 행정기관의 장의 거부처분에 취소사유에 이를 정도의 흠이 존재한다고 보기는 어렵다. 다만, 행정기관의 장의 거부처분이 재량행위인 경우에, 위와 같은 사전통지의 흠결로 민원인에게 의견진술의 기회를 주지 아니한 결과 민원조정위원회의 심의과정에서 그 고려대상에 마땅히 포함시켜야 할 사항을 누락하는 등 재량권의 불행사 또는 해태로 볼 수 있는 구체적 사정이 있다면, 그 거부처분은 재량권을 일탈·남용한 것으로서 위법하다고 평가할 수 있을 것이다(대판 2015.8.27. 2013두1560). 〈16·17. 국회 8급〉, 〈19. 서울 9급〉

⑥ 거부처분에 대한 이의신청(민원법 제35조)

신청기간		법정민원에 대한 행정기관의 장의 거부처분에 불복하는 민원인은 그 거부처분을 받은 날부터 60일 이내에 그 행정기관의 장에게 문서로 이의신청을 할 수 있다.
결정기간	원칙	행정기관의 장은 이의신청을 받은 날부터 10일 이내에 그 이의신청에 대하여 인용 여부를 결정하고 그 결과를 민원인에게 지체 없이 문서로 통지하여야 한다.
	예외	부득이한 사유로 정하여진 기간 이내에 인용 여부를 결정할 수 없을 때에는 그 기간의 만료일 다음 날부터 기산(起算)하여 10일 이내의 범위에서 연장할 수 있으며, 연장 사유를 민원인에게 통지하여야 한다.

Winner's 거부처분에 대한 이의신청기간 : 90일 이내 (×), 60일 이내 (○)

1. 「민원 처리에 관한 법률」의 민원 이의신청은 행정심판과 성질을 달리하는지 여부(긍정)

민원사무처리에 관한 법률(이하 '민원사무처리법'이라 한다) 제18조 제1항에서 정한 거부처분에 대한 이의신청(이하 '민원 이의신청'이라 한다)은 행정청의 위법 또는 부당한 처분이나 부작위로 침해된 국민의 권리 또는 이익을 구제함을 목적으로 하여 행정청과 별도의 행정심판기관에 대하여 불복할 수 있도록 한 절차인 행정심판과는 달리, 민원사무처리법에 의하여 민원사무처리를 거부한 처분청이 민원인의 신청사항을 다시 심사하여 잘못이 있는 경우 스스로 시정하도록 한 절차이다(대판 2012.11.15. 2010두8676). 〈16. 국회 8급〉

2. 이의신청을 기각하는 결정이 독자적으로 항고소송의 대상이 되는지 여부(부정)

민원 이의신청을 받아들이는 경우에는 이의신청 대상인 거부처분을 취소하지 않고 바로 **최초의 신청을 받아들이는 새로운 처분**을 하여야 하지만, 이의신청을 받아들이지 않는 경우에는 다시 거부처분을 하지 않고 그 결과를 통지함에 그칠 뿐이다. 따라서 이의신청을 받아들이지 않는 취지의 기각 결정 내지는 그 취지의 통지는, 종전의 거부처분을 유지함을 전제로 한 것에 불과하고 또한 거부처분에 대한 행정심판이나 행정소송의 제기에도 영향을 주지 못하므로, 결국 민원 이의신청인의 권리·의무에 새로운 변동을 가져오는 공권력의 행사나 이에 준하는 행정작용이라고 할 수 없어, 독자적인 항고소송의 대상이 된다고 볼 수 없다고 봄이 타당하다(대판 2012.11.15. 2010두8676).

⑦ 행정심판 및 행정소송: 민원인은 이의신청 여부와 관계없이 「행정심판법」에 따른 행정심판 또는 「행정소송법」에 따른 행정소송을 제기할 수 있다(민원법 제35조 제3항).

제2장 | 행정정보

제1절 / 행정정보 공개제도

1 서설

1. 정보공개의 필요성

오늘날 정보는 첨단기술에 의하여 광범위하고 다양하게 수집·관리되고 있다. 이러한 정보를 국가가 독점하게 되면 국민들은 자신의 의견을 국정에 제대로 반영할 수 없게 되어 민주주의의 원리를 왜곡하는 결과가 될 것이므로 정보공개의 필요성이 크다.

2. 외국의 입법례

(1) 스웨덴

행정정보의 공개에 대해서는 1949년 스웨덴의 출판자유법에서 언론·출판의 자유와 공문서공개의 원칙을 규정한 이래로 각국에서 채택되기에 이르렀다.

(2) 미국

1966년 제정된 미국의 정보자유법은 1946년의 연방행정절차법상의 정보공개에 관한 제3조를 개정한 것으로서, ① '정당하고 직접적인 이해관계가 있는 자'에 대해서만 공개하던 것을 '누구나'로 개정하여 청구인 적격을 확대하고, ② 연방행정기관 보유정보의 원칙적 공개주의, ③ 개인의 이들 정보에 대한 평등접근권, ④ 정보공개 거부에 대한 사법적 구제 등을 규정함으로써 대표적인 입법례로 평가되고 있다.

3. 우리나라

과거 정보공개에 소극적이었으나, 청주시 정보공개조례 사건을 계기로 논의가 활발하게 진행되었고, 1996년 「공공기관의 정보공개에 관한 법률❶」이 제정되어 규율되고 있다.

> **용어설명** ❶ 공공기관의 정보공개에 관한 법률 : 정보공개에 관한 일반법이다. 이하 조문표기는 편의상 '정보공개법'으로 표시한다.

2 공공기관의 정보공개에 관한 법률 제정 이전

1. 정보공개청구권의 법적 근거

(1) 문제점

정보공개를 청구하기 위해서는 법률로 구체적 요건을 규정하는 것이 필요한데, 정보공개법이 제정되기 전에는 공개청구의 근거를 어디에 둘 것인지에 대해서 논란이 되었다.

(2) 구체적 검토

① **헌법상 알 권리**: 헌법학자들은 헌법상 표현의 자유에서 파생된 알 권리에 근거를 두는 것이 일반적 견해이었다. 그러나 청구권은 수익권의 일종이므로 법률의 제정이 필요하다는 점에서 비판을 받는다.

> **헌법상 알 권리를 근거로 하여 정보공개를 청구할 수 있는지 여부(긍정)**
>
> 알 권리는 헌법 제21조의 언론의 자유에 당연히 포함되는바, 이는 국민의 정부에 대한 일반적 정보공개를 구할 권리라고 할 것이며 서류에 대한 열람·복사, 민원의 처리는 법률의 제정이 없더라도 불가능한 것은 아니라고 할 것이다(헌재 1989.9.4. 88헌마22). 〈17. 서울 9급〉

Winner's 헌법상 알 권리의 근거 : 행복추구권 (×), 언론의 자유 (○)

② **구 정부공문서규정(대통령령)**: 판례는 구 정부공문서규정(현행 행정효율과 협업촉진에 관한 규정)도 정보공개청구권의 법적 근거가 된다고 보았다. 그러나 행정입법인 대통령령은 법률로부터 위임을 받아야 법규를 창조할 수 있는데, 상위법률의 위임이 없다는 점에서 비판을 받는다.

> **1. 구 정부공문서규정이 정보공개의 근거가 되는지 여부(긍정)**
>
> 일반적으로 국민은 국가기관에 대하여 기밀에 관한 사항 등 특별한 경우 이외에는 보관하고 있는 문서의 열람 및 복사를 청구할 수 있고, 정부공문서규정 제36조 제2항의 규정도 행정기관으로 하여금 일반국민의 문서열람 및 복사신청에 대하여 기밀 등의 특별한 사유가 없는 한 이에 응하도록 하고 있으므로, 그 신청을 거부한 것은 위법하다(대판 1989.10.24. 88누9312).
>
> **2. 구 정부공문서규정을 근거로 알 권리를 실현시키는 것이 가능한지 여부(긍정)**
>
> 비록 공문서공개의 원칙보다는 공문서의 관리통제에 중점을 두고 만들어진 규정이기는 하지만, 위 규정 제36조 제2항을 근거로 해서 국민의 알 권리를 곧바로 실현시키는 것은 가능하다(헌재 1989.9.4. 88헌마22).

③ **행정정보공개운영지침(국무총리 훈령)**: 정보공개법을 제정하기 전에 행정정보에 관한 운영 경험을 축적하기 위하여 만들어진 것이다. 그러나 훈령은 행정규칙으로서 법규를 창조할 수 없다는 비판을 받는다.

2. 청주시 정보공개조례 사건

(1) 사실관계

과거 정부는 정보공개에 따르는 부작용을 우려하여 정보공개법을 제정하는 데 소극적이었다. 그러던 중 청주시의회가 정보공개조례안을 제정하자 청주시장은 이 조례안은 법률의 위임이 없다는 이유로 재의결의 취소를 구하는 소송을 대법원에 제기하였다.

(2) 대법원 판결

「지방자치법」은 주민의 권리를 제한하거나 의무를 부과하는 조례인 경우에 법률의 위임을 요구하고 있으므로 정보공개조례안은 법률의 개별적 위임이 필요하지 않다고 판시하였다.

> 청주시 정보공개조례안을 제정할 때 반드시 법률의 개별적 위임이 필요한지 여부(부정)
>
> 지방자치단체는 그 내용이 주민의 권리의 제한 또는 의무의 부과에 관한 사항이거나 벌칙에 관한 사항이 아닌 한 법률의 위임이 없더라도 조례를 제정할 수 있다 할 것인데, 청주시 의회에서 의결한 청주시 행정정보공개조례안은 행정에 대한 주민의 알 권리의 실현을 그 근본 내용으로 하면서도 이로 인한 개인의 권익침해가능성을 배제하고 있으므로, 이를 들어 주민의 권리를 제한하거나 의무를 부과하는 조례라고는 단정할 수 없고, 따라서 그 제정에 있어서 반드시 법률의 개별적 위임이 따로 필요한 것은 아니다 (대판 1992.6.23. 92추17). 〈13. 국가 9급〉

3 공공기관의 정보공개에 관한 법률의 내용

1. 목적

공공기관이 보유·관리하는 정보에 대한 국민의 공개청구 및 공공기관의 공개의무에 관하여 필요한 사항을 정함으로써 국민의 알 권리를 보장하고 국정(國政)에 대한 국민의 참여와 국정운영의 투명성을 확보함을 목적으로 한다(정보공개법 제1조).

> 〈공공기관의 정보공개에 관한 법률〉 제2조(정의) 이 법에서 사용하는 용어의 뜻은 다음과 같다.
> 1. "정보"란 공공기관이 직무상 작성 또는 취득하여 관리하고 있는 문서(전자문서를 포함한다. 이하 같다) 및 전자매체를 비롯한 모든 형태의 매체 등에 기록된 사항을 말한다.
> 2. "공개"란 공공기관이 이 법에 따라 정보를 열람하게 하거나 그 사본·복제물을 제공하는 것 또는 「전자정부법」 제2조 제10호에 따른 정보통신망(이하 "정보통신망"이라 한다)을 통하여 정보를 제공하는 것 등을 말한다.

2. 공공기관의 범위

> 〈공공기관의 정보공개에 관한 법률〉 제2조(정의) 이 법에서 사용하는 용어의 뜻은 다음과 같다.
> 3. '공공기관'이란 다음 각 목의 기관을 말한다. 〈14. 서울 9급〉
>   가. 국가기관
>   1) 국회, 법원, 헌법재판소, 중앙선거관리위원회
>   2) 중앙행정기관(대통령 소속 기관과 국무총리 소속 기관을 포함한다) 및 그 소속 기관
>   3) 「행정기관 소속 위원회의 설치·운영에 관한 법률」에 따른 위원회
>   나. 지방자치단체
>   다. 「공공기관의 운영에 관한 법률」 제2조에 따른 공공기관
>   라. 「지방공기업법」에 따른 지방공사 및 지방공단
>   마. 그 밖에 대통령령으로 정하는 기관
>
> 〈공공기관의 정보공개에 관한 법률 시행령〉 제2조(공공기관의 범위) 「공공기관의 정보공개에 관한 법률」(이하 '법'이라 한다) 제2조 제3호 라목에서 '대통령령으로 정하는 기관'이란 다음 각 호의 기관 또는 단체를 말한다.
> 1. 「유아교육법」, 「초·중등교육법」, 「고등교육법」에 따른 각급 학교 또는 그 밖의 다른 법률에 따라 설치된 학교
> 2. 삭제 〈2021. 6. 22.〉
> 3. 「지방자치단체 출자·출연 기관의 운영에 관한 법률」 제2조 제1항에 따른 출자기관 및 출연기관

> 4. 특별법에 따라 설립된 특수법인
> 5. 「사회복지사업법」 제42조 제1항에 따라 국가나 지방자치단체로부터 보조금을 받는 사회복지법인과 사회복지사업을 하는 비영리법인
> 6. 제5호 외에 「보조금 관리에 관한 법률」 제9조 또는 「지방재정법」 제17조 제1항 각 호 외의 부분 단서에 따라 국가나 지방자치단체로부터 연간 5천만 원 이상의 보조금을 받는 기관 또는 단체. 다만, 정보공개 대상 정보는 해당 연도에 보조를 받은 사업으로 한정한다.

1. 사립대학교가 국비지원을 받는 범위 내에서만 공공기관에 포함되는지 여부(부정)

정보공개의무기관을 정하는 것은 입법자의 입법형성권에 속하고, 이에 따라 입법자는 구 공공기관의 정보공개에 관한 법률(2004. 1. 29. 법률 제7127호로 전문개정되기 전의 것) 제2조 제3호에서 정보공개의무기관을 공공기관으로 정하였는바, 공공기관은 국가기관에 한정되는 것이 아니라 지방자치단체, 정부투자기관 그 밖에 공동체 전체의 이익에 중요한 역할이나 기능을 수행하는 기관도 포함되는 것으로 해석되고, 여기에 정보공개의 목적, 교육의 공공성 및 공·사립학교의 동질성, 사립대학교에 대한 국가의 재정지원 및 보조 등 여러 사정을 고려해 보면, 사립대학교에 대한 국비지원이 한정적·일시적·국부적이라는 점을 고려하더라도, 같은 법 시행령(2004. 3. 17. 대통령령 제18312호로 개정되기 전의 것) 제2조 제1호가 정보공개의무를 지는 공공기관의 하나로 사립대학교를 들고 있는 것이 모법인 구 공공기관의 정보공개에 관한 법률의 위임범위를 벗어났다거나 사립대학교가 국비의 지원을 받는 범위 내에서만 공공기관의 성격을 가진다고 볼 수 없다(대판 2006.8.24. 2004두2783). 〈17. 지방 9급〉

2. 한국방송공사가 정보공개법상 공공기관에 포함되는지 여부(긍정)

방송법이라는 특별법에 의하여 설립 운영되는 한국방송공사(KBS)는 공공기관의 정보공개에 관한 법률 시행령 제2조 제4호의 '특별법에 의하여 설립된 특수법인'으로서 정보공개의무가 있는 공공기관의 정보공개에 관한 법률 제2조 제3호의 '공공기관'에 해당한다(대판 2010.12.23. 2008두13101). 〈17. 지방 9급〉

3. 한국증권업협회가 정보공개법상 공공기관에 포함되는지 여부(부정)

'한국증권업협회'는 증권회사 상호 간의 업무질서를 유지하고 유가증권의 공정한 매매거래 및 투자자보호를 위하여 일정 규모 이상인 증권회사 등으로 구성된 회원조직으로서, 증권거래법 또는 그 법에 의한 명령에 대하여 특별한 규정이 있는 것을 제외하고는 민법 중 사단법인에 관한 규정을 준용 받는 점, 그 업무가 국가기관 등에 준할 정도로 공동체 전체의 이익에 중요한 역할이나 기능에 해당하는 공공성을 갖는다고 볼 수 없는 점 등에 비추어, 공공기관의 정보공개에 관한 법률 시행령 제2조 제4호의 '특별법에 의하여 설립된 특수법인'에 해당한다고 보기 어렵다(대판 2010.4.29. 2008두5643). 〈17. 서울 9급〉, 〈17. 지방 9급〉

Winner's 공공기관 : 사립학교 (○), 한국방송공사 (○), 한국증권업협회 (×)

3. 적용범위

(1) 일반법

정보의 공개에 관하여는 다른 법률에 특별한 규정이 있는 경우를 제외하고는 이 법에서 정하는 바에 따른다.

(2) 조례

지방자치단체는 그 소관 사무에 관하여 법령의 범위에서 정보공개에 관한 조례를 정할 수 있다. 일정한 범위에서 독자적 규율은 가능하다고 본다.〈24. 소방〉

(3) 적용제외

원칙	국가안전보장에 관련되는 정보 및 보안업무를 관장하는 기관에서 국가안전보장과 관련된 정보의 분석을 목적으로 수집하거나 작성한 정보에 대해서는 이 법을 적용하지 아니한다.
예외	정보목록의 작성·비치 및 공개에 대해서는 이 법을 적용된다.

4. 정보의 공개

원칙	① 공공기관이 보유·관리하는 정보는 국민의 알 권리 보장 등을 위하여 적극적으로 공개하여야 한다고 규정하고 있으므로(정보공개법 제3조) 공공기관은 정보를 공개할 의무가 있는 것이 원칙이다. ② 한때 보유·관리하고 있었으나 이미 폐기된 정보에 대해서는 공개의무가 없다.
예외	① 정보공개법은 일정한 정보를 비공개대상으로 규정하고 있다. ② 비공개정보에 대해서는 공개하지 아니할 수 있다고 규정하고 있으므로 비공개 여부에 관하여는 재량권을 가진 것으로 본다. ③ 비공개정보도 기간의 경과 등으로 비공개의 필요성이 없어진 경우에는 공개하여야 한다(공개법 제9조 제2항).

Winner's 정보공개의 대상 : 현재 보유·관리하는 정보 (○), 폐기한 정보 (×)

1. 보유·관리하지 않는 정보에 대한 비공개결정의 취소를 구할 법률상 이익이 있는지 여부(부정)

만일 공개청구자가 특정한 바와 같은 정보를 공공기관이 보유·관리하고 있지 않은 경우라면 특별한 사정이 없는 한 해당 정보에 대한 공개거부처분에 대하여는 취소를 구할 법률상 이익이 없다(대판 2013.1.24. 2010두18918).

2. 폐기되어 존재하지 않는 정보라는 점에 대한 증명책임이 공공기관에 있는지 여부(긍정)

공개청구자는 그가 공개를 구하는 정보를 공공기관이 보유·관리하고 있을 상당한 개연성이 있다는 점에 대하여 입증할 책임이 있으나, 공개를 구하는 정보를 공공기관이 한때 보유·관리하였으나 후에 그 정보가 담긴 문서들이 폐기되어 존재하지 않게 된 것이라면 그 정보를 더 이상 보유·관리하고 있지 않다는 점에 대한 증명책임은 공공기관에 있다(대판 2013.1.24. 2010두18918).〈17. 국가 7급(10월)〉

Winner's 폐기된 정보의 입증책임 : 정보공개청구자 (×), 공공기관 (○)

〈공공기관의 정보공개에 관한 법률〉 제9조(비공개 대상 정보) ① 공공기관이 보유·관리하는 정보는 공개 대상이 된다. 다만, 다음 각 호의 어느 하나에 해당하는 정보는 공개하지 아니할 수 있다.
1. 다른 법률 또는 법률에서 위임한 명령(국회규칙·대법원규칙·헌법재판소규칙·중앙선거관리위원회규칙·대통령령 및 조례로 한정한다)에 따라 비밀이나 비공개 사항으로 규정된 정보
2. 국가안전보장·국방·통일·외교관계 등에 관한 사항으로서 공개될 경우 국가의 중대한 이익을 현저히 해칠 우려가 있다고 인정되는 정보
3. 공개될 경우 국민의 생명·신체 및 재산의 보호에 현저한 지장을 초래할 우려가 있다고 인정되는 정보
4. 진행 중인 재판에 관련된 정보와 범죄의 예방, 수사, 공소의 제기 및 유지, 형의 집행, 교정(矯正), 보안

처분에 관한 사항으로서 공개될 경우 그 직무수행을 현저히 곤란하게 하거나 형사피고인의 공정한 재판을 받을 권리를 침해한다고 인정할 만한 상당한 이유가 있는 정보

5. 감사·감독·검사·시험·규제·입찰계약·기술개발·인사관리에 관한 사항이나 의사결정 과정 또는 내부검토 과정에 있는 사항 등으로서 공개될 경우 업무의 공정한 수행이나 연구·개발에 현저한 지장을 초래한다고 인정할 만한 상당한 이유가 있는 정보. 다만, 의사결정 과정 또는 내부검토 과정을 이유로 비공개할 경우에는 제13조제5항에 따라 통지를 할 때 의사결정 과정 또는 내부검토 과정의 단계 및 종료 예정일을 함께 안내하여야 하며, 의사결정 과정 및 내부검토 과정이 종료되면 제10조에 따른 청구인에게 이를 통지하여야 한다. 〈14. 지방 9급〉

6. 해당 정보에 포함되어 있는 성명·주민등록번호 등 「개인정보 보호법」 제2조제1호에 따른 개인정보로서 공개될 경우 사생활의 비밀 또는 자유를 침해할 우려가 있다고 인정되는 정보. 다만, 다음 각 목에 열거한 사항은 제외한다.
   가. 법령에서 정하는 바에 따라 열람할 수 있는 정보
   나. 공공기관이 공표를 목적으로 작성하거나 취득한 정보로서 사생활의 비밀 또는 자유를 부당하게 침해하지 아니하는 정보
   다. 공공기관이 작성하거나 취득한 정보로서 공개하는 것이 공익이나 개인의 권리 구제를 위하여 필요하다고 인정되는 정보
   라. 직무를 수행한 공무원의 성명·직위
   마. 공개하는 것이 공익을 위하여 필요한 경우로서 법령에 따라 국가 또는 지방자치단체가 업무의 일부를 위탁 또는 위촉한 개인의 성명·직업

7. 법인·단체 또는 개인(이하 "법인등"이라 한다)의 경영상·영업상 비밀에 관한 사항으로서 공개될 경우 법인등의 정당한 이익을 현저히 해칠 우려가 있다고 인정되는 정보. 다만, 다음 각 목에 열거한 정보는 제외한다.
   가. 사업활동에 의하여 발생하는 위해(危害)로부터 사람의 생명·신체 또는 건강을 보호하기 위하여 공개할 필요가 있는 정보
   나. 위법·부당한 사업활동으로부터 국민의 재산 또는 생활을 보호하기 위하여 공개할 필요가 있는 정보

8. 공개될 경우 부동산 투기, 매점매석 등으로 특정인에게 이익 또는 불이익을 줄 우려가 있다고 인정되는 정보

② 공공기관은 제1항 각 호의 어느 하나에 해당하는 정보가 기간의 경과 등으로 인하여 비공개의 필요성이 없어진 경우에는 그 정보를 공개 대상으로 하여야 한다.

③ 공공기관은 제1항 각 호의 범위에서 해당 공공기관의 업무 성격을 고려하여 비공개 대상 정보의 범위에 관한 세부 기준(이하 "비공개 세부 기준"이라 한다)을 수립하고 이를 정보통신망을 활용한 정보공개시스템 등을 통하여 공개하여야 한다.

④ 공공기관(국회·법원·헌법재판소 및 중앙선거관리위원회는 제외한다)은 제3항에 따라 수립된 비공개 세부 기준이 제1항 각 호의 비공개 요건에 부합하는지 3년마다 점검하고 필요한 경우 비공개 세부 기준을 개선하여 그 점검 및 개선 결과를 행정안전부장관에게 제출하여야 한다.

5. 비공개대상 정보(공개법 제9조)

(1) 법률에 따른 비밀사항 등

다른 법률 또는 법률에서 위임한 명령(국회규칙·대법원규칙·헌법재판소규칙·중앙선거관리위원회규칙·대통령령 및 조례로 한정한다)에 따라 비밀이나 비공개 사항으로 규정된 정보는 비공개할 수 있다.

1. 교육공무원승진규정의 근무성적평정(공개)
1) 공공기관의 정보공개에 관한 법률 제9조 제1항 제1호에서 '법률이 위임한 명령'에 의하여 비밀 또는 비공개 사항으로 규정된 정보는 공개하지 아니할 수 있다고 할 때의 '법률이 위임한 명령'은 정보의 공개에 관하여 법률의 구체적인 위임 아래 제정된 법규명령(위임명령)을 의미한다.
2) 교육공무원법 제13조·제14조의 위임에 따라 제정된 교육공무원승진규정은 정보공개에 관한 사항에 관하여 구체적인 법률의 위임에 따라 제정된 명령이라고 할 수 없고, 따라서 교육공무원승진규정 제26조에서 근무성적평정의 결과를 공개하지 아니한다고 규정하고 있다고 하더라도 위 교육공무원승진규정은 공공기관의 정보공개에 관한 법률 제9조 제1항 제1호에서 말하는 법률이 위임한 명령에 해당하지 아니하므로 위 규정을 근거로 정보공개청구를 거부하는 것은 잘못이다(대판 2006.10.26. 2006두11910). 〈10. 지방 9급〉, 〈10. 국가 9급〉

2. 검찰보존사무규칙상의 열람·등사 제한(공개)
검찰보존사무규칙이 검찰청법 제11조에 기하여 제정된 법무부령이기는 하지만, 그 사실만으로 같은 규칙 내의 모든 규정이 법규적 효력을 가지는 것은 아니다. 기록의 열람·등사의 제한을 정하고 있는 같은 규칙 제22조는 법률상의 위임 근거가 없어 행정기관 내부의 사무처리준칙으로서 행정규칙에 불과하므로, 위 규칙상의 열람·등사의 제한을 공공기관의 정보공개에 관한 법률 제9조 제1항 제1호의 '다른 법률 또는 법률에 의한 명령에 의하여 비공개사항으로 규정된 경우'에 해당한다고 볼 수 없다(대판 2006.5.25. 2006두3049). 〈14. 지방 9급〉, 〈17. 국가 7급(10월)〉

3. 한국형 다목적 헬기(KMH) 도입사업(비공개)
국방부의 한국형 다목적 헬기(KMH) 도입사업에 대한 감사원장의 감사결과보고서가 군사 2급비밀에 해당하는 이상 공공기관의 정보공개에 관한 법률 제9조 제1항 제1호에 의하여 공개하지 아니할 수 있다. … 공공기관의 정보공개에 관한 법률에 의한 정보공개의 청구와 군사기밀보호법에 의한 군사기밀의 공개요청은 그 상대방, 처리절차 및 공개의 사유 등이 전혀 다르므로, 공공기관의 정보공개에 관한 법률에 의한 정보공개 청구를 군사기밀보호법에 의한 군사기밀 공개요청과 동일한 것으로 보거나 그 공개요청이 포함되어 있는 것으로 볼 수는 없다(대판 2006.11.10. 2006두9351). 〈10. 지방 9급〉

4. 국가정보원의 현금급여 등 정보(비공개)
국가정보원법 제12조가 국회에 대한 관계에서조차 국가정보원 예산내역의 공개를 제한하고 있는 것은, 정보활동의 비밀보장을 위한 것으로서, 그 밖의 관계에서도 국가정보원의 예산내역을 비공개사항으로 한다는 것을 전제로 하고 있다고 볼 수 있고, 예산집행내역의 공개는 예산내역의 공개와 다를 바 없어, 비공개사항으로 되어 있는 '예산내역'에는 예산집행내역도 포함된다고 보아야 하며, 국가정보원이 그 직원에게 지급하는 현금급여 및 월초수당에 관한 정보는 국가정보원 예산집행내역의 일부를 구성하는 것이므로, 위 현금급여 및 월초수당에 관한 정보는 국가정보원법 제12조에 의하여 비공개 사항으로 규정된 정보로서 공공기관의 정보공개에 관한 법률 제9조 제1항 제1호의 비공개대상정보인 '다른 법률에 의하여 비공개사항으로 규정된 정보'에 해당한다고 보아야 하고, 위 현금급여 및 월초수당이 근로의 대가로서의 성격을 가진다거나 정보공개 청구인이 해당 직원의 배우자라고 하여 달리 볼 것은 아니다(대판 2010.12.23. 2010두14800). 〈14. 지방 9급〉

5. 국가정보원의 조직·소재지 및 정원(비공개)

국가정보원의 조직·소재지 및 정원에 관한 정보는 특별한 사정이 없는 한 국가안전보장을 위하여 비공개가 필요한 경우로서 구 국가정보원법 제6조에서 정한 비공개 사항에 해당하고, 결국 공공기관의 정보공개에 관한 법률 제9조 제1항 제1호에서 말하는 '다른 법률에 의하여 비공개 사항으로 규정된 정보'에도 해당한다고 보는 것이 타당하다(대판 2013.1.24. 2010두18918).

(2) 국가안전보장에 관한 정보 등

국가안전보장·국방·통일·외교관계 등에 관한 사항으로서 공개될 경우 국가의 중대한 이익을 현저히 해칠 우려가 있다고 인정되는 정보는 비공개할 수 있다.

보안관찰 관련 통계자료(비공개)

보안관찰처분을 규정한 보안관찰법에 대하여 헌법재판소도 이미 그 합헌성을 인정한 바 있고, 보안관찰법 소정의 보안관찰 관련 통계자료는 우리나라 53개 지방검찰청 및 지청 관할지역에서 매월 보고된 보안관찰처분에 관한 각종 자료로서, 보안관찰처분대상자 또는 피보안관찰자들의 매월별 규모, 그 처분시기, 지역별 분포에 대한 전국적 현황과 추이를 한눈에 파악할 수 있는 구체적이고 광범위한 자료에 해당하므로 '통계자료'라고 하여도 그 함의(含意)를 통하여 나타내는 의미가 있음이 분명하여 가치중립적일 수는 없고, 그 통계자료의 분석에 의하여 대남공작활동이 유리한 지역으로 보안관찰처분대상자가 많은 지역을 선택하는 등으로 위 정보가 북한정보기관에 의한 간첩의 파견, 포섭, 선전·선동을 위한 교두보의 확보 등 북한의 대남전략에 있어 매우 유용한 자료로 악용될 우려가 없다고 할 수 없으므로, 위 정보는 공공기관의정보공개에관한법률 제7조 제1항 제2호 소정의 공개될 경우 국가안전보장·국방·통일·외교관계 등 국가의 중대한 이익을 해할 우려가 있는 정보, 또는 제3호 소정의 공개될 경우 국민의 생명·신체 및 재산의 보호 기타 공공의 안전과 이익을 현저히 해할 우려가 있다고 인정되는 정보에 해당한다(대판 2004.3.18. 2001두8254 전합). 〈10. 국가 9급〉, 〈19. 지방 9급〉

(3) 국민의 생명, 신체, 재산보호를 위한 정보 등

공개될 경우 국민의 생명·신체 및 재산의 보호에 현저한 지장을 초래할 우려가 있다고 인정되는 정보는 비공개할 수 있다.

(4) 진행 중인 재판 관련 정보 등

진행 중인 재판에 관련된 정보와 범죄의 예방, 수사, 공소의 제기 및 유지, 형의 집행, 교정(矯正), 보안처분에 관한 사항으로서 공개될 경우 그 직무수행을 현저히 곤란하게 하거나 형사피고인의 공정한 재판을 받을 권리를 침해한다고 인정할 만한 상당한 이유가 있는 정보는 비공개할 수 있다.

1. 비공개대상인 '진행 중인 재판에 관련된 정보'는 소송기록 자체에 포함된 것에 한정되는지 여부(부정)

공공기관의 정보공개에 관한 법률(이하 '정보공개법'이라 한다)의 입법 목적, 정보공개의 원칙, 비공개대상정보의 규정 형식과 취지 등을 고려하면, 법원 이외의 공공기관이 정보공개법 제9조 제1항 제4호에서 정한 '진행 중인 재판에 관련된 정보'에 해당한다는 사유로 정보공개를 거부하기 위하여는 반드시 그 정보가 진행 중인 재판의 소송기록 자체에 포함된 내용일 필요는 없다. 그러나 재판에 관련된 일체의 정보가 그에 해당하는 것은 아니고 진행 중인 재판의 심리 또는 재판결과에 구체적으로 영향을 미칠 위험이 있는 정보에 한정된다고 보는 것이 타당하다(대판 2011.11.24. 2009두19021). 〈14. 지방 7급〉

> **Winner's** 재판관련 정보의 비공개 : 일체의 정보 (×), 심리나 결과에 구체적 영향 (○)

2. 교도소 근무보고서(공개)

교도소에 수용 중이던 재소자가 담당 교도관들을 상대로 가혹행위를 이유로 형사고소 및 민사소송을 제기하면서 그 증명자료 확보를 위해 '근무보고서'와 '징벌위원회 회의록' 등의 정보공개를 요청하였으나 교도소장이 이를 거부한 사안에서, 근무보고서는 공공기관의 정보공개에 관한 법률 제9조 제1항 제4호에 정한 비공개대상 정보에 해당한다고 볼 수 없고, 징벌위원회 회의록 중 비공개 심사·의결부분은 위 법 제9조 제1항 제5호의 비공개사유에 해당하지만 재소자의 진술, 위원장 및 위원들과 재소자 사이의 문답 등 징벌절차 진행부분은 비공개사유에 해당하지 않는다고 보아 분리 공개가 허용된다(대판 2009.12.10. 2009두12785). 〈13. 국가 9급〉

> **Winner's** 교도소 관련정보 : 근무보고서 (공개), 비공개 의결사항 (비공개), 재소자 진술 등 (공개)

(5) 감사 등 내부검토과정에 있는 정보 등

감사·감독·검사·시험·규제·입찰계약·기술개발·인사관리에 관한 사항이나 의사결정 과정 또는 내부검토 과정에 있는 사항 등으로서 공개될 경우 업무의 공정한 수행이나 연구·개발에 현저한 지장을 초래한다고 인정할 만한 상당한 이유가 있는 정보는 비공개할 수 있다.

1. 학교환경위생정화위원회의 회의록의 개인의 인적사항(비공개)

1) 공공기관의정보공개에관한법률 제7조 제1항 제5호에서 규정하고 있는 '공개될 경우 업무의 공정한 수행에 현저한 지장을 초래한다고 인정할 만한 상당한 이유가 있는 경우'라 함은 같은 법 제1조의 정보공개제도의 목적 및 같은 법 제7조 제1항 제5호의 규정에 의한 비공개대상 정보의 입법취지에 비추어 볼 때 공개될 경우 업무의 공정한 수행이 객관적으로 현저하게 지장을 받을 것이라는 고도의 개연성이 존재하는 경우를 의미한다고 할 것이고, 여기에 해당하는지 여부는 비공개에 의하여 보호되는 업무수행의 공정성 등의 이익과 공개에 의하여 보호되는 국민의 알 권리의 보장과 국정에 대한 국민의 참여 및 국정운영의 투명성 확보 등의 이익을 비교·교량하여 구체적인 사안에 따라 신중하게 판단되어야 한다.

2) 학교환경위생구역 내 금지행위(숙박시설) 해제결정에 관한 학교환경위생정화위원회의 회의록에 기재된 발언 내용에 대한 해당 발언자의 인적사항 부분에 관한 정보는 공공기관의정보공개에관한법률 제7조 제1항 제5호 소정의 비공개대상에 해당한다(대판 2003.8.22. 2002두12946). 〈16. 사회복지 9급〉, 〈19. 지방 9급〉

2. 의사결정과정이 기록된 회의록(비공개)

공공기관의정보공개에관한법률상 비공개대상정보의 입법취지에 비추어 살펴보면, 같은 법 제7조 제1항 제5호에서의 '감사·감독·검사·시험·규제·입찰계약·기술 개발·인사관리·의사결정 과정 또는 내부검토과정에 있는 사항'은 비공개대상정보를 예시적으로 열거한 것이라고 할 것이므로 의사결정과정에 제공된 회의관련자료나 의사결정과정이 기록된 회의록 등은 의사가 결정되거나 의사가 집행된 경우에는 더 이상 의사결정과정에 있는 사항 그 자체라고는 할 수 없으나, 의사결정과정에 있는 사항에 준하는 사항으로서 비공개대상 정보에 포함될 수 있다(대판 2003.8.22. 2002두12946). 〈04. 국가 9급〉

3. 결정의 공표 후 회의록 등(공개)

시장 등의 결정의 대외적 공표 행위가 있은 후에는 이를 의사결정과정이나 내부검토과정에 있는 사항이라고 할 수 없고 위 위원회의 회의관련자료 및 회의록을 공개하더라도 업무의 공정한 수행에 지장을 초래할 염려가 없으므로,

시장 등의 결정의 대외적 공표행위가 있은 후에는 위 위원회의 회의관련자료 및 회의록은 같은 법 제7조 제2항에 의하여 공개대상이 된다(대판 2000.5.30. 99추85).

> **Winner's** 의사결정과정이 기록된 회의록 공개 : 의사 결정, 집행 후 (×), 대외적 공표 후 (○)

4. 사법시험 제2차 시험의 답안지(공개)

사법시험 제2차 시험의 답안지 열람은 시험문항에 대한 채점위원별 채점 결과의 열람과 달리 사법시험업무의 수행에 현저한 지장을 초래한다고 볼 수 없다(대판 2003.3.14. 2000두6114). 〈15. 사회복지 9급〉

> **Winner's** 사법시험 2차 시험의 공개 : 2차 답안지 (○), 채점 위원별 채점 결과 (×)

5. 치과의사 시험문제(비공개)

치과의사 국가시험에서 채택하고 있는 문제은행 출제방식이 출제의 시간·비용을 줄이면서도 양질의 문항을 확보할 수 있는 등 많은 장점을 가지고 있는 점, 그 시험 문제를 공개할 경우 발생하게 될 결과와 시험업무에 초래될 부작용 등을 감안하면, 위 시험의 문제지와 그 정답지를 공개하는 것은 시험업무의 공정한 수행이나 연구·개발에 현저한 지장을 초래한다고 인정할 만한 상당한 이유가 있는 경우에 해당하므로, 공공기관의 정보공개에 관한 법률 제9조 제1항 제5호에 따라 이를 공개하지 않을 수 있다(대판 2007.6.15. 2006두15936). 〈10. 국가 9급〉

6. 학업성취도평가 자료(비공개)

'2002년도 및 2003년도 국가 수준 학업성취도평가 자료'는 표본조사 방식으로 이루어졌을 뿐만 아니라 학교식별정보 등도 포함되어 있어서 그 원자료 전부가 그대로 공개될 경우 학업성취도평가 업무의 공정한 수행이 객관적으로 현저하게 지장을 받을 것이라는 고도의 개연성이 존재한다고 볼 여지가 있어 공공기관의 정보공개에 관한 법률 제9조 제1항 제5호에서 정한 비공개대상정보에 해당하는 부분이 있으나, '2002학년도부터 2005학년도까지의 대학수학능력시험 원데이터'는 연구목적으로 그 정보의 공개를 청구하는 경우, 공개로 인하여 초래될 부작용이 공개로 얻을 수 있는 이익보다 더 클 것이라고 단정하기 어려우므로 그 공개로 대학수학능력시험 업무의 공정한 수행이 객관적으로 현저하게 지장을 받을 것이라는 고도의 개연성이 존재한다고 볼 수 없어 위 조항의 비공개대상정보에 해당하지 않는다(대판 2010.2.25. 2007두9877). 〈24. 국가 9급〉

> **Winner's** 정보의 공개 여부 : 학업성취도평가 자료 (×), 대학수학능력시험 원데이터 (○)

7. 내부 감사과정에서 경찰관들에게서 받은 경위서의 공개 여부(비공개)

직무유기 혐의 고소사건에 대한 내부 감사과정에서 경찰관들에게서 받은 경위서를 공개하라는 고소인 갑의 정보공개신청에 대하여 관할 경찰서장이 공공기관의 정보공개에 관한 법률(이하 '정보공개법'이라 한다) 제9조 제1항 제5호 등의 사유를 들어 비공개 결정을 한 사안에서, 위 경위서는 갑의 고소사건을 조사하는 과정이 아니라 내부 감사과정에서 제출받은 것인 점 등 위 경위서가 징구된 경위와 과정을 비롯하여 정보공개법 제9조 제1항 제5호에 따른 비공개대상정보의 입법취지 등을 종합할 때, 경위서가 공개될 경우 앞으로 동종 업무 수행에 현저한 지장을 가져올 개연성이 상당하다는 이유로, 경위서가 공개될 경우 앞으로 내부 감사과정의 피조사자에게 어떤 영향을 미칠 수 있고, 그 때문에 업무수행에 어떤 변화가 초래될 수 있는지 등에 대한 고려 없이 위 경위서가 정보공개법 제9조 제1항 제5호의 비공개대상정보에 해당하지 않는다고 본 원심판결에 비공개대상정보에 관한 법리를 오해한 위법이 있다(대판 2012.10.11. 2010두18758).

8. '학교폭력대책자치위원회 회의록'은 비공개대상정보에 해당하는지 여부(긍정)

학교폭력대책자치위원회의 회의록은 공공기관의 정보공개에 관한 법률 제9조 제1항 제1호의 '다른 법률 또는 법률이 위임한 명령에 의하여 비밀 또는 비공개 사항으로 규정된 정보'에 해당한다. … 학교폭력대책자치위원회에서의 자유롭고 활발한 심의·의결이 보장되기 위해서는 위원회가 종료된 후라도 심의·의결 과정에서 개개 위원들이 한 발언 내용이 외부에 공개되지 않는다는 것이 철저히 보장되어야 한다는 점, 학교폭력예방 및 대책에 관한 법률 제21조 제3항이 학교폭력대책자치위원회의 회의를 공개하지 못하도록 명문으로 규정하고 있는 것은, 회의록 공개를 통한 알 권리 보장과 학교폭력대책자치위원회 운영의 투명성 확보요청을 다소 후퇴시켜서라도 초등학교·중학교·고등학교·특수학교 내외에서 학생들 사이에서 발생한 학교폭력의 예방 및 대책에 관련된 사항을 심의하는 학교폭력대책자치위원회 업무수행의 공정성을 최대한 확보하기 위한 것으로 보이는 점 등을 고려하면, 학교폭력대책자치위원회의 회의록은 공공기관의 정보공개에 관한 법률 제9조 제1항 제5호의 '공개될 경우 업무의 공정한 수행에 현저한 지장을 초래한다고 인정할 만한 상당한 이유가 있는 정보'에 해당한다(대판 2010.6.10. 2010두2913). 〈24. 국가 9급〉

9. 무상보상평수 산출내역(공개)

피고는 이 사건 제2정보에 대한 공개거부처분 이전인 2001. 7. 27. 소외 조합과 사이에 위와 같은 무상보상평수 제공 내용이 포함된 재건축사업계약을 체결한 사실을 알 수 있으므로, 이 사건 제2정보는 구 '공공기관의 정보공개에 관한 법률'(2004. 1. 29. 법률 제7127호로 전문 개정되기 전의 것, 이하 '법'이라 한다) 제7조 제1항 제5호 소정의 '의사결정과정 또는 내부검토과정에 있는 사항 등으로 공개될 경우 업무의 공정한 수행에 현저한 지장을 초래한다고 인정할 만한 상당한 이유가 있는 정보'에 해당한다고 할 수 없고, 이 사건 재건축사업의 경과, 피고의 사업참여 경위, 피고와 소외 조합과의 재건축사업계약의 내용 등에 비추어 보더라도 이 사건 제2정보가 공개될 경우 피고가 이 사건 재건축아파트의 분양 등 업무를 추진하는 것이 곤란해진다고 보기 어려울 뿐만 아니라, 이 사건 제2정보가 공개되면 피고와 소외 조합 사이의 재건축사업계약에 의하여 조합원들에게 제공될 무상보상평수의 산출근거를 알 수 있게 되어 조합원들의 알 권리를 충족시키고 이 사건 재건축사업의 투명성을 확보할 수 있게 되는 점 등 여러 사정들을 감안하여 보면, 이 사건 제2정보가 법 제7조 제1항 제7호 소정의 '법인 등의 영업상 비밀에 관한 사항으로서 공개될 경우 법인 등의 정당한 이익을 현저히 해할 우려가 있다고 인정되는 정보'에 해당한다고 보기도 어렵다(대판 2006.1.13. 2003두9459). 〈17. 서울 9급〉

10. 독립유공자서훈 공적심사위원회의 회의록(비공개)

독립유공자 등록에 관한 신청당사자의 알 권리 보장에는 불가피한 제한이 따를 수밖에 없고 관계 법령에서 제한을 다소나마 해소하기 위해 조치를 마련하고 있는 점, 공적심사위원회의 심사에는 심사위원들의 전문적·주관적 판단이 상당 부분 개입될 수밖에 없는 심사의 본질에 비추어 공개를 염두에 두지 않은 상태에서의 심사가 그렇지 않은 경우보다 더 자유롭고 활발한 토의를 거쳐 객관적이고 공정한 심사 결과에 이를 개연성이 큰 점 등 위 회의록 공개에 의하여 보호되는 알 권리의 보장과 비공개에 의하여 보호되는 업무수행의 공정성 등의 이익 등을 비교·교량해 볼 때, 위 회의록은 정보공개법 제9조 제1항 제5호에서 정한 '공개될 경우 업무의 공정한 수행에 현저한 지장을 초래한다고 인정할 만한 상당한 이유가 있는 정보'에 해당한다(대판 2014.7.24. 2013두20301). 〈17. 지방 9급〉, 〈19. 국회 8급〉

(6) 사생활 비밀 침해할 우려가 있는 정보 등

원칙	해당 정보에 포함되어 있는 성명·주민등록번호 등 개인에 관한 사항으로서 공개될 경우 사생활의 비밀 또는 자유를 침해할 우려가 있다고 인정되는 정보는 비공개할 수 있다.
예외	다음과 같은 정보는 공개하여야 한다. ① 법령에서 정하는 바에 따라 열람할 수 있는 정보 ② 공공기관이 공표를 목적으로 작성하거나 취득한 정보로서 사생활의 비밀 또는 자유를 부당하게 침해하지 아니하는 정보 ③ 공공기관이 작성하거나 취득한 정보로서 공개하는 것이 공익이나 개인의 권리 구제를 위하여 필요하다고 인정되는 정보 ④ 직무를 수행한 공무원의 성명·직위 ⑤ 공개하는 것이 공익을 위하여 필요한 경우로서 법령에 따라 국가 또는 지방자치단체가 업무의 일부를 위탁 또는 위촉한 개인의 성명·직업

Winner's 비공개 대상 : 개인식별정보 (×), 사생활의 비밀 침해우려 (○)

1. 개인의 사생활의 비밀을 침해할 우려가 있는 정보가 개인식별정보에 한정되는지 여부(부정)

공공기관의 정보공개에 관한 법률(이하 '정보공개법'이라 한다)의 개정 연혁, 내용 및 취지 등에 헌법상 보장되는 사생활의 비밀 및 자유의 내용을 보태어 보면, 정보공개법 제9조 제1항 제6호 본문의 규정에 따라 비공개대상이 되는 정보에는 구 공공기관의 정보공개에 관한 법률(2004. 1. 29. 법률 제7127호로 전부 개정되기 전의 것, 이하 같다)의 이름·주민등록번호 등 정보 형식이나 유형을 기준으로 비공개대상정보에 해당하는지를 판단하는 '개인식별정보'뿐만 아니라 그 외에 정보의 내용을 구체적으로 살펴 '개인에 관한 사항의 공개로 개인의 내밀한 내용의 비밀 등이 알려지게 되고, 그 결과 인격적·정신적 내면생활에 지장을 초래하거나 자유로운 사생활을 영위할 수 없게 될 위험성이 있는 정보'도 포함된다(대판 2012.6.18. 2011두2361 전합). 〈13. 국회 8급〉, 〈20. 지방 9급〉

2. 지방자치단체의 업무추진비 세부항목별 집행내역 등에 포함된 개인정보(비공개)

공공기관의정보공개에관한법률 제7조 제1항 제6호 단서 (다)목 소정의 '공개하는 것이 공익을 위하여 필요하다고 인정되는 정보'에 해당하는지 여부는 비공개에 의하여 보호되는 개인의 사생활 보호 등의 이익과 공개에 의하여 보호되는 국정운영의 투명성 확보 등의 공익을 비교·교량하여 구체적 사안에 따라 신중히 판단하여야 한다. 지방자치단체의 업무추진비 세부항목별 집행내역 및 그에 관한 증빙서류에 포함된 개인에 관한 정보는 '공개하는 것이 공익을 위하여 필요하다고 인정되는 정보'에 해당하지 않는다(대판 2003.3.11. 2001두6425). 〈11. 국가 9급〉, 〈18. 서울 9급〉, 〈19. 지방 9급〉

3. 사면대상자들의 사면실시건의서 등 정보(공개)

사면대상자들의 사면실시건의서와 그와 관련된 국무회의 안건자료에 관한 정보는 그 공개로 얻는 이익이 그로 인하여 침해되는 당사자들의 사생활의 비밀에 관한 이익보다 더욱 크므로 구 공공기관의 정보공개에 관한 법률(2004. 1. 29. 법률 제7127호로 전문개정되기 전의 것) 제7조 제1항 제6호에서 정한 비공개사유에 해당하지 않는다(대판 2006.12.7. 2005두241). 〈15. 사회복지 9급〉

4. 재개발사업에 관한 자료(비공개)

재개발사업에 관한 이해관계인이 공개를 청구한 자료 중 일부는 개인의 인적사항, 재산에 관한 내용이 포함되어 있어서 공개될 경우에는 타인의 사생활의 비밀과 자유를 침해할 우려가 있으며, 그 자료의 분량이 합계 9,029매에 달하기 때문에 이를 공개하기 위하여는 행정업무에 상당한 지장을 초래할 가능성이 있고, 그 자료의 공개로 공익이 실현된다고 볼 수도 없다는 이유로, 재개발사업에 관한 정보공개청구를 배척한 것은 위법이 없다(대판 1997.5.23. 96누2439). 〈10. 국가 9급〉

5. 오송분기역 유치와 관련한 개인의 성명(비공개)

피고가 비공개한 이 사건 정보 중 개인의 주민등록번호·주소·계좌번호·신용카드 번호 및 사업자의 사업자등록번호, 주소 중 번지는 이 사건 공개청구의 취지 및 목적에 비추어도 반드시 필요한 정보라고 보기 어렵고, 위 정보들까지 공개하도록 하는 것은 개인의 사생활의 비밀 등의 정당한 이익을 지나치게 침해할 우려가 있어 이 부분의 공개까지도 요구하는 원고의 주장은 이유 없다고 판단하는 한편, … 이 사건 정보 중 개인의 성명은 원심이 공개를 허용하지 않은 다른 정보들과 마찬가지로 개인의 신상에 관한 것으로서 그 정보가 공개될 경우 해당인의 사생활이 침해될 염려가 있다고 인정되는 반면, 원심이 공개대상으로 삼은 개인의 성명 외의 나머지 거래내역 등의 공개만으로도 오송유치위가 오송분기역 유치와 관련하여 청원군으로부터 지급받은 보조금의 사용내역 등을 확인할 수 있을 것으로 보이므로, 개인의 성명의 비공개에 의하여 보호되는 해당 개인의 사생활 비밀 등의 이익은 국정운영의 투명성 확보 등의 공익보다 더 중하다고 할 것이다(대판 2009.10.29. 2009두14224).

> **Winner's** 정보의 공개 여부 : 주민등록번호 등 (×), 개인의 성명 (×), 거래내역 (○)

6. 대학수학능력시험 수험생의 원점수정보(공개)

대학수학능력시험 수험생의 원점수정보에 관한 공개청구를 행정청이 거부한 사안에서, 각 수험생의 인적사항에 관한 정보를 청구인이 공개청구한 것으로 보이지 않으므로 원점수정보가 공공기관의 정보공개에 관한 법률 제9조 제1항 제6호에서 정한 비공개대상 정보에 해당하지 아니하고, 이와 달리 보더라도 원점수정보 중 수험생의 수험번호·성명·주민등록번호 등 인적사항을 제외한 나머지 부분만을 공개하는 것이 타당하다(대판 2010.2.11. 2009두6001).

7. 공무원이 직무와 관련 없이 개인적 자격으로 금품을 수령한 정보(비공개)

금품수령자정보 중 공무원이 직무와 관련하여 금품을 수령한 정보는 '공개하는 것이 공익을 위하여 필요하다고 인정되는 정보'에 해당한다고 인정된다 하더라도, 위 공무원의 주민등록번호와 공무원이 직무와 관련 없이 개인적인 자격 등으로 금품을 수령한 경우의 정보는 그 공무원의 사생활 보호라는 관점에서 보더라도 그 정보가 공개되는 것은 바람직하지 않으며 위 정보의 비공개에 의하여 보호되는 이익보다 공개에 의하여 보호되는 이익이 우월하다고 할 수도 없으므로 이는 '공개하는 것이 공익을 위하여 필요하다고 인정되는 정보'에 해당하지 않는다고 봄이 상당하다(대판 2004.8.20. 2003두8302). 〈15. 사회복지 9급〉

> **Winner's** 공무원이 수령한 금품정보의 공개 여부 : 직무와 관련 있음 (○), 직무와 관련 없음 (×)

8. 피의자신문조서 등에 기재된 피의자 등의 인적사항 이외의 진술내용(비공개 가능)

비공개대상정보에는 성명·주민등록번호 등 '개인식별정보'뿐만 아니라 그 외에 정보의 내용에 따라 '개인에 관한 사항의 공개로 인하여 개인의 내밀한 내용의 비밀 등이 알려지게 되고, 그 결과 인격적·정신적 내면생활에 지장을 초래하거나 자유로운 사생활을 영위할 수 없게 될 위험성이 있는 정보'도 포함된다. 따라서 불기소처분 기록이나 내사기록 중 피의자신문조서 등 조서에 기재된 피의자 등의 인적사항 이외의 진술내용 역시 개인의 사생활의 비밀 또는 자유를 침해할 우려가 인정되는 경우에는 위 비공개대상정보에 해당한다(대판 2017.9.7. 2017두44558). 〈18. 지방 9급〉

(7) 법인의 영업비밀 등

원칙	법인·단체 또는 개인의 경영상·영업상 비밀에 관한 사항으로서 공개될 경우 법인등의 정당한 이익을 현저히 해칠 우려가 있다고 인정되는 정보는 비공개할 수 있다.
예외	다음과 같은 정보는 공개하여야 한다. ① 사업활동에 의하여 발생하는 위해(危害)로부터 사람의 생명·신체 또는 건강을 보호하기 위하여 공개할 필요가 있는 정보 ② 위법·부당한 사업활동으로부터 국민의 재산 또는 생활을 보호하기 위하여 공개할 필요가 있는 정보

1. 비공개대상인 '법인 등의 경영·영업상 비밀'은 「부정경쟁방지 및 영업비밀보호에 관한 법률」 제2조 제2호에 규정된 '영업비밀'에 한정되는지 여부(부정)

정보공개법 제9조 제1항 제7호로 '법인·단체 또는 개인의 경영·영업상 비밀로서 공개될 경우 법인 등의 정당한 이익을 현저히 해할 우려가 있다고 인정되는 정보'를 비공개대상 정보로 규정하고 있다. 이와 같은 양 법의 입법 목적과 규율대상 등 여러 사정을 고려하여 보면, 정보공개법 제9조 제1항 제7호 소정의 '법인 등의 경영·영업상 비밀'은 부정경쟁방지법 제2조 제2호 소정의 '영업비밀'에 한하지 않고, '타인에게 알려지지 아니함이 유리한 사업활동에 관한 일체의 정보' 또는 '사업활동에 관한 일체의 비밀사항'으로 해석함이 상당하다(대판 2008.10.23. 2007두1798). 〈14. 지방 9급〉, 〈18. 서울 7급〉

2. 공개를 거부할 만한 정당한 이익을 판단할 때 공익법인에 대해서는 보다 소극적으로 판단하여야 하는지 여부(긍정)

공공기관의 정보공개에 관한 법률의 입법 목적 등을 고려하여 보면, 제9조 제1항 제7호에서 정한 '법인 등의 경영·영업상 비밀'은 '타인에게 알려지지 아니함이 유리한 사업활동에 관한 일체의 정보' 또는 '사업활동에 관한 일체의 비밀사항'을 의미하는 것이고, 그 공개 여부는 공개를 거부할 만한 정당한 이익이 있는지 여부에 따라 결정되어야 하는바, 그 정당한 이익이 있는지 여부는 앞서 본 공공기관의 정보 공개에 관한 법률의 입법 취지에 비추어 이를 엄격하게 판단하여야 할 뿐만 아니라, 국민에 의한 감시의 필요성이 크고 이를 감수하여야 하는 면이 강한 공익법인에 대하여는 보다 소극적으로 판단하여야 한다(대판 2010.12.23. 2008두13101).

Winner's 공익법인 정보 비공개의 정당한 이익의 판단 : 적극적 판단 (×), 소극적 판단 (○)

3. 한국방송공사의 예산집행의 증빙(공개)

정보공개법 제9조 제1항 제7호 소정의 비공개대상정보인 '법인 등의 경영·영업상 비밀'이란 '일반적으로 알려져 있지 아니하고 독립된 경제적 가치를 가지며, 상당한 노력에 의하여 비밀로 유지·관리된 생산방법, 판매방법 기타 영업활동에 유용한 기술상 또는 경영상의 정보'를 말한다고 전제한 후, 이 사건 정보에 피고 주장과 같이 거래일시 및 거래장소 등의 정보가 기재되어 있다 하더라도 그 정보가 피고의 영업상 유·무형의 비밀에 해당한다거나 이를 공개할 경우 피고의 정당한 이익이 현저히 침해받는다고 인정할 만한 아무런 근거가 없는 반면, 오히려 피고가 텔레비전 수상기를 소지한 국민들이 납부하는 수신료 등으로 운영되는 공영방송사로서 이 사건 업무추진비 등에 대하여 자의적이고 방만한 예산집행의 여지를 미리 차단하고 시민들의 감시를 보장함으로써 그 집행의 합법성과 효율성을 확보하기 위하여서라도 그 집행증빙을 공개할 필요성이 크다(대판 2008.10.23. 2007두1798).

4. 법인 등이 거래하는 금융기관의 계좌번호에 관한 정보(비공개)

법 제7조 제1항 제7호의 입법 취지와 내용에 비추어 볼 때, 법인 등의 상호, 단체명, 영업소명, 사업자등록번호 등에 관한 정보는 법인 등의 영업상 비밀에 관한 사항으로서 공개될 경우 법인 등의 정당한 이익을 현저히 해할 우려가 있다고 인정되는 정보에 해당하지 아니하지만, **법인 등이 거래하는 금융기관의 계좌번호에 관한 정보는 법인 등의 영업상 비밀에 관한 사항으로서 법인 등의 이름과 결합하여 공개될 경우 당해 법인 등의 영업상 지위가 위협받을 우려가 있다고 할 것이므로 위 정보는 법인 등의 영업상 비밀에 관한 사항으로서 공개될 경우 법인 등의 정당한 이익을 현저히 해할 우려가 있다고 인정되는 정보에 해당한다고 할 것이다**(대판 2004.8.20. 2003두8302). 〈16. 국가 7급〉, 〈17. 국가 7급(10월)〉

(8) 부동산 투기 우려가 있는 정보 등

공개될 경우 부동산 투기, 매점매석 등으로 특정인에게 이익 또는 불이익을 줄 우려가 있다고 인정되는 정보는 비공개할 수 있다. 〈18. 지방 9급〉

Winner's 정보의 공개 여부

공개	비공개
① 사법시험 제2차 시험의 답안지	① 시험문항에 대한 채점위원별 채점 결과의 열람 ② 치과의사 시험문제
② 시장 등의 의사결정의 공표 후 회의록 공개	③ 의사가 결정되거나 집행된 경우 의사결정과정이 기록된 회의록 공개
③ 2002학년도부터 2005학년도까지의 대학수학능력시험 원데이터 ④ 대학수학능력시험 수험생의 원점수정보	④ 국가 수준 학업성취도평가자료
⑤ 교도소 근무보고서 ⑥ 징벌위원회에서의 재소자 진술, 문답 등 징벌절차	⑤ 교도소 징벌위원회에서 비공개 하기로 의결한 사항
⑦ 검찰보존사무규칙상의 열람·등사 ⑧ 교육공무원승진규정의 근무성적평정 ⑨ 한국방송공사의 예산집행의 증빙 ⑩ 이미 공개되어 있거나 인터넷 검색을 통해서 쉽게 알 수 있는 경우 ⑪ 무상보상평수 산출내역 ⑫ 사면실시건의서 등 정보	⑥ 한국형 다목적 헬기(KMH) 도입사업 ⑦ 국가정보원의 현금급여 등 정보 ⑧ 국가정보원의 조직·소재지 및 정원 ⑨ 보안관찰 관련 통계자료 ⑩ 학교환경위생정화위원회의 회의록의 개인의 인적사항 ⑪ 내부 감사과정에서 경찰관들에게서 받은 경위서 ⑫ 학교폭력대책자치위원회 회의록 ⑬ 지방자치단체의 업무추진비 세부항목별 집행내역 등에 포함된 개인정보 ⑭ 재개발사업에 관한 자료 ⑮ 오송분기역 유치와 관련한 개인의 성명 ⑯ 공무원이 직무와 관련 없이 개인적 자격으로 금품을 수령한 정보 ⑰ 진행 중인 재판의 심리나 결과에 구체적 영향을 미칠 수 있는 정보

⑱ 독립유공자서훈 공적심사위원회의 회의록
⑲ 상대방을 괴롭힐 목적이나 부당한 이득을 획득하기 위한 공개청구
⑳ 피의자 인적사항 이외의 정보이나 사생활 침해우려가 있는 정보
㉑ 법인 등이 거래하는 금융기관의 계좌번호에 관한 정보

6. 정보공개청구권자 〈10. 지방 9급〉, 〈12. 국가 9급〉

국민	① 정보공개청구권은 모든 국민이 가진다(정보공개법 제5조 제1항). ② 그 정보에 이해관계가 없더라도 청구할 수 있으며, 청구의 목적에도 특별한 제한이 없는 것이 원칙이다.
외국인	① 국내에 일정한 주소를 두고 거주하거나 학술·연구를 위하여 일시적으로 체류하는 자, ② 국내에 사무소를 두고 있는 법인 또는 단체는 가능하다(정보공개법 제5조 제2항, 정보공개법 시행령 제3조).

1. 정보공개법상 국민에는 자연인·법인·비법인❶이 모두 포함되는지 여부(긍정)

공공기관의정보공개에관한법률 제6조 제1항은 "모든 국민은 정보의 공개를 청구할 권리를 가진다."고 규정하고 있는데, 여기에서 말하는 국민에는 자연인은 물론 법인, 권리능력 없는 사단·재단도 포함되고, 법인, 권리능력 없는 사단·재단 등의 경우에는 설립목적을 불문하며, 한편 정보공개청구권은 법률상 보호되는 구체적인 권리이므로 청구인이 공공기관에 대하여 정보공개를 청구하였다가 거부처분을 받은 것 자체가 법률상 이익의 침해에 해당한다(대판 2003.12.12. 2003두8050). 〈17. 국가 9급〉

용어설명 ❶ 비법인 : 법인격 없는 단체

2. 상대방을 괴롭힐 목적으로 청구하는 것이 가능한지 여부(부정)

구 공공기관의 정보공개에 관한 법률(2004. 1. 29. 법률 제7127호로 전문개정되기 전의 것)의 목적, 규정 내용 및 취지에 비추어 보면 정보공개청구의 목적에 특별한 제한이 없으므로, 오로지 상대방을 괴롭힐 목적으로 정보공개를 구하고 있다는 등의 특별한 사정이 없는 한 정보공개의 청구가 신의칙에 반하거나 권리남용에 해당한다고 볼 수 없다(대판 2006.8.24. 2004두2783). 〈23. 소방〉

3. 교도소에 복역 중인 자가 강제노역 회피를 목적으로 한 정보공개청구가 권리남용에 해당하는지 여부(긍정)

교도소에 복역 중인 갑이 지방검찰청 검사장에게 자신에 대한 불기소사건 수사기록 중 타인의 개인정보를 제외한 부분의 공개를 청구하였으나 검사장이 구 공공기관의 정보공개에 관한 법률(2013. 8. 6. 법률 제11991호로 개정되기 전의 것) 제9조 제1항 등에 규정된 비공개대상정보에 해당한다는 이유로 비공개결정을 한 사안에서, 갑은 위 정보에 접근하는 것을 목적으로 정보공개를 청구한 것이 아니라, 청구가 거부되면 거부처분의 취소를 구하는 소송에서 승소한 뒤 소송비용 확정절차를 통해 자신이 그 소송에서 실제 지출한 소송비용 보다 다액을 소송비용으로 지급받아 금전적 이득을 취하거나, 수감 중 변론기일에 출정하여 강제노역을 회피하는 것 등을 목적으로 정보공개를 청구하였다고 볼 여지가 큰 점 등에 비추어 갑의 정보공개청구는 권리를 남용하는 행위로서 허용되지 않는다(대판 2014.12.24. 2014두9349). 〈17. 지방 7급〉, 〈19. 서울 9급〉

4. 국민의 정보공개청구권은 법률상 보호되는 구체적인 권리인지 여부(긍정)

국민의 정보공개청구권은 법률상 보호되는 구체적인 권리이므로, 공공기관에 대하여 정보의 공개를 청구

하였다가 공개거부처분을 받은 청구인은 행정소송을 통하여 그 공개거부처분의 취소를 구할 법률상의 이익이 있고, 공개청구의 대상이 되는 정보가 이미 다른 사람에게 공개되어 널리 알려져 있다거나 인터넷 등을 통하여 공개되어 인터넷검색 등을 통하여 쉽게 알 수 있다는 사정만으로는 소의 이익이 없다거나 비공개결정이 정당화될 수 없다(대판 2010.12.23. 2008두13101). 〈18. 지방 9급〉, 〈19. 서울 9급〉

7. 공공기관의 의무

> 〈공공기관의 정보공개에 관한 법률〉 제6조(공공기관의 의무) ① 공공기관은 정보의 공개를 청구하는 국민의 권리가 존중될 수 있도록 이 법을 운영하고 소관 관계 법령을 정비하며, 정보를 투명하고 적극적으로 공개하는 조직문화 형성에 노력하여야 한다.
> ② 공공기관은 정보의 적절한 보존 및 신속한 검색과 국민에게 유용한 정보의 분석 및 공개 등이 이루어 지도록 정보관리체계를 정비하고, 정보공개 업무를 주관하는 부서 및 담당하는 인력을 적정하게 두어야 하며, 정보통신망을 활용한 정보공개시스템 등을 구축하도록 노력하여야 한다.
> ③ 행정안전부장관은 공공기관의 정보공개에 관한 업무를 종합적·체계적·효율적으로 지원하기 위하여 통합정보공개시스템을 구축·운영하여야 한다.
> ④ 공공기관(국회·법원·헌법재판소·중앙선거관리위원회는 제외한다)이 제2항에 따른 정보공개시스템을 구축하지 아니한 경우에는 제3항에 따라 행정안전부장관이 구축·운영하는 통합정보공개시스템을 통하여 정보공개 청구 등을 처리하여야 한다.
> ⑤ 공공기관은 소속 공무원 또는 임직원 전체를 대상으로 국회규칙·대법원규칙·헌법재판소규칙·중앙선거관리위원회규칙 및 대통령령으로 정하는 바에 따라 이 법 및 정보공개 제도 운영에 관한 교육을 실시하여야 한다.

8. 정보공개담당자의 의무

공공기관의 정보공개 담당자(정보공개 청구 대상 정보와 관련된 업무 담당자를 포함한다)는 정보공개 업무를 성실하게 수행하여야 하며, 공개 여부의 자의적인 결정, 고의적인 처리 지연 또는 위법한 공개 거부 및 회피 등 부당한 행위를 하여서는 아니 된다(정보공개법 제6조의2).

9. 정보의 사전적 공개

공공기관은 비공개대상으로 규정된 정보를 제외하고, 일정한 정보에 대해서는 정기적으로 공개하여야 한다.

> 〈공공기관의 정보공개에 관한 법률〉 제7조(정보의 사전적 공개 등) ① 공공기관은 다음 각 호의 어느 하나에 해당하는 정보에 대해서는 공개의 구체적 범위, 주기, 시기 및 방법 등을 미리 정하여 정보통신망 등을 통하여 알리고, 이에 따라 정기적으로 공개하여야 한다. 다만, 제9조제1항 각 호의 어느 하나에 해당하는 정보에 대해서는 그러하지 아니하다.
> 1. 국민생활에 매우 큰 영향을 미치는 정책에 관한 정보
> 2. 국가의 시책으로 시행하는 공사(工事) 등 대규모 예산이 투입되는 사업에 관한 정보
> 3. 예산집행의 내용과 사업평가 결과 등 행정감시를 위하여 필요한 정보
> 4. 그 밖에 공공기관의 장이 정하는 정보
> ② 공공기관은 제1항에 규정된 사항 외에도 국민이 알아야 할 필요가 있는 정보를 국민에게 공개하도록 적극적으로 노력하여야 한다.

10. 정보목록의 작성·비치

공공기관은 그 기관이 보유·관리하는 정보에 대하여 국민이 쉽게 알 수 있도록 정보목록을 작성하여 갖추어 두고, 그 목록을 정보통신망을 활용한 정보공개시스템 등을 통하여 공개하여야 한다. 다만, 정보목록 중 비공개대상 정보가 포함되어 있는 경우에는 해당 부분을 갖추어 두지 아니하거나 공개하지 아니할 수 있다(정보공개법 제8조 제1항). 공공기관은 정보의 공개에 관한 사무를 신속하고 원활하게 수행하기 위하여 정보공개 장소를 확보하고 공개에 필요한 시설을 갖추어야 한다(정보공개법 제8조 제2항).

11. 공개대상 정보의 원문공개

공공기관 중 중앙행정기관 및 대통령령으로 정하는 기관은 전자적 형태로 보유·관리하는 정보 중 공개대상으로 분류된 정보를 국민의 정보공개 청구가 없더라도 정보통신망을 활용한 정보공개시스템 등을 통하여 공개하여야 한다(정보공개법 제8조의2).

12. 정보공개의 절차

(1) 청구방식

> 〈공공기관의 정보공개에 관한 법률〉 제10조(정보공개의 청구방법) ① 정보의 공개를 청구하는 자(이하 '청구인'이라 한다)는 해당 정보를 보유하거나 관리하고 있는 공공기관에 다음 각 호의 사항을 적은 정보공개 청구서를 제출하거나 말로써 정보의 공개를 청구할 수 있다.
> 1. 청구인의 성명·생년월일·주소 및 연락처(전화번호·전자우편주소 등을 말한다. 이하 이 조에서 같다). 다만, 청구인이 법인 또는 단체인 경우에는 그 명칭, 대표자의 성명, 사업자등록번호 또는 이에 준하는 번호, 주된 사무소의 소재지 및 연락처를 말한다.
> 2. 청구인의 주민등록번호(본인임을 확인하고 공개 여부를 결정할 필요가 있는 정보를 청구하는 경우로 한정한다)
> 3. 공개를 청구하는 정보의 내용 및 공개방법
> ② 제1항에 따라 청구인이 말로써 정보의 공개를 청구할 때에는 담당 공무원 또는 담당 임직원(이하 '담당공무원등'이라 한다)의 앞에서 진술하여야 하고, 담당공무원 등은 정보공개 청구조서를 작성하여 이에 청구인과 함께 기명날인하거나 서명하여야 한다.

Winner's 청구방식 : 서면 원칙 (×), 서면 또는 말 (○)

(2) 정보공개의 결정기간

원칙	공공기관은 정보공개의 청구가 있는 때에 청구를 받은 날부터 10일 이내에 공개 여부를 결정하여야 하는 것이 원칙이다(정보공개법 제11조 제1항).
예외	① 부득이한 사유로 10일 이내에 공개 여부를 결정할 수 없을 때에는 그 기간이 끝나는 날의 다음 날부터 기산(起算)하여 10일의 범위에서 공개 여부의 결정기간을 연장할 수 있다. ② 연장하는 경우에는 연장된 사실과 연장사유를 청구인에게 지체 없이 문서로 통지하여야 한다(정보공개법 제11조 제2항).

(3) 공개결정의 통지

공개 결정	공개의 일시 및 장소 등을 분명히 밝혀 청구인에게 통지하여야 한다(정보공개법 제13조 제1항).
비공개 결정	① 청구인에게 지체 없이 문서로 통지하여야 한다. ② 어느 규정에 해당하는 비공개 대상 정보인지를 포함한 비공개이유와 불복(不服)의 방법 및 절차를 구체적으로 밝혀야 한다(정보공개법 제13조 제5항).

1. 비공개결정을 전자문서로 통지할 수 있는지 여부(긍정)

갑이 재판기록 일부의 정보공개를 청구한 데 대하여 서울행정법원장이 민사소송법 제162조를 이유로 소송기록의 정보를 비공개한다는 결정을 전자문서로 통지한 사안에서, '문서'에 '전자문서'를 포함한다고 규정한 구 공공기관의 정보공개에 관한 법률(2013. 8. 6. 법률 제11991호로 개정되기 전의 것, 이하 '정보공개법'이라 한다) 제2조와 정보의 비공개결정을 '문서'로 통지하도록 정한 정보공개법 제13조 제4항의 규정에 의하면 정보의 비공개결정은 전자문서로 통지할 수 있고, 위 규정들은 행정절차법 제3조 제1항에서 행정절차법의 적용이 제외되는 것으로 정한 '다른 법률'에 특별한 규정이 있는 경우에 해당하므로, 비공개결정 당시 정보의 비공개결정은 정보공개법 제13조 제4항에 의하여 전자문서로 통지할 수 있다(대판 2014.4.10. 2012두17384). 〈19. 국가 9급〉

2. 개괄적 사유에 의한 아파트 분양원가 공개 거부(위법)

원심이 인정한 바와 같이 피고가 이 사건 처분 당시 이 사건 행정정보의 어느 부분이 구 정보공개법 제7조 제1항 몇 호에서 정하고 있는 비공개사유에 해당하는지 구체적으로 적시하지 아니한 채 "아파트 분양원가에 대한 구체적인 검증수단과 주택사업의 적정수익률에 대한 사회적 합의가 없는 상태에서 분양원가 공개는 끝없는 논쟁의 대상이 될 뿐이어서 효과보다 문제점이 클 것으로 예상된다"는 취지의 추상적이고 개괄적 이유만을 처분사유로 들어 이 사건 행정정보의 공개를 거부하였다면, 이는 처분사유를 제시한 적법한 처분이라고 볼 수 없으므로 그와 같이 본 원심의 판단은 정당하고, 거기에 법 제7조 소정의 비공개대상 정보에 관한 법리오해 등의 위법이 없다(대판 2007.2.8. 2006두4899).

Winner's 비공개 사유 명시 : 구체적 사유 (○), 개괄적, 추상적 사유 (×)

(4) 정보공개의 방법

원칙	정보의 공개는 원본으로 함이 원칙이다.
예외	① 그 정보의 원본이 더럽혀지거나 파손될 우려가 있거나 그 밖에 상당한 이유가 있다고 인정할 때에는 그 정보의 사본·복제물을 공개할 수 있다(정보공개법 제13조 제4항). ② 공공기관은 청구인이 사본 또는 복제물의 교부를 원하는 경우에는 이를 교부하여야 한다(정보공개법 제13조 제2항).

1. 공공기관이 보유한 문서가 원본에 한정되어야 하는지 여부(부정)

공공기관의 정보공개에 관한 법률상 공개청구의 대상이 되는 정보란 공공기관이 직무상 작성 또는 취득하여 현재 보유·관리하고 있는 문서에 한정되는 것이기는 하나, 그 문서가 반드시 원본일 필요는 없다(대판 2006.5.25. 2006두3049). 〈10. 국가 9급〉, 〈15. 사회복지 9급〉

2. 공무원이 보관한 문서에 대한 공개는 정보공개법을 따라야 하는지 여부(긍정)

민사소송법 제344조 제2항은 같은 조 제1항에서 정한 문서에 해당하지 아니한 문서라도 문서의 소지자는 원칙적으로 그 제출을 거부하지 못하나, 다만 '공무원 또는 공무원이었던 사람이 그 직무와 관련하여 보관하거나 가지고 있는 문서'는 예외적으로 제출을 거부할 수 있다고 규정하고 있는바, 여기서 말하는 '공무원 또는 공무원이었던 사람이 그 직무와 관련하여 보관하거나 가지고 있는 문서'는 국가기관이 보유·관리하는 공문서를 의미한다고 할 것이고, 이러한 공문서의 공개에 관하여는 공공기관의 정보공개에 관한 법률에서 정한 절차와 방법에 의하여야 할 것이다(대결 2010.1.19. 2008마546). 〈12. 국가 9급〉

3. 공공기관은 공개방법을 선택할 재량권이 있는지 여부(부정)

법 제2조 제2항, 제3조, 제5조, 제8조 제1항, 법 시행령 제14조, 법 시행규칙 제2조 [별지 제1호 서식] 등의 각 규정을 종합하면, 정보공개를 청구하는 자가 공공기관에 대해 정보의 사본 또는 출력물의 교부의 방법으로 공개방법을 선택하여 정보공개청구를 한 경우에 공개청구를 받은 공공기관으로서는 법 제8조 제2항에서 규정한 정보의 사본 또는 복제물의 교부를 제한할 수 있는 사유에 해당하지 않는 한 정보공개청구자가 선택한 공개방법에 따라 정보를 공개하여야 하므로 그 공개방법을 선택할 재량권이 없다고 해석함이 상당하다(대판 2003.3.11. 2002두2918). 〈24. 국가 9급〉

4. 청구인이 신청한 공개방법 이외의 방법으로 공개하는 결정이 일부거부처분에 해당하는지 여부(긍정)

구 공공기관의 정보공개에 관한 법률(2013. 8. 6. 법률 제11991호로 개정되기 전의 것, 이하 '구 정보공개법'이라고 한다)은, 정보의 공개를 청구하는 이(이하 '청구인'이라고 한다)가 정보공개방법도 아울러 지정하여 정보공개를 청구할 수 있도록 하고 있고, 전자적 형태의 정보를 전자적으로 공개하여 줄 것을 요청한 경우에는 공공기관은 원칙적으로 요청에 응할 의무가 있고, 나아가 비전자적 형태의 정보에 관해서도 전자적 형태로 공개하여 줄 것을 요청하면 재량판단에 따라 전자적 형태로 변환하여 공개할 수 있도록 하고 있다. 이는 정보의 효율적 활용을 도모하고 청구인의 편의를 제고함으로써 구 정보공개법의 목적인 국민의 알 권리를 충실하게 보장하려는 것이므로, 청구인에게는 특정한 공개방법을 지정하여 정보공개를 청구할 수 있는 법령상 신청권이 있다. 따라서 공공기관이 공개청구의 대상이 된 정보를 공개는 하되, 청구인이 신청한 공개방법 이외의 방법으로 공개하기로 하는 결정을 하였다면, 이는 정보공개청구 중 정보공개방법에 관한 부분에 대하여 일부 거부처분을 한 것이고, 청구인은 그에 대하여 항고소송으로 다툴 수 있다(대판 2016.11.10. 2016두44674). 〈18. 국가 7급〉

(5) 복사물 제한

공개대상정보의 양이 너무 많아 정상적인 업무수행에 현저한 지장을 초래할 우려가 있는 경우에는 정보의 사본·복제물을 일정 기간별로 나누어 제공하거나 열람과 병행하여 제공할 수 있다(정보공개법 제13조 제3항). 〈18. 서울 7급(3월)〉

(6) 부분공개

대상 정보에 공개정보와 비공개정보가 혼합되어 있는 경우에는 공개청구의 취지에 어긋나지 않는 범위 안에서 분리가능한 경우에는 비공개부분을 제외하고 공개하여야 한다(정보공개법 제14조). 〈11. 지방 9급〉, 〈12. 국가 9급〉

1. 공개대상정보와 비공개대상정보가 혼합된 경우에 양자가 분리가능한 경우 부분공개가 가능한지 여부(긍정)

법원이 행정청의 정보공개 거부처분의 위법 여부를 심리한 결과 공개를 거부한 정보에 비공개대상 정보에 해당하는 부분과 공개가 가능한 부분이 혼합되어 있고 공개청구의 취지에 어긋나지 아니하는 범위 안에서 두 부분을 분리할 수 있음을 인정할 수 있을 때에는, 위 정보 중 공개가 가능한 부분을 특정하고 판결의 주문에 행정청의 위 거부처분 중 공개가 가능한 정보에 관한 부분만을 취소한다고 표시하여야 한다(대판 2003.3.11. 2001두6425). 〈10. 국가 9급〉

2. 한·일 군사정보보호협정 회의자료 및 회의록 등의 부분공개 (부정)

갑이 외교부장관에게 한·일 군사정보보호협정 및 한·일 상호군수지원협정과 관련하여 각종 회의자료 및 회의록 등의 정보에 대한 공개를 청구하였으나, 외교부장관이 공개 청구 정보 중 일부를 제외한 나머지 정보들에 대하여 비공개 결정을 한 사안에서, 위 정보는 구 공공기관의 정보공개에 관한 법률 제9조 제1항 제2호, 제5호에 정한 비공개대상정보에 해당하고, 공개가 가능한 부분과 공개가 불가능한 부분을 쉽게 분리하는 것이 불가능하여 같은 법 제14조에 따른 부분공개도 가능하지 않다고 본 원심판단이 정당하다(대판 2019.1.17. 2015두46512).

(7) 즉시공개

〈공공기관의 정보공개에 관한 법률〉 **제16조 (즉시 처리가 가능한 정보의 공개)** 다음 각 호의 어느 하나에 해당하는 정보로서 즉시 또는 말로 처리가 가능한 정보에 대해서는 제11조에 따른 절차를 거치지 아니하고 공개하여야 한다. 〈11. 국가 9급〉
1. 법령 등에 따라 공개를 목적으로 작성된 정보
2. 일반국민에게 알리기 위하여 작성된 각종 홍보자료
3. 공개하기로 결정된 정보로서 공개에 오랜 시간이 걸리지 아니하는 정보
4. 그 밖에 공공기관의 장이 정하는 정보

(8) 정보의 전자적 공개(정보공개법 제15조)

전자적 형태인 경우	청구인이 전자적 형태로 공개하여 줄 것을 요청하는 경우에는 그 정보의 성질상 현저히 곤란한 경우를 제외하고는 청구인의 요청에 따라야 한다. 〈13. 지방 9급〉
전자적 형태가 아닌 경우	청구인이 전자적 형태로 공개하여 줄 것을 요청한 경우에는 정상적인 업무수행에 현저한 지장을 초래하거나 그 정보의 성질이 훼손될 우려가 없으면 그 정보를 전자적 형태로 변환하여 공개할 수 있다.

Winner's 전자형태로 되어 있는 정보의 공개 : 공개하여야 (○), 공개할 수 (×)

청구인이 구하는 대로 되어 있지 않은 전자적 형태라도 보유·관리하고 있다고 볼 여지가 있는지 여부(긍정)

전자적 형태로 보유·관리되는 정보의 경우에는, 그 정보가 청구인이 구하는 대로는 되어 있지 않다고 하더라도, 공개청구를 받은 공공기관이 공개청구대상정보의 기초자료를 전자적 형태로 보유·관리하고 있고, 당해 기관에서 통상 사용되는 컴퓨터 하드웨어 및 소프트웨어와 기술적 전문지식을 사용하여 그 기초자료를 검색하여 청구인이 구하는 대로 편집할 수 있으며, 그러한 작업이 당해 기관의 컴퓨터 시스템 운용에 별다른 지장을 초래하지 아니한다면, 그 공공기관이 공개청구대상정보를 보유·관리하고 있는 것으로 볼 수 있고, 이러한 경우에 기초자료를 검색·편집하는 것은 새로운 정보의 생산 또는 가공에 해당한다고 할 수 없다(대판 2014.6.12. 2013두4309).

(9) 비용부담

① 부담자: 정보의 공개 및 우송 등에 드는 비용은 실비의 범위에서 청구인이 부담한다(정보공개법 제17조 제1항). 왜냐하면, 정보공개는 기본적으로 청구인의 이익을 위한 것이므로, 이를 무료로 하여 국민일반의 부담으로 하는 것은 부당하기 때문이다. 〈14. 서울 9급〉

Winner's 정보공개비용의 부담자 : 공공기관 (×), 청구인 (○)

② 감면❶: 공개를 청구하는 정보의 사용 목적이 공공복리의 유지·증진을 위하여 필요하다고 인정되는 경우에는 비용을 감면할 수 있다(정보공개법 제17조 제2항). 〈18. 서울 7급(3월)〉

용어설명 ❶ 감면 : 감경하거나 면제하는 것

Winner's 비용감면 : 감면할 수 (○), 감면하여야 (×), 감경할 수 (×)

(10) 민원으로 처리할 수 있는 경우

공공기관은 정보공개 청구가 ① 공개 청구된 정보가 공공기관이 보유·관리하지 아니하는 정보인 경우, ② 공개 청구의 내용이 진정·질의 등으로 이 법에 따른 정보공개 청구로 보기 어려운 경우의 어느 하나에 해당하는 경우로서「민원 처리에 관한 법률」에 따른 민원으로 처리할 수 있는 경우에는 민원으로 처리할 수 있다(정보공개법 제11조 제5항).

(11) 반복 청구 등의 처리

> 〈공공기관의 정보공개에 관한 법률〉 제11조의2(반복 청구 등의 처리) ① 공공기관은 제11조에도 불구하고 제10조제1항 및 제2항에 따른 정보공개 청구가 다음 각 호의 어느 하나에 해당하는 경우에는 정보공개 청구 대상 정보의 성격, 종전 청구와의 내용적 유사성·관련성, 종전 청구와 동일한 답변을 할 수밖에 없는 사정 등을 종합적으로 고려하여 해당 청구를 종결 처리할 수 있다. 이 경우 종결 처리 사실을 청구인에게 알려야 한다.
> 1. 정보공개를 청구하여 정보공개 여부에 대한 결정의 통지를 받은 자가 정당한 사유 없이 해당 정보의 공개를 다시 청구하는 경우
> 2. 정보공개 청구가 제11조제5항에 따라 민원으로 처리되었으나 다시 같은 청구를 하는 경우
> ② 공공기관은 제11조에도 불구하고 제10조제1항 및 제2항에 따른 정보공개 청구가 다음 각 호의 어느 하나에 해당하는 경우에는 다음 각 호의 구분에 따라 안내하고, 해당 청구를 종결 처리할 수 있다.
> 1. 제7조제1항에 따른 정보 등 공개를 목적으로 작성되어 이미 정보통신망 등을 통하여 공개된 정보를 청구하는 경우: 해당 정보의 소재(所在)를 안내
> 2. 다른 법령이나 사회통념상 청구인의 여건 등에 비추어 수령할 수 없는 방법으로 정보공개 청구를 하는 경우: 수령이 가능한 방법으로 청구하도록 안내

13. 관련기구

(1) 정보공개심의회

① 설치: 국가기관, 지방자치단체,「공공기관의 운영에 관한 법률」제5조에 따른 공기업 및 준정부기관,「지방공기업법」에 따른 지방공사 및 지방공단(이하 '국가기관등')은 정보공개 여부 등을 심의하기 위하여 정보공개심의회'를 설치·운영한다. 이 경우 국가기관 등의 규모와 업무성격, 지리적 여건, 청구인의 편의 등을 고려하여 소속 상급기관(지방공사·지방공

단의 경우에는 해당 지방공사·지방공단을 설립한 지방자치단체를 말한다)에서 협의를 거쳐 심의회를 통합하여 설치·운영할 수 있다(정보공개법 제12조 제1항).

> **각 공공기관의 장이 정보공개 여부의 결정권을 가지는지 여부(긍정)**
> 공공기관의 정보공개에 관한 법률 제9조 제1항, 제10조, 같은 법 시행령 제12조 등 관련 규정들의 취지를 종합할 때, 공개청구된 정보의 공개 여부를 결정하는 법적인 의무와 권한을 가진 주체는 공공기관의 장이고, 정보공개심의회는 공공기관의 장이 정보의 공개 여부를 결정하기 곤란하다고 보아 의견을 요청한 사항의 자문에 응하여 심의하는 것이다(대판 2002.3.15. 2001추95).

Winner's 정보공개심의회의 권한 : 공개 여부 심의 (○), 공개 여부 결정 (×)

② 구성: 심의회는 위원장 1명을 포함하여 5명 이상 7명 이하의 위원으로 구성한다(정보공개법 제12조 제2항).

③ 위원(정보공개법 제12조 제3항)

원칙	심의회의 위원은 소속 공무원, 임직원 또는 외부 전문가로 지명하거나 위촉하되, 그 중 3분의 2는 해당 국가기관 등의 업무 또는 정보공개의 업무에 관한 지식을 가진 외부 전문가로 위촉하여야 한다.
예외	국가안보·범죄수사 등의 업무를 주로 하는 국가기관은 그 국가기관의 장이 외부 전문가의 위촉 비율을 따로 정하되, 최소한 3분의 1 이상은 외부 전문가로 위촉하여야 한다. 〈18. 서울 7급(3월)〉

> **〈공공기관의 정보공개에 관한 법률〉 제12조의2(위원의 제척·기피·회피)** ① 심의회의 위원이 다음 각 호의 어느 하나에 해당하는 경우에는 심의회의 심의에서 제척(除斥)된다.
>   1. 위원 또는 그 배우자나 배우자이었던 사람이 해당 심의사항의 당사자(당사자가 법인·단체 등인 경우에는 그 임원 또는 직원을 포함한다. 이하 이 호 및 제2호에서 같다)이거나 그 심의사항의 당사자와 공동권리자 또는 공동의무자인 경우
>   2. 위원이 해당 심의사항의 당사자와 친족이거나 친족이었던 경우
>   3. 위원이 해당 심의사항에 대하여 증언, 진술, 자문, 연구, 용역 또는 감정을 한 경우
>   4. 위원이나 위원이 속한 법인 등이 해당 심의사항의 당사자의 대리인이거나 대리인이었던 경우
> ② 심의회의 심의사항의 당사자는 위원에게 공정한 심의를 기대하기 어려운 사정이 있는 경우에는 심의회에 기피(忌避) 신청을 할 수 있고, 심의회는 의결로 기피 여부를 결정하여야 한다. 이 경우 기피 신청의 대상인 위원은 그 의결에 참여할 수 없다.
> ③ 위원은 제1항 각 호에 따른 제척 사유에 해당하는 경우에는 심의회에 그 사실을 알리고 스스로 해당 안건의 심의에서 회피(回避)하여야 한다.
> ④ 위원이 제1항 각 호의 어느 하나에 해당함에도 불구하고 회피신청을 하지 아니하여 심의회 심의의 공정성을 해친 경우 국가기관등의 장은 해당 위원을 해촉하거나 해임할 수 있다.

④ 위원장: 위원 중에서 국가기관 등의 장이 지명하거나 위촉한다(정보공개법 제12조 제4항).

(2) 정보공개위원회

① 설치: 행정안전부장관 소속으로 정보공개위원회를 둔다(정보공개법 제22조). (23.11.17. 시행)

② 법적 지위: 정보공개에 관한 정책 수립 등을 심의·조정하는 기관이다.

> 〈공공기관의 정보공개에 관한 법률〉 제22조(정보공개위원회의 설치) 다음 각 호의 사항을 심의·조정하기 위하여 행정안전부장관 소속으로 정보공개위원회(이하 "위원회"라 한다)를 둔다.
> 1. 정보공개에 관한 정책 수립 및 제도 개선에 관한 사항
> 2. 정보공개에 관한 기준 수립에 관한 사항
> 3. 제12조에 따른 심의회 심의결과의 조사·분석 및 심의기준 개선 관련 의견제시에 관한 사항
> 4. 제24조제2항 및 제3항에 따른 공공기관의 정보공개 운영실태 평가 및 그 결과 처리에 관한 사항
> 5. 정보공개와 관련된 불합리한 제도·법령 및 그 운영에 대한 조사 및 개선권고에 관한 사항
> 6. 그 밖에 정보공개에 관하여 대통령령으로 정하는 사항

Winner's 정보공개위원회의 권한 : 정책수립 등 심의·조정 (○), 정책 의결 (×)

③ 구성: 위원회는 성별을 고려하여 위원장과 부위원장 각 1명을 포함한 11명의 위원으로 구성한다(정보공개법 제23조 제1항). 위원장을 포함한 7명은 공무원이 아닌 사람으로 위촉하여야 한다(정보공개법 제23조 제2항).

참고 위원의 자격(23.11.17. 시행)

1. 대통령령으로 정하는 관계중앙행정기관의 차관급 공무원이나 고위공무원단에 속하는 일반직 공무원
2. 정보공개에 관하여 학식과 경험이 풍부한 사람으로서 행정안전부장관이 위촉하는 사람
3. 시민단체(「비영리민간단체지원법」 제2조에 따른 비영리민간단체를 말한다)에서 추천한 사람으로서 행정안전부장관이 위촉하는 사람

④ 임기: 위원장·부위원장 및 위원의 임기는 2년으로 하며, 연임할 수 있다(정보공개법 제23조 제3항).

⑤ 정보누설 금지: 위원장·부위원장 및 위원은 정보공개업무와 관련하여 알게 된 정보를 누설하거나 그 정보를 이용하여 본인 또는 타인에게 이익 또는 불이익을 주는 행위를 하여서는 아니 된다(정보공개법 제23조 제4항).

⑥ 벌칙 적용: 위원장·부위원장 및 위원 중 공무원이 아닌 사람은 「형법」이나 그 밖의 법률에 따른 벌칙을 적용할 때에는 이를 공무원으로 본다(정보공개법 제23조 제5항).

Winner's 정보공개심의회와 정보공개위원회

구분	정보공개심의회	정보공개위원회
소속	각 공공기관	행정안전부장관
권한	공개 여부 심의	정책 수립 등 심의·조정

14. 불복구제절차

(1) 서설

정보의 비공개결정에 대해서는 청구인이 불복할 것이고, 공개결정에 대해서는 그 정보에 이해관계 있는 제3자가 불복하게 될 것이다. 정보공개법은 청구인과 제3자의 불복절차를 모두 규정하고 있다. 이의신청과 행정심판은 임의적 절차이므로 이의신청을 거치지 않고, 행정심판을 청구할 수 있으며, 행정심판절차를 거치지 아니하고 행정소송을 청구할 수 있다(정보공개법 제19조 제2항).

(2) 청구인의 불복절차

① 이의신청

신청기간	청구인이 정보공개와 관련한 공공기관의 비공개결정 또는 부분 공개결정에 대하여 불복이 있거나 정보공개청구 후 20일이 경과하도록 정보공개결정이 없는 때에는 공공기관으로부터 정보공개 여부의 결정 통지를 받은 날 또는 정보공개청구 후 20일이 경과한 날부터 30일 이내에 해당 공공기관에 문서로 이의신청을 할 수 있다(정보공개법 제18조 제1항).	
결정기간	원칙	공공기관은 이의신청을 받은 날부터 7일 이내에 그 이의신청에 대하여 결정하고 그 결과를 청구인에게 지체 없이 문서로 통지하여야 한다.
	예외	부득이한 사유로 정하여진 기간 이내에 결정할 수 없을 때에는 그 기간이 끝나는 날의 다음 날부터 기산하여 7일의 범위에서 연장할 수 있으며, 연장사유를 청구인에게 통지하여야 한다(정보공개법 제18조 제3항). 〈11. 지방 9급〉

Winner's 결정기간 : 공개 여부 (10일 이내), 이의신청 (7일 이내)

> **참고** **심의회 개최(정보공개법 제18조 제2항)**
>
> | 원칙 | 국가기관 등은 이의신청이 있는 경우에는 심의회를 개최하여야 한다. |
> |---|---|
> | 예외 | 다음의 경우에는 심의회를 개최하지 아니할 수 있으며 개최하지 아니하는 사유를 청구인에게 문서로 통지하여야 한다.
① 심의회의 심의를 이미 거친 사항
② 단순·반복적인 청구
③ 법령에 따라 비밀로 규정된 정보에 대한 청구 〈25. 국가 9급〉 |

② 행정심판: 청구인이 정보공개와 관련한 공공기관의 결정에 대하여 불복이 있거나 정보공개청구 후 20일이 경과하도록 정보공개결정이 없는 때에는 「행정심판법」에서 정하는 바에 따라 행정심판을 청구할 수 있다(정보공개법 제19조 제1항). 행정심판위원회의 위원 중 정보공개 여부의 결정에 관한 행정심판에 관여하는 위원은 재직 중은 물론 퇴직 후에도 그 직무상 알게 된 비밀을 누설하여서는 아니 된다(정보공개법 제19조 제3항). 위원은 「형법」이나 그 밖의 법률에 따른 벌칙을 적용할 때에는 공무원으로 본다(정보공개법 제19조 제4항).

③ 행정소송

제기	청구인이 정보공개와 관련한 공공기관의 결정에 대하여 불복이 있거나 정보공개청구 후 20일이 경과하도록 정보공개결정이 없는 때에는 「행정소송법」에서 정하는 바에 따라 행정소송을 제기할 수 있다(정보공개법 제20조 제1항). 〈24. 소방〉
심리	재판장은 필요하다고 인정하면 당사자를 참여시키지 아니하고 제출된 공개청구정보를 비공개로 열람·심사할 수 있다(정보공개법 제20조 제2항). 〈11. 국가 9급〉

1. 인터넷에 공개된 정보에 대한 공개거부가 정당화 되는지 여부(소극적)

국민의 정보공개청구권은 법률상 보호되는 구체적인 권리이므로, 공공기관에 대하여 정보의 공개를 청구하였다가 공개거부처분을 받은 청구인은 행정소송을 통하여 그 공개거부처분의 취소를 구할 법률상의 이익이 있고, 공개청구의 대상이 되는 정보가 이미 다른 사람에게 공개되어 널리 알려져 있다거나 인터넷 등을 통하여 공개되어 인터넷검색 등을 통하여 쉽게 알 수 있다는 사정만으로는 소의 이익이 없다거나 비공개결정이 정당화될 수 없다(대판 2010.12.23. 2008두13101). ⟨18. 지방 9급⟩

2. 정보를 법원에 증거로 제출하여 공개하면 비공개결정을 취소할 소익이 소멸하는지 여부(부정)

청구인이 정보공개거부처분의 취소를 구하는 소송에서 공공기관이 청구정보를 증거 등으로 법원에 제출하여 법원을 통하여 그 사본을 청구인에게 교부 또는 송달되게 하여 결과적으로 청구인에게 정보를 공개하는 셈이 되었다고 하더라도, 이러한 우회적인 방법은 정보공개법이 예정하고 있지 아니한 방법으로서 정보공개법에 의한 공개라고 볼 수는 없으므로, 당해 정보의 비공개결정의 취소를 구할 소의 이익은 소멸되지 않는다(대판 2016.12.15. 2012두11409·11416). ⟨18. 국가 7급⟩

3. 이의신청에 대한 결과를 통지받은 날이 제소기간의 기산점인지 여부(긍정)

공공기관의 정보공개에 관한 법률 제18조 제1항, 제3항, 제4항, 제20조 제1항, 행정소송법 제20조 제1항의 규정 내용과 그 취지 등을 종합하여 보면, 청구인이 공공기관의 비공개 결정 또는 부분 공개 결정에 대한 이의신청을 하여 공공기관으로부터 이의신청에 대한 결과를 통지받은 후 취소소송을 제기하는 경우 그 제소기간은 이의신청에 대한 결과를 통지받은 날부터 기산한다고 봄이 타당하다(대판 2023.7.27. 2022두52980).

(3) 제3자의 불복절차

① 의견청취: 공공기관은 공개청구된 공개대상정보의 전부 또는 일부가 제3자와 관련이 있다고 인정할 때에는 그 사실을 제3자에게 지체 없이 통지하여야 하며, 필요한 경우에는 그의 의견을 들을 수 있다(정보공개법 제11조 제3항). ⟨12. 지방 9급⟩

Winner's 의견청취의 법적 성질 : 기속행위 (×), 재량행위 (○)

② 비공개요청: 공개청구된 사실을 통지받은 제3자는 그 통지를 받은 날부터 3일 이내에 해당 공공기관에 대하여 자신과 관련된 정보를 공개하지 아니할 것을 요청할 수 있다(정보공개법 제21조 제1항).

제3자의 비공개요청이 비공개사유에 해당하는지 여부(부정)

공공기관이 보유·관리하고 있는 정보가 제3자와 관련이 있는 경우 그 정보공개 여부를 결정함에 있어 공공기관이 제3자와의 관계에서 거쳐야 할 절차를 규정한 것에 불과할 뿐, 제3자의 비공개요청이 있다는 사유만으로 정보공개법상 정보의 비공개사유에 해당한다고 볼 수 없다(대판 2008.9.25. 2008두8680). ⟨12. 지방 9급⟩

③ 행정쟁송: 비공개요청에도 불구하고 공공기관이 공개결정을 할 때에는 공개 결정이유와 공개실시일을 분명히 밝혀 지체 없이 문서로 통지하여야 하며, 제3자는 해당 공공기관에 문서로 이의신청을 하거나 행정심판 또는 행정소송을 제기할 수 있다. 이 경우 이의신청은 통지를 받은 날부터 7일 이내에 하여야 한다(정보공개법 제21조 제2항).

Winner's 이의신청 기간 : 청구인 (30일 이내), 제3자 (7일 이내)

④ 유예기간: 공공기관은 공개결정일과 공개실시일 사이에 최소한 30일의 간격을 두어야 한다(정보공개법 제21조 제3항).

⑤ 집행정지의 문제: 현행 정보공개법은 정보공개결정에 대해서 제3자가 쟁송을 제기한 경우 공개결정의 집행을 정지하는 특별한 규정이 없으므로 행정쟁송법상의 집행부정지원칙이 그대로 적용될 수밖에 없다. 따라서 쟁송절차에서 정보가 오히려 공개되는 문제가 발생한다. 그러나 일단 정보가 공개된 후에는 승소한다고 하여도 아무런 실익이 없으므로 집행을 원칙적으로 정지하는 명문의 규정이 필요하다는 견해(김동희)가 있다.

(4) 신분보장

이 법에 따른 정당한 정보공개를 이유로 징계조치 등 어떠한 신분상 불이익이나 근무조건상의 차별을 받지 아니한다(정보공개법 제28조).

Winner's 불복절차

구분	청구인	제3자
불복대상	비공개결정	공개결정
이의신청기간	30일 이내	7일 이내

15. 기간의 계산

기간의 계산은 「민법」에 따르는 것이 원칙이나, ① 정보공개 여부 결정기간, ② 정보공개 청구 후 경과한 기간, ③ 이의신청 결정기간은 "일" 단위로 계산하고 첫날을 산입하되, 공휴일과 토요일은 산입하지 아니한다(정보공개법 제29조).

16. 기타 보완제도

(1) 자료의 제출요구

국회사무총장·법원행정처장·헌법재판소사무처장·중앙선거관리위원회사무총장 및 행정안전부장관은 필요하다고 인정하면 관계 공공기관에 정보공개에 관한 자료의 제출 등의 협조를 요청할 수 있다(정보공개법 제25조).

(2) 국회에의 보고

행정안전부장관은 정보공개운영에 관한 보고서를 매년 정기국회 개회 전까지 국회에 제출하여야 한다(정보공개법 제26조 제1항).

(3) 제도의 총괄

① 권한자: 행정안전부장관은 이 법에 따른 정보공개제도의 정책수립 및 제도 개선 사항 등에 관한 기획·총괄업무를 관장한다(정보공개법 제24조 제1항).

Winner's 정책수립 등 기획·총괄 : 정보공개위원회 (×), 행정안전부장관 (○)

② 운영실태 평가: 행정안전부장관은 위원회가 정보공개제도의 효율적 운영을 위하여 필요하다고 요청하면 공공기관(국회·법원·헌법재판소 및 중앙선거관리위원회는 제외)의 정보공개제도 운영실태를 평가할 수 있다(정보공개법 제24조 제2항).

③ 보고 등: 행정안전부장관은 운영실태의 평가를 실시한 경우에는 그 결과를 위원회를 거쳐 국무회의에 보고한 후 공개하여야 하며, 위원회가 개선이 필요하다고 권고한 사항에 대해서는 해당 공공기관에 시정 요구 등의 조치를 하여야 한다(정보공개법 제24조 제3항).

④ 처리실태의 개선 권고: 행정안전부장관은 정보공개에 관하여 필요할 경우에 공공기관(국회·법원·헌법재판소 및 중앙선거관리위원회는 제외한다)의 장에게 정보공개 처리실태의 개선을 권고할 수 있다. 이 경우 권고를 받은 공공기관은 이를 이행하기 위하여 성실하게 노력하여야 하며, 그 조치 결과를 행정안전부장관에게 알려야 한다(정보공개법 제24조 제4항).

⑤ 지도·점검: 국회·법원·헌법재판소·중앙선거관리위원회·중앙행정기관 및 지방자치단체는 그 소속 기관 및 소관 공공기관에 대하여 정보공개에 관한 의견을 제시하거나 지도·점검을 할 수 있다(정보공개법 제24조 제5항).

제2절 개인정보 보호제도

1 서설

1. 정보보호의 필요성

오늘날은 정보화 사회로서 정보를 광범위하고 다양하게 수집하고 처리하게 된다. 그 과정에서 개인의 사생활의 자유와 비밀을 침해하는 문제가 중요한 문제로 대두되었다.

2. 외국의 입법례

프라이버시권은 미국의 워렌(S. D. Warren)과 브렌다이스(L. D. Brendeis)의 논문인 「The Right to Privacy」에서 사용한 이래 그 권리성이 일반적으로 인정되어 각국의 입법례에 반영되었다. 독일 연방헌법재판소는 인구조사법의 일부 규정에 대한 위헌판결에서 개인의 정보독자결정권을 인정하여, 개인이 자기정보의 공개 여부와 타 목적에의 사용 여부를 결정할 수 있게 되었다.

3. 우리나라

(1) 헌법적 근거

프라이버시권은 헌법상 사생활보호(제17조), 인간의 존엄과 가치 및 행복추구권(제10조), 주거의 자유(제16소), 통신의 지유(제18조) 등을 근거로 하여 인정되는 포괄적 권리라고 할 수 있다.

(2) 법률적 근거

과거 개인정보를 보호하기 위하여 「공공기관의 개인정보보호에 관한 법률」을 제정하여 규율하였으나, 최근 개인정보의 유출·오용·남용 등 개인정보 침해 사례가 증가함에 따라 「개인정보 보호법」❶으로 다시 제정하여 규율하고 있다. 전자적으로 처리되는 개인정보 외에 수기(手記) 문서까지 개인정보의 보호범위에 포함되었고, 공공기관뿐만 아니라 비영리단체 등 업무상 개인정보 파일을 운용하기 위하여 개인정보를 처리하는 자는 모두 포함시켰다. 〈14. 국가 9급〉

> **용어설명** ❶ 개인정보 보호법 : 개인정보 보호에 관한 일반법이다. 이하 조문표기는 편의상 '개보법'으로 표시한다.

2 개인정보 보호법의 내용

1. 총칙

(1) 목적

이 법은 개인정보의 처리 및 보호에 관한 사항을 정함으로써 개인의 자유와 권리를 보호하고, 나아가 개인의 존엄과 가치를 구현함을 목적으로 한다(개보법 제1조).

(2) 용어의 정의(개보법 제2조)

개인정보	살아 있는 개인에 관한 정보로서 다음 중 어느 하나에 해당하는 정보를 말한다. ① 성명, 주민등록번호 및 영상 등을 통하여 개인을 알아볼 수 있는 정보 ② 해당 정보만으로는 특정 개인을 알아볼 수 없더라도 다른 정보와 쉽게 결합하여 알아볼 수 있는 정보. 이 경우 쉽게 결합할 수 있는지 여부는 다른 정보의 입수 가능성 등 개인을 알아보는 데 소요되는 시간, 비용, 기술 등을 합리적으로 고려하여야 한다. 〈14. 국가 9급〉 ③ ① 또는 ②를 가명처리함으로써 원래의 상태로 복원하기 위한 추가 정보의 사용·결합 없이는 특정 개인을 알아볼 수 없는 정보(이하 "가명정보"라 한다)
가명처리	개인정보의 일부를 삭제하거나 일부 또는 전부를 대체하는 등의 방법으로 추가 정보가 없이는 특정 개인을 알아볼 수 없도록 처리하는 것을 말한다.
처리	개인정보의 수집·생성·연계·연동·기록·저장·보유·가공·편집·검색·출력·정정(訂正)·복구·이용·제공·공개·파기(破棄) 그 밖에 이와 유사한 행위를 말한다.
정보주체	처리되는 정보에 의하여 알아볼 수 있는 사람으로서 그 정보의 주체가 되는 사람을 말한다.
개인정보파일	개인정보를 쉽게 검색할 수 있도록 일정한 규칙에 따라 체계적으로 배열하거나 구성한 개인정보의 집합물(集合物)을 말한다.
개인정보 처리자	업무를 목적으로 개인정보파일을 운용하기 위하여 스스로 또는 다른 사람을 통하여 개인정보를 처리하는 공공기관·법인·단체 및 개인 등을 말한다. 〈12. 지방 9급〉
공공기관	① 국회, 법원, 헌법재판소, 중앙선거관리위원회의 행정사무를 처리하는 기관, 중앙행정기관(대통령 소속 기관과 국무총리 소속 기관을 포함) 및 그 소속 기관, 지방자치단체 ② 그 밖의 국가기관 및 공공단체 중 대통령령으로 정하는 기관
영상정보 처리기기	① 고정형 영상정보처리기기 : 일정한 공간에 설치되어 지속적 또는 주기적으로 사람 또는 사물의 영상 등을 촬영하거나 이를 유·무선망을 통하여 전송하는 장치로서 대통령령으로 정하는 장치를 말한다. ② 이동형 영상정보처리기기 : 사람이 신체에 착용 또는 휴대하거나 이동 가능한 물체에 부착 또는 거치(据置)하여 사람 또는 사물의 영상 등을 촬영하거나 이를 유·무선망을 통하여 전송하는 장치로서 대통령령으로 정하는 장치를 말한다.
과학적 연구	기술의 개발과 실증, 기초연구, 응용연구 및 민간 투자 연구 등 과학적 방법을 적용하는 연구를 말한다.

Winner's 법인 포함 여부 : 정보주체 (×), 개인정보 처리자 (○)

개인정보자기결정권의 보호대상이 되는 개인정보는 이미 공개된 개인정보까지 포함되는지 여부(긍정)
헌법 제10조 제1문에서 도출되는 일반적 인격권 및 헌법 제17조의 사생활의 비밀과 자유에 의하여 보장되는 개인정보자기결정권은 자신에 관한 정보가 언제 누구에게 어느 범위까지 알려지고 또 이용되도록 할 것인지를 그 정보주체가 스스로 결정할 수 있는 권리이다. 개인정보자기결정권의 보호대상이 되는 개인정보는 개인의 신체, 신념, 사회적 지위, 신분 등과 같이 개인의 인격주체성을 특징짓는 사항으로서 그 개인의 동일성을 식별할 수 있게 하는 일체의 정보라고 할 수 있고, 반드시 개인의 내밀한 영역이나 사사(私事)의 영역에 속하는 정보에 국한되지 않으며 공적 생활에서 형성되었거나 이미 공개된 개인정보까지 포함한다. 또한, 그러한 개인정보를 대상으로 한 조사·수집·보관·처리·이용 등의 행위는 모두 원칙적으로 개인정보자기결정권에 대한 제한에 해당한다(헌재 2005.5.26. 99헌마513·2004헌마190 ; 헌재 2005.7.21. 2003헌마282·425). 〈12. 국가 9급〉

(3) 개인정보 보호의 원칙(개보법 제3조)

① 수집: 개인정보처리자는 개인정보의 처리 목적을 명확하게 하여야 하고 그 목적에 필요한 범위에서 최소한의 개인정보만을 적법하고 정당하게 수집하여야 한다.

② 처리: 개인정보처리자는 개인정보의 처리 목적에 필요한 범위에서 적합하게 개인정보를 처리하여야 하며, 그 목적 외의 용도로 활용하여서는 아니 된다.

③ 내용: 개인정보처리자는 개인정보의 처리 목적에 필요한 범위에서 개인정보의 정확성·완전성 및 최신성이 보장되도록 하여야 한다.

④ 관리: 개인정보처리자는 개인정보의 처리방법 및 종류 등에 따라 정보주체의 권리가 침해받을 가능성과 그 위험 정도를 고려하여 개인정보를 안전하게 관리하여야 한다.

⑤ 공개: 개인정보처리자는 개인정보 처리방침 등 개인정보의 처리에 관한 사항을 공개하여야 하며, 열람청구권 등 정보주체의 권리를 보장하여야 한다.

⑥ 사생활 보호: 개인정보처리자는 정보주체의 사생활침해를 최소화하는 방법으로 개인정보를 처리하여야 한다.

⑦ 익명처리: 개인정보처리자는 개인정보를 익명 또는 가명으로 처리하여도 개인정보 수집목적을 달성할 수 있는 경우 익명처리가 가능한 경우에는 익명에 의하여, 익명처리로 목적을 달성할 수 없는 경우에는 가명에 의하여 처리될 수 있도록 하여야 한다.

⑧ 신뢰: 개인정보처리자는 이 법 및 관계 법령에서 규정하고 있는 책임과 의무를 준수하고 실천함으로써 정보주체의 신뢰를 얻기 위하여 노력하여야 한다.

(4) 정보주체의 권리(개보법 제4조)

〈개인정보 보호법〉 제4조(정보주체의 권리) 정보주체는 자신의 개인정보 처리와 관련하여 다음 각 호의 권리를 가진다. 〈12. 지방 9급〉
1. 개인정보의 처리에 관한 정보를 제공받을 권리
2. 개인정보의 처리에 관한 동의 여부, 동의 범위 등을 선택하고 결정할 권리
3. 개인정보의 처리 여부를 확인하고 개인정보에 대한 열람(사본의 발급을 포함한다. 이하 같다) 및 전송을 요구할 권리
4. 개인정보의 처리 정지, 정정·삭제 및 파기를 요구할 권리
5. 개인정보의 처리로 인하여 발생한 피해를 신속하고 공정한 절차에 따라 구제받을 권리
6. 완전히 자동화된 개인정보 처리에 따른 결정을 거부하거나 그에 대한 설명 등을 요구할 권리

Winner's 정보주체의 권리 : 삭제신청권 (○), 파기신청권 (○)

2. 개인정보 보호정책의 수립

(1) 개인정보 보호위원회

① 설치: 개인정보 보호에 관한 사무를 독립적으로 수행하기 위하여 국무총리 소속으로 개인정보 보호위원회(이하 "보호위원회"라 한다)를 둔다(개보법 제7조 제1항).

② 법적 지위: 보호위원회는 「정부조직법」 제2조에 따른 중앙행정기관으로 본다. 다만, ㉠ 정보주체의 권리침해에 대한 조사 및 이에 따른 처분에 관한 사항, ㉡ 개인정보의 처리와 관련한 고충처리·권리구제 및 개인정보에 관한 분쟁의 조정, ㉢ 보호위원회의 심의·의결 사항 중에서 개인정보 침해요인 평가에 관한 사항에 대해서는 「정부조직법」 제18조(국무총리의 행정감독권)을 적용하지 아니한다(개보법 제7조 제2항).

③ 구성: 보호위원회는 상임위원 2명(위원장 1명, 부위원장 1명)을 포함한 9명의 위원으로 구성한다(개보법 제7조의2 제1항).

④ 위원: 보호위원회의 위원은 개인정보 보호에 관한 경력과 전문지식이 풍부한 사람 중에서 국무총리 등 제청으로 대통령이 임명 또는 위촉한다.

〈개인정보 보호법〉 제7조의2(보호위원회의 구성 등) ② 보호위원회의 위원은 개인정보 보호에 관한 경력과 전문지식이 풍부한 다음 각 호의 사람 중에서 위원장과 부위원장은 국무총리의 제청으로, 그 외 위원 중 2명은 위원장의 제청으로, 2명은 대통령이 소속되거나 소속되었던 정당의 교섭단체 추천으로, 3명은 그 외의 교섭단체 추천으로 대통령이 임명 또는 위촉한다.
1. 개인정보 보호 업무를 담당하는 3급 이상 공무원(고위공무원단에 속하는 공무원을 포함한다)의 직에 있거나 있었던 사람
2. 판사·검사·변호사의 직에 10년 이상 있거나 있었던 사람
3. 공공기관 또는 단체(개인정보처리자로 구성된 단체를 포함한다)에 3년 이상 임원으로 재직하였거나 이들 기관 또는 단체로부터 추천받은 사람으로서 개인정보 보호 업무를 3년 이상 담당하였던 사람
4. 개인정보 관련 분야에 전문지식이 있고 「고등교육법」 제2조제1호에 따른 학교에서 부교수 이상으로 5년 이상 재직하고 있거나 재직하였던 사람
③ 위원장과 부위원장은 정무직 공무원으로 임명한다.

---

⑤ 위원장: 보호위원회의 위원장은 보호위원회를 대표하고, 보호위원회의 회의를 주재하며, 소관 사무를 총괄한다. 위원장이 부득이한 사유로 직무를 수행할 수 없을 때에는 부위원장이 그 직무를 대행하고, 위원장·부위원장이 모두 부득이한 사유로 직무를 수행할 수 없을 때에는 위원회가 미리 정하는 위원이 위원장의 직무를 대행한다(개보법 제7조의3).

⑥ 위원의 임기: 위원의 임기는 3년으로 하되, 한 차례만 연임할 수 있다. 위원이 궐위된 때에는 지체 없이 새로운 위원을 임명 또는 위촉하여야 한다. 이 경우 후임으로 임명 또는 위촉된 위원의 임기는 새로이 개시된다(개보법 제7조의4).

⑦ 위원의 신분보장: 위원은 법정된 일정한 사유에 해당하는 경우를 제외하고는 그 의사에 반하여 면직 또는 해촉되지 않는다(개보법 제7조의5).

⑧ 위원의 겸직금지

〈개인정보 보호법〉 제7조의6(겸직금지 등) ① 위원은 재직 중 다음 각 호의 직(職)을 겸하거나 직무와 관련된 영리업무에 종사하여서는 아니 된다.
1. 국회의원 또는 지방의회의원
2. 국가공무원 또는 지방공무원
3. 그 밖에 대통령령으로 정하는 직
② 제1항에 따른 영리업무에 관한 사항은 대통령령으로 정한다.
③ 위원은 정치활동에 관여할 수 없다.

⑨ 결격사유

〈개인정보 보호법〉 제7조의7(결격사유) ① 다음 각 호의 어느 하나에 해당하는 사람은 위원이 될 수 없다.
1. 대한민국 국민이 아닌 사람
2. 「국가공무원법」 제33조 각 호의 어느 하나에 해당하는 사람
3. 「정당법」 제22조에 따른 당원
② 위원이 제1항 각 호의 어느 하나에 해당하게 된 때에는 그 직에서 당연 퇴직한다. 다만, 「국가공무원법」 제33조제2호는 파산선고를 받은 사람으로서 「채무자 회생 및 파산에 관한 법률」에 따라 신청기한 내에 면책신청을 하지 아니하였거나 면책불허가 결정 또는 면책 취소가 확정된 경우만 해당하고, 같은 법 제33조제5호는 「형법」 제129조부터 제132조까지, 「성폭력범죄의 처벌 등에 관한 특례법」 제2조, 「아동·청소년의 성보호에 관한 법률」 제2조 제2호 및 직무와 관련하여 「형법」 제355조 또는 제356조에 규정된 죄를 범한 사람으로서 금고 이상의 형의 선고유예를 받은 경우만 해당한다.

⑩ 소관 사무

〈개인정보 보호법〉 제7조의8(보호위원회의 소관 사무) 보호위원회는 다음 각 호의 소관 사무를 수행한다.
1. 개인정보의 보호와 관련된 법령의 개선에 관한 사항
2. 개인정보 보호와 관련된 정책·제도·계획 수립·집행에 관한 사항
3. 정보주체의 권리침해에 대한 조사 및 이에 따른 처분에 관한 사항
4. 개인정보의 처리와 관련한 고충처리·권리구제 및 개인정보에 관한 분쟁의 조정
5. 개인정보 보호를 위한 국제기구 및 외국의 개인정보 보호기구와의 교류·협력
6. 개인정보 보호에 관한 법령·정책·제도·실태 등의 조사·연구, 교육 및 홍보에 관한 사항
7. 개인정보 보호에 관한 기술개발의 지원·보급, 기술의 표준화 및 전문인력의 양성에 관한 사항
8. 이 법 및 다른 법령에 따라 보호위원회의 사무로 규정된 사항

⑪ 심의, 의결사항

〈개인정보 보호법〉 제7조의9(보호위원회의 심의·의결 사항 등) ① 보호위원회는 다음 각 호의 사항을 심의·의결한다.
1. 제8조의2에 따른 개인정보 침해요인 평가에 관한 사항
2. 제9조에 따른 기본계획 및 제10조에 따른 시행계획에 관한 사항
3. 개인정보 보호와 관련된 정책, 제도 및 법령의 개선에 관한 사항
4. 개인정보의 처리에 관한 공공기관 간의 의견조정에 관한 사항
5. 개인정보 보호에 관한 법령의 해석·운용에 관한 사항
6. 제18조제2항제5호에 따른 개인정보의 이용·제공에 관한 사항
6의2. 제28조의9에 따른 개인정보의 국외 이전 중지 명령에 관한 사항

7. 제33조제4항에 따른 영향평가 결과에 관한 사항
8. 제64조의2에 따른 과징금 부과에 관한 사항
9. 제61조에 따른 의견제시 및 개선권고에 관한 사항
9의2. 제63조의2제2항에 따른 시정권고에 관한 사항
10. 제64조에 따른 시정조치 등에 관한 사항
11. 제65조에 따른 고발 및 징계권고에 관한 사항
12. 제66조에 따른 처리 결과의 공표 및 공표명령에 관한 사항
13. 제75조에 따른 과태료 부과에 관한 사항
14. 소관 법령 및 보호위원회 규칙의 제정·개정 및 폐지에 관한 사항
15. 개인정보 보호와 관련하여 보호위원회의 위원장 또는 위원 2명 이상이 회의에 부치는 사항
16. 그 밖에 이 법 또는 다른 법령에 따라 보호위원회가 심의·의결하는 사항

Winner's 개인정보 보호위원회 : 심의기구 (×), 의결기구 (○)

⑫ 회의: 보호위원회의 회의는 위원장이 필요하다고 인정하거나 재적위원 4분의 1 이상의 요구가 있는 경우에 위원장이 소집한다. 위원장 또는 2명 이상의 위원은 보호위원회에 의안을 제의할 수 있다. 보호위원회의 회의는 재적위원 과반수의 출석으로 개의하고, 출석위원 과반수의 찬성으로 의결한다(개보법 제7조의10).

⑬ 제척, 기피, 회피

제7조의11(위원의 제척·기피·회피) ① 위원은 다음 각 호의 어느 하나에 해당하는 경우에는 심의·의결에서 제척된다.
1. 위원 또는 그 배우자나 배우자였던 자가 해당 사안의 당사자가 되거나 그 사건에 관하여 공동의 권리자 또는 의무자의 관계에 있는 경우
2. 위원이 해당 사안의 당사자와 친족이거나 친족이었던 경우
3. 위원이 해당 사안에 관하여 증언, 감정, 법률자문을 한 경우
4. 위원이 해당 사안에 관하여 당사자의 대리인으로서 관여하거나 관여하였던 경우
5. 위원이나 위원이 속한 공공기관·법인 또는 단체 등이 조언 등 지원을 하고 있는 자와 이해관계가 있는 경우
② 위원에게 심의·의결의 공정을 기대하기 어려운 사정이 있는 경우 당사자는 기피 신청을 할 수 있고, 보호위원회는 의결로 이를 결정한다.
③ 위원이 제1항 또는 제2항의 사유가 있는 경우에는 해당 사안에 대하여 회피할 수 있다.

⑭ 소위원회: 보호위원회는 효율적인 업무 수행을 위하여 개인정보 침해 정도가 경미하거나 유사·반복되는 사항 등을 심의·의결할 소위원회를 둘 수 있다. 소위원회는 3명의 위원으로 구성한다. 소위원회가 심의·의결한 것은 보호위원회가 심의·의결한 것으로 본다. 소위원회의 회의는 구성위원 전원의 출석과 출석위원 전원의 찬성으로 의결한다(개보법 제7조의12).

⑮ 사무처: 보호위원회의 사무를 처리하기 위하여 보호위원회에 사무처를 두며, 이 법에 규정된 것 외에 보호위원회의 조직에 관한 사항은 대통령령으로 정한다(개보법 제7조의13).

(2) 행정계획의 수립

① 기본계획

필요적 시행	보호위원회는 개인정보의 보호와 정보주체의 권익 보장을 위하여 3년마다 개인정보 보호 기본계획(이하 '기본계획'이라 한다)을 관계 중앙행정기관의 장과 협의하여 수립한다(개보법 제9조 제1항).
임의적 시행	국회, 법원, 헌법재판소, 중앙선거관리위원회는 해당 기관(그 소속 기관을 포함한다)의 개인정보 보호를 위한 기본계획을 수립·시행할 수 있다(개보법 제9조 제3항).

② 시행계획: 중앙행정기관의 장은 기본계획에 따라 매년 개인정보 보호를 위한 시행계획을 작성하여 보호위원회에 제출하고, 보호위원회의 심의·의결을 거쳐 시행하여야 한다(개보법 제10조 제1항). 시행계획의 수립·시행에 필요한 사항은 대통령령으로 정한다(개보법 제10조 제2항).

(3) 자료제출의 요구

① 요구할 수 있는 자

보호위원회	⊙ 기본계획을 효율적으로 수립하기 위하여 개인정보처리자, 관계 중앙행정기관의 장, 지방자치단체의 장 및 관계 기관·단체 등에 개인정보처리자의 법규 준수 현황과 개인정보 관리실태 등에 관한 자료의 제출이나 의견의 진술 등을 요구할 수 있다(개보법 제11조 제1항). ⓒ 개인정보 보호정책 추진, 성과평가 등을 위하여 필요한 경우 개인정보처리자, 관계 중앙행정기관의 장, 지방자치단체의 장 및 관계 기관·단체 등을 대상으로 개인정보관리 수준 및 실태파악 등을 위한 조사를 실시할 수 있다(개보법 제11조 제2항).
중앙행정기관의 장	시행계획을 효율적으로 수립·추진하기 위하여 소관 분야의 개인정보처리자에게 위와 같은 자료의 제출 등을 요구할 수 있다(개보법 제11조 제3항).

② 요구를 받은 자: 특별한 사정이 없으면 이에 따라야 한다(개보법 제11조 제4항).

(4) 개인정보 보호지침

① 보호위원회: 개인정보의 처리에 관한 기준, 개인정보 침해의 유형 및 예방조치 등에 관한 표준 개인정보 보호지침을 정하여 개인정보처리자에게 그 준수를 권장할 수 있다(개보법 제12조 제1항).

② 중앙행정기관의 장: 표준지침에 따라 소관 분야의 개인정보 처리와 관련한 개인정보 보호지침을 정하여 개인정보처리자에게 그 준수를 권장할 수 있다(개보법 제12조 제2항).

③ 국회, 법원, 헌법재판소 및 중앙선거관리위원회: 해당 기관(그 소속 기관을 포함한다)의 개인정보 보호지침을 정하여 시행할 수 있다(개보법 제12조 제3항).

(5) 기타

① 개인정보보호 수준의 평가: 보호위원회는 공공기관 중 중앙행정기관 및 그 소속기관, 지방자치단체, 그 밖에 대통령령으로 정하는 기관을 대상으로 매년 개인정보 보호 정책·업무의 수행 및 이 법에 따른 의무의 준수 여부 등을 평가하여야 한다(개보법 제11조의2 제1항).

② 자율규제의 촉진 및 지원: 보호위원회는 개인정보처리자의 자율적인 개인정보 보호활동을 촉진하고 지원하기 위하여 개인정보 보호에 관한 교육·홍보 등 필요한 시책을 마련하여야 한다(개보법 제13조).

③ 개인정보 보호의 날 제정: 개인정보의 보호 및 처리의 중요성을 국민에게 알리기 위하여 매년 9월 30일을 개인정보 보호의 날로 지정한다. 국가와 지방자치단체는 개인정보 보호의 날이 포함된 주간에 개인정보 보호 문화 확산을 위한 각종 행사를 실시할 수 있다(개보법 제13조의2).

④ 국제협력: 정부는 국제적 환경에서의 개인정보 보호수준을 향상시키기 위하여 필요한 시책을 마련하여야 하고, 개인정보의 국외 이전으로 인하여 정보주체의 권리가 침해되지 아니하도록 관련 시책을 마련하여야 한다(개보법 제14조).

3. 개인정보의 처리

(1) 개인정보의 수집

① 사유

> 〈개인정보 보호법〉 제15조(개인정보의 수집·이용) ① 개인정보처리자는 다음 각 호의 어느 하나에 해당하는 경우에는 개인정보를 수집할 수 있으며 그 수집 목적의 범위에서 이용할 수 있다.
> 1. 정보주체의 동의를 받은 경우
> 2. 법률에 특별한 규정이 있거나 법령상 의무를 준수하기 위하여 불가피한 경우
> 3. 공공기관이 법령 등에서 정하는 소관 업무의 수행을 위하여 불가피한 경우
> 4. 정보주체와 체결한 계약을 이행하거나 계약을 체결하는 과정에서 정보주체의 요청에 따른 조치를 이행하기 위하여 필요한 경우
> 5. 명백히 정보주체 또는 제3자의 급박한 생명, 신체, 재산의 이익을 위하여 필요하다고 인정되는 경우
> 6. 개인정보처리자의 정당한 이익을 달성하기 위하여 필요한 경우로서 명백하게 정보주체의 권리보다 우선하는 경우. 이 경우 개인정보처리자의 정당한 이익과 상당한 관련이 있고 합리적인 범위를 초과하지 아니하는 경우에 한한다.
> 7. 공중위생 등 공공의 안전과 안녕을 위하여 긴급히 필요한 경우

② 범위: 개인정보처리자는 그 목적에 필요한 최소한의 개인정보를 수집하여야하고, 최소한의 개인정보 수집이라는 입증책임은 개인정보처리자가 부담한다(개보법 제16조 제1항).

③ 통지: 개인정보처리자는 정보주체의 동의를 받아 개인정보를 수집하는 경우 필요한 최소한의 정보 외의 개인정보 수집에는 동의하지 아니할 수 있다는 사실을 구체적으로 알리고 개인정보를 수집하여야 한다(개보법 제16조 제2항).

④ 금지: 개인정보처리자는 정보주체가 필요한 최소한의 정보 외의 개인정보 수집에 동의하지 아니한다는 이유로 정보주체에게 재화 또는 서비스의 제공을 거부하여서는 아니 된다(동법 제16조 제3항).

(2) 개인정보의 이용과 제공

① 이용: 개인정보는 그 수집 목적의 범위에서 이용할 수 있다(개보법 제15조 제1항).

② 제공: 개인정보처리자는 개인정보를 제3자에게 제공 또는 공유할 수 있다. 그 사유는 다음과 같다.

> **〈개인정보 보호법〉 제17조(개인정보의 제공)** ① 개인정보처리자는 다음 각 호의 어느 하나에 해당되는 경우에는 정보주체의 개인정보를 제3자에게 제공(공유를 포함한다. 이하 같다)할 수 있다.
> 1. 정보주체의 동의를 받은 경우
> 2. 제15조제1항제2호, 제3호 및 제5호부터 제7호까지에 따라 개인정보를 수집한 목적 범위에서 개인정보를 제공하는 경우

Winner's 체결한 계약의 이행 등의 경우 : 수집 (○), 제공 (×)

1. 이미 공개된 개인정보를 제공할 때 정보주체의 별도의 동의 필요성(부정)

개인정보 보호법 제20조는 공개된 개인정보 등을 수집·처리하는 때에는 정보주체의 요구가 있으면 즉시 개인정보의 수집 출처, 개인정보의 처리 목적, 제37조에 따른 개인정보 처리의 정지를 요구할 권리가 있다는 사실을 정보주체에게 알리도록 규정하고 있으므로, 공개된 개인정보에 대한 정보주체의 개인정보자기결정권은 이러한 사후통제에 의하여 보호받게 된다. 따라서 이미 공개된 개인정보를 정보주체의 동의가 있었다고 객관적으로 인정되는 범위 내에서 수집·이용·제공 등 처리를 할 때는 정보주체의 별도의 동의는 불필요하다고 보아야 하고, 별도의 동의를 받지 아니하였다고 하여 개인정보 보호법 제15조나 제17조를 위반한 것으로 볼 수 없다(대판 2016.8.17. 2014다235080). 〈21. 국가 9급〉

2. 개인정보 처리위탁의 수탁자가 개인정보를 제공할 수 있는 '제3자'에 해당여부(부정)

개인정보 보호법 제17조 제1항 세1호, 제26조, 제71조 제1호, 정보통신망 이용촉진 및 정보보호 등에 관한 법률(이하 '정보통신망법'이라고 한다) 제24조의2 제1항, 제25조, 제71조 제3호의 문언 및 취지에 비추어 보면, 개인정보 보호법 제17조와 정보통신망법 제24조의2에서 말하는 개인정보의 '제3자 제공'은 본래의 개인정보 수집·이용 목적의 범위를 넘어 정보를 제공받는 자의 업무처리와 이익을 위하여 개인정보가 이전되는 경우인 반면, 개인정보 보호법 제26조와 정보통신망법 제25조에서 말하는 개인정보의 '처리위탁'은 본래의 개인정보 수집·이용 목적과 관련된 위탁자 본인의 업무 처리와 이익을 위하여 개인정보가 이전되는 경우를 의미한다. 개인정보 처리위탁에 있어 수탁자는 위탁자로부터 위탁사무 처리에 따른 대가를 지급받는 것 외에는 개인정보 처리에 관하여 독자적인 이익을 가지지 않고, 정보제공자의 관리·감독 아래 위탁받은 범위 내에서만 개인정보를 처리하게 되므로, 개인정보 보호법 제17조와 정보통신망법 제24조의2에 정한 '제3자'에 해당하지 않는다(대판 2017.4.7. 2016도13263). 〈21. 국가 9급〉

③ 개인정보의 목적 외 이용 및 제공: 개인정보처리자는 정보주체로부터 별도의 동의를 받거나, 다른 법률에 특별한 규정이 없는 한 개인정보를 수집한 목적을 넘어서 이용하거나 제3자에게 제공하여서는 아니 된다.

> **〈개인정보 보호법〉 제18조(개인정보의 목적 외 이용·제공 제한)** ① 개인정보처리자는 개인정보를 제15조제1항에 따른 범위를 초과하여 이용하거나 제17조제1항 및 제28조의8제1항에 따른 범위를 초과하여 제3자에게 제공하여서는 아니 된다.
> ② 제1항에도 불구하고 개인정보처리자는 다음 각 호의 어느 하나에 해당하는 경우에는 정보주체 또는 제3자의 이익을 부당하게 침해할 우려가 있을 때를 제외하고는 개인정보를 목적 외의 용도로 이용하거나 이를 제3자에게 제공할 수 있다. 다만, 제5호부터 제9호까지에 따른 경우는 공공기관의 경우로 한정한다.

1. 정보주체로부터 별도의 동의를 받은 경우
2. 다른 법률에 특별한 규정이 있는 경우
3. 명백히 정보주체 또는 제3자의 급박한 생명, 신체, 재산의 이익을 위하여 필요하다고 인정되는 경우
4. 삭제 〈2020. 2. 4.〉
5. 개인정보를 목적 외의 용도로 이용하거나 이를 제3자에게 제공하지 아니하면 다른 법률에서 정하는 소관 업무를 수행할 수 없는 경우로서 보호위원회의 심의·의결을 거친 경우
6. 조약, 그 밖의 국제협정의 이행을 위하여 외국정부 또는 국제기구에 제공하기 위하여 필요한 경우
7. 범죄의 수사와 공소의 제기 및 유지를 위하여 필요한 경우
8. 법원의 재판업무 수행을 위하여 필요한 경우
9. 형(刑) 및 감호, 보호처분의 집행을 위하여 필요한 경우
10. 공중위생 등 공공의 안전과 안녕을 위하여 긴급히 필요한 경우

④ 개인정보를 제공받은 자의 이용·제공

원칙	개인정보처리자로부터 개인정보를 제공받은 자는 제공받은 목적 외의 용도로 이용하거나 이를 제3자에게 제공하여서는 아니 된다(개보법 제19조).
예외	⊙ 정보주체로부터 별도의 동의를 받은 경우 또는 ⓒ 다른 법률에 특별한 규정이 있는 경우에는 가능하다.

(3) 개인정보의 파기

원칙	① 개인정보처리자는 보유기간의 경과, 개인정보의 처리 목적 달성, 가명정보의 처리 기간 경과등 그 개인정보가 불필요하게 되었을 때에는 지체 없이 그 개인정보를 파기하여야 한다(개보법 제21조 제1항). ② 개인정보를 파기할 때에는 복구 또는 재생되지 아니하도록 조치하여야 한다(개보법 제21조 제2항).
예외	다른 법령에 따라 보존하여야 하는 경우에는 파기하지 않으며(개보법 제21조 제1항), 해당 개인정보 또는 개인정보파일을 다른 개인정보와 분리하여 저장·관리하여야 한다(개보법 제21조 제3항).

Winner's 파기의 주체 : 개인정보처리자 (○), 공공기관 (×)

(4) 동의를 받는 방법

개인정보처리자는 이 법에 따른 개인정보의 처리에 대하여 정보주체(법정대리인을 포함)의 동의를 받을 때에는 각각의 동의 사항을 구분하여 정보주체가 이를 명확하게 인지할 수 있도록 알리고 각각 동의를 받아야 한다(개보법 제22조 제1항). 동의 사항을 구분하여 각각 동의를 받도록 하고 있다.

(5) 개인정보의 처리 제한

① 민감정보

〈개인정보 보호법〉 제23조(민감정보의 처리 제한) ①개인정보처리자는 사상·신념, 노동조합·정당의 가입·탈퇴, 정치적 견해, 건강, 성생활 등에 관한 정보, 그 밖에 정보주체의 사생활을 현저히 침해할 우려가 있는 개인정보로서 대통령령으로 정하는 정보(이하 "민감정보"라 한다)를 처리하여서는 아니 된다. 다만, 다음 각 호의 어느 하나에 해당하는 경우에는 그러하지 아니하다.
1. 정보주체에게 제15조제2항 각 호 또는 제17조제2항 각 호의 사항을 알리고 다른 개인정보의 처리에 대한 동의와 별도로 동의를 받은 경우

2. 법령에서 민감정보의 처리를 요구하거나 허용하는 경우
② 개인정보처리자가 제1항 각 호에 따라 민감정보를 처리하는 경우에는 그 민감정보가 분실·도난·유출·위조·변조 또는 훼손되지 아니하도록 제29조에 따른 안전성 확보에 필요한 조치를 하여야 한다.
③ 개인정보처리자는 재화 또는 서비스를 제공하는 과정에서 공개되는 정보에 정보주체의 민감정보가 포함됨으로써 사생활 침해의 위험성이 있다고 판단하는 때에는 재화 또는 서비스의 제공 전에 민감정보의 공개 가능성 및 비공개를 선택하는 방법을 정보주체가 알아보기 쉽게 알려야 한다.

② 고유식별정보

〈개인정보 보호법〉 제24조(고유식별정보의 처리 제한) ① 개인정보처리자는 다음 각 호의 경우를 제외하고는 법령에 따라 개인을 고유하게 구별하기 위하여 부여된 식별정보로서 대통령령으로 정하는 정보(이하 "고유식별정보"라 한다)를 처리할 수 없다.
1. 정보주체에게 제15조제2항 각 호 또는 제17조제2항 각 호의 사항을 알리고 다른 개인정보의 처리에 대한 동의와 별도로 동의를 받은 경우
2. 법령에서 구체적으로 고유식별정보의 처리를 요구하거나 허용하는 경우

③ 주민등록번호

〈개인정보 보호법〉 제24조의2(주민등록번호 처리의 제한) ① 제24조제1항에도 불구하고 개인정보처리자는 다음 각 호의 어느 하나에 해당하는 경우를 제외하고는 주민등록번호를 처리할 수 없다.
1. 법률·대통령령·국회규칙·대법원규칙·헌법재판소규칙·중앙선거관리위원회규칙 및 감사원규칙에서 구체적으로 주민등록번호의 처리를 요구하거나 허용한 경우
2. 정보주체 또는 제3자의 급박한 생명, 신체, 재산의 이익을 위하여 명백히 필요하다고 인정되는 경우
3. 제1호 및 제2호에 준하여 주민등록번호 처리가 불가피한 경우로서 보호위원회가 고시로 정하는 경우

④ 고정형 영상정보처리기기

〈개인정보 보호법〉 제25조(고정형 영상정보처리기기의 설치·운영 제한) ① 누구든지 다음 각 호의 경우를 제외하고는 공개된 장소에 고정형 영상정보처리기기를 설치·운영하여서는 아니 된다.
1. 법령에서 구체적으로 허용하고 있는 경우
2. 범죄의 예방 및 수사를 위하여 필요한 경우
3. 시설의 안전 및 관리, 화재 예방을 위하여 정당한 권한을 가진 자가 설치·운영하는 경우
4. 교통단속을 위하여 정당한 권한을 가진 자가 설치·운영하는 경우
5. 교통정보의 수집·분석 및 제공을 위하여 정당한 권한을 가진 자가 설치·운영하는 경우
6. 촬영된 영상정보를 저장하지 아니하는 경우로서 대통령령으로 정하는 경우
② 누구든지 불특정 다수가 이용하는 목욕실, 화장실, 발한실(發汗室), 탈의실 등 개인의 사생활을 현저히 침해할 우려가 있는 장소의 내부를 볼 수 있도록 고정형 영상정보처리기기를 설치·운영하여서는 아니 된다. 다만, 교도소, 정신보건 시설 등 법령에 근거하여 사람을 구금하거나 보호하는 시설로서 대통령령으로 정하는 시설에 대하여는 그러하지 아니하다.
③ 제1항 각 호에 따라 고정형 영상정보처리기기를 설치·운영하려는 공공기관의 장과 제2항 단서에 따라 고정형 영상정보처리기기를 설치·운영하려는 자는 공청회·설명회의 개최 등 대통령령으로 정하는 절차를 거쳐 관계 전문가 및 이해관계인의 의견을 수렴하여야 한다.
④ 제1항 각 호에 따라 고정형 영상정보처리기기를 설치·운영하는 자(이하 "고정형영상정보처리기기운영자"라 한다)는 정보주체가 쉽게 인식할 수 있도록 다음 각 호의 사항이 포함된 안내판을 설치하는 등 필요한 조치를 하여야 한다. 다만, 「군사기지 및 군사시설 보호법」 제2조제2호에 따른 군사시설, 「통합

방위법」제2조제13호에 따른 국가중요시설, 그 밖에 대통령령으로 정하는 시설의 경우에는 그러하지 아니하다.
1. 설치 목적 및 장소
2. 촬영 범위 및 시간
3. 관리책임자의 연락처
4. 그 밖에 대통령령으로 정하는 사항
⑤ 고정형영상정보처리기기운영자는 고정형 영상정보처리기기의 설치 목적과 다른 목적으로 고정형 영상정보처리기기를 임의로 조작하거나 다른 곳을 비춰서는 아니 되며, 녹음기능은 사용할 수 없다.
⑥ 고정형영상정보처리기기운영자는 개인정보가 분실·도난·유출·위조·변조 또는 훼손되지 아니하도록 제29조에 따라 안전성 확보에 필요한 조치를 하여야 한다.
⑦ 고정형영상정보처리기기운영자는 대통령령으로 정하는 바에 따라 고정형 영상정보처리기기 운영·관리 방침을 마련하여야 한다. 다만, 제30조에 따른 개인정보 처리방침을 정할 때 고정형 영상정보처리기기 운영·관리에 관한 사항을 포함시킨 경우에는 고정형 영상정보처리기기 운영·관리 방침을 마련하지 아니할 수 있다.
⑧ 고정형영상정보처리기기운영자는 고정형 영상정보처리기기의 설치·운영에 관한 사무를 위탁할 수 있다. 다만, 공공기관이 고정형 영상정보처리기기 설치·운영에 관한 사무를 위탁하는 경우에는 대통령령으로 정하는 절차 및 요건에 따라야 한다.

Winner's 녹음의 가능성 : 개인정보 보호법 (×), 행정조사 기본법 (○)

⑤ 이동형 영상정보처리기기

〈개인정보 보호법〉 제25조의2(이동형 영상정보처리기기의 운영 제한) ① 업무를 목적으로 이동형 영상정보처리기기를 운영하려는 자는 다음 각 호의 경우를 제외하고는 공개된 장소에서 이동형 영상정보처리기기로 사람 또는 그 사람과 관련된 사물의 영상(개인정보에 해당하는 경우로 한정한다. 이하 같다)을 촬영하여서는 아니 된다.
1. 제15조제1항 각 호의 어느 하나에 해당하는 경우
2. 촬영 사실을 명확히 표시하여 정보주체가 촬영 사실을 알 수 있도록 하였음에도 불구하고 촬영 거부 의사를 밝히지 아니한 경우. 이 경우 정보주체의 권리를 부당하게 침해할 우려가 없고 합리적인 범위를 초과하지 아니하는 경우로 한정한다.
3. 그 밖에 제1호 및 제2호에 준하는 경우로서 대통령령으로 정하는 경우
② 누구든지 불특정 다수가 이용하는 목욕실, 화장실, 발한실, 탈의실 등 개인의 사생활을 현저히 침해할 우려가 있는 장소의 내부를 볼 수 있는 곳에서 이동형 영상정보처리기기로 사람 또는 그 사람과 관련된 사물의 영상을 촬영하여서는 아니 된다. 다만, 인명의 구조·구급 등을 위하여 필요한 경우로서 대통령령으로 정하는 경우에는 그러하지 아니하다.
③ 제1항 각 호에 해당하여 이동형 영상정보처리기기로 사람 또는 그 사람과 관련된 사물의 영상을 촬영하는 경우에는 불빛, 소리, 안내판 등 대통령령으로 정하는 바에 따라 촬영 사실을 표시하고 알려야 한다.
④ 제1항부터 제3항까지에서 규정한 사항 외에 이동형 영상정보처리기기의 운영에 관하여는 제25조제6항부터 제8항까지의 규정을 준용한다.

⑥ 개인정보취급자에 대한 감독: 개인정보처리자는 개인정보를 처리함에 있어서 개인정보가 안전하게 관리될 수 있도록 임직원, 파견근로자, 시간제근로자 등 개인정보처리자의 지휘·감독을 받아 개인정보를 처리하는 자(=개인정보취급자)의 범위를 최소한으로 제한하고, 개인정보취급자에 대하여 적절한 관리·감독을 하여야 한다(개보법 제28조 제1항). 개인정보

처리자는 개인정보의 적정한 취급을 보장하기 위하여 개인정보취급자에게 정기적으로 필요한 교육을 실시하여야 한다(개보법 제28조 제2항).

(6) 가명정보의 처리

① 처리: 개인정보처리자는 통계작성, 과학적 연구, 공익적 기록보존 등을 위하여 정보주체의 동의 없이 가명정보를 처리할 수 있다. 다만, 가명정보를 제3자에게 제공하는 경우에는 특정 개인을 알아보기 위하여 사용될 수 있는 정보를 포함해서는 아니 된다(개보법 제28조의2).

② 결합: 통계작성, 과학적 연구, 공익적 기록보존 등을 위한 서로 다른 개인정보처리자 간의 가명정보의 결합은 보호위원회 또는 관계 중앙행정기관의 장이 지정하는 전문기관이 수행한다(개보법 제28조의3 제1항).

(7) 아동의 개인정보 보호

원칙	개인정보처리자는 만 14세 미만 아동의 개인정보를 처리하기 위하여 이 법에 따른 동의를 받아야 할 때에는 그 법정대리인의 동의를 받아야 하며, 법정대리인이 동의하였는지를 확인하여야 한다(개보법 제22조의2 제1항).
예외	법정대리인의 동의를 받기 위하여 필요한 최소한의 정보로서 대통령령으로 정하는 정보는 법정대리인의 동의 없이 해당 아동으로부터 직접 수집할 수 있다(개보법 제22조의2 제2항).

(8) 개인정보의 국외 이전

이전	개인정보처리자는 개인정보를 국외로 제공(조회되는 경우를 포함)·처리위탁·보관하여서는 아니 된다. 다만, 정보주체로부터 국외 이전에 관한 별도의 동의를 받은 경우 등 일정한 경우에는 가능하다(개보법 제28조의8 제1항).
중지명령	① 보호위원회는 개인정보의 국외 이전이 계속되고 있거나 추가적인 국외 이전이 예상되는 경우로서 국외이전이 허용되는 사유를 위반하는 등 어느 하나에 해당하는 경우에는 개인정보처리자에게 개인정보의 국외 이전을 중지할 것을 명할 수 있다(개보법 제28조의9 제1항). ② 개인정보처리자는 제1항에 따른 국외 이전 중지 명령을 받은 경우에는 명령을 받은 날부터 7일 이내에 보호위원회에 이의를 제기할 수 있다(개보법 제28조의9 제2항).
상호주의	개인정보의 국외 이전을 제한하는 국가의 개인정보처리자에 대해서는 해당 국가의 수준에 상응하는 제한을 할 수 있다. 다만, 조약 또는 그 밖의 국제협정의 이행에 필요한 경우에는 그러하지 아니하다(개보법 제28조의10).

4. 개인정보의 안전한 관리

(1) 개인정보 보호책임자의 지정

개인정보처리자는 개인정보의 처리에 관한 업무를 총괄해서 책임질 개인정보 보호책임자를 지정하여야 한다. 다만, 종업원 수, 매출액 등이 대통령령으로 정하는 기준에 해당하는 개인정보처리자의 경우에는 지정하지 아니할 수 있다(개보법 제31조 제1항).

(2) 개인정보파일의 등록

공공기관의 장이 개인정보파일을 운용하는 경우에는 개인정보파일의 명칭, 개인정보파일의 운영 근거 및 목적 등의 사항을 보호위원회에게 등록하여야 한다. 등록한 사항이 변경된 경우에도 또한 같다(개보법 제32조).

(3) 개인정보 보호 인증

보호위원회는 개인정보처리자의 개인정보 처리 및 보호와 관련한 일련의 조치가 이 법에 부합하는지 등에 관하여 인증할 수 있다(개보법 제32조의2 제1항). 인증의 유효기간은 3년으로 한다(개보법 제32조의2 제2항).

(4) 개인정보 영향평가제도

공공기관의 장은 대통령령으로 정하는 기준에 해당하는 개인정보파일의 운용으로 인하여 정보주체의 개인정보 침해가 우려되는 경우에는 그 위험요인의 분석과 개선 사항 도출을 위한 평가(이하 "영향평가"라 한다)를 하고 그 결과를 보호위원회에 제출하여야 한다(개보법 제33조 제1항).

(5) 개인정보 유출사실의 통지·신고제도

① 통지: 개인정보처리자는 개인정보가 분실·도난·유출되었음을 알게 되었을 때에는 지체 없이 해당 정보주체에게 유출등이 된 개인정보의 항목 등을 알려야 한다. 다만, 정보주체의 연락처를 알 수 없는 경우 등 정당한 사유가 있는 경우에는 대통령령으로 정하는 바에 따라 통지를 갈음하는 조치를 취할 수 있다(개보법 제34조 제1항).

② 신고: 개인정보처리자는 개인정보의 유출등이 있음을 알게 되었을 때에는 개인정보의 유형, 유출등의 경로 및 규모 등을 고려하여 대통령령으로 정하는 바에 따라 제1항 각 호의 사항을 지체 없이 보호위원회 또는 대통령령으로 정하는 전문기관에 신고하여야 한다. 이 경우 보호위원회 또는 대통령령으로 정하는 전문기관은 피해 확산방지, 피해 복구 등을 위한 기술을 지원할 수 있다(개보법 제34조 제3항). '대통령령으로 정하는 전문기관'이란 한국인터넷진흥원을 말한다.

5. 정보주체의 권리 보장

(1) 개인정보의 열람

① 열람 요구의 상대방

개인정보 처리자	정보주체는 개인정보처리자가 처리하는 자신의 개인정보에 대한 열람을 해당 개인정보처리자에게 요구할 수 있다(개보법 제35조 제1항).
공공기관	정보주체가 자신의 개인정보에 대한 열람을 공공기관에 요구하고자 할 때에는 공공기관에 직접 열람을 요구하거나 대통령령으로 정하는 바에 따라 보호위원회를 통하여 열람을 요구할 수 있다(개보법 제35조 제2항).

② 열람: 개인정보처리자는 열람을 요구받았을 때에는 대통령령으로 정하는 기간(10일) 내에 정보주체가 해당 개인정보를 열람할 수 있도록 하여야 하고, 해당 기간 내에 열람할 수 없는 정당한 사유가 있을 때에는 정보주체에게 그 사유를 알리고 열람을 연기할 수 있으며, 그 사유가 소멸하면 지체 없이 열람하게 하여야 한다(개보법 제35조 제3항).

(2) 개인정보의 정정·삭제

〈개인정보 보호법〉 제36조(개인정보의 정정·삭제) ① 제35조에 따라 자신의 개인정보를 열람한 정보주체는 개인정보처리자에게 그 개인정보의 정정 또는 삭제를 요구할 수 있다. 다만, 다른 법령에서 그 개인정보가 수집 대상으로 명시되어 있는 경우에는 그 삭제를 요구할 수 없다.
② 개인정보처리자는 제1항에 따른 정보주체의 요구를 받았을 때에는 개인정보의 정정 또는 삭제에 관하여 다른 법령에 특별한 절차가 규정되어 있는 경우를 제외하고는 지체 없이 그 개인정보를 조사하여 정보주체의 요구에 따라 정정·삭제 등 필요한 조치를 한 후 그 결과를 정보주체에게 알려야 한다.
③ 개인정보처리자가 제2항에 따라 개인정보를 삭제할 때에는 복구 또는 재생되지 아니하도록 조치하여야 한다.
④ 개인정보처리자는 정보주체의 요구가 제1항 단서에 해당될 때에는 지체 없이 그 내용을 정보주체에게 알려야 한다.

(3) 개인정보의 처리정지

〈개인정보 보호법〉 제37조(개인정보의 처리정지 등) ① 정보주체는 개인정보처리자에 대하여 자신의 개인정보 처리의 정지를 요구하거나 개인정보 처리에 대한 동의를 철회할 수 있다. 이 경우 공공기관에 대해서는 제32조에 따라 등록 대상이 되는 개인정보파일 중 자신의 개인정보에 대한 처리의 정지를 요구하거나 개인정보 처리에 대한 동의를 철회할 수 있다.
② 개인정보처리자는 제1항에 따른 처리정지 요구를 받았을 때에는 지체 없이 정보주체의 요구에 따라 개인정보 처리의 전부를 정지하거나 일부를 정지하여야 한다. 다만, 다음 각 호의 어느 하나에 해당하는 경우에는 정보주체의 처리정지 요구를 거절할 수 있다.
1. 법률에 특별한 규정이 있거나 법령상 의무를 준수하기 위하여 불가피한 경우
2. 다른 사람의 생명·신체를 해할 우려가 있거나 다른 사람의 재산과 그 밖의 이익을 부당하게 침해할 우려가 있는 경우
3. 공공기관이 개인정보를 처리하지 아니하면 다른 법률에서 정하는 소관 업무를 수행할 수 없는 경우
4. 개인정보를 처리하지 아니하면 정보주체와 약정한 서비스를 제공하지 못하는 등 계약의 이행이 곤란한 경우로서 정보주체가 그 계약의 해지 의사를 명확하게 밝히지 아니한 경우

(4) 손해배상책임

① 배상요건

일반적	정보주체는 개인정보처리자가 이 법을 위반한 행위로 손해를 입으면 개인정보처리자에게 손해배상을 청구할 수 있다(개보법 제39조 제1항).
징벌적	개인정보처리자의 고의 또는 중대한 과실로 인하여 개인정보가 분실·도난·유출·위조·변조 또는 훼손된 경우로서 정보주체에게 손해가 발생한 때에는 법원은 그 손해액의 5배를 넘지 아니하는 범위에서 손해배상액을 정할 수 있다(개보법 제39조 제3항). 〈18. 서울 7급〉
법정	정보주체는 개인정보처리자의 고의 또는 과실로 인하여 개인정보가 분실·도난·유출·위조·변조 또는 훼손된 경우에는 300만 원 이하의 범위에서 상당한 금액을 손해액으로 하여 배상을 청구할 수 있다(개보법 제39조의2).

Winner's 징벌적 손해배상의 요건 : 과실 (×), 중과실 (○)

② 입증책임: 개인정보처리자는 고의 또는 (중)과실이 없음을 입증하지 아니하면 책임을 면할 수 없다. 〈14. 국가 9급〉, 〈24. 소방〉

Winner's 손해배상 청구시 고의·과실의 입증책임 : 개인정보 처리자 (○), 정보주체 (×)

③ 손해배상책임의 보장: 개인정보처리자로서 매출액, 개인정보의 보유 규모 등을 고려하여 대통령령으로 정하는 기준에 해당하는 자는 손해배상책임의 이행을 위하여 보험 또는 공제에 가입하거나 준비금을 적립하는 등 필요한 조치를 하여야 한다(개보법 제39조의7 제1항).

(5) 자동화된 결정에 대한 정보주체의 권리 등

> **제37조의2(자동화된 결정에 대한 정보주체의 권리 등)** ① 정보주체는 완전히 자동화된 시스템(인공지능 기술을 적용한 시스템을 포함한다)으로 개인정보를 처리하여 이루어지는 결정(「행정기본법」 제20조에 따른 행정청의 자동적 처분은 제외하며, 이하 이 조에서 "자동화된 결정"이라 한다)이 자신의 권리 또는 의무에 중대한 영향을 미치는 경우에는 해당 개인정보처리자에 대하여 해당 결정을 거부할 수 있는 권리를 가진다. 다만, 자동화된 결정이 제15조제1항제1호·제2호 및 제4호에 따라 이루어지는 경우에는 그러하지 아니하다.
> ② 정보주체는 개인정보처리자가 자동화된 결정을 한 경우에는 그 결정에 대하여 설명 등을 요구할 수 있다.
> ③ 개인정보처리자는 제1항 또는 제2항에 따라 정보주체가 자동화된 결정을 거부하거나 이에 대한 설명 등을 요구한 경우에는 정당한 사유가 없는 한 자동화된 결정을 적용하지 아니하거나 인적 개입에 의한 재처리·설명 등 필요한 조치를 하여야 한다.
> ④ 개인정보처리자는 자동화된 결정의 기준과 절차, 개인정보가 처리되는 방식 등을 정보주체가 쉽게 확인할 수 있도록 공개하여야 한다.

6. 분쟁의 조정

(1) 개인정보 분쟁조정위원회

① 설치: 개인정보에 관한 분쟁의 조정❶(調停)을 위하여 개인정보 분쟁조정위원회를 둔다(개보법 제40조 제1항). 〈12. 지방 9급〉

용어설명 ❶ 조정 : 제3자가 양 쪽의 주장을 절충하여 화해에 이르도록 알선·협력하는 절차

② 구성: 분쟁조정위원회는 위원장 1명을 포함한 30명 이내의 위원으로 구성하며, 위원은 당연직위원과 위촉위원으로 구성한다(개보법 제40조 제2항).

③ 위원의 자격(개보법 제40조 제3항)

위촉위원	다음 각 호의 어느 하나에 해당하는 사람 중에서 보호위원회 위원장이 위촉한다. ㉠ 개인정보 보호업무를 관장하는 중앙행정기관의 고위공무원단에 속하는 공무원으로 재직하였던 사람 또는 이에 상당하는 공공부문 및 관련 단체의 직에 재직하고 있거나 재직하였던 사람으로서 개인정보 보호업무의 경험이 있는 사람 ㉡ 대학이나 공인된 연구기관에서 부교수 이상 또는 이에 상당하는 직에 재직하고 있거나 재직하였던 사람 ㉢ 판사·검사 또는 변호사로 재직하고 있거나 재직하였던 사람 ㉣ 개인정보 보호와 관련된 시민사회단체 또는 소비자단체로부터 추천을 받은 사람

	⑩ 개인정보처리자로 구성된 사업자단체의 임원으로 재직하고 있거나 재직하였던 사람
당연직위원	대통령령으로 정하는 국가기관 소속 공무원은 당연직위원이 된다.

④ 위원장: 위원 중에서 공무원이 아닌 사람으로 보호위원회 위원장이 위촉한다(개보법 제40조 제4항).

⑤ 임기: 위원장과 위촉위원의 임기는 2년으로 하되, 1차에 한하여 연임할 수 있다(개보법 제40조 제5항).

⑥ 의결: 분쟁조정위원회 또는 조정부는 재적위원 과반수의 출석으로 개의하며 출석위원 과반수의 찬성으로 의결한다(개보법 제40조 제7항). 조정부가 분쟁조정위원회에서 위임받아 의결한 사항은 분쟁조정위원회에서 의결한 것으로 본다(개보법 제40조 제6항).

⑦ 신분보장 등: 위원은 자격정지 이상의 형을 선고받거나 심신상의 장애로 직무를 수행할 수 없는 경우를 제외하고는 그의 의사에 반하여 면직되거나 해촉되지 아니한다(개보법 제41조). 또한 제척·기피·회피제도를 두고 있다(개보법 제42조).

⑧ 조정부: 분쟁조정위원회는 분쟁조정업무를 효율적으로 수행하기 위하여 필요하면 대통령령으로 정하는 바에 따라 조정사건의 분야별로 5명 이내의 위원으로 구성되는 조정부를 둘 수 있다(개보법 제40조 제6항).

⑨ 사무처리: 보호위원회는 분쟁조정 접수, 사실 확인 등 분쟁조정에 필요한 사무를 처리할 수 있다(개보법 제40조 제8항).

(2) 절차

① 신청: 개인정보와 관련한 분쟁의 조정을 원하는 자는 분쟁조정위원회에 분쟁조정을 신청할 수 있다(개보법 제43조 제1항).

② 통지: 분쟁조정위원회는 당사자 일방으로부터 분쟁조정신청을 받았을 때에는 그 신청 내용을 상대방에게 알려야 한다(개보법 제43조 제2항). 개인정보처리자가 분쟁조정의 통지를 받은 경우에는 특별한 사유가 없으면 분쟁조정에 응하여야 한다(개보법 제43조 제3항). 〈24. 소방〉

③ 조정안 작성

원칙	㉠ 분쟁조정위원회는 분쟁조정신청을 받은 날부터 60일 이내에 이를 심사하여 조정안을 작성하여야 한다. ㉡ 조정안을 작성하면 지체 없이 각 당사자에게 제시하여야 한다(개보법 제47조 제1항).
예외	㉠ 부득이한 사정이 있는 경우에는 분쟁조정위원회의 의결로 처리기간을 연장할 수 있다(개보법 제44조 제1항). ㉡ 처리기간을 연장한 경우에는 기간연장의 사유와 그 밖의 기간연장에 관한 사항을 신청인에게 알려야 한다(개보법 제44조 제2항).

Winner's 신청 후 60일 이내 작성 : 조정안 (○), 조정서 (×)

④ 조정 전 합의 권고: 분쟁조정위원회는 분쟁조정신청을 받았을 때에는 당사자에게 그 내용을 제시하고 조정 전 합의를 권고할 수 있다(개보법 제46조).

(3) 조정

① 조정안 내용: 분쟁조정위원회는 다음 어느 하나의 사항을 포함하여 조정안을 작성할 수 있다(개보법 제47조 제1항).

㉠ 조사대상 침해행위의 중지

㉡ 원상회복·손해배상 그 밖에 필요한 구제조치

㉢ 같거나 비슷한 침해의 재발을 방지하기 위하여 필요한 조치

② 조정안의 수락: 당사자가 조정 내용을 수락한 경우 분쟁조정위원회는 조정서를 작성하고, 분쟁조정위원회의 위원장과 각 당사자가 기명날인하여야 한다(개보법 제47조 제4항). 조정의 내용은 재판상 화해와 동일한 효력을 갖는다(개보법 제47조 제5항). 조정안을 제시받은 당사자가 제시받은 날부터 15일 이내에 수락 여부를 알리지 아니하면 조정을 수락한 것으로 본다(개보법 제47조 제3항).

Winner's 재판상 화해와 동일한 효력을 가지는 것 : 조정안 (×), 조정서 (○)

③ 조정 거부: 분쟁조정위원회는 분쟁의 성질상 분쟁조정위원회에서 조정하는 것이 적합하지 아니하다고 인정하거나 부정한 목적으로 조정이 신청되었다고 인정하는 경우에는 그 조정을 거부할 수 있다. 이 경우 조정 거부의 사유 등을 신청인에게 알려야 한다(개보법 제48조 제1항).

Winner's 조정 거부의 법적 성질 : 기속행위 (×), 재량행위 (○)

④ 조정 중지: 분쟁조정위원회는 신청된 조정사건에 대한 처리절차를 진행하던 중에 한 쪽 당사자가 소를 제기하면 그 조정의 처리를 중지하고 이를 당사자에게 알려야 한다(개보법 제48조 제2항).

(4) **집단분쟁조정제도** ⟨18. 국가 9급⟩

① 신청: 국가 및 지방자치단체, 개인정보 보호단체 및 기관, 정보주체, 개인정보처리자는 정보주체의 피해 또는 권리침해가 다수의 정보주체에게 같거나 비슷한 유형으로 발생하는 경우로서 대통령령으로 정하는 사건에 대하여는 분쟁조정위원회에 일괄적인 분쟁조정을 의뢰 또는 신청할 수 있다(개보법 제49조 제1항).

② 개시: 집단분쟁조정을 의뢰받거나 신청받은 분쟁조정위원회는 그 의결로써 집단분쟁조정의 절차를 개시할 수 있으며, 분쟁조정위원회는 대통령령으로 정하는 기간(14일) 동안 그 절차의 개시를 공고하여야 한다(개보법 제49조 제2항).

③ 추가신청: 분쟁조정위원회는 집단분쟁조정의 당사자가 아닌 정보주체 또는 개인정보처리자로부터 그 분쟁조정의 당사자에 추가로 포함될 수 있도록 하는 신청을 받을 수 있다(개보법 제49조 제3항).

④ 대표당사자 선임: 분쟁조정위원회는 그 의결로써 집단분쟁조정의 당사자 중에서 공동의 이익을 대표하기에 가장 적합한 1인 또는 수인을 대표당사자로 선임할 수 있다(개보법 제49조 제4항).

⑤ 조정의 수락: 분쟁조정위원회는 개인정보처리자가 분쟁조정위원회의 집단분쟁조정의 내용을 수락한 경우에는 집단분쟁조정의 당사자가 아닌 자로서 피해를 입은 정보주체에 대한 보상계획서를 작성하여 분쟁조정위원회에 제출하도록 권고할 수 있다(개보법 제49조 제5항).

⑥ 절차 제외: 분쟁조정위원회는 집단분쟁조정의 당사자인 다수의 정보주체 중 일부의 정보주체가 법원에 소를 제기한 경우에는 그 절차를 중지하지 아니하고, 소를 제기한 일부의 정보주체를 그 절차에서 제외한다(개보법 제49조 제6항).

> **Winner's** 집단분쟁 일부 제소 : 조정 중지 (×), 절차 제외 (○)

⑦ 조정기간 등: 집단분쟁조정의 기간은 공고가 종료된 날의 다음 날부터 60일 이내로 한다. 다만, 부득이한 사정이 있는 경우에는 분쟁조정위원회의 의결로 처리기간을 연장할 수 있다(개보법 제49조 제7항).

7. 단체소송

(1) 제도적 취지

개인정보처리자로 하여금 개인정보의 수집·이용·제공 등에 대한 준법정신과 경각심을 높이고, 동일·유사 개인정보소송에 따른 사회적 비용을 절감하기 위해 개인정보단체소송제도를 도입하였다. 다만, 단체소송이 남발되는 것을 막기 위해 단체소송 전에 반드시 집단분쟁조정제도를 거치도록 하고 단체소송의 대상을 권리침해행위의 중단·정지청구소송으로 제한하였다.

(2) 소송요건

① 소송의 대상: 일정한 소비자단체나 비영리민간단체는 개인정보처리자가 집단분쟁조정을 거부하거나 집단분쟁조정의 결과를 수락하지 아니한 경우에는 법원에 권리침해행위의 금지·중지를 구하는 소송을 제기할 수 있다(개보법 제51조). 〈18. 국가 9급〉

> 〈개인정보 보호법〉 제51조(단체소송의 대상 등) 다음 각 호의 어느 하나에 해당하는 단체는 개인정보처리자가 제49조에 따른 집단분쟁조정을 거부하거나 집단분쟁조정의 결과를 수락하지 아니한 경우에는 법원에 권리침해행위의 금지·중지를 구하는 소송(이하 '단체소송'이라 한다)을 제기할 수 있다.
> 1. 「소비자기본법」 제29조에 따라 공정거래위원회에 등록한 소비자단체로서 다음 각 목의 요건을 모두 갖춘 단체
>   가. 정관에 따라 상시적으로 정보주체의 권익증진을 주된 목적으로 하는 단체일 것
>   나. 단체의 정회원수가 1천명 이상일 것 〈16. 지방 9급〉
>   다. 「소비자기본법」 제29조에 따른 등록 후 3년이 경과하였을 것
> 2. 「비영리민간단체 지원법」 제2조에 따른 비영리민간단체로서 다음 각 목의 요건을 모두 갖춘 단체
>   가. 법률상 또는 사실상 동일한 침해를 입은 100명 이상의 정보주체로부터 단체소송의 제기를 요청받을 것
>   나. 정관에 개인정보 보호를 단체의 목적으로 명시한 후 최근 3년 이상 이를 위한 활동실적이 있을 것
>   다. 단체의 상시 구성원수가 5천명 이상일 것
>   라. 중앙행정기관에 등록되어 있을 것

② 관할: 단체소송의 소는 피고의 주된 사무소 또는 영업소가 있는 곳, 주된 사무소나 영업소가 없는 경우에는 주된 업무담당자의 주소가 있는 곳의 지방법원 본원 합의부의 관할에 전속한다(개보법 제52조 제1항). 외국사업자에 적용하는 경우 대한민국에 있는 이들의 주된 사무소·영업소 또는 업무담당자의 주소에 따라 정한다(개보법 제52조 제2항).

③ 소송대리인: 단체소송의 원고는 변호사를 소송대리인으로 선임하여야 한다(개보법 제53조).

④ 소송허가

허가신청서 제출	단체소송을 제기하는 단체는 소장과 함께 ㉠ 원고 및 그 소송대리인, ㉡ 피고, ㉢ 정보주체의 침해된 권리의 내용을 기재한 소송허가신청서를 법원에 제출하여야 한다(개보법 제54조 제1항).
허가요건	법원은 ㉠ 개인정보처리자가 분쟁조정위원회의 조정을 거부하거나 조정결과를 수락하지 아니하였을 것, ㉡ 소송허가신청서의 기재사항에 흠결이 없을 것의 요건을 모두 갖춘 경우에 한하여 결정으로 단체소송을 허가한다(개보법 제55조 제1항).
불복	단체소송을 허가하거나 불허가하는 결정에 대하여는 즉시항고할 수 있다(개보법 제55조 제1항). 〈16. 지방 9급〉

(3) 소송절차

단체소송에 관하여 이 법에 특별한 규정이 없는 경우에는 「민사소송법」을 적용한다(개보법 제57조 제1항). 〈16. 지방 9급〉

(4) 판결의 효력

원칙	원고의 청구를 기각하는 판결이 확정된 경우 이와 동일한 사안에 관하여는 다른 단체는 단체소송을 제기할 수 없다(개보법 제56조).
예외	다음의 경우에는 다른 단체도 단체소송을 제기할 수 있다(개보법 제56조). ① 판결이 확정된 후 그 사안과 관련하여 국가·지방자치단체 또는 국가·지방자치단체가 설립한 기관에 의하여 새로운 증거가 나타난 경우 ② 기각판결이 원고의 고의로 인한 것임이 밝혀진 경우

Winner's 다른 단체가 소송을 제기할 수 있는 경우 : 고의로 기각판결 (○), 과실로 기각판결 (×)

PART 04
행정의 실효성 확보수단

제1장 | 개설

1 서설

행정주체가 공익의 실현을 위하여 행정객체에게 부여한 의무를 불이행하거나 금지한 행위를 위반한 경우에는 그 실효성을 확보할 필요가 있다. 또한 행정주체는 행정법상 의무를 전제로 하지 않고, 행정목적을 위하여 필요한 상태를 확보할 필요가 있는 경우도 있다. 여기서는 이러한 다양한 실효성 확보수단에 대해서 알아보기로 한다.

2 유형

1. 직접적 강제수단

행정주체가 스스로 행정상 필요한 상태를 실현하는 것을 말한다.

행정상 강제집행	① 의무위반을 전제로 의무이행상태를 실현하는 수단이다. ② 의무의 내용에 따라 대집행·직접강제·집행벌·강제징수 등이 있다.
행정상 즉시강제	① 의무위반을 전제로 하지 않고 행정상 필요한 상태를 실현하는 수단이다. ② 최근에는 행정조사와 분리하여 논의하는 경향이다.

2. 간접적 강제수단

과거의 의무위반사실에 대하여 벌칙을 부과하여 의무이행을 확보하는 수단을 말한다.

행정벌	행정형벌	「형법」상 형벌을 부과하는 수단이다(예 벌금❶, 과료❷).
	행정질서벌	질서유지를 위한 과태료를 부과하는 수단이다.

용어설명 ❶ 벌금 : 5만 원 이상의 금액을 박탈하는 형벌, ❷ 과료 : 2천 원 이상 5만 원 미만의 금액을 박탈하는 형벌

Winner's 행정질서벌 : 과료 (×), 과태료 (○)

3. 새로운 의무이행 확보수단

전통적 수단을 보완하기 위해서 새롭게 등장한 강제수단을 말한다.

과징금	경제법 위반에 대한 금전부담이다.
공급 거부	공공역무를 거부하는 수단이다.
관허사업의 제한	인·허가의 발급을 거부하는 수단이다.
위반사실의 공표	행정법의 위반사실을 일반에게 공개하는 수단이다.

제2장 | 행정상 강제집행

제1절 / 개설

1 서설

1. 의의

법령 또는 그에 근거한 처분에 의해 부과된 행정법상의 의무를 이행하지 아니하는 경우에 행정주체가 장래에 향하여 의무자의 신체 또는 재산에 실력을 가하여 그 의무를 이행시키거나 이행이 있었던 것과 동일한 상태를 실현하는 것을 말한다.

2. 구별

(1) 행정상 즉시강제

의무의 존재를 전제로 하지 않는다는 점에서 일정한 의무의 존재를 전제로 하는 행정상 강제집행과 구별된다. ⟨13. 국가 9급⟩

(2) 민사상 강제집행

청구권의 주체와 집행권의 주체가 분리되는 타력집행을 한다는 점에서 자력집행을 하는 행정상 강제집행과 구별된다. 다만, 국가적 강제력을 배경으로 한다는 점에서 공통된다.

(3) 행정벌

과거의 의무불이행에 대한 제재라는 점에서 장래에 대한 의무이행의 확보수단에 해당하는 행정상 강제집행과 구별된다. 다만, 행정법상의 의무이행을 확보하는 수단이라는 점에서는 공통된다.

2 행정상 강제집행의 근거

1. 이론적 근거

과거에는 행정권의 명령권에는 강제권이 당연히 포함되므로 별도의 법적 근거는 필요 없다는 견해도 있었으나, 현재에는 강제집행은 국민의 자유와 권리를 침해하는 것이므로 반드시 별도의 법적 근거가 필요하다는 것이 통설이다. ⟨14. 서울 7급⟩

2. 실정법적 근거

대집행은 「행정대집행법❶」이라는 일반법이 제정되어 있고, 강제징수는 「국세징수법」이 일반법적 지위를 가지고 있다. 직접강제나 집행벌에 대해서는 「행정기본법」에서 일반적 규정을 두고 있으나, 실시 여부에 관해서는 개별법이 정하는 바에 따르는 것으로 볼 수 있다.

〈행정대집행법〉 제2조(대집행과 그 비용징수) 법률(법률의 위임에 의한 명령, 지방자치단체의 조례를 포함한다. 이하 같다)에 의하여 직접 명령되었거나 또는 법률에 의거한 행정청의 명령에 의한 행위로서 타인이 대신하여 행할 수 있는 행위를 의무자가 이행하지 아니하는 경우 다른 수단으로써 그 이행을 확보하기 곤란하고 또한 그 불이행을 방치함이 심히 공익을 해할 것으로 인정될 때에는 당해 행정청은 스스로 의무자가 하여야 할 행위를 하거나 또는 제3자로 하여금 이를 하게 하여 그 비용을 의무자로부터 징수할 수 있다.

〈행정기본법〉 제30조(행정상 강제) ① 행정청은 행정목적을 달성하기 위하여 필요한 경우에는 법률로 정하는 바에 따라 필요한 최소한의 범위에서 다음 각 호의 어느 하나에 해당하는 조치를 할 수 있다.
  1. 행정대집행: 의무자가 행정상 의무(법령등에서 직접 부과하거나 행정청이 법령등에 따라 부과한 의무를 말한다. 이하 이 절에서 같다)로서 타인이 대신하여 행할 수 있는 의무를 이행하지 아니하는 경우 법률로 정하는 다른 수단으로는 그 이행을 확보하기 곤란하고 그 불이행을 방치하면 공익을 크게 해칠 것으로 인정될 때에 행정청이 의무자가 하여야 할 행위를 스스로 하거나 제3자에게 하게 하고 그 비용을 의무자로부터 징수하는 것
  2. 이행강제금의 부과: 의무자가 행정상 의무를 이행하지 아니하는 경우 행정청이 적절한 이행기간을 부여하고, 그 기한까지 행정상 의무를 이행하지 아니하면 금전급부의무를 부과하는 것
  3. 직접강제: 의무자가 행정상 의무를 이행하지 아니하는 경우 행정청이 의무자의 신체나 재산에 실력을 행사하여 그 행정상 의무의 이행이 있었던 것과 같은 상태를 실현하는 것
  4. 강제징수: 의무자가 행정상 의무 중 금전급부의무를 이행하지 아니하는 경우 행정청이 의무자의 재산에 실력을 행사하여 그 행정상 의무가 실현된 것과 같은 상태를 실현하는 것
  5. 즉시강제: 현재의 급박한 행정상의 장해를 제거하기 위한 경우로서 다음 각 목의 어느 하나에 해당하는 경우에 행정청이 곧바로 국민의 신체 또는 재산에 실력을 행사하여 행정목적을 달성하는 것
    가. 행정청이 미리 행정상 의무 이행을 명할 시간적 여유가 없는 경우
    나. 그 성질상 행정상 의무의 이행을 명하는 것만으로는 행정목적 달성이 곤란한 경우
③ 형사(刑事), 행형(行刑) 및 보안처분 관계 법령에 따라 행하는 사항이나 외국인의 출입국·난민인정·귀화·국적회복에 관한 사항에 관하여는 이 절을 적용하지 아니한다. 〈25. 국가 9급〉

용어설명 ❶ 행정대집행법 : 행정대집행에 관한 일반법이다. 이하에서는 편의상 '대집행법'으로 표시한다.

제2절 / 행정상 강제집행의 수단

1 대집행

1. 의의

대체적 작위의무를 의무자가 이행하지 않는 경우 행정청이 스스로 그 의무를 이행하거나(자기집행), 제3자로 하여금 이를 이행하게 하고(타자집행) 그 비용을 의무자로부터 징수하는 행위를 말한다. 독일에서는 타자집행만을 대집행으로 파악한다. 모든 의무를 그 대상으로 하는 '직접강제'나 금전급부의무위반을 전제로 하는 '강제징수'와 구별된다.

> **Winner's** 자기집행을 대집행으로 인정하는지 여부 : 우리나라 (○), 독일 (×)

2. 법률관계

(1) 자기집행

대집행의 비용징수는 「국세징수법」을 따르고, 행정쟁송으로 불복한다는 점에서 공법관계로 파악된다.

(2) 타자집행

행정청과 제3자	① 비상시: 행정청이 일방적으로 제3자에 대하여 의무자의 의무를 대행하게 할 수 있으므로 공법관계이다. ② 평상시: 제3자의 동의 없이 그 의무를 대행하게 할 수 없으므로 사법상 계약관계(김남진) 또는 사법상 도급계약(홍정선)으로 파악할 수 있다.
제3자와 의무자	두 사람 간에는 아무런 법률관계가 없는 것이 원칙이다. 다만, 의무자는 제3자의 대집행행위를 수인해야 할 의무가 있다.
의무자와 행정청	행정청은 제3자에 대해 비용을 지급하므로, 의무자에 대해서 비용을 구상(求償)할 수 있다.

3. 주체

대집행은 의무를 부과한 처분청이나 관할 행정청이 주체가 된다. 따라서 행정청의 위임을 받아 대집행을 실행하는 제3자 또는 감독청은 대집행의 주체가 아니다. 〈07. 국가 9급〉

> **Winner's** 대집행주체 : 처분청 (○), 감독청 (×), 타자집행 제3자 (×)

4. 요건

> 〈행정기본법〉 제30조(행정상 강제) ① 행정청은 행정목적을 달성하기 위하여 필요한 경우에는 법률로 정하는 바에 따라 필요한 최소한의 범위에서 다음 각 호의 어느 하나에 해당하는 조치를 할 수 있다.
> 1. 행정대집행: 의무자가 행정상 의무(법령등에서 직접 부과하거나 행정청이 법령등에 따라 부과한 의무를 말한다. 이하 이 절에서 같다)로서 타인이 대신하여 행할 수 있는 의무를 이행하지 아니하는 경우 법률로 정하는 다른 수단으로는 그 이행을 확보하기 곤란하고 그 불이행을 방치하면 공익을 크게 해칠 것으로 인정될 때에 행정청이 의무자가 하여야 할 행위를 스스로 하거나 제3자에게 하게 하고 그 비용을 의무자로부터 징수하는 것

(1) 대체적 작위의무를 불이행할 것

① 대체성: 타인이 대신하더라도 의무이행상태가 동일한 것을 말한다(⑩ 건물철거의무, 차량이동의무 등). 토지나 건물 등의 인도청구와 관련하여 존치물의 반출은 대체성이 있으나 사람의 퇴거는 대체성이 없으므로 대집행이 불가능하다. 〈10. 국가 9급〉, 〈13. 지방 9급〉

1. 매점의 공동점유자의 퇴거의무불이행이 대집행의 대상이 되는지 여부(부정)

도시공원시설인 매점의 관리청이 그 공동점유자 중의 1인에 대하여 소정의 기간 내에 위 매점으로부터 퇴거하고 이에 부수하여 그 판매시설물 및 상품을 반출하지 아니할 때에는 이를 대집행하겠다는 내용의 계고처분은 그 주된 목적이 매점의 원형을 보존하기 위하여 점유자가 설치한 불법시설물을 철거하고자 하는 것이 아니라, 매점에 대한 점유자의 점유를 배제하고 그 점유이전을 받는 데 있다고 할 것인데, 이러한 의무는 그것을 강제적으로 실현함에 있어서 직접적인 실력행사가 필요한 것이지, 대체적 작위의무에 해당하는 것은 아니어서 직접강제의 방법에 의하는 것은 별론으로 하고, 행정대집행법에 의한 대집행의 대상이 되는 것은 아니다(대판 1998.10.23. 97누157). 〈15. 서울 9급〉, 〈18. 국가 9급〉

2. 토지인도의무의 대집행(부정)

피수용자 등이 기업자에 대하여 부담하는 수용대상토지의 인도의무에 관한 구 토지수용법(2002. 2. 4. 법률 제6656호 공익사업을 위한 토지 등의 취득 및 보상에 관한 법률 부칙 제2조로 폐지) 제63조, 제64조, 제77조 규정에서의 '인도'에는 명도도 포함되는 것으로 보아야 하고, 이러한 명도의무는 그것을 강제적으로 실현하면서 직접적인 실력행사가 필요한 것이지 대체적 작위의무라고 볼 수 없으므로 특별한 사정이 없는 한 행정대집행법에 의한 대집행의 대상이 될 수 있는 것이 아니다(대판 2005.8.19. 2004다2809).

3. 토지인도의무 불이행에 대한 민사상 명도단행가처분 허용여부(긍정)

구 토지수용법 제63조의 규정에 따라 피수용자 등이 기업자에 대하여 부담하는 수용대상토지의 인도 또는 그 지장물의 명도의무 등이 비록 공법상의 법률관계라고 하더라도, 그 권리를 피보전권리로 하는 명도단행가처분은 그 권리에 끼칠 현저한 손해를 피하거나 급박한 위험을 방지하기 위하여 또는 그 밖의 필요한 이유가 있을 경우에는 허용될 수 있다고 보아야 한다(대판 2005.8.19. 2004다2809). 〈24. 국가 9급〉

4. 장례식장 사용 중지의무위반에 대한 대집행(위법)

행정대집행법 제2조는 '행정청의 명령에 의한 행위로서 타인이 대신하여 행할 수 있는 행위를 의무자가 이행하지 아니하는 경우'에 대집행할 수 있도록 규정하고 있는데, 이 사건 용도위반 부분을 장례식장으로 사용하는 것이 관계 법령에 위반한 것이라는 이유로 장례식장의 사용을 중지할 것과 이를 불이행할 경우 행정대집행법에 의하여 대집행 하겠다는 내용의 이 사건 처분은, 이 사건 처분에 따른 '장례식장 사용중지의무'가 원고 이외의 '타인이 대신'할 수도 없고, 타인이 대신하여 '행할 수 있는 행위'라고도 할 수 없는 비대체적 부작위의무에 대한 것이므로, 그 자체로 위법함이 명백하다(대판 2005.9.28. 2005두7464). 〈10. 국가 9급〉, 〈18. 서울 9급〉

5. 상속인이 무단형질변경한 산림의 복구의무를 부담하는지 여부(긍정)

원상회복명령에 따른 복구의무는 타인이 대신하여 행할 수 있는 의무로서 일신전속적인 성질을 가진 것으로 보기 어려운 점, 같은 법 제4조가 법에 의하여 행한 처분·신청·신고 기타의 행위는 토지소유자 및 점유자의 승계인 등에 대하여도 그 효력이 있다고 규정하고 있는 것은 산림의 보호·육성을 통하여 국토의 보전 등을 도모하려는 법의 목적을 감안하여 법에 의한 처분 등으로 인한 권리와 아울러 그 의무까지 승계시키려는 취지인 점 등에 비추어 보면, 산림을 무단형질변경한 자가 사망한 경우 당해 토지의 소유권 또는 점유권을 승계한 상속인은 그 복구의무를 부담한다고 봄이 상당하고, 따라서 관할 행정청은 그 상속인에 대하여 복구명령을 할 수 있다고 보아야 한다(대판 2005.8.19. 2003두9817·9824). 〈18. 국회 8급〉

6. 건물의 점유자가 철거의무자인 경우에도 별도로 퇴거를 명하는 집행권원이 필요한지 여부(부정)
관계 법령상 행정대집행의 절차가 인정되어 행정청이 행정대집행의 방법으로 건물의 철거 등 대체적 작위의무의 이행을 실현할 수 있는 경우에는 따로 민사소송의 방법으로 그 의무의 이행을 구할 수 없다. 한편 건물의 점유자가 철거의무자일 때에는 건물철거의무에 퇴거의무도 포함되어 있는 것이어서 별도로 퇴거를 명하는 집행권원이 필요하지 않다(대판 2017.4.28. 2016다213916). 〈19. 국가 9급〉

② 작위의무: 다른 사람이 대신할 수 있는 거동이 있어야 하므로 부작위의무, 수인의무, 비대체적 작위의무는 그 대상이 될 수 없으며, 부작위의무를 위반한 경우에는 작위의무로 전환한 이후에만 대집행이 가능하다(⑩ 불법공작물을 설치한 것은 부작위의무 위반이므로 시정명령을 발동하고 그 위반이 있는 경우에 비로소 대집행이 가능하다). 〈06. 국가 7급〉

1. 금지규정❶에 근거하여 시정명령을 발동할 수 있는지 여부(부정)
단순한 부작위의무의 위반, 즉 관계법령에 정하고 있는 절대적 금지나 허가를 유보한 상대적 금지를 위반한 경우에는 당해 법령에서 그 위반자에 대하여 위반에 의하여 생긴 유형적 결과의 시정을 명하는 행정처분의 권한을 인정하는 규정(예컨대, 건축법 제69조, 도로법 제74조, 하천법 제67조, 도시공원법 제20조, 옥외광고물 등 관리법 제10조 등)을 두고 있지 아니한 이상, 법치주의의 원리에 비추어 볼 때 위와 같은 부작위의무로부터 그 의무를 위반함으로써 생긴 결과를 시정하기 위한 작위의무를 당연히 끌어낼 수는 없으며, 또 위 금지규정(특히, 허가를 유보한 상대적 금지규정)으로부터 작위의무, 즉 위반결과의 시정을 명하는 권한이 당연히 추론되는 것도 아니다(대판 1996.6.28. 96누4374). 〈16. 지방 7급〉, 〈18. 국가 9급〉

용어설명 ❶ 금지규정: 부작위의무를 부과하는 규정

2. 시행자가 이전할 수 있는 규정이 이전의무를 부과하는 규정인지 여부(부정)
계고처분의 근거 법령으로 삼은 이 사건 조항은 "시행자는 제56조 제1항의 규정에 의하여 환지예정지를 지정하는 경우, 제58조 제1항의 규정에 의하여 종전의 토지에 관한 사용 또는 수익을 정지시키는 경우나 공공시설의 변경 또는 폐지에 관한 공사를 시행하는 경우에 필요한 때에는 시행지구 안에 있는 건축물 등 및 장애물 등을 이전하거나 제거할 수 있다"고 규정하고 있을 뿐이어서, 건축물 등의 소유자 또는 점유자에게 직접 그 이전 또는 제거의무를 부과하는 규정이 아님은 법문상 명백하다. … 이 사건 계고처분은 원고들에게 행정대집행법 제2조가 정한 바에 따라 명령된 이 사건 지장물 이전의무가 없음에도 그러한 의무의 불이행을 사유로 행하여진 것이어서 위법하다(대판 2010.6.24. 2010두1231).

③ 공법상 의무: 법령 또는 처분에 의하여 부여된 공법상 의무를 위반해야 하므로 사법(私法)상 의무는 특별한 규정이 없는 한 대집행의 대상이 아니다. 「국유재산법」은 행정재산과 일반재산을 구별하지 않고 대집행이 가능한 것으로 규정하고 있으므로 일반재산에 설치된 불법시설물도 대집행의 방법으로 철거할 수 있다. 〈23. 지방 9급〉

> **〈국유재산법〉 제74조(불법시설물의 철거)** 정당한 사유 없이 국유재산을 점유하거나 이에 시설물을 설치한 경우에는 중앙관서의 장 등은 「행정대집행법」을 준용하여 철거하거나 그 밖에 필요한 조치를 할 수 있다.

1. 협의취득 시 부담한 철거의무가 대집행의 대상이 되는지 여부(부정)

구 공공용지의 취득 및 손실보상에 관한 특례법(2002. 2. 4. 법률 제6656호 공익사업을 위한 토지 등의 취득 및 보상에 관한 법률 부칙 제2조로 폐지)에 따른 토지 등의 협의취득은 공공사업에 필요한 토지 등을 그 소유자와의 협의에 의하여 취득하는 것으로서 공공기관이 사경제주체로서 행하는 사법상 매매 내지 사법상 계약의 실질을 가지는 것이므로, 그 협의취득 시 건물소유자가 매매대상 건물에 대한 철거의무를 부담하겠다는 취지의 약정을 하였다고 하더라도 이러한 철거의무는 공법상의 의무가 될 수 없고, 이 경우에도 행정대집행법을 준용하여 대집행을 허용하는 별도의 규정이 없는 한 위와 같은 철거의무는 행정대집행법에 의한 대집행의 대상이 되지 않는다(대판 2006.10.13. 2006두7096). 〈13. 국가 7급〉

2. 공유재산 대부계약이 적법하게 해지된 경우 지상물 철거의무가 대집행의 대상이 되는지 여부(긍정)

지방재정법 제85조 제1항은, 공유재산을 정당한 이유 없이 점유하거나 그에 시설을 한 때에는 이를 강제로 철거하게 할 수 있다고 규정하고, 그 제2항은, 지방자치단체의 장이 제1항의 규정에 의한 강제철거를 하게 하고자 할 때에는 행정대집행법 제3조 내지 제6조의 규정을 준용한다고 규정하고 있는바, 공유재산의 점유자가 그 공유재산에 관하여 대부계약 외 달리 정당한 권원이 있다는 자료가 없는 경우 그 대부계약이 적법하게 해지된 이상 그 점유자의 공유재산에 대한 점유는 정당한 이유 없는 점유라 할 것이고, 따라서 지방자치단체의 장은 지방재정법 제85조에 의하여 행정대집행의 방법으로 그 지상물을 철거시킬 수 있다(대판 2001.10.12. 2001두4078). 〈16. 서울 7급〉, 〈17. 지방 7급〉

3. 대집행이 인정되는 경우 민사상 강제집행이 가능한지 여부(부정)

관리청은 의무위반행위에 의하여 생긴 유형적 결과의 시정을 명하는 행정처분을 하여 이에 따르지 않는 경우에는 행정대집행의 방법으로 그 의무내용을 실현할 수 있는 것이고, 이러한 행정대집행의 절차가 인정되는 경우에는 따로 민사소송의 방법으로 공작물의 철거·수거 등을 구할 수는 없다(대판 2000.5.12. 99다18909). 〈18. 지방 9급〉

4. 사용청구권을 가진 사인이 국가를 대위하여 민사소송으로 시설물의 철거를 구할 수 있는지 여부(긍정)

이 사건 토지는 잡종재산인 국유재산으로서, 국유재산법 제52조는 "정당한 사유 없이 국유재산을 점유하거나 이에 시설물을 설치한 때에는 행정대집행법을 준용하여 철거 기타 필요한 조치를 할 수 있다."고 규정하고 있으므로, 관리권자인 보령시장으로서는 행정대집행의 방법으로 이 사건 시설물을 철거할 수 있고, 이러한 행정대집행의 절차가 인정되는 경우에는 따로 민사소송의 방법으로 피고들에 대하여 이 사건 시설물의 철거를 구하는 것은 허용되지 않는다고 할 것이다(대판 2000.5.12. 99다18909 참조). 다만, 관리권자인 보령시장이 행정대집행을 실시하지 아니하는 경우 국가에 대하여 이 사건 토지 사용청구권을 가지는 원고로서는 위 청구권을 보전하기 위하여 국가를 대위하여 피고들을 상대로 민사소송의 방법으로 이 사건 시설물의 철거를 구하는 이외에는 이를 실현할 수 있는 다른 절차와 방법이 없어 그 보전의 필요성이 인정되므로, 원고는 국가를 대위하여 피고들을 상대로 민사소송의 방법으로 이 사건 시설물의 철거를 구할 수 있다(대판 2009.6.11. 2009다1122). 〈13. 지방 7급〉

(2) 다른 수단으로는 그 이행확보가 곤란할 것

대집행보다 침익성이 적은 다른 수단이 없어야 한다. 다만, 행정벌은 간접적 효과밖에 없고, 민사소송에 의한 강제집행은 공적 의무의 확보를 위해서는 사용될 수 없으므로 대집행보다 침익성이 적은 다른 수단은 거의 없다고 볼 수 있다.

(3) 그 불이행을 방치함이 심히 공익을 해하는 것일 것

개별사안에서 구체적으로 비교형량하여 경미한 의무위반에 대해서는 대집행을 할 수 없다. 그 판단의 성질이 판단여지인가, 재량행위인가에 대해서 논란이 있는데, 판례는 재량행위라고 표현하고 있으나 그 의미가 명확한 것은 아니다.

> 1. 철거의무 불이행 방치가 심히 공익을 해치는 경우에 해당하는지 여부(부정한 판례)
>
> 대수선 및 구조변경허가의 내용과 다르게 건물을 증·개축하여 그 위반결과가 현존하고 있다고 할지라도, 그 공사결과 건물모양이 산뜻하게 되었고 건물의 안정감이 더하여진 반면, 그 증평부분을 철거함에는 많은 비용이 소요되고 이를 철거하여도 건물의 외관만을 손상시키고 쓰임새가 줄 뿐인 경우라면 건축주의 철거의무불이행을 방치함이 심히 공익을 해하는 것으로 볼 수 없다(대판 1987.3.10. 86누860).
>
> 2. 철거의무 불이행 방치가 심히 공익을 해치는 경우에 해당하는지 여부(긍정한 판례)
>
> 무허가로 불법건축되어 철거할 의무가 있는 건축물을 도시미관, 주거환경, 교통소통에 지장이 없다는 등의 사유만을 들어 그대로 방치한다면, 불법건축물을 단속하는 당국의 권능을 무력화하여 건축행정의 원활한 수행을 위태롭게 하고 건축허가 및 준공검사 시에 소방시설, 주차시설 기타 건축법 소정의 제한규정을 회피하는 것을 사전 예방한다는 더 큰 공익을 해칠 우려가 있다(대판 1989.3.28. 87누930). 〈08. 국가 9급〉
>
> 3. 철거명령에 불응하여 공사를 계속한 것이 공익을 심히 해치는 경우에 해당하는지 여부(긍정)
>
> 원고가 구청장으로부터 용도변경건축허가를 받아 개축공사를 하면서 건축허가조건을 위반하여 건축·개축허가가 취소되었음에도 불구하고 그 공사를 계속하여 완공을 하였다면 특별한 사정이 없는 한 원고는 불법건축물의 철거명령에 대하여 당연히 이를 철거할 의무가 있다고 할 것임에도 원심이 그 건물의 현황 도시미관 등만을 고려하여 건물철거의무불이행을 방치함이 심히 공익을 해친다고 보기 어렵다는 이유로 철거대집행의 계고처분이 위법한 처분이라고 하였음은 계고처분의 요건에 관한 법리를 오해한 것이다(대판 1980.9.24. 80누252).
>
> 4. 대집행요건 판단이 재량행위인지 여부(긍정)
>
> 계고처분을 발할 수 있는 요건에 대한 판단은 행정청의 공익재량에 속하나, 그것이 심히 부당할 경우에는 법원이 이를 심사할 수 있다(대판 1967.11.28. 67누139).
>
> 5. 허가 없는 광고물 설치만으로 공익침해에 해당하는지 여부(부정)
>
> 도로관리청으로부터 도로점용허가를 받지 아니하고 광고물을 설치하였다는 점만으로 곧 심히 공익을 해치는 경우에 해당한다고 할 수 없고 대집행계고의 요건에 관한 주장·입증책임은 처분청에게 있다(대판 1974.10.25. 74누122).

6. 공익침해 해당성의 입증책임(행정청)

건축법에 위반하여 건축한 것이어서 철거의무가 있는 건물이라 하더라도 그 철거의무를 대집행하기 위한 계고처분을 하려면 다른 방법으로는 이행의 확보가 어렵고 불이행을 방치함이 심히 공익을 해하는 것으로 인정될 때에 한하여 허용되고 이러한 요건의 주장·입증책임은 처분행정청에 있다(대판 1996.10.11. 96누8086).

5. 대집행의 실시 〈17. 국가 9급〉

대집행의 요건이 모두 충족된 경우에, 대집행을 실시해야만 하는 것인지에 대해서 문제된다. 관계법 규정형식상 '할 수 있다.'라고 되어 있으므로 재량행위라는 견해(김동희)가 일반적이다. 다만 불이행을 방치함이 심히 공익을 해친다는 것은 재량권이 0으로 수축된 경우이므로 대집행을 하여야 할 의무가 있다는 견해(김남진, 석종현)도 있다.

Winner's 대집행 실시 여부 : 실시할 수 (○), 실시하여야 (×)

6. 대집행의 절차

(1) 계고(戒告)

① 의의: 상당한 이행기간을 정하여 그 기한까지 이행되지 않을 때에는 대집행을 한다는 뜻을 미리 문서로써 알리는 행위를 말한다. '상당한 기간'이란 상대방의 의무이행이 객관적으로 가능한 기간을 말한다.

Winner's 계고의 내용 : 대집행의 실시 여부 (○), 대집행의 일시 (×)

대집행영장으로써 대집행할 시기를 늦춘 경우 계고처분이 적법한 것인지 여부(부정)

행정대집행법 제3조 제1항은 행정청이 의무자에게 대집행영장으로써 대집행할 시기 등을 통지하기 위하여는 그 전제로서 대집행계고처분을 함에 있어서 의무이행을 할 수 있는 상당한 기간을 부여할 것을 요구하고 있으므로, 행정청인 피고가 의무이행기한이 1988. 5. 24.까지로 된 이 사건 대집행계고서를 5. 19. 원고에게 발송하여 원고가 그 이행종기인 5. 24. 이를 수령하였다면, 설사 피고가 대집행영장으로써 대집행의 시기를 1988. 5. 27. 15:00로 늦추었더라도 위 대집행계고처분은 상당한 이행기한을 정하여 한 것이 아니어서 대집행의 적법절차에 위배된 것으로 **위법한 처분**이라고 할 것이다(대판 1990.9.14. 90누2048). 〈10. 국가 9급〉, 〈15. 국회 8급〉

② 대상: 구체적으로 특정되어 있어야 한다. 그 판단은 처분 전후에 송달된 문서를 종합한다.

계고의 특정은 반드시 철거명령서나 대집행계고서만으로 가능한지 여부(부정)

행정청이 건축법 제42조 제1항과 행정대집행법 제2조 및 제3조 제1항에 따라 건축법위반 건축물의 철거를 명하고 그 의무불이행 시 행할 대집행의 계고를 함에 있어서는, 의무자가 이행하여야 할 행위와 그 의무불이행 시 대집행할 행위의 내용 및 범위가 구체적으로 특정되어야 할 것이지만, 반드시 철거명령서나 대집행계고서에 의하여서만 특정되어야 하는 것은 아니고, 그 처분 전후에 송달된 문서나 기타 사정을 종합하여 이를 특정할 수 있으면 족하다(대판 1990.1.25. 89누4543). 〈10·18. 국가 9급〉

③ 생략: 계고절차는 비상 시 또는 위험이 절박한 경우에 있어서 당해 행위의 급속한 실시를 요하여 그 절차를 거칠 여유가 없을 때에는 이를 생략할 수 있다(대집행 제3조 제3항). ⟨11. 국가 9급⟩

④ 법적 성질: 상대방에게 의무를 부여하는 작위하명이라는 견해(김남진)가 있으나, 의무는 이미 하명에 의해서 부여되어 있으므로 대집행의 실시를 예고하는 강학상 통지라고 보는 견해(김동희)가 일반적이다. ⟨04. 국가 9급⟩

계고의 처분성(긍정)

계고는 준법률행위적 행정행위이며 대집행의 일련의 절차의 불가결의 일부이므로, 계고의 상대방은 계고절차의 단계에서 그 취소를 구할 법률상 이익이 있다고 할 것이고, 계고는 행정소송법 소정의 처분에 포함된다(대판 1966.10.31. 66누25).

⑤ 하명과의 결합 여부

원칙	대집행의 요건은 계고를 할 때에 이미 충족되어 있어야 하는 것이므로 계고는 하명과 결합될 수 없다.
예외	하명할 때 대집행요건의 충족이 확실하고, 충분한 이행기한이 부여되어 있는 경우에는 예외적으로 결합할 수 있다(다수설·판례). ⟨10. 국가 9급⟩

철거명령과 계고를 1장의 문서로 할 수 있는지 여부(긍정)

계고서라는 명칭의 1장의 문서로서 일정기간 내에 위법건축물의 자진철거를 명함과 동시에 그 소정기한 내에 자진철거를 하지 아니할 때에는 대집행할 뜻을 미리 계고한 경우라도 건축법에 의한 철거명령과 행정대집행법에 의한 계고처분은 독립하여 있는 것으로서, 각 그 요건이 충족되었다고 볼 것이고, 이 경우 철거명령에서 주어진 일정기간이 자진철거에 필요한 상당한 기간이라면 그 기간 속에는 계고 시에 필요한 '상당한 이행기간'도 포함되어 있다고 보아야 할 것이다(대판 1992.6.12. 91누13564). ⟨16. 사회복지 9급⟩, ⟨18. 국회 8급⟩, ⟨19. 지방 9급⟩

(2) 대집행영장에 의한 통지

① 의의: 의무자가 계고를 받고도 지정기한까지 그 의무를 이행하지 않는 경우에 그 행정청이 대집행영장으로써 대집행을 할 시기, 대집행을 시키기 위하여 파견하는 집행책임자의 성명과 대집행에 요하는 비용의 개산❶(槪算)에 의한 견적액을 의무자에게 통지하는 것을 말한다. 준법률행위적 행정행위로서 강학상 통지에 해당한다. ⟨06. 국가 9급⟩

용어설명 ❶ 개산(槪算) : 대략적인 셈을 한 것

Winner's 대집행영장에 의한 통지의 내용 : 대집행 실시 예고 (×), 대집행 일시 예고 (○)

② 생략: 비상시 또는 위험이 절박한 경우, 통지를 할 여유가 없는 경우 생략할 수 있다.

(3) 대집행의 실행

① 의의: 물리적인 실력을 행사하여 의무가 이행된 상태를 실현하는 것을 말한다. 권력적 사실행위로써 처분성이 인정된다. ⟨05. 국가 7급⟩

② 절차: 대집행을 하기 위하여 현장에 파견되는 집행책임자는 그가 집행책임자라는 것을 표시한 증표를 휴대하여 대집행 시에 이해관계인에게 제시하여야 한다(대집행법 제4조).

③ 시간적 한계

원칙	행정청(타자집행의 제3자 포함)은 해가 뜨기 전이나 해가 진 후에는 대집행을 하여서는 아니 된다.
예외	다음과 같은 경우에는 해가 뜨기 전이나 해가 진 후에도 가능하다. ㉠ 의무자가 동의한 경우 ㉡ 해가 지기 전에 대집행을 착수한 경우 ㉢ 해가 뜬 후부터 해가 지기 전까지 대집행을 하는 경우에는 대집행의 목적 달성이 불가능한 경우 ㉣ 그 밖에 비상시 또는 위험이 절박한 경우 〈19. 서울 9급〉

④ 실력행사의 여부: 대집행을 실행할 때 의무자가 저항하는 경우에 행정청이 실력을 행사하여 그 저항행위를 배제할 수 있을 것인지가 문제된다. 대집행의 실효성을 확보하기 위해서는 폭력에 이르지 않는 정도의 최소한의 실력행사는 가능하다고 본다(김동희). 〈14. 국가 9급〉

적법한 대집행을 방해하는 경우 경찰의 도움을 받을 수 있는지 여부(긍정)
행정청이 행정대집행의 방법으로 건물철거의무의 이행을 실현할 수 있는 경우에는 건물철거 대집행 과정에서 부수적으로 건물의 점유자들에 대한 퇴거 조치를 할 수 있고, 점유자들이 적법한 행정대집행을 위력을 행사하여 방해하는 경우 형법상 공무집행방해죄가 성립하므로, 필요한 경우에는 '경찰관 직무집행법'에 근거한 위험발생 방지조치 또는 형법상 공무집행방해죄의 범행방지 내지 현행범체포의 차원에서 경찰의 도움을 받을 수도 있다(대판 2017.4.28. 2016다213916). 〈18. 국회 8급〉, 〈24. 국가 9급〉

(4) 비용징수

① 의의: 행정청은 실제로 들인 비용액과 납부기일을 정하여 의무자에게 문서로써 그 납부를 명하여야 한다(대집행법 제5조). 상대방에게 금전부담을 주는 것이므로 급부하명에 해당한다.

② 미납한 경우: 대집행에 요한 비용은 국세징수법의 예에 의하여 징수할 수 있다. 대집행에 요한 비용에 대하여서는 행정청은 사무비의 소속에 따라 국세에 다음가는 순위의 선취득권을 가진다. 대집행에 요한 비용을 징수하였을 때에는 그 징수금은 사무비의 소속에 따라 국고 또는 지방자치단체의 수입으로 한다. 〈23. 국가 9급〉

대집행 비용을 민사소송절차에 의해 징수할 수 있는지 여부(부정)
행정대집행법이 대집행비용의 징수에 관하여 민사소송절차에 의한 소송이 아닌 간이하고 경제적인 특별구제절차를 마련해 놓고 있으므로, 위 청구는 소의 이익이 없어 부적법하다(대판 2011.9.8. 2010다48240). 〈19. 국회 8급〉

7. 대집행의 절차에 대한 구제

(1) 처분성

'계고'나 대집행영장에 의한 '통지'는 일정한 사실을 알리는 강학상 통지에 해당하고, 대집행 '실행'은 권력적 사실행위이며, '비용징수'는 상대방에게 의무를 부여하는 급부하명으로서 처분성이 인정된다.

(2) 협의의 소익

대집행이 완료된 경우에는 각 절차에 대한 취소는 의미가 없으므로 취소소송의 제기는 허용되지 않고 손해배상을 청구할 수밖에 없다.

> **대집행이 완료된 경우에 처분의 취소를 구할 이익이 있는지 여부(부정)**
>
> 대집행계고처분 취소소송의 변론종결 전에 대집행영장에 의한 통지절차를 거쳐 사실행위로서 대집행의 실행이 완료된 경우에는 행위가 위법한 것이라는 이유로 손해배상이나 원상회복 등을 청구하는 것은 별론으로 하고, 처분의 취소를 구할 법률상 이익은 없다(대판 1993.6.8. 93누6164). 〈07. 국가 9급〉

(3) 하자의 승계

철거명령과 대집행	선행처분이 당연 무효가 아닌 한 서로 별개의 법적 효과를 목적으로 하는 것으로서 하자가 승계되지 않는다.
대집행의 각 절차 사이	하나의 법적 효과를 완성하는 것이므로 하자가 승계된다.

> **1. 무효인 복구명령 후의 계고처분(무효)**
>
> 주택건설촉진법 제38조 제2항은 공동주택 및 부대시설·복리시설의 소유자·입주자·사용자 등은 부대시설 등에 대하여 도지사의 허가를 받지 않고 사업계획에 따른 용도 이외의 용도에 사용하는 행위 등을 금지하고(정부조직법 제5조 제1항, 행정권한의위임및위탁에관한규정 제4조에 따른 인천광역시사무위임규칙에 의하여 위 허가권이 구청장에게 재위임되었다), 그 위반행위에 대하여 위 주택건설촉진법 제52조의2 제1호에서 1천만원 이하의 벌금에 처하도록 하는 벌칙규정만을 두고 있을 뿐, 건축법 제69조 등과 같은 부작위의무 위반행위에 대하여 대체적 작위의무로 전환하는 규정을 두고 있지 아니하므로 위 금지규정으로부터 그 위반결과의 시정을 명하는 원상복구명령을 할 수 있는 권한이 도출되는 것은 아니다. 결국 행정청의 원고에 대한 원상복구명령은 권한 없는 자의 처분으로 무효라고 할 것이고, 위 원상복구명령이 당연무효인 이상 후행처분인 계고처분의 효력에 당연히 영향을 미쳐 그 계고처분 역시 무효로 된다(대판 1996.6.28. 96누4374).
>
> **2. 적법한 건축물에 대한 철거명령 이후의 계고처분이 당연무효인지 여부(긍정)**
>
> 적법한 건축물에 대한 철거명령은 그 하자가 중대하고 명백하여 당연무효라고 할 것이고, 그 후행행위인 건축물철거 대집행계고처분 역시 당연무효라고 할 것이다(대판 1999.4.27. 97누6780).

2 직접강제

1. 의의

행정법상 의무를 위반한 경우에 행정청이 의무자의 신체나 재산에 실력을 행사하여 그 행정상 의무의 이행이 있었던 것과 같은 상태를 실현하는 것을 말한다(⑩ 강제예방접종의 실시, 무허가영업소의 강제폐쇄, 촬영금지구역에서의 촬영필름을 즉시 압수하는 행위 등).

> **Winner's** 강제예방접종 : 직접강제 (○), 즉시강제 (×)

<학원의 설립·운영 및 과외교습에 관한 법률> 제19조(학원 등에 대한 폐쇄 등) ① 교육감은 다음 각 호의 어느 하나에 해당하면 학원이나 교습소를 폐쇄하거나 교습 등을 중지시킬 수 있다.
1. 제6조제1항 또는 제14조제1항에 따른 등록이나 신고를 하지 아니하고 학원이나 교습소를 설립·운영하는 경우

2. 구별

대집행	대체적 작위의무을 위반한 경우로 한정된다는 점에서 모든 의무를 대상으로 하는 직접강제와 구별된다. ⟨07. 국가 9급⟩
행정상 강제징수	금전급부의무를 위반한 경우에 재산에 실력을 행사하여 금전으로 환가❶하기 위한 목적이라는 점에서 재산 자체를 직접 배제하는 직접강제와 구별된다.
행정상 즉시강제	의무위반을 전제로 하지 않는다는 점에서 의무위반을 전제로 실력을 행사하는 직접강제와 구별된다.

용어설명 ❶ 환가(換價) : 물건 등을 금전으로 바꾸는 것

3. 법적 근거와 한계

근거	직접강제는 권력적 사실행위이므로 법적 근거가 있어야 한다. 「행정기본법」은 법률로 정하는 바에 따라 직접강제를 실시할 수 있음을 규정하고 있다.
한계	직접강제는 행정상 강제집행수단 중에서 가장 강력한 수단이므로 보충적으로 사용되어야 한다. 「행정기본법」은 대집행이나 이행강제금에 대하여 보충적으로 할 수 있음을 명시하고 있고, 증표제시의무와 계고 및 통지에 관하여 규정하고 있다.

<행정기본법> 제32조(직접강제) ① 직접강제는 행정대집행이나 이행강제금 부과의 방법으로는 행정상 의무 이행을 확보할 수 없거나 그 실현이 불가능한 경우에 실시하여야 한다. ⟨24. 소방⟩
② 직접강제를 실시하기 위하여 현장에 파견되는 집행책임자는 그가 집행책임자임을 표시하는 증표를 보여 주어야 한다.
③ 직접강제의 계고 및 통지에 관하여는 제31조제3항 및 제4항을 준용한다.

1. 학원폐쇄조치규정이 폐쇄명령규정과 구별되는지 여부(긍정)

학원의설립·운영에관한법률 제2조 제1호와 제6조 및 제19조 등의 관련규정에 의하면, 같은 법상의 학원을 설립·운영하고자 하는 자는 소정의 시설과 설비를 갖추어 등록을 하여야 하고, 그와 같은 등록절차를 거치지 아니한 경우에는 관할 행정청이 직접 그 무등록학원의 폐쇄를 위하여 출입제한시설물의 설치와 같은 조치를 취할 수 있게 되어 있으나, 달리 무등록학원의 설립·운영자에 대하여 그 폐쇄를 명할 수 있는 것으로는 규정하고 있지 아니하고, 위와 같은 폐쇄조치에 관한 규정이 그와 같은 폐쇄명령의 근거규정이 된다고 할 수도 없다(대판 2001.2.23. 99두6002). ⟨21. 군무원 7급⟩

2. 근거 없는 직권 폐원이 폐쇄명령에 불과한지 여부(긍정)

처분서와 피고 명의의 공문 등에 '직권 폐원'이라는 표현이 쓰인 것은 사실이나, 아래에서 보는 사정에 비추어 그러한 표현만으로 피고가 이 사건 처분을, 원고에게 도달함과 동시에 폐원의 효과가 발생하는 형성적 처

분이라고 인식하였다고 단정할 수는 없다 할 것이고, 또한 이 사건 처분 중 처분일부터 이 사건 유치원을 운영할 수 없다는 부분과 유치원 설립인가증 및 직인을 반납하라는 부분도 피고가 유아교육법 제32조 제1항에 의한 유치원 폐쇄명령을 하면서, 원고에 대하여 그 폐쇄명령의 성실한 이행을 촉구한 것으로 이해할 수 있으므로, … 피고가 한 이 사건 처분은 유아교육법 제32조 제1항에 근거하여 이루어진 유치원의 폐쇄명령이라고 봄이 상당하다 할 것이다(대판 2009.9.24. 2009두9253).

Winner's 직접강제의 근거 : 폐쇄조치 (○), 폐쇄명령 (×)

3 집행벌(=이행강제금)

1. 의의

행정상 의무를 이행하지 않는 경우, 이행기간을 정하여 그 기간 내에 이행하지 않으면 장래에 향하여 의무를 이행할 때까지 부과하는 반복적 금전부담을 말한다. 주로 비대체적 작위의무나 부작위의무를 위반한 경우에 하는 것이나 대체적 작위의무 위반에 대해서도 가능하다. 다만 실정법에서는 주로 이행강제금이라는 용어가 사용되고 있다.

Winner's 집행벌의 수단 : 금전부담 (○), 실력행사 (×)

1. 대체적 작위의무에 대한 이행강제금이 가능한지 여부(긍정)

전통적으로 행정대집행은 대체적 작위의무에 대한 강제집행수단으로, 이행강제금은 부작위의무나 비대체적 작위의무에 대한 강제집행수단으로 이해되어 왔으나, 이는 이행강제금제도의 본질에서 오는 제약은 아니며, 이행강제금은 대체적 작위의무의 위반에 대하여도 부과될 수 있다(헌재 2004.2.26. 2001헌바80).〈24. 소방〉

2. 위법건축물 완공 후에도 이행강제금을 부과할 수 있는지 여부(긍정)

이행강제금은 국민의 자유와 권리를 제한한다는 의미에서 행정상 간접강제의 일종인 이른바 침익적 행정행위에 속하기는 하나, 위법건축물의 방치를 막고자 행정청이 시정조치를 명하였음에도 건축주 등이 이를 이행하지 아니한 경우에 행정명령의 실효성을 확보하기 위하여 시정명령 이행시까지 지속적으로 부과함으로써 건축물의 안전과 기능, 미관을 향상시켜 공공복리의 증진을 도모하기 위한 것이므로 그 목적의 정당성이 인정된다 할 것이고, 공무원들이 위법건축물임을 알지 못하여 공사 도중에 시정명령이 내려지지 않아 위법건축물이 완공되었다 하더라도, 공공복리의 증진이라는 위 목적의 달성을 위해서는 완공 후에라도 위법건축물임을 알게 된 이상 시정명령을 할 수 있다고 보아야 할 것이며, 만약 완공 후에는 시정명령을 할 수 없다면 위법건축물을 축조한 자가 일단 건물이 완공되었다는 이유만으로 그 시정을 거부할 수 있는 결과를 초래하게 될 것이다(대결 2002.8.16. 2002마1022).〈13. 국회 8급〉

2. 법적 성질

이전성	이행강제금은 일신전속적 성질을 가지므로 타인에게 승계될 수 없다. 〈24. 소방〉
반복성	① 이행강제금은 장래에 향하여 의무를 이행할 때까지 반복적으로 부과되는 심리적, 간접적 강제수단이라는 점에서 1회적 제재수단인 '행정벌'과 구별되고, 일사부재리 원칙이 적용되지 않는다. ② 의무자가 의무를 이행하면 새로운 이행강제금의 부과를 즉시 중지하되, 이미 부과한 이행강제금은 징수하여야 한다(행정기본법 제31조 제5항). ③ 행정청은 이행강제금을 부과받은 자가 납부기한까지 이행강제금을 내지 아니하면 국세강제징수의 예 또는 「지방행정제재·부과금의 징수 등에 관한 법률」에 따라 징수한다(행정기본법 제31조 제6항).

Winner's 집행벌의 성질 : 강제수단 (○), 제재수단 (×)

1. 사망한 사람에 대한 이행강제금이 무효인지 여부(긍정)

구 건축법(2005. 11. 8. 법률 제7696호로 개정되기 전의 것)상의 이행강제금은 구 건축법의 위반행위에 대하여 시정명령을 받은 후 시정기간 내에 당해 시정명령을 이행하지 아니한 건축주 등에 대하여 부과되는 간접강제의 일종으로서 그 이행강제금 납부의무는 상속인 기타의 사람에게 승계될 수 없는 일신전속적인 성질의 것이므로 이미 사망한 사람에게 이행강제금을 부과하는 내용의 처분이나 결정은 당연무효이고, 이행강제금을 부과받은 사람의 이의에 의하여 비송사건절차법에 의한 재판절차가 개시된 후에 그 이의한 사람이 사망한 때에는 사건 자체가 목적을 잃고 절차가 종료한다(대결 2006.12.8. 2006마470). 〈10·13. 국가 9급〉, 〈17. 사회복지 9급〉

2. 「건축법」상 이행강제금은 과거의 위반행위에 대한 금전적 제재에 해당하는지 여부(부정)

구 건축법(2014. 5. 28. 법률 제12701호로 개정되기 전의 것, 이하 같다) 제79조 제1항, 제80조 제1항, 제2항, 제4항 본문, 제5항의 내용, 체계 및 취지 등을 종합하면, 구 건축법상 이행강제금은 시정명령의 불이행이라는 과거의 위반행위에 대한 제재가 아니라, 시정명령을 이행하지 않고 있는 건축주·공사시공자·현장관리인·소유자·관리자 또는 점유자(이하 '건축주 등'이라 한다)에 대하여 다시 상당한 이행기한을 부여하고 기한 안에 시정명령을 이행하지 않으면 이행강제금이 부과된다는 사실을 고지함으로써 의무자에게 심리적 압박을 주어 시정명령에 따른 의무의 이행을 간접적으로 강제하는 행정상의 간접강제 수단에 해당한다(대판 2016.7.14. 2015두46598). 〈19. 국회 8급〉

3. 기간이 지나서 등기신청의무를 이행한 경우에도 이행강제금을 부과할 수 있는지 여부(부정)

장기미등기자가 이행강제금 부과 전에 등기신청의무를 이행하였다면 이행강제금의 부과로써 이행을 확보하고자 하는 목적은 이미 실현된 것이므로 부동산실명법 제6조 제2항에 규정된 기간이 지나서 등기신청의무를 이행한 경우라 하더라도 이행강제금을 부과할 수 없다(대판 2016.6.23. 2015두36454). 〈20. 군무원 9급〉, 〈21. 지방 9급〉

4. 새로운 이행강제금에 최초의 이행강제금 포함 여부(긍정)

부과가 중지되는 '새로운 이행강제금'에는 국토계획법 제124조의2 제3항의 규정에 의하여 반복 부과되는 이행강제금뿐만 아니라 이행명령 불이행에 따른 최초의 이행강제금도 포함된다. 따라서 이행명령을 받은 의무자가 그 명령을 이행한 경우에는 이행명령에서 정한 기간을 지나서 이행한 경우라도 최초의 이행강제금을 부과할 수 없다(대판 2014.12.11. 2013두15750). 〈15. 서울 7급〉, 〈17·18. 국가 7급〉

5. 이행기회가 제공되지 않은 과거의 기간에 대한 이행강제금(부정)

구 건축법 제80조 제1항·제4항에 의하면 문언상 최초의 시정명령이 있었던 날을 기준으로 1년 단위별로 2회에 한하여 이행강제금을 부과할 수 있고, 이 경우에도 매 1회 부과 시마다 구 건축법 제80조 제1항 단서에서 정한 1회분 상당액의 이행강제금을 부과한 다음 다시 시정명령의 이행에 필요한 상당한 이행기한을 정하여 그 기한까지 시정명령을 이행할 수 있는 기회(이하 '시정명령의 이행 기회'라 한다)를 준 후 비로소 다음 1회분 이행강제금을 부과할 수 있다. 따라서 비록 건축주 등이 장기간 시정명령을 이행하지 아니하였더라도, 그 기간 중에는 시정명령의 이행 기회가 제공되지 아니하였다가 뒤늦게 시정명령의 이행 기회가 제공된 경우라면, 시정명령의 이행 기회 제공을 전제로 한 1회분의 이행강제금만을 부과할 수 있고, 시정명령의 이행 기회가 제공되지 아니한 과거의 기간에 대한 이행강제금까지 한꺼번에 부과할 수는 없다. 그리고 이를 위반하여 이루어진 이행강제금 부과처분은 과거의 위반행위에 대한 제재가 아니라 행정상의 간접강제 수단이라는 이행강제금의 본질에 반하여 구 건축법 제80조 제1항·제4항 등 법규의 중요한 부분을 위반한 것으로서, 그러한 하자는 중대할 뿐만 아니라 객관적으로도 명백하다(대판 2016.7.14. 2015두46598). 〈17. 지방 9급〉, 〈18. 국가 9급〉

6. 이행강제금을 부과·징수할 때마다 그에 앞서 시정명령 절차를 다시 거쳐야 하는지 여부(부정)

개발제한구역법 제30조 제1항, 제30조의2 제1항 및 제2항의 규정에 의하면 시정명령을 받은 후 그 시정명령의 이행을 하지 아니한 자에 대하여 이행강제금을 부과할 수 있고, 그 이행강제금을 부과하기 전에 상당한 기간을 정하여 그 기한까지 이행되지 아니할 때에 이행강제금을 부과·징수한다는 뜻을 문서로 계고하여야 하므로, 이행강제금의 부과·징수를 위한 계고는 시정명령을 불이행한 경우에 취할 수 있는 절차라 할 것이고, 따라서 이행강제금을 부과·징수할 때마다 그에 앞서 시정명령 절차를 다시 거쳐야 할 필요는 없다고 보아야 한다(대판 2013.12.12. 2012두19137). 〈20. 군무원 7급〉

3. 법적 근거와 한계

(1) 법적 근거

집행벌은 국민의 권리를 침해하는 권력적 작용이므로 법적 근거가 필요하다. 「행정기본법」은 법률로 정하는 바에 따라 이행강제금을 부과할 수 있음을 규정하고 있으며, 개별법(例「건축법」)에서도 근거를 두고 있다.

(2) 법적 한계

① 실체적 요건 : 집행벌도 법률우위원칙을 준수하여야 한다. 실정법상 법정최고액이나 부과 횟수의 제한을 두고 있으며, 「행정기본법」은 가중 또는 감경할 수 있음을 규정하고 있다.

〈행정기본법〉 제31조(이행강제금의 부과) ① 이행강제금 부과의 근거가 되는 법률에는 이행강제금에 관한 다음 각 호의 사항을 명확하게 규정하여야 한다. 다만, 제4호 또는 제5호를 규정할 경우 입법목적이나 입법취지를 훼손할 우려가 크다고 인정되는 경우로서 대통령령으로 정하는 경우는 제외한다.
1. 부과·징수 주체
2. 부과 요건
3. 부과 금액
4. 부과 금액 산정기준
5. 연간 부과 횟수나 횟수의 상한

② 행정청은 다음 각 호의 사항을 고려하여 이행강제금의 부과 금액을 가중하거나 감경할 수 있다.
1. 의무 불이행의 동기, 목적 및 결과
2. 의무 불이행의 정도 및 상습성
3. 그 밖에 행정목적을 달성하는 데 필요하다고 인정되는 사유

〈건축법〉 제80조(이행강제금) ⑤ 허가권자는 최초의 시정명령이 있었던 날을 기준으로 하여 1년에 2회 이내의 범위에서 해당 지방자치단체의 조례로 정하는 횟수만큼 그 시정명령이 이행될 때까지 반복하여 제1항 및 제2항에 따른 이행강제금을 부과·징수할 수 있다. 〈14. 사회복지 9급〉

1. 의무의 내용을 초과하는 것을 '불이행 내용'으로 기재한 이행강제금(위법)

이행강제금은 행정법상의 부작위의무 또는 비대체적 작위의무를 이행하지 않은 경우에 '일정한 기한까지 의무를 이행하지 않을 때에는 일정한 금전적 부담을 과할 뜻'을 미리 '계고'함으로써 의무자에게 심리적 압박을 주어 장래를 향하여 의무의 이행을 확보하려는 간접적인 행정상 강제집행 수단이고, 노동위원회가 근로기준법 제33조에 따라 이행강제금을 부과하는 경우 그 30일 전까지 하여야 하는 이행강제금 부과 예고는 이러한 '계고'에 해당한다. 따라서 사용자가 이행하여야 할 행정법상 의무의 내용을 초과하는 것을 '불이행 내용'으로 기재한 이행강제금 부과 예고서에 의하여 이행강제금 부과 예고를 한 다음 이를 이행하지 않았다는 이유로 이행강제금을 부과하였다면, 초과한 정도가 근소하다는 등의 특별한 사정이 없는 한 이행강제금 부과 예고는 이행강제금 제도의 취지에 반하는 것으로서 위법하고, 이에 터 잡은 이행강제금 부과처분 역시 위법하다(대판 2015.6.24. 2011두2170). 〈17. 지방 9급〉

2. 정당한 신고를 위법하게 반려한 경우에 이행강제금 부과여부(부정)

시정명령을 받은 의무자가 그 시정명령의 취지에 부합하는 의무를 이행하기 위한 정당한 방법으로 행정청에 신청 또는 신고를 하였으나 행정청이 위법하게 이를 거부 또는 반려함으로써 결국 그 처분이 취소되기에 이르렀다면, 특별한 사정이 없는 한 그 시정명령의 불이행을 이유로 이행강제금을 부과할 수는 없다고 보는 것이 위와 같은 이행강제금 제도의 취지에 부합한다(대판 2018.1.25. 2015두35116). 〈23. 국가 9급〉

② 절차적 요건

계고	행정청은 이행강제금을 부과하기 전에 미리 의무자에게 적절한 이행기간을 정하여 그 기한까지 행정상 의무를 이행하지 아니하면 이행강제금을 부과한다는 뜻을 문서로 계고(戒告)하여야 한다(행정기본법 제31조 제3항).
통지	행정청은 의무자가 계고에서 정한 기한까지 행정상 의무를 이행하지 아니한 경우 이행강제금의 부과 금액·사유·시기를 문서로 명확하게 적어 의무자에게 통지하여야 한다(행정기본법 제31조 제4항).

4. 불복절차

과징금 유형	과징금에 대한 불복절차와 마찬가지로 행정쟁송에 의하는 경우이다(예 「건축법」, 「부동산 실권리자명의 등기에 관한 법률」). 과거 「건축법」상 이행강제금은 과태료에 대한 불복절차를 준용하였으나, 현행법은 준용규정을 삭제하였으므로 과징금처럼 행정쟁송을 제기할 수 있다.
과태료 유형	「비송사건절차법」에 따른 과태료 재판에 준하여 재판을 하는 경우이다(예 「농지법」). 다만 「비송사건절차법」상 과태료 재판절차는 대부분 삭제되었고 「질서위반행위규제법」에서 규율하고 있으므로 「질서위반행위규제법」이 적용되는 것으로 볼 수 있다.

> **〈농지법〉 제63조(이행강제금)** ⑦ 제1항에 따른 이행강제금 부과처분을 받은 자가 제6항에 따른 이의를 제기하면 시장·군수 또는 구청장은 지체 없이 관할법원에 그 사실을 통보하여야 하며, 그 통보를 받은 관할법원은 「비송사건절차법」에 따른 과태료 재판에 준하여 재판을 한다. 〈23. 지방 9급〉

1. 「농지법」상 이행강제금 부과처분의 처분성 (부정)
농지법 제62조 제1항에 따른 이행강제금 부과처분에 불복하는 경우에는 비송사건절차법에 따른 재판절차가 적용되어야 하고, 행정소송법상 항고소송의 대상은 될 수 없다(대판 2019.4.11. 2018두42955). 〈20. 국가 7급〉

2. 잘못 안내한 경우 항고소송의 재판관할(부정)
농지법 제62조 제1항에 따른 이행강제금 부과처분 … 관할청이 이행강제금 부과처분을 하면서 재결청에 행정심판을 청구하거나 관할 행정법원에 행정소송을 할 수 있다고 잘못 안내하거나 관할 행정심판위원회가 각하재결이 아닌 기각재결을 하면서 관할 법원에 행정소송을 할 수 있다고 잘못 안내하였다고 하더라도, 그러한 잘못된 안내로 행정법원의 항고소송 재판관할이 생긴다고 볼 수도 없다(대판 2019.4.11. 2018두42955). 〈22. 국가 9급〉

4 행정상 강제징수

1. 의의

행정법상이 금전급부의무를 불이행한 경우에 의무자의 재산에 실력을 가하여 의무가 이행된 것과 같은 상태를 실현하는 작용을 말한다.

Winner's 강제징수의 실력행사의 대상 : 재산 (○), 신체 (×)

2. 근거

강제징수는 침익적, 권력적 작용이므로 법률의 근거를 필요로 한다. 행정법상 금전급부의무를 위반한 경우 「국세징수법」을 준용하여 강제징수하고 있으므로 일반법적 성격을 가지고 있다. 「행정기본법」은 법률로 정하는 바에 따라 강제징수를 할 수 있다고 규정하고 있다.

3. 절차

광의의 체납처분절차는 독촉 및 협의의 체납처분절차로 구성되어 있으며, 협의의 체납처분절차에는 재산 압류·매각·청산이 있다. 〈02. 국가 7급〉

(1) 독촉
① 의의: 납세의무자에게 일정기간 내에 그 이행을 최고❶(催告)하고 그 불이행 시에는 체납처분을 할 것을 예고하는 행위를 말한다. 상대방에게 일정한 사실을 알리는 행위이므로 강학상 통지에 해당한다.

용어설명 ❶ 최고 : 일정한 사실을 알리는 행위

② 효과: 독촉은 시효중단사유가 된다. 독촉절차를 흠결한 체납처분의 효력에 대해서는 판례는 취소사유로 본다.

1. 독촉에 시효중단의 효과가 발생하는지 여부(긍정)
구 의료보험법상 보험자의 부당이득금의 납부독촉은 최초의 독촉에 한하여 부당이득금 징수권의 소멸시효 중단사유가 되고, 위 징수권에 기한 체납처분에 의한 압류도 소멸시효 중단사유가 되며, 시효중단사유에 해당하는 재판상의 청구에는 시효를 주장하는 자가 소를 제기한 데 대하여 국민건강보험공단이 응소하여 그 소송에서 적극적으로 권리를 주장하고 그것이 받아들여진 경우도 포함된다(대판 2006.11.9. 2004두7467). 〈17. 사회복지 9급〉

2. 독촉절차 없는 압류처분의 효력(취소사유)
납세의무자가 세금을 납부기한까지 납부하지 아니하자 과세청이 그 징수를 위하여 압류처분에 이른 것이라면, 비록 독촉절차 없이 압류처분을 하였다 하더라도, 이러한 사유만으로는 압류처분을 무효로 되게 하는 중대하고도 명백한 하자로는 되지 않는다(대판 1987.9.22. 87누383).

(2) 압류

① 의의: 체납자가 재산을 사실상 또는 법률상 처분하는 것을 금지하여 체납액의 징수를 확보하는 행위를 말한다.

② 요건: 관할 세무서장은 ㉠ 납세자가 독촉을 받고 독촉장에서 정한 기한까지 국세를 완납하지 아니한 경우, ㉡ 납기 기한 전 징수의 경우 납부고지를 받고 단축된 기한까지 국세를 완납하지 아니한 경우의 어느 하나에 해당하는 경우 납세자의 재산을 압류한다(국세징수법 제31조 제1항).

③ 압류가 허용되는 재산: ㉠ 의무자의 소유일 것, ㉡ 금전적 가치가 있을 것, ㉢ 양도할 수 있을 것을 요건으로 한다. 체납자가 아닌 제3자의 소유물을 압류한 경우에는 무효이다(류지태). 판례는 명백성 여부에 관계없이 무효라고 보는 경향이다.

1. 제3자의 물건을 압류한 처분(무효)
과세관청이 납세자에 대한 체납처분으로서 제3자의 소유물건을 압류하고 공매하더라도 그 처분으로 인하여 제3자가 소유권을 상실하는 것이 아니므로, 체납자가 아닌 제3자의 소유물건을 대상으로 한 압류처분은 하자가 객관적으로 명백한 것인지 여부와는 관계없이 처분의 내용이 법률상 실현될 수 없는 것이어서 당연무효라고 하지 않을 수 없다(대판 1993.4.27. 92누12117). 〈18. 서울 7급〉

2. 압류요건이 흠결된 경우, 사후에 세액이 납부된 경우의 압류처분이 당연무효인지 여부(부정)
압류요건이 흠결된 경우의 압류처분은 위법한 것이기는 하나 당연무효는 아니다. 압류처분 후 고지된 세액이 납부된 경우에는 그 압류는 해제되어야 하나 그 납부의 사실이 있다 하여 곧 그 압류처분이 당연무효로 되는 것은 아니다(대판 1982.7.13. 81누360).

Winner's 압류가 허용되는 재산 : 의무자 소유 (○), 제3자 소유 (×)

④ 한계

압류 금지	체납자의 최저생활보장·수학(修學)의 계속·생업유지의 차원에서 생필품에 대해서는 압류가 금지된다.
압류 제한	농업에 필요한 기계·기구, 급료·연금·임금 등은 압류가 제한된다.

⑤ 신분증의 제시: 세무공무원은 압류, 수색, 질문·검사의 어느 하나를 하는 경우 그 신분을 나타내는 증표 및 압류·수색 등 통지서를 지니고 이를 관계자에게 보여 주어야 한다(국세징수법 제38조). 〈19. 국가 9급〉

(3) 매각

① 의의: 압류재산을 금전으로 환가(換價)하는 것을 말한다.

② 방법

원칙	㉠ 통화를 제외하고는 공매(公賣)의 방법에 따른다. ㉡ '공매'란 공공기관이 강제적으로 물건을 처분하여 돈으로 바꾸는 일을 말한다.
예외	㉠ 공매하기에 곤란한 물건들은 수의(隨意)계약에 의한다. ㉡ '수의계약'이란 부패하기 쉬운 물건이나 운반·보관 등에 비용이 많이 소용되는 물건 등에 대해서 임의적인 방법으로 처리하는 것을 말한다.

③ 처분성

공매	행정처분설, 사법(私法)상 계약설 등이 대립하지만 강학상 대리행위로서 처분성을 가진다는 견해가 다수설·판례이다.
기타 절차	판례는 체납처분으로서 압류한 재산을 공매하기로 한 결정(공매결정), 공매사실을 체납자에게 알려주는 것(공매통지), 공매를 하기 위해서 제3자에게 널리 알리는 것(공매공고)의 처분성을 부정한다.

1. 공매의 처분성(긍정)

과세관청이 체납처분으로서 행하는 공매는 우월한 공권력의 행사로서 행정소송의 대상이 되는 공법상의 행정처분이며, 공매에 의하여 재산을 매수한 자는 그 공매처분이 취소된 경우에 그 취소처분의 위법을 주장하여 행정소송을 제기할 법률상 이익이 있다(대판 1984.9.25. 84누201). 〈11. 국가 9급〉, 〈13. 국가 7급〉

2. 공매결정, 공매통지 등의 처분성(부정)

성업공사가 당해 부동산을 공매하기로 한 결정 자체는 내부적인 의사결정에 불과하여 항고소송의 대상이 되는 행정처분이라고 볼 수 없고, 또한 위 공사가 한 공매통지는 공매의 요건이 아니고 공매사실 그 자체를 체납자에게 알려주는 데 불과한 것으로서 통지의 상대방인 골프장업자의 법적 지위나 권리의무에 직접 영향을 주는 것이 아니라고 할 것이므로 이것 역시 행정처분에 해당한다고 할 수 없다(대판 1998.6.26. 96누12030). 〈17. 국가 9급〉, 〈19. 국회 8급〉

⇒ '공매통지가 공매의 요건이 아니다'라는 부분은 판례내용이 변경되었다.

3. 한국자산공사의 재공매결정의 처분성(부정)

한국자산공사가 당해 부동산을 인터넷을 통하여 재공매(입찰)하기로 한 결정 자체는 내부적인 의사결정에 불과하여 항고소송의 대상이 되는 행정처분이라고 볼 수 없고, 또한 한국자산공사가 공매통지는 공매의 요건이 아니라 공매사실 자체를 체납자에게 알려주는 데 불과한 것으로서, 통지의 상대방의 법적 지위나 권리·의무에 직접 영향을 주는 것이 아니라고 할 것이므로 이것 역시 행정처분에 해당한다고 할 수 없다(대판 2007.7.27. 2006두8464). 〈17. 지방 7급〉, 〈21. 군무원 7급〉

4. 공매에 의하여 재산을 매수한 자의 공매처분 취소처분의 취소를 구할 법률상 이익(긍정)

과세관청이 체납처분으로서 행하는 공매는 우월한 공권력의 행사로서 행정소송의 대상이 되는 공법상의 행정처분이며 공매에 의하여 재산을 매수한 자는 그 공매처분이 취소된 경우에 그 취소처분의 위법을 주장하여 행정소송을 제기할 법률상 이익이 있다(대판 1984.9.25. 84누201). 〈16. 국가 7급〉, 〈17. 지방 7급〉

> **Winner's** 처분성 : 공매 (○), 공매결정 (×), 공매통지 (×), 공매공고 (×)

④ 위법성: 과거 공매통지는 공매의 요건이 아니라고 판시하였으나(대판 1998.6.26. 96누12030), 최근 전원합의체 판결에서는 공매의 절차적 요건으로 판시하여(대판 2008.11.20. 2007두18154 전합), 공매통지를 하지 않은 공매처분은 위법하다고 하였다.

1. 공매통지를 하지 않은 공매처분(위법)

체납자 등에 대한 공매통지는 국가의 강제력에 의하여 진행되는 공매에서 체납자 등의 권리 내지 재산상의 이익을 보호하기 위하여 법률로 규정한 절차적 요건이라고 보아야 하며, 공매처분을 하면서 체납자 등에게 공매통지를 하지 않았거나 공매통지를 하였더라도 그것이 적법하지 아니한 경우에는 절차상의 흠이 있어 그 공매처분은 위법하다. … 공매통지는 공매의 요건이 아니라 공매사실 자체를 체납자 등에게 알려주는 데 불과한 것이라는 취지로 판시한 대판 1971.2.23, 70누161, 대판 1996.9.6, 95누12026 등을 비롯한 같은 취지의 판결들은 이 판결의 견해에 배치되는 범위 내에서 이를 모두 변경하기로 한다(대판 2008.11.20. 2007두18154 전합). 〈17. 국가 7급〉, 〈18. 지방 9급〉

2. 공매통지를 하지 아니한 공매처분이 당연무효인지 여부(부정)

구 국세징수법(2011. 4. 4. 법률 제10527호로 개정되기 전의 것) 제68조는 세무서장이 압류된 재산의 공매를 공고한 때에는 즉시 그 내용을 체납자 등에게 통지하도록 정하고 있다. 이러한 체납자 등에 대한 공매통지는 국가의 강제력에 의하여 진행되는 공매절차에서 체납자 등의 권리 내지 재산상 이익을 보호하기 위하여 법률로 규정한 절차적 요건에 해당하지만, 그 통지를 하지 아니한 채 공매처분을 하였다 하여도 그 공매처분이 당연무효로 되는 것은 아니다(대판 2012.7.26. 2010다50625). 〈16. 지방 9급〉

3. 공매공고기간을 경과하지 않은 공매처분(위법)

국세징수법 제75조 소정 10일의 공매공고기간이 경과하지 아니한 공매처분은 위법하다(대판 1974.2.26. 73누186).

(4) 청산

체납처분의 집행으로 수령한 금전을 체납국세, 공과금 등에 분배하는 절차를 말한다.

> **압류재산의 가액이 국세액을 초과하는 경우 당연무효인지 여부(부정)**
>
> 세무공무원이 국세의 징수를 위해 납세자의 재산을 압류하는 경우 그 재산의 가액이 징수할 국세액을 초과한다 하여 위 압류가 당연무효의 처분이라고는 할 수 없다(대판 1986.11.11. 86누479). 〈17. 국가 9급〉

4. 불복

(1) 행정쟁송

행정상 강제징수의 절차에 대해서 이의가 있는 경우에는 특별한 규정이 없는 한 「행정심판법」, 「행정소송법」에 의하여 행정쟁송을 제기할 수 있다. 다만, 「국세기본법」은 심사청구 또는 심판청구 등을 거쳐야 행정소송을 제기할 수 있는 것으로 규정하고 있다.

> **Winner's** 국세에 대한 취소소송 제기시 행정심판의 성질 : 필요적 전치 (○), 임의적 전치 (×)

(2) 하자의 승계

조세부과와 체납처분 사이에는 하자가 승계되지 않는 것으로 보지만, 체납처분의 각 절차 사이에서는 하자가 승계되는 것으로 본다. 〈02. 국가 7급〉

> **조세 부과처분과 체납처분이 독립된 처분인지 여부(긍정)**
>
> 조세의 부과처분과 압류 등의 체납처분은 별개의 행정처분으로서 독립성을 가지므로 부과처분에 하자가 있더라도 그 부과처분이 취소되지 아니하는 한 그 부과처분에 의한 체납처분은 위법이라고 할 수는 없지만, 체납처분은 부과처분의 집행을 위한 절차에 불과하므로 그 부과처분에 중대하고도 명백한 하자가 있어 무효인 경우에는 그 부과처분의 집행을 위한 체납처분도 무효라 할 것이다(대판 1987.9.22. 87누383).

제3장 | 행정상 즉시강제 및 행정조사

제1절 / 행정상 즉시강제

1 서설

1. 의의

급박한 행정상 장해❶를 제거할 필요는 있으나 미리 의무를 명할 시간적 여유가 없는 경우 또는 그 성질상 의무를 명해서는 목적달성이 곤란한 경우 직접 국민의 신체 또는 재산에 실력을 가하여 행정상 필요한 상태를 실현하는 작용을 말한다(⑩ 화재건물 인근의 연소위험건물에 대한 강제처분, 전염병환자의 강제격리 등).

> **참고**
>
> 행정상의 강제집행을 할 때 하명이나 계고와 같은 절차의 일부를 생략한 작용이라고 보는 견해(김남진)도 있으나, 「행정기본법」은 광의설을 전제로 개념을 정의하고 있는 것으로 보인다.

용어설명 ❶ 장해 : 자신 또는 타인의 법익에 대한 위험이 있는 상태

2. 구별

(1) 행정상 강제집행

행정법상 의무를 위반한 경우에 발동한다는 점에서 행정상 즉시강제와 구별된다는 것이 일반적 견해이나, 관계 법령상의 일반적·추상적 의무를 위반한 경우에 이를 제거하는 행위는 행정상 즉시강제에 해당하는 것으로 보기도 한다.

> 〈도로교통법〉 제68조(도로에서의 금지행위 등) ② 누구든지 교통에 방해가 될 만한 물건을 도로에 함부로 내버려두어서는 아니 된다.

(2) 행정조사

행정조사는 일정한 행정작용을 위한 자료나 정보를 수집하는 준비작용이라는 점에서 행정상 필요한 상태를 직접 실현하는 실력행사 그 자체인 행정상 즉시강제와 구별된다.

3. 법적 성질

행정상 즉시강제는 그 자체로 법적 효과를 부여하는 것은 아니지만, 권력적 사실행위로서 처분성이 인정된다. 〈05. 국가 9급〉

2 수단

대인적 강제	① 의의: 사람의 신체에 실력을 가하여 행정상 필요한 상태를 실현시키는 것을 말한다. ② 대인적 강제의 예: 「경찰관 직무집행법」상의 보호조치·위험발생방지조치·범죄의 예방과 제지, 무기사용, 「감염병의 예방 및 관리에 관한 법률」상의 강제격리·강제건강진단, 「마약류 관리에 관한 법률」상의 강제수용, 「소방기본법」상의 원조강제 등이다.
대물적 강제	① 의의: 물건에 대하여 실력을 가함으로써 행정상 필요한 상태를 실현시키는 것을 말한다. ② 대물적 강제의 예: 「경찰관 직무집행법」상 무기·흉기·위험물의 임시영치, 「식품위생법」이나 「검역법」상의 물건의 폐기, 「청소년보호법」 또는 「관세법」상의 물건의 영치·몰수, 「도로교통법」상의 장해물의 제거 등이다.
대가택 강제	① 의의: 소유자나 점유자 또는 관리인의 의사에 관계없이 가택·창고·영업소 등에 출입하여 행정상 필요한 상태를 실현하는 작용을 말한다. ② 대가택 강제의 예: 「경찰관 직무집행법」상의 위험방지를 위한 가택출입 등이 있다. 다만, 이러한 예들은 종래 대가택 강제로 논의되던 것이었으나, 오늘날에는 주로 행정조사로 논의되고 있으므로 실제적으로 이에 해당하는 예는 찾기 힘들다.

Winner's 대인적 즉시강제 : 무기사용 (○), 무기임치 (×)

3 근거

1. 이론적 근거

과거	국가긴급방위권이론·일반긴급권이론에 의해 법적 근거 없이도 즉시강제가 가능한 것으로 보았다.
현재	즉시강제는 의무의 불이행을 전제로 하지 않고 국민의 권익을 침해하는 것이므로 엄격한 법적 근거를 필요로 한다. 〈05. 국회 8급〉

2. 실정법적 근거

「행정기본법」은 법률로 정하는 바에 따라 즉시강제를 할 수 있음을 규정하고 있으며, 개별법에서도 근거를 두고 있다(예 : 「경찰관직무집행법」, 「소방기본법」, 「감염병의 예방 및 관리에 관한 법률」, 「식품위생법」 등). 〈14. 국가 9급〉

4 한계

1. 실체법적 한계

(1) 실정법적 한계

행정상 즉시강제는 실정법이 정하는 요건을 갖추어야 한다. 다만, 관계법규상 불확정개념을 사용하거나 포괄적 실력행사의 권한을 인정하여 행정청에 광범위한 재량권을 부여하는 경우가 많다. 〈05. 국회 8급〉

(2) 조리상 한계

행정상 즉시강제는 ① 행정상 장해가 급박할 것(급박성), ② 다른 수단으로는 그 목적달성이 곤란할 것(보충성), ③ 그 행사는 필요 최소한에 그칠 것(비례성) 등을 준수하여야 한다. 따라서 적극적으로 공공복리의 증진을 위해서는 발동할 수 없으며, 행정상 강제집행이 가능한 경우에는 행정상 즉시강제는 인정되지 않는다. 〈05. 국가 9급〉

> 〈행정기본법〉 제33조(즉시강제) ① 즉시강제는 다른 수단으로는 행정목적을 달성할 수 없는 경우에만 허용되며, 이 경우에도 최소한으로만 실시하여야 한다.

2. 절차법적 한계

(1) 영장주의의 적용여부

① 문제점: 헌법상 개인의 신체·재산에 대하여 실력을 행사하거나(헌법 제12조 제3항), 가택에 대한 압수 또는 수색의 경우(헌법 제16조)에는 영장❶을 제시하도록 하고 있는데, 행정상 즉시강제의 경우에도 이러한 영장이 필요한 것인지가 문제된다.

> [용어설명] ❶ 영장 : 사람 또는 물건에 대하여 강제처분 등을 하기 위해서 검사의 신청에 따라 법원 또는 법관이 발부하는 서류

② 학설

영장필요설	헌법상의 영장주의를 형사사법작용에 한정해서 적용하는 것은 헌법의 부당한 축소해석이므로, 국민의 기본권을 침해한다는 이유로 행정상 즉시강제에 대해서도 영장이 필요하다는 견해이다.
영장불요설	다음과 같은 이유로 행정상의 즉시강제에 대해서는 영장이 필요 없다고 보는 견해이다(박윤흔). ① 헌법상의 영장주의는 범죄수사와 관련한 형사사법(司法)작용에 있어서 자의적 권한발동을 방지하기 위한 것이라는 점 ② 현행의 즉시강제에는 강제수단이 아닌 보호수단인 경우도 있다는 점 ③ 모든 경우에 영장주의를 적용하면 행정상의 즉시강제를 실질적으로 부정하는 것이라는 점
절충설 (통설·판례)	① 과거에는 원칙적으로 영장을 불요하나, 예외적으로 형사책임의 추급(追及)과 관련된 경우(예 「조세범 처벌법」상의 임검, 수색)에는 필요한 것으로 보았다. ② 현재는 원칙적으로 영장을 필요로 하고, 예외적으로 행정목적의 달성을 위하여 불가피하다고 인정할 만한 합리적 이유가 있는 특별한 경우에 한하여 영장주의가 배제된다고 보는 견해(김동희, 김남진, 류지태)이다. 〈05. 국회 8급〉

1. 행정상 즉시강제도 사전영장주의의 예외가 인정되는지 여부(긍정)

사전영장주의는 인신 보호를 위한 헌법상의 기속원리이기 때문에 인신의 자유를 제한하는 모든 국가작용의 영역에서 존중되어야 하지만, 헌법 제12조 제3항 단서도 사전영장주의의 예외를 인정하고 있는 것처럼 사전영장주의를 고수하다가는 도저히 행정목적을 달성할 수 없는 지극히 예외적인 경우에는 형사절차에서와 같은 예외가 인정되므로, 구 사회안전법(1989. 6. 16. 법률 제4132호에 의해 '보안관찰법'이란 명칭으로 전문 개정되기 전의 것) 제11조 소정의 동행 보호규정은 재범의 위험성이 현저한 자를 상대로 긴급히 보호할 필요가 있는 경우에 한하여 단기간의 동행 보호를 허용한 것으로서 그 요건을 엄격히 해석하는 한, 동 규정 자체가 사전영장주의를 규정한 헌법규정에 반한다고 볼 수는 없다(대판 1997.6.13. 96다56115). 〈14. 지방 9급〉

2. 불법음반 등의 영장 없는 수거가 헌법상 영장주의에 위배되는지 여부(부정)

행정상 즉시강제는 상대방의 임의이행을 기다릴 시간적 여유가 없을 때 하명 없이 바로 실력을 행사하는 것으로서, 그 본질상 급박성을 요건으로 하고 있어 법관의 영장을 기다려서는 그 목적을 달성할 수 없다고 할 것이므로, 원칙적으로 영장주의가 적용되지 않는다고 보아야 할 것이다. 만일 어떤 법률조항이 영장주의를 배제할 만한 합리적인 이유가 없을 정도로 급박성이 인정되지 아니함에도 행정상 즉시강제를 인정하고 있다면, 이러한 법률조항은 이미 그 자체로 과잉금지의 원칙에 위반되는 것으로서 위헌이라고 할 것이다. 이 사건 법률조항은 앞에서 본 바와 같이 급박한 상황에 대처하기 위한 것으로서 그 불가피성과 정당성이 충분히 인정되는 경우이므로, 이 사건 법률조항이 영장 없는 수거를 인정한다고 하더라도 이를 두고 헌법상 영장주의에 위배되는 것으로는 볼 수 없다(헌재 2002.10.31. 2000헌가12). 〈17. 국가 9급(10월)〉

③ 검토: 행정상 즉시강제는 형사사법권의 발동과 구별이 명확하지 않으므로, 국민의 기본권 보호를 위해 원칙적으로 영장이 필요하다고 보는 것이 타당하다. 그러나 행정상 즉시강제의 특질을 전혀 무시할 수 없으므로 영장이 필요하지 않은 경우도 있다. 따라서 절충설이 타당하다.

(2) 증표제시의무 등(행정기본법 제33조)

원칙	즉시강제를 실시하기 위하여 현장에 파견되는 집행책임자는 그가 집행책임자임을 표시하는 증표를 보여 주어야 하며, 즉시강제의 이유와 내용을 고지하여야 한다.
예외	집행책임자는 즉시강제를 하려는 재산의 소유자 또는 점유자를 알 수 없거나 현장에서 그 소재를 즉시 확인하기 어려운 경우에는 즉시강제를 실시한 후 집행책임자의 이름 및 그 이유와 내용을 고지할 수 있다. 다만, 다음에 해당하는 경우에는 게시판이나 인터넷 홈페이지에 게시하는 등 적절한 방법에 의한 공고로써 고지를 갈음할 수 있다. 1. 즉시강제를 실시한 후에도 재산의 소유자 또는 점유자를 알 수 없는 경우 2. 재산의 소유자 또는 점유자가 국외에 거주하거나 행방을 알 수 없는 경우 3. 그 밖에 대통령령으로 정하는 불가피한 사유로 고지할 수 없는 경우

5 구제

1. 즉시강제가 위법한 경우

(1) 행정쟁송

행정상 즉시강제는 권력적 사실행위로서 처분성이 인정되지만, 그 성질상 단기에 종료하는 것이 보통이므로, 협의의 소익(訴益)이 부인되어 취소쟁송은 각하되는 경우가 많을 것이다. 〈05. 국가 9급〉

(2) 행정상 손해배상

공무원의 위법한 즉시강제와 관련하여 손해를 받은 국민은 「국가배상법」에 따라 국가 또는 지방자치단체에 대해 손해배상을 청구할 수 있다. 즉시강제와 관련해서 가장 적절한 구제수단이 된다고 본다. 〈04. 국가 9급〉

(3) 정당방위

행정상 즉시강제가 위법한 경우에는 「형법」상 정당방위이론에 따라 저항할 수 있으며, 이러한 저항행위는 공무집행방해죄를 구성하지 아니한다. 〈05. 국회 8급〉

> **강제연행에 저항한 행위가 정당한 행위가 될 수 있는지 여부(긍정)**
>
> 경찰관이 임의동행❶요구에 응하지 않는다 하여 강제연행하려고 대상자의 양팔을 잡아끈 행위는 적법한 공무집행이라고 할 수 없으므로 그 대상자가 이러한 불법연행으로부터 벗어나기 위하여 저항한 행위는 정당한 행위라고 할 것이고 이러한 행위에 무슨 과실이 있다고 할 수 없다 (대판 1992.5.26. 91다38334). 〈17. 국가 7급(10월)〉

용어설명 ❶ 임의동행 : 불심검문을 할 때, 그 장소에서 질문이 그 사람에게 불리하거나 교통에 방해가 된다고 인정되는 경우 질문을 하기 위하여 부근의 경찰관서에 동행할 것을 요구 하는 것

2. 즉시강제가 적법한 경우

행정상 즉시강제가 적법한 경우라 하더라도 그로 인한 손실이 특정인에 대해 특별한 희생에 해당하는 경우에는 그에 대한 보상을 청구할 수 있다. 다만, 보상규정이 없는 경우에는 그에 대한 구제방법에 대하여 학설이 대립하고 있다.

제2절 행정조사

1 서설

1. 의의

(1) 학설

광의설 (다수설)	① 행정기관이 필요한 자료나 정보 등을 수집하는 일체의 활동이라는 견해(김남진, 류지태)이다. ② 권력적 조사와 비권력적 조사를 모두 포함한다.
협의설	① 권력적 조사활동에 한정하는 견해(김동희, 박윤흔)이다. ② 행정조사는 연혁적으로 행정상 즉시강제에서 분리되어 논의된 것이라는 점을 논거로 든다.

(2) 검토

최근 행정조사에 의한 국민의 권리침해가 늘고 있으므로 광의로 파악하는 것이 국민의 권리구제에 유리하다. 다만, 「행정조사기본법」은 광의설을 채택한 것으로 보인다.

> 〈행정조사기본법〉 제2조(정의) 이 법에서 사용하는 용어의 정의는 다음과 같다.
> 1. '행정조사'란 행정기관이 정책을 결정하거나 직무를 수행하는 데 필요한 정보나 자료를 수집하기 위하여 현장조사·문서열람·시료채취 등을 하거나 조사대상자에게 보고요구·자료제출요구 및 출석·진술요구를 행하는 활동을 말한다. 〈10·12. 지방 9급〉

2. 구별

행정조사는 준비적·보조적 작용이라는 점에서 직접적 실력행사인 행정상 즉시강제와 구별된다.

2 행정조사의 종류

1. 조사대상에 의한 분류 〈05. 국가 7급〉

대인적 조사	사람을 대상으로 하는 조사이다(예 불심검문❶, 질문, 신체수색 등).
대물적 조사	물건을 대상으로 하는 조사이다(예 장부 등의 열람, 시설검사, 물품의 검사·수거 등).
대가택 조사	개인의 주거나 창고 및 영업소를 대상으로 하는 조사이다(예 출입검사 등).

용어설명 ❶ 불심검문 : 경찰관이 수상한 거동 기타 주위의 사정을 합리적으로 판단하여 어떠한 죄를 범하였거나 범하려 하고 있다고 의심할 만한 상당한 이유가 있는 자 또는 이미 행하여진 범죄나 행하여지려고 하는 범죄 행위에 관하여 그 사실을 안다고 인정되는 자를 정지시켜 질문하는 것

Winner's 불심검문 : 대인적 조사 (○), 대인적 강제 (×)

2. 조사의 실효성 담보수단에 의한 분류

권력적 조사의 경우에는 실효성을 확보할 필요가 있으나, 실력행사의 가능성에 대해서는 논란이 있다. 상대방의 임의적 협력에 따른 조사의 경우에는 실효성 확보수단을 필요로 하지 않는다.

3. 성질에 의한 분류

강제조사	상대방이 행정청의 명령이나 지시에 불응하는 경우 벌칙을 통하여 강제하는 조사이다(예 영업소에서 강제적으로 장부와 서류를 조사하는 것).
임의조사	상대방의 임의적 협력에 의하여 행해지는 조사이다(예 여론조사, 통계 자료조사).

4. 조사의 목적에 의한 분류

일반적 조사	일반적인 정책입안 자료를 수집하기 위한 조사이다(예 「통계법」상 통계조사).
개별적 조사	법률이 정하는 개별적·구체적 목적을 달성하기 위한 조사이다(예 공토법❶상 토지출입조사활동).

용어설명 ❶ 공토법 : 「공익사업을 위한 토지 등의 취득 및 보상에 관한 법률」을 단축하여 표시한 것

3 행정조사의 법적 근거

1. 이론적 근거

조직법적 근거	행정조사도 정당한 권한이 있어야 하므로 당연히 필요하다.
작용법적 근거	논란이 있으나, 행정조사의 개념에 관한 광의설(다수설)에 따르는 한 적어도 권력적 조사는 국민에게 수인의무를 부여하는 것이므로 필요하다.

Winner's 행정조사의 법적 근거의 필요성 : 조직법적 근거 (○), 작용법적 근거 (△)

2. 실정법적 근거

행정조사에 관한 일반법으로서 「행정조사기본법❶」이 제정되어 있다. 이외에도 일반적조사에 대한 근거법률로서 「통계법」이 있고, 개별적 조사에 대해서는 「식품위생법」, 「경찰관 직무집행법」, 「국세징수법」 등이 있다.

> 〈행정조사기본법〉 제5조(행정조사의 근거) 행정기관은 법령 등에서 행정조사를 규정하고 있는 경우에 한하여 행정조사를 실시할 수 있다. 다만, 조사대상자의 자발적인 협조를 얻어 실시하는 행정조사의 경우에는 그러하지 아니하다. 〈23. 국가 9급〉

용어설명 ❶ 행정조사기본법 : 행정조사에 관한 일반법이다. 이하에서는 편의상 '조사법'으로 표시한다.

4 행정조사의 법적 한계

1. 실체법적 한계

행정조사도 행정작용의 하나이므로 법령 및 행정법의 일반원칙을 준수해야 하고, 수권(授權)법상의 구체적인 조사목적에도 부합해야 한다(⑩ 범죄수사목적으로 행해지는 「소방기본법」상의 가택출입검사는 위법). 「행정조사기본법」에서는 행정조사의 기본원칙을 규정하고 있다.

> 〈행정조사기본법〉 제4조(행정조사의 기본원칙) ① 행정조사는 조사목적을 달성하는 데 필요한 최소한의 범위 안에서 실시하여야 하며, 다른 목적 등을 위하여 조사권을 남용하여서는 아니 된다.
> ② 행정기관은 조사목적에 적합하도록 조사대상자를 선정하여 행정조사를 실시하여야 한다.
> ③ 행정기관은 유사하거나 동일한 사안에 대하여는 공동조사 등을 실시함으로써 행정조사가 중복되지 아니하도록 하여야 한다. 〈08. 지방 9급〉
> ④ 행정조사는 법령 등의 위반에 대한 처벌보다는 법령 등을 준수하도록 유도하는 데 중점을 두어야 한다. 〈10. 지방 9급〉
> ⑤ 다른 법률에 따르지 아니하고는 행정조사의 대상자 또는 행정조사의 내용을 공표하거나 직무상 알게 된 비밀을 누설하여서는 아니 된다.
> ⑥ 행정기관은 행정조사를 통하여 알게 된 정보를 다른 법률에 따라 내부에서 이용하거나 다른 기관에 제공하는 경우를 제외하고는 원래의 조사목적 이외의 용도로 이용하거나 타인에게 제공하여서는 아니 된다.

구 국군보안사령부의 직무범위를 벗어난 민간인 정보수집(위법)
구 국군보안사령부가 군과 관련된 첩보수집, 특정한 군사법원 관할범죄의 수사 등 법령에 규정된 직무범위를 벗어나 민간인들을 대상으로 평소의 동향을 감시·파악할 목적으로 지속적으로 개인의 집회·결사에 관한 활동이나 사생활에 관한 정보를 미행, 망원 활용, 탐문채집 등의 방법으로 비밀리에 수집·관리한 경우, 이는 헌법에 의하여 보장된 기본권을 침해한 것으로서 불법행위를 구성한다(대판 1998.7.24. 96다42789).

2. 절차법적 한계

(1) 영장주의와 진술거부권

행정조사를 할 때에도 영장이 필요한지 여부에 대해서 논란이 있으나, 권력적 조사인 경우나 형사소추의 가능성이 있으면 필요하다고 본다(절충설). 현행법상 현장조사를 할 때 증표의 제시 의무는 규정하고 있으나 영장에 대해서는 규정하고 있지 않다. 진술거부권도 형사소추의 가능성이 있는 경우에 한하여 인정된다고 본다(절충설).

1. 영장 없는 우편물 통관검사절차(적법)
우편물 통관검사절차에서 이루어지는 우편물의 개봉, 시료채취, 성분분석 등의 검사는 수출입물품에 대한 적정한 통관 등을 목적으로 한 행정조사의 성격을 가지는 것으로서 수사기관의 강제처분이라고 할 수 없으므로, 압수·수색영장 없이 우편물의 개봉, 시료채취, 성분분석 등 검사가 진행되었다 하더라도 특별한 사정이 없는 한 위법하다고 볼 수 없다(대판 2013.9.26. 2013도7718). 〈16. 국가 9급〉

2. 마약수사를 위한 세관장의 조치에 대한 영장의 필요성(긍정)

마약류 불법거래 방지에 관한 특례법 제4조 제1항에 따른 조치의 일환으로 특정한 수출입물품을 개봉하여 검사하고 그 내용물의 점유를 취득한 행위는 위에서 본 수출입물품에 대한 적정한 통관 등을 목적으로 조사를 하는 경우와는 달리, 범죄수사인 압수 또는 수색에 해당하여 사전 또는 사후에 영장을 받아야 한다(대판 2017.7.18, 2014도8719). 〈25. 소방〉

(2) 실력행사의 가능성

상대방이 권력적 조사에 불응할 때 실력으로 저지할 수 있는가에 대하여 논란이 있으나, 현행법상 행정조사의 실효성 확보는 대부분 벌칙에 의하고 있으므로 명시적 규정이 없는 한 직접적인 실력행사는 불가능하다는 견해(김동희, 김남진, 류지태)가 일반적이다. 〈14. 국가 9급〉

5 「행정조사기본법」의 내용

1. 목적

행정조사에 관한 기본원칙·행정조사의 방법 및 절차 등에 관한 공통적인 사항을 규정함으로써 행정의 공정성·투명성 및 효율성을 높이고, 국민의 권익을 보호함을 목적으로 한다(조사법 제1조).

2. 적용범위

(1) 일반법

행정조사에 관하여 다른 법률에 특별한 규정이 있는 경우를 제외하고는 「행정조사기본법」으로 정하는 바에 따른다(조사법 제3조 제1항).

(2) 적용제외

다음의 경우에는 「행정조사기본법」의 적용이 제외된다. 다만, 이러한 경우에도 행정조사의 기본원칙(조사법 제4조), 행정조사의 근거(조사법 제5조), 정보통신 수단을 통한 행정조사(조사법 제28조)에 관한 규정은 적용된다.

〈행정조사기본법〉 제3조(적용범위) ② 다음 각 호의 어느 하나에 해당하는 사항에 대하여는 이 법을 적용하지 아니한다.
1. 행정조사를 한다는 사실이나 조사내용이 공개될 경우 국가의 존립을 위태롭게 하거나 국가의 중대한 이익을 현저히 해칠 우려가 있는 국가안전보장·통일 및 외교에 관한 사항
2. 국방 및 안전에 관한 사항 중 다음 각 목의 어느 하나에 해당하는 사항
   가. 군사시설·군사기밀보호 또는 방위사업에 관한 사항
   나. 「병역법」·「예비군법」·「민방위기본법」·「비상대비에 관한 법률」·「재난관리자원의 관리 등에 관한 법률」에 따른 징집·소집·동원 및 훈련에 관한 사항
3. 「공공기관의 정보공개에 관한 법률」 제4조 제3항의 정보에 관한 사항
4. 「근로기준법」 제101조에 따른 근로감독관의 직무에 관한 사항 〈12. 지방 9급〉
5. 조세·형사·행형 및 보안처분에 관한 사항 〈10. 지방 9급〉
6. 금융감독기관의 감독·검사·조사 및 감리에 관한 사항 〈12. 지방 9급〉

7. 「독점규제 및 공정거래에 관한 법률」, 「표시·광고의 공정화에 관한 법률」, 「하도급거래 공정화에 관한 법률」, 「가맹사업거래의 공정화에 관한 법률」, 「방문판매 등에 관한 법률」, 「전자상거래 등에서의 소비자보호에 관한 법률」, 「약관의 규제에 관한 법률」 및 「할부거래에 관한 법률」에 따른 공정거래위원회의 법률위반행위 조사에 관한 사항

3. 조사계획의 수립

행정기관의 장은 매년 12월 말까지 다음 연도의 행정조사운영계획을 수립하여 국무조정실장에게 제출하여야 한다(조사법 제6조 제1항). 국무조정실장은 행정기관의 장이 제출한 행정조사운영계획을 검토한 후 그에 대한 보완을 요청할 수 있으며, 행정기관의 장은 특별한 사정이 없는 한 이에 응하여야 한다(조사법 제6조 제4항).

4. 조사의 주기(조사법 제7조)

원칙	행정조사는 법령 등 또는 행정조사운영계획으로 정하는 바에 따라 정기적으로 실시한다.
예외	다음과 같은 경우에는 수시조사를 할 수 있다. ① 법률에서 수시조사를 규정하고 있는 경우 ② 법령 등의 위반에 대하여 혐의가 있는 경우 ③ 다른 행정기관으로부터 법령 등의 위반에 관한 혐의를 통보 또는 이첩받은 경우 ④ 법령 등의 위반에 대한 신고를 받거나 민원이 접수된 경우 ⑤ 그 밖에 행정조사의 필요성이 인정되는 사항으로서 대통령령으로 정하는 경우

Winner's 행정조사기본법상 조사주기의 원칙 : 정기조사 (○), 수시조사 (×)

5. 조사대상자의 선정

(1) 선정기준

행정기관의 장은 행정조사의 목적, 법령준수의 실적, 자율적인 준수를 위한 노력, 규모와 업종 등을 고려하여 명백하고 객관적인 기준에 따라 행정조사의 대상을 선정하여야 한다(조사법 제8조 제1항).

(2) 선정기준 열람신청

조사대상자는 조사대상 선정기준에 대한 열람을 행정기관의 장에게 신청할 수 있다(조사법 제8조 제2항). 행정기관의 장이 열람신청을 받은 때에는 ① 행정기관이 당해 행정조사업무를 수행할 수 없을 정도로 조사활동에 지장을 초래하는 경우 ② 내부고발자 등 제3자에 대한 보호가 필요한 경우를 제외하고는 신청인이 조사대상 선정기준을 열람할 수 있도록 하여야 한다(조사법 제8조 제3항).

6. 조사방법

(1) 현장조사

① 조사서 등의 발송: 조사원이 가택·사무실 또는 사업장 등에 출입하여 현장조사를 실시하는 경우에는 행정기관의 장은 일정한 사항이 기재된 현장출입조사서 또는 법령 등에서 현장

조사 시 제시하도록 규정하고 있는 문서를 조사대상자에게 발송하여야 한다(조사법 제11조 제1항).

② 시간적 한계

원칙	현장조사는 해가 뜨기 전이나 해가 진 뒤에는 할 수 없다.
예외	다음 어느 하나에 해당하는 경우에는 해가 뜨기 전이나 해가 진 뒤에도 행정조사를 할 수 있다(조사법 제11조 제2항). ㉠ 조사대상자(대리인 및 관리책임이 있는 자를 포함한다)가 동의한 경우 ㉡ 사무실 또는 사업장 등의 업무시간에 행정조사를 실시하는 경우 ㉢ 해가 뜬 후부터 해가 지기 전까지 행정조사를 실시하는 경우에는 조사목적의 달성이 불가능하거나 증거인멸❶로 인하여 조사대상자의 법령 등의 위반 여부를 확인할 수 없는 경우

용어설명 ❶ 증거인멸 : 증거가 될 수 있는 자료를 없애는 것

③ 증표제시의무: 현장조사를 하는 조사원은 그 권한을 나타내는 증표를 지니고 이를 조사대상자에게 내보여야 한다(조사법 제11조 제3항).

Winner's 「행정조사기본법」의 내용 : 영장제시의무 (×), 증표제시의무 (○)

(2) 공동조사

① 실시: 행정기관의 장은 ㉠ 당해 행정기관 내의 2 이상의 부서가 동일하거나 유사한 업무분야에 대하여 동일한 조사대상자에게 행정조사를 실시하는 경우, ㉡ 서로 다른 행정기관이 대통령령으로 정하는 분야에 대하여 동일한 조사대상자에게 행정조사를 실시하는 경우의 어느 하나에 해당하는 행정조사를 하는 경우에는 공동조사를 하여야 한다(조사법 제14조 제1항). 〈23. 국가 9급〉

Winner's 공동조사 : 다수의 기관 (○), 다수의 대상자 (×)

② 신청: 공동조사에 해당하는 행정조사의 사전통지를 받은 조사대상자는 관계 행정기관의 장에게 공동조사를 실시하여 줄 것을 신청할 수 있으며, 조사대상자는 신청인의 성명·조사일시·신청이유 등이 기재된 공동조사신청서를 관계 행정기관의 장에게 제출하여야 한다(조사법 제14조 제2항). 공동조사를 요청받은 행정기관의 장은 이에 응하여야 한다(동법 제14조 제3항).

③ 요청: 국무조정실장은 행정기관의 장이 제출한 행정조사운영계획의 내용을 검토한 후 관계 부처의 장에게 공동조사의 실시를 요청할 수 있다(조사법 제14조 제4항).

(3) 중복조사 〈18. 지방 9급〉, 〈18. 서울 7급〉

원칙	정기조사 또는 수시조사를 실시한 행정기관의 장은 동일한 사안에 대하여 동일한 조사대상자를 재조사하여서는 아니 된다(조사법 제15조 제1항).
예외	당해 행정기관이 이미 조사를 받은 조사대상자에 대하여 위법행위가 의심되는 새로운 증거를 확보한 경우에는 그러하지 아니하다(조사법 제15조 제1항).

Winner's 중복조사가 가능한 경우 : 위법이 의심되는 경우 (○), 위법이 명백한 경우에 한정 (×)

(4) 출석·진술요구

① 출석요구서 발송: 행정기관의 장이 조사대상자의 출석·진술을 요구하는 때에는 일시와 장소, 출석요구의 취지 등이 기재된 출석요구서를 발송하여야 한다(조사법 제9조 제1항).

② 변경요청: 조사대상자는 지정된 출석일시에 출석하는 경우 업무 또는 생활에 지장이 있는 때에는 행정기관의 장에게 출석일시를 변경하여 줄 것을 신청할 수 있으며, 변경신청을 받은 행정기관의 장은 행정조사의 목적을 달성할 수 있는 범위 안에서 출석일시를 변경할 수 있다(조사법 제9조 제2항).

③ 조사의 종결: 출석한 조사대상자가 제1항에 따른 출석요구서에 기재된 내용을 이행하지 아니하여 행정조사의 목적을 달성할 수 없는 경우를 제외하고는 조사원은 조사대상자의 1회 출석으로 당해 조사를 종결하여야 한다(조사법 제9조 제3항).

(5) 보고요구와 자료제출요구

보고요구	행정기관의 장은 조사대상자에게 조사사항에 대하여 보고를 요구하는 때에는 일시와 장소 등이 포함된 보고요구서를 발송하여야 한다(조사법 제10조 제1항).
자료제출 요구	행정기관의 장은 조사대상자에게 장부·서류나 그 밖의 자료를 제출하도록 요구하는 때에는 제출기간 등이 기재된 자료제출요구서를 발송하여야 한다(조사법 제10조 제2항).

(6) 시료채취

① 방법: 조사원이 조사목적의 달성을 위하여 시료채취를 하는 경우에는 그 시료의 소유자 및 관리자의 정상적인 경제활동을 방해하지 아니하는 범위 안에서 최소한도로 하여야 한다(조사법 제12조 제1항).

② 손실보상: 행정기관의 장은 시료채취로 조사대상자에게 손실을 입힌 때에는 대통령령으로 정하는 절차와 방법에 따라 그 손실을 보상하여야 한다(조사법 제12조 제2항). 〈23. 국가 9급〉

(7) 자료 등의 영치

① 영치: 조사원이 현장조사 중에 자료·서류·물건 등을 영치하는 때에는 조사대상자 또는 그 대리인을 입회시켜야 한다(조사법 제13조 제1항).

② 제한

원칙	조사원이 자료 등을 영치하는 경우에 조사대상자의 생활이나 영업이 사실상 불가능하게 될 우려가 있는 때에는 조사원은 자료 등을 사진으로 촬영하거나 사본을 작성하는 등의 방법으로 영치에 갈음할 수 있다(조사법 제13조 제2항).
예외	증거인멸의 우려가 있는 자료 등을 영치하는 경우에는 그러하지 아니하다(조사법 제13조 제2항).

③ 반환: 행정기관의 장은 영치한 자료 등이 ㉠ 영치한 자료 등을 검토한 결과 당해 행정조사와 관련이 없다고 인정되는 경우, ㉡ 당해 행정조사의 목적의 달성 등으로 자료 등에 대한 영치의 필요성이 없게 된 경우의 어느 하나에 해당하는 경우에는 이를 즉시 반환하여야 한다(조사법 제13조 제4항).

7. 조사의 실시

(1) 개별조사계획의 수립

원칙	행정조사를 실시하고자 하는 행정기관의 장은 사전통지를 하기 전에 개별조사계획을 수립하여야 한다 (조사법 제16조 제1항).
예외	행정조사의 시급성으로 행정조사계획을 수립할 수 없는 경우에는 행정조사에 대한 결과보고서로 개별조사계획을 갈음할 수 있다(조사법 제16조 제1항).

(2) 조사의 사전통지

① 통지방법

원칙	행정조사를 실시하고자 하는 행정기관의 장은 출석요구서, 보고요구서·자료제출요구서 및 현장출입조사서를 조사개시 7일 전까지 조사대상자에게 서면으로 통지하여야 한다(조사법 제17조 제1항).
예외	다음 어느 하나에 해당하는 경우에는 행정조사의 개시와 동시에 출석요구시 등을 조사대상자에게 제시하거나 행정조사의 목적 등을 조사대상자에게 구두로 통지할 수 있다(조사법 제17조 제1항). ㉠ 증거인멸 등으로 행정조사의 목적을 달성할 수 없다고 판단되는 경우 ㉡ 「통계법」에 따른 지정통계의 작성을 위하여 조사하는 경우 ㉢ 조사대상자의 자발적인 협조를 얻어 실시하는 행정조사의 경우 〈18. 국가 9급〉

② 필요한 조치: 행정기관의 장이 출석요구서 등을 조사대상자에게 발송하는 경우 출석요구서 등의 내용이 외부에 공개되지 아니하도록 필요한 조치를 하여야 한다(조사법 제17조 제2항).

③ 의견제출: 조사대상자는 사전통지의 내용에 대하여 행정기관의 장에게 의견을 제출할 수 있다(조사법 제21조 제1항).

④ 의견반영: 행정기관의 장은 조사대상자가 제출한 의견이 상당한 이유가 있다고 인정하는 경우에는 이를 행정조사에 반영하여야 한다(조사법 제21조 제2항).

(3) 조사의 연기신청

① 요청: 출석요구서 등을 통지받은 자가 천재지변이나 그 밖에 대통령령으로 정하는 사유로 인하여 행정조사를 받을 수 없는 때에는 당해 행정조사를 연기하여 줄 것을 행정기관의 장에게 요청할 수 있다(조사법 제18조 제1항).

② 통지: 행정기관의 장은 행정조사의 연기요청을 받은 때에는 연기요청을 받은 날부터 7일 이내에 조사의 연기 여부를 결정하여 조사대상자에게 통지하여야 한다(조사법 제18조 제3항).

(4) 제3자에 대한 보충조사

① 조사사유: 행정기관의 장은 조사대상자에 대한 조사만으로는 당해 행정조사의 목적을 달성할 수 없거나 조사대상이 되는 행위에 대한 사실 여부 등을 입증하는 데 과도한 비용 등이 소요되는 경우로서 ㉠ 다른 법률에서 제3자에 대한 조사를 허용하고 있는 경우, ㉡ 제3자의 동의가 있는 경우의 어느 하나에 해당하는 경우에는 제3자에 대하여 보충조사를 할 수 있다(조사법 제19조 제1항).

② 조사 통지

제3자	행정기관의 장은 제3자에 대한 보충조사를 실시하는 경우에는 조사개시 7일 전까지 보충조사의 일시·장소 및 보충조사의 취지 등을 제3자에게 서면으로 통지하여야 한다(조사법 제19조 제2항).
원래의 조사대상자	㉠ 원칙: 행정기관의 장은 제3자에 대한 보충조사를 하기 전에 그 사실을 원래의 조사대상자에게 통지하여야 한다. ㉡ 예외: 제3자에 대한 보충조사를 사전에 통지하여서는 조사목적을 달성할 수 없거나 조사목적의 달성이 현저히 곤란한 경우에는 제3자에 대한 조사결과를 확정하기 전에 그 사실을 통지하여야 한다(조사법 제19조 제3항). ㉢ 의견제출: 원래의 조사대상자는 통지에 대하여 의견을 제출할 수 있다(조사법 제19조 제4항).

(5) **자발적인 협조에 따라 실시하는 행정조사**

① 조사 거부: 행정기관의 장이 조사대상자의 자발적인 협조를 얻어 행정조사를 실시하고자 하는 경우 조사대상자는 문서·전화·구두 등의 방법으로 당해 행정조사를 거부할 수 있다(조사법 제20조 제1항).

② 거부 간주: 행정조사에 대하여 조사대상자가 조사에 응할 것인지에 대한 응답을 하지 아니하는 경우에는 법령 등에 특별한 규정이 없는 한 그 조사를 거부한 것으로 본다(조사법 제20조 제2항).

③ 예외적 이용: 행정기관의 장은 조사거부자의 인적사항 등에 관한 기초자료는 특정 개인을 식별할 수 없는 형태로 통계를 작성하는 경우에 한하여 이를 이용할 수 있다(조사법 제20조 제3항).

(6) **조사원 교체신청**

① 사유: 조사대상자는 조사원에게 공정한 행정조사를 기대하기 어려운 사정이 있다고 판단되는 경우에는 행정기관의 장에게 당해 조사원의 교체를 신청할 수 있다(조사법 제22조 제1항).

〈10. 지방 9급〉

② 절차: 교체신청은 그 이유를 명시한 서면으로 행정기관의 장에게 하여야 하고(조사법 제22조 제2항), 교체신청을 받은 행정기관의 장은 즉시 이를 심사하여야 한다(조사법 제22조 제3항).

③ 판단

인용	행정기관의 장은 교체신청이 타당하다고 인정되는 경우에는 다른 조사원으로 하여금 행정조사를 하게 하여야 한다(조사법 제22조 제4항).
기각	행정기관의 장은 교체신청이 조사를 지연할 목적으로 한 것이거나 그 밖에 교체신청에 타당한 이유가 없다고 인정되는 때에는 그 신청을 기각하고 그 취지를 신청인에게 통지하여야 한다(조사법 제22조 제5항).

(7) **조사권 행사의 제한**

① 조사범위: 조사원은 사전에 발송된 사항에 한하여 조사대상자를 조사하되, 사전통지한 사항과 관련된 추가적인 행정조사가 필요할 경우에는 조사대상자에게 추가조사의 필요성

과 조사내용 등에 관한 사항을 서면이나 구두로 통보한 후 추가조사를 실시할 수 있다(조사법 제23조 제1항).

② 전문가 참여: 조사대상자는 법률·회계 등에 대하여 전문지식이 있는 관계 전문가로 하여금 행정조사를 받는 과정에 입회하게 하거나 의견을 진술하게 할 수 있다(조사법 제23조 제2항).

③ 녹음·녹화

사유	조사대상자와 조사원은 조사과정을 방해하지 아니하는 범위 안에서 행정조사의 과정을 녹음하거나 녹화할 수 있다.
범위	녹음·녹화의 범위 등은 상호 협의하여 정하여야 한다(조사법 제23조 제3항).
사전통지	조사대상자와 조사원이 녹음이나 녹화를 하는 경우에는 사전에 이를 당해 행정기관의 장에게 통지하여야 한다(조사법 제23조 제4항).

Winner's 녹음 가능성 : 개인정보 보호법 (×), 행정조사기본법 (○)

(8) 조사결과의 통지

행정기관의 장은 법령 등에 특별한 규정이 있는 경우를 제외하고는 행정조사의 결과를 확정한 날부터 7일 이내에 그 결과를 조사대상자에게 통지하여야 한다(조사법 제24조).

Winner's 조사의 통지 기간 : 조사대상자에 대한 통지 (7일 전), 조사 결과의 통지 (7일 이내)

8. 기타 제도

(1) 자율관리체제

① 자율신고제도: 행정기관의 장은 법령 등에서 규정하고 있는 조사사항을 조사대상자로 하여금 스스로 신고하도록 하는 제도를 운영할 수 있으며(조사법 제25조 제1항), 행정기관의 장은 조사대상자가 신고한 내용이 거짓의 신고라고 인정할 만한 근거가 있거나 신고내용을 신뢰할 수 없는 경우를 제외하고는 그 신고내용을 행정조사에 갈음할 수 있다(조사법 제25조 제2항).

② 자율관리체제의 구축: 행정기관의 장은 조사대상자가 자율적으로 행정조사사항을 신고·관리하고, 스스로 법령준수사항을 통제하도록 하는 체제의 기준을 마련하여 고시할 수 있다(조사법 제26조 제1항).

③ 혜택의 부여: 행정기관의 장은 자율신고를 하는 자와 자율관리체제를 구축하고 자율관리체제의 기준을 준수한 자에 대하여는 법령 등으로 규정한 바에 따라 행정조사의 감면 또는 행정·세제상의 지원을 하는 등 필요한 혜택을 부여할 수 있다(조사법 제27조).

(2) 정보통신수단을 통한 행정조사

행정기관의 장은 인터넷 등 정보통신망을 통하여 조사대상자로 하여금 자료의 제출 등을 하게 할 수 있으며(조사법 제28조 제1항), 정보통신망을 통하여 자료의 제출 등을 받은 경우에는 조사대상자의 신상이나 사업비밀 등이 유출되지 아니하도록 제도적·기술적 보안조치를 강구하여야 한다(조사법 제28조 제2항). 〈23. 국가 9급〉

(3) 행정조사의 점검과 평가

국무조정실장은 행정조사의 효율성·투명성 및 예측가능성을 제고하기 위하여 각급 행정기관의 행정조사 실태, 공동조사 실시현황 및 중복조사 실시 여부 등을 확인·점검하여야 한다(조사법 제29조 제1항).

6 행정조사에 대한 구제

1. 위법한 경우

(1) 행정쟁송

권력적 조사	처분성이 인정되어 행정쟁송의 대상이 될 수 있으나, 단기에 종료하는 경우(⑩ 불심검문)에는 협의의 소익이 부정되어 각하될 것이다.
비권력적 조사	처분성이 부정되어 행정쟁송을 제기할 수 없다.

(2) 국가배상

위법한 행정조사로 인하여 신체 또는 재산상의 손해를 받은 국민은 국가배상청구의 다른 요건을 충족하는 한도에서 손해의 배상을 청구할 수 있을 것이다.

(3) 기타의 구제방법

관계인의 거부로 인하여 행정조사가 실시되지 못하여 관계인에게 제재를 한 경우에 어떠한 구제가 가능할 것인지가 문제된다.

형벌이 부과된 경우	형사소송에서 조사의 위법성 항변❶을 할 수 있을 것이다.
형벌 이외의 제재가 부과된 경우	행정조사의 위법을 이유로 당해 제재처분의 취소를 청구함으로써 구제를 받을 수 있을 것이다.

용어설명 ❶ 항변 : 어떤 사실에 대하여 증명책임을 지는 피고가 원고의 청구를 배척하기 위한 진술

2. 적법한 경우

원칙	적법한 행정조사로 인하여 재산상의 손실을 받은 경우 그 손실이 특별한 희생에 해당하는 경우에는 손실보상을 청구할 수 있다(⑩ 토지수용을 위한 출입조사에 대한 보상).
예외	손실이 경미한 경우(⑩ 미량의 식품을 수거하여 검사한 경우)에는 사회적 제약에 해당되어 보상을 청구할 수 없을 것이다.

7 위법한 행정조사와 행정행위의 효력

원칙	행정조사는 행정처분과 독립적인 제도이므로 행정조사가 위법한 경우라도 행정처분이 당연히 위법하게 되는 것은 아니다.
예외	행정조사에 중대한 위법이 있는 경우에는 이에 기한 행정처분도 위법하다.

위법한 중복세무조사에 기초하여 이루어진 과세처분(위법)

세무조사대상의 기준과 선정방식에 관한 구 국세기본법(2006. 12. 30. 법률 제8139호로 개정되기 전의 것, 이하 '구 국세기본법'이라 한다) 제81조의5가 도입된 배경과 취지, 구 국세기본법 제81조의5가 포함된 제7장의2에 관한 구 국세기본법과 개별 세법의 관계 등을 종합하여 보면, 구 국세기본법 제81조의5가 마련된 이후에는 개별 세법이 정한 질문·조사권은 구 국세기본법 제81조의5가 정한 요건과 한계 내에서만 허용된다. 또한 구 국세기본법 제81조의5가 정한 세무조사대상 선정사유가 없음에도 세무조사대상으로 선정하여 과세자료를 수집하고 그에 기하여 과세처분을 하는 것은 적법절차의 원칙을 어기고 구 국세기본법 제81조의5와 제81조의3 제1항을 위반한 것으로서 특별한 사정이 없는 한 과세처분은 위법하다(대판 2014.6.26. 2012두911). 〈16. 국가 9급〉

제4장 | 행정벌

제1절 개설

1 서설

1. 의의

행정법상의 의무위반에 대하여 일반통치권에 의거하여 일반사인에게 부과하는 제재로서의 벌을 말한다. 직접적으로는 과거의 의무위반에 대하여 제재를 가하고, 간접적으로는 의무자에 대하여 심리적 압박을 가함으로써 그 의무이행을 확보하려는 것이다.

2. 구별

(1) 행정상 강제집행

장래에 향하여 그 의무이행을 확보한다는 점에서, 과거의 의무위반에 대한 제재를 하는 행정벌과 구별된다.

(2) 징계벌

특별권력에 기초하여 특별행정법관계의 내부질서를 유지하기 위하여 질서문란자에 대해서 부과한다는 점에서, 일반권력에 기초하여 일반사인에게 부과하는 행정벌과 구별된다.

> **Winner's** 제재의 상대방 : 행정벌 (국민), 징계벌 (구성원)

(3) 집행벌

장래에 향하여 의무를 이행할 때까지 반복적으로 부과한다는 점에서, 과거의 의무위반에 대하여 1회에 한하여 부과하는 행정벌과 구별된다. 다만, 심리적 압박을 통하여 간접적으로 의무이행을 확보한다는 점에서는 공통된다.

> **Winner's** 반복성을 가진 제재 : 집행벌 (○), 행정벌 (×)

(4) 형사벌

구별 부정설		형사벌과 행정벌은 모두 형벌을 그 제재수단으로 한다는 점에서 구별할 필요가 없으며, 중대사범과 경미사범이라는 양적 차이만 있고, 실정법상 행정벌에 대한 특별규정은 입법정책적 표현에 불과한 것으로 본다.
구별 긍정설 (통설)	피침해이익 기준설	침해되는 이익의 성질을 기준으로, 형사범은 법익을 침해하고, 행정범❶은 공공복리를 침해하는 것으로 구별하는 견해[골드슈미트(J. Goldschmidt)]이다.
	피침해규범 기준설 (통설)	침해되는 규범의 성질을 기준으로, 형사범은 반윤리성·반사회성이 법규 이전에 존재하는 자연범을 뜻하고, 행정범은 법규의 제정에 의해 비로소 범죄가 되는 법정범(예 「도로교통법」상 차량의 우측통행의무)을 뜻한다는 견해(김동희)이다.

> **용어설명** ❶ 행정범(行政犯) : 행정벌이 과하여지는 의무위반행위

> **Winner's** 행정범 : 자연범 (×), 법정범 (○)

2 행정벌의 근거

1. 행정형벌의 근거

원칙	① 행정형벌도 침익적인 처벌이라는 점에서 법률의 근거가 필요하다. ② 일반법은 없고, 개별법에 벌칙규정을 두고 있다.
예외	① 범죄구성요건의 구체적 기준과 행정형벌의 최고한도를 구체적으로 정하여 위임하는 경우에는 행정입법에 의한 행정형벌도 가능하다. ② 다만, 현행 「지방자치법」은 조례에 의한 형사처벌규정을 삭제하였으므로 조례에 근거한 행정형벌이 가능할 것인지 여부가 문제되는데, 법률에 의한 개별·구체적 위임이 있으면 가능하다는 것이 헌법재판소의 입장인 것으로 본다(정하중).

2. 행정질서벌의 근거

원칙	① 행정질서벌도 처벌이므로 법률에 근거가 있어야 부과할 수 있다. ② 과태료의 부과·징수절차를 통일적으로 규율하기 위하여 「질서위반행위규제법」을 제정하여 규율하고 있다.
예외	① 행정질서벌도 법률의 개별·구체적 위임이 있으면 행정입법에 의하여 부과할 수 있다. ② 현행 「지방자치법」은 조례에 근거한 과태료 부과를 인정하고 있다.

〈지방자치법〉

제34조(조례위반에 대한 과태료) ① 지방자치단체는 조례를 위반한 행위에 대하여 조례로써 1천만원 이하의 과태료를 정할 수 있다.
② 제1항에 따른 과태료는 해당 지방자치단체의 장이나 그 관할구역 안의 지방자치단체의 장이 부과·징수한다.

제156조(사용료의 징수조례 등) ② 사기나 그 밖의 부정한 방법으로 사용료·수수료 또는 분담금의 징수를 면한 자에 대하여는 그 징수를 면한 금액의 5배 이내의 과태료를, 공공시설을 부정사용한 자에 대하여는 50만원 이하의 과태료를 부과하는 규정을 조례로 정할 수 있다.
③ 제2항에 따른 과태료의 부과·징수, 재판 및 집행 등의 절차에 관한 사항은 「질서위반행위규제법」에 따른다.

Winner's 행정벌의 근거

구분	법률·명령	조례
행정형벌	가능	학설 대립
행정질서벌	가능	가능

제2절 행정벌의 종류

1 행정형벌

1. 의의
「형법」에 정해져 있는 형벌을 부과하는 것을 말한다(⑩ 「건축법」에서 징역·벌금·과료 등을 선고하는 것).

2. 법적 근거

원칙	형법총칙이 적용되고, 과벌절차는 형사소송절차를 따른다.
예외	개별법상 통고처분절차나 즉결심판절차를 따르는 경우도 있다.

3. 특수한 과벌절차

(1) 통고처분

① 의의: 행정법상의 의무를 위반한 경우에 행정청이 정식재판에 갈음하여 벌금 또는 과료에 상당하는 금액을 납부할 것을 명하는 것을 말한다. 보통 범칙금(犯則金)으로 불린다. 주로 조세범·관세범·출입국사범·교통사범 등에 대해서만 적용된다.

② 인정이유: 통고처분은 일상에서 대량으로 발생하는 경미한 위반행위를 간이·신속하게 처리하기 위해서, 행정청이 형사절차를 대신해서 위반행위자에게 범칙금을 납부하게 함으로써 법원의 부담 완화, 행정기관의 전문성 활용, 국가수입에 기여, 전과자의 발생 방지라는 기능을 하게 된다. ⟨11. 국가 9급⟩

> **통고처분제도(합헌)**
> 도로교통법상의 통고처분은 처분을 받은 당사자의 임의의 승복을 발효요건으로 하고 있으며, 행정공무원에 의하여 발하여지는 것이지만, 통고처분에 따르지 않고자 하는 당사자에게는 정식재판의 절차가 보장되어 있다. 통고처분제도는 경미한 교통법규 위반자로 하여금 형사처벌절차에 수반되는 심리적 불안, 시간과 비용의 소모, 명예와 신용의 훼손 등의 여러 불이익을 당하지 않고 범칙금 납부로써 위반행위에 대한 제재를 신속·간편하게 종결할 수 있게 하여 주며, 교통법규위반행위가 홍수를 이루고 있는 현실에서 행정공무원에 의한 전문적이고 신속한 사건처리를 가능하게 하고, 검찰 및 법원의 과중한 업무부담을 덜어 준다. 또한 통고처분제도는 형벌의 비범죄화 정신에 접근하는 제도이다. 이러한 점들을 종합할 때, 통고처분제도의 근거규정인 도로교통법 제118조 본문이 적법절차원칙이나 사법권을 법원에 둔 권력분립원칙에 위배된다거나, 재판청구권을 침해하는 것이라 할 수 없다(헌재 2003.10.30. 2002헌마275).

③ 법적 성질: 형사재판에 갈음하여 행정청이 부과하는 행정상의 제재금이나, 불복하면 당연소멸한다는 점에서 통고처분 자체만으로는 그 이행을 강제하거나 상대방에게 의무를 부여하는 것이 아니므로 처분성이 없다.

> **통고처분의 처분성(부정)**
> 통고처분은 상대방의 임의의 승복을 그 발효요건으로 하기 때문에 그 자체만으로는 통고이행을 강제하거나 상대방에게 아무런 권리의무를 형성하지 않으므로 행정심판이나 행정소송의 대상으로서의 처분성을 부여할 수 없고, 통고처분에 대하여 이의가 있으면 통고내용을 이행하지 않음으로써 고발되어 형사재판절차에서 통고처분의 위법·부당함을 얼마든지 다툴 수 있기 때문에 관세법 제38조 제3항 제2호가 법관에 의한 재판받을 권리를 침해한다든가 적법절차의 원칙에 저촉된다고 볼 수 없다 (헌재 1998.5.28. 96헌바4).

Winner's 통고처분의 성질 : 행정제재금 (○), 행정처분 (×)

④ 부과대상: 보통 재산을 박탈하는 형벌(재산형)에 대해서 적용되고, 신체의 자유를 박탈하는 형벌(자유형)을 부과하는 경우에는 적용되지 않는다. 일정한 사유가 있으면 즉시 고발하여야 하는 경우도 있다.

> **〈조세범 처벌절차법〉 제17조(고발)** ① 지방국세청장 또는 세무서장은 다음 각 호의 어느 하나에 해당하는 경우에는 통고처분을 거치지 아니하고 그 대상자를 즉시 고발하여야 한다.
> 1. 정상(情狀)에 따라 징역형에 처할 것으로 판단되는 경우
> 2. 제15조 제1항에 따른 통고대로 이행할 자금이나 납부 능력이 없다고 인정되는 경우
> 3. 거소가 분명하지 아니하거나 서류의 수령을 거부하여 통고처분을 할 수 없는 경우
> 4. 도주하거나 증거를 인멸할 우려가 있는 경우

⑤ 효과

통고처분을 이행한 경우	㉠ 처벌절차는 종료된다. ㉡ 범칙자가 범칙금을 납부한 경우에는 일사부재리❶원칙이 적용되어 동일사건에 대하여 다시 소추(訴追)를 받지 않는다. 〈12. 지방 9급〉
통고처분을 불이행한 경우	㉠ 범칙자가 범칙금을 일정기간 이내에 납부하지 않은 경우에는 통고처분은 당연히 효력을 상실한다. ㉡ 통고처분의 효력이 소멸하므로 행정청의 강제징수 또는 상대방의 취소소송의 제기는 불가능하다. ㉢ 관계 행정기관의 고발이나 즉결심판청구에 의하여 통상의 형사소송절차로 이행된다.

용어설명 ❶ 일사부재리 : 동일한 사건에 대해서는 법원이 이를 다시 심리하지 못한다는 원칙. 같은 처벌을 중복해서 부과하지 못한다는 의미로도 사용됨

Winner's 통고처분을 불이행한 경우 : 당연소멸 (○), 강제징수 (×), 취소소송 (×)

> **〈도로교통법〉**
> **제164조(범칙금의 납부)** ③ 제1항이나 제2항에 따라 범칙금을 낸 사람은 범칙행위에 대하여 다시 벌받지 아니한다.
>
> **제165조(통고처분 불이행자 등의 처리)** ① 경찰서장 또는 제주특별자치도지사는 다음 각 호의 어느 하나에 해당하는 사람에 대하여는 지체 없이 즉결심판을 청구하여야 한다. 다만, 제2호에 해당하는 사람으로서 즉결심판이 청구되기 전까지 통고받은 범칙금액에 100분의 50을 더한 금액을 납부한 사람에 대하여는 그러하지 아니하다.

1. 제163조 제1항 각 호의 어느 하나에 해당하는 사람
2. 제164조 제2항에 따른 납부기간에 범칙금을 납부하지 아니한 사람

1. 경찰서장의 통고처분의 처분성(부정)

도로교통법 제118조에서 규정하는 경찰서장의 통고처분은 행정소송의 대상이 되는 행정처분이 아니므로 그 처분의 취소를 구하는 소송은 부적법하고, 도로교통법상의 통고처분을 받은 자가 그 처분에 대하여 이의가 있는 경우에는 통고처분에 따른 범칙금의 납부를 이행하지 아니함으로써 경찰서장의 즉결심판청구에 의하여 법원의 심판을 받을 수 있게 될 뿐이다(대판 1995.6.29. 95누4674). 〈12. 지방 9급〉, 〈18. 서울 7급〉, 〈19. 국회 8급〉

2. 일사부재리 효력은 범칙금 통고의 이유에 기재된 당해 범칙행위 자체에 한정되는지 여부(부정)

경범죄처벌법상 범칙금제도는 형사절차에 앞서 경찰서장 등의 통고처분에 의하여 일정액의 범칙금을 납부하는 기회를 부여하여 그 범칙금을 납부하는 사람에 대하여는 기소를 하지 아니하고 사건을 간이하고 신속·적정하게 처리하기 위하여 처벌의 특례를 마련해 둔 것이라는 점에서 법원의 재판절차와는 제도적 취지 및 법적 성질에서 차이가 있다. 그리고 범칙금의 납부에 따라 확정판결에 준하는 효력이 인정되는 범위는 범칙금 통고의 이유에 기재된 당해 범칙행위 자체 및 그 범칙행위와 동일성이 인정되는 범칙행위에 한정된다. 따라서 범칙행위와 같은 시간과 장소에서 이루어진 행위라 하더라도 범칙행위의 동일성을 벗어난 형사범죄행위에 대하여는 범칙금의 납부에 따라 확정판결에 준하는 일사부재리의 효력이 미치지 아니한다(대판 2011.4.28. 2009도12249). 〈17. 국가 7급〉

3. 통고처분에서 정한 범칙금 납부 이전에 즉결심판, 공소제기의 가능성(부정)

경범죄 처벌법상 범칙금제도는 범칙행위에 대하여 형사절차에 앞서 경찰서장의 통고처분에 따라 범칙금을 납부할 경우 이를 납부하는 사람에 대하여는 기소를 하지 않는 처벌의 특례를 마련해 둔 것으로 법원의 재판절차와는 제도적 취지와 법적 성질에서 차이가 있다. 또한 범칙자가 통고처분을 불이행하였더라도 기소독점주의의 예외를 인정하여 경찰서장의 즉결심판 청구를 통하여 공판절차를 거치지 않고 사건을 간이하고 신속·적정하게 처리함으로써 소송경제를 도모하되, 즉결심판 선고 전까지 범칙금을 납부하면 형사처벌을 면할 수 있도록 함으로써 범칙자에 대하여 형사소추와 형사처벌을 면제받을 기회를 부여하고 있다. 따라서 경찰서장이 범칙행위에 대하여 통고처분을 한 이상, 범칙자의 위와 같은 절차적 지위를 보장하기 위하여 통고처분에서 정한 범칙금 납부기간까지는 원칙적으로 경찰서장은 즉결심판을 청구할 수 없고, 검사도 동일한 범칙행위에 대하여 공소를 제기할 수 없다고 보아야 한다(대판 2020.4.29. 2017도13409). 〈21. 지방 9급〉

(2) 즉결심판

① 의의: 범증(犯證)이 명백하고 죄질이 경미(輕微)한 범죄사건에 대하여 정식 형사소송절차를 거치지 않고 「즉결심판에 관한 절차법」에 따라 경찰서장의 청구로 지방법원, 지원 또는 시·군법원의 판사가 행하는 약식재판을 말한다. 현재 한국에서 실시하고 있는 즉결심판은 「도로교통법」 위반과 「경범죄 처벌법」 위반이 대부분이다.

② 법적 성질: 경미한 범죄에 대한 심판절차로서 형사범도 이 절차에 따른다는 점에서 행정형벌의 특별과형절차가 아니라, 일반과형절차에 대한 특별절차이다.

> **Winner's** 즉결심판의 성질 : 행정절차 (×), 형사절차 (○)

③ 대상: 20만 원 이하의 벌금·구류 또는 과료를 부과하는 범죄를 대상으로 한다(즉심법 제2조).

④ 부과절차: 즉결심판은 경찰서장이 서면으로 청구하며(즉심법 제3조 제1항·제2항), 판사는 즉시심판을 하여야 하는 것이 원칙이다(즉심법 제6조). 지방법원 또는 그 지원의 판사는 소속 지방법원장의 명령을 받아 소속 법원의 관할사무와 관계없이 즉결심판청구사건을 심판할 수 있다(즉심법 제3조의2). 형의 집행은 경찰서장이 한다(즉심법 제18조 제1항).

> **Winner's** 즉결심판의 집행 : 경찰서장 (○), 검사 (×)

⑤ 불복: 즉결심판에 불복하는 피고인 또는 경찰서장은 그 선고·고지를 받은 날로부터 7일 이내에 정식재판을 청구할 수 있다(즉심법 제14조 제1항·제2항).

> **Winner's** 통고처분과 즉결심판

구분	통고처분	즉결심판
부과대상	벌금·과료에 갈음	20만 원 이하의 벌금·과료·구류에 해당
법적 성질	행정제재금	약식의 형사재판

2 행정질서벌

1. 의의

행정법상 의무위반행위에 대하여 형벌이 아닌 과태료가 부과되는 행정벌을 말한다. ① 국가의 법령에 근거하여 부과하는 것, ② 지방자치단체가 조례에 근거하여 부과하는 것이 있다.

2. 행정형벌과의 구별

행정형벌은 직접적으로 행정목적을 침해하는 행위에 대하여 부과된다는 점에서 간접적으로 행정목적에 장해를 미칠 위험이 있는 행위(⑩ 신고·등록·장부비치의 태만 등)에 부과되는 행정질서벌과 구별된다.

> **Winner's** 행정질서벌의 내용 : 직접 침해 (×), 간접 장해 (○)

3. 병과❶(竝科) 여부

행정형벌과 행정질서벌은 ① 모두 행정벌의 일종이므로 병과할 수 없다는 견해(김남진), ② 그 목적이나 성질이 다른 것이므로 병과할 수 있다는 견해가 대립한다. 행정실무상으로는 병과되는 경우가 많다(홍정선). 판례는 형사벌과 행정질서벌의 병과는 인정하지만, 행정형벌과 행정질서벌의 병과에 대해서는 입장이 명확하지 않다.

> **용어설명** ❶ 병과(竝科) : 둘 이상의 제재를 함께 부과하는 것

1. 무등록차량에 대한 과태료 부과와 형사처벌의 병과 여부(긍정)

행정법상의 질서벌인 과태료의 부과처분과 형사처벌은 그 성질이나 목적을 달리하는 별개의 것이므로 행정법상의 질서벌인 과태료를 납부한 후에 형사처벌을 한다고 하여 이를 일사부재리의 원칙에 반하는 것이라고 할 수는 없으며, 자동차의 임시운행허가를 받은 자가 그 허가목적 및 기간의 범위 안에서 운행하지 아니한 경우에 과태료를 부과하는 것은 당해 자동차가 무등록자동차인지 여부와는 관계없이, 이미 등록된 자동차의 등록번호표 또는 봉인이 멸실되거나 식별하기 어렵게 되어 임시운행허가를 받은 경우까지를 포함하여, 허가받은 목적과 기간의 범위를 벗어나 운행하는 행위전반에 대하여 행정질서벌로써 제재를 가하고자 하는 취지라고 해석되므로, 만일 임시운행허가기간을 넘어 운행한 자가 등록된 차량에 관하여 그러한 행위를 한 경우라면 과태료의 제재만을 받게 되겠지만, 무등록차량에 관하여 그러한 행위를 한 경우라면 과태료와 별도로 형사처벌의 대상이 된다(대판 1996.4.12. 96도158). 〈23. 국가 9급〉

2. 행정질서벌과 행정형벌의 병과가능성(논란 있음)

행정질서벌과 행정형벌은 다같이 행정법령에 위반하는 데 대한 제재라는 점에서는 같다하더라도, 행정형벌은 그 행정법규위반이 직접적으로 행정목적과 사회공익을 침해하는 경우에 과하여지는 것이므로, 행정형벌을 과하는 데 있어서 고의·과실을 필요로 할 것이냐의 여부의 점은 별문제로 하더라도, 행정질서벌인 과태료는 직접적으로 행정목적이나 사회공익을 침해하는 데까지는 이르지 않고, 다만 간접적으로 행정상의 질서에 장해를 줄 위험성이 있는 정도의 단순한 의무태만에 대한 제재로서 과하여지는 데 불과하다(대결 1969.7.29. 69마400).

3. 행정질서벌과 행정형벌의 병과가 국가 입법권 남용이 될 여지가 있는지 여부(긍정)

행정질서벌로서의 과태료는 행정상 의무의 위반에 대하여 국가가 일반통치권에 기하여 과하는 제재로서 형벌(특히 행정형벌)과 목적·기능이 중복되는 면이 없지 않으므로, 동일한 행위를 대상으로 하여 형벌을 부과하면서 아울러 행정질서벌로서의 과태료까지 부과한다면 그것은 이중처벌금지의 기본정신에 배치되어 국가 입법권의 남용으로 인정될 여지가 있음을 부정할 수 없다(헌재 1994.6.30. 92헌바38).

4. 행형법상의 징벌 후 형사처벌이 가능한지 여부(긍정)

피고인이 행형법에 의한 징벌을 받아 그 집행을 종료하였다고 하더라도 행형법상의 징벌은 수형자의 교도소 내의 준수사항위반에 대하여 과하는 행정상의 질서벌의 일종으로서 형법 법령에 위반한 행위에 대한 형사책임과는 그 목적·성격을 달리하는 것이므로 징벌을 받은 뒤에 형사처벌을 한다고 하여 일사부재리의 원칙에 반하는 것은 아니다(대판 2000.10.27. 2000도3874). 〈19. 국회 8급〉

5. 행정벌의 부과형태가 입법재량에 해당하는지 여부(긍정)

행정법규위반행위에 대하여 이를 단지 간접적으로 행정상의 질서에 장해를 줄 위험성이 있음에 불과한 경우로 보아 행정질서벌인 과태료를 과할 것인가 아니면 직접적으로 행정목적과 공익을 침해한 행위로 보아 행정형벌을 과할 것인가 그리고 행정형벌을 과할 경우 그 법정형의 형종과 형량을 어떻게 정할 것인가는 당해 위반행위가 위의 어느 경우에 해당하는가에 대한 법적 판단을 그르친 것이 아닌 한 그 처벌내용은 기본적으로 입법권자가 제반 사정을 고려하여 결정할 입법재량에 속하는 문제라고 할 수 있다(헌재 1994.4.28. 91헌바14).

> **Winner's** 병과 여부

형사벌 + 행정질서벌	병과를 긍정하는 경향
행정형벌 + 형사벌	병과를 부정하는 경향
행정형벌 + 행정질서벌	학설, 판례 대립

4. 죄형법정주의의 적용 여부

죄형법정주의란 범죄와 형벌은 법률로 규정해야 한다는 원칙을 말한다. 형사벌에 대해서는 엄격이 적용되지만, 행정형벌에 대해서는 완화 적용된다. 다만 행정질서벌은 형벌이 아니므로 논란이 있으나, 헌법재판소는 적용되지 않는 것으로 보았다.

> 행정질서벌에 대하여 죄형법정주의가 적용되는지 여부(부정)
> 죄형법정주의는 무엇이 범죄이며 그에 대한 형벌이 어떠한 것인가는 국민의 대표로 구성된 입법부가 제정한 법률로써 정하여야 한다는 원칙인데, 부동산등기 특별조치법 제11조 제1항 본문 중 제2조 제1항에 관한 부분이 정하고 있는 과태료는 행정상의 질서유지를 위한 행정질서벌에 해당할 뿐 형벌이라고 할 수 없어 죄형법정주의의 규율대상에 해당하지 아니한다(헌재 1998.5.28. 96헌바83).

> **Winner's** 행정형벌과 행정질서벌

구분	행정형벌	행정질서벌
부과주체	법원	행정청 또는 법원
근거	「형법」·「형사소송법」	「질서위반행위규제법」
고의나 과실	필요	필요

제3절 | 행정벌의 특수성

1 행정형벌의 특수성

1. 형법총칙의 적용문제

형벌에 대해서는 다른 법령에 특별한 규정이 없는 한 형법총칙이 적용되는 것이므로(「형법」제8조), 행정형벌에 대해서도 형법총칙이 적용된다. 다만, '특별한 규정'의 범위에 명문규정 이외에 조리도 포함될 것인지 여부에 대해서 논란이 있으나, 형벌의 범위를 축소·감경하는 경우에는 조리도 포함되나, 형벌의 범위를 확대·가중하는 경우에는 명문의 규정에 한정된다는 견해(절충설)가 타당하다.

2. 범의(犯意)

(1) 의의

범죄의사를 뜻하는 것으로서, 고의와 과실이 포함된다. 고의의 내용에는 사실의 인식과 위법성의 인식이 포함된다. 행정형벌을 부과하는 경우에도 고의나 과실이 있어야 처벌할 수 있다.

> **행정범에게 고의가 필요한지 여부(긍정)**
> 행정상의 단속을 주안으로 하는 법규라 하더라도 명문규정이 있거나 과실범도 벌할 뜻이 명확한 경우를 제외하고는 형법의 원칙에 따라 고의가 있어야 벌할 수 있다(대판 1986.7.22. 85도108).

(2) 위법성의 인식

① 문제점: 형사벌의 경우에는 자기의 행위가 위법하지 않은 것으로 오인하더라도 그 오인에 정당한 이유가 있는 때에 한하여 처벌하지 않는다(「형법」제16조). 따라서 금지규정에 대한 착오가 있더라도 위법성의 인식가능성이 있었다면 처벌할 수 있는 것으로 해석한다(다수설). 그러나 행정형벌을 부과하는 경우에도 위법성의 인식이 필요한지 여부에 대해서 논란이 있다.

② 학설 및 판례: ㉠ 행정범은 법정범(法定犯)이므로 자기의 행위가 범죄가 되는 것인지를 모르는 경우가 많다는 점에서 위법성 인식이 필요하다는 견해(김남진), ㉡ 행정범과 형사범의 구별은 유동적·상대적이라는 점에서 위법성 인식가능성만으로 충분하다는 견해(김동희)가 대립한다. 판례는 위법성 인식이 필요하다는 입장이다.

> **공법규정을 착오한 경우 고의가 부정되는지 여부(긍정)**
> 민사소송법 기타 공법의 해석을 잘못하여 압류물의 효력이 없어진 것으로 착오하였거나 또는 봉인 등을 손상 또는 효력을 해할 권리가 있다고 오신한 경우에는 형벌법규의 부지(不知)와 구별되어 범의를 조각❶한다고 해석할 것이다(대판 1970.9.22. 70도1206).

용어설명 ❶ 조각(阻却) : 일정한 사항을 물리치거나 방해함. 법률적으로는 성립하지 않음, 해당하지 않음

(3) 과실범의 처벌

형사벌의 경우에 과실범은 특별한 규정이 있어야만 처벌한다(「형법」제14조). 행정형벌을 부과하는 경우에도 명문의 규정이 있어야만 처벌할 수 있을 것인지에 대해서 논란이 있으나, '특별한 규정'은 성문법에 한정되지 않으므로 ㉠ 명문의 규정이 있거나, ㉡ 관계법규의 해석상 과실범의 가벌성이 인정되는 경우에는 처벌할 수 있다는 견해(절충설)이 통설, 판례이다. 〈12. 지방 9급〉

> 배출허용기준을 초과한다는 점을 과실로 인식하지 못한 과실범도 처벌할 수 있는지 여부(긍정)
>
> 구 대기환경보전법(1992. 12. 8. 법률 제4535호로 개정되기 전의 것)의 입법 목적이나 제반 관계규정의 취지 등을 고려하면, 법정의 배출허용기준을 초과하는 배출가스를 배출하면서 자동차를 운행하는 행위를 처벌하는 위 법 제57조 제6호의 규정은 자동차의 운행자가 그 자동차에서 배출되는 배출가스가 소정의 운행자동차 배출허용기준을 초과한다는 점을 실제로 인식하면서 운행한 고의범의 경우는 물론, 과실로 인하여 그러한 내용을 인식하지 못한 과실범의 경우도 함께 처벌하는 규정이다(대판 1993.9.10. 92도1136). 〈14. 국가 9급〉, 〈17. 서울 7급〉, 〈18. 지방 9급〉

3. 책임능력

형사벌의 경우에는 14세 미만의 자나 심신장애로 인하여 사물을 변별할 능력이 없거나 의사를 결정할 능력이 없는 자의 행위는 벌하지 아니하고(형법 제9조, 제10조), 청각 및 언어장애인이나 심신장애로 인하여 사물을 변별한 능력이 미약한 자의 행위는 형을 감경할 수 있다(형법 제11조). 행정형벌의 경우에는 개별법에서「형법」규정의 적용을 배제 또는 제한하는 규정을 두는 경우가 많다(예 「담배사업법」은 심신미약자의 행위도 처벌한다).

4. 법인의 책임

(1) 법인을 처벌하는 명문규정이 있는 경우

행위자 이외에 법인도 처벌하는 양벌(兩罰)규정이 있으면 법인도 처벌할 수 있다. ① 대표자의 행위에 대해서는 법인의 자기책임이고, ② 대리인이나 종업원의 행위에 대해서는 법인 자신의 감독상 과실책임으로 본다. 대위책임❶이 아니므로 행위자의 처벌을 전제로 하지 않는다. 〈12. 지방 9급〉

용어설명 ❶ 대위책임 : 타인의 행위로 인한 책임을 대신 지는 것

> 1. 법인 대표자의 법규위반행위에 대한 법인의 책임(법인의 직접책임)
>
> 법인은 기관을 통하여 행위하므로 법인이 대표자를 선임한 이상 그의 행위로 인한 법률효과는 법인에게 귀속되어야 하고, 법인 대표자의 범죄행위에 대하여는 법인 자신이 책임을 져야 하는 바, 법인 대표자의 법규위반행위에 대한 법인의 책임은 법인 자신의 법규위반행위로 평가될 수 있는 행위에 대한 법인의 직접책임으로서, 대표자의 고의에 의한 위반행위에 대하여는 법인 자신의 고의에 의한 책임을, 대표자의 과실에 의한 위반행위에 대하여는 법인 자신의 과실에 의한 책임을 지는 것이다(헌재 2010.7.29. 2009헌가25). 〈22. 국가 9급〉
>
> 2. 자치사무를 수행하는 지방자치단체에 대한 양벌규정의 적용(긍정)
>
> 헌법 제117조, 지방자치법 제3조 제1항, 제9조, 제93조, 도로법 제54조, 제83조, 제86조의 각 규

정을 종합하여 보면, 국가가 본래 그의 사무의 일부를 지방자치단체의 장에게 위임하여 그 사무를 처리하게 하는 기관위임사무의 경우에는 지방자치단체는 국가 기관의 일부로 볼 수 있는 것이지만, 지방자치단체가 그 고유의 자치사무를 처리하는 경우에는 지방자치단체는 국가기관의 일부가 아니라 국가기관과는 별도의 독립한 공법인이므로, 지방자치단체 소속 공무원이 지방자치단체 고유의 자치사무를 수행하던 중 도로법 제81조 내지 제85조의 규정에 의한 위반행위를 한 경우에는 지방자치단체는 도로법 제86조의 양벌규정에 따라 처벌대상이 되는 법인에 해당한다(대판 2005.11.10. 2004도2657). 〈24. 국가 9급〉

3. 지정항만순찰 업무와 관련한 위반행위의 경우 해당 지방자치단체가 양벌규정이 적용되는지 여부(부정)
지방자치단체 소속 공무원이 지정항만순찰 등의 업무를 위해 관할관청의 승인 없이 개조한 승합차를 운행함으로써 구 자동차관리법(2007. 10. 17. 법률 제8658호로 개정되기 전의 것)을 위반한 사안에서, 지방자치법, 구 항만법(2007. 8. 3. 법률 제8628호로 개정되기 전의 것), 구 항만법 시행령(2007. 12. 31. 대통령령 20506호로 개정되기 전의 것) 등에 비추어 위 항만순찰 등의 업무가 지방자치단체의 장이 국가로부터 위임받은 기관위임사무에 해당하여, 해당 지방자치단체가 구 자동차관리법 제83조의 양벌규정에 따른 처벌대상이 될 수 없다(대판 2009.6.11. 2008도6530). 〈17. 국가 7급〉

4. 다단계판매업자에 대해서 양벌규정이 적용되는지 여부(긍정)
다단계판매업의 영업태양 및 다단계판매업자와 다단계판매원 사이의 관계에 비추어 볼 때, 다단계판매원이 하위판매원의 모집 및 후원활동을 하는 것은 실질적으로 다단계판매업자의 관리 아래 그 업무를 위탁받아 행하는 것으로 볼 수 있어, 다단계판매업자가 상품의 판매 또는 용역의 제공에 의한 이익의 귀속주체가 된다고 할 것이므로, 다단계 판매원은 다단계판매업자의 통제·감독을 받으면서 다단계판매업자의 업무를 직접 또는 간접으로 수행하는 자로서, 적어도 구 방문판매 등에 관한 법률(2002. 3. 30. 법률 제6688호로 전문개정되기 전의 것)의 양벌규정의 적용에 있어서는 다단계판매업자의 사용인의 지위에 있다고 봄이 상당하다(대판 2006.2.24. 2003도4966).

5. 법인격 없는 공공기관의 처벌가능성(부정)
구 「개인정보 보호법」 양벌규정에 의하여 처벌되는 개인정보처리자로는 같은 법 제74조 제2항에서 '법인 또는 개인'만을 규정하고 있을 뿐이고, 법인격 없는 공공기관에 대하여도 위 양벌규정을 적용할 것인지 여부에 대하여는 명문의 규정을 두고 있지 않으므로, 죄형법정주의의 원칙상 '법인격 없는 공공기관'을 위 양벌규정에 의하여 처벌할 수 없고, 그 경우 행위자 역시 위 양벌규정으로 처벌할 수 없다고 봄이 타당하다(대판 2021.10.28. 2020도1942). 〈24. 국가 9급〉

(2) 법인을 처벌하는 명문규정이 없는 경우

처벌여부에 관하여 학설이 대립하지만, 죄형법정주의원칙상 처벌할 수 없다는 견해가 일반적이다. 판례도 명문이 없는 한 처벌할 수 없다는 입장이다.

법인의 처벌에 명문규정이 필요한 것인지 여부(긍정)
제1심 판결은 피고인 한국제강주식회사에 대하여도 수출진흥법 제10조 제1항 제4호를 적용하고 있다. 그러나 법인도 처벌한다는 특별규정이 없는 수출진흥법하에서는 법인에게 위 법을 적용하지 못한다(대판 1968.2.20. 67도1683).

5. 타인의 비행에 대한 책임

(1) 행위자 이외의 자

행위자 이외에 사업주를 함께 처벌하는 양벌규정을 두는 경우에는 사업주도 책임을 진다. 이때 사업주의 책임은 감독의무를 게을리한 과실책임이다. 〈12. 지방 9급〉

> **영업주는 자신의 감독상 과실로 처벌되는지 여부(긍정)**
> 양벌규정에 의한 영업주의 처벌은 금지위반행위자인 종업원의 처벌에 종속하는 것이 아니라 독립하여 그 자신의 종업원에 대한 선임감독상의 과실로 인하여 처벌되는 것이므로 영업주의 위 과실책임을 묻는 경우 금지위반행위자인 종업원에게 구성요건상의 자격이 없다고 하더라도 영업주의 범죄성립에는 아무런 지장이 없다(대판 1987.11.10. 87도1213). 〈17. 국가 9급〉, 〈18. 지방 9급〉, 〈19. 서울 9급〉

(2) 사업주 이외의 자

사업주를 처벌하는 규정만 있고, 행위자를 처벌하는 규정이 없는 경우에 행위자를 처벌할 수 있을 것인지에 대해서는 논란이 있다. 판례는 처벌할 수 있는 입장으로 평가된다.

> **양벌규정이 존재하는 경우 실제 행위자도 처벌할 수 있는지 여부(긍정)**
> 구 건축법(1991. 5. 31. 법률 제4381호로 전문개정되기 전의 것) 제54조 내지 제56조의 벌칙규정에서 그 적용대상자를 건축주, 공사감리자, 공사시공자 등 일정한 업무주(業務主)로 한정한 경우에 있어서, 같은 법 제57조의 양벌규정은 업무주가 아니면서 당해 업무를 실제로 집행하는 자가 있는 때에 위 벌칙규정의 실효성을 확보하기 위하여 그 적용대상자를 당해 업무를 실제로 집행하는 자에게까지 확장함으로써 그러한 자가 당해 업무집행과 관련하여 위 벌칙규정의 위반행위를 한 경우 위 양벌규정에 의하여 처벌할 수 있도록 한 행위자의 처벌규정임과 동시에 그 위반행위의 이익귀속주체인 업무주에 대한 처벌규정이라고 할 것이다(대판 1999.7.15. 95도2870 전합).

6. 공범

「형법」상의 공범규정을 배제하는 특별한 규정이 없는 한 형법규정이 적용된다. 다만 특정인에 한정된 의무인 경우에 의무 없는 자의 위반행위는 처벌할 수 없다.

> **참고** 「형법」상 공범
> 1. **공동정범**: 공동으로 범죄를 저지르는 2인 이상의 자를 말한다.
> 2. **간접정범**: 타인을 생명 있는 도구로 이용하여 간접적으로 범죄를 실행하는 자를 말한다.
> 3. **교사범**: 타인으로 하여금 범죄를 실행하게 하는 자를 말한다.
> 4. **종범**: 타인의 범죄를 방조하는 자를 말한다.

7. 누범(累犯)·경합❶범(競合犯)

'누범'이란 확정판결을 받은 범죄 이후에 다시 범죄를 저지르는 것을 말하고, '경합범'이란 2개 이상의 범죄를 저지른 것을 말한다. 특별한 규정이 없는 한 형법총칙의 규정에 따라 처벌한다.

용어설명 ❶ 경합(競合): 단일한 사실 또는 요건에 대한 평가나 평가의 효력이 중복되는 일

2 행정질서벌의 특수성

1. 서설

행정질서벌은 「질서위반행위규제법❶」에서 규율하고 있으므로 그 내용을 살펴볼 필요가 있다.

> **용어설명** ❶ 질서위반행위규제법 : 행정질서벌에 관한 일반법이다. 이하에서는 편의상 '질서법'으로 표시한다.

2. 총칙

(1) 질서위반행위의 의의

원칙	법률 또는 조례상의 의무를 위반하여 과태료를 부과하는 행위를 말한다. 〈19. 지방 9급〉
예외	① 대통령령으로 정하는 사법(私法)상·소송법상(예 「민법」, 「민사소송법」등) 의무를 위반하여 과태료를 부과하는 행위 〈19. 서울 9급〉 ② 대통령령으로 정하는 법률(예 「변호사법」, 「법무사법」 등)에 따른 징계사유에 해당하여 과태료를 부과하는 행위를 제외한다(질서법 제2조). 〈11. 국가 9급〉

(2) 시간적 범위

원칙	질서위반행위의 성립과 과태료처분은 행위시의 법률에 따른다(질서법 제3조 제1항).
예외	① 과태료 부과 전: 질서위반행위 후 법률이 변경되어 그 행위가 질서위반행위에 해당하지 아니하게 되거나 과태료가 변경되기 전의 법률보다 가볍게 된 때에는 법률에 특별한 규정이 없는 한 변경된 법률을 적용한다(질서법 제3조 제2항). 〈18. 국가 9급〉, 〈19. 국회 8급〉 ② 과태료 부과 후: 행정청의 과태료처분이나 법원의 과태류 재판이 확정된 후 법률이 변경되어 그 행위가 질서위반행위에 해당하지 아니하게 된 때에는 변경된 법률에 특별한 규정이 없는 한 과태료의 징수 또는 집행을 면제한다(질서법 제3조 제3항). 〈13. 국가 9급〉, 〈19. 지방 9급〉

(3) 장소적 범위

원칙	대한민국 영역 안에서 질서위반행위를 한 자에게 적용한다(질서법 제4조 제1항). 〈10. 지방 9급〉
예외	대한민국 영역 밖에서 질서위반행위를 한 경우에도 ① 대한민국의 국민이거나, ② 대한민국의 선박 또는 항공기 안에서 질서위반행위를 한 외국인에게도 적용한다(질서법 제4조 제2항·제3항).

(4) 다른 법률과의 관계

과태료의 부과·징수, 재판 및 집행 등의 절차에 관한 다른 법률의 규정 중 이 법의 규정에 저촉되는 것은 이 법으로 정하는 바에 따른다(질서법 제5조).

3. 질서위반행위의 성립

(1) 법적 근거

과태료를 부과하기 위해서는 법률에 근거가 있어야 한다.

(2) 고의·과실

과거에는 고의나 과실이 없어도 과태료를 부과할 수 있다고 보았으나, 현행법은 고의나 과실이 있어야만 과태료를 부과할 수 있다(질서법 제7조). 〈11. 지방 9급〉, 〈17. 서울 9급〉

> 회사정리 중이라는 사정이 과태료의 필요적 면제사유가 되는지 여부(부정)
>
> 무역거래법 제30조 제2항의 규정에 의한 과태료는 이른바 행정질서벌의 하나로서 행정질서유지를 위한 의무의 위반행위에 대하여 과하는 제재이므로 동법 또는 동법에 의한 처분이 명하는 의무에 위반한 이상 고의 또는 과실 유무를 불문하고 과태료책임을 면할 수 없으며 회사정리 중에 있다는 사정은 과태료를 필요적으로 면제할 사유가 되지 아니한다(대결 1982.7.22. 82마210).
> ⇒ 고의 또는 과실은 현행법상 필요한 것으로 규정되었다.

Winner's 고의나 과실의 필요성 : 행정상 제재 (×), 과태료 (○)

(3) 위법성의 인식

자신의 행위가 위법하지 아니한 것으로 오인하고 행한 질서위반행위는 그 오인에 정당한 이유가 있는 때에 한하여 과태료를 부과하지 아니한다(질서법 제8조). 〈14. 사회복지 9급〉

(4) 책임연령

14세가 되지 아니한 자의 질서위반행위는 과태료를 부과하지 아니한다. 다만, 다른 법률에 특별한 규정이 있는 경우에는 그러하지 아니하다(질서법 제9조).

(5) 심신장애

심신상실 (心神喪失)	심신(心神)장애로 인하여 행위의 옳고 그름을 판단할 능력이 없거나 그 판단에 따른 행위를 할 능력이 없는 자의 질서위반행위는 과태료를 부과하지 아니한다(질서법 제10조 제1항).
심신미약	심신장애로 인하여 행위의 옳고 그름을 판단할 능력이나 그 판단에 따른 행위를 할 능력이 미약한 자의 질서위반행위는 과태료를 감경한다(질서법 제10조 제2항).
자발적인 장애	스스로 심신장애 상태를 일으켜 질서위반행위를 한 자에 대하여는 과태료를 면제하거나 감경하지 않는다(질서법 제10조 제3항).

Winner's 심신장애 : 심신상실 (필요적 면제), 심신미약 (필요적 감경)

(6) 다수인의 질서위반행위

2인 이상이 질서위반행위에 가담한 때에는 각자가 질서위반행위를 한 것으로 본다(질서법 제12조 제1항). 〈14. 사회복지 9급〉

(7) 신분이 없는 자

성립	신분에 의하여 성립하는 질서위반행위에 신분이 없는 자가 가담한 때에는 신분이 없는 자에 대하여도 질서위반행위가 성립한다(질서법 제12조 제2항). 〈10. 지방 9급〉
감경·가중	신분에 의하여 과태료를 감경 또는 가중하거나 과태료를 부과하지 아니하는 때에는 그 신분의 효과는 신분이 없는 자에게는 미치지 아니한다(질서법 제12조 제3항).

Winner's 신분 없는 자 : 성립 (○), 가중·감경·면제 (×)

(8) 수개의 질서위반행위

2 이상의 질서위반행위가 경합하는 경우	각 질서위반행위에 대하여 정한 과태료를 각각 부과한다. 다만, 다른 법령(조례 포함)에 특별한 규정이 있는 경우에는 그 법령으로 정하는 바에 따른다(질서법 제13조 제2항).
하나의 행위가 2 이상의 질서위반행위에 해당하는 경우	각 질서위반행위에 대하여 정한 과태료 중 가장 중한 과태료를 부과한다(질서법 제13조 제1항). 〈10. 지방 9급〉, 〈19. 서울 9급〉

(9) 과태료의 산정

행정청 및 법원은 과태료를 정함에 있어서 ① 질서위반행위의 동기·목적·방법·결과, ② 질서위반행위 이후의 당사자의 태도와 정황, ③ 질서위반행위자의 연령·재산상태·환경, ④ 그 밖에 과태료의 산정에 필요하다고 인정되는 사유를 고려하여야 한다(질서법 제14조).

(10) 법인의 처리 등

법인의 대표자, 법인 또는 개인의 대리인·사용인 및 그 밖의 종업원이 업무에 관하여 법인 또는 그 개인에게 부과된 법률상의 의무를 위반한 때에는 법인 또는 그 개인에게 과태료를 부과한다(질서법 제11조). 〈17. 국가 9급〉

4. 과태료의 부과

(1) 사전통지 및 의견제출

행정청이 질서위반행위에 대하여 과태료를 부과하고자 하는 때에는 미리 당사자(고용주 등을 포함)에게 대통령령으로 정하는 사항을 통지하고, 10일 이상의 기간을 정하여 의견을 제출할 기회를 주어야 하고, 지정된 기일까지 의견제출이 없는 경우에는 의견이 없는 것으로 본다(질서법 제16조 제1항). 당사자가 제출한 의견에 상당한 이유가 있는 경우에는 과태료를 부과하지 아니하거나 통지한 내용을 변경할 수 있다(질서법 제16조 제3항).

(2) 과태료 부과

원칙	행정청은 의견제출절차를 마친 후에 서면으로 과태료를 부과하여야 한다(질서법 제17조).
예외	우편 송달 과정에서 발생할 수 있는 사생활 노출을 방지하고 행정비용을 절감하기 위하여 당사자가 동의하는 경우에는 전자문서로 과태료를 부과할 수 있다.

(3) 자진납부자

① 감경: 행정청은 당사자가 의견제출기한 이내에 과태료를 자진하여 납부하고자 하는 경우에는 대통령령으로 정하는 바에 따라 과태료를 감경할 수 있다(질서법 제18조 제1항).

Winner's 자진납부자 : 감경할 수 (○), 감면할 수 (×)

② 종료: 당사자가 감경된 과태료를 납부한 경우에는 해당 질서위반행위에 대한 과태료 부과 및 징수절차는 종료한다(질서법 제18조 제2항).

(4) 제척기간

원칙	① 행정청은 질서위반행위가 종료된 날부터 5년이 경과한 경우에는 해당 질서위반행위에 대하여 과태료를 부과할 수 없다(질서법 제19조 제1항). 〈14. 국가 9급〉, 〈17. 국가 7급〉 ② 다수인이 질서위반행위에 가담한 경우에는 최종행위가 종료된 날을 기산점으로 한다.
예외	행정청은 법원의 과태료 결정이 있는 경우에는 그 결정❶이 확정된 날부터 1년이 경과하기 전까지는 과태료를 정정 부과하는 등 해당 결정에 따라 필요한 처분을 할 수 있다(질서법 제19조 제2항).

용어설명 ❶ 결정 : 법원이 변론을 거치지 않고도 할 수 있는 재판의 일종

Winner's 제척기간의 기산점 : 위반행위 종료시 (○), 과태료 확정시 (×)

(5) 질서위반행위의 조사

행정청은 질서위반행위가 발생하였다는 합리적 의심이 있어 그에 대한 조사가 필요하다고 인정할 때에는 대통령령으로 정하는 바에 따라 ① 당사자 또는 참고인의 출석 요구 및 진술의 청취, ② 당사자에 대한 보고명령 또는 자료 제출의 명령의 조치를 할 수 있다(질서법 제22조 제1항).

(6) 자료제공의 요청

행정청은 과태료의 부과·징수를 위하여 필요한 때에는 관계 행정기관, 지방자치단체 그 밖에 대통령령으로 정하는 공공기관의 장에게 그 필요성을 소명하여 자료 또는 정보의 제공을 요청할 수 있으며, 그 요청을 받은 공공기관 등의 장은 특별한 사정이 없는 한 이에 응하여야 한다(질서법 제23조).

(7) 납부방식

당사자는 과태료, 가산금, 중가산금 및 체납처분비를 대통령령으로 정하는 과태료 납부대행기관을 통하여 신용카드, 직불카드 등으로 낼 수 있다(질서법 제17조의2 제1항).

5. 불복절차

(1) 이의제기

① 신청: 행정청의 과태료 부과에 불복하는 당사자는 과태료 부과통지를 받은 날부터 60일 이내에 해당 행정청에 서면으로 이의제기를 할 수 있다(질서법 제20조 제1항). 〈19. 국회 8급〉

② 효력: 이의제기가 있는 경우에는 행정청의 과태료 부과처분은 그 효력을 상실한다(질서법 제20조 제2항). 〈13. 국가 9급〉, 〈14. 사회복지 9급〉, 〈19. 지방 9급〉

Winner's 처분성 : 과태료 부과처분 (×), 통고처분 (×)

(2) 법원에의 통보

원칙	이의제기를 받은 행정청은 이의제기를 받은 날부터 14일 이내에 이에 대한 의견 및 증빙서류를 첨부하여 관할법원에 통보하여야 한다(질서법 제21조 제1항).
예외	① 당사자가 이의제기를 철회한 경우, ② 당사자의 이의제기에 이유가 있어 과태료를 부과할 필요가 없는 것으로 인정되는 경우에는 통보할 필요가 없다(질서법 제21조 제1항).

(3) 이의제기의 철회

행정청은 관할법원에 통보를 하거나 통보하지 아니하는 경우에는 그 사실을 즉시 당사자에게 통지하여야 하고(질서법 제21조 제3항), 당사자는 행정청으로부터 통지를 받기 전까지는 행정청에 대하여 서면으로 이의제기를 철회할 수 있다(질서법 제20조 제3항).

6. 과태료의 징수

(1) 가산금 징수

행정청은 당사자가 납부기한까지 과태료를 납부하지 아니한 때에는 납부기한을 경과한 날부터 체납된 과태료에 대하여 100분의 3에 상당하는 가산금을 징수한다(질서법 제24조 제1항). ⟨11. 지방 9급⟩

(2) 중가산금 징수

① 징수: 체납된 과태료를 납부하지 아니한 때에는 납부기한이 경과한 날부터 매 1개월이 경과할 때마다 체납된 과태료의 1,000분의 12에 상당하는 가산금을 본래의 가산금에 가산하여 징수한다.

② 제한: 중가산금을 가산하여 징수하는 기간은 60개월을 초과하지 못한다(질서법 제24조 제2항).

(3) 체납처분

행정청은 당사자가 기한 이내에 이의를 제기하지 아니하고 가산금을 납부하지 아니한 때에는 국세 또는 지방세 체납처분의 예에 따라 징수한다(질서법 제24조 제3항).

(4) 징수유예 등

① 유예: 행정청은 당사자가 「국민기초생활 보장법」에 따른 수급권자, 본인 외에는 가족을 부양할 사람이 없는 사람 등의 사유로 과태료를 납부하기가 곤란하다고 인정되면 1년의 범위에서 대통령령으로 정하는 바에 따라 과태료의 분할납부나 납부기일의 연기를 결정할 수 있다(질서법 제24조의3 제1항).

② 유예의 취소: 과태료 징수금을 지정된 기한까지 납부하지 아니하였을 때, 재산상황이나 그 밖의 사정의 변화로 유예할 필요가 없다고 인정될 때 등의 경우에는 징수유예 등을 취소할 수 있다(질서법 제24조의3 제5항).

(5) 상속재산 등에 대한 집행

당사자의 사망	과태료는 당사자가 과태료 부과처분에 대하여 이의를 제기하지 아니한 채 기한이 종료한 후 사망한 경우에는 그 상속재산에 대하여 집행할 수 있다(질서법 제24조의2 제1항). ⟨14. 사회복지 9급⟩
법인의 합병	법인에 대한 과태료는 법인이 과태료 부과처분에 대하여 이의를 제기하지 아니한 채 기한이 종료한 후 합병에 의하여 소멸한 경우에는 합병 후 존속한 법인 또는 합병에 의하여 설립된 법인에 대하여 집행할 수 있다(질서법 제24조의2 제2항).

Winner's 상속재산에 대한 집행가능성 : 이의를 제기하고 사망한 경우 (×), 이의를 제기하지 않고 사망한 경우 (○)

7. 과태료 재판 및 집행절차

(1) 관할

과태료 사건은 다른 법령에 특별한 규정이 있는 경우를 제외하고는 당사자의 주소지의 지방법원 또는 그 지원의 관할로 하고(질서법 제25조), 행정청이 이의제기 사실을 통보한 때를 표준으로 정한다(질서법 제26조). 〈19. 서울 9급〉

Winner's 과태료 재판관할 : 당사자 주소지 지방법원 (○), 피고 소재지 행정법원 (×)

(2) 이송결정

법원은 과태료 사건의 전부 또는 일부에 대하여 관할권이 없다고 인정하는 경우에는 결정으로 이를 관할법원으로 이송한다(질서법 제27조 제1항). 당사자 또는 검사는 이송결정에 대하여 즉시항고를 할 수 있다(질서법 제27조 제2항).

(3) 심문

법원은 심문기일을 열어 당사자의 진술을 들어야 한다(질서법 제31조 제1항). 법원은 검사의 의견을 구하여야 하고, 검사는 심문에 참여하여 의견을 진술하거나 서면으로 의견을 제출하여야 한다(질서법 제31조 제2항).

(4) 재판

① 형식: 과태료 재판은 이유를 붙인 결정으로써 하고(질서법 제36조 제1항), 그 결정은 당사자와 검사에게 고지함으로써 효력이 생긴다(질서법 제37조 제1항).

Winner's 과태료 재판형식 : 결정 (○), 판결 (×)

> 과태료 재판의 경우 행정청의 과태료 부과처분사유와 기본적 사실관계에 있어서 동일성이 인정되어야 하는지 여부(긍정)
> 과태료 재판의 경우 법원으로서는 기록상 현출되어 있는 사항에 관하여 직권으로 증거조사를 하고 이를 기초로 하여 판단할 수 있는 것이나, 그 경우 행정청의 과태료 부과처분 사유와 기본적 사실관계에 있어서 동일성이 인정되는 한도 내에서만 과태료를 부과할 수 있다(대결 2012.10.19. 2012마1163). 〈14. 국가 7급〉

② 불복: 당사자와 검사는 과태료 재판에 대하여 즉시항고를 할 수 있다. 이 경우 항고는 집행정지의 효력이 있다(질서법 제38조 제1항).

Winner's 법원의 과태료 결정에 대한 불복 : 즉시항고 (○), 항소 (×)

(5) 약식재판

① 의의: 법원은 상당하다고 인정하는 때에는 심문 없이 과태료 재판을 할 수 있다(질서법 제44조).

② 이의신청: 약식재판이 행해진 경우에는 당사자와 검사는 약식재판의 고지를 받은 날부터 7일 이내에 이의신청을 할 수 있으며(질서법 제45조 제1항), 대통령령으로 정하는 이의신청서를 약식재판을 한 법원에 제출함으로써 한다(질서법 제46조 제1항). 〈23. 지방 9급〉

③ 실효: 법원이 이의신청이 적법하다고 인정하는 때에는 약식재판은 그 효력을 잃고(질서법 제50조 제1항), 법원은 심문을 거쳐 다시 재판하여야 한다(질서법 제50조 제2항).

(6) 재판절차의 비용

과태료에 처하는 선고가 있는 경우에는 그 선고를 받은 자의 부담으로 하고, 그 외의 경우에는 국고의 부담으로 한다(질서법 제41조 제1항).

(7) 집행

원칙	과태료 재판은 검사의 명령으로써 집행한다(질서법 제42조 제1항). 〈12. 지방 9급〉
예외	검사는 과태료를 최초 부과한 행정청에 대하여 과태료 재판의 집행을 위탁할 수 있고, 위탁을 받은 행정청은 국세 또는 지방세 체납처분의 예에 따라 집행한다(질서법 제43조 제1항).

Winner's 과태료 재판의 집행 주체 : 판사 (×), 검사 (○), 경찰서장 (×)

(8) 시효

과태료는 행정청의 과태료 부과처분이나 법원의 과태료 재판이 확정된 후 5년간 징수하지 아니하거나 집행하지 아니하면 시효로 인하여 소멸한다(질서법 제15조 제1항). 〈18. 서울 7급〉, 〈19. 서울 9급〉

Winner's 소멸시효의 기산점 : 위반행위 종료시 (×), 과태료 확정시 (○)

8. 실효성 확보수단

(1) 관허사업의 제한

① 사업정지 등: 행정청은 일정한 과태료 체납자에 대해서 사업의 정지 또는 허가 등의 취소를 할 수 있다(질서법 제52조 제1항).

② 사업정지 등 요구: 허가 등을 요하는 사업의 주무관청이 따로 있는 경우에는 행정청은 당해 주무관청에 대하여 사업의 정지 또는 허가 등의 취소를 요구할 수 있으며(질서법 제52조 제2항), 행정청의 요구가 있는 때에는 당해 주무관청은 정당한 사유가 없는 한 이에 응하여야 한다(질서법 제52조 제4항).

> 〈질서위반행위규제법〉 제52조(관허사업의 제한) ① 행정청은 허가·인가·면허·등록 및 갱신(이하 '허가 등'이라 한다)을 요하는 사업을 경영하는 자로서 다음 각 호의 사유에 모두 해당하는 체납자에 대하여는 사업의 정지 또는 허가 등의 취소를 할 수 있다.
> 1. 해당 사업과 관련된 질서위반행위로 부과받은 과태료를 3회 이상 체납하고 있고, 체납발생일부터 각 1년이 경과하였으며, 체납금액의 합계가 500만원 이상인 체납자 중 대통령령으로 정하는 횟수와 금액 이상을 체납한 자
> 2. 천재지변이나 그 밖의 중대한 재난 등 대통령령으로 정하는 특별한 사유 없이 과태료를 체납한 자

(2) 신용정보의 제공 등

행정청은 과태료의 징수 또는 공익목적을 위하여 필요한 경우 신용정보회사 등의 요청에 따라 체납 또는 결손처분자료를 제공할 수 있다(질서법 제53조 제1항).

(3) 법원의 감치(監置)

① 결정: 일정한 고액·상습체납자에 대해서 법원은 인신의 자유를 제한하는 감치결정을 할 수 있다(질서법 제54조 제1항). 〈11. 지방 9급〉

Winner's 과태료 미납자에 대한 실효성 확보 : 인신구속 (○), 노역장 유치 (×)

② 불복: 감치결정에 대해서는 즉시항고를 할 수 있다(질서법 제54조 제3항).

③ 재감치 금지: 감치에 처하여진 과태료 체납자는 동일한 체납사실로 인하여 재차 감치되지 아니한다(질서법 제54조 제4항).

> 〈질서위반행위규제법〉 **제54조(고액·상습체납자에 대한 제재)** ① 법원은 검사의 청구에 따라 결정으로 30일의 범위 이내에서 과태료의 납부가 있을 때까지 다음 각 호의 사유에 모두 해당하는 경우 체납자(법인인 경우에는 대표자를 말한다. 이하 이 조에서 같다)를 감치(監置)에 처할 수 있다.
> 1. 과태료를 3회 이상 체납하고 있고, 체납발생일부터 각 1년이 경과하였으며, 체납금액의 합계가 1천만원 이상인 체납자 중 대통령령으로 정하는 횟수와 금액 이상을 체납한 경우
> 2. 과태료 납부능력이 있음에도 불구하고 정당한 사유 없이 체납한 경우

(4) 자동차 등록번호판의 영치

① 미납한 경우: 행정청은 자동차 관련 과태료를 납부하지 아니한 자에 대하여 체납된 자동차 관련 과태료와 관계된 그 소유의 자동차의 등록번호판을 영치할 수 있다(질서법 제55조 제1항).

② 납부한 경우: 체납된 자동차 관련 과태료를 납부한 경우 행정청은 영치한 자동차의 등록번호판을 즉시 내주어야 한다(질서법 제55조 제3항).

③ 일시해제: 행정청은 따라 자동차의 등록번호판이 영치된 당사자가 해당 자동차를 직접적인 생계유지 목적으로 사용하고 있어 자동차 등록번호판을 영치할 경우 생계유지가 곤란하다고 인정되는 경우 자동차 등록번호판을 내주고 영치를 일시 해제할 수 있다. 다만, 그 밖의 다른 과태료를 체납하고 있는 당사자에 대하여는 그러하지 아니하다(질서법 제55조 제4항).

(5) 납부증명서의 제출

원칙	자동차 관련 과태료와 관계된 자동차가 그 자동차 관련 과태료의 체납으로 인하여 압류등록된 경우 그 자동차에 대하여 소유권 이전등록을 하려는 자는 압류등록의 원인이 된 자동차 관련 과태료(가산금 및 중가산금을 포함)를 납부한 증명서를 제출하여야 한다.
예외	「전자정부법」에 따른 행정정보의 공동이용을 통하여 납부사실을 확인할 수 있는 경우에는 그러하지 아니하다(질서법 제56조).

PART 01 | PART 02 | PART 03 | **PART 04 행정의 실효성 확보수단** | PART 05

제5장 | 새로운 의무이행확보수단

1 서설

1. 실효성 강화

현대 행정은 광범위하고 다양하므로 지금까지 논의되어 오던 강제집행과 제재만으로는 그 실효성(實效性)을 확보하기 어려운 경우가 많다. 따라서 전통적 수단에 대한 보완수단으로서 새로운 의무이행확보수단이 등장하였다.

2. 체계적 지위

직접적 강제수단의 특수한 형태로 보기도 하고, 간접적 강제수단의 일종 또는 전혀 새로운 수단으로 파악되기도 한다. 아직 그 내용이 모호하고 법적으로도 정비가 되지 않아서 앞으로 계속적인 논의가 필요한 부분이다.

2 과징금

1. 의의

행정법상의 의무위반에 대해 행정청이 그 의무자에게 부과·징수하는 금전적 제재를 말한다.

2. 구별

(1) 과태료

행정청 또는 지방법원의 결정에 의하여 부과된다는 점에서 행정청이 부과하는 과징금과 구별된다.

> **Winner's** 과징금 부과주체 : 행정청 (○), 법원 (×)

(2) 벌금

행정형벌의 일종에 해당한다는 점에서 강학상 급부하명으로서 행정행위의 성질을 가진 과징금과 구별된다.

> **과징금과 형사처벌의 병과가 가능한지 여부(긍정)**
> 구 독점규제및공정거래에관한법률 제23조 제1항 제7호, 같은 법 제24조의2 소정의 부당지원행위를 한 지원주체에 대한 과징금은 그 취지와 기능, 부과의 주체와 절차 등을 종합할 때 부당지원행위의 억지(抑止)라는 행정목적을 실현하기 위한 입법자의 정책적 판단에 기하여 그 위반행위에 대하여 제재를 가하는 행정상의 제재금으로서의 기본적 성격에 부당이득환수적 요소도 부가되어 있는 것이라고 할 것이어서 그것이 헌법 제13조 제1항에서 금지하는 국가형벌권 행사로서의 처벌에 해당한다고 할 수 없으므로 구 독점규제및공정거래에관한법률에서 형사처벌과 아울러 과징금의 부과처분을 할 수 있도록 규정하고 있다 하더라도 이중처벌금지원칙이나 무죄추정원칙에 위반된다거나 사법권이나 재판청구권을 침해한다고 볼 수 없다(대판 2004.4.9. 2001두6197).

3. 종류

(1) 본래적 형태의 과징금

본래 과징금제도는 경제법상의 의무위반행위에 대하여 불법적 이익을 박탈하기 위하여 그 이득액에 따라 부과되는 행정제재금의 성질을 가진 것이었다(⑩ 「독점규제 및 공정거래에 관한 법률」상 과징금). 〈06. 국가 9급〉

> 〈독점규제 및 공정거래에 관한 법률〉 제8조(과징금) 공정거래위원회는 시장지배적사업자가 남용행위를 한 경우에는 그 사업자에게 대통령령으로 정하는 매출액(대통령령으로 정하는 사업자의 경우에는 영업수익을 말한다. 이하 같다)에 100분의 6을 곱한 금액을 초과하지 아니하는 범위에서 과징금을 부과할 수 있다. 다만, 매출액이 없거나 매출액의 산정이 곤란한 경우로서 대통령령으로 정하는 경우(이하 "매출액이 없는 경우등"이라 한다)에는 20억원을 초과하지 아니하는 범위에서 과징금을 부과할 수 있다.

> 과징금에는 행정상 제재금 이외에 부당이득환수적 요소가 있는지 여부(긍정)
> (구) 독점규제및공정거래에관한법률 제23조 제1항 제7호, 같은 법 제24조의2 소정의 부당지원행위를 한 지원주체에 대한 과징금은 그 취지와 기능, 부과의 주체와 절차 등을 종합할 때 부당지원행위의 억지(抑止)라는 행정목적을 실현하기 위한 입법자의 정책적 판단에 기하여 그 위반행위에 대하여 제재를 가하는 행정상의 제재금으로서의 기본적 성격에 부당이득환수적 요소도 부가되어 있는 것이다(대판 2004.4.9. 2001두6197). 〈18. 서울 7급〉

(2) 변형된 형태의 과징금 〈06·07·13. 국가 9급〉

오늘날 과징금제도는 인·허가사업에 있어서 사업정지에 갈음하여 그에 따른 이익을 박탈하는 수단으로 사용되는 경우도 있다(⑩ 「대기환경보전법」·「여객자동차운수사업법」상의 과징금).

> 〈대기환경보전법〉 제37조(과징금 처분) ①환경부장관 또는 시·도지사는 다음 각 호의 어느 하나에 해당하는 배출시설을 설치·운영하는 사업자에 대하여 제36조제1항에 따라 조업정지를 명하여야 하는 경우로서 그 조업정지가 주민의 생활, 대외적인 신용·고용·물가 등 국민경제, 그 밖에 공익에 현저한 지장을 줄 우려가 있다고 인정되는 경우 등 그 밖에 대통령령으로 정하는 경우에는 조업정지처분을 갈음하여 매출액에 100분의 5를 곱한 금액을 초과하지 아니하는 범위에서 과징금을 부과할 수 있다. 다만, 매출액이 없거나 매출액의 산정이 곤란한 경우로서 대통령령으로 정하는 경우에는 2억원을 초과하지 아니하는 범위에서 과징금을 부과할 수 있다.

4. 법적 성질

(1) 이전성

과징금은 경제적 이익과 관련되어 있으므로 과징금을 납부할 의무는 이전되거나 상속될 수 있다. 그러나 과징금이 부과되기 전에 회사가 분할된 경우에 분할 전 회사의 위반행위를 이유로 분할된 회사에 과징금을 부과할 수는 없다.

Winner's 이전성 : 이행강제금 (×), 과징금 (○)

1. 부동산실명법상 과징금채무의 승계(가능)

부동산실권리자명의등기에관한법률 제5조에 의하여 부과된 과징금채무는 대체적 급부가 가능한 의무이므로 위 과징금을 부과받은 자가 사망한 경우 그 상속인에게 포괄승계된다(대판 1999.5.14. 99두35).

2. 분할 전 회사의 위반행위를 이유로 한 과징금(부정)

상법은 신설회사 또는 존속회사는 분할하는 회사의 권리와 의무를 분할계획서가 정하는 바에 따라서 승계하도록 규정하고 있다(제530조의10). 그런데 이때 신설회사 또는 존속회사가 승계하는 것은 분할하는 회사의 권리와 의무라 할 것인바, 분할하는 회사의 분할 전 법위반행위를 이유로 과징금이 부과되기 전까지는 단순한 사실행위만 존재할 뿐 그 과징금과 관련하여 분할하는 회사에게 승계의 대상이 되는 어떠한 의무가 있다고 할 수 없고, 특별한 규정이 없는 한 신설회사에 대하여 분할하는 회사의 분할 전 법위반행위를 이유로 과징금을 부과하는 것은 허용되지 않는다(대판 2007.11.29. 2006두18928). ⟨17. 서울 9급⟩

3. 분할 전 회사의 위반행위를 이유로 한 하도급법상 시정조치명령(부정)

현행 공정거래법은 분할하는 회사의 분할 전 공정거래법 위반행위를 이유로 신설회사에 과징금 부과 또는 시정조치를 할 수 있도록 규정을 신설하였다. 현행 하도급법은 과징금 부과처분에 관하여는 신설회사에 제재사유를 승계시키는 공정거래법 규정을 준용하고 있으나 시정조치에 관하여는 이러한 규정을 두고 있지 않다. 이와 같이 공정거래법과 하도급법이 회사분할 전 법 위반행위에 관하여 신설회사에 과징금 부과 또는 시정조치의 제재사유를 승계시킬 수 있는 경우를 따로 규정하고 있는 이상, 그와 같은 규정을 두고 있지 아니하는 사안, 즉 회사분할 전 법 위반행위에 관하여 신설회사에 시정조치의 제재사유가 승계되는지가 쟁점이 되는 사안에서는 이를 소극적으로 보는 것이 자연스럽다(대판 2023.6.15. 2021두55159).

(2) 재량행위성

과징금은 행정상의 제재수단이므로 재량행위에 해당하는 것이 많지만, 관계법 규정형식상 기속행위로 볼 경우도 있다.

1. 부동산실명법상 명의신탁자에 대한 과징금 부과처분의 법적 성질(기속)

부동산 실권리자명의 등기에 관한 법률 제3조 제1항은 "누구든지 부동산에 관한 물권을 명의신탁약정에 의하여 명의수탁자의 명의로 등기하여서는 아니 된다."라고 규정하고, 위 법률 제5조 제1항은 제3조 제1항의 규정을 위반한 명의신탁자에 대하여는 당해 부동산가액의 100분의 30에 해당하는 금액의 범위 안에서 과징금을 부과한다고 규정하고 있다. … 이상의 규정을 종합하면, 명의신탁자에 대하여 과징금을 부과할 것인지 여부는 기속행위에 해당하여, 명의신탁이 조세를 포탈하거나 법령에 의한 제한을 회피할 목적이 아닌 경우에 한하여 그 과징금을 일정한 범위 내 에서 감경할 수 있을 뿐이지 그에 대하여 과징금 부과처분을 하지 않거나 과징금을 전액 감면할 수 있는 것은 아니라고 할 것이다(대판 2007.7.12. 2005두17287). ⟨22. 국가 9급⟩

2. 부동산실명법 시행령상 과징금 감경의 법적 성질(재량)

부동산 실권리자명의 등기에 관한 법률 시행령 제3조의2 단서는 조세를 포탈하거나 법령에 의한 제한을 회피할 목적이 아닌 경우에 과징금의 100분의 50을 감경할 수 있다고 규정하고 있고, 이는 임의적 감경규정임이 명백하므로, 위와 같은 감경사유가 존재하더라도 과징금을 감경할 것인지 여부는 과징금 부과관청의 재량에 속한다(대판 2007.7.12. 2006두4554).

5. 법적 근거

과징금은 상대방에게 금전 급부의무를 부여한다는 점에서 법적 근거가 필요하다. 「행정기본법」은 과징금에 관한 규정을 마련하였으나, 직접 이 규정에 따라 부과하는 것이 아니라 개별법이 정하는 바에 따라 부과할 수 있다. 〈22. 지방 7급〉

> 〈행정기본법〉 제28조(과징금의 기준) ① 행정청은 법령등에 따른 의무를 위반한 자에 대하여 법률로 정하는 바에 따라 그 위반행위에 대한 제재로서 과징금을 부과할 수 있다.
> ② 과징금의 근거가 되는 법률에는 과징금에 관한 다음 각 호의 사항을 명확하게 규정하여야 한다.
>   1. 부과·징수 주체
>   2. 부과 사유
>   3. 상한액
>   4. 가산금을 징수하려는 경우 그 사항
>   5. 과징금 또는 가산금 체납 시 강제징수를 하려는 경우 그 사항
> ③ 제2항제4호에 따라 체납된 과징금에 대한 가산금을 부과하는 규정을 정할 때에는 가산금의 부과율 및 부과기간이 금융기관 등이 연체대출금에 대하여 적용하는 이자율 등을 고려하여 대통령령으로 정하는 부과율 및 부과기간을 넘지 아니하도록 규정하여야 한다.(26. 3. 19. 시행)

6. 법적 한계

과징금도 행정행위의 일종이므로 법령 또는 행정법의 일반원칙 등을 따라야 한다. 원칙적으로 고의나 과실이 없어도 부과할 수 있으나, 의무위반을 탓할 수 없는 정당한 사유가 있으면 부과할 수 없다. 또한 현실적 행위자가 아니라 하더라도 법령상 책임자에게 부과할 수 있다.

> 1. 비디오물감상실업자에 대한 과징금 부과처분(위법)
> 자신의 비디오물감상실에 18세 이상 19세 미만의 청소년을 출입시킨 비디오물감상실업자에 대하여 청소년보호법상의 과징금 부과처분을 한 경우, 제재적 행정처분인 청소년보호법상의 과징금 부과처분에 있어서 관련법령이 충돌되는 것 같은 외관이 초래됨으로써 그 해석적용상의 혼란 등으로 인하여 위반자가 위 행위가 관련법률에 의하여 허용된다고 믿었고, 그렇게 믿었던 것에 대하여 정당한 이유가 있는 경우에 해당한다는 이유로 위 과징금 부과처분이 위법하다(대판 2002.5.24. 2001두3952).
>
> 2. 현실적 행위자가 아닌 법령상 책임자에게 과징금을 부과할 수 있는지 여부(긍정)
> 구 여객자동차운수사업법(2012. 2. 1. 법률 제11295호로 개정되기 전의 것) 제88조 제1항의 과징금 부과처분은 제재적 행정처분으로서 여객자동차 운수사업에 관한 질서를 확립하고 여객의 원활한 운송과 여객자동차 운수사업의 종합적인 발달을 도모하여 공공복리를 증진한다는 행정목적의 달성을 위하여 행정법규위반이라는 객관적 사실에 착안하여 가하는 제재이므로 반드시 현실적인 행위자가 아니라도 법령상 책임자로 규정된 자에게 부과되고 원칙적으로 위반자의 고의·과실을 요하지 아니하나, 위반자의 의무해태를 탓할 수 없는 정당한 사유가 있는 등의 특별한 사정이 있는 경우에는 이를 부과할 수 없다(대판 2014.10.15. 2013두5005). 〈14. 지방 7급〉, 〈18. 지방 9급〉
>
> 3. 법정 상한비율을 초과하지 않았지만 매출액에 육박하는 과징금(위법)
> 구 독점규제 및공정거래에관한법률(1999. 2. 5. 법률 제5813호로 개정되기 전의 것)상의 불공정거래행위인 사원판매행위에 대하여 부과된 과징금의 액수가 법정 상한비율을 초과하지 않는다고 하더라도 그 사원판매행

위로 인하여 취득한 이익의 규모를 크게 초과하여 그 매출액에 육박하게 된 경우 불법적인 경제적 이익의 박탈이라는 과징금 부과의 기본적 성격과 그 사원판매행위의 위법성의 정도에 비추어 볼 때 그 과징금 부과처분은 비례의 원칙에 위배된 재량권의 일탈·남용에 해당한다(대판 2001.2.9. 2000두6206).

4. 법정 한도액을 초과한 과징금(전부 취소)
자동차운수사업면허조건 등을 위반한 사업자에 대하여 행정청이 행정제재수단으로 사업정지를 명할 것인지, 과징금을 부과할 것인지, 과징금을 부과키로 한다면 그 금액은 얼마로 할 것인지에 관하여 재량권이 부여되었다 할 것이므로 과징금부과처분 이 법이 정한 한도액을 초과하여 위법할 경우 법원으로서는 그 전부를 취소할 수밖에 없고, 그 한도액을 초과한 부분이나 법원이 적정하다고 인정되는 부분을 초과한 부분만을 취소할 수 없다(대판 1998.4.10. 98두2270). 〈17. 국가 9급〉, 〈17·18. 지방 9급〉

5. 일부의 위반행위에 대한 과징금부과만이 위법한 경우에도 전부를 취소하여야 하는지 여부(부정)
공정거래위원회가 부당한 공동행위에 대한 과징금을 부과함에 있어 여러 개의 위반행위에 대하여 하나의 과징금 납부명령을 하였으나 여러 개의 위반행위 중 일부의 위반행위에 대한 과징금 부과만이 위법하고 소송상 그 일부의 위반행위를 기초로 한 과징금액을 산정할 수 있는 자료가 있는 경우에는, 하나의 과징금 납부명령일지라도 그 일부의 위반행위에 대한 과징금액에 해당하는 부분만을 취소하여야 한다(대판 2009.10.29. 2009두11218). 〈19. 서울 9급〉

6. 부당한 공동행위의 합의 추정이 복멸❶된 기간이 참작된 과징금(위법)
원고의 1차 가격인상행위 부분에 대한 부당한 공동행위의 합의 추정은 복멸되었다 할 것이므로, 1차 가격인상과 관련된 기간 동안의 매출액이 포함된 과징금 부과기준 매출액을 기초로 하거나 1차 가격인상과 관련된 기간 등이 참작된 이 사건 각 과징금납부명령은 과징금부과 재량행사의 기초가 되는 사실인정에 오류가 있어 재량권 일탈·남용의 위법이 있다 할 것이고, 따라서 이 사건 각 과징금납부명령은 취소되어야 할 것이다(대판 2008.9.25. 2006두14247).

> **용어설명** ❶ 복멸(覆滅) : 어떤 일이 뒤집어지는 것

7. 기간 내에 소유권이전등기를 신청하지 않았으나, 토지거래허가를 받지 않은 경우의 과징금(위법)
부동산의 소유권이전을 내용으로 하는 계약을 체결하였더라도 그 계약의 효력이 발생하지 않았거나 소급하여 소멸한 경우에는 부동산 실권리자명의 등기에 관한 법률 제10조 제1항이 정하는 과징금 부과대상에 해당하지 않는다고 보아야 하고, 한편 국토의 계획 및 이용에 관한 법률상 토지거래허가구역 내의 토지에 관한 거래계약은 관할 관청으로부터 허가받기 전까지는 그 채권적 효력이 발생하지 않아 무효이어서 권리의 이전 또는 설정에 관한 어떠한 내용의 이행청구도 할 수 없으므로, 토지거래허가구역 내에 있는 토지를 매수한 사람이 부동산 실권리자명의 등기에 관한 법률 제10조 제1항이 정하는 기간 내에 소유권이전등기를 신청하지 않았다고 하더라도 토지거래허가를 받지 않은 이상 위 법조항에 따라 과징금을 부과할 수는 없다(대판 2009.10.15. 2009두8090).

8. 새로운 자료에 따른 과징금 부과(위법)
과징금은 원칙적으로 행정법상의 의무를 위반한 자에 대하여 당해 위반행위로 얻게 된 경제적 이익을 박탈하기 위한 목적으로 부과하는 금전적 제재이므로, 법이 규정한 범위 내에서 그 부과처분 당시까지 부과관청이 확인한 사실을 기초로 일의적으로 확정되어야 할 것이지, 추후에 부과금 산정기준이 되는 새로운 자료

가 나왔다고 하여 새로운 부과처분을 할 수 있는 것은 아니다(대판 2002.5.28. 2000두6121). 〈18. 지방 9급〉

9. 위반사실을 사후에 인지한 경우에도 일괄 처분할 때와 동일한 양정이 필요한지 여부(긍정)

행정청이 전체 위반행위에 대하여 하나의 과징금 부과처분을 할 경우에 산정되었을 정당한 과징금액에서 이미 부과된 과징금액을 뺀 나머지 금액을 한도로 하여서만 추가 과징금 부과처분을 할 수 있다. 행정청이 여러 가지 위반행위를 언제 인지하였느냐는 우연한 사정에 따라 처분상대방에게 부과되는 과징금의 총액이 달라지는 것은 그 자체로 불합리하기 때문이다(대판 2021.2.4. 2020두48390). 〈23. 국가 9급〉

10. 여러 가지 위반행위를 인지한 경우 일괄하여 부과하여야 하는지 여부(원칙적 긍정)

관할 행정청이 여객자동차운송사업자의 여러 가지 위반행위를 인지하였다면 전부에 대하여 일괄하여 5,000만 원의 최고한도 내에서 하나의 과징금 부과처분을 하는 것이 원칙이고, 인지한 여러 가지 위반행위 중 일부에 대해서만 우선 과징금 부과처분을 하고 나머지에 대해서는 차후에 별도의 과징금 부과처분을 하는 것은 다른 특별한 사정이 없는 한 허용되지 않는다. 만약 행정청이 여러 가지 위반행위를 인지하여 그 전부에 대하여 일괄하여 하나의 과징금 부과처분을 하는 것이 가능하였음에도 임의로 몇 가지로 구분하여 각각 별도의 과징금 부과처분을 할 수 있다고 보게 되면, 행정청이 여러 가지 위반행위에 대하여 부과할 수 있는 과징금의 최고한도액을 정한 구 여객자동차 운수사업법 시행령(2018. 4. 10. 대통령령 제28793호로 개정되기 전의 것) 제46조 제2항의 적용을 회피하는 수단으로 악용될 수 있기 때문이다(대판 2021.2.4. 2020두48390). 〈24. 국가 9급〉

7. 구제

과징금의 부과행위는 강학상 급부하명에 해당하는 것으로서 행정행위에 해당한다. 따라서 행정쟁송을 제기하여 그 취소 등을 구할 수 있다.

8. 납부기한의 연기와 분할납부

과징금은 한꺼번에 납부하는 것이 원칙이나, 그 납부기한을 연기하거나 분할 납부도 가능하다.

〈행정기본법〉 제29조(과징금의 납부기한 연기 및 분할 납부) 과징금은 한꺼번에 납부하는 것을 원칙으로 한다. 다만, 행정청은 과징금을 부과받은 자가 다음 각 호의 어느 하나에 해당하는 사유로 과징금 전액을 한꺼번에 내기 어렵다고 인정될 때에는 그 납부기한을 연기하거나 분할 납부하게 할 수 있으며, 이 경우 필요하다고 인정하면 담보를 제공하게 할 수 있다. 〈25. 소방〉
1. 재해 등으로 재산에 현저한 손실을 입은 경우
2. 사업 여건의 악화로 사업이 중대한 위기에 처한 경우
3. 과징금을 한꺼번에 내면 자금 사정에 현저한 어려움이 예상되는 경우
4. 그 밖에 제1호부터 제3호까지에 준하는 경우로서 대통령령으로 정하는 사유가 있는 경우

〈행정기본법 시행령〉 제7조(과징금의 납부기한 연기 및 분할 납부) ① 과징금 납부 의무자는 법 제29조 각 호 외의 부분 단서에 따라 과징금 납부기한을 연기하거나 과징금을 분할 납부하려는 경우에는 납부기한 10일 전까지 과징금 납부기한의 연기나 과징금의 분할 납부를 신청하는 문서에 같은 조 각 호의 사유를 증명하는 서류를 첨부하여 행정청에 신청해야 한다. 〈24. 국가 9급〉

3 공급거부

1. 의의

행정법상의 의무를 위반하거나 불이행한 자에 대하여 일정한 행정상의 재화나 역무의 공급을 거부하는 것을 말한다(⑩ 위법건축물에 대하여 전기 등의 공급중지를 요청하는 것). 오늘날 행정에 의한 서비스의 제공은 국민생활에 불가결한 것이라는 점에서 볼 때, 이는 강력한 의무이행확보수단이라 할 수 있다.

2. 법적 근거

(1) 이론적 근거

공급거부는 침익적 행위이므로 법적 근거가 필요하다.

(2) 실정법적 근거

일반법은 없다. 과거 「건축법」 등 개별법에 근거가 있었으나, 최근 지나치게 야만적인 수단이라는 이유로 삭제되어가는 추세이다.

3. 법적 한계

행정작용의 하나이므로 성문법 또는 행정법의 일반원칙을 따라야 한다. 다만, 실체적 관련성이 없다는 점에서 부당결부금지원칙에 위반될 가능성이 높다.

4. 구제

(1) 쟁송방법

급부가 공법형식으로 행해지는 경우	행정쟁송에 따른 구제를 받을 수 있다.
급부가 사법(私法)형식으로 행해지는 경우	민사소송에 따른 구제를 받을 수 있다.

(2) 처분성

판례는 종로구청장의 단수처분에 대하여 처분성을 긍정하고 있으나, 전기·전화의 공급자에 대한 단전기·단전화 요청, 관할 구청장의 한국전력공사에 대한 공급불가 회신 등은 권고적 성격에 불과한 것이므로 처분성을 부정하였다.

> 1. 단수처분의 처분성(긍정)
> 구청장이 한 단수처분은 항고소송의 대상이 되는 행정처분에 해당한다(대판 1979.12.28. 79누218).
> ⟨12. 지방 9급⟩, ⟨17. 서울 9급⟩
>
> 2. 단전기 등 요청행위의 처분성(부정)
> 건축법 제69조 제2항·제3항의 규정에 비추어 보면, 행정청이 위법건축물에 대한 시정명령을 하고 나서 위반자가 이를 이행하지 아니하여 전기·전화의 공급자에게 그 위법건축물에 대한 전기·전화공급을 하지 말아 줄 것을 요청한 행위는 권고적 성격의 행위에 불과한 것으로서, 전기·전화공급자나 특정인의 법률상 지위에 직접적인 변동을 가져오는 것은 아니므로, 이를 항고소송의 대상이 되는 행정처

제5장 새로운 의무이행확보수단

분이라고 볼 수 없다(대판 1996.3.22. 96누433). 〈17. 서울 9급〉

3. 공급불가 회신의 처분성(부정)

무단 용도변경을 이유로 단전조치된 건물의 소유자로부터 새로이 전기공급신청을 받은 한국전력공사가 관할 구청장에게 전기공급의 적법 여부를 조회한 데 대하여, 관할 구청장이 한국전력공사에 대하여 건축법 제69조 제2항·제3항의 규정에 의하여 위 건물에 대한 전기공급이 불가하다는 내용의 회신을 하였다면, 그 회신은 권고적 성격의 행위에 불과한 것으로서 한국전력공사나 특정인의 법률상 지위에 직접적인 변동을 가져오는 것은 아니므로, 항고소송의 대상이 되는 행정처분이라고 볼 수 없다(대판 1995.11.21. 95누9099).

4 관허(官許)사업의 제한

1. 의의

행정법상의 의무를 위반하거나 그 불이행 시에 각종의 인·허가발급을 거부하는 것을 말한다.

2. 법적 근거

(1) 이론적 근거

관허사업을 제한하는 것은 침익적 행위에 해당하므로 법적 근거가 필요하다.

(2) 실정법적 근거

일반법은 없으나, 「건축법」, 「국세징수법」, 「질서위반행위규제법」 등에 그 근거를 두고 있으며 공급거부와 달리 점차 늘어나고 있는 추세이다. 〈11. 국가 9급〉

> **Winner's** 법적 근거 : 공급거부 (삭제 경향), 관허사업 제한 (확대 경향)

> 〈건축법〉 제79조(위반건축물 등에 대한 조치 등) ② 허가권자는 제1항에 따라 허가나 승인이 취소된 건축물 또는 제1항에 따른 시정명령을 받고 이행하지 아니한 건축물에 대하여는 다른 법령에 따른 영업이나 그 밖의 행위를 허가하지 아니하도록 요청할 수 있다. 다만, 허가권자가 기간을 정하여 그 사용 또는 영업 그 밖의 행위를 허용한 주택과 대통령령으로 정하는 경우에는 그러하지 아니하다.
> ③ 제2항에 따른 요청을 받은 자는 특별한 이유가 없으면 요청에 따라야 한다.

3. 법적 한계

법령 또는 행정법의 일반원칙을 따라야 한다. 다만, 「건축법」 위반에 대해서 다른 법령상의 허가 등을 거부하는 것은 실체적 관련성이 없으므로 부당결부금지원칙에 위반될 가능성이 많다.

4. 구제

사업정지나 취소처분에 대해서 행정쟁송을 제기할 수 있다.

5 위반사실의 공표

1. 의의
행정법상의 의무위반 또는 의무불이행이 있는 경우에 그의 성명·위반사실 등을 일반에게 공개하는 것을 말한다(⑩ 고액조세체납자의 명단공개, 공해배출소의 명단공개 등). 행위자에 대한 사회적 비난과 그에 따르는 불명예 또는 영업상의 불이익에 의하여 간접적·심리적 강제에 의하여 행정상 의무이행을 확보하려는 것이나, 그 실효성에 의문이 있다.

> **Winner's** 공표의 기능 : 직접적 수단 (×), 간접적 수단 (○)

2. 법적 성질
공표는 상대방에게 법적 효과를 부여하는 것이 아니므로 비권력적 사실행위라는 것이 다수설이다. 다만 국민의 권리구제를 이유로 권력적 사실행위로 보아야 한다는 비판이 있다.

3. 법적 근거

(1) 이론적 근거

공표는 ① 프라이버시권 등 기본권을 침해하므로 법적 근거가 필요하다는 견해, ② 국민의 알권리를 충족시킨다는 점에서는 필요없다는 견해가 대립한다.

(2) 실정법적 근거

「행정절차법」은 위반사실 등의 공표에 관하여 한 일반적 규정을 두고 있다. 정보공개법은 공표에 관한 일반법이 아니다. 개별법적 근거로서는 「국세징수법」상 고액조세체납자의 명단공개규정, 「아동·청소년의 성보호에 관한 법률」상 등록정보의 공개규정 등이 있다.

> 〈행정절차법〉 제40조의3(위반사실 등의 공표) ① 행정청은 법령에 따른 의무를 위반한 자의 성명·법인명, 위반사실, 의무 위반을 이유로 한 처분사실 등(이하 "위반사실등"이라 한다)을 법률로 정하는 바에 따라 일반에게 공표할 수 있다.
>
> 〈국세징수법〉 제114조(고액·상습체납자의 명단 공개) ① 국세청장은 「국세기본법」제81조의13에도 불구하고 체납 발생일부터 1년이 지난 국세의 합계액이 2억원 이상인 경우 체납자의 인적사항 및 체납액 등을 공개할 수 있다. 다만, 체납된 국세와 관련하여 심판청구등이 계속 중이거나 그 밖에 대통령령으로 정하는 경우에는 공개할 수 없다.

> **청소년 성매자 신상공개조항(합헌)**
> 공개되는 신상과 범죄사실은 이미 공개재판에서 확정된 유죄판결의 일부로서, 개인의 신상 내지 사생활에 관한 새로운 내용이 아니고, 공익목적을 위하여 이를 공개하는 과정에서 부수적으로 수치심 등이 발생된다고 하여 이것을 기존의 형벌 외에 또 다른 형벌로서 수치형이나 명예형에 해당한다고 볼 수는 없다. 그렇다면 신상공개제도는 헌법 제13조의 이중처벌금지원칙에 위배되지 않는다(헌재 2003.6.26. 2002헌가14). 〈07. 국가 9급〉, 〈10. 지방 9급〉

4. 법적 한계

공표도 행정작용의 하나이므로 법령 또는 행정법의 일반원칙을 준수하여야 한다. 공표행위의 위법성을 판단하기 위해서는 알권리의 실현이라는 공익과 개인의 프라이버시권이라는 사익을 비교형량하여야 할 것이다.

> **막연한 의구심에 근거하여 허위사실을 공표한 경우(위법)**
> 1) 국가기관이 행정목적달성을 위하여 언론에 보도자료를 제공하는 등, 이른바 행정상 공표의 방법으로 실명을 공개함으로써 타인의 명예를 훼손한 경우 그 공표된 사람에 관하여 적시된 사실의 내용이 진실이라는 증명이 없더라도 국가기관이 공표 당시 이를 진실이라고 믿었고 또 그렇게 믿을 만한 상당한 이유가 있다면 위법성이 없는 것이고, 이 점은 언론을 포함한 사인(私人)에 의한 명예훼손의 경우에서와 마찬가지이다. 한편, 상당한 이유의 존부의 판단에 있어서는, 실명공표 자체가 매우 신중하게 이루어져야 한다는 요청에서 비롯되는 무거운 주의의무와 공권력의 광범한 사실조사능력, 공표된 사실이 진실하리라는 점에 대한 국민의 강한 기대와 신뢰, 공무원의 비밀엄수의무와 법령준수의무등에 비추어, 사인(私人)의 행위에 의한 경우보다는 훨씬 더 엄격한 기준이 요구된다 할 것이므로, 그 사실이 의심의 여지 없이 확실히 진실이라고 믿을 만한 객관적이고도 타당한 확증과 근거가 있는 경우가 아니라면 그러한 상당한 이유가 있다고 할 수 없다.
> 2) 지방국세청 소속 공무원들이 통상적인 조사를 다하여 의심스러운 점을 밝혀 보지 아니한 채 막연한 의구심에 근거하여 원고가 위장증여자로서 국토이용관리법을 위반하였다는 요지의 조사결과를 보고한 것이라면 국세청장이 이에 근거한 보도자료의 내용이 진실하다고 믿은 데에는 상당한 이유가 없다(대판 1993.11.26. 93다18389).

5. 구제

(1) 공표행위에 대한 취소쟁송

위법한 공표로 인하여 권리를 침해당하는 자가 취소소송을 제기하여 공표행위를 취소할 수 있을 것인지가 문제된다. 공표를 비권력적 사실행위로 보는 다수설에 따르는 한 처분성이 없으므로 취소소송을 제기할 수 없다. 공권력의 행사에 준하는 것으로 보는 경우에도 단기에 종료하는 경우가 많으므로 협의의 소익(訴益)이 부정되어 각하판결을 받을 가능성이 많다.

(2) 공표로 인한 금전적 손해배상

위법한 공표행위로 손해를 입은 자가 국가배상소송을 통하여 구제받을 수 있을 것인지가 문제된다. 국가배상은 '공무원의 직무행위'를 대상으로 하고, 이에는 사실행위도 포함되므로 다른 요건을 갖추는 한 가능하다. 다만 그 소송형태는 당사자소송(다수설) 또는 민사소송(판례)이 될 것이다.

(3) 공표사실의 정정

공표사실이 계속되는 한 손해배상만으로는 적절한 구제가 될 수 없으므로 공표사실의 정정이나 철회를 요구할 수 있는지가 문제된다. 행정절차법은 공표된 내용이 사실과 다르거나 공표에 포함된 처분이 취소된 경우에는 그 내용을 정정할 의무를 부여하고 있다.

⟨**행정절차법**⟩ **제40조의3(위반사실 등의 공표)** ⑧ 행정청은 공표된 내용이 사실과 다른 것으로 밝혀지거나 공표에 포함된 처분이 취소된 경우에는 그 내용을 정정하여, 정정한 내용을 지체 없이 해당 공표와 같은 방법으로 공표된 기간 이상 공표하여야 한다. 다만, 당사자가 원하지 아니하면 공표하지 아니할 수 있다.

(4) 기타

헌법재판소에 대한 헌법소원, 청원권의 행사, 공무원의 징계책임·형사책임, 민법에 따른 명예회복 처분명령 등을 들 수 있다.

⟨**민법**⟩ **제764조(명예훼손의 경우의 특칙)** 타인의 명예를 훼손한 자에 대하여는 법원은 피해자의 청구에 의하여 손해배상에 갈음하거나 손해배상과 함께 명예회복에 적당한 처분을 명할 수 있다.

6 기타

1. 가산금·가산세

(1) 가산금

① 의의: 행정법상의 급부의무불이행에 대한 제재로서 과하는 금전부담을 말한다.

② 종류: 체납세액에 일정액을 가하는 가산금과 체납 시 매 1개월마다 체납세액에 다시 일정액을 가산하는 중가산금이 있다.

③ 법적 성질: 가산금은 연체금에 해당하고, 중가산금은 집행벌의 성질을 가진다고 본다. ⟨06. 국회 8급⟩

가산금은 행정처분인지 여부(부정)
국세징수법 제21조, 제22조가 규정하는 가산금 또는 중가산금은 국세를 납부기한까지 납부하지 아니하면 과세청의 확정절차 없이도 법률 규정에 의하여 당연히 발생하는 것이므로 가산금 또는 중가산금의 고지가 항고소송의 대상이 되는 처분이라고 볼 수 없다(대판 2005.6.10. 2005다15482). ⟨17·19. 국가 9급⟩

(2) 가산세

① 의의: 세법상 의무의 성실한 이행을 확보하기 위하여 그 세법에 의하여 산출된 세액에 가산하여 징수하는 금액을 말한다.

② 요건: 납부불성실행위 또는 신고불성실행위 등에 대하여 부과되는데, 납세자의 고의나 과실은 고려하지 않으나, 그 의무위반에 정당한 사유가 있으면 부과할 수 없다.

Winner's 고의나 과실의 필요성 : 가산세 (×), 과태료 (○)

가산세를 부과할 때 고의나 과실이 필요한지 여부(부정)
세법상 가산세는 과세권의 행사 및 조세채권의 실현을 용이하게 하기 위하여 납세자가 정당한 이유 없이 법에 규정된 신고·납세의무 등을 위반한 경우에 법이 정하는 바에 의하여 부과하는 행정상의 제재로서 납세자의 고의·과실은 고려되지 아니하는 것이고, 법령의 부지 또는 오인은 그 정당한 사유에 해당한다고 볼 수 없으며, 또한 납세의무자가 세무공무원의 잘못된 설명을 믿고 그 신고납부의무를 이행하지 아니하였다

하더라도 그것이 관계 법령에 어긋나는 것임이 명백한 때에는 그러한 사유만으로는 정당한 사유가 있는 경우에 해당한다고 할 수 없다(대판 2002.4.12. 2000두5944).

③ 법적 성질: 가산세는 세금의 형태로 부과되는 행정벌의 성질을 가지는 제재로서 본세의 부과처분과는 독립한 별개의 과세처분에 해당하므로 독립하여 행정쟁송의 대상이 될 수 있다. 〈06. 국회 8급〉

Winner's 처분성 : 가산금 (×), 가산세 (○)

1. 가산세와 국세는 별개의 처분인지 여부(긍정)

가산세는 과세권의 행사와 조세채권의 실현을 용이하게 하기 위하여 세법에 규정된 의무를 정당한 이유없이 위반한 납세자에게 부과하는 일종의 행정상 제재이므로, 징수절차의 편의상 당해 세법이 정하는 국세의 세목으로 하여 그 세법에 의하여 산출한 본세의 세액에 가산하여 함께 징수하는 것일 뿐, 세법이 정하는 바에 의하여 성립·확정되는 국세와 본질적으로 그 성질이 다른 것이므로, 가산세 부과처분은 본세의 부과처분과 별개의 과세처분이라 할 것이다(대판 2001.10.26. 2000두7520).

2. 본세와 가산세를 함께 부과할 때 각각의 세액과 산출근거 등을 구분하여 기재하여야 하는지 여부(긍정)

하나의 납세고지서에 의하여 복수의 과세처분을 함께 하는 경우에는 과세처분별로 그 세액과 산출근거 등을 구분하여 기재함으로써 납세의무자가 각 과세처분의 내용을 알 수 있도록 해야 하는 것 역시 당연하다고 할 것이다. … 한편 본세의 부과처분과 가산세의 부과처분은 각 별개의 과세처분인 것처럼, 같은 세목에 관하여 여러 종류의 가산세가 부과되면 그 각 가산세 부과처분도 종류별로 각각 별개의 과세처분이라고 보아야 한다. 따라서 하나의 납세고지서에 의하여 본세와 가산세를 함께 부과할 때에는 납세고지서에 본세와 가산세 각각의 세액과 산출근거 등을 구분하여 기재해야 하는 것이고, 또 여러 종류의 가산세를 함께 부과하는 경우에는 그 가산세 상호 간에도 종류별로 세액과 산출근거 등을 구분하여 기재함으로써 납세의무자가 납세고지서 자체로 각 과세처분의 내용을 알 수 있도록 하는 것이 당연한 원칙이다(대판 2012.10.18. 2010두12347 전합). 〈14. 국회 8급〉, 〈17. 지방 7급·국가 7급(10월)〉

3. 법령에 명백히 어긋나는 신고납부의무위반에 대한 가산세(긍정)

세법상 가산세는 과세권의 행사 및 조세채권의 실현을 용이하게 하기 위하여 납세자가 정당한 이유 없이 법에 규정된 신고·납세의무 등을 위반한 경우에 법이 정하는 바에 의하여 부과하는 행정상의 제재로서 납세자의 고의·과실은 고려되지 아니하는 것이고, 법령의 부지 또는 오인은 그 정당한 사유에 해당한다고 볼 수 없으며, 또한 납세의무자가 세무공무원의 잘못된 설명을 믿고 그 신고납부의무를 이행하지 아니하였다 하더라도 그것이 관계법령에 어긋나는 것임이 명백한 때에는 그러한 사유만으로는 정당한 사유가 있는 경우에 해당한다고 할 수 없다(대판 2002.4.12. 2000두5944). 〈12. 국가 9급〉, 〈14. 사회복지 9급〉

4. 미납기간의 장단을 고려하지 않은 가산세(위헌)

가산세는 법이 정하는 바에 의하여 부과하는 행정상의 제재이지만, 가산세도 세금의 하나이므로 합리적인 이유 없이 특정의 납세의무자를 불리하게 차별하거나 우대하는 것은 허용되지 않는바, 자진납부의무를 불이행한 사람들에 대하여 그 미납기간의 장단을 전혀 고려하지 않고 똑같이 취급하고 있는 것은 헌법상 평등의 원칙에도 어긋난다(헌재 2005.10.27. 2004헌가21).

5. 본세에 감면사유가 인정된다면 가산세도 감면대상에 포함되는지 여부(부정)

가산세는 세법에서 규정하는 의무의 성실한 이행을 확보하기 위하여 세법에 따라 산출한 본세액에 가산하여 징수하는 <u>독립된 조세로서, 본세에 감면사유가 인정된다고 하여 가산세도 감면대상에 포함되는 것이 아니다</u>(대판 2018.11.29. 2015두56120). 〈23. 국가 7급〉

2. 부당이득세

기준가격이 있는 경우, 이를 넘어서 거래를 함으로써 부당이득을 얻는 자에 대하여 부과·징수하는 것이다.

Winner's 금전적 제재의 차이점

구분	부과주체	행정쟁송가능성
과징금	행정청	가능
과태료	행정청 또는 지방법원	불가능
집행벌	행정청	① 과태료 유형: 불가능 ② 과징금 유형: 가능
통고처분	세무서장·세관장·경찰서장	불가능

 MEMO

PART 05
행정구제법

제1장 | 개설

1 서설

1. 행정구제의 의의

행정작용으로 자기의 권리·이익이 침해되었거나 침해될 것으로 주장하는 자가 행정기관이나 법원에 손해전보·원상회복 또는 그 행정작용의 취소·변경을 청구하거나 기타 피해구제 또는 예방을 청구하고, 이에 대해 행정기관 또는 법원이 심리하여 권리·이익보호에 관한 판정을 내리는 것을 말한다.

2. 행정구제제도의 개관

(1) 사전 구제제도

위법·부당한 행정작용으로 인한 침해가 발생하기 전에 이를 예방하는 제도를 말한다. 행정절차는 사전 구제의 대표적 예에 해당한다.

(2) 사후 구제제도

위법·부당한 행정작용으로 인하여 국민의 권익이 침해된 경우 그 시정을 구하거나(예 행정심판·행정소송), 그로 인하여 발생한 손해를 전보(塡補)하여 주는 제도를 말한다(예 손해배상·손실보상).

Winner's 행정구제 개관

사전 구제	행정절차·청원·민원처리·옴부즈만		
사후 구제	손해전보	손해배상	공무원의 위법행위(「국가배상법」 제2조)
			영조물의 하자(「국가배상법」 제5조)
		손실보상	결과제거
	행정쟁송		행정심판(직근 상급행정청)
			행정소송(행정법원)

2 사전 구제제도

1. 옴부즈만제도

옴부즈만제도는 스웨덴의 1809년 헌법에 의하여 최초로 창설된 것이나, 그 권한이나 기능은 각 국가에 따라 차이가 있다. 대체로 의회에 의해 선출되어 공공기관의 책무를 국민을 대신하여 감시하기 위한 대리인 또는 대표자를 의미한다. 다만 시정권고에 그친다는 점에서 한계가 있다.

Winner's 옴부즈만 : 시정권고 (○), 시정명령 (×)

2. 청원제도

(1) 의의

국민이 국가기관에 대하여 일정한 사항에 관한 의견이나 희망을 진술할 권리를 말한다. 헌법상 보장된 기본권의 하나로서 「청원법」에 의하여 구체화되고 있다.

(2) 기능

청원권은 ① 국가기관으로 하여금 청원사항을 처리하게 함으로써 국민의 신임 획득기능, ② 국회로 하여금 이를 감사·조사하게 함으로써 대정부 통제기능, ③ 복잡한 소송절차를 대신하여 간편하게 국민의 권익 구제 기능을 수행한다. 청원기관이나 그 사항에 대해서는 특별한 제한이 없으나, 청원결과에 대하여 법적 구속력이 없다는 한계가 있다.

> **청원심사결과의 통지의 처분성(부정)**
> 헌법 제26조 제1항의 규정에 의한 청원권은 국민이 국가기관에 대하여 어떤 사항에 관한 의견이나 희망을 진술할 권리로서 단순히 그 사항에 대한 국가기관의 선처를 촉구하는데 불과한 것이므로 … 국가기관이 그 수리한 청원을 받아들여 구체적인 조치를 취할 것인지 여부는 국가기관의 자유재량에 속한다고 할 것일 뿐만 아니라 이로써 청원자의 권리의무 그 밖의 법률관계에는 하등의 영향을 미치는 것이 아니므로 청원에 대한 심사처리결과의 통지유무는 행정소송의 대상이 되는 행정처분이라고 할 수 없다(대판 1990.5.25. 90누1458).

3. 우리나라의 민원처리제도

(1) 서실

우리나라의 민원처리제도는 ① 감사원의 시정·개선요구, 관계자의 문책요구 및 고발조치, ② 정부기관 산하 민원처리기관, ③ 국민권익위원회 등이 있다. 이 중 가장 중요한 것은 국민권익위원회라고 할 수 있다.

(2) 국민권익위원회

① 연혁: 과거에는 국민의 권리구제기구가 국민고충처리위원회, 국가청렴위원회 및 국무총리소속행정심판위원회로 분리되어 있었는데, 국민의 권익구제 창구를 일원화하고 신속하고 충실한 원스톱 서비스를 제공하기 위해서 「부패방지 및 국민권익위원회의 설치와 운영에 관한 법률❶」을 제정하여 국민권익위원회를 설치하고, 국민고충처리위원회와 국가청렴위원회는 폐지하였다.

용어설명 ❶ 「부패방지 및 국민권익위원회의 설치 와 운영에 관한 법률」: 이하 '국권위법' 이라 표시한다.

② 설치

국민권익 위원회	고충민원의 처리와 이에 관련된 불합리한 행정제도를 개선하고, 부패의 발생을 예방하며 부패행위를 효율적으로 규제하도록 하기 위하여 국무총리 소속으로 국민권익위원회를 둔다(국권위법 제11조).
시민고충처리 위원회	지방자치단체 및 그 소속 기관에 관한 고충민원의 처리와 행정제도의 개선 등을 위하여 각 지방자치단체에 시민고충처리위원회를 둘 수 있다(국권위법 제32조 제1항).

Winner's 국민권익위원회의 설치 : 필요적 (○), 임의적 (×)

③ 위원회의 구성 : 국민권익위원회는 위원장 1명을 포함한 15명의 위원(부위원장 3명과 상임위원 3명을 포함한다)으로 구성한다. 이 경우 부위원장은 각각 고충민원, 부패방지 업무 및 중앙행정심판위원회의 운영업무로 분장하여 위원장을 보좌한다. 다만, 중앙행정심판위원회의 구성에 관한 사항은 「행정심판법」에서 정하는 바에 따른다(국권위법 제13조 제1항).

④ 임명: 위원장 및 부위원장은 국무총리의 제청으로 대통령이 임명하고, 상임위원은 위원장의 제청으로 대통령이 임명하며, 상임이 아닌 위원은 대통령이 임명 또는 위촉한다. 이 경우 상임이 아닌 위원 중 3명은 국회가, 3명은 대법원장이 각각 추천하는 자를 임명 또는 위촉한다(국권위법 제13조 제3항).

⑤ 자격: 위원장과 부위원장은 각각 정무직으로 보하고, 상임위원은 고위공무원단에 속하는 일반직 공무원으로서 「국가공무원법」에 따른 임기제 공무원으로 보한다(국권위법 제13조 제4항).

⑥ 임기: 위원장과 위원의 임기는 각각 3년으로 하되, 1차에 한하여 연임할 수 있다(국권위법 제16조 제2항).

⑦ 고충민원의 신청

신청권자	누구든지(국내에 거주하는 외국인을 포함한다) 위원회 또는 시민고충처리위원회에 고충민원을 신청할 수 있다. 이 경우 하나의 권익위원회에 대하여 고충민원을 제기한 신청인은 다른 권익위원회에 대하여도 고충민원을 신청할 수 있다(국권위법 제39조 제1항).
신청방식	권익위원회에 고충민원을 신청하고자 하는 자는 일정한 사항을 기재하여 문서(전자문서를 포함한다)로 이를 신청하여야 한다. 다만, 문서에 의할 수 없는 특별한 사정이 있는 경우에는 구술로 신청할 수 있다(국권위법 제39조 제2항). 신청인은 법정대리인 외에 일정한 자격이 있는 자를 대리인으로 선임할 수 있다. 이 경우 대리인의 자격은 서면으로 소명하여야 한다(국권위법 제39조 제3항).

고충민원신청이 예외적으로 심판청구로 인정될 수 있는지 여부(긍정)

1) 행정규제및민원사무기본법의 관계규정을 종합하여 보면, 국민고충처리제도는 국무총리 소속하에 설치된 국민고충처리위원회로 하여금 행정과 관련된 국민의 고충민원을 상담·조사하여 행정기관의 처분 등이 위법·부당하다고 인정할 만한 상당한 이유가 있는 경우에 관계행정기관의 장에게 적절한 시정조치를 권고하도록 함으로써 국민의 불편과 부담을 시정하기 위한 제도로서 행정심판법에 의한 행정심판 내지 다른 특별법에 따른 이의신청, 심사청구, 재결의 신청 등의 불복구제절차와는 제도의 취지나 성격을 달리하고 있으므로 **국민고충처리위원회에 대한 고충민원**

의 신청이 행정소송의 전치절차로서 요구되는 행정심판청구에 해당하는 것으로 볼 수는 없다.

2) 다만, 국민고충처리위원회에 접수된 신청서가 행정기관의 처분에 대하여 시정을 구하는 취지임이 내용상 분명한 것으로서 **국민고충처리위원회가 이를 당해 처분청 또는 그 재결청에 송부한 경우에 한하여** 행정심판법 제17조 제2항·제7항의 규정에 의하여 그 신청서가 **국민고충처리위원회에 접수된 때에 행정심판청구가 제기된 것으로 볼 수 있다**(대판 1995.9.29. 95누5332).

Winner's 고충민원신청이 심판청구로 간주되는 시기 : 송부한 때 (×), 접수된 때 (○)

⑧ 접수: 권익위원회는 고충민원의 신청이 있는 경우에는 다른 법령에 특별한 규정이 있는 경우를 제외하고는 그 접수를 보류하거나 거부할 수 없으며, 접수된 고충민원서류를 부당하게 되돌려 보내서는 아니 된다. 다만, 권익위원회가 고충민원서류를 보류·거부 또는 반려하는 경우에는 지체 없이 그 사유를 신청인에게 통보하여야 한다(국권위법 제39조 제4항).

⑨ 고충민원의 조사(국권위법 제41조 제1항)

원칙	권익위원회는 고충민원을 접수한 경우에는 지체 없이 그 내용에 관하여 필요한 조사를 하여야 한다.
예외	㉠ 고충민원의 이송 등에 해당하는 사항, ㉡ 고충민원의 내용이 거짓이거나 정당한 사유가 없다고 인정되는 사항, ㉢ 그 밖에 고충민원에 해당하지 아니하는 경우 등 권익위원회가 조사하는 것이 적절하지 아니하다고 인정하는 사항에 해당하는 경우에는 조사를 하지 아니할 수 있다.

〈부패방지 및 국민권익위원회의 설치와 운영에 관한 법률〉 **제43조(고충민원의 이송 등)** ① 권익위원회는 접수된 고충민원이 다음 각 호의 어느 하나에 해당하는 경우에는 그 고충민원을 관계 행정기관등에 이송할 수 있다. 다만, 관계 행정기관등에 이송하는 것이 적절하지 아니하다고 인정하는 경우에는 그 고충민원을 각하할 수 있다.
1. 고도의 정치적 판단을 요하거나 국가기밀 또는 공무상 비밀에 관한 사항
2. 국회·법원·헌법재판소·선거관리위원회·감사원·지방의회에 관한 사항
3. 수사 및 형집행에 관한 사항으로서 그 관장기관에서 처리하는 것이 적당하다고 판단되는 사항 또는 감사원의 감사가 착수된 사항
4. 행정심판, 행정소송, 헌법재판소의 심판이나 감사원의 심사청구 그 밖에 다른 법률에 따른 불복구제절차가 진행 중인 사항
5. 법령에 따라 화해·알선·조정·중재 등 당사자간의 이해조정을 목적으로 행하는 절차가 진행 중인 사항
6. 판결·결정·재결·화해·조정·중재 등에 따라 확정된 권리관계에 관한 사항 또는 감사원이 처분을 요구한 사항
7. 사인간의 권리관계 또는 개인의 사생활에 관한 사항
8. 행정기관등의 직원에 관한 인사행정상의 행위에 관한 사항
9. 그 밖에 관계 행정기관등에서 직접 처리하는 것이 타당하다고 판단되는 사항

⑩ 권한

합의의 권고	권익위원회는 조사 중이거나 조사가 끝난 고충민원에 대한 공정한 해결을 위하여 필요한 조치를 당사자에게 제시하고 합의를 권고할 수 있다(국권위법 제44조).
조정	⊙ 권익위원회는 다수인이 관련되거나 사회적 파급효과가 크다고 인정되는 고충민원의 신속하고 공정한 해결을 위하여 필요하다고 인정하는 경우에는 당사자의 신청 또는 직권에 의하여 조정을 할 수 있다(국권위법 제45조 제1항). ⓒ 조정은 당사자가 합의한 사항을 조정서에 기재한 후 당사자가 기명날인하고 권익위원회가 이를 확인함으로써 성립한다(국권위법 제44조 제2항). 조정은 「민법」상의 화해와 같은 효력이 있다(국권위법 제44조 제3항).
시정권고 등	권익위원회는 고충민원에 대한 조사결과 처분 등이 위법·부당하다고 인정할 만한 상당한 이유가 있는 경우에는 관계 행정기관 등의 장에게 적절한 시정을 권고할 수 있고(국권위법 제46조 제1항), 고충민원에 대한 조사결과 신청인의 주장이 상당한 이유가 있다고 인정되는 사안에 대하여는 관계 행정기관 등의 장에게 의견을 표명할 수 있다(국권위법 제46조 제2항).
제도개선의 권고 등	권익위원회는 고충민원을 조사·처리하는 과정에서 법령 그 밖의 제도나 정책 등의 개선이 필요하다고 인정되는 경우에는 관계 행정기관 등의 장에게 이에 대한 합리적인 개선을 권고하거나 의견을 표명할 수 있다(국권위법 제47조).
의견제출 기회의 부여	권익위원회는 관계 행정기관 등의 장에게 시정 또는 제도개선의 권고를 하기 전에 그 행정기관 등과 신청인 또는 이해관계인에게 미리 의견을 제출할 기회를 주어야 한다(국권위법 제48조 제1항).
감사의 의뢰	고충민원의 조사·처리과정에서 관계 행정기관등의 직원이 고의 또는 중대한 과실로 위법·부당하게 업무를 처리한 사실을 발견한 경우 위원회는 감사원 또는 관계 행정기관등의 감독기관(감독기관이 없는 경우에는 해당 행정기관등을 말한다. 이하 같다)에, 시민고충처리위원회는 해당 지방자치단체에 감사를 의뢰할 수 있다(국권위법 제51조 제1항).

⑪ 결정의 통지: 권익위원회는 고충민원의 결정내용을 지체 없이 신청인 및 관계 행정기관 등의 장에게 통지하여야 한다(국권위법 제49조).

⑫ 처리결과의 통보 등: 권고 또는 의견을 받은 관계행정기관 등의 장은 이를 존중하여야 하며, 그 권고 또는 의견을 받은 날부터 30일 이내에 그 처리결과를 권익위원회에 통보하여야 한다(국권위법 제50조 제1항). 권고를 받은 관계 행정기관 등의 장이 그 권고내용을 이행하지 아니하는 경우에는 그 이유를 권익위원회에 문서로 통보하여야 한다(국권위법 제50조 제2항). 권익위원회는 통보를 받은 경우에는 신청인에게 그 내용을 지체 없이 통보하여야 한다(국권위법 제50조 제3항).

3 사후 구제제도

1. 행정상 손해전보제도

행정작용으로 인하여 개인에게 발생한 손해 또는 손실을 전보해 주는 제도를 말한다. 발생원인을 기준으로 위법한 행위의 경우에는 손해배상, 적법한 행위의 경우에는 손실보상으로 나뉜다. 오늘날 손해배상에 대해서도 배분적 정의에 입각하여 피해자 구제를 도모하고 있으므로 양자의 구별은 점차 상대화되어 가고 있다.

Winner's 손해배상과 손실보상

구분	손해배상	손실보상
발생원인	위법한 작용	적법한 작용
기본이념	개인주의적·보상적 정의(과실책임주의)	단체주의적·배분적 정의(무과실책임주의)
헌법적 근거	헌법 제29조	헌법 제23조 제3항
법률적 근거	「국가배상법」(일반법)	개별법 필요
중요요건	위법성 + 고의·과실	특별한 희생 + 보상규정
대상	재산적·비재산적 손해	재산적 손실
양도 및 압류 여부	① 생명·신체의 침해로 인한 경우: 불가능 ② 재산침해로 인한 경우: 가능	가능

2. 행정쟁송제도

(1) 의의

'협의'로는 행정기관이 판정하는 절차를 말하고, '광의'로는 행정상 분쟁에 관한 유권적(有權的) 판정절차 모두를 의미하므로 행정소송절차를 포함한다. 행정의 적법·타당성을 보장하고, 국민의 권익을 구제하기 위한 것이다.

(2) 행정쟁송의 종류

① 쟁송의 절차에 따른 구별

정식쟁송	심판기관이 독립한 제3자 기관이고, 당사자에게 구두변론의 기회가 보장되는 절차를 말한다(예 행정소송).
약식쟁송	심판기관의 독립성이나 구두변론의 기회 중 어느 하나라도 결여된 절차를 말한다(예 행정심판).

② 쟁송의 단계에 따른 구별

시심적(始審的) 쟁송	행정법관계의 형성 또는 존부를 결정하는 제1차적 행정작용이 쟁송의 형식으로 행하여지는 쟁송을 말한다(예 당사자쟁송).
복심적(覆審的) 쟁송	이미 행하여진 행정작용의 위법·부당성을 이유로 재심사에 의한 시정을 구하는 쟁송을 말한다(예 항고쟁송).

③ 쟁송의 성질에 따른 구별

항고쟁송	이미 행하여진 행정청의 처분의 위법 또는 부당을 이유로 그 취소·변경을 구하는 쟁송을 말한다(예 이의신청, 심판청구, 행정심판, 항고소송).
당사자쟁송	행정법상 대등한 두 당사자 사이에서의 법률관계의 형성·존부에 관한 다툼에 대하여 그 심판을 구하는 절차를 말한다(예 재결, 당사자소송).

Winner's 항고쟁송의 대상 : 처분 (○), 법률관계 (×)

④ 쟁송의 목적에 따른 구별

주관적 쟁송	행정청의 처분으로 인하여 침해된 개인의 권익구제를 목적으로 하는 쟁송을 말한다(예 당사자쟁송, 항고쟁송).
객관적 쟁송	• 일반공공의 이익보호를 목적으로 하는 쟁송을 말한다(예 민중소송, 기관소송). • 일반적으로 쟁송이란 주관적 쟁송을 말하는 것이고, 객관적 쟁송은 법률의 명시적 규정이 있는 경우에만 인정된다.

⑤ 쟁송의 주체에 따른 구별

민중쟁송	적정한 행정법규의 적용을 확보하기 위하여 선거인 등의 일반민중에 의하여 제기되는 쟁송을 말한다(예 선거소송).
기관쟁송	국가 또는 공공단체의 기관 상호간의 관계에 있어서 인정되는 쟁송을 말한다(예 조례안 재의결 무효확인소송).

⑥ 심판기관에 따른 구별

행정심판	행정기관이 행정법상의 분쟁에 대하여 심리·판정하는 절차를 말한다.
행정소송	• 법원이 행정법상의 분쟁에 대하여 심리·판정하는 절차를 말한다. • 과거 행정소송을 제기하기 위하여서는 행정심판을 거쳐야 하는 필요적 절차가 원칙이었으나, 오늘날 원칙적으로 임의적 절차로 개정되었다.

Winner's 행정심판과 행정소송

구분	행정심판	행정소송
판정기관	직근 상급행정청	법원
주된 기능	자율 통제	국민 구제
종류	① 취소심판 ② 무효등확인심판 ③ 의무이행심판	① 취소소송 ② 무효등확인소송 ③ 부작위법확인소송
당사자	① 청구인적격 ② 피청구인적격	① 원고적격 ② 피고적격
대상	처분(재결×)	처분 등(재결○)
심판전치	청구요건×	소송요건○

쟁송기간	① 처분이 있음을 알게 된 날로부터 90일 이내(예외: 불가항력) ② 처분이 있었던 날로부터 180일 이내(예외: 정당사유)	① 처분 등이 있음을 안 날 또는 재결서의 송달을 받은 날로부터 90일 이내(예외: 명문규정×) ② 처분 등이 있은 날부터 또는 재결이 있은 날부터 1년 이내(예외: 정당사유)
심리방법	서면 또는 구술	구술
공개 여부	비공개	공개
적극적 변경	가능	불가능
판단범위	위법·부당	위법
심판고지	규정○	규정×
재처분의무 확보	① 직접처분 ② 간접강제	간접강제

Winner's 직접처분 제도 : 행정심판법 (○), 행정소송법 (×)

제2장 | 행정상 손해배상제도

제1절 / 개설

1 서설

1. 의의

국가 또는 공공단체의 위법한 행정작용으로 인하여 개인에게 손해가 발생한 경우 이를 전보(塡補)하여 주는 제도를 말한다.

2. 연혁

근대 초기에는 주권면책 사상에 의하여 불법행위를 한 공무원의 개인책임만 인정되고 있었으나, 이는 정의·공평관념에 부합하지 않는 것이므로 오늘날 국가의 배상책임을 인정하고 있는 것이다.

3. 구별

행정상 손실보상	적법한 행위로 인한 손실을 전보한다는 점에서 하는 위법한 행위로 인한 손해를 전보하는 손해배상과 구별된다.
민사상 손해배상	배상주체가 사인(私人)이라는 점에서 국가 또는 공공단체가 배상책임을 지는 국가배상과 구별된다.

Winner's 비재산적 손해의 전보 여부 : 손해배상 (○), 손실보상 (×)

2 국가배상제도의 기능

1. 피해자 구제기능

국가배상제도는 가해자가 배상능력이 없음에도 피해자의 모든 손해를 가해자의 개인책임으로 돌리는 경우에 발생하는 피해자 구제의 공백을 메우는 기능을 한다.

2. 손해분산기능

가해공무원이 위법한 행위를 한 경우 배상책임을 지는 것은 당연하다. 그러나 가해공무원에게 배상책임을 집중하게 되면 공무원 생활의 파탄을 가져오는 것이므로, 국가배상제도는 손해를 분산하여 이를 방지하는 기능을 한다.

3. 제재기능·위법행위억제기능

국가가 배상책임을 지는 경우에도 공무원 자신의 책임은 완전히 면책되는 것은 아니고 일정한 부담을 지우고 있다. 따라서 국가배상제도는 위법행위를 한 공무원에게 제재를 가하고, 그 위법행위를 억제하여 행정의 적법성을 담보하는 기능을 하게 된다.

3 각국의 손해배상제도

1. 프랑스

(1) 발전

프랑스의 손해배상제도는 꽁세유데따[Conseil d'Etat; 국참사원(國參事阮)]의 판례를 통하여 그 이론이 정립·발전되어 왔다.

(2) 내용

① 배상책임: 손해배상제도는 ㉠ 과실책임과 ㉡ 무과실책임 또는 위험책임의 2원적 구조로 되어 있으나, 원칙적으로는 과실책임주의에 입각하고 있으므로 위법·무과실의 행위에 대해서는 배상책임을 부정한다.

② 과실: 객관적 관념으로 파악하여, 행정작용이 그 작용에 요구되는 정상수준에 미달하는 상태를 의미하는 것으로 본다. ㉠ 개인과실, ㉡ 역무과실로 나뉘는데, 국가 등의 배상책임은 후자에 대해서만 인정되는 것으로 보았다.

③ 선택적 청구: 판례상 정립된 책임의 중복(重複)이론에 따라 개인과실이라 하더라도 그것이 직무와 전혀 무관하지 않다면 공무원 개인의 민사책임과 국가 등의 배상책임이 중첩하여 발생하므로, 피해자는 공무원과 국가를 상대로 선택적으로 청구할 수 있다.

2. 독일

(1) 발전

① 국고주체: 국가가 국고(國庫)의 지위에서 행하는 사경제적 작용으로 인한 손해에 대해서는 19세기 초부터 국가의 민법상 손해배상책임이 인정되고 있었다.

② 국가공무원책임법: 공행정작용으로 인한 손해에 대해서는 1896년 민법상 공무원 개인책임만을 인정하고 있었으나, 1910년 '국가공무원책임법'에 의하여 국가의 대위책임을 인정하였다. 1919년 '바이마르 헌법'은 국가의 대위책임❶을 헌법상의 원칙으로 승격시켰으며, 1949년 '본 기본법'도 바이마르 헌법상의 대위책임의 원칙을 계승하였다.

용어설명 ❶ 대위책임 : 타인의 행위에 대하여 책임을 대신 지는 것

③ 국가책임법: 최근 국가의 자기책임적 구조인 '국가책임법'이 제정되어 1982년 시행될 예정이었으나, 연방헌법재판소의 위헌판결에 의하여 무효가 됨으로써 종전 법제로 회귀하게 되었다.

(2) 내용

① 과실: 주관적 관념으로 파악한다.

> **Winner's** 과실 관념 : 프랑스 (객관적 과실), 독일 (주관적 과실)

② 위법·무과실: 국가책임이 부정되고 있었으므로, 이러한 흠결을 보완하기 위하여 수용유사 침해이론이 판례상 정립되었다.

③ 위험책임: 학설이 대립하나 판례상으로는 부정되고 있다는 점에서, 프랑스에 비하여 한정적 성격을 띠게 된다.

3. 영·미

(1) 과거

"국왕은 악을 행할 수 없다(영국).", "주권자는 그 승낙 없이 소추되지 아니한다(미국)."라는 법리 때문에 국가의 책임은 인정되지 않았고, 공무원 개인의 민사상책임만 인정되고 있었다.

(2) 현재

제2차 세계대전 후 '국왕소추법(영국)', '연방불법행위청구권법(미국)' 등의 제정으로 국가책임이 인정되었으나, 이들 법조항은 여전히 광범위한 적용배제조항을 두고 있다.

4 우리나라의 행정상 손해배상제도

1. 헌법적 근거

헌법은 "공무원의 직무상 불법행위로 인하여 손해를 받은 국민은 법률이 정하는 바에 의하여 국가 또는 공공단체에 정당한 배상을 청구할 수 있다. 이 경우 공무원 자신의 책임은 면제되지 아니한다(제29조 제1항)."고 규정하여 국가 또는 공공단체의 불법행위책임을 일반적으로 인정하고 있다. 〈04. 국가 9급〉

> **Winner's** 헌법상 직접적 근거의 존재 : 공무원 위법행위 (○), 영조물의 하자 (×)

2. 「국가배상법」

(1) 「국가배상법」의 지위

① 일반법: 「국가배상법」은 국가나 지방자치단체의 손해배상책임에 관한 일반법이므로 다른 법률에 특별한 규정(예 「원자력손해배상법」, 「우편법」)이 없으면 「국가배상법」이 적용된다. 「국가배상법」에 특별한 규정이 없으면 「민법」의 규정에 의한다(국배법 제8조).

② 상호주의: 「국가배상법」은 외국인이 피해자인 경우에는 공평의 원칙상 상호의 보증이 있는 경우에 한하여 적용된다. 〈17. 국가 9급〉

> 〈국가배상법〉 제7조(외국인에 대한 책임) 이 법은 외국인이 피해자인 경우에는 해당 국가와 상호 보증이 있을 때에만 적용한다.

> **상호보증은 반드시 조약이 체결되어야 하는지 여부(부정)**
> 상호보증은 외국의 법령, 판례 및 관례 등에 의하여 발생요건을 비교하여 인정되면 충분하고 반드시 당사국과의 조약이 체결되어 있을 필요는 없으며, 당해 외국에서 구체적으로 우리나라 국민에게 국가배상청구를 인정한 사례가 없더라도 실제로 인정될 것이라고 기대할 수 있는 상태이면 충분하다(대판 2015.6.11. 2013다208388).

(2) 국가배상법의 성격

① 학설

사법설 (私法說)	㉠ 논거 • 헌법상 국가배상책임은 주권면책특권을 부인하고 국가를 사인(私人)과 같은 지위에서 취급하기 위한 것이다. • 「행정소송법」상 행정소송에 손해배상소송을 병합할 수 있도록 한 규정(제10조 제1항)은 민사소송을 이질적(異質的)인 행정소송에 병합할 수 있도록 하는 특별규정이다. • 「국가배상법」에 특별한 규정이 없으면 「민법」에 따른다는 것은 「국가배상법」은 「민법」의 특별법에 해당한다는 의미이다. ㉡ 쟁송방법: 국가배상은 민사소송에 의한다. 〈01. 서울 9급〉
공법설 (다수설)	㉠ 논거 • 우리나라의 실정법체계는 공·사법을 분리하고 있다. • 국가를 상대로 하는 손해배상사건에 대해서 배상심의회의 결정절차를 규정하고 있다. • 「행정소송법」상 당사자소송은 행정청의 처분 등을 원인으로 하는 법률관계에 대한 소송을 행정소송의 일종으로 규정하고 있다. ㉡ 쟁송방법: 국가배상은 공법상 당사자소송에 의한다.

② 판례: 사법설에 따라서 국가배상소송은 민사소송으로 하고 있다.

③ 검토: ㉠ 주권면책특권을 부인하고 국가의 배상책임을 인정하였다고 하여 그것이 바로 「국가배상법」을 민사상 불법행위책임으로 본 것은 아니라는 점, ㉡ 행정소송에 병합할 수 있는 소송에는 행정소송도 포함되는 것이므로, 손해배상을 반드시 민사소송으로 본 것은 아니라는 점, ㉢ 국가배상은 공법적 원인에 의한 손해 등을 이유로 한다는 점을 이유로 공법으로 보는 것이 타당하다.

(3) 「국가배상법」상의 행정절차

① 임의적 전치: 구 「국가배상법❶」이 배상심의회의 결정을 필요적 절차로 규정하고 있었던 것은 합헌판결을 받았으나, 신속한 권익구제를 지연하는 결과가 되어 현행 「국가배상법」은 이를 임의적 절차로 개정하였다. 〈04. 서울 9급〉

> 〈국가배상법〉 **제9조(소송과 배상신청의 관계)** 이 법에 따른 손해배상의 소송은 배상심의회에 배상신청을 하지 아니하고도 제기할 수 있다.

용어설명 ❶ 국가배상법 : 국가배상에 관한 일반법. 이하 '국배법'이라고 표시한다.

② 배상심의회: 피해자의 배상신청을 심의·결정하고, 이를 신청인에게 알리는 권한을 가지고 있는 합의제 행정청으로서의 성격을 가진다. 배상심의회의 결정에 대해서 불복하는 경우에는 바로 국가배상소송을 제기하여 구제받을 수 있으므로 취소소송을 제기하는 것은 소익이 없어서 불가능하다. 심의회는 '법무부'에 본부심의회, '국방부'에 특별심의회를 설치하고, 각각 지구심의회를 둔다(국배법 제10조 제1항·제2항).

> **Winner's** 배상심의회 결정 : 취소소송 (×), 배상소송 (○)

③ 지급신청 및 심의·결정절차: 배상금지급신청은 관할 지구심의회에 하여야 하고(국배법 제12조 제1항), 지구심의회는 4주일 이내에 결정을 하여야 한다(국배법 제13조 제1항). 일정한 주요사건은 본부심의회 또는 특별심의회가 직접 결정한다.

④ 배상결정의 효력: 구「국가배상법」제16조는 "심의회의 배상결정은 신청인이 동의하거나 지방자치단체가 배상금을 지급한 때에는「민사소송법」의 규정에 의한 재판상의 화해가 성립된 것으로 본다."라고 규정하고 있었다. 그런데 재판상 화해가 성립하면 확정판결과 동일한 효력이 있으므로(「민사소송법」제220조), 국민의 재판청구권을 침해하게 된다. 그리하여 동 규정은 헌법재판소의 위헌결정으로 삭제되었고, 현행법상으로는 배상결정에 동의하여 배상금을 수령한 후에도 손해배상소송을 제기하여 증액청구를 할 수 있다.

화해간주규정(위헌)
사법절차에 준한다고 볼 수 있는 각종 중재·조정절차와는 달리 배상결정절차에 있어서는 심의회의 제3자성·독립성이 희박한 점, 심의절차의 공정성·신중성도 결여되어 있는 점, 심의회에서 결정되는 배상액이 법원의 그것보다 하회하는 점 및 불제소 합의의 경우와는 달리 신청인의 배상결정에 대한 동의에 재판청구권을 포기할 의사까지 포함되는 것으로 볼 수도 없는 점을 종합하여 볼 때, 이는 신청인의 재판청구권을 과도하게 제한하는 것이다(헌재 1995.5.25. 91헌가7).

> **Winner's** 위헌판결 : 배상심의회 결정 필요적 전치 (×), 화해간주규정 (○)

제2절 공무원의 위법한 직무행위로 인한 손해배상

> **〈국가배상법〉제2조(배상책임)** ① 국가나 지방자치단체는 공무원 또는 공무를 위탁받은 사인(이하 '공무원'이라 한다)이 직무를 집행하면서 고의 또는 과실로 법령을 위반하여 타인에게 손해를 입히거나, 「자동차손해배상 보장법」에 따라 손해배상의 책임이 있을 때에는 이 법에 따라 그 손해를 배상하여야 한다. 다만, 군인·군무원·경찰공무원 또는 예비군대원이 전투·훈련 등 직무집행과 관련하여 전사(戰死)·순직(殉職)하거나 공상(公傷)을 입은 경우에 본인이나 그 유족이 다른 법령에 따라 재해보상금·유족연금·상이연금 등의 보상을 지급받을 수 있을 때에는 이 법 및 「민법」에 따른 손해배상을 청구할 수 없다.
> ② 제1항 본문의 경우에 공무원에게 고의 또는 중대한 과실이 있으면 국가나 지방자치단체는 그 공무원에게 구상(求償)할 수 있다.

1 서설

1. 의의

국가나 지방자치단체는 공무원 또는 공무를 위탁받은 사인이 직무를 집행하면서 고의 또는 과실로 법령을 위반하여 타인에게 손해를 입힌 경우에는 그 손해를 배상하여야 한다(국배법 제2조 제1항).

2. 공무원의 구상(求償)책임

공무원에게 고의 또는 중대한 과실이 있으면 국가나 지방자치단체는 그 공무원에게 구상❶할 수 있다(국배법 제2조 제2항). 국가배상책임의 성립요건과는 달리 '고의 또는 중과실❷'을 요한다. '중과실'이란 공무원에게 통상 요구되는 정도의 상당한 주의를 하지 않더라도 약간의 주의를 한다면 손쉽게 위법·유해한 결과를 예견할 수 있는 경우임에도 만연히 이를 간과한 경우와 같이, 거의 고의에 가까운 현저한 주의를 결여한 상태를 의미한다(2019다260197). 〈23. 소방〉

용어설명 ❶ 구상 : 타인의 배상책임을 이행한 자가 그 타인에게 다시 배상을 청구하는 것
❷ 중과실 : 주의를 게을리 한 정도가 심하여 고의에 가까운 과실

> 1. 경과실❶이 있는 공무원이 피해자에게 직접 손해를 배상한 경우에 국가에 대한 구상권이 인정되는지 여부 (긍정)
>
> 경과실이 있는 공무원이 피해자에 대하여 손해배상책임을 부담하지 아니함에도 피해자에게 손해를 배상하였다면 그것은 채무자 아닌 사람이 타인의 채무를 변제한 경우에 해당하고, 이는 민법 제469조의 '제3자의 변제' 또는 민법 제744조의 '도의관념에 적합한 비채변제'에 해당하여 피해자는 공무원에 대하여 이를 반환할 의무가 없고, 그에 따라 피해자의 국가에 대한 손해배상청구권이 소멸하여 국가는 자신의 출연 없이 채무를 면하게 되므로, 피해자에게 손해를 직접 배상한 경과실이 있는 공무원은 특별한 사정이 없는 한 국가에 대하여 국가의 피해자에 대한 손해배상책임의 범위 내에서 공무원이 변제한 금액에 관하여 구상권을 취득한다고 봄이 타당하다(대판 2014.8.20. 2012다54478). 〈15. 서울 7급〉

2. 공무원이 적극적으로 권리남용의 원인행위를 주도하지 않은 경우 국가의 구상청구가 허용되는지 여부(부정)

공무원의 불법행위로 손해를 입은 피해자의 국가배상청구권의 소멸시효 기간이 지났으나 국가가 소멸시효 완성을 주장하는 것이 신의성실의 원칙에 반하는 권리남용으로 허용될 수 없어 배상책임을 이행한 경우에는, 그 소멸시효 완성 주장이 권리남용에 해당하게 된 원인행위와 관련하여 해당 공무원이 그 원인이 되는 행위를 적극적으로 주도하였다는 등의 특별한 사정이 없는 한, 국가가 해당 공무원에게 구상권을 행사하는 것은 신의칙상 허용되지 않는다고 봄이 상당하다(대판 2016.6.10. 2015다217843). 〈17. 지방 9급(12월)〉, 〈19. 서울 9급〉

용어설명 ❶ 경과실 : 보통의 주의를 게을리한 것
Winner's 공무원의 구상책임 : 경과실 (×), 중과실 (○)

2 배상책임의 요건

1. 공무원

(1) 의의

신분상의 공무원(예 「국가공무원법」·「지방공무원법」상 공무원)뿐만 아니라, 기능적 의미의 공무원을 포함한다(광의설). 현행법은 공무수탁사인을 직접 명시하고 있으며, 그 위탁이 일시적·한정적인 경우에도 포함된다는 것이 판례이다.

(2) 범위

가해공무원은 반드시 특정될 필요가 없으므로 국회 자체도 포함될 수 있다. 지방자치단체에 근무하는 청원경찰(대판 1993.7.13. 92다47564), 시청소차운전사(대판 1980.9.24. 80다1051)를 포함하나, 의용소방대원(대판 1978.7.11. 78다584)은 포함되지 않는다. 〈12. 국가 9급〉

1. 통장이 공무원에 포함되는지 여부(긍정)

국가배상법 제2조 소정의 '공무원'이라 함은 국가공무원법이나 지방공무원법에 의하여 공무원으로서의 신분을 가진 자에 국한하지 않고, 널리 공무를 위탁받아 실질적으로 공무에 종사하고 있는 일체의 자를 가리키는바, … 통장이 전입신고서에 확인인을 찍는 행위는 공무를 위탁받아 실질적으로 공무를 수행하는 것이라고 보아야 하므로, 통장은 그 업무범위 내에서는 국가배상법 제2조 소정의 공무원에 해당한다(대판 1991.7.9. 91다5570). 〈10. 국가 9급〉

2. 일시적이고 한정적인 위탁도 포함되는지 여부(긍정)

국가배상법 제2조 소정의 '공무원'이라 함은 국가공무원법이나 지방공무원법에 의하여 공무원으로서의 신분을 가진 자에 국한하지 않고, 널리 공무를 위탁받아 실질적으로 공무에 종사하고 있는 일체의 자를 가리키는 것으로서, 공무의 위탁이 일시적이고 한정적인 사항에 관한 활동을 위한 것이어도 달리 볼 것은 아니다(대판 2001.1.5. 98다39060). 〈10. 국가 9급〉, 〈17. 서울 7급〉

3. 교통할아버지가 「국가배상법」상 공무원에 해당하는지 여부(긍정)

지방자치단체가 '교통할아버지 봉사활동 계획'을 수립한 후 관할 동장으로 하여금 '교통할아버지'를 선정하게 하여 어린이 보호, 교통안내, 거리질서 확립 등의 공무를 위탁하여 집행하게 하

던 중 '교통할아버지'로 선정된 노인이 위탁받은 업무범위를 넘어 교차로중앙에서 교통정리를 하다가 교통사고를 발생시킨 경우 지방자치단체가 국가배상법 제2조 소정의 배상책임을 부담한다(대판 2001.1.5. 98다39060). 〈10. 지방 9급〉,〈12. 국가 9급〉

4. 향토예비군대원이 공무원에 해당하는지 여부(긍정)

국가배상법 제2조에서 말하는 공무원이라 함은 국가공무원법이나 지방공무원법에서 말하는 공무원의 신분을 가진 자에 한하지 아니하고, 향토예비군과 같이 공무를 위탁받아 이것에 종사하고 있는 자도 포함한다고 보는 것이 상당하다(대판 1970.5.26. 70다471).

5. 한국토지공사가 「국가배상법」 제2조의 공무원에 해당하는지 여부(부정)

한국토지공사는 구 한국토지공사법(2007. 4. 6. 법률 제8340호로 개정되기 전의 것) 제2조, 제4조에 의하여 정부가 자본금의 전액을 출자하여 설립한 법인이고, 같은 법 제9조 제4호에 규정된 한국토지공사의 사업에 관하여는 공익사업을 위한 토지 등의 취득 및 보상에 관한 법률 제89조 제1항, 위 한국토지공사법 제22조 제6호 및 같은 법 시행령 제40조의3 제1항의 규정에 의하여 본래 시·도지사나 시장·군수 또는 구청장의 업무에 속하는 대집행권한을 한국토지공사에게 위탁하도록 되어 있는바, 한국토지공사는 이러한 법령의 위탁에 의하여 대집행을 수권받은 자로서 공무인 대집행을 실시함에 따르는 권리·의무 및 책임이 귀속되는 행정주체의 지위에 있다고 볼 것이지 지방자치단체 등의 기관으로서 국가배상법 제2조 소정의 공무원에 해당한다고 볼 것은 아니다(대판 2010.1.28. 2007다82950·82967). 〈13. 국회 8급〉

6. 시위진압 전투경찰도 공무원에 포함되는지 여부(긍정)

국가소속 전투경찰들이 시위진압을 함에 있어서 합리적이고 상당하다고 인정되는 정도로 가능한 한 최루탄의 사용을 억제하고 또한 최대한 안전하고 평화로운 방법으로 시위진압을 하여 그 시위진압과정에서 타인의 생명과 신체에 위해를 가하는 사태가 발생하지 아니하도록 하여야 하는데도, 이를 게을리한 채 합리적이고 상당하다고 인정되는 정도를 넘어 지나치게 과도한 방법으로 시위진압을 한 잘못으로 시위참가자로 하여금 사망에 이르게 하였다는 이유로 국가의 손해배상책임을 인정한다(대판 1995.11.10. 95다23897). 〈16. 경찰행정 특채〉

7. 의용소방대는 국가기관이라고 할 수 있는지 여부(부정)

원심은 소방법 제63조의 규정에 의하여 시, 읍, 면이 소방서장의 소방업무를 보조하게 하기 위하여 설치한 의용소방대를 국가기관이라고 할 수 없음은 물론 또 그것이 이를 설치한 시, 읍, 면에 예속된 기관이라고도 할 수 없을 뿐만 아니라, 같은 법 제67조에 의용소방대의 경비는 지방세법 제239조에 의한 소방공동시설세를 재원으로 한다고 규정되어 있는바, 이러한 규정의 취지로 보아도, 의용소방대가 이를 설치한 시, 읍, 면에 예속된 기관이라고는 할 수 없다고 판단하고, 따라서 피고가 이 사건의 차량을, 자기를 위하여 운행하는 자라고는 할 수 없다고 하여 원고의 청구를 배척하였음이 분명한 바, 원심의 위와 같은 조처는 정당하고 거기에 소론과 같은 자동차손해배상보장법의 법리를 오해한 위법이 있다고 할 수 없다(대판 1978.7.11. 78다584). 〈16. 경찰행정 특채〉

> **Winner's** 국가배상법상 공무원 : 교통할아버지 (○), 향토예비군 대원 (○), 한국토지공사 (×), 의용소방대원 (×)

2. 직무를 집행하면서

(1) 의의

직무행위 그 자체뿐만 아니라, 객관적으로 보아 직무행위의 외형을 갖추고 있는 경우를 모두 포함한다(외형설). '외형'의 존재여부는 주관적인 관점이 아니라 객관적인 관점에서 판단한다. 따라서 직무집행의 의사가 있는지 여부나 상대방의 인식여부는 고려하지 않는다. 본래 직무와의 관련성이나 정당한 권한 유무도 절대적 기준은 될 수 없다.

1. 외형상으로도 직무범위 내의 행위가 아닌 경우 국가배상이 가능한지 여부(부정)

국가 또는 지방자치단체가 소속 공무원의 고의·과실에 의한 불법행위에 기하여 손해배상책임을 부담하기 위하여는 공무원의 불법행위가 직무를 집행함에 당하여 행하여진 것이어야 하고, 공무원의 행위가 본래의 직무와는 관련이 없는 행위로서 외형상으로도 직무범위 내에 속하는 행위라고 볼 수 없을 때에는 공무원의 행위에 의한 손해에 대하여 국가배상법에 의한 국가 또는 지방자치단체의 책임을 인정할 수 없다(대판 1993.1.15. 92다8514).

2. 직무집행의 의사가 없는 경우에도 직무에 포함될 수 있는지 여부(긍정)

국가배상법 제2조 제1항의 '직무를 집행함에 당하여'라 함은 직접 공무원의 직무집행행위이거나 그와 밀접한 관계에 있는 행위를 포함하고, 이를 판단함에 있어서는 행위 자체의 외관을 객관적으로 관찰하여 공무원의 직무행위로 보여질 때에는, 비록 그것이 실질적으로 직무행위가 아니거나 또는 행위자로서는 주관적으로 공무집행의 의사가 없었다고 하더라도 그 행위는 공무원이 '직무를 집행함에 당하여' 한 것으로 보아야 한다(대판 1995.4.21. 93다14240). 〈12·18. 국가 9급〉

3. 직무행위가 아님을 피해자가 안 경우에도 직무에 포함될 수 있는지 여부(긍정)

국가배상법 제2조 제1항에서 말하는 '직무를 행함에 당하여'라는 취지는 공무원의 행위의 외관을 객관적으로 관찰하여 공무원의 직무행위로 보여질 때에는, 비록 그것이 실질적으로 직무행위이거나 아니거나 또는 행위자의 주관적 의사에 관계없이 그 행위는 공무원의 직무집행행위로 볼 것이요, 이러한 행위가 실질적으로 공무집행행위가 아니라는 사정을 피해자가 알았다 하더라도 그것을 '직무를 행함에 당하여'라고 단정하는데 아무런 영향을 미치는 것은 아니다(대판 1966.6.28. 66다781).

4. 암기교육 중 폭행행위도 직무에 해당할 수 있는지 여부(긍정)

전입신병에 대한 보호조인 상급자가 같은 소대에 새로 전입한 하급자에 대하여 암기사항에 관한 교육을 실시하던 중 암기상태가 불량하다는 이유로 그 하급자를 훈계하다가 도가 지나쳐 폭행을 하기에 이른 경우, 그 상급자의 교육·훈계행위는 적어도 외형상으로는 직무집행으로 보여지고 교육·훈계 중에 한 폭행도 그 직무집행과 밀접한 관련이 있는 것이므로 결국 그 폭행은 국가배상법 제2조 제1항 소정의 공무원이 직무를 집행함에 당하여 한 행위로 볼 수 있다(대판 1995.4.21. 93다14240). 〈11. 국회 8급〉

5. 출근 중에 자신의 과실로 사고를 일으킨 경우 직무에 포함되는지 여부(부정)

공무원이 통상적으로 근무하는 근무지로 출근하기 위하여 자기 소유의 자동차를 운행하다가 자신의 과실로 교통사고를 일으킨 경우에는 특별한 사정이 없는 한 국가배상법 제2조 제1항 소정의 공무원이 '직무를 집행함에 당하여' 타인에게 불법행위를 한 것이라고 할 수 없으므로, 그 공무원이 소속된 국가나 지방공공단체가 국가배상법상의 손해배상책임을 부담하지 않는다(대판 1996.5.31. 94다15271). 〈15. 국회 8급〉

6. 출장을 갔다가 퇴근하던 중 사고가 발생한 경우 직무에 포함되는지 여부(긍정)

한미행정협정에 의하여 적용되는 국가배상법 제2조 소정의 '공무원이 그 직무를 집행함에 당하여'라고 함은 직무의 범위 내에 속하거나 직무와 밀접한 관련이 있는 것이라고 객관적으로 보여지는 행위를 함에 당하여라고 해석하여야 할 것인바, 미군부대 소속 선임하사관이 소속부대장의 명에 따라 공무차 예하부대로 출장을 감에 있어 부대에 공용차량이 없었던 까닭에 개인소유의 차량을 빌려 직접 운전하여 예하부대에 가서 공무를 보고나자 퇴근시간이 되어서 위 차량을 운전하여 집으로 운행하던 중 교통사고가 발생하였다면 위 선임하사관의 위 차량의 운행은 실질적, 객관적으로 그가 명령받은 위 출장명령을 수행하기 위한 직무와 밀접한 관련이 있는 것이라고 보아야 한다(대판 1988.3.22. 87다카1163).

7. 부대를 이탈한 후 민간인을 사살한 경우 국가배상책임(부정)

육군 하사가 위병근무의 순찰을 빙자하여 그 소속부대를 이탈하여 민가에 가서 가지고 갔던 총기로 사감으로 민간인을 사살한 행위는 그 직무집행행위나 그와 밀접한 관련이 있는 행위라고 볼 수 없고 그 부대의 위병장이나 일직사령이 위 가해자의 무단이탈 사실을 조속히 파악하여 보고하거나 이를 검거하지 아니하였다는 잘못과 위와 같은 사살행위로 인한 손해발생 사이에 상당인과관계가 있다고 볼 수 없다(대판 1980.4.22. 80다200).

8. 헌병대 영창에서 탈주한 후 범죄행위를 한 경우 국가배상책임(긍정)

군행형법과 군행형법시행령이 군교도소나 미결수용실(이하 '교도소 등'이라 한다)에 대한 경계 감호를 위하여 관련 공무원에게 각종 직무상의 의무를 부과하고 있는 것은, 일차적으로는 그 수용자들을 격리보호하고 교정교화함으로써 공공 일반의 이익을 도모하고 교도소 등의 내부 질서를 유지하기 위한 것이라 할 것이지만, 부수적으로는 그 수용자들이 탈주한 경우에 그 도주과정에서 일어날 수 있는 2차적 범죄행위로부터 일반국민의 인명과 재화를 보호하고자 하는 목적도 있다고 할 것이므로, 국가공무원들이 위와 같은 직무상의 의무를 위반한 결과 수용자들이 탈주함으로써 일반 국민에게 손해를 입히는 사건이 발생하였다면, 국가는 그로 인하여 피해자들이 입은 손해를 배상할 책임이 있다(대판 2003.2.14. 2002다62678).

9. 인사업무 담당 공무원의 공무원증 위조행위는 직무에 포함되는지 여부(긍정)

울산세관의 통관지원과에서 인사업무를 담당하면서 울산세관 공무원들의 공무원증 및 재직증명서 발급업무를 하는 공무원인 김○○이 울산세관의 다른 공무원의 공무원증등을 위조하는 행위는 비록 그것이 실질적으로는 직무행위에 속하지 아니한다 할지라도 적어도 외관상으로는 공무원증과 재직증명서를 발급하는 행위로서 직무집행으로 보여지므로 결국 소외인의 공무원증 등 위조행위는 국가배상법 제2조 제1항 소정의 공무원이 직무를 집행함에 당하여 한 행위로 인정되고, 소외인이 실제로는 공무원증 및 재직증명서의 발급권자인 울산세관장의 직무를 보조하는 데 불과한 지위에 있다거나, 신청자의 발급신청 없이 정상의 발급절차를 거치지 아니하고 이를 발급하였으며, 위 공무원증 등 위조행위가 원고로부터 대출을 받기 위한 목적으로 행하여졌다 하더라도 이를 달리 볼 수 없다(대판 2005.1.14. 2004다26805). 〈14. 지방 9급〉

10. 수사 중 고문을 한 행위가 직무에 포함되는지 여부(긍정)

원심은 소외경찰서 수사과 형사계장 또는 형사반장인 피고들은 판시 일시, 장소에서 소외 1이 사망한 상해치사 사건을 수사함에 있어 소외 2를 용의자로 연행하여 조사 중 범행을 부인하자 부하 형사인 소외 3 등 수명을 시켜 판시와 같은 전기고문과 심한 폭행을 하여, 그의 부인에도 불구하고 범인의 옷이 소외 2의 옷과 비슷했다는 참고인의 말만 믿고 진범으로 속단하여 구속영장을 발부받아 검찰청에 사건을 송치하였으나 그 후 진범이 따로 밝혀져 공소취소로 인한 공소기각으로 석방되자, … 이와 같은 사실관계라면 피고들의 구상의무의 근거가 되는 불법행위는 고의로 한 판시와 같은 가혹행위로 인한 것이었다(대판 1981.10.13. 81다625).

11. 결혼식 참석을 위한 군차량 운행이 직무에 포함되는지 여부(부정)

결혼식 참석을 위하여 군차량을 운행한 경우에는 일반적으로는, 군공무원의 직무행위라고는 할 수 없으므로, 피해자가 그 불법운행 사실을 알면서 이에 승차하였다가 사고로 피해를 입은 경우에는 손해배상을 청구할 수 없다(대판 1967.11.21. 67다2107).

Winner's 국가배상법상 직무집행에 해당하는지 여부

긍정	부정
① 수사 중 고문행위 ② 헌병대 영창에서 탈주한 군인들의 범죄	① 방첩대 소속 육군하사가 모욕에 분개한 나머지 민간인을 사살한 행위 ② 육군하사가 부대이탈 후 사감으로 민간인을 사살한 경우
③ 조교직의 상병이 휴식 중 꿩사냥을 하던 중에 예비군을 사망케 한 행위	③ 군인의 휴식 중 비둘기사냥
④ 미군부대 소속 선임하사관이 출장 중에 빌린 차량으로 퇴근하던 중의 사고	④ 출근 중 자기소유 자동차로 자신의 과실로 인한 사고
⑤ 학군단 소속 차량의 장례식 참석 도중의 사고	⑤ 결혼식 참석을 위한 군용차량 운행
⑥ 본래 직무와 관련이 없으나 직무로서의 외형이 있는 경우 ⑦ 직무집행의 의사가 없으나 직무로서의 외형이 있는 경우 ⑧ 직무로서의 외형이 있으나 직무행위가 아님을 상대방이 알고 있는 경우 ⑨ 전입자에 대한 암기교육 중 폭행한 행위 ⑩ 인사업무 담당 공무원의 공무원증 위조행위	⑥ 군의관의 포경수술

(2) 직무의 범위

공행정작용인 권력작용과 관리작용만 포함되고, 사경제작용인 국고작용은 포함될 수 없다는 견해(광의설)가 통설이고, 판례의 주류적 입장으로 보인다. 다만, 영조물의 설치·관리작용은 「국가배상법」 제5조에서 규율될 수 있으므로 여기서 제외된다고 보는 것이 다수의 견해이다.

1. 사경제 주체로 활동한 경우에도 직무행위에 포함되는지 여부(부정)

국가 또는 지방자치단체라 할지라도 공권력의 행사가 아니고 순전히 대등한 지위에 있어서의 사경제의 주체로 활동하였을 경우에는 그 손해배상의 책임에 국가배상법의 규정이 적용될 수 없고, 민법규정이 적용된다(대판 1970.11.24. 70다1148).

2. 철도공무원이 간여(干與)한 사고에 「국가배상법」을 적용할 것인지 여부(부정)

국가 또는 지방자치단체라 할지라도 공권력의 행사가 아니고 단순한 사경제의 주체로 활동하였을 경우에는 그 손해배상책임에 국가배상법이 적용될 수 없고 민법상의 사용자책임 등이 인정되는 것이고 국가의 철도운행사업은 국가가 공권력의 행사로서 하는 것이 아니고 사경제적 작용이라 할 것이므로, 이로 인한 사고에 공무원이 간여하였다고 하더라도 국가배상법을 적용할 것이 아니고 일반 민법의 규정에 따라야 하므로, 국가배상법상의 배상전치절차를 거칠 필요가 없으나, 공공의 영조물인 철도시설물의 설치 또는 관리의 하자로 인한 불법행위를 원인으로 하여 국가에 대하여 손해배상청구를 하는 경우에는 국가배상법이 적용되므로 배상전치절차를 거쳐야 한다(대판 1999.6.22. 99다7008).

3. 비권력 작용인 행정지도도 직무에 포함되는지 여부(긍정)

토지수용보상금을 공탁함에 있어서 토지소유권 이전에 필요한 일체의 서류를 반대급부로 제공할 것을 요구할 수 없는 경우에 위와 같은 반대급부를 제공할 것을 조건으로 하여 공탁함으로써 그 공탁이 보상금지급으로서의 효력을 발생하지 못하였고 이에 따라 토지수용재결이 토지수용법 제65조 소정의 '기업자가 수용시기까지 수용보상금을 지급 또는 공탁하지 아니한 때'에 해당하여 그 효력을 상실한 때에는, 그 토지의 소유권은 여전히 재결 전의 원래의 소유자에게 있는 것이고 기업자는 그 토지의 소유권을 취득한 바가 없으며 수용을 원인으로 한 기업자 명의의 소유권이전등기는 원인무효이다. … 국가배상법이 정한 배상청구의 요건인 '공무원의 직무'에는 권력적 작용만이 아니라 행정지도와 같은 비권력적 작용도 포함되며 단지 행정주체가 사경제주체로서 하는 활동만 제외되는 것이고(대법원 1994.9.30. 선고 94다11767 판결 등 참조), 기록에 의하여 살펴보면, 피고 및 그 산하의 강남구청은 이 사건 도시계획사업의 주무관청으로서 그 사업을 적극적으로 대행·지원하여 왔고 이 사건 공탁도 행정지도의 일환으로 직무수행으로서 행하였다고 할 것이므로, 비권력적 작용인 공탁으로 인한 피고의 손해배상책임은 성립할 수 없다는 상고이유의 주장은 이유가 없다(대판 1998.7.10. 96다38971). ⟨16. 지방 7급⟩

(3) 직무의 내용

공무원의 직무행위는 항고소송의 대상인 처분보다 넓은 개념이므로 권력적·비권력적, 법률행위·사실행위를 불문하고, 입법작용·사법(司法)작용도 포함된다. 따라서 행정행위뿐만 아니라 권력적 사실행위, 비권력적 사실행위도 포함된다. 권한의 불행사도 포함된다는 것에 이견이 없다. ⟨08. 지방 9급⟩

Winner's 비권력적 사실행위 : 행정처분 (×), 공무원 직무행위 (○)

(4) 부작위로 인한 손해

① 작위의무가 있을 것: 현행 「국가배상법」은 위법한 직무행위로 손해가 발생한 경우라고 규정하고 있으므로 부작위로 인하여 손해가 발생한 경우에는 부작위의 위법성이 인정되어야 한다. 그러기 위해서는 관계법상 작위의무가 인정되어야 하는데, 과거에는 행정편의주의를 근거로 행정청에게 재량권이 있으면 작위의무가 부정되었으나, 오늘날 재량의 0으로의 수축이론을 인정하고 있으므로 재량영역에서도 작위의무를 인정할 수 있게 되었다. 따라서 이제는 부작위로 인한 손해에 대해서도 국가배상은 가능하게 되었다. ⟨07. 국가 7급⟩

1. 경찰관에게 재량권이 부여되어 있는 경우 부작위가 위법할 수 있는지 여부(긍정)

경찰관직무집행법 제5조는 경찰관은 인명 또는 신체에 위해를 미치거나 재산에 중대한 손해를 끼칠 우려가 있는 위험한 사태가 있을 때에는 그 각 호의 조치를 취할 수 있다고 규정하여 형식상 경찰관에게 재량에 의한 직무수행권한을 부여한 것처럼 되어 있으나, 경찰관에게 그러한 권한을 부여한 취지와 목적에 비추어 볼 때 구체적인 사정에 따라 경찰관이 그 권한을 행사하여 필요한 조치를 취하지 아니하는 것이 현저하게 불합리하다고 인정되는 경우에는 그러한 권한의 불행사는 직무상의 의무를 위반한 것이 되어 위법하게 된다(대판 1998.8.25. 98다16890). 〈10. 지방 9급〉

2. 경찰관이 윤락업주를 체포하지 않은 것이 위법한 것인지 여부(긍정)

윤락녀들이 군산 윤락업소에 감금된 채로 윤락을 강요받으면서 생활하고 있음을 쉽게 알 수 있는 상황이었음에도, 경찰관이 이러한 감금 및 윤락강요행위를 제지하거나 윤락업주들을 체포·수사하는 등 필요한 조치를 취하지 아니하고 오히려 업주들로부터 뇌물을 수수하며 그와 같은 행위를 방치한 것은 경찰관의 직무상 의무에 위반하여 위법하므로 국가는 이로 인한 정신적 고통에 대하여 위자료를 지급할 의무가 있다(대판 2004.9.23. 2003다49009).

3. 지급보증서 제도에 관해 알려주지 않은 조치가 위법한 것인지 여부(부정)

갑이 경주보훈지청에 국가유공자에 대한 주택구입대부제도에 관하여 전화로 문의하고 대부신청서까지 제출하였으나, 담당 공무원에게서 주택구입대부금 지급을 보증하는 지급보증서제도에 관한 안내를 받지 못하여 대부제도 이용을 포기하고 시중은행에서 대출을 받아 주택을 구입함으로써 결과적으로 더 많은 이자를 부담하게 되었다고 주장하며 국가를 상대로 정신적 손해의 배상을 구한 사안에서, ~~담당 공무원이 갑에게 주택구입대부제도에 관한 전화상 문의에 응답하거나 대부신청서의 제출에 따른 대부금지급신청 안내문을 통지하면서 지급보증서제도에 관하여 알려주지 아니한 조치가 객관적 정당성을 결여하여 현저하게 불합리한 것으로서 고의 또는 과실로 법령을 위반하였다고 볼 수 없음에도, 담당 공무원에게 지급보증서제도를 안내하거나 설명할 의무가 있음을 전제로 그 위반에 대한 국가배상책임을 인정한 원심판결에 법리오해의 위법이 있다(대판 2012.7.26. 2010다95666). 〈18. 서울 9급〉

4. 주취운전자의 차량열쇠를 압수하지 않아서 사고가 발생한 경우의 배상책임(긍정)

경찰관의 주취운전자에 대한 권한 행사가 관계 법률의 규정 형식상 경찰관의 재량에 맡겨져 있다고 하더라도, 그러한 권한을 행사하지 아니한 것이 구체적인 상황하에서 현저하게 합리성을 잃어 사회적 타당성이 없는 경우에는 경찰관의 직무상 의무를 위배한 것으로서 위법하게 된다. 음주운전으로 적발된 주취운전자가 도로 밖으로 차량을 이동하겠다며 단속경찰관으로부터 보관중이던 차량열쇠를 반환받아 몰래 차량을 운전하여 가던 중 사고를 일으킨 경우, 국가배상책임을 인정한다(대판 1998.5.8. 97다54482). 〈24. 국가 9급〉

② 사익보호성이 있을 것: 현행 「국가배상법」은 직무행위의 위법성만 요건으로 규정하고 있으므로 관계법상 작위의무만 인정되면 국가배상이 가능한 것인지, 아니면 작위의무가 사익보호성이 인정되어야만 하는 것인지가 문제된다. 이러한 문제는 국가배상을 청구할 때에도 법적 보호이익과 반사적 이익의 구별이 필요한 것인지의 문제이다. 공권의 일반이론에 따라 사익보호성이 필요하다는 것이 통설·판례의 태도이다.

1. 국가배상을 청구하기 위하여 관계법상 의무가 개인의 안전과 이익을 보호하기 위한 것이어야 하는지 여부(긍정)

공무원에게 부과된 직무상 의무의 내용이 단순히 공공 일반의 이익을 위한 것이거나 행정기관 내부의 질서를 규율하기 위한 것이 아니고 전적으로 또는 부수적으로 사회구성원 개인의 안전과 이익을 보호하기 위하여 설정된 것이라면, 공무원이 그와 같은 직무상 의무를 위반함으로 인하여 피해자가 입은 손해에 대하여는 상당인과관계가 인정되는 범위 내에서 국가가 배상책임을 지는 것이고, 이때 상당인과관계의 유무를 판단함에 있어서는 일반적인 결과발생의 개연성은 물론 직무상 의무를 부과하는 법령 기타 행동규범의 목적이나 가해행위의 태양 및 피해의 정도 등을 종합적으로 고려하여야 할 것이다(대판 1993.2.12. 91다43466). 〈15. 국가 9급〉, 〈19. 국회 8급〉

2. 시설이 불량한 선박에 대해서 필요한 조치를 취하지 않고 운항하게 함으로써 사고가 발생한 경우 국가배상이 가능한지 여부(긍정)

선박안전법이나 유선및도선업법의 각 규정은 공공의 안전 외에 일반인의 인명과 재화의 안전보장도 그 목적으로 하는 것이라고 할 것이므로 국가 소속 선박검사관이나 시 소속 공무원들이 직무상 의무를 위반하여 시설이 불량한 선박에 대하여 선박중간검사에 합격하였다 하여 선박검사증서를 발급하고, 해당 법규에 규정된 조치를 취함이 없이 계속 운항하게 함으로써 화재사고가 발생한 것이라면, 화재사고와 공무원들의 직무상 의무위반행위와의 사이에는 상당인과관계가 있다(대판 1993.2.12. 91다43466). 〈06. 선관위 9급〉

(5) 입법작용으로 인한 손해 〈08. 지방 9급〉

① 위헌인 법률에 근거한 처분으로 인한 침해: 위헌으로 판성된 법률은 무효이므로 그에 근거한 처분은 위법하다. 그러나 행정공무원은 법령해석권이 없어서 과실이 인정되지 않으므로 국가의 배상책임을 인정하기 어렵다.

유죄판결의 선고 이후 근거법률이 위헌판결을 받았다는 사정만으로 국가배상책임이 발생하는지 여부(부정)

형벌에 관한 법령이 헌법재판소의 위헌결정으로 소급하여 효력을 상실하였거나 법원에서 위헌·무효로 선언된 경우, 그 법령이 위헌으로 선언되기 전에 그 법령에 기초하여 수사가 개시되어 공소가 제기되고 유죄판결이 선고되었더라도, 그러한 사정만으로 수사기관의 직무행위나 법관의 재판상 직무행위가 국가배상법 제2조 제1항에서 말하는 공무원의 고의 또는 과실에 의한 불법행위에 해당하여 국가의 손해배상책임이 발생한다고 볼 수는 없다(대판 2014.10.27. 2013다217962). 〈19. 지방 9급〉

② 위헌인 법률에 의한 침해: 구체적인 법집행행위를 매개로 하지 않고, 위헌인 법률이 직접 개인의 권익을 침해한 경우, 처분법규가 위헌이므로 위법성은 인정되나, 국회의원의 입법과정상의 과실을 인정하기가 어려우므로 국가의 배상책임을 인정하기 어렵다.

1. 헌법 문언에 명백히 위반되지 않는 입법행위의 위법성(부정)

우리 헌법이 채택하고 있는 의회민주주의하에서 국회는 다원적 의견이나 각가지 이익을 반영시킨 토론과정을 거쳐 다수결의 원리에 따라 통일적인 국가의사를 형성하는 역할을 담당하는 국가기관으로서 그 과정에 참여한 국회의원은 입법에 관하여 원칙적으로 국민 전체에 대한 관계에서 정치적 책임을 질 뿐 국민 개개인의 권리에 대응하여 법적 의무를 지는 것은 아니므로, 국회의원의 입법행위는 그 입법 내용이 헌법의 문언에 명백히 위반됨에도 불구하고 국회가 굳이 당해 입법을 한 것과 같은 특수한 경우가 아닌 한 국가배상법 제2조 제1항 소정의 위법행위에 해당된다고 볼 수 없다(대판 1997.6.13. 96다56115). 〈17. 국가 7급〉

⇒ 위법성이 아니라 과실을 부정하는 것이 타당하다는 비판이 있다.

2. 국회가 구체적인 입법의무를 이행하지 않는 예외적인 경우(인정 가능)

국가가 일정한 사항에 관하여 헌법에 의하여 부과되는 구체적인 입법의무를 부담하고 있음에도 불구하고 그 입법에 필요한 상당한 기간이 경과하도록 고의 또는 과실로 이러한 입법의무를 이행하지 아니하는 등 극히 예외적인 사정이 인정되는 사안에 한정하여 국가배상법 소정의 배상책임이 인정될 수 있으며, 위와 같은 구체적인 입법의무 자체가 인정되지 않는 경우에는 애당초 부작위로 인한 불법행위가 성립할 여지가 없다(대판 2008.5.29. 2004다33469).

Winner's 입법부작위로 인한 손해에 대한 배상책임 : 구체적 입법의무 (○), 일반적 입법의무 (×)

(6) 사법(司法)작용으로 인한 손해

판결이 상소나 재심에 의하여 번복된 경우에도 법관의 행위가 사실인정에 있어서 경험칙❶·채증법칙❷을 현저히 일탈하거나 그 양식이 의심스러운 정도의 과오를 범한 경우에 한하여 위법하게 될 수 있으므로 국가의 배상책임을 인정하기 어렵다.

용어설명 ❶ 경험칙 : 일상적인 경험으로부터 자연적으로 얻어지는 사물에 관한 지식이나 법칙
❷ 채증법칙 : 법원에서 증거자료를 선택하는 원칙

3. 고의·과실

(1) 의의

고의	일정한 결과발생을 알면서 하는 것을 말한다.
과실	일정한 결과발생의 가능성을 알고 있어야 함에도 부주의로 이를 알지 못한 것을 말한다.

1. 처분이 항고소송에서 취소되면 곧바로 고의 또는 과실이 인정되는지 여부(부정)

어떠한 행정처분이 후에 항고소송에서 취소되었다고 할지라도 그 기판력에 의하여 당해 행정처분이 곧바로 공무원의 고의 또는 과실로 인한 것으로서 불법행위를 구성한다고 단정할 수는 없는 것이고, 일반의 공무원을 표준으로 객관적 주의의무를 결하여 객관적 정당성을 상실하였다고 인정될 정도에 이른 경우에 국가배상책임의 요건이 충족된다(대판 2000.5.12. 99다70600). 〈13·17. 국가 9급〉

2. 권한의 불행사가 위법하면 특별한 사정이 없는 한 과실도 인정되는지 여부(긍정)

구 식품위생법(2005. 1. 27. 법률 제7374호로 개정되기 전의 것) 제7조, 제9조, 제10조, 제16조 등 관련 규정이 식품의약품안전청장 및 관련 공무원에게 합리적인 재량에 따른 직무수행 권한을 부여한 것으로 해석된다고 하더라도, 식품의약품안전청장 등에게 그러한 권한을 부여한 취지와 목적에 비추어 볼 때 구체적인 상황 아래에서 식품의약품안전청장 등이 그 권한을 행사하지 아니한 것이 현저하게 합리성을 잃어 사회적 타당성이 없는 경우에는 직무상 의무를 위반한 것이 되어 위법하게 된다. 그리고 위와 같이 식약청장등이 그 권한을 행사하지 아니한 것이 직무상 의무를 위반하여 위법한 것으로 되는 경우에는 특별한 사정이 없는 한 과실도 인정된다(대판 2010.9.9. 2008다77795). 〈11. 국가 7급〉

3. 최선의 조치를 취하지 않은 교도소 의무관에게 과실이 긍정되는지 여부(긍정)

교도소의 의무관은 교도소 수용자에 대한 진찰·치료 등의 의료행위를 하는 경우 수용자의 생명·신체·건강을 관리하는 업무의 성질에 비추어 환자의 구체적인 증상이나 상황에 따라 위험을 방지하기 위하여 요구되는 최선의 조치를 행하여야 할 주의의무가 있다. … 당뇨병 환자인 교도소 수용자가 당뇨병의 합병증인 당뇨병성 망막병증으로 인한 시력저하를 호소하였으나 교도소 의무관이 적절한 치료와 조치를 취하지 아니하여 수용자의 양안이 실명상태에 이르게 된 데 대하여 교도소 의무관의 주의의무 위반을 인정한다(대판 2005.3.10. 2004다65121).

4. 위조인장에 의한 인감증명서가 발급된 경우 담당 공무원의 과실이 인정되는지 여부(긍정)

인감증명은 인감 자체의 동일성과 거래행위자의 의사에 의한 것임을 확인하는 자료로서 일반인의 거래상 극히 중요한 기능을 갖고 있는 것이므로 인감증명사무를 처리하는 공무원으로서는 그것이 타인과의 권리의무에 관계되는 일에 사용 되어지는 것을 예상하여 그 발급된 인감으로 인한 부정행위의 발생을 방지할 직무상의 의무가 있다. … 위조인장에 의하여 타인 명의의 인감증명서가 발급되고 이를 토대로 소유권이전 등기가 경료된 부동산을 담보로 금전을 대여한 자가 손해를 입게 된 경우 인감증명 발급업무 담당 공무원의 직무집행상의 과실이 인정된다(대판 2004.3.26. 2003다54490). ⟨12. 국가 7급⟩

5. 콘도분양용 모델하우스에 대해서 과세처분 한 담당공무원의 과실이 있는지 여부(부정)

콘도분양용 모델하우스는 구 건축법(1999. 2. 8. 법률 제5895호로 개정되기 전의 것)상 건축허가를 받거나 건축신고를 하여야 하는 건축물이 아니고, 사용승인을 받아야 할 건축물에도 해당하지 아니하므로 위 모델하우스의 부속토지를 종합합산 과세대상 토지로 취급한 과세처분은 위법하고, 이는 신고한 가설건축물의 존치기간 만료 시까지 존치기간의 연장신고가 이루어지지 않았다고 하더라도 동일하다. … 존치기간이 경과한 콘도분양용 모델하우스를 위법 건축물로 판단하여 그 부속토지를 종합합산 과세대상 토지로 과세처분 한 담당공무원의 행위가 국가배상책임을 인정할 만한 과실에 해당한다고 볼 수 없다(대판 2004.6.11. 2002다31018).

6. 가스총을 근접 발사하여 실명하게 된 경우 경찰관에게 과실이 있는지 여부(긍정)

1) 경찰관은 범인의 체포 또는 도주의 방지, 타인 또는 경찰관의 생명·신체에 대한 방호, 공무집행에 대한 항거의 억제를 위하여 필요한 때에는 최소한의 범위 안에서 가스총을 사용할 수 있으나, 가스총은 통상의 용법대로 사용하는 경우 사람의 생명 또는 신체에 위해를 가할 수 있는 이른바 위해성 장비로서 그 탄환은 고무마개로 막혀 있어 사람에게 근접하여 발사하는 경우에는 고무마개가 가스와 함께 발사되어 인체에 위해를 가할 가능성이 있으므로, 이를 사용하는 경찰관으로서는 인체에 대한 위해를 방지하기 위하여 상대방과 근접한 거리에서 상대방의 얼굴을 향하여 이를 발사하지 않는 등 가스총 사용 시 요구되는 최소한의 안전수칙을 준수함으로써 장비 사용으로 인한 사고 발생을 미리 막아야 할 주의의무가 있다.

2) 경찰관이 난동을 부리던 범인을 검거하면서 가스총을 근접 발사하여 가스와 함께 발사된 고무마개가 범인의 눈에 맞아 실명한 경우 국가배상책임을 인정한다(대판 2003.3.14. 2002다57218).

Winner's 과실의 인정 여부

긍정	부정
① 최선의 조치를 취하지 않은 교도소 의무관 ② 위조인장에 의한 인감증명서가 발급된 경우 담당 공무원 ③ 가스총을 근접 발사하여 실명하게 한 경찰관	① 콘도분양용 모델하우스에 대해서 과세처분한 담당 공무원

(2) 판단대상

고의·과실은 가해행위를 한 공무원을 기준으로 판단하여야 하며, 국가 등 행정주체가 공무원을 선임·감독할 때 고의·과실이 있었는지 여부는 고려하지 않는다. 따라서 공무원의 과실이 인정되면 국가의 선임·감독상의 과실이 없더라도 국가는 배상책임을 지게 된다.

> **국가에게 과실이 없다는 것이 면책사유가 되는지 여부(부정)**
> 공무원이 그 직무를 행함에 당하여 고의 또는 과실로 법령에 위반하여 타인에게 손해를 가한 경우에 국가나 지방자치단체가 그 손해를 배상하는 것은 민법상의 사용자로서 그 배상책임을 부담하는 것이 아니므로 민법상 사용자의 면책사유인 피용자의 선임감독에 과실이 없었다는 것으로서는 본법상의 손해배상 책임을 면할 수 없다(대판 1970.6.30. 70다727). 〈10. 국가 9급〉

Winner's 고의·과실의 주체 : 가해 공무원 (○), 국가 (×)

(3) 과실의 객관화

고의·과실에 대한 입증책임은 원고인 국민이 지는 것이 원칙이다. 고의·과실을 주관적 책임요건으로 파악하면(대위책임설 입장) 피해자 구제차원에서 바람직하지 않으므로 과실관념을 객관화하려는 시도가 행해지고 있으나, 우리 판례상으로는 주의력의 객관화 이론만 인정되고 있다.
〈14. 서울 9급〉

주의력의 객관화 이론	과실을 판단할 때 가해 공무원의 주관적 능력으로 파악하는 것이 아니라, 동일직종의 평균적 공무원의 주의력을 표준으로 하는 이론이다.
조직과실이론	가해공무원을 특정하지 않고 국가배상책임을 긍정하는 이론이다. 독일에서 논의되는 이론이다.
국가작용의 흠 이론	주관적 책임요소로서의 과실을 엄격히 해석하지 않고, 공무원의 위법행위로 인한 국가작용의 흠이라는 정도로 완화시키려는 견해(김도창)이다.
위법성과 과실의 일원화 이론	위법성과 과실의 개념을 통합하여 위법성과 과실 중 어느 하나가 입증되면, 다른 요건은 당연히 인정되는 것으로 보는 이론으로서 입증책임의 완화를 주장한다.

Winner's 1) 주의의무의 정도를 판단하는 기준 : 가해 공무원 (×), 평균적 공무원 (○)
2) 위법성과 과실의 일원화 이론 : 입증책임의 완화 (○), 입증책임의 전환 (×)

(4) 법령해석과 과실

원칙	공무원은 법률전문가가 아니므로 법령해석을 잘못한 경우에도 과실이 없는 것이 원칙이다. 따라서 법령해석이 복잡한 경우 또는 법령해석이 복잡하지는 않지만 자신의 사무영역에서의 표준지식을 갖추고 있어도 쉽게 파악할 수 없는 경우에는 과실을 인정할 수 없다.

예외	법령해석이 복잡하지 않은 경우에 공무원이 자신의 사무영역에서 갖추고 있어야 할 표준적인 법령지식이 없어서 위법한 행위를 한 경우에는 과실이 인정될 수 있다. 〈08. 지방 9급〉

1. 법령해석이 복잡한 경우에도 공무원에게 과실이 인정되는지 여부(부정)

법령에 대한 해석이 복잡·미묘하여 워낙 어렵고, 이에 대한 학설·판례조차 귀일되지 못하여 의의가 없을 수 없는 경우에, 공무원이 그 나름대로 신중을 다하여 합리적인 근거를 찾아 그 중 어느 한 설을 취하여 내린 해석이 대법원이 가린바 된 그것과 같지 않아 결과적으로 잘못된 해석에 돌아가고, 그에 따른 처리가 역시 결과적으로 위법하게 되어 그 법령의 부당집행이란 결과를 빚었다고 하더라도 그와 같은 처리방법 이상의 것을 성실한 평균적 공무원에게 기대하기란 어려운 일이므로, 다른 특별한 사정이 없으면 그 한 설을 취한 처리가 공무원의 과실에 의한다고 일컬을 수 없다 할 것이다(대판 1973.10.10. 72다2583). 〈10. 국가 7급〉, 〈15. 서울 9급〉

2. 법령해석이 복잡하지 않은 경우에 행정공무원이 필요한 지식을 갖추지 못하여 법규해석을 그르친 경우 공무원에게 과실이 있는지 여부(긍정)

숙박업법 제5조 제2호는 숙박업자에 대하여 미성년자인 남녀의 혼숙을 금지하는 규정이라 볼 수 없고, 보건사회부 훈령 제211호는 숙박업법에 따른 명령 또는 처분이라고 볼 수 없을 뿐만 아니라 이 건 혼숙행위 후에 제정된 훈령이므로, 위 법 규정이나 위 훈령을 적용하여 한 영업허가처분 취소처분은 위법하다. 법령에 대한 해석이 복잡·미묘하여 워낙 어렵고, 이에 대한 학설·판례조차 귀일되어 있지 않는 등의 특별한 사정이 없는 한 일반적으로 공무원이 관계법규를 알지 못하거나 필요한 지식을 갖추지 못하고 법규의 해석을 그르쳐 행정처분을 하였다면, 그가 법률전문가 아닌 행정직 공무원이리고 하여 과실이 없다고는 할 수 없는바, 서울특별시 중구청장이 미성년자인 남녀의 혼숙행위를 이유로 숙박업영업허가를 취소하였다면 서울특별시는 국가배상법상의 손해배상책임이 있다(대판 1981.8.25. 80다1598). 〈13. 서울 7급〉, 〈15. 경찰행정 특채〉

3. 상여금 지급 지침에서 기간제교원을 제외한 경우에 국가배상책임이 인정되는지 여부(부정)

교육부장관이 갑 등을 비롯한 국·공립학교 기간제교원을 구 공무원수당 등에 관한 규정(2011. 7. 4. 대통령령 제23015호로 개정되기 전의 것, 이하 같다)에 따른 성과상여금 지급대상에서 제외하는 내용의 '교육공무원 성과상여금 지급 지침'을 발표한 사안에서, 위 지침에서 갑 등을 포함한 기간제교원을 성과상여금 지급대상에서 제외한 것은 구 공무원수당 등에 관한 규정 제7조의2 제1항의 해석에 관한 법리에 따른 것이므로, 국가가 갑 등에 대하여 불법행위로 인한 손해배상책임을 진다고 볼 수 없다(대판 2017.2.9. 2013다205778). 〈18. 서울 9급〉

4. 위법성

(1) 의의

공무원의 가해행위가 법령에 위반한 것으로서, 행위불법설과 결과불법설이 대립한다. 위법은 행위불법임을 전제로 하여 인권존중·권력남용금지·신의성실·공서양속 등의 위반을 포함하여 널리 그 행위가 객관적인 정당성을 결여하고 있는 행위를 의미한다(광의설). 따라서 국가배상에서의 위법은 항고소송에서의 위법보다는 넓은 것으로 파악한다. 〈12. 지방 9급〉

Winner's 위법의 범위 : 취소소송 (협의), 국가배상 (광의)

1. 객관적 정당성을 상실한 경우에도 국가배상이 가능한지 여부(긍정)

어떠한 행정처분이 후에 항고소송에서 취소되었다고 할지라도 그 기판력에 의하여 당해 행정처분이 곧바로 공무원의 고의 또는 과실로 인한 것으로서 불법행위를 구성한다고 단정할 수는 없는 것이고, 그 행정처분의 담당공무원이 보통 일반의 공무원을 표준으로 하여 볼 때 객관적 주의의무를 결하여 그 행정처분이 객관적 정당성을 상실하였다고 인정될 정도에 이른 경우에 국가배상법 제2조 소정의 국가배상책임의 요건을 충족하였다고 봄이 상당할 것이며, 이때에 객관적 정당성을 상실하였는지 여부는 피침해이익의 종류 및 성질, 침해행위가 되는 행정처분의 태양 및 그 원인, 행정처분의 발동에 대한 피해자측의 관여의 유무, 정도 및 손해의 정도 등 제반사정을 종합하여 손해의 전보책임을 국가 또는 지방자치단체에게 부담시켜야 할 실질적인 이유가 있는지 여부에 의하여 판단하여야 한다(대판 2000.5.12. 99다70600).

2. 50cc 오토바이에 대한 실탄 발사가 위법한지 여부(긍정)

경찰관은 범인의 체포, 도주의 방지, 자기 또는 타인의 생명·신체에 대한 방호, 공무집행에 대한 항거의 억제를 위하여 무기를 사용할 수 있으나, 이 경우에도 무기는 목적달성에 필요하다고 인정되는 상당한 이유가 있을 때 그 사태를 합리적으로 판단하여 필요한 한도 내에서 사용하여야 하는바 … 특히 사람에게 위해를 가할 위험성이 큰 권총의 사용에 있어서는 그 요건을 더욱 엄격하게 판단하여야 한다.… 50cc 소형 오토바이 1대를 절취하여 운전 중인 15~16세의 절도 혐의자 3인이 경찰관의 검문에 불응하며 도주하자, 경찰관이 체포 목적으로 오토바이의 바퀴를 조준하여 실탄을 발사하였으나 오토바이에 타고 있던 1인이 총상을 입게 된 경우 제반 사정에 비추어 경찰관의 총기사용이 사회통념상 허용범위를 벗어나 위법하다(대판 2004.5.13. 2003다57956).

3. 성폭력범죄의 피해자의 인적사항 등을 공개 또는 누설한 경우 국가의 배상책임(긍정)

「성폭력범죄의 처벌 및 피해자보호 등에 관한 법률」 제21조는 성폭력범죄의 수사 또는 재판을 담당하거나 이에 관여하는 공무원에 대하여 피해자의 인적사항과 사생활의 비밀을 엄수할 직무상 의무를 부과하고 있고, 이는 주로 성폭력범죄 피해자의 명예와 사생활의 평온을 보호하기 위한 것이므로, 성폭력범죄의 수사를 담당하거나 수사에 관여하는 경찰관이 위와 같은 직무상 의무에 반하여 피해자의 인적사항 등을 공개 또는 누설하였다면 국가는 그로 인하여 피해자가 입은 손해를 배상하여야 한다(대판 2008.6.12. 2007다64365).
〈14. 국가 7급〉

4. 헌법재판소 재판관이 청구기간을 오인하여 발생한 손해에 대한 국가배상 여부(긍정)

원고는 이 사건 헌법소원심판청구를 적법한 청구기간 내인 1994. 11. 4. 제기하였는데 헌법재판소 재판관이 그 청구서 접수일을 같은 달 14.로 오인하여 청구기간이 도과하였음을 이유로 이를 각하하는 결정을 하여 법률의 규정을 따르지 아니한 잘못을 하였음을 알 수 있는바, … 위와 같은 잘못은 법이 헌법재판소 재판관의 직무수행상 준수할 것을 요구하고 있는 기준을 현저하게 위반한 경우에 해당하여 국가배상책임을 인정하는 것이 상당하다고 하지 않을 수 없다(대판 2003.7.11. 99다24218).
〈10. 국가 9급〉

5. 토지형질변경허가권자에게 사업자로 하여금 위해방지시설을 설치하게 할 의무가 있는지 여부(긍정)

구 도시계획법(2000. 1. 28. 법률 제6243호로 전문 개정되기 전의 것), 구 도시계획법 시행령(2000. 7. 1. 대통령령 제16891호로 전문 개정되기 전의 것), 토지의형질변경등행위허가기준등에관한규칙 등의 관련

규정의 취지를 종합하여 보면, 시장 등은 토지형질변경허가를 함에 있어 허가지의 인근 지역에 토사붕괴나 낙석 등으로 인한 피해가 발생하지 않도록 허가를 받은 자에게 옹벽이나 방책을 설치하게 하거나 그가 이를 이행하지 아니할 때에는 스스로 필요한 조치를 취하는 직무상 의무를 진다고 해석되고, … 토석채취공사 도중 경사지를 굴러 내린 암석이 가스저장시설을 충격하여 화재가 발생한 사안에서, 토지형질변경허가권자에게 허가 당시 사업자로 하여금 위해방지시설을 설치하게 할 의무를 다하지 아니한 위법과 작업 도중 구체적인 위험이 발생하였음에도 작업을 중지시키는 등의 사고예방조치를 취하지 아니한 위법이 있다(대판 2001.3.9. 99다64278). 〈12. 국가 7급〉

6. 개명한 경우 관계기관으로 하여금 진위 여부를 재확인할 수 있도록 할 직무상의 의무가 있는지 여부(긍정)

주민등록사무를 담당하는 공무원으로서는 만일 개명과 같은 사유로 주민등록상의 성명을 정정한 경우에는 위에서 본 바와 같은 법령의 규정에 따라 반드시 본적지의 관할관청에 대하여 그 변경사항을 통보하여 본적지의 호적관서로 하여금 그 정정사항의 진위를 재확인할 수 있도록 할 직무상의 의무가 있다고 할 것이고, … 주민등록사무를 담당하는 공무원이 개명으로 인한 주민등록상 성명정정을 본적지 관할관청에 통보하지 아니한 직무상 의무위배행위와 갑과 같은 이름으로 개명허가를 받은 듯이 호적등본을 위조하여 주민등록상 성명을 위법하게 정정한 을이 갑의 부동산에 관하여 불법적으로 근저당권 설정등기를 경료함으로써 갑이 입은 손해 사이에는 상당인과관계가 있다(대판 2003.4.25. 2001다59842). 〈12. 국가 7급〉

7. 무죄판결이 있으면 검사의 공소제기가 당연히 위법한 것인지 여부(부정)

검사는 수사기관으로서 피의사건을 조사하여 진상을 명백히 하고, 죄를 범하였다고 의심할 만한 상당한 이유가 있는 피의자에게 증거 인멸 및 도주의 염려 등이 있을 때에는 법관으로부터 영장을 발부받아 피의자를 구속할 수 있으며, 나아가 수집·조사된 증거를 종합하여 객관적으로 볼 때, 피의자가 유죄판결을 받을 가능성이 있는 정도의 혐의를 가지게 된 데에 합리적인 이유가 있다고 판단될 때에는 피의자에 대하여 공소를 제기할 수 있으므로 그 후 형사재판 과정에서 범죄사실의 존재를 증명함에 충분한 증거가 없다는 이유로 무죄판결이 확정되었다고 하더라도 그러한 사정만으로 바로 검사의 구속 및 공소제기가 위법하다고 할 수 없고, 그 구속 및 공소제기에 관한 검사의 판단이 그 당시의 자료에 비추어 경험칙이나 논리칙상 도저히 합리성을 긍정할 수 없는 정도에 이른 경우에만 그 위법성을 인정할 수 있다(대판 2002.2.22. 2001다23447). 〈17. 국가 7급〉

8. 검사가 무죄판결의 결정적 증거를 은폐한 경우 국가배상이 인정될 수 있는지 여부(긍정)

강도강간의 피해자가 제출한 팬티에 대한 국립과학수사연구소의 유전자검사결과 그 팬티에서 범인으로 지목되어 기소된 원고나 피해자의 남편과 다른 남자의 유전자형이 검출되었다는 감정결과를 검사가 공판과정에서 입수한 경우 그 감정서는 원고의 무죄를 입증할 수 있는 결정적인 증거에 해당하는데도 검사가 그 감정서를 법원에 제출하지 아니하고 은폐하였다면 검사의 그와 같은 행위는 위법하다고 보아 국가배상책임을 인정한다(대판 2002.2.22. 2001다23447).

(2) 인정범위

① 행정규칙위반: 행정규칙은 법규성이 부정되므로 행정규칙을 위반하더라도 위법하지 않은 것이 원칙이나, 국가배상소송에서는 위법의 개념을 광의로 파악하므로 위법하다고 볼 여지가 있다. 하급기관이나 하급공무원이 합리적 사유 없이 객관적 기준인 행정규칙을 위반

하여 특정인에게 불리한 처분을 하게 된다면 그것은 객관적인 정당성을 결여한 것이므로 다수설은 위법한 것으로 인정한다. 다만 판례는 부정하는 경향인 것으로 보인다. 〈04. 국회 8급〉

> **행정규칙을 위반한 것이 위법에 포함되는지 여부(부정)**
> 국가배상법 제2조에 이른바 '법령에 위반하여'라 함은 일반적으로 위법행위를 함을 말하는 것이고, 단순한 행정적인 내부규칙에 위배하는 것을 포함하지 아니한다(대판 1973.1.30. 72다2062).

Winner's 행정규칙을 위반한 행위의 위법성 인정 여부 : 다수설 (○), 판례 (×)

② 부당한 재량처분: 단순히 재량을 그르친 부당한 행위에 대해서는 그 부당성을 판단할 수 있는 객관적 기준이 없으므로 광의설을 취하는 경우에도 위법하다고 보기 어렵다.

(3) 선결문제의 판단

국가배상사건은 실무상 민사사건으로 취급되고 있으며, 공무원행위의 위법 여부가 선결문제가 된다. 위법에는 무효인 경우뿐만 아니라 취소할 수 있는 행위도 포함되므로 수소(受訴)법원인 민사법원 스스로 판단할 수 있다는 것이 통설·판례이다.

(4) 입증책임

위법성이 인정되면 원고가 국가배상을 받는 것이므로 그 입증책임은 원고가 진다는 것이 일반적 견해이다(김남진, 류지태). 다만, 피해자는 가해행위를 입증하면 충분하고 위법성까지 입증할 필요는 없다는 견해가 있다(박윤흔).

5. 타인

가해자인 공무원 및 그에 가담한 자 이외의 모든 자를 말한다. 동일 또는 동종의 기관에 근무하는 공무원도 타인에 해당할 수 있으며, 군인 등도 원칙적으로 포함된다.

6. 손해의 발생

법익침해의 결과로서 나타난 불이익으로서, 가해행위와 인과관계가 인정되는 것이어야 한다. 재산적·비재산적 손해, 적극적·소극적 손해❶가 모두 포함되며, 위자료도 포함된다.

> **용어설명** ❶ 소극적 손해 : 타인의 불법행위가 없었다면 가질 수 있었던 이익. 일실(逸失)손실이라고도 한다.

> **1. 담당 공무원이 「식품위생법」상 조치를 게을리한 행위와 화재로 인한 사망 사이에 상당인과관계가 있는지 여부(부정)**
> 유흥주점에 감금된 채 윤락을 강요받으며 생활하던 여종업원들이 유흥주점에 화재가 났을 때 미처 피신하지 못하고 유독가스에 질식해 사망한 사안에서, 지방자치단체의 담당 공무원이 위 유흥주점의 용도변경, 무허가 영업 및 시설기준에 위배된 개축에 대하여 시정명령 등 식품위생법상 취하여야 할 조치를 게을리한 직무상 의무위반행위와 위 종업원들의 사망 사이에 상당인과관계가 존재하지 않는다(대판 2008.4.10. 2005다48994). 〈14. 지방 9급〉

> **2. 소방공무원이 소방점검을 게을리한 행위와 화재로 인한 사망 사이에 상당인과관계가 있는지 여부(긍정)**
> 유흥주점에 감금된 채 윤락을 강요받으며 생활하던 여종업원들이 유흥주점에 화재가 났을 때 미처 피신하지 못하고 유독가스에 질식해 사망한 사안에서, 소방공무원이 위 유흥주점에 대하

여 화재 발생 전 실시한 소방점검 등에서 구 소방법상 방염 규정 위반에 대한 시정조치 및 화재 발생시 대피에 장애가 되는 잠금장치의 제거 등 시정조치를 명하지 않은 직무상 의무 위반은 현저히 불합리한 경우에 해당하여 위법하고, 이러한 직무상 의무 위반과 위 사망의 결과 사이에 상당인과관계가 존재한다(대판 2008.4.10. 2005다48994). 〈19. 서울 9급〉

> **Winner's** 화재사고에 대한 인과관계 : 담당공무원 (×), 소방공무원 (○)

3. 적법한 송달로 가장한 우편집배원의 직무상 의무위반과 집행채권자의 손해 사이에 상당인과관계가 존재하는지 여부(긍정)

1) 특별송달우편물의 배달업무에 종사하는 우편집배원으로서는 압류 및 전부명령 결정 정본에 대하여 적법한 송달이 이루어지지 아니할 경우에는 법령에 정해진 일정한 효과가 발생하지 못하고 그로 인하여 국민의 권리 실현에 장애를 초래하여 당사자가 불측의 피해를 입게 될 수 있음을 충분히 예견할 수 있다고 봄이 상당하다.

2) 우편집배원이 압류 및 전부명령 결정 정본을 특별송달하는 과정에서 민사소송법을 위반하여 부적법한 송달을 하고도 적법한 송달을 한 것처럼 우편송달보고서를 작성하여 압류 및 전부의 효력이 발생한 것과 같은 외관을 형성시켰으나, 실제로는 압류 및 전부의 효력이 발생하지 아니하여 집행채권자로 하여금 피압류채권을 전부받지 못하게 함으로써 손해를 입게 한 경우에는, 우편집배원의 위와 같은 직무상 의무위반과 집행채권자의 손해 사이에는 상당인과관계가 있다고 봄이 상당하고, 국가는 국가배상법에 의하여 그 손해에 대하여 배상할 책임이 있다(대판 2009.7.23. 2006다87798). 〈19. 국회 8급〉

4. 국가배상책임이 성립하기 위하여서는 구체적 손해가 발생하여야 하는지 여부(긍정)

갑 도지사가 도에서 설치·운영하는 을 지방의료원을 폐업하겠다는 결정을 발표하고 그에 따라 폐업을 위한 일련의 조치가 이루어진 후 을 지방의료원을 해산한다는 내용의 조례를 공포하고 을 지방의료원의 청산절차가 마쳐진 사안에서, … 국가배상책임이 성립하기 위해서는 공무원의 직무집행이 위법하다는 점만으로는 부족하고, 그로 인해 타인의 권리·이익이 침해되어 구체적 손해가 발생하여야 한다 (대판 2016.8.30. 2015두60617). 〈19. 국회 8급〉

3 배상책임

1. 배상책임자

(1) 배상책임의 주체

「국가배상법」상 배상책임은 가해 공무원이 소속된 '국가나 지방자치단체'가 진다.

> **Winner's** 배상책임의 주체 : 서울시장 (×), 서울시 (○)

(2) 헌법과의 관계

① 문제점: 헌법에서는 '국가 또는 공공단체'가 배상책임을 진다고 규정되어 있는데(제29조 제1항), 「국가배상법」에서는 '국가 또는 지방자치단체'가 책임을 지게 되어 있어서 배상책임자를 '지방자치단체'로 한정하고 있으므로 위헌 여부가 문제된다. 〈06. 국가 9급〉, 〈07. 국가 7급〉

> **Winner's** 국가배상법상 배상책임자 : 공공단체 (×), 지방자치단체 (○)

② 학설

위헌설	'지방자치단체'라는 규정을 열거적 규정으로 해석하여, 지방자치단체 이외의 공공단체에 대해서는 국가배상소송을 청구할 수 없어서 위헌이라는 견해(홍정선, 홍준형)이다.
합헌설 (다수설)	㉠ 예시설: '지방자치단체'를 예시적 규정으로 해석하여, 지방자치단체 이외의 공공단체에 대해서도 국가배상소송을 청구할 수 있으므로 합헌이라는 견해이다. ㉡ 열거설: '지방자치단체'를 열거적 규정으로 해석하더라도 헌법규정의 취지는 모든 공공단체가 동일한 법률에 따라 배상하여야 한다는 취지는 아니므로, 지방자치단체 이외의 공공단체에 대해서는 「민법」에 의한 배상청구가 가능하기 때문에 합헌이 될 수 있다는 견해(김남진, 박윤흔)이다.

③ 검토: 「국가배상법」상 지방자치단체만을 규정한 것 자체를 위헌으로 단정하기는 어렵다. 그러나 현실적으로 지방자치단체 이외의 공공단체에 대한 배상청구는 「민법」에 의할 수밖에 없다.

(3) 선임·감독자와 비용부담자가 다른 경우

> 〈국가배상법〉 제6조(비용부담자 등의 책임) ① 제2조·제3조 및 제5조에 따라 국가나 지방자치단체가 손해를 배상할 책임이 있는 경우에 공무원의 선임·감독 또는 영조물의 설치·관리를 맡은 자와 공무원의 봉급·급여, 그 밖의 비용 또는 영조물의 설치·관리 비용을 부담하는 자가 동일하지 아니하면 그 비용을 부담하는 자도 손해를 배상하여야 한다.
> ② 제1항의 경우에 손해를 배상한 자는 내부관계에서 그 손해를 배상할 책임이 있는 자에게 구상할 수 있다.

① 선택적 청구: 공무원의 선임·감독자와 비용부담자가 서로 다른 경우(㉮ 기관위임사무)에는 비용부담자도 책임을 지도록 규정되어 있으므로(국배법 제6조 제1항) 피해자는 선택적으로 청구할 수 있다. 이는 피해자의 피고선택의 부담을 완화해 주기 위한 것이다. 〈14. 사회복지 9급〉

선임·감독자	그 사무의 귀속주체를 의미한다(㉮ 국가사무가 기관위임된 경우의 국가).
비용부담자	㉠ 대외적으로 비용을 지출하는 형식적 비용부담자만 포함된다는 견해(형식적 비용부담자설), ㉡ 실질적 비용부담자도 포함된다는 견해(병합설)가 대립하는데 적어도 형식적 비용부담자가 포함된다는 것에는 이견이 없다.

1. 국가사무가 지방자치단체의 장에게 위임된 경우 지방자치단체도 배상할 책임이 있는지 여부(긍정)
지방자치단체의 장이 기관위임된 국가행정사무를 처리하는 경우 그에 소요되는 경비의 실질적·궁극적 부담자는 국가라고 하더라도 당해 지방자치단체는 국가로부터 내부적으로 교부된 금원으로 그 사무에 필요한 경비를 대외적으로 지출하는 자이므로, 이러한 경우 지방자치단체는 국가배상법 제6조 제1항 소정의 비용부담자로서 공무원의 불법행위로 인한 위 법에 의한 손해를 배상할 책임이 있다고 할 것이다. 따라서 이 사건에 관하여 살펴보면, 위 감차처분 및 개별운송사업면허처분에 관련된 사무가 천안시장에게 재위임된 국가행정사무이어서 위 법 제2조에 의한 공무원의 선임·감독자로서의 손해배상책임은 국가에 있다고 하더라도, 위 사무에 소요되는 경비는 피고 시가 지출하였을 것이므로, 천안시장이 위 사무를 처리함에 있어서 원고의 주장과 같은 불법행위를 저질렀다면, 천안시는 위 법 제6조 제1항 소정의 비용부담자로서 이로 인한 손해를 배상할 책임이 있는 것이다(대판 1994.12.9. 94다38137).

2. 비용부담자에 적어도 대외적으로 비용을 부담하는 자가 포함되는지 여부(긍정)

국가배상법 제6조 제1항 소정의 '공무원의 봉급·급여 기타의 비용'이란 공무원의 인건비만을 가리키는 것이 아니라 당해 사무에 필요한 일체의 경비를 의미한다고 할 것이고, 적어도 대외적으로 그러한 경비를 지출하는 자는 경비의 실질적·궁극적 부담자가 아니더라도 그러한 경비를 부담하는 자에 포함된다. 구 지방자치법(1988. 4. 6. 법률 제4004호로 전문개정되기 전의 것) 제131조(현행 제132조), 구 지방재정법(1988. 4. 6. 법률 제4006호로 전문개정되기 전의 것) 제16조 제2항(현행 제18조 제2항)의 규정상, 지방자치단체의 장이 기관위임된 국가행정사무를 처리하는 경우 그에 소요되는 경비의 실질적·궁극적 부담자는 국가라고 하더라도 당해 지방자치단체는 국가로부터 내부적으로 교부된 금원으로 그 사무에 필요한 경비를 대외적으로 지출하는 자이므로, 이러한 경우 지방자치단체는 국가배상법 제6조 제1항 소정의 비용부담자로서 공무원의 불법행위로 인한 같은 법에 의한 손해를 배상할 책임이 있다(대판 1994.12.9. 94다38137).

3. 국가사무가 도지사에게 기관위임된 경우 국가가 사무주체인지 여부(긍정)

지방자치단체의 장의 직무상 위법행위에 대한 손해배상책임은 다른 사정이 없는 이상 자치단체의 집행기관으로서의 직무에 대하여는 자치단체가 책임을 지나, 국가로부터 자치단체에 시행하는 국가행정사무를 위임받아 행하는, 국가의 보통지방행정 기관으로서의 직무에 대하여는 국가가 그 책임을 진다. 따라서 경기도지사가 행하는 공유수면 매립에 관한 사무는 국가행정기관으로서의 사무라고 할 것이니 경기도는 그 직무상의 위법행위에 대한 책임이 없다(대판 1981.11.24. 80다2303).

② 최종적 책임자에 대한 구상권: 피해자의 청구에 대하여 손해를 배상한 자는 내부적으로 배상할 책임이 있는 자에게 구상(求償)을 청구할 수 있다(국배법 제6조 제2항). 최종적 책임자가 누구를 의미하는지에 대해서는 학설이 대립한다.

학설	관리자부담설 (통설)	특별한 규정이 없는 한 사무의 귀속주체인 선임·감독자라는 견해(김동희, 홍정선)
	비용부담자설	비용에는 이상시(異常時)의 비용인 배상책임도 포함되므로 비용부담자를 의미하고, 형식적 비용부담자와 실질적 비용부담자가 다른 경우에는 실질적 비용부담자가 책임을 진다는 견해(일본 통설)
	기여도설	각자가 기여한 정도에 비례하여 책임을 진다는 견해(김남진)
판례		명확하지 않으나 기여도설에 입각한 판례가 있기도 하다.

내부적 부담부분에 따라 책임을 질 수 있는지 여부(긍정)

광역시와 국가 모두가 도로의 점유자 및 관리자, 비용부담자로서의 책임을 중첩적으로 지는 경우에는, 광역시와 국가 모두가 국가배상법 제6조 제2항 소정의 궁극적으로 손해를 배상할 책임이 있는 자라고 할 것이고, 결국 광역시와 국가의 내부적인 부담 부분은, 그 도로의 인계·인수 경위, 사고의 발생 경위, 광역시와 국가의 그 도로에 관한 분담비용 등 제반 사정을 종합하여 결정함이 상당하다 (대판 1998.7.10. 96다42819).

⇒ 기여도설에 입각한 판례이다.

2. 손해배상액

(1) 배상금액

배상금액은 가해행위와 상당인과관계에 있는 모든 손해를 정당한 가격으로 환산한 가액으로 한다. '상당인과관계'라 함은 보통 그러한 행위가 있으면 보통 그러한 손해가 발생한다는 정도의 관련성을 의미한다.

(2) 배상기준

과거에는 배상액을 산정하기 곤란한 생명·신체에 대한 침해에 대해서만 배상기준을 정하고 있었으나, 현행법은 모든 손해에 대해서 배상기준을 정하고 있다. 배상기준의 성격에 대해서는 학설이 대립한다. 〈06. 국가 9급〉

기준액설 (다수설·판례)	구체적 사안에서의 불균형 방지를 위한 기준에 불과하다고 보는 견해이다.
한도액설	배상의 범위를 명백히 하여 사후의 분쟁을 방지하기 위한 상한선으로 보는 견해이다.

배상기준이 배상액의 상한선에 해당하는지 여부(부정)

손해배상기준은 배상심의회의 배상금 지급기준을 정함에 있어서 하나의 기준이 되는 것에 지나지 아니하는 것이고, 이로써 손해배상액의 상한을 제한한 것으로는 볼 수 없다(대판 1980.12.9. 80다1828).

(3) 중간이자 공제방식

'중간이자'란 배상액으로부터 공제하는 금액을 말한다(⑩ 사람이 사망한 경우에 살아 있었더라면 지불하는 비용). 과거에는 복할인법(라이프니츠식)에 의하고 있었으나, 피해자에게 불리한 것이라는 이유로 현행법은 법령을 개정하여(국배법 제3조의2, 동법 시행령 제6조 제3항) 단할인법(호프만식)으로 변경하였다.

3. 군인 등에 대한 특례(이중배상 제한)

(1) 의의

군인·군무원·경찰공무원 또는 예비군대원이 전투·훈련 등 직무집행과 관련하여 전사·순직하거나 공상을 입은 경우에 본인이나 그 유족이 다른 법령에 따라 재해보상금·유족연금·상이연금 등의 보상을 지급받을 수 있을 때에는 국가배상을 청구할 수 없다는 것을 말한다. 다만 유족 자신의 위자료 청구권은 독립적으로 인정하고 있다(25.2.7. 시행).

Winner's 이중배상 제한규정이 적용되는 군인 등의 의미 : 가해자 (×), 피해자 (○)

〈헌법〉 제29조 ② 군인·군무원·경찰공무원 기타 법률이 정하는 자가 전투·훈련 등 직무집행과 관련하여 받은 손해에 대하여는 법률이 정하는 보상 외에 국가 또는 공공단체에 공무원의 직무상 불법행위로 인한 배상은 청구할 수 없다.

〈국가배상법〉 제2조(배상책임) ① 국가나 지방자치단체는 공무원 또는 공무를 위탁받은 사인(이하 '공무원'이라 한다)이 직무를 집행하면서 고의 또는 과실로 법령을 위반하여 타인에게 손해를 입히거나, 「자동차손해배상 보장법」에 따라 손해배상의 책임이 있을 때에는 이 법에 따라 그 손해를 배상하여야 한다.

> 다만, 군인·군무원·경찰공무원 또는 예비군대원이 전투·훈련 등 직무집행과 관련하여 전사(戰死)·순직(殉職)하거나 공상(公傷)을 입은 경우에 본인이나 그 유족이 다른 법령에 따라 재해보상금·유족연금·상이연금 등의 보상을 지급받을 수 있을 때에는 이 법 및 「민법」에 따른 손해배상을 청구할 수 없다.
> ③ 제1항 단서에도 불구하고 전사하거나 순직한 군인·군무원·경찰공무원 또는 예비군대원의 유족은 자신의 정신적 고통에 대한 위자료를 청구할 수 있다.

(2) 위헌 여부

이중배상 제한제도는 고도의 위험성이 수반되는 직무에 대해서는 별도의 사회보장적 보상제도를 마련하여 이중으로 배상받는 것을 방지함으로써 재정적 부담을 덜기 위한 것이다. 그러나 사회보장적 보상과 불법행위로 인한 배상제도는 서로 다른 제도이므로 이중배상이라고 볼 수 없다는 점에서 헌법상 평등원칙에 위반될 가능성이 많다. 다만, 형식적으로는 헌법 자체가 이를 규정하고 있으므로 위헌이 아니라는 것이 헌법재판소의 판례의 입장이다(2000헌바38).

(3) 적용요건

① 군인 등이 피해자에 해당할 것 : 헌법은 '군인·군무원·경찰공무원 기타 법률이 정하는 자(헌법 제29조 제1항)'로 규정하고 있고, 「국가배상법」은 기타 법률이 정하는 자로서 '예비군대원'을 추가하였다(국배법 제2조 제1항). 판례상으로는 향토예비권대원(94헌바20)과 전투경찰순경(94헌마118)은 군인 등에 포함하였으나, 공익근무요원(97다4036)과 교도소 경비교도(97다45914)는 포함하지 않았다. 〈11. 지방 7급〉

Winner's 판례상 군인 등의 범위 : 전투경찰순경 (○), 향토예비군 (○), 공익근무요원 (×), 경비교도 (×)

② 전투·훈련 등 직무집행과 관련성이 있을 것: 전투·훈련 등 직무집행과 관련하여 전사(戰死)·순직(殉職)하거나 공상(公傷)을 입은 경우여야 한다. 과거 「국가배상법」에서 '기타 직무집행'으로 규정하였으나, 그 범위를 확대하는 것은 바람직하지 않으므로 현행법은 '전투·훈련 등 직무집행'으로 개정하여 그 범위를 한정하였다. 그럼에도 불구하고 최근 일반적인 직무집행을 포함하는 판례가 등장하고 있으므로 비판을 받고 있다.

> **1. 경찰서 숙직실에서 순직한 경우 배상청구(긍정 – 전투·훈련 등 직무집행으로 한정)**
> 경찰서 지서의 숙직실은 국가배상법 제2조 제1항 단서에서 말하는 전투·훈련에 관련된 시설이라고 볼 수 없으므로 위 숙직실에서 순직한 경찰공무원의 유족들은 국가배상법 제2조 제1항 본문에 의하여 국가배상법 및 민법의 규정에 의한 손해배상을 청구할 권리가 있다(대판 1979.1.30. 77다2389 전합).
> 〈11. 지방 7급〉
>
> **2. 순찰차에서 사망한 경우 배상청구(부정 – 일반 직무집행으로 확대)**
> 경찰공무원이 낙석사고 현장 주변 교통정리를 위하여 사고현장 부근으로 이동하던 중 대형 낙석이 순찰차를 덮쳐 사망하자, 도로를 관리하는 지방자치단체가 국가배상법 제2조 제1항 단서에 따른 면책을 주장한 사안에서, 경찰공무원 등이 '전투·훈련 등 직무집행과 관련하여' 순직 등을 한 경우 같은 법 및 민법에 의한 손해배상책임을 청구할 수 없다고 정한 국가배상법 제2조 제1항 단서의 면책조항은 구 국가배상법(2005. 7. 13. 법률 제7584호로 개정되기 전의 것) 제2조 제1항 단서의 면책조

항과 마찬가지로 전투·훈련 또는 이에 준하는 직무집행뿐만 아니라 '일반 직무집행'에 관하여도 국가나 지방자치단체의 배상책임을 제한하는 것이다(대판 2011.3.10. 2010다85942). 〈19. 국회 8급〉

Winner's 국가의 배상책임 인정 여부 : 경찰서 숙직실 (○), 순찰차 (×)

③ 다른 법령에 따른 보상을 받을 수 있을 것: 군인 등도 타인에 포함되므로 국가배상을 청구할 수 있는 것이 원칙이나, 다른 법령에 따라 보상을 받을 수 있는 경우에 한하여 국가배상이 제한된다.

1. 국가배상을 받은 이후에 보훈보상자법상 보훈급여금을 지급받을 수 있는지 여부(긍정)

전투·훈련 등 직무집행과 관련하여 공상을 입은 군인·군무원·경찰공무원 또는 향토예비군대원이 먼저 국가배상법에 따라 손해배상금을 지급받은 다음 보훈보상대상자 지원에 관한 법률(이하 '보훈보상자법'이라 한다)이 정한 보상금 등 보훈급여금의 지급을 청구하는 경우, 국가배상법 제2조 제1항 단서가 명시적으로 '다른 법령에 따라 보상을 지급받을 수 있을 때에는 국가배상법 등에 따른 손해배상을 청구할 수 없다'고 규정하고 있는 것과 달리 보훈보상자법은 국가배상법에 따른 손해배상금을 지급받은 자를 보상금 등 보훈급여금의 지급대상에서 제외하는 규정을 두고 있지 않은 점, … 등에 비추어, 국가보훈처장은 국가배상법에 따라 손해배상을 받았다는 사정을 들어 보상금 등 보훈급여금의 지급을 거부할 수 없다(대판 2017.2.3. 2015두60075). 〈19. 서울 9급〉, 〈23. 국가 9급〉

2. 국가배상을 받은 이후에 국가유공자법상 보훈급여금을 지급받을 수 있는지 여부(긍정)

전투·훈련 등 직무집행과 관련하여 공상을 입은 군인 등이 먼저 국가배상법에 따라 손해배상금을 지급받은 다음 구 국가유공자법이 정한 보상금 등 보훈급여금의 지급을 청구하는 경우 피고로서는 다음과 같은 사정에 비추어 국가배상법에 따라 손해배상을 받았다는 사정을 들어 보상금 등 보훈급여금의 지급을 거부할 수 없다고 보아야 한다(대판 2017.2.3. 2014두40012). 〈19. 국가 9급〉

3. 국가배상을 받은 이후에 군인연금법상 사망보상금을 지급받을 수 있는지 여부(부정)

다른 법령에 따라 지급받은 급여와의 조정에 관한 조항을 두고 있지 아니한 보훈보상대상자 지원에 관한 법률과 달리, 군인연금법 제41조 제1항은 "다른 법령에 따라 국가나 지방자치단체의 부담으로 이 법에 따른 급여와 같은 종류의 급여를 받은 사람에게는 그 급여금에 상당하는 금액에 대하여는 이 법에 따른 급여를 지급하지 아니한다."라고 명시적으로 규정하고 있다. 나아가 군인연금법이 정하고 있는 급여 중 사망보상금(군인연금법 제31조)은 일실손해의 보전을 위한 것으로 불법행위로 인한 소극적 손해배상과 같은 종류의 급여라고 봄이 타당하다. 따라서 피고에게 군인연금법 제41조 제1항에 따라 원고가 받은 손해배상금 상당 금액에 대하여는 사망보상금을 지급할 의무가 존재하지 아니한다(대판 2018.7.20. 2018두36691). 〈23. 지방 9급〉

4. 「군인연금법」상 사망보상금에서 정신적 손해배상금까지 공제할 수 있는지 여부(부정)

군 복무 중 사망한 망인의 유족이 국가배상을 받은 경우 피고는 사망보상금에서 소극적 손해배상금 상당액을 공제할 수 있을 뿐, 이를 넘어 정신적 손해배상금 상당액까지 공제할 수는 없다(대판 2022.3.31. 2019두36711). 〈24. 지방 9급〉

5. '다른 법령의 규정'에 따른 보상금청구권이 모두 시효로 소멸된 경우에도 이중배상규정이 적용되는지 여부 (긍정)

그 법령에 규정된 상이등급 또는 장애등급 등의 요건에 해당되어 그 권리가 발생한 이상, 실제로 그 권리를 행사하였는지 또는 그 권리를 행사하고 있는지 여부에 관계없이 적용된다고 보아야 하고, 그 각 법률에 의한 보상금청구권이 시효로 소멸되었다 하여 적용되지 않는다고 할 수는 없다(대판 2002.5.10. 2000다39735). 〈23. 국가 9급〉

6. **경찰공무원인 피해자가 「공무원연금법」에 따라 공무상 요양비를 지급받는 것은 '다른 법령의 규정'에 해당하는지 여부(부정)**

구 공무원연금법(1982. 12. 28. 법률 제3586호로 개정되기 전의 법률) 제33조 내지 제37조 소정의 장해보상금지급제도와 국가배상법 제2조 제1항 단서 소정의 재해보상금 등의 보상을 지급하는 제도와는 취지와 목적을 달리하는 것이어서 두 제도는 서로 아무런 관련이 없다 할 것이므로 … "다른 법령의 규정"에 의한 재해보상을 지급받은 것에 해당하지 아니한다(대판 1988.12.27. 84다카796). 〈23. 국가 9급〉

Winner's 배상금 수령 이후 보상금 수령 가능성 : 보훈보상자법 (○), 국가유공자법 (○), 군인연금법 (×)

(4) **공동불법행위자의 구상권(求償權) 행사**

① 과거 대법원 판례: 이중배상 제한규정을 절대적으로 파악하여, 피해군인이 국가배상을 청구하는 경우뿐만 아니라, 공동불법행위자인 일반국민이 국가에 대하여 구상청구를 하는 경우에도 적용되어 구상청구를 부정하였다.

② 헌법재판소의 한정위헌결정: 이중배상 제한규정을 상대적으로 파악하여, 공동불법행위자인 일반국민의 구상권 행사를 인정하지 않는 것으로 해석하는 한 위헌이라고 판시하여, 공동불법행위자의 구상청구를 인정하였다. 〈11. 지방 7급〉

③ 최근 대법원 판례: 공동불법행위자는 각자의 귀책비율에 따른 부담부분에 대해서만 책임을 지는 것으로 파악하여, 결과적으로 민간인의 구상권 행사를 부정하였다. 〈10. 국가 7급〉, 〈18. 국가 9급〉

공동불법행위자는 각자 부담부분에 한하여 배상의무를 지는지 여부(긍정)

공동불법행위자 등이 부진정연대채무자로서 각자 피해자의 손해 전부를 배상할 의무를 부담하는 공동불법행위의 일반적인 경우와 달리, 예외적으로 민간인은 피해군인 등에 대하여 그 손해 중 국가 등이 민간인에 대한 구상의무를 부담한다면 그 내부적인 관계에서 부담하여야 할 부분을 제외한 나머지 자신의 부담부분에 한하여 손해배상의무를 부담하고, 한편 국가 등에 대하여는 그 귀책부분의 구상을 청구할 수 없다고 해석함이 상당하다 할 것이고, 이러한 해석이 손해의 공평·타당한 부담을 그 지도원리로 하는 손해배상제도의 이상에도 맞는다 할 것이다(대판 2001.2.15. 96다42420 전합).

Winner's 공동불법행위자의 구상권 인정 여부 : 헌법재판소 판례 (○), 대법원 판례 (×)

4. **배상청구권의 양도·압류금지**

생명·신체의 침해로 인한 국가배상을 받을 권리는 이를 양도하거나 압류하지 못한다(국배법 제4조). 그 취지는 배상금청구권자를 보호하기 위한 것이다. 동 규정의 반대해석상 재산침해로 인한 국가배상을 받을 권리는 양도나 압류가 가능한 것으로 해석한다. 〈13. 국가 9급〉

Winner's 양도·압류금지 : 생명, 신체 침해 (○), 재산 침해 (×)

5. 배상청구권의 소멸시효

「국가배상법」상 국가배상청구권의 소멸시효에 관한 특별한 규정이 없으므로 기산점은 「민법」에 따르되, 기간은 「민법」과 「국가재정법」에 따라 결정된다. 따라서 피해자나 그 법정대리인이 손해 및 그 가해자를 안 날로부터 3년, 불법행위를 한 날로부터 5년이다. 다만, 배상심의회의 결정을 거치는 경우에는 시효중단사유로 볼 수 있으므로, 그 결정이 있는 날로부터 다시 시효기간이 진행될 것이다.

> **1. 기산점 판단근거(민법)**
>
> 국가배상법 제8조에 따라, 심판대상조항들은 국가배상청구권의 소멸시효 기산점을 피해자나 법정대리인이 그 손해 및 가해자를 안 날(주관적 기산점, 민법 제766조 제1항) 및 불법행위를 한 날(객관적 기산점, 민법 제166조 제1항, 제766조 제2항)로 정하되, 그 시효기간을 주관적 기산점으로부터 3년(단기소멸시효기간, 민법 제766조 제1항) 및 객관적 기산점으로부터 5년(장기소멸시효기간, 국가재정법 제96조 제2항, 구 예산회계법 제96조 제2항)으로 정하고 있다(헌재 2018.8.30. 2014헌바148).
>
> **2. 가해 공무원의 직무 집행 여부도 인식하여야 하는지 여부(긍정)**
>
> 불법행위로 인한 손해배상청구권의 단기소멸시효의 기산점이 되는 민법 제766조 제1항 소정의 '손해 및 가해자를 안 날'이라 함은 손해의 발생, 위법한 가해행위의 존재, 가해행위와 손해의 발생 사이에 상당인과관계가 있다는 사실 등 불법행위의 요건사실에 대하여 현실적이고도 구체적으로 인식하였을 때를 의미하고, … 이 경우 피해자가 가해자를 안다는 것은 피해자가 사용자 및 그 사용자와 불법행위자 사이에 사용관계가 있다는 사실을 인식하는 것 외에 일반인이 당해 불법행위가 사용자의 사무집행과 관련하여 행하여진 것이라고 판단하기에 족한 사실까지도 인식하는 것을 말한다(대판 2012.3.29. 2011다83189). ⟨17. 국가 7급⟩
>
> **3. '안 날'에 더하여 권리를 행사할 수 있는 때가 도래하여야 하는지 여부(긍정)**
>
> 국가배상청구권에 관한 3년의 단기소멸시효기간 기산에는 민법 제766조 제1항 외에 소멸시효의 기산점에 관한 일반규정인 민법 제166조 제1항이 적용된다. 따라서 3년의 단기소멸시효기간은 그 '손해 및 가해자를 안 날'에 더하여 그 '권리를 행사할 수 있는 때'가 도래하여야 비로소 시효가 진행한다(대판 2023.2.2. 2020다270633).
>
> **4. 장기소멸시효가 적용되지 않는 경우가 있는지 여부(긍정)**
>
> 헌법재판소는 2018. 8. 30. 민법 제166조 제1항, 제766조 제2항 중 '진실·화해를 위한 과거사정리 기본법'(이하 '과거사정리법'이라 한다) 제2조 제1항 제3호의 '민간인 집단 희생사건', 같은 항 제4호의 '중대한 인권침해사건·조작의혹사건'에 적용되는 부분은 헌법에 위반된다는 결정을 선고하였다. 따라서 과거사정리법상 '민간인 집단 희생사건', '중대한 인권침해사건·조작의혹사건'에서 공무원의 위법한 직무집행으로 입은 손해에 대한 국가배상청구권에 대해서는 민법 제766조 제2항에 따른 장기소멸시효가 적용되지 않는다(대판 2023.2.2. 2020다270633).

4 배상책임의 성질

1. 문제점

「국가배상법」제2조 제1항은 "공무원의 위법한 행위로 인한 손해에 대해 국가 등이 책임을 진다."라고 규정하고 있으므로 국가가 배상책임을 지는 이유가 무엇인지가 문제된다. 그 법적 성질에 따라 ① 공무원의 국가에 대한 내부적 책임문제인 구상권 행사여부, ② 공무원이 피해자에 대하여 직접 지는 외부적 책임의 인정여부 즉, 선택적 청구권의 인정여부가 아울러 문제된다.

2. 학설

(1) 대위책임설

고의·과실의 주체를 공무원으로 보아, 국가 등은 자신의 책임이 아님에도 불구하고 피해자 구제에 만전을 기하기 위하여 공무원을 대신하여 배상책임을 지는 것으로 보는 견해이다. 위법한 직무행위는 국가의 행위로 볼 수 없으며, 배상능력이 충분한 국가 등을 배상책임자로 하는 것이 피해자에 유리하다는 점을 논거로 들고 있다. 국가 등이 공무원을 대신하여 배상하는 것이므로 공무원에 대한 구상권은 행사할 수 있으나, 피해자에 대한 외부적 책임은 국가만 지는 것이므로 피해자의 선택적 청구권은 인정되지 않는다.

(2) 자기책임설

국가 등이 지는 책임은 기관의 행위라는 형식을 통하여 국가가 직접 부담하는 자기책임으로서, 일종의 「민법」상 법인의 불법행위책임이라는 견해이다. 국가의 책임은 자신의 책임이므로 공무원에 대한 구상권은 인정되지 않지만, 공무원 개인도 피해자에 대하여 민사상 책임을 지는 것이므로 피해자는 국가나 공무원을 상대로 선택적으로 청구할 수 있다.

(3) 중간설

공무원의 위법행위가 ㉠ 경과실로 인한 경우에는 자기책임으로, ㉡ 고의·중과실로 인한 경우에는 대위책임으로 보는 견해이다. 대위책임설에 따르면 공무원의 구상책임이 전적으로 인정되고, 자기책임설에 따르면 전적으로 부정된다는 점에서 구상권을 고의 또는 중과실의 경우에만 인정한다.

(4) 절충설

공무원의 위법행위가 ㉠ 경과실로 인한 경우에는 기관의 행위로서 자기책임으로, ㉡ 고의·중과실로 인한 경우에는 이미 기관행위로서의 지위를 상실한 것이므로 공무원 개인만이 책임을 지는 것이나, 그것이 직무행위로서의 외형을 갖추고 있는 한 피해자 구제를 위해 일종의 자기책임을 진다는 견해이다. 고의 또는 중과실의 경우에만 공무원의 내부적 책임과 외부적 책임을 인정한다.

3. 판례

과거에는 공무원의 귀책사유의 정도와 관계없이 민사책임을 진다는 판례(69다701), 책임을 지지 않는다는 판례(93다11807)도 있었으나, 최근 전원합의체 판결(95다38677 전합)에서는 헌법상 공무원의 책임에는 민사책임도 포함되지만 구체적인 범위에 대해서는 「국가배상법」에서 규정하는 것으로 보아 고의·중과실이 있는 경우에만 책임을 지는 것으로 판시하여 절충설을 채택하고 있다. 〈14. 국가 9급〉

1. 고의 또는 중과실에 의한 행위는 국가와 개인이 중첩적으로 책임을 지는지 여부(긍정)

국가배상법 제2조 제1항 본문 및 제2항의 입법취지는 공무원의 직무상 위법행위로 타인에게 손해를 끼친 경우에는 변제자력이 충분한 국가 등에게 선임·감독상의 과실 여부에 불구하고 손해배상책임을 부담시켜 국민의 재산권을 보장하되, 공무원이 직무를 수행함에 있어 경과실로 타인에게 손해를 입힌 경우에는 그 직무수행상 통상 예기할 수 있는 흠이 있는 것에 불과하므로, 이러한 공무원의 행위는 여전히 국가 등의 기관의 행위로 보아 그로 인하여 발생한 손해에 대한 배상책임도 전적으로 국가 등에만 귀속시키고, 공무원 개인에게는 그로 인한 책임을 부담시키지 아니하여 공무원의 공무집행의 안정성을 확보하고, 반면에 공무원의 위법행위가 고의·중과실에 기한 경우에는 비록 그 행위가 그의 직무와 관련된 것이라고 하더라도 그와 같은 행위는 그 본질에 있어서 기관행위로서의 품격을 상실하여 국가 등에게 그 책임을 귀속시킬 수 없으므로 공무원 개인에게 불법행위로 인한 손해배상책임을 부담시키되, 다만 이러한 경우에도 그 행위의 외관을 객관적으로 관찰하여 공무원의 직무집행으로 보여질 때에는 피해자인 국민을 두텁게 보호하기 위하여 국가 등이 공무원 개인과 중첩적으로 배상책임을 부담하되, 국가 등이 배상책임을 지는 경우에는 공무원 개인에게 구상할 수 있도록 함으로써 궁극적으로 그 책임이 공무원 개인에게 귀속되도록 하려는 것이라고 봄이 합당하다(대판 1996.2.15. 95다38677). 〈15. 서울 7급〉, 〈17. 서울 9급〉

2. 헌법 제29조 제1항 단서가 공무원의 개인의 구체적인 손해배상책임의 범위까지 규정한 것인지 여부(부정)

헌법 제29조 제1항 단서는 공무원이 한 직무상 불법행위로 인하여 국가 등이 배상책임을 진다고 할지라도 그 때문에 공무원 자신의 민·형사책임이나 징계책임이 면제되지 아니한다는 원칙을 규정한 것이나, 그 조항 자체로 공무원 개인의 구체적인 손해배상책임의 범위까지 규정한 것으로 보기는 어렵다(대판 1996.2.15. 95다38677). 〈18. 서울 7급〉

Winner's 공무원의 외부적 책임에 대한 대법원 판례의 견해대립

판례 입장	헌법 제29조 제1항 (면책×)	「국가배상법」 제2조 제2항 (고의·중과실)
다수의견	민사책임 ○	대내적 + 대외적
별개의견	민사책임 ○	대내적
반대의견	민사책임 ×	-

4. 검토

중간설은 구상권의 범위를 합리적으로 조정한다는 점에서는 타당하지만, 이러한 논리를 일관되게 적용하게 되면 고의 또는 중과실의 경우에 외부적 책임은 오히려 부정된다는 점에서 한계가 있다. 구상권 문제는 입법정책적 문제로 파악하는 것이 일반적 견해이고 「국가배상법」도 고의 또는 중과실의 경우에만 구상권을 인정하여 입법적으로 해결하고 있다. 절충설은 고의 또는 중과실의 경우에 공무원의 내부적, 외부적 책임을 모두 인정한다는 점에서 현실적으로 타당하

다는 평가를 받고 있으나, 논리적으로는 일반적 규정인 민사책임의 문제를 특별한 규정인 국가배상법으로 해결한다는 점에서 비판을 받고 있다.

Winner's 배상책임의 성질론

구분		고의·과실의 주체	구상권 (내부적 책임)	선택적 청구권 (외부적 책임)
대위책임설		공무원	○	×
자기책임설		국가	×	○
중간설	고의·중과실	대위책임	○	견해 대립
	경과실	자기책임	×	
절충설	고의·중과실	자기책임	○	○
	경과실	자기책임	×	×

5 자동차로 인한 손해배상책임

> 〈자동차손해배상 보장법〉 제3조(자동차손해배상책임) 자기를 위하여 자동차를 운행하는 자는 그 운행으로 다른 사람을 사망하게 하거나 부상하게 한 경우에는 그 손해를 배상할 책임을 진다. 다만, 다음 각 호의 어느 하나에 해당하면 그러하지 아니하다.
> 1. 승객이 아닌 자가 사망하거나 부상한 경우에 자기와 운전자가 자동차의 운행에 주의를 게을리 하지 아니하였고, 피해자 또는 자기 및 운전자 외의 제3자에게 고의 또는 과실이 있으며, 자동차의 구조상의 결함이나 기능상의 장해가 없었다는 것을 증명한 경우
> 2. 승객이 고의나 자살행위로 사망하거나 부상한 경우

1. 서설

자동차를 운전하다가 손해를 입힌 경우에는 「자동차손해배상 보장법」에 따라 배상할 책임이 있다. 공무원이 자동차를 운전하다가 사고를 낸 경우에도 이 법에 따라 책임을 져야 하는지가 문제된다.

2. 배상요건

자동차 운행으로 인한 사고에 대해서 배상책임을 지기 위해서는 ① 현실적으로 자동차를 관리하고 운전할 수 있는 '운행지배'가 있을 것, ② 자기를 위하여 운행하는 '운행이익'이 있을 것, ③ 다른 사람을 사망하게 하거나 부상하게 할 것이 필요하다. 다만, 승객의 고의나 자살 등으로 사망하거나 부상한 경우에는 면책될 수 있다.

3. 국가배상과의 관계

(1) 적용범위

「국가배상법」은 '「자동차손해배상 보장법」에 따라 손해배상의 책임이 있을 때에는 이 법에 따라 그 손해를 배상하여야 한다'고 규정하고 있으므로 배상책임의 요건에 관해서는 「자동차손해배상 보장법」이 우선하고 구체적인 절차에 대해서는 「국가배상법」을 따르는 것으로 이해된다.

> 「자동차손해배상 보장법」상 배상요건이 「국가배상법」에 우선하여 적용되는지 여부(긍정)
>
> 자동차손해배상 보장법 제1조, 제3조, 제28조의 규정의 취지를 종합하면 국가와 지방자치단체가 보유하는 자동차에 의하여 타인을 사상하게 한 경우에 일어나는 손해배상책임을 묻는 요건에 관하여는 그것이 국가배상법과 저촉되는 범위에서는 자동차손해배상 보장법 제3조가 국가배상법의 관계규정보다 우선 적용된다(대판 1970.3.24. 70다135). 〈15. 지방 9급〉

(2) 운행자성

① 공무원이 직무집행을 위해 관용차를 운전한 경우: 국가가 운행자인 것으로 본다.

> 공무원이 직무집행을 위하여 자동차를 운전한 경우 운행자는 공무원인지 여부(부정)
>
> 자동차손해배상보장법 제3조 소정의 "자기를 위하여 자동차를 운행하는 자"라고 함은 자동차에 대한 운행을 지배하여 그 이익을 향수하는 책임주체로서의 지위에 있는 자를 뜻하는 것인바, 공무원이 그 직무를 집행하기 위하여 국가 또는 지방자치단체 소유의 관용차를 운행하는 경우, 그 자동차에 대한 운행지배나 운행이익은 그 공무원이 소속한 국가 또는 지방자치단체에 귀속된다고 할 것이고, 그 공무원 자신이 개인적으로 그 자동차에 대한 운행지배나 운행이익을 가지는 것이라고는 볼 수 없으므로, 그 공무원이 자기를 위하여 관용차를 운행하는 자로서 같은 법조 소정의 손해배상책임의 주체가 될 수는 없다(대판 1992.2.25. 91다12356).

② 출근 중 자기소유의 차량을 운전한 경우: 공무원이 운행자인 것으로 본다.

> 출근 중 자기소유의 차량을 운전한 경우 운행자는 공무원인지 여부(긍정)
>
> 한편 공무원이 자기 소유의 자동차로 공무수행 중 사고를 일으킨 경우에는 그 손해배상책임은 자동차손해배상보장법이 정한 바에 의하게 되어, 그 사고가 자동차를 운전한 공무원의 경과실에 의한 것인지 중과실 또는 고의에 의한 것인지를 가리지 않고 그 공무원이 자동차손해배상보장법 제3조 소정의 '자기를 위하여 자동차를 운행하는 자'에 해당하는 한 손해배상책임을 부담한다(대판 1996.5.31. 94다15271).

(3) 책임의 범위

공무원이 「자동차손해배상 보장법」에 따라 책임을 지는 경우에는 「국가배상법」상 구상책임과는 달리 고의 또는 중과실에 한하여 책임을 지는 것이 아니라 경과실의 경우에도 책임을 질 수 있다.

제3절 / 영조물의 설치·관리상의 하자로 인한 손해배상

> 〈국가배상법〉 제5조(공공시설 등의 하자로 인한 책임) ① 도로·하천, 그 밖의 공공의 영조물의 설치나 관리에 하자가 있기 때문에 타인에게 손해를 발생하게 하였을 때에는 국가나 지방자치단체는 그 손해를 배상하여야 한다. 이 경우 제2조 제1항 단서, 제3조 및 제3조의2를 준용한다.
> ② 제1항을 적용할 때 손해의 원인에 대하여 책임을 질 자가 따로 있으면 국가나 지방자치단체는 그 자에게 구상할 수 있다.

1 서설

1. 의의

도로·하천 그 밖의 공공의 영조물의 설치나 관리에 하자가 있기 때문에 타인에게 손해를 발생하게 하였을 때에는 국가나 지방자치단체는 그 손해를 배상하여야 한다(국배법 제5조 제1항).

2. 구상권

영조물의 하자로 인한 손해에 대하여 국가나 지방자치단체가 피해자에 대하여 손해를 배상한 경우 손해의 원인에 대하여 책임을 질 자가 따로 있을 때에는 국가나 지방자치단체는 그 자에 대하여 구상(求償)할 수 있다(국배법 제5조 제2항).

3. 구별

(1) 공작물책임

「민법」 제758조상 책임으로서, ① 공작물❶에 한정한다는 점, ② 점유자의 면책규정이 있다는 점에서 영조물의 하자로 인한 책임과 구별된다. 판례에 의하면 고속도로에 방치된 타이어에 의해 사고가 난 경우 「민법」 제758조를 적용함으로써, 점유자의 면책 여부를 검토하고 있다. 〈08. 국가 9급〉

> 용어설명 ❶ 공작물 : 인공적 작업으로 생긴 물건

> 〈민법〉 제758조(공작물 등의 점유자·소유자의 책임) ① 공작물의 설치 또는 보존의 하자로 인하여 타인에게 손해를 가한 때에는 공작물점유자가 손해를 배상할 책임이 있다. 그러나 점유자가 손해의 방지에 필요한 주의를 해태❶하지 아니한 때에는 그 소유자가 손해를 배상할 책임이 있다.

> 용어설명 ❶ 해태(懈怠) : 어떤 일을 게을리 함

1. 공작물의 하자 판단에 방치 유무를 고려할 수 있는지 여부(긍정)
공작물인 도로의 설치·보존상의 하자는 도로의 위치 등 장소적인 조건, 도로의 구조, 교통량, 사고시에 있어서의 교통사정 등 도로의 이용상황과 그 본래의 이용목적 등 제반사정과 물적 결함의 위치, 형상 등을 종합적으로 고려하여 사회통념에 따라 구체적으로 판단하여야 할 것인바, 도로의 설치 후 제3자의 행위에 의하여 그 본래의 목적인 통행상의 안전에 결함이 발생된 경우에는 도로에 그와 같은 결함이 있다는 것만으로 성급하게 도로의 보존상 하자를 인정하여서는 안 되고, 당해 도로의 구조, 장소적 환경과 이용상황 등 제반사정을 종합하여 그와 같은 결함을 제거하여 원상으로 복구할 수 있는데도 이를 방치한 것인지 여부를 개별적·구체적으로 심리하여 하자의 유무를 판단하여야 할 것이다(대판 1992.9.14. 92다3243).

⇒ 「국가배상법」이 아니라 「민법」에 따라 책임을 인정한 사건이다.

2. 손해방지에 필요한 주의를 게을리 하지 않은 경우에는 면책되는지 여부(부정)
국가배상법 제5조 소정의 영조물의 설치·관리상의 하자로 인한 책임은 무과실책임이고 나아가 민법 제758조 소정의 공작물의 점유자의 책임과는 달리 면책사유도 규정되어 있지 않으므로, 국가 또는 지방자치단체는 영조물의 설치·관리상의 하자로 인하여 타인에게 손해를 가한 경우에 그 손해의 방지에 필요한 주의를 해태하지 아니하였다 하여 면책을 주장할 수 없다(대판 1994.11.22. 94다32924). 〈18. 국회 8급〉

(2) 국가배상법 제2조
「국가배상법」 제2조상의 책임은 '고의·과실'을 요구함으로써 과실책임주의를 취하고 있는 것이나, 「국가배상법」 제5조는 이를 요구하지 않으므로 무과실책임주의를 채택하고 있다고 보는 것이 통설의 입장이다. 그러나 설치 또는 관리상의 하자를 요한다는 점에서, 절대적 무과실책임으로 볼 수는 없다고 보는 견해(김동희)가 있다.

2 배상책임의 요건

1. 영조물일 것

(1) 의의
여기서의 영조물이란 본래적 의미의 영조물이 아니라 강학상의 공물을 뜻한다. '본래적 의미의 영조물'이란 공적 목적을 달성하기 위한 인적·물적 시설의 종합체를 의미한다. '공물'이란 행정주체에 의해 공익목적에 제공된 유체물(有體物)을 의미한다.

1. 영조물에는 사실상의 관리를 하는 경우도 포함되는지 여부(긍정)
국가배상법 제5조 제1항 소정의 '공공의 영조물'이라 함은 국가 또는 지방자치단체에 의하여 특정공공의 목적에 공여된 유체물 내지 물적 설비를 지칭하며, 특정공공의 목적에 공여된 물이라 함은 일반공중의 자유로운 사용에 직접적으로 제공되는 공공용물에 한하지 아니하고, 행정주체 자신의 사용에 제공되는 공용물도 포함하며 국가 또는 지방자치단체가 소유권·임차권 그 밖의 권한에 기하여 관리하고 있는 경우뿐만 아니라, 사실상의 관리를 하고 있는 경우도 포함한다(대판 1995.1.24. 94다45302). 〈10·11. 지방 9급〉, 〈14. 사회복지 9급·서울 7급〉

2. 일반공중의 이용에 제공되고 있지 않은 옹벽이 영조물에 해당하는지 여부(부정)
지방자치단체가 비탈사면인 언덕에 대하여 현장조사를 한 결과 붕괴의 위험이 있음을 발견하고 이를 붕괴위험지구로 지정하여 관리하여 오다가 붕괴를 예방하기 위하여 언덕에 옹벽을 설치하기로 하고 소외 회사에게 옹벽시설공사를 도급 주어 소외 회사가 공사를 시행하다가 깊이 3m의 구덩이를 파게 되었는데, 피해자가 공사현장 주변을 지나가다가 흙이 무너져 내리면서 위 구덩이에 추락하여 상해를 입게 된 사안에서, 위 사고당시 설치하고 있던 옹벽은 소외 회사가 공사를 도급받아 공사 중에 있었을 뿐만 아니라 아직 완성도 되지 아니하여 일반 공중의 이용에 제공되지 않고 있었던 이상 국가배상법 제5조 제1항 소정의 영조물에 해당한다고 할 수 없다(대판 1998.10.23. 98다17381).

3. 사실상 군민(郡民)의 통행에 제공되고 있던 도로가 영조물에 해당하는지 여부(부정)

국가배상법 제5조 소정의 공공의 영조물이란 공유나 사유임을 불문하고 행정주체에 의하여 특정공공의 목적에 공여된 유체물 또는 물적 설비를 의미하므로 사실상 군민의 통행에 제공되고 있던 도로 옆의 암벽으로부터 떨어진 낙석에 맞아 소외인이 사망하는 사고가 발생하였다고 하여도 동 사고지점 도로가 피고 군에 의하여 노선인정 기타 공용개시가 없었으면 이를 영조물이라 할 수 없다(대판 1981.7.7. 80다2478). 〈20. 국가 7급〉

(2) 범위

① 의의: 영조물에는 인공공물(⑩ 도로, 수도, 하수도)·자연공물(⑩ 하천, 호수, 해변), 동산(⑩ 자동차, 항공기)·동물(⑩ 경찰견) 등이 포함된다. '인공공물'이란 인위적으로 만들어서 공공목적에 이용되는 물건을 말하고, '자연공물'이란 자연상태 그 자체로 공공목적에 이용되거나 이용될 수 있는 실체를 가지는 물건을 말한다. 다만, 일반재산은 행정목적에 직접 제공되지 않는 사물(私物)에 해당하므로 적용되지 않는다. 〈07. 국가 9급〉

② 자연공물: 종래 영조물에 포함될 것인지가 문제되었으나, 현행법상 자연공물의 하나인 '하천'을 명시하고 있으므로 입법적으로 해결되었다. 이를 영조물에서 세외하면 국가가 면책을 주장할 여지가 있기 때문이다.

Winner's 국가배상법상 명시된 영조물 : 인공공물 (○), 자연공물 (○)

③ 집합물: 공공시설(⑩ 도서관, 공원)과 같은 집합물이 영조물에 포함될 것인지가 문제된다. '집합물'이란 개개의 물건이 일정한 목적을 위하여 한 곳에 모여 경제적으로 단일의 가치를 가지면서 거래에서 한 덩어리로 취급되는 물건을 말한다. 공물은 원칙적으로 개개의 유체물을 뜻하므로 집합물은 포함되지 않지만 개개의 공물이 상호 결합되어 일체적 기능을 수행한다는 점에서 공물에 포함시키는 견해(김동희, 김남진, 류지태)도 등장하고 있다. 국가배상과 관련해서는 집합물도 포함되는 것으로 본다.

④ 판례 검토: 지하 케이블선의 맨홀(대판 1971.11.15. 71다1952), 철도건널목 자동경보기(대판 1969.12.9. 69다1386), 공중변소(대판 1971.8.31. 71다1331), 부산시가 사실상 관리하는 태종대 유원지(대판 1995.9.15. 94다31662) 등을 영조물에 포함시키고 있다. 〈04. 국가 7급〉

2. 설치 또는 관리상의 하자

(1) 하자의 의의

영조물이 통상 갖추어야 할 안전성을 결여한 것을 말한다. 안전성은 상대적 안전성을 갖춘 것으로 충분하고 설치상의 하자가 있거나 관리상의 하자 중에서 어느 하나만 있으면 배상책임이 인정될 수 있다.

설치상의 하자	영조물의 성립 당시부터 설계상 또는 건조상의 안전성을 결여한 것을 말한다.
관리상의 하자	영조물이 건조된 이후 수선이나 유지가 불완전한 것을 말한다.

Winner's 국가배상법 제5조의 요건 : 설치 또는 관리상의 하자 (○), 설치 및 관리상의 하자 (×)

1. 영조물의 안전성은 상대적 안전성으로 충분한 것인지 여부(긍정)

영조물인 도로의 경우도 다른 생활필수시설과의 관계나 그것을 설치하고 관리하는 주체의 재정적·인적·물적 제약 등을 고려하여, 그것을 이용하는 자의 상식적이고 질서있는 이용방법을 기대한 상대적인 안전성을 갖추는 것으로 족하다고 보아야 할 것이다(대판 2000.4.25. 99다54998). 〈11. 지방 9급〉

2. 고속도로의 관리자에게 강설 시 신속한 제설작업을 하고 필요한 경우 제때에 교통통제조치를 취할 관리의무가 있는지 여부(긍정)

1) 강설에 대처하기 위하여 완벽한 방법으로 도로 자체에 융설 설비를 갖추는 것이 현대의 과학기술수준이나 재정사정에 비추어 사실상 불가능하다고 하더라도, 최저 속도의 제한이 있는 고속도로의 경우에 있어서는 도로관리자가 도로의 구조, 기상예보 등을 고려하여 사전에 충분한 인적·물적 설비를 갖추어 강설 시 신속한 제설작업을 하고 나아가 필요한 경우 제때에 교통통제조치를 취함으로써 고속도로로서의 기본적인 기능을 유지하거나 신속히 회복할 수 있도록 하는 관리의무가 있다.

2) 폭설로 차량 운전자 등이 고속도로에서 장시간 고립된 사안에서, 고속도로의 관리자가 고립구간의 교통정체를 충분히 예견할 수 있었음에도 교통제한 및 운행정지 등 필요한 조치를 충실히 이행하지 아니하였으므로 고속도로의 관리상 하자가 있다(대판 2008.3.13. 2007다29287). 〈14. 국가 7급〉

3. 학교 관리자에게 이례적인 사고까지 예상하여 출입금지장치 등을 설치할 의무가 있는지 여부(부정)

1) 영조물의 설치·보존의 하자라 함은 영조물이 그 용도에 따라 통상 갖추어야 할 안전성을 갖추지 못한 상태에 있음을 말하는 것이고, 영조물의 설치 및 보존에 있어서 항상 완전무결한 상태를 유지할 정도의 고도의 안전성을 갖추지 아니하였다고 하여 영조물의 설치 또는 관리에 하자가 있는 것으로는 할 수 없는 것이므로, 따라서 영조물의 설치자 또는 관리자에게 부과되는 방호조치의무의 정도는 영조물의 위험성에 비례하여 사회통념상 일반적으로 요구되는 정도의 것을 말한다.

2) 고등학교 3학년 학생이 교사의 단속을 피해 담배를 피우기 위하여 3층 건물 화장실 밖의 난간을 지나다가 실족하여 사망한 사안에서 학교 관리자에게 그와 같은 이례적인 사고가 있을 것을 예상하여 복도나 화장실 창문에 난간으로의 출입을 막기 위하여 출입금지장치나 추락위험을 알리는 경고표지판을 설치할 의무가 있다고 볼 수는 없다는 이유로 학교시설의 설치·관리상의 하자가 없다(대판 1997.5.16. 96다54102). 〈14. 국가 7급〉

4. 매향리 사격장 소음이 설치·관리에 하자가 있는지 여부(긍정)

1) 국가배상법 제5조 제1항에 정하여진 '영조물의 설치 또는 관리의 하자'라 함은 공공의 목적에 공여된 영조물이 그 용도에 따라 갖추어야 할 안전성을 갖추지 못한 상태에 있음을 말하고, 여기서 안전성을 갖추지 못한 상태, 즉 타인에게 위해를 끼칠 위험성이 있는 상태라 함은 당해 영조물을 구성하는 물적 시설 그 자체에 있는 물리적·외형적 흠결이나 불비로 인하여 그 이용자에게 위해를 끼칠 위험성이 있는 경우뿐만 아니라 그 영조물이 공공의 목적에 이용됨에 있어 그 이용상태 및 정도가 일정한 한도를 초과하여 제3자에게 사회통념상 참을 수 없는 피해를 입히는 경우까지 포함된다고 보아야 할 것이고, 사회통념상 참을 수 있는 피해인지의 여부는 그 영조물의 공공성, 피해의 내용과 정도, 이를 방지하기 위하여 노력한 정도 등을 종합적으로 고려하여 판단하여야 한다.

2) 매향리 사격장에서 발생하는 소음 등으로 지역 주민들이 입은 피해는 사회통념상 참을 수 있는 정도를 넘는 것으로서 사격장의 설치 또는 관리에 하자가 있었다(대판 2004.3.12. 2002다14242). 〈24. 소방〉

5. 김포공항 소음이 설치·관리에 하자가 있는지 여부(긍정)

김포공항에서 발생하는 소음 등으로 인근 주민들이 입은 피해는 사회통념상 수인한도를 넘는 것으로서 김포공항의 설치·관리에 하자가 있다(대판 2005.1.27. 2003다49566).

6. 구청장으로부터 도급받은 주식회사가 자갈더미를 방치하여 난 사고에 설치·관리상의 하자가 있는지 여부 (긍정)

서울특별시가 점유·관리하는 도로에 대하여 '서울특별시 도로 등 주요시설물 관리에 관한 조례'에 따라 보도 관리 등의 위임을 받은 관할 자치구청장으로부터 도로에 접한 보도의 가로수 생육환경 개선공사를 도급받은 갑 주식회사가 공사를 진행하면서 사용하고 남은 자갈더미를 그대로 도로에 적치해 두었고, 을이 오토바이를 운전하다가 도로에 적치되어 있던 공사용 자갈더미를 발견하지 못하고 그대로 진행하는 바람에 중심을 잃고 넘어지면서 상해를 입은 사안에서, 서울특별시에 국가배상법 제5조 제1항에서 정한 설치·관리상의 하자가 없다고 본 원심판단에 법리오해의 잘못이 있다(대판 2017.9.21. 2017다223538). 〈19. 국회 8급〉

(2) 하자의 판단기준

① 문제점: 하자의 유무는 그 영조물의 구조·용법·장소적 환경·이용상황 등 여러 사정을 고려하여 개별적·구체적으로 판단하여야 한다. 다만, 이러한 안전성의 결여가 관리자의 귀책사유로 인하여 생긴 것에 한정할 것인지가 문제된다.

② 학설 〈05. 국가 9급〉

객관설 (다수설)	⊙ 내용: 하자를 판단할 때 영조물의 안전성 결여라는 객관적 사정만을 고려하는 견해(박윤흔)이다. ⓒ 특징: 국가의 과실이나 재정력과는 무관하게 책임을 진다는 점에서 피해자에게 가장 유리한 것으로 보이며, 「국가배상법」 제5조를 무과실책임으로 보고 있다.
주관설 (의무위반설)	⊙ 내용: 하자를 판단할 때 영조물의 안전성 결여가 관리자의 안전확보의무위반 내지는 사고방지의무위반에 기인한 경우에만 하자가 인정된다는 견해(김동희)이다. ⓒ 특징: 적어도 설치 또는 관리상의 하자를 요구하고 있다는 점에서 무과실책임은 아니라고 본다.
절충설	⊙ 내용: 하자를 판단할 때 영조물 자체의 안전성 결여가 있거나, 관리자의 귀책사유가 있으면 하자가 인정된다고 보는 견해이다. ⓒ 특징: 영조물 자체에 하자가 없더라도 예방조치를 하지 않은 과오만으로도 배상책임을 인정할 수 있다. 영조물 자체의 하자를 요구하는 객관설을 비판하면서 나온 견해이다(⑩ 수문관리자가 수문을 적시에 폐문하지 못하여 인근주민에게 피해가 발생한 경우, 도로관리자가 우기에 산사태 등을 미리 예측하지 못하여 도로통행금지조치 등을 하지 않은 경우 국가의 배상책임이 인정됨).

Winner's 하자의 판단에 관리자의 귀책사유의 필요성 : 객관설 (×), 주관설 (○)

③ 판례: 원칙적으로 객관설을 채택하고 있는 것으로 보이나, 주관설을 채택한 판례도 적지 않다. 관리자의 귀책사유라고 하는 주관적 요소를 '하자'의 개념에 포함시키면 주관설적 판례로 평가되고, '면책사유'에서 검토하고 있으면 객관설적 판례로 평가된다. 최근 판례에서 예견가능성·회피가능성이 없는 경우에는 하자를 인정할 수 없다고 판시한 것은 주관설적 판례라고 볼 수 있다. 다만, 주관설적 판례라 하더라도 그 주의의무의 정도를 고도화 하여 판단하고 있으므로 하자의 범위 인정에 있어서 객관설적 판례와 실질적인 차이는 크지 않다. 〈05. 국가 7급〉

1. 영조물의 설치·관리상의 하자로 인한 책임은 무과실책임인지 여부(긍정)

국가배상법 제5조 소정의 영조물의 설치·관리상의 하자로 인한 책임은 무과실책임이고, 나아가 민법 제758조 소정의 공작물의 점유자의 책임과는 달리 면책사유도 규정되어 있지 않으므로, 국가 또는 지방자치단체는 영조물의 설치·관리상의 하자로 인하여 타인에게 손해를 가한 경우에 그 손해의 방지에 필요한 주의를 해태하지 아니하였다 하여 면책을 주장할 수 없다(대판 1994.11.22. 94다32924).

2. 산사태로 인한 피해가능성이 있는 병사(兵舍)를 수년 동안 사용하다가 사고가 난 경우 불가항력에 해당하는지 여부(부정)

영조물 설치의 하자유무는 객관적 견지에서 본 안전성의 문제이고, 재정사정이나 사용목적에 의한 사정은 안전성을 요구하는 데 대한 정도문제로서의 참작사유에는 해당할지언정, 안전성을 결정지을 절대적 요건에는 해당하지 아니한다고 할 것이며, 더욱 원판결 이유에 의하더라도 본건 병사는 일시적 잠정적인 것이 아니고, 수년 동안이나 병사로 사용한 것이고, 또 본건 병사가 본건 사고의 중요한 원인인 산사태에 의한 위험성이 전혀 없는 장소에 설치된 것이 아니라, 산사태로 인한 피해가 발생할 가능성이 있는 위치, 즉 산으로부터 8미터밖에 떨어져 있지 아니한 지점에 설치되었다는 사정 등에 비추어 볼 때에, 원판결 설시 이유만으로서는 영조물인 본건 병사의 설치에 하자가 없고, 본건 사고는 피고로서는 예기치 못한 불가항력에 의한 것이라고는 볼 수 없다(대판 1967.2.21. 66다1723). 〈08. 국가 9급〉, 〈17. 지방 9급〉

3. 국도에 떨어져 있는 쇠파이프에 맞아 사망한 경우 국가에게 배상책임이 있는지 여부(부정)

1) 도로의 설치 또는 관리의 하자는 도로의 위치 등 장소적인 조건, 도로의 구조, 교통량, 사고시에 있어서의 교통사정 등 도로의 이용상황과 그 본래의 이용목적 등 제반사정과 물적 결함의 위치, 형상 등을 종합적으로 고려하여 사회통념에 따라 구체적으로 판단하여야 할 것인바, 도로의 설치 후 제3자의 행위에 의하여 그 본래 목적인 통행상의 안전에 결함이 발생한 경우에는 도로에 그와 같은 결함이 있다는 것만으로 성급하게 도로의 보존상 하자를 인정하여서는 안되고, 당해 도로의 구조, 장소적 환경과 이용상황 등 제반 사정을 종합하여 그와 같은 결함을 제거하여 원상으로 복구할 수 있는데도 이를 방치한 것인지 여부를 개별적·구체적으로 심리하여 하자의 유무를 판단하여야 한다.

2) 승용차 운전자가 편도 2차선의 국도를 진행하다가 반대차선 진행차량의 바퀴에 튕기어 승용차 앞유리창을 뚫고 들어온 쇠파이프에 맞아 사망한 경우 국가의 손해배상책임을 부정하였다(대판 1997.4.22. 97다3194).

4. 교차로 신호기의 단선으로 사고가 난 경우 신호기의 설치 또는 관리상의 하자를 인정할 수 있는지 여부 (부정)

1) 국가배상법 제5조의 영조물의 설치 또는 관리상의 하자라 함은 영조물이 통상 갖추어야 할 안전성을 갖추지 못한 상태에 있음을 말하는 것으로서, 영조물이 완전무결한 상태에 있지 아니하고 그 기능상 어떠한 결함이 있다는 것만으로 영조물의 설치 또는 관리에 하자가 있다고 할 수 없는 것이고, 위와 같은 안전성의 구비 여부를 판단함에 있어서는 객관적으로 보아 시간적·장소적으로 영조물의 기능상 결함으로 인한 손해발생의 예견가능성과 회피가능성이 없는 경우에는 하자를 인정할 수 없다.

2) 교차로의 진행방향 신호기의 정지신호가 단선으로 소등되어 있는 상태에서 그대로 진행하다가 다른 방향의 진행신호에 따라 교차로에 진입한 차량과 충돌한 경우 신호기의 적색신호가 소등된 기능상 결함이 있었다는 사정만으로 신호기의 설치 또는 관리상의 하자를 인정할 수 없다(대판 2000.2.25. 99다54004). 〈05. 국가 9급〉

5. 가변차로 신호등의 고장이 현재의 기술수준상 부득이한 것이라면 영조물의 하자를 인정할 수 없는 것인지 여부(부정)

가변차로에 설치된 신호등의 용도와 오작동 시에 발생하는 사고의 위험성과 심각성을 감안할 때, 만일 가변차로에 설치된 두 개의 신호기에서 서로 모순되는 신호가 들어오는 고장을 예방할 방법이 없음에도 그와 같은 신호기를 설치하여 그와 같은 고장을 발생하게 한 것이라면, 그 고장이 자연재해 등 외부요인에 의한 불가항력에 기인한 것이 아닌 한 그 자체로 설치·관리자의 방호조치의무를 다하지 못한 것으로서, 신호등이 그 용도에 따라 통상 갖추어야 할 안전성을 갖추지 못한 상태에 있었다고 할 것이고, 따라서 설령 적정전압보다 낮은 저전압이 원인이 되어 위와 같은 오작동이 발생하였고 그 고장은 현재의 기술수준상 부득이한 것이라고 가정하더라도, 그와 같은 사정만으로 손해발생의 예견가능성이나 회피가능성이 없어 영조물의 하자를 인정할 수 없는 경우라고 단정할 수 없다(대판 2001.7.27. 2000다56822). 〈10. 지방 9급〉

6. 새로운 '하천시설기준'에 따른 여유고를 확보하지 못한 것은 하자가 있는지 여부(부정)

하천의 관리청이 관계 규정에 따라 설정한 계획홍수위를 변경시켜야 할 사정이 생기는 등 특별한 사정이 없는 한, 이미 존재하는 하천의 제방이 계획홍수위를 넘고 있다면 그 하천은 용도에 따라 통상 갖추어야 할 안전성을 갖추고 있다고 보아야 하고, 그와 같은 하천이 그 후 새로운 하천시설을 설치할 때 기준으로 삼기 위하여 제정한 '하천시설기준'이 정한 여유고를 확보하지 못하고 있다는 사정만으로 바로 안전성이 결여된 하자가 있다고 볼 수는 없다(대판 2003.10.23. 2001다48057). 〈20. 국가 7급〉

④ 검토: '객관설'은 행정주체의 무과실책임을 인정한다는 점에서 국민에게 유리한 면이 있다. '주관설'은 관리자의 귀책사유까지 있어야 하자가 인정된다는 점에서 국민에게 불리한 면이 있으나, '고도화된 객관적 주의의무'의 위반으로 파악하고 있으므로 객관설과의 차이가 크지는 않다. '절충설'은 안전성 결여에 대한 대응을 충분히 확보하기 위한 것이나 하자의 범위가 지나치게 확대된다는 문제점이 있다. 종래의 통설은 객관설이었으나 오늘날 주관설의 입장이 더 강해져가고 있다.

Winner's 주관설에 따른 주의의무 판단기준 : 평균적 공무원의 주의의무 (×), 고도화된 주의의무 (○)

Winner's 하자의 판단

객관설적 판례	주관설적 판례
① 영조물의 설치·관리상의 하자로 인한 책임은 무과실책임 ② 산사태로 인한 피해가능성이 있는 병사(兵舍)를 수년 동안 사용한 경우	① 국도에 떨어져 있는 쇠파이프에 맞아 사망한 경우 ② 교차로 신호기의 단선으로 사고가 난 경우 ③ 가변차로 신호등의 고장으로 사고난 경우

(3) 하자의 일응추정이론

① 의의: 영조물로 인하여 손해가 발생하면 하자가 있는 것으로 추정❶하여 반대편 당사자인 국가 등이 하자가 없었음을 입증하게 하는 이론을 말한다.

용어설명 ❶ 추정 : 어떤 사실(전제사실)로써 다른 사실(추정사실)을 인정하는 것

② 법적 성질: 본래 하자의 입증책임은 원고가 지는 것이므로 원고인 국민이 하자가 있었음을 입증하여야 하는 것이나, 일단 사고가 발생한 경우 그 하자를 입증하는 것은 매우 어려운 일이므로 피해자의 철저한 구제를 위하여 입증책임을 전환하려는 이론이다. 판례상 적극적으로 인정되고 있는 것은 아니다.

Winner's 하자의 일응추정이론 : 입증책임 완화 (×), 입증책임 전환 (○)

3. 면책사유가 없을 것

(1) 불가항력

① 의의: 영조물이 통상의 안전성을 구비하고 있는 경우에 손해가 발생한 것으로서, 국가의 배상책임이 부정되는 것을 말한다.

② 제외: ㉠ 영조물이 통상의 안전성을 결여하고 있었던 경우, ㉡ 예측가능한 천재지변은 불가항력에 해당하지 않는다(⑳ 태풍으로 수해가 발생한 경우라 하더라도, 당시의 과학기술수준에 비추어 적정한 제방시설이 설치되어 있었던 경우에는 면책되나, 제방시설 자체에 문제가 있으면 면책되지 아니한다).

> 1. 50년 빈도 최대 강우량이 불가항력에 해당하는지 여부(부정)
> 이 사건 제방도로는 주민들의 일반적인 통행에 제공되어 오고 있는 것이고, 사고 당일 홍수경보까지 발령되어 있었으나 피고는 이 사건 사고가 발생하기 전까지 바리케이트를 설치하거나 다른 적당한 방법으로 이 사건 도로에 대한 주민의 통행을 제한하는 등의 안전조치를 취한 바가 없었던 사실을 인정할 수 있는바, 사실관계가 위와 같다면 이 사건 사고는 위 제방도로의 설치 또는 관리의 하자로 인한 것이라고 할 것이고, 사고당일 50년 빈도의 최대 강우량에 해당하는 집중호우가 내렸다는 사실만으로는 앞에서 인정한 바와 같이 이전에도 이 사건 사고 당시와 같은 정도로 이 사건 하천이 범람하고, 제방도로가 유실된 바가 있었던 점과 우리나라의 경우 여름철 집중호우가 예상하기 어려운 정도의 기상이변에 해당한다고 보기는 어려운 점에 비추어, 이 사건 사고가 예상할 수 없는 불가항력에 기인한 것이라고 할 수는 없다(대판 2000.5.26. 99다53247). 〈15. 사회복지 9급〉

2. 1,000년 빈도 강우량이 불가항력에 해당하는지 여부(긍정)

100년 발생빈도의 강우량을 기준으로 책정된 계획홍수위를 초과하여 600년 또는 1,000년 발생빈도의 강우량에 의한 하천의 범람은 예측가능성 및 회피가능성이 없는 불가항력적인 재해로서 그 영조물의 관리청에게 책임을 물을 수 없다(대판 2003.10.23. 2001다48057).

3. 소음 등 피해를 인식하고 이주한 경우 가해자의 면책이 가능한지 여부(제한적 긍정)

소음 등을 포함한 공해 등의 위험지역으로 이주하여 들어가서 거주하는 경우와 같이 위험의 존재를 인식하면서 그로 인한 피해를 용인하며 접근한 것으로 볼 수 있는 경우에, 그 피해가 직접 생명이나 신체에 관련된 것이 아니라 정신적 고통이나 생활방해의 정도에 그치고 그 침해행위에 고도의 공공성이 인정되는 때에는, 위험에 접근한 후 실제로 입은 피해 정도가 위험에 접근할 당시에 인식하고 있었던 위험의 정도를 초과하는 것이거나 위험에 접근한 후에 그 위험이 특별히 증대하였다는 등의 특별한 사정이 없는 한 가해자의 면책을 인정하여야 하는 경우도 있을 수 있다(대판 2004.3.12. 2002다14242). 특히 소음 등의 공해로 인한 법적 쟁송이 제기되거나 그 피해에 대한 보상이 실시되는 등 피해지역임이 구체적으로 드러나고 또한 이러한 사실이 그 지역에 널리 알려진 이후에 이주하여 오는 경우에는 위와 같은 위험에의 접근에 따른 가해자의 면책 여부를 보다 적극적으로 인정할 여지가 있을 것이다(대판 2012.6.14. 2012다13569). 〈16. 국가 9급〉, 〈17. 지방 9급〉

③ 공동원인이 되는 경우: 자연현상이나 제3자 또는 피해자의 행위가 손해의 원인 중에 하나가 된 경우에도 하자와 손해 사이에 상당인과관계가 있으면 배상책임을 져야 할 것이다(김남진). 판례도 같은 입장이다. 다만, 그 원인이 불가항력에 해당하는 경우에는 그러하지 아니하다.

영조물의 하자와 자연현상 등이 사고의 공동원인이 되는 경우에는 하자가 인정되는지 여부(긍정)

영조물의 설치 또는 관리상의 하자로 인한 사고라 함은 영조물의 설치 또는 관리상의 하자만이 손해발생의 원인이 되는 경우만을 말하는 것이 아니고, 다른 자연적 사실이나 제3자의 행위 또는 피해자의 행위와 경합하여 손해가 발생하더라도 영조물의 설치 또는 관리상의 하자가 공동원인으로 하나가 되는 이상, 그 손해는 영조물의 설치 또는 관리상의 하자에 의하여 발생한 것이라고 해석함이 상당하다(대판 1994.11.22. 94다32924). 〈08. 국가 9급〉

(2) 예산부족

예산부족 또는 인력부족은 면책사유가 되지 않는다고 보는 것이 일반적 견해이다. 판례도 재정부족은 면책사유가 되지 않는다고 판시하였다. 그러나 막대한 예산이 소요되는 경우에는 실질적 고려에 의하여 면책을 인정하는 것이 실제에 부합한다는 견해(김동희)도 있다.

4. 손해의 발생

손해란 법적 불이익으로서 「국가배상법」 제2조와 같은 개념이다.

3 국가배상법 제2조와 제5조의 경합

1. 문제점

영조물의 하자와 공무원의 과실이 경합하여 손해가 발생한 경우에는 「국가배상법」 제5조와 제2조 중에서 어느 조문에 근거하여 배상을 청구할 것인지가 문제된다(ⓔ 관용차에 의해 사고가 난 경우 그 차의 결함과 운전자의 과실이 경합한 경우).

2. 학설

제5조 적용설	① 영조물의 하자로 인한 책임은 공무원의 행위로 인한 책임에 대해서 특별관계에 있다는 점, ② 제2조는 과실책임이고, 제5조는 무과실책임이므로 제5조가 입증책임면에서 유리하다는 점에서 제5조만 적용된다는 견해이다.
경합설 (다수설)	제2조와 제5조의 요건을 모두 갖추고 있는 한, 양 책임이 중복적으로 성립되는 것이므로 선택적으로 청구할 수 있다는 견해이다. 현실적으로는 제5조가 반드시 입증면에서 유리한 것은 아니라는 점을 논거로 한다.

3. 검토

양 책임이 중복되므로 원고는 선택적으로 청구할 수 있다고 보는 것이 타당하다.

4 배상책임자

1. 국가 또는 지방자치단체

영조물의 설치 또는 관리상의 하자로 인하여 타인에게 손해를 가한 경우에는 국가 또는 지방자치단체가 그 손해를 배상하여야 한다.

2. 선택적 청구

영조물의 설치·관리자와 비용부담자가 다른 경우에는 비용부담자도 배상책임을 진다(국배법 제6조 제1항)고 규정되어 있으므로, 피해자는 양자 중 택일하여 선택적으로 청구할 수 있다. 이때 손해를 배상한 자는 내부적으로 책임이 있는 자에게 구상(求償)할 수 있다. 〈08. 국가 9급〉

> 1. 여의도광장 관리가 영등포구청장에게 위임된 경우 영등포구의 책임(긍정)
> 여의도광장의 관리는 광장의 관리에 관한 별도의 법령이나 규정이 없으므로 서울특별시는 여의도광장을 도로법 제2조 제2항 소정의 '도로와 일체가 되어 그 효용을 다하게 하는 시설'로 보고 같은 법의 규정을 적용하여 관리하고 있으며, 그 관리사무 중 일부를 영등포구 청장에게 권한위임하고 있어, 여의도광장의 관리청이 본래 서울특별시장이라 하더라도 그 관리사무의 일부가 영등포구청장에게 위임되었다면, 그 위임된 관리사무에 관한 한 여의도광장의 관리청은 영등포구청장이 되고, 같은 법 제56조에 의하면 도로에 관한 비용은 건설부장관이 관리하는 도로 이외의 도로에 관한 것은 관리청이 속하는 지방자치단체의 부담으로 하도록 되어 있어 여의도광장의 관리비용부담자는 그 위임된 관리사무에 관한 한 관리를 위임받은 영등포구청장이 속한 영등포구가 되므로, 영등포구는 여의도광장에서 차량진입으로 일어난 인신사고에 관하여 국가배상법 제6조 소정의 비용부담자로서의 손해배상책임이 있다(대판 1995.2.24. 94다57671).

2. 신호기의 설치·관리가 지방경찰청장 등에게 위임된 경우 국가책임(긍정)

지방자치단체장이 교통신호기를 설치하여 그 관리권한이 도로교통법 제71조의2 제1항의 규정에 의하여 관할 지방경찰청장에게 위임되어 지방자치단체 소속 공무원과 지방경찰청소속 공무원이 합동 근무하는 교통종합관제센터에서 그 관리업무를 담당하던 중 위 신호기가 고장난 채 방치되어 교통사고가 발생한 경우, **국가배상법 제2조 또는 제5조에 의한 배상책임을 부담하는 것은 지방경찰청장이 소속된 국가가 아니라, 그 권한을 위임한 지방자치단체장이 소속된 지방자치단체라고 할 것이나**, 한편 국가배상법 제6조 제1항은 같은법 제2조, 제3조 및 제5조의 규정에 의하여 국가 또는 지방자치단체가 손해를 배상할 책임이 있는 경우에 공무원의 선임·감독 또는 영조물의 설치·관리를 맡은 자와 공무원의 봉급·급여 기타의 비용 또는 영조물의 설치·관리의 비용을 부담하는 자가 동일하지 아니한 경우에는 그 비용을 부담하는 자도 손해를 배상하여야 한다고 규정하고 있으므로, **교통신호기를 관리하는 지방경찰청장 산하 경찰관들에 대한 봉급을 부담하는 국가도 국가배상법 제6조 제1항에 의한 배상책임을 부담한다**(대판 1999.6.25. 99다11120). 〈10. 지방 9급〉, 〈13. 국가 9급〉

3. 광역시와 국가 모두 책임을 중첩적으로 지는 경우 국가만 최종적 책임자인지 여부(부정)

원래 광역시가 점유·관리하던 일반국도 중 일부 구간의 포장공사를 국가가 대행하여 광역시에 도로의 관리를 이관하기 전에 교통사고가 발생한 경우, **광역시는 그 도로의 점유자 및 관리자, 도로법 제56조, 제55조, 도로법시행령 제30조에 의한 도로관리비용 등의 부담자로서의 책임이 있고, 국가는 그 도로의 점유자 및 관리자, 관리사무귀속자, 포장공사비용 부담자로서의 책임이 있다**고 할 것이며, 이와 같이 광역시와 국가 모두가 도로의 점유자 및 관리자, 비용부담자로서의 책임을 중첩적으로 지는 경우에는, 광역시와 국가 모두가 국가배상법 제6조 제2항 소정의 궁극적으로 손해를 배상할 책임이 있는 자라고 할 것이고, 결국 광역시와 국가의 내부적인 부담 부분은, 그 도로의 인계·인수 경위, 사고의 발생 경위, 광역시와 국가의 그 도로에 관한 분담비용 등 제반 사정을 종합하여 결정함이 상당하다(대판 1998.7.10. 96다42819). 〈18. 국회 8급〉

4. 자동차운전면허시험장의 설치 및 보존의 하자로 인한 국가의 배상책임(긍정)

자동차운전면허시험 관리업무는 국가행정사무이고 지방자치단체의 장인 서울특별시장은 국가로부터 그 관리업무를 기관위임받아 국가행정기관의 지위에서 그 업무를 집행하므로, 국가는 면허시험장의 설치 및 보존의 하자로 인한 손해배상책임을 부담한다(대판 1991.12.24. 91다34097). 〈20. 군무원 9급〉

3. 군인 등에 대한 특례

영조물의 하자로 인한 손해배상의 근거조문인 「국가배상법」 제5조 제1항에서 군인 등에 관한 특례를 규정한 「국가배상법」 제2조 제1항 단서를 준용하고 있으므로 적용된다.

> 〈국가배상법〉 제5조(공공시설 등의 하자로 인한 책임) ① 도로·하천, 그 밖의 공공의 영조물의 설치나 관리에 하자가 있기 때문에 타인에게 손해를 발생하게 하였을 때에는 국가나 지방자치단체는 그 손해를 배상하여야 한다. 이 경우 제2조 제1항 단서, 제3조 및 제3조의2를 준용한다.
> ② 제1항을 적용할 때 손해의 원인에 대하여 책임을 질 자가 따로 있으면 국가나 지방자치단체는 그 자에게 구상할 수 있다.

Winner's 이중배상 제한규정의 적용 : 공무원의 위법행위로 인한 손해 (○), 영조물의 하자로 인한 손해 (○)

4. 원인책임자에 대한 구상(求償)

(1) 의의

국가나 지방자치단체가 손해를 배상한 경우 손해의 원인에 대하여 책임을 질 자가 따로 있는 때(예 불완전한 건축공사를 한 수급인, 영조물의 불법적 이용으로 그 하자를 야기한 자, 고의·과실로 하자를 발생시킨 공무원 등)에는 국가 또는 지방자치단체는 그 자에 대하여 구상할 수 있다(국배법 제5조 제2항).

(2) 요건

공무원에 대한 구상권의 행사는 제2조와의 균형상 고의·중과실이 있는 경우에 한정되는 것으로 해석할 것이다(김동희).

Winner's 구상권 행사시 고의 또는 중과실의 명시 여부 : 국가배상법 제2조 (○), 국가배상법 제5조 (×)

Winner's 국가배상법 조문 비교

구분	제1항(배상책임)	제2항(구상권)
제2조(공무원)	국가 또는 지방자치단체	공무원(단, 고의 또는 중과실)
제5조(영조물)	국가 또는 지방자치단체	원인책임자(예 시공자, 공무원)
제6조(선택적)	선임·감독자(설치·관리자) 또는 비용부담자	최종적 책임자

제3장 | 행정상 손실보상

제1절 / 행정상 손실보상

1 서설

1. 의의

공공필요에 의한 적법한 공권력 행사에 의하여 개인의 재산에 특별한 희생이 가해진 경우 이에 대한 손실을 전보(塡補)하는 것을 말한다(⑩ 철도를 건설하기 위해 개인의 토지를 수용하고, 그 가액에 대해서 금전으로 지급하는 것).

2. 구별

손실보상은 적법한 공권력 작용으로 인한 손해의 전보(塡補)라는 점에서 위법한 공권력 작용으로 인한 손해의 전보(塡補)제도인 손해배상과 구별된다.

3. 근거

> 〈헌법〉 제23조 ① 모든 국민의 재산권은 보장된다. 그 내용과 한계는 법률로 정한다.
> ② 재산권의 행사는 공공복리에 적합하도록 하여야 한다.
> ③ 공공필요에 의한 재산권의 수용·사용 또는 제한 및 그에 대한 보상은 법률로써 하되, 정당한 보상을 지급하여야 한다.

손실보상은 적법한 공권력 작용에 의한 침해라는 점에서 손실보상을 인정하는 이유에 대해서 ① 기득권 침해에 대한 보상이라는 견해(기득권설), ② 국가의 은혜에 의한 것이라는 견해(은혜설), ③ 공익을 위하여 개인에게 부과된 특별한 희생에 대한 보상이라는 견해(특별희생설)가 대립한다. 공적 부담 앞의 평등원칙상 공익을 위하여 개인에게 부과된 특별한 희생은 전체의 부담으로 전환하는 것이 타당하다는 점에서 특별희생설이 통설적 견해이다.

> **Winner's** 손실보상이 필요한 경우 : 특별한 희생 (○), 사회적 제약 (×)

2 손실보상의 요건

1. 공용침해

(1) 재산권의 침해

'재산권'이란 소유권 기타 법에 의해 보호되는 일체의 재산적 가치 있는 권리를 말한다. 사법상(私法上) 권리뿐만 아니라 공법상의 권리도 포함된다. 그러나 생명·신체와 같은 비재산적 법익은 포함되지 않는다. 또한 현존하는 구체적인 이익이어야 하고, 단순한 기대이익(⑩ 지가 상승의 기대)은 포함되지 않는다. 〈11. 지방 9급〉

Winner's 침해되는 재산권의 범위 : 공법상 권리 (○), 사법상 권리 (○), 재산적 법익 (○), 비재산적 법익 (×)

1. 철새 도래지라는 문화적인 학술가치가 손실보상의 대상이 되는지 여부(부정)

문화적·학술적 가치는 특별한 사정이 없는 한 그 토지의 부동산으로서의 경제적·재산적 가치를 높여 주는 것이 아니므로 토지수용법 제51조 소정의 손실보상의 대상이 될 수 없으니, 이 사건 토지가 철새 도래지로서 자연 문화적인 학술가치를 지녔다 하더라도 손실보상의 대상이 될 수 없다(대판 1989.9.12. 88누11216). 〈11. 지방 7급〉, 〈12. 국가 9급〉

2. 손실보상청구권이 발생하기 위해서 실질적이고 현실적인 피해가 발생해야 하는지 여부(긍정)

손실보상은 공공필요에 의한 행정작용에 의하여 사인에게 발생한 특별한 희생에 대한 전보라는 점에서 그 사인에게 특별한 희생이 발생하여야 하는 것은 당연히 요구되는 것이고, 공유수면 매립면허의 고시가 있다고 하여 반드시 그 사업이 시행되고 그로 인하여 손실이 발생한다고 할 수 없으므로, 매립면허 고시 이후 매립공사가 실행되어 관행어업권자에게 실질적이고 현실적인 피해가 발생한 경우에만 공유수면매립법에서 정하는 손실보상청구권이 발생하였다고 할 것이다(대판 2010.12.9. 2007두6571). 〈14. 국회 8급〉, 〈19. 지방 9급〉

3. 약사에게 인정된 한약조제권은 재산권의 보장대상인지 여부(부정)

약사는 단순히 의약품의 판매뿐만 아니라 의약품의 분석, 관리 등의 업무를 다루며, 약사면허 그 자체는 양도·양수할 수 없고 상속의 대상도 되지 아니하며, 또한 약사의 한약조제권이란 그것이 타인에 의하여 침해되었을 때 방해를 배제하거나 원상회복 내지 손해배상을 청구할 수 있는 권리가 아니라 법률에 의하여 약사의 지위에서 인정되는 하나의 권능에 불과하고, 더욱이 의약품을 판매하여 얻게 되는 이익 역시 장래의 불확실한 기대리익에 불과한 것이므로, 구 약사법상 약사에게 인정된 한약조제권은 위 헌법조항들이 말하는 재산권의 범위에 속하지 아니한다(헌재 1997.11.27. 97헌바10). 〈25. 소방〉

(2) 공권적 침해

'공용침해'란 행정청이 일방적으로 사인(私人)의 재산적 가치를 감소시키는 것을 말한다. 사법상(私法上)의 방법으로 취득하는 경우는 포함되지 않는다. 「헌법」상 명시되어 있는 '수용·사용·제한'은 예시적 규정으로 판단하므로 환지(換地)나 환권(換權) 등도 포함된다.

「도로법」에 의한 제한이 손실보상의 대상이 되는지 여부(부정)

도로의 공용개시행위로 인하여 공물로 성립한 사인 소유의 도로부지 등에 대하여 도로법 제5조에 따라 사권의 행사가 제한됨으로써 그 소유자가 손실을 받았다고 하더라도 이와 같은 사권의 제한은 건설교통부장관 또는 기타의 행정청이 행한 것이 아니라 도로법이 도로의 공물로서의 특성을 유지하기 위하여 필요한 범위 내에서 제한을 가하는 것이므로, 이러한 경우 도로부지 등의 소유자는 국가나 지방자치단체를 상대로 하여 부당이득반환청구나 손해배상청구를 할 수 있음은 별론으로 하고 도로법 제79조에 의한 손실보상청구를 할 수는 없다(대판 2006.9.28. 2004두13639).

Winner's 헌법상 수용규정 : 예시적 규정 (○), 열거적 규정 (×)

(3) 침해의 직접성

공용침해가 되기 위해서는 행정청이 스스로 의도한 것이거나, 적어도 손실에 대한 직접 원인이 되는 것이어야 한다. 따라서 개인의 손실이 공권력 발동에 의해 직접 침해된 것이 아니고, 그 밖에 부수적 사정으로 인하여 발생한 것이거나 간접적·결과적으로 야기된 경우는 여기에서 제외된다. 이러한 기준은 수용적 침해와의 구별에서 중요한 의미를 가지는 것이다.

2. 공공의 필요

공용침해는 공공의 필요 또는 공익을 위한 것이어야 한다. 공공의 필요란 대표적인 불확정개념으로서 이에 해당하는지 여부는 공익과 사익의 비교형량에 따를 것이다. 따라서 구체적 사안에 따라 사인(私人)의 이익이나 복지증진이 포함되는 경우(⑩ 무주택자에게 주택을 공급하기 위한 토지의 수용)도 있다.

> 1. 손실보상의 요건인 '공공필요'가 기본권 제한사유인 '공공복리'보다 좁은 것인지 여부(긍정)
>
> 오늘날 공익사업의 범위가 확대되는 경향에 대응하여 재산권의 존속보장과의 조화를 위해서는, '공공필요'의 요건에 관하여, 공익성은 추상적인 공익 일반 또는 국가의 이익 이상의 중대한 공익을 요구하므로 기본권 일반의 제한사유인 '공공복리'보다 좁게 보는 것이 타당하다(헌재 2014.10.30. 2011헌바172). 〈17. 국가 9급〉
>
> 2. 도시계획시설사업의 공공필요성(긍정)
>
> 국토의 계획 및 이용에 관한 법률에 의한 도시계획시설사업은 도로·철도·항만·공항·주차장 등 교통시설, 수도·전기·가스공급설비 등 공급시설과 같은 도시계획시설을 설치·정비 또는 개량하여 공공복리를 증진시키고 국민의 삶의 질을 향상시키는 것을 목적으로 하고 있어 그 자체로 공공필요성의 요건이 충족된다(헌재 2007.11.29. 2006헌바79).

3. 적법성

손실보상의 원인이 되는 공권적 침해행위는 법률에 근거한 것이고, 법적 한계를 준수한 적법한 것이라는 점에서, 법령을 위반하여 개인의 재산권을 침해하는 국가배상과 구별된다.

> 소하천구역으로 적법하게 편입된 경우 손실보상 가능성(긍정)
>
> 토지가 구 소하천정비법(2016. 1. 27. 법률 제13919호로 개정되기 전의 것, 이하 같다)에 의하여 소하천구역으로 적법하게 편입된 경우 그로 인하여 그 토지의 소유자가 사용·수익에 관한 권리행사에 제한을 받아 손해를 입고 있다고 하더라도 구 소하천정비법 제24조에서 정한 절차에 따라 손실보상을 청구할 수 있음은 별론으로 하고, 관리청의 제방 부지에 대한 점유를 권원 없는 점유와 같이 보아 손해배상이나 부당이득의 반환을 청구할 수 없다(대판 2021.12.30. 2018다284608). 〈23. 소방〉

4. 특별한 희생(보상원인)

(1) 문제점

손실보상은 공평부담의 견지에서 인정되는 것이므로 특정개인이 입은 피해는 특별한 희생에 해당하는 것이어야 하고, 단순한 사회적 제약인 경우에는 인정되지 않는다. 그러므로 어느 경우에 특별한 희생에 해당될 것인지의 문제, 즉 보상원인이 문제된다. 그 판단기준에 대하여 학설이 대립한다.

(2) 학설
① 형식설(형식적 기준설): 평등의 원칙을 형식적으로 해석하여 재산권의 침해를 받는 자가 특정되어 있는지의 여부에 따라 특별한 희생을 판단하는 견해이다.

개별행위설	바이마르 헌법 하에서 판례상 정립된 견해로서, 개별행위에 의하여 특정인이나 특정집단에 대하여 특별한 손실을 가한 경우에는 보상을 요한다는 견해이다. 이 견해에 의하면 동일한 상황의 모든 사람에 대한 동일한 방식에 의한 재산권의 제약은 특별한 희생에 해당하지 않는 것으로 본다.
특별희생설	독일 연방사법재판소가 개별행위설을 계승·발전시킨 것으로서, 공익을 위해 특정인이나 특정집단에 대한 재산권의 침해가 다른 자에게 요구되지 않는 불평등한 희생을 강요하는 경우에는 보상을 요한다는 견해이다. 이 견해는 관계된 개인이나 집단을 다른 개인이나 집단과 비교할 때 불평등하게 다루고, 그들에게 수인할 수 없는 희생을 강요하게 되는 경우에는 보상을 요한다는 점에서 개별행위설보다 그 보상범위를 확대하고 있다.

② 실질설(실질적 기준설): 제한의 성질·정도를 기준으로 하여, 특별한 희생 여부를 결정하여야 한다는 입장이다.

목적위배설	공권력에 의한 재산권의 제한이 그 재산권의 기존의 목적과 같은 경우에는 보상을 요하지 않으나, 다른 목적을 위한 것으로서 그 본래적 기능을 박탈하는 경우(⑩ 도로건설을 위한 농지수용)에는 보상을 요한다는 견해이다.
보호가치성설	재산권은 역사, 일반적 사상, 언어의 관용, 법률의 취지 등에 비추어 볼 때 보호가치가 있는 것과 없는 것으로 구별되는 것이므로, 보호가치가 있는 부분에 대한 제한은 보상해야 한다는 견해(G. Jellinek)이다.
수인기대 가능성설	침해행위의 본질과 정도에 따라 보상이 없는 경우에도 수인할 것으로 기대되지 않는다면 보상을 요한다는 견해(슈퇴터, T. Maunz)이다.
사적 효용설	개인의 사적 효용성의 입장에서 행정청의 재산권 침해행위가 그 재산권의 본래의 효용을 본질적으로 침해하는 것이라면 보상을 해야 한다고 보는 견해(M. Reinhardt)이다.
상황구속성설	ⓐ 동종의 재산권이라 하더라도 그 재산권의 지리적 여건에 따라 보상 여부가 결정된다고 보는 견해이다. ⓑ 지리적 위치로 인한 재산권 이용의 제약(⑩ 자연보호구역 안에 있는 토지, 문화재보호구역 안에 있는 건물의 이용제약)은 보상을 요하지 않는다고 한다.
중대성설	독일 연방행정법원의 견해로서, 행정청의 침해행위가 재산권에 미치는 영향의 중대성과 범위를 기준으로 보상 여부를 논하는 견해이다.

③ 판례: 개발제한구역의 지정에 의한 재산권의 제약과 관련하여 대법원은 단순한 사회적 제약으로 판시하였으나, 헌법재판소는 지나치게 가혹한 부담이 생기는 예외적인 경우에도 보상규정이 없다면 위헌이라고 결정하여 손실보상이 필요한 구체적 기준을 제시하였다. 독점적 지위를 상실하게 된 것도 특별한 희생에 해당한다는 판례가 있다.

1. 개발제한구역 지정으로 인하여 토지를 종래의 목적으로도 사용할 수 없는 등 가혹한 부담이 생기는 경우에 보상이 필요한지 여부(긍정)

1) 개발제한구역 지정으로 인하여 토지를 종래의 목적으로도 사용할 수 없거나 또는 더 이상 법적으로 허용된 토지이용의 방법이 없기 때문에 실질적으로 토지의 사용·수익의 길이 없는 경우에는, 토지소유자가 수인해야 하는 사회적 제약의 한계를 넘는 것으로 보아야 한다. 〈18. 서울 9급〉

2) 개발제한구역의 지정으로 인한 개발가능성의 소멸과 그에 따른 지가의 하락이나 지가상승률의 상대적 감소는 토지소유자가 감수해야 하는 사회적 제약의 범주에 속하는 것으로 보아야 한다(헌재 1998.12.24. 89헌마214).

2. 독점적 지위가 부여되어 있던 위탁판매수수료 수입을 상실하게 된 것이 특별한 희생에 해당하는지 여부 (긍정)

수산업협동조합이 수산물 위탁판매장을 운영하면서 위탁판매 수수료를 지급받아 왔고, 그 운영에 대하여는 구 수산자원보호령(1991. 3. 28. 대통령령 제13333호로 개정되기 전의 것) 제21조 제1항에 의하여 그 대상지역에서의 독점적 지위가 부여되어 있었는데, 공유수면매립사업의 시행으로 … 수산업협동조합이 상실하게 된 위탁판매수수료 수입은 사업시행자의 매립사업으로 인한 직접적인 영업손실이 아니고 간접적인 영업손실이라고 하더라도 피침해자인 수산업협동조합이 공공의 이익을 위하여 당연히 수인하여야 할 재산권에 대한 제한의 범위를 넘어 수산업협동조합의 위탁판매사업으로 얻고 있는 영업상의 재산이익을 본질적으로 침해하는 특별한 희생에 해당하고, … 직접적인 보상규정이 없더라도 공공용지의취득및손실보상에관한특례법시행규칙상의 각 규정을 유추적용하여 그에 관한 보상을 인정하는 것이 타당하다(대판 1999.10.8. 99다27231). 〈06. 국회 8급〉

3. 일반사용으로 인한 손실이 특별한 희생에 해당하는지 여부(부정)

공공용물에 관하여 적법한 개발행위 등이 이루어짐으로 말미암아 이에 대한 일정범위의 사람들의 일반사용이 종전에 비하여 제한받게 되었다 하더라도 특별한 사정이 없는 한 그로 인한 불이익은 손실보상의 대상이 되는 특별한 손실에 해당한다고 할 수 없다(대판 2002.2.26. 99다35300). 〈18. 서울 9급〉

4. 토석채취허가를 연장받지 못한 손실이 특별한 희생인지 여부(부정)

산림 내에서의 토석채취허가는 산지관리법 소정의 토석채취제한지역에 속하는 경우에 허용되지 아니함은 물론이나 그에 해당하는 지역이 아니라 하여 반드시 허가하여야 하는 것으로 해석할 수는 없고 허가권자는 신청지 내의 임황과 지황 등의 사항 등에 비추어 국토 및 자연의 보전 등의 중대한 공익상 필요가 있을 때에는 재량으로 그 허가를 거부할 수 있는 것이다 … 따라서 그 자체로 중대한 공익상의 필요가 있는 공익사업이 시행되어 토석채취허가를 연장받지 못하게 되었다고 하더라도 토석채취허가가 연장되지 않게 됨으로 인한 손실과 공익사업 사이에 상당인과관계가 있다고 할 수 없을 뿐 아니라, 특별한 사정이 없는 한 그러한 손실이 적법한 공권력의 행사로 가하여진 재산상의 특별한 희생으로서 손실보상의 대상이 된다고 볼 수도 없다(대판 2009.6.23. 2009두2672). 〈18. 서울 9급〉

④ 검토: 어느 견해에 의하더라도 타당한 결론을 낼 수 없으므로, 위 모든 견해를 종합하여 특별한 희생 여부를 판단하여야 할 것이다. 헌법재판소의 견해도 이와 같은 것으로 보인다.

Winner's 특별한 희생에 해당하는지 여부

긍정	부정
① 개발 제한으로 가혹한 부담 발생 ② 독점적인 판매수수료 수입 상실	① 개발제한으로 지가상승률의 상대적 감소 ② 일반사용으로 인한 침해

5. 보상규정의 존재 〈04. 국가 9급〉

> 〈헌법〉 제23조 ③ 공공필요에 의한 재산권의 수용·사용 또는 제한 및 그에 대한 보상은 법률로써 하되, 정당한 보상을 지급하여야 한다.

(1) 문제점

헌법상 수용과 보상은 법률로써 하도록 되어 있으므로 구체적으로 손실보상을 청구하기 위해서는 법률에 근거가 있어야 하는데, 개별법률에 보상규정이 없는 경우에도 보상청구가 가능할 것인지가 문제된다.

> **보상의 기준과 방법에 관하여서도 법률에 유보되어 있는지 여부(긍정)**
>
> 헌법 제23조 제3항은 "공공필요에 의한 재산권의 수용·사용 또는 제한 및 그에 대한 보상은 법률로써 하되, 정당한 보상을 지급하여야 한다"라고 규정하고 있는 바, 이 헌법의 규정은 보상청구권의 근거에 관하여서 뿐만 아니라 보상의 기준과 방법에 관하여서도 법률의 규정에 유보하고 있는 것으로 보아야 하고, 위 구 토지수용법과 지가공시법의 규정들은 바로 헌법에서 유보하고 있는 그 법률의 규정들로 보아야 할 것이다(대판 1993.7.13. 93누2131). 〈15. 국회 8급〉

(2) 학설

① 방침규정설

내용	헌법상 손실보상에 관한 규정을 입법에 대한 방침규정(프로그램규정)에 불과한 것으로 보아, 개별법률에 보상규정이 없으면 개인은 손실보상을 청구할 수 없다는 견해이다.
비판	오늘날 재산권이 가지는 중요성을 감안하면 헌법상 손실보상규정을 단순한 입법에 대한 방침으로만 보는 것은 자유주의적 법치국가에서는 용인될 수 없다는 비판이 제기된다.

② 직접효력설(국민에 대한 직접효력설)

내용	헌법상 손실보상규정을 국민에 대하여 직접적 효력을 가지는 실효적(實效的) 규정으로 보아 개별법률에 보상규정이 없는 경우에도 국민이 직접헌법규정을 근거로 손실보상을 청구할 수 있다는 견해이다(김동희).
비판	헌법에서는 '보상은 법률로써 하되'라고 규정하고 있으므로, 헌법에 근거하여 직접 보상을 청구할 수는 없다는 비판이 제기된다.

③ 유추적용설

내용	개별법률에 보상규정이 없는 경우에도 헌법 제23조 제1항(재산권 보장조항), 제11조(평등조항), 제23조 제3항(수용과 보상규정) 및 관계규정을 유추하여 손실보상을 청구할 수 있다는 견해이다(김남진).

비판	수용유사침해의 법리에 입각하여 위법·무과실의 행위에 대해서도 국민의 권리를 구제하려는 것으로 보인다.

④ 위헌무효설(입법자에 대한 직접효력설)

내용	헌법상 손실보상규정은 단순한 방침규정이 아니라 불가분 조항에 해당하므로 법규로서의 성격을 가지고 있다는 점을 인정하지만, 그 규정방식상 국민에 대하여 직접효력을 가지는 것은 아니라고 본다. 따라서 보상규정을 두지 않은 법률은 위헌으로 무효가 되어 그에 근거한 침해행위는 법적 근거가 없는 것으로서 위법한 것이므로, 개인은 손해배상을 청구할 수 있다는 견해이다(다수설).
비판	공무원의 과실을 인정하기가 어려우므로, 실제로 배상받는 것이 곤란하다는 비판이 제기된다.

Winner's 침해행위의 위법성 : 방침규정설 (×), 직접적용설 (×), 유추적용설 (×), 위헌무효설 (○)

(3) 판례

① 기본적 입장: 판례는 방침규정설을 제외하고 여러 가지 입장을 취하고 있으나, 위헌무효설이 주류적 입장인 것으로 보인다.

② 수용유사침해이론의 채택 여부: 서울고등법원은 이를 채택한 것으로 보이나, 대법원은 문화방송주식사건에서 "채택 여부는 별론으로 한다."라고 하여 명시적 입장을 보류하고 있다. 그러나 보통은 부정하는 입장인 것으로 본다. 〈04. 국가 9급〉

1. 국유로 된 제외지(堤外地)의 소유자에 대한 보상규정이 없는 경우 다른 규정을 유추하여 보상이 가능한지 여부(긍정)

국유화가 된 제외지(堤外地)의 소유자에 대하여 그 손실을 보상한다는 직접적인 보상규정을 둔바가 없으나, 동법 제74조의 손실보상요건에 관한 규정은 보상사유를 제한적으로 열거한 것이라기보다는 예시적으로 열거하고 있으므로, 국유로 된 제외지(堤外地)의 소유자에 대하여는 위 법조를 유추적용하여 관리청은 그 손실을 보상하여야 한다(대판 1987.7.21. 84누126).

⇒ 유추적용설로 평가된다.

2. 보상규정이 없는 경우에도 보상이 가능한지 여부(긍정)

토지구획정리사업으로 말미암아 본건 토지에 대한 환지를 교부하지 않고 그 소유권을 상실케 한데 대한 본건과 같은 경우에 손실보상을 하여야 한다는 규정이 본법에 없다 할지라도, 이는 법리상 그 손실을 보상하여야 할 것이다(대판 1972.11.28. 72다1597).

⇒ 직접효력설로 평가된다.

3. 문화방송주식의 강제취득이 수용유사적 침해에 해당하는지 여부(부정)

원심이 들고 있는 위와 같은 수용유사적 침해의 이론은 국가 기타 공권력의 주체가 위법하게 공권력을 행사하여 국민의 재산권을 침해하였고 그 효과가 실제에 있어서 수용과 다름 없을 때에는 적법한 수용이 있는 것과 마찬가지로 국민이 그로 인한 손실의 보상을 청구할 수 있다는 내용으로 이해되는데, 과연 우리 법제하에서 그와 같은 이론을 채택할 수 있는 것인가는 별론으로 하더라도, 위에서 본 바에 의하여 이 사건에서 피고 대한민국의 이 사건 주식취득이 그러한 공권력의 행사에 의한 수용유사적 침해에 해당한다고 볼 수는 없다(대판 1993.10.26. 93다6409).

⇒ 위헌무효설로 평가된다.

(4) 검토

「헌법」 제23조 제3항의 문리적 해석에 의하면 손실보상을 청구하기 위해서는 개별법률에 보상 규정이 있어야 하는 것으로 볼 수 있다. 따라서 그 규정방식과 관련해서는 직접효력설은 채택할 수 없고, 위헌무효설이 타당한 것으로 볼 수 있다. 그러나 처분의 근거법률이 위헌으로 무효가 됨으로써 그 처분이 위법하게 된 경우라 하더라도 그 과정에 있어서 공무원 자신의 과실을 인정할 수 없으므로, 실제로 손해배상을 받기는 어려울 것으로 보인다. 앞으로 논의가 필요하다고 할 것이다.

> **Winner's** 손실보상 인정 여부 : 방침규정설 (×), 직접효력설 (○), 유추적용설 (○), 위헌무효설 (×)

3 손실보상의 내용

1. 헌법상 손실보상의 기준

헌법 제23조 제3항은 '정당한 보상'을 지급하여야 한다고 규정하고 있다. 그 의미에 대해서는 ① 피침해재산의 객관적 가치를 완전하게 보상한다는 견해(완전보상설), ② 사회국가원리에 따른 적정한 보상을 한다는 견해(상당보상설)가 대립한다. 귀책사유 없는 특정인의 재산권을 침해하는 것이므로 완전보상설이 타당하고, 완전보상이란 토지수용에 따르는 이전료, 영업상 손실 등이 본인의 의사에 기하지 않고 지출되는 부대적 손실까지 포함하는 것으로 본다.

> **정당한 보상은 완전한 보상인지 여부(긍정)**
> "정당한 보상"이라 함은 원칙적으로 피수용재산의 객관적인 재산가치를 완전하게 보상하여야 한다는 완전보상을 뜻하는 것이라 할 것이나, 투기적인 거래에 의하여 형성되는 가격은 정상적인 객관적 재산가치로는 볼 수 없으므로 이를 배제한다고 하여 완전보상의 원칙에 어긋나는 것은 아니며, 공익사업의 시행으로 지가가 상승하여 발생하는 개발이익은 궁극적으로는 국민 모두에게 귀속되어야 할 성질의 것이므로 이는 완전보상의 범위에 포함되는 피수용토지의 객관적 가치 내지 피수용자의 손실이라고는 볼 수 없다(대판 1993.7.13. 93누2131). 〈14. 서울 9급〉

> **Winner's** 헌법상 보상기준 : 정당 보상 (○), 완전 보상 (×)

2. 보상의 당사자

청구권자	① 공익사업에 필요한 토지의 소유자 또는 관계인이다. ② 관계인 : 사업시행자가 취득 또는 사용할 토지에 관하여 지상권, 지역권, 전세권, 저당권, 사용대차 또는 임대차에 의한 권리 기타 토지에 관한 소유권 외의 권리를 가진 자 또는 그 토지에 있는 물건에 관하여 소유권 그 밖의 권리를 가진 자를 말한다. 다만, 사업인정의 고시가 있은 후에 권리를 취득한 자는 기존의 권리를 승계한 자를 제외하고는 관계인에 포함되지 아니한다.
지급의무자	공익사업에 필요한 토지 등의 취득 또는 사용으로 인하여 토지소유자 또는 관계인이 입은 손실은 사업시행자가 이를 보상하여야 한다(공토법❶ 제61조). '사업시행자'라 함은 공익사업을 수행하는 자를 말한다. 〈13. 국가 9급〉

> **용어설명** ❶ 공토법 : 「공익사업을 위한 토지 등의 취득 및 보상에 관한 법률」을 편의상 간단하게 표시한 것
> **Winner's** 손실보상금 지급의무자 : 국가보상 원칙 (×), 사업시행자보상 원칙 (○)

> **민간기업에게 산업단지개발사업에 필요한 토지 등을 수용할 수 있도록 한 규정의 위헌 여부(합헌)**
> 오늘날 산업단지의 개발에 투입되는 자본은 대규모로 요구될 수 있는데, 이러한 경우 산업단지개발의 사업시행자를 국가나 지방자치단체로 제한한다면 예산상의 제약으로 인해 개발사업의 추진에 어려움이 있을 수 있고, 만약 이른바 공영개발방식만을 고수할 경우에는 수요에 맞지 않는 산업단지가 개발되어 자원이 비효율적으로 소모될 개연성도 있다. 또한 기업으로 하여금 산업단지를 직접 개발하도록 한다면, 기업들의 참여를 유도할 수 있는 측면도 있을 것이다. 그렇다면 민간기업을 수용의 주체로 규정한 자체를 두고 위헌이라고 할 수 없으며, 나아가 이 사건 수용조항을 통해 민간기업에게 사업시행에 필요한 토지를 수용할 수 있도록 규정할 필요가 있다는 입법자의 인식에도 합리적인 이유가 있다 할 것이다(헌재 2009.9.24. 2007헌바114). 〈14. 사회복지 9급〉

3. 지급수단

원칙		손실보상은 금전으로 하여야 한다. 금전은 자유롭게 유통되며 객관적 가치의 변동이 적기 때문이다. 〈24. 소방〉
예외	현금보상	수용할 물건에 갈음한 물건이나 권리로 보상하는 것이다(⑩ 공용환지, 공용환권 등).
	채권(債券) 보상	공공기관이 발행하는 채권으로 지급할 수 있다. 다만, 부동산 투기가 우려되는 지역에서는 채권으로 지급하여야 한다. 채권보상의 위헌 여부에 대해서 학설이 대립하고 있으나, 통상의 수익률만 보상된다면 문제가 없다고 본다.
	매수(買受) 보상	공용제한으로 인하여 종래의 이용목적에 따라 그 물건을 사용하기가 곤란한 경우 상대방에게 매수청구권을 인정하고 그에 따라 물건을 매수함으로써 실질적으로 보상을 행하는 것을 말한다. 다만, 결국 매수과정에서 금전이 지급되므로 현금보상의 일종이라는 비판이 있다.

> 〈공익사업을 위한 토지 등의 취득 및 보상에 관한 법률〉 제63조(현금보상 등) ① 손실보상은 다른 법률에 특별한 규정이 있는 경우를 제외하고는 현금으로 지급하여야 한다. 다만, 토지소유자가 원하는 경우로서 사업시행자가 해당 공익사업의 합리적인 토지이용계획과 사업계획 등을 고려하여 토지로 보상이 가능한 경우에는 토지소유자가 받을 보상금 중 본문에 따른 현금 또는 제7항 및 제8항에 따른 채권으로 보상받는 금액을 제외한 부분에 대하여 다음 각 호에서 정하는 기준과 절차에 따라 그 공익사업의 시행으로 조성한 토지로 보상할 수 있다.
> ⑦ 사업시행자가 국가, 지방자치단체, 그 밖에 대통령령으로 정하는 「공공기관의 운영에 관한 법률」에 따라 지정·고시된 공공기관 및 공공단체인 경우로서 다음 각 호의 어느 하나에 해당되는 경우에는 제1항 본문에도 불구하고 해당 사업시행자가 발행하는 채권으로 지급할 수 있다.
>   1. 토지소유자나 관계인이 원하는 경우
>   2. 사업인정을 받은 사업의 경우에는 대통령령으로 정하는 부재부동산 소유자의 토지에 대한 보상금이 대통령령으로 정하는 일정 금액을 초과하는 경우로서 그 초과하는 금액에 대하여 보상하는 경우
> ⑧ 토지투기가 우려되는 지역으로서 대통령령으로 정하는 지역에서 다음 각 호의 어느 하나에 해당하는 공

익사업을 시행하는 자 중 대통령령으로 정하는 「공공기관의 운영에 관한 법률」에 따라 지정·고시된 공공기관 및 공공단체는 제7항에도 불구하고 제7항 제2호에 따른 부재부동산 소유자의 토지에 대한 보상금 중 대통령령으로 정하는 1억원 이상의 일정 금액을 초과하는 부분에 대하여는 해당 사업시행자가 발행하는 채권으로 지급하여야 한다.
1. 「택지개발촉진법」에 따른 택지개발사업
2. 「산업입지 및 개발에 관한 법률」에 따른 산업단지개발사업
3. 그 밖에 대규모 개발사업으로서 대통령령으로 정하는 사업

토지매수청구권을 인정하는 규정만으로 위헌인지 여부(부정)

개발제한구역의 지정으로 그 효용이 현저히 감소한 토지 또는 당해 토지의 사용 및 수익이 사실상 불가능한 토지의 소유자에게 토지매수청구권을 인정하고 있는 점 등을 종합할 때, 이 사건 법률조항은 비례의 원칙에 위반하여 당해 토지 소유자의 재산권을 침해하지 않는다(헌재 2007.8.30. 2006헌바9). 〈23. 국가 9급〉

4. 지급방법

(1) 개별불

원칙	손실보상은 개인별로 지급하여야 한다.
예외	① 개인별로 보상액을 산정할 수 없는 때(공토법 제64조), ② 동일한 사업지역에 보상시기를 달리하는 동일인 소유의 토지 등이 여러 개 있는 경우 토지소유자 또는 관계인의 요구가 있는 때에는 한꺼번에 보상금을 지급하도록 하여야 한다(공토법 제65조). 〈23. 국가 9급〉

(2) 선불

원칙	손실보상은 공사에 착수하기 이전에 지급하여야 한다. 〈24. 소방〉
예외	① 천재지변 시의 토지의 사용, ② 시급(時急)을 요하는 토지의 사용 또는 토지소유자 및 관계인의 승낙이 있는 때에는 후불도 가능하다(공토법 제62조).

(3) 일시불

원칙	손실보상은 전액을 일시에 지급하여야 한다.
예외	징발재산의 보상금을 증권으로 지급하는 경우에는 분할불도 가능하다(「징발법」 제22조의2).

5. 토지수용 등의 절차

(1) 사업인정

① 의의: 사업시행자는 토지 등을 수용하거나 사용하고자 하는 때에는 대통령령이 정하는 바에 따라 국토교통부장관의 사업인정을 받아야 한다(공토법 제20조 제1항).

사업시행자가 해당 공익사업을 수행할 의사나 능력을 상실한 경우 수용권 인정 여부(부정)

공용수용은 헌법상의 재산권 보장의 요청상 불가피한 최소한에 그쳐야 한다는 헌법 제23조의 근본취지에 비추어 볼 때, 사업시행자가 사업인정을 받은 후 그 사업이 공용수용을 할 만한 공익성을 상실하거나 사업인정에 관련된 자들의 이익이 현저히 비례의 원칙에 어긋나게 된 경우 또는 사업시행자가 해당 공익사

업을 수행할 의사나 능력을 상실하였음에도 여전히 그 사업인정에 기하여 수용권을 행사 하는 것은 수용권의 공익목적에 반하는 수용권의 남용에 해당하여 허용되지 않는다(대판 2011.1.27. 2009두1051).
〈13. 국회 8급〉

② 고시: 국토교통부장관이 사업인정을 한 때에는 지체 없이 그 뜻을 사업시행자, 토지소유자 및 관계인, 관계 시·도지사에게 통지하고 사업시행자의 성명 또는 명칭, 사업의 종류, 사업지역 및 수용 또는 사용할 토지의 세목을 관보에 고시하여야 한다(공토법 제22조 제1항).

(2) 협의
① 의의: 사업인정을 받은 사업시행자는 토지조서 및 물건조서의 작성, 보상계획의 공고·통지 및 열람, 보상액의 산정과 토지소유자 및 관계인과의 협의 절차를 거쳐야 한다(공토법 제26조 제1항).
② 성립의 확인: 협의가 성립된 때에는 사업시행자는 재결의 신청기간 이내에 해당 토지소유자 및 관계인의 동의를 받아 대통령령이 정하는 바에 따라 관할 토지수용위원회에 협의성립의 확인을 신청할 수 있다(공토법 제29조 제1항).

(3) 재결
① 재결신청권: 협의가 성립되지 아니하거나 협의를 할 수 없는 때에는 사업시행자는 사업인정고시가 된 날부터 1년 이내에 대통령령이 정하는 바에 따라 관할 토지수용위원회에 재결을 신청할 수 있다(공토법 제28조 제1항).
② 재결신청청구권: 사업인정고시가 된 후 협의가 성립되지 아니한 때에는 토지소유자와 관계인은 대통령령이 정하는 바에 따라 서면으로 사업시행자에게 재결을 신청할 것을 청구할 수 있다(공토법 제30조 제1항).

Winner's 재결신청권 : 토지소유자 (×), 사업시행자 (○)

토지소유자 등의 적법한 재결신청청구가 없는 경우 지연가산금 발생여부(부정)
공익사업을 위한 토지 등의 취득 및 보상에 관한 법률 제30조 제3항에 따른 재결신청 지연가산금은 사업시행자가 정해진 기간 내에 재결신청을 하지 않고 지연한 데 대한 제재와 토지소유자 등의 손해에 대한 보전이라는 성격을 아울러 가진다. 따라서 토지소유자 등이 적법하게 재결신청청구를 하였다고 볼 수 없거나 사업시행자가 재결신청을 지연하였다고 볼 수 없는 특별한 사정이 있는 경우에는 그 해당 기간 동안은 지연가산금이 발생하지 않는다(대판 2020.8.20. 2019두34630).

6. 보상액의 가격시점 등

토지의 수용에 대한 보상액의 산정은 협의에 의한 경우에는 협의성립 당시의 가격을, 재결에 의한 경우에는 수용 또는 사용의 재결 당시의 가격을 기준으로 한다(공토법 제67조 제1항). 보상액을 산정할 경우에 해당 공익사업으로 인하여 토지 등의 가격이 변동되었을 때에는 이를 고려하지 아니한다(공토법 제67조 제2항).

> 1. 손실보상액 평가는 재결 당시의 상황을 기준으로 하는 것인지 여부(긍정)
>
> 수용대상 토지는 수용재결 당시의 현실 이용상황을 기준으로 평가하여야 하고, 그 현실 이용상황은 법령의 규정이나 토지소유자의 주관적 의도 등에 의하여 의제될 것이 아니라 관계 증거에 의하여 객관적으로 확정되어야 한다(대판 2004.6.11. 2003두14703). 〈16. 경찰행정 특채〉
>
> 2. 당해 사업과 관련된 가격변동을 고려할 것인지 여부(부정)
>
> 토지수용을 위한 보상가액을 산정함에 있어서 당해 공공사업의 시행을 직접 목적으로 하는 계획의 승인·고시로 인한 가격변동은 이를 고려하여서는 안 된다 할 것인바, 수용대상토지가 도로로 사용되게 된 것이 수용사업자인 시의 도시계획에 따른 것인 경우에는 위 도시계획사업에 의하여 수용하는 위 토지의 손실보상액을 산정함에 있어서는 위 토지가 적법한 권원 없이 도로로 사용된 사정은 고려하여서는 아니 된다(대판 1991.10.25. 90누9964). 〈13. 국가 9급〉
>
> 3. 당해 사업의 실시로 인한 용도지역의 변경을 고려할 것인지 여부(부정)
>
> 토지수용보상액을 산정함에 있어서는 토지수용법 제46조 제1항에 따라 당해 공공사업의 시행을 직접 목적으로 하는 계획의 승인·고시로 인한 가격변동은 이를 고려함이 없이 수용재결 당시의 가격을 기준으로 하여 정하여야 할 것이므로, 당해 사업인 택지개발사업에 대한 실시계획의 승인과 더불어 그 용도지역이 주거지역으로 변경된 토지를 그 사업의 시행을 위하여 후에 수용하였다면 그 재결을 위한 평가를 함에 있어서는 그 용도지역의 변경을 고려함이 없이 평가하여야 할 것이다(대판 1999.3.23. 98두13850).
>
> 4. 손실보상금 지급의무는 수용의 시기에 발생하는지 여부(긍정)
>
> 기업자의 토지수용으로 인한 손실보상금 지급의무는 그 수용의 시기로부터 발생하고, 현실적으로 구체적인 손실보상금액이 재결이나 행정소송의 절차에 의하여 확정되어진다 하여 달리 볼 것이 아니며 재결절차에서 정한 보상액과 행정소송절차에서 정한 보상금액의 차액 역시 수용과 대가관계에 있는 손실보상의 일부이므로 동 차액이 수용의 시기에 지급되지 않은 이상 이에 대한 지연손해금이 발생하는 것은 당연하다(대판 1991.12.24. 91누308).
>
> 5. 공법상 제한이 구체적 사업과 직접 관련되지 않은 경우에는 제한이 있는 상태대로 평가하여야 하는지 여부(긍정)
>
> 공법상 제한을 받는 토지에 대한 보상액을 산정할 때에 해당 공법상 제한이 구 도시계획법(2002. 2. 4. 법률 제6655호 국토의 계획 및 이용에 관한 법률 부칙 제2조로 폐지)에 따른 용도지역·지구·구역의 지정 또는 변경과 같이 그 자체로 제한목적이 달성되는 일반적 계획제한으로서 구체적 도시계획사업과 직접 관련되지 아니한 경우에는 그러한 제한을 받는 상태 그대로 평가하여야 하고, 도로·공원 등 특정 도시계획시설의 설치를 위한 계획결정과 같이 구체적 사업이 따르는 개별적 계획제한이거나 일반적 계획제한에 해당하는 용도지역·지구·

구역의 지정 또는 변경에 따른 제한이더라도 그 용도지역·지구·구역의 지정 또는 변경이 특정 공익사업의 시행을 위한 것일 때에는 당해 공익사업의 시행을 직접 목적으로 하는 제한으로 보아 위 제한을 받지 아니하는 상태를 상정하여 평가하여야 한다(대판 2019.9.25. 2019두34982).

7. 개발이익환수제도

(1) 의의

'개발이익'이란 개발사업 등으로 인하여 정상적인 지가상승분을 초과하여 개발사업자 또는 토지소유자에게 귀속되는 토지가액의 증가분을 의미한다. 개발이익은 불로(不勞)소득으로서, 토지에 대한 투기를 방지하고 그 효율적 이용을 위해서는 이를 배제할 필요가 있다.

1. 개발이익이 완전보상의 범위에 포함되는지 여부(부정)

공익사업법 제67조 제2항은 보상액을 산정함에 있어 당해 공익사업으로 인한 개발이익을 배제하는 조항인데, 공익사업의 시행으로 지가가 상승하여 발생하는 개발이익은 사업시행자의 투자에 의한 것으로서 피수용자인 토지소유자의 노력이나 자본에 의하여 발생하는 것이 아니므로, 이러한 개발이익은 형평의 관념에 비추어 볼 때 토지소유자에게 당연히 귀속되어야 할 성질의 것이 아니고, 또한 개발이익은 공공사업의 시행에 의하여 비로소 발생하는 것이므로, 그것이 피수용토지가 수용 당시 갖는 객관적 가치에 포함된다고 볼 수도 없다. 따라서 개발이익은 그 성질상 완전보상의 범위에 포함되는 피수용자의 손실이라고 볼 수 없으므로, 이러한 개발이익을 배제하고 손실보상액을 산정한다 하여 헌법이 규정한 정당한 보상의 원칙에 위반되지 않는다(헌재 2009.12.29. 2009헌바142). 〈14. 서울 7급〉

2. 개발이익이 포함된 경우에도 보상액 산정에 참작할 여지가 있는지 여부(긍정)

수용대상토지의 보상액을 산정함에 있어 인근 유사토지의 보상사례가 있고 그 가격이 정상적인 것으로서 적정한 보상액 평가에 영향을 미칠 수 있는 것임이 입증된 경우에는 이를 참작할 수 있고, 여기서 '정상적인 가격'이란 개발이익이 포함되지 아니하고 투기적인 거래로 형성되지 아니한 가격을 말한다(대판 2002.4.12. 2001두9783). 그러나 그 보상사례의 가격이 개발이익을 포함하고 있어 정상적인 것이 아닌 경우라도 그 개발이익을 배제하여 정상적인 가격으로 보정할 수 있는 합리적인 방법이 있다면 그러한 방법에 의하여 보정한 보상사례의 가격은 수용대상토지의 보상액을 산정함에 있어 이를 참작할 수 있다(대판 2010.4.29. 2009두17360).

(2) 유형

수용 대상 토지소유자	공시지가제에 의하여 배제한다.
인근 토지소유자	양도차액에 대한 양도소득세를 부과하여 배제한다.
개발사업자	개발사업으로 인한 토지가격의 정상지가상승 초과분에 대하여 개발부담금❶(개발이익의 100분의 25)을 부과함으로써 배제한다.

[용어설명] ❶ 개발부담금 : 개발사업자에게 귀속되는 개발이익 중에서 관계법률에 따라 국가가 부과·징수하는 금액

개발부담금 납부의무자가 주택조합인지 여부(긍정)

주택건설촉진법에 의한 설립인가를 받은 주택조합이 아파트지구 개발 사업의 사업계획을 승인받아 아파트를 건축한 경우 구 개발이익환수에관한법률(1993. 6. 11. 법률 제4563호로 개정되기 전의 것) 제6조 제1항 소정의 개발부담금 납부의무자는 사업시행자인 주택조합이고 그 조합원들이 아니므로, 납부의무자가 아닌 조합원들에 대한 개발부담금 부과처분은 그 처분의 법적 근거가 없는 것으로서 그 하자가 중대하고도 명백하여 무효이다(대판 1998.5.8. 95다30390).

8. 손실보상의 구체적 기준

(1) 취득하는 토지의 보상

① 보상기준: 협의 또는 재결에 의하여 취득하는 토지에 대하여는 「부동산 가격공시 및 감정평가에 관한 법률」에 의한 공시지가를 기준으로 하여 보상하되, 그 공시기준일부터 가격시점까지의 관계법령에 따른 그 토지의 이용계획, 해당 공익사업으로 인한 지가의 영향을 받지 아니하는 지역의 대통령령으로 정하는 지가변동률, 생산자물가상승률과 그 밖에 그 토지의 위치·형상·환경·이용상황 등을 고려하여 평가한 적정가격으로 보상하여야 한다(공토법 제70조 제1항).

② 공시지가

사업인정 전 취득	사업인정 전의 협의에 의한 취득의 경우에는 해당 토지의 가격시점당시 공시된 공시지가 중 가격시점과 가장 가까운 시점에 공시된 공시지가로 한다(공토법 제70조 제3항).
사업인정 후 취득	사업인정 후의 취득의 경우에는 사업인정 고시일 전의 시점을 공시기준일로 하는 공시지가로서, 해당 토지에 관한 협의의 성립 또는 재결 당시 공시된 공시지가 중 그 사업인정 고시일과 가장 가까운 시점에 공시된 공시지가로 한다(공토법 제70조 제4항).

개별공시지가를 기준으로 산정된 것보다 저렴하다는 사정만으로 보상액 산정이 위법한지 여부(부정)

토지수용보상액은 토지수용법 제46조 제2항 등 관계 법령에서 규정한 바에 따라 산정하여야 하는 것으로서, 지가공시및토지등의평가에관한법률 제10조의2 규정에 따라 결정·공시된 개별공시지가를 기준으로 하여 산정하여야 하는 것은 아니며, 관계 법령에 따라 보상액을 산정한 결과 그 보상액이 당해 토지의 개별공시지가를 기준으로 하여 산정한 지가보다 저렴하게 되었다는 사정만으로 그 보상액 산정이 잘못되어 위법한 것이라고 할 수는 없다(대판 2002.3.29. 2000두10106). 〈16. 서울 9급〉

(2) 사용하는 토지의 보상 등

① 보상기준: 협의 또는 재결에 의하여 사용하는 토지에 대하여는 그 토지와 인근 유사토지의 지료(地料)·임대료·사용방법·사용기간 및 그 토지의 가격 등을 고려하여 평가한 적정가격으로 보상하여야 한다(공토법 제71조 제1항).

토지소유자의 사용승낙이 있어도 보상을 받지 못한 경우 보상해야 하는지 여부(긍정)

농지개량사업 시행지역 내의 토지 등 소유자가 토지사용에 관한 승낙을 하였더라도 그에 대한 정당한 보상을 받은 바가 없다면 농지개량사업 시행자는 토지 소유자 및 승계인에 대하여 보상할 의무가 있고, 그러한 보상 없이 타인의 토지를 점유·사용하는 것은 법률상 원인 없이 이득을 얻은 때에 해당한다(대판 2016.6.23. 2016다206369). 〈17. 지방 9급〉

② 매수청구 등

토지소유자의 매수청구 등	다음의 경우에는 해당 토지소유자는 사업시행자에게 그 토지의 매수를 청구하거나 관할 토지수용위원회에 그 토지의 수용을 청구할 수 있다(공토법 제72조). 〈23. 국가 9급〉 ㉠ 토지를 사용하는 기간이 3년 이상인 경우 ㉡ 토지의 사용으로 인하여 토지의 형질이 변경되는 경우 ㉢ 사용하려는 토지에 그 토지소유자의 건축물이 있는 경우
관계인의 존속청구	토지소유자가 매수를 청구하거나 수용을 청구하는 경우에 관계인은 사업시행자 또는 관할 토지수용위원회에 그 권리의 존속을 청구할 수 있다(공토법 제72조).

Winner's 수용청구의 상대방 : 사업시행자 (×), 토지수용위원회 (○)

사용토지에 대한 수용청구를 거부한 재결에 대해서 항고소송을 제기할 수 있는지 여부(부정)
공익사업을 위한 토지 등의 취득 및 보상에 관한 법률(이하 '토지보상법'이라고 한다) 제72조의 문언, 연혁 및 취지 등에 비추어 보면, 위 규정이 정한 수용청구권은 토지보상법 제74조 제1항이 정한 잔여지 수용청구권과 같이 손실보상의 일환으로 토지소유자에게 부여되는 권리로서 그 청구에 의하여 수용효과가 생기는 형성권의 성질을 지니므로, 토지소유자의 토지수용청구를 받아들이지 아니한 토지수용위원회의 재결에 대하여 토지소유자가 불복하여 제기하는 소송은 토지보상법 제85조 제2항에 규정되어 있는 '보상금의 증감에 관한 소송'에 해당하고, 피고는 토지수용위원회가 아니라 사업시행자로 하여야 한다(대판 2015.4.9. 2014두46669). 〈16. 지방 7급〉, 〈18. 국가 7급〉

Winner's 수용청구를 거부한 재결에 대한 소송 : 항고소송 (×), 당사자소송 (○)

(3) 잔여지 보상

① 내용

원칙	사업시행자는 동일한 소유자에게 속하는 일단의 토지 일부가 취득 또는 사용됨으로 인하여 잔여지의 가격이 감소하거나 그 밖의 손실이 있을 때 또는 잔여지에 통로·도랑·담장 등의 신설이나 그 밖의 공사가 필요한 때에는 국토교통부령이 정하는 바에 따라 그 손실이나 공사의 비용을 보상하여야 한다(공토법 제73조 제1항).
예외	잔여지의 가격 감소분과 잔여지에 대한 공사의 비용을 합한 금액이 잔여지의 가격보다 큰 경우에는 사업시행자는 그 잔여지를 매수할 수 있다(공토법 제73조 제1항).

Winner's 잔여지 매수청구권 : 토지소유자 (○), 사업시행자 (×)

건물의 일부만 수용된 경우 잔여건물에 대한 가치하락까지 보상해야 하는지 여부(긍정)
한 동의 건물은 각 부분이 서로 기능을 달리하면서 유기적으로 관련을 맺고 전체적으로 그 효용을 발휘하는 것이므로, 건물의 일부가 수용되면 토지의 일부가 수용되는 경우와 마찬가지로 또는 그 이상으로 건물의 효용을 일부 잃게 되는 것이 일반적이고, 수용에 따른 손실보상액 산정의 경우 헌법 제23조 제3항에 따른 정당한 보상이란 원칙적으로 피수용재산의 객관적인 재산가치를 완전하게 보상하여야 한다는 완전보상을 뜻하는 것인데, 건물의 일부만이 수용되고 그 건물의 잔여부분을 보수하여 사용할 수 있는 경우 그 건물 전체의 가격에서 편입비율만큼의 비율로 손실 보상액을 산정하여 보상하는 한편 보수비를 손실보상액으로 평가하여 보상하는 데 그친다면 보수에 의하여 보전될 수 없는 잔여건물의 가치하락분에 대하여는 보상을 하지 않는 셈이어서 불완전한 보상이 되는 점 등에 비추어 볼 때, 잔여건물에 대하여 보수만으로 보전될 수 없는 가치하락이 있는 경우에는, 동일한 토지소유자의 소유에 속하는 일단의 토지 일부가 공공사업용지로 편입됨으로써 잔여지의 가격이 하락한 경우에는 공공사업용지로 편입되는 토지의 가격으로 환산한 잔여지의 가격에서 가격이 하락된 잔여지의 평가액을 차감한 잔액을 손실액으로 평가하도록 되어 있는 공공용지의취득및손실보상에관한특례법시행규칙 제26조 제2항을 유추적용하여 잔여건물의 가치 하락분에 대한 감가보상을 인정함이 상당하다(대판 2001.9.25. 2000두2426). ⟨14. 국가 7급⟩

② 청구기간: 손실 또는 비용의 보상은 해당 사업의 공사완료일부터 1년이 지난 후에는 청구할 수 없다(공토법 제73조 제1항).

③ 매수청구 등

토지소유자의 매수청구 등	㉠ 동일한 소유자에게 속하는 일단의 토지 일부가 협의에 의하여 매수되거나 수용됨으로 인하여 잔여지를 종래의 목적에 사용하는 것이 현저히 곤란할 때에는 해당 토지소유자는 사업시행자에게 잔여지를 매수하여 줄 것을 청구할 수 있으며, 사업인정 이후에는 관할 토지수용위원회에 수용을 청구할 수 있다(공토법 제74조 제1항). ㉡ 이 경우 수용의 청구는 매수에 관한 협의가 성립되지 아니한 경우에만 할 수 있으며, 그 사업의 공사완료일까지 하여야 한다(공토법 제74조 제1항). ⟨11. 국가 7급⟩
관계인의 존속청구	매수 또는 수용의 청구가 있는 잔여지 및 잔여지에 있는 물건에 관하여 권리를 가진 자는 사업시행자 또는 관할 토지수용위원회에 그 권리의 존속을 청구할 수 있다(공토법 제74조 제2항). ⟨11. 국가 7급⟩

잔여지수용청구권이 형성권적 성질인지 여부(긍정)
토지수용법에 의한 잔여지수용청구권은 그 요건을 구비한 때에는 토지수용위원회의 특별한 조치를 기다릴 것 없이 청구에 의하여 수용의 효과가 발생하는 형성권적 성질을 가지고, 그 행사기간은 제척기간으로서, 토지소유자가 그 행사기간 내에 잔여지수용청구권을 행사하지 아니하면 그 권리가 소멸한다(대판 2001.9.4. 99두11080).

Winner's 잔여지수용청구권 : 형성권 (○), 청구권 (×)

(4) 공용제한의 보상기준

공용제한은 보상규정이 없는 것이 보통이고 개별법상 보상규정을 두고 있다 하더라도 그 보상기준이 통일되어 있지 않다.

(5) 기타 보상

① 건축물 등 보상

원칙	건축물·입목·공작물과 그 밖에 토지에 정착한 물건에 대하여는 이전에 필요한 비용으로 보상하여야 한다(공토법 제75조 제1항).
예외	다음 어느 하나에 해당하는 경우에는 해당 물건의 가격으로 보상하여야 한다(공토법 제75조 제1항). ㉠ 건축물 등의 이전이 어렵거나 그 이전으로 인하여 건축물 등을 종래의 목적대로 사용할 수 없게 된 경우 ㉡ 건축물 등의 이전비가 그 물건의 가격을 넘는 경우 ㉢ 사업시행자가 공익사업에 직접 사용할 목적으로 취득하는 경우

② 권리의 보상: 광업권·어업권 및 물(용수시설을 포함한다) 등의 사용에 관한 권리에 대하여는 투자비용·예상수익 및 거래가격 등을 고려하여 평가한 적정가격으로 보상하여야 한다(공토법 제76조 제1항).

③ 영업손실에 대한 보상: 영업을 폐지하거나 휴업함에 따른 영업손실에 대하여는 영업이익과 시설의 이전비용 등을 고려하여 보상하여야 한다(공토법 제77조 제1항). 영업의 폐지와 휴업의 구별은 이전가능성 여부에 따른다(2002두5498).

④ 농업손실 보상: 농업의 손실에 대하여는 농지의 단위면적당 소득 등을 고려하여 실제 경작자에게 보상하여야 한다. 다만, 농지소유자가 해당 지역에 거주하는 농민인 경우에는 농지소유자와 실제 경작자가 협의하는 바에 따라 보상할 수 있다(공토법 제77조 제2항). 〈25. 소방〉

⑤ 이주대책의 수립 등: 사업시행자는 공익사업의 시행으로 인하여 주거용 건축물을 제공함에 따라 생활의 근거를 상실하게 되는 자를 위하여 대통령령이 정하는 바에 따라 이주대책을 수립·실시하거나 이주정착금을 지급하여야 한다(공토법 제78조 제1항). 사업시행자가 이주대책을 수립하려면 미리 관할 지방자치단체의 장과 협의하여야 한다(공토법 제78조 제2항).

9. 보상액의 결정방법

(1) 당사자 사이의 협의에 의하는 경우

토지수용위원회의 재결에 대한 전 단계로서 의무적으로 거쳐야 한다. 그 법적 성질에 대해서는 ① 공법상 계약설(다수설), ② 사법상 계약설이 대립한다. 판례는 사법상 계약으로 보고 민사소송에 의하여 해결한다.

(2) 행정청의 재결·결정에 의하는 경우

당사자 사이에 협의가 성립하지 않으면 토지수용위원회의 재결 등에 의하여 보상액이 결정된다. 수용결정과 보상액의 결정이 동시에 행하여지는 경우도 있고, 수용행위가 선행되고 보상액만을 결정하는 방식도 있다. 토지수용위원회의 재결은 신청한 범위 안에서 하여야 하는 것이 원칙이나, 손실보상은 증액재결을 할 수 있다(공토법 제50조 제2항). 〈11. 국가 9급〉

(3) 소송에 의하는 경우

법률이 보상규정을 두고 있으나, 구체적인 보상액결정방법을 정하지 않은 경우에는 소송에 의하여 보상액이 결정된다. 손실보상을 청구하는 소송형태에 대해서 학설은 공법상 당사자소송에 의하여야 한다고 한다. 판례는 과거 민사소송으로 다루어 왔으나, 최근 당사자소송으로 변경한 예도 있으며, 그 이후에도 행정소송으로 하여야 한다는 판례가 늘고 있다. 〈11. 국가 9급〉, 〈17. 사회복지 9급〉

1. 「하천법」 부칙 관련 손실보상청구는 당사자소송으로 하여야 하는지 여부(긍정)

하천법 부칙(1989. 12. 30.) 제2조와 '법률 제3782호 하천법 중 개정법률 부칙 제2조의 규정에 의한 보상청구권의 소멸시효가 만료된 하천구역 편입토지 보상에 관한 특별조치법' 제2조, 제6조의 각 규정들을 종합하면, 위 규정들에 의한 손실보상청구권은 1984. 12. 31. 전에 토지가 하천구역으로 된 경우에는 당연히 발생되는 것이지, 관리청의 보상금지급결정에 의하여 비로소 발생하는 것은 아니므로, 위 규정들에 의한 손실보상금의 지급을 구하거나 손실보상청구권의 확인을 구하는 소송은 행정소송법 제3조 제2호 소정의 당사자소송에 의하여야 한다(대판 2006.5.18. 2004다6207 전합).

2. 사업폐지 등에 대한 보상청구권의 쟁송형태가 행정소송인지 여부(긍정)

구 공익사업을 위한 토지 등의 취득 및 보상에 관한 법률(2007. 10. 17. 법률 제8665호로 개정되기 전의 것, 이하 '구 공익사업법'이라고 한다) 제79조 제2항, 공익사업을 위한 토지 등의 취득 및 보상에 관한 법률 시행규칙 제57조에 따른 사업폐지 등에 대한 보상청구권은 공익사업의 시행 등 적법한 공권력의 행사에 의한 재산상 특별한 희생에 대하여 전체적인 공평부담의 견지에서 공익사업의 주체가 손해를 보상하여 주는 손실보상의 일종으로 공법상 권리임이 분명하므로 그에 관한 쟁송은 민사소송이 아닌 행정소송절차에 의하여야 한다(대판 2012.10.11. 2010다23210). 〈17. 사회복지 9급〉, 〈19. 지방 9급〉

3. 농업손실에 대한 보상청구권의 쟁송형태가 당사자소송인지 여부(긍정)

농업손실보상청구권은 공익사업의 시행 등 적법한 공권력의 행사에 의한 재산상의 특별한 희생에 대하여 전체적인 공평부담의 견지에서 공익사업의 주체가 그 손해를 보상하여 주는 손실보상의 일종으로 공법상의 권리임이 분명하므로 그에 관한 쟁송은 민사소송이 아닌 행정소송절차에 의하여야 할 것이다(대판 2011.10.13. 2009다43461). 〈17. 사회복지 9급〉

4. 공익사업으로 영업을 폐지하는 자가 재결절차 없이 손실보상을 청구할 수 있는지 여부(부정)

공익사업으로 인하여 영업을 폐지하거나 휴업하는 자가 사업시행자에게서 구 공익사업법 제77조 제1항에 따라 영업손실에 대한 보상을 받기 위해서는 구 공익사업법 제34조, 제50조 등에 규정된 재결절차를 거친 다음 재결에 대하여 불복이 있는 때에 비로소 구 공익사업법 제83조 내지 제85조에 따라 권리구제를 받을 수 있을 뿐, 이러한 재결절차를 거치지 않은 채 곧바로 사업시행자를 상대로 손실보상을 청구하는 것은 허용되지 않는다고 보는 것이 타당하다(대판 2011.9.29. 2009두10963). 〈19. 국회 8급〉

5. 어업피해에 관한 손실보상청구권은 민사소송으로 청구할 수 있는지 여부(부정)

구 수산업법(2007. 1. 3. 법률 제8226호로 개정되기 전의 것, 이하 같다) 제81조의 규정에 의한 손실보상청구권이나 손실보상 관련 법령의 유추적용에 의한 손실보상청구권은 사업시행자를 상대로 한 민사소송의 방법에 의하여 행사하여야 한다(대판 2001.6.29. 99다56468 참조). 그렇지만 구 공익사업을 위한 토지 등의 취득 및 보상에 관한 법률(2008. 2. 29. 법률 제8852호로 개정되기 전의 것, 이하 '구 공익사업법'이라 한다)의 관련 규정에 의하여 취득하는 어업피해에 관한 손실보상청구권은 민사소송의 방법으로 행사할 수는 없고, 구 공익사업법 제34조, 제50조 등에 규정된 재결절차를 거친 다음 그 재결에 대하여 불복이 있는 때에 비로소 구 공익사업법 제83조 내지 제85조에 따라 권리구제를 받아야 하며, 이러한 재결절차를 거치지 않은 채 곧바로 사업시행자를 상대로 손실보상을 청구하는 것은 허용되지 않는다고 봄이 타당하다(대판 2014.5.29. 2013두12478). 〈19. 국회 8급〉

10. 보상액결정에 대한 불복절차

> 〈공익사업을 위한 토지 등의 취득 및 보상에 관한 법률〉 제85조(행정소송의 제기) ① 사업시행자, 토지소유자 또는 관계인은 제34조에 따른 재결에 불복할 때에는 재결서를 받은 날부터 90일 이내에, 이의신청을 거쳤을 때에는 이의신청에 대한 재결서를 받은 날부터 60일 이내에 각각 행정소송을 제기할 수 있다. 이 경우 사업시행자는 행정소송을 제기하기 전에 제84조에 따라 늘어난 보상금을 공탁하여야 하며, 보상금을 받을 자는 공탁된 보상금을 소송이 종결될 때까지 수령할 수 없다.
> ② 제1항에 따라 제기하려는 행정소송이 보상금의 증감(增減)에 관한 소송인 경우 그 소송을 제기하는 자가 토지소유자 또는 관계인일 때에는 사업시행자를, 사업시행자일 때에는 토지소유자 또는 관계인을 각각 피고로 한다.

(1) 이의신청

「공익사업을 위한 토지 등의 취득 및 보상에 관한 법률」상 사업시행자와 토지소유자 등 사이에 협의가 성립하지 않는 경우에는 사업시행자는 토지수용위원회에 재결을 신청할 수 있고, 그 재결에 불복이 있으면 중앙토지수용위원회에 이의를 신청할 수 있다.

(2) 행정소송

토지수용위원회의 수용재결이나 중앙토지수용위원회의 이의재결에 불복이 있으면 행정소송을 제기할 수 있다. 과거에는 이의재결을 거쳐야만 행정소송이 가능하였으나, 현재는 이의재결을 거치지 않아도 가능한 것으로 개정되었다.

(3) 손실보상금증감청구소송

① 의의: 행정소송이 보상금의 증감에 관한 소송인 경우 그 소송을 제기하는 자가 토지소유자 또는 관계인일 때에는 사업시행자를, 사업시행자일 때에는 토지소유자 또는 관계인을 각각 피고로 한다(공토법 제85조 제2항). 〈14. 사회복지 9급〉

② 인정취지: 수용결정과 보상액결정이 하나의 결정으로 행하여지는 경우 해당처분 자체를 취소하고 행정청이 다시 재결을 하는 과정에서 보상액도 다시 정하는 것은 매우 번잡하고 우회적인 방법이기 때문에 소송경제를 위해서 처분의 취소와 보상금의 증액을 동시에 요구하도록 한 것이다.

③ 법적 성질: 과거 재결청을 공동피고로 하여 학설이 대립되었으나, 현행법은 한 쪽 당사자만을 피고로 하므로 형식적 당사자소송의 성격을 가지고 있음을 명확히 하였다(김동희, 정하중).

Winner's 보상금증감청구소송 : 실질적 당사자소송 (×), 형식적 당사자소송 (○)

1. 잔여지수용청구를 받아들이지 않은 토지수용위원회의 재결에 대하여 토지소유자가 불복하여 제기하는 소송이 보상금의 증감에 관한 소송인지 여부(긍정)

구 '공익사업을 위한 토지 등의 취득 및 보상에 관한 법률'(2007. 10. 17. 법률 제8665호로 개정되기 전의 것) 제74조 제1항에 규정되어 있는 잔여지수용청구권은 손실보상의 일환으로 토지소유자에게 부여되는 권리로서 그 요건을 구비한 때에는 잔여지를 수용하는 토지수용위원회의 재결이 없더라도 그 청구에 의하여 수용의 효과가 발생하는 형성권적 성질을 가지므로, 잔여지수용청구를 받아들이지 않은 토지수용위원회의 재결에 대하여 토지소유자가 불복하여 제기하는 소송은 위 법 제85조 제2항에 규정되어 있는 '보상금의 증감에 관한 소송'에 해당하여 사업시행자를 피고로 하여야 한다(대판 2010.8.19. 2008두822). ⟨17. 국가 7급⟩, ⟨17. 지방 9급⟩

2. 어떤 보상항목이 손실보상대상에 해당하지 않는다고 오인한 재결에 대한 불복은 취소소송인지 여부(부정)

어떤 보상항목이 공익사업을 위한 토지 등의 취득 및 보상에 관한 법령상 손실보상대상에 해당함에도 관할 토지수용위원회가 사실을 오인하거나 법리를 오해함으로써 손실보상대상에 해당하지 않는다고 잘못된 내용의 재결을 한 경우에는, 피보상자는 관할 토지수용위원회를 상대로 그 재결에 대한 취소소송을 제기할 것이 아니라, 사업시행자를 상대로 구 공익사업을 위한 토지 등의 취득 및 보상에 관한 법률(2013. 3. 23. 법률 제11690호로 개정되기 전의 것) 제85조 제2항에 따른 보상금증감소송을 제기하여야 한다(대판 2018.7.20. 2015두4044). ⟨22. 지방 7급⟩, ⟨24. 국가 9급⟩

3. 여러 보상항목들 중 일부에 관해서만 개별적으로 불복할 수 있는지 여부(긍정)

하나의 재결에서 피보상자별로 여러 가지의 토지, 물건, 권리 또는 영업(이처럼 손실보상 대상에 해당하는지, 나아가 그 보상금액이 얼마인지를 심리·판단하는 기초 단위를 이하 '보상항목'이라고 한다)의 손실에 관하여 심리·판단이 이루어졌을 때, 피보상자 또는 사업시행자가 반드시 재결 전부에 관하여 불복하여야 하는 것은 아니며, 여러 보상항목들 중 일부에 관해서만 불복하는 경우에는 그 부분에 관해서만 개별적으로 불복의 사유를 주장하여 행정소송을 제기할 수 있다(대판 2018.5.15. 2017두41221). ⟨18. 국가 7급⟩

4. 환매금액의 증감을 구하는 소송은 민사소송인지 여부(긍정)

구 공익사업을 위한 토지 등의 취득 및 보상에 관한 법률(2010. 4. 5. 법률 제10239호로 일부 개정되기 전의 것, 이하 '구 공익사업법'이라 한다) 제91조에 규정된 환매권은 상대방에 대한 의사표시를 요하는 형성권의 일종으로서 재판상이든 재판 외이든 위 규정에 따른 기간 내에 행사하면 매매의 효력이 생기는 바(대판 2008.6.26. 2007다24893 참조), 이러한 환매권의 존부에 관한 확인을 구하는 소송 및 구 공익사업법 제91조 제4항에 따라 환매금액의 증감을 구하는 소송 역시 민사소송에 해당한다(대판 2013.2.28. 2010두22368). ⟨17. 국가 7급⟩

Winner's 환매금액의 증감청구소송 : 민사소송 (○), 당사자소송 (×)

5. 압류 및 추심명령이 있는 경우, 토지소유자 등의 당사자적격 상실여부(부정)

토지보상법에 따른 토지소유자 또는 관계인(이하 '토지소유자 등'이라 한다)의 사업시행자에 대한 손실보상금 채권에 관하여 압류 및 추심명령이 있더라도, 추심채권자가 보상금 증액 청구의 소를 제기할 수 없고, 채무자인 토지소유자 등이 보상금 증액 청구의 소를 제기하고 그 소송을 수행할 당사자적격을 상실하지 않는다고 보아야 한다. … 추심채권자가 재결을 다툴 지위까지 취득하였다고 볼 수는 없다(대판 전합 2022.11.24. 2018두67).

제2절 손실보상의 새로운 문제

1 서설

종래 공공사업은 점·선적 개발사업(⑩ 도로·국립운동장의 건설)에 그치는 것이었으나, 오늘날 면적인 개발사업(⑩ 댐, 공업단지)으로 대규모화함으로써 토지소유권을 중심으로 한 종래의 보상은 완전보상이 될 수 없다는 문제가 제기되었다. 그리하여 생활보상, 정신적 보상, 사업손실보상 등이 새롭게 논의되고 있다.

2 내용

1. 생활보상

(1) 의의

협의	공용침해로 인하여 종래의 생활기반을 상실하게 되는 경우에 그 생활의 재건에 필요한 정도의 보상을 행하는 것으로서, 개개의 재산권에 대한 보상이 아니라 총체금액으로서의 보상을 말한다.
광의	협의의 생활보상에 생활재건조치 등을 포함하는 것이다. '생활재건조치'란 사업시행자가 피수용자에 대해 지불한 보상금이 피수용자의 생활재건에 가장 유효하게 사용될 수 있도록 하는 각종 조치를 말한다. 우리나라에서는 생활보상을 광의로 파악하는 것이 일반적이다.

(2) 범위

이주대책 등으로 한정하는 견해도 있으나, 부대적 손실을 포함시키는 견해(광의설)가 일반적이다.

(3) 특색

생활보상은 ① 대인주의적 보상이라는 점(김동희), ② 보상의 대상이 수용의 대상보다 확대된다는 점, ③ 보상의 역사에 있어서 최종단계에 있다는 점에서 그 특색이 있다.

(4) 생활보상의 근거

> 〈헌법〉 제23조(재산권 보장과 제한) ③ 공공필요에 의한 재산권의 수용·사용 또는 제한 및 그에 대한 보상은 법률로써 하되, 정당한 보상을 지급하여야 한다.
> 제34조 ① 모든 국민은 인간다운 생활을 할 권리를 가진다.

헌법 제34조를 주된 근거로 하는 견해, 헌법 제23조를 주된 근거로 보는 견해가 대립한다. 현행법 해석상 '인간다운 생활을 할 권리'에서 생활보상의 근거를 찾는 견해가 타당하다.

(5) 현행법상의 생활보상

일반적 규정은 없다고 보는 것이 다수의 견해이나, 개별적 규정은 존재한다.

토지소유자 등에 대한 것	이주정착금, 주거이전비, 동산이전비, 이농비, 이어비(離漁費), 주거용 건물의 최저보상액 등이 있다.
토지소유자 이외의 자에 대한 것	이농비, 세입자에 대한 주거대책비, 무허가 또는 무신고어업자에 대한 주거대책비 등이 있다.

(6) 이주대책 등

① 의의: 사업시행자가 행정당국과 협력하여 도로·급수시설·배수시설 등의 생활기본시설을 갖춘 택지를 조성하거나, 주택을 건설하여 이주자에게 분양하는 것을 말한다. 현행법상 생활재건조치 중 가장 중요한 것이다. 〈14. 사회복지 9급〉

② 실시: 이주대책의 실시 여부는 입법자의 입법정책적 재량에 속하는 것이나, 현행법상 '이주대책을 수립·실시하여야 한다'라고 규정하고 있으므로 행정재량은 없다. 이주대책의 내용 결정에 대해서는 재량권을 가지는 것이 원칙이나, 도로·급수시설·배수시설 등을 설치하는 것은 강행법규로 파악된다.

1. 사업시행자의 이주대책 내용결정이 재량행위인지 여부(긍정)
공공용지의취득및손실보상에관한특례법 제8조 제1항 및 같은 법 시행령 제5조 제5항에 의하여 실시되는 이주대책은 공공사업의 시행으로 생활근거를 상실하게 되는 자를 위하여 이주자에게 이주 정착지의 택지를 분양하도록 하는 것이고, **사업시행자는 특별공급 주택의 수량, 특별공급 대상자의 선정 등에 있어서 재량을 가진다**(대판 1995.10.12. 94누11279). 〈10. 지방 7급〉

2. 일정규모의 상업용지 또는 상가분양권 등을 공급하는 생활대책이 정당한 보상에 포함되는지 여부(부정)
'생업의 근거를 상실하게 된 자에 대하여 일정 규모의 상업용지 또는 상가분양권 등을 공급하는' 생활대책은 헌법 제23조 제3항에 규정된 정당한 보상에 포함되는 것이라기보다는 **생활보상의 일환으로서 국가의 정책적인 배려에 의하여 마련된 제도이므로, 그 실시 여부는 입법자의 입법정책적 재량의 영역에 속한다.** 이 사건 법률조항이 공익사업의 시행으로 인하여 농업 등을 계속할 수 없게 되어 이주하는 농민 등에 대한 생활대책수립의무를 규정하고 있지 않다는 것만으로 재산권을 침해한다고 볼 수 없다(헌재 2013.7.25. 2012헌바71). 〈14. 지방 9급〉

> **Winner's** 이주대책의 실시 여부 : 입법재량 (○), 행정재량 (×)

③ 절차: 사업시행자는 이주대책을 수립하려면 미리 관할 지방자치단체의 장과 협의하여야 한다(공토법 제78조 제2항). 〈10. 지방 7급〉

④ 이주대책: 이주대책은 국토교통부령이 정하는 부득이한 사유가 있는 경우를 제외하고는 이주대책대상자 중 이주정착지에 이주를 희망하는 자가 10호 이상인 경우에 수립·실시한다(공토법 시행령 제40조 제2항).

⑤ 이주정착금: 사업시행자는 ㉠ 이주대책을 수립·실시하지 아니하는 경우, ㉡ 이주대책대상자가 이주정착지가 아닌 다른 지역으로 이주하려는 경우에는 이주대책대상자에게 국토교통부령으로 정하는 바에 따라 이주정착금을 지급하여야 한다(공토법 시행령 제41조). 〈10. 지방 7급〉

⑥ 기타: 국민주택기금의 우선적 지원(공토법 제78조 제3항), 주거이전비 보상(공토법 제78조 제5항), 취업알선(공토법 제78조 제7항) 등이 있다.

2. 정신적 보상

(1) 의의
재산권 침해나 촌락공동체의 파괴에 대한 주관적인 감정 등에 대한 보상을 의미한다.

(2) 보상논의
유형의 재산뿐만 아니라 공동사회에 존재하는 무형의 재산을 무시할 수는 없으므로 정신적 보상에 대한 논의가 필요하게 되었다. 이러한 논의는 과거 점·선적 수용에서도 문제가 되고 있었지만, 오늘날 수몰지구의 지정과 같은 면적 수용에서는 더욱더 문제가 되고 있으므로 그에 대한 적절한 논의가 꼭 필요하다.

(3) 인정 여부
현행법상 손실보상은 주로 대물주의적 구조를 취하고 있어서 재산권 침해에 대한 재산적 가치에 대해서만 보상을 인정하는 경향이다. 정신적 보상에 대해서는 아직도 소극적이라 할 수 있다.

3. 사업손실보상(간접손실보상)

(1) 의의
공공사업의 실시 또는 완성 후의 시설이 사업지 밖에 미치는 손실을 말한다. 이는 수용적 침해이론과 밀접한 관련이 있다.

(2) 범위
전통적으로 간접손실은 사업지에 인접한 토지와 물권적 청구권❶에 대해서만 인정되고 있었으나, 이에 한정할 것은 아니다.

> **용어설명** ❶ 물권적 청구권 : 물권의 실효성을 확보하기 위하여, 특정인에 대하여 일정한 행위를 요구할 수 있는 권리

(3) 내용
① 물리적 또는 기술적 손실: 공사 중의 소음·진동, 공사에 따르는 교통의 불편으로 인한 손실, 완성된 시설물로 인한 일조의 감소, 대기·기온의 변화, 전파방해 등을 말한다. 현행법상 아직 보상이 미흡하다.

② 사회적 또는 경제적 손실: 댐건설에 따른 다수의 이주로 인하여 지역경제활동에 영향을 미치거나, 어업활동의 쇠퇴로 인한 지역활동에의 영향 등 지역사회의 변동으로 개인에게 미치는 피해 등을 말한다. 지역경제활동의 쇠퇴라는 문제는 손실보상의 문제라기보다는 사회·경제정책적 관점에서 해결되어야 할 것으로 본다(김동희).

(4) 공토법상 사업손실보상
① 잔여지 보상: 동일한 소유자에게 속하는 일단의 토지의 일부가 취득 또는 사용됨으로 인하여 잔여지의 가격이 감소하거나 그 밖의 손실이 있는 때 또는 잔여지에 통로·도랑·담장

등의 신설이나 그 밖의 공사가 필요한 때에는 국토교통부령이 정하는 바에 따라 그 손실이나 공사의 비용을 사업시행자가 보상하는 것을 말한다(공토법 제73조).

② 기타 토지에 대한 보상: 사업시행자는 공익사업의 시행으로 인하여 취득 또는 사용하는 토지(잔여지 포함) 외의 토지에 통로·도랑·담장 등의 신설이나 그 밖의 공사가 필요한 때에는 그 비용의 전부 또는 일부를 보상하여야 한다(공토법 제79조 제1항).

③ 기타 손실에 대한 보상: 기타 공익사업의 시행으로 인하여 발생하는 손실의 보상 등에 대하여는 국토교통부령이 정하는 기준에 의한다(공토법 제79조 제4항). 이에 따라 국토교통부령인 시행규칙에서는 ㉠ 대지 등에 대한 보상, ㉡ 건축물에 대한 보상, ㉢ 소수잔존자에 대한 보상, ㉣ 공작물에 대한 보상, ㉤ 어업의 피해에 대한 보상, ㉥ 영업손실에 대한 보상, ㉦ 농업의 손실에 대한 보상 등을 규정하고 있다.

(5) 인정 여부

잔여지 보상 등을 간접보상의 일종으로 본다면 현행법상 허용되는 것으로 볼 여지도 있으나, 간접손실의 개념과 범위에 대해서는 여전히 논란이 있다.

> **간접보상 규정을 유추적용할 수 있는지 여부(한정적 긍정)**
> 공공용지의취득및손실보상에관한특례법 제3조 제1항이 "공공사업을 위한 토지 등의 취득 또는 사용으로 인하여 토지 등의 소유자가 입은 손실은 사업시행자가 이를 보상하여야 한다."고 규정하고 같은 법 시행규칙 제23조의5에서 공공사업시행지구 밖에 위치한 영업에 대한 간접손실에 대하여도 일정한 요건을 갖춘 경우 이를 보상하도록 규정하고 있는 점에 비추어, 공공사업의 시행으로 인하여 사업지구 밖에서 수산제조업에 대한 간접손실이 발생하리라는 것을 쉽게 예견할 수 있고 그 손실의 범위도 구체적으로 특정할 수 있는 경우라면, 그 손실의 보상에 관하여 같은 법 시행규칙의 간접보상 규정을 유추적용할 수 있다(대판 1999.12.24. 98다57419). 〈15. 국회 8급〉

제3절 손해전보를 위한 그 밖의 제도

1 서설

우리나라의 손해전보제도는 ① 위법·유책한 경우의 손해배상, ② 적법·무책한 경우의 손실보상으로 이원화되어 있다. 따라서 위법·무과실의 행위로 인한 손해의 전보에 대해서는 구제의 공백이 발생하게 되는 것이므로, 이러한 흠결을 보충하기 위한 수용유사침해이론의 도입 여부가 검토되고 있다. 이와 아울러 비의도적 침해에 대한 수용적 침해이론과 비재산적 법익에 대한 희생보상청구권이론 등이 문제되고 있다.

2 종류

1. 수용유사침해이론

(1) 의의

수권법률에 재산권 침해규정은 있으나 보상규정이 없는 경우에는 근거법률이 위헌으로 무효가 되어 그에 근거한 수용처분이 위법하게 되지만, 해당 공무원은 법령해석권이 없는 것이 원칙이므로 과실은 인정될 수 없다. 이러한 위법·무과실의 재산권침해행위를 수용유사침해행위라 하고, 그로 인한 손실도 보상하여야 한다는 이론을 수용유사침해이론이라 한다.

> **Winner's** 수용유사침해행위 : 위법·무책 (○), 위법·유책 (×)

(2) 구별

① 손실보상: 손실보상은 적법한 침해행위로 인한 손실을 보상한다는 점에서, 위법한 침해행위로 인한 손실을 보상하는 수용유사침해이론과 구별된다.

② 손해배상: 손해배상은 법령을 위반한 것이라는 점에서 위법하고, 고의나 과실이 인정되는 침해행위로 인한 손해를 배상하는 것이다. 그러나 수용유사침해행위이론은 헌법상의 불가분조항 때문에 위법하고, 공무원의 과실이 없다는 점에서 구별된다.

(3) 논의의 전개

① 독일 연방사법재판소

이론의 전개	⊙ 독일의 손해전보제도 : 위법·과실의 손해배상과 적법·무과실의 손실보상의 2원적 구조를 취하고 있었으므로 위법·무과실의 행위로 인한 손해는 전보되지 않고 있었다. ⓒ 이론의 등장 : 적법한 공용침해에 대하여 보상이 주어진다면 위법한 공용침해에 대해서는 당연히 보상이 주어져야 한다는 형평의 논리를 기초로 하여, 보상규정이 없어도 특별한 희생이 생긴다면 독일의 기본법(독일 헌법) 제14조 제3항의 불가분조항을 유추적용하여 보상이 가능하다고 판시하였다.

경계이론	독일 연방최고법원, 연방행정법원의 입장으로서 '내용규정'과 '수용규정'을 함께 판단하되, 재산권에 대한 사회적 제약이 일정한 경계를 넘는 경우에는 보상을 요하는 공용침해에 해당하게 되므로 보상이 필요하게 된다는 견해이다. 그 구별기준은 특별한 희생인지의 여부이며, 이는 제약의 강도와 질이 기준이 된다.
범위의 확대	초기의 수용유사침해이론은 특별한 희생을 포함하는 모든 요건을 충족하는 경우 그 행위의 위법성에도 불구하고 이를 수용행위로 파악한다는 것이었다. 이후에는 이 법리가 확대되어 그 행위가 적법하게 발령되었다면 단순한 사회적 구속으로서 손실보상이 필요 없는 행정작용이 위법하게 발령된 경우(⑩ 잠정적인 자연보호구역의 지정행위가 재산권의 사회적 구속에 포함되는 경우에 있어서 그 지정상의 일정요건을 위반한 경우)에 대해서도 인정하기에 이르렀다.

Winner's 보상규정이 없는 경우 보상의 가능성 : 경계이론 (○), 분리이론 (×)

② 독일 연방헌법재판소

자갈채취 판결	1981년 '자갈채취사건'에서 기본법 제14조 제3항의 수용관념을 엄격히 해석하여 수용은 그에 따른 보상의 종류와 범위를 정하고 있는 법률상의 근거가 있는 경우에만 허용된다고 보았다.
분리이론	'내용규정'과 '수용규정'을 별개의 제도로 분리하여 파악하는 이론이다. '수용규정'이란 입법자가 보상규정을 두고, 공적 과제의 수행을 위하여 재산권을 의도적으로 박탈한 경우에 보상에 의한 권리구제를 받는 것이다. '내용규정'이란 보상규정 없이 일반·추상적으로 재산권의 권리와 의무를 확정하는 경우에 그 내용이 한계를 일탈하여 위헌·무효가 되는 경우에는 그에 따른 처분은 위법한 것이므로 보상에 의한 구제는 불가능하고, 그 처분을 취소함으로써 권리구제를 받을 수 있다는 견해이다.
구제방법	수권법률에 보상규정이 없으면 그 법률은 위헌으로 무효가 되어 그에 따른 수용처분은 위법하게 되므로 청구인은 손실보상은 청구할 수는 없고, 그 처분의 취소를 청구할 수 있을 뿐이다. 이러한 입장은 분리이론에 근거하여 관계인에 대해 취소소송과 손실보상 사이의 선택권을 부정하는 것이었다.

참고 자갈채취사건

1976년 제정된 수자원관리법은 모든 수자원이용에는 행정청의 허가를 요한다고 규정하고 있었으나, 그 허가가 거부된 경우의 손실보상에 대해서는 아무런 규정을 두고 있지 않았다. 원고는 동법이 제정되기 이전부터 자갈채취업을 하고 있었는데, 새 수자원법에 의한 자갈채취업을 계속하기 위하여 허가를 신청하였는데, 이것이 거부되어 손실보상청구의 소를 제기하였던 것이다. 이에 연방사법재판소는 수자원관리법의 합헌성 여부에 따라 결정될 문제로 보아 연방헌법재판소에 위헌 여부를 제청하였던 것이다(BVerfGE 58, 300. 1981.7.15.).

Winner's 자갈채취판결 : 독일 연방사법재판소 (×), 독일 연방헌법재판소 (○)

③ 수용유사침해이론의 위상: 독일 연방헌법재판소의 결정에 따라 수용유사침해이론의 존속이 문제되었으나, 동 법리는 여전히 손해배상과 손실보상의 구제의 사각지대에서 개인의 권리구제제도로서의 의의가 있는 것이므로 계속 존속된다고 보는 것이 독일의 다수설이다. 그 인정논거에 대해서는 여러 견해가 제시되고 있으나, 독일에서 헌법적 관습법으로 존재하고 있는 '희생보상의 법리'가 그 근거가 된다는 것이 일반적 견해이다. 그리하여 기본법 제14조 제3항과는 독립적으로 존재하는 보상법리가 되는 것이다.

Winner's 수용유사침해이론의 인정 여부 : 독일 연방사법재판소 (○), 독일 연방헌법재판소 (×), 독일의 다수설 (○)

(4) 성립요건

수용유사침해이론에 따른 보상요건은 손실보상의 요건과 거의 같은 것이나, 침해의 근거법률에 보상규정이 없어서 위헌으로 무효가 되어 그 행위가 법적 근거를 상실하여 위법하게 된다는 점이 다를 뿐이다.

Winner's 손실보상 요건으로서의 위법성 : 수용 (×), 수용유사 (○)

(5) 우리나라에서의 채택 여부

① 학설: 채택 여부에 대해서는 학설이 대립하나, 부정하는 것이 다수의 견해이다.

② 판례

고등법원	경계이론에 따라 보상을 긍정한다.
대법원	문화방송주식사건에서 "그와 같은 이론을 채택할 수 있는 것인지는 별론으로 한다."라고 하여 그 입장을 유보하고 있다. 일반적으로는 부정설인 것으로 본다.
헌법재판소	⊙ 구 도시계획법 제21조에 대한 위헌소원에서, 개발제한구역의 지정으로 인하여 지나치게 가혹한 부담이 생기는 경우에도 보상규정을 두지 않은 것은 위헌이라고 함으로써, 분리이론을 수용하고 있는 것으로 평가된다. ⓒ 구체적인 구제방법에 대해서는 입법정책의 문제로 파악하고 있다.

---

1. 문화방송 강제 주식취득이 수용유사적 침해에 해당하는지 여부(부정)

원심이 들고 있는 위와 같은 수용유사적 침해의 이론은 국가 기타 공권력의 주체가 위법하게 공권력을 행사하여 국민의 재산권을 침해하였고 그 효과가 실제에 있어서 수용과 다름없을 때에는 적법한 수용이 있는 것과 마찬가지로 국민이 그로 인한 손실의 보상을 청구할 수 있다는 내용으로 이해되는데, 과연 우리 법제하에서 그와 같은 이론을 채택할 수 있는 것인가는 별론으로 하더라도 위에서 본 바에 의하여 이 사건에서 피고 대한민국의 이 사건 주식취득이 그러한 공권력의 행사에 의한 수용유사적 침해에 해당한다고 볼 수는 없다(대판 1993.10.26. 93다6409).

2. 개발제한구역지정으로 가혹한 부담이 생기는 경우 보상규정을 두지 않은 것이 위헌인지 여부(긍정)

1) 개발제한구역지정으로 인하여 토지를 종래의 목적으로도 사용할 수 없거나 또는 더 이상 법적으로 허용된 토지이용의 방법이 없기 때문에 실질적으로 토지의 사용·수익의 길이 없는 경우에는 토지소유자가 수인해야 하는 사회적 제약의 한계를 넘는 것으로 보아야 한다.

2) 개발제한구역의 지정으로 인한 개발가능성의 소멸과 그에 따른 지가의 하락이나 지가상승률의 상대적 감소는 토지소유자가 감수해야 하는 사회적 제약의 범주에 속하는 것으로 보아야 한다.

3) 도시계획법 제21조에 규정된 개발제한구역제도 그 자체는 원칙적으로 합헌적인 규정인데, 다만 개발제한구역의 지정으로 말미암아 일부 토지소유자에게 사회적 제약의 범위를 넘는 가혹한 부담이 발생하는 예외적인 경우에 대하여 보상규정을 두지 않은 것에 위헌성이 있는 것이고, 보상의 구체적 기준과 방법은 헌법재판소가 결정할 성질의 것이 아니라 광범위한 입법형성권을 가진 입법자가 입법정책적으로 정할 사항이다(헌재 1998.12.24. 89헌마214).

3. 「도시 및 주거환경정비법」에 따른 정비기반시설의 소유권 귀속이 수용에 해당하는지 여부(부정)

도시정비법 제65조 제2항 전단은 재산권의 법률적 수용이라는 법적 외관을 가지고 있으나 그 실질은 정비기반시설의 설치와 그 비용부담자 등에 관하여 규율하는 것으로, 그 규율형식의 면에서 정비사업의 시행으로 새로이 설치된 정비기반시설과 그 부지를 '개별적이고 구체적으로' 박탈하려는 데 본질이 있는 것이 아니라, 해당 정비기반시설과 그 부지의 소유관계를 '일반적이고 추상적으로' 규율하고자 한 것이고, 그 규율목적의 면에서도 사업시행자의 정비기반시설에 대한 재산권을 박탈·제한함에 본질이 있는 것이 아니라, 사업지구 안의 정비기반시설의 소유관계를 정함으로써 사업시행자의 지위를 장래를 향하여 획일적으로 확정하고자 하는 것이므로, 재산권의 내용과 한계를 정한 것으로 이해함이 타당하다(헌재 2012.7.16. 2011헌마169 참조). 따라서 도시정비법 제65조 제2항 전단에 따른 정비기반시설의 소유권 귀속은 헌법 제23조 제3항의 수용에 해당하지 않고, 이 사건 법률조항이 그에 대한 보상의 의미를 가지는 것도 아니므로, 그 위헌 여부에 관하여 정당한 보상의 원칙에 위배되는지는 문제되지 않는다(헌재 2013.10.24. 2011헌바355). 〈14. 지방 9급〉

2. 수용적 침해이론

(1) 의의

손실보상은 공익사업을 위하여 의도적으로 직접 재산권을 침해하는 수용으로 인한 침해를 보상하는 것이나, 비의도적·간접적으로 재산권을 침해하는 수용적 침해에 대해서도 손실을 보상하여야 한다는 이론을 말한다(⑩ 장기간의 지하철공사로 인하여 인근 상가나 백화점 고객이 현저히 감소함에 따라 손해가 발생한 경우). 〈04. 국회 8급〉

(2) 인정취지

공적인 공사로 인한 불이익은 사회적 구속에 해당하는 것이 원칙이나, 그 정도가 심한 경우에는 특별한 희생에 해당하므로 보상이 필요하다. 그러나 이러한 재산권 침해는 비의도적인 사실행위로 인한 것이므로 독일의 기본법상의 수용행위가 아니므로 불가분조항은 적용될 여지가 없다. 따라서 수권법률에 보상규정이 없어도 합헌이고, 그에 따른 처분은 적법이므로 위법성의 문제를 제기하지 않으면서 특별한 손실을 전보해 주기 위한 제도이다.

(3) 수용유사침해행위와의 구별

수용적 침해행위	수용이 아니므로 보상규정이 필요 없는 것이 원칙이다. 따라서 불가분조항은 적용되지 않으므로 수권법률에 보상규정이 없는 법률도 합헌으로서 그에 따른 처분은 적법하게 된다.
수용유사 침해행위	보상규정만 있다면 수용에 해당하는 것이므로 불가분조항이 적용된다. 따라서 수권법률에 보상규정이 없으면 위헌으로 무효가 되어 그에 따른 처분은 위법하게 된다는 점에서 양자는 구별된다.

(4) 성립요건

수용적 침해이론이 적용되기 위해서는 ① 공공의 필요, ② 재산권의 침해, ③ 특별한 희생, ④ 침해의 적법성이 그 요건이 된다. 다만, 재산권의 침해는 의도적인 것이 아니라 비의도적·간접적 침해를 의미하는 것이나, 직접적 관련성이 있어야 한다.

Winner's 침해행위의 직접성 : 수용행위 (○), 수용적 침해행위 (×)

(5) 이론의 전개

수용적 침해이론도 독일 연방사법재판소에 의해 정립된 것이나, 자갈채취판결 이후 존속 여부에 대해서 논란이 생기게 되었다. 그러나 이 판결에서의 수용은 그 목적을 위한 '법적 행위'에 의한 박탈이라는 점에서, '사실행위'에 의한 비의도적·비전형적 침해인 수용적 침해와는 직접적 관련이 없으므로 이러한 논란은 자갈채취판결 때문에 직접 생긴 것은 아니라고 본다. 다만, 자갈채취판결 이후에는 독일의 기본법 제14조 제3항이 아니라, 희생보상의 법리에 의하여 수용적 침해이론이 존속할 수 있는 것으로 파악된다.

(6) 적용범위의 제한

최근의 유력한 학설은 동 법리의 존속을 인정하면서도 그 범위는 한정적으로 파악한다. 종래 수용적 침해이론의 대표적 예로 보아 온 공사로 인한 공해로 말미암아 인접자의 재산권이 침해되는 것은 예견할 수 없는 것으로서 보상규정을 둘 수 없는 것으로 보았으나, 오늘날 근거법에 보상규정을 두는 경우가 많으므로 근거법에 의한 보상적 규율이 가능한 것으로 보게 되었다. 따라서 수용적 침해이론은 그 작용의 전형적 결과로서 예견할 수 없는 침해(예 하수도 공사로 인한 개인건물의 손괴)에 한정하여 적용될 수 있다고 볼 것이다.

(7) 이론의 도입 여부

학설이 대립하나, 헌법 제23조 제3항은 법적 행위에 의해 개인의 재산권의 제약이 예정되는 경우에 관한 조항이므로, 비의도적이고 예외적 침해에 대해서는 적용될 수 없다고 본다. 따라서 헌법 제23조 제3항을 직접 또는 유추적용할 수 없고 입법조치가 필요하다고 할 것이다(류지태).

3. 희생보상청구권 법리

(1) 의의

행정청의 적법한 공권적 행위로 인한 비재산적 법익에 대한 손실을 보상하려는 것을 말한다(예 보건당국이 검정한 약품을 먹다가 뜻밖의 병이 걸린 경우, 경찰관의 총알이 범인을 관통하여 옆 사람이 상해를 입은 경우, 국립병원 의사의 예방주사에 의해 특이체질인 사람이 병을 얻은 경우 등).

(2) 성립요건

희생보상청구권이 성립하기 위해서는 ① 공공필요에 의한 공권력 행사일 것(예 사립병원 의사의 강제예방접종행위는 공무수탁사인의 행위로서, 공권력의 행사라고 볼 수 있다), ② 생명·신체 등의 비재산적 법익에 대한 침해일 것, ③ 특별한 희생에 해당할 것 등을 그 요건으로 한다. 종래 그 작용이 적법할 것을 요구하였으나, 현재는 위법·과실 있는 행위까지 확대되었다.

(3) 보상 내용

독일의 판례는 비재산적 권리가 침해된 자는 그 침해행위로 인한 재산적 손해(예 의료비, 소득상실)에 대해서만 보상을 청구할 수 있고, 정신적 손해는 청구할 수 없다고 한다. 또한 비재산적 권리에 대한 위법한 침해에 대해서도 희생보상유사침해의 법리에 의하여 그 보상청구권을 인정하고 있다.

(4) 우리나라에서의 인정 여부 ⟨06. 국회 8급⟩

① 학설

긍정설	일반적 제도로서의 희생보상청구권은 헌법상 기본권규정과 평등조항을 간접적 근거로 하여 인정되고 있으며, 개별적 제도로서의 희생보상청구권은 개별법상의 보상규정(예 「감염병의 예방 및 관리에 관한 법률」상의 예방접종 사고 시의 손실보상규정)을 근거로 인정된다는 견해이다(홍정선).
부정설	희생보상청구권은 독일의 관습법에 그 근거를 갖고 있으므로 우리나라에서 이를 인정하는 것은 무리가 있고, 별도의 법률이 있는 경우에는 법률의 규정에 따른 손실보상청구로 인정하면 되며, 따로 희생보상청구권의 문제로 볼 필요는 없다는 견해이다(류지태).

② 검토: 헌법 제23조 제3항의 의미를 중시하는 한 이를 인정할 수 없다고 보는 것이 타당하다.

제4절 　결과제거청구권

1 　서설

1. 의의

위법한 공행정작용으로 인하여 야기된 사실상의 결과로 인하여 자신의 권리·이익을 침해받고 있는 자가 행정권에 대하여 그 위법한 결과를 제거하여 침해 이전의 상태 또는 그와 대등한 상태로 회복시켜 줄 것을 구하는 공권을 말한다.

2. 연혁

(1) 초기

위법한 행정행위가 취소되어도 일단 집행됨으로써 잔존한 결과를 제거하기 위한 것(집행결과제거청구권)이었다(⑩ 토지수용처분이 취소된 경우에 그 수용되었던 토지를 반환받고자 하는 경우).

(2) 현재

행정행위의 집행결과의 제거만이 아니고 기타 위법한 공행정작용이나 사실행위에도 확대·적용되게 되었다(⑩ 공무원의 위법한 명예훼손적 발언에 대해서 철회를 요구하는 것).

3. 인정취지

행정처분을 취소하거나 금전적 피해에 대해서 배상을 받더라도 완전히 회복이 되지 않는 결과가 있을 수 있다. 따라서 결과제거청구권은 이러한 결과를 제거하여 국민의 권익을 보호하려는 것으로서 손해전보제도를 보완하는 제도이다.

2 　법적 성질

1. 물권적 청구권에 한정되는지 여부

'물권적 청구권'이란 소유권·점유권과 같은 사권(私權)이 침해된 경우 그 실효성을 확보하기 위하여 발생되는 청구권을 말한다. 결과제거청구권은 수용된 토지의 반환만 요구하는 것이 아니라 명예훼손에 적당한 조치도 요구한다는 점에서 물권적 청구권에 한정되는 것은 아니라고 본다.

2. 공권성 여부

결과제거청구권의 원인은 반드시 공권력 행사와 관계되는 것만이 아니라는 점에서 사권으로 보는 견해도 있으나, 행정주체의 공행정작용으로 인해 야기된 위법한 상태를 제거함을 목적으로 하는 것이므로 공권으로 보는 견해가 타당하다. 〈04. 국회 8급〉

3 법적 근거

1. 독일

결과제거청구권의 근거에 대해서는 정의원칙, 법치국가원칙, 행정의 합법성원칙, 법률유보원칙, 자유권적 기본권, 「민법」 규정의 유추적용 등 여러 견해가 제시되고 있다.

2. 우리나라

헌법상 법치행정원리, 「민법」상 물권적 청구권 규정 등 다양한 근거가 제시되고 있으나, 아직 통설적 견해는 없고 학설이 대립하고 있다.

4 요건

1. 행정주체의 위법한 공행정작용으로 인한 침해일 것

(1) 위법한 공행정

'공행정'이라는 점에서 권력작용 또는 관리작용을 포함하나, 사법적(私法的) 활동으로 인한 침해는 제외된다. 상대방의 고의나 과실은 고려하지 않는다. 〈10. 지방 7급〉

(2) 행정작용

행정행위에 한정하지 않고, '행정작용'이라는 점에서 법률행위뿐만 아니라 사실행위도 포함한다.

(3) 부작위

부작위가 포함되는지 여부에 대해서는 논란이 있으나, 어느 견해에 의하더라도 행정청이 합법적으로 압류하였다가 압류결정을 해제하였음에도 그 물건을 반환하지 않고 있는 경우 그 물건의 반환청구를 할 수 있다는 점에서는 양자가 동일하므로 구별의 실익은 크지 않다.

2. 법률상 이익의 침해

공행정작용으로 인해 야기된 결과가 타인의 권리 또는 법률상 이익을 침해하는 것이어야 하므로 반사적 또는 사실적 이익은 포함되지 않는다. 법률상 이익에는 재산적·정신적 이익을 포함한다. 〈07. 국회 8급〉

Winner's 결과제거청구권의 성립 : 사실행위로 인한 침해 (○), 사실상 이익의 침해 (×)

3. 관계이익의 보호가치성

침해된 이익 또는 지위는 보호받을 만한 경우에만 결과제거청구권을 행사할 수 있다. 따라서 관계자가 불법적으로 점유하거나 소유한 경우에는 보호받을 수 없다(⑩ 경찰이 불법주차한 자동차를 다른 곳에 옮겨 놓은 경우 차주는 그에 대하여 원상회복을 요구할 수 없다).

4. 위법한 상태의 존재

(1) 행정행위로 인한 경우

하자가 무효인 경우에 한하여 인정되고, 취소할 수 있는 행위인 경우에는 일단 유효인 행위로 통용되어 상대방의 권리침해의 근거가 되는 것이므로 취소되지 않는 한 인정되지 않는다(⑩ 수용재결이 취소된 이후에 토지를 반환하지 않는 경우에 비로소 위법한 상태가 존재한다).

Winner's 결과제거청구권의 성립 : 무효인 행위 (○), 취소할 수 있는 행위 (×)

(2) 행정행위 이외의 작용으로 인한 경우

권원(權原)이 없는 경우이어야 한다.

5. 위법한 상태의 계속

위법한 상태는 계속되고 있어야 한다. 따라서 처음에는 위법한 것이었으나 사후에 적법하게 된 경우에는 결과제거청구권은 인정되지 않고 손해의 전보(塡補)만을 청구할 수 있을 것이다.

6. 결과제거의 가능성 등

결과제거청구권은 원상회복이 사실상 가능하고, 법적으로 허용되며, 행정청의 수인한계 내의 것인 경우에만 인정된다. 따라서 현실적으로 원상회복이 불가능하거나, 관련법률에서 원상회복을 금지하고 있거나, 원상회복에 너무 많은 비용이 드는 경우에는 결과제거를 청구할 수 없으며, 손해의 전보만 가능하다. 〈04. 국회 8급〉

> 1. 도로부지로 편입된 토지에 대하여 인도를 청구할 수 있는지 여부(부정)
>
> 도로법 제5조에 의하면, 도로를 구성하는 부지에 대하여서는 사권을 행사할 수 없으므로, 원고는 원판시 도로를 구성하는 부지가 되는 본건 토지에 관하여서는 그 소유권을 행사하여 피고에게 그 인도를 청구할 수 없는 것(원고가 피고의 불법행위를 원인으로 하여 손해배상청구를 함은 별론으로 한다)임에도 불구하고, 원심은 이 점을 간과하고 만연 원고의 이점에 관한 청구를 인용한 것은 도로법 제5조를 적용하지 아니한 잘못이 있다(대판 1968.10.22. 68다1317).
>
> 2. 권원 없이 대지의 지하에 매설한 상수도관의 철거를 청구하는 것이 가능한지 여부(긍정)
>
> 대지소유자가 그 소유권에 기하여 그 대지의 불법점유자인 시에 대하여 권원 없이 그 대지의 지하에 매설한 상수도관의 철거를 구하는 경우에 공익사업으로서 공중의 편의를 위하여 매설한 상수도관을 철거할 수 없다거나 이를 이설할 만한 마땅한 다른 장소가 없다는 이유만으로써 대지소유자의 위 철거청구가 오로지 타인을 해하기 위한 것으로서 권리남용에 해당한다고 할 수는 없다(대판 1987.7.7. 85다카1383).

Winner's 결과제거청구권의 성립 : 도로부지에 대한 인도청구권 (×), 상수도관의 철거청구권 (○)

5 내용

1. 소극적 원상회복

소극적인 원상회복을 의미하므로 사물의 가정적 상태의 완전한 회복이 아니라 침해가 있기 전의 상태로의 회복을 그 내용으로 한다(⑩ 행정청이 권원 없이 타인 소유의 묘원을 도로의 일부로 편입하면서 3년생 소나무를 제거한 경우에 그 위법성을 이유로 원상회복의 소를 제기하여 1년 뒤에 인용된 경우 행정청이 식재해야 하는 것은 위법행위 당시의 소나무로서 3년생의 소나무를 식재하면 되는 것이고 4년생 소나무가 아님).

Winner's 결과제거청구권의 내용 : 소극적 원상회복 (○), 적극적 원상회복 (×)

2. 직접적 결과의 제거

결과제거청구권은 공행정작용으로 인한 직접적 결과의 제거만을 목적으로 하는 것이고, 부수적인 불이익의 제거는 다른 청구권의 대상이 된다(⑩ 위법한 입주결정에 의한 결과의 제거는 그 입주자의 축출이고, 그 입주자가 손상한 주택의 원상회복은 구할 수 없음).

6 쟁송수단

1. 쟁송형태

결과제거청구권을 공권으로 보는 경우에는 공법상 당사자소송에 의할 것이고, 사권으로 보는 경우에는 민사소송에 의할 것이다. 판례는 대부분 민사소송에 의하고 있다.

2. 병합청구

이러한 소송은 독자적으로 제기하거나 처분 등의 취소소송에 병합하여 제기할 수 있을 것이다. 국가배상과 병합하여 청구할 수도 있다.

PART 01 | PART 02 | PART 03 | PART 04 | **PART 05 행정구제법**

제4장 | 행정소송

제1절 / 개설

1 서설

1. 행정소송의 의의

행정법상 법률관계에 관한 분쟁에 대하여 당사자의 소(訴)의 제기에 의하여 법원이 이를 심리·판단하는 정식재판절차를 말한다.

2. 구별

(1) 민사소송

사법상(私法上) 법률관계에 관한 분쟁을 대상으로 한다는 점에서, 공법상 법률관계를 대상으로 하는 행정소송과 구별된다.

(2) 형사소송

국가형벌권의 발동과 요건을 심판한다는 점에서 행정처분 등의 위법성을 심사하거나 공권의 존부를 심사하는 행정소송과 구별된다.

(3) 행정심판

행정청이 심사하는 약식쟁송이라는 점에서 법원이 심사하고, 정식쟁송에 해당하는 행정소송과 구별된다.

3. 행정소송의 기능

(1) 주된 기능

행정소송은 위법한 행정작용으로 침해된 국민의 권리를 회복하여 국민을 구제하는 것이 주된 기능이다. 「행정소송법」은 '행정청의 위법한 처분 그 밖에 공권력의 행사·불행사 등으로 인한 국민의 권리 또는 이익의 침해를 구제'하는 것이라고 규정하여(제1조), 이러한 기능을 명시하고 있다.

(2) 종된 기능

법원은 행정작용의 위법성을 심사함으로써, 행정작용을 통제하는 기능을 수행한다.

2 우리나라 행정소송제도

1. 사법(司法)국가주의

우리나라에서 행정법원은 사법부 소속 하에 설치되어 있으므로 행정소송은 영미식의 사법국가 형태이다. 그러나 민사소송과는 다른 특례를 규정하고 있으므로 엄밀하게 말하면 혼합국가형태이다.

2. 현행 「행정소송법」의 특징

(1) 임의적 행정심판전치주의

과거에는 행정소송을 제기하기 위해서는 행정심판을 거쳐야만 하는 필요적 전치주의를 채택하고 있었으나, 당사자의 권리구제를 지연하는 역기능이 있었으므로 현행법은 행정심판을 거칠 수 있도록 하여 임의적 전치주의를 채택하고 있다.

(2) 행정법원의 설치 및 3심제화

① 과거: 행정소송은 고등법원을 제1심으로 하는 2심제를 채택하였다. 행정심판이 필요적 절차이므로 하나의 심급으로 파악하였기 때문이다.

② 현행법: 행정심판이 임의적 절차로 개정되었으므로 지방법원급의 행정법원을 신설하여 행정법원을 제1심으로 하는 3심제로 전환되었다. 다만, 현재 행정법원은 서울에서만 설치되어 있으므로 다른 지역에서는 지방법원 본원 합의부에서 관할하고 있다.

Winner's 현행 행정소송제도 : 2심제 (×), 3심제 (○)

(3) 상고심사제의 채택

① 의의: 원심판결이 헌법에 위반되는 등 일정한 사유에 해당하면 대법원은 심리를 계속하지 아니하고 판결로 상고를 기각하는 제도를 말한다.

② 인정취지: 대법원의 법률심으로서의 기능을 강화하고, 무익하고 소모적인 상고를 방지하기 위한 것이다.

③ 채택 여부: 「상고심절차에 관한 특례법」 제2조는 "행정소송의 상고사건에 적용한다."라고 규정하고 있으므로 행정소송도 상고심사제의 대상이 된다. 무의미한 상고를 방지하기 위한 것이나, 행정소송을 실질적으로 2심제로 한다는 비판을 받고 있다.

3. 현행 「행정소송법」의 문제점

① 소송의 유형이 한정되어 있다는 점, ② 행정청의 문서제출의무가 좁다는 점, ③ 항고소송의 원고적격과 대상적격의 개념이 좁게 해석될 여지가 있는 점, ④ 적극적인 가처분제도가 부정된다는 점 등이 문제점으로 지적되고 있다.

> 참고 「행정소송법」 개정안 주요내용
>
> 현행법상의 문제점을 시정하기 위하여 국회에 제출된 대법원의 「행정소송법」 개정시안에는 ① 항고소송의 대상성 확대, ② 의무이행소송의 신설, ③ 예방적 금지소송의 신설, ④ 항고소송에 가처분규정 신설 등의 내용이 포함되어 있으나, 아직은 그대로 통과될지 여부가 불확실한 상태이므로 앞으로의 동향을 계속 주시할 필요가 있다.

3 행정재판권의 한계

1. 서설

현행 「행정소송법」상 행정소송이 가능한 행정작용을 한정하고 있지 않으므로 개괄주의를 채택한 것으로 볼 수 있다. 그러나 행정소송도 법원에 의한 재판작용이라는 점에서 일정한 한계가 존재한다. 구체적으로는 사법의 본질에서 오는 한계와 권력분립적 한계가 있다.

2. 권력분립적 한계

(1) 통치행위

고도의 정치적 작용으로서 권력분립 또는 사법자제를 이유로 재판통제에서 제외된다.

(2) 의무이행소송

① 의의: 상대방의 신청에 대하여 행정청이 이를 거부하거나 방치하는 경우에 법원의 판결에 의해 행정청으로 하여금 그 행정작용을 하도록 청구하는 소송을 말한다.

② 인정 여부: 「행정소송법」 제4조에서는 항고소송의 종류를 취소소송, 무효등확인소송, 부작위위법확인소송의 3종으로 규정하고 있으므로 의무이행소송을 인정할 수 있을 것인지가 문제된다. 이 규정을 ⊙ 예시적 규정으로 파악하여 긍정하는 견해, ⓒ 열거적 규정으로 파악하여 부정하는 견해가 대립한다. 권력분립의 원칙상 법원이 행정청에게 일정한 처분을 하도록 명령하는 것은 적절하지 못하고, 부작위위법확인소송이 존재하므로 부정하는 견해가 일반적이다. 판례도 부정한다. 〈14. 국가 9급〉

> 1. 가설점포건물의 철거명령을 구하는 소송이 가능한지 여부(부정)
>
> 현행 행정소송법에 의하더라도 행정청으로 하여금 일정한 행정처분을 하도록 명하는, 이른바 이행판결을 구하는 소송은 허용되지 아니하므로, 원심이 피고에 대하여 이 사건 가설점포건물의 철거 등 시정을 명하고 이에 따른 대집행절차를 이행하라는 내용의 이행판결을 구하는 원고의 주위적 청구를 부적법하다고 판단한 것은 정당하다(대판 1989.5.23. 88누8135).
>
> 2. 검사에 대한 압수물환부 이행청구가 가능한지 여부(부정)
>
> 검사에게 압수물환부를 이행하라는 청구는 행정청의 부작위에 대하여 일정한 처분을 하도록 하는 의무이행소송으로 현행 행정소송법상 허용되지 아니한다(대판 1995.3.10. 94누14018).

(3) 예방적 부작위청구소송

① 의의: 행정청의 처분으로 인하여 사인(私人)의 권익을 침해할 우려가 있는 경우에 그 처분을 하지 아니할 것을 명하거나, 그러한 처분권한이 없는 것임을 확인하는 판결을 구하는 소송이다. 행정청에 대한 신청이 없다는 점에서 의무이행소송과 구별된다.

② 인정 여부: 행정청의 1차적 판단권을 침해한다는 점에서 인정여부가 문제된다. ㉠ 「행정소송법」상 항고소송의 종류를 예시적 규정으로 보아 인정하는 견해, ㉡ 열거적 규정을 보아 부정하는 견해가 대립한다. 행정청이 권한을 행사하기도 전에 차단한다는 점에서 권력분립의 원칙에 위반되므로 부정하는 견해가 일반적이다. 판례도 부정한다.

> **1. 준공❶처분 부작위청구가 가능한지 여부(부정)**
> 건축건물의 준공처분을 하여서는 아니 된다는 내용의 부작위를 구하는 청구는 행정소송에서 허용되지 아니하는 것이므로 부적법하다(대판 1987.3.24. 86누182).
>
> **용어설명** ❶ 준공(竣工): 공사를 다 마침
>
> **2. 요양급여비용결정 부작위청구가 가능한지 여부(부정)**
> 행정소송법상 행정청이 일정한 처분을 하지 못하도록 그 부작위를 구하는 청구는 허용되지 않는 부적법한 소송이라 할 것이므로, 피고 국민건강보험공단은 이 사건 고시를 적용하여 요양급여비용을 결정하여서는 아니 된다는 내용의 원고들의 위 피고에 대한 이 사건 청구는 부적법하다 할 것이다(대판 2006.5.25. 2003두11988).

Winner's 의무이행소송과 예방적 부작위청구소송

〈구분〉	의무이행소송	예방적 부작위청구소송
상대방의 신청	○	×
법적 성질	사후적 구제방법	사전적 구제방법

(4) 적극적 형성판결

① 의의: 원처분에 갈음하여 새로운 처분으로 대체하는 판결을 말한다.

② 인정 여부: 「행정소송법」상 취소소송은 '처분의 변경'도 포함되는데 그 의미를 소극적 변경으로서의 일부취소에 한정한 것인지, 적극적 변경을 포함하여 직접 처분을 하는 것이 가능할 것인지가 문제된다. 법원에서 직접 처분을 하는 것은 권력분립의 원칙에 위반되므로 부정하는 것이 일반적이다. 판례도 부정한다.

Winner's 적극적 변경이 가능한지 여부: 취소소송 (×), 취소심판 (○)

> **1. 형성판결을 구하는 소송이 가능한지 여부(부정)**
> 현행 행정소송법상 행정청으로 하여금 일정한 행정처분을 하도록 명하는 이행판결을 구하는 소송이나 법원으로 하여금 행정청이 일정한 행정처분을 행한 것과 같은 효과가 있는 행정처분을 직접 행하도록 하는 형성판결을 구하는 소송은 허용되지 아니한다(대판 1997.9.30. 97누3200).

2. 법정 한도액을 초과한 과징금부과처분은 전부를 취소해야 하는지 여부(긍정)

자동차운수사업면허조건 등을 위반한 사업자에 대하여 행정청이 행정제재수단으로 사업정지를 명할 것인지, 과징금을 부과할 것인지, 과징금을 부과키로 한다면 그 금액은 얼마로 할 것인지에 관하여 재량권이 부여되었다 할 것이므로 과징금 부과처분이 법이 정한 한도액을 초과하여 위법할 경우 법원으로서는 그 전부를 취소할 수밖에 없고, 그 한도액을 초과한 부분이나 법원이 적정하다고 인정되는 부분을 초과한 부분만을 취소할 수 없다(대판 1998.4.10. 98두2270). 〈14. 지방 9급〉

3. 개발부담금부과처분 취소소송에서 정당한 금액을 초과하는 부분만 취소할 수 있는지 여부(긍정)

개발부담금부과처분 취소소송에 있어 당사자가 제출한 자료에 의하여 적법하게 부과될 정당한 부과금액이 산출될 수 없을 경우에는 부과처분 전부를 취소할 수밖에 없으나, 그렇지 않은 경우에는 그 정당한 금액을 초과하는 부분만 취소하여야 한다(대판 2004.7.22. 2002두11233).

> **Winner's** 법정 한도액을 초과하는 부과처분의 취소 : 과징금 (전부 취소), 개발부담금 (일부 취소 원칙)

3. 사법(司法)의 본질에서 오는 한계

(1) 의의

행정소송도 법원에 의한 재판작용이므로 '법률상의 쟁송'(「법원조직법」 제2조 제1항)만을 대상으로 한다는 한계를 말한다. '법률상의 쟁송'이란 법령의 해석 또는 적용에 의하여 해결될 수 있는 당사자 사이의 권리 또는 의무에 관한 다툼을 말한다.

(2) 구체적인 권리 또는 의무에 관한 것일 것

① 추상적인 법령

원칙	행정소송은 구체적인 권리 또는 의무에 관한 것이어야 하므로, 일반·추상적 규율의 성질을 갖는 법령은 재판의 대상이 될 수 없다.
예외	구체적인 처분을 매개로 하지 않고 국민의 권리 또는 의무에 직접 영향을 미치는 경우에는 재판통제의 대상이 될 수 있다.

> **참고** 추상적 규범통제의 인정 여부
>
> 추상적인 법령을 직접 재판통제의 대상으로 하는 추상적 규범통제가 현행법상 인정될 것인지에 대해서는 논란이 있는데, 「지방자치법」상 조례안에 대한 소송은 추상적 규범통제의 일종이라는 견해(홍정선, 정하중)가 있다.

② 반사적 이익: 행정소송은 개인의 권익구제를 위한 것이므로 법률상 이익이 있는 자가 제기할 수 있고, 반사적 이익에 불과한 경우에는 허용되지 않는다.

③ 객관적 소송: 객관적인 법질서 회복을 위한 ㉠ 국민 또는 주민의 한사람으로서 위법한 국가작용의 시정을 구하는 민중소송, ㉡ 국가 또는 공공단체 상호간의 권한의 존부를 판단하는 기관소송 등은 특별한 규정이 없는 한 허용되지 않는다.

④ 단체소송: 단체의 이름으로 제기하는 소송으로서, 원고적격 인정 여부가 문제된다.

	이기적 단체소송	⊙ 의의: 구성원의 집단적 이익을 보호하기 위하여 단체의 이름으로 제기하는 소송이다. ⓒ 예: 약사회가 약사 전체의 이익을 위하여 특정한 처분에 대하여 제기하는 소송 ⓒ 원고적격: 소액 다수의 피해인 경우에도 소송을 제기할 수 있는 유용한 제도이나, 현행법상으로는 부정된다.
진정 단체소송	이타적 단체소송	⊙ 의의: 공익을 보호하기 위하여 단체의 이름으로 제기하는 소송이다. ⓒ 예: 문화가치나 환경오염의 방지를 위하여 제기하는 소송 ⓒ 원고적격: 부정된다.
부진정 단체소송		⊙ 의의: 단체가 자신의 이익을 위하여 단체의 이름으로 제기하는 소송이다. ⓒ 예: 사회단체등록 거부처분에 대하여 취소소송을 제기하는 것 ⓒ 원고적격: 단체 자체의 권리를 보호받기 위한 것이므로 당연히 원고적격이 인정된다.

Winner's 원고적격 : 진정 단체소송 (×), 부진정 단체소송 (○)

⑤ 사실행위

원칙	행정소송은 공법상의 권리 또는 의무관계에 관한 것이므로 단순한 사실관계의 존부는 행정소송의 대상이 되지 않는다.
예외	권력적 사실행위는 예외적으로 가능하다.

독립운동사의 사실관계 확인이 항고소송의 대상이 되는지 여부(부정)

피고 국가보훈처장이 발행·보급한 독립운동사, 피고 문교부장관이 저작하여 보급한 국사교과서 등의 각종 책자와 피고 문화부장관이 관리하고 있는 독립기념관에서의 각종 해설문·전시물의 배치 및 전시 등에 있어서, 일제치하에서의 국내외의 각종 독립운동에 참가한 단체와 독립운동가의 활동상을 잘못 기술하거나, 전시·배치함으로써 그 역사적 의의가 그릇 평가되게 하였다는 이유로 그 사실관계의 확인을 구하고, 또 피고 국가보훈처장은 이들 독립운동가들의 활동상황을 잘못 알고 국가보훈상의 서훈추천권을 행사함으로써 서훈추천권의 행사가 적정하지 아니하였다는 이유로 이러한 <u>서훈추천권의 행사·불행사가 당연무효임의 확인 또는 그 부작위가 위법함의 확인을 구하는 청구는 과거의 역사적 사실관계의 존부나 공법상의 구체적인 법률관계가 아닌 사실관계에 관한 것들을 확인의 대상으로 하는 것이거나 행정청의 단순한 부작위를 대상으로 하는 것으로서 항고소송의 대상이 되지 아니하는 것이다</u>(대판 1990.11.23. 90누3553).

(3) 법률의 적용에 의해 해결될 수 있는 것일 것

① 학술 또는 예술상의 우열 문제: 행정소송은 법률의 적용으로 사건이 해결될 수 있는 분쟁에 관한 것이어야 하므로 학술 또는 기술적 논쟁, 예술성의 우열 등에 관한 다툼은 행정소송의 대상이 될 수 없다.

② 재량행위: 행정청에게 독자적 판단권이 있으므로 그 범위 내의 행위는 부당할 뿐이고, 위법한 것이 아니어서 행정소송을 제기할 수 없는 것으로 파악하였다. 그러나 오늘날 재량의 한계이론을 근거로 하여 재량권의 범위를 일탈·남용한 행위는 취소할 수 있다고 규정되어 있으므로(행소법 제27조) 이제는 행정재판권의 한계가 아니다.

③ 판단여지: 법률요건에 불확정 개념을 사용한 경우에 행정청에게 일정 범위에서 독자적 판단권이 인정되지만, 그 일탈·남용이 있으면 취소할 수 있으므로 오늘날 행정재판권의 한계가 아니다.

④ 특별권력관계의 내부적 행위: 과거 재판통제가 허용되지 않았으나, 오늘날 전통적 의미의 특별권력관계는 부정하므로 행정소송이 전면적으로 가능하다. 따라서 이제는 행정재판의 한계가 될 수 없다. 다만, 부분사회의 자율성을 존중할 필요가 있는 한도에서는 일정한 제한은 있다.

4 행정소송의 종류

1. 성질에 의한 분류

(1) 형성의 소

행정법상의 법률관계를 발생·변경·소멸시키는 판결을 구하는 소송을 말한다(예 위법한 처분을 취소 또는 변경하는 취소소송).

Winner's 형성의 소 : 취소소송 (○), 배상소송 (×)

(2) 이행의 소

이행청구권의 확성과 피고에 대한 이행명령을 구하는 소송을 말한다(예 행정청의 부작위에 대한 의무이행소송·이행명령을 구하는 당사자소송).

Winner's 현행법상 허용되는 이행의 소 : 배상소송 (○), 의무이행소송 (×)

(3) 확인의 소

권리 또는 법률관계의 존재 또는 부존재의 확정·선언을 구하는 소송을 말한다(예 항고소송 중에는 무효등확인소송, 부작위위법확인소송, 공법상 법률관계의 존부확인을 구하는 당사자소송).

2. 내용에 의한 분류

〈행정소송법〉 제3조(행정소송의 종류) 행정소송은 다음의 네 가지로 구분한다.
1. 항고소송: 행정청의 처분등이나 부작위에 대하여 제기하는 소송
2. 당사자소송: 행정청의 처분등을 원인으로 하는 법률관계에 관한 소송 그 밖에 공법상의 법률관계에 관한 소송으로서 그 법률관계의 한 쪽 당사자를 피고로 하는 소송
3. 민중소송: 국가 또는 공공단체의 기관이 법률에 위반되는 행위를 한 때에 직접 자기의 법률상 이익과 관계없이 그 시정을 구하기 위하여 제기하는 소송
4. 기관소송: 국가 또는 공공단체의 기관 상호간에 있어서의 권한의 존부 또는 그 행사에 관한 다툼이 있을 때에 이에 대하여 제기하는 소송. 다만, 헌법재판소법 제2조의 규정에 의하여 헌법재판소의 관장사항으로 되는 소송은 제외한다.

(1) 항고소송
　① 의의: 행정청의 위법한 처분 등이나 부작위로 인하여 권익을 침해받은 자가 그 위법상태를 배제하고, 권익의 구제를 받기 위한 소송을 말한다.
　② 유형: 「행정소송법」은 취소소송·무효등확인소송·부작위위법확인소송으로 3가지를 명시하고 있다.

(2) 당사자소송
　① 의의: 행정청의 처분 등을 원인으로 하는 법률관계에 관한 소송 그 밖에 공법상 법률관계에 관한 소송으로서 그 법률관계의 한 쪽 당사자를 피고로 하는 소송을 말한다.
　② 구별

항고소송	행정청을 피고로 하여 처분을 대상으로 한다는 점에서 법률관계의 한 쪽 당사자를 피고로 하여 공법상 법률관계를 대상으로 하는 당사자소송과 구별된다.
민사소송	사법상 법률관계를 대상으로 한다는 점에서 공법상 법률관계를 대상으로 하는 당사자소송과 구별된다.

1. 재건축조합을 상대로 한 조합설립 변경결의를 다투는 소송(당사자소송)
도시정비법 등 관련 법령에서 정한 요건과 절차를 갖추어 성립한 주택재건축정비사업조합(이하 '재건축조합'이라 한다)은 관할 행정청의 감독 아래 정비구역 안에서 도시정비법상의 '주택재건축사업'을 시행하는 목적 범위 내에서 법령이 정하는 바에 따라 일정한 행정작용을 행하는 행정주체로서의 지위를 갖는 것이고, 조합설립변경인가 또는 사업시행계획안에 대한 인가가 이루어지기 전에 행정주체인 재건축조합을 상대로 그 조합설립변경 결의 또는 사업시행계획 결의의 효력 등을 다투는 소송은 행정처분에 이르는 절차적 요건의 존부나 효력 유무에 관한 소송으로서 그 소송결과에 따라 행정처분의 위법 여부에 직접 영향을 미치는 공법상 법률관계에 관한 것이므로 이는 행정소송법상의 당사자소송에 해당한다(대판 2010.7.29. 2008다6328). 〈13. 지방 9급〉

　Winner's 변경인가처분 이전에 변경결의를 다투는 방법: 당사자소송 (○), 민사소송 (×)

2. 조합설립인가처분 이후에 조합설립결의를 다투는 소송이 가능한지 여부(부정)
행정청이 도시정비법 등 관련법령에 근거하여 행하는 조합설립인가처분은 단순히 사인들의 조합설립행위에 대한 보충행위로서의 성질을 갖는 것에 그치는 것이 아니라 법령상 요건을 갖출 경우 도시정비법상 주택재건축사업을 시행할 수 있는 권한을 갖는 행정주체(공법인)로서의 지위를 부여하는 일종의 설권적 처분의 성격을 갖는다고 보아야 한다. 그리고 그와 같이 보는 이상 일단 조합설립인가처분이 있은 경우 조합설립결의는 위 인가처분이라는 행정처분을 하는 데 필요한 요건 중 하나에 불과한 것이어서, 조합설립인가처분이 있은 이후에는 조합설립결의의 하자를 이유로 조합설립의 무효를 주장하는 것은 조합설립인가처분의 취소 또는 무효확인을 구하는 항고소송의 방법에 의하여야 할 것이고, 이와 별도로 조합설립결의만을 대상으로 그 효력유무를 다투는 확인의 소를 제기하는 것은 확인의 이익이 없어 허용되지 아니한다(대판 2009.10.15. 2009다30427). 〈23. 국가 9급〉

　Winner's 설립인가처분 이후에 설립결의를 다투는 방법: 인가처분에 대한 항고소송 (○), 민사소송 (×)

3. 재개발조합의 조합장 또는 조합임원의 지위를 다투는 소송(민사소송)

구 도시 및 주거환경정비법(2007. 12. 21. 법률 제8785호로 개정되기 전의 것)상 재개발조합이 공법인이라는 사정만으로 재개발조합과 조합장 또는 조합임원 사이의 선임·해임 등을 둘러싼 법률관계가 공법상의 법률관계에 해당한다거나 그 조합장 또는 조합임원의 지위를 다투는 소송이 당연히 공법상 당사자소송에 해당한다고 볼 수는 없고, 구 도시 및 주거환경정비법의 규정들이 재개발조합과 조합장 및 조합임원과의 관계를 특별히 공법상의 근무관계로 설정하고 있다고 볼 수도 없으므로, 재개발조합과 조합장 또는 조합임원 사이의 선임·해임 등을 둘러싼 법률관계는 사법상의 법률관계로서 그 조합장 또는 조합임원의 지위를 다투는 소송은 **민사소송에 의하여야 할 것이다**(대결 2009.9.24. 2009마168·169). 〈13. 지방 9급〉

> **Winner's** 조합장 등 지위를 다투는 방법: 당사자소송 (×) 민사소송 (○)

③ 종류

실질적 당사자소송	공법상 법률관계에 관한 소송으로서 그 법률관계의 한 쪽 당사자를 피고로 하는 소송을 말한다. 공권을 소송물로 하는 소송 내지는 공법규정의 적용을 통하여 해결될 수 있는 법률관계 그 자체를 대상으로 하는 소송을 말한다(예 공법상 계약을 불이행하는 경우에 제기하는 소송, 공법상의 신분 또는 지위에 관한 확인소송, 공법상의 금전청구에 관한 소송 등).
형식적 당사자소송	행정청의 처분 등을 원인으로 하는 법률관계에 관한 소송으로서 그 법률관계의 한 쪽 당사자를 피고로 하지만, 실질적으로는 행정청의 처분을 다투는 소송을 말한다(예 토지수용위원회의 보상액 재결에 대하여 불복이 있는 경우 법률관계의 한 쪽 당사자인 사업시행자를 피고로 하여 그 증액을 요구하는 소송 등).

> **Winner's** 항고소송과 당사자소송

〈구분〉	항고소송	당사자소송
대상	처분 등	법률관계
피고	처분행정청	당사자(국가나 공공단체와 같은 권리주체)

(3) 민중소송·기관소송

① 유형

민중소송	국가 또는 공공단체의 기관이 법률에 위배되는 행위를 한 때에 사인(私人)이 직접 자기의 법률상 이익과 관계없이, 그 시정을 요구하기 위하여 제기하는 소송을 말한다(예 선거소송).
기관소송	국가나 공공단체의 기관 상호 간에 있어서 권한의 존부(存否) 또는 그 행사에 관한 다툼이 있을 때 제기하는 소송을 말한다(예 조례안 재의결무효확인소송). 〈12. 지방 9급〉

② 인정 여부: 법률에 명시적 규정이 있어야만 제기할 수 있다.

(4) 무명(無名)항고소송(비법정 항고소송)

① 의의: 「행정소송법」에 규정되어 있지 않은 항고소송을 말한다.

② 인정 여부: 「행정소송법」상 항고소송의 종류를 3종으로 한정하고 있다. 이 규정을 예시적 규정으로 보아 긍정하는 견해, 열거적 규정으로 보아 부정하는 견해가 있다. ㉠ 의무이행

소송, ⓒ 예방적 부작위소송, ⓒ 작위의무확인소송 등이 논의되고 있으나 현행법상 부정하는 것이 보통이다. 〈13. 지방 9급〉

3. 항고소송의 종류

> **〈행정소송법〉 제4조(항고소송)** 항고소송은 다음과 같이 구분한다. 〈20. 지방 9급〉
> 1. 취소소송: 행정청의 위법한 처분등을 취소 또는 변경하는 소송
> 2. 무효등 확인소송: 행정청의 처분등의 효력 유무 또는 존재여부를 확인하는 소송
> 3. 부작위위법확인소송: 행정청의 부작위가 위법하다는 것을 확인하는 소송

(1) 취소소송

① 의의: 행정청의 위법한 처분 등을 취소 또는 변경하는 소송이다(행소법 제4조).

② 대상: 취소할 수 있는 행위를 대상으로 하는 것이 원칙이나, 예외적으로 무효사유에 대하여도 가능하다. 다만 취소소송의 제기요건을 갖추어야 한다.

③ 성질: 행정처분의 취소 또는 변경을 통해 법률관계를 소멸시키는 것이므로 형성적 성질을 가진다는 견해(형성소송설)가 통설, 판례이다.

④ 소송물: 법원에서 다투어지는 분쟁의 대상을 말한다. ⓘ 원고가 주장하는 개개의 위법사유라는 견해, ⓒ 행정처분의 위법성 일반을 심사한다는 견해(다수설)가 대립한다. 개개의 위법사유로 파악하면 행정청이 다른 이유로 동일한 소송을 제기할 수 있으므로 위법성 일반으로 파악하는 것이 타당하다. 판례도 위법성 일반설로 보인다. 따라서 취소소송에서 기각판결이 확정되면 원고는 다른 위법사유를 들어 동일한 처분에 대하여 새로운 취소소송을 제기할 수 없다. 〈18. 지방 9급〉

Winner's 취소소송의 소송물 : 개개의 위법사유 (×), 위법성 일반 (○)

> **참고 소송물의 의미**
>
> **1. 기능**
> - 중복제소의 판단기준
> - 소의 병합 또는 변경의 가능 여부의 판단기준
> - 처분권주의의 위반 여부의 판단기준
>
> **2. 범위**
> 확정판결이 있으면 소송물의 범위 내에서만 기판력이 발생한다.

> **1. 과세처분 취소소송의 소송물이 취소원인이 되는 위법성 일반인지 여부(긍정)**
> 원래 과세처분이란 법률에 규정된 과세요건이 충족됨으로써 객관적·추상적으로 성립한 조세채권의 내용을 구체적으로 확인하여 확정하는 절차로서, 과세처분 취소소송의 소송물은 그 취소원인이 되는 위법성 일반이고 그 심판의 대상은 과세처분에 의하여 확인된 조세채무인 과세표준 및 세액의 객관적 존부이다(대판 1990.3.23. 89누5386).

2. 사실심 변론종결시❶까지 새로운 자료를 제출할 수 있는지 여부(긍정)

과세처분 취소소송의 소송물은 과세관청이 결정한 세액의 객관적 존부이므로, 과세관청으로서는 소송 도중 사실심 변론종결시까지 당해 처분에서 인정한 과세표준 또는 세액의 정당성을 뒷받침할 수 있는 새로운 자료를 제출하거나 처분의 동일성이 유지되는 범위 내에서 그 사유를 교환·변경할 수 있는 것이고, 반드시 처분 당시의 자료만에 의하여 처분의 적법 여부를 판단하여야 하거나 처분 당시의 처분사유만을 주장할 수 있는 것은 아니다(대판 2002.10.11. 2001두1994).

용어설명 ❶ 사실심 변론종결시 : 법률문제뿐만 아니라 사실관계의 확정도 심사 대상으로 삼는 재판절차를 사실심이라 한다. 2심까지가 사실심에 해당하므로 2심 종결시를 말한다.

(2) 무효등확인소송

① 의의: 행정청의 처분 등의 효력 유무 또는 존재 여부를 확인하는 소송을 말한다.

② 유형: 유효·무효·존재·부존재·실효확인소송이 포함된다.

③ 필요성: 무효 또는 부존재인 행위는 처음부터 아무런 효력이 없으므로 무효등확인소송을 제기하여 그 확인을 받아야 할 필요가 있는지 여부가 문제된다. 그러나 무효와 취소는 구별이 상대적이고, 무효인 행위라도 행정행위로서의 외관은 존재하므로 이를 집행할 우려가 있다는 점에서, 이러한 소송을 인정할 필요가 있다고 본다.

④ 성질: ㉠ 처분 등의 효력 유무나 존재 여부를 확인하는 소송이라는 견해, ㉡ 처분 등의 무효를 확정하고 그 효력의 제거를 목적으로 하는 항고소송이라는 견해, ㉢ 실질적으로 확인소송이지만, 형식적으로는 항고소송이라는 견해(준항고소송설)가 대립한다. 「행정소송법」은 항고소송의 일종으로 규정하고 있다.

⑤ 소송물: 무효등확인소송의 소송물은 처분 등의 무효성·유효성, 존재·부존재이다. 그리하여 처분의 효력 유무 또는 존재 여부가 심판의 대상이 된다.

(3) 부작위위법확인소송

① 의의: 상대방의 신청에 대하여 행정청이 이를 방치한 경우에 행정청의 부작위가 위법하다는 것을 확인하는 소송을 말한다.

Winner's 상대방의 신청 유무 : 부작위 (○), 거부처분 (○), 부존재 (×)

② 인정이유: 오늘날의 급부행정국가에서는 국민의 생활이 행정에 의존하는 정도가 강하므로 일정한 수익적 행위의 발급을 방치하는 것은 심각한 피해를 가져올 수 있다. 따라서 행정청으로 하여금 일정한 처분을 하도록 하는 의무이행소송과 같은 구제수단이 필요하다.

③ 문제점: 「행정소송법」은 권력분립과 행정청의 1차적 판단권 존중 차원에서 의무이행소송을 도입하는 대신에 부작위위법확인소송을 규정하였다. 그러나 이 소송은 국민의 권리구제에 간접적이며, 불완전한 구제방법이라는 비판이 제기되고 있다.

④ 성질

확인소송	부작위위법확인소송은 상대방의 신청에 대한 방치가 위법하다는 것을 확인하는 데 그치는 것이고, 적극적으로 행정청에 대하여 일정한 처분의무를 부여하는 것은 아니므로 확인소송의 성질을 가진다.
항고소송	행정청의 단순한 부작위에 대한 소송이 아니라 처분의 부작위에 대한 소송으로서, 공권력의 발동과 관련된 소송이므로 항고소송에 속한다.

⑤ 소송물: 부작위의 위법성에 대한 판단에 그치고, 처분내용까지 심리할 필요는 없다는 견해(절차심리설)가 통설·판례이다. 따라서 승소판결이 있더라도 특정한 처분을 발동하도록 명령하는 것은 아니다.

Winner's 부작위위법확인소송의 소송물 : 절차심리설 (○), 실체심리설 (×)

5 행정소송의 특질

1. 특수한 규정

행정소송은 공익실현을 위한 공권력의 행사라는 점에서 민사소송과 다른 특수성을 가진다. 이에는 행정법원의 설치, 피고적격자, 제소기간, 행정심판전치, 처분의 집행부정지, 판결의 대세효(對世效) 등이 있다.

2. 준용규정

「행정소송법」은 취소소송에 관한 규정을 두고, 다른 소송에 준용하는 구조를 취하고 있다. 무효등확인소송과 부작위위법확인소송은 취소소송과 마찬가지로 항고소송의 일종이므로 취소소송에 관한 규정을 대부분 준용하고 있다. 그러나 당사자소송은 취소소송과는 그 성질을 달리하므로 대부분 민사소송이 준용되고 있다. 〈21. 국가 9급〉

> 〈행정소송법〉
>
> **제8조(법적용예)** ① 행정소송에 대하여는 다른 법률에 특별한 규정이 있는 경우를 제외하고는 이 법이 정하는 바에 의한다.
> ② 행정소송에 관하여 이 법에 특별한 규정이 없는 사항에 대하여는 법원조직법과 민사소송법 및 민사집행법의 규정을 준용한다.
>
> **제38조(준용규정)** ① 제9조, 제10조, 제13조 내지 제17조, 제19조, 제22조 내지 제26조, 제29조 내지 제31조 및 제33조의 규정은 무효등확인소송의 경우에 준용한다.
> ② 제9조, 제10조, 제13조 내지 제19조, 제20조, 제25조 내지 제27조, 제29조 내지 제31조, 제33조 및 제34조의 규정은 부작위위법확인소송의 경우에 준용한다.
>
> **제44조(준용규정)** ① 제14조 내지 제17조, 제22조, 제25조, 제26조, 제30조 제1항, 제32조 및 제33조의 규정은 당사자소송의 경우에 준용한다.
>
> **제46조(준용규정)** ① 민중소송 또는 기관소송으로써 처분 등의 취소를 구하는 소송에 는 그 성질에 반하지 아니하는 한 취소소송에 관한 규정을 준용한다.

② 민중소송 또는 기관소송으로써 처분 등의 효력 유무 또는 존재 여부나 부작위의 위법의 확인을 구하는 소송에는 그 성질에 반하지 아니하는 한 각각 무효등확인소송 또는 부작위위법확인소송에 관한 규정을 준용한다.
③ 민중소송 또는 기관소송으로서 제1항 및 제2항에 규정된 소송 외의 소송에는 그 성질에 반하지 아니하는 한 당사자소송에 관한 규정을 준용한다.

Winner's 준용 여부 〈13. 국가 9급〉

구분	취소소송	무효등확인소송	부작위위법확인소송	당사자소송
피고적격(제13조)	○	○	○	×
행정심판전치주의(제18조)	○	×	○	×
취소소송의 대상(제19조)	○	○	○	×
제소기간의 제한 여부(제20조)	○	×	○	×
소의 변경(제21조)	○	○	○	○
집행정지(제23조)	○	○	×	×
직권심리(제26조)	○	○	○	○
사정판결(제28조)	○	×	×	×
판결의 대세효(제29조)	○	○	○	×
제3자의 재심청구(제31조)	○	○	○	×

⇒ 단, 소의 변경은 「행정소송법」 제37조(무효등확인소송, 부작위위법확인소송), 제42조 (당사자소송)에 의하여 준용되고, 직권심리가 당사자소송에 준용되는 것은 제44조에 의한 것이다.

3. 민사소송의 선결문제인 경우

민사법원에서 행정처분의 효력 유무나 존재 여부가 선결문제가 된 경우에는 행정청의 참가규정, 행정심판기록제출명령, 직권심리, 소송비용에 관한 재판규정을 준용한다. 〈18. 국가 7급〉

〈행정소송법〉 제11조(선결문제) ① 처분등의 효력 유무 또는 존재 여부가 민사소송의 선결문제로 되어 당해 민사소송의 수소법원이 이를 심리·판단하는 경우에는 제17조, 제25조, 제26조 및 제33조의 규정을 준용한다.
② 제1항의 경우 당해 수소법원은 그 처분등을 행한 행정청에게 그 선결문제로 된 사실을 통지하여야 한다.

제2절 취소소송

1 재판관할

1. 의의

법원 사이의 재판권 행사의 분담을 정하는 것을 말한다. 각 법원 입장에서는 각자가 행사할 수 있는 재판권의 범위를 관할권이라 한다.

2. 구별

외국법원과의 관계에서 어느 법원이 재판할 수 있는지에 대한 재판권과 구별된다.

3. 인정이유

모든 사건을 하나의 법원에서 재판하는 것은 심리가 번잡하고, 신속하게 사건을 처리할 수가 없어서 소송경제에 반하기 때문에 재판권을 분담하여 국민의 권리구제와 재판의 적정성을 보장할 수 있다.

4. 종류

> 〈행정소송법〉 제9조(재판관할) ① 취소소송의 제1심 관할법원은 피고의 소재지를 관할하는 행정법원으로 한다.
> ② 제1항에도 불구하고 다음 각 호의 어느 하나에 해당하는 피고에 대하여 취소소송을 제기하는 경우에는 대법원 소재지를 관할하는 행정법원에 제기할 수 있다.
> 1. 중앙행정기관, 중앙행정기관의 부속기관과 합의제행정기관 또는 그 장
> 2. 국가의 사무를 위임 또는 위탁받은 공공단체 또는 그 장
> ③ 토지의 수용 기타 부동산 또는 특정의 장소에 관계되는 처분 등에 대한 취소소송은 그 부동산 또는 장소의 소재지를 관할하는 행정법원에 이를 제기할 수 있다.

(1) 심급관할

① 의의: 각 심급에 따른 재판을 어느 법원이 할 것인지를 정한 것을 말한다.

② 관할법원

원칙	제1심을 담당하는 법원은 지방법원급의 행정법원이다. 제2심은 고등법원이고, 제3심은 대법원이다.
예외	행정법원이 설치되어 있지 않은 지역에서는 지방법원 본원 합의부에서 제1심을 담당한다. 〈10. 지방 9급〉

Winner's 제1심 관할법원 : 고등법원 (×), 행정법원 (○)

③ 성질: 당사자의 임의적 의사에 의하여 변경될 수 없는 전속(專屬)관할이다.

(2) 토지관할

① 의의: 소재지를 달리하는 같은 종류의 제1심 법원 사이에 재판권의 분담을 정한 것을 말한다.

② 일반관할: 피고의 소재지를 관할하는 행정법원이다(행소법 제9조 제1항).

Winner's 취소소송의 토지관할 : 피고 소재지 (○), 원고 소재지 (×)

③ 특별관할

중앙행정기관 등이 피고인 경우	중앙행정기관, 중앙행정기관의 부속기관과 합의제행정기관 또는 그 장, 국가의 사무를 위임 또는 위탁받은 공공단체 또는 그 장이 피고인 경우에는 피고의 소재지뿐만 아니라 대법원 소재지를 관할하는 행정법원에서도 제기할 수 있다(행소법 제9조 제2항).
토지에 관계된 경우	토지의 수용 기타 부동산 또는 특정의 장소에 관계되는 처분 등에 대한 취소소송은 그 부동산 또는 장소의 소재지를 관할하는 행정법원에도 제기할 수 있다(행소법 제9조 제3항).
2개 이상의 관할구역에 걸쳐 있는 경우	모두 관할권을 가진다.

Winner's 중앙행정기관 등이 피고인 경우 : 대법원 소재지에서만 (×), 대법원 소재지에서도 (○)

④ 성질: 당사자의 의사에 따라 변경될 수 있는 임의관할이다. 판례도 토지관할에 관하여 전속관할로 하는 명문의 규정이 없는 한 전속관할이 아니라고 본다(대판 1994.1.25. 93누18655). 따라서 「민사소송법상」의 합의관할❶이나 응소관할❷에 관한 규정이 준용될 수 있다.

용어설명 ❶ 합의관할 : 당사자의 합의에 따라 변경이 가능한 관할
❷ 응소관할 : 어떤 사건에 관한 관할이 없어도 피고가 재판에 응하게 되면 생기는 관할

Winner's 관할의 성질 : 심급관할 (전속관할), 토지관할 (임의관할)

5. 관할법원에의 이송

(1) 의의

관할이 없는 법원에 소송을 제기한 경우에 관할이 있는 법원으로 보내는 절차를 말한다. 본래 관할은 소송요건에 해당하므로 관할위반이 있으면 각하하여야 하는 것이나, 당사자의 권리구제나 소송경제를 위하여 이송하도록 한 것이다.

Winner's 관할위반의 경우 : 이송결정 (○), 각하판결 (×)

(2) 절차

법원은 소송의 전부 또는 일부가 그 관할에 속하지 않음을 인정할 때에는 결정으로 관할법원에 이송한다(행소법 제8조 제2항, 민소법 제34조 제1항). 원고의 고의 또는 중대한 과실 없이 행정소송을 심급을 달리하는 법원에 잘못 제기한 경우에도 적용된다(행소법 제7조).

> 1. 행정소송사항을 민사소송으로 제기한 경우에도 이송할 수 있는지 여부(긍정)
> 행정소송법 제7조는 원고의 고의 또는 중대한 과실 없이 행정소송이 심급을 달리하는 법원에 잘못 제기된 경우에 민사소송법 제31조 제1항을 적용하여 이를 관할 법원에 이송하도록 규정하고 있을 뿐 아니라, 관할 위반의 소를 부적법하다고 하여 각하하는 것보다 관할 법원에 이송하는 것이 당사자의 권리구제나 소송경제의 측면에서 바람직하므로, 원고가 고의 또는 중대한 과실 없이 행정소송으로 제기하여야 할 사건을 민사소송으로 잘못 제기한 경우, 수소법원으로서는 만약 그 행정소송에 대한 관할도 동시에 가지고 있다면 이를 행정소송으로 심리·판단하여야 하고, 그 행정소송에 대한 관할을 가지고 있지 아니하다면 당해 소송이 이미 행정소송으로서의 전심절차 및 제소기간을 도과하였거나 행정소송의 대상이 되는 처분 등이 존재하지도

아니한 상태에 있는 등 행정소송으로서의 소송요건을 결하고 있음이 명백하여 행정소송으로 제기되었더라도 어차피 부적법하게 되는 경우가 아닌 이상 이를 부적법한 소라고 하여 각하할 것이 아니라 관할 법원에 이송하여야 한다(대판 1997.5.30. 95다28960). 〈21. 군무원 9급〉, 〈22. 지방 7급〉

2. 당사자소송을 민사소송으로 제기하여 판결이 내려진 경우 관할위반인지 여부(긍정)

도시정비법상의 재건축조합인 피고를 상대로 관리처분계획안에 대한 총회결의 무효확인을 구하는 소로서 관리처분계획에 대한 인가·고시 전인 2005. 3. 11. 제기되었음을 알 수 있으므로, 위에서 본 바와 같이 이는 행정소송법상의 당사자소송에 해당하고, 따라서 이 사건의 제1심 전속관할법원은 서울행정법원이라 할 것이다. 그럼에도 제1심과 원심은 이 사건 소가 서울중앙지방법원에 제기됨으로써 전속관할을 위반하였음을 간과한 채 본안판단으로 나아갔으니, 이러한 제1심과 원심의 판단에는 행정소송법상 당사자소송에 관한 법리를 오해하여 전속관할에 관한 규정을 위반한 위법이 있다(대판 전합 2009.9.17. 2007다2428). 〈23. 국가 9급〉

6. 관련청구소송의 이송·병합

> 〈행정소송법〉 제10조(관련청구소송의 이송 및 병합) ① 취소소송과 다음 각 호의 1에 해당하는 소송(이하 "關聯請求訴訟"이라 한다)이 각각 다른 법원에 계속되고 있는 경우에 관련청구소송이 계속된 법원이 상당하다고 인정하는 때에는 당사자의 신청 또는 직권에 의하여 이를 취소소송이 계속된 법원으로 이송할 수 있다.
> 1. 당해 처분등과 관련되는 손해배상·부당이득반환·원상회복등 청구소송
> 2. 당해 처분등과 관련되는 취소소송
> ② 취소소송에는 사실심의 변론종결시까지 관련청구소송을 병합하거나 피고외의 자를 상대로 한 관련청구소송을 취소소송이 계속된 법원에 병합하여 제기할 수 있다.

(1) 인정이유

국민의 권익구제를 위해서는 위법한 처분 등을 취소 또는 변경함과 아울러 손해배상이나 부당이득반환청구를 할 필요가 있는 경우가 있다. 따라서 취소소송과 관련되는 수개의 청구를 병합하여 하나의 절차에서 다루게 되면 심리의 모순·저촉을 피하고, 재판의 통일성을 보장할 수 있으므로 「행정소송법」은 관련청구를 이송 또는 병합할 수 있도록 한 것이다.

(2) 관련청구의 범위

① 당해 처분 등과 관련되는 손해배상·부당이득반환·원상회복 등의 청구소송

관련성의 의미	㉠ 처분이나 재결이 원인이 되어 발생한 청구, ㉡ 처분이나 재결의 취소나 변경을 선결문제로 하는 청구 등을 의미한다.
청구소송의 범위	손실보상청구소송이나 결과제거청구소송도 포함될 수 있다.

민사소송이 행정소송에 병합되기 위해서 처분과의 관련성이 필요한지 여부(긍정)

행정소송법 제10조 제1항 제1호는 행정소송에 병합될 수 있는 관련청구에 관하여 '당해 처분 등과 관련되는 손해배상·부당이득반환·원상회복 등의 청구'라고 규정함으로써 그 병합요건으로

본래의 행정소송과의 관련성을 요구하고 있는바, 이는 행정소송에서 계쟁처분의 효력을 장기간 불확정한 상태에 두는 것은 바람직하지 않다는 관점에서 병합될 수 있는 청구의 범위를 한정함으로써 사건의 심리범위가 확대·복잡화되는 것을 방지하여 그 심판의 신속을 도모하려는 취지라 할 것이므로, **손해배상청구 등의 민사소송이 행정소송에 관련청구로 병합되기 위해서는 그 청구의 내용 또는 발생원인이 행정소송의 대상인 처분 등과 법률상 또는 사실상 공통되거나, 그 처분의 효력이나 존부 유무가 선결문제로 되는 등의 관계에 있어야 함이 원칙이다**(대판 2000.10.27. 99두561). 〈21. 군무원 9급〉

② 당해 처분 등과 관련되는 취소소송: ㉠ 당해 처분과 하나의 절차를 구성하는 다른 처분의 취소를 구하는 소송, ㉡ 당해 처분에 관한 재결의 취소를 구하는 소송, ㉢ 행정심판의 재결 대상인 처분의 취소소송, ㉣ 당해 처분 등의 취소를 구하는 다른 자의 취소소송이 포함된다(㉤ 대집행절차에 있어서 계고처분과 대집행영장에 의한 통지의 취소를 구하는 소송, 일반처분에 대하여 여러 사람이 제기한 취소소송 등).

(3) 관련청구소송의 이송

① **의의**: 취소소송과 관련청구소송이 각각 다른 법원에 계속되어 있을 때 관련청구소송이 계속된 법원이 상당하다고 인정할 때 당사자의 신청 또는 직권으로 관련청구소송을 취소소송이 계속된 법원으로 이송하는 것을 말한다.

Winner's 이송되는 법원 : 취소법원 (○), 관련청구 법원 (×)

② **법적 성질**: 「행정소송법」상 "이송할 수 있다."라고 규정되어 있으므로(행소법 제10조 제1항) 이송 여부는 관련청구소송이 제기된 법원의 재량사항으로 파악된다.

Winner's 관련청구의 이송 : 이송하여야 (×), 이송할 수 (○)

③ **요건**: 관련청구소송을 이송하기 위해서는 ㉠ 취소소송과 관련청구소송이 각각 다른 법원에 계속되어 있을 것, ㉡ 관련청구소송을 취소소송에 이송할 것, ㉢ 관련청구소송이 계속된 법원이 상당하다고 인정할 것, ㉣ 당사자의 신청 또는 법원의 직권에 의한 이송결정이 있을 것을 요건으로 한다. 따라서 취소소송을 관련청구소송에 이송할 수는 없다.

Winner's 이송의 상당성 판단 : 관련청구법원 (○), 취소법원 (×)

④ **효과**: 이송결정은 이송받는 법원을 기속하므로 그 사건을 다른 법원에 이송할 수 없으며(민소법 제38조), 이송결정과 이송신청의 기각결정에 대해서는 즉시항고를 할 수 있다(민소법 제39조). 또한 이송결정이 확정된 때에는 소송은 처음부터 이송받은 법원에 계속된 것으로 본다(민소법 제40조 제1항).

(4) 관련청구소송의 병합

① **의의**: 취소소송의 사실심 변론종결시까지 관련청구소송을 병합하거나, 피고 외의 자를 상대로 한 관련청구소송을 취소소송이 계속된 법원에 병합하여 제기하는 것을 말한다.

② 종류

병합 내용	㉠ 주관적 병합 : 피고 이외의 자를 상대로 하거나, 여러 사람이 같이하는 공동소송으로서의 병합이 있다. ㉡ 객관적 병합 : 하나의 원고·피고 사이에 복수의 청구를 병합하는 것이다.
병합시기	㉠ 원시적 병합 : 취소소송을 제기할 때 병합하는 것이다. ㉡ 추가적(후발적) 병합: 소송계속 중 사후적으로 병합하는 것이다.

③ 요건: 관련청구소송을 병합하기 위해서는 ㉠ 취소소송이 적법할 것, ㉡ 청구 상호 간의 관련성이 있을 것, ㉢ 취소소송에 병합할 것, ㉣ 사실심 변론종결 이전일 것을 요건으로 한다. '소송의 적법성'이란 소송요건을 갖춘 것을 말한다.

> 본래의 항고소송이 부적법 각하되면 그에 병합된 관련청구도 각하되는 것인지 여부(긍정)
> 행정소송법 제44조, 제10조에 의한 관련청구소송 병합은 본래의 당사자소송이 적법할 것을 요건으로 하는 것이어서 본래의 당사자소송이 부적법하여 각하되면 그에 병합된 관련청구소송도 소송요건을 흠결하여 부적합하므로 각하되어야 한다(대판 2011.9.29. 2009두10963). 〈13. 지방 9급〉

Winner's 병합요건 : 소송의 적법성 (○), 처분의 적법성 (×)

④ 선후관계: 관련청구소송보다 취소소송이 반드시 병합 전에 계속되어 있을 필요는 없다.
⑤ 동종절차 여부: 민사소송에서의 병합은 동종절차와 공통관할권을 요건으로 하고 있으나, 행정소송은 피고와 절차가 다른 것이 보통이므로 동종절차·이종(異種)절차를 불문하고 병합을 인정한다.

Winner's 관련청구의 병합 : 동종절차 (○), 이종절차 (○)

⑥ 관련청구소송의 심리: 관련청구소송이 민사소송인 경우에 어떤 절차로 심리해야 하는지에 대해서 민사소송절차설(다수설), 행정소송절차설이 대립한다.

2 당사자와 관계인

1. 서설

(1) 의의

소송의 '당사자'란 소송을 제기하는 원고와 그 상대방인 피고를 말한다. '관계인'이란 소송에서 원고나 피고가 아닌 자를 말한다(⑩ 소송참가인, 소송대리인 등).

(2) 당사자능력

소송의 당사자가 될 수 있는 일반적 능력을 말한다. 「민법」 기타 법률에 의하여 권리능력을 가지는 자, 즉 자연인 또는 법인은 당사자능력이 있으며, 법인격 없는 사단 또는 재단이라 하더라도 대표자나 관리인이 있으면 그 이름으로 원고가 될 수 있다.

> 자연물인 도롱뇽이 소송을 수행할 당사자능력이 인정되는지 여부(부정)
>
> 1) 신청인 내원사와 미타암(이하 '신청인 사찰들'이라고 한다)은 아래에서 볼 이 사건 터널이 통과하는 천성산에 있는 전통사찰들이고, 신청인 도롱뇽은 위 천성산 일원에 서식하고 있는 도롱뇽목 도롱뇽과에 속하는 양서류이며, 신청인 도롱뇽의 친구들(이하 '신청인 단체'라고 한다)은 '천성산을 비롯한 모든 자연환경과 생태계 보존운동을 통해 더 이상의 자연파괴를 막는 한편, 생명을 중시하는 생각을 폭넓게 전파하여 환경운동·생명운동에 이바지함을 목적'으로 설립된 비법인사단으로 2004. 2. 20. 현재 그 회원이 약 23만 명에 이른다.
>
> 2) 원심이 도롱뇽은 천성산 일원에 서식하고 있는 도롱뇽목 도롱뇽과에 속하는 양서류로서 자연물인 도롱뇽 또는 그를 포함한 자연 그 자체로서는 이 사건을 수행할 당사자 능력을 인정할 수 없다고 판단한 것은 정당하고, 위 신청인의 당사자능력에 관한 법리오해 등의 위법이 없다(대결 2006.6.2. 2004마1148). 〈15. 국가 9급〉

(3) 당사자적격

구체적인 소송사건에서 당사자로서 소송을 수행하고 본안판결을 받기에 적합한 자격을 말한다. 특정 사건에서 자신의 이름으로 소송을 수행하고 판결을 받았음에도 불구하고 아무런 구제가 되지 않는다면 무의미하기 때문에 인정된 것이다.

Winner's 당사자적격 : 구체적 자격 (○), 일반적 자격 (×)

(4) 공동소송

수인(數人)의 청구(⑩ 동종의 과세처분을 다투는 수인의 소송)나 수인에 대한 청구가 처분 등의 취소청구와 관련되는 청구인 경우에 한하여 그 수인은 공동소송인이 될 수 있다. 그 형태에 대해서는 「민사소송법」이 적용될 것이다.

(5) 소송대리인

「행정소송법」상 특별한 규정이 없으므로 「민사소송법」을 준용한다. 다만, 국가를 당사자로 하는 소송에 있어서는 「국가를 당사자로 하는 소송에 관한 법률」에서 특례가 인정된다.

(6) 소송참가

소송계속 중에 이해관계가 있는 제3자 또는 행정청이 참가하는 것을 말한다.

2. 원고적격

(1) 의의

행정소송에서 원고가 될 수 있는 자격을 말한다. 「행정소송법」상 '법률상 이익이 있는 자'에게 인정되는데 그 의미에 대해서는 학설이 대립한다.

> 〈행정소송법〉 제12조(원고적격) 취소소송은 처분 등의 취소를 구할 법률상 이익이 있는 자가 제기할 수 있다. 처분 등의 효과가 기간의 경과, 처분 등의 집행 그 밖의 사유로 인하여 소멸된 뒤에도 그 처분 등의 취소로 인하여 회복되는 법률상 이익이 있는 자의 경우에는 또한 같다.

(2) '법률상 이익'의 의미에 관한 학설 대립

권리회복설	③ '법률상 이익'이란 위법한 처분으로 인하여 침해된 개인의 권리를 회복하는 것이므로 권리가 침해된 자에게만 원고적격이 인정된다는 견해이다. ⓒ 권리의 개념을 실정법상 명시된 권리로 한정하는 경우에는 원고적격의 범위가 지나치게 좁아진다는 비판이 있다.
법적 보호가치 이익구제설(통설·판례)	'법률상 이익'이란 법적으로 보호되는 이익을 회복하는 것이므로 실정법상 명시된 권리가 침해되거나 법적으로 보호되는 이익이 침해된 경우에도 원고적격이 인정된다는 견해이다.
보호가치 이익구제설	③ '법률상 이익'이란 관계법률에 의하여 보호되는 이익뿐만 아니라 그 실질적 내용이 재판에 의하여 보호할 만한 가치가 있는 이익을 회복하는 것이므로 재판상 보호되는 이익이 침해된 자에게 원고적격이 인정된다는 견해이다. ⓒ 관계법률에 의하여 보호되는 이익이 아니므로 객관적 기준을 제시하지 못한다는 비판이 있다.
적법성 보장설	③ '법률상 이익'이란 행정의 적법성을 보장하는 것이므로 원고가 주장하는 이익과는 무관하게 그 처분의 성질상 그 처분을 다툴 가장 적합한 이해관계를 가지고 있는 자에게 원고적격이 인정된다는 견해이다. ⓒ 원고의 이익을 무시하므로 민중소송의 우려가 있다는 비판이 있다.

1. 법률상 이익이란 법률에 의하여 보호되는 직접적이고 구체적 이익인지 여부(긍정)

행정처분의 직접 상대방이 아닌 제3자라도 당해 행정처분의 취소를 구할 법률상 이익이 있는 경우에는 원고적격이 인정되는데, 여기서 말하는 '법률상의 이익'은 당해 처분의 근거법률에 의하여 보호되는 직접적이고 구체적인 이익이 있는 경우를 말하고, 다만 공익보호의 결과로 국민 일반이 공통적으로 가지는 추상적·평균적·일반적인 이익과 같이 간접적이거나 사실적·경제적 이해관계를 가지는 데 불과한 경우는 여기에 포함되지 않는다(대판 1995.9.26. 94누14544).

2. 진급처분을 하지 않았음을 이유로 전역처분의 취소를 구할 법률상 이익(부정)

이 사건 처분은 병역법 시행령 제27조 제3항에 따라 원고가 헌법상 부담하고 있는 국방의 의무의 정도를 현역에서 예비역으로 변경하는 것으로 병(兵)의 진급처분과 그 요건을 달리하는 별개의 처분으로서 원고에게 유리한 것임이 분명하므로 이 사건 처분에 앞서 피고가 원고에 대한 진급처분을 행하지 아니한 위법이 있었다 하더라도 원고가 이 사건 처분으로 인하여 어떠한 권리나 법률상 보호되는 이익이 침해당하였다고 볼 수 없고, 또한 원고가 이 사건 소를 통하여 회복하고자 하는 이익침해는 원고의 계급을 상등병에서 병장으로 진급시키는 진급권자에 의한 진급처분이 행하여져야만 보호받을 수 있는 것인데 비록 이 사건 처분이 취소된다 하더라도 그로 인하여 원고의 신분이 예비역에서 현역으로 복귀함에 그칠 뿐이고, 원고에 대한 상등병에서 병장으로의 진급처분 여부는 원칙적으로 진급권자의 합리적 판단에 의하여 결정되는 것이므로 그와 같은 진급처분이 행하여지지 않았다는 이유로 이 사건 처분의 취소를 구할 이익이 있다고 할 수 없다(대판 2000.5.16. 99두7111).

3. 조합설립추진위원회의 구성에 동의하지 아니한 정비구역 내의 토지 등 소유자의 원고적격(긍정)

도시 및 주거환경정비법 제13조 제1항 및 제2항의 입법경위와 취지에 비추어 하나의 정비구역 안에서 복수의 조합설립추진위원회에 대한 승인은 허용되지 않는 점, 조합설립추진위원회가 조합을 설립할 경우 같은 법 제15조 제4항에 의하여 조합설립추진위원회가 행한 업무와 관련된 권리와 의무는 조합이 포괄승계하며, 주택재개발사업의 경우 정비구역 내의 토지 등 소유자는 같은 법 제19조 제1항에 의하여 당연히 그 조합원으로 되는 점 등에 비추어 보면, 조합설립추진위원회의 구성에 동의하지 아니한 정비구역내의 토지 등 소유자도 조합설립추진위원회 설립승인처분에 대하여 같은 법에 의하여 보호되는 직접적이고 구체적인 이익을 향유하므로 그 설립승인 처분의 취소소송을 제기할 원고적격이 있다(대판 2007.1.25. 2006두12289).

4. 원천징수의무자에 대한 납세고지에 대해서 원천납세의무자의 원고적격(부정)

원천징수에 있어서 원천납세의무자는 과세권자가 직접 그에게 원천세액을 부과한 경우가 아닌 한 과세권자의 원천징수의무자에 대한 납세고지로 인하여 자기의 원천세납세의무의 존부나 범위에 아무런 영향을 받지 아니하므로 이에 대하여 항고소송을 제기할 수 없다(대판 1994.9.9. 93누22234). 〈14. 서울 7급〉, 〈15. 국가 9급〉

5. 원천징수의무자에 대한 소득금액변동통지에 대해서 원천납세의무자의 원고적격(부정)

원천징수의무자에 대한 소득금액변동통지는 원천납세의무의 존부나 범위와 같은 원천납세의무자의 권리나 법률상 지위에 어떠한 영향을 준다고 할 수 없으므로 소득처분에 따른 소득의 귀속자는 법인에 대한 소득금액변동통지의 취소를 구할 법률상 이익이 없다(대판 2015.3.26. 2013두9267). 〈17. 국가 7급(12월)〉

6. 법인의 주주가 행정처분에 대해서 다툴 원고적격이 있는지 여부(한정 긍정)

법인의 주주는 법인에 대한 행정처분에 관하여 사실상이나 간접적인 이해관계를 가질 뿐이어서 스스로 그 처분의 취소를 구할 원고적격이 없는 것이 원칙이라고 할 것이지만, 그 처분으로 인하여 법인이 더 이상 영업 전부를 행할 수 없게 되고, 영업에 대한 인·허가의 취소 등을 서겨 해산·청산되는 절차 또한 처분 당시 이미 예정되어 있으며, 그 후속절차가 취소되더라도 그 처분의 효력이 유지되는 한 당해 법인이 종전에 행하던 영업을 다시 행할 수 없는 예외적인 경우에는 주주도 그 처분에 관하여 직접적이고 구체적인 법률상 이해관계를 가진다고 보아 그 효력을 다툴 원고적격이 있다(대판 2005.1.27. 2002두5313).

7. 법인에 대한 행정처분 이후의 주식 양수인의 원고적격(부정)

법인의 주주는 … 그 처분의 효력이 유지되는 한 당해 법인이 종전에 행하던 영업을 다시 행할 수 없는 예외적인 경우에는 주주도 그 처분에 관하여 직접적·구체적인 법률상 이해관계를 가진다고 보아 그 효력을 다툴 원고적격이 있지만, 만일 그 법인의 주주가 법인에 대한 행정처분 이후의 주식 양수인인 경우에는 특별한 사정이 없는 한 그 처분에 대하여 간접적·경제적 이해관계를 가질 뿐 법률상 직접적·구체적 이익을 가지는 것은 아니다(대판 2010.5.13. 2010두2043).

8. 재단법인 수녀원의 원고적격(부정)

재단법인 갑 수녀원이, 매립목적을 택지조성에서 조선시설용지로 변경하는 내용의 공유수면매립목적 변경승인처분으로 인하여 법률상 보호되는 환경상 이익을 침해받았다면서 행정청을 상대로 처분의 무효 확인을 구하는 소송을 제기한 사안에서, 공유수면매립목적 변경승인처분으로 갑 수녀원에 소속된 수녀 등이 쾌적한 환경에서 생활할 수 있는 환경상 이익을 침해받는다고 하더라도 이를 가리켜 곧바로 갑 수녀원의 법률상 이익이 침해된다고 볼 수 없고, 자연인이 아닌 갑 수녀원은 쾌적한 환경에서 생활할 수 있는 이익을 향수할 수 있는 주체가 아니므로 위 처분으로 위와 같은 생활상의 이익이 직접적으로 침해되는 관계에 있다고 볼 수도 없으며, 위 처분으로 환경에 영향을 주어 갑 수녀원이 운영하는 쨈 공장에 직접적이고 구체적인 재산적 피해가 발생한다거나 갑 수녀원이 폐쇄되고 이전해야 하는 등의 피해를 받거나 받을 우려가 있다는 점 등에 관한 증명도 부족하다는 이유로, 갑 수녀원에 처분의 무효확인을 구할 원고적격이 없다(대판 2012.6.28. 2010두2005). 〈16. 지방 9급〉

9. 약제급여·비급여목록 및 급여상한금액표의 취소를 구하는 제약회사의 원고적격(긍정)

보건복지부 고시인 약제급여·비급여목록 및 급여상한금액표(보건복지부 고시 제2002-46호로 개정된 것)로 인하여 자신이 제조·공급하는 약제의 상한금액이 인하됨에 따라 위와 같이 보호되는 법률상 이익이 침해당할 경우, 제약회사는 위 고시의 취소를 구할 원고적격이 있다(대판 2006.9.22. 2005두2506). 〈13. 국회 8급〉, 〈19. 지방 9급〉

10. '건강보험요양급여행위 및 그 상대가치점수'의 취소를 구하는 대한의사협회의 원고적격(부정)

사단법인 대한의사협회는 의료법에 의하여 의사들을 회원으로 하여 설립된 사단법인으로서, 국민건강보험법상 요양급여행위, 요양급여비용의 청구 및 지급과 관련하여 직접적인 법률관계를 갖지 않고 있으므로, 보건복지부 고시인 '건강보험요양급여행위 및 그 상대가치점수 개정'으로 인하여 자신의 법률상 이익을 침해당하였다고 할 수 없다는 이유로 위 고시의 취소를 구할 원고적격이 없다(대판 2006.5.25. 2003두11988). 〈13. 국회 8급〉

11. 급수시설로 수돗물이 공급되는 경우 다소 떨어진 곳에 있는 주민들의 원고적격(긍정)

김해시장이 소감천을 통해 낙동강에 합류하는 하천수 주변의 토지에 구 산업집적활성화 및 공장설립에 관한 법률 제13조에 따라 공장설립을 승인하는 처분을 한 사안에서, 상수원인 물금취수장이 소감천이 흘러 내려 낙동강 본류와 합류하는 지점 근처에 위치하고 있는 점, 수돗물은 수도관 등 급수시설에 의해 공급되는 것이어서 거주지역이 물금취수장으로부터 다소 떨어진 곳이라고 하더라도 수돗물의 수질악화 등으로 주민들이 갖게 되는 환경상 이익의 침해나 그 우려는 그 수돗물을 공급하는 취수시설이 입게 되는 수질오염 등의 피해나 그 우려와 동일하게 평가될 수 있는 점 등에 비추어, 공장설립으로 수질오염 등이 발생할 우려가 있는 물금취수장에서 취수된 물을 공급받는 부산광역시 또는 양산시에 거주하는 주민들도 위 처분의 근거 법규 및 관련 법규에 의하여 개별적·구체적·직접적으로 보호되는 환경상 이익, 즉 법률상 보호되는 이익이 침해되거나 침해될 우려가 있는 주민으로서 원고적격이 인정된다(대판 2010.4.15. 2007두16127). 〈13. 국회 8급〉

12. 생태·자연도 등급변경 결정의 취소를 구하는 인근 주민의 원고적격(부정)

환경부장관이 생태·자연도 1등급으로 지정되었던 지역을 2등급 또는 3등급으로 변경하는 내용의 생태·자연도 수정·보완을 고시하자, 인근 주민 갑이 생태·자연도 등급변경처분의 무효 확인을 청구한 사안에서, 생태·자연도의 작성 및 등급변경의 근거가 되는 구 자연환경보전법(2011. 7. 28. 법률 제10977호로 개정되기 전의 것) 제34조 제1항 및 그 시행령 제27조 제1항, 제2항에 의하면, 생태·자연도는 토지이용 및 개발계획의 수립이나 시행에 활용하여 자연환경을 체계적으로 보전·관리하기 위한 것일 뿐, 1등급 권역의 인근 주민들이 가지는 생활상 이익을 직접적이고 구체적으로 보호하기 위한 것이 아님이 명백하고, 1등급 권역의 인근 주민들이 가지는 이익은 환경보호라는 공공의 이익이 달성됨에 따라 반사적으로 얻게 되는 이익에 불과하므로, 인근 주민에 불과한 갑은 생태·자연도 등급권역을 1등급에서 일부는 2등급으로, 일부는 3등급으로 변경한 결정의 무효 확인을 구할 원고적격이 없다(대판 2014.2.21. 2011두29052). 〈23. 국가 9급〉

13. 부지사전승인처분의 취소를 구하는 인근 주민들의 원고적격(긍정)

원자력법 제12조 제2호(발전용 원자로 및 관계 시설의 위치·구조 및 설비가 대통령령이 정하는 기술수준에 적합하여 방사성물질 등에 의한 인체·물체·공공의 재해방지에 지장이 없을 것)의 취지는 원자로 등 건설사업이 방사성물질 및 그에 의하여 오염된 물질에 의한 인체·물체·공공의 재해를 발생시키지 아니하는 방법으로 시행되도록 함으로써 방사성물질 등에 의한 생명·건강상의 위해를 받지 아니할 이익을 일반적 공익으로서 보호하려는 데 그치는 것이 아니라 방사성물질에 의하여 보다 직접적이고 중대한 피해를 입으리라고 예상되는 지역 내의 주민들의 위와 같은 이익을 직접적·구체적 이익으로서도 보호하려는 데에 있다 할 것이므로, 위와 같은 지역 내의 주민들에게는 방사성물질 등에 의한 생명·신체의 안전침해를 이유로 부지사전승인처분의 취소를 구할 원고적격이 있다(대판 1998.9.4. 97누19588). 〈14. 서울 9급〉

14. 건축협의 취소의 취소를 구하는 소송에서 지방자치단체의 원고적격(긍정)

구 건축법(2011. 5. 30. 법률 제10755호로 개정되기 전의 것) 제29조 제1항, 제2항, 제11조 제1항 등의 규정 내용에 의하면, 건축협의의 실질은 지방자치단체 등에 대한 건축허가와 다르지 않으므로, 지방자치단체 등이 건축물을 건축하려는 경우 등에는 미리 건축물의 소재지를 관할하는 허가권자인 지방자치단체의 장과 건축협의를 하지 않으면, 지방자치단체라 하더라도 건축물을 건축할 수 없다. 그리고 구 지방자치법 등 관련 법령을 살펴보아도 지방자치단체의 장이 다른 지방자치단체를 상대로 한 건축협의 취소에 관하여 다툼이 있는 경우에 법적 분쟁을 실효적으로 해결할 구제수단을 찾기도 어렵다. 따라서 건축협의 취소는 상대방이 다른 지방자치단체 등 행정주체라 하더라도 '행정청이 행하는 구체적 사실에 관한 법집행으로서의 공권력 행사'(행정소송법 제2조 제1항 제1호)로서 처분에 해당한다고 볼 수 있고, 지방자치단체인 원고가 이를 다툴 실효적 해결 수단이 없는 이상, 원고는 건축물 소재지 관할 허가권자인 지방자치단체의 장을 상대로 항고소송을 통해 건축협의 취소의 취소를 구할 수 있다(대판 2014.2.27. 2012두22980). 〈19. 국회 8급〉, 〈22. 지방 7급〉

15. 위명(僞名)으로 입국한 자의 난민불인정처분 취소소송에서의 원고적격(긍정)

기록에 의하면, 원고는 그 본명과 생년월일이 '△△△△(생년월일 1 생략)'인데, 2001. 5. 29. 위명인 '○○○○(생년월일 2 생략)' 명의의 여권으로 대한민국에 입국하였고, 2009. 8. 28. 위 '○○○○' 명의로 난민 신청을 한 사실, 피고는 2010. 6. 17. '○○○○' 명의를 사용한 원고를 직접 면담하여 조사한 후 2011. 5. 25.경 원고에 대하여 난민불인정 처분(이하 '이 사건 처분'이라 한다)을 한 사실을 알 수 있다. 그렇다면 이 사건 처분의 상대방은 허무인이 아니라 '○○○○'이라는 위명을 사용한 원고이므로, 원고는 이 사건 처분의 취소를 구할 법률상 이익이 있다(대판 2017.3.9. 2013두16852). 〈19. 국회 8급〉

16. 법무사 사무원 채용승인 신청 거부로 인하여 사무원이 될 수 없게 된 자의 원고적격(긍정)

지방법무사회가 법무사의 사무원 채용승인 신청을 거부하거나 채용승인을 얻어 채용 중인 사람에 대한 채용승인을 취소하면, 상대방인 법무사로서도 그 사람을 사무원으로 채용할 수 없게 되는 불이익을 입게 될 뿐만 아니라, 그 사람도 법무사 사무원으로 채용되어 근무할 수 없게 되는 불이익을 입게 된다. 법무사규칙 제37조 제4항이 이의신청 절차를 규정한 것은 채용승인을 신청한 법무사뿐만 아니라 사무원이 되려는 사람의 이익도 보호하려는 취지로 볼 수 있다. 따라서 지방법무사회의 사무원 채용승인 거부처분 또는 채용승인 취소처분에 대해서는 처분 상대방인 법무사뿐만 아니라 그 때문에 사무원이 될 수 없게 된 사람도 이를 다툴 원고적격이 인정되어야 한다(대판 2020.4.9. 2015다34444). 〈21. 국가 9급〉

17. 외국인의 사증발급 거부처분의 취소를 구할 법률상 이익(부정)

외국인에게는 입국의 자유를 인정하지 않는 것이 세계 각국의 일반적인 입법 태도이다. … 사증발급 거부처분을 다투는 외국인은, 아직 대한민국에 입국하지 않은 상태에서 대한민국에 입국하게 해달라고 주장하는 것으로, 대한민국과의 실질적 관련성 내지 대한민국에서 법적으로 보호가치 있는 이해관계를 형성한 경우는 아니어서, 해당 처분의 취소를 구할 법률상 이익을 인정하여야 할 법정책적 필요성도 크지 않다. 반면, 국적법상 귀화불허가처분이나 출입국관리법상 체류자격변경 불허가처분, 강제퇴거명령 등을 다투는 외국인은 대한민국에 적법하게 입국하여 상당한 기간을 체류한 사람이므로, 이미 대한민국과의 실질적 관련성 내지 대한민국에서 법적으로 보호가치 있는 이해관계를 형성한 경우이어서, 해당 처분의 취소를 구할 법률상 이익이 인정된다(대판 2018.5.15. 2014두42506). 〈21. 국가 9급〉

Winner's 외국인의 원고적격 : 사증발급거부(×), 체류자격변경불허가(○), 강제퇴거명령(○)

18. 대한민국에서 출생하고, 국적을 보유한 자의 사증발급 거부처분의 취소를 구할 법률상 이익(긍정)

원고는 대한민국에서 출생하여 오랜 기간 대한민국 국적을 보유하면서 거주한 사람이므로 이미 대한민국과 실질적 관련성이 있거나 대한민국에서 법적으로 보호가치 있는 이해관계를 형성하였다고 볼 수 있다. 또한 재외동포의 대한민국 출입국과 대한민국 안에서의 법적 지위를 보장함을 목적으로 「재외동포의 출입국과 법적 지위에 관한 법률」(이하 '재외동포법'이라 한다)이 특별히 제정되어 시행 중이다. 따라서 원고는 이 사건 사증발급 거부처분의 취소를 구할 법률상 이익이 인정되므로, 원고적격 또는 소의 이익이 없어 이 사건 소가 부적법하다는 피고의 주장은 이유 없다(대판 2019.7.11. 2017두38874). 〈22. 국가 9급〉

Winner's 사증발급거부처분 취소소송의 원고적격 : 외국인(×), 전 국적자(○)

(3) 원고적격의 확대

불이익처분의 상대방은 헌법상 자유권적 기본권이 침해되고, 자유권은 그 자체 공권의 성질을 가지므로 원고적격이 인정된다. 그러나 제3자의 경우에는 관계법 해석상 사익보호성이 인정되는 경우에 한하여 공권의 성립을 인정하고 있다. 최근에는 국민의 권리구제를 위해서 공권의 확대를 시도하고 있다. 인인소송·경업자소송·경원자소송 등에서 원고적격을 인정하는 경향이다.

1. 과징금부과처분 취소재결에 대하여 취소를 구하는 제3자의 법률상 이익(부정)

면허받은 장의자동차운송 사업구역에 위반하였음을 이유로 한 행정청의 과징금부과 처분에 의하여 동종업자의 영업이 보호되는 결과는 사업구역제도의 반사적 이익에 불과하기 때문에 그 과징금 부과처분을 취소한 재결에 대하여 처분의 상대방 아닌 제3자는 그 취소를 구할 법률상 이익이 없다(대판 1992.12.8. 91누13700).

2. 제3자 소유토지의 개발제한구역 해제결정의 취소를 구할 법률상 이익(부정)

도시관리계획변경결정 중 중리취락 부분이 취소된다 하더라도 그 결과 이 사건 도시관리계획변경결정으로 개발제한구역에서 해제된 제3자 소유의 토지들이 종전과 같이 개발제한구역으로 남게 되는 결과가 될 뿐, 원고 소유의 이 사건 토지가 개발제한 구역에서 해제되는 것도 아니다. 따라서 원고에게 제3자 소유의 토지에 관한 이 사건 도시관리계획변경결정의 취소를 구할 직접적이고 구체적인 이익이 있다고 할 수 없다(대판 2008.7.10. 2007두10242). 〈13. 국가 9급〉

3. 인근 주민 등의 광업권설정허가처분 취소를 구할 원고적격(한정 긍정)

광업권설정허가처분의 근거법규 또는 관련법규의 취지는 광업권설정허가처분과 그에 따른 광산 개발과 관련된 후속절차로 인하여 직접적이고 중대한 재산상·환경상 피해가 예상되는 토지나 건축물의 소유자나 점유자 또는 이해관계인 및 주민들이 전과 비교하여 수인한도를 넘는 재산상·환경상 침해를 받지 아니한 채 토지나 건축물 등을 보유하며 쾌적하게 생활할 수 있는 개별적 이익까지도 보호하려는 데 있으므로, 광업권설정허가처분과 그에 따른 광산 개발로 인하여 재산상·환경상 이익의 침해를 받거나 받을 우려가 있는 토지나 건축물의 소유자와 점유자 또는 이해관계인 및 주민들은 그 처분 전과 비교하여 수인한도를 넘는 재산상·환경상 이익의 침해를 받거나 받을 우려가 있다는 것을 증명함으로써 그 처분의 취소를 구할 원고적격을 인정받을 수 있다(대판 2008.9.11. 2006두7577). (21. 군무원 9급)

4. 공장에 연접한 지역주민의 원고적격(긍정)

이 사건 공장부지와 바로 연접된 지역에서 생활하고 있는 원고들의 생활환경상 이익은 이 사건 공장의 신설로 인해 침해될 우려가 있다고 봄이 상당하고, 따라서 원고들에게는 이 사건 승인처분의 취소를 구할 원고적격이 있다고 할 것이다(대판 2007.6.1. 2005두11500).

5. 부지경계선으로부터 300m 밖에 거주하는 주민들의 원고적격(한정 긍정)

폐기물소각시설의 부지경계선으로부터 300m 밖에 거주하는 주민들도 위와 같은 소각시설 설치사업으로 인하여 사업 시행 전과 비교하여 수인한도를 넘는 환경피해를 받거나 받을 우려가 있음에도 폐기물처리시설 설치기관이 주변영향지역으로 지정·고시하지 않는 경우 같은 법 제17조 제3항 제2호 단서 규정에 따라 당해 폐기물처리 시설의 설치·운영으로 인하여 환경상 이익에 대한 침해 또는 침해우려가 있다는 것을 입증함으로써 그 처분의 무효확인을 구할 원고적격을 인정받을 수 있다(대판 2005.3.11. 2003두13489).

6. 기존 예탁금회원제 골프장 회원의 원고적격(긍정)

회사가 정하는 자격기준에 준하는 자로서 입회승인을 받은 회원은 일정한 입회금을 납부하고 회사가 지정한 시설을 이용할 때에는 회사가 정한 요금을 지불하여야 하며 회사는 회원의 입회금을 상환하도록 정해져 있는 이른바 예탁금회원제 골프장에 있어서, 체육시설업자 또는 그 사업계획의 승인을 얻은 자가 회원모집계획서를 제출하면서 허위의 사업시설 설치공정확인서를 첨부하거나 사업계획의 승인을 받을 때 정한 예정인원을 초과하여 회원을 모집하는 내용의 회원모집계획서를 제출하여 그에 대한 시·도지사등의 검토결과 통보를 받는다면 이는 기존회원의 골프장에 대한 법률상의 지위에 영향을 미치게 되므로, 이러한 경우 기존회원은 위와 같은 회원모집 계획서에 대한 시·도지사의 검토결과 통보의 취소를 구할 법률상의 이익이 있다고 보아야 한다(대판 2009.2.26. 2006두16243). (16. 지방 9급)

7. 교수협의회와 총학생회는 임시이사선임처분을 취소할 법률상 이익이 있는지 여부(긍정)

교육부장관이 사학분쟁조정위원회의 심의를 거쳐 갑 대학교를 설치·운영하는 을 학교법인의 이사 8인과 임시이사 1인을 선임한 데 대하여 갑 대학교 교수협의회와 총학생회 등이 이사선임처분의 취소를 구하는 소송을 제기한 사안에서, 임시이사제도의 취지, 교직원·학생 등의 학교운영에 참여할 기회를 부여하기 위한 개방이사 제도에 관한 법령의 규정 내용과 입법 취지 등을 종합하여 보면, 구 사립학교법(2011. 4. 12. 법률 제10580호로 개정되기 전의 것, 이하 같다)과 구 사립학교법 시행령(2011. 6. 9. 대통령령 제22971호로 개정되기 전의 것, 이하 같다) 및 을 법인 정관 규정은 헌법 제31조 제4항에 정한 교육의 자주성과 대학의 자율성에 근거한 갑 대학교 교수협의회와 총학생회의 학교운영참여권을 구체화하여 이를 보호하고 있다고 해석되므로, 갑 대학교 교수협의회와 총학생회는 이사선임처분을 다툴 법률상 이익을 가지지만, 고등교육법령은 교육받을 권리나 학문의 자유를 실현하는 수단으로서 학생회와 교수회와는 달리 학교의 직원으로 구성된 노동조합의 성립을 예정하고 있지 아니하고, 노동조합은 근로자가 주체가 되어 자주적으로 단결하여 근로조건의 유지·개선 기타 근로자의 경제적·사회적 지위의 향상을 도모하기 위하여 조직된 단체인 점 등을 고려할 때, 학교의 직원으로 구성된 노동조합이 교육받을 권리나 학문의 자유를 실현하는 수단으로서 직접 기능한다고 볼 수는 없으므로, 개방이사에 관한 구 사립학교법과 구 사립학교법 시행령 및 을법인 정관 규정이 학교직원들로 구성된 전국대학노동조합 을 대학교지부의 법률상 이익까지 보호하고 있는 것으로 해석할 수는 없다(대판 2015.7.23. 2012두19496). 〈17. 국가 9급〉

Winner's 원고적격 : 교수협의회, 총학생회 (○), 전국노동조합 대학교 지부 (×)

8. 상고심에서 원고적격이 구비되어야 하는지 여부(긍정)

행정처분의 직접 상대방이 아닌 제3자라 하더라도 당해 행정처분으로 인하여 법률상 보호되는 이익을 침해당한 경우에는 그 처분의 취소나 무효확인을 구하는 행정소송을 제기하여 그 당부의 판단을 받을 자격 즉 원고적격이 있고, 여기에서 말하는 법률상 보호되는 이익은 당해 처분의 근거 법규 및 관련 법규에 의하여 보호되는 개별적·직접적·구체적 이익을 말하며, 원고적격은 소송요건의 하나이므로 사실심 변론종결시는 물론 상고심에서도 존속하여야 하고 이를 흠결하면 부적법한 소가 된다 할 것이다(대판 2007.4.12. 2004두7924). 〈17. 국가 7급〉

9. 입주자나 입주예정자의 사용검사처분의 취소를 구할 법률상 이익(부정)

사용검사처분은 건축물을 사용·수익할 수 있게 하는 데 그치므로 건축물에 대하여 사용검사처분이 이루어졌다고 하더라도 그 사정만으로는 건축물에 있는 하자나 건축법 등 관계 법령에 위배되는 사실이 정당화되지는 아니하며, 또한 건축물에 대한 사용검사처분의 무효확인을 받거나 처분이 취소된다고 하더라도 사용검사 전의 상태로 돌아가 건축물을 사용할 수 없게 되는 것에 그칠 뿐 곧바로 건축물의 하자 상태 등이 제거되거나 보완되는 것도 아니다. 그리고 입주자나 입주예정자들은 사용검사처분의 무효확인을 받거나 처분을 취소하지 않고도 민사소송 등을 통하여 분양계약에 따른 법률관계 및 하자 등을 주장·증명함으로써 사업주체 등으로부터 하자의 제거·보완 등에 관한 권리구제를 받을 수 있으므로, … 주택에 대한 사용검사처분이 있으면, 그에 따라 입주예정자들이 주택에 입주하여 이를 사용할 수 있게 되므로 일반적으로 입주예정자들에게 이익이 되고, … 위와 같은 사정들을 종합하여 볼 때, 구 주택법(2012. 1. 26. 법률 제11243호로 개정되기 전의 것)상 입주자나 입주예정자는 사용검사처분의 무효확인 또는 취소를 구할 법률상 이익이 없다(대판 2015.1.29. 2013두24976). 〈23. 국가 9급〉

10. 학교법인, 사립학교 경영자, 학교의 장이 교원소청심사위원회의 결정에 대하여 원고적격이 있는지 여부(긍정)

교원소청심사위원회의 결정에 대하여 행정소송을 제기할 수 있는 자에는 교원지위 향상을 위한 특별법 제10조 제3항에서 명시하고 있는 교원, 사립학교법 제2조에 의한 학교법인, 사립학교 경영자뿐 아니라 소청심사의 피청구인이 된 학교의 장도 포함된다고 보는 것이 타당하다(대판 2011.6.24. 2008두9317). 〈15. 지방 7급〉

11. 거부처분취소재결의 취소를 구할 법률상 이익(부정)

나아가 거부처분을 취소하는 재결이 있더라도 그에 따른 후속처분이 있기까지는 제3자의 권리나 이익에 변동이 있다고 볼 수 없고 후속처분 시에 비로소 제3자의 권리나 이익에 변동이 발생하며, 재결에 대한 항고소송을 제기하여 재결을 취소하는 판결이 확정되더라도 그와 별도로 후속처분이 취소되지 않는 이상 후속처분으로 인한 제3자의 권리나 이익에 대한 침해 상태는 여전히 유지된다. 이러한 점들을 종합하면, **거부처분이 재결에서 취소된 경우 재결에 따른 후속처분이 아니라 그 재결의 취소를 구하는 것은 실효적이고 직접적인 권리구제수단이 될 수 없어 분쟁해결의 유효적절한 수단이라고 할 수 없으므로 법률상 이익이 없다**(대판 2017.10.31. 2015두45045). 〈20. 군무원 7급〉

12. 검정신청하지 않은 교과서 합격결정 취소를 구할 법률상 이익(부정)

2종 교과용 도서에 대하여 검정신청을 하였다가 불합격결정처분을 받은 뒤 그 처분이 위법하다 하여 이의 취소를 구하면서 위 처분 당시 시행중이던 구 교과용 도서에관한규정(1988. 8. 22. 대통령령 제12508호로 개정되기 전의 것) 제19조에 "2종 도서의 합격종수는 교과목 당 5종류 이내로 한다"고 규정되어 있음을 들어 위 처분과 같은 때에 행하여진 수학, 음악, 미술, 한문, 영어과목의 교과용 도서에 대한 합격결정처분의 취소를 구하고 있으나 <u>원고들은 각 한문, 영어, 음악과목에 관한 교과용 도서에 대하여 검정신청을 하였던 자들이므로 자신들이 검정신청한 교과서의 과목과 전혀 관계가 없는 수학, 미술과목의 교과용 도서에 대한 합격결정처분에 대하여는 그 취소를 구할 법률상의 이익이 없다</u> 할 것이다(대판 1992.4.24. 91누6634). 〈24. 국가 9급〉

Winner's 원고적격 인정 여부

긍정	부정
① 종전 영업을 다시 할 수 없는 경우의 법인의 주주	① 법인의 주주 ② 행정처분 이후의 주식 양수인
② 교수협의회, 총학생회의 임시이사 선임취소	③ 전국노동조합 대학교 지부의 임시이사 선임취소
③ 약제급여·비급여목록 및 급여상한금액표의 취소를 구하는 제약회사	④ '건강보험요양급여행위 및 그 상대가치점수'의 취소를 구하는 대한의사협회
④ 체류자격변경불허가, 강제퇴거명령을 다투는 외국인 ⑤ 사증발급거부처분을 다투는 과거 국적자 ⑥ 난민불인정 처분을 다투는 위명(僞名)으로 입국한 자	⑤ 사증발급거부처분을 다투는 외국인
⑦ 공장에 연접한 지역주민 ⑧ 부지경계선으로부터 300m 밖에 거주하는 주민들이 환경침해 등을 입증한 경우 ⑨ 급수시설로 수돗물이 공급되는 경우 다소 떨어진 곳에 있는 주민들 ⑩ 부지사전승인처분의 취소를 구하는 인근 주민들 ⑪ 인근 주민 등의 광업권설정허가처분 취소	⑥ 생태·자연도 등급변경 결정의 취소를 구하는 인근 주민 ⑦ 재단법인 수녀원의 공유수면매립목적 변경승인처분 무효확인
⑫ 기존 예탁금회원제 골프장 회원 ⑬ 교원소청심사위원회의 결정에 대한 학교 장의 행정소송 ⑭ 조합설립추진위원회의 구성에 동의하지 아니한 정비구역 내의 토지 등 소유자 ⑮ 건축협의 취소의 취소를 구하는 지방자치단체	⑧ 원천납세의무자가 원천징수의무자에 대한 납세고지를 다투는 취소소송 ⑨ 원천납세의무자가 원천징수의무자에 대한 소득금액 변동통지를 다투는 취소소송 ⑩ 과징금부과처분 취소재결에 대하여 취소를 구하는 제3자

⑪ 제3자 소유토지의 개발제한구역 해제결정의 취소소송
⑫ 입주자나 입주예정자의 사용검사처분의 취소를 구할 법률상 이익
⑬ 진급처분에 불복하면서 전역처분을 취소하는 소송
⑭ 거부처분 취소재결의 취소

3. 협의의 소익(訴益)

(1) 의의

분쟁을 재판에 의하여 해결할 만한 현실적 필요성을 말한다. 원고적격, 대상적격, 협의의 소익을 모두 포함하는 개념인 광의의 소익과 구별한다.

> **Winner's** 협의의 소익의 의미 : 현실적 실익 (○), 이론적 실익 (×)

(2) 법적 성질

소송요건의 하나로서 직권조사사항이므로 당사자의 주장이 없더라도 판단하여야 하고, 그 흠결이 있으면 각하판결을 한다. 본안심리 중이라도 소익이 없는 것으로 판단되는 경우에는 각하판결을 할 수 있다.

(3) 인정취지

현실적으로 승소판결이 있어도 실질적인 구제가 되지 않는 경우까지 본안심리를 진행하는 것은 소송경제에 반하고, 소송을 남발할 우려가 있으므로 현실적인 구제가능성이 있을 때에만 본안심리를 받도록 한 것이다. 다만, 소익을 엄격하게 해석하면 국민의 재판청구권을 침해할 우려가 있으므로 조화로운 해석이 필요하다.

(4) 법적 근거

「행정소송법」상 협의의 소익을 직접적으로 규정한 것은 없으나, 제12조 전문❶에서 법률상 이익이 있어야 한다는 것은 원고적격을 의미하고, 후문❷에서 처분의 효력이 소멸된 경우에도 회복되는 법률상 이익이 있다는 것은 협의의 소익을 의미하는 것으로 보는 것이 일반적 견해이다. 이것은 협의의 소익을 간접적으로 규정한 것으로 볼 수 있다.

> **용어설명** ❶ 전문(前文) : 앞 부분에 있는 규정내용
> ❷ 후문(後文) : 뒷 부분에 있는 규정내용

> **Winner's** 협의의 소익의 법적 근거 : 직접적 근거 (×), 간접적 근거 (○)

〈행정소송법〉 제12조(원고적격) 취소소송은 처분 등의 취소를 구할 법률상 이익이 있는 자가 제기할 수 있다. 처분 등의 효과가 기간의 경과, 처분 등의 집행 그 밖의 사유로 인하여 소멸된 뒤에도 그 처분 등의 취소로 인하여 회복되는 법률상 이익이 있는 자의 경우에는 또한 같다.

(5) 인정 여부

인정되는 경우	취소소송에서 소익이 인정되기 위해서는 다음을 그 요건으로 한다. ① 처분의 효력이 존속할 것 ② 취소로 원상회복의 가능성이 있을 것 ③ 이익침해가 계속되고 있을 것

부정되는 경우	다음의 경우에는 소익이 부정된다. ① 원고가 추구하는 목적을 소송보다 용이한 방법으로 달성할 수 있는 경우 ② 원고의 청구취지가 이론적으로만 실익이 있고, 현실적인 실익은 없는 경우 ③ 원고가 오로지 부당한 목적으로 소구한 경우

1. 자진 입대 후에도 병역처분의 취소를 구할 법률상 이익이 있는지 여부(부정)

1) 위법한 행정처분의 취소를 구하는 소는 위법한 처분에 의하여 발생한 위법상태를 배제하여 원상으로 회복시키고, 그 처분으로 침해되거나 방해받은 권리와 이익을 보호·구제하고자 하는 소송이므로, 어떤 행정처분의 위법 여부를 다투는 것이 이론적인 의미는 있으나 재판에 의하여 해결할 만한 실제적인 효용 내지 실익이 없는 경우에는 그 취소를 구할 소의 이익이 없다.

2) 현역병입영대상자로 병역처분을 받은 자가 그 취소소송 중 모병에 응하여 현역병으로 자진 입대한 경우 그 처분의 위법을 다툴 실제적 효용 내지 이익이 없다는 이유로 소의 이익이 없다(대판 1998.9.8. 98두9165). 〈14. 사회복지 9급〉

2. 강제로 입영한 후에도 현역병입영통지처분의 취소를 구할 법률상 이익이 있는지 여부(긍정)

병역법상 현역입영대상자로서는 현역병입영 통지처분이 위법하다 하더라도 법원에 의하여 그 처분의 집행이 정지되지 아니하는 이상 현실적으로 입영을 할 수밖에 없으므로 현역병입영 통지처분에 대하여는 불복을 사실상 원천적으로 봉쇄하는 것이 되고, 또한 현역입영대상자가 입영하여 현역으로 복무하는 과정에서 현역병입영 통지처분 외에는 별도의 다른 처분이 없으므로 입영한 이후에는 불복할 아무런 처분마저 없게 되는 결과가 되며, 나아가 입영하여 현역으로 복무하는 사에 내한 병직을 당해 군 참모총장이 관리한다는 것은 입영 및 복무의 근거가 된 현역병입영 통지처분이 적법함을 전제로 하는 것으로서 그 처분이 위법한 경우까지를 포함하는 의미는 아니라고 할 것이므로, 현역입영대상자로서는 현실적으로 입영을 하였다고 하더라도, 입영 이후의 법률관계에 영향을 미치고 있는 현역병입영 통지처분 등을 한 관할 지방병무청장을 상대로 위법을 주장하여 그 취소를 구할 소송상의 이익이 있다(대판 2003.12.26. 2003두1875). 〈17. 서울 9급〉

3. 극히 일부의 보상금이 지급되지 않았음을 이유로 수용재결의 실효를 주장할 수 있는지 여부(부정)

토지를 수용당한 후 20년이 넘도록 수용재결의 실효를 주장하지 아니한 채 보상요구를 한 적도 있다가 수용보상금 중 극히 일부가 미지급되었음을 이유로 수용재결의 실효를 주장하는 것은 신의칙에 비추어 허용될 수 없다(대판 1993.5.14. 92다51433).

4. 조합설립인가처분 이후 조합설립추진위원회 구성승인처분을 취소할 수 있는지 여부(부정)

구 도시 및 주거환경정비법 등 관계 법령의 내용, 형식, 체제 등에 비추어 보면, 조합설립추진위원회(이하 '추진위원회'라고 한다) 구성승인처분은 조합의 설립을 위한 주체인 추진위원회의 구성행위를 보충하여 그 효력을 부여하는 처분으로서 조합설립이라는 종국적 목적을 달성하기 위한 중간단계의 처분에 해당하지만, 그 법률요건이나 효과가 조합설립인가처분의 그것과는 다른 독립적인 처분이기 때문에, 추진위원회 구성승인처분에 대한 취소 또는 무효확인 판결의 확정만으로는 이미 조합설립인가를 받은 조합에 의한 정비사업의 진행을 저지할 수 없다. 따라서 추진위원회 구성승인처분을 다투는 소송 계속 중에 조합설립인가처분이 이루어진 경우에는 … 추진위원회 구성승인처분에 대하여 취소 또는 무효확인을 구할 법률상의 이익은 없다고 보아야 한다(대판 2013.1.31. 2011두11112·2011두11129). 〈18. 지방 9급〉

5. 경미한 사항 변경을 변경인가 형식으로 한 경우, 설립인가처분을 다툴 소익이 있는지 여부(긍정)

조합설립인가처분과 동일한 요건과 절차가 요구되지 않는 구 도시 및 주거환경정비법 시행령(2008. 12. 17. 대통령령 제21171호로 개정되기 전의 것) 제27조 각 호에서 정하는 경미한 사항의 변경에 대하여 행정청이 조합설립의 변경인가라는 형식으로 처분을 하였다고 하더라도, 그 성질은 당초의 조합설립인가처분과는 별개로 위 조항에서 정한 경미한 사항의 변경에 대한 신고를 수리하는 의미에 불과한 것으로 보아야 하므로, 경미한 사항의 변경에 대한 신고를 수리하는 의미에 불과한 변경인가처분이 있다고 하더라도 설권적 처분인 조합설립인가처분을 다툴 소의 이익이 소멸된다고 볼 수는 없다(대판 2012.10.25. 2010두25107).

6. 변경인가처분 이후에도 설립인가처분을 다툴 수 있는 여지가 있는지 여부(긍정)

주택재건축사업조합이 새로 조합설립인가처분을 받는 것과 동일한 요건과 절차를 거쳐 조합설립변경인가처분을 받는 경우 당초 조합설립인가처분의 유효를 전제로 당해 주택재건축사업조합이 매도청구권 행사, 시공자 선정에 관한 총회 결의, 사업시행계획의 수립, 관리처분계획의 수립 등과 같은 후속행위를 하였다면 당초 조합설립인가처분이 무효로 확인되거나 취소될 경우 그것이 유효하게 존재하는 것을 전제로 이루어진 위와 같은 후속 행위 역시 소급하여 효력을 상실하게 되므로, 특별한 사정이 없으면 위와 같은 형태의 조합설립변경인가가 있다고 하여 당초 조합설립인가처분의 무효확인을 구할 소의 이익이 소멸된다고 볼 수는 없다(대판 2012.10.25. 2010두25107). 〈22. 지방 7급〉

7. 과징금 감면처분 후 선행처분인 과징금 부과처분 취소청구(부적법)

공정거래위원회가 부당한 공동행위를 행한 사업자로서 구 독점규제 및 공정거래에 관한 법률(2013. 7. 16. 법률 제11937호로 개정되기 전의 것) 제22조의2에서 정한 자진신고자나 조사협조자에 대하여 과징금 부과처분(이하 '선행처분'이라 한다)을 한 뒤, 독점규제 및 공정거래에 관한 법률 시행령 제35조 제3항에 따라 다시 자진신고자 등에 대한 사건을 분리하여 자진신고 등을 이유로 한 과징금 감면처분(이하 '후행처분'이라 한다)을 하였다면, 후행처분은 자진신고 감면까지 포함하여 처분 상대방이 실제로 납부하여야 할 최종적인 과징금액을 결정하는 종국적 처분이고, 선행처분은 이러한 종국적 처분을 예정하고 있는 일종의 잠정적 처분으로서 후행처분이 있을 경우 선행처분은 후행처분에 흡수되어 소멸한다. 따라서 위와 같은 경우에 선행처분의 취소를 구하는 소는 이미 효력을 잃은 처분의 취소를 구하는 것으로 부적법하다(대판 2015.2.12. 2013두987). 〈21. 국가 9급〉

8. 조합원 지위를 상실한 토지 등 소유자의 법률상 이익 인정여부(긍정)

주택재개발사업에 대한 사업시행계획에 당연무효인 하자가 있는 경우에는 재개발사업조합은 사업시행계획을 새로이 수립하여 관할관청에게서 인가를 받은 후 다시 분양신청을 받아 관리처분계획을 수립하여야 한다. 따라서 분양신청기간 내에 분양신청을 하지 않거나 분양신청을 철회함으로 인해 구 도시정비법 제47조 및 조합 정관 규정에 의하여 조합원의 지위를 상실한 토지 등 소유자도 그때 분양신청을 함으로써 건축물 등을 분양받을 수 있으므로 사업시행계획의 무효확인 또는 취소를 구할 법률상 이익이 있다(대판 2014.2.27. 2011두25173). 〈23. 소방〉

Winner's 협의의 소익 인정 여부

긍정	부정
① 강제로 입영한 후 현역병입영통지처분의 취소	① 자진 입대 후에 병역처분의 취소
② 변경인가처분 이후 후속행위가 있는 설립인가처분 취소	② 극히 일부의 보상금이 지급되지 않았음을 이유로 수용재결의 실효를 주장
③ 경미한 사항 변경인가처분 이후 설립인가처분 취소	③ 조합설립인가처분 이후 조합설립추진위원회 구성승인처분 취소

(6) 구체적 검토

① 원상회복이 불가능한 경우

원칙	처분을 취소하더라도 원상회복이 불가능한 경우에는 소익이 부정되어 각하판결을 받는다(⑩ 건물이 철거된 후 철거명령 취소).
예외	원상회복이 불가능한 경우에도 중대한 공익상 필요가 있으면 소익을 긍정하고 사정판결을 하는 경우도 있다(⑩ 공유수면매립면허를 다투는 중에 매립공사가 완료된 경우).

1. 계고처분 취소소송 계속 중 대집행 실행이 완료된 경우 취소를 구할 법률상 이익(부정)

대집행계고처분 취소소송의 변론종결 전에 대집행영장에 의한 통지절차를 거쳐 사실행위로서 대집행의 실행이 완료될 경우에는 행위가 위법한 것이라는 이유로 손해배상이나 원상회복 등을 청구하는 것은 별론으로 하고 처분의 **취소를 구할 법률상 이익은 없다**(대판 1993.6.8. 93누6164). 〈10. 국가 9급〉

2. 인접주택 소유자가 건물 완공 후의 건축허가 취소를 구할 법률상 이익(부정)

건축허가가 건축법 소정의 이격거리를 두지 아니하고 건축물을 건축하도록 되어 있어 위법하다 하더라도, 그 건축허가에 기하여 건축공사가 완료되었다면 그 건축허가를 받은 대지와 접한 대지의 소유자인 원고가 위 건축허가처분의 취소를 받아 이격거리를 확보할 단계는 지났으며 민사소송으로 위 건축물 등의 철거를 구하는 데 있어서도 위처분의 취소가 필요한 것이 아니므로, 원고로서는 위 처분의 취소를 구할 법률상의 이익이 없다(대판 1992.4.24. 91누11131). 〈18. 서울 7급(3월)〉

Winner's 인접주택 소유자의 건축허가취소소송의 원고적격 : 공사 완료 전 (○), 공사 완료 후 (×)

3. 인접주택 소유자가 건축공사 완료 후 건물준공처분의 취소를 구할 법률상 이익(부정)

건물의 준공처분은 건축허가를 받아 건축된 건물이 건축허가사항대로 건축행정목적에 적합한가의 여부를 확인하고 준공검사필증을 교부하여 줌으로써 허가받은 자로 하여금 건축한 건물을 사용·수익할 수 있게 하는 법률효과를 발생시키는 것에 불과하며, 건축한 건물이 인접주택 소유자의 권리를 침해하는 경우 준공처분이 그러한 침해까지 정당화하는 것은 아닐 뿐만 아니라, 인접주택 소유자가 입는 생활환경상의 이익침해는 실제로 위 건물의 전부 또는 일부가 철거됨으로써 회복되거나 보호받을 수 있는 것인데, 위 건물에 대한 준공처분의 무효확인이나 취소를 받는다 하여도 그로 인하여 건축주는 위 건물을 적법하게 사용할 수 없게 되어 위 건물은 준공 이전의 상태로 돌아가게 되는 것에 그칠 뿐 위반건물에 대한 시정명령을 할 것인지 여부, 그 시기 및 명령의 내용 등은 행정청의 합리적 판단에 의하여 결정되어야 할 자유재량에 맡겨져 있는 점 등에 비추어 보면, 원고 주장과 같이 소외 최○○가 신축한 건물이 무단증평, 이격거리 위반, 베란다 돌출, 무단구조변경 등 건축법에 위반하여 시공됨으로써 인접 주택 소유자인 원고 및 선정자 유○○의 사생활과 일조권을 침해하고 있다고 하더라도, 인접건물 소유자들로서는 위 준공처분의 무효확인이나 취소를 구할 법률상 이익이 없다고 할 것이다(대판 1993.11.9. 93누13988). 〈14. 서울 7급〉

4. 건축물 소유자가 건축물 완공 후 건축허가처분취소처분의 취소를 구할 법률상 이익(긍정)

건축허가를 받아 건축물을 완공하였더라도 건축허가가 취소되면 그 건축물은 철거 등 시정명령의 대상이 되고 이를 이행하지 않은 건축주 등은 건축법 제80조에 따른 이행강제금 부과처분이나 행정대집행법 제2조에 따른 행정대집행을 받게 되며, 나아가 건축법 제79조 제2항에 의하여 다른 법령상의 인·허가 등을 받지 못하게 되는 등의 불이익을 입게 된다. 따라서 건축허가취소처분을 받은 건축물 소유자는 그 건축물이 완공된 후에도 여전히 위 취소처분의 취소를 구할 법률상 이익을 가진다고 보아야 한다(대판 2015.11.12. 2015두47195).

5. 배출시설이 철거된 후에 설치허가 취소처분의 취소를 구할 법률상 이익(부정)

소음·진동배출시설에 대한 설치허가가 취소된 후 그 배출시설이 어떠한 경위로든 철거되어 다시 복구 등을 통하여 배출시설을 가동할 수 없는 상태라면 이는 배출시설 설치허가의 대상이 되지 아니하므로 외형상 설치허가 취소행위가 잔존하고 있다고 하여도 특단의 사정이 없는 한 이제 와서 굳이 위 처분의 취소를 구할 법률상의 이익이 없다(대판 2002.1.11. 2000두2457). 〈18. 지방 9급〉

6. 시설물 철거 후 공장등록 취소처분의 취소를 구할 법률상 이익(한정 긍정)

일반적으로 공장등록이 취소된 후 그 공장시설물이 어떠한 경위로든 철거되어 다시 복구 등을 통하여 공장을 운영할 수 없는 상태라면 이는 공장등록의 대상이 되지 아니하므로 외형상 공장등록 취소행위가 잔존하고 있다고 하여도 그 처분의 취소를 구할 법률상의 이익이 없다 할 것이나, 위와 같은 경우에도 유효한 공장등록으로 인하여 공장등록에 관한 당해 법률이나 다른 법률에 의하여 보호되는 직접적·구체적 이익이 있다면, 당사자로서는 공장건물의 멸실 여부에 불구하고 그 공장등록 취소처분의 취소를 구할 법률상의 이익이 있다(대판 2002.1.11. 2000두3306). 〈19. 국가 9급〉

7. 도시개발사업의 공사 등이 완료된 경우 도시계획변경결정처분 등 취소를 구할 법률상 이익(긍정)

도시개발사업의 시행에 따른 도시계획변경결정처분과 도시개발구역지정처분 및 도시개발사업실시계획인가처분은 도시개발사업의 시행자에게 단순히 도시개발에 관련된 공사의 시공권한을 부여하는 데 그치지 않고 당해 도시개발사업을 시행할 수 있는 권한을 설정하여 주는 처분으로서 위 각 처분 자체로 그 처분의 목적이 종료되는 것이 아니고 위 각 처분이 유효하게 존재하는 것을 전제로 하여 당해 도시개발사업에 따른 일련의 절차 및 처분이 행해지기 때문에 위 각 처분이 취소된다면 그것이 유효하게 존재하는 것을 전제로 하여 이루어진 토지수용이나 환지 등에 따른 각종의 처분이나 공공시설의 귀속 등에 관한 법적 효력은 영향을 받게 되므로, 도시개발사업의 공사 등이 완료되고 원상회복이 사회통념상 불가능하게 되었더라도 위 각 처분의 취소를 구할 법률상이익은 소멸한다고 할 수 없다(대판 2005.9.9. 2003두5402·5419). 〈17. 서울 9급〉

8. 지방의료원 폐업결정의 취소를 구할 소익 인정 여부(부정)

갑 도지사가 도에서 설치·운영하는 을 지방의료원을 폐업하겠다는 결정을 발표하고 그에 따라 폐업을 위한 일련의 조치가 이루어진 후 을 지방의료원을 해산한다는 내용의 조례를 공포하고 을 지방의료원의 청산절차가 마쳐진 사안에서, … 갑 도지사의 폐업결정 후 을 지방의료원을 해산한다는 내용의 조례가 제정·시행되었고 조례가 무효라고 볼 사정도 없어 을 지방의료원을 폐업 전의 상태로 되돌리는 원상회복은 불가능하므로 법원이 폐업결정을 취소하더라도 단지 폐업결정이 위법함을 확인하는 의미 밖에 없고, 폐업결정의 취소로 회복할 수 있는 다른 권리나 이익이 남아 있다고 보기도 어려우므로, 갑 도지사의 폐업결정이 법적으로 권한 없는 자에 의하여 이루어진 것으로서 위법하더라도 취소를 구할 소의 이익을 인정하기 어렵다(대판 2016.8.30, 2015두60617).

9. 공장설립승인처분이 쟁송취소된 이후 공장건축허가처분의 취소를 구할 법률상 이익(긍정)

개발제한구역 안에서의 공장설립을 승인한 처분이 위법하다는 이유로 쟁송취소되었다고 하더라도 그 승인처분에 기초한 공장건축허가처분이 잔존하는 이상, 공장설립승인처분이 취소되었다는 사정만으로 인근 주민들의 환경상 이익이 침해되는 상태나 침해될 위험이 종료되었다거나 이를 시정할 수 있는 단계가 지나버렸다고 단정할 수는 없고, 인근 주민들은 여전히 공장건축허가처분의 취소를 구할 법률상 이익이 있다고 보아야 한다(대판 2018.7.12. 2015두3485). 〈19. 지방 9급〉

Winner's 협의의 소익 인정 여부

긍정	부정
① 건축물 소유자가 건축물 완공 후 건축허가처분취소처분의 취소	① 인접주택 소유자의 건물 완공 후의 건축허가 취소 ② 인접주택 소유자의 건축공사 완료 후 건물준공처분의 취소
② 유효한 등록으로 법률상 이익이 있는 경우 공장건물 철기 후 공장등록 취소치분의 취소	③ 배출시설이 철거 된 후에 설치허가 취소처분의 취소
③ 도시개발사업의 공사 등이 완료된 경우 도시계획변경결정처분 등 취소	④ 계고처분 취소소송 계속 중 대집행 실행이 완료된 경우 ⑤ 지방의료원 폐업결정 후 조례가 제정, 시행된 경우

② **이익침해가 해소된 경우**: 처분 당시에는 이익침해가 있었으나, 처분 후의 사정에 의하여 이익침해상태가 없게 된 경우에는 소익이 부정된다.

1. 제1차 사법시험 불합격처분 취소소송 계속 중 1차 시험에 다시 합격된 경우에도 취소를 구할 법률상 이익이 있는지 여부(부정)

사법시험령 제5조, 제6조, 제8조의 각 규정을 종합하여 보면, 사법시험 제1차 시험에 합격하였다고 할지라도 그것은 합격자가 사법시험령 제6조, 제8조 제1항의 각 규정에 의하여 당회의 제2차 시험과 차회의 제2차 시험에 응시할 자격을 부여받을 수 있는 전제요건이 되는 데 불과한 것이고, 그 자체만으로 합격한 자의 법률상의 지위가 달라지게 되는 것이 아니므로, 제1차 시험 불합격처분 이후에 새로이 실시된 사법시험 제1차 시험에 합격하였을 경우에는 더 이상 위 불합격처분의 취소를 구할 법률상 이익이 없다(대판 1996.2.23. 95누2685).

2. 형기가 남아 있는 수형자의 영치품 사용신청불허처분의 취소를 구할 법률상 이익(긍정)

원고의 긴 팔 티셔츠 2개(앞 단추가 3개 있고 칼라가 달린 것, 이하 '이 사건 영치품'이라 한다)에 대한 사용신청 불허처분(이하 '이 사건 처분'이라 한다) 이후 이루어진 원고의 다른 교도소로의 이송이라는 사정에 의하여 원고의 권리와 이익의 침해 등이 해소되지 아니한 점, 원고의 형기가 만료되기까지는 아직 상당한 기간이 남아 있을 뿐만 아니라, 진주교도소가 전국 교정시설의 결핵 및 정신질환 수형자들을 수용·관리하는 의료교도소인 사정을 감안할 때 원고의 진주교도소로의 재이송 가능성이 소멸하였다고 단정하기 어려운 점 등을 종합하면, 원고로서는 이 사건 처분의 **취소를 구할 이익이 있다고** 봄이 상당하다(대판 2008.2.14. 2007 두13203). 〈17. 지방 9급〉

3. 복무기간 만료 이후 공익근무요원 소집해제신청 거부처분의 취소를 구할 소의 이익(부정)

공익근무요원 소집해제신청을 거부한 후에 원고가 계속하여 공익근무요원으로 복무함에 따라 **복무기간 만료를 이유로 소집해제처분을 한 경우, 원고가 입게 되는 권리와 이익의 침해는 소집해제처분으로 해소 되었으므로 위 거부처분의 취소를 구할 소의 이익이 없다**(대판 2005.5.13. 2004두4369). 〈13. 지방 7급〉

Winner's 협의의 소익 인정 여부

긍정	부정
① 형기가 남아 있는 수형자의 영치품 사용신청불허처분의 취소	① 제1차 사법시험 불합격처분 취소소송 계속 중 제1차 시험에 다시 합격된 경우 ② 복무기간 만료 이후 공익근무요원 소집해제신청 거부처분의 취소

③ 처분의 효력이 소멸된 경우

원칙	처분의 효력이 기간의 경과 등으로 소멸된 경우에는 소익이 없다.
예외	㉠ 위법한 처분이 반복될 가능성이 있는 경우 소익이 인정된다. 다만 반드시 동일한 당사자 사이에서 반복될 위험을 의미하는 것은 아니다. ㉡ 회복되는 법률상 이익이 있는 경우 소익이 인정될 수 있다. 관계법상 처분의 전력(前歷)사실이 장래 가중처분의 요건사실이 되는 경우를 말한다. 가중처분이 법률에 규정된 경우뿐만 아니라 행정규칙에 규정된 경우도 포함된다. 다만 실제로 가중처분을 받을 가능성이 없다면 소익이 없다. ㉢ 명예·신용 등 이익을 회복하기 위한 경우에도 소익이 인정될 것인지 여부에 대해서는 논란이 있다.

1. 소송계속 중 직권취소된 처분의 취소를 구할 법률상 이익(부정)

행정처분이 취소되면 그 처분은 취소로 인하여 그 효력이 상실되어 더 이상 존재하지 않는 것이고, 존재하지 않는 행정처분을 대상으로 한 취소소송은 소의 이익이 없어 부적법하다. … 행정청이 당초의 분뇨 등 관련영업 허가신청 반려처분의 취소를 구하는 소의 계속 중, 사정변경을 이유로 위 반려처분을 직권취소함과 동시에 위 신청을 재반려하는 내용의 재처분을 한 경우 당초의 반려처분의 취소를 구하는 소는 더 이상 소의 이익이 없게 되었다(대판 2006.9.28. 2004두5317). 〈17. 서울 9급〉

2. 새로운 사유에 의하여 직위해제처분을 한 경우 원래의 직위해제처분의 취소를 구할 법률상 이익(부정)

행정청이 공무원에 대하여 새로운 직위해제사유에 기한 직위해제처분을 한 경우 그 이전에 한 직위해제처분은 이를 묵시적으로 철회하였다고 봄이 상당하므로, 그 이전 처분의 취소를 구하는 부분은 존재하지 않는 행정처분을 대상으로 한 것으로서 그 소의 이익이 없어 부적법하다(대판 2003.10.10. 2003두5945). 〈14. 사회복지 9급〉

3. 환지처분이 공고된 후 환지예정지지정처분의 취소를 구할 법률상 이익(부정)

토지구획정리사업법에 의한 토지구획정리는 환지처분을 기본적 요소로 하는 것으로서 환지예정지지정처분은 사업시행자가 사업시행지구 내의 종전 토지 소유자로 하여금 환지예정지지정처분의 효력발생일로부터 환지처분의 공고가 있는 날까지 당해 환지예정지를 사용수익할 수 있게 하는 한편 종전의 토지에 대하여는 사용수익을 할 수 없게 하는 처분에 불과하고 환지처분이 일단 공고되어 효력을 발생하게 되면 환지예정지지정처분은 그 효력이 소멸되는 것이므로, 환지처분이 공고된 후에는 환지예정지지정처분에 대하여 그 취소를 구할 법률상 이익은 없다(대판 1999.10.8. 99두6873).

4. 위법한 처분이 반복될 가능성이 있으면 취소를 구할 법률상 이익이 있는지 여부(긍정)

제소 당시에는 권리보호의 이익을 갖추었는데 제소 후 취소 대상 행정처분이 기간의 경과 등으로 그 효과가 소멸한 때, 동일한 소송 당사자 사이에서 동일한 사유로 위법한 처분이 반복될 위험성이 있어 행정처분의 위법성 확인 내지 불분명한 법률문제에 대한 해명이 필요하다고 판단되는 경우, 그리고 선행처분과 후행처분이 단계적인 일련의 절차로 연속하여 행하여져 후행처분이 선행처분의 적법함을 전제로 이루어짐에 따라 선행처분의 하자가 후행처분에 승계된다고 볼 수 있어 이미 소를 제기하여 다투고 있는 선행처분의 위법성을 확인하여 줄 필요가 있는 경우 등에는 행정의 적법성 확보와 그에 대한 사법통제, 국민의 권리구제의 확대 등의 측면에서 여전히 그 처분의 취소를 구할 법률상 이익이 있다(대판 2007.7.19. 2006두19297 전합). 〈23. 국가 7급〉

5. 해당 사건의 동일한 소송 당사자 사이에서 반복될 위험에 한정되는지 여부(부정)

'그 행정처분과 동일한 사유로 위법한 처분이 반복될 위험성이 있는 경우'란 불분명한 법률문제에 대한 해명이 필요한 상황에 대한 대표적인 예시일 뿐이며, 반드시 '해당 사건의 동일한 소송 당사자 사이에서' 반복될 위험이 있는 경우만을 의미하는 것은 아니다(대판 2020.12.24. 2020두30450). 〈22. 군무원 9급〉

6. 소송 계속 중 임기만료된 선행 임시이사 선임처분을 취소할 수 있는지 여부(긍정)

임시이사 선임처분에 대하여 취소를 구하는 소송의 계속 중 임기만료 등의 사유로 새로운 임시이사들로 교체된 경우, 선행 임시이사 선임처분의 효과가 소멸하였다는 이유로 그 취소를 구할 법률상 이익이 없다고 보게 되면, 원래의 정식이사들로서는 계속 중인 소를 취하하고 후행 임시이사 선임처분을 별개의 소로 다툴 수밖에 없게 되며, 그 별소 진행 도중 다시 임시이사가 교체되면 또 새로운 별소를 제기하여야 하는 등 무익한 처분과 소송이 반복될 가능성이 있으므로, 이러한 경우 법원이 선행 임시이사 선임처분의 취소를 구할 법률상 이익을 긍정하여 그 위법성 내지 하자의 존재를 판결로 명확히 해명하고 확인하여 준다면 위와 같은 구체적인 침해의 반복 위험을 방지할 수 있을 뿐 아니라, 후행 임시이사 선임처분의 효력을 다투는 소송에서 기판력에 의하여 최초 내지 선행 임시이사 선임처분의 위법성을 다투지 못하게 함으로써 그 선임처분을 전제로 이루어진 후행 임시이사 선임처분의 효력을 쉽게 배제할 수 있어 국민의 권리구제에 도움이 된다(대판 2007.7.19. 2006두19297 전합).

7. 취임승인이 취소된 정식이사의 원래 임기가 만료된 후에도 임원취임승인취소처분을 취소할 수 있는지 여부(긍정)

취임승인이 취소된 학교법인의 정식이사들로서는 그 취임승인취소처분 및 임시이사 선임처분에 대한 각 취소를 구할 법률상 이익이 있고, 나아가 선행 임시이사 선임처분의 취소를 구하는 소송 도중에 선행 임시이사가 후행 임시이사로 교체되었다고 하더라도 여전히 선행 임시이사 선임처분의 취소를 구할 법률상 이익이 있다(대판 2007.7.19. 2006두19297 전합). 〈17·18. 지방 9급〉

8. 처분의 효력기간이 경과한 경우에도 취소를 구할 법률상 이익이 있는지 여부(부정 원칙)

행정처분이 법령이나 처분 자체에 의하여 효력기간이 정하여져 있는 경우에는 그 기간의 경과로 효력이 상실되므로, 그 기간 경과 후에는 처분이 외형상 잔존함으로 인하여 어떠한 법률상의 이익이 침해되고 있다고 볼 만한 별다른 사정이 없는 한, 그 처분의 취소 또는 무효확인을 구할 법률상의 이익은 없다(대판 1995.7.14. 95누4087).

9. 「건축사법」상 가중처분이 규정되어 있는 경우 정지기간이 경과한 이후에도 정지처분의 취소를 구할 법률상 이익이 있는지 여부(긍정)

건축사법 제28조 제1항이 건축사 업무정지처분을 연 2회 이상 받고 그 정지기간이 통산하여 12월 이상이 될 경우에는 가중된 제재처분인 건축사사무소등록 취소처분을 받게 되도록 규정하여 건축사에 대한 제재적인 행정처분인 업무정지명령을 보다 무거운 제재처분인 사무소등록 취소처분의 기준요건으로 규정하고 있는 이상, 건축사업무정지 처분을 받은 건축사로서는 위 처분에서 정한 기간이 도과되었다 하더라도 위 처분을 그대로 방치하여 둠으로써 장래 건축사사무소등록 취소라는 가중된 제재처분을 받게 될 우려가 있는 것이므로, 건축사로서의 업무를 행할 수 있는 법률상 지위에 대한 위험이나 불안을 제거하기 위하여 건축사업무정지처분의 취소를 구할 이익이 있다(대판 1991.8.27. 91누3512).

10. 시행규칙에서 가중처분을 규정하고 있는 경우에도 취소를 구할 법률상 이익이 있는지 여부(긍정)

제재적 행정처분이 그 처분에서 정한 제재기간의 경과로 인하여 그 효과가 소멸되었으나, 부령인 시행규칙 또는 지방자치단체의 규칙(이하 이들을 '규칙'이라고 한다)의 형식으로 정한 처분기준에서 제재적 행정처분(이하 '선행처분'이라고 한다)을 받은 것을 가중사유나 전제요건으로 삼아 장래의 제재적 행정처분(이하 '후행처분'이라고 한다)을 하도록 정하고 있는 경우 제재적 행정처분의 가중사유나 전제요건에 관한 규정이 법령이 아니라 규칙의 형식으로 되어 있다고 하더라도, 그러한 규칙이 법령에 근거를 두고 있는 이상 그 법적 성질이 대외적·일반적 구속력을 갖는 법규명령인지 여부와는 상관없이 관할 행정청이나 담당공무원은 이를 준수할 의무가 있으므로 이들이 그 규칙에 정해진 바에 따라 행정작용을 할 것이 당연히 예견되고, 그 결과 행정작용의 상대방인 국민으로서는 그 규칙의 영향을 받을 수밖에 없다. … 선행처분의 취소를 구할 법률상 이익이 있다고 보아야 한다(대판 2006.6.22. 2003두1684 전합). 〈17 지방 9급〉

Winner's 소익이 인정되는 가중처분의 법적 근거 : 법률규정 (○), 행정규칙 (○)

11. 실제로 가중처분을 받을 위험이 없어진 경우에도 취소를 구할 법률상 이익이 있는지 여부(부정)

건축사업무정지처분을 받은 건축사로서는 위 처분에서 정한 기간이 경과하였다 하더라도, 위 처분을 그대로 방치하여 둠으로써 장래 건축사사무소등록 취소라는 가중된 제재처분을 받을 우려가 있어 건축사로서 업무를 행할 수 있는 법률상 지위에 대한 위험이나 불안을 제거하기 위하여 건축사업무정지처분의 취소를 구할 이익이 있으나, 업무정지처분을 받은 후 새로운 업무정지처분을 받음이 없이 1년이 경과하여 실제로 가중된 제재처분을 받을 우려가 없어졌다면, 위 처분에서 정한 정지기간이 경과한 이상 특별한 사정이 없는 한 그 처분의 취소를 구할 법률상 이익이 없다(대판 2000.4.21. 98두10080). 〈17. 지방 9급〉

12. 처분기준에 명시된 처분내용대로 하지 않은 경우에도 소익이 있는지 여부(긍정)

'위반행위의 횟수에 따른 가중처분기준'이 적용되려면 실제 선행 위반행위가 있고 그에 대하여 유효한 제재처분이 이루어졌음에도 그 제재처분일로부터 1년 이내에 다시 같은 내용의 위반행위가 적발된 경우이면 족하다고 보아야 한다. 선행 위반행위에 대한 선행 제재처분이 반드시 구 시행령 [별표 1] 제재처분기준 제2호에 명시된 처분내용대로 이루어진 경우이어야 할 필요는 없으며, 선행 제재처분에 처분의 종류를 잘못 선택하거나 처분양정(量定)에서 재량권을 일탈·남용한 하자가 있었던 경우라고 해서 달리 볼 것은 아니다(대판 2020.5.28. 2017두73693).

13. 자격정지처분의 기간이 경과한 경우의 법률상 이익(부정)

피고의 동 처분으로 인하여 원고의 명예, 신용등 인격적인 이익이 침해되어 그 침해상태가 자격정지기간 경과 후에도 잔존하는 불이익이 있다고 하더라도 이와 같은 불이익은 동 처분의 직접적인 효과였다고는 할 수 없고 또 원고의 이 사건 청구를 그러한 효과의 배제를 구하는 것이라고도 볼 수 없으니, 결국 이 사건 소는 그 취소를 구할 법률상의 이익이 없는 부적법한 소라고 보지 않을 수 없다(대판 1978.5.23. 78누72).

14. 검정고시 합격 후 고등학교 퇴학처분의 취소를 구할 법률상 이익(긍정)

고등학교 졸업이 대학입학자격이나 학력인정으로서의 의미밖에 없다고 할 수 없으므로 고등학교 졸업학력 검정고시에 합격하였다 하여 고등학교 학생으로서의 신분과 명예가 회복될 수 없는 것이니 퇴학처분을 받은 자로서는 퇴학처분의 위법을 주장하여 그 취소를 구할 소송상의 이익이 있다(대판 1992.7.14. 91누4737). 〈10. 지방 9급〉, 〈14. 서울 7급〉

Winner's 협의의 소익 인정 여부

긍정	부정
① 공장설립승인처분이 쟁송취소된 이후 인근 주민들이 공장건축허가처분의 취소 ② 위법한 처분이 반복될 가능성이 있는 경우 ③ 임기만료 후 임원취임승인취소처분 취소 ④ 검정고시 합격 후에도 고등학교퇴학처분의 취소	① 소송계속 중 직권취소된 처분의 취소 ② 환지처분이 공고된 후 환지예정지지정처분의 취소 ③ 새로운 사유에 의하여 직위해제처분을 한 경우 원래의 직위해제처분의 취소
①「건축사법」상 가중처분이 규정되어 있는 경우 정지기간이 경과한 이후에 정지처분의 취소 ② 시행규칙에서 가중처분을 규정하고 있는 경우의 취소	① 처분의 효력기간이 경과한 이후의 취소 ② 실제로 가중처분을 받을 위험이 없어진 경우의 처분의 효력기간이 경과한 처분의 취소 ③ 자격정지처분의 기간이 경과한 경우

④ 부수적 이익: 회복되는 법률상 이익에는 그 처분으로 침해된 주된 이익의 회복뿐만 아니라 부수적 이익의 회복도 포함된다. 〈10. 지방 9급〉

1. 부수적 이익의 회복을 위해서 징계처분의 취소를 구할 법률상 이익이 있는지 여부(긍정)

공무원이 위법한 징계처분에 의하여 신분적으로 또는 재산적으로 그 이익의 일부 또는 전부가 박탈된 경우에 있어서 그와 같은 징계처분으로 인한 본래적인 또는 부수적인 불이익한 결과를 처분 당시에 소급해서 제거하고 그와 같은 처분이 없었던 것과 마찬가지의 법적 상태를 회복시키고 그의 위법한 처분에 대하여 구제를 받기 위해서 그 취소가 필요하다면, 그 징계처분의 위법을 주장하고 그 취소를 구할 실익이 있다(대판 1977.7.12. 74누147).

2. 공무원 신분을 상실한 후에도 감봉처분의 취소를 구할 법률상 이익(긍정)

징계처분으로서 감봉처분이 있은 후 공무원의 신분이 상실된 경우에도 위법한 감봉 처분의 취소가 필요한 경우에는 위 감봉처분의 취소를 구할 소의 이익이 있다(대판 1977.7.12. 74누147).

3. 임기가 만료된 지방의회의원 제명의결의 취소를 구하는 법률상 이익(긍정)

제명의결 취소소송 계속 중 임기가 만료되어 제명의결의 취소로 지방의회 의원으로서의 지위를 회복할 수는 없다 할지라도, 그 취소로 인하여 최소한 제명의결 시부터 임기만료일까지의 기간에 대해 월정수당의 지급을 구할 수 있는 등 여전히 그 제명의결의 취소를 구할 법률상 이익은 남아 있다(대판 2009.1.30. 2007두13487). 〈23. 국가 9급〉

4. 상고심 계속 중 정년에 달한 대학교원의 재임용거부처분의 취소를 구할 법률상 이익(부정)

재심청구를 한 대학교원이 그 재심청구를 기각한 교원징계재심위원회(현재 명칭은 교원소청심사위원회이다)를 상대로 하여 당해 기각결정의 취소를 구하는 행정소송을 제기한 후 그 사건의 상고심 계속 중에 나이가 이미 대학교원의 정년에 달하거나 정년을 초과하게 된 경우에는 가사 위 기각결정이 취소되어 재임용심사를 다시 한다 하여도 대학교원으로서의 지위를 회복하는 것은 불가능하므로, 특별한 사정이 없는 한 그에 관한 행정소송은 소의 이익이 없어 부적법하다(대판 2008.8.11. 2006두18980).

5. 해임처분의 취소소송 계속 중 임기가 만료된 경우, 해임권자와 보수지급의무자가 다른 경우에도 취소를 구할 법률상 이익(긍정)

해임처분 무효확인 또는 취소소송 계속 중 임기가 만료되어 해임처분의 무효확인 또는 취소로 지위를 회복할 수는 없다고 할지라도, 그 무효확인 또는 취소로 해임처분일부터 임기만료일까지 기간에 대한 보수 지급을 구할 수 있는 경우에는 해임처분의 무효 확인 또는 취소를 구할 법률상 이익이 있다. 해임권자와 보수지급의무자가 다른 경우에도 마찬가지이다(대판 2012.2.23. 2011두5001). 〈14. 국가 9급〉

Winner's 협의의 소익 인정 여부

긍정	부정
① 부수적 이익의 회복을 위한 징계처분의 취소 ② 공무원 신분을 상실한 후에도 감봉처분의 취소 ③ 임기가 만료된 지방의회의원 제명의결의 취소 ④ 해임처분의 취소소송 계속 중 임기가 만료된 경우	① 상고심 계속 중 정년에 달한 대학교원의 재임용거부처분의 취소

4. 피고적격

〈행정소송법〉 제13조(피고적격) ① 취소소송은 다른 법률에 특별한 규정이 없는 한 그 처분등을 행한 행정청을 피고로 한다. 다만, 처분 등이 있은 뒤에 그 처분 등에 관계되는 권한이 다른 행정청에 승계된 때에는 이를 승계한 행정청을 피고로 한다. 〈23. 소방〉
② 제1항의 규정에 의한 행정청이 없게 된 때에는 그 처분 등에 관한 사무가 귀속되는 국가 또는 공공단체를 피고로 한다.

(1) 의의

소송에서 그 상대방이 될 수 있는 자격을 말한다. 행정소송에서도 피고적격은 권리주체인 것이 원칙이나, 소송수행의 편의를 위하여 항고소송은 처분 등을 행한 행정청을 피고로 하는 특칙을 두고 있다. 〈14. 사회복지 9급〉

서훈취소처분취소소송에서의 피고적격은 국가보훈처장인지 여부(부정)

국무회의에서 건국훈장 독립장이 수여된 망인에 대한 서훈취소를 의결하고 대통령이 결재함으로써 서훈취소가 결정된 후 국가보훈처장이 망인의 유족 갑에게 '독립유공자 서훈취소결정 통보'를 하자 갑이 국가보훈처장을 상대로 서훈취소결정의 무효 확인 등의 소를 제기한 사안에서, 갑이 서훈취소 처분을 행한 행정청(대통령)이 아니라 국가보훈처장을 상대로 제기한 위 소는 피고를 잘못 지정한 경우에 해당한다(대판 2014.9.26. 2013두2518). 〈20. 군무원 9급〉, 〈23. 국가 9급〉

Winner's 취소소송의 피고적격 : 행정청 (○), 당사자(×)

(2) 구체적 검토

① 합의제 행정청: 토지수용위원회, 방송통신위원회, 공정거래위원회, 감사원 등과 같은 합의제 행정청은 그 자체를 피고로 한다. 다만, 중앙노동위원회의 경우에는 중앙노동위원회 위원장을 피고로 한다(「노동위원회법」 제27조). 〈13. 국가 7급〉

Winner's 감사원을 상대로 하는 취소소송의 피고적격 : 감사원 (○), 감사원장 (×)

1. 저작권등록처분에 대한 무효확인소송에서 저작권심의조정위원회가 피고가 되는지 여부(긍정)

구 저작권법(2006. 12. 28. 법률 제8101호로 전문 개정되기 전의 것) 제97조의3 제2호는 '문화관광부장관은 대통령령이 정하는 바에 의하여 법 제53조에 규정한 저작권 등록업무에 관한 권한을 저작권심의조정위원회에 위탁할 수 있다'고 규정하고, 같은 법 시행령(2007. 6. 29. 대통령령 제20135호로 전문 개정되기 전의 것) 제42조는 '문화관광부장관은 법 제97조의3의 규정에 의하여 저작권 등록업무에 관한 권한을 저작권심의조정위원회에 위탁한다'고 규정하고 있으므로, '저작권심의조정위원회'가 저작권 등록업무의 처분청으로서 그 등록처분에 대한 무효확인소송에서 피고적격을 가진다(대판 2009.7.9. 2007두16608). 〈14. 지방 7급〉

2. 중앙노동위원회는 위원장을 피고로 하는지 여부(긍정)

노동위원회법 제19조의2 제1항의 규정은 행정처분의 성질을 가지는 지방노동위원회의 처분에 대하여 중앙노동위원장을 상대로 행정소송을 제기할 경우의 전치요건에 관한 규정이라 할 것이므로 당사자가 지방노동위원회의 처분에 대하여 불복하기 위하여는 처분 송달일로부터 10일 이내에 중앙노동위원회에 재심을 신청하고 중앙노동위원회의 재심판정서 송달일로부터 15일 이내에 중앙노동위원장을 피고로 하여 재심판정취소의 소를 제기하여야 할 것이다(대판 1995.9.15. 95누6724). 〈20. 군무원 9급〉, 〈20. 국가 7급〉

② 위임·내부위임의 경우

원칙	㉠ 위임의 경우: 수임청에게 권한이 이전되어 수임청 명의로 처분을 하므로 수임청을 피고로 한다.
	㉡ 내부위임의 경우: 권한의 이전이 없고, 원행정청 명의로 처분을 하므로 원행정청인 위임청을 피고로 한다.
예외	㉠ 내부위임을 받았을 뿐인데 권한 없이 자기의 명의로 처분을 하는 경우: 그 처분명의자를 피고로 한다.
	㉡ 국가나 지방자치단체의 사무가 공법인에게 위임된 경우: 그 대표자가 아니라 공법인 자체가 피고가 된다(판례).

1. 내부위임의 경우 피고적격(위임청)

행정관청이 특정한 권한을 법률에 따라 다른 행정관청에 이관한 경우와 달리 내부적인 사무처리의 편의를 도모하기 위하여 그의 보조기관 또는 하급행정관청으로 하여금 그의 권한을 사실상 행하도록 하는 내부위임의 경우에는 수임관청이 그 위임된 바에 따라 위임관청의 이름으로 권한을 행사하였다면 그 처분청은 위임관청이므로, 그 처분의 취소나 무효확인을 구하는 소송의 피고는 위임관청으로 삼아야 한다(대판 1991.10.8. 91누520).

2. 내부위임을 받은 자가 권한 없이 자기의 명의로 처분한 경우의 피고적격(수임청)

내부위임이나 대리권을 수여받은 데 불과하여 원행정청명의나 대리관계를 밝히지 아니하고는 그의 명의로 처분 등을 할 권한이 없는 행정청이 권한 없이 그의 명의로 한 처분에 대하여도 처분명의자인 행정청이 피고가 되어야 한다(대판 1994.6.14. 94누1197). 〈20. 국가 7급〉

3. 공법인을 상대로 취소소송을 제기한 경우 피고적격(공법인)

사업시행자가 국가 또는 지방자치단체와 같은 행정기관이 아니고 이와는 독립하여 법률에 의하여 특수한 존립목적을 부여받아 국가의 특별감독하에 그 존립목적인 공공사무를 행하는 공법인이 관계법령에 따라 공공사업을 시행하면서 그에 따른 이주대책을 실시하는 경우에도 그 이주대책에 관한 처분은 법률상 부여받은 행정작용권한을 행사하는 것으로서 항고소송의 대상이 되는 공법상 처분이 되므로, 그 처분이 위법부당한 것이라면 사업시행자인 당해 공법인을 상대로 그 취소소송을 제기할 수 있다(대판 1994.5.24. 92다35783).

4. 위임을 받은 질병관리본부장의 거부처분에 대한 취소소송의 피고적격(질병관리본부장)

예방접종피해보상 업무에 관한 보건복지부장관의 권한은 질병관리본부장에게 위임되어 있다(제32조 제1항 제20호). 위 규정에 따르면 법령상 보상금 지급에 대한 처분 권한은, 국가사무인 예방접종피해보상에 관한 보건복지부장관의 위임을 받아 보상금 지급 여부를 결정하고, 보상금을 지급함으로써 대외적으로 보상금 지급 여부에 관한 의사를 표시할 수 있는 질병관리본부장에게 있다(대판 2019.4.3. 2017두52764).

③ 대리의 경우

원칙	권한의 이전이 없고 현명(顯名)주의❶가 적용되어 원행정청을 피고로 하여야 한다.
예외	㉠ 대리권을 수여받았음에도 불구하고 권한 없이 자기의 명의로 처분을 한 경우: 처분명의자를 피고로 한다. ㉡ 대리인 단독명의로 한 경우에도 상대방이 그 사실을 알고 있었던 경우: 피대리청을 피고로 한다(판례).

용어설명 ❶ 현명(顯名)주의: 대리행위를 할 때 피대리청인 원행정청과 대리인임을 표시하는 것(예: 장관 대리 차관)

1. 대리관계를 밝히지 않았지만 상대방이 안 경우에는 피대리청을 피고로 하는지 여부(긍정)

대리권을 수여받은 데 불과하여 그 자신의 명의로는 행정처분을 할 권한이 없는 행정청의 경우 대리관계를 밝힘이 없이 그 자신의 명의로 행정처분을 하였다면 그에 대하여는 처분명의자인 당해 행정청이 항고소송의 피고가 되어야 하는 것이 원칙이지만, 비록 대리관계를 명시적으로 밝히지는 아니하였다 하더라도 처분명의자가 피대리 행정청 산하의 행정기관으로서 실제로 피대리 행정청으로부터 대리권한을 수여받아 피대리 행정청을 대리한다는 의사로 행정처분을 하였고 처분명의자는 물론 그 상대방도 그 행정처분이 피대리 행정청을 대리하여 한 것임을 알고서 이를 받아들인 예외적인 경우에는 피대리 행정청이 피고가 되어야 한다(대결 2006.2.23. 2005부4).

2. 유료도로관리권이 한국도로공사에게 위임된 경우 공사를 피고로 하는지 여부(긍정)
고속국도법 제5조는 고속국도의 관리청을 피고 건설교통부장관(이하 '피고 장관'이라 한다)으로 규정하고 있으며, 한국도로공사법 제6조 제1항은 국가는 유료도로관리권을 피고 공사에 출자할 수 있다고 규정하고 있고, 구법 제2조 제3항은 유료도로관리권이라 함은 유료도로를 유지·관리하고 유료도로를 통행하거나 이용하는 자로부터 통행료 또는 점용료 등을 징수하는 권리를 말한다고 규정하고 있는 바, 위에서 본 사실 및 관계법령의 규정을 종합하면, 피고 공사는 국가로부터 유료도로 통행료징수권이 포함된 유료도로관리권을 출자받아 이 사건 구간의 통행료징수권을 행사할 권한을 적법하게 가지게 되었고, 이에 따라 피고 공사가 이 사건 처분을 한 것이지 피고 장관이 이 사건처분을 하였다고 볼 수 없으므로 이 사건 소 중 피고 장관을 상대로 한 부분은 부적법하고, 한편 이 사건 처분의 통지 서명의자가 피고 공사가 아닌 피고 공사의 중부지역본부장으로 되어 있지만, 피고 공사의 중부지역본부장은 한국도로공사법 제11조에 의한 피고 공사의 대리인으로서 이 사건 처분은 피고 공사의 중부지역본부장이 피고 공사를 대리하여 적법하게 행한 것이라고 할 것이다(대판 2005.6.24. 2003두6641).

④ 권한승계: 처분 등이 있은 후 그 처분에 관계되는 권한이 다른 행정청에 승계된 경우에는 이를 승계한 행정청이 피고가 된다(행소법 제13조 제1항).

근로복지공단의 고용보험료부과처분의 권한을 국민건강보험공단이 행사하게 된 경우 국민건강보험공단이 피고가 되는지 여부(긍정)
甲 지방자치단체에 대한 근로복지공단의 고용보험료부과처분에 관계되는 권한 중 적어도 보험료의 고지에 관한 업무는 국민건강보험공단이 그 명의로 고용노동부장관의 위탁을 받아서 한 것으로 보아야 하므로, 위 처분의 무효확인 및 취소소송의 피고는 국민건강보험공단이 되어야 한다(대판 2013.2.28. 2012두22904)

⑤ 다른 법률에 특별한 규정이 있는 경우: 공무원에 대한 징계 기타 불이익처분에 대한 피고는 다음과 같다.〈18. 지방 9급〉

대통령이 처분한 경우	소속장관을 피고로 한다. 〈18. 서울 9급〉
중앙선거관리위원회 위원장이 처분한 경우	사무총장을 피고로 한다(「국가공무원법」 제16조).
대법원장이 처분한 경우	법원행정처장을 피고로 한다(「법원조직법」 제70조).
국회의장이 처분한 경우	국회사무총장을 피고로 한다(「국회사무처법」 제4조 제3항).
헌법재판소장이 처분한 경우	헌법재판소 사무처장을 피고로 한다(「헌법재판소법」 제17조 제5항).

검사임용거부처분의 피고가 법무부장관인지 여부(긍정)
검찰청법 제34조에 의하면, 검사의 임명 및 보직은 법무부장관의 제청으로 대통령이 행하고, 국가공무원법 제16조에 의하면 공무원에 대한 징계·강임·휴직·직위해제·면직 기타본인의 의사

에 반한 불리한 처분 중 대통령이 행한 처분에 대한 행정소송의 피고는 소속장관으로 하고, 같은 법 제3조 제2항 제2호에 의하면 검사는 그 법의 적용을 받는 특정직 공무원에 해당하며, 행정심판법 제3조 제2항에 의하면 대통령의 처분 또는 부작위에 대하여는 다른 법률에 특별한 규정이 있는 경우를 제외하고는 행정심판을 제기할 수 없도록 규정하고 있는바, 위 규정들의 취지를 종합하여 보면, 이 사건에서와 같은 검사임용 거부처분에 대한 취소소송의 피고는 법무부장관으로 함이 상당하다(대판 1990.3.14. 90두4).

Winner's 검사임용거부처분의 피고적격 : 법무부 장관 (○), 대통령 (×)

⑥ 권한폐지: 처분이나 재결을 한 행정청이 없어진 때에는 그 처분 등의 사무가 귀속되는 국가 또는 공공단체가 피고가 된다(행소법 제13조 제2항).

⑦ 처분적 조례

원칙	조례를 제정하는 것은 지방의회이나, 대외적으로 공포할 권한이 있는 것은 지방자치단체의 장이므로 단체장을 피고로 하여야 한다.
예외	교육·학예에 관한 조례는 교육감이 공포하므로 교육감을 피고로 한다.

시·도의 교육·학예에 관한 조례에 대한 무효확인소송은 교육감을 피고로 하는지 여부(긍정)

1) 조례에 대한 무효확인소송을 제기함에 있어서 피고적격이 있는 처분 등을 행한 행정청은, 행정주체인 지방자치단체 또는 지방자치단체의 내부적 의결기관으로서 지방자치단체의 의사를 외부에 표시할 권한이 없는 지방의회가 아니라, (구) 지방자치법(1994. 3. 16. 법률 제4741호로 개정되기 전의 것) 제19조 제2항, 제92조에 의하여 지방자치단체의 집행기관으로서 조례로서의 효력을 발생시키는 공포권이 있는 지방자치단체의 장이다.

2) 구 지방교육자치에관한법률(1995. 7. 26. 법률 제4951호로 개정되기 전의 것) 제14조 제5항, 제25조에 의하면 시·도의 교육·학예에 관한 사무의 집행기관은 시·도 교육감이고 시·도 교육감에게 지방교육에 관한 조례안의 공포권이 있다고 규정되어 있으므로, 교육에 관한 조례의 무효확인소송을 제기함에 있어서는 그 집행기관인 시·도 교육감을 피고로 하여야 한다(대판 1996.9.20. 95누8003). 〈14. 지방 7급〉, 〈20. 지방 7급〉

⑧ 지방의회의 의결: 지방의회의 의원징계의결 또는 의장불신임의결은 지방의회가 내부적 의사결정을 함과 동시에 대외적으로 표시하므로 지방의회를 피고로 한다. 〈23. 국가 9급〉

지방의회의장 불신임의결은 지방의회를 피고로 하는지 여부(긍정)

지방의회의장은 의회를 대표하고 의사를 정리하며 회의장 내의 질서를 유지하고 의회의 사무를 감독하며 위원회에 출석하여 발언할 수 있는 등의 직무권한을 가지는바, 위와 같은 직무권한을 가지는 지방의회 의장에 대한 불신임의결은 의장으로서의 권한을 박탈하는 행정처분의 일종으로서 항고소송의 대상이 된다(대판 1994.10.11. 94두23). 〈20. 군무원 9급〉

Winner's 처분성이 인정되는 지방의회의 의결에 대한 취소소송의 피고적격 : 지방의회 (○), 단체장 (×)

⑨ 행정심판재결의 경우: 재결을 대상으로 하는 경우에는 그 재결을 한 행정심판위원회가 피고가 된다.

5. 피고의 경정(更正)

> 〈행정소송법〉 제14조(피고경정) ① 원고가 피고를 잘못 지정한 때에는 법원은 원고의 신청에 의하여 결정으로써 피고의 경정을 허가할 수 있다.
> ② 법원은 제1항의 규정에 의한 결정의 정본을 새로운 피고에게 송달하여야 한다.
> ③ 제1항의 규정에 의한 신청을 각하하는 결정에 대하여는 즉시항고할 수 있다.
> ④ 제1항의 규정에 의한 결정이 있은 때에는 새로운 피고에 대한 소송은 처음에 소를 제기한 때에 제기된 것으로 본다.
> ⑤ 제1항의 규정에 의한 결정이 있은 때에는 종전의 피고에 대한 소송은 취하된 것으로 본다.
> ⑥ 취소소송이 제기된 후에 제13조 제1항 단서 또는 제13조 제2항에 해당하는 사유가 생긴 때에는 법원은 당사자의 신청 또는 직권에 의하여 피고를 경정한다. 이 경우에는 제4항 및 제5항의 규정을 준용한다.

(1) 의의

취소소송의 계속 중 피고로 지정된 자를 다른 자로 변경하거나 추가하는 것을 말한다. 행정법규나 행정조직은 복잡하므로 피고를 잘못 지정하는 경우가 많으므로 소송경제와 원고의 손해를 방지하기 위하여 둔 제도이다.

(2) 경정사유와 절차(행소법 제14조)

① 원고가 피고를 잘못 지정한 경우 : 법원은 원고의 신청에 의하여 결정으로써 피고의 경정을 허가할 수 있다. 원고의 고의나 과실은 불문한다. 다만 법원은 석명권을 행사하여 피고를 경정하게 하여야 한다는 것이 판례의 태도이다.

> 1. 피고적격이 없는 세무서장을 피고로 한 경우, 법원은 피고를 경정하게 하여야 하는지 여부(긍정)
> 세무서장의 위임에 의하여 성업공사가 한 공매처분에 대하여 피고 지정을 잘못하여 피고적격이 없는 세무서장을 상대로 그 공매처분의 취소를 구하는 소송이 제기된 경우 법원으로서는 석명권을 행사하여 피고를 성업공사로 경정하게 하여 소송을 진행하여야 한다(대판 1997.2.28, 96누1757).
> 2. 피고적격 없는 보훈처장을 피고로 한 경우, 법원은 피고를 경정하게 하여야 하는지 여부(긍정)
> 갑이 서훈취소 처분을 행한 행정청(대통령)이 아니라 국가보훈처장을 상대로 제기한 위 소는 피고를 잘못 지정한 경우에 해당하므로, 법원으로서는 석명권을 행사하여 정당한 피고로 경정하게 하여 소송을 진행해야 한다(대판 2014.9.26, 2013두2518).

Winner's 원고의 잘못으로 인한 피고의 경정 : 신청(○), 직권 (×) / 경정할 수(○), 경정한다(×)

② 행정청의 권한이 승계되거나 행정청이 폐지된 경우 : 당사자의 신청 또는 법원의 직권에 의하여 피고를 경정한다.

③ 소의 변경이 있는 경우 : 당사자의 신청 또는 법원의 직권에 의하여 경정할 수 있는 것으로 해석된다.

예비적 청구만이 있는 피고의 추가경정신청이 허용될 수 있는지 여부(부정)

소위 주관적, 예비적 병합은 행정소송법 제28조 제3항과 같은 예외적 규정이 있는 경우를 제외하고는 원칙적으로 허용되지 않는 것이고, 또 행정소송법상 소의 종류의 변경에 따른 당사자(피고)의 변경은 교환적 변경에 한 한다고 봄이 상당하므로 예비적 청구만이 있는 피고의 추가경정신청은 허용되지 않는다(대결 1989.10.27. 89두1).
〈20. 국가 9급〉

(3) 경정결정과 불복절차

법원은 서면으로 결정하고, 그 정본을 새로운 피고에게 송달하여야 한다(행소법 제14조 제2항). 원고의 신청을 각하하는 결정에 대하여는 즉시항고할 수 있다(행소법 제14조 제3항).

(4) 효과

피고를 경정하는 결정이 있은 때에는 새로운 피고에 대한 소송은 처음에 소를 제기한 때에 제기된 것으로 본다(행소법 제14조 제4항). 그리고 종전의 피고에 대한 소송은 취하된 것으로 본다(동법 제14조 제5항).

6. 소송참가

〈행정소송법〉

제16조(제3자의 소송참가) ① 법원은 소송의 결과에 따라 권리 또는 이익의 침해를 받을 제3자가 있는 경우에는 당사자 또는 제3자의 신청 또는 직권에 의하여 결정으로써 그 제3자를 소송에 참가시킬 수 있다.
② 법원이 제1항의 규정에 의한 결정을 하고자 할 때에는 미리 당사자 및 제3자의 의견을 들어야 한다.
③ 제1항의 규정에 의한 신청을 한 제3자는 그 신청을 각하한 결정에 대하여 즉시항고할 수 있다.
④ 제1항의 규정에 의하여 소송에 참가한 제3자에 대하여는 민사소송법 제67조의 규정을 준용한다.

제17조(행정청의 소송참가) ① 법원은 다른 행정청을 소송에 참가시킬 필요가 있다고 인정할 때에는 당사자 또는 당해 행정청의 신청 또는 직권에 의하여 결정으로써 그 행정청을 소송에 참가시킬 수 있다.
② 법원은 제1항의 규정에 의한 결정을 하고자 할 때에는 당사자 및 당해 행정청의 의견을 들어야 한다.
③ 제1항의 규정에 의하여 소송에 참가한 행정청에 대하여는 민사소송법 제76조의 규정을 준용한다.

(1) 제3자의 소송참가

① 의의: 취소소송의 결과에 의하여 권리 또는 이익이 침해되는 제3자가 참가하는 것을 말한다(행소법 제16조).

② 인정취지: 「행정소송법」상 취소판결은 제3자에게도 미치도록 규정되어 있으므로(행소법 제29조 제1항), 제3자에게 어떠한 절차적 권리도 없이 그 결과만 감수하도록 하는 것은 부당하므로 제3자의 권익을 보호하기 위하여 인정된 제도이다.

③ 요건: ㉠ 타인 간의 소송이 계속 중이어야 하고, ㉡ 소송의 결과에 의하여 권리 또는 이익이 침해되는 제3자이어야 한다. 심급은 불문하나 적법한 소가 제기되어 있어야 하고(박균성), 단순히 사실상 이익이나 경제상의 이익이 침해된 경우는 포함되지 않는다.

1. 항만명칭결정 취소소송에 지방자치단체가 참가할 법률상 이익이 있는지 여부(부정)

행정소송법 제16조 소정의 제3자의 소송참가가 허용되기 위하여는 당해 소송의 결과에 따라 제3자의 권리 또는 이익이 침해되어야 하고, 이때의 이익은 법률상 이익을 말하며 단순한 사실상의 이익이나 경제상의 이익은 포함되지 않는데, 원고들이 참가를 구하는 제3자들은 원고들이 속한 관련 지방자치단체들로서 이 사건의 쟁점은 단순히 신설되는 항만을 어떻게 호칭하고 다른 항만과 구별하여 특정할 것인가의 문제에 불과할 뿐이고 그 항만에 부여되는 지리적 명칭에 따라 그 항만의 배후부지가 관련 자치단체의 관할구역에 편입되는 법적 효력이 생긴다거나 관련 자치단체인 참가인들이 그 지리적 명칭으로 인하여 권리관계나 법적 지위에 어떠한 영향을 받는다고 인정되지도 아니하므로 이 사건 소송의 결과에 의하여 위 제3자들의 법률상 이익이 침해된다고 할 수 없고, 따라서 원고들의 이 사건 제3자 소송참가신청은 부적법하다고 판단하였다(대판 2008.5.29. 2007두23873).

2. 공정거래위원회의 시정조치의 대상이 되는 한국항공우주산업 주식회사의 거래거절행위의 상대방은 보조참가❶를 할 수 있는지 여부(긍정)

공정거래위원회는 한국항공우주산업 주식회사(이하 '한국항공'이 라고 한다)가 독점규제 및 공정거래에 관한 법률이 금지하는 불공정거래행위 중 재항고인에 대한 거래거절행위를 하였다는 이유로, '한국항공우주연구원 발주의 다목적실용위성 입찰과 관련하여 재항고인에게 위성부분체 공급을 부당하게 거절하는 행위를 금지하는 시정조치'를 한국항공에 대하여 한 사실, 한국항공은 공정거래위원회를 상대로 위 시정조치 등의 취소를 구하는 소를 제기하였고, 그 소송 계속 중 재항고인이 공정거래위원회를 위하여 보조참가신청을 하였는데, 원심은 이를 불허하는 결정을 한 사실, 그 후 원심은 재항고인을 참가시키지 아니한 채 변론절차를 진행하여 한국항공에 대한 승소판결을 선고하였고, 이에 공정거래위원회가 상고하여 그 소송이 현재 대법원에 계속 중인 사실 등을 알 수 있다. 이러한 사실관계를 위 법리에 비추어 보면, 재항고인은 행정소송의 대상이 된 시정조치가 금지하는 거래거절행위의 상대방으로서 당해 소송의 판결에 따라 그 법률상의 지위가 결정되는 관계에 있으므로 재항고인의 이 사건 보조참가신청은 적법하다고 할 것이다(대결 2013.7.12. 2012무84).

용어설명 ❶ 보조참가 : 소송의 계속 중에 소송의 결과에 대하여 이해관계 있는 제3자가 당사자 일방의 승소를 보조하기 위하여 그 소송에 참가 하는 것

④ 제3자의 범위: 취소판결의 형성력에 의하여 영향을 받는 자(예 기존업자가 제기한 취소소송에 참가하는 신규업자)뿐만 아니라 기속력에 의해 그 권리의 침해를 받게 되는 자(예 경원자 관계에서 거부처분을 받은 자가 제기한 거부처분취소소송에 허가처분을 받은 자가 참가하는 것)를 포함한다. 〈12. 국가 9급〉

⑤ 절차: 제3자의 참가는 당사자 또는 제3자의 신청 또는 법원의 직권에 의하여 결정으로써 행한다(행소법 제16조 제1항). 법원이 참가결정을 하고자 할 때에는 미리 당사자 및 제3자의 의견을 들어야 한다(행소법 제16조 제2항).

⑥ 불복: 제3자는 그 신청을 각하한 결정에 대하여 즉시항고할 수 있다(행소법 제16조 제3항).

⑦ 제3자의 지위: 제3자가 참가한 경우에는 「민사소송법」 제67조를 준용하도록 되어 있으므로 참가인의 지위는 필요적 공동소송에 있어서 공동소송인에 준하는 것이나, 당사자로서의 독자적 청구권을 가진 것은 아니므로, 공동소송적 보조참가인❶의 지위를 가진다. 따라서 어느 정도 주된 당사자의 행위와 저촉되는 행위를 할 수 있다. 〈20. 지방 9급〉

용어설명 ❶ 공동소송적 보조참가인 : 소송의 기판력이 미치는 제3자가 참가하는 것

> **〈민사소송법〉 제67조(필수적 공동소송에 대한 특별규정)** ① 소송목적이 공동소송인 모두에게 합일적으로 확정되어야 할 공동소송의 경우에 공동소송인 가운데 한 사람의 소송행위는 모두의 이익을 위하여서만 효력을 가진다.
> ② 제1항의 공동소송에서 공동소송인 가운데 한 사람에 대한 상대방의 소송행위는 공동소송인 모두에게 효력이 미친다.
> ③ 제1항의 공동소송에서 공동소송인 가운데 한 사람에게 소송절차를 중단 또는 중지하여야 할 이유가 있는 경우 그 중단 또는 중지는 모두에게 효력이 미친다.

(2) 행정청의 소송참가

① **의의**: 법원이 다른 행정청을 소송에 참가시킬 필요가 있다고 인정할 때, 그 행정청을 소송에 참가시키는 것을 말한다(행소법 제17조). 다른 행정청은 피고인 행정청측에만 참가할 수 있다.

② **인정취지**: 행정청이 처분을 함에 있어서는 다른 행정청이 절차적으로 관여하는 경우가 많으므로 소송자료를 풍부하게 하고, 적정한 심판을 하기위하여 다른 행정청을 참가시킬 수 있게 한 것이다.

③ **요건**: ㉠ 타인 간의 소송이 계속 중이어야 하고, ㉡ 계쟁처분❶ 등과 관계있는 행정청이어야 하고, ㉢ 법원이 참가시킬 필요가 있다고 인정한 경우라야 한다. 소송의 심급은 불문한다.

> **용어설명** ❶ 계쟁처분 : 소송에서 다툼이 되고 있는 처분

④ **절차**: 법원은 다른 행정청을 소송에 참가시킬 필요가 있다고 인정할 때에는 당사자 또는 당해 행정청의 신청 또는 직권에 의하여 결정으로써 그 행정청을 소송에 참가시킬 수 있다(행소법 제17조 제1항). 참가결정을 하고자 할 때에는 당사자 및 당해 행정청의 의견을 들어야 한다.

⑤ **불복**: 법원의 결정에 대하여 행정청은 불복할 수 없다.

⑥ **행정청의 법적 지위**: 「민사소송법」상 보조참가 규정을 준용하므로 피참가인인 처분행정청의 소송행위와 저촉되는 행위를 할 수 없다. 그러나 행정청은 「민사소송법」상 당사자능력이 없으므로 「민사소송법」상 보조참가는 할 수 없고 「행정소송법」상 행정청 참가만 가능하다.

> **〈민사소송법〉 제76조(참가인의 소송행위)** ① 참가인은 소송에 관하여 공격·방어·이의·상소, 그 밖의 모든 소송행위를 할 수 있다. 다만, 참가할 때의 소송의 진행정도에 따라 할 수 없는 소송행위는 그러하지 아니하다.
> ② 참가인의 소송행위가 피참가인의 소송행위에 어긋나는 경우에는 그 참가인의 소송행위는 효력을 가지지 아니한다.

> **Winner's** 참가인의 저촉행위의 가능성 : 제3자 참가 (○), 행정청 참가 (×)

7. 공동소송

수인의 청구 또는 수인에 대한 청구가 처분등의 취소청구와 관련되는 청구인 경우에 한하여 그 수인은 공동소송인이 될 수 있다(행소법 제15조).

3 취소소송의 대상

1. 서설

(1) 개괄주의

「행정소송법」상 취소소송의 대상을 한정하고 있지 않으므로 개괄주의를 채택한 것으로 볼 수 있다. 다만, 근거법률에서 행정소송 이외의 다른 절차를 규정하고 있는 경우에는 취소소송의 대상이 될 수 없다.

> 1. 검사의 공소제기가 행정처분에 해당하는지 여부(부정)
> 1) 행정소송법 제2조 소정의 행정처분이라고 하더라도 그 처분의 근거법률에서 행정소송 이외의 다른 절차에 의하여 불복할 것을 예정하고 있는 처분은 항고소송의 대상이 될 수 없다.
> 2) 형사소송법에 의하면 검사가 공소를 제기한 사건은 기본적으로 법원의 심리대상이 되고 피의자 및 피고인은 수사의 적법성 및 공소사실에 대하여 형사소송절차를 통하여 불복할 수 있는 절차와 방법이 따로 마련되어 있으므로 검사의 공소제기가 적법절차에 의하여 정당하게 이루어진 것이냐의 여부에 관계없이 검사의 공소에 대하여는 형사소송절차에 의하여서만 이를 다툴 수 있고 행정소송의 방법으로 공소의 취소를 구할 수는 없다(대판 2000.3.28. 99두11264). 〈14. 사회복지 9급〉, 〈20. 국회 8급〉
>
> 2. 검사의 불기소결정은 항고소송을 제기할 수 있는지 여부(부정)
> 행정소송법 제2조의 처분의 개념 정의에는 해당한다고 하더라도 그 처분의 근거 법률에서 행정소송 이외의 다른 절차에 의하여 불복할 것을 예정하고 있는 처분은 항고소송의 대상이 될 수 없다. 검사의 불기소결정에 대해서는 검찰청법에 의한 항고와 재항고, 형사소송법에 의한 재정신청에 의해서만 불복할 수 있는 것이므로, 이에 대해서는 행정소송법상 항고소송을 제기할 수 없다(대판 2018.9.28. 2017두47465). 〈19. 국가 9급〉, 〈19. 지방 9급〉
>
> 3. 검찰총장의 검사에 대한 '경고조치'(처분)
> 검사에 대한 경고조치 관련 규정을 위 법리에 비추어 살펴보면, 검찰총장이 사무검사 및 사건평정을 기초로 대검찰청 자체감사규정 제23조 제3항, 검찰공무원의 범죄 및 비위 처리지침 제4조 제2항 제2호 등에 근거하여 검사에 대하여 하는 '경고조치'는 일정한 서식에 따라 검사에게 개별 통지를 하고 이의신청을 할 수 있으며, 검사가 검찰총장의 경고를 받으면 1년 이상 감찰관리 대상자로 선정되어 특별관리를 받을 수 있고, 경고를 받은 사실이 인사자료로 활용되어 복무평정, 직무성과금 지급, 승진·전보인사에서도 불이익을 받게 될 가능성이 높아지며, 향후 다른 징계사유로 징계처분을 받게 될 경우에 징계양정에서 불이익을 받게 될 가능성이 높아지므로, 검사의 권리 의무에 영향을 미치는 행위로서 항고소송의 대상이 되는 처분이라고 보아야 한다(대판 2021.2.10. 2020두47564).

Winner's 검사의 기소, 불기소결정에 대한 불복 : 형사소송 절차 (○), 행정소송 절차 (×)

(2) 「행정소송법」 규정내용

「행정소송법」은 취소소송의 대상을 '처분 등'이라고 규정하고 있다(행소법 제19조). '처분 등'이란 '행정청이 행하는 구체적 사실에 관한 법집행으로서의 공권력의 행사 또는 그 거부와 그 밖에 이에 준하는 행정작용 및 행정심판에 대한 재결'이라고 명시되어 있다(행소법 제2조 제1항). 따라서 취소소송의 대상은 '처분'과 '재결'이 된다.

> **〈행정소송법〉**
> **제2조(정의)** ① 이 법에서 사용하는 용어의 정의는 다음과 같다.
> 1. '처분 등'이라 함은 행정청이 행하는 구체적 사실에 관한 법집행으로서의 공권력의 행사 또는 그 거부와 그 밖에 이에 준하는 행정작용(이하 '처분'이라 한다) 및 행정심판에 대한 재결을 말한다.
> **제19조(취소소송의 대상)** 취소소송은 처분 등을 대상으로 한다. 다만, 재결취소소송의 경우에는 재결 자체에 고유한 위법이 있음을 이유로 하는 경우에 한한다.

(3) 구체적 검토

'처분'의 개념에 대해서는 실체법적 개념설과 쟁송법적 개념설(다수설·판례)이 대립한다. 쟁송법적 개념설에 따르면 처분의 개념을 넓게 파악하여 행정행위와 이에 준하는 작용으로 본다. 행정행위를 거부하는 것도 행정행위의 일종으로 파악된다. 결과적으로 「행정소송법」상 '처분 등'에는 ① 행정행위 ② 거부행위 ③ 기타 준하는 작용 ④ 재결이 포함된다.

처분에 해당하는지가 불분명한 경우 규범적으로 판단할 수 있는지 여부(긍정)

행정청의 행위가 항고소송의 대상이 될 수 있는지는 추상적·일반적으로 결정할 수 없고, 구체적인 경우에 관련 법령의 내용과 취지, 그 행위의 주체·내용·형식·절차, 그 행위와 상대방 등 이해관계인이 입는 불이익 사이의 실질적 견련성, 법치행정의 원리와 그 행위에 관련된 행정청이나 이해관계인의 태도 등을 고려하여 개별적으로 결정하여야 한다. 어떠한 처분에 법령상 근거가 있는지, 행정절차법에서 정한 처분절차를 준수하였는지는 본안에서 당해 처분이 적법한가를 판단하는 단계에서 고려할 요소이지, 소송요건 심사단계에서 고려할 요소가 아니다. 행정청의 행위가 '처분'에 해당하는지가 불분명한 경우에는 그에 대한 불복방법 선택에 중대한 이해관계를 가지는 상대방의 인식가능성과 예측가능성을 중요하게 고려하여 규범적으로 판단하여야 한다(대판 2020.4.9. 2019두61137). 〈23. 소방〉

2. 행정행위

(1) 행정청의 행위

'행정청'이란 행정주체를 위해 의사를 결정하고 이를 대외적으로 표시하는 행정기관으로서 기능적 의미로 파악된다. 따라서 공무수탁사인의 행위도 포함될 수 있다.

> **〈행정소송법〉 제2조(정의)** ② 이 법을 적용함에 있어서 행정청에는 법령에 의하여 행정권한의 위임 또는 위탁을 받은 행정기관, 공공단체 및 그 기관 또는 사인이 포함된다.

1. 지방의회의 의원징계의결의 처분성(긍정)

지방자치법 제78조 내지 제81조의 규정에 의거한 지방의회의 의원징계의결은 그로 인해 의원의 권리에 직접 법률효과를 미치는 행정처분의 일종으로서 행정소송의 대상이 되고, 그와 같은 의원징계의결의 당부를 다투는 소송의 관할법원에 관하여는 동법에 특별한 규정이 없으므로 일반법인 행정소송법의 규정에 따라 지방의회의 소재지를 관할하는 고등법원이 그 소송의 제1심 관할법원이 된다(대판 1993.11.26. 93누7341).

2. 지방의회의 의장선거의 처분성(긍정)

지방의회의 의장은 지방자치법 제43조, 제44조의 규정에 의하여 의회를 대표하고 의사를 정리하며, 회의장 내의 질서를 유지하고 의회의 사무를 감독할 뿐만 아니라 위원회에 출석하여 발언할 수 있는 등의 직무권한을 가지는 것이므로, 지방의회의 의사를 결정·공표하여 그 당선자에게 이와 같은 의장으로서의 직무권한을 부여하는 지방의회의 의장선거는 행정처분의 일종으로서 항고소송의 대상이 된다(대판 1995.1.12. 94누2602).

(2) 구체적 사실에 관한 법집행

'구체적 사실에 관한 법집행'이란 특정 개인에게 권리나 의무를 직접 부여하는 것을 말한다. 다만, 불특정 다수인에게 법적 효과를 구체적으로 부여하는 '일반처분'은 예외적으로 포함된다. 그러나 일반적·추상적으로 영향을 미치는 '행정입법'은 처분적 성질을 가지는 경우가 아닌 한 포함될 수 없다.

1. 조세과오납금환급결정의 처분성(부정)

국세기본법 제51조 및 제52조 국세환급금 및 국세가산금결정에 관한 규정은 이미 납세의무자의 환급청구권이 확정된 국세환급금 및 가산금에 대하여 내부적 사무처리절차로서 과세관청의 환급절차를 규정한 것에 지나지 않고 그 규정에 의한 국세환급금(가산금포함)결정에 의하여 비로소 환급청구권이 확정되는 것은 아니므로, 국세환급금결정이나 이 결정을 구하는 신청에 대한 환급 거부결정 등은 납세의무자가 갖는 환급청구권의 존부나 범위에 구체적이고 직접적인 영향을 미치는 처분이 아니어서 항고소송의 대상이 되는 처분이라고 볼 수 없다(대판 1989.6.15. 88누6436). 〈20. 국가 7급〉

2. 공무원연금관리공단의 퇴직급여결정의 처분성(긍정)

구 공무원연금법(1995. 12. 29. 법률 제5117호로 개정되기 전의 것) 제26조 제1항, 제80조 제1항, 공무원연금법 시행령 제19조의2의 각 규정을 종합하면, 같은 법 소정의 급여는 급여를 받을 권리를 가진 자가 당해 공무원이 소속하였던 기관장의 확인을 얻어 신청하는 바에 따라 공무원연금관리공단이 그 지급결정을 함으로써 그 구체적인 권리가 발생하는 것이므로, 공무원연금관리공단의 급여에 관한 결정은 국민의 권리에 직접 영향을 미치는 것이어서 행정처분에 해당하고, 공무원연금관리공단의 급여결정에 불복하는 자는 공무원연금급여재심위원회의 심사결정을 거쳐 공무원연금 관리공단의 급여결정을 대상으로 행정소송을 제기하여야 한다(대판 1996.12.6. 96누6417).

3. 퇴직연금의 일부 지급정지 통보행위의 처분성(부정)

공무원연금관리공단의 인정에 의하여 퇴직연금을 지급받아 오던 중 공무원연금 법령의 개정 등으로 퇴직연금 중 일부 금액의 지급이 정지된 경우에는 당연히 개정된 법령에 따라 퇴직연금이 확정되는 것이지 구 공무원연금법(2000. 12. 30. 법률 제6328호로 개정되기 전의 것) 제26조 제1항에 정해진 공무원연금관리공단의 퇴직연금결정과 통지에 의하여 비로소 그 금액이 확정되는 것이 아니므로, 공무원연금관리공단이 퇴직연금 중 일부 금액에 대하여 지급 거부의 의사표시를 하였다고 하더라도 그 의사표시는 퇴직연금청구권을 형성·확정하는 행정처분이 아니라 공법상의 법률관계의 한 쪽 당사자로서 그 지급의무의 존부 및 범위에 관하여 나름대로의 사실상·법률상 의견을 밝힌 것에 불과하다고 할 것이어서 이를 행정처분이라고 볼 수는 없고, 그리고 이러한 미지급 퇴직연금에 대한 지급청구권은 공법상 권리로서 그 지급을 구하는 소송은 공법상의 법률관계에 관한 소송인 공법상 당사자소송에 해당한다(대판 2004.12.24. 2003두15195). 〈14. 국회 8급〉

> **Winner's** 미지급 퇴직연금에 대한 지급청구권의 발생 근거 : 관계법령 (○), 연금결정 (×)

4. 금융감독원장의 임원에 대한 문책경고의 처분성(긍정)

금융기관의 임원에 대한 금융감독원장의 문책경고는 그 상대방에 대한 직업선택의 자유를 직접 제한하는 효과를 발생하게 하는 등 상대방의 권리의무에 직접 영향을 미치는 행위로서 항고소송의 대상이 되는 행정처분에 해당한다(대판 2005.2.17. 2003두14765). 〈14. 국회 8급〉, 〈18. 지방 9급〉

5. 금융감독원장의 전 대표이사에 대한 문책경고장(상당)의 처분성(부정)

이 사건 서면 통보행위는 어떠한 법적 근거에 기하여 발하여진 것이 아니고, 단지 종합금융회사의 업무와 재산상황에 대한 일반적인 검사권한을 가진 피고가 소외 주식회사에 대하여 검사를 실시한 결과, 원고가 소외 주식회사의 대표이사로 근무할 당시 행한 것으로 인정된 위법·부당행위 사례에 관한 단순한 사실의 통지에 불과한 것으로서, … 위 통보행위로 인하여 이미 소외 주식회사로부터 퇴직한 후의 원고의 권리의무에 직접적 변동을 초래하는 하등의 법률상의 효과가 발생하거나 그러한 법적 불안이 존재한다고 할 수 없으므로, 이 사건 서면통보행위는 항고소송의 대상이 되는 행정처분에 해당하지 않는다(대판 2005.2.17. 2003두10312).

6. 이행강제금 납부의 최초 독촉의 처분성(긍정)

이행강제금 납부의 최초 독촉은 징수처분으로서 항고소송의 대상이 되는 행정처분이 될 수 있다(대판 2009.12.24. 2009두14507). 〈13. 국가 7급〉

7. 친일반민족행위자재산조사위원회의 재산조사개시결정의 처분성(긍정)

조사대상자는 위 위원회의 보전처분신청을 통하여 재산권행사에 실질적인 제한을 받게 되고, 위 위원회의 자료제출요구나 출석요구 등의 조사행위에 응하여야 하는 법적 의무를 부담하게 되는 점 … 등을 종합하면, 친일반민족행위자재산조사위원회의 재산조사개시결정은 조사대상자의 권리·의무에 직접 영향을 미치는 독립한 행정처분으로서 항고소송의 대상이 된다고 봄이 상당하다(대판 2009.10.15. 2009두6513).

8. 부당공동행위 자진신고자에 대한 감면불인정통지의 처분성(긍정)

부당한 공동행위 자진신고자 등에 대한 시정조치 또는 과징금 감면 신청인이 고시 제11조 제1항에 따라 자진신고자 등 지위확인을 받는 경우에는 시정조치 및 과징금 감경 또는 면제, 형사고발 면제 등의 법률상 이익을 누리게 되지만, 그 지위확인을 받지 못하고 고시 제14조 제1항에 따라 감면불인정 통지를 받는 경우에는 위와 같은 법률상 이익을 누릴 수 없게 되므로, … 부당한 공동행위 자진신고자 등의 시정조치 또는 과징금 감면신청에 대한 감면불인정통지는 항고소송의 대상이 되는 행정처분에 해당한다고 보아야 한다(대판 2012.9.27. 2010두3541). 〈14. 국가 9급〉

9. 혁신도시 최종 입지선정행위의 처분성(부정)

법과 법 시행령 및 이 사건 지침에는 공공기관의 지방이전을 위한 정부 등의 조치와 공공기관이 이전할 혁신도시입지선정을 위한 사항 등을 규정하고 있을 뿐 혁신도시 입지후보지에 관련된 지역주민 등의 권리의무에 직접 영향을 미치는 규정을 두고 있지 않으므로, 피고가 원주시를 혁신도시 최종입지로 선정한 행위는 항고소송의 대상이 되는 행정처분으로 볼 수 없다(대판 2007.11.15. 2007두10198). 〈10. 국가 9급〉, 〈12. 지방 9급〉, 〈19. 서울 9급〉

10. 지방자치단체 장의 건축협의 취소행위의 처분성(긍정)

구 건축법(2011. 5. 30. 법률 제10755호로 개정되기 전의 것) 제29조 제1항·제2항, 제11조 제1항 등의 규정 내용에 의하면, 건축협의의 실질은 지방자치단체 등에 대한 건축허가와 다르지 않으므로, 지방자치단체 등이 건축물을 건축하려는 경우 등에는 미리 건축물의 소재지를 관할하는 허가권자인 지방자치단체의 장과 건축협의를 하지 않으면, 지방자치단체라 하더라도 건축물을 건축할 수 없다. 그리고 구 지방자치법 등 관련 법령을 살펴보아도 지방자치단체의 장이 다른 지방자치단체를 상대로 한 건축협의 취소에 관하여 다툼이 있는 경우에 법적 분쟁을 실효적으로 해결할 구제수단을 찾기도 어렵다. 따라서 건축협의 취소는 상대방이 다른 지방자치단체 등 행정주체라 하더라도 '행정청이 행하는 구체적 사실에 관한 법집행으로서의 공권력 행사'(행정소송법 제2조 제1항 제1호)로서 처분에 해당한다고 볼 수 있고, 지방자치단체인 원고가 이를 다툴 실효적 해결 수단이 없는 이상, 원고는 건축물 소재지 관할 허가권자인 지방자치단체의 장을 상대로 항고소송을 통해 건축협의 취소의 취소를 구할 수 있다(대판 2014.2.27. 2012두22980). 〈17. 지방 9급(12월)〉

Winner's 지방자치단체 장의 건축협의 : 행정처분 (○), 공법상 계약 (×)

11. 국가인권위원회의 진정에 대한 각하 및 기각결정의 처분성(긍정)

청구인은 ○○교도소에 수용 중인 사람이다. 청구인은 교정공무원들의 부당한 대우에 관하여 국가인권위원회에 진정을 제기하였으나 각하되었다는 이유로 헌법소원심판을 청구하였다. 헌법소원은 다른 법률에 구제절차가 있는 경우 그 절차를 모두 거친 후에 심판청구를 하여야 한다(헌법재판소법 제68조 제1항 단서). 진정에 대한 피청구인의 기각결정은 법률상 신청권이 있는 진정인의 권리행사에 중대한 지장을 초래하는 것으로서 항고소송의 대상이 되는 행정처분에 해당하므로, 그에 대한 다툼은 우선 행정심판이나 행정소송에 따라 구제되어야 한다(헌재 2015.3.26. 2013헌마214등 참조). 그런데 기록상 청구인이 이러한 구제절차를 거친 사실이 인정되지 않으므로 이 사건 심판청구는 헌법재판소법 제68조 제1항 단서가 정한 보충성 요건을 갖추지 못하였다(헌재 2018.5.29. 2018헌마443). 〈17. 국회 8급〉, 〈19. 국가 9급〉

12. 민원사무처리법상 사전심사결과 통보의 처분성(부정)

행정청은 사전심사결과 불가능하다고 통보하였더라도 사전심사결과에 구애되지 않고 민원사항을 처리할 수 있으므로 불가능하다는 통보가 민원인의 권리의무에 직접적 영향을 미친다고 볼 수 없고, 통보로 인하여 민원인에게 어떠한 법적 불이익이 발생할 가능성도 없는 점 등 여러 사정을 종합해 보면, 구 민원사무처리법이 규정하는 사전심사결과 통보는 항고소송의 대상이 되는 행정처분에 해당하지 아니한다(대판 2014.4.24. 2013두7834). 〈19. 지방 9급〉

13. 진실·화해를 위한 과거사정리위원회의 진실규명결정의 처분성(긍정)

진실·화해를 위한 과거사정리 기본법(이하 '법'이라 한다)과 구 과거사 관련 권고사항 처리에 관한 규정(2010. 2. 24. 대통령령 제22055호 과거사 관련 권고사항 처리 등에 관한 규정으로 개정되기 전의 것)의 목적, 내용 및 취지를 바탕으로, 피해자 등에게 명문으로 진실규명 신청권, 진실규명결정 통지 수령권 및 진실규명결정에 대한 이의신청권 등이 부여된 점, 진실규명결정이 이루어지면 그 결정에서 규명된 진실에 따라 국가가 피해자 등에 대하여 피해 및 명예회복 조치를 취할 법률상 의무를 부담하게 되는 점, 진실·화해를 위한 과거사정리위원회가 위와 같은 법률상 의무를 부담하는 국가에 대하여 피해자 등의 피해 및 명예 회복을 위한 조치로 권고한 사항에 대한 이행의 실효성이 법적·제도적으로 확보되고 있는 점 등 여러 사정을 종합하여 보면, 법이 규정하는 진실규명결정은 국민의 권리의무에 직접적으로 영향을 미치는 행위로서 항고소송의 대상이 되는 행정처분이라고 보는 것이 타당하다(대판 2013.1.16. 2010두22856). 〈15. 지방 9급〉

14. 원천징수의무자에 대한 소득금액변동통지의 처분성(긍정)

과세관청의 소득처분과 그에 따른 소득금액변동통지가 있는 경우 원천징수의무자인 법인은 소득금액변동통지서를 받은 날에 그 통지서에 기재된 소득의 귀속자에게 당해 소득금액을 지급한 것으로 의제되어 그 때 원천징수하는 소득세의 납세의무가 성립함과 동시에 확정되고, 원천징수의무자인 법인으로서는 소득금액변동통지서에 기재된 소득처분의 내용에 따라 원천징수세액을 그 다음달 10일까지 관할 세무서장 등에게 납부하여야 할 의무를 부담하며, 만일 이를 이행하지 아니하는 경우에는 가산세의 제재를 받게 됨은 물론이고 형사처벌까지 받도록 규정되어 있는 점에 비추어 보면, 소득금액변동통지는 원천징수의무자인 법인의 납세의무에 직접 영향을 미치는 과세관청의 행위로서, 항고소송의 대상이 되는 조세행정처분이라고 봄이 상당하다(대판 2006.4.20. 2002두1878). 〈20. 국회 8급〉

15. 소득의 귀속자에 대한 소득금액변동통지의 처분성(부정)

구 소득세법 시행령(2008. 2. 22. 대통령령 제20618호로 개정되기 전의 것) 제192조 제1항 단서에 따른 소득의 귀속자에 대한 소득금액변동통지는 원천납세의무자인 소득 귀속자의 법률상 지위에 직접적인 법률적 변동을 가져오는 것이 아니므로, 항고소송의 대상이 되는 행정처분이라고 볼 수 없다(대판 2015.3.26. 2013두9267). 〈17. 서울 7급〉, 〈17. 국회 8급〉

Winner's 소득금액변동통지의 처분성이 인정 여부 : 원천징수의무자 (○), 원천납세의무자 (×)

16. 방산물자 지정취소의 처분성(긍정)

방산물자 지정이 취소되는 경우 당해 물자에 대한 방산업체지정도 취소될 수밖에 없다고 보아야 한다. 그렇게 되면 방위사업법에서 규정하는 방산물자 등에 대한 수출지원(제44조)을 받을 수 없을 뿐 아니라 방산업체로서 방위사업법에 따라 누릴 수 있는 각종 지원과 혜택을 상실하게 되므로, … 행정처분에 해당한다(대판 2009.12.24. 2009두12853).

17. 청소년유해매체물결정의 처분성(긍정)

이 사건 결정은 피고(정보통신윤리위원회) 명의로 외부에 표시되고 이의가 있는 때에는 피고에게 결정취소를 구하도록 통보하고 있어 객관적으로 이를 행정처분으로 인식할 정도의 외형을 갖추고 있는 점, 피고의 결정에 이은 고시 요청에 기하여 청소년보호위원회는 실질적 심사 없이 청소년유해매체물로 고시하여야 하고 이에 따라 당해 매체물에 관하여 구 청소년보호법상의 각종 의무가 발생하는 점, 피고는 이 사건 결정을 취소함으로써 구 청소년보호법상의 각종 의무를 소멸시킬 수 있는 권한도 보유하고 있는 점 등 관련 법령의 내용 및 취지와 사실관계에 비추어 볼 때, 피고의 이 사건 결정은 항고소송의 대상이 되는 행정처분에 해당한다고 봄이 상당하다(대판 2007.6.14. 2005두4397). 〈11. 지방 9급〉

18. 도지사의 지방의료원 폐업결정의 처분성(긍정)

갑 도지사가 도에서 설치·운영하는 을 지방의료원을 폐업하겠다는 결정을 발표하고 그에 따라 폐업을 위한 일련의 조치가 이루어진 후 을 지방의료원을 해산한다는 내용의 조례를 공포하고

을 지방의료원의 청산절차가 마쳐진 사안에서, **지방의료원의 설립·통합·해산은 지방자치단체의 조례로 결정할 사항**이므로, 도가 설치·운영하는 을 지방의료원의 폐업·해산은 도의 조례로 결정할 사항인 점 등을 종합하면, **갑 도지사의 폐업결정**은 행정청이 행하는 구체적 사실에 관한 법집행으로서의 공권력 행사로서 **입원환자들과 소속 직원들의 권리·의무에 직접 영향을 미치는 것이므로 항고소송의 대상에 해당한다**(대판 2016.8.30. 2015두60617). 〈23. 소방〉

19. 회원모집계획을 승인하는 시·도지사 등의 검토결과 통보의 처분성(긍정)

체육시설의 회원을 모집하고자 하는 자는 시·도지사 등으로부터 회원모집계획서에 대한 검토결과 통보를 받은 후에 회원을 모집할 수 있다고 보아야 하고, 따라서 **회원모집계획서 제출은 수리를 요하는 신고에서의 신고에 해당하며, 시·도지사 등의 검토결과 통보는 수리행위로서 행정처분에 해당한다**(대판 2009.2.26. 2006두16243). 〈20. 국가 7급〉

20. 상표권 말소등록 행위의 처분성(부정)

상표원부에 상표권자인 법인에 대한 **청산종결등기**가 되었음을 이유로 상표권의 말소등록이 이루어졌다고 해도 이는 **상표권이 소멸하였음을 확인하는 사실적·확인적 행위**에 지나지 않고, 말소등록으로 비로소 상표권 소멸의 효력이 발생하는 것이 아니어서, **상표권의 말소등록은 국민의 권리의무에 직접적으로 영향을 미치는 행위라고 할 수 없다**(대판 2015.10.29. 2014두2362). 〈16. 국회 8급〉, 〈20. 지방 9급〉

21. 우선협상대상자 선정행위와 지위배제행위의 처분성(긍정)

공유재산 및 물품관리법(이하 '공유재산법'이라 한다) 제2조 제1호, 제7조 제1항, 제20조 제1항, 제2항 제2호의 내용과 체계에 관련 법리를 종합하면, 지방자치단체의 장이 공유재산법에 근거하여 기부채납 및 사용·수익허가 방식으로 민간투자사업을 추진하는 과정에서 **사업시행자를 지정하기 위한 전 단계에서 공모제안을 받아 일정한 심사를 거쳐 우선협상대상자를 선정하는 행위와 이미 선정된 우선협상대상자를 그 지위에서 배제하는 행위**는 민간투자사업의 세부내용에 관한 협상을 거쳐 공유재산법에 따른 공유재산의 사용·수익허가를 우선적으로 부여받을 수 있는 지위를 설정하거나 또는 이미 설정한 지위를 박탈하는 조치이므로 모두 **항고소송의 대상이 되는 행정처분으로 보아야 한다**(대판 2020.4.29. 2017두31064). 〈22. 국가 9급〉, 〈24. 국가 9급〉

22. 총포·화약안전기술협회의 회비납부통지의 처분성(긍정)

공법인인 협회가 자신의 공행정활동에 필요한 재원을 마련하기 위하여 회비납부의무자에 대하여 한 '회비납부통지'는 납부의무자의 구체적인 부담금액을 산정·고지하는 '**부담금 부과처분**'으로서 **항고소송의 대상이 된다**(대판 2021.12.30. 2018다241458). 〈23. 소방〉

Winner's 처분성 인정 여부

긍정	부정
① 공무원연금관리공단의 퇴직급여결정	① 조세과오납금환급결정 ② 퇴직연금 일부 지급정지 통보
② 금융감독원장의 임원에 대한 문책경고	③ 금융감독원장의 전 대표이사에 대한 문책경고장(상당)
③ 원천징수의무자에 대한 소득금액변동통지	④ 소득의 귀속자에 대한 소득금액변동통지
④ 이행강제금 납부의 최초 독촉 ⑤ 친일반민족행위자재산조사위원회의 재산조사개시결정 ⑥ 진실·화해를 위한 과거사정리위원회의 진실규명결정 ⑦ 지방자치단체 장의 건축협의 취소행위 ⑧ 국가인권위원회의 진정에 대한 각하 및 기각결정 ⑨ 부당공동행위 자진신고자에 대한 감면불인정통지 ⑩ 방산물자 지정취소 ⑪ 청소년유해매체물결정 ⑫ 지방의료원 폐업결정 ⑬ 회원모집계획서 검토결과 통보 ⑭ 우선협상대상자 선정행위와 지위배제행위	⑤ 혁신도시 최종 입지선정행위 ⑥ 민원사무처리법상 사전심사결과 통보 ⑦ 상표권 말소등록 행위

(3) 공권력의 행사

'공권력의 행사'란 행정청이 우월적 지위에서 일방적으로 명령·강제하는 일체의 작용을 의미한다. 다만, 준법률행위적 행정행위 중에서 '공증'의 처분성 인정 여부에 관하여 학설이 대립하지만 긍정하는 것이 다수설이다. 그러나 대등한 관계에서 이루어지는 '공법상 계약'은 제외된다.

1. '접견내용 녹음·녹화 및 접견 시 교도관 참여대상자' 지정행위의 처분성(긍정)

① 피고가 위와 같은 지정행위를 함으로써 원고의 접견 시마다 사생활의 비밀 등 권리에 제한을 가하는 교도관의 참여, 접견내용의 청취·기록·녹음·녹화가 이루어졌으므로 이는 피고가 그 우월적 지위에서 수형자인 원고에게 일방적으로 강제하는 성격을 가진 공권력적 사실행위의 성격을 갖고 있는 점, ② 위 지정행위는 그 효과가 일회적인 것이 아니라 이 사건 제1심판결이 선고된 이후인 2013. 2. 13. 까지 오랜 기간 동안 지속되어 왔으며, 원고로 하여금 이를 수인할 것을 강제하는 성격도 아울러 가지고 있는 점, ③ 위와 같이 계속성을 갖는 공권력적 사실행위를 취소할 경우 장래에 이루어질지도 모르는 기본권의 침해로부터 수형자들의 기본적 권리를 구제할 실익이 있는 것으로 보이는 점 등을 종합하면, 위와 같은 지정행위는 수형자의 구체적 권리의무에 직접적 변동을 초래하는 행정청의 공법상 행위로서 항고소송의 대상이 되는 '처분'에 해당한다고 판단하였다(대판 2014.2.13. 2013두20899). 〈16. 국가 9급〉, 〈20. 지방 9급〉

2. 귀속재산 매각의 처분성(긍정)

행정관청이 국유재산을 매각하는 것은 사법상의 매매계약일 수도 있으나 귀속재산처리법에 의하여 귀속재산을 매각하는 것은 행정처분이지 사법상의 매매가 아니다(대판 1991.6.25. 91다10435). 〈17. 국가 7급(10월)〉

Winner's 귀속재산의 매각 : 행정처분 (○), 사법상 계약 (×)

3. 낙찰자결정의 처분성(부정)

지방자치단체가 당사자가 되는 계약의 체결은 계약서의 작성을 성립요건으로 하는 요식행위로 정하고 있으므로, 이 경우 낙찰자의 결정으로 바로 계약이 성립된다고 볼 수는 없어 낙찰자는 지방자치단체에 대하여 계약을 체결하여 줄 것을 청구할 수 있는 권리를 갖는 데 그치고, 이러한 점에서 위 법률에 따른 낙찰자 결정의 법적 성질은 입찰과 낙찰행위가 있은 후에 더 나아가 본계약을 따로 체결한다는 취지로서 계약의 편무예약에 해당한다(대판 2006.6.29. 2005다41603). 〈11. 국가 7급〉, 〈19. 서울 9급〉

4. 한국수력원자력주식회사의 입찰참가자격제한조치의 처분성(긍정)

공공기관운영법 제39조 제2항과 그 하위법령에 따른 입찰참가자격제한 조치는 '구체적 사실에 관한 법집행으로서의 공권력의 행사'로서 행정처분에 해당한다. 공공기관운영법은 공공기관을 공기업, 준정부기관, 기타공공기관으로 구분하고(제5조), 그중에서 공기업, 준정부기관에 대해서는 입찰참가자격제한처분을 할 수 있는 권한을 부여하였다(대판 2020.5.28. 2017두66541). 〈23. 소방〉

(4) 반복된 행위

적극적 처분	행정실무상 적극적 처분이 반복되는 경우에 법적인 효과는 최초의 처분에 의하여 발생되는 것이므로 최초의 처분을 대상으로 한다.
소극적 처분	거부처분이 반복된 경우에는 각 처분은 독립적인 것이므로 각각의 처분이 대상이 될 수 있다.

1. 제2차·제3차의 계고처분의 처분성 인정 여부(부정)

행정대집행법상의 건물철거의무는 제1차 철거명령 및 계고처분으로서 발생하였고 제2차·제3차의 계고처분은 새로운 철거의무를 부과한 것이 아니고, 다만 대집행기한의 연기통지에 불과하므로 행정처분이 아니다(대판 1994.10.28. 94누5144). 〈23. 국가 9급〉

2. 최초의 독촉만 처분인지 여부(긍정)

보험자 또는 보험자단체가 부당이득금 또는 가산금의 납부를 독촉한 후 다시 동일한 내용의 독촉을 하는 경우 최초의 독촉만이 징수처분으로서 항고소송의 대상이 되는 행정처분이 되고 그 후에 한 동일한 내용의 독촉은 체납처분의 전제요건인 징수처분으로서 소멸시효 중단사유가 되는 독촉이 아니라 민법상의 단순한 최고에 불과하여 국민의 권리의무나 법률상의 지위에 직접적으로 영향을 미치는 것이 아니므로 항고소송의 대상이 되는 행정처분이라 할 수 없다(대판 1999.7.13. 97누119). 〈25. 소방〉

3. 새로운 신청에 대하여 다시 거부한 것의 처분성 인정 여부(긍정)

거부처분은 관할 행정청이 국민의 처분신청에 대하여 거절의 의사표시를 함으로써 성립되고, 그 이후 동일한 내용의 새로운 신청에 대하여 다시 거절의 의사표시를 한 경우에는 새로운 거부처분이 있는 것으로 보아야 할 것이다(대판 2002.3.29. 2000두6084).

(5) 경정처분

학설	흡수설	당초 처분❶이 경정처분❷에 흡수되어 경정처분이 대상이 된다는 견해이다.
	역흡수설	경정처분이 당초 처분에 흡수되어 당초 처분을 대상으로 한다는 견해이다.
	병존설	모두 독립한 처분으로서 별개의 소송의 대상이 된다는 견해이다.
판례	증액처분	당초 처분이 동일성을 상실하므로 경정처분을 대상으로 한다.

감액처분	① 당초 처분을 일부 취소한 것이므로 감액되고 남은 당초 처분을 대상으로 한다. ② 감액된 부분 자체에 대한 취소청구는 이미 소멸한 부분에 대한 것이어서 소의 이익이 없다.

용어설명 ❶ 당초 처분 : 처음에 발동한 처분
❷ 경정(更正)처분 : 본래의 처분 내용을 변경한 처분

1. 과세처분이 증액된 경우 증액된 처분을 대상으로 하는지 여부(긍정)

증액경정처분은 당초 처분과 증액되는 부분을 포함하여 전체로서 하나의 과세표준과 세액을 다시 결정하는 것이어서 당초 처분은 증액경정처분에 흡수되어 독립된 존재가치를 상실하고 오직 증액경정처분만이 쟁송의 대상이 되어 납세의무자로서는 증액된 부분만이 아니라 당초 처분에서 확정된 과세표준과 세액에 대하여도 그 위법 여부를 다툴 수 있는 것이지만, 증액경정처분이 제척기간 도과 후에 이루어진 경우에는 증액부분만이 무효로 되고 제척기간 도과 전에 있었던 당초 처분은 유효한 것이므로, 납세의무자로서는 그와 같은 증액경정처분이 있었다는 이유만으로 당초 처분에 의하여 이미 확정되었던 부분에 대하여 다시 위법 여부를 다툴 수는 없다(대판 2004.2.13. 2002두9971).

2. 과세처분이 감액된 경우 경정처분이 대상이 되는지 여부(부정)

과세관청이 과세처분을 한 뒤에 과세표준과 세액에 오류 또는 탈루가 있음을 발견하여 이를 경정하는 처분을 한 경우에 그것이 감액경정인 때에는 처음의 과세처분에서 결정된 과세표준과 세액의 일부를 취소하는 데에 지나지 않으므로 처음의 과세처분이 감액된 범위 내에서 존속하게 되고 이 처분만이 쟁송의 대상이 되며 경정처분 자체는 쟁송의 대상이 될 수 없다(대판 1984.12.11. 84누225).

3. 감액된 부분에 대한 취소를 구할 소의 이익이 있는지 여부(부정)

과징금 부과처분에 있어 행정청이 납부의무자에 대하여 부과처분을 한 후 그 부과처분의 하자를 이유로 과징금의 액수를 감액하는 경우에 그 감액처분은 감액된 과징금 부분에 관하여만 법적 효과가 미치는 것으로서 당초 부과처분과 별개 독립의 과징금 부과처분이 아니라 그 실질은 당초 부과처분의 변경이고, 그에 의하여 과징금의 일부 취소라는 납부의무자에게 유리한 결과를 가져오는 처분이므로 당초 부과처분이 전부 실효되는 것은 아니다. 따라서 그 감액처분에 의하여 감액된 부분에 대한 부과처분 취소청구는 이미 소멸하고 없는 부분에 대한 것으로서 그 소의 이익이 없어 부적법하다고 할 것이다(대판 2008.2.15. 2006두4226). 〈17. 지방 7급〉

4. 제재처분이 유리하게 변경된 경우 취소의 대상(당초 처분)

행정청이 식품위생법령에 따라 영업자에게 행정제재처분을 한 후 그 처분을 영업자에게 유리하게 변경하는 처분을 한 경우 변경처분에 의하여 당초 처분은 소멸하는 것이 아니고 당초부터 유리하게 변경된 내용의 처분으로 존재하는 것이므로, 변경처분에 의하여 유리하게 변경된 내용의 행정제재가 위법하다 하여 그 취소를 구하는 경우 그 취소소송의 대상은 변경된 내용의 당초 처분이지 변경처분은 아니고, 제소기간의 준수 여부도 변경처분이 아닌 변경된 내용의 당초 처분을 기준으로 판단하여야 한다(대판 2007.4.27. 2004두9302).
〈17. 국가 9급〉

5. 증액경정처분 취소소송에서 당초 결정의 위법사유도 주장할 수 있는지 여부(긍정)

국세기본법 제22조의2의 시행 이후에도 증액경정처분이 있는 경우, 당초 신고나 결정은 증액경정처분

에 흡수됨으로써 독립한 존재가치를 잃게 된다고 보아야 하므로, 원칙적으로는 당초 신고나 결정에 대한 불복기간의 경과 여부 등에 관계없이 증액경정처분만이 항고소송의 심판대상이 되고, 납세의무자는 그 항고소송에서 당초 신고나 결정에 대한 위법사유도 함께 주장할 수 있다고 해석함이 타당하다(대판 2009.5.14. 2006두17390). 〈18. 지방 9급〉

6. 당초 처분의 절차적 하자가 증액경정처분에 승계되는지 여부(부정)

증액경정처분이 있는 경우 당초 처분은 증액경정처분에 흡수되어 소멸하고, 소멸한 당초 처분의 절차적 하자는 존속하는 증액경정처분에 승계되지 아니한다(대판 2010.6.24. 2007두16493). 〈17. 국가 7급〉

Winner's 위법사유의 주장 가능성 : 당초 결정의 하자 (○), 당초 결정의 절차 하자 (×)

7. 증액경정 처분 후 다시 감액하는 재경정처분이 소송의 대상이 되는지 여부(부정)

과세처분이 있은 후 이를 증액하는 경정처분이 있으면 당초 처분은 경정처분에 흡수되어 독립된 존재가치를 상실하여 소멸하는 것이고, 그 후 다시 이를 감액하는 재경정처분이 있으면 재경정처분은 위 증액경정처분과는 별개인 독립의 과세처분이 아니라 그 실질은 위 증액경정처분의 변경이고 그에 의하여 세액의 일부 취소라는 납세의무자에게 유리한 효과를 가져오는 처분이라 할 것이므로, 그 감액하는 재경정결정으로도 아직 취소되지 않고 남아 있는 부분이 위법하다 하여 다투는 경우 항고소송의 대상은 그 증액경정처분 중 감액재경정결정에 의하여 취소되지 않고 남은 부분이고, 감액재경정결정이 항고소송의 대상이 되는 것은 아니다(대판 1996.7.30. 95누6328). 〈18. 서울 7급〉

8. 납세의무의 단위가 다른 후행처분에 선행처분이 흡수되는지 여부(부정)

원천징수의무자에 대하여 납세의무의 단위를 달리하여 순차 이루어진 2개의 징수처분은 별개의 처분으로서 당초 처분과 증액경정처분에 관한 법리가 적용되지 아니하므로, 당초 처분이 후행 처분에 흡수되어 독립한 존재가치를 잃는다고 볼 수 없고, 후행 처분만이 항고소송의 대상이 되는 것도 아니다(대판 2013.7.11. 2011두7311). 〈18. 서울 7급〉

Winner's 처분성 인정 여부

긍정	부정
① 귀속재산 매각	① 낙찰자결정
② 증액된 경우의 증액처분	② 감액된 경우의 감액처분
	③ 유리하게 변경된 제재처분
	④ 증액경정 처분 후 다시 감액하는 재경정처분
	⑤ 납세의무의 단위가 다른 후행처분
③ 새로운 신청에 대한 새로운 거부처분	⑥ 제2차·제3차의 계고처분
④ '접견내용 녹음·녹화 및 접견 시 교도관 참여대상자' 지정행위	

3. 거부행위

(1) 거부처분의 의의

상대방의 신청에 대하여 명시적 또는 묵시적으로 이를 거절하는 의사표시를 말한다.

(2) 구별

거부처분은 의사를 표시하는 것이므로 처분이 존재한다는 점에서 아무런 의사표시가 없는 부작위와 구별된다. 다만, 개별법상 일정기간 부작위가 있으면 거부처분으로 간주하는 경우는 거부처분에 포함된다. 그리고 경원자 관계에서 일방에 대한 부작위는 묵시적인 거부처분이 된다.

Winner's 처분의 존재 : 거부처분 (○), 부작위 (×)

검사임용결정은 제외한 자에 대한 거부처분인지 여부(긍정)
검사 지원자 중 한정된 수의 임용대상자에 대한 임용결정은 한편으로는 그 임용대상에서 제외한 자에 대한 임용 거부결정이라는 양면성을 지니는 것이므로 임용대상자에 대한 임용의 의사표시는 동시에 임용대상에서 제외한 자에 대한 임용 거부의 의사표시를 포함한 것으로 볼 수 있고, 이러한 임용 거부의 의사표시는 본인에게 직접 고지되지 않았다고 하여도 본인이 이를 알았거나 알 수 있었을 때에 그 효력이 발생한 것으로 보아야 한다(대판 1991.2.12. 90누5825).

(3) 거부처분의 성립요건

학설	① 「행정소송법」상 '공권력 행사의 거부'라고 규정되어 있으므로 공권력 행사의 거부에 해당하면 처분성을 인정한다. ② 신청권의 필요성은 인정하지만, 처분성을 인정하기 위한 요건이 아니라 원고적격의 문제로 본다.
판례	① 거부처분이 취소소송의 대상이 되기 위하여는 ㉠ 공권력 행사의 거부일 것, ㉡ 국민의 권리·의무에 영향을 미치는 것일 것, ㉢ 법규상 또는 조리상의 신청권이 존재할 것을 요건으로 하고 있다. ② 신청권의 존재를 처분성 인정 요건으로 파악한다. 〈14. 국회 8급〉

Winner's 신청권이 필요한 소송요건 : 학설 (원고적격), 판례 (대상적격)

거부행위가 처분이 되기 위하여 법규상 또는 조리상의 신청권이 필요한지 여부(긍정)
행정청이 국민의 신청에 대하여 한 거부행위가 항고소송의 대상이 되는 행정처분이 된다고 하기 위하여는 국민이 그 신청에 따른 행정행위를 요구할 수 있는 법규상 또는 조리상의 권리가 있어야 하고, 이러한 권리에 의하지 아니한 국민의 신청을 행정관청이 받아들이지 아니하고 거부한 경우에는 이로 인하여 신청인의 권리나 법적 이익에 어떤 영향을 주는 것이 아니므로, 그 거부행위를 가리켜 항고소송의 대상이 되는 행정처분이라고 할 수 없다(대판 1991.8.9. 90누8428). 〈14. 국가 9급〉

(4) 신청권의 판단

'법규상 또는 조리상 신청권'의 존부는 구체적 사건에서 신청인이 누구인지를 고려하지 않고, 관계법규의 해석에 의하여 일반국민에게 그러한 신청권을 인정하고 있는지를 살펴 추상적으로 결정되는 것이고, 단순한 응답을 받을 권리를 넘어 신청의 인용이라는 만족적 결과를 얻을 권리는 본안의 문제로 파악하고 있다.

신청권의 존부는 신청의 인용을 의미하는지 여부(부정)
거부처분의 처분성을 인정하기 위한 전제요건이 되는 신청권의 존부는 구체적 사건에서 신청인이 누구인가를 고려하지 않고 관계 법규의 해석에 의하여 일반 국민에게 그러한 신청권을 인정하고 있는가를 살펴 추상적으로 결정되는 것이고, 신청인이 그 신청에 따른 단순한 응답을 받을 권리를 넘어서 신청의 인용이라는 만족적 결과를 얻을 권리를 의미하는 것은 아니다. 따라서 국민이 어떤 신청을 한 경우에 그 신청의 근거가 된 조항의 해석상 행정발동에 대한 개인의 신청권을 인정하고 있다고 보여지면 그 거부행위는 항고소송의 대상이 되는 처분으로 보아야 할 것이고, 구체적으로 그 신청이 인용될 수 있는가 하는 점은 본안에서 판단하여야 할 사항인 것이다(대판 1996.6.11. 95누12460). 〈17. 사회복지 9급〉, 〈19. 서울 9급〉

> **Winner's** 신청권의 존부 판단 : 구체적 결정 (×), 추상적 결정 (○)

(5) 판례 검토

「행정소송법」은 '공권력의 행사 또는 그 거부'라고만 규정되어 있음에도 불구하고 판례가 법규상 또는 조리상 신청권까지 요구하는 것은 실정법 태도에 부합하지 않는다는 점, 신청권은 공권의 일종이므로 원고적격에서 검토할 문제인데 대상적격에서 검토한다는 점에서 비판을 받고 있다.

1. 문화재지정해제 신청을 거부한 행위의 처분성(부정)

구 문화재보호법(1995. 12. 29. 법률 제5073호로 개정되기 전의 것) 제55조 제5항의 위임에 기하여 도지정문화재의 지정해제에 관한 사항을 정하고 있는 구 '경상남도문화재보호조례(1999. 10. 11. 개정되기 전의 것)' 제15조는, 도지사는 도지정문화재가 문화재로서의 가치를 상실하거나 기타 특별한 사유가 있는 때에 위원회의 심의를 거쳐 그 지정을 해제한다고 규정하고 있을 뿐이고, 같은 법과 같은 조례에서 개인이 도지사에 대하여 그 지정의 취소 또는 해제를 신청할 수 있다는 근거규정을 별도로 두고 있지 아니하므로, 법규상으로 개인에게 그러한 신청권이 있다고 할 수 없고, 같은 법과 같은 조례가 이와 같이 개인에게 그러한 신청권을 부여하고 있지 아니한 취지는, 도지사로 하여금 개인의 신청에 구애됨이 없이 문화재의 보존이라는 공익적인 견지에서 객관적으로 지정해제사유 해당 여부를 판정하도록 함에 있다고 할 것이므로, 어느 개인이 문화재 지정처분으로 인하여 불이익을 입거나 입을 우려가 있다고 하더라도, 그러한 개인적인 사정만을 이유로 그에게 문화재지정처분의 취소 또는 해제를 요구할 수 있는 조리상의 신청권이 있다고도 할 수 없다(대판 2001.9.28. 99두8565).

2. 문화재보호구역 지정해제신청을 거부한 행위의 처분성(긍정)

문화재보호법은 문화재를 보존하여 이를 활용함으로써 국민의 문화적 생활의 향상을 도모함과 아울러 인류문화의 발전에 기여함을 목적으로 하면서도, 문화재보호구역의 지정에 따른 재산권 행사의 제한을 줄이기 위하여 행정청에게 보호구역을 지정한 경우에 일정한 기간마다 적정성 여부를 검토할 의무를 부과하고, 그 검토사항 등에 관한 사항은 문화관광부령으로 정하도록 위임하였으며, 검토 결과 보호구역의 지정이 적정하지 아니하거나 기타 특별한 사유가 있는 때에는 보호구역의 지정을 해제하거나 그 범위를 조정하여야 한다고 규정하고 있는 점, 같은 법 제8조 제3항의 위임에 의한 같은 법 시행규칙 제3조의2 제1항은 그 적정성 여부의 검토에 있어서 당해 문화재의 보존가치 외에도 보호구역의 지정이 재산권 행사에 미치는 영향 등을 고려하도록 규정하고 있는 점 등과 헌법상 개인의 재산권 보장의 취지에 비추어 보면, 문화재 보호구역 내에 있는 토지소유자 등으로서는 위 보호구역의 지정해제를 요구할 수 있는 법규상 또는 조리상의 신청권이 있다고 할 것이고, 이러한 신청에 대한 거부행위는 항고소송의 대상이 되는 행정처분에 해당한다(대판 2004.4.27. 2003두8821). 〈20. 지방 9급〉

3. 도시계획구역 내 토지소유자 도시계획입안요구신청을 거부한 행위의 처분성(긍정)

도시계획구역 내 토지 등을 소유하고 있는 주민으로서는 입안권자에게 도시계획입안을 요구할 수 있는 법규상 또는 조리상의 신청권이 있다고 할 것이고, 이러한 신청에 대한 거부행위는 항고소송의 대상이 되는 행정처분에 해당한다(대판 2004.4.28. 2003두1806). 〈14. 국가 9급〉

4. 주택공급에 관한 규칙상 특별분양신청을 거부한 행위의 처분성(긍정)

주택건설촉진법의 위임에 따라 건설부장관이 제정한 '주택공급에 관한 규칙' 제15조 제1항 제5호는 주택건설사업의 원활화를 기하기 위하여 당해 주택건설사업에 협조한 자에게 당해 주택을 공급할 때에 한하여 특별공급의 기회를 부여하는 것으로서 그 취지는 단순히 사업주체로 하여금 그러한 대상자들에게 특별분양을 할 수 있는 권능을 부여하는데 그치는 것이 아니라 그와 같은 요건을 갖추기 위하여 공공사업에 협력한 자에게 특별공급의 기회를 요구할 수 있는 법적인 이익을 부여하고 있는 것이라고 보아야 할 것이므로 그들에게는 특별공급신청권(이는 특별공급을 받을 권리와는 다른 개념이다)이 인정되며 따라서 사업주체인 지방자치단체가 위 조항에 해당함을 이유로 특별분양을 요구하는 자에게 입주권부여를 거부한 행위는 항고소송의 대상이 되는 거부처분이라 할 것이다(대판 1992.1.21. 91누2649).

5. 구 「공공용지의 취득 및 손실보상에 관한 특례법」상 특별분양을 거부한 행위의 처분성(긍정)

공공용지의취득및손실보상에관한특례법 제8조에 의하면 사업시행자는 공공사업의 시행에 필요한 토지 등을 제공함으로 인하여 생활근거를 상실하게 되는 자를 위하여 이주대책을 수립·실시하는바, 택지개발촉진법에 따른 사업시행을 위하여 토지 등을 제공한 자에 대한 이주대책을 세우는 경우 위 이주대책은 공공사업에 협력한 자에게 특별공급의 기회를 요구할 수 있는 법적인 이익을 부여하고 있는 것이라고 보아야 할 것이므로 그들에게는 특별공급신청권이 인정되며 따라서 사업시행자가 위 조항에 해당함을 이유로 특별분양을 요구하는 자에게 이를 거부한 행위는 항고소송의 대상이 되는 거부처분이라 할 것이다(대판 1992.11.27. 92누3618).

6. 서울특별시특별분양개선지침상의 특별분양신청을 거부한 행위의 처분성(부정)

서울특별시의 '철거민에 대한 시영아파트특별분양개선지침'은 서울특별시가 사업주체로 된 주택인 시영아파트를 공급함에 있어서 도시정비사업 등으로 인하여 주택이 철거된 가옥주로서 일정한 요건에 해당하는 자에게 위 시영아파트를 특별분양하는 혜택을 부여하도록 하는 서울특별시 내부에 있어서의 행정지침에 불과하며 그 지침 소정의 자에게 공법상의 분양신청권이 부여되는 것은 아니라고 할 것이어서 서울특별시의 위 아파트에 대한 분양불허의 의사표시는 항고소송의 대상이 되는 신청거부의 행정처분으로 볼 수 없다고 할 것이다(대판 1989.12.26. 87누1214). 〈10. 국가 9급〉

7. 공사중지명령의 해제신청을 거부한 행위의 처분성(긍정)

지방자치단체장이 건축회사에 대하여 당해 신축공사와 관련하여 인근 주택에 공사로 인한 피해를 주지 않는 공법을 선정하고 이에 대하여 안전하다는 전문가의 검토의견을 제출할 때까지 신축공사를 중지하라는 당해 공사중지명령에 있어서는 그 명령의 내용 자체로 또는 그 성질상으로 명령 이후에 그 원인 사유가 해소되는 경우에는 잠정적으로 내린 당해 공사중지명령의 해제를 요구할 수 있는 권리를 위 명령의 상대방에게 인정하고 있다고 할 것이므로, 위 회사에게는 조리상으로 그 해제를 요구할 수 있는 권리가 인정된다(대판 1997.12.26. 96누17745). 〈18. 국회 8급〉, 〈21. 국가 9급〉

8. 국·공립대학의 조교수의 재임용신청을 거부한 행위의 처분성(긍정)

기간제로 임용되어 임용기간이 만료된 국·공립대학의 조교수는 교원으로서의 능력과 자질에 관하여 합리적인 기준에 의한 공정한 심사를 받아 위 기준에 부합되면 특별한 사정이 없는 한 재임용되리라는 기대를 가지고 재임용 여부에 관하여 합리적인 기준에 의한 공정한 심사를 요구할 법규상 또는 조리상 신청권을 가진다고 할 것이니, 임용권자가 임용기간이 만료된 조교수에 대하여 **재임용을 거부하는 취지로 한 임용기간만료의 통지**는 위와 같은 대학교원의 법률관계에 영향을 주는 것으로서 행정소송의 대상이 되는 처분에 해당한다. 이와 달리, … 행정처분이라고 할 수 없다고 판시한 대판 1997. 6. 27, 96누4305는 이와 저촉되는 범위 내에서 변경하기로 한다(대판 2004.4.22. 2000두7735 전합). 〈13. 지방 9급〉, 〈17. 국회 8급〉

9. 서울교육대학의 상근강사 정규교원임용신청을 거부한 행위의 처분성(긍정)

서울교육대학에서 전임강사 이상의 신규교원을 임용함에 있어 … 상근강사로 채용된 자는 그 시보임용 내지 조건부채용시 장차 소정의 조건부 채용기간 중 근무성적이 양호하여 적격판정을 받는 것을 조건으로, 특별한 사정이 없는 한 위 기간의 종료와 더불어 바로 정규공무원으로 임용될 권리를 취득하고 임용권자는 이에 대응하는 법률상의 의무를 부담한다. … 이 사건에서 상근강사로서의 직무를 마친 원고가 정규교원에 임용하여 줄 것을 요청하는 내용으로 문교부에 낸 탄원서를 이첩❶받은 피고가 이에 대한 민원서류처리 결과통보의 형식으로 원고에 대한 상근강사 근무성적평가결과는 특별한 결격사유가 없었으나 인사위원회에서 임용동의가 부결됨으로써 정규교원으로 임용하지 못한다는 내용의 설명을 담은 서신을 보냈다면, 피고가 위 민원서류 처리결과통보라는 형식으로 그 임용거절의 의사를 명백히 함으로써 적어도 이 무렵에는 원고에 대하여 거부처분을 하였다고 보아야 한다(대판 1990.9.25. 89누4758).

용어설명 ❶ 이첩(移牒) : 받은 공문을 다른 부서로 넘김

10. 국·공립대학교원 임용지원자에 대한 임용거부의 처분성(부정)

국·공립 대학교원에 대한 임용권자가 임용지원자를 대학교원으로 임용할 것인지 여부는 임용권자의 판단에 따른 자유재량에 속하는 것이어서, 임용지원자로서는 임용권자에게 자신의 임용을 요구할 권리가 없을 뿐 아니라, 임용에 관한 법률상 이익을 가진다고 볼 만한 특별한 사정이 없는 한, 임용 여부에 대한 응답을 신청할 법규상 또는 조리상 권리가 있다고도 할 수 없다(대판 2003.10.23. 2002두12489). 〈16. 국회 8급〉

11. 유일한 면접심사대상자의 임용신청을 거부한 행위의 처분성(긍정)

구 교육공무원법(1999.1.29. 법률 제5717호로 개정되기 전의 것) 및 구 교육공무원임용령(1999.9.30. 대통령령 제16564호로 개정되기 전의 것) 등 관계법령에 대학 교원의 신규임용에 있어서의 심사단계나 심사방법 등에 관하여 아무런 규정을 두지 않았다고 하더라도, 대학 스스로 교원의 임용규정이나 신규채용업무시행지침 등을 제정하여 그에 따라 교원을 신규임용하여 온 경우, 임용지원자가 당해 대학의 교원임용규정 등에 정한 심사단계 중 중요한 대부분의 단계를 통과하여 다수의 임용지원자 중 유일한 면접심사대상자로 선정되는 등으로 장차 나머지 일부의 심사단계를 거쳐 대학교원으로 임용될 것을 상당한 정도로 기대할 수 있는 지위에 이르렀다면, 그러한 임용지원자는 임용에 관한 법률상 이익을 가진 자로서 임용권자에 대하여 나머지 심사를 공정하게 진행하여 그 심사에서 통과되면 대학교원으로 임용해 줄 것을 신청할 조리상의 권리가 있다(대판 2004.6.11. 2001두7053). 〈12. 국가 7급〉

12. 3급 승진대상자로 결정된 사실이 대내·외에 공표된 경우 승진임용신청 거부행위의 처분성(긍정)

지방공무원법 제8조, 제38조 제1항, '지방공무원임용령' 제38조의3의 각 규정을 종합하면, 2급 내지 4급 공무원의 승진임용은 임용권자가 행정실적·능력·경력·전공 분야·인품 및 적성 등을 고려하여 하되 인사위원회의 사전심의를 거치도록 하고 있는바, 4급 공무원이 당해 지방자치단체 인

사위원회의 심의를 거쳐 3급 승진대상자로 결정되고 임용권자가 그 사실을 대내외에 공표까지 하였다면, 그 공무원은 승진임용에 관한 법률상 이익을 가진 자로서 임용권자에 대하여 3급 승진임용신청을 할 조리상의 권리가 있다(대판 2008.4.10. 2007두18611). 〈14. 서울 7급〉

13. 복구준공❶통보 등의 취소신청을 거부한 행위의 처분성(부정)

산림법령에는 채석허가처분을 한 처분청이 산림을 복구한 자에 대하여 복구설계서승인 및 복구준공통보를 한 경우 그 취소신청과 관련하여 아무런 규정을 두고 있지 않고, 원래 행정처분을 한 처분청은 그 처분에 하자가 있는 경우에는 원칙적으로 별도의 법적 근거가 없더라도 스스로 이를 직권으로 취소할 수 있지만, 그와 같이 직권취소를 할 수 있다는 사정만으로 이해관계인에게 처분청에 대하여 그 취소를 요구할 신청권이 부여된 것으로 볼 수는 없으므로, 처분청이 위와 같이 법규상 또는 조리상의 신청권이 없이 한 이해관계인의 복구준공통보 등의 취소신청을 거부하더라도, 그 거부행위는 항고소송의 대상이 되는 처분에 해당하지 않는다(대판 2006.6.30. 2004두701). 〈11. 지방 9급〉

용어설명 ❶ 복구준공 : 돌이나 모래를 다 캐고 원상회복을 완료한 것

14. 불법 또는 착오로 소멸·등록된 실용신안권의 회복신청을 거부한 행위의 처분성(긍정)

실용신안권이 불법 또는 착오로 소멸등록되었다 하더라도 실용신안권자의 실체상의 권리관계에는 직접 영향이 있다고 할 수 없고, 따라서 실용신안등록원부 소관청인 특허청장이 소멸등록된 실용신안권의 회복신청을 거부하는 경우 그 거부로 인하여 실용신안권자의 실용신안권 자체에는 아무런 실체적 권리관계의 변동을 초래하지 아니한다고 할 것이나, 실용신안권이 소멸등록된 상태에서는 실용신안권자로서는 자신의 권리를 실용신안등록원부에 표창하지 못하고, 나아가 실용신안권을 처분하거나 담보로 제공하는 등 등록을 필요로 하는 일체의 행위를 할 수 없게 되어 권리행사에 중대한 지장을 받게 되므로, 실용신안권의 소멸등록의 회복은 실용신안권자의 권리관계에 직접변동을 일으키는 행위라고 할 것이어서 실용신안권자는 이해상대방을 상대로 그의 신청에 의하여 불법 또는 착오로 말소된 실용신안권등록의 회복을 청구할 수 있는 외에, 실용신안권이 특허청장의 직권에 의하여 불법 또는 착오로 소멸등록된 경우에 특허청장에 대하여 그 소멸등록된 실용신안권의 회복등록을 신청할 권리가 있다고 보아야 한다(대판 2002.11.22. 2000두9229).

15. 당연퇴직된 공무원의 복직신청을 거부한 행위의 처분성(부정)

과거에 법률에 의하여 당연퇴직된 공무원이 자신을 복직 또는 재임용시켜 줄 것을 요구하는 신청에 대하여 그와 같은 조치가 불가능하다는 행정청의 거부행위는 당연퇴직의 효과가 계속하여 존재한다는 것을 알려주는 일종의 안내에 불과하므로 당연퇴직된 공무원의 실체상의 권리관계에 직접적인 변동을 일으키는 것으로 볼 수 없고, 당연퇴직의 근거법률이 헌법재판소의 위헌결정으로 효력을 잃게 되었다고 하더라도 당연퇴직된 이후 헌법소원 등의 청구기간이 도과한 경우에는 당연퇴직의 내용과 상반되는 처분을 요구할 수 있는 조리상의 신청권을 인정할 수도 없다고 할 것이어서, 이와 같은 경우 행정청의 복직 또는 재임용거부행위는 항고소송의 대상이 되는 행정처분에 해당한다고 할 수 없다(대판 2005.11.25. 2004두12421). 〈15. 국회 8급〉

16. 불법 유출된 경우에 주민등록번호 변경신청 거부행위의 처분성(긍정)

피해자의 의사와 무관하게 주민등록번호가 불법 유출된 경우 개인의 사생활뿐만 아니라 생명·신체에 대한 위해나 재산에 대한 피해를 입을 우려가 있고, … 주민등록번호가 유출된 경우 그로 인하여 이미 발생하였거

나 발생할 수 있는 피해 등을 최소화할 수 있는 충분한 권리구제방법을 찾기 어려운데도 … 조리상 주민등록번호의 변경을 요구할 신청권을 인정함이 타당하고, 구청장의 주민등록번호 변경신청 거부행위는 항고소송의 대상이 되는 행정처분에 해당한다(대판 2017.6.15. 2013두2945). 〈21. 국가 9급〉

17. 귀책사유 없는 토지 소유자의 건축허가 철회신청 거부행위의 처분성(긍정)

건축허가는 대물적 성질을 갖는 것이어서 행정청으로서는 허가를 할 때에 건축주 또는 토지 소유자가 누구인지 등 인적 요소에 관하여는 형식적 심사만 한다. 건축주가 토지 소유자로부터 토지사용승낙서를 받아 그 토지 위에 건축물을 건축하는 대물적(대물적) 성질의 건축허가를 받았다가 착공에 앞서 건축주의 귀책사유로 해당 토지를 사용할 권리를 상실한 경우, 건축허가의 존재로 말미암아 토지에 대한 소유권 행사에 지장을 받을 수 있는 토지 소유자로서는 건축허가의 철회를 신청할 수 있다고 보아야 한다. 따라서 토지 소유자의 위와 같은 신청을 거부한 행위는 항고소송의 대상이 된다(대판 2017.3.15. 2014두41190). 〈19. 지방 9급〉

18. 이의신청을 받아들이지 아니하는 결정의 처분성(부정)

국가유공자 등 예우 및 지원에 관한 법률(이하 '국가유공자법'이라 한다) 제4조 제1항 제6호, 제6조 제3항, 제4항, 제74조의18의 문언·취지 등에 비추어 알 수 있는 다음과 같은 사정, 즉 국가유공자법 제74조의18 제1항이 정한 이의신청은, 국가유공자 요건에 해당하지 아니하는 등의 사유로 국가유공자 등록신청을 거부한 처분청인 국가보훈처장이 신청 대상자의 신청 사항을 다시 심사하여 잘못이 있는 경우 스스로 시정하도록 한 절차인 점, 이의신청을 받아들이는 것을 내용으로 하는 결정은 당초 국가유공자 등록신청을 받아들이는 새로운 처분으로 볼 수 있으나, 이와 달리 이의신청을 받아들이지 아니하는 내용의 결정은 종전의 결정 내용을 그대로 유지하는 것에 불과한 점, … 이의신청은 원결정에 대한 행정심판이나 행정소송의 제기에도 영향을 주지 아니하는 점 등을 종합하면, 국가유공자법 제74조의18 제1항이 정한 이의신청을 받아들이지 아니하는 결정은 이의신청인의 권리·의무에 새로운 변동을 가져오는 공권력의 행사나 이에 준하는 행정작용이라고 할 수 없으므로 원결정과 별개로 항고소송의 대상이 되지는 않는다(대판 2016.7.27. 2015두45953).

19. 불가쟁력이 생긴 행정처분에 대한 변경신청권(한정 긍정)

제소기간이 이미 도과하여 불가쟁력이 생긴 행정처분에 대하여는 개별법규에서 그 변경을 요구할 신청권을 규정하고 있거나 관계법령의 해석상 그러한 신청권이 인정될 수 있는 등 특별한 사정이 없는 한 국민에게 그 행정처분의 변경을 구할 신청권이 있다 할 수 없다(대판 2007.4.26. 2005두11104). 〈17. 국가 7급〉

Winner's 거부처분의 처분성 인정 여부

긍정	부정
① 문화재보호구역 지정해제신청 거부 ② 도시계획구역 내 토지소유자 도시계획입안요구신청을 거부	① 문화재지정해제신청 거부
③ 「주택공급에 관한 규칙」상 특별분양신청 거부 ④ 구 「공공용지의 취득 및 손실보상에 관한 특례법」상 특별분양신청 거부	② 「서울특별시특별분양개선지침」상 특별분양신청 거부

⑤ 국·공립대학의 조교수의 재임용신청 거부 ⑥ 서울교육대학의 상근강사 정규교원임용신청 거부 ⑦ 유일한 면접심사대상자의 임용신청 거부	③ 국·공립대학교원 임용지원자에 대한 임용거부
⑧ 불법 또는 착오로 소멸·등록된 실용신안권의 회복신청 거부 ⑨ 불법 유출된 경우에 주민등록번호 변경신청 거부	④ 당연퇴직된 공무원의 복직신청 거부
⑩ 공사중지명령의 해제신청 거부 ⑪ 3급 승진대상자로 결정된 사실이 대내·외에 공표된 경우 승진임용신청 거부 ⑫ 귀책사유 없는 토지소유자의 건축허가 철회신청 거부	⑤ 복구준공통보 등의 취소신청 거부 ⑥ 이의신청을 받아들이지 아니하는 결정

4. 기타 준하는 작용

(1) 행정계획

행정계획을 고유한 형식으로 수행하는 경우 그 법적 성질에 대해서 학설이 대립하는데 복수성질설이 통설이다. 이 견해에 따르면 개별 행정계획마다 따로 검토하여야 할 문제인 것으로 본다.

> 1. 환지계획의 처분성(부정)
> 토지구획정리사업법 제57조, 제62조 등의 규정상 환지예정지 지정이나 환지처분은 그에 의하여 직접 토지소유자 등의 권리의무가 변동되므로 이를 항고소송의 대상이 되는 처분이라고 볼 수 있으나, 환지계획은 위와 같은 환지예정지 지정이나 환지처분의 근거가 될 뿐 그 자체가 직접 토지소유자 등의 법률상의 지위를 변동시키거나 또는 환지예정지 지정이나 환지처분과는 다른 고유한 법률효과를 수반하는 것이 아니어서 이를 항고소송의 대상이 되는 처분에 해당한다고 할 수가 없다(대판 1999.8.20. 97누6889).
>
> 2. '4대강 살리기 마스터플랜' 등의 처분성(부정)
> 국토해양부, 환경부, 문화체육관광부, 농림수산부, 식품부가 합동으로 2009. 6. 8. 발표한 '4대강 살리기 마스터플랜' 등은 4대강 정비사업과 주변 지역의 관련 사업을 체계적으로 추진하기 위하여 수립한 종합계획이자 '4대강 살리기 사업'의 기본방향을 제시하는 계획으로서, 행정기관 내부에서 사업의 기본방향을 제시하는 것일 뿐, 국민의 권리·의무에 직접 영향을 미치는 것이 아니어서 행정처분에 해당하지 않는다(대결 2011.4.21. 2010무111 전합). 〈23. 소방〉
>
> 3. 국토해양부장관이 발표한 한국토지주택공사의 지방이전방안의 처분성(부정)
> 이 사건 이전방안은 한국토지주택공사와 각 광역시·도, 관련 행정부처 사이의 의견 조율 과정에서 행정청으로서의 내부 의사를 밝힌 행정계획안 정도에 불과하다. …따라서 이 사건 이전방안은 헌법재판소법 제68조 제1항의 공권력의 행사에 해당한다고 할 수 없다(헌재 2014.3.27. 2011헌마291).

(2) 사실행위

원칙	국민의 권리 또는 의무에 직접 영향을 미치지 않는 사실행위는 포함되지 않는다.
예외	권력적 사실행위는 수인하명과 합성된 행위라고 하거나, 수인의무라고 하는 일종의 절차적 효과가 수반되는 것으로 보아 처분성을 인정하는 것이 일반적 견해이다.

1. 공원관리청이 행한 경계측량 및 표지설치의 처분성(부정)

건설부장관이 행한 국립공원 지정처분은 그 결정 및 첨부된 도면의 공고로써 그 경계가 확정되는 것이고, 시장이 행한 경계측량 및 표지의 설치 등은 공원관리청이 공원구역의 효율적인 보호·관리를 위하여 이미 확정된 경계를 인식·파악하는 사실상의 행위로 봄이 상당하며, 위와 같은 사실상의 행위를 가리켜 공권력 행사로서의 행정처분의 일부라고 볼 수 없고, 이로 인하여 건설부장관이 행한 공원 지정처분이나 그 경계에 변동을 가져온다고 할 수 없다(대판 1992.10.13. 92누2325). 〈14. 국가 9급〉

Winner's 처분성 인정 여부 : 공원구역 결정 및 공고 (○), 경계측량 및 표지설치 (×)

2. 수도사업자의 급수공사신청자에 대한 급수공사비 납부통지의 처분성(부정)

수도사업자가 급수공사신청자에 대하여 급수공사비 내역과 이를 지정기일 내에 선납하라는 취지로 한 납부통지는 수도사업자가 급수공사를 승인하면서 급수공사비를 계산하여 급수공사신청자에게 이를 알려주고 위 신청자가 이에 따라 공사비를 납부하면 급수공사를 하여 주겠다는 취지의 강제성이 없는 의사 또는 사실상의 통지행위라고 풀이함이 상당하고, 이를 가리켜 항고소송의 대상이 되는 행정처분이라고 볼 수 없다(대판 1993.10.26. 93누6331). 〈14. 사회복지 9급〉

Winner's 처분성 인정 여부 : 급수공사비 납부통지 (×), 교통안전공단의 분담금 납부통지 (○).

3. 항만명칭결정의 처분성(부정)

피고 해양수산부장관의 이 사건 항만명칭결정으로 인하여 원고들이 속한 지방자치단체의 관할구역이 변경되는 것이 아닐 뿐만 아니라, 원고들의 권리의무나 법률상 지위에 직접적인 법률적 변동이 생기지도 아니하므로, 피고 해양수산부장관의 이 사건 항만명칭결정을 항고소송의 대상이 되는 행정처분이라 할 수는 없다(대판 2008.5.29. 2007두23873).

4. 변경승인 이전에 양도인의 사업계획승인 취소사실을 양수인에게 한 통지행위의 처분성(부정)

주택건설촉진법 제33조 제1항, 구 같은 법 시행규칙(1996. 2. 13. 건설교통부령 제54호로 개정되기 전의 것) 제20조의 각 규정에 의한 주택건설사업계획에 있어서 사업주체 변경의 승인은 그로 인하여 사업주체의 변경이라는 공법상의 효과가 발생하는 것이므로, 사실상 내지 사법상으로 주택건설사업 등이 양도·양수되었을지라도 아직 변경승인을 받기 이전에는 그 사업계획의 피승인자는 여전히 종전의 사업주체인 양도인이고 양수인이 아니라 할 것이어서, 사업계획승인취소처분 등의 사유가 있는지의 여부와 취소사유가 있다고 하여 행하는 취소처분은 피승인자인 양도인을 기준으로 판단하여 그 양도인에 대하여 행하여져야 할 것이므로 행정청이 주택건설사업의 양수인에 대하여 양도인에 대한 사업계획승인을 취소하였다는 사실을 통지한 것만으로는 양수인의 법률상 지위에 어떠한 변동을 일으키는 것은 아니므로 위 통지는 항고소송의 대상이 되는 행정처분이라고 할 수는 없다(대판 2000.9.26. 99두646). 〈17. 서울 9급〉

5. 국가보훈처장이 기포상자❶에게 훈격❷재심사계획이 없다고 한 회신의 처분성(부정)

상훈대상자를 결정할 권한이 없는 국가보훈처장이 기포상자에게 훈격재심사계획이 없다고 한 회신은 단순한 사실행위에 불과하다(대판 1989.1.24. 88누3116). 〈18. 국회 8급〉

용어설명 ❶ 기포상자 : 이미 훈장 등을 수여받은 사람
❷ 훈격(勳格) : 나라에 공로가 있는 자에 대해서 주는 상의 종류나 그 등급

6. 읍장과 면장이 영농할 세대를 선정하는 행위의 처분성(부정)

행정처분이라 함은 행정청이 특정한 사건에 대하여 법규에 의한 권리설정이나 의무를 명하는

등 법률상 효과를 발생케하는 외부에 표시된 공법상의 법률행위이므로 군수가 농지의 보전 및 이용에 관한 법률에 의하여 특정지역의 주민들을 대리경작자로 지정한 행위는 그 주민들에게 유휴농지를 경작할 수 있는 권리를 부여하는 행정처분이고 이에 따라 그 지역의 읍장과 면장이 영농할 세대를 선정한 행위는 위 행정처분의 통지를 대행한 사실행위에 불과하다(대판 1980.9.9. 80누308). 〈18. 국회 8급〉

Winner's 처분성 : 군수의 대리경작자 지정행위 (○), 읍장, 면장의 영농세대 선정행위 (×)

7. 국민건강보험공단이 행한 '직장가입자 자격상실 및 자격변동 안내' 통보의 처분성(부정)

국민건강보험 직장가입자 또는 지역가입자 자격 변동은 법령이 정하는 사유가 생기면 별도 처분 등의 개입 없이 사유가 발생한 날부터 변동의 효력이 당연히 발생하므로, … 통보에 의하여 가입자 자격이 변동되는 효력이 발생한다고 볼 수 없고, 또한 위 각 통보로 갑 등에게 지역가입자로서의 건강보험료를 납부하여야 하는 의무가 발생함으로써 갑 등의 권리의무에 직접적 변동을 초래하는 것도 아니라는 이유로, 위 각 통보의 처분성이 인정되지 않는다(대판 2019.2.14. 2016두41729). 〈23. 국가 9급〉

(3) 행정지도

원칙	권고, 요청, 지시 등은 행정지도의 일종으로서 비권력적 사실행위에 불과하므로 처분성이 없다.
예외	개별 법률에서 일정한 법적 의무를 결부시키는 경우에는 처분성을 가질 수 있다.

1. 국가인권위원회의 성희롱결정 및 시정조치권고의 처분성(긍정)

구 남녀차별금지및구제에관한법률(2003. 5. 29. 법률 제6915호로 개정되기 전의 것) 제28조에 의하면, 국가인권위원회의 성희롱결정과 이에 따른 시정조치의 권고는 불가분의 일체로 행하여지는 것인데 국가인권위원회의 이러한 결정과 시정조치의 권고는 성희롱행위자로 결정된 자의 인격권에 영향을 미침과 동시에 공공기관의 장 또는 사용자에게 일정한 법률상의 의무를 부담시키는 것이므로 국가인권위원회의 성희롱결정 및 시정조치권고는 행정소송의 대상이 되는 행정처분에 해당한다고 보지 않을 수 없다(대판 2005.7.8. 2005두487).

2. 공정거래위원회의 표준약관 사용권장행위의 처분성(긍정)

공정거래위원회의 '표준약관 사용권장행위'는 그 통지를 받은 해당 사업자 등에게 표준약관과 다른 약관을 사용할 경우 표준약관과 다르게 정한 주요 내용을 고객이 알기 쉽게 표시하여야 할 의무를 부과하고, 그 불이행에 대해서는 과태료에 처하도록 되어 있으므로, 이는 사업자 등의 권리·의무에 직접 영향을 미치는 행정처분으로서 항고소송의 대상이 된다(대판 2010.10.14. 2008두23184). 〈14. 국회 8급〉

3. 교육감의 학교법인에 대한 처리지시의 처분성(긍정)

피고(교육감)는 원고(학교법인)에 대하여 이 사건 처리지시와 아울러 그 시정조치에 대한 결과를 증빙서를 첨부한 문서로써 보고하도록 명령 … 처리지시에 따른 시정조치가 선행되지 않는 이상 피고의 위 보고명령 및 증빙서 첨부명령을 이행하기 어렵다. … 이 사건 처리지시는 단순히 권고적 효력만을 가지는 비권력적 사실행위인 행정지도에 불과하다고 보기 어렵고, 원고에게 의무의 부담을 명하거나 기타 법률상 효과를 발생하게 하는 것으로서 항고소송의 대상이 되는 행정처분에 해당한다(대판 2008.9.11. 2006두18362).

4. 구청장의 사회복지법인에 대한 시정지시의 처분성(긍정)

구청장이 사회복지법인에 특별감사 결과 지적사항에 대한 시정지시와 그 결과를 관계서류와 함께 보고하도록 지시한 경우 그 시정지시는 비권력적 사실행위가 아니라 항고소송의 대상이 되는 행정처분에 해당한다(대판 2008.4.24. 2008두3500). 〈17. 지방 9급(12월)〉

5. 한국연구재단의 대학교 총장에 대한 대학 자체징계 요구의 처분성(부정)

재단법인 한국연구재단이 갑 대학교 총장에게 연구개발비의 부당집행을 이유로 '해양생물유래 고부가식품·향장·한약 기초소재 개발 인력양성사업에 대한 2단계 두뇌한국(BK)21 사업' 협약을 해지하고 연구팀장 을에 대한 대학자체 징계 요구 등을 통보한 사안에서, 재단법인 한국연구재단이 갑 대학교 총장에게 을에 대한 대학 자체징계를 요구한 것은 법률상 구속력이 없는 권유 또는 사실상의 통지로서 을의 권리·의무 등 법률상 지위에 직접적인 법률적 변동을 일으키지 않는 행위에 해당하므로, 항고소송의 대상인 행정처분에 해당하지 않는다고 본 원심판단을 정당하다(대판 2014.12.11. 2012두28704). 〈17. 지방 9급〉

Winner's 사실행위의 처분성 인정 여부

긍정	부정
① 국가인권위원회의 성희롱결정 및 시정조치권고 ② 공정거래위원회의 표준약관 사용권장 ③ 교육감의 학교법인에 대한 처리지시 ④ 구청장의 사회복지법인에 대한 시정지시 ⑤ 군수가 특정 지역 주민들을 대리경작자로 지정한 행위	① 공원관리청이 행한 경계측량 및 표지설치 ② 급수공사비 납부통지 ③ 항만명칭결정 ④ 양도인의 사업계획승인 취소사실을 양수인에게 한 통지행위 ⑤ 한국연구재단의 대학교 총장에 대한 대학 자체징계 요구 ⑥ 기포상자 훈격재심사 계획이 없다고 한 국가보훈처장의 회신 ⑦ 읍장과 면장이 영농할 세대를 선정하는 행위

(4) 형식적 행정행위

'형식적 행정행위'란 행정기관 내지는 그에 준하는 자의 행위가 공권력 행사로서의 실체는 갖고 있지 않으나, 그것이 행정목적 달성을 위하여 국민의 권익에 계속적으로 사실상의 지배력을 미치는 경우 국민의 권익구제를 위해 쟁송법상 처분으로 파악되는 행위를 말한다. 그 법적 성질은 비권력적 사실행위에 해당하므로 처분성을 부정하는 견해가 우세하다.

(5) 예비결정, 부분허가

'예비결정'이란 행정행위를 발동함에 있어서 다수의 요건이 충족되어야 하는 경우에 그 개개의 요건에 대한 확정적 결정으로서 처분성을 가진다. '부분허가'란 전체 시설 중에서 특정부분의 설치나 운영을 허가하는 확정적 결정이므로 처분성을 가진다.

원자로부지 사전승인은 행정처분에 해당하는지 여부(긍정)

원자로시설부지 사전승인처분의 근거 법률인 구 원자력법(1996. 12. 30. 법률 제5233호로 개정되어 1997. 7. 1.부터 시행되기 전의 것) 제11조 제3항에 근거한 원자로 및 관계시설의 부지 사전승인처분은 원자로 등의 건설허가 전에 그 원자로 등 건설예정지로 계획 중인 부지가 원자력법의 관계규정에 비추어 적법성을 구비한 것인지 여부를 심사하여 행하는 사전적 부분 건설허가처분의 성격을 가지고 있는 것이다(대판 1998.9.4. 97누19588).

(6) 내부적 행위

처분은 외부적 행위를 의미하므로 행정기관의 내부적 행위나 행정기관 상호간의 행위는 이에 해당하지 않는다. 행정규칙도 행정내부의 사무처리기준에 불과한 것이므로 처분성이 부인된다.

1. 공정거래위원회의 고발의결 및 고발조치의 처분성(부정)

이른바 고발은 수사의 단서에 불과할 뿐 그 자체 국민의 권리의무에 어떤 영향을 미치는 것이 아니고, 특히 독점규제및공정거래에관한법률 제71조는 공정거래위원회의 고발을 위 법률 위반죄의 소추요건으로 규정하고 있어 공정거래위원회의 고발조치는 사직 당국에 대하여 형벌권 행사를 요구하는 행정기관 상호 간의 행위에 불과하여 항고소송의 대상이 되는 행정처분이라 할 수 없으며, 더욱이 공정거래위원회의 고발의결은 행정청 내부의 의사결정에 불과할 뿐 최종적인 처분은 아닌 것이므로 이 역시 항고소송의 대상이 되는 행정처분이 되지 못한다(대판 1995.5.12. 94누13794).

2. 공정거래위원회의 경고의결의 처분성(긍정)

구 표시·광고의 공정화에 관한 법률(2011. 9. 15. 법률 제11050호로 개정되기 전의 것) 위반을 이유로 한 공정거래위원회의 경고의결은 당해 표시·광고의 위법을 확인하되 구체적인 조치까지는 명하지 않는 것으로 사업자가 장래 다시 표시·광고의 공정화에 관한 법률 위반행위를 할 경우 과징금 부과 여부나 그 정도에 영향을 주는 고려사항이 되어 사업자의 자유와 권리를 제한하는 행정처분에 해당한다(대판 2013.12.26. 2011두4930). 〈16. 국회 8급〉

3. 감사원의 변상판정의 처분성(부정)

회계관계직원 등의 변상책임에 관하여 감사원은 추상적인 변상의무의 유무 및 범위 등을 확정할 뿐이고 그 변상판정의 내용에 따른 구체적인 변상금 납부의무는 소속장관 등이 감사원의 변상판정서를 첨부한 변상명령처분을 함으로써 비로소 발생한다(대판 1994.12.2. 93누623).

4. 「병역법」상 신체등위판정의 처분성(부정)

병역법상 신체등위판정은 행정청이라고 볼 수 없는 군의관이 하도록 되어 있으며, 그 자체만으로 바로 병역법상의 권리의무가 정하여지는 것이 아니라 그에 따라 지방병무청장이 병역처분을 함으로써 비로소 병역의무의 종류가 정하여지는 것이므로 항고소송의 대상이 되는 행정처분이라 보기 어렵다(대판 1993.8.27. 93누3356). 〈13. 국가 9급〉

5. 의료보험연합회의 의료보호기관에 대한 의료보호진료비심사결과통지의 처분성(부정)

의료보호법 및 같은 법 시행령의 관계 규정에 의하면, 의료보호진료기관의 의료보호비용 청구에 대한 최종적인 심사 및 지급권한은 의료보호비용의 재원인 의료보호기금의 관리책임을 맡고 있는 의료보호기관에게 주어져 있는 것이고, 다만 그 과정에서 진료비청구명세서를 심사·조정하는 업무는 의료에 관한 전문적 지식을 요하는 것이어서 의료보호기관이 심사업무의 능률과 다른 의료보호기관 사이의 의료보호비용지급기준의 통일을 기하기 위하여 진료비심사의 전문기관인 의료보험연합회에게 이를 위탁한 것으로서 진료비청구명세서에 대한 의료보험연합회의 심사결과통지는 그 자체로서 원고의 의료보호비용청구에 관한 법률상 지위에 직접적인 법률적 변동을 가져오는 것은 아니므로 이를 가리켜 항고소송의 대상이 되는 행정처분이라고 볼 수는 없다(대판 1999.6.25. 98두15863). 〈14. 국회 8급〉

6. 금융감독위원회의 부실금융기관에 대한 파산신청의 처분성(부정)

파산신청은 그 성격이 법원에 대한 재판상 청구로서 그 자체가 국민의 권리·의무에 어떤 영향을 미치는 것이 아닐 뿐만 아니라, 위 파산신청으로 인하여 당해 부실금융기관이 파산절차 내에서 여러 가지 법률상 불이익을 입는다 할지라도 파산법원이 관할하는 파산절차 내에서 그 신청의 적법 여부 등을 다투어야 할 것이므로, 위와 같은 금융감독위원회의 파산신청은 행정소송법상 취소소송의 대상이 되는 행정처분이라 할 수 없다(대판 2006.7.28. 2004두13219). 〈13. 지방 9급〉

7. 세무서장의 법인세 과세표준결정행위의 처분성(부정)

법인세과세표준결정은 조세부과처분에 앞선 결정으로서 그로 인하여 바로 과세처분의 효력이 발생하는 것이 아니고 또 후일에 이에 의한 법인세부과처분이 있을 때에 그 부과처분을 다툴 수 있는 방법이 없는 것도 아니어서 과세관청의 위 결정을 바로 항고소송의 대상이 되는 행정처분이라고 볼 수는 없다(대판 1986.1.21. 82누236). 〈14. 지방 7급〉

8. 과세관청의 세무조사결정의 처분성(긍정)

부과처분을 위한 과세관청의 질문조사권이 행해지는 세무조사결정이 있는 경우 납세의무자는 세무공무원의 과세자료수집을 위한 질문에 대답하고 검사를 수인하여야 할 법적 의무를 부담하게 되는 점, … 등을 종합하면, 세무조사결정은 납세의무자의 권리·의무에 직접 영향을 미치는 공권력의 행사에 따른 행정작용으로서 항고소송의 대상이 된다(대판 2011.3.10. 2009두23617). 〈14. 국가 7급〉, 〈14·17. 국가 9급〉

9. 시험승진후보자명부에서의 등재자 성명 삭제행위의 처분성(부정)

시험승진후보자명부에 등재되어 있던 자가 그 명부에서 삭제됨으로써 승진임용의 대상에서 제외되었다 하더라도, 그와 같은 시험승진후보자명부에서의 삭제행위는 결국 그 명부에 등재된 자에 대한 승진 여부를 결정하기 위한 행정청 내부의 준비과정에 불과하고, 그 자체가 어떠한 권리나 의무를 설정하거나 법률상 이익에 직접적인 변동을 초래하는 별도의 행정처분이 된다고 할 수 없다(대판 1997.11.14. 97누7325). 〈14. 지방 7급〉

10. 명부에 포함되어 있는 후보자의 승진임용인사발령에서 제외하는 행위의 처분성(긍정)

승진후보자 명부에 포함된 후보자는 임용권자로부터 정당한 심사를 받게 될 것에 관한 절차적 기대를 하게 된다. 그런데 임용권자 등이 자의적인 이유로 승진후보자 명부에 포함된 후보자를 승진임용에서 제외하는 처분을 한 경우에, 이러한 승진임용제외처분을 항고소송의 대상이 되는 처분으로 보지 않는다면, 달리 이에 대하여는 불복하여 침해된 권리 또는 법률상 이익을 구제받을 방법이 없다. 따라서 교육공무원법상 승진후보자 명부에 의한 승진심사 방식으로 행해지는 승진임용에서 승진후보자 명부에 포함되어 있던 후보자를 승진임용인사발령에서 제외하는 행위는 불이익처분으로서 항고소송의 대상인 처분에 해당한다고 보아야 한다(대판 2018.3.27. 2015두47492). 〈19. 국회 8급〉, 〈19. 지방 9급〉

11. 복수의 총장 후보자들 중 일부를 임용제청에서 제외한 행위의 처분성(긍정)

해당 대학의 추천을 받은 총장 후보자는 교육부장관으로부터 정당한 심사를 받게 될 것으로 절차적 기대를 하게 된다. 그런데 교육부장관이 자의적인 이유로 해당 대학에서 추천한 복수의 총장 후보자들 전부 또는 일부를 임용 제청하지 않는 경우에는 대통령에 의한 심사와 임용을 받을 기회를 박탈하는 효과가 있으므로, 이를 항고소송의 대상이 되는 처분으로 보지 않는다면, 달리 이에 대하여는 불복하여 침해된 권리 또는 법률상 이익을 구제받을 방법이 없다. 따라서 교육부장관이 대학에서 추천한 복수의 총장 후보자들 전부 또는 일부를 임용제청에서 제외하는 행위는 제외된 후보자들에 대한 불이익처분으로서 항고소송의 대상이 되는 처분에 해당한다고 보아야 한다(대판 2018.6.15. 2015두50092). 〈19. 국가 9급〉

12. 국제전기통신연합에 대한 위성망국제등록신청의 처분성(부정)

전파주관청인 정보통신부장관이 국제공용자원인 위성궤도 및 주파수를 우리나라 자원으로 확보하기 위하여 국제전기통신연합(International Telecommunication Union)의 전파규칙에 따라 국제전기통신연합에 대하여 하는 위성망국제등록신청은 항고소송의 대상이 되는 행정처분이라고 할 수 없다(대판 2007.4.12. 2004두7924).

13. 병무청장이 병역의무 기피자의 인적사항 등을 인터넷 홈페이지에 게시한 것의 처분성(긍정)

1) 병무청장이 병역법 제81조의2 제1항에 따라 병역의무 기피자의 인적사항 등을 인터넷 홈페이지에 게시하는 등의 방법으로 공개한 경우 병무청장의 공개결정을 항고소송의 대상이 되는 행정처분으로 보아야 한다. 그 구체적인 이유는 … 병무청장이 하는 병역의무 기피자의 인적사항 등 공개조치에는 특정인을 병역의무 기피자로 판단하여 그에게 불이익을 가한다는 행정결정이 전제되어 있고, 공개라는 사실행위는 행정결정의 집행행위라고 보아야 한다. … 재판에서 병무청장의 공개결정이 위법함이 확인되어 취소판결이 선고되는 경우, 병무청장은 취소판결의 기속력에 따라 위법한 결과를 제거하는 조치를 할 의무가 있으므로 공개 대상자의 실효적 권리구제를 위해 병무청장의 공개결정을 행정처분으로 인정할 필요성이 있다. 〈23. 국가 9급〉

2) 관할 지방병무청장의 공개 대상자 결정의 경우 상대방에게 통보하는 등 외부에 표시하는 절차가 관계 법령에 규정되어 있지 않아, 행정실무상으로도 상대방에게 통보되지 않는 경우가 많다. 또한 관할 지방병무청장이 위원회의 심의를 거쳐 공개 대상자를 1차로 결정하기는 하지만, 병무청장에게 최종적으로 공개 여부를 결정할 권한이 있으므로, 관할 지방병무청장의 공개 대상자 결정은 병무청장의 최종적인 결정에 앞서 이루어지는 행정기관 내부의 중간적 결정에 불과하다(대판 2019.6.27. 2018두49130).

Winner's 처분성 : 병무청장의 공개결정 (○), 지방병무청장의 공개대상자 결정 (×)

14. 공정거래위원회의 입찰참가자격의 제한을 요청한 결정의 처분성(긍정)

공정거래위원회는 법 제26조 제2항 후단에 따라 관계 행정기관의 장에게 해당 사업자에 대한 입찰참가자격제한 요청 결정을 하게 되며, 이를 요청받은 관계 행정기관의 장은 특별한 사정이 없는 한 그 사업자에 대하여 입찰참가자격을 제한하는 처분을 해야 하므로, 사업자로서는 입찰참가자격제한 요청 결정이 있으면 장차 후속 처분으로 입찰참가자격이 제한될 수 있는 법률상 불이익이 존재한다. 이때 입찰참가자격제한 요청 결정이 있음을 알고 있는 사업자로 하여금 입찰참가자격제한처분에 대하여만 다툴 수 있도록 하는 것보다는 그에 앞서 직접 입찰참가자격제한 요청 결정의 적법성을 다툴 수 있도록 함으로써 분쟁을 조기에 근본적으로 해결하도록 하는 것이 법치행정의 원리에도 부합한다. 따라서 공정거래위원회의 입찰참가자격제한 요청 결정은 항고소송의 대상이 되는 처분에 해당한다(대판 2023.2.2. 2020두48260). 〈24. 국가 7급〉

Winner's 처분성 인정 여부

긍정	부정
① 공정거래위원회의 경고의결	① 공정거래위원회의 고발의결 및 고발조치
② 감사원의 변상판정	② 소속장관의 변상명령
③ 병무청장의 병역처분	③ 군의관의 신체등위판정
④ 과세관청의 세무조사결정	④ 세무서장의 법인세 과세표준결정
⑤ 후보자를 승진임용인사발령에서 제외 ⑥ 복수의 총장 후보자들 중 일부를 임용제청에서 제외	⑤ 시험승진후보자명부에서의 등재자 성명 삭제행위
⑦ 병무청장이 병역의무 기피자의 인적사항 등을 인터넷 홈페이지에 게시한 것	⑥ 지방병무청장의 공개대상자 결정
	⑦ 의료보호진료비심사결과통지 ⑧ 금융감독위원회의 파산신청 ⑨ 국제전기통신연합에 대한 위성망국제등록신청

(7) 행정규칙에 근거한 처분

행정규칙의 내부적 구속력에 의하여 상대방에게 권리의 설정 또는 의무의 부담을 명하거나 기타 법적인 효과를 발생하게 하는 등으로 그 상대방의 권리·의무에 직접 영향을 미치는 행위라면 행정처분에 해당한다. 〈13. 국가 9급〉, 〈15. 사회복지 9급〉

1. 행정규칙에 근거한 불문경고의 처분성(긍정)

1) 항고소송의 대상이 되는 행정처분이라 함은 원칙적으로 행정청의 공법상 행위로서 특정 사항에 대하여 법규에 의한 권리의 설정 또는 의무의 부담을 명하거나 기타 법률상 효과를 발생하게 하는 등으로 일반 국민의 권리·의무에 직접 영향을 미치는 행위를 가리키는 것이지만, 어떠한 처분의 근거나 법적인 효과가 행정규칙에 규정되어 있다고 하더라도, 그 처분이 <u>행정규칙의 내부적 구속력에 의하여 상대방에게 권리의 설정 또는 의무의 부담을 명하거나 기타 법적인 효과를 발생하게 하는 등으로 그 상대방의 권리·의무에 직접 영향을 미치는 행위라면</u>, 이 경우에도 항고소송의 대상이 되는 행정처분에 해당한다.

2) 행정규칙에 의한 '불문경고조치'가 비록 법률상의 징계처분은 아니지만 위 처분을 받지 아니하였다면 차후 다른 징계처분이나 경고를 받게 될 경우 <u>징계감경사유로 사용될 수 있었던 표창공적의 사용가능성을 소멸시키는 효과</u>와 1년 동안 인사기록카드에 등재됨으로써 그 동안은 장관표창이나 도지사표창 대상자에서 제외시키는 효과 등이 있다는 이유로 항고소송의 대상이 되는 행정처분에 해당한다(대판 2002.7.26. 2001두3532). 〈13. 지방 9급〉, 〈18. 서울 7급(3월)〉

2. 단순서면경고의 처분성(부정)

공무원이 소속 장관으로부터 받은 '직상급자와 다투고 폭언하는 행위 등에 대하여 엄중경고하니 차후 이러한 사례가 없도록 각별히 유념하기 바람'이라는 내용의 서면에 의한 경고가 공무원의 신분에 영향을 미치는 국가공무원법상의 징계의 종류에 해당하지 아니하고, <u>근무충실에 관한</u>

권고행위 내지 지도행위로서 그 때문에 공무원으로서의 신분에 불이익을 초래하는 법률상의 효과가 발생하는 것도 아니므로, 경고가 국가공무원법상의 징계처분이나 행정소송의 대상이 되는 행정처분이라고 할 수 없어 그 취소를 구할 법률상의 이익이 없다(대판 1991.11.12. 91누2700).

3. 건설교통부 내부지침에 의한 항공노선에 대한 운수권배분처분의 처분성(긍정)

노선을 배분받은 항공사는 중국 항공당국에 통보됨으로써 이 사건 잠정협정 및 비밀양해각서에 의한 지정항공사로서의 지위를 취득하고, 중국의 지정항공사와 상무협정을 체결하는 등 노선면허를 취득하기 위한 후속절차를 밟아 중국 항공당국으로부터 운항허가를 받을 수 있게 되며, 추후 당해 노선상의 합의된 업무를 운영함에 있어 중국의 영역 내에서 무착륙비행, 비 운수목적의 착륙 등 제 권리를 가지게 되는 반면, 노선배분을 받지 못한 항공사는 상대국 지정항공사와의 상무협정 체결 등 노선면허 취득을 위한 후속절차를 밟을 수 없을 뿐만 아니라 중국 항공당국으로부터 운항허가를 받을 수도 없는 지위에 놓이게 된다. … 이 사건 각 노선에 대한 운수권배분처분은 이 사건 잠정협정 등과 행정규칙인 이 사건 지침에 근거하는 것으로서 상대방에게 권리의 설정 또는 의무의 부담을 명하거나 기타 법적 효과를 발생하게 하는 등으로 원고의 권리의무에 직접 영향을 미치는 행위로서 항고소송의 대상이 되는 행정처분에 해당한다고 할 것이다(대판 2004.11.26. 2003두10251·10268). 〈12. 지방 9급〉

Winner's 처분성 인정 여부

긍정	부정
① 행정규칙에 근거한 불문경고 ② 건설교통부 내부지침에 의한 항공노선에 대한 운수권배분처분	① 행정규칙에 근거한 단순서면경고

5. 재결

(1) 의의

행정심판위원회가 사인(私人)의 행정심판청구에 대하여 분쟁해결을 위하여 내리는 결정을 말한다.

(2) 「행정소송법」규정내용

「행정심판법」상 심판대상은 '처분'이고, 행정심판재결은 행정심판의 대상이 될 수 없도록 규정하고 있다(행심법❶ 제51조). 그러나「행정소송법」은 '처분 등'을 대상으로 하고 있다는 점에서 재결도 취소소송의 대상이 됨을 규정하고 있다. 다만, 재결을 대상으로 하는 경우에는 재결 자체의 고유한 위법이 있음을 이유로 하는 경우에 한정된다(행소법 제19조). 〈13. 국가 9급〉

용어설명 ❶ 행심법 : 행정심판에 관한 일반법으로서「행정심판법」을 단축하여 표시한 것

〈행정심판법〉

제3조(행정심판의 대상) ① 행정청의 처분 또는 부작위에 대하여는 다른 법률에 특별한 규정이 있는 경우 외에는 이 법에 따라 행정심판을 청구할 수 있다.

제51조(행정심판 재청구의 금지) 심판청구에 대한 재결이 있으면 그 재결 및 같은 처분 또는 부작위에 대

하여 다시 행정심판을 청구할 수 없다.

〈**행정소송법**〉 **제19조(취소소송의 대상)** 취소소송은 처분 등을 대상으로 한다. 다만, 재결취소소송의 경우에는 재결 자체에 고유한 위법이 있음을 이유로 하는 경우에 한한다.

(3) 입법주의

① 문제점: 행정청의 처분에 대하여 행정심판의 재결을 거쳐서 취소소송을 제기하는 경우 원처분과 재결 중에서 어느 것을 취소소송의 대상으로 할 것인지가 문제된다.

② 유형

원처분주의	원처분과 재결이 모두 소송의 대상이 될 수 있지만, 원처분의 위법은 원처분 취소소송에서만 주장할 수 있고, 재결 취소소송에서는 재결 자체의 고유한 위법만을 주장할 수 있는 제도이다.
재결주의	원처분에 대해서는 소송을 제기할 수 없고, 재결만 대상이 되는 제도이다. 그리하여 재결 취소소송에서는 재결 자체의 위법뿐만 아니라 원처분의 위법도 아울러 주장할 수 있다.

Winner's 소송의 대상 : 원처분주의 (재결도 ○), 재결주의 (재결만 ○)

재결의 고유한 하자를 원처분의 취소를 구하는 소송에서 위법사유로 주장할 수 있는지 여부(부정)
행정처분에 대한 행정심판의 재결에 이유모순의 위법이 있다는 사유는 재결처분 자체에 고유한 하자로서 재결처분의 취소를 구하는 소송에서는 그 위법사유로서 주장할 수 있으나, 원처분의 취소를 구하는 소송에서는 그 취소를 구할 위법사유로서 주장할 수 없다(대판 1996.2.13. 95누8027). 〈14. 지방 7급〉

③ 현행법의 태도: 「행정소송법」상 재결취소소송은 재결 자체의 고유한 위법이 있는 경우에 한하여 가능한 것이므로 원처분주의를 채택한 것으로 본다. 다만 개별법상 원처분을 다투는 것보다 재결을 다투는 것이 당사자의 권리구제에 보다 효율적이고, 판결의 적정성을 더욱 보장할 수 있는 경우에는 예외적으로 재결에 대하여만 소송을 제기할 수 있도록 규정하고 있다.

1. 사립학교 교원에 대한 해임처분이 행정처분인지 여부(부정)
사립학교 교원에 대한 해임처분에 대한 구제방법으로서는 학교법인을 상대로 한 민사소송 이외에도 교원지위향상을위한특별법 제7조 내지 제10조에 따라 교육부 내에 설치된 교원징계재심위원회에 재심청구를 하고 교원징계재심위원회의 결정에 불복하여 행정소송을 제기하는 방법도 있으나, 이 경우에도 행정소송의 대상이 되는 행정처분은 그 교원징계재심위원회의 결정이지 학교법인의 해임처분이 행정처분으로 의제되는 것이 아니며 또한 교원징계재심위원회의 결정을 이에 대한 행정심판으로서의 재결에 해당되는 것으로 볼 수는 없다 할 것이다(대판 1993.2.12. 92누13707).

Winner's 사립학교 교원에 대한 해임처분을 다투는 방법 : 민사소송 (○), 행정소송 (×)

2. 국공립학교 교원에 대한 징계처분은 행정처분인지 여부(긍정)
교원지위향상을 위한 특별법 제10조 제3항과 관련하여, 국공립학교 교원의 불이익처분에 있어서의 소의 대상은 원칙적으로 원래의 징계처분 등 불이익처분이고, 교원징계재심위원회의 결정은 고유한 위법이 있는 경우에만 항고소송의 대상이 될 수 있다고 판시하여, 원처분주의의 적용을 인정하였다. …

충청남도 교육감의 원고에 대한 해임처분의 취소를 구하는 원고의 재심청구를 기각한 피고의 재심결정에 사실 오인의 위법이 있다거나 재량권의 남용 또는 그 범위를 일탈한 것으로서 위법하다는 사유는 이 사건 재심결정 자체에 고유한 위법을 주장하는 것으로 볼 수 없어, 이는 이 사건 재심결정의 취소사유가 될 수 없는 것이다(대판 1994.2.8. 93누17874). 〈18.서울 9급〉

Winner's 국공립학교 교원 징계에 대한 취소소송의 대상 : 원래의 징계처분 (○), 재심결정 (△)

(4) 재결 자체의 고유한 위법

① 주체상의 위법: 정당한 위원회의 재결이 아닌 경우를 말한다(⑩ 행정심판위원회의 구성원에 결격사유가 있거나 정족수 흠결 등의 사유가 있는 경우 등).

② 내용상의 위법: 원처분과 다른 새로운 이익의 침해를 말한다. 내용상의 위법도 고유한 위법에 포함되는지 여부에 관하여 학설이 대립하나, 긍정하는 것이 다수설이다.

재결 자체에 고유한 위법이란 재결에만 있는 하자를 의미하는지 여부(긍정)
행정소송법 제19조에서 말하는 '재결 자체에 고유한 위법'이란 원처분에는 없고 재결에만 있는 재결청의 권한 또는 구성의 위법, 재결의 절차나 형식의 위법, 내용의 위법 등을 뜻하고, 그 중 내용의 위법에는 위법·부당하게 인용재결을 한 경우가 해당한다(대판 1997.9.12. 96누14661).

③ 절차상의 위법: 「행정심판법」에서 정하고 있는 심리절차를 위반한 경우 등을 말한다.

④ 형식상의 위법: 서면형식으로 하지 않은 재결이나, 재결서의 기재사항에 누락이 있는 경우 이유부기가 전혀 없는 경우 등을 말한다.

(5) 내용상의 고유한 위법

각하재결		행정심판청구가 부적법하지 않음에도 각하한 재결은 심판청구인의 실체심리를 받을 권리를 박탈한 것으로서, 재결 자체의 고유한 위법이 있는 경우이므로 취소소송의 대상이 된다(판례).
기각재결	원칙	원처분의 정당성을 인정한 것이므로 재결 자체의 위법이 없어서 소송의 대상이 될 수 없다.
	예외	심판청구의 대상이 되지 않아서 각하재결을 해야 함에도 기각한 재결, 원처분보다 청구인에게 불리한 내용을 가진 재결은 재결 자체에 고유한 위법이 있는 것이므로 취소소송을 제기할 수 있다.
인용재결		① 원처분의 위법·부당성을 인정하는 것이므로 고유한 위법이 인정되고, 소송의 대상이 될 수 있다. ② 심판청구인은 제기할 이유가 없고, 부적법한 심판청구에 대한 인용재결이나 제3자효 행정행위에 있어서 인용재결로 인하여 불이익을 받는 자가 제기할 수 있다(⑩ 기존업자가 제기한 취소심판의 인용재결에 의하여 신규업자가 비로소 불이익을 받게 되는 경우).
일부인용재결, 수정재결	원칙	원처분이 변형되어 남아 있는 것이므로 고유한 위법이 없어서 원처분을 대상으로 취소소송을 제기할 수 있다. 다만, 수정재결은 원처분을 대체하는 것이므로 재결을 대상으로 해야 한다는 견해(박균성)가 있다.
	예외	이러한 재결로 인하여 새로이 법률상 이익이 침해되는 자는 그 재결을 대상으로 할 수 있다.

이행재결	학설	이행재결에 따라 처분청이 재결의 취지에 따른 처분을 발동한 경우 처분청의 처분은 재결의 기속력에 따른 것이므로 재결을 대상으로 하여야 한다는 견해, 국민에 대한 구체적 권익침해는 결국 처분청의 처분에 의한 것이므로 처분을 대상으로 하여야 한다는 견해가 대립한다.
	판례	양자 모두 대상이 될 수 있다는 입장으로 평가한다.

1. 부적법 각하하여야 함에도 불구하고 인용한 재결은 고유한 하자가 있는지 여부(긍정)

행정청이 골프장 사업계획승인을 얻은 자의 사업시설 착공계획서를 수리한 것에 대하여 인근 주민들이 그 수리처분의 취소를 구하는 행정심판을 청구하자 재결청이 그 청구를 인용하여 수리처분을 취소하는 형성적 재결을 한 경우, 그 수리처분 취소 심판청구는 행정심판의 대상이 되지 아니하여 부적법 각하하여야 함에도 위 재결은 그 청구를 인용하여 수리처분을 취소하였으므로 재결 자체에 고유한 하자가 있다(대판 2001.5.29. 99두10292).

2. 징계처분의 취소를 구하는 소청심사청구를 기각한 결정에 고유한 위법이 있는지 여부(부정)

피고가 국립대학교인 전남대학교 총장의 원고에 대한 징계처분의 취소를 구하는 원고의 소청심사청구를 기각한 데 대하여 그 소청심사결정의 취소를 구하는 이 사건에서, 원고가 상고이유로 주장하는 사유는 모두 원처분, 즉 위 징계처분에 위법이 있다거나 소청심사결정에 사실오인 또는 징계재량권을 남용·일탈한 위법이 있다는 취지로써 이러한 사유는 이 사건 소청심사결정 자체에 고유한 위법을 주장하는 것으로 볼 수 없어 이 사건 소청심사결정의 취소사유가 될 수 없다(대판 2009.10.15. 2009두11829).

3. 감봉처분을 견책으로 변경한 소청결정은 고유한 위법이 있는지 여부(부정)

항고소송은 원칙적으로 당해 처분을 대상으로 하나, 당해 처분에 대한 재결 자체에 고유한 주체·절차·형식 또는 내용상의 위법이 있는 경우에 한하여 그 재결을 대상으로 할 수 있다고 해석되므로, 징계혐의자에 대한 감봉 1월의 징계처분을 견책으로 변경한 소청결정 중 그를 견책에 처한 조치는 재량권의 남용 또는 일탈로서 위법하다는 사유는 소청결정 자체에 고유한 위법을 주장하는 것으로 볼 수 없어 소청결정의 취소사유가 될 수 없다(대판 1993.8.24. 93누5673).

4. 이행재결에 따른 취소처분은 항고소송의 대상이 될 수 있는지 여부(긍정)

행정심판법 제37조 제1항의 규정에 의하면 재결은 행정청을 기속하는 효력을 가지므로 재결청이 취소심판의 청구가 이유있다고 인정하여 처분청에게 처분의 취소를 명하면 처분청으로서는 그 재결의 취지에 따라 처분을 취소하여야 하지만, 그렇다고 하여 그 재결의 취지에 따른 취소처분이 위법할 경우 그 취소처분의 상대방이 이를 항고소송으로 다툴 수 없는 것은 아니다(대판 1993.9.28. 92누15093).

Winner's 소송의 대상성 인정 여부

긍정	부정
① 부적법 각하하여야 함에도 불구하고 인용한 재결 ② 이행재결에 따른 취소처분	① 징계처분의 취소를 구하는 소청심사청구를 기각한 결정 ② 감봉처분을 견책으로 변경한 소청결정

(6) 법원의 판결

재결 자체의 고유한 위법이 없음에도 불구하고 재결에 대하여 취소소송을 제기한 경우에 법원이 어떤 판결을 할 것인지가 문제된다.

각하판결설	「행정소송법」제19조는 소송요건을 의미하는 것이므로 각하판결을 해야 한다는 견해이다.
기각판결설 (다수설·판례)	재결의 위법 여부를 심리한 것이므로 본안판결로서 기각판결을 해야 한다는 견해이다.

> **재결 자체에 고유한 위법이 없는 경우 재결 취소소송을 기각하여야 하는지 여부(긍정)**
> 행정소송법 제19조는 취소소송은 행정청의 원처분을 대상으로 하되(원처분주의), 다만 '재결 자체에 고유한 위법이 있음을 이유로 하는 경우'에 한하여 행정심판의 재결도 취소소송의 대상으로 삼을 수 있도록 규정하고 있으므로 재결 취소소송의 경우 재결 자체에 고유한 위법이 있는지 여부를 심리할 것이고, 재결 자체에 고유한 위법이 없는 경우에는 원처분의 당부와는 상관없이 당해 재결 취소소송은 이를 기각하여야 한다(대판 1994.1.25. 93누16901). 〈17. 국가 7급〉

Winner's 고유한 위법이 없는 재결 : 각하판결 (×), 기각판결 (○)

(7) 재결주의의 채택 여부

① 중앙노동위원회의 재심판정: 「노동위원회법」에서 중앙노동위원회위원장을 피고로 한다고 규정되어 있으므로 재심의 판정이라는 재결만 행정소송의 대상이 되는 것으로 해석된다.

> 〈노동위원회법〉 제27조(중앙노동위원회의 처분에 대한 소송) ① 중앙노동위원회의 처분에 대한 소송은 중앙노동위원회 위원장을 피고로 하여 처분의 송달을 받은 날부터 15일 이내에 제기하여야 한다.

② 감사원의 재심판정: 「감사원법」은 감사원을 피고로 하여 제기하는 것으로 규정되어 있으므로 재심의 판정이라고 하는 재결만 행정소송의 대상이 되는 것으로 해석된다.

> 〈감사원법〉 제40조(재심의 효력) ② 감사원의 재심의 판결에 대하여는 감사원을 당사자로 하여 행정소송을 제기할 수 있다. 다만, 그 효력을 정지하는 가처분결정은 할 수 없다.

③ 중앙토지수용위원회의 이의재결: 과거에는 수용재결에 대한 이의신청이 필요적 절차라는 점에서 판례는 이의재결만 대상이 된다고 하여 재결주의를 채택한 것으로 해석하였으나, 현행법은 이의신청을 임의적 절차로 개정하였으므로 이의신청을 거친 경우라 하더라도 원처분인 수용재결을 대상으로 한다는 것이 다수설과 판례이다. 다만, 수용재결이 무효인 경우에는 과거에도 이의신청을 거쳐야 하는 것이 아니었으므로 수용재결을 대상으로 무효확인을 구할 수 있다고 하였다.

Winner's 재결주의 : 중앙노동위원회 재심판정 (○), 감사원 재심판정 (○), 중앙토지수용위원회의 이의재결 (×)

> **1. 이의신청을 거친 경우 수용재결이 취소소송의 대상이 되는지 여부(긍정)**
> 「공익사업을 위한 지 등의 취득 및 보상에 관한 법률」 제85조 제1항 전문의 문언 내용과 같은 법 제83조, 제85조가 중앙토지수용위원회에 대한 이의신청을 임의적 절차로 규정하고 있는 점, 「행정소송법」

제19조 단서가 행정심판에 대한 재결은 재결 자체에 고유한 위법이 있음을 이유로 하는 경우에 한하여 취소소송의 대상으로 삼을 수 있도록 규정하고 있는 점 등을 종합하여 보면, 수용재결에 불복하여 취소소송을 제기하는 때에는 이의신청을 거친 경우에도 수용재결을 한 중앙토지수용위원회 또는 지방토지수용위원회를 피고로 하여 수용재결의 취소를 구하여야 하고, 다만 이의신청에 대한 재결 자체에 고유한 위법이 있음을 이유로 하는 경우에는 그 이의재결을 한 중앙토지수용위원회를 피고로 하여 이의재결의 취소를 구할 수 있다고 보아야 한다(대판 2010.1.28. 2008두1504). 〈16. 지방 9급〉

Winner's 이의신청을 거친 경우 소송의 대상 : 수용재결 (○), 이의재결 (△)

2. 수용재결이 무효인 경우 무효확인의 대상(수용재결)

행정처분이 무효인 경우에는 그 효력은 처음부터 당연히 발생하지 아니하는 것이어서 행정처분의 취소를 구하는 경우와는 달리 행정심판을 거치는 등의 절차나 그 제소기간에 구애받지 않고 그 무효확인을 구할 수 있는 것인바, 토지수용에 관한 중앙 또는 지방토지수용위원회의 수용재결은 그 성질에 있어 구체적으로 일정한 법률효과의 발생을 목적으로 하는 점에서 일반의 행정처분과 전혀 다를 바 없으므로, 수용재결처분이 무효인 경우에는 그 재결 자체에 대한 무효확인을 소구할 수 있다고 보아야 할 것이다(대판 1993.1.19. 91누8050 전합).

4 행정심판전치주의

1. 의의

행정소송을 제기하기 전에 행정심판을 먼저 거쳐야 하는 것을 말한다. 과거에는 반드시 거쳐야 하는 필요적 전치주의가 「행정소송법」의 원칙이었으나, 심판의 공정성에 의문이 제기되고, 인용률도 낮았으므로 현재는 임의적 전치주의가 원칙이다. 다만 개별법에서 심판을 거쳐야 한다는 특별한 규정이 있으면 필요적 전치주의가 된다.

> 〈행정소송법〉 제18조(행정심판과의 관계) ① 취소소송은 법령의 규정에 의하여 당해 처분에 대한 행정심판을 제기할 수 있는 경우에도 이를 거치지 아니하고 제기할 수 있다. 다만, 다른 법률에 당해 처분에 대한 행정심판의 재결을 거치지 아니하면 취소소송을 제기할 수 없다는 규정이 있는 때에는 그러하지 아니하다.

Winner's 행정심판전치주의 규정 : 행정소송법 (○), 행정심판법 (×)

2. 개별법상 필요적 전치

(1) 조세부과

① 국세·관세: 세무서장 등에 대한 이의신청은 특별한 규정이 없으므로 임의적 절차이나, 국세청장에 대한 심사청구나 조세심판원에 대한 심판청구를 거쳐야 하는 것으로 규정하고 있으므로(「국세기본법」 제56조) 필요적 절차에 해당한다. 그러나 심사청구와 심판청구를 중복하여 제기할 수 없으므로(「국세기본법」 제55조 제9항), 어느 하나만 반드시 거치면 되는 것으로 본다.

Winner's 필요적 전치 : 이의신청 (×), 심사청구나 심판청구 (○)

② 지방세: 과세관청에 대한 이의신청은 임의적 절차이나, 조세심판원에 대한 심판청구는 그 결정을 거치지 아니하면 행정소송을 제기할 수 없다는 규정이 신설되어 필요적 절차에 해당한다.

> 〈국세기본법〉 제56조(다른 법률과의 관계) ② 제55조에 규정된 위법한 처분에 대한 행정소송은 「행정소송법」 제18조제1항 본문, 제2항 및 제3항에도 불구하고 이 법에 따른 심사청구 또는 심판청구와 그에 대한 결정을 거치지 아니하면 제기할 수 없다. 다만, 심사청구 또는 심판청구에 대한 제65조제1항제3호 단서(제80조의2에서 준용하는 경우를 포함한다)의 재조사 결정에 따른 처분청의 처분에 대한 행정소송은 그러하지 아니하다.
>
> 〈지방세기본법〉 제98조(다른 법률과의 관계) ③ 제89조에 규정된 위법한 처분에 대한 행정소송은 「행정소송법」 제18조제1항 본문, 같은 조 제2항 및 제3항에도 불구하고 이 법에 따른 심판청구와 그에 대한 결정을 거치지 아니하면 제기할 수 없다. 다만, 심판청구에 대한 재조사 결정(제100조에 따라 심판청구에 관하여 준용하는 「국세기본법」 제65조제1항제3호 단서에 따른 재조사 결정을 말한다)에 따른 처분청의 처분에 대한 행정소송은 그러하지 아니하다.

(2) 공무원에게 불리한 처분

일반 공무원의 경우에는 소청심사위원회의 심사·결정을 거쳐야 하고(「국가공무원법」 제16조), 교육공무원의 경우에는 교원소청심사위원회의 결정을 거쳐야(「교육공무원법」 제53조 제1항) 행정소송을 제기할 수 있다. 〈14. 국가 9급〉

> 〈국가공무원법〉 제16조(행정소송과의 관계) ① 제75조에 따른 처분 그 밖에 본인의 의사에 반한 불리한 처분이나 부작위(不作爲)에 관한 행정소송은 소청심사위원회의 심사·결정을 거치지 아니하면 제기할 수 없다.

(3) 「도로교통법」상의 처분

「도로교통법」에 의한 처분은 행정심판을 거치지 않으면 행정소송을 제기할 수 없도록 규정하고 있으므로, 필요적 전치에 해당한다.

> 〈도로교통법〉 제142조(행정소송과의 관계) 이 법에 따른 처분으로서 해당 처분에 대한 행정소송은 행정심판의 재결을 거치지 아니하면 제기할 수 없다.

3. 필요적 전치의 적용범위

(1) 소송의 유형

「행정소송법」은 개별법상 행정심판을 거쳐야 하는 경우에도 취소소송에 대하여 규정하고, 부작위위법확인소송만 준용하고 있으므로 무효등확인소송에 대해서는 적용되지 않는다.

(2) 무효선언적 의미의 취소소송

무효사유에 대하여 취소소송을 제기한 경우에 심판전치의 요건을 갖추어야 하는 것인지가 문제된다. 긍정하는 견해가 통설·판례의 태도이다. 〈14. 사회복지 9급〉

> **무효선언적 의미의 취소소송은 취소소송의 요건을 갖추어야 하는지 여부(긍정)**
> 행정처분의 당연무효를 선언하는 의미에서 그 취소를 구하는 행정소송을 제기하는 경우에는 전치절차와 그 제소기간의 준수 등 취소소송의 제소요건을 갖추어야 한다(대판 1987.6.9. 87누219).

(3) 2단계 이상의 행정심판

하나의 처분에 대하여 관계법상 이의신청, 행정심판 등 2단계 이상의 행정심판이 규정되어 있는 경우에 그 절차를 모두 거쳐야 하는 것인지가 문제된다. 명문의 규정이 있는 경우에는 모두 거쳐야 하는 것이지만, 명문의 규정이 없는 한 어느 하나만 거치면 된다고 본다. 왜냐하면, 행정심판의 목적은 자율적 통제기회를 부여하고 신속한 권리구제를 위한 것이기 때문이다.

(4) 제3자효 행정행위

제3자효 행정행위에 의하여 불이익을 받는 제3자가 소송을 제기하는 경우에도 행정심판을 거쳐야 할 것인지가 문제된다. 제3자는 처분의 통지를 받지 못하므로 심판청구 기간 내에 심판을 청구하기 어렵기 때문에 거칠 필요가 없다는 견해가 있으나, 기간을 준수하기 곤란하다는 사정만으로 심판을 거칠 필요가 없다는 것은 아니므로 적용된다는 것이 다수설과 판례이다.

> **제3자효 행정행위에 대해서도 심판전치규정이 그대로 적용되는지 여부(긍정)**
> 행정심판법 제18조 제3항에 보면 "심판청구는 처분이 있는 날로부터 180일을 경과하면 제기하지 못한다. 다만, 정당한 사유가 있는 경우에는 그러하지 아니하다."고 규정하고 있는바, 행정처분의 직접 상대방이 아닌 제3자는 특별한 사정이 없는 한 그와 같은 행정처분이 있음을 곧 알 수 없는 처지이므로, 위 심판청구의 제척기간 내에 처분이 있음을 알았다는 특별한 사정이 없는 한 위 제척기간의 적용을 배제할 정당한 이유가 있는 때에 해당한다고 볼 수 있다. 결국, 행정처분의 상대방이 아닌 제3자는 행정심판법 제18조 제3항 본문 소정의 제척기간 내에 심판청구가 가능하였다는 특별한 사정이 없는 한 그 제척기간 내에 구애됨이 없이 행정심판을 제기할 수 있으나, 어떠한 경우에도 행정심판을 제기함이 없이 곧바로 행정소송을 제기할 수는 없다고 보아야 할 것이다(대판 1989.5.9. 88누5150).

Winner's 제3자효 행위의 제3자가 제기하는 경우 완화적용 : 심판전치 (×), 제소기간 (○)

(5) 당사자소송

「행정소송법」상 당사자소송에 관해서 심판전치요건을 준용하는 규정은 없으므로 당사자소송에는 적용할 수 없다. 다만, 주위적 청구가 당사자소송이라 하여도 예비적 청구가 취소소송인 경우에는 전심절차를 갖추어야 한다(판례).

> **예비적 청구가 취소소송인 경우에는 전치요건을 갖추어야 하는지 여부(긍정)**
> 주위적 청구가 전심절차를 요하지 아니하는 당사자소송이더라도 병합 제기된 예비적 청구가 항고소송이라면 이에 대한 전심절차 등 제소의 적법요건을 갖추어야 한다(대판 1989.10.27. 89누39).

(6) 재결과 이행재결에 따른 처분

재결에 대한 취소소송이나, 이행재결에 따른 처분에 대한 취소소송의 경우에는 이미 행정청의 심사를 거친 것이므로 심판전치요건의 적용이 없다고 본다(홍정선).

4. 전치요건의 법적 성질

심판전치요건은 소송요건이므로 당사자의 주장 여부와 관계없이 법원의 직권조사사항에 속한다. 따라서 제소 시(提訴時)에 충족되어야 하는 것이 원칙이나, 판례에 의하면 사실심 변론종결 시까지 충족된 경우에는 심판전치요건의 흠결은 치유된 것으로 본다. 〈14. 사회복지 9급〉

> 1. 전심절차를 거친 여부는 행정소송제기의 소송요건으로서 직권조사사항인지 여부(긍정)
> 전심절차를 거친 여부는 행정소송제기의 소송요건으로서 직권조사사항이라 할 것이므로 이를 거치지 않았음을 원고 소송대리인이 시인하였다고 할지라도 그 사실만으로 전심절차를 거친 여부를 단정할 수는 없다(대판 1986.4.8. 82누242).
>
> 2. 소송계속 중 전치요건을 구비하면 하자가 치유되는지 여부(긍정)
> 전심절차를 밟지 아니한 채 증여세 부과처분 취소소송을 제기하였다면, 제소 당시로 보면 전치요건을 구비하지 못한 위법이 있다 할 것이지만, 소송계속 중 심사청구 및 심판청구를 하여 각 기각결정을 받았다면, 원심변론종결일 당시에는 위와 같은 전치요건흠결의 하자는 치유되었다고 볼 것이다(대판 1987.4.28. 86누29).

Winner's 전치요건 하자 치유시기 : 쟁송 이전 (×), 사실심 변론종결 이전 (○)

5. 전치요건의 충족 여부

(1) 심판청구가 부적법 각하된 경우

심판청구가 부적법하여 이를 각하한 경우에는 심판전치요건을 충족한 것으로 볼 수 없기 때문에 행정소송을 제기할 수 없다. 왜냐하면 행정심판전치주의는 행정심판이 적법할 것을 전제로 하기 때문이다.

(2) 부적법한 심판청구에 대해 위원회가 재결을 한 경우

심판청구가 부적법한 경우에는 각하하는 것이 원칙이다. 그럼에도 불구하고 착오로 인용 또는 기각 재결을 한 경우에는 행정소송을 제기할 수 있을 것인지가 문제된다. 그러나 이러한 경우에도 부적법한 심판청구가 치유되는 것은 아니므로, 전치요건은 충족될 수 없다는 것이 통설·판례(대판 1991.6.25. 90누8091)이다.

(3) 적법한 심판청구가 부적법 각하된 경우

심판청구가 적법함에도 불구하고, 위원회의 착오로 각하된 경우에는 전치요건을 충족한 것인지가 문제된다. 행정심판의 목적은 자율적 통제기회의 부여에 있으므로 이러한 경우에는 자율적 심사가 일단 행해진 것으로 볼 수 있으므로 전치요건을 충족한 것으로 본다.

6. 행정심판과의 관련성

(1) 인적 관련성

행정심판의 청구인과 행정소송의 원고는 어느 정도 관련성이 있어야 하지만, 양자는 동일할 필요가 없다. 따라서 ① 공동소송의 경우에는 공동소송인 중 1인이 행정심판을 거치면 충분하고, ② 행정소송의 원고가 행정심판의 청구인과 동일한 지위에 있거나, 그 지위를 실질적으로 승계하고 있는 경우에는 다시 심판을 거칠 필요가 없으며(장태주), ③ 동종사건에 관하여 기각재결이 있으면 행정심판을 제기하지 않아도 되므로(행소법 제18조 제3항) 누구든지 행정심판을 거치지 않고 행정소송을 제기할 수 있다(장태주).

> **여러 사람이 동일한 의무를 부담하는 경우 그 중 한 사람만 심판을 거치면 되는 것인지 여부(긍정)**
> 행정소송을 제기함에 있어서 행정심판을 먼저 거치도록 한 것은 행정관청으로 하여금 그 행정처분을 다시 검토케 하여 시정할 수 있는 기회를 줌으로써 행정권의 자주성을 존중하고 아울러 소송사건의 폭주를 피함으로써 법원의 부담을 줄이고자 하는데 그 취지가 있다. 동일한 행정처분에 의하여 여러 사람이 동일한 의무를 부담하는 경우 <u>그 중 한 사람이 적법한 행정심판을 제기하여 행정처분청으로 하여금 그 행정처분을 시정할 수 있는 기회를 가지게 한 이상, 나머지 사람은 행정심판을 거치지 아니하더라도 행정소송을 제기할 수 있다</u>(대판 1988.2.23. 87누704).

(2) 물적 관련성

쟁송의 대상인 처분의 관련성을 말한다. 심판의 대상과 소송의 대상은 동일한 것이어야 하는 것이 원칙이나, 청구취지나 청구이유가 기본적인 점에서 일치하면 충분하다. 따라서 내용상 관련되는 처분이나 동일한 목적을 위하여 단계적으로 진행되는 처분 중 어느 하나가 이미 행정심판의 재결을 거친 경우에는 행정심판을 제기하지 않고, 취소소송을 제기할 수 있다.

(3) 주장의 공통성

행정심판에서 절차상의 위법을 주장하다가 행정소송에서 실제상의 위법을 주장할 수 있을 것인지에 대해서 논란이 있으나, 판례는 가능하다고 본다.

> **전심절차에서 주장하지 않은 위법사유에 대해서 별도의 전심절차가 필요한지 여부(부정)**
> 항고소송에 있어서 원고는 전심절차에서 주장하지 아니한 공격방어방법을 <u>소송절차에서 주장할 수 있고 법원은 이를 심리하여 행정처분의 적법 여부를 판단할 수 있는 것이므로</u>, 원고가 전심절차에서 주장하지 아니한 처분의 위법사유를 소송절차에서 새롭게 주장하였다고 하여, 다시 그 처분에 대하여 <u>별도의 전심절차를 거쳐야 하는 것은 아니다</u>(대판 1996.6.14. 96누754). 〈13. 국가 9급〉

7. 필요적 전치주의의 예외

> 〈행정소송법〉 **제18조(행정심판과의 관계)** ② 제1항 단서의 경우에도 다음 각 호의 1에 해당하는 사유가 있는 때에는 행정심판의 재결을 거치지 아니하고 취소소송을 제기할 수 있다.
> 1. 행정심판청구가 있은 날로부터 60일이 지나도 재결이 없는 때
> 2. 처분의 집행 또는 절차의 속행으로 생길 중대한 손해를 예방하여야 할 긴급한 필요가 있는 때
> 3. 법령의 규정에 의한 행정심판기관이 의결 또는 재결을 하지 못할 사유가 있는 때
> 4. 그 밖의 정당한 사유가 있는 때
> ③ 제1항 단서의 경우에 다음 각 호의 1에 해당하는 사유가 있는 때에는 행정심판을 제기함이 없이 취소소송을 제기할 수 있다.
> 1. 동종사건에 관하여 이미 행정심판의 기각재결이 있은 때
> 2. 서로 내용상 관련되는 처분 또는 같은 목적을 위하여 단계적으로 진행되는 처분 중 어느 하나가 이미 행정심판의 재결을 거친 때
> 3. 행정청이 사실심의 변론종결 후 소송의 대상인 처분을 변경하여 당해 변경된 처분에 관하여 소를 제기하는 때

4. 처분을 행한 행정청이 행정심판을 거칠 필요가 없다고 잘못 알린 때

(1) 인정이유

예외적으로 필요적 전치제도를 채택하고 있는 경우에도 이를 일률적으로 적용하는 경우에는 국민의 권익을 침해할 가능성이 있으므로 그 폐단을 없애기 위해서「행정소송법」은 ① 행정심판을 제기하되, 재결을 거치지 않고 행정소송을 제기할 수 있는 경우, ② 처음부터 행정심판을 제기함이 없이 행정소송을 제기할 수 있는 경우의 예외사유를 규정하고 있다.

> **Winner's** 필요적 전치의 예외 규정 : 제기 불요 (○), 재결 불요 (○)

(2) 재결을 거칠 필요가 없는 경우

① 행정심판청구가 있은 날로부터 60일이 지나도 재결이 없는 때:「행정심판법」은 심판청구서를 받은 날부터 60일 이내에 재결하도록 하고, 부득이한 사정이 있으면 30일을 넘지 않는 범위에서 연장할 수 있도록 하였다(행심법 제45조). 그리하여 60일이 지나도록 재결이 없는 경우에는 국민은 불측의 손해를 받을 가능성이 있기 때문에 재결의 부당한 지연으로 인하여 국민이 입게 될 불이익을 방지하기 위하여 인정된 것이다.

② 처분의 집행 또는 절차의 속행으로 생길 중대한 손해를 예방하여야 할 긴급한 필요가 있는 때: 행정심판은 전심절차에 불과하므로 재결을 기다리는 동안에 생길 수 있는 피해를 예방하기 위하여 인정된 것이다. ⟨13. 국가 9급⟩, ⟨14. 사회복지 9급⟩

③ 법령의 규정에 의한 행정심판기관이 의결 또는 재결을 하지 못할 사유가 있는 때: 이러한 경우에도 재결을 기다리는 것은 무용한 시간의 낭비를 초래하여 국민의 권리구제가 지연될 가능성이 있으므로 인정된 것이다(@ 행정심판위원회가 구성되지 않거나, 그 권한이 다른 기관에 이양(移讓)되는 과정에서 아직 준비가 되지 않은 상황 등).

④ 그 밖의 정당한 사유가 있는 때: '정당한 사유'라 함은 위에서 제시한 사유 이외에 기타 재결을 거치도록 하는 것이 불합리하다고 인정되는 경우를 의미한다(@ 60일 이내에 재결이 행해질 가능성이 없는 경우, 재결의 결과가 예측되는 경우 등).

> **Winner's** 정당한 사유 : 재결 불요 (○), 제기 불요 (×)

(3) 제기할 필요가 없는 경우

① 동종사건에 관하여 이미 행정심판의 기각재결이 있는 때: '동종사건'이라 함은 그 사건과 기본적인 점에서 동질성이 인정되는 사건을 말한다. 이러한 사건에서 기각재결이 있다면 행정심판을 제기하더라도 인용될 가능성이 적기 때문에 행정심판을 제기하게 하는 것은 청구인에게 부담만 지우게 되는 것이므로 인정된 것이다(@ 동일한 법규에 근거한 조세부과처분 등). ⟨13. 국가 9급⟩

동종사건에 당해 사건과 기본적인 점에서 동질성이 인정되는 사건을 포함하는지 여부(긍정)

행정소송법 제18조 제3항 제1호에서 행정심판의 제기없이도 행정소송을 제기할 수 있는 경우로 규정하고 있는 '동종사건에 관하여 이미 행정심판의 기각재결이 있은 때'에 있어서의 '동종사건'이라 함은 당해 사건은 물론 당해 사건과 기본적인 점에서 동질성이 인정되는 사건을 가리킨다(대판 1992.11.24. 92누8972).

② 서로 내용상 관련되는 처분 또는 같은 목적을 위하여 단계적으로 진행되는 처분 중 어느 하나가 이미 행정심판의 재결을 거친 때: 내용상 관련되는 처분이란 별개의 처분이지만, 그 내용에 있어서 관련성이 있는 경우이다(⑩ 가산금징수처분과 중가산금징수처분). 그리고 '같은 목적을 위하여 단계적으로 진행되는 처분'이라 함은 별개의 처분이지만, 하나의 행정목적을 실현하기 위하여 단계적 절차관계에 있는 처분을 말한다(⑩ 행정대집행절차에 있어서의 계고와 대집행영장통지). 분쟁사유에 공통성을 내포하고 있기 때문에 인정된 것이다.

1. 납세고지처분에 대하여 적법한 전심절차를 거친 경우 가산금 및 중가산금 징수처분에 대하여 따로이 전심절차를 거쳐야 하는지 여부(부정)

국세징수법 제21조, 제22조 규정에 따른 가산금 및 중가산금 징수처분은 국세의 납세고지처분과 별개의 행정처분이라고 볼 수 있다 하더라도, 위 국세채권의 내용이 구체적으로 확정된 후에 비로소 발생되는 징수권의 행사이므로 국세의 납세고지처분에 대하여 적법한 전심절차를 거친 이상 가산금 및 중가산금 징수처분에 대하여 따로이 전심절차를 거치지 않았다 하더라도 행정소송으로 이를 다툴 수 있다(대판 1986.7.22. 85누297).

2. 서울특별시장의 취소처분이 심판을 거친 경우 소방서장의 취소처분도 심판절차를 거쳐야 하는지 여부(긍정)

서울특별시장이 한 주유소의 석유판매업허가의 취소처분과 소방서장이 위험물주유취급소설치허가의 취소처분은 그 처분행정청은 물론이고 그 처분에 대한 행정심판의 재결청을 각각 달리하고 있어 서울특별시장이 한 행정처분에 대하여 행정심판절차를 거쳤다 하여 소방서장이 한 행정처분에 대하여 처분행정청으로 하여금 스스로 재고시정의 기회를 부여한 것이라고 할 수 없을 뿐 아니라 두 행정처분 사이에 소방서장이 한 행정처분이 서울특별시장이 한 행정처분의 필연적 결과로 이루어진 것이라는 등 서로 일련의 상관관계가 있다고도 할 수 없으므로 서울특별시장이 한 행정처분에 대한 행정심판절차를 거쳤다 하여 소방서장이 한 위 행정처분에 대한 행정심판절차를 거칠 필요가 없다고 할 수는 없다(대판 1989.1.24. 87누322).

3. 내용상 관련된 처분인 경우 후행처분에 대하여 다시 심판절차를 거쳐야 하는지 여부(부정)

선후 수개의 행정처분 중 선행정처분과 후행정처분이 서로 내용상 관련되어 일련의 발전적 과정에서 이루어지거나, 후행정처분이 선행정처분의 필연적 결과로서 이루어지거나, 선행정처분에 대한 행정심판에 대하여 재결이 있는 때에는 후행정처분에 대한 행정심판도 동일한 운명에 처하게 되는 등 상호 일련의 상관관계가 있는 경우에는 형식적으로는 별개의 행정처분이라 하여도 분쟁사유가 공통성을 내포하고 있어서 선행정처분에 대한 전치절차의 이행만으로도 이미 처분행정청으로 하여금 재고·시정할 기회를 부여한 것이라고 볼 수 있고, 이와 같은 경우에는 후행정처분에 대하여 다시 전치요건을 갖추지 아니하더라도 행정소송으로 다툴 수 있다(대판 1993.6.29. 92누19194).

③ 행정청이 사실심의 변론종결 후 소송의 대상인 처분을 변경하여 당해 변경된 처분에 관하여 소를 제기하는 때: 사실심 변론종결 후에 처분을 변경하면 소의 변경을 할 수 없고, 소송을 다시 제기해야만 한다. 이러한 경우에도 행정심판을 거치게 하는 것은 원고에게 가혹하고, 행정청의 부당한 소송지연수단으로 악용될 가능성이 있으므로 인정된 것이다(⑩ 파면처분에 대한 취소판결이 확정된 이후 해임처분을 한 경우에는 행정심판을 거칠 필요가 없다).

④ 처분을 행한 행정청이 행정심판을 거칠 필요가 없다고 잘못 알린 때: 행정청이 심판을 거칠 필요가 없다고 잘못 고지한 경우에도 심판을 거치게 하는 것은 상대방의 신뢰를 침해하고, 고지의 실효성을 확보할 수 없기 때문에 인정된 것이다.

> 행정심판을 거칠 필요가 없다고 잘못 알린 때에는 행정심판을 제기하지 아니하고도 취소소송을 제기할 수 있는지 여부(긍정)
>
> 행정소송법 제18조 제3항 제4호의 규정이 행정청이 행정심판을 거칠 필요가 없다고 잘못 알린 때에는 행정심판을 제기하지 않고도 취소소송을 제기할 수 있도록 행정심판 전치주의에 대한 예외를 두고 있는 것은 행정에 대한 국민의 신뢰를 보호하려는 것이다(대판 1996.8.23. 96누4671).

⑤ 처분의 변경에 따라 소를 변경하는 때: 소송계속 중에 소송의 대상인 처분이 변경되어 그에 따라 소의 변경을 하는 경우에는 사실심 변론종결 후에 처분을 변경한 경우와의 균형상 별도로 심판을 거치지 않더라도 소송을 제기할 수 있다(홍정선).

5 제소기간

> 〈행정소송법〉 제20조(제소기간) ① 취소소송은 처분 등이 있음을 안 날부터 90일 이내에 제기하여야 한다. 다만, 제18조 제1항 단서에 규정한 경우와 그 밖에 행정심판청구를 할 수 있는 경우 또는 행정청이 행정심판청구를 할 수 있다고 잘못 알린 경우에 행정심판청구가 있은 때의 기간은 재결서의 정본을 송달받은 날부터 기산한다.
> ② 취소소송은 처분 등이 있은 날부터 1년(제1항 단서의 경우는 재결이 있은 날부터 1년)을 경과하면 이를 제기하지 못한다. 다만, 정당한 사유가 있는 때에는 그러하지 아니하다.
> ③ 제1항의 규정에 의한 기간은 불변기간으로 한다.

1. 의의

처분의 상대방 등이 소송을 제기할 수 있는 시간적 간격을 말한다. 행정법관계는 공익과 밀접한 관련이 있으므로 조속한 안정이 필요하다는 점에서 제소기간을 제한하고 있다. 다만 기간이 너무 짧은 경우에는 국민의 권익구제가 제대로 이루어 질 수 없다는 문제가 있다. 「행정소송법」은 행정심판을 거친 경우와 거치지 않은 경우를 나누어 적용하고 있다.

2. 기산점

(1) 처분이 있음을 안 날

① 기간: 취소소송은 처분이 있음을 안 날부터 90일 이내에 제기하여야 한다. 행정심판을 거친 경우에는 재결서를 송달받은 날로부터 기산한다(행소법 제20조 제1항). '처분이 있음을 안 날'이란 처분의 존재를 현실적으로 알게 된 날을 의미한다.

> **Winner's** '안 날'의 의미 : 처분의 존재 여부 (○), 처분의 위법 여부 (×)

1. 처분이 있음을 안 날이란 처분의 존재를 현실적으로 안 날을 의미하는 것인지 여부(긍정)

처분이 있음을 안 날이라 함은 당사자가 통지·공고 기타의 방법에 의하여 당해 처분이 있었다는 사실을 **현실적으로 안 날**을 의미하고, **추상적으로 알 수 있었던 날을 의미하는 것은 아니다**(대판 1998.2.24. 97누18226). 〈15. 사회복지 9급〉

2. 특정인 주소불명으로 공고한 경우 현실적으로 안 날이 기산점인지 여부(긍정)

행정소송법 제20조 제1항 소정의 제소기간 기산점인 '처분이 있음을 안 날'이라 함은 당사자가 통지·공고 기타의 방법에 의하여 당해 처분이 있었다는 사실을 현실적으로 안 날을 의미하는바, **특정인에 대한 행정처분을 주소불명 등의 이유로 송달할 수 없어 관보·공보·게시판·일간신문 등에 공고한 경우에는 공고가 효력을 발생하는 날에 상대방이 그 행정처분이 있음을 알았다고 볼 수는 없고, 상대방이 당해 처분이 있었다는 사실을 현실적으로 안 날에 그 처분이 있음을 알았다고 보아야 한다**(대판 2006.4.28. 2005두14851).

3. 불특정 다수인에 대한 공고의 경우 고시가 효력을 발생하는 날이 기산점인지 여부(긍정)

통상 고시 또는 공고에 의하여 행정처분을 하는 경우에는 그 처분의 상대방이 불특정다수인이고, 그 처분의 효력이 불특정 다수인에게 일률적으로 적용되는 것이므로, 그 행정처분에 이해관계를 갖는 자는 고시 또는 공고가 있었다는 사실을 현실적으로 알았는지 여부에 관계없이 **고시가 효력을 발생하는 날에 행정처분이 있음을 알았다고 보아야 하고, 따라서 그에 대한 취소소송은 그 날로부터 90일 이내에 제기하여야 한다**(대판 2006.4.14. 2004두3847). 〈17. 사회복지 9급〉

> **Winner's** 공고에 의한 경우 '현실적으로 안 날'이 기산점인 경우 : 특정인 (○), 불특정 다수인 (×)

4. 상호저축은행의 관리인에게 영업인가취소처분을 통지한 경우, '처분이 있음을 안 날'로 볼 수 있는지 여부(긍정)

관리인은 상호저축은행의 업무를 집행하고 재산을 관리·처분하는 권한을 가진 자로서 각종 송달이나 행정처분 등을 통지받을 권한이 있으므로, **상호저축은행은 그 관리인에게 영업인가취소처분이 통지된 때에 처분이 있음을 알았다고 보아야 한다**(대판 2012.3.15. 2008두4619).

> **Winner's** 처분의 상대방이 안 날로 볼 수 있는 경우 : 상호저축은행 관리인 수령 (○), 아파트 경비원 수령 (×)

5. 정보공개청구를 통하여 처분내용의 서류를 교부받은 날의 기산점 여부(부정)

통보서를 송달받기 전에 자신의 의무기록에 관한 **정보공개를 청구하여 위 처분을 하는 내용의 통보서를 비롯한 일체의 서류를 교부받은 날부터 제소기간을 기산하여 위 소는 90일이 지난 후 제기한 것으로서 부적법하다고 본 원심판결에 법리를 오해한 위법이 있다**(대판 2014.9.25. 2014두8254). 〈21. 국가 9급〉

② **불변기간**: 처분이 있음을 안 날로부터 90일 또는 재결서의 정본을 송달받은 날부터 90일의 기간은 불변기간이므로(행소법 제20조 제3항), 법원이 늘이거나 줄일 수 없다. 다만, 법원은 주소 또는 거소가 멀리 떨어진 곳에 있는 자를 위하여 특별히 부가기간을 정할 수는 있다. 〈13. 지방 9급〉

> **Winner's** 불변기간 : 안 날 (○), 있은 날 (×)

(2) 처분이 있은 날

취소소송은 처분이 있은 날로부터 1년 이내에 제기하여야 한다. 행정심판을 거친 경우에는 재결이 있은 날을 기산점으로 한다(행소법 제20조 제2항). '처분이 있은 날'이란 그 처분의 효력발생일을 의미한다. 정당한 사유가 있으면 그 기간이 경과하더라도 제기할 수 있다. 다만, 제소기간의 경과로 불가쟁력이 발생하여 각하재결을 받은 경우에는 재결시를 기산점으로 할 수 없다는 것이 판례이다.

> **Winner's** 1) '있은 날'의 의미 : 알 수 있는 상태 (○), 현실적으로 안 날 (×)
> 2) 정당한 사유가 예외사유가 되는 제소기간 : 있은 날 (○), 안 날 (×)

1. 이의신청과 행정심판을 모두 거친 경우에 심판재결을 기산점으로 하는지 여부(긍정)

부동산 가격공시 및 감정평가에 관한 법률이 이의신청에 관하여 규정하고 있다고 하여 이를 행정심판법 제3조 제1항에서 행정심판의 제기를 배제하는 '다른 법률에 특별한 규정이 있는 경우'에 해당한다고 볼 수 없으므로, 개별공시지가에 대하여 이의가 있는 자는 곧바로 행정소송을 제기하거나 부동산 가격공시 및 감정평가에 관한 법률에 따른 이의신청과 행정심판법에 따른 행정심판청구 중 어느 하나만을 거쳐 행정소송을 제기할 수 있을 뿐 아니라, 이의신청을 하여 그 결과 통지를 받은 후 다시 행정심판을 거쳐 행정소송을 제기할 수도 있다고 보아야 하고, 이 경우 행정소송의 제소기간은 그 행정심판 재결서 정본을 송달받은 날부터 기산한다(대판 2010.1.28. 2008두19987). ⟨17. 서울 7급⟩

2. 정당한 사유란 불가항력보다 넓은 개념으로 볼 수 있는지 여부(긍정)

행정소송법 제20조 제2항 소정의 '정당한 사유'란 불확정개념으로서 그 존부는 사안에 따라 개별적·구체적으로 판단하여야 하나 민사소송법 제160조의 '당사자가 그 책임을 질 수 없는 사유'나 행정심판법 제18조 제2항 소정의 '천재·지변·전쟁·사변 그 밖에 불가항력적인 사유'보다는 넓은 개념이라고 풀이되므로, 제소기간도과의 원인 등 여러사정을 종합하여 지연된 제소를 허용하는 것이 사회통념상 상당하다고 할 수 있는가에 의하여 판단하여야 한다(대판 1991.6.28. 90누6521).

3. 고시처분인 경우 통지받지 못하였다는 것이 제소기간을 준수하지 못한 것에 대한 정당한 사유가 될 수 있는지 여부(부정)

인터넷 웹사이트에 대하여 구 「청소년보호법」에 따른 청소년유해매체물 결정 및 고시처분을 한 사안에서, 위 결정은 이해관계인이 고시가 있었음을 알았는지 여부에 관계없이 관보에 고시됨으로써 효력이 발생하고, 그가 위 결정을 통지받지 못하였다는 것이 제소기간을 준수하지 못한 것에 대한 정당한 사유가 될 수 없다(대판 2007.6.14. 2004두619).

4. 불가쟁력이 발생한 처분의 기산점은 당초 처분 시인지 여부(긍정)

행정소송법 제20조 제1항은 '취소소송은 처분 등이 있음을 안 날부터 90일 이내에 제기하여야 하나 행정청이 행정심판청구를 할 수 있다고 잘못 알린 경우에 행정심판청구가 있은 때의 기간은 재결서의 정본을 송달받은 날부터 기산한다'고 규정하고 있는데, 위 규정의 취지는 불가쟁력이 발생하지 않아 적법하게 불복청구를 할 수 있었던 처분 상대방에 대하여 행정청이 법령상 행정심판청구가 허용되지 않음에도 행정심판청구를 할 수 있다고 잘못 알린 경우에, 잘못된 안내를 신뢰하여 부적법한 행정심판을 거치느라 본래 제소기간 내에 취소소송을 제기하지 못한 자를 구제하려는 데에 있다. 이와 달리 이미 제소기간이 지남으로써 **불가쟁력이 발생하여 불복청구를 할 수 없었던 경우**라면 그 이후에 행정청이 행정심판청구를 할 수 있다고 잘못 알렸다고 하더라도 그 때문에 처분 상대방이 적법한 제소기간 내에 취소소송을 제기할 수 있는 기회를 상실하게 된 것은 아니므로 이러한 경우에 잘못된 안내에 따라 청구된 행정심판 재결서 정본을 송달받은 날부터 다시 취소소송의 제소기간이 기산되는 것은 아니다. 불가쟁력이 발생하여 더 이상 불복청구를 할 수 없는 처분에 대하여 행정청의 잘못된 안내가 있었다고 하여 처분 상대방의 불복청구 권리가 새로이 생겨나거나 부활한다고 볼 수는 없기 때문이다(대판 2012.9.27. 2011두27247). 〈17. 지방 9급〉

5. 90일을 넘겨서 각하재결을 받은 경우에도 재결이 기산점인지 여부(부정)

행정소송법 제18조 제1항, 제20조 제1항, 구 행정심판법(2010. 1. 25. 법률 제9968호로 전부 개정되기 전의 것) 제18조 제1항을 종합해 보면, 행정처분이 있음을 알고 처분에 대하여 곧바로 취소소송을 제기하는 방법을 선택한 때에는 처분이 있음을 안 날부터 **90일 이내에 취소소송**을 제기하여야 하고, 행정심판을 청구하는 방법을 선택한 때에는 처분이 있음을 안 날부터 **90일 이내에 행정심판을 청구**하고 행정심판의 재결서를 송달받은 날부터 **90일 이내에 취소소송**을 제기하여야 한다. 따라서 처분이 있음을 안 날부터 90일 이내에 행정심판을 청구하지도 않고 취소소송을 제기하지도 않은 경우에는 그 후 제기된 취소소송은 제소기간을 경과한 것으로서 부적법하고, 처분이 있음을 안 날부터 90일을 넘겨 청구한 부적법한 행정심판청구에 대한 재결이 있은 후 재결서를 송달받은 날부터 90일 이내에 원래의 처분에 대하여 취소소송을 제기하였다고 하여 취소소송이 다시 제소기간을 준수한 것으로 되는 것은 아니다(대판 2011.11.24. 2011두18786). 〈17. 지방 7급〉, 〈19. 국가 9급〉

(3) 판례 검토

① 위헌결정으로 취소소송이 가능한 경우: 객관적으로는 '위헌결정이 있은 날', 주관적으로는 '위헌결정이 있음을 안 날'이 기산점이다.

위헌결정으로 취소소송이 가능한 경우 위헌결정시가 기산점인지 여부(긍정)

행정소송법 제20조가 제소기간을 규정하면서 '처분 등이 있은 날' 또는 '처분 등이 있음을 안 날'을 각 제소기간의 기산점으로 삼은 것은 그때 비로소 적법한 취소소송을 제기할 객관적 또는 주관적 여지가 발생하기 때문이므로, 처분 당시에는 취소소송의 제기가 법제상 허용되지 않아 소송을 제기할 수 없다가 위헌결정으로 인하여 비로소 취소소송을 제기할 수 있게 된 경우, 객관적으로는 '위헌결정이 있은 날', 주관적으로는 '위헌결정이 있음을 안 날' 비로소 취소소송을 제기할 수 있게 되어 이때를 제소기간의 기산점으로 삼아야 한다(대판 2008.2.1. 2007두20997).

② 처분변경명령재결에 따라 처분이 유리하게 변경된 경우: 당초 처분 시를 기산점으로 한다. 따라서 당초 처분에 대하여 행정심판을 청구한 경우에는 행정심판재결서 송달을 받은 날로부터 90일 이내에 제기하여야 한다.

유리하게 변경된 처분의 기산점이 당초 처분시인지 여부(긍정)

행정청이 식품위생법령에 기하여 영업자에 대하여 행정제재처분을 한 후 그 처분을 영업자에게 유리하게 변경하는 처분을 한 경우(이하 처음의 처분을 '당초 처분', 나중의 처분을 '변경처분'이라 한다), 변경처분에 의하여 당초 처분은 소멸하는 것이 아니고 당초부터 유리하게 변경된 내용의 처분으로 존재하는 것이므로, 변경처분에 의하여 유리하게 변경된 내용의 행정제재가 위법하다 하여 그 취소를 구하는 경우 그 **취소소송의 대상은 변경된 내용의 당초 처분이지 변경처분은 아니고, 제소기간의 준수 여부도 변경처분이 아닌 변경된 내용의 당초 처분을 기준으로 판단하여야 한다.** … 일부기각(일부인용)의 이행재결에 따른 후속 변경처분에 의하여 변경된 내용의 당초 처분의 취소를 구하는 이 사건 소 또한 행정심판재결서 정본을 송달받은 날로부터 90일 이내 제기되어야 한다(대판 2007.4.27. 2004두9302). 〈17. 국가 9급〉

③ 추가적 병합의 경우: 추가변경신청이 있는 때를 기산점으로 하는 것이 원칙이나, 동일한 처분에 대한 무효등확인소송에 취소소송을 추가적으로 병합하는 경우에는 처음 제소 시를 기준으로 한다.

1. 추가적 병합의 경우에 기산점이 추가·변경신청시인지 여부(긍정)

공익근무요원복무중단처분, 현역병입영대상편입처분 및 현역병입영통지처분은 보충역편입처분취소처분을 전제로 한 것이기는 하나 각각 단계적으로 별개의 법률효과를 발생시키는 독립된 행정처분으로서 하나의 소송물로 평가할 수 없고, 보충역편입처분취소처분의 효력을 다투는 소에 공익근무요원복무중단처분, 현역병입영대상편입처분 및 현역병입영통지처분을 다투는 소도 포함되어 있다고 볼 수는 없다고 할 것이므로, 공익근무요원복무중단처분, 현역병입영대상편입처분 및 현역병입영통지처분의 취소를 구하는 소의 제소기간의 준수 여부는 각 그 청구취지의 추가·변경신청이 있은 때를 기준으로 개별적으로 살펴야 할 것이지, 최초에 보충역편입처분취소처분의 취소를 구하는 소가 제기된 때를 기준으로 할 것은 아니라고 할 것이다(대판 2004.12.10. 2003두12257). 〈22. 지방 7급〉

2. 동일한 처분에 대한 무효등확인소송에 취소소송이 추가적 병합된 경우 기산점이 주된 청구가 제기된 때인지 여부(긍정)

하자 있는 행정처분을 놓고 이를 무효로 볼 것인지 아니면 단순히 취소할 수 있는 처분으로 볼 것인지는 동일한 사실관계를 토대로 한 법률적 평가의 문제에 불과하고, 행정처분의 무효확인을 구하는 소에는 특단의 사정이 없는 한 그 취소를 구하는 취지도 포함되어 있다고 보아야 하는 점 등에 비추어 볼 때, 동일한 행정처분에 대하여 무효확인의 소를 제기하였다가 그 후 그 처분의 취소를 구하는 소를 추가적으로 병합한 경우, **주된 청구인 무효확인의 소가 적법한 제소기간 내에 제기되었다면 추가로 병합된 취소청구의 소도 적법하게 제기된 것으로 봄이 상당하다**(대판 2005.12.23. 2005두3554). 〈17. 지방 7급〉, 〈21. 국가 9급〉

④ 청구취지를 교환적으로 변경한 경우

원칙	종전의 소가 취하되고 새로운 소가 제기된 것으로 보는 경우에는 새로운 소에 대한 제소기간은 소의 변경이 있는 때를 기준으로 하여 판단된다. 〈17. 지방 9급〉
예외	후속처분의 취소를 구하는 소로 교환적으로 변경되었다가 다시 선행처분의 취소를 구하는 소로 변경된 경우에, 후속처분의 취소에 선행처분의 취소를 구하는 취지가 남아 있는 경우에는 최초의 소가 제기된 때를 기준으로 한다.

청구취지를 교환적으로 변경한 경우 변경 시를 기산점으로 하는지 여부(원칙적 긍정)

행정소송법상 취소소송은 처분 등이 있음을 안 날부터 90일 이내에 제기하여야 하고, 처분 등이 있은 날부터 1년을 경과하면 제기하지 못한다(행정소송법 제20조 제1항·제2항). 한편 **청구취지를 교환**

적으로 변경하여 종전의 소가 취하되고 새로운 소가 제기된 것으로 보게 되는 경우에 새로운 소에 대한 제소기간의 준수 등은 원칙적으로 소의 변경이 있은 때를 기준으로 하여 판단된다. 그러나 선행처분의 취소를 구하는 소가 그 후속처분의 취소를 구하는 소로 교환적으로 변경되었다가 다시 선행처분의 취소를 구하는 소로 변경된 경우 후속처분의 취소를 구하는 소에 선행처분의 취소를 구하는 취지가 그대로 남아 있었던 것으로 볼 수 있다면 선행처분의 취소를 구하는 소의 제소기간은 <u>최초의 소가 제기된 때를 기준으로 정하여야 한다</u>(대판 2013.7.11. 2011두27544).

⑤ 조세심판에서 재결청의 재조사결정에 따른 후속처분이 있는 경우: 후속처분의 통지를 받은 날부터 기산된다.

재조사결정에 대한 후속처분이 있는 경우 후속처분을 통지받은 날이 기산점인지 여부(긍정)

이의신청 등에 대한 결정의 한 유형으로 실무상 행해지고 있는 <u>재조사결정</u>은 처분청으로 하여금 하나의 과세단위의 전부 또는 일부에 관하여 당해 결정에서 지적된 사항을 재조사하여 그 결과에 따라 과세표준과 세액을 경정하거나 당초 처분을 유지하는 등의 후속 처분을 하도록 하는 형식을 취하고 있다. 이에 따라 재조사결정을 통지받은 이의신청인 등은 그에 따른 <u>후속 처분의 통지를 받은 후에야</u> 비로소 다음 단계의 쟁송절차에서 불복할 대상과 범위를 구체적으로 특정할 수 있게 된다. 이와 같은 재조사결정의 형식과 취지, 그리고 행정심판제도의 자율적 행정통제기능 및 복잡하고 전문적·기술적 성격을 갖는 조세법률관계의 특수성 등을 감안하면, 재조사결정은 당해 결정에서 지적된 사항에 관해서는 처분청의 재조사결과를 기다려 그에 따른 후속 처분의 내용을 이의신청 등에 대한 결정의 일부분으로 삼겠다는 의사가 내포된 변형결정에 해당한다고 볼 수밖에 없다. 그렇다면 <u>재조사결정은 처분청의 후속 처분에 의하여 그 내용이 보완됨으로써 이의신청 등에 대한 결정으로서의 효력이 발생한다</u>고 할 것이므로, 재조사결정에 따른 심사청구기간이나 심판청구기간 또는 행정소송의 <u>제소기간은 이의신청인 등이 후속 처분의 통지를 받은 날부터 기산된다</u>고 봄이 타당하다(대판 2010.6.25. 2007두12514 전합). ⟨17. 지방9급⟩

3. 적용범위

「행정소송법」상 제소기간은 취소소송에서 규정하고 있고, 부작위위법확인소송에 준용하나, 무효등확인소송에 대해서는 준용하지 않고 있다. 다만, 부작위의 경우 처분이 존재하지 않으므로 기산점이 없다는 점에서 문제가 되지만, 행정심판을 거친 경우에 한하여 적용된다고 볼 수 있다.

부작위위법확인의 소는 행정심판 등 전심절차를 거친 경우에 한하여 제소기간이 적용되는지 여부(긍정)

부작위위법확인의 소는 부작위상태가 계속되는 한 그 위법의 확인을 구할 이익이 있다고 보아야 하므로 원칙적으로 제소기간의 제한을 받지 않는다. 그러나 행정소송법 제38조 제2항이 제소기간을 규정한 같은 법 제20조를 부작위위법확인소송에 준용하고 있는 점에 비추어 보면, <u>행정심판 등 전심절차를 거친 경우에는 행정소송법 제20조가 정한 제소기간 내에 부작위위법확인의 소를 제기하여야 한다</u>(대판 2009.7.23. 2008두10560). ⟨13·19. 지방 9급⟩

Winner's 부작위에 대해서 제소기간이 적용되는 경우 : 심판을 거친 경우 (○), 심판을 거치지 않은 경우 (×)

4. 법적 성질

(1) 소송요건
제소기간은 소송요건이므로 그 기간이 경과하였는지 여부는 법원의 직권조사사항이다.

(2) 선택의 가능성
처분이 있음을 안 날부터 90일과 처분이 있은 날부터 1년은 선택적인 것이 아니므로 어느 하나가 먼저 도래하면 더 이상 취소소송을 제기할 수 없다. 따라서 처분이 있음을 안 날부터 90일이 경과하면 처분이 있은 날부터 1년이라는 기간이 남아있는 경우에도 불가쟁력이 발생하여 취소소송을 제기할 수 없다.

6 소의 변경

> 〈행정소송법〉
>
> **제21조(소의 변경)** ① 법원은 취소소송을 당해 처분 등에 관계되는 사무가 귀속하는 국가 또는 공공단체에 대한 당사자소송 또는 취소소송 외의 항고소송으로 변경하는 것이 상당하다고 인정할 때에는 청구의 기초에 변경이 없는 한 사실심의 변론종결 시까지 원고의 신청에 의하여 결정으로써 소의 변경을 허가할 수 있다.
> ② 제1항의 규정에 의한 허가를 하는 경우 피고를 달리하게 될 때에는 법원은 새로이 피고로 될 자의 의견을 들어야 한다.
> ③ 제1항의 규정에 의한 허가결정에 대하여는 즉시항고할 수 있다.
> ④ 제1항의 규정에 의한 허가결정에 대하여는 제14조 제2항·제4항 및 제5항의 규정을 준용한다.
>
> **제22조(처분변경으로 인한 소의 변경)** ① 법원은 행정청이 소송의 대상인 처분을 소가 제기된 후 변경한 때에는 원고의 신청에 의하여 결정으로써 청구의 취지 또는 원인의 변경을 허가할 수 있다.
> ② 제1항의 규정에 의한 신청은 처분의 변경이 있음을 안 날로부터 60일 이내에 하여야 한다.
> ③ 제1항의 규정에 의하여 변경되는 청구는 제18조 제1항 단서의 규정에 의한 요건을 갖춘 것으로 본다.
>
> **제37조(소의 변경)** 제21조의 규정은 무효등확인소송이나 부작위법확인소송을 취소소송 또는 당사자소송으로 변경하는 경우에 준용한다.
>
> **제42조(소의 변경)** 제21조의 규정은 당사자소송을 항고소송으로 변경하는 경우에 준용한다.

1. 의의
소송계속 중에 심판 대상인 청구를 변경하거나 피고를 변경하는 것을 의미한다. ⟨18. 서울 9급⟩

2. 특칙
민사소송에서는 청구의 변경만을 허용하고 있으나, 「행정소송법」은 ① 피고의 변경을 포함하는 소의 종류의 변경과, ② 처분변경으로 인한 소의 변경을 포함한다는 점에서 「민사소송법」에 대한 특칙이라고 할 수 있다.

3. 소의 종류의 변경

(1) 의의

사실심 변론종결 시까지 취소소송을 당해 처분 등에 관계되는 사무가 귀속하는 국가 또는 공공단체에 대한 당사자소송 또는 취소소송 외의 항고소송으로 변경하는 것을 말한다(⑩. 면직처분취소소송을 공무원보수지급청구소송으로 변경하는 것). 항고소송을 당사자소송으로 변경하게 되거나 그 반대의 경우에는 피고의 변경을 가져오게 된다는 점에서 민사소송에 대한 특칙을 규정하고 있다.

(2) 유형

「행정소송법」은 취소소송을 그 처분과 관계되는 사무가 귀속하는 국가 또는 공공단체에 대한 당사자소송 또는 취소소송 외의 항고소송으로 변경할 수 있다고 규정하고, 다른 소송유형에 이를 준용하고 있다. 〈18. 서울 9급〉

(3) 요건

소의 종류 변경은 ① 소송이 계속 중일 것, ② 청구의 기초에 변경이 없을 것, ③ 사실심 변론종결 전에 신청할 것을 요건으로 한다. '청구의 기초에 변경이 없다'는 것은 재판을 통해 원고가 회복하려는 법률상 이익이 동일성을 유지해야 한다는 것을 말한다.

> 해결방법에 차이가 있는 것에 불과한 청구취지의 변경은 청구의 기초에 변경이 없다고 볼 수 있는지 여부(긍정)
> 소변경제도를 인정하는 취지는 소송으로서 요구받고 있는 당사자 쌍방의 분쟁에 합리적 해결을 실질적으로 달성시키고 동시에 소송경제에 적합하도록 함에 있다 할 것이므로 동일한 생활사실 또는 동일한 경제적 이익에 관한 분쟁에 있어서 그 해결방법에 차이가 있음에 불과한 청구취지의 변경은 청구의 기초에 변경이 없다(대판 1987.7.7. 87다카225).

(4) 절차

① 원고의 신청: 법원은 취소소송을 그 처분 등에 관계되는 사무가 귀속하는 국가 또는 공공단체에 대한 당사자소송 또는 취소소송 외의 항고소송으로 변경하는 것이 상당하다고 인정할 때에는 청구의 기초에 변경이 없는 한 사실심의 변론종결 시까지 원고의 신청에 의하여 결정으로써 소의 변경을 허가할 수 있다(행소법 제21조 제1항). 〈18. 서울 9급〉, 〈21. 군무원 9급〉

> **Winner's** 소의 변경절차 : 원고의 신청 (○), 법원의 직권 (×)

② 의견청취: 허가결정으로서 피고를 달리하게 될 때에는 법원은 새로이 피고로 될 자의 의견을 들어야 한다(행소법 제21조 제2항).

③ 불복: 허가결정에 대한 불복은 피고 또는 새로운 피고가 즉시항고를 할 수 있다(행소법 제21조 제3항). 불허가결정에 대한 불복은 명문의 규정이 없으므로 원고는 새 피고를 상대로 별소를 제기해야 할 것이다.

> **Winner's** 불복절차에 대한 즉시항고 규정 : 허가결정 (○), 불허가결정 (×)

(5) 적용범위

무효등확인소송이나 부작위위법확인소송을 취소소송이나 당사자소송으로 변경하는 경우에 준용한다(행소법 제37조). 당사자소송을 항고소송으로 변경하는 경우에도 준용한다(행소법 제42조).

(6) 효과

법원의 소의 변경결정이 있으면 종전의 소송은 취하된 것으로 보고, 새로운 소송은 처음에 소를 제기한 때 제기된 것으로 본다(행소법 제14조 제4항, 제21조 제4항).

> **부작위위법확인소송을 처분취소소송으로 변경한 경우 제소기간을 준수한 것으로 볼 수 있는지 여부(긍정)**
> 당사자가 동일한 신청에 대하여 부작위위법확인의 소를 제기하였으나 그 후 소극적 처분이 있다고 보아 처분 취소소송으로 소를 교환적으로 변경한 후 여기에 부작위위법확인의 소를 추가적으로 병합한 경우 최초의 부작위위법확인의 소가 적법한 제소기간 내에 제기된 이상 그 후 처분 취소소송으로의 교환적 변경과 처분 취소소송에의 추가적 변경 등의 과정을 거쳤다고 하더라도 여전히 제소기간을 준수한 것으로 봄이 상당하다(대판 2009.7.23. 2008두10560). 〈19. 국회 8급〉

4. 처분의 변경으로 인한 소의 변경

(1) 의의

행정소송이 제기된 이후에 처분청이 그 대상인 처분을 변경한 경우 법원이 원고의 신청에 의하여 결정으로써 청구의 취지 또는 원인의 변경을 허가할 수 있는 것을 말한다.

(2) 인정취지

원고의 귀책사유 없는 사유로 인한 절차의 반복을 피하고, 권리구제제도로서의 행정소송의 실효성을 제고하기 위한 것이다.

(3) 절차

원고의 소의 변경신청은 처분의 변경이 있음을 안 날로부터 60일 이내에 하여야 한다(행소법 제22조 제2항). 법원은 원고의 신청에 따라 결정으로써 그 변경을 허가할 수 있다.

> **Winner's** 안 날로부터 60일 이내 변경해야 되는 경우 : 소의 종류 변경 (×), 처분변경으로 인한 소 변경 (○)

(4) 전치요건

처분변경으로 인한 소의 변경의 경우에는 행정심판전치요건을 갖춘 것으로 본다(행소법 제22조 제3항).

(5) 적용범위

무효등확인소송과 당사자소송에 준용하나, 부작위는 처분이 존재하지 않으므로 부작위위법확인소송에는 준용하지 않는다. 〈14. 서울 7급〉

> **Winner's** 부작위위법확인소송에 준용되는 경우 : 소 종류 변경 (○), 처분변경으로 인한 소 변경 (×)

(6) 효과

처분변경으로 인한 소의 변경에 대해서는 소송의 종류를 변경한 것과 달리 종전의 소송은 취하된 것으로 보고, 새로운 소송은 처음에 소를 제기한 때 제기된 것으로 본다는 규정을 준용하지 않고 있으므로 제소의 시기가 문제될 수 있다.

7 취소소송제기의 효과

1. 절차법적·실체법적 효과

(1) 절차법적 효과

취소소송이 제기되면 소송계속의 효과가 발생한다. '소송계속'이란 특정한 청구에 관하여 법원에 판결절차가 현실적으로 존재하는 상태를 말한다. 판결절차가 현실적으로 존재하면 충분하고, 소송요건을 구비하였는지는 문제 되지 않는다. 소송이 계속되면 당사자는 중복하여 제소하지 못하고, 소송참가의 기회가 부여되며, 관련청구의 이송 또는 병합이 가능하고, 처분 등의 집행정지결정이 가능하게 된다.

(2) 실체법적 효과

법률상의 기간준수의 효과가 발생한다. 법률상의 기간이라 함은 제소기간 등을 말한다.

2. 주관적·객관적 효과

(1) 주관적 효과

취소소송이 제기되면 법원은 이를 심리·판결할 의무를 지고 당사자는 동일사건에 대하여 다시 소를 제기하지 못한다.

(2) 객관적 효과

소가 제기되더라도 처분 등의 집행은 정지되지 않는다(행소법 제23조 제1항). 집행이 정지되는 것으로 파악하게 되면 남소(濫訴)의 우려가 있기 때문이다.

Winner's 처분에 대한 효과 : 집행정지 원칙 (×), 집행부정지 원칙 (○)

8 가(假)구제

1. 서설

(1) 의의

본안소송의 계속을 전제로 하여 그 확정시까지 잠정적으로 원고의 권리를 보전하려고 하는 제도를 말한다.

(2) 인정이유

소송을 통한 법적 분쟁의 해결은 오랜 시일이 걸리는 것이 보통이다. 그러므로 원고가 승소의 판결을 받는다고 하더라도 소송의 목적인 권리구제가 어려운 경우도 있을 수 있다. 따라서 가구제 제도는 이러한 경우에 대비하여 판결 전에 잠정적인 권리구제수단을 마련할 필요가 있기 때문에 인정되는 것이다.

(3) 유형

행정소송에 있어서의 가구제 제도에는 ① 부담적 처분에 대한 집행정지 제도와 ② 수익적 처분의 거부나 부작위에 대한 가명령 제도가 있다. 그러나 「행정소송법」상으로는 집행정지 제도만을 규정하고 있다.

2. 집행부정지원칙

현행법은 행정처분에 대한 소송이 제기되더라도 그 처분의 집행은 정지되지 않는 것을 원칙으로 한다. 과거에는 공정력을 근거로 하였으나, 현재는 입법정책의 문제로 본다. 프랑스와 일본은 집행부정지원칙을 채택하고 있으나, 독일은 집행정지원칙을 채택하고 있다. 〈11. 국가 9급〉

Winner's 집행부정지원칙의 근거 : 공정력 (×), 입법정책적 문제 (○)

> 〈행정소송법〉 제23조(집행정지) ① 취소소송의 제기는 처분등의 효력이나 그 집행 또는 절차의 속행에 영향을 주지 아니한다.

3. 집행정지의 결정

(1) 의의

취소소송이 제기된 경우에 처분 등이나 그 집행 또는 절차의 속행으로 인하여 생길 회복하기 어려운 손해를 예방하기 위하여 긴급한 필요가 있다고 인정할 때에는 본안이 계속된 법원이 당사자의 신청 또는 직권에 의하여 처분 등의 효력이나 그 집행 또는 절차의 속행의 전부 또는 일부의 정지를 결정하는 것을 말한다(행소법 제23조 제2항).

(2) 성질

① 사법(司法)작용: 처분 등의 효력을 정지한다는 점에서 행정작용으로 보는 견해도 있으나, 사법(司法)절차에는 본안에 대한 절차뿐만 아니라 부수적 절차인 가구제 절차도 포함되는 것이므로 사법(司法)작용이라고 보는 것이 일반적 견해이다.

② 소극적 가처분: 집행정지결정은 본안소송의 종결 전까지 잠정적으로 처분 등의 효력이나 그 집행 또는 절차의 속행을 정지시키는 현상유지에 그치는 것이고, 적극적으로 임시의 지위를 정하는 것은 아니므로 소극적인 가처분의 성질을 가진다.

공사중지명령을 구하는 가처분신청이 허용될 것인지 여부(부정)

구 행정소송법(1984. 12. 15. 법률 제3754호로 개정되기 전의 것) 제10조에 규정된 가처분은 이미 존재하고 있는 처분의 집행정지를 구하는 것이지 새로운 처분을 요구할 수 있는 것이 아니므로, 행정청의 하천공작물설치허가조건에 위반하여 피허가자가 공사를 함으로써 회복할 수 없는 손해를 입을 우려가 있는 자가 그 공사중지명령을 구하는 것과 같은 가처분신청은 허용될 수 없다(대결 1985.7.30. 85프4).

(3) 요건

> 〈행정소송법〉 제23조(집행정지) ② 취소소송이 제기된 경우에 처분등이나 그 집행 또는 절차의 속행으로 인하여 생길 회복하기 어려운 손해를 예방하기 위하여 긴급한 필요가 있다고 인정할 때에는 본안이 계속되고 있는 법원은 당사자의 신청 또는 직권에 의하여 처분등의 효력이나 그 집행 또는 절차의 속행의 전부 또는 일부의 정지(이하 "執行停止"라 한다)를 결정할 수 있다. 다만, 처분의 효력정지는 처분등의 집행 또는 절차의 속행을 정지함으로써 목적을 달성할 수 있는 경우에는 허용되지 아니한다.

③ 집행정지는 공공복리에 중대한 영향을 미칠 우려가 있을 때에는 허용되지 아니한다.
④ 제2항의 규정에 의한 집행정지의 결정을 신청함에 있어서는 그 이유에 대한 소명이 있어야 한다.

① 처분 등이 존재할 것

원칙	⊙ 집행정지결정은 처분 등의 효력이나 그 집행 또는 절차의 속행을 정지하는 것이므로 처분 등이 존재해야 한다. 따라서 처분 등의 효력발생 전, 처분의 소멸 후, 부작위의 경우에는 집행을 정지할 대상이 없으므로 허용되지 않는다. ⓒ 부관 중에서 부담은 독립적인 행정행위의 일종이므로 당연히 집행정지의 대상이 될 것이다. ⓒ 제3자효 행정행위도 제3자가 집행정지를 신청할 수 있다(⑳ 인근주민의 공장허가취소소송에서 공장이 완공되기 전에 이를 저지할 필요성).
예외	⊙ 거부처분 : 부작위와 달리 처분이 존재하지만, 집행을 정지하더라도 회복해야 할 원상태가 존재하지 않는다는 점에서 집행정지가 허용되지 않는다는 부정설이 다수설과 판례이다. 〈23. 국가 9급〉 ⓒ 갱신거부 : 일본에서는 외국인의 체류허가연장신청을 거부하는 경우에 그 효력정지를 인정하면 체류기간이 경과되더라도 불법체류자로 문책당하거나 추방되지 않으므로 집행정지를 인정할 수 있다는 판례가 있으나, 우리나라에서는 부정하는 것이 다수설과 판례이다.

Winner's 집행정지의 대상 : 부작위 (×), 거부처분 (×), 갱신거부 (×)

1. 수도권매립지관리공사의 부정당업자제재처분에 대한 집행정지(부정)

수도권매립지관리공사가 갑에게 입찰참가자격을 제한하는 내용이 부정당업자제재처분을 하자, 갑이 제재처분의 무효확인 또는 취소를 구하는 행정소송을 제기하면서 제재처분의 효력정지신청을 한 사안에서, 수도권매립지관리공사는 행정소송법에서 정한 행정청 또는 그 소속기관이거나 그로부터 제재처분의 권한을 위임받은 공공기관에 해당하지 않으므로, 수도권매립지관리공사가 한 위 제재처분은 행정소송의 대상이 되는 행정처분이 아니라 단지 갑을 자신이 시행하는 입찰에 참가시키지 않겠다는 뜻의 사법상의 효력을 가지는 통지에 불과하므로, 갑이 수도권매립지관리공사를 상대로 하여 제기한 위 효력정지신청은 부적법함에도 그 신청을 받아들인 원심결정은 집행정지의 요건에 관한 법리를 오해한 위법이 있다(대결 2010.11.26. 2010무137).

2. 거부처분의 효력정지가 가능한지 여부(부정)

신청에 대한 거부처분의 효력을 정지하더라도 거부처분이 없었던 것과 같은 상태, 즉 거부처분이 있기 전의 신청시의 상태로 되돌아가는 데에 불과하고 행정청에게 신청에 따른 처분을 하여야 할 의무가 생기는 것이 아니므로, 거부처분의 효력정지는 그 거부처분으로 인하여 신청인에게 생길 손해를 방지하는 데 아무런 보탬이 되지 아니하여 그 효력정지를 구할 이익이 없다(대결 1995.6.21. 95두26).

3. 국립대학교 총장의 불합격처분에 대한 집행정지가 가능한지 여부(부정)

국립대학교 총장이 어떠한 입학지원자에 대하여 입학을 거부하는 불합격처분을 한 경우에 설령 이 처분에 대하여 집행정지를 한다 하여도 이로 인하여 소관 행정청에 입학을 명하는 것이 되는 것도 아니고 또 당연히 입학이 되는 것은 아니어서, 결국 아무런 의미가 없으므로 이 행정처분의 집행을 정지할 필요성이 없다(대판 1962.6.29. 62두9).

4. 교도소장의 접견거부처분에 대한 집행정지(부정)

허가신청에 대한 거부처분은 그 효력이 정지되더라도 그 처분이 없었던 것과 같은 상태를 만드는 것에 지나지 아니하는 것이고 그 이상으로 행정청에 대하여 어떠한 처분을 명하는 등 적극적인 상태를 만들어 내는 경우를 포함하지 아니하는 것이므로, **교도소장이 접견을 불허한 처분에 대하여 효력정지를 한다 하여도 이로 인하여 위 교도소장에게 접견의 허가를 명하는 것이 되는 것도 아니고 또 당연히 접견이 되는 것도 아니어서** 접견허가 거부처분에 의하여 생길 회복할 수 없는 손해를 피하는 데 아무런 보탬도 되지 아니하니 **접견허가 거부처분의 효력을 정지할 필요성이 없다**(대결 1991.5.2. 91두15).

5. 허가신청의 갱신 거부에 대한 효력정지가 가능한지 여부(부정)

사행행위등규제법 제7조 제2항의 규정에 의하면 사행행위영업허가의 효력은 유효기간 만료 후에도 재허가신청에 대한 불허가처분을 받을 때까지 당초 허가의 효력이 지속된다고 볼 수 없으므로 허가갱신신청을 거부한 불허처분의 효력을 정지하더라도 이로 인하여 **유효기간이 만료된 허가의 효력이 회복되거나 행정청에게 허가를 갱신할 의무가 생기는 것도 아니라 할 것이니**, 투전기업소갱신허가 불허처분의 효력을 정지하더라도 불허처분으로 입게 될 손해를 방지하는 데에 아무런 소용이 없고 따라서 **불허처분의 효력정지를 구하는 신청은 이익이 없어 부적법하다**(대결 1993.2.10. 92두72).

② 본안(本案)소송이 계속되고 있을 것

원칙	① 「행정소송법」은 '취소소송이 제기된 경우' 또는 '본안이 계속되고 있는 법원'이라고 규정하고 있으므로 집행정지신청은 본안소송이 계속되어 있음을 전제로 한다. 따라서 소송이 제기되기 이전에는 신청할 수 없다는 점에서 민사소송상의 가처분이 본안소송 제기 전에 신청이 가능한 것과는 구별된다. ② 집행정지결정은 승소판결을 대비하는 것이므로 본안소송이 적법할 것을 요건으로 한다.
예외	본안소송의 제기와 동시에 신청하는 것은 허용된다.

Winner's 집행정지의 신청 : 소송계속 중 (○), 소송 제기와 동시 (○), 소송 제기 전 (×)

1. 본안소송의 적법성이 집행정지의 요건에 포함되는지 여부(긍정)

행정처분의 효력정지나 집행정지를 구하는 신청사건에 있어서는 **행정처분 자체의 적법 여부는 궁극적으로 본안재판에서 심리를 거쳐 판단할 성질의 것이므로 원칙적으로 판단할 것이 아니고**, 그 행정처분의 효력이나 집행을 정지할 것인지에 관한 「행정소송법」 제23조 제2항 소정의 요건의 존부만이 판단의 대상이 된다고 할 것이지만, 나아가 집행정지는 행정처분의 집행부정지원칙의 예외로서 인정되는 것이고 또 본안에서 원고가 승소할 수 있는 가능성을 전제로 한 권리보호수단이라는 점에 비추어 보면 **집행정지사건 자체에 의하여도 신청인의 본안청구가 적법한 것이어야 한다는 것을 집행정지의 요건에 포함시켜야 할 것이다**(대결 1995.2.28. 94두36). 〈14. 국가 9급〉

Winner's 집행정지의 요건 : 소송의 적법성 (○), 처분의 적법성 (△)

2. 본안소송이 취하❶된 경우 집행정지는 당연소멸하는지 여부(긍정)

행정처분의 집행정지는 행정처분집행부정지의 원칙에 대한 예외로서 인정되는 일시적인 응급처분이라 할 것이므로 집행정지결정을 하려면 이에 대한 **본안소송이 법원에 제기되어 계속 중임을 요건으로 하는 것이므로** 집행정지결정을 한 후에라도 본안소송이 취하되어 소송이 계속하지 아니한 것으로 되면 **집행정지결정은 당연히 그 효력이 소멸되는 것이고 별도의 취소조치를 필요로 하는 것이 아니다**(대판 1975.11.11. 75누97).

용어설명 ❶ 취하(取下) : 원고가 법원에 대하여 소의 제기를 철회하는 의사표시

③ 회복하기 어려운 손해발생의 우려가 있을 것: 원상회복이 불가능하거나 또는 금전으로 보상할 수 없는 손해뿐만 아니라, 사회통념상 금전으로는 실질적 보상이 이루어진 것으로 보기 어려운 손해를 예방하기 위한 필요가 있어야 한다.

1. 상고심 계속 중 진주교도소로 이송한 것은 회복하기 어려운 손해에 해당하는지 여부(긍정)

1) 행정처분의 집행정지나 효력정지결정을 하기 위하여는 행정소송법 제23조 제2항에 따라 회복하기 어려운 손해를 예방하기 위하여 긴급한 필요가 있어야 하고, 여기서 말하는 '회복하기 어려운 손해'라 함은 특별한 사정이 없는 한 금전으로 보상할 수 없는 손해라 할 것이며 이는 금전보상이 불능한 경우뿐만 아니라 금전보상으로는 사회관념상 행정처분을 받은 당사자가 참고 견딜 수 없거나 또는 참고 견디기가 현저히 곤란한 경우의 유형·무형의 손해를 일컫는다.

2) 기록에 의하면 신청인 및 그 가족들의 주소는 서울이고 위 형사피고사건의 상고심에서 신청인을 위하여 선임된 변호인도 서울지방변호사회 소속 변호사임을 알 수 있으므로, 신청인이 그에 관한 형사피고사건이 상고심 계속 중에 안양교도소로부터 진주교도소로 이송되는 경우에는, 그로 인하여 변호인과의 접견이 어려워져 방어권의 행사에 지장을 받게 됨은 물론 가족이나 친지 등과의 접견권의 행사에도 장애를 초래할 것임이 명백하고, 이로 인한 손해는 금전으로 보상할 수 없는 손해라 할 것이다(대결 1992.8.7. 92두30).

2. 지방의회의원에 대한 제명의결이 회복하기 어려운 손해에 해당하는지 여부(긍정)

신청인의 이 시건 본인소송이 이유 없음이 분냉하지도 아니하여, 만일 본안소송에서 승소한다면 신청인이 그 기간 동안 지방의회의원으로서의 업무를 수행할 수 없어 신분과 명예상의 불이익을 입게 되고 상당한 정신적 고통을 받게 될 것임은 짐작하기 어렵지 아니하며, 이와 같은 손해는 쉽게 금전으로 보상할 수 있는 성질의 것도 아니어서 사회관념상 회복하기 어려운 손해에 해당된다고 보여지고, 또한 이와 같은 손해를 예방하기 위하여 이 사건 처분의 효력을 정지시킬 긴급한 필요 역시 인정된다고 할 것이며, 이 사건 제명의결의 집행을 정지함이 공공복리에 중대한 영향을 미칠 우려가 있다고도 보여지지 아니한다. … 의원제명의결무효확인사건의 본안판결확정 시까지 그 효력을 정지한다(대결 1997.9.9. 97두29).

3. 285억 과징금 납부명령으로 인하여 사업자가 중대한 경영상의 위기를 맞게 될 것으로 보이는 경우 회복하기 어려운 손해에 해당하는지 여부(긍정)

사업여건의 악화 및 막대한 부채비율로 인하여 외부자금의 신규차입이 사실상 중단된 상황에서 285억원 규모의 과징금을 납부하기 위하여 무리하게 외부자금을 신규차입하게 되면, 주거래은행과의 재무구조개선약정을 지키지 못하게 되어 사업자가 중대한 경영상의 위기를 맞게 될 것으로 보이는 경우 그 과징금 납부명령의 처분으로 인한 손해는 효력정지 내지 집행정지의 적극적 요건인 '회복하기 어려운 손해'에 해당한다(대결 2001.10.10. 2001무29).

4. 판매원 등의 동요가 회복하기 어려운 손해에 해당하는지 여부(긍정)

신청인은 이 사건 처분의 효력이 계속 유지되는 경우 판매원 등의 동요 및 현 판매조직에 대한 대대적인 개편 내지 축소 등으로 인하여 회사의 매출액이나 판매신장률 등이 감소되는 손해를 입게 되고, 이러한 손해는 그 범위를 확정하기가 쉽지 아니하므로 「행정소송법」 제23조 제2항의 '회복하기 어려운 손해'에 해당하고, 신청인의 위와 같은 손해를 예방하기 위하여는 이 사건 각 시정명령의 효력을 정지하는 것 외에는 다른 적당한 방법이 없으므로 그 집행을 정지할 긴급한 필요도 있다(대결 2008.5.6. 2007무147).

5. 현역병 입영이 회복하기 어려운 손해에 해당하는지 여부(긍정)

현역병 입영처분의 효력이 정지되지 아니한 채 본안소송이 진행된다면 특례보충역으로 방위산업체에 종사하던 신청인은 입영하여 다시 현역병으로 복무하지 않을 수 없는 결과 병역의무를 중복하여 이행하는 셈이 되어 불이익을 입게 되고 상당한 정신적 고통을 받게 될 것이므로 이는 사회관념상 회복하기 어려운 손해에 해당된다(대결 1992.4.29. 92두7).

6. 기업이미지 및 신용훼손이 회복하기 어려운 손해에 해당하는지 여부(예외적 긍정)

당사자가 행정처분 등이나 그 집행 또는 절차의 속행으로 인하여 재산상의 손해를 입거나 기업이미지 및 신용이 훼손당하였다고 주장하는 경우에 그 손해가 금전으로 보상할 수 없어 회복하기 어려운 손해에 해당한다고 하기 위해서는, 그 경제적 손실이나 기업이미지 및 신용의 훼손으로 인하여 사업자의 자금사정이나 경영 전반에 미치는 파급효과가 매우 중대하여 사업 자체를 계속할 수 없거나 중대한 경영상의 위기를 맞게 될 것으로 보이는 등의 사정이 존재하여야 한다(대결 2003.4.25. 2003무2).

7. 5,000여 만원의 시설비를 회수하지 못하는 것이 회복하기 어려운 손해에 해당하는지 여부(부정)

행정소송법 제23조 제2항 소정의 행정처분 등의 효력이나 집행을 정지하기 위한 요건으로서의 '회복하기 어려운 손해'라 함은 특별한 사정이 없는 한 금전으로 보상할 수 없는 손해로서 이는 금전보상이 불능인 경우뿐만 아니라 금전보상으로는 사회관념상 행정처분을 받은 당사자가 참고 견딜 수 없거나 또는 참고 견디기가 현저히 곤란한 경우의 유형·무형의 손해를 일컫는다고 할 것인바, 유흥접객영업허가의 취소처분으로 5,000여만원의 시설비를 회수하지 못하게 된다면 생계까지 위협받게 되는 결과가 초래될 수 있다는 등의 사정은 위 처분의 존속으로 당사자에게 금전으로 보상할 수 없는 손해가 생길 우려가 있는 경우라고 볼 수 없다(대판 1991.3.2. 91두1). 〈14. 국가 9급〉

④ 긴급한 필요가 있을 것: 본안판결을 기다릴 시간적 여유가 없는 경우이어야 한다. '긴급한 필요'란 손해발생가능성과 시간적 절박성을 포함하는 개념이다. 회복하기 어려운 손해발생의 가능성이 있으면 긴급한 필요도 충족되는 것이 원칙이다.

과세처분은 긴급한 필요가 있는지 여부(부정)

과세처분에 의하여 입은 손해는 배상청구가 가능하므로 그 처분을 정지함에 회복할 수 없는 손해를 피하기 위하여 긴급한 사유가 있는 경우에 해당하지 아니한다(대결 1971.1.28. 70두7).

⑤ 공공복리에 중대한 영향을 미칠 우려가 없을 것: 집행정지를 인정하는 것이 공공복리에 중대한 영향을 미칠 우려가 있는 경우에는 집행정지가 허용되지 않는다. 집행정지의 소극적 요건에 해당한다. '중대한 영향'이란 단순히 공익목적에 지장이 있는 정도가 아니라, 개인에게 회복할 수 없는 손해가 발생하더라도 그것이 부득이한 것으로 인정될 수 있는 정도의 것이어야 한다.

중대한 영향이란 구체적·개별적인 공익에 중대한 해를 입힐 개연성인지 여부(긍정)

행정소송법 제23조 제3항에서 규정하고 있는 집행정지의 장애사유로서의 '공공복리에 중대한 영향을 미칠 우려'라 함은 일반적·추상적인 공익에 대한 침해의 가능성이 아니라 당해 처분의 집행과 관련된 구체적·개별적인 공익에 중대한 해를 입힐 개연성을 말하는 것으로서 이러한 집행정지의 소극적 요건에 대한 주장·소명책임은 행정청에게 있다(대결 2004.5.12. 2003무41). 〈23. 국가 9급〉

> **Winner's** 중대한 영향의 : 일반적·추상적 공익 침해의 가능성 (×), 개별적·구체적 공익 침해의 개연성 (○)

⑥ 본안청구가 이유 없음이 명백하지 않을 것: 집행정지는 본안판결에 선행하는 임시적 보전절차라는 점에서 본안청구의 이유 유무를 검토할 수 없다는 견해가 있으나, 본안청구가 이유 없음이 명백한 경우에도 집행정지를 인정하는 것은 제도적 취지에 반하므로 본안청구가 이유 없음이 명백하지 아니할 것을 집행정지의 소극적 요건으로 하는 견해가 통설, 판례이다.

> **본안청구가 이유 없음이 명백할 때에도 효력정지를 인정할 수 있는지 여부(부정)**
> 행정처분의 효력정지를 구하는 신청사건에 있어서는 행정처분 자체의 적법 여부는 궁극적으로 본안판결에서 심리를 거쳐 판단할 성질의 것이므로 원칙적으로는 판단할 것이 아니고, 그 행정처분의 효력을 정지할 것인가에 대한 행정소송법 제23조 제2항 소정의 요건의 존부만이 판단의 대상이 되나, 본안소송에서의 처분의 취소가능성이 없에도 불구하고 처분의 효력정지를 인정한다는 것은 제도의 취지에 반하므로, 효력정지사건 자체에 의하여도 신청인의 본안청구가 이유 없음이 명백할 때에는 행정처분의 효력정지를 명할 수 없다(대결 1994.10.11. 94두23).

> **Winner's** 집행정지의 요건 : 본안청구의 적법성 (○), 본안청구의 이유 유무 (△)

(4) 절차

집행정지결정은 당사자의 신청 또는 법원의 직권에 의하여 행해진다(행소법 제23조 제2항).

(5) 소명

신청인은 신청의 이유에 대하여 소명❶하여야 한다고 규정하고 있으므로(행소법 제23조 제4항), 집행정지의 적극적 요건은 신청인이 소명하여야 하고, 공공복리와 같은 소극적 요건은 행정청이 소명하여야 한다.

> **용어설명** ❶ 소명(疏明) : 이유를 밝혀서 설명하는 것, 소송에서는 증명보다 입증의 정도가 약한 개념으로 사용됨

(6) 내용

① 처분의 효력정지: 처분의 내용에 따른 공정력·구속력·집행력 등을 잠정적으로 정지시키는 것을 말한다(⑩ 영업허가 취소처분에 대한 효력정지로 인하여 영업을 계속할 수 있게 되는 것). 그러나 처분의 효력 자체를 바로 정지하는 것은 행정권을 무시하는 것이므로 처분 등의 집행 또는 절차의 속행을 정지함으로써 목적을 달성할 수 없는 경우에 한하여 보충적으로 허용된다 (⑩ 토지수용절차에 있어서 절차의 속행정지로 목적달성이 가능하다면 사업인정의 효력을 정지할 수 없는 것).

> **산업기능요원 편입처분의 취소처분에 대하여 효력정지가 가능한지 여부(부정)**
> 산업기능요원 편입 당시 지정업체의 해당 분야에 종사하지 아니하였음을 이유로 산업기능요원의 편입이 취소된 사람은 편입되기 전의 신분으로 복귀하여 현역병으로 입영하게 하거나 공익근무요원으로 소집하여야 하는 것으로 되어 있는데, 그 취소처분에 의하여 생기는 손해로서 그 동안의 근무실적이 산업기능요원으로서 종사한 것으로 인정받지 못하게 된 손해부분은 본안소송에서 그 처분이 위법하다고 하여 취소하게 되면 그 취소판결의 소급효만으로 그대로 소멸되

게 되므로, 그 부분은 그 처분으로 인하여 생기는 회복할 수 없는 손해에 해당한다고 할 수가 없고, 결국 그 취소처분으로 인하여 입게 될 회복할 수 없는 손해는 그 처분에 의하여 산업기능요원 편입이 취소됨으로써 편입 이전의 신분으로 복귀하여 현역병으로 입영하게 되거나 혹은 공익근무요원으로 소집되는 부분이라고 할 것이며, 이러한 손해에 대한 예방은 그 처분의 효력을 정지하지 아니하더라도 그 후속절차로 이루어지는 현역병 입영처분이나 공익근무요원 소집처분절차의 속행을 정지함으로써 달성할 수가 있으므로, 산업기능요원 편입 취소처분에 대한 집행정지로서는 그 후속절차의 속행정지만이 가능하고, 그 처분 자체에 대한 효력정지는 허용되지 아니한다(대결 2000.1.8. 2000무35).

② 처분의 집행정지: 처분의 내용을 강제적으로 실현시키는 집행력의 행사를 저지시키는 것을 말한다(⑩ 철거명령의 대상이 된 건축물의 강제철거를 할 수 없게 되는 것).

③ 절차의 속행정지: 처분에 따르는 후속처분을 저지하는 것을 말한다(⑩ 대집행절차에 있어서 계고처분의 후속처분인 대집행영장에 의한 통지, 대집행실행을 저지시키는 것).

(7) 효력

① 형성력: 집행정지결정은 처분 등의 구속력을 일시적으로 정지함으로써 그 처분이 없었던 것과 같은 상태를 실현하는 것이므로 그 범위 안에서 형성력을 가진다. 따라서 집행정지결정에 위반된 행정행위는 무효가 된다.

② 대인적 효력: 집행정지결정은 판결의 효력에 준하여 당사자인 행정청과 관계행정청을 기속한다(행소법 제23조 제6항, 제30조 제1항). 제3자효 행정행위의 경우에는 제3자에게도 미친다. 다만, 제3자 범위가 불명확하다는 점에서 비판이 제기된다. 〈11. 국가 9급〉

③ 시간적 효력

원칙	집행정지결정은 장래에 향하여 효력을 발생한다. 따라서 그 결정의 주문에 정하여진 시기까지 존속하고, 그 시기가 도래하면 당연 소멸한다.
예외	결정주문에 특별히 정한 시기가 없으면 본안판결이 확정될 때까지 존속한다.

1. 집행정지결정의 효력은 결정주문에서 정한 시기까지 존속하는지 여부(긍정)
행정소송법 제23조에 의한 집행정지결정의 효력은 결정주문에서 정한 시기까지 존속하며 그 시기의 도래와 동시에 효력이 당연히 소멸하는 것이므로, 일정기간 동안 영업을 정지할 것을 명한 행정청의 영업정지처분에 대하여 법원이 집행정지결정을 하면서 주문에서 당해 법원에 계속 중인 본안소송의 판결선고 시까지 처분의 효력을 정지한다고 선언하였을 경우에는 처분에서 정한 영업정지기간의 진행은 그때까지 저지되는 것이고, 본안소송의 판결선고에 의하여 당해 정지결정의 효력은 소멸하고 이와 동시에 당초의 영업정지처분의 효력이 당연히 부활되어 처분에서 정하였던 정지기간(정지결정 당시 이미 일부 진행되었다면 나머지 기간)은 이때부터 다시 진행한다(대판 1999.2.23. 98두14471). 〈11. 국가 9급〉

2. 집행정지가 실효된 때부터 과징금의 납부기간이 다시 진행되는지 여부(긍정)
일정한 납부기한을 정한 과징금부과처분에 대하여 '회복하기 어려운 손해'를 예방하기 위하여 긴급한 필요가 있고 달리 공공복리에 중대한 영향을 미치지 아니한다는 이유로 집행정지결정이

내려졌다면 그 집행정지기간 동안은 과징금부과처분에서 정한 과징금의 납부기간은 더 이상 진행되지 아니하고 집행정지결정이 당해 결정의 주문에 표시된 시기의 도래로 인하여 실효되면 그 때부터 당초의 과징금부과처분에서 정한 기간(집행정지결정 당시 이미 일부 진행되었다면 그 나머지 기간)이 다시 진행하는 것으로 보아야 한다(대판 2003.7.11. 2002다48023). 〈22. 지방 7급〉

(8) 집행정지결정의 취소

집행정지결정이 확정된 후 집행정지가 공공복리에 중대한 영향을 미치거나 그 정지사유가 없어진 때에는 법원은 당사자의 신청 또는 직권에 의하여 결정으로써 집행정지결정을 취소할 수 있다(행소법 제24조 제1항). 행정청이 신청하는 것이 원칙이나, 제3자효 행정행위에 있어서 처분의 직접 상대방인 수익자도 취소신청을 할 수 있다.

집행정지결정의 취소사유는 특별한 사정이 없는 한 집행정지결정이 확정된 이후에 발생한 것이어야 하는지 여부(긍정)

행정소송법 제24조 제1항에서 규정하고 있는 집행정지결정의 취소사유는 **특별한 사정이 없는 한 집행정지결정이 확정된 이후에 발생한 것이어야 한다**(대결 2005.7.15. 2005무16).

(9) 집행정지결정에 대한 불복

집행정지의 결정 또는 기각의 결정에 대하여는 즉시항고할 수 있다. 이 경우 집행정지의 결정에 대한 즉시항고에는 결정의 집행을 정지하는 효력이 없다(행소법 제23조 제5항). 〈18. 서울 9급〉

4. 가처분의 인정 여부

(1) 문제점

'가처분'이란 금전 이외의 급부를 목적으로 하는 청구권의 집행을 보전하거나 다툼이 있는 법률관계에 관하여 잠정적으로 임시의 지위를 보전하는 것을 내용으로 하는 가구제 제도를 말한다. 행정소송에 관하여 특별한 규정이 없으면 「민사집행법」을 준용하도록 되어 있으므로(제8조 제2항) 항고소송에서도 「민사집행법」상의 적극적인 가처분 규정을 준용할 수 있는지가 문제된다.

(2) 학설 및 판례

소극설 (통설·판례)	① 권력분립의 원칙상 사법권에도 한계가 있다는 점, ② 「행정소송법」상 집행정지규정은 「민사집행법」에 대한 특별규정이라는 점, ③ 본안소송으로서의 의무이행소송과 예방적 부작위소송 등이 현행법상 부정되고 있다는 점 등을 이유로 부정하는 견해이다. 〈11. 국가 9급〉
적극설	① 본안판결의 실효성을 확보할 필요가 있다는 점, ② 집행정지규정을 「민사집행법」상의 가처분에 대한 특별규정으로 볼 수 없다는 점 등을 이유로 긍정하는 견해이다.
제한적 긍정설	「행정소송법」이 집행정지제도를 두고 있으므로 집행정지가 실효적인 권리구제가 되지 않는 예외적인 경우에만 가처분제도가 인정된다는 견해(김남진, 류지태, 홍정선)이다.

> 구 「민사소송법」상 가처분규정이 적용되는지 여부(부정)
>
> 항고소송에 있어서는 행정소송법 제14조에 불구하고 민사소송법 중 가처분에 관한 규정은 준용되지 않는 것이므로 행정처분의 집행정지신청을 기각하는 결정이나 집행정지결정을 취소하는 결정에 대하여는 불복을 할 수 없으나 민사소송법 제420조 제1항 소정의 특별항고는 할 수 있다(대판 1980.12.22. 80두5). 〈17. 사회복지 9급〉
>
> ⇒ 현행법상 가처분은 「민사집행법」에 의한다.

(3) 검토

국민의 권리구제를 위해서 행정소송에 있어서도 「민사집행법」과 같은 적극적인 가처분이 필요하다는 점에 대해서는 이견이 없다. 그러나 집행정지결정은 항고소송의 공익관련성 때문에 인정된 특별규정으로 볼 수 있고, 현행법은 의무이행소송을 인정하지 않으므로 부정된다고 보는 것이 타당하다.

> **Winner's** 민사집행법상 적극적 가처분 인정 여부 : 항고소송 (×), 당사자소송 (○)

9 취소소송의 심리

1. 서설

(1) 의의

법원이 소(訴)에 대한 판결을 하기 위해 그 기초가 되는 소송자료를 수집하는 소송절차를 말한다.

(2) 심리에 관한 원칙

① 유형

당사자주의	소송절차의 주도권을 당사자에게 맡기는 절차이다.
직권주의	소송절차의 주도권을 법원에 맡기는 절차이다.

② 당사자주의의 발현

처분권주의	소송의 개시·종료·심판의 범위에 대하여 원고의 의사에 맡기는 절차이다.
변론❶주의	소송자료의 수집단계에서 당사자의 책임과 권능을 강조하는 절차이다.

> **용어설명** ❶ 변론(辯論) : 소송의 양 당사자가 수소법원에 소송자료, 즉 사실과 증거를 제출하는 행위

(3) 행정소송의 심리원칙

행정소송의 심리에서도 당사자주의를 원칙으로 한다. 다만, 행정소송은 민사소송과 달리 공익에 미치는 영향을 고려하여 특칙을 마련하고 있다.

2. 심리의 내용

(1) **요건심리(본안 전 심리)**

① 의의: 제기된 소송이 소송요건을 갖추었는지를 검토하는 것으로서, 소의 적법성을 심사하는 절차이다. 본안 전 심사라고도 하며, 본안판단의 전제조건을 충족했는지 여부를 심사하는 것이다.

> **Winner's** 요건심리의 대상 : 소송요건 (○), 처분요건 (×)

② 법적 성질: 소송요건은 법원의 직권조사사항이므로 당사자의 주장이 없더라도 그 충족 여부를 검토하여야 한다. 심리 결과 소송요건에 흠결이 있으면 부적법한 소가 되므로 각하판결을 하여야 한다.

> **행정처분의 존부는 소송요건에 해당하는지 여부(긍정)**
> 행정소송에서 쟁송의 대상이 되는 행정처분의 존부는 <u>소송요건으로서 직권조사사항이고</u>, 자백의 대상이 될 수 없는 것이므로, 설사 그 존재를 당사자들이 다투지 아니한다 하더라도 그 존부에 관하여 의심이 있는 경우에는 이를 직권으로 밝혀 보아야 한다(대판 2001.11.9. 98두892).

③ 충족 여부의 판단: 소송요건은 제소 시에 갖추어야 하며, 상고심 계속 중에도 존속하여야 한다. 다만, 사실심 변론종결시까지 흠결된 소송요건을 보완하면 하자가 치유되는 것으로 보는 것이 판례의 태도이다. 〈14. 국가 9급〉

> **소송요건은 상고심에서도 존속하여야 하는지 여부(긍정)**
> 행정처분의 직접 상대방이 아닌 제3자라 하더라도 당해 행정처분으로 인하여 법률상 보호되는 이익을 침해당한 경우에는 그 처분의 취소나 무효확인을 구하는 행정소송을 제기하여 그 당부의 판단을 받을 자격, 즉 원고적격이 있고 여기에서 말하는 법률상 보호되는 이익은 당해 처분의 근거 법규 및 관련 법규에 의하여 보호되는 개별적·직접적·구체적 이익을 말하며, <u>원고적격은 소송요건의 하나이므로 사실심 변론종결 시는 물론 상고심에서도 존속하여야 하고</u> 이를 흠결하면 부적법한 소가 된다 할 것이다(대판 2000.11.10. 2000두7155). 〈15. 사회복지 9급〉

④ 판단시기: 소송요건은 본안판결의 전제조건으로서 반드시 본안심리에 앞서 조사하여야 하는 것은 아니고, 본안심리 중이더라도 소송요건을 심사하여 그 흠결이 발견되면 각하판결을 하여야 한다.

(2) **본안심리**

① 의의: 소송요건을 구비한 적법한 소를 전제로 하여, 원고의 청구가 정당한지 여부에 관하여 심사하는 절차이다. 구체적으로는 처분의 적법요건을 심사하여 처분의 적법성을 판단하는 것이다.

> **Winner's** 본안심리의 대상 : 소송의 적법성 (×), 처분의 적법성 (○)

② 판결: 청구가 이유 있으면 인용판결을 하고, 이유 없으면 기각판결을 하여야 한다.

1. 처분의 근거유무, 절차의 준수여부의 성질(본안심리)

어떠한 처분에 법령상 근거가 있는지, 행정절차법에서 정한 처분 절차를 준수하였는지는 본안에서 해당 처분이 적법한가를 판단하는 단계에서 고려할 요소이지, 소송요건 심사단계에서 고려할 요소가 아니다(대판 2016.8.30. 2015두60617 참조)(대판 2021.2.4. 2020두48772).

2. 재신청이 신청기간을 도과하였는지 여부의 성질(본안심리)

관계 법령이나 행정청이 사전에 공표한 처분기준에 신청기간을 제한하는 특별한 규정이 없는 이상 재신청을 불허할 법적 근거가 없으며, 설령 신청기간을 제한하는 특별한 규정이 있더라도 재신청이 신청기간을 도과하였는지는 본안에서 재신청에 대한 거부처분이 적법한가를 판단하는 단계에서 고려할 요소이지, 소송요건 심사단계에서 고려할 요소가 아니다(대판 2021.1.14. 2020두50324).

3. 심리의 범위

(1) 불고불리의 원칙

① 의의: 법원은 원고의 소(訴)의 제기가 없으면 재판할 수 없고, 원고의 청구범위를 넘어서 심리·판단할 수 없다는 원칙을 말한다.

② 채택 여부: 「행정소송법」은 불고불리 원칙을 명시하지 않고 있으나, 법원은 당사자가 주장하지 아니한 사실에 대하여도 판단할 수 있다는 직권심리 규정을 명시하고 있어서 행정소송에서도 불고불리 원칙이 채택된 것인지 여부에 대해서 논란이 있다. 그러나 「행정소송법」에 특별한 규정이 없으면 「민사소송법」을 준용하게 되어 있으므로 행정소송에서도 불고불리의 원칙이 채택되어 있는 것으로 보는 것이 통설·판례이다. 〈14. 국가 9급〉

> **Winner's** 불고불리 원칙의 명문규정 : 행정소송법 (×), 행정심판법 (○)

> **〈행정소송법〉 제26조(직권심리)** 법원은 필요하다고 인정할 때에는 직권으로 증거조사를 할 수 있고, 당사자가 주장하지 아니한 사실에 대하여도 판단할 수 있다.

> **행정소송에 있어서 원고의 청구범위를 초월하여 그 이상의 청구를 인용할 수 있는지 여부(부정)**
> 행정소송법 제26조는 법원이 필요하다고 인정할 때에는 직권으로 증거조사를 할 수 있고 당사자가 주장하지 아니한 사실에 대하여 판단할 수 있다고 규정하고 있으나, 이는 행정소송에 있어서 원고의 청구범위를 초월하여 그 이상의 청구를 인용할 수 있다는 뜻이 아니라, 원고의 청구범위를 유지하면서 그 범위 내에서 필요에 따라 주장 외의 사실에 관하여 판단할 수 있다는 뜻이다(대판 1992.3.10. 91누6030).

(2) 재량행위

「행정소송법」상 재량행위라 하더라도 그 재량권의 한계를 일탈·남용한 경우에는 이를 취소할 수 있도록 규정하고 있으므로 법원은 재량문제에 대해서도 심사할 수 있다고 본다. 따라서 재량권의 행사가 단순히 부당에 그치는 경우에는 각하할 것이 아니고, 기각하여야 할 것으로 본다.

> **〈행정소송법〉 제27조(재량처분의 취소)** 행정청의 재량에 속하는 처분이라도 재량권의 한계를 넘거나 그 남용이 있는 때에는 법원은 이를 취소할 수 있다.

(3) 법률문제와 사실문제

우리 행정소송은 법률문제와 사실문제를 모두 심리의 범위에 포함한다. 입법례에 따라서는 행정의 전문성과 통일성을 살리기 위하여 사실의 인정은 행정청이하고, 법원의 심리범위를 법률문제에 한정하는 경우도 있다. 미국에서의 '실질적 증거의 법칙'과 독일에서의 '판단여지이론'을 들 수 있다.

4. 심리의 절차

(1) 민사소송의 준용

행정소송의 심리에 있어서도 특별한 규정이 없는 한 「민사소송법」과 「법원조직법」이 준용되는 것이므로 공개심리주의·구술심리주의·변론주의가 적용된다.

> **참고** 심리의 절차 관련 용어 정리
>
> **1. 공개심리주의**: 재판의 심리와 판결의 선고를 일반인에게 공개하는 것을 말한다.
> **2. 구술심리주의**: 심리에 있어서의 당사자 및 법원의 소송행위를 구술로 행하는 것을 말한다. 특히 변론 및 증거조사를 구술로 행하게 된다.
> **3. 변론주의**
> ① 의의: 소송자료의 수집과 제출의 책임을 당사자에게 맡기는 것을 말한다.
> ② 변론주의의 내용
> - 주장책임: 주요사실을 주장하지 않으면 판결의 기초로 삼지 않는다는 것이다.
> - 자백의 구속력: 다툼이 없는 사실은 판결의 기초로 삼아야 한다는 것이다.
> - 직권증거조사: 금지되는 것이 원칙이나, 다툼이 있는 사실은 당사자가 제출한 증거로 판단한다는 것이다.

(2) 변론주의 채택

「행정소송법」상 법원은 당사자가 주장하지 아니한 사실에 대하여도 판단할 수 있다(행소법 제26조)고 규정하고 있으나, 이 규정은 직권탐지주의를 채택한 것이 아니라, 변론주의를 원칙으로 하면서 직권으로 증거조사를 보충하는 것으로 보는 견해(변론주의 보충설)가 다수설이고 판례이다.

> **1. 법원이 아무런 제한 없이 당사자가 주장하지 아니한 사실을 판단할 수 있는지 여부(부정)**
> 행정소송법 제26조가 법원은 필요하다고 인정할 때에는 직권으로 증거조사를 할 수 있고, 당사자가 주장하지 아니한 사실에 대하여도 판단할 수 있다고 규정하고 있지만, 이는 행정소송의 특수성에 연유하는 당사자주의, **변론주의에 대한 일부 예외규정일 뿐 법원이 아무런 제한 없이 당사자가 주장하지 아니한 사실을 판단할 수 있는 것은 아니고, 일건 기록에 현출되어 있는 사항에 관하여서만 직권으로 증거조사를 하고 이를 기초로 하여 판단할 수 있을 따름이고**, 그것도 법원이 필요하다고 인정할 때에 한하여 청구의 범위 내에서 증거조사를 하고 판단할 수 있을 뿐이다(대판 1994.10.11. 94누4820). 〈17. 국가 9급〉, 〈18. 지방 9급〉
>
> **2. 정당한 금액을 산출할 수 없는 경우에 법원이 직권으로 증거조사를 할 의무가 있는지 여부(부정)**
> 개발부담금부과처분 취소소송에 있어서 개발부담금 산출과정의 잘못 때문에 그 부과처분이 위

법한 것으로 판단되더라도 사실심 변론종결시까지 제출된 자료에 의하여 적법하게 부과될 정당한 개발부담 금액이 산출되는 때에는 그 부과처분 전부를 취소할 것이 아니라 정당한 개발부담금을 초과하는 부분만 취소하여야 할 것이지만, 행정관청이 개발완료시점의 지가 및 개발비용이 얼마인지 주장·입증하지 않고 있는 경우에도 법원이 적극적으로 그 점에 관하여 직권증거조사를 하거나 행정관청에게 입증을 촉구하는 등의 방법으로 정당한 개발부담금을 산출할 의무까지 지는 것은 아니다(대판 1999.5.11. 98두16781).
〈19. 서울 9급〉

(3) 행정심판기록제출명령

법원은 당사자의 신청이 있는 때에는 결정으로써 재결을 행한 행정청에 대하여 행정심판에 관한 기록의 제출을 명할 수 있고, 이러한 제출명령을 받은 행정청은 지체 없이 당해 기록을 법원에 제출하여야 하는 것을 말한다(행소법 제25조 제1항·제2항). 취소소송에 있어서의 원고의 입증자료의 확보와 소송경제를 위한 것이다. 〈23. 지방 9급〉

Winner's 행정심판기록제출명령의 절차 : 당사자의 신청 (○), 법원의 직권 (×)

〈행정소송법〉 제25조(행정심판기록의 제출명령) ① 법원은 당사자의 신청이 있는 때에는 결정으로써 재결을 행한 행정청에 대하여 행정심판에 관한 기록의 제출을 명할수 있다.
② 제1항의 규정에 의한 제출명령을 받은 행정청은 지체 없이 당해 행정심판에 관한 기록을 법원에 제출하여야 한다. 〈14. 국가 9급〉, 〈14. 서울 7급〉

5. 주장책임

(1) 의의

자기에게 유리한 주요사실을 변론에서 주장하지 않으면 그 사실이 존재하지 않는 것으로 인정되어 재판에서 불이익을 받게 되는데, 이러한 경우에 당사자의 불이익을 받는 지위를 말한다.

(2) 내용

주요사실에 한하고, 간접사실이나 보조사실은 이에 해당하지 않는다. '주요사실'이란 법률효과를 발생시키는 법규의 직접 요건사실을 말하고, '간접사실'이란 주요사실을 확인하는 데에 도움이 되는 데 그치는 사실을 말한다.

(3) 적용범위

변론주의 하에서는 당사자가 주장하지 않은 사실은 법원이 판결의 기초로 삼을 수 없기 때문에 변론주의 하에서만 인정되는 특유한 제도이다.

(4) 주장책임의 분배

주장책임을 누가 질 것인지와 관련하여 ① 민사소송과 마찬가지로 입증책임의 분배와 일치한다는 견해(김남진), ② 취소소송의 특성을 고려하여 입증책임과는 별도로 결정되어야 한다는 견해(김동희)가 대립한다.

> **주장책임과 입증책임의 소재가 일치하는지 여부(긍정)**
> 행정소송에 있어서 특단의 사정이 있는 경우를 제외하면 당해 행정처분의 적법성에 관하여는 당해 처분청이 이를 주장·입증하여야 할 것이나, 행정소송에 있어서 직권주의가 가미되어 있다고 하여도 여전히 변론주의를 기본 구조로 하는 이상 행정처분의 위법을 들어 그 취소를 청구함에 있어서는 직권조사사항을 제외하고는 그 취소를 구하는 자가 위법사유에 해당하는 구체적인 사실을 먼저 주장하여야 한다(대판 2000.3.23. 98두2768).

(5) 전심절차와의 관계

원고가 행정심판을 거친 경우에 행정심판과 행정소송의 주장사실이 얼마나 일치해야 하는지가 문제된다. 양 주장은 완전히 동일할 필요는 없으나, 기본적인 점에서 동일하면 된다고 본다. 판례에 의하면, 행정심판과 행정소송의 주장이 반드시 일치하여야 할 필요는 없다고 하였다.

> **행정소송에서 전심절차에서 주장하지 아니한 사실을 주장할 수 있는지 여부(긍정)**
> 전심절차에서의 주장과 행정소송에서의 주장이 전혀 별개의 것이 아닌 한 그 주장이 반드시 일치하여야 하는 것은 아니고 당사자는 전심절차에서 미처 주장하지 아니한 사유를 공격방어방법으로 제출할 수 있다고 하겠으므로 전심절차에서 증여사실에 기초하여 주식가액의 평가방법이 위법하다고 주장하다가 행정소송에 이르러 증여사실 자체를 부인하는 등 공격방어방법을 변경하였다 하여 이를 금반언의 원칙 또는 신의성실의 원칙에 반한다고 할 수 없다(대판 1988.2.9. 87누903).

6. 입증책임

(1) 의의

일정한 사실의 존부가 확정되지 않은 경우에 그 사실이 없는 것으로 취급되어 불리한 법적 판단을 받게 되는 일방 당사자의 위험 또는 불이익을 의미한다(객관적 입증책임).

(2) 인정이유

일정한 사실의 진위(眞僞) 불명은 어느 경우에도 예견되기 때문에 이러한 경우에도 판결이 가능하도록 하기 위한 법기술적 고려에 따른 것으로서, 공평이념에 근거한 것이다. 다만, 행정소송에서는 직권심리주의를 채택하고 있으므로 그 범위 내에서 역할이 사실상 감소된다(장태주).

(3) 적용범위

입증책임은 심리의 최종단계에 이르러서도 어떤 사실의 존부가 확정되지 않은 경우에 누구에게 불이익을 부담하게 할 것인가의 문제이므로 변론주의뿐만 아니라 직권탐지주의에서도 문제되는 것이다.

Winner's 적용범위

〈구분〉	변론주의	직권탐지주의
주장책임	○	×
입증책임	○	○

(4) 입증책임의 분배

① 학설

원고책임설	행정행위의 공정력을 적법성의 추정으로 파악하여 원고에게 입증책임이 있다는 견해이다.
피고책임설	법치행정의 원칙상 피고가 스스로 그 행위의 적법성을 입증해야 한다는 견해이다.
법률요건분류설 (분배설·통설)	공평의 원칙상 「민사소송법」과 마찬가지로 법률요건의 규정형식에 따라 입증책임을 분배해야 한다는 견해이다.
독자분배설	행정소송의 특수성을 감안하여 독자적으로 결정하여야 한다는 견해이다.

② 판례

취소소송	원칙	법률요건분류설을 채택한다.
	예외	무효선언을 구하는 의미에서 취소소송에서는 원고책임설을 취하고 있다.
무효등확인소송		원고책임설을 채택하고 있다.

> 1. 취소소송에서의 입증책임은 민사소송의 일반원칙을 따르는지 여부(긍정)
>
> 민사소송법의 규정이 준용되는 행정소송에 있어서 입증책임은 원칙적으로 <u>민사소송의 일반원칙에 따라 당사자 간에 분배되고, 항고소송의 경우에는 그 특성에 따라 당해 처분의 적법을 주장하는 피고에게 그 적법사유에 대한 입증책임이 있다</u>(대판 1984.7.24. 84누124).
>
> 2. 무효등확인소송에서의 입증책임은 원고에게 있는지 여부(긍정)
>
> 행정처분의 당연무효를 주장하여 그 무효확인을 구하는 행정소송에 있어서는 <u>원고에게 그 행정처분이 무효인 사유를 주장·입증할 책임이 있다</u>(대판 1992.3.10. 91누6030).
>
> 3. 무효선언적 의미의 취소소송의 입증책임은 원고에게 있는지 여부(긍정)
>
> 민사소송법이 준용되는 행정소송에서 증명책임은 원칙적으로 민사소송의 일반원칙에 따라 당사자 간에 분배되고, 항고소송은 그 특성에 따라 해당 처분의 적법성을 주장하는 <u>피고에게 적법사유에 대한 증명책임이 있으나, 예외적으로 행정처분의 당연무효를 주장하여 무효 확인을 구하는 행정소송에서는 원고에게 행정처분이 무효인 사유를 주장·증명할 책임이 있고, 이는 무효 확인을 구하는 뜻에서 행정처분의 취소를 구하는 소송에 있어서도 마찬가지이다</u>(대판 2023.6.29. 2020두46073).

③ 검토: 원고책임설과 피고책임설은 일방에게 입증책임을 지우는 것이므로 공평원칙에 반한다. 독자분배설은 그 기준이 애매하다. 따라서 공평의 원칙상 입증책임을 분배하는 통설의 입장이 타당하다. 다만, 무효인 경우에 원고책임설을 취하는 판례의 태도는 무효와 취소의 구별상대성을 이유로 비판을 받고 있다.

(5) 구체적 검토

① 침익적 처분: 상대방의 위반사실 등은 행정청이 입증하여야 한다.

② 수익적 처분: 허가처분을 할 수 있는 요건사실은 원고인 국민이 입증하여야 하고, 허가를 저지하는 요건사실에 대해서는 행정청이 입증하여야 한다.

③ 공권의 성립 여부: 공권의 성립을 인정할 수 있는 사실은 원고가 입증하여야 하고, 권리장애적 사실은 행정청이 입증하여야 한다.

> **1. 수수료를 받고 한 운송위탁사실에 대한 입증책임(행정청)**
>
> 행정처분의 취소를 구하는 항고소송에서는 당해 처분의 적법을 주장하는 처분청인 피고에게 그 적법 여부에 대한 입증책임이 있으므로(대판 1984.7.24. 84누124 등 참조), 법제10조 제5항 위반을 이유로 한 과징금 부과처분의 취소를 구하는 소송에서는 화물운송사업자의 다른 화물운송 사업자에의 운송위탁 또는 대행 의뢰가 '수수료 기타 대가'를 받고 이루어진 것이라는 사실을 처분청이 입증하여야 한다(대판 2007.1.12. 2006두12937).
>
> **2. 난민 인정의 요건에 대한 입증책임(외국인)**
>
> 난민 인정의 요건인 박해를 받을 '충분한 근거 있는 공포'가 있다는 점은 원칙적으로 난민 인정 신청을 하는 외국인이 증명하여야 할 것이다(대판 2019.2.14. 2018두41723).

7. 법관의 석명(釋明)의무

> 〈민사소송법〉 제136조(석명권(釋明權)·구문권(求問權) 등) ① 재판장은 소송관계를 분명하게 하기 위하여 당사자에게 사실상 또는 법률상 사항에 대하여 질문할 수 있고, 증명을 하도록 촉구할 수 있다.

(1) 의의

석명권이란 당사자의 주장이 불명확하거나 모순되는 경우, 제출된 증거만으로는 입증이 충분히 되지 않을 때, 법관의 질문 등으로 그 부족함을 보충하는 법원의 권능을 말한다.

(2) 법적 성질

석명은 「민사소송법」상 재량인 것처럼 규정하고 있으나, 법관의 의무라고 보아야 한다는 것이 통설적 견해이다.

> **1. 의심스러운 경우에 석명을 하지 않은 판결이 위법한지 여부(긍정)**
>
> 행정소송에서 기록상 자료가 나타나 있다면 당사자가 주장하지 않았더라도 판단할 수 있고, 당사자가 제출한 소송자료에 의하여 법원이 처분의 적법 여부에 관한 합리적인 의심을 품을 수 있음에도 단지 구체적 사실에 관한 주장을 하지 아니하였다는 이유만으로 당사자에게 석명을 하거나 직권으로 심리·판단하지 아니함으로써 구체적 타당성이 없는 판결을 하는 것은 행정소송법 제26조의 규정과 행정소송의 특수성에 반하므로 허용될 수 없다(대판 2010.2.11. 2009두18035).
>
> **2. 원고가 피고를 잘못 지정한 경우, 법원이 석명권 행사 없이 각하할 수 있는지 여부(부정)**
>
> 행정소송법상 당사자소송에서 원고가 피고를 잘못 지정한 때에는 법원은 원고의 신청에 의하여 결정으로써 피고의 경정을 허가할 수 있으므로(행정소송법 제44조 제1항, 제14조), **원고가 피고를 잘못 지정한 것으로 보이는 경우 법원으로서는 마땅히 석명권을 행사하여 원고로 하여금 정당한 피고로 경정하게 하여 소송을 진행하도록 하여야 한다**(대판 2016.10.13. 2016다221658). 〈20. 국가 9급〉

10 취소소송의 판결

1. 판결의 의의
법원이 구체적 쟁송을 해결하기 위하여 법적 판단을 선언하는 작용을 말한다.

2. 위법성 판단의 기준시점

(1) 문제점
처분 등이 행해진 후에 그 처분 등의 근거법령이 개폐되거나 사실관계가 변경된 경우에 그 처분의 위법성은 처분시와 판결시 중 어느 시점의 법령 및 사실상태를 기준으로 판단할 것인지가 문제된다. 예를 들어 알코올 중독으로 해임처분을 받은 공무원이 해임처분취소소송 계속 중에 중독증세가 치료된 경우에는 처분시의 사실상태에 따라 기각판결을 할 것인지, 아니면 판결시의 사실상태에 따라 인용판결을 할 것인지 여부가 문제되는 것이다.

(2) 학설

처분시설 (다수설·판례)	취소소송을 행정처분에 대한 사후심사로 파악하여, 처분시의 사실상태와 법령을 기준으로 판단하여야 한다는 견해이다. 판결시를 기준으로 변화된 상태를 기준으로 위법성을 판단하게 되면 법원이 감독적 기능을 가지게 되어 행정청의 1차적 판단권을 침해하고, 권력분립원칙에 반하기 때문이다.
판결시설	취소소송의 목적을 현행법규에 적합한지 여부를 판단하는 것으로 파악하여, 판결시의 법령 및 사실상태를 기준으로 판단하여야 한다는 견해이다.

1. 행정처분의 위법성 판단은 행정처분이 있을 때의 법령과 사실상태를 기준으로 하는지 여부(긍정)

항고소송에 있어서 행정처분의 위법 여부를 판단하는 기준시점에 대하여 판결시가 아니라 처분시라고 하는 의미는 행정처분이 있을 때의 법령과 사실상태를 기준으로 하여 위법 여부를 판단할 것이며, 처분 후 법령의 개폐나 사실상태의 변동에 영향을 받지 않는다는 뜻이고, 처분 당시 존재하였던 자료나 행정청에 제출되었던 자료만으로 위법여부를 판단한다는 의미는 아니므로, 처분 당시의 사실상태 등에 대한 입증은 사실심변론종결 당시까지 할 수 있고, 법원은 행정처분 당시 행정청이 알고 있었던 자료뿐만 아니라 사실심 변론종결 당시까지 제출된 모든 자료를 종합하여 처분 당시 존재하였던 객관적 사실을 확정하고 그 사실에 기초하여 처분의 위법 여부를 판단할 수 있다(대판 1993.5.27. 92누19033).
〈17. 사회복지 9급〉

Winner's 처분시 판단대상 : 법령 및 사실 (○), 자료 (×)

2. 거부처분 이후 국적국 상황변화가 처분의 적법 여부에 영향을 미치는지 여부(부정)

행정소송에서 행정처분의 위법 여부는 행정처분이 행하여졌을 때의 법령과 사실 상태를 기준으로 하여 판단하여야 하고, 처분 후 법령의 개폐나 사실상태의 변동에 의하여 영향을 받지는 않으므로, 난민 인정 거부처분의 취소를 구하는 취소소송에서도 그 거부처분을 한 후 국적국의 정치적 상황이 변화하였다고 하여 처분의 적법 여부가 달라지는 것은 아니다(대판 2008.7.24. 2007두3930).

(3) 검토
처분시설은 소송경제와 권리보호의 관점에서 비판을 받고 있으나, 권력분립의 원칙상 법원은 행정청의 1차적 판단으로서의 처분에 대한 사후심사에 그쳐야 하는 것이므로 처분시설이 타당하다. 따라서 해임처분 당시에 알콜 중독이 있었다면 적법한 처분이므로 기각판결을 할 것이다. 거부처분의 경우에는 신청 후 거부처분 사이에 변경된 경우뿐만 아니라, 거부처분 이후 판결시 사이에 변경된 경우에도 거부처분 시를 기준으로 판단한다.

3. 판결의 종류

(1) 종국판결·중간판결

종국판결	그 사건의 심급을 종료시키는 판결을 말한다. 종국판결에는 소송판결과 본안판결이 포함된다.
중간판결	소송 진행 중에 생긴 쟁점을 해결하기 위한 확인적 성질의 판결이다(예 소송의 대상인 사건이 행정사건이 아니라는 피고의 항변을 이유 없다고 하는 판결).

(2) 소송판결·본안판결

소송판결	요건심리의 결과 소송요건을 결여하고 있는 경우에 부적법 각하하는 판결을 말한다.
본안판결	청구의 당부에 관하여 청구 내용의 전부 또는 일부를 기각하거나 인용하는 판결을 말한다.

(3) 전부판결·일부판결

전부판결	사건 전부에 대하여 동시에 재판하는 판결을 말한다.
일부판결	① 동일한 소송절차로 계속되어 있는 사건의 일부를 다른 부분으로부터 분리시켜 재판하는 판결이다. ② 일부판결 후 남은 부분에 대한 판결을 잔부판결이라고 한다.

4. 사정판결

〈행정소송법〉 제28조(사정판결) ① 원고의 청구가 이유있다고 인정하는 경우에도 처분등을 취소하는 것이 현저히 공공복리에 적합하지 아니하다고 인정하는 때에는 법원은 원고의 청구를 기각할 수 있다. 이 경우 법원은 그 판결의 주문에서 그 처분등이 위법함을 명시하여야 한다.
② 법원이 제1항의 규정에 의한 판결을 함에 있어서는 미리 원고가 그로 인하여 입게 될 손해의 정도와 배상방법 그 밖의 사정을 조사하여야 한다.
③ 원고는 피고인 행정청이 속하는 국가 또는 공공단체를 상대로 손해배상, 제해시설의 설치 그 밖에 적당한 구제방법의 청구를 당해 취소소송등이 계속된 법원에 병합하여 제기할 수 있다.

(1) 의의

처분 등이 위법함에도 불구하고, 처분 등을 취소하는 것이 현저히 공공복리에 적합하지 않다고 인정하는 때에 원고의 청구를 기각하는 판결을 말한다(예 토지를 수용하여 댐을 건설하고자 하는 경우 수용재결이 위법한 것으로 인정되는 경우에도 공사가 완공된 경우에는 수용재결의 취소청구를 기각하는 것).

Winner's 사정판결의 법적 성질 : 인용판결 (×), 기각판결 (○)

(2) 인정이유

사정판결은 중요한 공익을 보호하기 위하여 인정된 것이나, 법치행정의 원칙에 위반되고, 개인의 권리를 침해하는 면이 있으므로 엄격한 비교형량 하에서만 인정되어야 할 것이다. 판례는 사정판결제도를 합헌으로 판시하였다.

사정판결제도는 위헌인지 여부(부정)

사정판결의 적용은 극히 엄격한 요건 아래 제한적으로 하여야 하고, 그 요건인 '현저히 공공복리에 적합하지 아니한가'의 여부를 판단할 때에는 위법·부당한 행정처분을 취소·변경하여야 할 필요와 그 취소·변경으로 발생할 수 있는 공공복리에 반하는 사태 등을 비교·교량하여 그 적용 여부를 판단하여야 한다. 아울러 사정판결을 할 경우 미리 원고가 입게 될 손해의 정도와 구제방법 그 밖의 사정을 조사하여야 하고, 원고는 피고인 행정청이 속하는 국가 또는 공공단체를 상대로 손해배상 등 적당한 구제방법의 청구를 당해 취소소송 등이 계속된 법원에 청구할 수 있는 점(행정소송법 제28조 제2항·제3항) 등에 비추어 보면, 사정판결제도가 위법한 처분으로 법률상 이익을 침해당한 자의 기본권을 침해하고, 법치행정에 반하는 위헌적인 제도라고 할 것은 아니다(대판 2009.12.10. 2009두8359).

(3) 요건

① 처분 등의 위법성이 인정될 것, ② 처분 등의 취소가 현저히 공공복리에 반할 것, ③ 법원은 사정판결을 하기에 앞서 미리 원고의 손해의 정도와 배상방법 그 밖의 사정을 조사할 것을 요건으로 한다. '현저히 공공복리에 반한다'는 사정은 개별사건마다 구체적으로 판단한다(판례).

1. 검찰 내부를 고발한 검사의 면직처분취소소송에서 사정판결(부정)

징계면직된 검사의 복직이 검찰조직의 안정과 인화를 저해할 우려가 있다는 등의 사정은 검찰 내부에서 조정·극복하여야 할 문제일 뿐이고 준사법기관인 검사에 대한 위법한 면직처분 취소의 필요성을 부정할 만큼 현저히 공공복리에 반하는 사유라고 볼 수 없다는 이유로 사정판결을 할 경우에 해당하지 않는다(대판 2001.8.24. 2000두7704).

2. 무용한 과세처분이 되풀이 되는 경우의 사정판결(부정)

'현저히 공공의 복리에 적합하지 아니하다고 인정하는 때'라 함은 국가통치권에 기한 행정작용상 일반국민의 직접적인 중요한 복리를 저해하고 그 저해가 현저한 경우를 말하는 것으로, 어차피 원고가 세금을 납부할 의무가 있으므로 무용한 과세처분을 되풀이함으로써 경제적·시간적·정신적 낭비만을 초래한다는 사정만으로는 위법한 과세처분을 취소하는 것이 현저히 공공복리에 적합하지 아니하다고 할 수는 없다(대판 1983.7.26. 82누420).

(4) 절차

피고의 신청이 필요한가에 대하여 학설은 긍정하는 경향이나, 판례는 법원의 직권으로 사정판결을 할 수 있다고 보았다.

직권에 의한 사정판결이 가능한지 여부(긍정)

행정처분이 위법한 경우에는 이를 취소하는 것이 원칙이고, 예외적으로 그 위법한 처분을 취소·변경하는 것이 도리어 현저히 공공복리에 적합하지 아니하는 경우에는 그 취소를 허용하지 아니하는 사정판결을 할 수 있고, 이러한 사정판결에 관하여는 당사자의 명백한 주장이 없는 경우에도 기록에 나타난 여러 사정을 기초로 직권으로 판단할 수 있는 것이나, 그 요건이 현저히 공공복리에 적합하지 아니한지 여부는 위법한 행정처분을 취소·변경하여야 할 필요와 그 취소·변경으로 인하여 발생할 수 있는 공공복리에 반하는 사태 등을 비교·교량하여 판단하여야 한다(대판 2001.1.19. 99두9674).

(5) 적용범위

「행정소송법」상 사정판결은 취소소송의 경우에만 규정되어 있고, 무효등확인소송이나 부작위위법확인소송에 이를 준용하는 규정이 없으므로(행소법 제38조), 무효등확인소송에 대해서도 사정판결이 가능할 것인지가 문제된다. 「행정심판법」상 무효등확인심판에는 적용하지 않는다는 명문의 규정이 있으므로(행심법 제44조 제3항) 이는 주로 행정소송에서 문제되는 것이다. ① 무효인 경우에도 중대한 공익을 보호할 필요가 있다는 점에서 긍정하는 견해가 있으나, ② 준용하는 규정이 없으므로 부정하는 견해가 다수설이고 판례이다.

> **무효등확인소송은 사정판결이 가능한지 여부(부정)**
> 계쟁 중인 행정처분이 무효인 경우에는 존치시킬 효력이 있는 행정행위가 없기 때문에, 구 행정소송법(1951. 8. 24. 법률 제213호) 제12조 소정의 사정판결을 할 수 없다(대판 1987.3.10. 84누158). 〈17. 지방 7급〉

(6) 위법성 판단의 기준시

사정판결은 처분 후의 사정을 고려한다는 점에서 판결시를 기준으로 한다는 견해(판결시설)도 있으나, 판결시에 고려하는 것은 중대한 공익상의 필요성이므로 처분의 위법성은 일반원칙에 따라 처분시를 기준으로 한다는 견해(처분시설)이 타당하고 일반적 견해이다. 사정판결의 필요성은 예외적 사유이므로 그 주장 또는 입증책임은 피고인 행정청이 부담한다. 〈12. 지방 9급〉

Winner's 사정판결시 처분시를 기준으로 하는 것 : 위법성 판단 (○), 공익성 판단 (×)

(7) 효과

① 위법성의 선언: 사정판결은 처분이 위법함에도 불구하고, 이를 기각하는 것이므로 「행정소송법」은 판결의 주문에 당해 처분 등이 위법함을 명시하도록 하였다(행소법 제28조 제1항). 이는 처분의 위법성에 기판력을 발생하게 함으로써 원고의 손해배상청구를 가능하게 하고, 그 처분 등의 존재를 전제로 한 후속처분을 저지할 수 있도록 하기 위함이다.

② 소송비용의 부담: 소송비용은 패소자가 부담하는 것이 원칙이다. 그러나 사정판결은 원고의 청구가 이유 있음에도 불구하고, 그 청구를 기각하는 것이므로 「행정소송법」은 일반적인 소송비용부담의 원칙의 예외로서 승소자인 피고가 부담하는 것으로 명시하고 있다(행소법 제32조).

> 〈행정소송법〉 제32조(소송비용의 부담) 취소청구가 제28조의 규정에 의하여 기각되거나 행정청이 처분 등을 취소 또는 변경함으로 인하여 청구가 각하 또는 기각된 경우에는 소송비용은 피고의 부담으로 한다.

Winner's 사정판결시 소송비용 부담 : 승소자(피고) (○), 패소자(원고) (×)

③ 원고의 권리구제: 원고는 피고인 행정청이 속하는 국가 또는 공공단체를 상대로 손해배상, 제해(除害)시설의 설치 그 밖에 적당한 구제방법의 청구를 당해 취소소송 등이 계속된 법원에 병합하여 제기할 수 있다(행소법 제28조 제3항). 왜냐하면 사정판결은 원고의 취소청구가 이유 있음에도 공공복리를 위하여 이를 배척하는 것이므로, 그로 인한 적절한 구제수단이 필요하기 때문이다.

> 〈행정소송법〉 제28조(사정판결) ③ 원고는 피고인 행정청이 속하는 국가 또는 공공단체를 상대로 손해배상, 제해시설의 설치 그 밖에 적당한 구제방법의 청구를 당해취소소송 등이 계속된 법원에 병합하여 제기할 수 있다.

Winner's 사정판결시 구제방법 : 행정소송법 (적당한 구제방법), 행정심판법 (상당한 구제방법)

11 취소판결의 효력

1. 구속력[자박력(自縛力)]

법원의 판결이 선고되면 선고법원 자신도 이를 취소 또는 변경할 수 없는 효력을 말한다. 취소판결 이외에 판결 일반에 인정되는 효력이다. 재판이 외부적으로 표현된 이상 이를 자유로이 변경하는 것은 법적 안정성과 재판의 신용을 침해하기 때문이다. 다만, 명백한 오류는 법원의 직권 또는 당사자의 신청에 의하여 결정을 통하여 정정할 수 있다.

Winner's 구속력의 주관적 범위 : 선고법원 (○), 후소법원 (×)

2. 형식적 확정력

법원의 판결에 대한 상소기간이 경과하여 당사자가 더 이상 다툴 수 없는 구속력을 말한다. 판결 내용과는 무관하나, 판결 내용의 효력발생요건이 된다.

3. 기판력(실질적 확정력)

(1) 의의

취소소송의 판결이 확정되면 이후 동일사항이 문제된 경우에 당사자 및 후소법원❶은 이와 모순된 주장이나 판단을 할 수 없는 소송법적 효력을 말한다. 실질적 확정력 또는 내용적 확정력이라고도 한다. 무용한 재판의 반복을 방지하고 재판의 통일성을 기하여 법적 안정성을 도모하기 위한 것이다.

용어설명 ❶ 후소(後訴)법원 : 처음 제소한 법원 이후에 제소된 법원

(2) 근거

「행정소송법」상 명문의 규정이 없으므로 「민사소송법」이 준용된다. (11. 지방 9급)

(3) 적용범위

기판력은 ① 동일한 소송물인 경우, ② 전소에서 확정된 내용과 모순되는 경우, ③ 전소에서 확정된 내용이 후소에서 선결문제로 되는 경우에 적용되는 것이 원칙이다. 다만, 기판력이 적용된다는 것이 후소의 제기 자체를 금지한다는 견해(반복금지설), 당사자가 확정판결의 내용과 모순되는 주장을 할 수 없거나 법원이 전소에 반하는 판결을 할 수 없다는 견해(모순금지설)이 대립한다.

(4) 범위

① 주관적 범위

원칙	당사자 및 당사자와 동일시할 수 있는 자에게만 미치고, 일반 제3자에 대해서는 미치지 않는 것이 원칙이다(기판력의 상대성).
예외	㉠ 피고인 행정청이 속하는 국가 또는 공공단체는 객관적 당사자로서 기판력이 미치는 것으로 본다(통설·판례). 〈10. 국가 9급〉 ㉡ 「행정소송법」 제16조에 의한 참가인은 공동소송인에 준하는 지위를 가지므로 기판력이 미치는 것으로 본다(류지태, 정하중).

② 객관적 범위: 취소소송의 기판력은 판결의 주문에 표시된 소송물에 관한 판단에만 미치고, 판결이유에 제시된 구체적 위법사유에 관한 판단에는 미치지 않는다. 취소소송은 행정행위를 대상으로 그 위법성 일반을 다투는 것이고, 구체적으로 어느 점이 위법한지는 공격방어방법에 지나지 않기 때문이다. 〈11. 지방 9급〉

> 1. 기판력의 객관적 범위는 판결주문에 포함된 것에 한정되는지 여부(긍정)
> 기판력의 객관적 범위는 그 판결의 주문에 포함된 것, 즉 소송물로 주장된 법률관계의 존부에 관한 판단의 결론 그 자체에만 미치는 것이고, 판결이유에 설시된 그 전제가 되는 법률관계의 존부에까지 미치는 것은 아니다(대판 1987.6.9. 86다카2756).
>
> 2. 공사중지명령이 적법한 것으로 확정된 경우, 명령해제신청 거부처분 취소소송에서 명령의 적법성을 다툴 수 있는지 여부(부정)
> 행정청이 관련 법령에 근거하여 행한 공사중지명령의 상대방이 명령의 취소를 구한 소송에서 패소함으로써 그 명령이 적법한 것으로 이미 확정되었다면, 이후 이러한 공사중지명령의 상대방은 그 명령의 해제신청을 거부한 처분의 취소를 구하는 소송에서 그 명령의 적법성을 다툴 수 없다. 그와 같은 공사중지명령에 대하여 그 명령의 상대방이 해제를 구하기 위해서는 명령의 내용 자체로 또는 성질상으로 명령 이후에 원인사유가 해소되었음이 인정되어야 한다(대판 2014.11.27. 2014두37665). 〈20. 국가 9급〉

③ 시간적 범위: 기판력은 사실심 변론종결시를 표준으로 하여 발생한다. 표준시 이전이나 이후의 권리관계에 대해서는 확정되지 않는다(김동희). 확정판결은 그때까지 제출된 자료를 기초로 하여 이루어지는 것이기 때문에, 당사자는 사실심 변론종결시까지 소송자료를 제출할 수 있고, 법원도 그때까지 제출된 자료를 기초로 판단하여야 한다. 따라서 변론종결 후 사실관계 또는 법률관계에 변화가 있으면 관계행정청은 새로운 사유에 근거하여 동일한 처분을 할 수도 있다(홍정선).

(5) 국가배상소송과의 관계

취소판결의 기판력이 국가배상소송에 미칠 것인지가 문제되는데, 국가배상소송에서의 위법 개념을 광의로 파악하는 것이 일반적이므로 인용판결 한하여 기판력이 미친다는 견해(절충설)가 다수설이다. 따라서 취소소송에거 기각판결이 확정된 경우라 하더라도 국가배상에서는 인용될 여지가 있다.

4. 형성력

(1) 의의

처분을 취소하는 판결이 확정되면, 행정청의 별도의 취소행위 없이도 그 효력이 소멸되는 것을 말한다(⑩ 해임처분에 대한 취소판결이 확정되면 소급하여 공무원의 신분이 회복되는 것). 〈12. 지방 9급〉

> **1. 형성력은 별도의 취소절차 없이 당연히 취소의 효과가 발생하는지 여부(긍정)**
> 행정처분을 취소한다는 확정판결이 있으면 그 취소판결의 형성력에 의하여 당해 행정처분의 취소나 취소통지 등의 <u>별도의 절차를 요하지 아니하고 당연히 취소의 효과가 발생한다</u>(대판 1991.10.11. 90누5443).
>
> **2. 쟁송취소된 영업허가취소처분 이후의 영업행위가 무허가영업인지 여부(부정)**
> 영업의 금지를 명한 영업허가취소처분 자체가 나중에 행정쟁송절차에 의하여 취소되었다면 그 <u>영업허가취소처분은 그 처분시에 소급하여 효력을 잃게 되며</u>, 그 영업허가취소처분에 <u>복종할 의무가 원래부터 없었음이 확정되었다</u>고 봄이 타당하고, 영업허가취소처분이 장래에 향하여서만 효력을 잃게 된다고 볼 것은 아니므로 그 영업허가취소처분 이후의 영업행위를 무허가영업이라고 볼 수는 없다(대판 1993.6.25. 93도277). 〈20. 국가 9급〉, 〈22. 국가 9급〉
>
> **3. 취소판결이 조세포탈에 대한 무죄의 명백한 증거인지 여부(긍정)**
> 조세의 부과처분을 취소하는 행정판결이 확정된 경우 부과처분의 효력은 <u>처분 시에 소급하여 효력을 잃게 되어 그에 따른 납세의무가 없으므로</u> 확정된 행정판결은 조세포탈에 대한 무죄 내지 원심판결이 인정한 죄보다 경한 죄를 인정할 명백한 증거에 해당한다(대판 2015.10.29. 2013도14716). 〈22. 국가 9급〉

Winner's 형성력이 생기는 판결 : 인용판결 (○), 기각판결 (×)

(2) 근거

「행정소송법」상 형성력에 대한 직접적 규정은 없으나, "처분 등을 취소하는 확정판결은 제3자에 대하여도 효력이 있다."라고 규정하고 있으므로(행소법 제29조 제1항) 취소판결의 형성력을 인정할 수 있는 간접적 근거가 된다.

> 〈행정소송법〉 제29조(취소판결 등의 효력) ① 처분 등을 취소하는 확정판결은 제3자에 대하여서도 효력이 있다.
> ② 제1항의 규정은 제23조의 규정에 의한 집행정지의 결정 또는 제24조의 규정에 의한 그 집행정지결정의 취소결정에 준용한다.

Winner's 취소판결의 제3자효 : 형성력 (○), 기판력 (×)

(3) 범위

① 제3자효: 소송의 당사자가 아닌 제3자도 취소판결의 존재와 그 취소판결에 의하여 형성된 법률관계를 용인해야 한다. 법률관계를 획일적이고 통일적으로 처리하기 위해서 인정된다.

② 제3자의 범위: 제3자에는 ㉠ 소송참가인에 한정된다는 상대적 형성력설, ㉡ 모든 일반인에 확대하는 절대적 형성력설(다수설)이 대립한다.

③ 제3자효의 준용: 무효등확인소송과 부작위위법확인소송, 그리고 집행정지결정에 대해서도 준용되고 있다(행소법 제29조 제2항, 제38조).

④ 제3자의 원용: 제3자가 취소판결의 효력을 적극적으로 주장할 수 있을 것인지 여부에 대해서는 학설이 대립한다.

⑤ 권익보장: 이러한 대세효(對世效)❶는 소외(訴外)의 제3자의 권익을 침해할 가능성이 있으므로 제3자의 소송참가 또는 재심청구에 대하여 규정하고 있다.

용어설명 ❶ 대세효(對世效): 법률관계의 당사자뿐만 아니라 제3자에게도 미치는 효력. 절대효라고도 한다.

5. 기속력

(1) 의의

처분 등을 취소하는 판결이 확정된 경우에는 당사자인 행정청과 관계행정청이 판결의 취지에 따라 행동해야 하는 실체법적 효력을 말한다. 처분 등이 취소되었음에도 불구하고 행정청이 이를 따르지 않는다면 취소소송은 권익구제의 실효성(實效性)을 확보하기 어렵기 때문에 인정된 것이다.

Winner's 기속력이 생기는 판결 : 인용판결 (○), 기각판결 (×)

(2) 근거

「행정소송법」 제30조 제1항은 "처분 등을 취소하는 확정판결은 그 사건에 관하여 당사자인 행정청과 그 밖의 관계 행정청을 기속한다."라고 규정하여 명문의 규정을 두고 있다. ⟨10. 국가 9급⟩

> 〈행정소송법〉 제30조(취소판결 등의 기속력) ① 처분 등을 취소하는 확정판결은 그 사건에 관하여 당사자인 행정청과 그 밖의 관계 행정청을 기속한다.
> ② 판결에 의하여 취소되는 처분이 당사자의 신청을 거부하는 것을 내용으로 하는 경우에는 그 처분을 행한 행정청은 판결의 취지에 따라 다시 이전의 신청에 대한 처분을 하여야 한다.
> ③ 제2항의 규정은 신청에 따른 처분이 절차의 위법을 이유로 취소되는 경우에 준용한다.

Winner's 행정소송법상 기속력의 근거 : 직접적 근거 (○), 간접적 근거 (×)

(3) 성질

기속력과 기판력을 동일하게 보는 견해(기판력설)도 있으나, 기속력은 직접적으로 행정청을 구속하는 효력이라는 점에서 구별하는 것이 통설이다(특수효력설). 판례는 기판력이라는 용어와 혼용해서 사용하고 있다.

> 1. 기판력과 기속력을 구별하지 않는 판례
> 행정처분을 취소한 행정처분의 취소를 명한 확정판결은 당해 행정처분에 관한 취소이유에 대하여 기판력이 있으므로, 그 행정청은 같은 이유로 행정처분의 취소를 할 수 없는 구속력을 받는 것이며, 따라서 물건에 관한 행정처분을 취소한 행정처분에 관하여 그 취소를 명한 확정판결이 있는 경우는 그 물건에 관한 행정처분을 같은 사정 아래에서는 다른 법률상 취소이유에 의하지 아니하고서는 취소할 수 없다(대판 1962.3.15. 4294행상131).

2. 기속력과 기판력을 구별한 판례

행정소송법 제30조 제1항에 의하여 인정되는 취소소송에서 처분 등을 취소하는 확정판결의 기속력은 주로 판결의 실효성 확보를 위하여 인정되는 효력으로서 판결의 주문뿐만 아니라 그 전제가 되는 처분 등의 구체적 위법사유에 관한 이유 중의 판단에 대하여도 인정되고, 같은 조 제2항의 규정상 특히 거부처분에 대한 취소판결이 확정된 경우에는 그 처분을 행한 행정청은 판결의 취지에 따라 다시 처분을 하여야 할 의무를 부담하게 되므로, 취소소송에서 소송의 대상이 된 거부처분을 실체법상의 위법사유에 기하여 취소하는 판결이 확정된 경우에는 당해 거부처분을 한 행정청은 원칙적으로 신청을 인용하는 처분을 하여야 하고, 사실심 변론종결 이전의 사유를 내세워 다시 거부처분을 하는 것은 확정판결의 기속력에 저촉되어 허용되지 아니한다(대판 2001.3.23. 99두5238).

(4) 내용 〈17. 국가 9급〉

① 소극적 효력(반복금지효)

원칙	㉠ 취소판결이 확정되면, 행정청은 동일한 사실관계 하에서는 동일한 당사자에 대하여 동일한 내용의 처분을 반복할 수 없다. ㉡ 판례에 의하면 동일한 내용의 처분을 반복하는 경우에는 무효로 본다. 〈13. 국가 7급〉 ㉢ 반복금지효는 인용판결에 대해서만 인정된다. 따라서 기각판결이 있더라도 행정청의 직권취소는 가능하다.
예외	절차 또는 형식상의 하자로 취소된 경우에는 적법한 절차나 형식을 갖추어 다시 동일한 내용의 처분을 하는 것도 가능하다. 위법사유를 보완하여 다른 이유에 의하여 동일한 처분을 하는 것도 가능하다.

Winner's 동일한 처분의 반복 : 동일한 이유 (×), 다른 이유 (○), 절차나 형식의 하자 (○)

1. 확정판결에 저촉되는 처분은 당연무효인지 여부(긍정)

확정판결의 당사자인 처분행정청이 그 행정소송의 사실심 변론종결 이전의 사유를 내세워 다시 확정판결과 저촉되는 행정처분을 하는 것은 허용되지 않는 것으로서, 이러한 행정처분은 그 하자가 중대하고도 명백한 것이어서 당연무효라 할 것이다(대판 1990.12.11. 90누3560). 〈10. 국가 9급〉

2. 절차상의 하자를 시정한 재거부 처분(적법)

행정소송법 제30조 제2항의 규정에 의하면 행정청의 거부처분을 취소하는 판결이 확정된 경우에는 그 처분을 행한 행정청이 판결의 취지에 따라 이전의 신청에 대하여 재처분할 의무가 있다고 할 것이나, 그 취소사유가 행정처분의 절차·방법의 위법으로 인한 것이라면 그 처분 행정청은 그 확정판결의 취지에 따라 그 위법사유를 보완하여 다시 종전의 신청에 대한 거부처분을 할 수 있고, 그러한 처분도 위 조항에 규정된 재처분에 해당한다(대판 2005.1.14. 2003두13045).

② 적극적 효력

원상회복 의무	협의의 원상회복 의무	㉠ 취소판결이 확정되면 그 처분에 의하여 초래된 상태를 제거할 의무를 진다(예 자동차 압류처분이 취소된 경우의 자동차반환의무). ㉡ 이러한 의무를 이행하지 않으면 결과제거청구권을 행사하여 자동차의 반환을 요구할 수 있을 것이다.

	부정합 처분의 취소의무	㉠ '부정합(不整合)처분'이란 선행처분에 대한 판결의 내용과 모순되는 처분을 말한다. 선행처분에 대하여 취소판결이 확정된 경우에 행정청 스스로 후행처분을 정리해야 되는 의무를 말한다(⑩ 과세처분이 취소된 경우 세무서장의 압류처분 취소의무). ㉡ 인정 여부에 대해서는 긍정하는 견해(김동희), 선행처분이 취소되면 후행처분은 그 전제를 결여하여 무효가 되므로 부정하는 견해(정하중, 장태주, 홍정선)가 대립한다.
재처분 의무	거부처분	상대방의 신청에 대한 거부처분이 판결에 의하여 취소된 경우 행정청이 판결의 취지에 따라 이전의 신청에 대하여 다시 처분을 할 의무를 말한다(행소법 제30조 제2항).
	인용처분	㉠ 「행정소송법」은 신청에 따른 처분이 절차상의 위법을 이유로 취소된 경우에도 이를 준용하고 있다(행소법 제30조 제3항). ㉡ 신청에 따른 처분이 실체상의 하자를 이유로 취소된 경우에는 재처분할 여지가 없다.

Winner's 인용처분에 대한 재처분의무의 준용 : 절차 하자 (○), 실체 하자 (×)

1. 재처분 무렵을 기준으로 재심사한 결과에 따른 거부처분(적법)

1) 행정소송법 제30조 제2항의 규정에 의하면 행정청의 거부처분을 취소하는 판결이 확정된 경우에는 그 처분을 행한 행정청이 판결의 취지에 따라 이전의 신청에 대하여 재처분할 의무가 있다고 할 것이나, <u>그 취소사유가 행정처분의 절차·방법의 위법으로 인한 것이라면 그 처분 행정청은 그 확정판결의 취지에 따라 그 위법사유를 보완하여 다시 종전의 신청에 대한 거부처분을 할 수 있고, 그러한 처분도 위 조항에 규정된 재처분에 해당한다</u>

2) 방송위원회가 중계유선방송 사업자에게 한 종합유선방송 사업승인 거부처분이 심사의 기준시점을 경원자와 달리하여 평가한 것이 위법이라는 사유로 취소하는 확정판결의 취지에 따라 <u>재처분 무렵을 기준으로 재심사한 결과에 따라 이루어진 재승인 거부처분도 행정소송법 제30조 제2항에 규정된 재처분에 해당한다</u>(대판 2005.1.14. 2003두13045). 〈11. 지방 9급〉

2. 사실심 변론종결 이후 발생한 새로운 사유에 의한 거부처분이 적법한 재처분에 해당하는지 여부(긍정)

행정소송법 제30조 제2항에 의하면, 행정청의 거부처분을 취소하는 판결이 확정된 경우에는 그 처분을 행한 행정청은 판결의 취지에 따라 이전의 신청에 대하여 재처분할 의무가 있고, 이 경우 확정판결의 당사자인 처분행정청은 그 행정소송의 <u>사실심 변론종결 이후 발생한 새로운 사유를 내세워 다시 이전의 신청에 대하여 거부처분을 할 수 있으며, 그러한 처분도 이 조항에 규정된 재처분에 해당한다</u>(대판 1999.12.28. 98두1895). 〈15. 국가 7급〉, 〈19. 국회 8급〉

(5) 범위

① 주관적 범위: 취소판결의 기속력은 당사자인 행정청과 그 밖의 관계 행정청을 기속한다(행소법 제30조 제1항). '관계 행정청'이란 취소된 처분 등을 기초로 한 관련처분이나 부수되는 행위를 할 수 있는 행정청을 모두 포함한다.

② 객관적 범위: 취소판결의 기속력은 판결의 주문에서 판단한 내용과 판결이유라 하더라도 전제되는 요건사실의 판단에 대해서는 그 효력이 미친다. 그러나 판결의 결론과 직접 관계가 없는 방론(傍論)❶이나 간접사실의 판단에 대해서는 미치지 않는다. 〈10. 국가 9급〉

용어설명 ❶ 방론(傍論) : 판결의 결론과 직접 관계없는 내용

③ 시간적 범위: 기속력은 처분 당시를 기준으로 그 당시까지 존재하였던 처분사유에 한정되고, 그 이후에 생긴 사유에는 미치지 않는다. 따라서 처분시 이후에 생긴 새로운 사유를 이유로 동일한 내용의 처분을 하는 것은 무방하다.

> **처분 이후 개정된 법령에 따라 새로운 사유에 따른 거부처분이 적법한 재처분에 해당하는지 여부(긍정)**
>
> 행정처분의 적법 여부는 그 행정처분이 행하여진 때의 법령과 사실을 기준으로 하여 판단하는 것이므로 거부처분 후에 법령이 개정·시행된 경우에는 개정된 법령 및 허가기준을 새로운 사유로 들어 다시 이전의 신청에 대한 거부처분을 할 수 있으며 그러한 처분도 행정소송법 제30조 제2항에 규정된 재처분에 해당된다(대판 1998.1.7. 97두22).

Winner's 기판력과 기속력의 범위

〈구분〉	기판력	기속력
주관적	당사자, 동일시, 국가 또는 공공단체, 후소법원	행정청, 관계 행정청
객관적	판결주문	판결주문 + 판결이유(전제요건사실)
시간적	사실심변론종결시	처분시

(6) 간접강제

① 의의: 행정청이 재처분의무를 이행하지 않는 경우 제1심 수소(受訴)법원이 당사자의 신청에 의하여 결정으로써 상당한 기간을 정하고 행정청이 그 기간 내에 이행하지 아니하는 때에는 그 지연기간에 따라 일정한 배상을 명하거나 즉시 손해배상을 할 것을 명할 수 있는 것이다(행소법 제34조 제1항).

Winner's 간접강제의 절차 : 원고의 신청 (○), 법원의 직권 (×)

> **〈행정소송법〉 제34조(거부처분취소판결의 간접강제)** ① 행정청이 제30조 제2항의 규정에 의한 처분을 하지 아니하는 때에는 제1심 수소법원은 당사자의 신청에 의하여 결정으로써 상당한 기간을 정하고 행정청이 그 기간 내에 이행하지 아니하는 때에는 그 지연기간에 따라 일정한 배상을 할 것을 명하거나 즉시 손해배상을 할 것을 명할 수 있다.

1. 재처분이 당연무효인 경우에는 간접강제신청의 요건을 충족하는지 여부(긍정)

거부처분에 대한 취소의 확정판결이 있음에도 행정청이 아무런 재처분을 하지 아니하거나, 재처분을 하였다 하더라도 그것이 종전 거부처분에 대한 취소의 확정판결의 기속력에 반하는 등으로 당연무효라면 이는 아무런 재처분을 하지 아니한 때와 마찬가지라 할 것이므로 이러한 경우에는 행정소송법 제30조 제2항, 제34조 제1항 등에 의한 간접강제신청에 필요한 요건을 갖춘 것으로 보아야 한다(대결 2002.12.11. 2002무22). 〈18. 지방 9급〉

2. 의무이행기한 후 재처분을 이행한 경우 재처분의 이행이 있으면 배상금을 추심할 수 있는지 여부(부정)

행정소송법 제34조 소정의 간접강제결정에 기한 배상금은 거부처분 취소판결이 확정된 경우 그 처분을 행한 행정청으로 하여금 확정판결의 취지에 따른 재처분의무의 이행을 확실히 담보하기 위한 것으로서, 확정판결의 취지에 따른 재처분의무내용의 불확정성과 그에 따른 재처분에의 해당 여부에 관한 쟁송으로 인하여 간접강제결정에서 정한 재처분의무의 기한 경과에 따른 배상금이 증가될 가능성이 자칫 행정청으로 하여금 인용처분을 강제하여 행정청의 재량권을 박탈하는 결과를 초래할 위험성이 있는 점 등을 감안하면, 이는 확정판결의 취지에 따른 재처분의 지연에 대한 제재나 손해배상이 아니고 재처분의 이행에 관한 심리적 강제수단에 불과한 것으로 보아야 하므로, 특별한 사정이 없는 한 간접강제결정에서 정한 의무이행기한이 경과한 후에라도 확정판결의 취지에 따른 재처분의 이행이 있으면 배상금을 추심함으로써 심리적 강제를 꾀할 목적이 상실되어 처분상대방이 더 이상 배상금을 추심하는 것은 허용되지 않는다(대판 2004.1.15. 2002두2444). 〈13. 국가 7급〉

② 적용범위: 간접강제제도는 거부처분에 대한 취소판결이 확정된 경우에 재처분의무의 실효성을 확보하기 위한 것이다. 부작위위법확인소송에 대하여도 준용하고 있으나(행소법 제38조 제2항), 무효등확인소송에 대해서는 준용하지 않고 있다. 간접강제제도는 우회적인 제도이므로 궁극적으로는 의무이행소송을 도입할 필요가 있다. 〈14. 서울 7급〉

Winner's 재처분의무와 간접강제 제도

〈구분〉	재처분의무	간접강제 제도
취소소송	○	○
무효등확인소송	○	×
부작위위법확인소송	○	○
당사자소송	×	×

12 기타 판결과 관계된 제도

1. 상소

(1) 의의

국민의 권익구제를 위하여 하급심 판결에 대하여 상급법원에 불복을 신청하는 제도를 말한다.

(2) 종류

항소	행정법원의 판결에 대하여 고등법원에 불복을 신청하는 것을 말한다.
상고	고등법원의 판결에 대하여 대법원에 불복을 신청하는 것을 말한다.

(3) 상고심사제

상고이유에 관한 주장이 일정한 사유를 포함하지 아니한다고 인정되는 때에는 대법원이 심리를 하지 아니하고 판결로 상고를 기각하는 것을 말한다. 행정소송의 경우에도 적용된다(상고심절차에 관한 특례법 제2조).

2. 재심

(1) 의의

확정된 종국판결에 대하여 일정한 사유가 있으면 판결법원에 그 재심사를 구하는 것을 말한다.

Winner's 재심청구의 대상 : 종국판결 (×), 확정된 종국판결 (○)

(2) 유형

재심에는 당사자가 제기하는 일반적인 재심과 제3자가 제기하는 재심으로 나뉜다. 「행정소송법」은 제3자의 재심만 규정하고 있고, 일반적인 재심에 대해서는 「민사소송법」을 준용하게 된다.

> 〈행정소송법〉 제31조(제3자에 의한 재심청구) ① 처분 등을 취소하는 판결에 의하여 권리 또는 이익의 침해를 받은 제3자는 자기에게 책임 없는 사유로 소송에 참가하지 못함으로써 판결의 결과에 영향을 미칠 공격 또는 방어방법을 제출하지 못한 때에는 이를 이유로 확정된 종국판결에 대하여 재심의 청구를 할 수 있다.
> ② 제1항의 규정에 의한 청구는 확정판결이 있음을 안 날로부터 30일 이내, 판결이 확정된 날로부터 1년 이내에 제기하여야 한다.
> ③ 제2항의 규정에 의한 기간은 불변기간으로 한다.

Winner's 행정소송법상 명문규정 : 일반적인 재심청구 (×), 제3자 재심청구 (○)

(3) 제3자의 재심

① 의의: 처분 등을 취소하는 판결에 의하여 권리 또는 이익의 침해를 받은 제3자는 자기에게 책임 없는 사유로 소송에 참가하지 못함으로써 판결의 결과에 영향을 미칠 공격 또는 방어방법을 제출하지 못한 때에는 이를 이유로 확정된 종국판결에 대하여 재심의 청구를 할 수 있다(행소법 제31조 제1항).

② 인정취지: 취소판결의 효력은 형성력에 의하여 제3자에게도 미치게 되므로(행소법 제29조 제1항) 그에 따라 제3자의 권리가 부당하게 침해될 우려가 있기 때문에 인정된 제도이다.

③ 청구기간: 재심청구는 확정판결이 있음을 안 날로부터 30일 이내, 판결이 확정된 날로부터 1년 이내에 제기하여야 한다. 이러한 기간은 불변기간으로 한다(행소법 제31조 제2항·제3항).

Winner's 청구기간 : 제소기간 (안 날로부터 90일), 재심청구기간 (안 날로부터 30일)

3. 명령·규칙의 위헌·위법 판결의 공고

명령·규칙이 대법원의 판결에 의하여 헌법 또는 법률에 위반된다는 것이 확정된 경우에는 법원은 지체 없이 그 사유를 행정안전부장관에게 통보하여야 하며, 통보를 받은 행정안전부장관은 지체 없이 이를 관보에 게재하여야 한다(행소법 제6조).

> 〈행정소송법〉 제6조(명령·규칙의 위헌판결 등 공고) ① 행정소송에 대한 대법원판결에 의하여 명령·규칙이 헌법 또는 법률에 위반된다는 것이 확정된 경우에는 대법원은 지체 없이 그 사유를 행정안전부장관에게 통보하여야 한다.
> ② 제1항의 규정에 의한 통보를 받은 행정안전부장관은 지체 없이 이를 관보에 게재하여야 한다.

13 판결에 의하지 않는 취소소송의 종료

1. 서설

취소소송도 종국판결에 의하여 종료되는 것이 원칙이나, 법원의 종국판결에 의하지 않고, 당사자의 행위나 일정한 사유에 의하여 종료되는 경우도 있다. 당사자의 행위에 의한 종료에는 소의 취하, 청구의 포기·인낙, 소송상 화해 등이 있다. 그리고 성질상 승계가 인정되지 않는 소송관계에서 원고가 사망한 경우에도 소송은 종료하게 된다.

2. 당사자의 행위에 의한 종료

(1) 소의 취하

① 의의: 원고가 제기한 소의 전부 또는 일부를 철회하는 취지의 법원에 대한 일방적 의사표시를 말한다.

② 구별: 소의 취하는 분쟁해결의 신청 그 자체를 철회하여 소송 계속의 효과를 소급적으로 소멸시키는 것으로서 소각하판결과 동일한 효과를 가진다는 점에서, 사건이 실체적으로 종료하는 청구의 포기와 구별된다.

③ 인정 여부: 취소소송에서도 처분권주의를 전제로 하므로 소의 취하가 인정된다. 다만,「행정소송법」상 특별한 규정이 없으므로 그 내용에 있어서는「민사소송법」을 준용한다.

(2) 청구의 포기·인낙

① 의의

청구의 포기	변론 또는 준비절차에서 원고가 법원에 대하여 자기의 소송상 청구가 이유 없음을 자인하는 일방적 의사표시이다. 청구기각판결의 효과를 가진다.
청구의 인낙	피고가 법원에 대하여 원고의 소송상 청구가 이유 있음을 자인하는 일방적 의사표시이다. 청구인용판결의 효과를 가진다.

Winner's 법적 효과 : 소의 취하 (각하판결), 청구의 포기 (기각판결), 청구의 인낙 (인용판결)

② 인정 여부: 학설이 대립하나, 행정소송은 사적자치가 적용되는 것이 아니므로 부정하는 것이 종래 다수설이었다.

(3) 소송상 화해

① 의의: 소송계속 중 당사자 쌍방이 소송물인 권리관계의 주장을 서로 양보하여 소송을 종료시키는 기일에 있어서의 합의를 말한다.

② 인정 여부: 취소소송에 있어서 소송상 화해가 가능할 것인지에 대해서는 논란이 있다.

긍정설	취소소송도 변론주의와 처분권주의를 채택하고 있으므로「민사소송법」상 화해규정이 준용되는 것이므로 긍정하는 견해(정하중)이다.
부정설(종래 다수설)	행정소송은 제한적이지만 직권탐지주의가 적용된다는 점을 이유로 부정하는 견해이다.

제3절 무효등확인소송

1 서설

1. 의의

행정청의 처분 등의 효력 유무나 존재 여부를 확인하는 소송을 말한다. 무효확인소송·유효확인소송·존재확인소송·부존재확인소송·실효확인소송 등이 포함된다.

2. 필요성

처분 등이 무효인 경우에는 공정력이 없어서 누구나 그 효력을 부인할 수 있으므로 무효등확인소송은 독자적인 소송형태로 인정할 필요가 없다는 견해, 무효인 처분이라 하더라도 처분의 외관은 존재하기 때문에 집행될 우려가 있으므로 독립된 소송형태를 인정할 필요성이 있다는 견해가 대립한다.

3. 성질

현행법상 항고소송의 일종으로 규정되고 있으나, 내용적으로는 확인소송과 항고소송의 성질을 모두 가진다는 견해(준항고소송)가 다수설이다.

2 소송요건

1. 재판관할

무효등확인소송의 재판관할에 대해서는 취소소송의 규정이 준용되므로, 피고인 행정청의 소재지를 관할하는 행정법원에 제1심 관할권이 있다. 관할위반의 경우 원고의 고의·과실에 기인한 것이 아닌 한 정당한 법원으로 이송하여야 한다.

2. 원고적격

(1) 「행정소송법」

무효등확인소송의 원고적격은 "처분 등의 효력 유무 또는 존재 여부의 확인을 구할 법률상 이익이 있는 자가 제기할 수 있다."라고 규정되어 있다.

> 〈행정소송법〉 제35조(무효등확인소송의 원고적격) 무효등확인소송은 처분 등의 효력유무 또는 존재 여부의 확인을 구할 법률상 이익이 있는 자가 제기할 수 있다.

(2) 학설

법적 보호가치 이익구제설(다수설)	취소소송과 동일하게 파악하여 법적으로 보호되는 이익으로 보는 견해(김동희)이다.
즉시확정이익설	민사소송과 동일하게 즉시확정의 이익이 있는 경우에 한하여 예외적으로만 제기될 수 있다는 견해(김남진)이다.

(3) 판례

① 과거: 민사소송과 마찬가지로 즉시확정의 이익이 있는 경우에만 원고적격을 인정하여(즉시확정이익설), 무효등확인소송은 보충적으로만 가능하고, 민사소송과 별도로 제기하는 것은 소의 이익이 없는 것으로 보았다.

② 현재: 판례가 변경되어 무효등확인소송도 행정소송의 일종으로서 취소소송과 마찬가지로 법률상 이익이 있는 경우에 원고적격이 인정되므로(법적 보호가치이익 구제설) 보충성을 부정하고, 민사소송에서 무효임을 스스로 판단할 수 있는 경우라 하더라도 별도로 제기하는 것이 가능한 것으로 본다.

> **무효등확인소송은 법률상 이익 이외에 별도로 보충성이 요구되는 것인지 여부(부정)**
> 행정소송은 행정청의 위법한 처분 등을 취소·변경하거나 그 효력 유무 또는 존재 여부를 확인함으로써 국민의 권리 또는 이익의 침해를 구제하고, 공법상의 권리관계 또는 법적용에 관한 다툼을 적정하게 해결함을 목적으로 하므로, 대등한 주체 사이의 사법상생활관계에 관한 분쟁을 심판대상으로 하는 민사소송과는 그 목적·취지 및 기능 등을 달리한다. 또한, 행정소송법 제4조에서는 무효확인소송을 항고소송의 일종으로 규정하고 있고, 행정소송법 제38조 제1항에서는 처분 등을 취소하는 확정판결의 기속력 및 행정청의 재처분의무에 관한 행정소송법 제30조를 무효확인소송에도 준용하고 있으므로 무효확인판결 자체만으로도 실효성을 확보할 수 있다. 그리고 무효확인소송의 보충성을 규정하고 있는 외국의 일부 입법례와는 달리 우리나라 행정소송법에는 명문의 규정이 없어 이로 인한 명시적 제한이 존재하지 않는다. 이와 같은 사정을 비롯하여 행정에 대한 사법통제, 권익구제의 확대와 같은 행정소송의 기능 등을 종합하여 보면 행정처분의 근거법률에 의하여 보호되는 직접적이고 구체적인 이익이 있는 경우에는 행정소송법 제35조에 규정된 '무효확인을 구할 법률상 이익'이 있다고 보아야 하고, 이와 별도로 무효확인소송의 보충성이 요구되는 것은 아니므로 행정처분의 무효를 전제로 한 이행소송 등과 같은 직접적인 구제수단이 있는지 여부를 따질 필요가 없다고 해석함이 상당하다(대판 2008.3.20. 2007두6342 전합). 〈13. 국가 9급〉

Winner's 확인소송의 보충성 : 항고소송 (×), 당사자소송 (○)

3. 피고적격

취소소송의 규정이 준용된다. 따라서 처분을 한 행정청을 피고로 한다. 처분 등이 있은 후에 권한이 승계된 경우에는 승계청이 피고로 된다(행소법 제13조 제1항, 제38조 제1항).

4. 제소기간 및 행정심판전치주의

무효등확인소송에 대해서는 이러한 규정들이 준용되지 않으므로(행소법 제38조 제1항), 그 제한을 받지 아니한다. 무효인 처분은 그 하자가 중대·명백한 것이므로 행정청이 먼저 심사하게 할 필요도 없고, 처음부터 그 효력이 없는 것이므로 조속한 안정의 필요성도 인정되지 않기 때문이다.

Winner's 제소기간, 심판전치 인정 여부 : 취소소송 (○), 무효등확인소송 (×)

5. 관련청구의 이송·병합 및 소의 변경

취소소송의 규정이 준용된다. 심리절차의 중복방지, 소송경제, 재판의 모순저촉의 요청은 무효등확인소송 역시 동일하기 때문이다. 다만, 무효등확인소송을 취소소송으로 변경하는 경우에 있어서는 제소기간과 행정심판전치주의의 제한을 받게 된다.

3 심리

1. 직권증거조사주의

「행정소송법」제26조가 준용되므로(행소법 제38조 제1항), 법원이 필요하다고 인정하는 경우에는 직권으로 증거조사를 할 수 있고, 당사자가 주장하지 아니한 사실도 판단할 수 있다. 그 의미에 대해서는 취소소송과 같은 논란이 있다.

2. 입증책임

① 법률요건분류설, ② 원고책임설이 대립한다. 무효인 경우에도 입증이 쉽지는 않다는 점에서 법률요건분류설에 따르는 것이 타당하나, 판례는 원고책임설을 따라 판단한다.

> **무효등확인소송에서 무효인 사유에 대한 입증책임은 원고에게 있는지 여부(긍정)**
> 행정처분의 당연무효를 주장하여 그 무효확인을 구하는 행정소송에 있어서는 원고에게 그 행정처분이 무효인 사유를 주장·입증할 책임이 있다(대판 1992.3.10. 91누6030). 〈17. 지방 7급〉

Winner's 입증책임의 분배

〈법률요건 분류설〉	학설	판례
취소소송	○	○
무효등확인소송	○	×

3. 가구제

(1) 집행정지결정

집행부정지의 원칙과 집행정지결정은 무효등확인소송에도 준용되고 있다(행소법 제38조 제1항). 다만, 무효인 처분은 처음부터 아무런 효력이 없는 것이므로, 그 처분이 유효임을 전제로 그 집행이 정지되지 않는다는 것은 논리적으로 모순이라는 비판이 있다. 그러나 무효와 취소의 구별은 상대적이므로, 행정목적의 원활한 수행을 위해 준용되는 것이 타당하다.

(2) 가처분

「민사집행법」상의 적극적인 가처분이 무효등확인소송에 준용될 것인지가 문제된다. ① 집행정지제도는 취소소송에서만 적용되는 것이므로 가능하다는 견해, ② 가처분의 대상은 결국 행정청의 공권력 행사를 요구하는 것이므로 권력분립에 반하는 것이므로 부정된다는 견해가 대립한다. 취소소송에서 가처분의 준용을 부정하는 견해 중에서도 무효등확인소송의 경우에는 인정하는 견해(김동희)가 있다.

4 판결

1. 판결의 효력

무효등확인판결의 효력은 취소소송의 규정을 준용하고 있으므로 기속력·형성력 등이 인정된다. 따라서 재처분의무는 준용되고 있으나, 간접강제규정은 준용되고 있지 않다. 유추적용 여부가 문제되고 있으나 부정하는 것이 다수설과 판례이다. ⟨10. 국가 9급⟩

> **무효등확인소송은 간접강제가 허용되는지 여부(부정)**
>
> 행정소송법 제38조 제1항이 무효확인판결에 관하여 취소판결에 관한 규정을 준용함에 있어서 같은 법 제30조 제2항을 준용한다고 규정하면서도 같은 법 제34조는 이를 준용한다는 규정을 두지 않고 있으므로, 행정처분에 대하여 무효확인판결이 내려진 경우에는 그 행정처분이 거부처분인 경우에도 행정청에 판결의 취지에 따른 재처분의무가 인정될 뿐 그에 대하여 간접강제까지 허용되는 것은 아니라고 할 것이다(대결 1998.12.24. 98무37). ⟨17. 서울 7급⟩

Winner's 간접강제 제도 허용 여부 : 취소소송 (○), 무효등확인소송 (×)

2. 사정판결의 가능성

무효등확인소송에는 사정판결의 규정이 준용되고 있지 않으므로 그 유추적용 여부가 문제된다. 부정하는 것이 통설, 판례이다.

> **무효등확인소송은 사정판결이 가능한지 여부(부정)**
>
> 당연무효의 행정처분을 소송목적물로 하는 행정소송에서는 행정소송법 제12조 소정의, 이른바 사정판결을 할 수 없다(대판 1985.5.26. 84누380).

Winner's 사정판결 적용 여부 : 취소소송 (○), 무효등확인소송 (×)

5 취소소송과 무효등확인소송의 관계

1. 병합 여부

(1) 가능성

취소소송과 무효등확인소송은 별개의 항고소송으로 인정되고 있으므로(행소법 제4조) 병합하여 제기될 수 있다.

(2) 병합형태

무효와 취소는 양립이 불가능하므로 단순병합❶은 허용되지 않고, 예비적 병합만 가능하다. '예비적 병합'이란 양립할 수 없는 여러 개의 청구에 대해 법원의 판단순서를 정해서 청구하는 것으로서, 주된 청구가 이유 있으면 예비적 청구는 심판을 구하지 않고, 주된 청구가 이유 없을 때에는 예비적 청구의 심판을 구하는 것을 말한다.

> **용어설명** ❶ 단순병합 : 서로 관련성이 없는 둘 이상의 판단을 청구하는 것. 손해배상과 부당이득반환을 청구하는 것. 어느 하나를 판단하지 않으면 위법하다.

2. 기판력

취소소송의 소송물을 위법성 일반으로 보는 것이 통설·판례의 입장이므로, 취소소송에서 기각판결이 난 경우에는 무효등확인소송을 제기할 수 없다. 그러나 무효등확인소송에서 기각판결이 난 경우에는 취소소송을 제기하거나 국가배상을 청구하는 것은 가능하다.

> **취소소송에서 청구기각판결이 확정된 경우 기판력이 무효확인을 구하는 소송에 미치는지 여부(긍정)**
> 과세처분의 취소소송은 과세처분의 실체적·절차적 위법을 그 취소원인으로 하는 것으로서, 그 심리의 대상은 과세관청의 과세처분에 의하여 인정된 조세채무인 과세표준 및 세액의 객관적 존부, 즉 당해 과세처분의 적부가 심리의 대상이 되는 것이며 과세처분 취소청구를 기각하는 판결이 확정되면 그 처분이 적법하다는 점에 관하여 기판력이 생기고, 그 후 원고가 이를 무효라 하여 무효확인을 소구(訴求)할 수 없는 것이어서, 과세처분의 취소소송에서 청구가 기각된 확정판결의 기판력은 그 과세처분의 무효확인을 구하는 소송에도 미친다(대판 2003.5.16. 2002두3669).

3. 무효사유에 대해 취소소송을 제기한 경우

원칙적으로 기각판결을 하여야 할 것이나, 법원은 무효선언적 의미의 취소판결을 할 수 있다고 한다. 다만, 제소기간이나 행정심판전치주의의 요건을 갖춘 경우라야 한다(대판 1987.6.9. 87누219). 이러한 요건을 갖추지 못한 경우에는 소의 변경을 하도록 하여야 할 것이다.

4. 취소사유에 대해 무효확인소송을 제기한 경우

(1) 취소소송의 요건을 갖추지 못한 경우

기각판결을 하여야 할 것이다.

(2) 취소소송의 요건을 갖춘 경우

원고의 의사가 무효확인판결만 받겠다는 것이 명백하지 않은 한 취소판결을 받겠다는 취지도 포함된 것으로 보아, 취소판결을 하여야 한다는 것이 판례의 입장이다.

> **취소사유에 대하여 무효확인소송을 제기한 경우 취소를 구하는 취지도 포함된 것으로 볼 수 있는지 여부(긍정)**
> 일반적으로 행정처분의 무효확인을 구하는 소(訴)에는 원고가 그 처분의 취소는 구하지 아니한다고 밝히고 있지 아니하는 이상, 그 처분이 만약 당연무효가 아니라면 그 취소를 구하는 취지도 포함되어 있는 것으로 볼 것이나, 행정심판절차를 거치지 아니한 까닭에 행정처분취소의 소를 무효확인의 소로 변경한 경우에는 무효확인을 구하는 취지 속에 그 처분이 당연무효가 아니라면 그 취소를 구하는 취지까지 포함된 것으로 볼 여지가 전혀 없다고 할 것이므로, 법원으로서는 그 처분이 당연무효인가 여부만 심리·판단하면 족하다고 할 것이다(대판 1987.4.28. 86누887).

제4절 부작위위법확인소송

1 서설

1. 의의
행정청이 상대방의 신청에 대해 상당한 기간 내에 일정한 처분을 하여야 할 법적 의무가 있음에도 이를 방치하는 경우에 이러한 행정청의 부작위가 위법임을 확인하는 소송을 말한다.

2. 제도적 취지
현대 행정에서는 국민의 행정에의 의존도가 심화되고 있으므로, 상대방의 신청에 대한 거부나 방치도 적극적인 침익적 처분과 마찬가지의 불이익을 가져올 수 있다. 따라서 그에 대한 구제방법이 중요한 문제로 부각되어 행정청의 부작위에 대해서 그 확인을 구하는 소송을 마련한 것이다.

3. 성질
부작위위법확인소송은 단순한 부작위가 아니라 공권력 행사로서 처분의 부작위를 그 대상으로 하는 것이므로 항고소송의 성질을 가지고, 법률관계의 변동이 목적이 아니라, 단지 부작위에 의해 형성된 외형이 위법하다는 것을 확인함에 그친다는 점에서 확인소송의 성질을 가진다.

2 소송요건

1. 원고적격

> 〈행정소송법〉 제36조(부작위위법확인소송의 원고적격) 부작위위법확인소송은 처분의 신청을 한 자로서 부작위의 위법의 확인을 구할 법률상 이익이 있는 자만이 제기할 수 있다.

(1) 의의

부작위위법확인소송은 '처분의 신청을 한 자로서 부작위의 위법의 확인을 구할 법률상 이익이 있는 자'가 제기할 수 있다(행소법 제36조).

(2) 신청을 한 자의 의미

① 현실적으로 처분을 신청한 자이면 족하다는 견해(이상규), ② 법령 또는 조리에 의하여 신청권이 인정된 자만 가진다는 견해(다수설: 김동희, 김남진, 김연태)가 대립한다.

2. 피고적격
취소소송의 규정이 준용되므로(행소법 제38조 제2항) 부작위위법확인소송의 피고는 상대방의 신청을 받고서도 아무런 처분을 하지 않은 행정청이 된다.

3. 대상적격

(1) 부작위의 의의
당사자의 신청에 대하여 상당한 기간 내에 일정한 처분을 하여야 할 법률상 의무가 있음에도 이를 방치하는 것을 말한다.

(2) 구별
행정청의 명시 또는 묵시적인 의사표시가 존재하는 거부처분과 구별된다.

> **Winner's** 의사표시의 존재 여부 : 거부처분 (○), 부작위 (×)

(3) 부작위의 성립요건

> 〈행정소송법〉 제2조(정의) ① 이 법에서 사용하는 용어의 정의는 다음과 같다.
> 2. '부작위'라 함은 행정청이 당사자의 신청에 대하여 상당한 기간 내에 일정한 처분을 하여야 할 법률상 의무가 있음에도 불구하고 이를 하지 아니하는 것을 말한다.

① 당사자의 신청이 있을 것: 자기 또는 제3자에 대한 처분을 요구하는 것을 말한다. 법규상 또는 조리상의 신청권을 전제로 할 것인지가 문제되는데, 본안(本案)에서 판단할 사항이므로 소송요건에서 검토해서는 안 된다는 견해(홍준형)도 있으나, 긍정하는 것이 다수설과 판례이다. 다만, 판례는 신청권의 존재를 대상적격 또는 원고적격에서 검토하고 있다.

> 1. 부작위위법확인소송에서 원고가 구하는 행정청의 응답행위는 처분에 관한 것인지 여부(긍정)
> 부작위위법확인소송의 대상이 되는 행정청의 부작위라 함은 행정청이 당사자의 신청에 대하여 상당한 기간 내에 일정한 처분을 할 법률상 의무가 있음에도 불구하고 이를 하지 아니하는 것을 말하고, 이 소송은 처분의 신청을 한 자가 제기하는 것이므로 이를 통하여 원고가 구하는 행정청의 응답행위는 행정소송법 제2조 제1항 제1호 소정의 처분에 관한 것이라야 한다(대판 1991.11.8. 90누9391).
>
> 2. 부작위위법확인소송이 적법하기 위해서 법규상 또는 조리상 신청권이 필요한지 여부(긍정)
> 부작위위법확인소송은 처분의 신청을 한 자로서 부작위의 위법확인을 구할 법률상 이익이 있는 자만이 제기할 수 있다 할 것이며, 이를 통하여 구하는 행정청의 응답행위는 행정소송법 제2조 제1항 제1호 소정의 처분에 관한 것이라야 하므로, 당사자가 행정청에 대하여 어떠한 행정행위를 하여 줄 것을 신청하지 아니하였거나 신청을 하였더라도 당사자가 행정청에 대하여 그러한 행정행위를 하여 줄 것을 요구할 수 있는 법규상 또는 조리상 권리를 갖고 있지 아니하든지 또는 행정청이 당사자의 신청에 대하여 거부처분을 한 경우에는 원고적격이 없거나 항고소송의 대상인 위법한 부작위가 있다고 볼 수 없어, 그 부작위위법확인의 소는 부적법하다(대판 1993.4.23. 92누17099). 〈18. 지방 9급〉

> **Winner's** 부작위위법확인소송의 대상이 되는 부작위의 신청내용 : 처분 (○), 행정입법 (×)

② 상당한 기간이 경과할 것: '상당성' 여부는 그 처분의 성질·내용, 동종사안에 대한 처리경험 등을 종합적으로 검토해서 판단한다. 「행정절차법」 등에서 처리기간을 설정·공표하도록 규정하고 있으나, 훈시규정으로 해석되는 것이 보통이므로 참고기준에 불과한 것으로 본다.

> **주택건설사업계획의 승인 여부에 대한 처리기간규정이 훈시규정에 해당하는지 여부(긍정)**
> 구 주택건설촉진법 시행령(1994. 12. 23. 대통령령 제14447호로 개정되기 전의 것) 제32조의2 제2항·제3항의 규정에 의하면, 주택건설사업계획의 승인 여부는 정당한 사유가 없는 한 신청수리 후 60일(관계기관의 장과의 협의기간 30일을 포함) 내에 결정하도록 되어있지만, 그 규정은 가능한 한 조속히 그 승인사무를 처리하도록 정한 훈시규정에 불과할뿐 강행규정이나 효력규정이라고 할 수는 없으므로, 행정청이 그 기간을 경과하여 주택건설사업승인 거부처분을 하였다고 해서 그 거부처분이 위법하다고 할 수는 없다(대판 1996.8.20. 95누10877).

③ 법률상 의무가 있을 것: 기속행위뿐만 아니라 재량행위의 경우에도 인정될 수 있다. 다만, 법률상 처분의무의 존재는 본안에서 판단할 사항이므로 대상적격의 인정 여부에서 판단하는 것은 체계적 오류가 있다는 비판이 있다.

④ 방치가 있을 것: 행정청의 처분으로 볼 만한 외관이 존재하지 않는 것을 말한다. 그러므로 외관이 존재하는 무효인 처분과 구별된다. 법령상 일정기간 경과 후의 부작위를 거부처분으로 간주하는 규정을 두고 있는 경우에는 부작위에 해당하지 않는다.

4. 제소기간

부작위위법확인소송에 대해서도 취소소송의 제소기간의 규정이 준용되고 있으나(행소법 제38조 제2항), 행정심판을 거치지 않은 경우에는 처분이 존재하지 않으므로 기산점이 없어서 적용되기 어렵다. 행정심판을 거친 경우에는 재결이 존재하므로 재결시를 기산점으로 하여 재결서 정본의 송달을 받은 날로부터 90일, 재결이 있은 날로부터 1년 이내에 제기하여야 할 것이다.

5. 행정심판전치주의

취소소송의 행정심판전치주의 규정은 부작위위법확인소송에도 준용되고 있다. 다만, 이 경우의 행정심판은 의무이행심판이 된다.

6. 소의 변경

부작위위법확인소송은 취소소송이나 당사자소송으로 변경할 수 있다(행소법 제37조, 제21조). 법원은 청구의 기초에 변경이 없는 한 사실심 변론종결시까지 원고의 신청에 의하여 소의 변경을 허가할 수 있다. 따라서 부작위위법확인소송의 계속 중 행정청이 처분을 한 경우 원고는 이 소송을 취소소송으로 변경할 수 있다.

3 심리

1. 집행정지

부작위위법확인소송에 대해서는 집행정지규정이 준용되고 있지 않다. 부작위는 집행을 정지할 만한 대상이 존재하지 않기 때문이다.

Winner's 집행정지 규정 : 취소소송 (○), 부작위위법확인소송 (×)

2. 법원의 심리권의 범위

(1) 학설

① 실체심리설: 행정청이 판결의 취지에 따르는 처분의무를 이행하기 위해서는 신청의 실체적 내용을 심리하여 그에 대한 적정한 처리방향에 대한 법률적 판단까지 하여야 한다는 견해이다.

② 절차심리설(통설): 부작위위법확인소송의 소송물은 부작위의 위법성이므로 실체심리는 할 필요가 없다는 견해(김동희)이다. 판례도 같은 입장이다.

> **부작위위법확인소송의 심리범위**
> 부작위위법확인의 소는 행정청이 국민의 법규상 또는 조리상의 권리에 기한 신청에 대하여 상당한 기간 내에 그 신청을 인용하는 적극적 처분을 하거나 또는 각하 내지 기각하는 등의 소극적 처분을 하여야 할 법률상의 응답의무가 있음에도 불구하고 이를 하지 아니하는 경우 판결시를 기준으로 그 부작위의 위법함을 확인함으로써 행정청의 응답을 신속하게 하여 부작위 내지 무응답이라고 하는 소극적인 위법상태를 제거하는 것을 목적으로 하는 것이고, 나아가 당해 판결의 구속력에 의하여 행정청에게 처분 등을 하게 하고, 다시 당해 처분 등에 대하여 불복이 있는 때에는 그 처분 등을 다투게 함으로써 최종적으로는 국민의 권리이익을 보호하려는 제도이다(대판 1992.7.28. 91누7361).

(2) 검토

실체심리도 가능하다고 보면, 결국 의무이행소송을 인정하는 결과가 되기 때문에 이를 부정하는 것이 타당하다.

4 판결

1. 위법판단의 기준시점

처분의 위법성은 처분시를 기준으로 하는 것이 원칙이나(처분시설), 부작위는 처분이 존재하지 않으므로 부작위의 위법성은 판결시를 기준으로 판단할 수밖에 없다.

> **Winner's** 위법성 판단기준시 : 취소판결 (처분시), 사정판결 (처분시), 부작위위법확인판결 (판결시)

2. 판결의 효력

부작위위법확인소송에 대해서도 취소소송의 기속력 등의 규정이 준용되고 있다. 그리고 거부처분에 대한 재처분의무 및 간접강제의 규정도 준용되고 있다(행소법 제30조, 제34조, 제38조 제2항).

3. 거부처분의 가능성

부작위위법확인소송은 부작위가 위법함을 확인하는 데에 그치는 것이므로, 신청의 대상이 기속행위인 경우에 거부처분을 하더라도 재처분의무를 이행하는 것이 된다. 그리하여 이러한 거부처분에 대하여 다시 취소소송을 제기하여야 할 것이다.

제5절 당사자소송

1 서설

1. 의의
행정청의 처분 등을 원인으로 하는 법률관계에 관한 소송 그 밖에 공법상의 법률관계에 관한 소송으로서 그 법률관계의 한 쪽 당사자를 피고로 하는 소송을 말한다(행소법 제3조).

2. 구별

(1) 항고소송

행정청의 공권력 행사로서의 처분 또는 부작위를 대상으로 행정청을 피고로 하는 소송이라는 점에서 공법상 법률관계를 대상으로 행정주체를 피고로 하는 당사자소송과 구별된다.

(2) 민사소송

사법상(私法上) 법률관계를 소송물로 한다는 점에서 공법상 법률관계를 소송물로 하며 공법원리가 적용되는 당사자소송과 구별된다.

3. 당사자소송의 문제점
현행 「행정소송법」은 당사자소송을 명문으로 규정하고 있으나, 실무상 거의 활용되고 있지 못하고 민사소송으로 취급되는 경우가 많다는 문제점이 있다. 그 이유는 현행법상 원고적격·제소기간 등 관련규정이 미비하다는 점, 공·사법의 구별이 상대적이라는 점 때문이다. 그러나 우리나라는 공·사법의 2원적 체계라는 점, 민사소송과 당사자소송은 실질적 차이가 있다는 점에서 양자는 구별되어야 할 것이다. 따라서 당사자소송을 적극 활용하는 것이 바람직하다는 견해(김남진, 정하중)가 제기되고 있다.

2 종류

1. 실질적 당사자소송

(1) 의의

공법상의 법률관계에 관한 소송으로서, 그 법률관계의 한 쪽 당사자를 피고로 하는 소송을 말한다. '공법상 법률관계'란 공권의 주장을 소송물로 하거나 공법규정의 적용을 통해서 해결될 수 있는 법률관계 그 자체를 대상으로 하는 소송을 의미한다.

(2) 유형

① 처분 등을 원인으로 하는 법률관계에 관한 소송: 처분 등의 취소나 무효를 원인으로 하는 부당이득반환청구소송, 공무원의 불법행위로 인한 국가배상청구소송 등이 이에 해당한다.

② 공법상의 신분 또는 지위 등에 관한 확인소송: 공무원이나 국·공립학생 또는 국가유공자의 신분이나 지위의 확인을 구하는 소송이 이에 해당한다.

재개발조합의 조합원자격 인정 여부에 대해서는 공법상 당사자소송으로 하여야 하는지 여부(긍정)
구 도시재개발법(1995. 12. 29. 법률 제5116호로 전문개정되기 전의 것)에 의한 재개발조합은 조합원에 대한 법률관계에서 적어도 특수한 존립목적을 부여받은 특수한 행정주체로서 국가의 감독하에 그 존립 목적인 특정한 공공사무를 행하고 있다고 볼 수 있는 범위 내에서는 공법상의 권리의무 관계에 서 있다. 따라서 조합을 상대로 한 쟁송에 있어서 강제가입제를 특색으로 한 조합원의 자격인정 여부에 관하여 다툼이 있는 경우에는 그 단계에서는 아직 조합의 어떠한 처분 등이 개입될 여지는 없으므로 공법상의 당사자소송에 의하여 그 조합원자격의 확인을 구할 수 있다(대판 1996.2.15. 94다31235 전합).

③ 공법상 금전지급청구소송: 손실보상금청구권, 공무원연금청구권, 보조금지급청구권, 각종 사회보장급부청구권 등이 행정청의 결정을 매개로 하지 않고, 법률의 규정에 의하여 직접 발생하는 경우에는 당사자소송의 대상이 된다. 그러나 행정청의 결정으로 인한 경우에는 항고소송이 선행되어야 할 것이다. 판례는 종래 손실보상금청구사건을 민사소송으로 다루었으나, 최근 하천구역편입토지에 대한 손실보상청구사건을 공법상 당사자소송으로 다루고 있다.

1. 석탄가격안정지원금 청구소송은 공법상의 당사자소송에 해당하는지 여부(긍정)
석탄가격안정지원금은 석탄의 수요감소와 열악한 사업환경 등으로 점차 경영이 어려워지고 있는 석탄광업의 안정 및 육성을 위하여 국가정책적 차원에서 지급하는 지원비의 성격을 갖는 것이고, 석탄광업자가 석탄산업합리화 사업단에 대하여 가지는 이와 같은 지원금지급청구권은 석탄사업법령에 의하여 정책적으로 당연히 부여되는 공법상의 권리이므로, 석탄광업자가 석탄산업합리화 사업단을 상대로 석탄산업법령 및 석탄가격안정지원금 지급요령에 의하여 지원금의 지급을 구하는 소송은 공법상의 법률관계에 관한 소송인 공법상의 당사자소송에 해당한다(대판 1997.5.30. 95다28960). 〈17. 사회복지직 7급〉

2. 소멸시효가 만료된 하천구역 편입토지에 관한 손실보상청구소송은 공법상의 당사자소송에 해당하는지 여부(긍정)
하천법 부칙 제2조와 '법률 제3782호 하천법 중 개정법률 부칙 제2조의 규정에 의한 보상청구권의 소멸시효가 만료된 하천구역 편입토지 보상에 관한 특별조치법' 제2조, 제6조의 각 규정들을 종합하면, 위 규정들에 의한 손실보상청구권은 1984. 12. 31. 전에 토지가 하천구역으로 된 경우에는 당연히 발생되는 것이지, 관리청의 보상금지급결정에 의하여 비로소 발생하는 것은 아니므로, 위 규정들에 의한 손실보상금의 지급을 구하거나 손실보상청구권의 확인을 구하는 소송은 행정소송법 제3조 제2호 소정의 당사자소송에 의하여야 한다(대판 2006.5.18. 2004다6207 전합).

3. '민주화운동관련자 명예회복 및 보상 등에 관한 법률'상 보상금 지급에 관한 소송은 공법상의 당사자소송에 해당하는지 여부(부정)
'민주화운동관련자 명예회복 및 보상 등에 관한 법률' 17조는 보상금 등의 지급에 관한 소송의 형태를 규정하고 있지 않지만, 위 규정 전단에서 말하는 보상금 등의 지급에 관한 소송은 '민주화운동관련자 명예회복 및 보상 심의위원회'의 보상금 등의 지급신청에 관하여 전부 또는 일부를 기각하는 결정에 대한 불복을 구하는 소송이므로 취소소송을 의미한다(대판 2008.4.17. 2005두16185 전합).

4. 군인연금결정을 거부한 경우 바로 당사자소송이 가능한지 여부(부정)

군인연금법 제5조, 제10조, 같은 법 시행령 제45조, 제46조의 각 규정을 종합하면, 같은 법에 의한 상이연금 등의 급여를 받을 권리는 법령의 규정에 의하여 직접 발생하는 것이 아니라, 위와 같은 급여를 받으려고 하는 자가 소속하였던 군의 참모총장의 확인을 얻어 청구하는 바에 의하여 국방부장관이 인정함으로써 비로소 구체적인 권리가 발생하고, 위와 같은 급여를 받으려고 하는 자는 우선 관계법령에 따라 국방부장관에게 그 권리의 인정을 청구하여 국방부장관이 그 인정청구를 거부하거나 청구 중의 일부만을 인정하는 처분을 하는 경우 그 처분을 대상으로 항고소송을 제기하는 등으로 구체적 권리를 인정받은 다음 비로소 당사자소송으로 그 급여의 지급을 구하여야 할 것이고, 구체적인 권리가 발생하지 않은 상태에서 곧바로 국가를 상대로 한 당사자소송으로 그 권리의 확인이나 급여의 지급을 소구(訴求)하는 것은 허용되지 아니한다(대판 1995.9.15. 93누18532). 〈22. 국가 9급〉

5. 특수임무수행자 및 그 유족의 보상금신청이 기각된 경우에 바로 당사자 소송이 가능한지 여부(부정)

특수임무수행자 및 그 유족으로서 보상금 등을 지급받고자 하는 자의 신청에 대하여 위원회가 특수임무수행자에 해당하지 않는다는 이유로 이를 기각하는 결정을 한 경우 신청인은 위원회를 상대로 그 결정의 취소를 구하는 소송을 제기하여 보상금 등의 지급대상자가 될 수 있다. 이와 달리 신청인이 국가를 상대로 직접 보상금 등의 지급을 구하는 소는 부적법하다(대판 2008.12.11. 2008두6554).

6. 지방소방공무원의 초과근무수당의 지급을 구하는 소송이 당사자소송인지 여부(긍정)

지방자치단체와 그 소속 경력직 공무원인 지방소방공무원 사이의 관계, 즉 지방소방공무원의 근무관계는 사법상의 근로계약관계가 아닌 공법상의 근무관계에 해당하고, 그 근무관계의 주요한 내용 중 하나인 지방소방공무원의 보수에 관한 법률관계는 공법상의 법률관계라고 보아야 한다. 나아가 지방공무원법 제44조 제4항, 제45조 제1항이 지방공무원의 보수에 관하여 이른바 근무조건 법정주의를 채택하고 있고, 지방공무원 수당등에 관한 규정 제15조 내지 제17조가 초과근무수당의 지급 대상, 시간당 지급 액수, 근무시간의 한도, 근무시간의 산정 방식에 관하여 구체적이고 직접적인 규정을 두고 있는 등 관계 법령의 내용·형식 및 체계 등을 종합하여 보면 지방소방공무원의 초과근무수당 지급청구권은 법령의 규정에 의하여 직접 그 존부나 범위가 정하여지고 법령에 규정된 수당의 지급요건에 해당하는 경우에는 곧바로 발생한다고 할 것이므로, 지방소방공무원이 자신이 소속된 지방자치단체를 상대로 초과근무수당의 지급을 구하는 청구에 관한 소송은 행정소송법 제3조 제2호에 규정된 당사자소송의 절차에 따라야 한다(대판 2013.3.28. 2012다102629). 〈14. 지방 7급〉

7. 지방자치단체의 보조금반환청구소송이 당사자소송인지 여부(긍정)

지방자치단체가 보조금 지급결정을 하면서 일정 기한 내에 보조금을 반환하도록 하는 교부조건을 부가한 사안에서 보조사업자의 지방자치단체에 대한 보조금 반환의무는 행정처분인 위 보조금 지급결정에 부가된 부관상 의무이고, 이러한 부관상 의무는 보조사업자가 지방자치단체에 부담하는 공법상 의무이므로, 보조사업자에 대한 지방자치단체의 보조금반환청구는 공법상 권리관계의 일방 당사자를 상대로 하여 공법상 의무이행을 구하는 청구로서 행정소송법 제3조 제2호에 규정한 당사자소송의 대상이다(대판 2011.6.9. 2011다2951). 〈15. 국가 9급〉

8. 환매금액의 증감청구가 당사자 소송인지 여부(부정)

구 공익사업을 위한 토지 등의 취득 및 보상에 관한 법률(2010. 4. 5. 법률 제10239호로 일부 개정되기 전의 것, 이하 '구 공익사업법'이라 한다) 제91조에 규정된 **환매권은 상대방에 대한 의사표시를 요하는 형성권의 일종**으로서 재판상이든 재판 외이든 위 규정에 따른 기간 내에 행사하면 **매매의 효력이 생기는 바**(대판 2008.6.26. 2007다24893), 이러한 환매권의 존부에 관한 확인을 구하는 소송 및 구 공익사업법 제91조 제4항에 따라 환매금액의 증감을 구하는 소송 역시 **민사소송에 해당한다**(대판 2013.2.28. 2010두22368). ⟨17. 사회복지 9급⟩

9. 명예퇴직한 법관이 미지급 명예퇴직수당액의 지급을 구하는 소송(당사자소송)

명예퇴직수당 지급대상자의 결정과 수당액 산정 등에 관한 구 국가공무원법(2012. 10. 22. 법률 제11489호로 개정되기 전의 것) 제74조의2 제1항·제4항, 구 법관 및 법원공무원 명예퇴직수당 등 지급규칙(2011. 1. 31. 대법원규칙 제2320호로 개정되기 전의 것, 이하 '명예퇴직수당규칙'이라 한다) 제3조 제1항·제2항, 제7조, 제4조 [별표 1]의 내용과 취지 등에 비추어 보면, **명예퇴직수당은 명예퇴직수당 지급신청자 중에서 일정한 심사를 거쳐 피고가 명예퇴직수당 지급대상자로 결정한 경우에 비로소 지급될 수 있지만**, 명예퇴직수당 지급대상자로 결정된 법관에 대하여 지급할 수당액은 명예퇴직수당규칙 제4조 [별표 1]에 산정 기준이 정해져 있으므로, 위 법관은 위 규정에서 정한 정당한 산정 기준에 따라 산정된 명예퇴직수당액을 수령할 구체적인 권리를 가진다. 따라서 위 법관이 이미 수령한 수당액이 위 규정에서 정한 정당한 명예퇴직수당액에 미치지 못한다고 주장하며 **차액의 지급을 신청함에 대하여 법원행정처장이 거부하는 의사를 표시했더라도, 그 의사표시는** 명예퇴직수당액을 형성·확정하는 행정처분이 아니라 공법상 법률관계의 한 쪽 당사자로서 지급의무의 존부 및 범위에 관하여 자신의 의견을 밝힌 것에 불과하므로 **행정처분으로 볼 수 없다.** 결국 명예퇴직한 법관이 미지급 명예퇴직수당액에 대하여 가지는 권리는 명예퇴직수당 지급대상자 결정 절차를 거쳐 명예퇴직수당규칙에 의하여 확정된 공법상 법률관계에 관한 권리로서, 그 지급을 구하는 소송은 행정소송법의 **당사자소송에 해당하며, 그 법률관계의 당사자인 국가를 상대로 제기하여야 한다**(대판 2016.5.24. 2013두14863). ⟨17. 지방 9급(12월)⟩, ⟨18. 국가 9급⟩

④ 공법상 계약에 관한 소송: 행정주체 상호 간, 행정주체와 사인 상호 간의 공법상 계약과 관련된 분쟁은 당사자소송의 대상이다.

공중보건의사 채용계약 해지에 관한 소송은 공법상의 당사자소송에 해당하는지 여부(긍정)

전문직 공무원인 공중보건의사의 채용계약 해지의 의사표시는 일반공무원에 대한 징계처분과는 달라서 항고소송의 대상이 되는 처분 등의 성격을 가진 것으로 인정되지 아니하고, 일정한 사유가 있을 때에 관할 도지사가 채용계약관계의 한 쪽 당사자로서 대등한 지위에서 행하는 의사표시로 취급하고 있는 것으로 이해되므로, **공중보건의사 채용계약 해지의 의사표시에 대하여는 대등한 당사자 간의 소송형식인 공법상의 당사자소송으로 그 의사표시의 무효확인을 청구할 수 있는 것이지, 이를 항고소송의 대상이 되는 행정처분이라는 전제하에서 그 취소를 구하는 항고소송을 제기할 수는 없다**(대판 1996.5.31. 95누10617).

⑤ 공법상 결과제거청구권: 공행정작용으로 초래된 위법한 상태를 제거하여 침해가 있기 전의 상태 또는 이와 동일한 상태로 회복시켜 줄 것을 요구하는 결과제거청구권은 당사자소송에 의하여 실현된다.

Winner's 당사자소송에 의한 분쟁해결

긍정	부정
① 광주민주화운동관련자 보상금 지급	① '민주화운동관련자 명예회복 및 보상 등에 관한 법률'상 보상금 지급(항고소송)
② 명예퇴직한 법관이 미지급 명예퇴직수당액의 지급	② 군인연금결정 지급 거부(항고소송) ③ 특수임무수행자 및 그 유족의 보상금신청이 기각(항고소송)
③ 소멸시효가 만료된 하천구역 편입토지에 관한 손실보상청구 ④ 지방소방공무원의 초과근무수당의 지급 ⑤ 지방자치단체의 보조금반환청구 ⑥ 재개발조합의 조합원 자격인정 여부 ⑦ 공중보건의사 채용계약 해지 ⑧ 석탄가격안정지원금 청구	④ 환매권의 존부확인 및 환매금액의 증감청구(민사소송)

2. 형식적 당사자소송

(1) 의의

행정청의 처분이나 재결에 의해 형성된 법률관계에 관하여 다툼이 있는 경우에 그 처분이나 재결을 다투지 아니하고 직접 이에 의해 형성된 법률관계를 그 일방당사자를 피고로 하여 다투는 소송을 말한다. 실질적으로 항고소송이나, 당사자소송의 형식을 취하는 것이다.

(2) 인정이유

당사자가 다투고자 하는 것이 처분이나 재결이 아니라 그로 인해 생긴 법률관계인 때에는 처분주체를 소송당사자로 하는 것보다 실질적인 이해관계자를 당사자로 하는 것이 소송의 진행이나 분쟁해결에 보다 적합하다. 따라서 소송경제를 위해서 인정되는 제도이다.

(3) 일반적 인정 여부

① 문제점: 개별법에 규정이 없는 경우에도 이러한 소송을 일반적으로 인정할 수 있을 것인지가 문제된다.

② 학설

긍정설	「행정소송법」 제3조 제2호는 '처분 등을 원인으로 하는 법률관계에 관한 소송'을 규정하고 있으므로 형식적 당사자소송은 여기에 포함된다는 견해(이상규)이다.
부정설	형식적 당사자소송은 처분 또는 재결의 공정력을 부인하지 않은 채 그에 의해 형성된 법률관계를 다투는 소송이므로 개별법의 명시적 근거가 있어야 한다는 견해(김동희, 김남진, 정하중)이다.

③ 검토: 형식적 당사자소송은 소송요건이 불분명한 것이므로, 개별법에 명시적 규정이 있는 경우에만 인정된다고 보는 것이 타당하다.

(4) 입법례

① 「특허법」: 항고심판의 심결을 받은 자가 제기하는 소는 '특허청장'을 피고로 하여야 하나, 특허의 무효심판, 권리범위 확인심판 등을 제기하는 경우에는 '청구인 또는 피청구인'을 피고로 하여야 한다(제187조). 또한 보상금 또는 대가에 관한 불복의 소송에 있어서 보상금을 지급할 관서 또는 출원인, 특허권자 등을 피고로 하여야 한다고 규정하고 있다(제191조). 이는 형식적 당사자소송을 규정한 것으로 본다.

② 「공익사업을 위한 토지 등의 취득 및 보상에 관한 법률」: 토지소유자 또는 관계인이 보상금의 증액을 요구하거나, 사업시행자가 보상금의 감액을 요구하는 행정소송은 한 쪽 당사자를 피고로 하여 처분을 다투는 소송이 되므로 그 법적 성질은 형식적 당사자소송이 된다.

③ 「전기통신사업법」: 기간통신사업자가 손실을 입은 자에게 보상할 때에는 「공익사업을 위한 토지 등의 취득 및 보상에 관한 법률」을 준용하므로 보상금의 증감을 청구하는 행정소송은 형식적 당사자소송이 된다.

3 소송요건

1. 원고적격

「행정소송법」은 특별한 규정을 두고 있지 않으므로 「민사소송법」이 준용되어(제8조 제2항) 공법상 법률관계에 있어서 권리보호의 이익이 있는 자라고 할 수 있다.

> **Winner's** 당사자소송의 원고적격 : 권리보호의 이익이 있는 자 (○), 법률상 이익이 있는 자 (×)

과거의 법률관계의 확인청구에 대한 즉시확정의 이익(예외적 긍정)

1) 과거의 법률관계라고 할지라도 현재의 권리 또는 법률상 지위에 영향을 미치고 있고 현재의 권리 또는 법률상 지위에 대한 위험이나 불안을 제거하기 위하여 그 법률관계에 관한 확인판결을 받는 것이 유효적절한 수단이라고 인정되는 때에는 그 법률관계의 확인청구에 즉시확정의 이익이 인정될 수 있다.

2) 원고와 피고 목포시의 관계는 공법상 계약관계라고 할 것인데, 피고 목포시의 원고에 대한 위촉기간이 원심 변론종결 전에 이미 만료되었고, 설치조례상 위촉기간이 만료된 교향악단 단원에 대하여 재위촉할 의무가 피고 목포시에게 부여되어 있지도 아니하므로, 원고로서는 이 사건 해촉이 무효라고 하더라도 이제는 교향악단 단원으로서의 지위를 회복할 수 없고, 따라서 이 사건 해촉의 무효확인을 구하는 것은 과거의 법률관계의 확인청구에 지나지 아니한다고 할 것이고, 한편 이 사건 해촉의 무효확인이 위촉기간 동안의 보수지급청구의 전제가 된다거나 해촉일로부터 일정기간 동안은 재위촉이 금지된다거나 공무원으로 임용되거나 다른 예술단체의 단원으로 임용됨에 있어 다른 사람보다 불리한 처우를 받을 수 있다는 등의 사정만으로는 위와 같은 과거의 법률관계의 확인청구에 즉시확정의 이익이 있다고 할 수 없다(대판 2008.3.27. 2006두17765).

2. 피고적격

항고소송에 있어 행정청이 피고가 되는 것과는 달리, 당사자소송에 있어서는 국가·공공단체 그 밖의 권리주체가 피고가 된다(행소법 제39조). 다만 피고의 경정에 관해서는 취소소송의 규정을 준용한다(행소법 제44조).

> **광주민주화운동관련자 보상금 지급에 관한 소송의 피고가 대한민국인지 여부(긍정)**
> 광주민주화운동관련자보상등에관한법률에 의거하여 관련자 및 유족들이 갖게 되는 보상 등에 관한 권리는 헌법 제23조 제3항에 따른 재산권 침해에 대한 손실보상청구나 국가배상법에 따른 손해배상청구와는 그 성질을 달리하는 것으로서 법률이 특별히 인정하고 있는 공법상의 권리라고 하여야 할 것이므로 그에 관한 소송은 「행정소송법」 제3조 제2호 소정의 당사자소송에 의하여야 할 것이며 보상금 등의 지급에 관한 법률관계의 주체는 대한민국이다(대판 1992.12.24. 92누3335). 〈11. 지방 9급〉

Winner's 당사자소송의 피고적격 인정 여부 : 대한민국 (○), 법무부장관 (×)

3. 재판관할

당사자소송의 재판관할은 취소소송의 규정이 준용되므로(행소법 제40조), 피고의 소재지를 관할하는 행정법원이 제1심 관할법원이 된다. 다만, 당사자소송의 피고는 권리주체이므로 당해 소송과 구체적 관계에 있는 행정청의 소재지를 피고의 소재지로 의제하고 있다.

Winner's 당사자소송에서 준용되는 재판관할의 규정 : 취소소송 (○), 민사소송 (×)

4. 제소기간

취소소송의 제소기간의 규정은 준용되지 않는다. 다만, 법령에서 제소기간을 규정한 경우에는 그 기간은 불변기간으로 한다(행소법 제41조).

5. 가처분

당사자소송은 집행정지가 준용되고 있지 않으므로 「민사집행법」상 적극적 가처분이 허용된다.

Winner's 적극적 가처분 허용 : 당사자소송 (○), 항고소송 (×)

> **「민사집행법」상 가처분은 당사자소송에서 허용되는지 여부(긍정)**
> 도시 및 주거환경정비법(이하 '도시정비법'이라 한다)상 행정주체인 주택재건축정비사업조합을 상대로 관리처분계획안에 대한 조합 총회결의의 효력을 다투는 소송은 행정처분에 이르는 절차적 요건의 존부나 효력 유무에 관한 소송으로서 소송결과에 따라 행정처분의 위법 여부에 직접 영향을 미치는 공법상 법률관계에 관한 것이므로, 이는 행정소송법상 당사자소송에 해당한다. 그리고 이러한 당사자소송에 대하여는 행정소송법 제23조 제2항의 집행정지에 관한 규정이 준용되지 아니하므로(행정소송법 제44조 제1항 참조), 이를 본안으로 하는 가처분에 대하여는 행정소송법 제8조 제2항에 따라 민사집행법상 가처분에 관한 규정이 준용되어야 한다(대결 2015.8.21. 2015무26). 〈18. 지방 7급〉, 〈22. 지방 7급〉

4 적용규정

당사자소송은 원칙적으로 민사소송의 예에 의한다. 그러나 공법상의 법률관계에 관한 소송이라는 점에서 재판관할, 피고경정, 공동소송, 제3자의 소송참가, 행정청의 소송참가, 소의 변경, 처분변경으로 인한 소의 변경, 행정심판기록 제출명령, 직권심리, 기속력, 소송비용부담, 소송비용 재판에 관한 규정이 준용된다(행소법 제42조, 제44조). 그러나 행정심판전치주의, 제소기간, 소송대상, 집행정지, 사정판결, 제3자의 재심청구 등의 규정은 준용되지 않는다.

> **공법상 당사자소송에서 민사소송으로 소 변경이 허용되는지 여부(긍정)**
> 공법상 당사자소송의 소 변경에 관하여 행정소송법은, 공법상 당사자소송을 항고소송으로 변경하는 경우(행정소송법 제42조, 제21조) 또는 처분변경으로 인하여 소를 변경하는 경우(행정소송법 제44조 제1항, 제22조)에 관하여만 규정하고 있을 뿐, 공법상 당사자소송을 민사소송으로 변경할 수 있는지에 관하여 명문의 규정을 두고 있지 아니다. 그러나 공법상 당사자소송에서 민사소송으로의 소 변경이 금지된다고 볼 수 없다. … 공법상 당사자소송에 대하여도 청구의 기초가 바뀌지 아니하는 한도 안에서 민사소송으로 소 변경이 가능하다고 해석하는 것이 타당하다(대판 2023.6.29. 2022두44262).

5 판결의 효력

1. 기속력

취소소송의 기속력은 당사자소송에 대해서도 준용되나(행소법 제44조 제1항, 제30조 제1항), 재처분의무와 간접강제규정은 준용되지 않는다. 당사자소송의 피고는 국가 또는 공공단체인데, 직접 행정권을 행사하는 것은 관계 행정청이므로 판결의 기속력을 이들에게도 미치게 하여 판결의 실효성을 확보하기 위함이다.

> **Winner's** 당사자소송 준용 여부 : 재처분의무 (×), 간접강제제도 (×)

2. 가집행선고

「행정소송법」은 "국가를 상대로 하는 당사자소송의 경우에는 가집행선고를 할 수 없다(행소법 제43조)"라고 규정하고 있다. 과거 구 「소송촉진 등에 관한 특례법」의 위헌판결을 계기로 하여 위헌여부가 논의되어 왔으며, 대법원 판례는 위헌으로 보는 입장으로 평가되었다. 현재는 헌법재판소가 평등원칙에 위반되는 것으로서 위헌으로 선고하였다.

> **1. 구 「소송촉진 등에 관한 특례법」상 국가를 상대로 한 가집행선고규정이 위헌인지 여부(긍정)**
> 소송촉진등에관한특례법 제6조 제1항 중 단서 부분은 재산권과 신속한 재판을 받을 권리의 보장에 있어서 합리적 이유 없이 소송당사자를 차별하여 국가를 우대하고 있는 것이므로 헌법 제11조 제1항에 위반된다(헌재 1989.1.25. 88헌가7).
>
> **2. 공법상 당사자소송에서 가집행선고를 할 수 있는지 여부(긍정)**
> 행정소송법 제8조 제2항에 의하면 행정소송에도 민사소송법의 규정이 일반적으로 준용되므로

법원으로서는 공법상 당사자소송에서 재산권의 청구를 인용하는 판결을 하는 경우 가집행선고를 할 수 있다(대판 2000.11.28. 99두3416). 〈17. 서울 7급〉

3. 행정소송법 가집행 선고규정의 위헌여부(위헌)

동일한 성격인 공법상 금전지급 청구소송임에도 피고가 누구인지에 따라 가집행선고를 할 수 있는지 여부가 달라진다면 상대방 소송 당사자인 원고로 하여금 불합리한 차별을 받도록 하는 결과가 된다. 재산권의 청구가 공법상 법률관계를 전제로 한다는 점만으로 국가를 상대로 하는 당사자소송에서 국가를 우대할 합리적인 이유가 있다고 할 수 없고, 집행가능성 여부에 있어서도 국가와 지방자치단체 등이 실질적인 차이가 있다고 보기 어렵다는 점에서, 심판대상조항은 국가가 당사자소송의 피고인 경우 가집행의 선고를 제한하여, 국가가 아닌 공공단체 그 밖의 권리주체가 피고인 경우에 비하여 합리적인 이유 없이 차별하고 있으므로 평등원칙에 반한다(헌재 2022.2.24. 2020헌가12).

제6절 | 객관적 소송

1 의의

개인의 권익보호와는 무관하게, 오로지 행정작용의 적법성을 보장하기 위한 소송을 말한다. 이는 당사자 사이의 구체적인 권리·의무에 관한 분쟁해결이 목적이 아니므로, 법률의 명시적 규정이 있는 때에만 제기할 수 있다.

2 종류

1. 민중소송

(1) 의의

민중소송이란 국가 또는 공공단체의 기관이 행정법규에 위반되는 행위를 한 때에 일반선거인·일반주민 등이 직접적인 자기의 법률상 이익과 무관하게 선거인 또는 주민의 지위에서 그 시정을 구하기 위하여 제기하는 소송을 말한다.

(2) 종류

① 선거무효소송

대통령·국회의원선거	대통령선거 및 국회의원선거에 있어서 선거의 효력에 관하여 이의가 있는 선거인·정당(후보자를 추천한 정당에 한한다) 또는 후보자는 선거일부터 30일 이내에 당해 선거구선거관리위원회 위원장을 피고로 하여 대법원에 소를 제기할 수 있다(「공직선거법」 제222조 제1항).
지방의회의원·지방자치단체장 선거	ⓐ 지방의회의원 및 지방자치단체의 장의 선거에 있어서 선거의 효력에 관한 소청결정에 불복이 있는 소청인(당선인을 포함한다)은 해당 소청에 대하여 기각 또는 각하결정이 있는 경우에는 해당 선거구선거관리위원회 위원장을 피고로 하여 그 결정서를 받은 날부터 10일 이내에, 비례대표 시·도의원선거 및 시·도지사선거에 있어서는 대법원, 지역구 시·도의원선거, 자치구·시·군의원선거 및 자치구·시·군의 장 선거에 있어서는 그 선거구를 관할하는 고등법원에 소를 제기할 수 있다(공선법 제222조 제2항). ⓑ 소청을 접수한 중앙선거관리위원회 또는 시·도선거관리위원회가 소청을 접수한 날부터 60일 이내에 그 소청에 대한 결정을 하지 아니한 때에는 그 기간이 종료된 날부터 10일 이내에 제기할 수 있다(공선법 제222조 제2항).

② 국민투표무효소송: 국민투표의 효력에 관하여 이의가 있는 투표인은 투표인 10만인 이상의 찬성을 얻어 중앙선거관리위원회위원장을 피고로 하여 투표일로부터 20일 이내에 대법원에 제소할 수 있다(「국민투표법」 제92조). 〈05. 선관위 9급〉

③ 주민소송: 주민소송이란 지방자치단체의 재무회계행위에 대하여 감사청구를 한 주민이 감사청구와 관련된 행위의 위법 등을 이유로 당해 지방자치단체의 장을 상대로 제기하는 소송을 말한다. 주민소송은 완화된 주민참여제도로서, 지방행정의 공정성과 투명성을 강화하는 기능을 가진다(「지방자치법」 제17조). 〈11. 국가 9급〉, 〈11. 지방 9급〉

2. 기관소송

(1) 의의

국가 또는 공공단체의 행정기관 상호 간의 권한행사에 관한 분쟁을 해결하는 소송을 말한다(예「지방자치법」상 조례안 또는 지방의회의결에 대하여 단체장이 제기하는 각종 소송).

> 〈행정소송법〉 제3조(행정소송의 종류) 행정소송은 다음의 네 가지로 구분한다.
>   4. 기관소송: 국가 또는 공공단체의 기관 상호 간에 있어서의 권한의 존부 또는 그 행사에 관한 다툼이 있을 때에 이에 대하여 제기하는 소송. 다만, 헌법재판소법 제2조의 규정에 의하여 헌법재판소의 관장 사항으로 되는 소송은 제외한다.
>
> 〈헌법재판소법〉 제2조(관장사항) 헌법재판소는 다음 각 호의 사항을 관장한다.
>   1. 법원의 제청(提請)에 의한 법률의 위헌(違憲) 여부 심판
>   2. 탄핵(彈劾)의 심판
>   3. 정당의 해산심판
>   4. 국가기관 상호간, 국가기관과 지방자치단체 간 및 지방자치단체 상호간의 권한쟁의(權限爭議)에 관한 심판
>   5. 헌법소원(憲法訴願)에 관한 심판

(2) 범위

① 동일한 법주체 내부에서의 기관 간의 소송이라는 견해(홍정선), ② 법인격을 달리하는 기관 간의 소송도 기관소송이라고 보는 견해가 대립한다. 전자의 견해가 우세하다. 다만, 헌법재판소의 권한쟁의심판 대상은 제외된다. 헌법재판소는 권한쟁의심판의 대상이 되는 국가기관을 헌법에 의하여 설치된 국가기관으로 한정하는 경향이다.

(3) 구체적 검토

현행법상 기관소송의 예로서는 「지방자치법」상 ① 지방의회 재의결 무효확인소송, ② 시정명령 불복을 이유로 한 취소·정지처분에 대하여 불복하는 소송, ③ 직무이행명령에 대하여 불복하는 소송이 있다. 기관소송을 인정하는 명문규정이 없는 경우에 불복할 필요성이 인정되는 경우에는 항고소송을 제기할 수 있다고 보는 판례가 등장하기도 한다.

> 국민권익위원회 조치요구 취소소송에서 소방청장의 원고적격이 인정되는지 여부(긍정)
> 1) 법령이 특정한 행정기관 등으로 하여금 다른 행정기관을 상대로 제재적 조치를 취할 수 있도록 하면서, 그에 따르지 않으면 그 행정기관에 대하여 과태료를 부과하거나 형사처벌을 할 수 있도록 정하는 경우가 있다. … 그런데도 그러한 제재적 조치를 기관소송이나 권한쟁의심판을 통하여 다툴 수 없다면, 제재적 조치는 그 성격상 단순히 행정기관 등 내부의 권한 행사에 머무는 것이 아니라 상대방에 대한 공권력 행사로서 항고소송을 통한 주관적 구제대상이 될 수 있다고 보아야 한다. 기관소송 법정주의를 취하면서 제한적으로만 이를 인정하고 있는 현행 법령의 체계에 비추어 보면, 이 경우 항고소송을 통한 구제의 길을 열어주는 것이 법치국가 원리에도 부합한다. 따라서 이러한 권리구제나 권리보호의 필요성이 인정된다면 예외적으로 그 제재적 조치의 상대방인 행정기관 등에게 항고소송 원고로서의 당사자능력과 원고적격을 인정할 수 있다.

2) 국민권익위원회가 소방청장에게 인사와 관련하여 부당한 지시를 한 사실이 인정된다며 이를 취소할 것을 요구하기로 의결하고 그 내용을 통지하자 소방청장이 국민권익위원회조치요구의 취소를 구하는 소송을 제기한 사안에서, … 법률에서 행정기관 사이의 기관소송을 허용하는 규정을 두고 있지 않으므로 이러한 조치요구를 이행할 의무를 부담하는 행정기관의 장으로서는 기관소송으로 조치요구를 다툴 수 없고, … 국민권익위원회는 헌법 제111조 제1항 제4호에서 정한 '헌법에 의하여 설치된 국가기관'이라고 할 수 없으므로 그에 관한 권한쟁의심판도 할 수 없고, … 소방청장으로서는 조치요구의 취소를 구하는 항고소송을 제기하는 것이 유효·적절한 수단으로 볼 수 있으므로 소방청장은 예외적으로 당사자능력과 원고적격을 가진다(대판 2018.8.1. 2014두35379). 〈19. 국회 8급〉, 〈21. 국가 9급〉

3 당사자적격

1. 원고적격

법률이 정한 자에 한하여 원고적격이 인정된다. 그러나 이는 주관적 소송이 아니므로 자기의 법률상 이익이 침해된 자에게만 인정되는 것은 아니고, 널리 선거인·투표인의 지위에서 인정된다.

> 〈행정소송법〉 제45조(소의 제기) 민중소송 및 기관소송은 법률이 정한 경우에 법률에 정한 자에 한하여 제기할 수 있다.

2. 피고적격

개별법에서 규정한 자를 상대로 한다. 예를 들면 대통령선거의 경우 중앙선거관리위원회위원장, 국회의원선거의 경우 관할 지역구선거관리위원회위원장, 지방의회의원선거의 경우 당해 선거구 선거관리위원회위원장이 피고가 되고(공선법 제222조), 「지방자치법」상 주민소송은 해당 지방자치단체의 장을 피고로 한다.

4 재판관할

1. 선거소송의 경우

개별법에서 정한다. 대통령, 국회의원, 시·도지사, 비례대표 시·도의원선거는 대법원에 관할권이 있고, 지역구 시·도의원선거, 자치구·시·군의원선거 및 자치구·시·군의 장 선거는 고등법원이 관할권을 가진다(공선법 제222조).

2. 기관소송의 경우

개별법에서 정한다. 「지방자치법」상 조례안재의결무효확인소송이나 직무이행명령 등은 대법원에서 관할한다.

제5장 | 행정심판

제1절 / 서설

1 행정심판의 개념

1. 의의

(1) 실질적 의미의 행정심판

행정상의 분쟁을 행정기관이 심리·판정하는 행정쟁송절차를 말한다. 이론적 관점에서 파악한 것으로서, 실정법상 이의신청·심사청구·심판청구 등 다양한 용어가 사용되고 있다.

(2) 형식적 의미의 행정심판

「행정심판법」에 의한 행정심판을 말한다. 「행정심판법」 제1조에서는 '위법 또는 부당한 처분 (處分)이나 부작위(不作爲)로 침해된 국민의 권리 또는 이익을 구제'를 도모하기 위한 것으로 규정되어 있다.

2. 법적 근거

(1) 헌법적 근거

행정심판은 헌법에 그 근거를 가지고 있으며, 그 절차는 사법(司法)절차를 준용하도록 규정되어 있다(헌법 제107조 제3항).

(2) 법률적 근거

「행정심판법」은 행정심판에 관한 일반법이므로 행정청의 처분 또는 부작위에 대하여는 다른 법률에 특별한 규정(예 「국세기본법」 제56조)이 있는 경우 외에는 이 법에 따라 행정심판을 청구할 수 있다(행심법 제3조 제1항).

(3) 특례규정

다른 법률에서 특별행정심판이나 이 법에 따른 행정심판절차에 대한 특례를 정한 경우에도 그 법률에서 규정하지 아니한 사항에 관하여는 이 법에서 정하는 바에 따른다(행심법 제4조 제2항).

> 〈국세기본법〉 제56조(다른 법률과의 관계) ① 제55조에 규정된 처분에 대해서는 「행정심판법」의 규정을 적용하지 아니한다. 다만, 심사청구 또는 심판청구에 관하여는 「행정심판법」 제15조, 제16조, 제20조부터 제22조까지, 제29조, 제36조 제1항, 제39조, 제40조, 제42조 및 제51조를 준용하며, 이 경우 '위원회'는 '국세심사위원회', '조세심판관회의' 또는 '조세심판관합동회의'로 본다.
> ② 제55조에 규정된 위법한 처분에 대한 행정소송은 「행정소송법」 제18조 제1항 본문, 제2항 및 제3항에도 불구하고 이 법에 따른 심사청구 또는 심판청구와 그에 대한 결정을 거치지 아니하면 제기할 수 없다.

3. 행정심판의 법적 성격

행정심판은 행정상 분쟁에 대한 심판작용이면서 동시에 그 자체 행정작용이라는 이중적 성격을 가진다. 전자를 강조하는 경우에는 사법(司法)절차가 광범위하게 준용되고, 후자를 강조하는 경우에는 약식절차가 지배된다.

2 구별 개념

1. 이의신청(異議申請)

(1) 의의

위법 또는 부당한 처분으로 권리가 침해된 자가 처분청에 대하여 그 시정을 요구하는 쟁송을 말한다. 광의의 행정심판에는 이의신청도 포함된다. 「행정기본법」은 이의신청과 이에 준하는 절차에 관한 일반법의 지위를 가진다. 다만 다음 중 어느 하나의 경우에는 적용되지 아니한다 (행정기본법 제36조).

> 1. 공무원 인사 관계 법령에 따른 징계 등 처분에 관한 사항
> 2. 「국가인권위원회법」 제30조에 따른 진정에 대한 국가인권위원회의 결정
> 3. 「노동위원회법」 제2조의2에 따라 노동위원회의 의결을 거쳐 행하는 사항
> 4. 형사, 행형 및 보안처분 관계 법령에 따라 행하는 사항
> 5. 외국인의 출입국·난민인정·귀화·국적회복에 관한 사항
> 6. 과태료 부과 및 징수에 관한 사항

(2) 절차(행정기본법 제36조)

신청	행정심판의 대상이 되는 행정청의 처분에 이의가 있는 당사자는 처분을 받은 날부터 30일 이내에 해당 행정청에 이의신청을 할 수 있다.
통지	행정청은 이의신청을 받은 날부터 14일 이내에 그 이의신청에 대한 결과를 신청인에게 통지하여야 한다. 다만, 부득이한 사유로 14일 이내에 통지할 수 없는 경우에는 그 기간을 만료일 다음 날부터 기산하여 10일의 범위에서 한 차례 연장할 수 있으며, 연장 사유를 신청인에게 통지하여야 한다.
다른 쟁송	① 이의신청을 한 경우에도 그 이의신청과 관계없이 「행정심판법」에 따른 행정심판 또는 「행정소송법」에 따른 행정소송을 제기할 수 있다. ② 이의신청에 대한 결과를 통지받은 후 행정심판 또는 행정소송을 제기하려는 자는 그 결과를 통지받은 날(통지기간 내에 결과를 통지받지 못한 경우에는 통지기간이 만료되는 날의 다음 날)부터 90일 이내에 처분(이의신청 결과 처분이 변경된 경우에는 변경된 처분으로 한다)에 대하여 행정심판 또는 행정소송을 제기할 수 있다. ③ 행정청은 이의신청에 대한 결과를 통지할 때에는 대통령령으로 정하는 바에 따라 행정심판 또는 행정소송을 제기할 수 있는 기간 등 행정심판 또는 행정소송의 제기에 관한 사항을 함께 안내하여야 한다. 다만, 이의신청에 대한 결과를 통지하기 전에 이미 신청인이 행정심판 또는 행정소송을 제기한 경우에는 안내하지 아니할 수 있다(25.9.19. 시행).

2. 청원(請願)

국민이 국가기관에 대하여 일정한 사항을 요구하는 것을 말한다. 헌법에서는 청원을 국민의 기본권의 하나로 규정하고 있으며, 국가의 심사의무를 명시하고 있다(헌법 제26조).「청원법」은 심사결과에 대한 통지의무까지 규정하고 있다.

Winner's 행정심판과 청원의 구별

구분	행정심판	청원
제기권자	법률상 이익이 침해된 자	모든 국민
제기기관	직근 상급행정청	모든 국가기관
제기기간	제한 있음	제한 없음
심사절차	제한 있음	제한 없음
판정형식	문서 형식	제한 없음
결정의 법적 기속력	기속력·불가쟁력·불가변력 등	아무런 효력 없음

3. 진정(陳情)

법정의 절차나 형식에 의하지 않고 행정청에 대하여 일정한 희망을 진술하는 행위를 말한다. 진정은 행정청에 대한 법적 구속력이 없으며, 진정에 대한 행정청의 답변도 아무런 법적인 구속력이 없는 것이 원칙이다. 다만 진정서의 내용이 행정심판을 청구하는 내용인 경우에는 심판청구로 볼 여지가 있다는 것이 판례이다.

> 보정이 가능한 진정서는 심판청구로 볼 수 있는지 여부(긍정)
>
> 비록 제목이 '진정서'로 되어 있고, 재결청의 표시, 심판청구의 취지 및 이유, 처분을 한 행정청의 고지의 유무 및 그 내용 등 행정심판법 제19조 제2항 소정의 사항들을 구분하여 기재하고 있지 아니하여 <u>행정심판청구서로서의 형식을 다 갖추고 있다고 볼 수는 없으나</u>, 피청구인인 처분청과 청구인의 이름과 주소가 기재되어 있고, 청구인의 기명이 되어 있으며, 문서의 기재 내용에 의하여 심판청구의 대상이 되는 행정처분의 내용과 심판청구의취지 및 이유, 처분이 있은 것을 안 날을 알 수 있는 경우, 위 문서에 기재되어 있지 않은 재결청, 처분을 한 행정청의 고지의 유무 등의 내용과 날인 등의 불비한 <u>점은 보정이 가능하므로, 위 문서를 행정처분에 대한 행정심판청구로 보는 것이 옳다</u> (대판 2000.6.9. 98두2621). 〈24. 소방〉

4. 직권재심사

행정청 스스로의 판단에 의하여 당해 행정작용의 위법 또는 부당성을 심사하는 절차를 말한다.

Winner's 행정심판과 직권재심사의 구별

구분	행정심판	직권재심사
개시	상대방의 신청 행정청	스스로의 판단
기간	제한 있음	제한 없음
불가변력이 발생한 경우	청구 가능	불가능

5. 국민고충처리

국무총리에 소속된 국민권익위원회가 국민의 고충민원을 해결하는 것을 말한다. 고충민원의 신청은 행정심판청구로 볼 수 없는 것이 원칙이나, 신청서가 처분청 등에 송부된 경우에는 국민고충처리위원회에 접수된 때 행정심판이 제기된 것으로 본다는 것이 판례이다(대판 1995.9.29. 95누5332).

6. 행정소송

행정법상 분쟁을 법원이 심리·판단하는 절차를 말한다.

3 행정심판의 존재이유

1. 자율적 통제기회의 부여

행정심판은 본래 사법권(司法權)으로부터 행정의 독립성을 확보하기 위하여 설치된 것이었으나, 행정권 스스로에 의한 심사라는 점에서 독립성과 중립성이 결여된 것이었다. 따라서 오늘날에는 독립성 보장이라는 의미보다는 행정권에 의하여 행정작용을 1차적으로 통제하는 것에 그 존재이유가 있다.

2. 사법(司法)기능의 보완

현대 행정은 양적·질적으로 확대되었으므로 일반법원에서는 고도의 전문·기술적 사항에 대한 분쟁을 해결하는 것이 쉽지 않은 경우가 많다. 따라서 행정심판은 행정청의 전문지식을 활용함으로써 사법기능을 보완한다는 점에서 그 존재이유가 있다.

3. 소송경제의 확보

사법(司法)절차는 당사자 및 법원에 대하여 막대한 노력과 비용을 부담시키고, 심리에도 장기간이 소요되는 경우가 많다. 행정심판은 사법절차에 비하여 노력·경비·시간을 절약할 수 있으므로 소송경제를 달성할 수 있다는 점에서 그 존재이유가 있다.

4 행정심판의 종류

1. 서설

행정심판도 행정쟁송의 일종이므로 항고쟁송, 당사자쟁송, 객관적 쟁송 등으로 분류할 수 있다. 다만, 「행정심판법」은 취소심판, 무효등확인심판, 의무이행심판의 항고쟁송의 유형에 대해서만 규정하고 있다.

2. 당사자심판

(1) 의의

공권력 행사를 전제로 하지 않고, 행정상 법률관계의 형성 또는 존부(存否)에 관하여 다툼이 있는 경우에 당사자의 신청에 의하여 권한 있는 행정기관이 이를 유권적(有權的)으로 판정하는 절차를 말한다. 당사자의 신청을 '재결신청'이라 하고, 그에 관한 판정을 '재결'이라고 한다. 다만, 실정법상으로는 재결·재정·결정·판정 등 다양한 용어가 사용되고 있다.

(2) 법적 근거

당사자심판에 관한 일반법은 없으므로 개별법에 규정이 있는 경우에 한하여 재결신청이 가능하다.

(3) 법적 성질

당사자심판은 행정청의 공권력 행사를 전제로 하여 이에 불복하는 것이 아니라, 쟁송절차에 의하여 법률관계의 형성 또는 존부에 관한 행정청의 판단을 구하는 것이므로 시심적(始審的) 쟁송에 해당한다.

(4) 재결(裁決)

① 의의: 당사자의 신청에 대하여 재결기관이 결정을 내리는 것을 말한다.

② 유형

확인적 재결	법률관계의 존부 확인에 관한 재결이다.
형성적 재결	법률관계의 형성에 관한 재결이다(예 공토법상 토지수용재결).

> 〈공익사업을 위한 토지 등의 취득 및 보상에 관한 법률〉 제28조(재결의 신청) ① 제26조에 따른 협의가 성립되지 아니하거나 협의를 할 수 없을 때(제26조 제2항 단서에 따른 협의 요구가 없을 때를 포함한다)에는 사업시행자는 사업인정고시가 된 날부터 1년 이내에 대통령령으로 정하는 바에 따라 관할 토지수용위원회에 재결을 신청할 수 있다.

③ 재결기관: 일반 행정청인 것이 보통이나, 재결의 공정성을 확보하기 위하여 특수한 행정위원회(예 토지수용위원회, 노동위원회 등)를 설치하거나 조정위원회의 자문을 거치는 경우도 있다.

④ 재결에 대한 불복: 재결은 일종의 분쟁해결작용이므로 불가변력이 발생한다. 그러나 상대방은 재결에 대하여 불복이 있으면, 관련 법률에 따라 1차적으로 이의신청을 하고, 2차적으로 행정소송을 제기하는 경우가 많다.

3. 「행정심판법」상 행정심판

> 〈행정심판법〉 제5조(행정심판의 종류) 행정심판의 종류는 다음 각 호와 같다. 〈20. 지방 9급〉
> 1. 취소심판: 행정청의 위법 또는 부당한 처분을 취소하거나 변경하는 행정심판
> 2. 무효등확인심판: 행정청의 처분의 효력 유무 또는 존재 여부를 확인하는 행정심판
> 3. 의무이행심판: 당사자의 신청에 대한 행정청의 위법 또는 부당한 거부처분이나 부작위에 대하여 일정한 처분을 하도록 하는 행정심판

(1) 취소심판

① 의의: 행정청의 위법 또는 부당한 처분을 취소하거나 변경하는 행정심판을 말한다. 「행정심판법」은 주로 취소심판을 중심으로 규정하고 있다. 취소심판은 일정한 기간 이내에 제기하여야 하는 제한이 있다.

② 재결

형성재결	위원회는 취소심판의 청구가 이유 있다고 인정하면 처분을 취소 또는 다른 처분으로 변경하는 재결이다.
이행재결	⊙ 처분을 다른 처분으로 변경할 것을 피청구인에게 명하는 재결이다. ⓒ 취소명령재결은 삭제되었다. 〈14. 지방 9급〉
사정재결	위원회는 심판청구가 이유가 있다고 인정하는 경우에도 이를 인용(認容)하는 것이 공공복리에 크게 위배된다고 인정하면 그 심판청구를 기각하는 재결이다.

Winner's 현행법상 취소심판 이행재결 : 취소명령재결 (×), 변경명령재결 (○)

(2) 무효등확인심판

① 의의: 행정청의 처분의 효력 유무 또는 존재 여부에 대한 확인을 구하는 심판을 말한다. 취소심판과 달리 청구기간의 제한이 없다.

② 재결: 위원회는 심판청구가 이유 있다고 인정하는 경우에는 처분의 효력 유무 또는 존재 여부를 확인한다. 따라서 ⊙ 처분무효확인재결, ⓒ 처분유효확인재결, ⓒ 처분존재확인재결, ⓔ 처분부존재확인재결이 가능하다. 실효확인재결의 가능성도 인정하는 것이 일반적이다.

(3) 의무이행심판

① 의의: 당사자의 신청에 대한 행정청의 위법 또는 부당한 거부처분이나 부작위에 대하여 일정한 처분을 하도록 하는 행정심판을 말한다. 이행쟁송의 성질을 가진다.

② 재결

형성재결 (처분재결)	위원회는 의무이행심판의 청구가 이유 있다고 인정할 때에는 지체 없이 신청에 따른 처분을 하는 재결이다.
이행재결 (처분명령재결)	⊙ 위원회는 의무이행심판의 청구가 이유 있다고 인정할 때에는 지체 없이 신청에 따른 처분을 할 것을 명하는 재결이다.

ⓒ 기속행위 또는 재량권이 0으로 수축된 경우에는 청구인의 신청대로 처분할 것을 명하고, 재량행위의 경우에는 신청대로의 처분을 하거나 다른 처분을 할 것을 명한다.

Winner's 현행법상 행정심판 인용재결 : 취소명령재결 (×), 처분명령재결 (○)

4. 특별행정심판

> 〈행정심판법〉 제4조(특별행정심판 등) ① 사안(事案)의 전문성과 특수성을 살리기 위하여 특히 필요한 경우 외에는 이 법에 따른 행정심판을 갈음하는 특별한 행정불복절차(이하 "특별행정심판"이라 한다)나 이 법에 따른 행정심판 절차에 대한 특례를 다른 법률로 정할 수 없다.
> ② 다른 법률에서 특별행정심판이나 이 법에 따른 행정심판 절차에 대한 특례를 정한 경우에도 그 법률에서 규정하지 아니한 사항에 관하여는 이 법에서 정하는 바에 따른다.
> ③ 관계 행정기관의 장이 특별행정심판 또는 이 법에 따른 행정심판 절차에 대한 특례를 신설하거나 변경하는 법령을 제정·개정할 때에는 미리 중앙행정심판위원회와 협의하여야 한다.

(1) 의의

「행정심판법」에 따른 행정심판을 갈음하는 특별한 행정불복절차로서, 사안(事案)의 전문성과 특수성을 살리기 위하여 특히 필요한 경우 외에는 다른 법률로 정할 수 없도록 규정하고 있다(행심법 제4조 제1항). 행정심판제도의 통일적 운영을 위한 것이다.

(2) 절차

특별행정심판의 남설(濫設)을 방지하기 위하여 관계 행정기관의 장이 개별법에 특별행정심판을 신설하거나 국민에게 불리한 내용으로 변경하고자 하는 경우에는 미리 중앙행정심판위원회와 협의하여야 한다(행심법 제4조 제3항).

제2절 행정심판기관

1 서설

1. 의의
행정심판청구를 수리하고 이를 심리·재결할 수 있는 권한을 가진 행정기관을 말한다.

2. 연혁
과거 재결의 공정성을 확보하기 위하여 재결기관인 재결청과 심리·의결기관인 행정심판위원회를 분리하였으나, 행정심판사건의 처리기간만 늘어나고, 신속한 권리구제라는 행정심판제도의 취지에 부합하지 못하는 문제가 있어서 「행정심판법」은 재결청의 개념을 없애고 행정심판위원회가 일괄적으로 처리하는 것으로 하였다.

2 행정심판위원회

1. 법적 지위
심판청구사건이 제기된 경우에만 심리하고, 행정심판위원회에 재결권이 있으므로 비상설의 합의제 행정청의 지위를 가진다. 다만, 심리의 실질화를 위해서 독립의 상설기관으로 하는 것이 바람직하다는 견해(홍정선)가 있다.

> **Winner's** 행정심판위원회의 법적 지위 : 합의제 의결기관 (×), 합의제 행정청 (○)

2. 설치
행정심판위원회는 입법부, 행정부, 사법부, 중앙선거관리위원회, 헌법재판소 등에 설치한다. 행정부에는 국무총리에 소속되어 있는 중앙행정심판위원회와 시·도지사에 소속되어 있는 행정심판위원회 등이 있다. 행정 각부에 속한 행정심판위원회는 폐지되었다.

3. 종류

(1) 일반 행정심판위원회

① 관할

처분 행정청에 속하는 행정심판위원회	다음 기관이 행하는 처분 또는 부작위에 대한 심판청구는 그 행정청에 속하는 행정심판위원회가 심리·재결한다(행심법 제6조 제1항). ㉠ 감사원, 국가정보원장 그 밖에 대통령령으로 정하는 대통령 소속기관의 장 〈14. 국가 9급〉 ㉡ 국회사무총장, 법원행정처장, 헌법재판소사무처장, 중앙선거관리위원회사무총장 ㉢ 국가인권위원회 그 밖에 지위·성격의 독립성과 특수성 등이 인정되어 대통령령으로 정하는 행정청(또는 그 소속 행정청)

시·도지사 소속의 행정심판위원회	다음 기관의 처분 또는 부작위에 대한 심판청구에 대해서는 시·도지사 소속으로 두는 행정심판위원회에서 심리·재결한다(행심법 제6조 제3항). ㉠ 시·도 소속 행정청 〈24. 소방〉 ㉡ 시·도의 관할구역에 있는 시·군·자치구의 장, 소속 행정청 또는 시·군·자치구의 의회(의장, 위원회의 위원장, 사무국장, 사무과장 등 의회소속 모든 행정청을 포함한다) ㉢ 시·도의 관할구역에 있는 둘 이상의 지방자치단체(시·군·자치구를 말한다)·공공법인 등이 공동으로 설립한 행정청
직근 상급행정청에 속하는 행정심판위원회	대통령령으로 정하는 국가행정기관 소속 특별지방행정기관의 장의 처분 또는 부작위에 대한 심판청구에 대하여는 해당 행정청의 직근 상급행정기관에 두는 행정심판위원회에서 심리·재결한다(행심법 제6조 제4항). (단, 국가의 특별지방행정기관의 장의 처분 또는 부작위는 중앙행정심판위원회가 심리·재결한다.)

〈행정심판법〉 제6조(행정심판위원회의 설치) ① 다음 각 호의 행정청 또는 그 소속 행정청(행정기관의 계층구조와 관계없이 그 감독을 받거나 위탁을 받은 모든 행정청을 말하되, 위탁을 받은 행정청은 그 위탁받은 사무에 관하여는 위탁한 행정청의 소속 행정청으로 본다. 이하 같다)의 처분 또는 부작위에 대한 행정심판의 청구(이하 "심판청구"라 한다)에 대하여는 다음 각 호의 행정청에 두는 행정심판위원회에서 심리·재결한다.
1. 감사원, 국가정보원장, 그 밖에 대통령령으로 정하는 대통령 소속기관의 장
2. 국회사무총장·법원행정처장·헌법재판소사무처장 및 중앙선거관리위원회사무총장
3. 국가인권위원회, 그 밖에 지위·성격의 독립성과 특수성 등이 인정되어 대통령령으로 정하는 행정청
② 다음 각 호의 행정청의 처분 또는 부작위에 대한 심판청구에 대하여는 「부패방지 및 국민권익위원회의 설치와 운영에 관한 법률」에 따른 국민권익위원회(이하 "국민권익위원회"라 한다)에 두는 중앙행정심판위원회에서 심리·재결한다.
1. 제1항에 따른 행정청 외의 국가행정기관의 장 또는 그 소속 행정청
2. 특별시장·광역시장·특별자치시장·도지사·특별자치도지사(특별시·광역시·특별자치시·도 또는 특별자치도의 교육감을 포함한다. 이하 "시·도지사"라 한다) 또는 특별시·광역시·특별자치시·도·특별자치도(이하 "시·도"라 한다)의 의회(의장, 위원회의 위원장, 사무처장 등 의회 소속 모든 행정청을 포함한다)
3. 「지방자치법」에 따른 지방자치단체조합 등 관계 법률에 따라 국가·지방자치단체·공공법인 등이 공동으로 설립한 행정청. 다만, 제3항제3호에 해당하는 행정청은 제외한다.
③ 다음 각 호의 행정청의 처분 또는 부작위에 대한 심판청구에 대하여는 시·도지사 소속으로 두는 행정심판위원회에서 심리·재결한다.
1. 시·도 소속 행정청
2. 시·도의 관할구역에 있는 시·군·자치구의 장, 소속 행정청 또는 시·군·자치구의 의회(의장, 위원회의 위원장, 사무국장, 사무과장 등 의회 소속 모든 행정청을 포함한다)
3. 시·도의 관할구역에 있는 둘 이상의 지방자치단체(시·군·자치구를 말한다)·공공법인 등이 공동으로 설립한 행정청
④ 제2항제1호에도 불구하고 대통령령으로 정하는 국가행정기관 소속 특별지방행정기관의 장의 처분 또는 부작위에 대한 심판청구에 대하여는 해당 행정청의 직근 상급행정기관에 두는 행정심판위원회에서 심리·재결한다.

> 〈행정심판법 시행령〉 제3조(중앙행정심판위원회에서 심리하지 아니하는 특별지방행정기관의 처분 등) 법 제6조제4항에서 "대통령령으로 정하는 국가행정기관 소속 특별지방행정기관"이란 법무부 및 대검찰청 소속 특별지방행정기관(직근 상급행정기관이나 소관 감독행정기관이 중앙행정기관인 경우는 제외한다)을 말한다.

Winner's 국가의 특별지방행정기관의 처분심판 : 중앙 행심위 (○), 직근상급 행심위 (×)

② 구성: 위원장 1명을 포함하여 50명 이내의 위원으로 구성한다(행심법 제7조 제1항).

③ 위원장: 그 행정심판위원회가 소속된 행정청이 된다.

④ 위원의 자격: 해당 행정심판위원회가 소속된 행정청 소속 공무원 중에서 지명하거나, 공무원이 아닌 경우에는 일정한 자격을 가진 사람 중에서 성별을 고려하여 위촉한다.

⑤ 위원장의 직무대행(행심법 제7조 제2항)

원칙	위원장이 없거나 부득이한 사유로 직무를 수행할 수 없거나 위원장이 필요하다고 인정하는 경우에는 먼저 위원장이 사전에 지명한 위원이 직무를 대행한다.
예외	사전에 지명한 위원이 없으면 지명된 공무원인 위원이 직무를 대행한다. 지명된 공무원이 2명 이상인 경우에는 직급 또는 고위공무원단에 속하는 공무원의 직무등급이 높은 위원 순서로, 직급 또는 직무등급도 같은 경우에는 위원 재직기간이 긴 위원 순서로, 재직기간도 같은 경우에는 연장자순서로 한다.

> 〈행정심판법〉 제7조(행정심판위원회의 구성) ④ 행정심판위원회의 위원은 해당 행정심판위원회가 소속된 행정청이 다음 각 호의 어느 하나에 해당하는 사람 중에서 성별을 고려하여 위촉하거나 그 소속 공무원 중에서 지명한다.
> 1. 변호사 자격을 취득한 후 5년 이상의 실무 경험이 있는 사람
> 2. 「고등교육법」 제2조 제1호부터 제6호까지의 규정에 따른 학교에서 조교수 이상으로 재직하거나 재직하였던 사람
> 3. 행정기관의 4급 이상 공무원이었거나 고위 공무원단에 속하는 공무원이었던 사람
> 4. 박사학위를 취득한 후 해당 분야에서 5년 이상 근무한 경험이 있는 사람
> 5. 그 밖에 행정심판과 관련된 분야의 지식과 경험이 풍부한 사람

Winner's 행정심판위원회 위원의 자격 : 지명위원 (공무원), 위촉위원 (민간인)

⑥ 임기

위촉된 위원의 임기	2년으로 하되, 2차에 한하여 연임할 수 있다.
지명된 공무원인 위원	그 재직기간으로 한다.

⑦ 결격사유: 행정심판의 공정성과 독립성을 담보하기 위하여 ⊙ 대한민국 국민이 아닌 사람, ⓒ 「국가공무원법」상 공무원 임용결격사유에 해당하는 사람은 행정심판위원회의 위원이 될 수 없으며, 위원이 이에 해당하게 된 때에는 당연히 퇴직한다(행심법 제9조 제4항).

⑧ 회의

원칙	위원장과 위원장이 회의마다 지정하는 8명의 위원으로 구성한다. 위촉위원은 6명 이상으로 하되, 위원장이 공무원이 아닌 경우에는 5명 이상으로 한다.
예외	국회규칙, 대법원규칙, 헌법재판소규칙, 중앙선거관리위원회규칙 또는 대통령령(시·도지사 소속으로 두는 행정심판위원회의 경우에는 해당 지방자치단체의 조례)으로 정하는 바에 따라 위원장과 위원장이 회의마다 지정하는 6명의 위원(위촉위원은 5명 이상으로 하되, 위원장이 공무원이 아닌 경우에는 4명 이상으로 한다)으로 구성할 수 있다(행심법 제7조 제5항).

⑨ 의결: 구성원 과반수의 출석과 출석위원 과반수의 찬성으로 의결한다(행심법 제7조 제6항).

(2) 중앙행정심판위원회

① 설치: 「부패방지 및 국민권익위원회의 설치와 운영에 관한 법률」에 따라 국무총리 소속 하에 국민권익위원회를 두고, 그 소속 하에 행정심판 관련사무를 수행하는 중앙행정심판위원회를 둔다.

② 구성: 「행정심판법」에 따라, 위원장 1명을 포함하여 70명 이내의 위원으로 구성하되, 위원 중 상임위원은 4명 이내로 한다(제8조 제1항).

Winner's 중앙행정심판위원회와 행정심판법의 관계 : 설치 (×), 구성 (○)

③ 위원장: 위원장은 국민권익위원회의 부위원장 중 1명이 된다.

④ 직무대행

대행자	위원장이 없거나 부득이한 사유로 직무를 수행할 수 없거나 위원장이 필요하다고 인정하는 경우에는 상임위원이 위원장의 직무를 대행한다(행심법 제8조 제2항). 〈11. 지방 9급〉
대행 순서	상임위원이 여러 명인 경우에는 상임으로 재직한 기간이 긴 위원순서로, 재직기간이 같은 경우에는 연장자 순서로 한다.

⑤ 위원의 자격

상임위원	일반직 공무원으로서 「국가공무원법」에 따른 임기제 공무원으로 임명하되, 3급 이상 공무원 또는 고위공무원단에 속하는 일반직공무원으로 3년 이상 근무한 사람이나 그 밖에 행정심판에 관한 지식과 경험이 풍부한 사람 중에서 중앙행정심판위원회위원장의 제청으로 국무총리를 거쳐 대통령이 임명한다(행심법 제8조 제3항).
비상임위원	「행정심판법」 제7조 제4항의 어느 하나에 해당하는 사람 중에서 중앙행정심판위원회 위원장의 제청으로 국무총리가 성별을 고려하여 위촉한다(행심법 제8조 제4항).

⑥ 임기

상임위원	임기는 3년으로 하며, 1차에 한하여 연임할 수 있다(행심법 제9조 제2항).
비상임위원으로 위촉된 위원	임기는 2년으로 하며, 2차에 한하여 연임할 수 있다(행심법 제9조 제3항).

Winner's 임기 : 상임위원 (3년, 1차 연임), 비상임위원 (2년, 2차 연임)

⑦ 회의의 구성: 중앙행정심판위원회의 회의는 위원장, 상임위원 및 위원장이 회의마다 지정하는 비상임위원을 포함하여 총 9명으로 구성한다(행심법 제8조 제5항). 단, 소위원회 회의는 제외한다.

⑧ 의결: 구성원 과반수의 출석과 출석위원 과반수의 찬성으로 의결한다(행심법 제8조 제7항).

⑨ 관할: 중앙행정심판위원회는 다음 기관의 처분 또는 부작위에 대한 심판청구를 심리·재결한다(행심법 제6조 제2항).

- ㉠ 처분 행정청에 속한 행정심판위원회가 재결하는 행정청 외의 국가행정기관의 장 또는 그 소속 행정청
- ㉡ 특별시장·광역시장·특별자치시장·도지사·특별자치도지사(특별시·광역시·특별자치시·도 또는 특별자치도의 교육감을 포함한다. 이하 '시·도지사'라 한다) 또는 특별시·광역시·특별자치시·도·특별자치도의 의회(의장, 위원회의 위원장, 사무처장 등 의회 소속 모든 행정청을 포함한다)
- ㉢ 「지방자치법」에 따른 지방자치단체조합 등 관계 법률에 따라 국가·지방자치단체·공공법인 등이 공동으로 설립한 행정청(단, 시·도지사 소속 행정심판위원회의 관할인 경우는 제외한다)

⑩ 소위원회: 중앙행정심판위원회는 심판청구사건 중 「도로교통법」에 따른 자동차운전면허 행정처분에 관한 사건을 심리·의결하게 하기 위하여 4명의 위원으로 구성하는 소위원회를 둘 수 있다(행심법 제8조 제6항). 소위원회가 중앙행정심판위원회에서 심리·의결하도록 결정한 사건은 제외한다. 소위원회는 구성원 과반수의 출석과 출석위원 과반수의 찬성으로 의결한다(행심법 제8조 제7항).

⑪ 전문위원회: 중앙행정심판위원회는 위원장이 지정하는 사건을 미리 검토하도록 필요한 경우에는 전문위원회를 둘 수 있다(행심법 제8조 제8항).

⑫ 불합리한 법령 등의 개선

요청	중앙행정심판위원회는 심판청구를 심리·재결할 때에 처분 또는 부작위의 근거가 되는 명령 등(대통령령·총리령·부령·훈령·예규·고시·조례·규칙 등을 말한다)이 법령에 근거가 없거나 상위법령에 위배되거나 국민에게 과도한 부담을 주는 등 크게 불합리하면 관계 행정기관에 그 명령 등의 개정·폐지 등 적절한 시정조치를 요청할 수 있다(행심법 제59조 제1항).
통보	시정조치를 요청한 경우, 중앙행정심판위원회는 시정조치를 요청한 사실을 법제처장에게 통보하여야 한다.
조치	요청을 받은 관계 행정기관은 정당한 사유가 없으면 이에 따라야 한다(동법 제59조 제2항).

⑬ 조사·지도: 중앙행정심판위원회는 행정청에 대하여 ㉠ 위원회 운영 실태, ㉡ 재결 이행 상황, ㉢ 행정심판의 운영 현황 등을 조사하고, 필요한 지도를 할 수 있다(행심법 제60조 제1항).

Winner's 행정심판위원회

〈구분〉	중앙행정심판위원회	일반행정심판위원회
위원의 수	70명 이내	50명 이내
상임위원	4명 이내	×
소위원회, 전문위원회	둘 수 있음	×
근거법령 시정요구	○	×

4. 신분보장

위촉된 위원은 금고(禁錮) 이상의 형을 선고받거나 부득이한 사유로 장기간 직무를 수행할 수 없게 되는 경우 외에는 임기 중 그의 의사와 다르게 해촉(解囑)되지 아니한다(행심법 제9조 제5항).

5. 위원의 제척(除斥)·기피(忌避)·회피(回避)

(1) 서설

「행정심판법」은 재결의 공정성과 국민의 신뢰를 확보하기 위하여 행정심판위원 회위원에 대하여 제척·기피·회피제도를 규정하고 있으며, 위원회의 심리·재결에 관여하는 위원 아닌 직원에 대해서 이를 준용하고 있다(행심법 제10조 제7항).

(2) 제척

① 의의: 행정심판위원회 위원 등이 법정사유에 해당하는 경우에 그 사건에 관한 심리·재결에서 당연히 배제되는 것을 말한다. 제척사유는 구체적으로 명시되어 있다.

> 〈행정심판법〉 제10조(위원의 제척·기피·회피) ① 위원회의 위원은 다음 각 호의 어느 하나에 해당하는 경우에는 그 사건의 심리·의결에서 제척(除斥)된다. 이 경우 제척결정은 위원회의 위원장(이하 "위원장"이라 한다)이 직권으로 또는 당사자의 신청에 의하여 한다.
> 1. 위원 또는 그 배우자나 배우자이었던 사람이 사건의 당사자이거나 사건에 관하여 공동 권리자 또는 의무자인 경우
> 2. 위원이 사건의 당사자와 친족이거나 친족이었던 경우
> 3. 위원이 사건에 관하여 증언이나 감정(鑑定)을 한 경우
> 4. 위원이 당사자의 대리인으로서 사건에 관여하거나 관여하였던 경우
> 5. 위원이 사건의 대상이 된 처분 또는 부작위에 관여한 경우

② 절차: 제척결정은 위원회의 위원장이 직권으로 또는 당사자의 신청에 의한다(행심법 제10조 제1항).

③ 효과: 제척은 법정사유가 있으면 당연히 직무집행에서 배제되는 것이므로 제척결정은 확인적 성질에 불과하다. 만일 제척사유 있는 위원이 관여한 심리·재결은 절차상 하자로서 무효에 해당한다.

Winner's 제척결정의 성질 : 확인적 성질 (○), 형성적 성질 (×)

(3) 기피

① 의의: 위원에게 공정한 심리·의결을 기대하기 어려운 사정이 있으면 당사자가 위원장에게 기피신청을 할 수 있다(행심법 제10조 제2항).

② 기피결정의 성질: 기피는 당사자의 신청에 대하여 위원장이 기피결정을 함으로써 비로소 직무집행에서 배제되는 것이므로 형성적 성질을 가진다.

(4) 회피

제척 또는 기피사유에 해당하는 사유가 있을 때 위원 스스로 그 사건의 심리·재결에서 탈퇴하는 것을 말한다. 이 경우 회피하고자 하는 위원은 위원장에게 그 사유를 소명하여야 한다.

(5) 절차

① 신청(행심법 제10조 제3항)

원칙	위원에 대한 제척신청이나 기피신청은 그 사유를 소명(疏明)한 문서로 하여야 한다.
예외	불가피한 경우에는 신청한 날부터 3일 이내에 신청사유를 소명할 수 있는 자료를 제출하여야 한다.

② 위반의 효과: 제척신청이나 기피신청이 절차를 위반하였을 때에는 위원장은 결정으로 이를 각하한다(행심법 제10조 제4항).

③ 의견청취: 위원장은 제척신청이나 기피신청의 대상이 된 위원에게서 그에 대한 의견을 받을 수 있다(행심법 제10조 제5항).

④ 송달: 위원장은 제척신청이나 기피신청을 받으면 제척 또는 기피 여부에 대한 결정을 하고, 지체 없이 신청인에게 결정서 정본(正本)을 송달하여야 한다(행심법 제10조 제6항).

제3절 당사자와 관계인

1 서설

행정심판은 사법(司法)절차를 준용하므로(헌법 제107조 제3항) 대심(對審)구조를 이루고 있다. 대심구조라 함은 당사자 쌍방에게 공격·방어방법을 제출할 수 있는 기회를 대등하게 보장하는 심리절차를 말한다. 따라서 행정심판의 당사자에는 청구인과 피청구인이 있고, 관계인에는 참가인 또는 대리인이 있다.

2 당사자

1. 청구인

(1) 의의

행정청의 처분 또는 부작위에 불복하여 그 취소·변경 등을 구하기 위해 행정심판을 제기하는 자를 말한다.

(2) 범위

행정심판을 청구할 수 있는 자는 처분의 상대방 또는 제3자를 불문하고, 자연인 또는 법인을 불문한다. 또한 법인이 아닌 사단 또는 재단으로서 대표자나 관리인이 정하여져 있는 경우에는 그 사단이나 재단의 이름으로 심판청구를 할 수 있다(행심법 제14조). 〈18. 국가 9급〉

(3) 선정대표자

① 선정 등

선정	여러 명의 청구인이 공동으로 심판청구를 할 때에는 청구인들 중에서 3명 이하의 선정대표자를 선정할 수 있다(행심법 제15조 제1항).
선정 권고	청구인들이 선정대표자를 선정하지 아니한 경우에 위원회는 필요하다고 인정하면 청구인들에게 선정대표자를 선정할 것을 권고할 수 있다(행심법 제15조 제2항).

Winner's 선정대표자 : 선정 (청구인), 선정권고 (행정청)

당사자 아닌 자를 선정한 행위의 효력(무효)

행정심판절차에서 청구인들이 <u>당사자가 아닌 자를 선정대표자로 선정하였더라도</u> 「행정심판법」 제11조에 위반되어 그 선정행위는 <u>그 효력이 없다</u>(대판 1991.1.25. 90누7791).

② 효과: 선정대표자는 다른 청구인들을 위하여 그 사건에 관한 모든 행위를 할 수 있다. 다만, 청구의 취하는 다른 청구인들의 동의가 필요하다(행심법 제15조 제3항). 다른 청구인들은 선정대표자를 통해서만 행위할 수 있다(동법 제15조 제4항).

③ 해임: 선정대표자를 선정한 청구인들은 필요하다고 인정하면 선정대표자를 해임하거나 변경할 수 있다. 이 경우 청구인들은 그 사실을 지체 없이 위원회에 서면으로 알려야 한다(행심법 제15조 제5항).

(4) 청구인의 지위승계

① 당연승계: 청구인이 사망한 경우에는 상속인이나 그 밖의 법령에 따라 심판청구의 대상에 관계되는 권리나 이익을 승계한 자가 청구인의 지위를 승계한다(행심법 제16조 제1항). 법인인 청구인이 합병(合併)에 따라 소멸하였을 때에는 합병 후 존속하는 법인이나 합병에 따라 설립된 법인이 청구인의 지위를 승계한다(행심법 제16조 제2항). 청구인의 지위를 승계한 자는 위원회에 서면으로 그 사유를 신고하여야 한다(행심법 제16조 제3항).

② 임의승계

의의	심판청구의 대상과 관계되는 권리나 이익을 양수한 자는 위원회의 허가를 받아 청구인의 지위를 승계할 수 있다(행심법 제16조 제5항). 이는 실질적인 이해관계자와 청구인이 일치되게 하기 위한 것이다. 〈18. 국가 9급〉
절차	위원회는 지위승계신청을 받으면 기간을 정하여 당사자와 참가인에게 의견을 제출하도록 할 수 있으며, 당사자와 참가인이 그 기간에 의견을 제출하지 아니하면 의견이 없는 것으로 본다(행심법 제16조 제6항). 위원회는 지위승계신청에 대하여 허가 여부를 결정하고, 지체 없이 신청인에게는 결정서 정본을, 당사자와 참가인에게는 결정서 등본을 송달하여야 한다(행심법 제16조 제7항).
이의신청	신청인은 위원회가 지위승계를 허가하지 아니하면 결정서 정본을 받은 날부터 7일 이내에 위원회에 이의신청을 할 수 있다(행심법 제16조 제8항).

Winner's 임의승계의 요건: 행정심판법 (위원회 허가), 행정절차법 (행정청 승인)

2. 피청구인

(1) 의의

심판청구를 제기받은 당사자를 말한다.

(2) 피청구인의 경정

① 의의: 피청구인이 잘못 지정되거나 행정청의 권한이 승계된 경우에 정당한 피청구인으로 변경하는 것을 말한다.

② 경정사유

청구인이 피청구인을 잘못 지정한 경우	위원회는 직권으로 또는 당사자의 신청에 의하여 결정으로써 피청구인을 경정(更正)할 수 있다(행심법 제17조 제2항).
행정심판이 청구된 후에 행정청의 권한이 승계된 경우	위원회는 직권으로 또는 당사자의 신청에 의하여 결정으로써 피청구인을 경정한다(행심법 제17조 제5항).

③ 효과: 위원회는 피청구인을 경정하는 결정을 하면 결정서 정본을 당사자(종전의 피청구인과 새로운 피청구인을 포함한다)에게 송달하여야 한다(행심법 제17조 제3항). 경정결정이 있으면 종전의 피청구인에 대한 심판청구는 취하되고 종전의 피청구인에 대한 행정심판이 청구된 때에 새로운 피청구인에 대한 행정심판이 청구된 것으로 본다(행심법 제17조 제4항).

④ 이의신청: 당사자는 위원회의 경정결정에 대하여 결정서 정본을 받은 날부터 7일 이내에 위원회에 이의신청을 할 수 있다(행심법 제17조 제6항).

3 참가인

1. 의의

행정심판 계속 중에 행정심판의 결과에 대하여 이해관계가 있는 제3자 또는 행정청으로서 행정심판절차에 참가한 자를 말한다. 참가인은 행정심판절차에서 당사자가 할 수 있는 심판절차상의 행위를 할 수 있다(행심법 제22조 제1항).

2. 범위

(1) 제3자

그 처분 자체에 의하여 이해관계가 있는 자(⑩ 공매처분의 목적물인 재산의 소유자), 재결의 내용에 따라 불이익을 받게 될 자(⑩ 공매처분에 대하여 취소심판이 제기된 경우 공매처분의 대상인 재산의 매수인)를 포함한다. 제3자의 참가는 참가인의 권리와 이익을 보호하기 위한 것이다.

(2) 행정청

그 처분 또는 부작위에 관계된 행정청을 말한다. 행정청의 참가는 행정심판의 공정과 심리경세를 위한 것이다.

3. 참가절차

(1) 심판참가

① 의의: 행정심판의 결과에 이해관계가 있는 제3자나 행정청은 해당 심판청구에 대한 위원회나 소위원회의 의결이 있기 전까지 그 사건에 대하여 심판참가를 할 수 있다(행심법 제20조 제1항).

② 절차: 심판참가를 하려는 자는 참가의 취지와 이유를 적은 참가신청서를 위원회에 제출하여야 한다(행심법 제20조 제2항). 위원회는 기간을 정하여 당사자와 다른 참가인에게 제3자의 참가신청에 대한 의견을 제출하도록 할 수 있으며, 당사자와 다른 참가인이 그 기간에 의견을 제출하지 아니하면 의견이 없는 것으로 본다(행심법 제20조 제4항).

③ 결정: 위원회는 참가신청을 받으면 허가 여부를 결정하고, 지체 없이 신청인에게는 결정서 정본을, 당사자와 다른 참가인에게는 결정서 등본을 송달하여야 한다(행심법 제20조 제5항).

④ 이의신청: 신청인은 결정서 정본을 송달받은 날부터 7일 이내에 위원회에 이의신청을 할 수 있다(행심법 제20조 제6항).

(2) 참가요구

위원회는 필요하다고 인정하면 그 행정심판의 결과에 이해관계가 있는 제3자나 행정청에 그 사건 심판에 참가할 것을 요구할 수 있다(행심법 제21조 제1항). 참가요구를 받은 제3자나 행정청은 지체 없이 그 사건 심판에 참가할 것인지 여부를 위원회에 통지하여야 한다(행심법 제21조 제2항).

4 대리인

1. 의의

청구인 또는 피청구인을 위하여 대리권의 범위 안에서 자기의 의사결정과 명의로 심판청구에 관한 행위를 하는 자를 말한다.

2. 선임

청구인	법정대리인 외에 다음의 자를 대리인으로 선임할 수 있다(행심법 제18조 제1항). ① 청구인의 배우자, 청구인 또는 배우자의 사촌 이내의 혈족 ② 청구인이 법인이거나 청구인 능력이 있는 법인이 아닌 사단 또는 재단인 경우 그 소속 임직원 ③ 변호사 ④ 다른 법률에 따라 심판청구를 대리할 수 있는 자 ⑤ 그 밖에 위원회의 허가를 받은 자
피청구인	그 소속직원 또는 위 ③~⑤ 중 어느 하나에 해당하는 자를 대리인으로 선임할 수 있다(행심법 제18조 제2항).

3. 효과

대리행위의 효과는 직접 청구인 또는 피청구인에게 귀속된다. 대리인은 심판청구의 취하를 제외하고, 그 사건에 관한 모든 행위를 할 수 있다(행심법 제18조 제3항, 제15조 제3항).

5 국선대리인 제도(2018년 11월 1일 시행)

1. 신청

청구인이 경제적 능력으로 인해 대리인을 선임할 수 없는 경우에는 위원회에 국선대리인을 선임하여 줄 것을 신청할 수 있다(행심법 제18조의2 제1항).

2. 결정

위원회는 청구인의 신청에 따른 국선대리인 선정 여부에 대한 결정을 하고, 지체 없이 청구인에게 그 결과를 통지하여야 한다. 이 경우 위원회는 심판청구가 명백히 부적법하거나 이유 없는 경우 또는 권리의 남용이라고 인정되는 경우에는 국선대리인을 선정하지 아니할 수 있다(행심법 제18조의2 제2항).

제4절 행정심판의 청구

1 서설

행정심판은 심판청구의 제기요건을 갖추어 권한이 있는 행정청에 청구하는 것이다. 일정한 경우에는 심판청구를 변경하거나 심판청구를 취하하는 경우도 있다.

2 심판청구의 요건

1. 청구인적격

> 〈행정심판법〉 제13조(청구인 적격) ① 취소심판은 처분의 취소 또는 변경을 구할 법률상 이익이 있는 자가 청구할 수 있다. 처분의 효과가 기간의 경과, 처분의 집행, 그 밖의 사유로 소멸된 뒤에도 그 처분의 취소로 회복되는 법률상 이익이 있는 자의 경우에도 또한 같다.
> ② 무효등확인심판은 처분의 효력 유무 또는 존재 여부의 확인을 구할 법률상 이익이 있는 자가 청구할 수 있다.
> ③ 의무이행심판은 처분을 신청한 자로서 행정청의 거부처분 또는 부작위에 대하여 일정한 처분을 구할 법률상 이익이 있는 자가 청구할 수 있다.
>
> 제14조(법인이 아닌 사단 또는 재단의 청구인 능력) 법인이 아닌 사단 또는 재단으로서 대표자나 관리인이 정하여져 있는 경우에는 그 사단이나 재단의 이름으로 심판청구를 할 수 있다.

(1) 의의

행정심판을 청구할 수 있는 자격을 가진 자를 말한다. 「행정심판법」상 청구인 적격은 '법률상 이익이 있는 자'라고 규정되어 있다(행심법 제13조).

(2) 법률상 이익의 의미

법률상 이익의 의미에 대해서는 행정소송과 마찬가지로 ① 권리회복설, ② 법적 보호가치이익설(통설·판례), ③ 보호가치이익구제설, ④ 적법성보장설이 대립한다. 법적 보호가치이익설이 타당하다.

(3) 입법상 과오 여부

① 문제점: 「행정심판법」상 청구인 적격은 「행정소송법」상 원고적격과 마찬가지로 '법률상 이익이 있는 자'로 규정되어 있다(행심법 제13조). 행정소송은 위법한 행위만 대상이 되므로 문제가 없으나, 행정심판은 위법 또는 부당한 행위도 대상이 된다는 점에서 청구인적격을 법률상 이익으로 한정한 것은 문제가 있다는 비판이 제기된다.

② 학설

입법과오설	부당한 행위에 의해서는 법률상 이익이 침해될 수 없음을 전제로 하여, '법률상 이익이 침해된 자 또는 반사적 이익이 침해된 자'로 규정되어야 한다는 견해(김남진, 류지태)이다. 다만, 입법과오는 아니고, 단지 입법이 미흡하다는 견해(홍정선)도 있다.

입법 비과오설	㉠ 위법과 부당은 본안의 문제이고, 청구인적격은 본안 전 문제이므로 서로 구별된다는 점, ㉡ 공무원에 대한 감봉처분이 부당한 경우에도 침해의 대상은 공무원법상의 봉급청구권이므로 부당한 행위에 의해서도 권리침해가 가능하다는 점 등을 이유로 현행법의 태도에는 문제가 없다는 견해(김동희, 장태주)이다.

③ 검토: 양 학설은 모두 경청할 만한 것이나, 침해의 형태로서의 위법과 부당, 침해의 대상으로서의 법률상 이익과 반사적 이익을 구별하는 입법비과오설이 타당하다고 본다.

2. 피청구인적격

> 〈행정심판법〉 제17조(피청구인의 적격 및 경정) ① 행정심판은 처분을 한 행정청(의무이행심판의 경우에는 청구인의 신청을 받은 행정청)을 피청구인으로 하여 청구하여야 한다. 다만, 심판청구의 대상과 관계되는 권한이 다른 행정청에 승계된 경우에는 권한을 승계한 행정청을 피청구인으로 하여야 한다.

(1) 의의

행정심판의 상대방이 될 수 있는 자격을 말한다.

(2) 적격자

「행정심판법」상 피청구인적격은 처분을 한 행정청이 가진다. 다만, 의무이행심판의 경우에는 청구인의 신청을 받은 행정청이 피청구인이 된다.

(3) 승계된 경우

심판청구의 대상과 관계되는 권한이 다른 행정청에 승계된 경우에는 권한을 승계한 행정청을 피청구인으로 하여야 한다(행심법 제17조 제1항).

3. 심판청구의 대상

> 〈행정심판법〉
> 제3조(행정심판의 대상) ① 행정청의 처분 또는 부작위에 대하여는 다른 법률에 특별한 규정이 있는 경우 외에는 이 법에 따라 행정심판을 청구할 수 있다.
> ② 대통령의 처분 또는 부작위에 대하여는 다른 법률에서 행정심판을 청구할 수 있도록 정한 경우 외에는 행정심판을 청구할 수 없다.
> 제51조(행정심판 재청구의 금지) 심판청구에 대한 재결이 있으면 그 재결 및 같은 처분 또는 부작위에 대하여 다시 행정심판을 청구할 수 없다.

원칙	「행정심판법」은 개괄주의를 채택하고 있으므로 행정청의 모든 처분 또는 부작위에 대하여 행정심판을 청구할 수 있다.
예외	① 대통령의 처분: 대통령은 행정부에서 직근 상급행정청이 없으므로 행정심판의 대상이 될 수 없다. 다만, 다른 법률에서 행정심판을 청구할 수 있다는 규정이 있으면 가능하다. ② 행정심판재결: 강학상 확인행위이므로 이론상 심판대상이 될 여지가 있으나, 「행정심판법」상 행정심판의 대상이 될 수 없음을 명시하고 있다. 신속한 권리구제와 재판받을 권리의 보장을 위한 것이다. 〈10. 국가 9급〉

Winner's 행정심판재결이 쟁송의 대상이 되는지 여부 : 취소심판 (×), 취소소송 (○)

4. 심판청구의 기간

> **〈행정심판법〉 제27조(심판청구의 기간)** ① 행정심판은 처분이 있음을 알게 된 날부터 90일 이내에 청구하여야 한다.
> ② 청구인이 천재지변, 전쟁, 사변(事變), 그 밖의 불가항력으로 인하여 제1항에서 정한 기간에 심판청구를 할 수 없었을 때에는 그 사유가 소멸한 날부터 14일 이내에 행정심판을 청구할 수 있다. 다만, 국외에서 행정심판을 청구하는 경우에는 그 기간을 30일로 한다.
> ③ 행정심판은 처분이 있었던 날부터 180일이 지나면 청구하지 못한다. 다만, 정당한 사유가 있는 경우에는 그러하지 아니하다.
> ④ 제1항과 제2항의 기간은 불변기간(不變期間)으로 한다.
> ⑤ 행정청이 심판청구 기간을 제1항에 규정된 기간보다 긴 기간으로 잘못 알린 경우 그 잘못 알린 기간에 심판청구가 있으면 그 행정심판은 제1항에 규정된 기간에 청구된 것으로 본다.
> ⑥ 행정청이 심판청구 기간을 알리지 아니한 경우에는 제3항에 규정된 기간에 심판청구를 할 수 있다.
> ⑦ 제1항부터 제6항까지의 규정은 무효등확인심판청구와 부작위에 대한 의무이행심판청구에는 적용하지 아니한다.

(1) 서설

심판청구기간은 개인의 권익구제와 행정법관계의 안정성이라는 양면성을 조화할 수 있도록 입법정책적으로 결정할 문제이며, 위원회의 직권조사사항에 속한다.

(2) 적용범위

행정심판은 심판청구기간 이내에 제기하여야 한다. 그러나 이러한 제한은 '취소심판'과 '거부처분에 대한 의무이행심판'에 대해서만 적용되고, '무효등확인심판'과 '부작위에 대한 의무이행심판'에 대해서는 적용되지 않는다.

> **Winner's** 의무이행심판 청구기간 적용 여부 : 거부처분 (○), 부작위 (×)

(3) 처분이 있음을 알게 된 날로부터 90일

① 처분이 있음을 알게 된 날: 통지·공고 등에 의하여 상대방이 처분의 존재를 현실적으로 알게 된 날을 말하는 것으로 불변기간이다(행심법 제27조 제4항).

② 구체적 검토: 격지자(隔地者)❶에게는 서면이 상대방에게 도달한 날, 공시송달의 경우에는 도달로 간주되는 날, 사실행위의 경우에는 고지절차가 없으므로 침해가 있음을 인식한 날을 말한다.

> **용어설명** ❶ 격지자(隔地者) : 거리상으로 멀리 떨어져 있는 자

③ 판례: 처분이 있음을 안 날이란 처분이 있었다는 사실을 현실적으로 안 날을 의미하지만, 당사자가 알 수 있는 상태에 놓여진 경우에는 처분이 있음을 알았다고 추정할 수 있다고 하였다.

> 아파트경비원이 납부고지서를 수령한 경우, 납부의무자 자신이 그 부과처분이 있음을 안 것과 동일하게 볼 수 있는지 여부(부정)
> 1) 행정심판법 제18조 제1항 소정의 심판청구기간 기산점인 '처분이 있음을 안 날'이라함은 당

사자가 통지·공고 기타의 방법에 의하여 당해 처분이 있었다는 사실을 현실적으로 안 날을 의미하고, 추상적으로 알 수 있었던 날을 의미하는 것은 아니라 할 것이며, 다만 처분을 기재한 서류가 당사자의 주소에 송달되는 등으로 사회통념상 처분이 있음을 당사자가 알 수 있는 상태에 놓여진 때에는 반증이 없는 한 그 처분이 있음을 알았다고 추정할 수는 있다.

2) 아파트경비원이 관례에 따라 부재 중인 납부의무자에게 배달되는 택지초과소유부담금 납부고지서를 수령한 경우 납부의무자가 아파트경비원에게 단순한 등기우편물 등의 수령권한을 위임한 것으로 볼 수는 있을지언정, 택지초과소유부담금 부과처분의 대상으로 된 사항에 관하여 납부의무자를 대신하여 처리할 권한까지 위임한 것으로 볼 수는 없고, 설사 위 경비원이 위 납부고지서를 수령한 때에 위 부과처분이 있음을 알았다고 하더라도 이로써 납부의무자 자신이 그 부과처분이 있음을 안 것과 동일하게 볼 수는 없다(대판 1995.11.24. 95누11535).

④ 예외사유: 청구인이 천재지변·전쟁·사변 그 밖의 불가항력으로 인하여 기간 내에 심판청구를 할 수 없었을 때에는 그 사유가 소멸한 날부터 14일(국외에서는 30일) 이내에 심판청구를 할 수 있다(행심법 제27조 제2항). 이러한 기간은 불변기간으로 한다(행심법 제27조 제4항).

Winner's 알게 된 날로부터 90일 예외사유 : 불가항력 (○), 정당한 사유 (×)

(4) 처분이 있었던 날부터 180일

① 처분이 있었던 날: 처분이 대외적으로 표시되어 그 효력이 발생한 날을 말한다(대판 1977.11.22. 77누195).

② 효력발생일: 처분의 효력은 원칙적으로 상대방에게 도달함으로써 발생하고, 공고의 방법에 의하는 경우에는 공고일부터 14일이 지난 때 발생한다(행절법 제15조 제3항).

③ 판례: 상대방이 있는 행정처분은 고지에 의하여 효력이 발생한다고 판시하였다.

행정처분이 있은 날이라 함은 행정처분의 효력이 발생한 날을 의미하는지 여부(긍정)
건축허가처분과 같이 상대방이 있는 행정처분에 있어서는 달리 특별한 규정이 없는 한 그 처분을 하였음을 상대방에게 고지하여야 그 효력이 발생한다고 할 것이어서 위의 행정처분이 있은 날이라 함은 위와 같이 그 행정처분의 효력이 발생한 날을 말한다(대판 1977.11.22. 77누195).

④ 예외사유: '정당한 사유'가 있으면 처분이 있었던 날로부터 180일을 경과하더라도 심판청구를 제기할 수 있다(행심법 제27조 제3항). '정당한 사유'란 불가항력보다는 넓은 개념으로 본다.

(5) 양 기간의 관계

행정심판은 위의 두 기간 중 어느 하나라도 먼저 경과하면 제기할 수 없다. 따라서 처분이 있음을 알게 된 날부터 90일이 경과하면 처분이 있었던 날부터 180일이 아직 경과하지 않은 경우에도 행정심판을 제기할 수 없으며, 처분이 있었던 날부터 180일이 경과되었으면 처분이 있음을 알게 된 날부터 90일이 아직 경과하지 않았어도 행정심판을 제기할 수 없다.

(6) 제3자효 행정행위

제3자효 행정행위의 경우에 처분의 상대방 아닌 제3자가 행정심판을 제기하는 경우에도 위 기간이 그대로 적용된다. 다만, 현행법상 제3자에 대한 일반적 통지제도가 없으므로 제3자는 처분이 있음을 알기가 어렵다. 따라서 제3자는 특별한 사유가 없는 한 처분이 있었던 날부터 180일 이내에 심판을 청구할 수 없는 '정당한 사유'가 존재한다고 볼 것이다.

> 1. 제3자는 처분이 있은 날로부터 180일이 경과한 경우에도 행정심판청구를 제기할 수 있는지 여부(원칙적 긍정)
>
> 행정심판법 제18조 제3항에 의하여 행정처분의 상대방이 아닌 제3자도 처분이 있은 날로부터 180일이 경과하면 행정심판청구를 제기하지 못하는 것이 원칙이지만, 다만 정당한 사유가 있는 경우에는 그러하지 아니하도록 규정되어 있는바, 행정처분의 직접 상대방이 아닌 제3자는 일반적으로 처분이 있는 것을 바로 알 수 없는 처지에 있으므로, 위와 같은 심판청구기간 내에 심판청구를 제기하지 아니하였다고 하더라도, 그 기간 내에 처분이 있는 것을 알았거나 쉽게 알 수 있었기 때문에 심판청구를 제기할 수 있었다고 볼 만한 특별한 사정이 없는 한, 위 법조항 본문의 적용을 배제할 '정당한 사유'가 있는 경우에 해당한다고 보아, 위와 같은 심판청구기간이 경과한 뒤에도 심판청구를 제기할 수 있다(대판 1992.7.28. 91누12844).
>
> 2. 제3자가 처분이 있음을 알았던 경우 심판청구기간 경과 후에도 제기할 수 있는지 여부(부정)
>
> 행정처분의 상대방이 아닌 제3자는 일반적으로 처분이 있는 것을 바로 알 수 있는 처지에 있지 아니하므로 처분이 있은 날로부터 180일이 경과하더라도 특별한 사유가 없는 한 구 행정심판법(1995. 12. 6. 법률 제5000호로 개정되기 전의 것) 제18조 제3항 단서소정의 정당한 사유가 있는 것으로 보아 심판청구가 가능하다고 할 것이나, 그 제3자가 어떤 경위로든 행정처분이 있음을 알았거나 쉽게 알 수 있는 등 행정심판법 제18조 제1항 소정의 심판청구기간 내에 심판청구가 가능하였다는 사정이 있는 경우에는 그때로부터 60일 이내에 행정심판을 청구하여야 한다(대판 1997.9.12. 91누12844).
>
> ⇒ 현행법은 60일을 90일로 변경하였다.

(7) 심판청구기간의 불(不)고지·오(誤)고지

행정청이 심판청구기간을 알리지 아니한 경우에는 상대방이 그 기간을 알 수 없으므로 처분이 있음을 알게 된 날부터 90일은 적용될 수 없고, 결국 처분이 있었던 날부터 180일 이내에 제기하여야 할 것이다(행심법 제27조 제6항). 행정청이 심판기간을 잘못 알린 경우에는 그 잘못 알린 기간 내에 청구할 수 있다(행심법 제27조 제5항).

(8) 특별법상의 심판청구기간

개별법상 심판청구기간의 특례를 규정하고 있는 경우에는 「행정심판법」에 우선한다.

5. 심판청구의 방식

> **〈행정심판법〉**
>
> **제28조(심판청구의 방식)** ① 심판청구는 서면으로 하여야 한다.
> ② 처분에 대한 심판청구의 경우에는 심판청구서에 다음 각 호의 사항이 포함되어야 한다.
> 1. 청구인의 이름과 주소 또는 사무소(주소 또는 사무소 외의 장소에서 송달받기를 원하면 송달장소를 추가로 적어야 한다)
> 2. 피청구인과 위원회
> 3. 심판청구의 대상이 되는 처분의 내용
> 4. 처분이 있음을 알게 된 날
> 5. 심판청구의 취지와 이유
> 6. 피청구인의 행정심판 고지 유무와 그 내용
>
> **제52조(전자정보처리조직을 통한 심판청구 등)** ① 이 법에 따른 행정심판 절차를 밟는 자는 심판청구서와 그 밖의 서류를 전자문서화하고 이를 정보통신망을 이용하여 위원회에서 지정·운영하는 전자정보처리조직(행정심판 절차에 필요한 전자문서를 작성·제출·송달할 수 있도록 하는 하드웨어, 소프트웨어, 데이터베이스, 네트워크, 보안요소 등을 결합하여 구축한 정보처리능력을 갖춘 전자적 장치를 말한다. 이하 같다)을 통하여 제출할 수 있다.
> ② 제1항에 따라 제출된 전자문서는 이 법에 따라 제출된 것으로 보며, 부본을 제출할 의무는 면제된다.
> ③ 제1항에 따라 제출된 전자문서는 그 문서를 제출한 사람이 정보통신망을 통하여 전자정보처리조직에서 제공하는 접수번호를 확인하였을 때에 전자정보처리조직에 기록된 내용으로 접수된 것으로 본다.
> ④ 전자정보처리조직을 통하여 접수된 심판청구의 경우 제27조에 따른 심판청구 기간을 계산할 때에는 제3항에 따른 접수가 되었을 때 행정심판이 청구된 것으로 본다.

원칙	행정심판의 청구는 일정한 사항을 기재한 서면으로 하여야 한다.
예외	전자정보처리조직❶을 통한 심판청구도 인정하고 있다.

용어설명 ❶ 전자정보처리조직 : 행정심판절차에 필요한 전자문서를 작성·제출·송달할 수 있도록 하는 하드웨어, 소프트웨어, 데이터베이스, 네트 워크, 보안요소 등을 결합하여 구축한 정보처리능력을 갖춘 전자적 장치

6. 심판청구서의 제출

> **〈행정심판법〉**
>
> **제23조(심판청구서의 제출)** ① 행정심판을 청구하려는 자는 제28조에 따라 심판청구서를 작성하여 피청구인이나 위원회에 제출하여야 한다. 이 경우 피청구인의 수만큼 심판청구서 부본을 함께 제출하여야 한다.
> ② 행정청이 제58조에 따른 고지를 하지 아니하거나 잘못 고지하여 청구인이 심판청구서를 다른 행정기관에 제출한 경우에는 그 행정기관은 그 심판청구서를 지체 없이 정당한 권한이 있는 피청구인에게 보내야 한다.
>
> **제24조(피청구인의 심판청구서 등의 접수·처리)** ① 피청구인이 제23조 제1항·제2항 또는 제26조 제1항에 따라 심판청구서를 접수하거나 송부받으면 10일 이내에 심판청구서(제23조 제1항·제2항의 경우만 해당된다)와 답변서를 위원회에 보내야 한다. 다만, 청구인이 심판청구를 취하한 경우에는 그러하지 아니하다.
> ② 제1항에도 불구하고 심판청구가 그 내용이 특정되지 아니하는 등 명백히 부적법하다고 판단되는 경우에 피청구인은 답변서를 위원회에 보내지 아니할 수 있다. 이 경우 심판청구서를 접수하거나 송부받은

> 날부터 10일 이내에 그 사유를 위원회에 문서로 통보하여야 한다.
> ③ 제2항에도 불구하고 위원장이 심판청구에 대하여 답변서 제출을 요구하면 피청구인은 위원장으로부터 답변서 제출을 요구받은 날부터 10일 이내에 위원회에 답변서를 제출하여야 한다.
>
> **제25조(피청구인의 직권취소등)** ① 제23조 제1항·제2항 또는 제26조 제1항에 따라 심판청구서를 받은 피청구인은 그 심판청구가 이유 있다고 인정하면 심판청구의 취지에 따라 직권으로 처분을 취소·변경하거나 확인을 하거나 신청에 따른 처분(이하 이 조에서 "직권취소등"이라 한다)을 할 수 있다. 이 경우 서면으로 청구인에게 알려야 한다.
> ② 피청구인은 제1항에 따라 직권취소등을 하였을 때에는 청구인이 심판청구를 취하한 경우가 아니면 제24조 제1항 본문에 따라 심판청구서·답변서를 보낼 때 직권취소등의 사실을 증명하는 서류를 위원회에 함께 제출하여야 한다.
>
> **제26조(위원회의 심판청구서 등의 접수·처리)** ① 위원회는 제23조 제1항에 따라 심판청구서를 받으면 지체 없이 피청구인에게 심판청구서 부본을 보내야 한다.

(1) 선택주의

종래 심판청구서는 처분청을 경유하도록 하였으나(경유주의), 처분청이 청구인에게 청구취하를 종용하거나, 부당하게 수리를 거부하는 등 폐단이 있어서 현행법은 청구인의 선택에 따라 피청구인인 행정청이나 위원회에 제출하면 된다(선택주의). 〈18. 국가 9급〉

(2) 위원회에 송부(행심법 제24조)

원칙	① 피청구인에게 제출된 경우이거나 불고지나 오고지로 인하여 다른 행정청으로부터 피청구인에게 송부된 경우 : 10일 이내에 심판청구서와 답변서를 위원회에 보내야 한다. ② 위원회에 제출되어 피청구인에게 부본이 송부된 경우 : 10일 이내에 답변서를 위원회에 보내야 한다.
예외	① 청구를 취하한 경우에는 보내지 않아도 된다. ② 심판청구가 그 내용이 특정되지 아니하는 등 명백히 부적법하다고 판단되는 경우에 피청구인은 답변서를 위원회에 보내지 아니할 수 있다. 이 경우 심판청구서를 접수하거나 송부받은 날부터 10일 이내에 그 사유를 위원회에 문서로 통보하여야 한다. 다만 위원장이 심판청구에 대하여 답변서 제출을 요구하면 피청구인은 위원장으로부터 답변서 제출을 요구받은 날부터 10일 이내에 위원회에 답변서를 제출하여야 한다.

(3) 피청구인의 직권취소 등

① 의의 : 심판청구서를 받은 피청구인은 심판청구가 이유 있다고 인정하면 심판청구의 취지에 따라 직권으로 처분을 취소·변경하거나 확인을 하거나 신청에 따른 처분을 할 수 있다. 이 경우 서면으로 청구인에게 알려야 한다(행심법 제25조 제1항). 〈11. 지방 9급〉

② 증명서류 제출: 피청구인은 직권취소등을 하였을 때에는 청구인이 심판청구를 취하한 경우가 아니면 심판청구서·답변서를 보내거나 위원장의 요구에 따라 답변서를 보낼 때 직권취소등의 사실을 증명하는 서류를 위원회에 함께 제출하여야 한다(행심법 제25조 제2항).

(4) 처분의 상대방에 대한 통지

피청구인은 처분의 상대방이 아닌 제3자가 심판청구를 한 경우에는 지체 없이 처분의 상대방에게 그 사실을 알려야 한다. 이 경우 심판청구서 사본을 함께 송달하여야 한다(행심법 제24조 제4항).

7. 심판청구의 보정

(1) 의의

위원회는 심판청구가 적법하지 아니하나 보정(補正)할 수 있다고 인정하면 기간을 정하여 청구인에게 보정할 것을 요구할 수 있다. 다만, 경미한 사항은 직권으로 보정할 수 있다(행심법 제32조 제1항).

Winner's 직권으로 보정할 수 있는 사항 : 경미한 사항 (○), 중대한 사항 (×)

(2) 효과

보정을 한 경우에는 처음부터 적법하게 행정심판이 청구된 것으로 본다. 보정기간은 재결 기간에 산입하지 아니한다(행심법 제32조 제4항, 제5항).

8. 심판청구의 각하

(1) 보정이 가능한 경우

위원회는 청구인이 보정기간 내에 그 흠을 보정하지 아니한 경우에는 그 심판청구를 각하할 수 있다(행심법 제32조 제6항).

(2) 보정이 불가능한 경우

위원회는 심판청구서에 타인을 비방하거나 모욕하는 내용 등이 기재되어 청구 내용을 특정할 수 없고 그 흠을 보정할 수 없다고 인정되는 경우에는 보정요구 없이 그 심판청구를 각하할 수 있다(행심법 제32조의2).

3 심판청구의 효과

1. 주관적 효과

행정심판이 제기되면 행정심판위원회는 이를 심리·재결할 의무를 진다. 심판제기요건에 흠결이 있어서 심판청구가 부적법한 경우에도 이러한 의무는 존재한다.

2. 객관적 효과

심판청구가 제기되더라도 처분의 집행은 정지되지 않는 것이 원칙이다. 예외적으로 처분의 집행 등으로 중대한 손해가 생기는 것을 예방할 필요성이 긴급하다고 인정될 때 위원회가 집행정지를 결정할 수 있다. 다만, 위원회의 결정을 기다릴 여유가 없는 경우에는 위원장이 직권으로 위원회의 결정을 갈음하는 결정을 하고, 사후에 추인을 받는 것도 허용된다.

> 〈행정심판법〉 제30조(집행정지) ② 위원회는 처분, 처분의 집행 또는 절차의 속행 때문에 중대한 손해가 생기는 것을 예방할 필요성이 긴급하다고 인정할 때에는 직권으로 또는 당사자의 신청에 의하여 처분의 효력, 처분의 집행 또는 절차의 속행의 전부 또는 일부의 정지(이하 '집행정지'라 한다)를 결정할 수 있다. 다만, 처분의 효력정지는 처분의 집행 또는 절차의 속행을 정지함으로써 그 목적을 달성할 수 있을 때에는 허용되지 아니한다. 〈18. 서울 7급(3월)〉

⑥ 제2항과 제4항에도 불구하고 위원회의 심리·결정을 기다릴 경우 중대한 손해가 생길 우려가 있다고 인정되면 위원장은 직권으로 위원회의 심리·결정을 갈음하는 결정을 할 수 있다. 이 경우 위원장은 지체 없이 위원회에 그 사실을 보고하고 추인(追認)을 받아야 하며, 위원회의 추인을 받지 못하면 위원장은 집행정지 또는 집행정지 취소에 관한 결정을 취소하여야 한다. 〈17. 국회 8급〉

Winner's 행정소송법상 집행정지결정과의 구별

구분	행정소송법	행정심판법
요건	회복하기 어려운 손해 예방	중대한 손해 예방
본 결정에 갈음하는 결정	재판장의 결정 ×	위원장의 결정 ○

4 임시처분제도

1. 의의

행정청의 처분이나 부작위 때문에 발생할 수 있는 당사자의 중대한 불이익이나 급박한 위험을 막기 위하여 당사자에게 임시지위를 부여할 수 있는 제도를 말한다.

2. 절차

위원회의 직권으로 또는 당사자의 신청에 의하여 임시처분을 결정할 수 있다.

Winner's 처분절차 : 임시처분제도 (직권 또는 신청), 직접처분제도 (신청)

3. 보충성

임시처분은 집행정지로 목적을 달성할 수 없는 경우에 한하여 인정된다. 〈14. 지방 9급〉

〈**행정심판법**〉 **제31조(임시처분)** ① 위원회는 처분 또는 부작위가 위법·부당하다고 상당히 의심되는 경우로서 처분 또는 부작위 때문에 당사자가 받을 우려가 있는 중대한 불이익이나 당사자에게 생길 급박한 위험을 막기 위하여 임시지위를 정하여야 할 필요가 있는 경우에는 직권으로 또는 당사자의 신청에 의하여 임시처분을 결정할 수 있다.
② 제1항에 따른 임시처분에 관하여는 제30조 제3항부터 제7항까지를 준용한다. 이 경우 같은 조 제6항 전단 중 '중대한 손해가 생길 우려'는 '중대한 불이익이나 급박한 위험이 생길 우려'로 본다.
③ 제1항에 따른 임시처분은 제30조 제2항에 따른 집행정지로 목적을 달성할 수 있는 경우에는 허용되지 아니한다.

5 심판청구의 변경

1. 의의
청구인이 심판을 제기한 후 일정한 사유에 의하여 새로운 심판청구를 제기할 필요 없이 청구를 변경하는 것을 말한다.

2. 인정취지
청구인의 편의와 심판절차의 촉진을 위한 것이다.

3. 사유

(1) 청구의 변경

청구의 기초에 변경이 없는 범위 안에서 청구인이 청구취지 또는 청구이유를 변경하는 것을 말한다(행심법 제29조 제1항)(⑩ 청구취지를 취소심판에서 무효확인심판으로 변경하거나 청구이유를 위법에서 부당으로 변경하는 것).

(2) 처분변경으로 인한 청구변경

행정심판이 청구된 후에 피청구인이 새로운 처분을 하거나 심판청구의 대상인 처분을 변경한 경우에 청구인은 새로운 처분이나 변경된 처분에 맞추어 청구의 취지나 이유를 변경할 수 있는 것을 말한다(행심법 제29조 제2항).

4. 요건
청구의 변경은 ① 청구의 기초에 변경이 없을 것, ② 심판청구가 계속 중일 것, ③ 행정심판위원회의 의결이 있기 전일 것, ④ 서면으로 할 것을 요건으로 한다. '청구의 기초에 변경이 없다'는 것은 청구인의 법률상 이익의 동일성이 유지되는 것을 말한다.

5. 절차

(1) 신청

청구의 변경은 서면으로 신청하여야 한다(행심법 제29조 제3항).

(2) 의견제출

위원회는 기간을 정하여 피청구인과 참가인에게 청구변경신청에 대한 의견을 제출하도록 할 수 있으며, 피청구인과 참가인이 그 기간에 의견을 제출하지 아니하면 의견이 없는 것으로 본다(행심법 제29조 제5항).

(3) 송달

위원회는 청구변경신청에 대하여 허가할 것인지 여부를 결정하고, 지체 없이 신청인에게는 결정서 정본을, 당사자 및 참가인에게는 결정서 등본을 송달하여야 한다.

(4) 이의신청

신청인은 송달을 받은 날부터 7일 이내에 위원회에 이의신청을 할 수 있다(행심법 제29조 제7항).

6. 효과

청구의 변경결정이 있으면 처음 행정심판이 청구되었을 때부터 변경된 청구의 취지나 이유로 행정심판이 청구된 것으로 본다(행심법 제29조 제8항).

6 심판청구의 취하

1. 의의
청구인이 위원회에 대하여 심판청구를 철회하는 일방적 의사표시를 말한다.

2. 인정이유
청구의 취하제도는 처분권주의가 반영된 것으로 볼 수 있다. 다만, 피청구인이 위원회에 대하여 상대방의 신청이 이유 있음을 인정하는 청구의 인낙(認諾)의 인정 여부에 대해서는 논란이 있으나 부정하는 것이 보통이므로 처분권주의가 전면적으로 인정된 것으로는 볼 수 없다.

3. 요건

(1) 청구인

심판청구에 대하여 행정심판위원회의 의결이 있을 때까지 서면으로 심판청구를 취하할 수 있다(행심법 제42조 제1항).

(2) 참가인

심판청구에 대한 의결이 있을 때까지 서면으로 참가신청을 취하할 수 있다(행심법 제42조 제2항).

4. 효과
심판청구를 취하하게 되면 심판청구의 계속이 처음부터 없었던 것으로 본다.

제5절　행정심판의 심리

1 서설

1. 심리의 의의
재결의 기초가 된 사실관계 및 법률관계를 명백히 하기 위하여 행정심판위원회가 당사자 및 관계인의 주장과 반박을 듣고 증거 기타의 자료를 수집·조사하는 일련의 절차를 말한다.

2. 심리의 내용

(1) 요건심리

① 의의: 심판청구가 심판의 제기요건을 갖추고 있는지의 여부를 심사하는 것을 말한다.

② 재결: 요건심리의 결과 심판의 제기요건을 갖추지 못한 경우에는 부적법 각하한다.

③ 보정: 위원회는 심판청구가 적법하지 아니하나 보정(補正)할 수 있다고 인정하면 기간을 정하여 청구인에게 보정할 것을 요구할 수 있다. 다만, 경미한 사항은 직권으로 보정할 수 있다(행심법 제32조 제1항).

(2) 본안심리

① 의의: 적법한 심판청구를 전제로 하여 처분 또는 부작위의 위법 또는 부당성을 심사하는 것을 말한다.

② 재결: 본안심리의 결과 인용 또는 기각재결을 한다.

2 심리의 범위

1. 불고불리(不告不理) 및 불이익변경금지원칙

(1) 의의

불고불리의 원칙	심리범위가 심판청구의 취지에 의해 제한되는 것을 말한다.
불이익변경금지원칙	심리의 결과 본래의 처분보다 불리한 처분을 하여서는 아니 된다는 원칙을 말한다.

(2) 채택 여부

행정심판에서도 이러한 원칙이 인정될 것인지에 대하여 ① 행정심판의 자기통제적 기능을 중시하여 부정하는 견해(윤세창), ② 권리구제적 기능을 중시하여 긍정하는 견해(김도창)가 대립하였으나, 「행정심판법」은 이들 원칙을 명문화한 것으로 평가받고 있다.

> 〈행정심판법〉 제47조(재결의 범위) ① 위원회는 심판청구의 대상이 되는 처분 또는 부작위 외의 사항에 대하여는 재결하지 못한다. 〈10. 국가 9급〉
> ② 위원회는 심판청구의 대상이 되는 처분보다 청구인에게 불리한 재결을 하지 못한다.

2. 법률문제 및 사실문제

행정심판은 처분 또는 부작위와 관련하여 법률문제 및 사실문제를 심리할 수 있으며, 행정소송과 달리 당·부당문제도 판단할 수 있다.

Winner's 당·부당문제의 심사 : 행정소송 (×), 행정심판 (○)

3 심리절차

1. 기본원칙

(1) 대심(對審)주의

① 의의: 대립되는 분쟁당사자들의 공격·방어를 통하여 심리를 진행하는 제도를 말한다.

② 인정취지: 심리에 있어 당사자 쌍방에게 공격·방어방법을 제출할 수 있는 기회를 대등하게 부여하기 위한 것이다.

③ 채택 여부: 행정심판은 사법(司法)절차가 준용되어야 하므로 대심주의가 채택되어 있다.

(2) 처분권주의

① 의의: 심판의 개시, 심판의 대상, 심판의 종료에 대하여 당사자의 의사에 맡기는 절차를 말한다.

② 채택 여부: 행정심판은 청구인의 심판청구에 의하여 개시되며, 불고불리의 원칙과 청구의 취하를 명시하고 있으므로 처분권주의를 기초로 하고 있다. 다만, 공익적 견지에서 심판청구의 제기기간, 청구인낙(請求認諾)의 부인 등 많은 제한을 받고 있다.

(3) 직권심리주의

① 의의: 심리의 진행을 심리기관의 직권으로 함과 동시에, 필요한 자료를 당사자에게만 의존하지 않고 직권으로 수집·조사하는 제도를 말한다.

② 채택 여부: 「행정심판법」은 위원회는 사건을 심리하기 위하여 필요하면 직권으로 또는 당사자의 신청에 의하여 증거조사를 할 수 있다(제36조 제1항). 위원회는 필요하면 당사자가 주장하지 아니한 사실에 대하여도 심리할 수 있다(행심법 제39조). 다만, 불고불리의 원칙도 채택되어 있으므로 일정한 한계가 있다고 본다(김동희).

(4) 구술 또는 서면심리주의

원칙	행정심판의 심리는 구술심리나 서면심리로 한다.
예외	① 당사자가 구술심리를 신청한 경우에는 서면심리만으로 결정할 수 있다고 인정되는 경우 외에는 구술심리를 하여야 한다(행심법 제40조 제1항). 〈10. 지방 9급〉 ② 위원회는 구술심리 신청을 받으면 그 허가 여부를 결정하여 신청인에게 알려야 한다(행심법 제40조 제2항). 그 통지는 간이통지방법으로 할 수 있다(행심법 제40조 제3항).

Winner's 심리절차 : 행정소송 (구술심리), 행정심판 (서면 또는 구술심리)

(5) 비공개주의

① 문제점: 비공개주의란 심리와 재결과정을 일반에게 공개하지 않는 절차를 말한다. 「행정심판법」상 명문의 규정이 없으므로 그 채택 여부에 대해서 학설이 대립한다.

② 학설

공개주의설	「행정심판법」상 위원이 발언한 내용 등을 비공개하도록 규정하고 있는 것은 심리를 원칙적으로 공개한다는 것을 전제로 하는 것이므로 공개주의가 원칙이라는 견해(김남진)이다.
비공개주의설	행정심판은 직권심리주의와 서면심리주의 등을 채택하고 있으므로 비공개주의를 채택한 것이라는 견해(다수설: 김동희, 정하중, 홍정선)이다.

〈행정심판법〉 제41조(발언 내용 등의 비공개) 위원회에서 위원이 발언한 내용이나 그밖에 공개되면 위원회의 심리·재결의 공정성을 해칠 우려가 있는 사항으로서 대통령령으로 정하는 사항은 공개하지 아니한다.

③ 검토: 심리의 공개와 발언 내용의 비공개는 직접적인 관련성이 없으므로 비공개주의를 채택한 것으로 해석하는 견해가 타당하다. 다만, 필요한 경우 위원회의 결정으로 심리를 공개할 수 있을 것이다.

Winner's 1) 비공개주의 : 명문상 인정 (×), 해석상 인정 (○)
2) 심리절차 : 행정소송 (공개주의), 행정심판 (비공개주의)

2. 당사자의 절차적 권리

(1) 기피신청권

당사자는 위원에게 공정한 심리·의결을 기대하기 어려운 사정이 있으면 위원장에게 기피신청을 할 수 있다(행심법 제10조 제2항).

(2) 구술심리신청권

당사자가 구술심리를 신청한 경우에는 서면심리만으로 결정할 수 있다고 인정되는 경우 외에는 구술심리를 하여야 한다(행심법 제40조 제1항).

(3) 보충서면제출권

당사자는 심판청구서·보정서·답변서·참가신청서 등에서 주장한 사실을 보충하고 다른 당사자의 주장을 다시 반박하기 위하여 필요하면 위원회에 보충서면을 제출할 수 있다(행심법 제33조 제1항).

(4) 물적 증거제출권

당사자는 심판청구서·보정서·답변서·참가신청서·보충서면 등에 덧붙여 그 주장을 뒷받침하는 증거서류나 증거물을 제출할 수 있다(행심법 제34조 제1항). '증거서류'라 함은 일정한 서면의 내용이 증거로 되는 것을 말한다. '증거물'이라 함은 증거서류 이외의 모든 서류·물품을 말한다.

(5) 증거조사신청권

당사자는 위원회에 대하여 당사자 본인 또는 참고인 신문, 증거자료의 제출요구 등 증거조사를 신청할 수 있다(행심법 제36조 제1항). 그러나 행정기관이 보유하는 관계자료의 열람·복사청구권은 행정심판위원회만 인정되고, 당사자는 인정되지 않는다는 점에서 문제가 있다.

3. 심리의 병합과 분리

위원회는 필요하면 관련되는 심판청구를 병합하여 심리하거나 병합된 관련청구를 분리하여 심리할 수 있다(행심법 제37조). 심리의 신속성·경제성·통일성을 위한 것으로서 병합 또는 분리, 심리의 필요성은 행정심판위원회가 개별·구체적으로 결정하여야 한다. 다만, 심리만 병합하는 것이므로 재결은 심판청구별로 각각 행하여야 할 것이다(정하중).

제6절 행정심판의 재결

1 서설

1. 의의
행정심판의 청구에 대하여 행정심판위원회가 행하는 판단을 말한다(행심법 제2조 제3호). ⟨10. 지방 9급⟩

2. 법적 성질
재결은 일정한 분쟁을 전제로 이를 판단·확정하는 행위로서, 준법률행위적 행정행위인 확인행위의 성질을 가진다. 따라서 행정소송의 대상이 되는 것이나,「행정소송법」상 재결 자체에 고유한 위법이 있는 경우에 한정된다(행소법 제19조). 그러나「행정심판법」상 재결에 대한 심판청구는 금지되어 있으므로(행심법 제51조) 행정심판의 대상은 될 수 없다. 그리고 보통은 기속행위의 성질을 가진다.

2 재결의 절차

1. 재결기간

원칙	재결은 피청구인 또는 위원회가 심판청구서를 받은 날부터 60일 이내에 하여야 한다.
예외	① 부득이한 사정이 있는 경우에는 위원장이 직권으로 30일을 연장할 수 있다(행심법 제45조 제1항). ② 위원장은 재결기간을 연장할 경우에는 재결기간이 끝나기 7일 전까지 당사자에게 알려야 한다(행심법 제45조 제2항).

2. 재결의 방식
재결은 서면으로 한다(행심법 제46조 제1항). 재결서에는 일정한 사항을 기재하여야 하고, 재결서에 적는 이유에는 주문 내용이 정당하다는 것을 인정할 수 있는 정도의 판단을 표시하여야 한다(행심법 제46조 제3항).

〈행정심판법〉 제46조(재결의 방식) ② 제1항에 따른 재결서에는 다음 각 호의 사항이 포함되어야 한다.
1. 사건번호와 사건명
2. 당사자·대표자 또는 대리인의 이름과 주소
3. 주문
4. 청구의 취지
5. 이유
6. 재결한 날짜

3. 재결의 범위

(1) 불고불리원칙 등
「행정심판법」은 '불고불리의 원칙'과 '불이익변경금지원칙'을 명문화하고 있다. 따라서 청구인의 청구범위를 넘어서 재결하지 못하고, 심판청구의 대상이 되는 처분보다 청구인에게 불이익한 재결을 하지 못한다.

(2) 당·부당의 판단
행정소송과 달리 위법성뿐만 아니라 부당성 여부에 대해서도 재결할 수 있다. 〈13. 지방 9급〉

4. 재결의 송달

(1) 심판청구서를 제출한 경우
위원회는 지체 없이 당사자에게 재결서의 정본❶을 송달하여야 하고, 참가인에게는 등본❷을 송달하여야 한다(행심법 제48조 제1항, 제3항). 재결은 청구인에게 송달되었을 때에 그 효력이 생긴다(행심법 제48조 제2항). 처분의 상대방이 아닌 제3자가 심판청구를 한 경우 위원회는 재결서의 등본을 지체 없이 피청구인을 거쳐 처분의 상대방에게 송달하여야 한다(행심법 제48조 제4항). 〈11. 국가 9급〉

> **용어설명** ❶ 정본(正本): 문서의 원본과 동일한 법적 효력이 있는 문서
> ❷ 등본(謄本): 원본의 내용 전부를 기재한 문서

> **Winner's** 송달의 형식: 당사자 (정본), 참가인 (등본)

(2) 전자문서에 의한 심판청구의 경우
① 의의: 전자문서에 의하여 행정심판을 청구하거나 심판참가를 한 자에게 전자정보처리조직과 그와 연계된 정보통신망을 이용하여 재결서나 「행정심판법」에 따른 각종 서류를 송달할 수 있다. 다만, 청구인이나 참가인이 동의하지 아니하는 경우에는 그러하지 아니하다(행심법 제54조 제1항).

② 절차: 위원회는 송달하여야 하는 재결서 등 서류를 전자정보처리조직에 입력하여 등재한 다음 그 등재사실을 국회규칙, 대법원규칙, 헌법재판소규칙, 중앙선거관리위원회규칙 또는 대통령령으로 정하는 방법에 따라 전자우편 등으로 알려야 한다(행심법 제54조 제2항). 전자정보처리조직을 이용한 서류 송달은 서면으로 한 것과 같은 효력을 가진다(행심법 제54조 제3항).

③ 효과: 정보통신망에 의한 서류의 송달은 청구인이 등재된 전자문서를 확인한 때에 전자정보처리조직에 기록된 내용으로 도달한 것으로 본다. 다만, 그 등재사실을 통지한 날부터 2주 이내(재결서 외의 서류는 7일 이내)에 확인하지아니하였을 때에는 등재사실을 통지한 날부터 2주가 지난 날(재결서 외의 서류는 7일이 지난 날)에 도달한 것으로 본다(행심법 제54조 제4항).

5. 재결의 공고

법령의 규정에 따라 공고하거나 고시한 처분이 재결로써 취소되거나 변경되면 처분을 한 행정청은 지체 없이 그 처분이 취소 또는 변경되었다는 것을 공고하거나 고시하여야 한다(행심법 제49조 제5항).

3 재결의 종류

1. 각하(却下)재결

심판청구의 제기요건을 충족하지 못한 경우(예 청구인적격 또는 대상적격이 없는 경우)에 본안에 대한 심리를 위원회가 거절하는 내용의 재결을 말한다.

2. 기각(棄却)재결

본안심리의 결과 심판청구가 이유 없다고 인정하는 경우 청구를 배척하는 재결을 말한다. 다만, 이러한 재결은 원처분의 효력을 시인하는 데 그치는 것이지, 처분청에게 원처분을 유지하여야 할 의무를 부여하는 것은 아니므로 기각재결이 있은 후에도 처분청은 그 처분을 직권으로 취소할 수 있다.

3. 사정재결

> 〈행정심판법〉 제44조(사정재결) ① 위원회는 심판청구가 이유가 있다고 인정하는 경우에도 이를 인용(認容)하는 것이 공공복리에 크게 위배된다고 인정하면 그 심판청구를 기각하는 재결을 할 수 있다. 이 경우 위원회는 재결의 주문(主文)에서 그 처분 또는 부작위가 위법하거나 부당하다는 것을 구체적으로 밝혀야 한다.
> ② 위원회는 제1항에 따른 재결을 할 때에는 청구인에 대하여 상당한 구제방법을 취하거나 상당한 구제방법을 취할 것을 피청구인에게 명할 수 있다.
> ③ 제1항과 제2항은 무효등확인심판에는 적용하지 아니한다.

(1) 의의

심판청구가 이유 있다고 인정하는 경우에도 이를 인용(認容)하는 것이 공공복리에 크게 위배된다고 인정하면 그 심판청구를 기각하는 재결을 말한다.

(2) 인정 여부

사정재결은 공익과 사익을 조절하기 위한 것이나, 행정심판은 자율적 통제제도라는 점에서 공정성을 확보하기 어렵고, 국민의 권익보호에 역행할 수 있으며, 행정의 적법성 확보차원에서 문제가 있으므로 사정판결과 달리 예외적으로만 인정될 수 있다.

(3) 요건

사정재결은 ① 처분의 위법성 또는 부당성이 인정될 것, ② 심판청구를 인용하는 것이 공공복리에 크게 위배되는 것으로 인정될 것을 요건으로 한다.

(4) 적용범위

사정재결은 취소심판에 대해서 적용되고, 무효등확인심판은 적용하지 않는 것으로 규정되어 있다(행심법 제44조 제3항). 의무이행심판은 적용을 부정하는 명문의 규정이 없어서 사정재결이 가능한 것으로 해석되는 경향이다. 그리고 무효인 경우에도 사정재결이 가능하다는 견해도 있다.
⟨11·13. 지방 9급⟩, ⟨14. 서울 9급⟩

Winner's 사정재결의 인정 방식 : 취소심판 (명문상), 의무이행심판 (해석상)

(5) 권리구제

① 위법·부당의 명시: 위원회는 재결의 주문(主文)에서 그 처분 또는 부작위가 위법하거나 부당하다는 것을 구체적으로 밝혀야 한다(행심법 제44조 제1항). 이는 청구인이 사후에 위법 또는 부당을 주장할 필요가 있을 때 증거서면이 될 수 있도록 하기 위함이다.

② 상당한 구제방법: 사정재결은 본래 인용재결을 해야 함에도 불구하고 공공복리를 위하여 이를 기각하는 재결이므로 청구인의 권리구제를 위한 대책이 필요하다. 따라서 「행정심판법」은 청구인에 대하여 상당한 구제방법을 취하거나, 피청구인에게 상당한 구제방법을 취할 것을 명할 수 있도록 규정하였다(제44조 제2항).

4. 인용재결

(1) 의의

심판청구가 이유 있다고 인정하여 청구인의 청구취지를 받아들이는 내용의 재결을 말한다. 인용재결이 있으면 위원회는 스스로 청구취지에 따른 처분을 하거나, 처분청으로 하여금 그에 따른 처분을 하도록 명령할 수도 있다.

(2) 종류

① 취소·변경재결: 취소심판의 청구가 이유가 있다고 인정하면 처분을 취소 또는 다른 처분으로 변경하거나(형성재결), 처분을 다른 처분으로 변경할 것을 피청구인에게 명한다(이행재결). '취소'에는 전부취소와 일부취소가 포함되고, '변경'이라 함은 행정소송과 달리 적극적 변경(예 운전면허취소처분을 면허정지처분으로 변경)을 포함한다. 행정소송과 달리 권력분립과는 무관하기 때문이다.

② 무효등확인재결: 무효등확인심판의 청구가 이유가 있다고 인정하면 처분의 효력 유무 또는 처분의 존재 여부를 확인한다(행심법 제43조 제4항). 이에는 처분무효확인재결, 처분유효확인재결, 처분존재확인재결, 처분부존재확인재결, 처분실효확인재결이 있다.

③ 의무이행재결: 청구가 이유 있다고 인정하면 지체 없이 신청에 따른 처분을 하거나(처분재결·형성재결) 처분을 할 것을 피청구인에게 명한다(처분명령재결·이행재결). 처분재결과 처분명령재결 중에서 어느 것을 할 것인지는 행정심판위원회의 재량에 속하나, 국민의 권익구제를 위해서는 처분재결을 하는 것이 바람직하다(정하중). ⟨10. 국가 9급⟩

4 재결의 효력

1. 기속력(羈束力)

(1) 서설

① 의의: 심판청구의 피청구인인 행정청과 관계행정청이 재결의 효력에 따르도록 하는 효력을 말한다.

② 인정취지: 심판청구가 인용된 경우에도 행정청이 이를 따르지 않는다면 국민의 권익구제는 불가능하기 때문에 인정된다.

③ 적용범위: 재결의 기속력은 인용재결의 경우에만 인정된다. 각하 또는 기각재결은 청구를 배척하는 데 그치고, 그 행정청에게 원처분을 유지하도록 의무를 부여하는 것은 아니기 때문이다. 〈13. 지방 9급〉

(2) 내용

① 소극적 효력(반복금지효)

원칙	동일한 사정 하에서는 동일한 이유로 동일한 당사자에 대하여 동일한 내용의 처분을 반복하여서는 아니 된다.
예외	㉠ 다른 사유에 의하여 동일한 처분을 하는 것은 반복금지효에 반하지 않는다. ㉡ 다른 사유인지 여부에 관해서는 기본적 사실관계의 동일성 유무를 기준으로 판단한다(판례).

1. 심판절차에서 취소된 처분을 동일한 사실로 되풀이한 부과처분의 위법성 여부(긍정)

양도소득세 및 방위세 부과처분이 국세청장에 대한 불복심사청구에 의하여 그 불복사유가 이유 있다고 인정되어 취소되었음에도 **처분청이 동일한 사실에 관하여 부과처분을 되풀이 한 것이라면** 설령 그 부과처분이 감사원의 시정요구에 의한 것이라 하더라도 **위법하다**(대판 1986.5.27. 86누127). 〈25. 소방〉

2. 위법사유를 시정한 택지초과소유부담금이 재결의 기속력에 반하는 것인지 여부(부정)

택지초과소유부담금 부과처분을 취소하는 재결이 있는 경우 당해 처분청은 재결의 취지에 반하지 아니하는 한, 즉 당초 처분과 동일한 사정 아래에서 동일한 내용의 처분을 반복하는 것이 아닌 이상, 그 재결에 적시된 위법사유를 시정·보완하여 정당한 부담금을 산출한 다음 새로이 부담금을 부과할 수 있는 것이고, 이러한 새로운 부과처분은 재결의 기속력에 저촉되지 아니한다(대판 1997.2.25. 96누14784).

3. 환경유지사유와 보완요구 불이행이라는 사유는 기본적 사실관계가 동일한지 여부(부정)

1) 재결의 기속력은 재결의 주문 및 그 전제가 된 요건사실의 인정과 판단, 즉 처분 등의 구체적 위법사유에 관한 판단에만 미친다고 할 것이고, 종전 처분이 재결에 의하여 취소되었다 하더라도 종전 처분 시와는 다른 사유를 들어서 처분을 하는 것은 기속력에 저촉되지 않는다고 할 것이며, 여기에서 동일 사유인지 다른 사유인지는 종전 처분에 관하여 위법한 것으로 **재결에서 판단된 사유와 기본적 사실관계에 있어 동일성이 인정되는 사유인지 여부에 따라 판단되어야 한다.**

2) 종전 처분의 처분사유는 이 사건 사업이 주변의 환경, 풍치, 미관 등을 해할 우려가 있다는 것이고, 그에 대한 재결은 이 사건 사업이 환경, 풍치, 미관 등을 정한 1994. 7. 5. 고시와 군산시건축조례에 위반되지 않고, 환경·풍치·미관 등을 유지하여야 하는 공익보다는 이 사건 사업으로 인한 지역경제 승수효과와 도시서민들을 위한 임대주택공급이라는 또 다른 공익과 재산권 행사의 보장이라는 사익까지 더해 보면 결국 종전 처분은 비례의 원칙에 위배되어 재량권을 남용하였다는 것이므로 종전 처분에 대한 재결의 기속력은 그 주문과 재결에서 판단된 이와 같은 사유에 대해서만 생긴다고 할 것이고, 한편 이 사건 처분의 처분사유는 공단대로 및 교통여건상 예정 진입도로계획이 불합리하여 대체 진입도로를 확보하도록 한 보완요구를 이행하지 아니하였다는 것 등인 사실을 알 수 있는바, 그렇다면 이 사건처분의 처분사유와 종전 처분에 관하여 위법한 것으로 재결에서 판단된 사유와는 기본적 사실관계에 있어 동일성이 없다고 할 것이므로 이 사건 처분이 종전 처분에 대한 재결의 기속력에 저촉되는 처분이라고 할 수 없다(대판 2005.12.9. 2003두7705).

② 적극적 효력

원상회복의무	행정처분과 관련하여 후속처분이나 사실상의 조치 등에 의한 법률관계 또는 사실관계를 원상으로 복귀할 의무가 있다(예 건물의 철거명령에 대한 취소재결이 있으면 계고처분을 취소하여야 하는 것).
재처분의무	재결의 취지에 따라 다시 이전의 신청에 따른 처분을 하여야 할 의무가 있다.

(3) 재처분의무

과거에는 의무이행재결 중에서 처분명령재결의 경우에만 재처분의무가 명시되어 있었으나, 현행법은 거부처분에 대한 취소재결이나 무효등확인재결의 경우에도 규정하고 있다.

취소재결 등	거부처분	재결에 의하여 취소되거나 무효 또는 부존재로 확인되는 처분이 당사자의 신청을 거부하는 것을 내용으로 하는 경우에는 그 처분을 한 행정청은 재결의 취지에 따라 다시 이전의 신청에 대한 처분을 하여야 한다(행심법 제49조 제2항).
	인용처분	신청에 따른 처분이 절차의 위법 또는 부당을 이유로 재결로써 취소된 경우에는 재처분의무를 준용한다(행심법 제49조 제4항).
처분명령재결		당사자의 신청을 거부하거나 부작위로 방치한 처분의 이행을 명하는 재결이 있으면 행정청은 지체 없이 이전의 신청에 대하여 재결의 취지에 따라 처분을 하여야 한다(행심법 제49조 제3항).

〈행정심판법〉 제49조(재결의 기속력 등) ② 재결에 의하여 취소되거나 무효 또는 부존재로 확인되는 처분이 당사자의 신청을 거부하는 것을 내용으로 하는 경우에는 그 처분을 한 행정청은 재결의 취지에 따라 다시 이전의 신청에 대한 처분을 하여야 한다.
③ 당사자의 신청을 거부하거나 부작위로 방치한 처분의 이행을 명하는 재결이 있으면 행정청은 지체 없이 이전의 신청에 대하여 재결의 취지에 따라 처분을 하여야 한다.
④ 신청에 따른 처분이 절차의 위법 또는 부당을 이유로 재결로써 취소된 경우에는 제2항을 준용한다.

Winner's 재처분의무 인정 여부 : 거부처분취소 또는 무효확인재결 (○), 처분명령재결 (○), 처분재결 (×)

(4) 직접처분제도

> **〈행정심판법〉제50조(위원회의 직접 처분)** ① 위원회는 피청구인이 제49조 제3항에도 불구하고 처분을 하지 아니하는 경우에는 당사자가 신청하면 기간을 정하여 서면으로 시정을 명하고 그 기간에 이행하지 아니하면 직접 처분을 할 수 있다. 다만, 그 처분의 성질이나 그 밖의 불가피한 사유로 위원회가 직접 처분을 할 수 없는 경우에는 그러하지 아니하다.
> ② 위원회는 제1항 본문에 따라 직접 처분을 하였을 때에는 그 사실을 해당 행정청에 통보하여야 하며, 그 통보를 받은 행정청은 위원회가 한 처분을 자기가 한 처분으로 보아 관계 법령에 따라 관리·감독 등 필요한 조치를 하여야 한다.

① 의의

원칙	재처분의무가 부여되었음에도 불구하고 행정청이 처분을 하지 아니하는 경우에 당사자가 신청하면 기간을 정하여 서면으로 시정을 명하고 그 기간에 이행하지 아니하면 위원회가 직접 처분을 할 수 있는 제도를 말한다. 〈14. 지방 9급〉
예외	그 처분의 성질이나 그 밖의 불가피한 사유로 위원회가 직접 처분을 할 수 없는 경우에는 그러하지 아니하다(행심법 제50조 제1항).

Winner's 직접처분제도의 절차 : 당사자의 신청 (○), 위원회의 직권 (×)

> 행정처분이 재결의 내용에 따르지 않은 경우에도 직접 처분을 할 수 있는지 여부(부정)
> 행정심판법 제37조 제2항, 같은 법 시행령 제27조의2 제1항의 규정에 따라 재결청이 직접 처분을 하기 위하여는 처분의 이행을 명하는 재결이 있었음에도 당해 행정청이 아무런 처분을 하지 아니하였어야 하므로, 당해 행정청이 어떠한 처분을 하였다면 그 처분이 재결의 내용에 따르지 아니하였다고 하더라도 재결청이 직접 처분을 할 수는 없다(대판 2002.7.23. 2000두9151).

② 인정이유: 오늘날 지방자치단체의 장이 주민들의 직접 선거로 선출되어 이행재결을 이행하지 않는 경우가 늘고 있다. 그리하여 이행명령재결의 실효성을 확보하기 위하여 위원회 스스로 일정한 요건하에 직접 처분을 할 수 있도록 한 것이다. 다만, 처분재결과 내용적으로 중복된다는 비판이 있다.

③ 필요한 조치: 위원회가 직접 처분을 하였을 때에는 그 사실을 해당 행정청에 통보하여야 하며, 그 통보를 받은 행정청은 위원회가 한 처분을 자기가 한 처분으로 보아 관계 법령에 따라 관리·감독 등 필요한 조치를 하여야 한다(행심법 제50조 제2항). 〈14. 지방 9급〉

(5) 간접강제 제도

> **〈행정심판법〉제50조의2(위원회의 간접강제)** ① 위원회는 피청구인이 제49조 제2항(제49조 제4항에서 준용하는 경우를 포함한다) 또는 제3항에 따른 처분을 하지 아니하면 청구인의 신청에 의하여 결정으로 상당한 기간을 정하고 피청구인이 그 기간 내에 이행하지 아니하는 경우에는 그 지연기간에 따라 일정한 배상을 하도록 명하거나 즉시 배상을 할 것을 명할 수 있다.
> ② 위원회는 사정의 변경이 있는 경우에는 당사자의 신청에 의하여 제1항에 따른 결정의 내용을 변경할 수 있다.
> ③ 위원회는 제1항 또는 제2항에 따른 결정을 하기 전에 신청 상대방의 의견을 들어야 한다.
> ④ 청구인은 제1항 또는 제2항에 따른 결정에 불복하는 경우 그 결정에 대하여 행정소송을 제기할 수 있다.

㉠ 의의: 행정청에게 재처분의무가 부여된 경우에도 이를 이행하지 아니하면 위원회는 청구인의 신청에 의하여 결정으로 상당한 기간을 정하고 피청구인이 그 기간 내에 이행하지 아니하는 경우에는 그 지연기간에 따라 일정한 배상을 하도록 명하거나 즉시 배상을 할 것을 명할 수 있다(행심법 제50조의2 제1항).

Winner's 간접강제 제도의 절차 : 청구인의 신청 (○), 위원회의 직권 (×)

② 인정이유: 행정심판위원회의 재결의 실효성을 높이기 위하여 행정소송에서만 인정되었던 간접강제 제도를 행정심판에도 도입한 것이다.

③ 결정의 변경: 위원회는 사정의 변경이 있는 경우에는 당사자의 신청에 의하여 간접강제 결정의 내용을 변경할 수 있다(행심법 제50조의2 제2항).

④ 절차: 위원회가 간접강제 결정을 하거나 변경을 하기 전에 신청 상대방의 의견을 들어야 한다(행심법 제50조의2 제3항).

⑤ 불복: 위원회의 간접강제 결정이나 변경결정에 불복하는 경우에는 그 결정에 대하여 행정소송을 제기할 수 있다(행심법 제50조의2 제4항).

Winner's 간접강제결정에 대한 불복 : 이의신청 (×), 행정소송 (○)

Winner's 재처분의무 실효성 확보 수단

구분	행정소송법	행정심판법
직접처분 제도	×	○
간접강제 제도	○	○

(6) 기속력의 범위

기속력의 주관적 범위는 피청구인인 행정청뿐만 아니라 관계 행정청에게 미친다. 기속력의 객관적 범위는 재결의 주문과 그 전제가 되는 요건사실에까지 미친다. 그러나 재결의 결론과 직접 관계가 없는 방론(傍論)이나, 간접사실에 대한 판단에까지 미치는 것은 아니다. 〈24. 국가 9급〉

2. 형성력

(1) 의의

재결의 내용에 따라 기존의 법률관계에 변동을 가져오는 효력을 말한다. 그리하여 취소재결이 있으면 처분청 스스로 그 처분을 취소하지 않더라도 그 처분은 처분시에 소급하여 그 효력이 없는 것으로 인정된다.

> 재결의 형성력은 별도의 행정처분을 기다릴 것 없이 당연히 취소되어 소멸되는 것인지 여부(긍정)
> 행정심판법 제32조 제3항에 의하면 재결청은 취소심판의 청구가 이유 있다고 인정할 때에는 처분을 취소·변경하거나 처분청에게 취소·변경할 것을 명한다고 규정하고 있으므로, 행정심판재결의 내용이 처분청에게 처분의 취소를 명하는 것이 아니라 재결청이 스스로 처분을 취소하는 것일 때에는 그 재결의 형성력에 의하여 당해 처분은 별도의 행정처분을 기다릴 것 없이 당연히 취소되어 소멸되는 것이다(대판 1998.4.24. 97누17131). 〈24. 국가 9급〉

(2) 적용범위

위원회가 직접 취소 또는 변경재결을 한 경우에 형성력이 발생하며, 취소 또는 변경명령재결을 한 경우에는 형성력이 아니라 기속력이 발생한다. 이러한 형성력은 대세효를 가진다.

3. 집행력

거부처분에 대한 취소재결 또는 무효등확인재결이 있거나, 거부처분 또는 부작위에 대한 의무이행재결이 있으면 재처분의무가 부여되므로 집행력의 문제가 제기될 수 있다(김동희). 「행정심판법」은 「행정소송법」과 달리 직접처분권을 규정하고 있다.

4. 불가쟁력과 불가변력

재결은 그 자체로 행정행위에 해당한다는 점에서, 일정한 쟁송제기기간이 경과되면 불가쟁력이 발생한다. 그리고 재결은 일정한 분쟁을 전제로 그 해결을 목적으로 하는 준사법적(準司法的) 행위에 해당한다는 점에서 불가변력도 발생한다.

5 재결에 대한 불복

1. 심판청구의 금지

심판청구에 대한 재결이 있으면 그 재결 및 같은 처분 또는 부작위에 대하여 다시 행정심판을 청구할 수 없다(행심법 제51조). 다만, 「국세기본법」 등 개별법에서 여러 단계를 규정하고 있는 경우에는 그러하지 아니하다.

2. 행정소송

「행정소송법」은 원처분주의를 취하고 있으므로 재결은 원칙적으로 행정소송의 대상이 될 수 없으나, 재결 자체에 고유한 위법이 있는 경우에 한하여 가능하도록 규정하고 있다(제19조). 그러나 피청구인은 인용재결에 대하여 불복할 수 없다. 〈23. 소방〉

6 조정제도

1. 서설

양 당사자 간의 합의가 가능한 사건의 경우 행정심판위원회가 개입·조정하는 절차를 통하여 갈등을 조기에 해결하기 위하여 조정제도를 신설하였다(2018년 5월 1일 시행).

2. 조정의 개시

위원회는 당사자의 권리 및 권한의 범위에서 당사자의 동의를 받아 심판청구의 신속하고 공정한 해결을 위하여 조정을 할 수 있다. 다만, 그 조정이 공공복리에 적합하지 아니하거나 해당 처분의 성질에 반하는 경우에는 그러하지 아니하다(행정심판법 제43조의2 제1항).

Winner's 조정의 개시 : 당사자의 신청 (×), 당사자의 동의 (○)

3. 설명의무

위원회는 조정을 함에 있어서 심판청구된 사건의 법적·사실적 상태와 당사자 및 이해관계자의 이익 등 모든 사정을 참작하고, 조정의 이유와 취지를 설명하여야 한다(행정심판법 제43조의2 제2항).

4. 효력

조정은 당사자가 합의한 사항을 조정서에 기재한 후 당사자가 서명 또는 날인하고 위원회가 이를 확인함으로써 성립한다(행정심판법 제43조의2 제3항).

5. 재결의 효력 준용(행정심판법 제43조의2 제4항)

재결의 송달과 효력발생(제48조), 재결의 기속력(제49조), 위원회의 직접처분(제50조), 간접강제(제50조의2), 재청구 금지(제51조) 규정을 준용한다.

제7절 행정심판청구의 고지제도

1 서설

1. 의의

행정청이 처분을 함에 있어서 그 상대방 또는 이해관계인에게 그 처분에 대한 불복청구의 가능성 및 그를 위한 절차 등을 알려주는 제도를 말한다.

2. 인정이유

오늘날과 같이 행정작용이 다양화되고 행정조직이 복잡해진 경우에는 처분의 상대방인 일반국민은 그 처분이 행정심판의 대상이 되는지, 어느 기관에 제기해야 하는지, 어떤 절차에 따라 청구하는지에 관해서 모르는 경우가 많으므로 행정심판청구의 기회를 보장하고, 적정한 행정을 담보하기 위해 행정청으로 하여금 이러한 사항을 고지하도록 한 것이다.

2 성질

1. 비권력적 사실행위

「행정심판법」상의 고지는 준법률행위적 행정행위로서 통지에 해당하는 것이 아니고, 그 자체로는 아무런 법적 효력을 발생하지 않는 비권력적 사실행위에 해당한다.

2. 법정절차

고지는 「행정심판법」에 명시된 것이나, 그 법적 성질에 대해서는 ① 훈시규정에 불과하다는 견해와 ② 강행규정이라는 견해(홍정선, 장태주)가 대립한다. 고지에 문제가 있을 때 일정한 제재적 효과가 부여된다는 점에서 강행규정으로 보는 것이 타당하다.

3 고지제도의 법적 근거

고지제도는 「행정심판법」, 「행정절차법」 등에 근거를 두고 있으나, 「행정절차법」에서 단일의 규정을 두는 것이 바람직하다는 견해(홍정선)가 있다.

> 〈행정절차법〉 제26조(고지) 행정청이 처분을 할 때에는 당사자에게 그 처분에 관하여 행정심판 및 행정소송을 제기할 수 있는지 여부 그 밖에 불복을 할 수 있는지 여부, 청구절차 및 청구기간 그 밖에 필요한 사항을 알려야 한다.
>
> 〈행정심판법〉 제58조(행정심판의 고지) ① 행정청이 처분을 할 때에는 처분의 상대방에게 다음 각 호의 사항을 알려야 한다.
>   1. 해당 처분에 대하여 행정심판을 청구할 수 있는지

2. 행정심판을 청구하는 경우의 심판청구절차 및 심판청구기간
② 행정청은 이해관계인이 요구하면 다음 각 호의 사항을 지체 없이 알려 주어야 한다. 이 경우 서면으로 알려 줄 것을 요구받으면 서면으로 알려 주어야 한다.
1. 해당 처분이 행정심판의 대상이 되는 처분인지
2. 행정심판의 대상이 되는 경우 소관 위원회 및 심판청구기간

Winner's 고지제도 비교

구분	행정절차법	행정심판법
유형	직권고지	직권고지, 신청고지
제재적 규정	×	○
고지의 내용	행정심판 및 행정소송의 제기 여부 등	행정심판의 제기 여부 등

4 고지의 종류

1. 직권에 의한 고지

(1) 의의

행정청이 처분을 할 때 처분의 상대방에게 행정심판의 청구 여부 등을 알려 주는 것을 말한다.

(2) 고지의 대상

① 처분: 과거 직권고지의 대상을 서면에 의한 처분으로 한정하였으나, 현행법은 '서면'이라는 규정을 삭제하여 구술에 의한 처분도 포함된다.

적용부정	㉠ 처분 이외의 행정작용은 적용되지 않는다. ㉡ 상대방의 신청대로 하는 처분이나 수익적 처분에 대해서는 고지가 필요하지 않다. ㉢ 행정심판재결은 행정심판의 대상이 될 수 없으므로 고지의 대상이 되지 않는 것이 원칙이나, 개별법에서 재심판청구가 허용되는 경우에는 다시 고지를 하여야 할 것이다(정하중).
적용긍정	신청에 대한 거부처분, 상대방에게 불이익을 부과하는 부관이 있는 경우에는 고지하여야 할 것이다(박윤흔, 홍정선).

② 다른 법령에 의한 처분

원칙	고지의 대상이 되는 처분은 「행정심판법」상 심판청구의 대상이 되는 처분뿐만 아니라, 널리 다른 법령에 의한 심판청구를 포함한다는 것이 통설이다(정하중).
예외	「국세기본법」은 「행정심판법」의 적용을 배제하고 있다(제56조 제1항). 국세의 경우에 고지의 대상에서 제외하는 판례의 태도는 부당하다는 비판(홍정선)이 있다.

1. 토지수용재결에 대한 이의신청기간을 고지하지 않은 경우에는 「행정심판법」이 적용되는지 여부(긍정)

토지수용위원회의 수용재결에 대한 이의절차는 실질적으로 행정심판의 성질을 갖는 것이므로 토지수용법에 특별한 규정이 있는 것을 제외하고는 행정심판법의 규정이 적용된다고 할 것이다. 토지수용법 제73조 및 제74조의 각 규정을 보면 수용재결에 대한 이의신청기간을 재결서 정본 송달일로부터 1월로 규정한 것 외에는 행정심판법 제42조 제1항 및 같은 법 제18조 제6항과 다른 내용의 특례를 규정하고 있지 않으므로, 재결서정본을 송달함에 있어서 상대방에게 이의신청기간을 알리지 않았다면 행정심판법 제18조 제6항의 규정에 의하여 같은 조 제3항의 기간 내에 이의신청을 할 수 있다고 보아야 할 것이다(대판 1992.6.9. 92누565).

2. 국세도 「행정심판법」에 따라 고지할 의무가 있는지 여부(부정)

국세기본법 제56조 제1항은 "제55조에 규정하는 처분에 대하여는 행정심판법의 규정을 적용하지 아니한다"고 규정하고 있으므로, 국세청장이 같은 법 제55조에 규정하는 처분인, 조세범처벌절차법 제16조에 의한 보상금을 교부하지 않기로 하는 처분을 함에 있어서, 행정심판법 제42조 제1항에 따라 그 상대방에게 행정불복의 방법을 고지할 의무는 없다고 할 것이고 국세기본법 제60조나 같은 법 시행령 제48조에 의하더라도 국세청장이 위 처분을 함에 있어 상대방에게 불복방법을 통지할 의무가 있는 것으로 해석되지 아니한다(대판 1992.3.31. 91누6016).

Winner's 고지제도의 적용범위 : 토지수용재결 (○), 국세 (×)

(3) 고지의 내용

직권고지의 내용은 행정심판을 제기할 수 있는지의 여부, 제기하는 경우의 심판청구절차 및 청구기간을 상대방이 알 수 있도록 구체적으로 알려야 한다. 그리고 개별법상 행정심판을 거쳐야 하는 경우에 그 예외가 되는 사유에 대해서도 고지하여야 할 것이다(정하중).

(4) 고지의 상대방

직권고지의 상대방은 해당 처분의 상대방이다(행심법 제58조 제1항). 다만, 제3자효 행정행위의 경우 권리침해를 받는 제3자에게는 고지청구권을 인정하고 있으나(행심법 제58조 제2항), 자신의 권리가 침해되는 것을 모르는 경우가 많으므로 직권으로 고지하도록 하는 것이 바람직하다는 견해(박윤흔, 정하중)가 있다.

(5) 고지의 방법

고지의 방법에 대해서는 명문의 규정이 없으므로 구술에 의한 고지도 가능하다. 다만, 고지에 의한 분쟁예방을 위하여 서면으로 고지하는 것이 바람직하다.

(6) 고지의 시기

원칙	처분시에 고지한다.
예외	처분 후에도 합리적으로 판단되는 기간 내에 고지한 경우에는 불고지의 하자가 치유된다.

2. 신청에 의한 고지

(1) 의의

처분의 이해관계인이 요구하는 경우에 처분청이 지체 없이 알려 주어야 하는 것을 말한다(행심법 제58조 제2항).

(2) 신청권자

원칙	그 처분의 이해관계인이다(⑩ 제3자효 행정행위에 있어서 불이익을 받는 제3자).
예외	처분시에 고지를 받지 못한 처분의 상대방도 포함된다.

(3) 고지의 대상

신청고지의 대상은 「행정심판법」상 특별한 제한이 없으므로 모든 처분이 대상이 된다고 본다.

(4) 고지의 내용

고지의 내용은 행정심판을 청구할 수 있는지의 여부, 청구하는 경우의 심판청구절차 및 심판청구기간이다. 경유절차에 대해서는 규정이 없으나, 입법의 불비로서 당연히 포함된다는 견해(정하중)가 있다.

(5) 고지의 방법

신청고지의 방법도 특별한 제한이 없으므로 구술에 의한 고지도 가능하다. 그러나 이해관계인이 서면으로 알려 줄 것을 요구하면 서면으로 알려주어야 한다(행심법 제58조 제2항).

(6) 고지의 시기

신청에 의한 고지는 상대방의 신청이 있는 경우에 지체 없이 하여야 한다.

Winner's 직권고지와 신청고지의 구별

구분	직권고지	신청고지
상대방	처분의 상대방	① 원칙: 이해관계인 ② 예외: 처분시에 고지를 받지 못한 처분의 상대방
시기	처분시	신청 후 지체 없이

5 불(不)고지 및 오(誤)고지의 효과

1. 처분의 위법 여부

고지는 처분 자체의 절차는 아니므로 고지를 하지 않더라도 그 처분이 위법하게 되는 것은 아니지만, 고지제도의 실효성 확보를 위하여 「행정심판법」은 일정한 제재적 규정을 두고 있다. 다만, 「행정절차법」상 고지규정을 근거로 처분이 위법하게 될 수 있다는 견해(김동희)도 있다.

> **불고지의 경우 처분의 위법성(부정)**
>
> 고지절차에 관한 규정은 행정처분의 상대방이 그 처분에 대한 행정심판의 절차를 밟는 데 편의를 제공하려는 것이어서 처분청이 위 규정에 따른 고지의무를 이행하지 아니하였다고 하더라도 경우에 따라 행정심판의 제기기간이 연장될 수 있음에 그칠 뿐, 그 때문에 심판의 대상이 되는 행정처분이 위법하다고 할 수는 없다(대판 2016.4.29. 2014두3631).

Winner's 불고지, 오고지의 효과 : 위법 (○), 처분 위법 (×)

2. 경유절차

행정청이 고지를 하지 아니하거나 잘못 고지하여 청구인이 심판청구서를 다른 행정기관에 제출한 경우에는 그 행정기관은 그 심판청구서를 지체 없이 정당한 권한이 있는 피청구인에게 보내야 한다(행심법 제23조 제2항). 심판청구서를 보낸 행정기관은 지체 없이 그 사실을 청구인에게 알려야 한다(행심법 제23조 제3항). 심판청구 기간을 계산할 때에는 처음 제출되었을 때에 행정심판이 청구된 것으로 본다(행심법 제23조 제4항).

3. 청구기간

(1) 불고지의 경우

① 청구기간: 행정청이 심판청구기간을 알리지 아니한 경우에는 그 처분이 있었던 날부터 180일 이내에 제기하여야 한다(행심법 제27조 제6항). ⟨16. 지방 9급⟩

② 청구인의 인식 여부: 청구인이 처분이 있음을 알았는지, 고지와 무관하게 심판청구기간을 알고 있었는지는 문제되지 않는다.

③ 국세: 판례는「행정심판법」상 불고지에 관한 규정이 적용되지 않는다고 판시하였으나, 비판이 제기된다.

> **1. 조세처분을 하면서 행정심판청구기간을 고지하지 않은 경우에「행정심판법」이 적용되는지 여부(부정)**
>
> 구 국세기본법(1996. 12. 30. 법률 제5189호로 개정되기 전의 것) 제61조 제1항은 심사청구는 당해 처분이 있는 것을 안 날(처분의 통지를 받은 때에는 그 받은 날)로부터 60일 내에 하여야 한다고 규정하고 있으니, 과세관청이 조세처분을 하면서 행정심판청구기간을 고지하지 않았다 하더라도 그 심사청구기간은 당해 처분이 있은 것을 안 날(처분의 통지를 받은 때에는 그 받은 날)로부터 60일 내라 할 것이고, 행정심판법 제18조 제6항·제3항 본문에 의하여 행정청이 행정심판청구기간을 알리지 아니한 때에는 180일 내에 심판청구를 할 수 있다 하더라도, 구 국세기본법(1996. 12. 30. 법률 제5189호로 개정되기 전의 것) 제56조 제1항이 조세처분에 대하여는 행정심판법의 규정을 적용하지 아니한다고 규정하고 있으므로, 그 심판청구기간을 처분이 있은 날로부터 180일 내라고 볼 수는 없다(대판 2001.11.13. 2000두536).
>
> **2. 도로점용료 상당부당이득금의 징수고지서를 발부하면서 이의제출기간 등을 알려주지 않은 경우에「행정심판법」이 적용되는지 여부(긍정)**
>
> 도로점용료 상당부당이득금의 징수 및 이의절차를 규정한 지방자치법에서 이의제출기간을 행정심판법 제18조 제3항 소정기간보다 짧게 정하였다고 하여도 같은 법 제42조 제1항 소정의 고

지의무에 관하여 달리 정하고 있지 아니한 이상 도로관리청인 피고가 이 사건 도로점용료 상당부당이득금의 징수고지서를 발부함에 있어서 원고들에게 이의제출기간 등을 알려주지 아니하였다면 원고들은 지방자치법상의 이의제출기간에 구애됨이 없이 행정심판법 제18조 제6항·제3항의 규정에 의하여 징수고지처분이 있은 날로부터 180일 이내에 이의를 제출할 수 있다고 보아야 할 것이다(대판 1990.7.10. 89누6839).

(2) 오고지의 경우

- ① 청구기간: 행정청이 심판청구기간을 법정기간보다 긴 기간으로 잘못 알린 경우 그 잘못 알린 기간에 심판청구가 있으면 그 행정심판은 법정기간 내에 청구된 것으로 본다(행심법 제27조 제5항).
- ② 적용범위: 오고지규정은 행정심판에만 적용되고, 행정소송의 경우에는 적용되지 않는다(판례).

「행정심판법」상 오고지규정이 「행정소송법」에도 적용되는지 여부(부정)

행정청이 법정심판청구기간보다 긴 기간으로 잘못 알린 경우에 그 잘못 알린 기간 내에 심판청구가 있으면 그 심판청구는 법정심판청구기간 내에 제기된 것으로 본다는 취지의 행정심판법 제18조 제5항의 규정은 행정심판제기에 관하여 적용되는 규정이지, 행정소송제기에도 당연히 적용되는 규정이라고 할 수는 없다(대판 2001.5.8. 2000두6916). 〈18. 국가 9급〉

 MEMO

[제3판]
이상현 행정법총론

초판 발행일 1쇄	2023년 7월 10일
3 판 인쇄일 1쇄	2025년 5월 5일
3 판 발행일 1쇄	2025년 5월 15일

저 자	이 상 현
발행인	이 종 은
발행처	새 흐 름
	서울특별시 마포구 독막로 295 삼부골든타워 212호
	등록 2014. 1. 21. 제2014-000041호(윤)
전 화	(02) 713-3069
F A X	(02) 713-0403
홈페이지	www.sehr.co.kr
ISBN	979-11-6293-652-8(93360)
정 가	41,000원

* 본서의 무단복제행위를 금합니다. 파본은 바꿔드립니다.
* 저자와 협의하여 인지첨부를 생략합니다.